Hans Jürgen Hartmann

ZWISCHEN NICHTS UND NIEMANDSLAND

Machtwort
Machtwortverlag

Bibliografische Information Der Deutschen Bibliothek
Die Deutsche Bibliothek verzeichnet diese Publikation in der Deutschen Nationalbibliografie; detaillierte bibliografische Daten sind im Internet über
http://dnb.ddb.de abrufbar

Machtwortverlag * Orangeriestr. 31 * 06847 Dessau
Tel.: 0340-511558

Satz, Cover und Layout: Grafikstudio Lückemeyer, Dessau
Coverbild: Hartmann

3. Auflage 2011

ISBN 978-3-938271-47-6

Inhalt

VORWORT 5
Meine Vorgeschichte 7
Obuchow (etwas südlich Kiew) 9
Tripolje 27
Kiew 44
Kusemin (Zwischen Kiew und Charkow) 55
Dergatschi (kurz vor Charkow) 84
Schewtschenkowo (Etwas östlich Charkow) 125
Hof Belikow (südlich Charkow) 142
Werchnij Bischkin 174
Bereka 233
Wesseloje 241
Pestschanoje 267
Kurenye (nahe am Don, nordwestlich von Stalingrad) 274
Zwischengeschichte 287
Poljaschitza 288
Klednewitschi 311
Barischewka 341
Prilepowka 405
Turzysk 424
Kowel 440
Dolsk 498
Zawichost 543
Wygoda-Bankowa 572
Grochocice 583
Bittere Heimkehr 612
Nachgeschichte 631
Worterklärungen 632
Bilderanhang 633
Lagepläne 655

VORWORT

Über 50 Jahre nach Kriegsende erscheint ein Stück Erinnerungsliteratur auf dem Büchermarkt, das von einer fesselnden inhaltlichen Dichte ist. Der Autor hat seine Kriegserlebnisse, die er im Verlauf der Kriegsjahre in kurzen Notizen festgehalten hatte, in den frühen Nachkriegsjahren in Form eines Tagebuches in einer erstaunlichen Breite und Tiefe gefasst. Das Ganze liest sich ungemein spannend. Dazu trägt nicht unwesentlich die bildhafte Sprache des Autors bei. Das beigefügte Bild- und Skizzenmaterial unterstreicht die Authentizität dieses Berichts.

Hartmann hat zunächst als Kanonier in einer Panzerabwehrkompanie des Heeres, die mit der Pak 3,7 cm ausgestattet war (Spitzname: „Heeresanklopfgerät"), den Angriff auf die Sowjetunion miterlebt. Die Schilderungen der Kämpfe in den harten Wintermonaten 1941/42 gehören mit zu dem Eindrucksvollsten was in der reichhaltigen Erinnerungsliteratur über die Kämpfe an der Ostfront bisher publiziert worden ist. Die erbarmungslose Kälte, die völlig unzulängliche Bekleidung der deutschen Soldaten, Hunger, Läuse, totale physische Erschöpfung und eine völlige Unübersichtlichkeit der Lage sind kennzeichnend für das alltägliche Geschehen jener Wochen und Monate. Der Kampf und das Ausharren in meterhohem Schnee bei extremen Frostgraden bei Tag und Nacht zehren an den physischen und psychischen Kräften auch der stärksten Naturen. Freund und Feind leiden gleichermaßen unter diesen extremen Bedingungen, die den Kämpfenden mehr Kraft abzuverlangen scheinen als das eigentliche Kampfgeschehen.

Die Zeit, in der Hartmann seine Ausbildung zum Offizier erhält, verschafft dem jungen Mann nur eine kurze Atem- und Erholungspause im Verlauf dieses schrecklichen Krieges. Der an die Ostfront zurückgekehrte junge Leutnant erfährt schon bald, wie schwer die Last ist, die der Kompaniechef einer Infanteriekompanie an vorderster Front zu tragen hat. Während alle anderen Soldaten der Kompanie im Verlauf ruhiger Nächte ein wenig Entspannung und Schlaf finden, ist der junge Kompaniechef mit seinem Melder unterwegs, um den Soldaten seiner Einheit allein durch seine Anwesenheit Zuversicht, Selbstvertrauen und Vertrauen in die unmittelbare Führung zu vermitteln. Bei überraschendem Feindeinbruch kämpft er an vorderster Stelle, obwohl die Angst vor Versagen in der Führung und die Furcht vor schwerer Verwundung ihn noch stärker zu belasten scheinen als die von ihm Geführten. Ob trügerische Ruhe im Kampfgeschehen herrschte oder der Alltag des Stellungskampfes den ganzen Mann forderte, tagaus und tagein – meist im Verlauf der späten Nachtstunden – war auch die militärische Verwaltungsarbeit zu erledigen.

Wie schwer muss es für einen kaum zwanzigjährigen Offizier gewesen sein, bei einer derart extremen Beanspruchung aller geistigen und körperlichen Kräfte, Augenblicke der inneren Sammlung zu finden, um der Mutter oder der Ehefrau den Tod, die schwere Verwundung oder das ungewisse Schicksal des Sohnes oder des Mannes mitzuteilen? Waren das die Augenblicke, in denen er auch über den Sinn und Zweck seines Handelns vor sich selbst Rechenschaft ablegte? Was hat ihn bewogen, sich selbst und seine Soldaten immer wieder aufs Neue für einen

Einsatz zu motivieren, der häufig genug schmerzliche Verluste an geschätzten und bewunderten Kameraden zur Folge hatte?

Und dann endete dieser mörderische Krieg, der sich an der Ostfront in seiner ganzen schrecklichen Brutalität austoben konnte, in einem bis dahin unvorstellbaren Finale. Diejenigen unter den Soldaten, die ihn lebend überstanden hatten, fanden in den Gefangenenlagern in Ost und West endlich die Zeit, ihre Rolle und ihr Handeln in den langen Kriegsjahren zu überdenken und vor sich selbst vor anderen Rechenschaft abzulegen.

An all diesen Geschehnissen, ihrer inneren Verarbeitung, den daraus resultierenden seelischmoralischen Konflikten lässt uns der Autor teilhaben. Dies geschieht unaufdringlich und sehr glaubwürdig. Hartmann ist es in seiner einfühlsamen Art gelungen, neben den Schrecknissen der Materialschlacht auch die Last, das Leid und die viel zu seltenen kleinen Freuden des Frontsoldaten aufzuzeigen, der im Kampf ums Überleben immer wieder erkennt, wie wichtig unter derart extremen Bedingungen die Kameradschaft ist, die in guten Einheiten unabhängig vom Dienstgrad alle Soldaten miteinander verbindet. Der Autor hat mit seinen Erinnerungen die kaum überschaubare Zahl an Zeitzeugnissen über diese schweren Jahre um ein eindrucksvolles Dokument menschlicher Leistungs- und Leidensfähigkeit bereichert.

Zülpich, 12.3.2006
Andreas Broicher
Brigadegeneral a. D.

MEINE VORGESCHICHTE

Geboren bin ich im Sommer 1921 in Duisburg. Meine Kindheit und Jugend verlief ziemlich unruhig, da mein Vater beruflich jeweils längere Zeit in verschiedenen Städten tätig war.
Von meiner Kindheit in Duisburg, Essen und Hagen/Westf. weiß ich nichts, abgesehen von meinem ersten Grundschuljahr in Hagen. Hier wurde auch mein Bruder Dieter geboren. Meine Jugend verbrachte ich dann zunächst in Düsseldorf, wo ich die letzten drei Grundschuljahre und dann ein Jahr Gymnasium absolvierte. Es folgten zweieinhalb Jahre Gymnasium in Münster/W., neue Lehrer, neue Schulkameraden, neue Freunde, und – 1934 der von meinen Eltern gewünschte Eintritt ins Jungvolk.
Den Sommer 1935 verbrachten wir notgedrungen in Parchim/Meckl., wo meine Großeltern mütterlicherseits wohnten und wir jeden Sommer die großen Ferien verbracht hatten. Der Grund für diesen abermaligen Schulwechsel war der beruflich bedingte Gang meines Vaters nach Dresden, wo er erst eine gewisse Einarbeitungszeit hinter sich bringen musste und danach auch nicht gleich eine passende und erschwingliche Wohnung fand.
In Dresden, also auf meinem nun schon vierten Gymnasium, konnte ich schon 1939 das Abitur machen, d.h. ein Jahr früher als normal, weil uns die Regierung ein ganzes Schuljahr „geschenkt" hatte, damit wir eher Soldaten werden konnten.
Schon 2 ½ Wochen nach dem Abitur landete ich am 1.4.1939 für sechs Monate beim Arbeitsdienst, und zwar in Niederschlesien, wo wir eine Zeit lang an der Grenze zu Polen Stacheldrahtverhaue zusammenbauen mussten, weil von der Möglichkeit eines polnischen Angriffs geredet wurde.
Stattdessen begann am 1.9.1939 der deutsche Angriff auf Polen, bei dem wir aber nicht eingesetzt wurden.
Im November 1939 wurde ich dann zur Wehrmacht nach Zittau einberufen.
Nach der Ersatztruppenzeit mit Führerscheinerwerb in Zittau kam ich als Fahrer zu einem Regimentsstab in Pithiviers, südlich von Paris.
Schon nach wenigen Monaten wurde ich zur motorisierten 14. Kompanie (Pak) des Regiments versetzt, weil die Division auf den Balkan verlegt werden sollte und weil meine Stelle und der mir zugeteilte Wagen zum „schwarzen Bestand" des Stabes gehörten und deshalb abgegeben werden mussten.
Mit der Division rollten wir dann nach Bulgarien und machten von dort aus den Angriff auf Jugoslawien im Raum Pirot-Nisch mit. In Vladimirovac (östlich von Belgrad) erfuhren wir dann mit Entsetzen vom Angriff auf die Sowjetunion.
Prompt wurde die Division ca. eine Woche später in auffälliger Eile per Bahn nach Norden transportiert. Das Ziel war Bitterfeld!

O B U C H O W (etwas südlich Kiew)

Bitterfeld, Mittwoch, 9. Juli 1941

Eine Woche lang haben sie uns in Vladimirovac noch gnadenlos gedrillt. Dann hielten sie uns wohl halbwegs reif für Russland; dass die Reise dahin gehen würde, war jedem von uns klar.
Am 29. Juni wurde die Kompanie bei Belgrad auf die Bahn verladen. Eine Viertelstunde nach dem Verladen setze sich eine Lok vor den Zug, fünf Minuten später rollten wir schon. So eilig hat man es noch nie mit uns gehabt.
Seit dem 3. Juli wird hier in Bitterfeld alles in Schuss gebracht und gefechtsklar gemacht. Die Kompanie hat drei kleine 3,7 cm-Pak abgegeben und dafür zwei neue 5 cm-Pak bekommen.

Zweimal habe ich mir in diesen Tagen die Wochenschau angesehen. Die Bilder des rasanten Vormarsches, der kahlgeschorenen Gefangenen und des fanatischen Widerstandes können einen wirklich bis in den Schlaf verfolgen. Welcher Hass glüht da aus den verkniffenen Augenschlitzen asiatischer Gefangener, wie quälen sich die Kolonnen auf sandigen Rollbahnen durch Sommerglut und Schwaden von Staub, wie breiten sich dort Kornfelder und grasige Steppen bis zum Ende der Welt, von einem namenlosen Dorf zum anderen; wie sind die Straßen übersät mit schwarzgebrannten Trümmern russischer Panzer und Fahrzeuge, wie qualmt es aus zerfetzten Ketten und geborstenen Dächern! Und dies wird in wenigen Tagen unsere Welt sein!
Alle Fahrzeuge und Kanonen sind nun verladen. Es geht auf den Abend zu. Den letzten in Deutschland? Wer seine Angehörigen hier hat, steht nun irgendwo herum oder pilgert ruhelos auf und ab. Die Gespräche dieser letzten Minuten vor der Abfahrt müssen eine Qual sein und ich bin froh, hier niemanden zu haben. Wer jetzt noch von Urlaub und Wiedersehen spricht, belügt sich selbst und weiß es nur zu genau, auch wenn die Front noch weit ist, irgendwo bei Kiew.
Inzwischen ist es dunkel geworden. Seit 20 Minuten sitzen wir in den Abteilen. Die Angehörigen stehen dicht gedrängt vor den Fenstern. Und jetzt fährt der Zug unmerklich an. Weinende Frauen bleiben draußen in der Nacht zurück. Sie werden nun lange warten müssen und nicht mehr sorglos schlafen können…

Ostwärts Zamosz, Montag, 14. Juli 1941

Durch Schlesien fuhren wir am 10. Juli; wir aalten uns auf den Fahrzeugen und ließen die sonnenüberstrahlten Wälder und Städte an uns vorüberziehen. Schon am nächsten Tag hatten wir die Endstation erreicht: Nisko bei Zamosz in Polen. Irgendwo östlich von Zamosz belegten wir dann ein Schulgebäude als Quartier. Staub, Staub, Staub, ein prasselndes Gewitter, weites Ödland und ein Feldflugplatz mit vielen Stukas – das waren die ersten Genüsse, die Polen uns bot, und abends auch noch unzählige Mücken. Aber dann hörten wir noch von der unglaublichen Doppelschlacht bei Minsk und Bialystok: 330.000 Gefangene, 3.300

Panzer, 1.800 Geschütze – unvorstellbare Massen. Aber wir stehen ja auch dort erst an der engsten Stelle des Trichters Russland, der sich nach Osten ins schier Unendliche erweitert. Wer soll diese Flächen je besetzen?
Vorgestern gegen Mittag erlebten wir ein Schauspiel seltener Art, d.h. für uns Heimatkrieger war es ein Schauspiel: Auf der Straße näherte sich von Osten her eine lange Kolonne gefangener Russen. Sofort stand unser ganzer Haufen Spalier am Straßengraben. (Bild 1)
Das also war die Rote Armee, die Armee der Weltrevolution: Barfuß die meisten, viele mit den Stiefeln oder Schuhen über der Schulter, barhäuptig, mit Käppis, mit Pelzmützen, in geflickten Uniformen und in Zivilklamotten, alte, uralte, junge, halbe Kinder, Usbeken und Russen, Mongolen und Kaukasier, Verbrechertypen wie in der Wochenschau und Prachtgestalten, Halbidioten und ganz wache Köpfe – so schlurfte fast lautlos der lange Zug fremder Gestalten an uns vorüber. Kaum einer glich dem anderen an Aussehen, Rasse, Kleidung oder Haltung und dennoch kittete sie ein scharfer Geruch von Ställen und Leder, von Schweiß und Öl zu einem Ganzen zusammen. Waren das die Iwans, die sich lieber in ihrem Loch totschlagen lassen als sich zu ergeben? Waren unter ihnen die viehischen Mörder, die unsere Soldaten zerstückelt und massakriert haben sollen? Welche waren denn überhaupt Russen? Kamen nicht die meisten von irgendwo aus den Steppen Innerasiens? Was mögen diese Asiaten empfinden, wenn man sie gegen uns deutsche Soldaten ins Feuer jagt? Und doch – kämpfen nicht gerade sie am verbissensten, sterben nicht sie am stursten? Wo aber blieb hier der Glanz der Roten Armee, vor dem die Welt zitterte? Dies waren doch keine geschlagenen Regimenter. Hier zog nur ein Haufen zusammengewürfelter Menschen vorüber! Wie muss es um Stalin stehen, wenn er solche Greise, solche Kinder uns entgegenschicken muss? Können wir nicht wirklich bald mit dieser „Armee“ fertig werden? Wie lange werden sie noch standhalten, wenn erst mal alles anfängt zusammenzubrechen? Hilft Stalin dann noch sein Krieg fürs „Vaterland“, das er plötzlich wieder entdeckt hat?
Fragen über Fragen. Wie Kinder standen wir da und gafften die fremde, unbegreifliche Kolonne an, die stumm an uns vorübertrottete. Ja, was wissen wir vom Russen? Und was mögen jene 2.000 empfunden haben, die in dieser blendend hellen Mittagsstunde barfuß über den glühenden Sand der polnischen Straßen liefen, Stunde um Stunde vielleicht schon? Wir sahen keinen, der umzukippen drohte, keinen Alten und keines der halben Kinder. Eingehüllt in ihre ärmlichen, fleckigen Uniformen und Anzüge marschierten sie dahin, gelbbraun wie der träge Staub an ihren Füßen und Hosen, und jeder ihrer Schritte brachte sie näher in eine graue Zukunft hinter Stacheldraht. Arme, verratene Kreaturen…
Ein Gefühl des Unbehagens blieb wohl in jedem von uns zurück. Zum ersten Mal hatten wir leibhaftige Menschen von „drüben“ gesehen, aber ihre Gesichter erschienen uns jetzt noch rätselhafter und fremder als aus den Bildern der Wochenschauen und Zeitungen. Wir hätten diese Gestalten gern bedauert, aber wir wissen, welcher Scheußlichkeiten sie vielleicht fähig gewesen sind; wir möchten uns ihnen überlegen fühlen und können es doch nicht, weil sie zu kämpfen und zu leiden und zu sterben wissen.
Wie sie aus der Ferne gekommen waren, so entschwanden sie hinter uns im Westen in einer leichten Wolke aus Staub – ein erregender Zug von Menschen aus

einer fremden Welt. Noch lange aber glaubten wir, die Gerüche der Steppe zu wittern…
Bald nach dieser unerwarteten Begegnung brachen wir wieder auf, immer weiter nach Osten, bis uns ein Barackenlager an einer einsamen Betonstraße aufnahm. Dort blieben wir auch heute bei Bullenhitze. Aber morgen sollen wir den Bug überqueren, den Schicksalsfluss des 22. Juni.

Wlodzimierz, Dienstag, 15. Juli 1941

Zunächst begann es mit fürchterlichem Staub, der uns und die Fahrzeuge und Kanonen im Nu wieder einmal in graue Schemen verwandelte. Fremde Dörfer standen am Wege, gekalkte Häuser mit abgewalmten Dächern aus Stroh oder dunkelrotem Blech. Weite Ländereien, mit den Gräsern der Einöde bewachsen oder dürftig bebaut mit Gerste oder Kartoffeln, boten ein erschreckend ärmliches Bild. Irgendwann dann ein größerer Ort, Hrubieszow. Nun konnte der Fluss nicht mehr weit sein. Ob drüben die Höhen schon „russisch" waren? In der Landschaft war keine Grenze zu sehen. Woher auch? Die alte Grenze Polens liegt ja noch 200 km weiter östlich, irgendwo in den Pripjet-Sümpfen, wo jetzt die Kämpfe toben. Hüben und drüben gehörte das Land zu Polen und auch wir angeblichen Welteroberer mochten um keinen Preis dort jemals wohnen, in Tepliukow oder Moroczyn, in Swierszow oder Strzyzow, in Husynne oder Wygadank.
Aber danach hatte das Schicksal die nicht gefragt, deren Gräber wir schon vor dem Flusse einzeln und in Gruppen am Wegesrande erblickten: Ein Fliegerfeldwebel, ein Gefreiter, ein Schütze, ein Hauptmann – gefallen am 22. Juni 1941.
Hinter Husynne war dann plötzlich der Fluss zu sehen, gleich rechts der Straße. Dahinter eine sumpfige Niederung und weite Höhen. Ob der Russe von dem fast unversehrten Holzturm aus noch in die Bereitstellung hineingefunkt hat?
Wie muss das überhaupt gewesen sein, damals in dieser Nacht, in diesen allerletzten Stunden vor dem Angriff? Breitete sich ein gütiger Nebel über das Tal, der die aufmarschierenden Heere verbarg, der aber auch das ahnungslose Land des schwarzen Wassers den Blicken entzog? Was mag in den Männern vorgegangen sein, in den dunklen Morgenstunden jenes Tages, als sie nach vorn rückten und dann zwischen den Büschen im taunassen Gras kauerten, vor sich das sumpfige Ufer und den Fluss, dessen Wasser den fahlen Schein der allerersten Frühe widerspiegelten? Irgendwo da drüben lag der Russe, dort auf jener Wiese, deren Gräser schon lange nicht gemäht waren oder bei den kleinen Sträuchern halblinks oder hinten im Dorf – was wussten sie damals davon? Wie viele Gedanken mögen an diesem Morgen noch einmal in die schlafende Heimat gegangen sein? Wie viele Blicke mögen bis zur Stunde X den grünen Leuchtzeigern der Uhren gegolten haben? Dann sind vielleicht aus den stillen Dörfern jenseits des Tales die ersten Geräusche des Tages herüber geweht in die fürchterliche Lautlosigkeit dieser Morgenstunde, das Schlagen einer Stalltür, das Gebell eines Köters, der Ruf eines Kolchosbauern. Und vielleicht war der jubilierende Gesang einer Lerche irgendwo über den Wiesen der letzte Laut des Friedens, ehe diese Welt im Inferno der tausend Geschütze unterging, ehe das grausige Ringen und Sterben begann, dessen erste Opfer dort lagen.

Die Kreuze und die Stahlhelme darauf sind verstaubt von den Kolonnen, denen diese Männer damals den Weg nach Osten freigeschlagen haben. Auch wir, die wir beim Anblick der vielen Kreuze schweigsam geworden waren, werden irgendwann einmal eine Bresche schlagen müssen. Der Ort wird vielleicht auch ein namenloses Dorf sein oder eine schmaler Fluss oder eine Straßengabel. Es ist gut, sich allmählich auf solche Möglichkeiten einzustellen…
Bald hinter Strzyzow rumpelten wir auf einer klapperigen Brücke über den Fluss.

Am jenseitigen Hang empfing uns gleich ein zerstörtes Dorf, Ustilug. Schutthaufen, schwarz verbrannte Kamine, erstes Gras, das in Mauerresten spross, Scherben, verschüttete Wege, Trichter und verkohltes Gebälk. Statt der Menschen, die dort gewohnt hatten, hausten nun ungeniert Dohlen und Ratten in den Trümmern und wir glaubten, in der Luft noch den Gestank des verregneten Feuers und der Leichen zu spüren, brandig und süßlich, ekelhaft. Oben auf der Höhe atmeten wir wieder auf. Die Landschaft sah zwar genauso dürftig aus wie vorher, aber nach einer Weile entdeckten wir Bunker, schwere Klötze, die getarnt an Waldrändern lauerten oder sogar frei in die Felder gestampft worden waren. Viele waren anscheinend noch gar nicht fertig gestellt, sondern steckten noch hinter dichten Holzschalungen. Nun lagen sie wie tote Schildkröten im Gelände und wir rollten einfach an ihnen vorüber. Doch so harmlos wie jetzt können sie vor drei Wochen nicht gewesen sein, denn die Zahl der Gräber am Wege nahm erschreckend zu. Zwei, drei, zehn Gefallene an einer Stelle – so reihten sich die Kreuze zu einer bedrückenden Parade des Todes. Mühsam mahlten sich die Wagen durch den Sand, der nur selten mal von einem Stück holperigen Steinpflasters unterbrochen wurde. Grau gewordene Birken standen am Wege, und eine lange Staubfahne trieb seitab über die Gräber und Bunker.
So erreichten wir schließlich unser Ziel Wlodzimierz, wo Emil als Unterkunft ein grauenhaft verdrecktes Kasernengelände ausgesucht hatte, in dem Zivilisten dabei waren, die freien Flächen, die Zimmer und Flure, die Wände und sogar die spartanischen Pritschen von unzähligen vertrockneten Scheißhaufen, zerschlagenen Einrichtungsgegenständen, zersplitterten Scheiben und überall verstreutem und verschmiertem Papierkrieg russischer Schreibstuben zu säubern. Myriaden von blau schillernden Brummern hatten und behielten die Luftherrschaft, aber wenigstens gab es Wein, der es uns erleichtern würde, nachher die schön gedüngten Pritschen zu besteigen.

<u>Luzk, Donnerstag, 17. Juli 1941</u>

Auch gestern gelang es uns nicht, hinter das Geheimnis des unvorstellbaren Schweinkrams in Wlodzimierz zu kommen, und als wir heute trotz kalten Windes und ekligen Regens aufbrachen, waren wir froh, den üblen Ort hinter uns lassen zu können.
Die Wolken wischten schwer und tief über das Land, das sich in melancholischer Öde bis zum verwaschenen Horizont dehnte. Verwilderte Weiden, ärmliche Dörfer, mickrige Waldstücke, überwachsene Feldwege, die sich irgendwo im Nichts verloren, eine einsame Baumreihe, vereinzelte, graue Bauernkaten in sumpfigen

Niederungen – das war so etwa alles, was sich unseren Augen darbot. Aber als Ersatz für Schöneres sahen wir wenigstens eine Unzahl russischer Panzer rechts und links in den Ödländereien herumstehen, bis zu 20 oder 30 auf ziemlich kleinem Raum. (Bild 2) Es waren fast nur leichte, schnelle Panzer, vor allem ein hocheleganter Typ mit großen Laufrädern und sehr schräger, niedriger Bauart. Aber es fehlten auch Schwimmpanzer und uralte Knatterkisten nicht, die z.T. schauerlich zerrissen in der Gegend herumlagen. Das muss das reinste Tontaubenschießen für die 3,7-Pak gewesen sein! (Bild 3, 4)

Rowno, Montag, 21. Juli 1941

Einen Tag blieben wir bei elendem Mistwetter noch in Luzk und durften dort auf den tief vermatschten Feldern sogar Gefechtsausbildung mit viel Mannschaftszug betreiben. Dementsprechend war auch unsere Laune.
Vorgestern waren die ganze Welt und wir selbst wieder genauso trostlos durchnässt wie an den Tagen davor und als wir hier in Rowno auf einer klatschnassen Wiese endlich unsere Zelte aufschlagen konnten, war es auch längst sackduster. Aber, oh Wunder, gestern Morgen lag die Welt dampfend im schönsten Sonnenschein. Wir sind, wie wir bei Lichte feststellten, auf einer Wiese gelandet, die von der Straße und einem Bahndamm begrenzt wird, und so gibt es viel zu sehen. Man gönnte uns – bis jetzt – sogar einen richtigen faulen Sonntag. Aber der Krieg ließ uns doch nicht los, wir sahen es an den Lazarettzügen, die an uns vorüber in die Heimat rollten. Es waren viele lange Züge an diesem einen Tag…
Auch heute ließ man uns in Ruhe. Vor allem die Pferde der anderen Einheiten brauchen wohl nach den langen Märschen von Polen her etwas Ruhe. Uns soll es recht sein. Aber morgen rollen wir gleich 70 km weiter bis Korec. Langsam aber konsequent rücken wir der Front näher.

Korec, Dienstag, 22. Juli 1941

Es wurde ein lebendiger Tag heute. Wir rumpelten nicht mehr allein durch diese fremde Welt, wie es uns bisher oft erschienen war, sondern gerieten am Ausgang der Stadt in den Sog der sagenhaften „Rollbahn Nord“, die schnurstracks nach Kiew führen soll. Da drehten die Fahrer endlich mal wieder richtig auf und der Sommerwind rauschte uns in den Ohren.
Das war eine andere Fahrerei als auf den Sandwegen Polens! Als einzige Erhebung zog sich die Reihe der Telefonmasten neben der Straße durch das unbebaute, menschenleere Land. Abgeschossene Panzer lagen zerfetzt und ausgebrannt am Rande.
Hinter den Büschen und frei im hohen Gras der Wiesen verrosten schwere Flak-Geschütze der Russen. Auch sie hatten unseren Vormarsch nicht aufhalten können. Und mehr als einmal führten breite Kettenspuren seitab in die Wildnis, als ob die Kolosse vor dem Verhängnis, das ihnen im Nacken saß, hätten flüchten wollen. Aber nach 50 oder 100 m hatte es sie dann doch erwischt, ihre Kanonen reckten sich stumm nach Norden oder Osten in den Himmel. Zu spät, zu spät! Als

grausige Fackeln haben sie vielleicht noch stundenlang den nächtlichen Weg unserer Panzer erleuchtet.
Später trotteten uns lange Züge von Zivilisten entgegen, die offenbar aus den Kampfgebieten geflohen waren.
Wie sahen diese Menschen aus?! Armselige Gestalten in grauen Lumpen, hier und da ein struppiger kleiner Gaul vor einem klapperigen Wägelchen, graue Säcke und Bündel darauf, zerrissene Schuhe, barfüßige Frauen und Kinder – Herrgott noch mal – die kamen frisch aus dem Paradies? Aus dem Lande des sozialistischen Aufbaus? Und selbst wenn sie nun auf der Flucht waren, mussten sie nicht das Beste auf dem Leibe tragen, wenn schon alles andere verloren ging? Aber diese Wattejacken, diese hoffnungslos zerrissenen Hosen und Schuhe, diese farblosen Tücher und Bündel – das war alles? So stimmt es also, was unsere Propaganda all die Jahre hindurch von dem grenzenlosen Elend und von der unvorstellbar primitiven Lebensweise der Menschen in Russland, in der Sowjetunion, geschrieben hat. So ist es kein Wunder, dass unsere Truppen als Befreier begrüßt wurden, selbst wenn durch die Kämpfe das letzte Hab und Gut dieser Arbeiter und Bauern vielleicht noch in Flammen aufgegangen ist oder wenn nur die Flucht blieb, wie bei diesen, die nach Westen treckten und nicht wussten, wo sie am Abend schlafen würden. Sie schienen ihr Geschick jedoch gelassen zu tragen, wohl deshalb, weil sie Schlimmeres gewohnt waren und weil sie ganz andere Maßstäbe des Leidens und Entbehrens besitzen als wir verwöhnten Mitteleuropäer.
Gegen Mittag bogen wir in Korec von der Rollbahn ab und bezogen nicht weit entfernt in einer Fabrik Quartier.

Östlich Zwiahel, Sonnabend, 26. Juli 1941

In unserer typischen Unterkunft, dem Kasernengelände von Zwiahel, das früher Nowograd-Wolynsk hieß, stromerten wir in den letzten Tagen häufig umher, um unsere Fahrzeuge endlich mal etwas komfortabler mit Fresskisten und anderem Hausrat auszustatten. Man verschonte uns zunächst mit üblem Dienst, sodass wir auch uns selbst mal menschenwürdig herrichten konnten, durch Waschen oder sogar Baden usw. Aber tausende von Schnaken und eine heiße Sonne ließen unser Glück nicht überschäumen.
Auf der Hauptstraße rumpelten fast ununterbrochen schwere Kolonnen vorüber, die das ganze Etappenstädtchen in eine einzige Staubwolke hüllten. Gestern wurden wir sogar erstmals als „kämpfende Truppe“ eingesetzt, d.h. wir mussten etwas außerhalb der Stadt neben der Rollbahn in Stellung gehen und diese nach Norden „sichern“. Dort sollten irgendwo die Russen durchgebrochen und überhaupt sehr schwere Kämpfe im Gange sein. Aber viel Ruhm ernteten wir mangels Russen nicht, wohl aber das schier pausenlose höhnische Geflaxe der heroisch an uns vorüberrollenden Trosse und Etappenhaufen aller Schattierungen. Da hätten wir am liebsten mal Rabatz gemacht und aus Jux „Panzeralarm!!“ geschrien. Aber wir ertrugen den Spott dann doch lieber mit „Würde“.
An Nachmittag, kurz vor der Dämmerung, gingen wir nacheinander ein Stück die Rollbahn zurück bis zu einem Friedhof der Waffen-SS, den wir schon auf der

Herfahrt gesehen hatten. Durch gekreuzte Birkenstämme war ein lang gezogenes Rechteck abgegrenzt worden. Darin lagen sie in zwei Reihen, 89 Mann. 89 Stahlhelme, 89 Kreuze mit Namen und Dienstgraden und Geburtsdaten. 89 blutjunge Kerle. Was mochte dort geschehen sein? Man sah keine Trichter und keine Einschläge in den Kornfeldern. So haben dort vielleicht rasende MG-Garben so schaurig gemäht. Wenn wir auch schon viele Gräber seit der Fahrt über den Bug gesehen haben, so zeigte uns diese Grabstätte doch mit besonderer Deutlichkeit, was hier in Russland geschehen kann, denn fast alle waren an einem einzigen Tage gefallen. (Bild 5) Und dieser Tag lag noch gar nicht so weit zurück. Wenn man die Verwundeten mitrechnet, so hat es dort an einem Tage fast ein ganzes Bataillon ausgelöscht, ein ganzes Bataillon an einem Tage, an einer Stelle, einer von vielen Rollbahnen nach Osten…

Schweigsam ging ich zurück zu unserer Kanone, die nun, als es dunkel wurde, doch verdammt verlassen an der Rollbahn im Graben stand. Und heute Nacht, als ich mit Felix auf Posten stand, kamen mir blöde Gedanken: Wenn nun wirklich ein versprengter Haufen von Russen genau auf uns zusteuert? Wer würde es merken aus dem Strom der Fahrzeuge auf der Straße, der auch in der Nacht kaum einmal abriss, dessen schwache Lichter zu jeder Minute von Westen und Osten her sichtbar wurden, als herrschte tiefster Frieden? Neulich noch sind in dieser Gegend Trosse auf der Rollbahn beschossen worden, das scheint erwiesen zu sein. Aber in dieser Nacht waren um uns nur die schwarzen Kornfelder und Büsche und der Wind, der die Halme und Blätter bewegte. Da wir nichts sehen und wegen der lauten Motoren auch meist nichts hören konnten, hätte uns der Iwan glatt überrumpeln können. Aber er tat uns zum Glück nichts.

Mit der Mittagsverpflegung brachte uns am nächsten Tag ein Melder auch die Nachricht, die Kompanie käme bald vorbei und wir hätten uns einzufädeln. Aus war der Traum von der „Freiheit“!

Eine Zeit lang bildeten wir nun selbst wieder ein Glied der endlosen Kette von Fahrzeugen, die nach Osten rollten. Zu beiden Seiten der Rollbahn tat sich eine Landschaft von grenzenloser Einsamkeit und Monotonie auf, und diese Stimmung wurde noch verstärkt durch eine auffallende Häufung von Geschützen und Flugzeugen, die der Iwan hatte stehen lassen müssen. Bei den schweren Batterien der Flak waren die Rohre horizontal zum Erdkampf gedreht und manchmal konnte man glauben, die Bedienungen machten in den Kornfeldern nur eine kurze Rast, so unversehrt stand alles da. Unsere Zelte schlugen wir gegen Abend in einer Obstplantage auf. Da konnten auch die Fahrzeuge und Kanonen gut unter die Bäume gefahren und getarnt werden. Aber das Gras war noch eklig nass und in der Nähe lagen mehrere tote Pferde, die einen infernalischen Gestank verbreiteten. (Bild 6, 7, 8, 9)

Östlich Zwiahel, Sonntag, 27. Juli 1941

Bis Mittag herrschte ausgesprochenes Sauwetter, aber wir hatten ja dienstfrei und koksten deshalb weiter, so gut es ging.

Dann endlich brach doch noch die Sonne durch, der Wind legte sich und wir wurden sogar trockener dabei.

Als die Sonne sich neigte und gutes Wetter versprach, erlebten wir noch einen traurigen Anblick. Auf dem Weg, der an der Plantage vorbei zur Rollbahn führt, trotteten Teile einer anderen Division vorüber. Es waren Reste, ausgebrannte Kompanien, die Leute dreckig, z.T. verwundet, unrasiert seit Tagen und gleichgültig.
Auch Pak war dabei, unsere Kollegen. Aber sie hatten keine Fahrzeuge mehr, sondern kümmerliche Bauernwägelchen, auf denen die Munition lag und auch einige schwerer Verwundete hockten, sowie Panjepferdchen als Vorspann.
Für uns war dies ein unfassbares Bild. Pak zu Fuß? Mit Panjes? So etwas in der Großdeutschen Wehrmacht? Wir begriffen es nicht. Aber düstere Ahnungen stiegen in uns auf, von Dingen, die uns vielleicht noch bevorstehen, von Tagen, da auch wir vielleicht so durch die Gegend socken würden, abgestumpft, deprimiert, fertig. Wenn wir überhaupt noch ziehen würden. Es gibt ja auch noch andere Möglichkeiten.
Das Traurigste aber blieb Emil vorbehalten. Er hat seine zwei Extrawagen aus Frankreich bis hierher mitgeschleift, er hat einen Putzer und viele andere um sich, die ihm liebend gern vom frühen Morgen an in den Hintern kriechen, er führt eine Kompanie, die noch nichts Ernstes erlebt hat, genau wie er selbst. Als aber nun in dem zusammengeschlagenen Haufen auch drei Offiziere vorübergingen, genauso versaut und kaputt wie die Landser – zwei von ihnen trugen außerdem durchblutete Verbände, da soll dieses Schwein sich verächtlich hingestellt und im Kreise seiner Trossknechte gesagt haben: „So was nennt sich deutsche Offiziere!“ Seitdem ist Emil für uns ein Lump.

Shitomir, Dienstag, 29. Juli 1941

Erst gegen Mittag erreichten wir heute unser Ziel Shitomir. Polen liegt nun schon längst hinter uns und Kiew ist nicht mehr weit. In glühender Hitze schlugen wir – wieder in einem Kasernengelände – unsere Zelte auf. Beim Abendappell kam es dann heraus: Einer von der Kompanie hat die erste Laus gemeldet!! Riesenspektakel! Die Ehre der Großdeutschen Wehrmacht und unserer Kompanie ist befleckt!
Die Erfahrungen aus den Kämpfen werden uns jetzt fast täglich vorgetragen. Hier weht doch ein verdammt anderer Wind als in allen Feldzügen bisher. Wir werden noch viel dazulernen müssen.

Östlich Shitomir, Donnerstag, 31. Juli 1941

Gestern Nachmittag surrten wir nach zwei falschen Alarmen, die uns fast ganz um unsere Nachtruhe brachten, ungewohnt sanft und staubfrei unter blauem Himmel auf einem langen Stück asphaltierter Rollbahn nach Osten bis zu einem idyllischen Wäldchen, in dem wir auf warmem, weichem Boden unsere Zelte aufschlugen. (Bild 10) In der Nacht habe ich wieder Wache, aber ich bin nicht böse darüber, denn die Nacht ist so sternklar und hell, dass wir keine Gefahren zu befürchten haben. Vor uns breiten sich stille Wiesen aus, bis hin zu anderen Wäl-

dern, die dunkel gegen den silbernen Himmel stehen. Es ist wirklich ganz so wie es Claudius sagt: „… der Wald steht schwarz und schweiget und aus den Wiesen steiget der weiße Nebel wunderbar…“
O ja, wir müssen schon dankbar sein für jede Stunde, die wir noch so sorglos leben dürfen, und für eine solche Nacht, die ihre stillen Wunder und ihr silbernes Licht über diese beschissene Welt ergießt. Morgen habe ich Geburtstag, werde ich 20 Jahre alt.

Östlich Shitomir, Sonnabend, 2. August 1941

Die üblichen kleinen Privilegien eines Geburtstags waren gestern plötzlich wegen eines erneuten Alarms nichts mehr wert. Wir mussten ganz in unserer Nähe ein Waldgelände durchkämmen. Aber außer vielen Mücken und Vögeln entdeckten wir nichts Lebendiges im Revier. Vielleicht haben die Brüder mäuschenstill oben auf den Bäumen gehockt oder den knackend durchs Unterholz latschenden Verein so zeitig gehört, dass sie noch bequem türmen konnten.
Und heute Nachmittag versank die Welt ringsum wieder mal in schwerem Regen. Dann sieht man als Posten in der Nacht buchstäblich nichts und hört nur das Rauschen.

Fastow, Donnerstag, 7. August 1941

Wir haben in den letzten Tagen und Nächten für unsere Verhältnisse wirklich viel erlebt. Alarm um Mitternacht, Sicherung in einem Ort seitab von der Rollbahn gegen angebliche Panzer und Banden, nachdem wir auf der völlig leeren Rollbahn im Dustern ohne Licht hatten fahren müssen, aber das war dann doch alles für die Katz. Stattdessen wieder stundenlanger Regen, trocknen im kalten Wind und elend verschlammte Straßen, kurz, all die schönen Randerscheinungen eines Lebens in freier Natur.
Als diese Aktion beendet war, wurden wir wieder zur Kompanie befohlen und rollten mit ihr bei herrlichstem Mondenschein an dem friedlichen Wäldchen vorüber bis zu einer Straßenkreuzung, an der wir die Rollbahn verließen und abermals auf miesen Straßen und Wegen nach Süden rumpelten und kurz darauf neun russische Bomber über uns hatten, die sich aber um unsere herrlich blinkenden Scheiben gar nicht kümmerten. Aber von nun an war Vorsicht geboten und daher waren wir in der Plantage, in der wir später die Fahrzeuge und Kanonen unterstellten, sehr eifrig bemüht, alles Blinkende und Helle schön mit Zweigen, Mänteln und Decken zu tarnen, ehe wir dann Zeit fanden, unsere Zelte aufzubauen.
Vom nächsten Morgen an war dann die Luft erfüllt vom Dröhnen deutscher Stukas und Jäger, aber zwischendurch brummelten auch mal ein paar Ratas über uns hin, ohne uns was zu tun. Man konnte nun auch von Kiew her das Wummern von Artillerie und sogar die schweren Einschläge der Stuka-Bomben hören. Alles in allem fand unsere bisher fast friedliche Reise hier offenbar ihr Ende. Das merkten wir auch daran, dass jetzt wohl nur noch nachts gefahren werden sollte, denn am Abend, als die vielen Zweige der Tarnung trocken und daher fast das Gegenteil

einer Tarnung geworden waren, brachen wir schon wieder auf und brummten in gleißendem Vollmondlicht durch weites, stilles Land. Erst nach Mitternacht kamen wir endlich am Rande eines Kleefeldes unter den Bäumen einer Allee zur Ruhe. Mit großer Sorgfalt wurde wieder alles Blinkende an den Fahrzeugen getarnt. Unsere Zelte polsterten wir danach mit herrlich duftendem Klee aus, ja, man ließ uns sogar bis weit in den Vormittag hinein schlafen.
Dann aber hatten sie neben anderen auch uns wieder am Wickel: Feldwache auf einer ganz flachen Anhöhe mit meilenweiten Ausblicken auf Felder und ferne blaue Höhen und Wälder. Da hätten wir es bei der Hitze des Tages noch lange ausgehalten, aber in der Abenddämmerung hörten wir plötzlich ein Brummen: Eni! Zurück zur Kompanie! Zelt abreißen, am Rande des Kleefeldes wieder aufbauen und morgen früh drei Uhr wecken! Weiterfahrt nach Fastow, einem Ort nicht mehr weit von Kiew.
Ein grauer, müder Morgen schälte sich heute allmählich aus dem Dunkel der Nacht. Der Mond war hinter Wolken verschwunden und die Sonne blieb unsichtbar.
An Schlaf war während der Fahrt nicht zu denken, denn als Weg diente eine ausgeleierte Sandwüste, sodass wir alle Nase lang abspringen und schieben mussten. Und wenn wirklich hier und da mal ein etwas besseres Stück Straße vor uns lag, dann hatte der Iwan es kaputt gemacht. Entweder waren Gräben quer herübergezogen, die inzwischen nur notdürftig wieder aufgefüllt worden waren, oder die wenigen Bäume waren umgesägt und fachgerecht in ein dichtes Verhau verwandelt worden. Dann mussten wir runter von der Straße und seitlich über die Felder ausweichen, wie es schon hunderte von Fahrzeugen vor uns hatten tun müssen. Dies alles machte uns wenig aus, nur die komischen Reihen kleiner Löcher quer über den Weg, die wir häufiger bemerkten, waren uns verdammt unheimlich. Wer garantierte uns, dass die Pioniere wirklich alle Minen ausgebuddelt hatten?
In dieser Gegend ist allerhand los gewesen, das steht fest.
Hier hat der Iwan Widerstand geleistet, hier hatte er Zeit gefunden, sich zur Verteidigung einzurichten. Je näher wir uns an Fastow heranschoben, umso bedrückendere Bilder wurden sichtbar: einsame Gräber am Rande der Felder mit roh zusammengenagelten Kreuzen und verrosteten Helmen, noch ganz so, wie die Kameraden sie am Abend nach dem Kampf ausgehoben und behelfsmäßig gekennzeichnet hatten. Es war noch keine Zeit gewesen, sie ordentlich herzurichten und zu pflegen. Die Namen und Daten, die mit ungelenken Händen in die spröden Latten der Kreuze eingekratzt waren, sagten uns deutlich genug, dass auch hier der Tod seine Opfer erst vor wenigen Tagen geholt hatte.
Schließlich schoben sich die stumpfen Silhouetten eines Dorfes gegen den grauen Himmel. Fastow! Und noch ehe wir im Orte anhielten, erkannten wir auch, woher der Tod für unsere Kameraden gekommen war. Hier standen wieder Panzer zwischen den ersten Häusern und das Gefilz der verwilderten Gärten war kreuz und quer von Löchern und kurzen Gräben durchwühlt; tiefe kleine Bunker waren halb unter den Hütten in die Erde getrieben worden und am Rande der Gärten, dort, wo die Felder und die baumlose Ebene begannen, sahen wir Dutzende von MG-Ständen aus Balken und Erde, die ebenfalls durch Zickzack-Gräben mit dem Dickicht der Gärten verbunden waren. Oh ja, das muss ein schönes Schießen gewesen sein, als unsere Infanterie über die deckungslose Ebene sprang! Wie

mögen sie nach den Sanitätern geschrien haben, als die Garben der russischen MGs in die Leiber fatschten!
Wir sind nun inmitten der ersten Häuser abgestiegen und warten. Worauf, weiß wieder einmal niemand. Vielleicht auf neue Befehle. Wir haben uns inzwischen die russischen Stellungen genauer angesehen und bewundern ehrlich die ungeheure Wühlarbeit. Wir hätten uns sicher nicht so viel Arbeit gemacht. Aber richtiger ist es schon so. Schweiß spart Blut, alte Geschichte…

Wassilow, Sonnabend, 9. August 1941

Bis gegen Mittag lungerten wir gestern noch an den Fahrzeugen herum. Ein hässlicher Wind war aufgekommen und die Wolken hetzten finster über uns hinweg. Statt des Essens, das nicht kam, weil der Tross irgendwo anders hin beordert worden war, gab man uns dann endlich den Befehl, die Ortssicherung zu übernehmen. Wogegen wir ihn sichern sollten, kriegten wir allerdings wie üblich nicht gesagt. Aber zunächst war uns etwas Neues lieber als das langweilige Rumhocken. So fuhrwerkte Eni uns gleich links einen Feldweg entlang auf eine etwas höher gelegene Ebene. Nach fünf Minuten gelangten wir dort an eine Wegkreuzung, an der wir unsere Spritze aufbauten, während Eni uns wieder allein ließ. Da standen wir also abermals auf einem strategisch ungeheuer bedeutsamen Punkt, inmitten unendlicher Kornfelder und Wolken. Und wenn auch nur ein einziger heller Iwan mit der Flinte im Getreide gesessen hätte, wären wir wahrscheinlich wunderschön nach und nach abgeknallt worden. Aber es hockte anscheinend niemand im Korn, der uns nach dem Leben trachtete, und daher kamen wir uns anfangs mit unserer Kanone recht lächerlich vor. Doch das Lachen verging uns dann schon. Kaum hatten wir – wieder einmal – unser Zelt zusammengeknubbelt und verzurrt, da begann es auch schon zu pladdern. Wunderbar!
Otto fluchte. Wir fluchten. Die anderen hockten jetzt bestimmt lecker warm in den Buden des Dorfes. Uns aber lief das Zelt voll Wasser, nicht von oben, sondern von unten. Der Hintern wurde nass, ob man es wollte oder nicht. Und die Zeit verging nicht! Regen, Regen, stumpfsinnige Felder, nasse Füße, kalter Wind und kalter Rücken, nichts Warmes im Bauch, Langeweile, schlechte Laune, graue Wolken und Regen, Regen, dieser gottverdammte Regen! Ein Wahnsinn, uns in dem Mistwetter dort draußen stehen zu lassen, bis man die Schwindsucht kriegt. Emil sollte doch mal rauskommen und sich diese Scheiße ansehen! Aber der kam natürlich nicht, der Schweinehund. Noch nie hat er uns oder eine andere Bedienung auf Feldwache besucht. Soll er bleiben, wo der Pfeffer wächst!
Ganz allmählich senkte sich schließlich die Dämmerung über das im Regen ersaufende Land. Immer näher rückte jene verwaschene Grenze, an der die hängenden Wolken und die Strähnen des Regens mit den Feldern grau in grau verschmelzen. Dann wurde es vollends Nacht um uns. Mit klatschnassen Klamotten patschten wir in dem wässerigen Morast herum. Das Zelt stand voll Wasser.
Die Welt um uns war einfach weg, ersoffen. Nur der Wind schlich tückisch durch die Ähren und die Regentropfen pinkelten in die riesigen Pfützen, die sich auf den abflusslosen Wegen bildeten. Es war schlicht zum Knochenkotzen. Hin und wieder fuhren wir plötzlich zusammen, lauerten sekundenlang mit rasend klopfenden

Herzen, die Waffen entsichert im Anschlag, lauschten... nichts. Nur der Regen. Wer sollte dort auch schon kommen bei dieser Finsternis? Doch dann – da, ganz deutlich – hinter uns flüstern welche! Und dort – Gestalten! Dunkle Schatten, da drüben! Zum Wahnsinnigwerden. Angst würgt die Kehle. Reißender Hunger in den Gedärmen.
Und doch nur der Wind im Korn. „Siehst Vater, du den Erlkönig nicht?"
Aber wir erreichten doch noch den Hof mit Mühe und Not. Gegen neun Uhr abends geisterten hinter uns plötzlich zwei Lichter durch die Nacht, Motorengeräusch kam näher. Eni! Gott sei Dank, Eni, den man ganz allein in die Regennacht geschickt hatte, um uns zu holen und dem nun auch ein Stein vom Herzen fiel, als er uns abgeschiedene Geister gefunden hatte. Und wir freuten uns auf den großen Haufen wie noch nie! Schnell waren die glitschigen Zeltpflöcke aus dem Modder gerissen, Zelt und Munition wüst auf die Karre gefeuert, die Spritze angehängt, und ab ging es im Karacho Richtung Heimat ohne einen Blick zurück. Kein Iwan schoss, aber richtig leicht wurde uns erst wieder zwischen den schwarzen Silhouetten der Häuser und Wagen im Dorf.
Das dicke Ende blieb uns aber nicht erspart. Die ganze Kompanie kauerte halb schlafend auf den Fahrzeugen. Niemand durfte in die Häuser, angeblich, weil jeden Moment der Befehl zum Weitermarsch eintreffen konnte. Emil hockte mit seinen Knechten natürlich schön in einer warmen Bude. Zu fressen gab es auch nichts. Der Tross war verschollen und saß bestimmt auch irgendwo im Trockenen, anstatt uns zu suchen. Das war mal wieder dieser Sauladen in Reinkultur. Mit nichts im Bauch die ganze Nacht draußen im Regen grunzen. So etwas gibt es auch nur hier.
Es blieb uns nichts übrig, als uns so nass und durchfroren wie wir waren, auf dem verschmierten Gerümpel unseres Wagens für die Nacht einzurichten. Das war bei der Finsternis nicht einfach, doch nach einigem Gerangel hatte jeder seine Knochen irgendwo stationiert und sich die nasse Zeltbahn über die Ohren gezogen. So wurden wenigstens der Kopf und der Hals ein ganz klein wenig wärmer und das war schon viel wert. Endlich wurde es dann ruhig auf den Wagen. Nur der Regen strippte weiter, ein richtiger Landregen. Gute Nacht…
An Schlaf war überhaupt nicht zu denken. Stunde um Stunde mussten die übermüdeten Augen den ganzen Jammer mit ansehen. Es nutzte auch nichts, an den Schlaf im Klee und an die silbernen Mondnächte im Walde an der Rollbahn zu denken. Die nasse, eklige, hungrige Wirklichkeit war stärker. Die Sintflut verebbte nicht. Es kam auch kein Befehl, der uns wenigstens von diesem sinnlosen Nasswerden auf der Straße erlöst hätte oder uns das Betreten der Häuser erlaubte. Nein, es war Alarmbereitschaft befohlen, und so durften wir uns weiter beschiffen lassen und die Schmerzen an Steiß- und Schienbein genießen. Oh Herr, lass Morgen werden! Abend wird's von selber, stöhnten wir manches Mal den Nachthimmel an.
Aber das hätten wir nicht tun sollen. Wir sind eben noch nicht reif für Russland. Denn als sich ganz zaghaft das tiefe Schwarz der Wolken in ein dunkles Grau verwandelte und etwas später die triefende, trostlose Umgebung wieder erkennbar wurde, da gab es zunächst mal keinen Kaffee. Die Herren vom Tross hatten uns immer noch nicht gefunden. Zu so früher Morgenstunde kann das ja auch niemand erwarten. Wir holten also unsere nassen Brotreste zusammen und be-

schmierten sie mit dem, was wir eben noch so hatten. Aber die Wut über die Trossknechte und den Regen erwärmte uns immerhin beinahe ebenso, wie es ein heißer Muckefuck getan hätte. Als wir dergestalt unser Frühstück vernascht hatten und tatendurstig zum regenverhangenen Horizont blickten, hielt Emil die Stunde für eine freudige Mitteilung für gekommen. Er eröffnete uns schlicht, die Wege seien durch den Regen so grundlos geworden, dass die Kompanie – zu Fuß weiterziehen müsse! Nach Wassilkow, 30 km entfernt. Die Wagen kämen mit den Kanonen nach, sobald der Regen nachlasse…
Wir zu Fuß? Hahaha! Doch Majestät beliebten durchaus nicht zu scherzen, beliebten allerdings auch nicht, etwa mit uns zu latschen. Höhere Führungsaufgaben zwangen – leider! – dazu, bei den Fahrzeugen zu bleiben.
Da hatten wir Dreck: von oben, von allen Seiten und nun auch von unten. Fluchend bammelten wir unser verschimmeltes Gelumpe an unsere zerschlagenen Körper und dann trottete eine lange, stinksaure Reihe dreckiger Gestalten in den grauen Tag hinaus.
Der Weg war tatsächlich abgrundtief verschlammt, d.h. er wurde es schnell bei solchem Dauerregen wie gestern und heute.
Das merkten wir so richtig, als wir Fastow hinter uns gelassen hatten und durch weiteres Brachland stapften. Da hatten die Fahrzeuge an manchen Stellen den „Weg“ auf 200 m verbreitert, weil jeder Fahrer versuchte, noch weiter seitlich in die Felder auszubiegen, um nicht rettungslos in den tiefen Spuren der anderen zu versinken. Und doch hatte es manche Wagen erwischt. Entweder waren sie schon früher hängen geblieben, dann war nichts Brauchbares mehr daran. Missachtet wie alte Konservendosen steckten sie bis zu den Achsen im Dreck und rosteten vor sich hin. Oder sie saßen erst seit gestern oder heute fest, dann hockte meistens das arme Schwein von Fahrer darin und hoffte allen Ernstes, er würde bald von einer mitleidigen Seele abgeschleppt. Bis dahin musste er seine Karre gegen beutelüsterne Aasgeier verteidigen, koste es, was es wolle. So haben diese hochnäsigen mot-Leute auch ihre Sorgen.
Das Elend dieses „Marsches“ in dieser grenzenlosen tiefgrauen Verlassenheit lässt sich nicht beschreiben. Stumpfsinnig, hungrig und durstig zogen wir einen Stiefel nach dem anderen aus dem saugenden Morast. Alle Stunde mal ein paar trostlose, grauschwarze Hütten am „Wege“, Regenschleier und versoffene Trümmer von Autos, aber kein Baum, kein Strauch. Irgendwann um die Mittagszeit ließ der Regen nach, der Himmel hellte sich auf, wir fanden sogar allmählich unsere alte Schnodderschnauzenwurschtigkeit wieder, aber dann näherten wir uns einigen flachen Hügelketten. Anscheinend hatte sich der Iwan dort an den Höhen festgesetzt, weil sie eine weite Sicht erlauben, obwohl sie vielleicht nur 10 oder 15 m über die Ebene hinausragen.
Wir sahen in den Stoppelfeldern kreuz und quer viele Panzerspuren und ein Stück weiter standen verlassene Geschütze und Schlepper im Gelände. Zerfetzte Pferde lagen halb im Schlamm vergraben, andere Kadaver streckten starr und sinnlos die Beine dem Regen entgegen. Später stapften wir an einer weiten Anhöhe vorüber, die gespickt war mit vielen hundert Gewehren. Dort waren offenbar viele Iwans geschnappt worden, die kurz vor Feierabend ihre Flinten mit den Bajonetten in die Erde gestoßen hatten. Aber es lagen auch noch zahllose tote Russen herum, die niemand beerdigte. Nun holt sich der russische Schlamm seine toten Söhne

wieder und der Regen hilft dabei, denn er macht die Erde weich, und so können die steifen Körper unmerklich in den schwarzen Boden versinken. Ob es für diese Gefallenen wirklich noch der heilige Boden des geliebten Mütterchens Russland war?

Wir konnten sie nicht mehr fragen. Die wächsernen Gesichter schwiegen. Der Regen tropfte in geöffnete Münder und starre Augen hinein, die niemand mehr zugedrückt hatte. Dies waren die ersten toten Russen, die wir sahen, und es waren erschreckend viele auf dem weiten Felde. Ihre erdbraunen, ärmlichen Uniformen hoben sich kaum von der stumpfen Erde ab. Auch das Blut aus den Wunden war vom hochgespritzten Schlamm längst schwarz oder grau geworden. So lagen sie einzeln oder in aufgetürmten Gruppen umher, wie Erdhaufen. Das Feld war zu einem weiten Friedhof geworden, auf dem es wohl unzählige Tote, aber keine Gräber und keine Kreuze, keine Bäume und keine Blumen gab. Nur die scharfen Konturen der Gewehre stachen schwarz aus den schlammigen Stoppeln. Mich fröstelte beim Anblick dieser Stätte ohne Hoffnung und Wiederkehr, über der ein unheimliches Schweigen zu stehen schien. Da lagen sie zu hunderten, von Gott und aller Welt verlassen, und wurden vor unseren Augen wieder zu Erde. Das allein war tröstlich. Aber es blieb noch genug an Grauen in mir zurück, lange, nachdem wir vorüber waren und zum Schluss noch inmitten der vielen unbegrabenen Russen auf der windigen Höhe zwei deutsche Gräber gefunden hatten, genauso einsam wie jene in diesen dunklen Tagen und Nächten aber doch nach Soldatenart bestattet und nun betrauert von den Kameraden und von ihren Nächsten, die nun wohl schon von ihrem Tode wissen. Von den vielen hundert anderen aber wird wohl nie eine Nachricht zu den fernen Verwandten gelangen. Sie sind verschollen. Woina nix gut, nitschewo. Armes, geduldiges Volk.

Wir waren sicher noch eine Stunde immer sachte bergauf gestiefelt und durch die Bilder der vielen Toten wieder schweigsamer geworden, als wir endlich eine weite Hochebene erreichten. Und bald darauf geschah das Unmögliche: Die Rollbahn begann – oder sie hörte auf, wie man es nimmt. Irgendwo auf dieser großen Fläche gab es plötzlich eine Straße, gab es Steine unter den Füßen! Das war zunächst ein so ungewohntes Gefühl, dass wir erst ziemlich spät wirklich daran glaubten und unseren Schlammschleicherschritt zugunsten einer normaleren Fortbewegungsart aufgaben. Und da wir nun auch nicht mehr dauernd die Nase im Dreck haben mussten, um nach heimtückischen Wasserlöchern zu fahnden, bemerkten wir erst jetzt, dass der Regen fast ganz aufgehört hatte. Nur einzelne Schauer fegten noch über das Land, sonst aber war die Sicht weit und klar geworden und in der Ferne brachen hier und da schon scharfe Sonnenstrahlen durch die weißen Säume der Wolken. Dann brachen auch wir in die wärmenden Kegel des Lichts und vergaßen rasch die Mühen der Nacht und des Tages. Wir sahen, wie die Klamotten zu dampfen begannen, wie die dunklen und lehmigen Schmierstellen an Rock und Hose heller und härter wurden und wie die ersten Brocken von den Stiefeln kollerten. Es war wieder eine Lust zu leben. Wohlan, die Luft geht frisch und rein… Wir konnten weit hinausblicken in die wellige einsame Landschaft und wir versuchten auch, die Türme von Kiew zu entdecken, aber wir fanden sie nicht. Nur Acker und Brachland bis zum fernen Horizont, kein Baum, kein Strauch, kein Mast. Dass es so etwas gibt, so unendlich viel leeren Raum auf dieser Erde…

Am späten Nachmittag, als nur noch wenige Wölkchen den dichten Wolkenbänken nachjagten, erblickten wir zu unseren Füßen endlich die Stadt Wassilkow, unser heiß ersehntes Ziel. Also hatten wir es doch geschafft. In großen Schleifen senkte sich die Straße hinab in den Talkessel und unten umfing uns dann der sausende Lärm der Etappenstadt. Hier erst stießen wir wieder auf die, oder besser auf eine, richtige Rollbahn, während „unsere" nur ein toter Ast ohne jeden Verkehr gewesen war. Wer will auch schon plötzlich im Schlamm enden.
Nach dem standesgemäßen Warten auf weitere Befehle geleitete man uns in die Quartiere. Wer aber beschreibt unser Erstaunen, als wir dort unsrigen Freund Eni fröhlich grinsend nebst Wagen und Kanone vorfanden? Da waren die Herrschaften ganz einfach ohne uns einen anderen Weg gefahren und hockten längst im warmen Nest wie Weiland Swinegel am Ende der Furche: „Ätsch, ich bin schon da!" Und uns Idioten ließ man durch diese Schlammwüste latschen!!!
Es war Enis Glück, dass er die Verpflegung für uns alle schon an Bord hatte. So begann denn bald ein eifriges Brotsäbeln und Butterschmieren. Wir mussten dann zwar noch unsere Kanone an der Straßengabel vor dem Hause in Stellung bringen – mitten in der Etappenstadt! – und irgendetwas sichern, aber das nahmen wir lässig hin, weil immer nur ein Mann Posten zu stehen hatte, und der konnte schön mit dem Verkehrsposten von der Feldgendarmerie klönen…

<u>Obuchow, Dienstag, 12. August 1941</u>

Die letzten Tage haben sie uns wie üblich mit Wache und der Sicherung eines Bataillons auf dem Marsche beschäftigt. Aber es blieb alles erträglich, ja, wir konnten sogar etwas Schlaf nachholen und sind vorgestern Abend zur Abwechslung mal bei einer Kolchose in Stellung gegangen, um einen dort hausenden Regimentsstab getreulich zu behüten. An üblen Ratas, die sehr unfein im Tiefflug über uns hinweg donnerten, hat es auch nicht gefehlt, und die Nächte waren wieder schön lausig kalt.
Dort oben bei der Kolchose blieben wir noch bis zum nächsten Mittag ungestört. Aber dann wurden wir zur Kompanie befohlen und erfuhren sogleich das Neueste: Heute noch Einsatz ganz vorn!! Und ab ging's zum Tross durch meilenweite Getreideschläge, aber die registrierten wir kaum – nach vorn! Heute noch!
Die Trossleute erzählten uns voller Stolz von den Artilleriekoffern, die der Russe ihnen in den Wald gesetzt hatte. Wir taten ihnen allerdings nicht den Gefallen, vor Anteilnahme zu zerfließen, sondern waren noch stinksauer auf die Burschen, weil sie uns bei Fastow hatten hungern lassen.
Bald hieß es auch schon „Aufsitzen!" zum letzten Stück Fahrt..
So plötzlich also, das letzte Stück bis zur äußersten Grenze. Bisher sind wir ja nur durch ein einziges Vakuum gefahren, durch weite, menschenleere Landstriche, in denen offenbar kein deutscher Soldat stand, wenn man von den wenigen Lebensadern absieht, die die Front mit allem Notwendigen versorgen sollen. Nun aber mussten wirklich bald die rückwärtigen Truppen, die Reserven in Wäldern und Dörfern zu sehen sein. Aber unsere wachen Augen fanden gar nichts Tröstliches. Die Landschaft hatte sich wieder gewandelt. Es gab keine Kornfelder mehr, keine Bäume, keine Dörfer. Kahl und öde breitete sich das Land in flachen Wellen.

Nirgends Menschen, geschweige denn Landser, Ari und Panzer. Je länger die Fahrt auf grasüberwachsenen Spuren dauerte, desto mehr rutschte uns das Herz in die Hose. Obendrein rummelte es ganz schön von Kiew herüber. Das war nicht gerade eine beruhigende Ouvertüre. Wie muss sich das erst aus der Nähe anhören?

In der Dämmerung, die dunstig und trüb über die Einöde kroch, gelangten wir endlich doch in ein langgestrecktes Dorf, das in einer sanften Talsenke malerisch unter Bäumen versteckt lag. Obuchow hieß das Nest. Hier endlich standen in den Gehöften viele getarnte Fahrzeuge, hier und da entdeckten wir ein Geschütz der Ari inmitten eines Erdwalles und auf den Dorfstraßen stiefelten zahlreiche Landser mit Kochgeschirren und Verpflegung daher. Andere saßen schon auf den Bänken vor den Häusern und klapperten vernehmlich mit dem Schanzzeug im Essen herum. Verschiedene Buden waren halb zerstört, manche sogar bis auf die verrußten Kamine ganz niedergebrannt, aber das störte kaum den Abendfrieden und den anheimelnden Eindruck des Ortes.

An einer Weggabel trennten wir uns von den beiden anderen Geschützen und tuckerten noch ein Stück weiter. Es war schon dämmerig geworden und das war uns sehr lieb, denn Eni hielt schließlich genau an einem Schild „Vorsicht! Feindeinsicht!“ Ausgerechnet dort sollten wir bleiben. Endstation, alles aussteigen. Eilig und mit möglichst wenig Spektakel hängten wir die Kanone ab und luden, was wir brauchten, vom Wagen. Als Eni dann zurückfuhr, machte uns das Röhren des Motors fast fertig. Wenn das der Russe hörte!! Hatte er seine MGs vielleicht haarscharf auf diesen Punkt eingestellt? Dann ade zur guten Nacht…

Nun standen wir auf einmal da, irgendwo zwischen den Häusern und Gärten dieses unbekannten Dorfes. Das also war alles. Die Front. Ein paar Hanseln in ein paar Hütten, ein paar Kanonen. Lieb Vaterland, magst ruhig sein. Leicht gerührt von diesen ersten Eindrücken brachten wir die Kanone unter einem stattlichen Baum so in Stellung, dass wir den Weg sichern konnten, der offensichtlich geradeaus weiter zum Russen führte. Dieser war noch etwa 100 m weit zu verfolgen bis zu einem Hause auf der linken Seite. Dahinter verschwand er irgendwo im Nichts.

Als wir, wie so oft schon, die Holme eingegraben, Räder und Schild, Rohr und Munition getarnt und die Spritze geladen und gesichert hatten, war zum Schluss auch wieder der Zeltbau fällig. Während dieser Arbeiten rasselten nah und fern Feuerstöße von MGs in die Nacht. Wir glaubten auch deutlich die russischen aus der Ferne zu hören, die viel langsamer rattern als unsere MG 34. Zunächst dachten wir in unserer aufgeputschten Phantasie an Stoß- oder Spähtrupps, aber dann merkten wir doch bald, dass hüben und drüben die MGs nur eingeschossen wurden, damit sie in der Nacht einwandfrei funktionieren. Nach einer halben Stunde hatte sich dieser Feuerzauber dann auch ausgetobt. Danach wurde es sehr still. Eine dunkle Nacht zog herauf. Nur manchmal hellte sich der Himmel im Norden zuckend auf und etwas später drang das dumpfe Grummeln an unser Ohr, das wir an diesem Tage schon öfter gehört hatten.

So schoben wir in dieser Nacht unsere ersten richtigen Wachen an der Ostfront. Einsilbig standen oder hockten wir zu zweit an der Kanone und lauschten in die Finsternis hinaus. Es hatte sich bewölkt. Der Wind strich kühl durch die Büsche und Bäume, wir fröstelten. Dann und wann fielen vor uns ein paar Gewehrschüs-

se, zischten helle MG-Garben hoch über uns hinweg. Zum ersten Mal sahen wir nun auch die flackernden Bogen der Leuchtkugeln hochjagen und jäh verlöschen, mal nah mal fern, die fahlen Lichter im Niemandsland.
Es geschah nichts Aufregendes in dieser Nacht. Mürrisch zog ein hässlicher Morgen herauf, ohne Sonne und Wärme. Und als es Tag geworden war und wir heute früh gegen neun Uhr aus dem Zelt krochen, wollten wir gar nicht recht glauben, dass dies die Front sein soll, so friedlich und still lag das Dorf. Auch Landser entdeckten wir nirgends. Alles pennte jetzt nach der langen Wache in der Nacht. Nur hier und da standen – unsichtbar für den nicht Eingeweihten – die Tagesposten und zählten gähnend die Minuten bis zur Ablösung.
Nach dem Frühstück stromerten wir ein wenig durch das schlafende Nest. Die meisten Häuser stehen am Hinterhang und so können wir uns fast überall frei bewegen. Mehr wäre eigentlich von diesem ersten Tage an der Front gar nicht zu berichten, so erstaunlich das auch klingen mag. Wir aßen herrlich viel Obst, das in rauen Mengen an den Bäumen hing, und holten noch etwas Schlaf nach. Erst jetzt, gegen Abend, wird es wieder lebendig im Dorf. Auch wir erhielten vorhin unsere Verpflegung von der Kompanie. Nun sind wir gespannt, wann Emil sich mal blicken lässt.

Obuchow, Mittwoch, 13. August 1941

In der Nacht schoben wir wieder abwechselnd Wache an der Kanone. Am Vormittag ballerten drei Geschütze, die nicht weit von uns im Dorf ihre Stellung hatten, plötzlich so fürchterlich los, dass wir glaubten, uns seien die Trommelfelle geplatzt. Kaum zwei Minuten später schossen die Russen ein paar gewaltige Brummer ins Dorf. Das soll hier so üblich sein; immer wenn unsere sich mucksen, schießen Iwans Kanonenboote auf dem Dnjepr wütend zurück. Die können sich das auch erlauben, weil unsere Ari sie nur an einer einzigen Stelle des Flusses erwischen könnte, aber an diesem Punkt lassen sie sich natürlich nicht sehen. Ein verdammt einseitiges Spiel.
Kurz nach diesen wahrhaftigen Schreckschüssen brachte uns ein Melder den Befehl, am Abend bei dem Haus 100 m links vor uns am Wege in Stellung zu gehen. Nachdem wir uns einzeln in großen Abständen und zuletzt gebückt nach vorn geschlichen hatten, um die Lage zu peilen, betraten wir die unbewohnte Bude, die aber kein Fenster nach vorn hatte. Also mussten wir uns, wieder einzeln und tief gebückt, seitlich hinter den Misthaufen bemühen und dort erblickten wir zum ersten Mal das Niemandsland: Direkt vor dem Hause fällt eine grasige Böschung an die 10 bis 15 m tief ab, dann erstreckt sich eine weite Wiese ununterbrochen bis hinüber zu Schonungen und Kiefernwäldern. (Bild 11) Mitten durch die Wiesen ziehen sich die sandigen Spuren eines Feldweges hin, des Weges, der direkt an unserem Haus vorbeiführt und sich irgendwo drüben in den Waldungen verliert.
Vom Iwan war nichts zu sehen, kein Graben, keine Stellung. Aber die Wiesen sollen schwer vermint sein – von wem und wo, weiß angeblich niemand. Halbrechts ragt die Flanke eines Hügels empor, auf dem sicher unsere Infanterie sitzt. Das also ist das Niemandsland, diese einsame weite Wiese und der helle Weg mit

den beiden „Kugelbäumen“ am Fuße des Abhangs. Da drüben irgendwo soll der Dnjepr fließen, der große Strom der Ukraine. Die fernen Wälder flimmerten in der Luft. Friedlich schien das Land vor uns zu schlafen. Und doch, in der Wiese soll der heimtückische Tod vergraben sein und angeblich hat die Division den Auftrag, den bei Tripolje über den Fluss gesetzten Feind wieder zurückzuwerfen…
In der Abenddämmerung zerrten wir heimlich, still und leise unser Kanönchen den Weg hinauf bis hinter das Haus. Dann räumten wir Teile des Misthaufens beiseite, um in dieser edlen Tarnung die Spritze einzubauen. Aber so leicht ging das gar nicht, denn um genügend Schussfeld zu kriegen, d.h. Platz zum Schwenken und Richten des Rohres bzw. der ganzen Kanone, mussten wir noch einen alten Zaun und allerlei Reisig und sonstigen Kram beseitigen. Das Knacken und Knistern trieb uns dabei den hellen Angstschweiß auf die Stirnen. Saling fluchte, aber ganz ohne Geräusche kriegte auch er es nicht hin.
Als wir dann endlich alles frei gelegt hatten, bauten wir als Tarnung mühsam einen neuen Zaun auf, jedoch so, dass wir die Stöcke zur Not mit einem einzigen Handgriff zur Seite reißen konnten. Aber nach außen hin darf ja keine Veränderung zu sehen sein. Auch nach oben musste wegen der Flieger alles mit Mist, Reisig, Stroh und Gelumpe aller Art pico bello getarnt werden. Schließlich brauchen wir selbst auch noch einen getarnten Platz an der Kanone, von dem aus wir das Vorgelände bei Tag und Nacht beobachten konnten.
Mit diesen zum Teil recht anrüchigen Basteleien beschäftigten wir uns fast bis Mitternacht. Zum Glück war es etwas hell draußen, sodass wir drüben beim Iwan sogar die Wälder schwach erkennen konnten. Unliebsame Überraschungen waren also kaum zu befürchten. Dennoch fiel uns ein Stein vom Herzen, als endlich das Kraspeln und Hantieren aufhören konnte.
Ein letzter Blick von vorn, von hinten und von den Seiten. Jawoll, alles in Butter. Saling schärfte uns zum zehnten Male äußerste Vorsicht bei allen Bewegungen außerhalb des Hauses ein. Damit hatte er völlig Recht. Die Bude hoch oben auf der Böschung musste vom Iwan aus ganz klar zu sehen sein. Wenn er erst einmal Verdacht schöpft, wird er uns in Scherben schießen wie eine alte Flasche. Im Grunde ist es blanker Wahnsinn, überhaupt an so exponierter Stelle eine Kanone aufzubauen. Aber Befehl ist ja nun mal Befehl.
Einmal hat nun jeder noch Wache bis zum Morgengrauen. Es ist jetzt so hell draußen, dass nur ganz selten eine Leuchtkugel hochschießt, eine grünlich-weiße fern beim Russen oder eine mehr gelb-weiße bei uns. Eben kriegten wir den ersten Besuch von einer Infanteriestreife und klönten eine ganze Weile, bis die Kameraden in beneidenswerter Gemütsruhe weiterlatschten.
Jetzt ist es wieder still, nur die Grillen zirpen in den Wiesen vor uns. Der Krieg ist eingeschlafen, so scheint es, eingelullt von der Schönheit einer Sommernacht, die auch wir dankbar genießen.
Aber vor uns ist nun niemand mehr…

T R I P O L J E

Obuchow, Donnerstag, 14. August 1941

Warm schien die Sonne vom strahlend blauen Himmel, es herrschte Ruhe, und wir faulenzten ziemlich unverschämt, soweit uns das wimmelnde Fliegengeschmeiß nicht rasend machte.
In der Ukraine geht es jetzt anscheinend mit Riesenschritten vorwärts. Der Wehrmachtbericht spricht schon von rastloser Verfolgung und vom bevorstehenden Zusammenbruch der Verteidigung der Westukraine. Das sind immerhin starke Worte, die uns arme Säcke hoch erfreuen, denn jeder Erfolg an anderen Stellen macht auch uns das Leben leichter.

Obuchow, Freitag, 15. August 1941

Da die letzten Nächte ziemlich hell waren, haben wir uns gut an das Wacheschieben ganz vorn gewöhnt. Es kann hier ja nichts passieren. Die Stunden des Postenstehens sind eigentlich nur Geduldsproben. Wir lauschen den vielfältigen Geräuschen der Dunkelheit, dem eintönigen Gezirpe der Grillen, dem Wehen des Windes und dem Schreien der Nachtvögel, die über den Wiesen jagen. Wir kennen unsere Freunde von der Infanterie und freuen uns, wenn die Streifen eine Weile bei uns bleiben. Es gibt dann immer was zu erzählen: über unsere Kanone, über das Wetter, über den Iwan, über die Verpflegung, über Urlaub und Parolen. Schlimmer können auch Waschweiber nicht tratschen. Aber dabei vergeht die Zeit und das ist die Hauptsache. Und wenn dann wieder zwei Stunden abgesessen oder abgestanden sind, schlafen wir auf dem mit Stroh belegten Fußboden unserer Bude fast so unbeschwert wie zu Hause in einem mitteleuropäischen Bett. Und dabei kann uns der Iwan in jeder Sekunde mit einer Ratsch-Bumm in die Luft schießen. Hoch genug auf dem Präsentierteller hausen wir hier oben.
Am Tage ballerte unsere Ari wieder verschiedentlich los, stets mit dem gleichen Getöse, dass einem angst und bange werden kann. Und jedes Mal kam kurz darauf Antwort vom Russen, immer die verdammten schweren Koffer von den Kanonenbooten. Allmählich reicht uns dies blöde Spiel. Es ist nur gut, dass der Iwan bisher nicht von sich aus losgelegt hat; so werden wir stets vorher gewarnt und bereiten uns aufs Hinschmeißen vor. Meist aber schießen die Brüder viel zu weit hinter uns in die Gärten.
Das änderte sich allerdings sehr unliebsam am Abend. Da kriegte um sechs Uhr unsere Ari – gerade als wir unsere Verpflegung erwarteten – wieder ihren Rappel, schoss wie wild, dass die Luft minutenlang dröhnte und der Kalk von den Wänden rieselte, und hatte kaum die Vorstellung beendet, als auch schon von drüben das berüchtigte blubb-blubb-blubb herüberwehte. Zwei Sekunden später lagen wir ohne Kommando auf dem Fußboden, die Erde um uns zerbarst, ein, zwei, drei, vier Mal – und wie! Alles wackelte und zitterte, Pulverdampf zog durch den Raum. Dann rauschte auch schon gleich die nächste Serie hinterher, wieder vier Stück, aber – Gott sei dank – etwas weiter weg. Und noch eine Lage, noch weiter nach hinten. Die Hunde streuten systematisch die ganze Gegend ab. Jedes Mal

100 m zugelegt. Mit neun oder zehn Lagen ärgerten uns die Lumpen, dann machten auch sie Feierabend. Uns langte es für den Abend, erst recht, als wir mit langen Gesichtern feststellten, dass die nächsten Einschläge noch 120 m entfernt gewesen waren. Und wir hatten auf 20 oder 30 m getippt wegen der ungeheuren Wucht der Einschläge. Nun fragen wir uns, was wir wohl zu erwarten haben, wenn sie uns wirklich mal eine Serie so nahe hinklotzen oder noch näher.

Obuchow, Sonnabend, 16. August 1941

Unsere Liebe zur Schwesterwaffe Ari verwandelt sich langsam, aber unbeirrbar in kalte Wut. Jedes Mal, wenn die Kameraden loszuballern belieben, kommt gleich darauf die Antwort von drüben, kurz, aber brutal. Wir schweben in dauernder Unruhe und trauen uns kaum noch auf einen bestimmten Freisitz, obwohl die eisenhaltige Atmosphäre und das massenhaft gefressene Obst derartige Sitzungen geradezu erzwingen. Vorhin, in der Dämmerung dieses schönen warmen Tages, haben die wackeren Kanoniere drüben in dem Walde beim Iwan aber doch noch etwas in Brand geschossen. Der rötliche Feuerschein steht nun schon seit zwei Stunden über dem östlichen Himmel. Deutlich kann man die Spitzensilhouette der Wälder erkennen. Wir aber stehen trotz dieses erfreulichen Anblicks mit zwiespältigen Gefühlen auf Posten. Auch der milde Nachtwind kann unsere Unruhe nicht hinwegspülen. Was schon seit einigen Tagen gemunkelt worden ist, hat sich heute bestätigt: Am Montag soll Tripolje genommen werden.
Aber das ist noch nicht das Schlimmste. Heute Nachmittag ist angeblich ein Kradmelder mit Plänen und Befehlen für den Angriff versehentlich zum Russen hinübergeprasselt, weil ein Posten von der Infanterie ihm den Weg nicht genau genug beschrieben haben soll. Wenn das stimmt, weiß der Iwan also genau Bescheid, auch wenn der Angriff erst mal verschoben wird. Dunkelrot steht der Feuerschein über den schweigenden Wäldern. Da drüben wird jetzt aber auch etwas mehr los sein als nur der Brand.

Obuchow, Sonntag, 17. August 1941

Heute früh setzten uns die Sauköppe trotz des friedlichen Sonntagswetters auf nüchternen Magen eine Serie um die Ohren, die alle bisherigen an Dauer und Präzision erheblich übertraf. Unter dem Eindruck dieser zweifellos feindlich gemeinten Demonstration entschlossen wir uns wohl oder übel, gleich hinter dem Hause einen Bunker zu bauen, in den wir bei ähnlichen Gemeinheiten künftig flugs zu entfleuchen gedenken. (Bild 12)
Das war aber leichter entschlossen als getan, denn der erbärmliche Sand rutschte dreimal wieder zusammen. Schließlich kriegten wir aber doch Halt in die Geschichte, steiften die Wände mit Brettern und Kanthölzern aus und packten schleunigst Balken und Bohlen darüber, die es in den zerschossenen Häusern genügend gibt. Zum Schluss wurde ordentlich Stroh auf die Balken geschichtet und darauf der ausgehobene Sand geworfen, der dem Ganzen erst die nötige Schwere und Sicherheit verleiht.

Abends kurz vor 18 Uhr krochen wir zum ersten Mal offiziell in den neuen Unterstand, der so hoch ist, dass man bequem darin sitzen kann. Punkt 18 Uhr legte unsere Ari los. Warum sie das Tag für Tag mit solcher Sturheit tut, haben wir bisher noch nicht ergründen können. Fünf Minuten später feuerte der Iwan zurück, ohne das Ende des deutschen Abendständchens abzuwarten. Seine ersten Lagen schlugen, soweit wir das heraushören konnten, ein ganzes Stück vor dem Abhang in die Wiesen ein. Aber dann rückten sie näher. Und die vierte und fünfte Lage krachten dann so brüllend in die Nähe, dass wir nur noch schnell die Arme über den Köpfen kreuzen und uns ganz klein machen konnten. Die Luft zerriss unter dem Druck der Detonationen, der Boden bebte in langen Wellen. Taub und benommen schielten wir zur Decke.
Die Balken waren noch heil. Aber überall war der feine Sand zwischen den senkrechten Hölzern hindurchgerieselt und wir selbst sahen wie gepudert aus und hatten Hals, Rücken und Ärmel voller Sand. Das ging geschlagene 45 Minuten so, eine Zeit, die uns vier mal so lang vorkam. Immer wieder veränderten die Iwans die Entfernung, rückten nach hinten, kamen näher und streuten auch seitlich. Sie suchten die Ari, deren ungefähren Standort sie natürlich längst angepeilt haben. Und heute sind sie sicher besonders gut auf uns zu sprechen, weil sie von dem geplanten Angriff auf so blamable Weise Wind bekommen haben. Etwas knieweich und misstrauisch krabbelten wir schließlich wieder ans Licht des Tages, nachdem wir noch einige Minuten nach der letzten Lage gewartet hatten. Ach Herrje, herrjemine, unsere schöne Bude! Wir fielen fast auf den Rücken: Alle Scheiben raus, Dreck, Staub, Splitter und Erdbrocken überall, auf Tisch und Bank, in den Kochgeschirren und an unserem sonstigen Gelumpe. Zu guter Letzt entdeckten wir im Nebengemach sogar noch ein zünftiges Loch in der Wand, durch das wir jetzt wunderbar das ganze Vorgelände übersehen können. (Bild 12) Sofort beschlossen wir, in Zukunft am Tage hier Wache zu stehen bzw. zu sitzen, da der Iwan uns nun schon dankenswerterweise ein Fenster in diese Wand gebrochen hat; und da die Sicht sogar noch besser war als von dem niedrigen Misthaufen aus, wo man obendrein fast regungslos kauern muss.
Eine Weile knobelten wir noch darüber, wodurch wohl dies Loch entstanden sein mochte; es war immerhin an die 30 cm breit, und 15 cm hoch. Als wir dann aber beim Säubern der Bude in der entferntesten Ecke der anderen Stube einen fast 30 cm langen und handgelenkdicken Bello von Splitter halb in der Wand steckend fanden, ging uns ein Licht auf. Durch die fliegenden Eisenteile und Putzbrocken und das schauerliche Getöse waren auch die vielen hundert Fliegen in der Hütte rasend geworden und überfielen uns nun massenhaft. Da gerieten sie allerdings an die Verkehrten! Uns schlotterten ja auch noch die Knie und deshalb benutzten wir nun mit Wolllust die Gelegenheit, unsere Seelenängste abzureagieren, indem wir uns grimmig mit unseren Handtüchern bewaffneten und mit lautem Geschrei in die dichten Geschwader einhieben, dass mehr als einmal sieben auf einen Streich notlanden mussten. Immer lichter und heller wurde es im Raum, immer mehr spürten wir unser altes Selbstvertrauen wiedererwachen. Da endlich ließen wir ab von dem Morden, verschonten die letzten bleichen Kreaturen und fegten allen Dreck mitsamt dem erschlagenen Geschmeiß vor die Tür. Danach sanken wir erschöpft nieder und stärkten uns an dem ebenfalls schön verstaubten Obst, das Otto wieder treusorgend organisiert hatte.

Nun zieht es also schön in der Bude und ohne Scheiben ist die Gemütlichkeit im Eimer, fast wortwörtlich. Das machten sich auch gleich die vielen Brummer zunutze, die den Kampf gescheut hatten und lieber ins Exil geflohen waren. Frech und ausgeruht kehrten sie durch alle Löcher heim und es waren ihrer mehr als je zuvor. So richtig blieb uns das Maul allerdings erst offen stehen, als auf einmal drei junge Damen, anscheinend die Bewohnerinnen des Hauses, Kurs auf unsere Herberge nahmen. Sie sahen sich den Schaden ganz zutraulich an und waren offenbar froh, dass nicht mehr kaputt gegangen war. Aus ihren Blicken und Gebärden entnahmen wir aber bald, dass sie noch etwas Bestimmtes wollten. Doch sie trauten sich nicht recht und schoben sich gegenseitig kichernd vor, bis endlich die Jüngste auf den großen, gemauerten Ofen zeigte und so tat, als ob sie etwas hacken oder hämmern wollte. Wir hatten nichts dagegen, da wir gar nicht kapierten, was das alles bedeuten sollte und so holte sie nach einigem Zögern einen Hammer aus der unergründlichen Tiefe ihrer Jacke und begann, dicht über dem Fußboden ein Loch in den Ofen zu schlagen. Und siehe da, es wurde ein Hohlraum sichtbar, der mit allerlei Krimskrams vollgestopft war. Den pulte sie nun ans Licht des Abends: Tücher, Röcke, Stiefel, Gelumpe und allerlei Hausrat. Ei ei, dachten wir, da haben die Mädchen das also entweder vor uns Barbaren oder vor ihren eigenen Volksgenossen in Sicherheit gebracht! Als sie nun merkten, dass wir keinen gesteigerten Wert auf ihre – im Grunde so armseligen – Sachen legten, atmeten sie hörbar auf und waren sichtlich erfreut, dass wir ihr kindliches Vertrauen nicht schnöde missbraucht hatten. Uns konnten die glücklichen Gesichter natürlich nur ehren!
Schnell machten sie alles wieder sauber, sagten spaßiba und Stalin kapuut und woina nix gutt und doswidanja und hüpften endlich fröhlich schwatzend mit ihrer Beute von hinnen ins Dorf, wo sie wahrscheinlich bei Bekannten oder Verwandten untergekrochen sind. Wir ledigen Landsknechte aber blickten ihnen doch ein wenig sehnsüchtig nach und beneideten sie um ihre Unbeschwertheit, mit der sie das kriegerische Geschehen über sich ergehen ließen. Sie hatten ein paar Habseligkeiten gerettet, das war Grund genug zu Freude und Lachen. Auch wir fühlten uns freier und leichter, weil der Tag nun doch noch so menschlich geendet hatte.

Obuchow, Montag, 18. August 1941

Gestern und vorgestern war ringsum doch etwas mehr los gewesen als wir mitgekriegt hatten. Vor allem nach der Pleite mit dem Kradmelder vorgestern Nachmittag hatte das Regiment an verschiedenen Stellen Zunder gekriegt. Neun Bomber hatten Shukowzky angegriffen. Gestern Nachmittag flogen fünf Russen einen Bombenangriff auf Krasnoje, wo der Regimentsstab liegt. Alles keine großen Sachen, aber gestern eben doch zwei Mann tot. An einer Stelle sind in Massen russische Flugblätter gefunden worden, die die Russen zum Aushalten auffordern! Außerdem soll gestern südlich von uns Kanew genommen worden sein, ein Ort am Dnjepr. 25.000 Tote, viele Gefangene und 200 Panzer. Da war angeblich der Russe vor 14 Tagen über den Strom gebrochen und erst jetzt eingekesselt worden. Vielleicht waren auch diese Kämpfe der Grund für unsere ständigen „Sicherungen“.

Im Gegensatz zu der Unruhe und Nervosität der Russen in den letzten Tagen blieb es heute merkwürdig ruhig. Heute hatte der Angriff auf Tripolje steigen sollen. Nun scheint es so, als ob beide Seiten in höchster Bereitschaft auf Überraschungsmanöver des Gegners lauerten, wie zwei Schlangen sich mit wiegenden Körpern unverwandt anstarren und nur auf eine Blöße lauern, um blitzschnell zuzustoßen. Vielleicht rührt die Stille aber auch nur von der Schwüle her, die wir schon in den Morgenstunden beklemmend spürten. Ja, heute hatte Tripolje fallen sollen. Wann wird es nun sein? Wird man überhaupt noch einen Angriff wagen dürfen?
Gegen Abend zog ein schweres Gewitter auf, das die Luft wunderbar erfrischte. Wir durften auch wieder einige Zeit im Bunker hocken, aber der Iwan machte es gnädiger.

<u>Obuchow, Dienstag, 19. August 1941</u>

Gestern Abend hatte Günter, unser Schütze hier und anerkannter Hoffotograf der Kompanie, mit der Verpflegung 1.500 Bilder bekommen, die zig Kameraden bei ihm bestellt hatten. Während wir heute faulenzten und uns die Bäuche mit Obst voll schlugen, machte Günter aus dem großen Bilderhaufen zig kleine und kleinste und gab die sortierten Bilder gegen Abend Eni mit. Wir „Familienmitglieder“ hatten unsere Bilder natürlich direkt und zuerst gekriegt.
Während wir uns so recht angenehm beschäftigten, kreuzte gegen Mittag plötzlich Unteroffizier Reimann mit dem Befehl auf, Unteroffizier Saling abzulösen, weil der ein anderes Geschütz übernehmen sollte. Da waren wir zunächst platt, dann aber kam große Freude in uns auf. Wenn wir auch mit Unteroffizier Saling dank unserer Selbstdisziplin leidlich zurechtgekommen waren, so weinten wir ihm nun doch keine Träne nach, zumal Unteroffizier Reimann als sachlicher Typ gilt.
Als es dann kurz vor 18 Uhr geworden war, begaben wir uns unter neuer Führung in unseren „Bunker“, um dort das übliche Abendkonzert über uns ergehen zu lassen. Pünktlich wie immer begannen unsere Leute mit dem Ballern und gleich darauf bolzten die ersten Antwortsalven der Iwans hinten ins Dorf.
„Hört ihr da was knattern?“, fragte Otto plötzlich. Richtig, irgendetwas knallte und explodierte hinten im Dorf. Weidmannsheil, diesmal für den Iwan. Vorsichtig hielten wir die Köpfe aus der Bunkertür. Nichts zu sehen. Doch dann – da: zwei, drei Leuchtspurgeschosse steil in den Himmel!
„Mensch, ich fresse ‘nen Besen, das ist unsere Munition – die Wagen haben was abgekriegt!!“
Das Geknalle und der Leuchtspurregen wurden immer verrückter. Es waren bestimmt unsere Wagen, das glaubten wir jetzt alle. Die Einschläge der Kanonenboote rückten näher, wir mussten wieder ins Loch. Hinten im Dorf aber knallte es lustig weiter, während der Iwan uns seine schweren Kaliber um die Ohren feuerte, dass wir uns ganz klein machten.

Obuchow, Mittwoch, 20. August 1941

Heute früh pilgerten wir natürlich gleich nacheinander hinunter an den Ort des Dramas. Der Rest ist wirklich nicht mehr zu gebrauchen. Er erinnert uns daran, dass die Zeit des sorglosen Spazierenfahrens hinter der Front endgültig vorbei ist. Vier Häuser, zwei Fahrzeuge, Waffen und Geräte, Munition und allerlei Ausrüstungskram – verloren in einer Viertelstunde, in einem Abschnitt, von dem es allenfalls in den Regiments- und Divisionsmeldungen heißt: Unbedeutende Artillerietätigkeit, sonst keine besonderen Vorkommnisse.
Im Laufe des Tages schrieben wir unsere Verlustmeldungen über das verkokelte Privateigentum. Ich bin noch am besten davongekommen, da ich Uhr, Fotoapparat und anderen Kleinkram stets mit mir schleppe. Nur ein belichteter Film ist hinüber, das ist für mich am bittersten.
Der Iwan begann zum Glück erst zu bolzen, als wir schon wieder zu Hause waren. Es krachte wie üblich kräftig an allen Enden, aber wir haben uns inzwischen auch daran gewöhnt und sind gleichgültiger geworden. Als der Zauber vorüber war, sahen wir, dass nun auch das Haus, bei dem wir in der ersten Nacht unser Zelt aufgeschlagen hatten, in Brand geschossen war. So geht eine Bude nach der anderen in Flammen auf. Jetzt, kurz nach Mitternacht, flackert das Feuer immer noch wieder auf. Unser Haus muss sich prächtig gegen den rötlichen Schein abheben. Wann sind wir selbst an der Reihe?

Obuchow, Donnerstag, 21. August 1941

Auf einmal sitzen wir am anderen Ende des Dorfes in einem Saal mit schmuck auf Holzsäulen gemaltem „Marmor“. Ein anderer Wagen hat uns kurz vor dem Dunkelwerden mit Kanone und allem Zubehör hierher in Emils Massenquartier gebracht. Angriff auf Tripolje!! Also doch. Plötzlich erweist sich das Gefühl der relativen Sicherheit, das wir in den harmlosen Tagen und Nächten dort vorn wie eine schöne Mauer um uns aufgebaut hatten, als hohl und trügerisch. Die ganze Fragwürdigkeit unseres Lebens steht wie ein riesiger Schatten über uns. Angriff auf Tripolje… Und nun fängt es auch noch an zu regnen.

Obuchow, Freitag, 22. August 1941

„Der Himmel grau und die Erde braun, und da schritten die Männer zum Sturme…“ – das haben wir in der Hitlerjugend oft gesungen, ein schweres, bedrückendes Lied. Aber damals haben wir uns nicht viel dabei gedacht, vielleicht etwas Romantisches, Kühnes. Jetzt ist die Wirklichkeit um uns, aber die ist weder romantisch noch kühn. Es regnet immer noch Bindfäden und an den Stiefeln hängen uns dicke Matschklumpen. Der Angriff ist nun unwiderruflich auf morgen früh angesetzt. Die Geschütze hierfür werden zugweise den einzelnen Infanteriebataillonen zugeteilt. Wir werden also mit irgendeinem Haufen losziehen und ihn sichern. Mit Panzern ist zwar nicht zu rechnen, aber in den verfilzten Dörfern soll ein verstärktes Regiment der Russen stecken, außerdem hausen in den Wäldern

nordwestlich von Tripolje angeblich mehrere hundert Partisanen. Im Übrigen ist uns die geographische Situation unbekannt. Man kriegt zwar Ortsnamen zu hören Tripolje, Witatscheff, Chalopje, Ukrainka usw., aber wie das alles zu Obuchow und zu einander liegt, weiß man mangels Karte nicht. Wir sind jedenfalls auf Tripolje angesetzt und der Russe soll im ganzen Angriffsstreifen über den Dnjepr gejagt werden. Er kämpft also mit dem Rücken am Steilufer und da er praktisch nicht türmen kann, wird er schießen bis zur letzten Patrone.
Ab Mittag hatten wir noch etwas frei. Da rückten wir dem russischen Dorfbarbier auf die Bude und ließen uns noch die Haare schneiden. In dieses friedliche Geschäft hinein röhrten plötzlich einige Russenbomber, die aus geringer Höhe Bomben ins Dorf schmissen, ehe wir recht begriffen, was eigentlich gespielt wurde. Am schnellsten schaltete der Figaro, der rasant in sein Kellerloch verduftete, die Klappe über sich zuschlug und sein Opfer halb geschoren in der ganzen Lächerlichkeit dieses Anblicks oben sitzen ließ, bis kein Brummen mehr zu hören war. Als er dann, vorsichtig wie eine Spitzmaus, seine Nase unter dem Deckel vorschob und die Luft tatsächlich rein fand, begann er, die Kommunisten und die Rote Armee, seine lieben Volksgenossen, aufs Hässlichste zu beschimpfen. Ach, diese armen Kreaturen, die immer lügen und sich nach dem Winde drehen müssen…
Jetzt hocken wir in feuchtem Stroh und warten und öden uns an. Der Regen scheint nachzulassen. Warten wir weiter. Morgen also. Tripolje.

Besraditschi, Dienstag, 26. August 1941

Das nervtötende Herumlungern in unserem Pseudo-Marmorschuppen in Obuchow dauerte am Freitagabend noch bis in die Dunkelheit, die wegen der schweren Wolken früh hereingebrochen war. Aber es hatte am Nachmittag wenigstens aufgehört zu regnen und als wir gegen 20 Uhr in die Finsternis hinausgejagt wurden, blieben wir zumindest von oben her trocken.
Mit erstaunlich wenig Gebrüll und Gefitze ordnete sich der Haufen auf der Dorfstraße. Jeder wusste, was er zu tun hatte. So tuckerten wir kurz nach acht mit gelöschten Lichtern los. Glitschend schleuderten die Räder im Schlamm, leise klingelten die Kupplungen beim Schalten. Schon bald teilte sich die Kolonne. Unser Zug wühlte sich durch tote Dorfstraßen und über trostlos einsame Feldwege. Das Röhren der Motoren war in der Stille der Nacht bestimmt meilenweit zu hören. Ob der Russe was ahnte? Mehr als einmal mussten wir abspringen und schieben, wenn der Weg steiler bergauf führte. Niemand wusste, wo wir uns befanden, denn wir schwammen förmlich in Finsternis. Nur hin und wieder hing für einige Sekunden ganz fern eine Leuchtkugel unter den Wolken, deren dünnes Licht einen Hügel oder ein paar Bäume in der Nähe erahnen ließ.
Nach einer halbstündigen Rutscherei hielten wir an. Die beiden anderen Geschütze unseres Zuges waren kurz vorher abgebogen. Nun standen wir allein an einer kleinen Brücke, von der aus ein Hohlweg zwischen hohen Bäumen in ein Dorf führte. Dort sollten wir bleiben und das Morgengrauen abwarten, wir hüllten uns auf dem Wagen in unsere Zeltbahnen und versuchten noch zu pennen. Es war gemein kalt geworden. Kein Mensch ringsum, nur schwarze Baumschemen vor

einem unbekannten Dorf. Und es war so still in dieser Nacht, dass man glaubte das eigene Herz schlagen zu hören.
Wie weit war der Russe von uns entfernt? Lauerte er genauso wie wir und tat nur so, als sei er gar nicht da? Wir wagten kaum zu flüstern. Warum schoss es nirgends wie sonst in den Nächten, warum stiegen jetzt keine Leuchtkugeln mehr hoch, obwohl es so sackduster war? Wo steckten die überhaupt, die Infanteristen? Wir konnten doch nicht allein losziehen? Wie spät war es? Wie lange noch? … Liebe Eltern… Ach, blödes Zeug. Schlafen…
Als dann nach wirren Traumfetzen das allererste Grau des neuen Tages die Konturen der nächsten Umgebung besser erkennen ließ, kamen endlich ein paar Infanteristen angekleckert. Wir trampelten uns leise warm und machten uns fertig. Die Fußlatscher waren schwer bepackt, vor allem mit kleinen Säcken voller Handgranaten, die sie zusätzlich zu allem anderen Kram schleppen mussten. Sie palaverten ziemlich unbeschwert, rauchten und machten überhaupt einen unbekümmerten Eindruck. Sture Kerle. Sicherlich haben sie schon viel länger in Stellung gelegen als wir und bei Späh- und Stoßtruppunternehmen den Iwan kennen gelernt. Nach einiger Zeit gesellten sich noch Pioniere mit Flammenwerfern und geballten Ladungen zu uns. Schließlich wimmelte ein Pulk von 30 bis 40 Landsern an der Brücke herum. Wir waren dort die einzige „schwere" Waffe und hatten den Auftrag, der Infanterie dichtauf zu folgen, ihr Vorgehen zu überwachen und feindliche Widerstandsnester niederzukämpfen. Mit feindlichen Panzern wurde nicht gerechnet.
Um 5.30 Uhr sollte ein Feuerschlag der Artillerie den Zauber eröffnen. Noch eine Viertelstunde. Vor uns immer noch alles gespenstisch ruhig. Nur unser fröstelnder Haufen trampelte sich warm, die Hände tief in den Hosentaschen vergraben.
Noch zehn Minuten. Da erschien ein Offizier, anscheinend der Zugführer der Pioniere. Das Trampeln hörte auf, die Gespräche verstummten. Wir bildeten einen Halbkreis um ihn. Letzte Befehle, Hinweise, Ermahnungen. Nichts Neues mehr für uns.
Noch drei Minuten. Wir stülpten uns die Stahlhelme über. Alle waren jetzt still. Man wollte plötzlich noch einmal austreten, aber nun war es zu spät. Die Uhr lief. Das Kommando galt. Die Infanteristen und Pioniere formierten sich beiderseits der Straße zu zwei Reihen.
Noch zwei Minuten. Der Kopf war wie leergefegt, Gott sei Dank. Nur nicht denken jetzt. An gar nichts, vor allem nicht an zu Hause. Nur wach sein, hellwach. Denn der Russe wird in verwilderten Gärten stecken, zwischen Sonnenblumen, Kartoffeln und Dornenhecken.
Noch eine Minute. Ach ja, Sonnenblumen, Sonne…Damals. Gut, dass es nicht mehr regnete.
Dann ein Zeichen von vorn: Antreten! Endlich! Endlich.
In Abständen von je 3-5 Schritt trotteten die schwer bepackten Gestalten vor uns los, 20 Mann auf jeder Straßenseite. (Bild 13) Das war anscheinend der Angriff in dieser Ecke. Noch waren nicht alle unterwegs, da zuckten hinter uns Blitze auf, es dröhnte und rollte in der Luft. Unsere Ari!
Eni ließ den Motor an. Wir bildeten den Schluss des Haufens. Günter und Felix liefen als Munischützen zwischen Wagen und Kanone. Sie müssen im Ernstfall sofort abhängen, kehrt machen und die Holme auseinanderreißen, damit Otto

richten und ich laden kann. Otto und ich gingen vorn neben dem Wagen, Unteroffizier Reimann stand bei Eni auf dem Trittbrett. 300 bis 400 m sollten es noch bis zur vordersten deutschen Linie sein. Von dort aus begann fünf Minuten nach dem ersten Schuss des Feuerschlages der eigentliche Angriff. Unsere Ari klotzte prächtig, die Erde schepperte. Zügig bewegten wir uns durch das menschenleere Dorf. Ein paar nervöse Hühner flatterten über die Straße, Hunde kläfften erregt in den Gehöften. Sonst aber schien alles Leben erstorben. Irgendwo zwischen den Häusern muss die Front verlaufen sein, aber wir bemerkten nichts davon. Es gibt ja keine Gräben hier, nur MG-Nester und Schützenlöcher, versteckt an Hausecken und in den sommerlichen Gärten. Da kann es schon passieren, dass einer zum Russen braust ohne es zu ahnen.
Später Halt. Wieder weiter. Minutenlang sahen wir nicht einen Landser. Vor uns entschwand die Straße hinter einem langen Stallgebäude auf der linken Seite. Was war nur los? Unsere Augen tasteten fahrig die Hütten und Ställe ab, irrten ohne Halt durch das grüne Gewirr der Gärten. Kein Ziel, kein Feind. Nur flirrende Maisblätter, Sonnenblumen, wuchernde Büsche. Und dann endlich wieder lässige Landser vor uns. Gott sei Dank. Also weiter. Vorsichtig…
Auf einmal Einschläge, gar nicht weit vor uns, 200… 300 m nur. Dreckfontänen spritzten auf. Das konnte nur der Iwan sein. Er war jetzt wach geworden. Wir hielten wieder an, warteten. Eine Stunde war nun schon vergangen und wir wussten nicht wie. Uns wurde warm. 800 bis 1.000 m mochten wir vorangekommen sein, das war alles. Wir merkten nun auch, dass unsere Ari überhaupt nicht mehr schoss. Der ganze Spektakel kam allein vom Iwan. Unsere Waffenbrüder waren also entweder schon müde oder sie machten gerade Stellungswechsel nach vorn. Wir verkrochen uns nun erst mal mit Wagen und Kanone hinter einem Haus. An Weiterfahren war wegen der schweren Brocken vom Iwan einfach noch nicht zu denken. Wir ließen uns an der Rückseite des Hauses nieder. Eine Menge Zivilisten hausten darin, Frauen und Kinder, die uns neugierig betrachteten, aber keinerlei Angst vor dem Gebolze der Ari zeigten. Dabei sah es wüst genug aus in den Gärten. Bäume lagen umgestürzt und abgebrochen, dunkle Erdwälle hatten sich an den Einschlagtrichtern aufgeworfen. Überall waren der Putz von den Wänden und Stroh von den Dächern verstreut. Der Staub und der süßliche Pulvergeruch machten die Kehle trocken. Wir nahmen einen Schluck aus der Feldflasche, Zigaretten glühten, wir unterhielten uns mit den Bewohnern. Natürlich woina nix gutt, Russki kapuut, dann wir damoi, nach Hause. Ja, schön wär's. Und unentwegt klotzte der Russe schwer ins Gelände… Das Dorf selbst schien er jetzt zu schonen. Wir hockten da und warteten. Worauf? Niemand rief uns. Sollten wir vorfahren? Das wäre immer noch glatter Selbstmord. Also weiter warten. Vereinzelt brummten noch dicke Splitter bis zu uns in die Gärten, schwere Brocken, die mit bösartigem Fauchen angeorgelt kamen, bis sie saftig in die feuchte Erde klatschten.
Und keine Ahnung, was gespielt wird. Von vorn kam niemand, von hinten ließ sich keiner blicken. Aber wir mussten endlich weiter. Der Weg führte nun etwas bergab, der Wald war schaurig zersplittert von den vielen Einschlägen. Äste und Eisenstücke lagen in Massen umher, hier und da kleine Trichter; vor allem viele Granatwerfereinschläge, diese flachen Mulden mit den radial gerissenen Kratzern der Splitter. Bei den Artilleriegranaten geht die Hauptwucht meistens in die Erde,

und die Splitter zischen im hohen Bogen durch die Luft. Aber gegen den flachen Splittersegen der Granatwerfer hilft oft nicht mal mehr das Hinlegen. Man hört die Dinger nur noch mit einem allerletzten Pffft kommen und ehe man ans Hinlegen auch nur gedacht hat, sind die Splitter schon in den Beinen. Und wenn man schon liegt, kriegt man solch ein Ding vielleicht erst recht in den Kopf. Vor den Granatwerfern haben jedenfalls alle Manschetten. Das sind ganz tückische Dinger.

Trotz des schweren Gebolzes der Russen fanden wir eine klapperige Holzbrücke über eine schmale Schlucht noch heil vor und als sich Eni mit dem Wagen in weniger als Schritttempo glücklich bis zum anderen Ufer durchgezittert hatte, zerrten wir die Kanone auch schön vorsichtig auf den verdammt morschen Bohlen hinüber. Neun Uhr erst und schon sehr warm. Gewehrschüsse und MG-Garben fatschten hier auf einmal gemein durch die Gegend, meist über uns hinweg, aber doch infam. Ein Piepmatz über uns schmetterte lustig gegen den allgemeinen Krach an. Der Vogel, scheint mir, hat Humor…

Das verdammte Geknalle wurde immer verrückter, doch es galt nicht uns; das glaubten wir zu spüren, weil man uns von keiner Seite sehen konnte.

Nach 100 m entdeckten wir einen gefallenen Russen am Wege. Die Beine lagen seltsam verdreht noch auf der Straße, der Kopf war in den Graben gerutscht. Gleich daneben dann noch einer. Mit blutüberströmter Brust war er unter einem Baum zusammengebrochen. Der Anblick der ersten Toten lähmte auf einmal unser Selbstvertrauen. Heute früh hatten die beiden noch gelebt und wir leben auch jetzt noch. Aber wie lange noch? Das Klatschen und Krachen in den Bäumen war alles andere als ein Spiel.

Und dann wieder Tote, auch drei von uns, kurz nach einander. Ein ganz junges Kerlchen, dem die letzte Angst das fahle Gesicht aufgerissen hatte, ein anderer, der sich noch im Tode in die Erde verkrallte, und ein Unteroffizier mit einem Stirnschuss direkt unter dem Helmrand. Offenbar Scharfschützen, vielleicht von oben aus den Bäumen. So lagen sie da, drei an einer Stelle, drei, die nicht wiederkehren werden.

Wir waren still geworden. Es war alles so beängstigend unheimlich, weil man nirgends etwas sehen konnte. Und doch glaubte man hinter jedem Blatt, das sich bewegte, den Tod lauern zu sehen – und es bewegten sich Millionen von Blättern ringsum. Flimmernde, flirrende, flatternde Blätter. Nur die Toten lagen ganz still, so entsetzlich still.

Wir gelangten bald auf einen anderen Weg, anscheinend die richtige Dorfstraße. Hier waren die Gärten aber genauso verfilzt und undurchdringlich wie bisher. Deutlich hörte man jetzt auch wieder Gefechtslärm von vorn. Die russische Artillerie gab allerdings gerade mal Ruhe. Aber dies Gefatsche in den Bäumen war dauernd um uns und machte uns langsam, aber sicher verrückt. Blätter und kleine Äste rieselten überall aus den Baumkronen, doch es war einfach unmöglich zu sagen, von woher es schoss. Knallte es wirklich von allen Seiten? Waren wir womöglich eingeschlossen?

Nach einer knappen Stunde ungewissen Wartens stöberte uns ein Leutnant von den Pionieren auf, nachdem verschiedene Leute uns schon vorher was von einer Baumsperre vor uns erzählt hatten. Die Infanterie lag, nach den Worten des Leutnants, etwa 100 m jenseits der Baumsperre fest. Wir hatten vorläufig als Reserve

zu warten. Höchste Wachsamkeit nach allen Seiten.
Uns langte es. Eingeschlossen, eingraben – wir dachten, wir greifen an! Stattdessen griffen wir nun zum Klappspaten 08/15 und buddelten uns Schützenlöcher. Schöne Schweinerei. Doch es half ja nichts. Wir brachten die Kanone gut getarnt an der Straße in Stellung und während einer immer geduckt auf den Holmen hinter dem Schild hockte und in das dichte Laubwerk stierte, ärgerten wir anderen uns mit den Wurzeln herum, die man mit dem mickrigen Spaten einfach nicht kaputt kriegte. Nach einer Stunde waren die Löcher dann endlich doch so halbwegs tief genug. Wir hatten die Schnauze voll. Noch immer wusste niemand etwas Genaues über die Lage. Der Leutnant war mit einem Melder wieder abgehauen, um den Bataillonsstab zu suchen und neue Befehle zu holen. Verlassen und ohne Führer wartete der Haufen in den Löchern und unentwegt klatschte und platzte es in den Baumkronen. Ob die Hunde Explosivgeschosse verwendeten?
Wir mochten auch von dem trockenen Kram, den wir bei uns hatten, nichts, obwohl Mittag nun längst vorbei war. Nur Durst hatten wir, aber nichts mehr zu trinken. Und immer häufiger hörten wir von Meldern oder auch mal Sanitätern, dass viel weiter vorn furchtbare Kämpfe um den „Fräuleinsberg“ tobten.
Am frühen Nachmittag wurde es auf der Straße endlich lebendiger. Melder und Verwundete kamen von vorn, die Melder flink und vorsichtig, die meisten Verwundeten aber abgestumpft und müde, fertig, in blutverschmierten Uniformen und Verbänden. Das Geknalle und Gefatsche störte sie nicht. Nur Wasser wollten sie haben, doch das hatten wir selbst nicht. Als wir den ersten fragten, wie es denn vorn aussähe, winkte er sauer ab: „Ich weiß nicht. Zweimal waren wir oben auf dem Berg, jedes Mal mussten wir wieder türmen, weil keine Handgranaten mehr da waren. Jetzt versuchen sie es wohl noch mal. “
„Und die Verluste?“
„Na, wenn von meiner Kompanie noch die Hälfte da ist, ist es viel. Wenigstens 15 bis 20 Tote schon. Der Iwan schießt wie verrückt mit Granatwerfern und mit den Kanonenbooten und wenn sie merken, dass wir blank dastehen, dann kommen sie wieder wie die Raubkatzen den Berg hoch. Ich möchte nicht wissen, wie viele der Iwan schon geschnappt hat, die meisten natürlich verwundet. Ich bin jedenfalls froh, dass ich da raus bin. “
Gebeugt humpelte er weiter, den Arm notdürftig in der Binde. Die Knallerei schien er nicht zu hören. Er hatte Schlimmeres hinter sich. Es kamen noch viele vorüber und fast alle hatte es am Fräuleinsberg erwischt. Und so verschieden die Menschen und Charaktere sind, so verschieden klangen die Berichte. Da gab es Pessimisten, die nun, nach dem Schock der Verwundung, alles für verloren hielten, da waren andere, die tief bedauerten, dass sie den Iwan nicht mehr eigenhändig zur Sau machen konnten. So schwankten auch wir zwischen Hoffnung und Niedergeschlagenheit, aber im Großen und Ganzen schien es doch wohl voran zu gehen.
Später verirrten sich sogar Munifahrzeuge zu uns. Wir hockten also offensichtlich schon im finstersten Etappengebiet und waren doch nicht ganz abgeschnitten. Dann erlöste uns endlich, nach Stunden, der Befehl zum Aufbruch. Er erlöste uns wirklich, obwohl wir uns inzwischen sogar an die Knallerei gewöhnt hatten und sie kaum noch beachteten. Selbst eine so gemeine Fatscherei wird langweilig, wenn sie nur lange genug anhält. Zwei Stunden zuvor hatten wir noch ganz an-

ders gedacht. Aber was sind auch zwei Stunden an einem Tag wie diesem? Eine Sekunde genügt, um einen zum lebenslänglichen Krüppel zu schießen, ein Geschoss von den 100.000 genügt, um ein Leben auszulöschen; für immer. Zwei Stunden sind eine Ewigkeit, wenn jede ihrer 7.200 Sekunden die letzte sein kann. Aber so weit zählt keiner, es wäre nicht zu ertragen. Der nahe Tod wird unmerklich zum Begleiter und selbst ein Leben im Erdloch erscheint noch als köstliches Geschenk, wenn man die Toten am Wege gesehen hat.
Nun aber belebte uns eine neue Welle des Mutes. Irgendwo waren russische Widerstandsnester ausgemacht worden, die wir nun mit unserer Kanone ausräuchern sollten. Endlich konnten wir etwas tun, endlich schießen und helfen, anstatt so sinnlos in den Löchern zu kauern. Wartet, Genossen, ihr habt uns lange genug zur Sau gemacht.
Von einer Anhöhe zur Linken aus sollten wir ein Grabensystem jenseits eines riesigen Sonnenblumenfeldes unter Feuer nehmen. Ein Grabensystem, in dem man die elenden Dauerschießer vermutete. Also los, die Höhe hinauf im Mannschaftszug! Und richtig, an die 1.000 m entfernt auf einem flachen Höhenzug: Gräben! Und Reimann entdeckte mit dem Glas sogar Gestalten, zweifellos Iwans! Und ein feuerndes MG!
Otto visierte mit tödlicher Präzision. Ich hatte längst geladen. Und schon ist der Schuss heraus mit grellem Feuerstrahl, wir sehen den sanften Bogen der Leuchtspur über die Niederung hinzischen, dann spritzt drüben eine kleine Fontäne auf. Zu kurz.
Aber drüben ist Verwirrung. Ich habe schon wieder geladen, Otto richtet nach. Und da will plötzlich drüben einer türmen! „Feuer frei!!“ – und mitten im Lauf bricht dieser Eine zusammen. Und wieder Schuss, Schuss, Schuss, alle vier Sekunden. Jeder sitzt jetzt in den Gräben, es stiebt drüben. Aber die Gestalten sind weg, in voller Deckung. Nur der eine liegt verlassen und reglos hinter der Deckung. Die Genossen im Graben kümmern sich nicht um ihn. Wir bilden uns ein, es sei mit einem Schlage ruhiger geworden. Es fehlt die monotone Knallerei.
„Sind Sie verrückt geworden, von hier aus zu schießen? Von welcher Einheit sind Sie? Von wem haben Sie den Befehl zum Schießen?“ Hinter uns schreit ein aufgeregter Gockel von Leutnant. Wir sind völlig von den Socken, Reimann will total verdattert erklären, aber ehe er den Mund richtig auf kriegte, befahl uns der Heini, die Höhe sofort zu räumen, da hier der Gefechtsstand des x-ten Bataillons sei und durch uns alles verraten würde. Wir waren immer noch sprachlos. Am liebsten hätten wir auf der Stelle die Spritze umgedreht und dem Kerl auf seinem Rückweg eine in den Arsch gejagt. Da kommt man nach fünf Stunden mal zum Schießen und gleich haben die eigenen Herren Angst um ihr Leben.
Von der Höhe aus sahen wir nun auch, dass zahlreiche Häuser ringsum brannten und qualmten. Durch die Gärten zu unseren Füßen trieben träge Rauchfahnen. Auch dort oben zog uns der Brandgeruch in die Nase, ohne den der Krieg ja nicht denkbar ist, den wir aber bisher in all der Aufregung gar nicht bemerkt hatten. Noch ein letzter Blick hinüber zu dem russischen Grabensystem. Es schien verlassen. – Nur der Tote lag noch auf der Böschung. Unten trafen wir Eni wieder, doch wir protzten gar nicht erst auf, da 100 m weiter noch immer die Baumsperre die Durchfahrt verwehrte. Aber einige Pioniere waren anscheinend dabei, die Minen auszubauen und den Weg endlich frei zu machen. Es wurde ja höchste

Zeit, dass auch Munitionsfahrzeuge weiter nach vorn konnten. Wir bahnten uns mühsam einen Weg seitwärts durch die Gärten. Wir mussten Zäune umbrechen und Büsche und Sträucher ausreißen oder überrollen, kurz, es war eine säuische Schinderei. (Bild 14) Direkt neben der Sperre brannte zu allem Überfluss auch noch eine Bude. Das Dach war schon in Asche gesunken, die Scheiben lagen zersplittert unter den Fensterhöhlen und der stehen gebliebene Schornstein schien schon verdammt wackelig zu sein. Eine Gluthitze strahlte uns entgegen. Hin und wieder polterte ein Balken der Decke brennend zur Erde und dann sprühte ein Funkenregen auf uns nieder. Ausgerechnet in diesem Höllenqualm hielt uns eine zähe Hecke besonders lange auf. Doch dann konnten wir endlich wieder zurück auf die Straße. Wir verschnauften noch eine Weile und freuten uns über unsere schwarzen Visagen.

Es dämmerte. Herrgott ja, der Tag ging zur Neige. Hatte es nicht erst geschienen, als würde er nie ein Ende nehmen? Nun erst, in diesen Minuten der Entspannung, kam uns zum Bewusstsein, dass die Sonne schon vor einiger Zeit untergegangen sein musste. Sie hatte den ganzen Tag über in einem Dunstschleier gesteckt und das war sehr angenehm gewesen. Nun empfanden wir unvermittelt den ersten Hauch der Abendkühle, die die Brandgluten dämpfte und den Rauch erträglicher machte.

Von einem verwundeten Infanteristen, der gerade des Weges kam, als wir wieder aufbrechen wollten, hörten wir dann, dass der Fräuleinsberg vor einiger Zeit zum 4. Male erobert worden sei, nachdem er dreimal wegen Munitionsmangels wieder hatte geräumt werden müssen. Oh Gott, was muss sich da abgespielt haben…

Während wir so nach der Schinderei um das brennende Haus herum noch auf den Holmen hockten, erwischte uns ein Melder mit dem Befehl, mit der Kanone auf die Höhe zu kommen und – den Bataillonsstab zu sichern! Uns blieben die Mäuler offen stehen vor so viel Frechheit. Aber es half nichts, zurück durch das Gestrüpp neben dem Haus und wieder die Höhe hinauf. Keuchend vor Wut.

Aber nachdem wir die Kanone schussbereit in Stellung gebracht und uns selbst im Dustern auch noch Deckungslöcher im Kartoffelkraut gebuddelt hatten, haben wir – ungewollt – die ganze Nacht in den Löchern gepennt, ohne Posten. Gleich zu Beginn muss eine Wachablösung in die Hose gegangen sein. Zum Glück hat uns keiner vom Stab kontrolliert – das hätte ganz schlimm werden können. Pennen vor dem Feind!

Durchfroren, mit hoffnungslos eingeschlafenen Beinen, total vergrunzt, so wühlten sich unsere zerzausten Rüben in der Morgenfrühe fast gleichzeitig aus der Tiefe der Löcher, jeder erschrocken, weil er keine Wache geschoben hatte. Aber gleich nach unserem schmierigen „Frühstück" hatten sie uns wieder am Wickel. Man jagte uns einige Male ohne erkennbaren Sinn auf der eroberten Dorfstraße vor und zurück und in der Mittagshitze kriegten wir Befehl, zusammen mit Pionieren unsere Kanone Schild voraus durch das schier endlose Feld dicker Sonnenblumenstängel zu schieben, über das wir am Vortage hinweggeschossen hatten. In diesem Feld sollten wir nun versprengte Russen aufspüren: Mit der Kanone! Ein typischer Wehrmachts-Wahnsinn. Entgegen ihren heiligen Schwüren waren die Pioniere natürlich bald seitlich verduftet, statt uns zu helfen. Von den Russen stöberten wir erwartungsgemäß nicht einen auf, aber die unsägliche Schinderei mit der zentnerschweren Kanone machte uns vollends fertig. Anfangs hatten wir in einem Anlauf 30 bis 40 m geschafft, zuletzt brachen wir schon nach 10 m in dieser Hölle aus schwüler Hitze, blutig gerissenen Händen und Geschwadern von stechendem Geschmeiß zusammen. Eineinhalb Stunden quälten wir uns so ohne jede Orientierung dahin – da endlich tat sich die graugrüne Wand von Stängeln vor uns auf und wir erblickten auf einer Anhöhe direkt vor uns Häuser und Gärten.

Die Pioniere durchkämmten schon das Dorf, hier und da krachten Handgranaten. Nun durften wir vier die Kanone auch noch den Berg hinaufzerren bis zum Marktplatz von Tripolje, wo Schluss sein sollte, wie uns ein Pionier zugerufen hatte. Dort sollte Schluss sein!!

Mit neuem Mut nahmen wir nun das letzte Stück Weg unter die Füße. Schluss der Vorstellung! Konnte man es fassen?

Dann wurde tatsächlich der Platz sichtbar. Landser liefen und saßen überall herum. Ein Bild des Friedens. Da knallten wir an der nächstbesten Ecke die Kanone hin und ließen unsere geschundenen Kadaver zusammensacken. Nur erst mal sitzen und die brennenden Füße ausstrecken und den Rücken anlehnen und ganz, ganz tief Luft holen…

Mensch, Tripolje genommen! Ein wunderbarer Gedanke. Und wir hatten es überstanden. Es war kein Kampflärm mehr zu hören, nicht mal die Ari schoss noch. Es war nur noch Sonntag, ein herrlicher Sommersonntag mit weißen Wölkchen und wir lehnten faul in der Wärme an einer Hauswand und ließen den lieben Gott einen guten Mann sein. Tripolje genommen…

Aus unserer Ruhe riss uns etwas später einer mit der Frage, ob wir den Dnjepr schon gesehen hätten. Richtig, der Dnjepr! Den hatten wir ganz vergessen. Also hin, so schwer es auch fiel. Gleich hinter den Häusern an der anderen Seite des Platzes sollte er fließen. Die Kanone ließen wir einfach unbewacht stehen. Wir waren sicher, dass sie uns niemand wegschleppen würde. Rings um den Marktplatz hatte es noch allerhand Kleinholz gegeben. Die Apteka lag in Trümmern. Vorsichtig traten wir an den jenseitigen Rand der Häuser, denn drüben saß ja der Russe. Und da war er, der gewaltige Strom, ziemlich weit entfernt zwar im Norden, aber so breit und majestätisch wie ich es nicht vermutet hatte. Nach Osten dehnte sich eine unermessliche, bewaldete Ebene bis hin zum dunstigen Horizont. So aus der Höhe des Steilufers hatte ich dieses Land noch nie gesehen. Ich war einfach überwältigt von so viel Weite und Grenzenlosigkeit. Kaum eine Spur von Menschenhand. Keine Stadt, kein Turm, kein Schornstein, keine Straßen. Nur ganz vereinzelt eine verlorene Kate. Ja, da lag es nun vor uns, dieses riesige Land. Wir standen oben am Steilufer des Dnjepr. Der Russe war über den Fluss zurückgeworfen, an diesem Tage dort in Tripolje, aber vorher schon an seinem ganzen, weit nach Osten vorspringenden Unterlauf. Doch der Krieg ist damit noch nicht gewonnen. Und so werden wir wohl eines nicht sehr fernen Tages den Strom überschreiten und jene Ebene erobern müssen, ohne ein greifbares Ziel vor Augen zu haben. Bis jetzt hatten wir, wenn auch unbewusst, immer ein Ziel gehabt: Kiew, den Dnjepr. Dieses Ziel ist nun fast erreicht, wenn auch Kiew selbst noch nicht gefallen ist. Aber was nun? Weiter bis zum Don, bis zur Wolga? Wir wollen doch bis zum Herbst mit allem fertig sein, zumindest die Entscheidung erzwungen haben! Noch drückt uns zwar die Glut des Sommers, aber wie wird das Land jenseits des Flusses aussehen, wenn der Schneesturm über die Ebenen rast? Wie

sollen wir da überleben, irgendwo auf freiem Felde eingekrallt?
Verrückt, dass mir so dämliche Gedanken gerade dort in dieser Stunde des Sieges durch den Kopf gingen, aber die Unermesslichkeit dieses Raumes hatte sich noch nie so drastisch offenbart wie von diesem Steilufer aus. Ich konnte mir nicht helfen. Ich sah nicht mehr sommerliches Grün der endlosen Wälder jenseits des Stromes, sondern baumlose schneeweiße Ebenen von Horizont zu Horizont…
Wenig später wurden wir aller Sorgen, was nun wohl mit uns geschehen würde, enthoben. Wir kriegten Befehl, mit einem Bataillon der Infanterie nach Obuchow zurück zu marschieren und den Haufen auf dem Marsche zu sichern! Wieder mal mit Kanone sichern, im gerade eroberten Gelände! So zottelten wir also in Mannschaftszug hinter dem Verein her, bis wir irgendwo Eni vorfanden und uns von da an standesgemäß mit dem Wagen kutschieren lassen konnten.
Kurz vor der wackeligen Brücke, die allen Gewalten zum Trotz noch erhalten war, eräugten wir mit Schrecken in drei Reihen acht frische Löcher. Dort hatten, offenbar erst wenige Stunden vorher, die Pioniere acht Minen ausgebuddelt und wir und viele andere Fahrzeuge müssen also darüber hin gefahren sein. Und nichts passiert! Ein Wunder. Aber eine Gänsehaut lief uns nun doch noch über den Rücken. Mensch, so viel Schwein…
Wir hatten also das Glück, wie nach einer Theatervorstellung wieder nach Hause fahren zu können. Die anderen mussten sich nun am Dnjepr einbuddeln und in neuer Umgebung die Stellung halten. Bei den ersten Häusern eines fremden Dorfes hielten wir an. Das Bataillon bezog schon hier die Quartiere. Für uns lagen keine Befehle vor. Also warteten wir wieder mal. Wir sind so etwas ja gewöhnt. Nach einer Stunde war immer noch kein Befehl da und in der zweiten Stunde rollte sogar ein Wagen mit Leuten von der Propaganda-Kompanie nach vorn. Denen war offenbar die Uhr stehen geblieben, denn der Film war doch längst zu Ende. Aber sie werden wohl doch noch prächtige, garantiert echte Kampfbilder aufgenommen haben und den Dnjepr dazu. Von uns wurden sie allerdings nur hässlich angepflaumt.
Die schönste Überraschung bereitete uns aber – wie konnte es anders sein – unser geliebter Führer Emil. Der hielt plötzlich, in einem Beiwagen hockend, neben uns und schiss uns an, warum wir unser Gespann nicht richtig getarnt hätten und weshalb wir überhaupt dort ständen... Und ob wir seinen Kompanietruppführer gesehen hätten. – Leider nein.
Sprach's und fuhr kühn nach vorn. Keine Frage, wie es uns ergangen war, kein Wort der Anerkennung. Nichts. Nur ein Anschiss. Keine Frage nach Essen und Unterkunft. Nichts. Nur ein Anschiss. Pfui Deibel. Er ist und bleibt ein Arschloch. Unterkunft fanden wir nach langem Warten und Hin und Her in einer Bude ohne Fenster, die auch schon besetzt war: Von Gäulen, diesen armen Kreaturen…
Sonst das übliche: Gestern etwas Wache, pennen, Waffen und Klamotten reinigen. Eine Karte nach Hause. Strömender Regen, gemeiner Wind in den fensterlosen Höhlen. Aber wenigstens mal wieder warme Verpflegung.
Bei dieser Gelegenheit erfuhren wir, dass Saling mit seinem neuen 5 cm-Geschütz auf eine Mine gefahren ist. Er und weitere fünf Mann der Kompanie sind an diesen beiden Tagen gefallen, zehn Mann verwundet, zwei kleine Pak zerstört. Insgesamt sollen bei dem Angriff weit über 100 Mann gefallen und an die 400 verwundet sein. Erschreckende Zahlen, aber kein Wunder, denn der Rus-

se wusste ja, dass ihm in Tripolje etwas blühte. Man fragt sich nur, ob diese Dörfer solche Opfer wert sind. Aber wie können wir so etwas beurteilen?
Saling tot. Wie seltsam. Wäre er bei uns geblieben, so lebte er sicher noch. Aber was nützt das „wäre"? Er ist tot und seine Mutter wird um ihn trauern. Wir aber waren froh gewesen, als er von uns ging. Man sollte sich bei jedem Abschied überwinden, doch noch ein gutes Wort zu sagen – es kann in diesen Zeiten so leicht ein letzter Abschied sein. Auch sonst sollen an diesen beiden Tagen noch viele Fahrzeuge auf Minen gefahren sein. Was übrig blieb, sah immer furchtbar aus.
Heute früh nun startete unser Zug um sieben Uhr mal wieder nach Obuchow zur Kompanie. Die Wege waren vom Regen noch glitschig und wir schoben mehr als wir fuhren. Aber schon bald nach dem Mittagessen rollten wir geschlossen weiter nach Norden nach Nowoje-Besraditschi.
Emil suchte eine schöne Scheune für uns aus, deren Wände nur noch aus Reisig bestehen. Entweder ist der übliche Lehm oder Kuhdung längst abgefallen oder es handelt sich um einen der modernen Ställe, in denen das Vieh abgehärtet werden soll. Uns behagt der Schuppen begreiflicherweise überhaupt nicht, aber etwas Besseres als abzuhärtende Rindviecher sind wir in Emils Augen vermutlich nicht. Er pennt ja in seinem Schlafwagen, der feine Pinkel.

Nowoje-Besraditschi, Mittwoch, 27. August 1941

Sturer Dienst. Geschütz- und Waffenreinigen, was sonst. Mittags fand dann ein Kompanieappell statt. Der Chef wollte eine Ansprache zum Thema „Tripolje" halten. Wir waren gespannt.
Eine Minute lang sprach er von den Gefallenen, die ihren Einsatz mit dem Tode „gebüßt" hätten, von den Verwundeten, denen er gute Besserung wünschte, und von den Geschützbedienungen, von deren Einsatzfreudigkeit „er sich habe berichten lassen". Diese Vokabeln waren schon hanebüchen und bezeichnend genug.
Aber dann kam er auf sein Spezialgebiet zu sprechen: Ja, der Tross! Auch der dürfe nicht vergessen werden, denn er hätte sich eifrig bemüht, Verpflegung heranzuschaffen, die vielen Kartoffeln zu schälen, zu schlachten und so weiter, und so weiter. Zu zwei Geschützen sei das Essen sogar vorgebracht worden! Er, Emil, habe sich jedenfalls selbst von der Arbeit des Trosses überzeugt und er müsse seine volle Zufriedenheit aussprechen.
Vier volle Minuten lang Geseires über den Tross, der sich ja wohl die vielen Kartoffeln und das Geschlachtete selbst in die Bäuche geschlagen haben muss – eine Minute billige, ja geradezu dämliche Schlagworte für die Toten und Verwundeten und für den Kampfeinsatz seiner Kompanie. Wenn dieses blöde Schwein doch wenigstens seine Schnauze halten wollte! Dass man einen solchen Kerl nicht einfach abwählen und zum Teufel jagen kann! Weiß denn niemand oben, was dies für eine Null ist, wie viel Schaden solch eine trostlose Pfeife am Geist einer Kompanie anrichten kann? Dass man gegen solche Typen so ohnmächtig ist, so wehrlos. Was hilft da schon alle Verachtung?
Gut, dass es an diesem Tage wenigstens noch Post gab. Vater sieht schon die große Linie Leningrad – Moskau – Charkow – Odessa, mit der schönen Aussicht

auf viele hundert Kilometer Marsch. Die Wochenschauen müssen grausige Bilder aus Russland zeigen; verhungerte Kinder, verbrannte Dörfer, tierische Kampfmethoden, Hass und Bestialität. „Für Dich wird der Krieg doch noch ein Erlebnis größten Ausmaßes werden, das Dir für Dein Leben ausreichen wird." Oh ja, ich fürchte es allmählich auch.

Die Sondermeldungen der letzten Tage haben einem aber doch wieder gut getan: Bisher schon 1.250.000 Gefangene, 14.000 Panzer, 15.000 Geschütze, 11.000 Flugzeuge, dazu die unvorstellbar hohen blutigen Verluste. Die ganze Südukraine in unserer Hand, Nikolajew genommen, Cherson genommen, heute nun Dnjepropetrowsk erobert – die Kameraden im Süden sind uns jetzt doch schon eine ganze Ecke voraus. Und heute hieß es außerdem: Südlich von Kiew wurden letzte noch Widerstand leistende Kräfte zum Teil im Nahkampf überwältigt. Ob damit unser Angriff auf Tripolje gemeint ist???

Auch die Großeltern hatten jetzt häufiger nachts Alarm, aber sie kümmern sich ja kaum darum. Die Bilder der Wochenschauen gehen ihnen allerdings ebenso unter die Haut wie Mutter, die nun wieder in Parchim ist. Vieles von den Verwüstungen und Zerstörungen geht natürlich auch auf unser Konto, wenn man ganz neutral nur zählt, wer was zerschossen hat. Entscheidend bleibt, wer die Gräuel dieses Krieges letzten Endes zu verantworten hat und wer durch Bestialitäten gegen den einzelnen Menschen den Hass und die Rachsucht immer höher treibt. Trotzdem, zerstörte Häuser sind für die Menschen zu Hause wohl noch immer der schwerste Schicksalsschlag. Hier dagegen setzt man einfach voraus, dass die Menschen es hinnehmen. Es sind ja „nur" Lehmhütten, deren Strohdächer leider leicht in Brand geraten.

Dieter schrieb den Großeltern, er gönne es mir so, dass ich jetzt richtig am Feind wäre und er beneide mich sehr. Ach, Brüderchen, wenn du wüsstest! Aber woher soll er es besser wissen? Er sieht den Kampf nur als eine selbstverständliche Ehre, als Befreiung Europas von der Geißel des Bolschewismus. Was also kann es Höheres geben, als diesen Heldenkampf mitzukämpfen? Was kann man als kleiner Bubi anderes tun, als diese Kämpfer zu beneiden? So ähnlich sah ich es ja auch, als die anderen in Frankreich marschierten und in Narvik einer Übermacht trotzten und ich in Zittau hockte. Aber heute? Man sieht überall den schönen Lack abblättern. Man will natürlich den Sieg der Gerechtigkeit, den Frieden und eine gesicherte Zukunft. Aber man sieht den tausend schönen Worten zum Trotze heute weniger denn je, wann es einmal so weit sein wird. 150 Tote für dieses Nest Tripolje sind einfach zu viel, auch wenn der Russe über 200 Gefangene und vielleicht 600 bis 800 Tote und Verwundete verloren hat.

Die Division hat nach allem, was man so gehört hat, in den wenigen Wochen des Einsatzes in Russland mindestens 260 Tote und fast 800 Verwundete zu beklagen. Wenn das überall so zugeht, ohne dass der Wehrmachtbericht ein Wort darüber verliert, dann gute Nacht…

Nowoje-Besraditschi, Sonntag, 31. August 1941

Ruhige Tage und Nächte mit all dem Stumpfsinn eines Etappendienstplans. Aber auch Zeit zum Entlausen, neue, heile Wäsche usw.
Morgen ist der 1. September. Seit zwei Jahren ist nun schon Krieg und ich bin sehr behütet und von Schwerem verschont worden. Allein die 16 Toten und Verwundeten unserer Kompanie aus den Tagen von Tripolje lassen ahnen, was nach der Wahrscheinlichkeitsrechnung auch unserem Geschütz oder mir hätte passieren können. Immer wieder kreisten die Gespräche der letzten Tage um unsere gefallenen Kameraden. Bei Obuchow sind nun die Toten des Regiments auf einem großen Friedhof zusammengebettet worden. Einige von der Kompanie waren schon dort und haben die Gräber besucht.
Der Russe ist nach wie vor erstaunlich aktiv. Bei der Nachbardivision soll er neulich nachts an vier Stellen zugleich mit je 200 Mann übergesetzt sein und Posten, Streifen und ganze Häusergruppen mit schlafenden Landsern ausgehoben haben. Auch sonst schlägt sich die Infanterie Nacht für Nacht auf den Sandbänken und Flussinseln mit dem Iwan herum; täglich gibt es Tote und Verwundete auf beiden Seiten, vereinzelt Gefangene und Überläufer, Schlauchbootverkehr der Russen auf dem Dnjepr, Schanzarbeiten, Partisanengruppen, die Ari bolzt hinüber und herüber. Wir aber leben hier wie im tiefsten Frieden.

Pljuti, Montag, 1. September 1941

Wir sind nun in Pljuti nördlich von Tripolje gelandet, nur wenige hundert Meter vom Dnjepr entfernt, inmitten richtigen Dünensandes, durch den wir die Kanone im Mannschaftszug 6 km weit schleppen durften, weil angeblich kein befahrbarer Weg zu unserem Ziel führt. Unser Quartier ist wieder ein weithin sichtbares Haus, vor dem wie in Obuchow eine Böschung zu weiten Wiesen hinabführt, die sich bis zum Strom ausbreiten. (Bild 15) Die Front ist hier zur Abwechslung mal nach Norden gerichtet und läuft rechts von uns fast senkrecht auf den Dnjepr zu, wo sie nach Süden abknickt und entlang seines Ufers wieder die richtige Richtung nach Osten hat. Wir begrenzen in diesem Bereich den großen russischen Brückenkopf von Kiew im Süden, seitdem wir die bisherige Beule des Brückenkopfes bei Tripolje so ruhmreich beseitigt haben.
Unteroffizier Reimann erregte schon bald nach unserer Ankunft großes Ärgernis, als er befahl, hier auch einen so nützlichen Bunker wie in Obuchow zu bauen.
Es wurde eine herrliche Schaufelei. Dauernd rutschte der verfluchte Sand nach, wie in Obuchow, und am Abend, als wir endlich Schluss machen wollten, ballerte urplötzlich unsere Ari nicht weit hinter uns in den Kiefernwäldern los und ehe wir das richtig begriffen hatten, rauschte es vom Iwan zurück, dass uns die Luft weg blieb. Ging hier dasselbe Theater los wie in Obuchow??? Ein unheimlicher Groll auf die blöden Säcke von der Ari brach in uns auf, Otto war geladen und sprühte Blitze, aber unser weiser Führer sah sich mit seinem Bunkerbau herrlich gerecht-

fertigt, auch wenn unser Loch durch die Klotzerei wieder zu einer müden Mulde zusammenrutschte.
Um das Maß voll zu machen, mischten vorhin auch noch einige Granatwerfer vom Iwan mit. So ganz ohne scheint diese Ecke also nicht zu sein. Vielleicht hängt dieser Rabatz auch mit dem Stoßtrupp zusammen, den die Russen ausgerechnet heute Mittag hier bei Pljuti gelandet haben sollen. Acht Mann sind angeblich schon gefallen, aber der Rest soll sich noch irgendwo im Dickicht versteckt halten. Man weiß nicht, was man mehr bewundern soll: den Mut oder den Wahnsinn, am hellen Tage mit ganzen 20 Mann zu landen.

Pljuti, Dienstag, 2. September 1941

Letzte Nacht standen wir Doppelposten in einem bereits vorhandenen Beobachtungsstand neben dem Hause. Leuchtkugeln flackerten nur in größerer Entfernung von uns auf, irgendwo am Strom, wo unsere Streifen laufen mochten, oder auf den Sandbänken beim Iwan. Auf den Wiesen unmittelbar vor uns blieb es die ganze Nacht über dunkel und gespenstisch still. Nur kurz nach Mitternacht, als die schmale Sichel des Mondes längst hinter den Wäldern versunken und die Finsternis noch schwärzer geworden war, flammte irgendwo in der Ferne bei Kiew der Himmel auf. Sekunden später wehte von dort ein dumpfes Grollen zu uns herüber. Danach blieb es auch dort ganz ruhig. Die Streifen der Infanterie kamen und gingen wie lautlose Schatten. Dies alles kennen wir nun schon fast so gut wie den ewig gleichen Rhythmus der Nachtwache: zwei Stunden Wache, vier Stunden frei, oder vier Stunden Wache, vier Stunden frei, wenn wir, wie hier, nur sechs Mann stark sind. Denn einer muss ja auch immer im Hause wachen, um die Schlafenden zu wecken, wenn etwas passieren sollte. So bleiben vielleicht nur zweimal echte drei Stunden Schlaf in der Nacht und die Nächte werden schon verdammt lang. Den Rest muss man eben irgendwann am Tage nachholen.
Heute wurde es sehr warm und das Fliegengeschmeiß benahm sich ekelhaft aufdringlich. Dauernd krabbeln die Geschwader einem an der Nase, in den Ohren und am Hals umher. Es gehört schon viel Geduld dazu, stundenlang still am Fenster zu hocken und befehlsgemäß immer wieder das Gelände mit dem Glase nach Spuren des Russens abzusuchen, nach Gräben oder Postenständen, nach einzelnen Iwans oder fernen Kolonnen. Aber es ist beim besten Willen nichts zu sehen, und so trösten wir uns mit dem Turm des Lawraklosters in Kiew, der deutlich, wenn auch nur ganz klein, im Fernglas zu erkennen ist. So nahe sitzen wir immerhin doch schon an der großen alten Stadt.

Pljuti, Donnerstag, 4. September 1941

Die Nacht wurde grausam finster. Es kam ein Sturm auf und es begann zu gießen. Alle Geräusche gingen im Brausen der Bäume und im Klatschen der schweren, windgepeitschten Tropfen unter. Wir sahen nicht die Hand vor Augen. Die kalten Lichter der Leuchtkugeln trieben jedes Mal wieder schnell zur Erde. Wasser lief uns den Rücken hinunter, in den Stiefeln wurde es nass. Wir froren schauerlich und sehnten das erste Licht des Tages herbei, wie selten zuvor. Aber auch am Tage gab es heute nichts als Regen, Regen, Regen. Wir lausten uns ausgiebig und vergrunzten mit vollen Bäuchen den lieben langen Tag. Nur einer hockt jeweils mit müden Glotzaugen am Fenster und äugt hinab auf das ertrinkende Land und auf die schwellenden Fluten des Dnjepr. Mögen die Iwans sich wohl fühlen auf ihren ersaufenden Sandbänken, die armen Schweine. Uns wird bei dem Mistwetter schon der Gang zur Küche zuviel, obwohl es jetzt jeden Tag Milchsuppe extra geben soll.

Pljuti, Freitag, 5. September 1941

In der Nacht hörte es wider Erwarten auf zu schiffen – also haben wir Aussicht, allmählich wieder trocken zu werden. Der gute Reimann tat ein Übriges, um uns zu erwärmen: Er kehrte von einem Gang zur Küche, wo er etwas klären wollte, ganz aufgeregt mit der Kunde zurück, er habe dort einen Flügel entdeckt, einen richtigen Flügel, der wunderbar spiele. Den müssten wir unbedingt herholen. Erst lächelten wir mitleidig, dann äußerten wir – zart verbrämt – gewisse Zweifel an seinem Verstand. Aber mit der Zeit beredete er uns so erfolgreich, dass wir selbst Lust verspürten, in unserer langweiligen Bude Musik zu genießen. Also los! Und in der Tat, es war ein richtiger Flügel, deutsche Wertarbeit. Sehr solide, sehr heimatlich.
Wir haben ihn wirklich 400 m weit durch Sand und Wald geschleppt, mit zunehmender Wut und Verzweiflung, wir wollten das Biest im Walde stehen lassen, weil wir so fertig waren, aber wir haben es schließlich doch noch geschafft, mit ausgerenkten Armen, mit zerschundenen Schultern und mit zitternden Knien. Wer uns beobachtet hat, muss uns für arme Irre gehalten haben. Aber die deutsche Kultur ist wenigstens gerettet, wer will das bezweifeln? Als Reimann vorhin beim Scheine dreier Kerzen zu spielen begann, fern in Russland, in einer einsamen Hütte, die der Iwan einsehen kann, da waren wir dann doch wirklich etwas gerührt und summten oder pfiffen leise mit, soweit wir die Melodien kannten. Vielleicht gehen wir nach dieser Musik etwas gelöster hinaus in die kalte, dunkle Nacht, für vier lange Stunden, bis früh um vier.

Obuchow, Montag, 8. September 1941

Außer einem nächtlichen Feuerzauber mit vielen Leuchtkugeln am Dnjepr rechts von uns passierte in den letzten Tagen und Nächten nichts Aufregendes. Heute Nacht rumorten die Russen irgendwo auf den Inseln oder am jenseitigen Ufer mit mehreren Traktoren umher. Man hörte deutlich das Aufheulen der Motoren und das monotone Blubbern beim Leerlauf. Es war eigenartig, diese Geräusche aus einer feindlichen Welt zu vernehmen, die sonst so tot und unsichtbar ist. Niemand reagierte auf dieses Treiben beim Iwan; die Ari schoss nicht, die MGs schwiegen und es stiegen sogar weniger Leuchtkugeln als sonst empor. Es war wie im Theater. Wir als die Zuschauer spähten hinüber, suchten einen Lichtschein zu erkennen und glaubten fast die Fahrer auf den Traktoren zu sehen, wie sie Gas gaben,

zurücksetzten, anfuhren – so deutlich und laut, so als ob es bei uns geschähe, dröhnten die starken Motoren durch die Nacht und den rauschenden Regen. Und doch war es der Iwan, drüben, jenseits des Stromes. Es tat direkt gut zu spüren, dass er da war, lebte, Stellungswechsel und Krach machte wie wir, dass dort Menschen rumorten wie wir und dass dort nicht nur immer jenes unfassbare Nichts war, jenes Unsichtbare, das wir Tag um Tag auf der Wiese, auf den Sandbänken und am anderen Ufer beobachten sollen, aber nie finden, und das uns doch hindert, einfach über die grüne, saftige Wiese zu jenen Weiden zu gehen, oder das rückwärtige Fenster unseres Hauses zu öffnen, um die widerlichen Fliegen besser verjagen zu können, oder bei Tage Feuer im Ofen zu machen.
Es regnete sich ein. Wieder einmal. Der Tag blieb grau und stumpf und wir froren in der ungeheizten Bude. Langsam nur kroch die Zeit dahin. Es war alles so richtig maßlos traurig.
Nachmittags, als wir alle bis auf den Tagesposten am Fenster grunzten, stand dann plötzlich Eni in der Tür. Er sollte uns abholen. Nach Obuchow. Zur Kompanie…
Also wieder einmal Schluss. Aus der Traum. Zur Kompanie. Zu Emil, der uns auch in Pljuti nicht ein einziges Mal besucht hat. Es ist zum Kotzen, zum Knochenkotzen. Wir suchten unseren Kram zusammen. Pulten die Kanone aus ihrem Versteck. Fluchten über jede Kleinigkeit. Es war Enis Glück, dass sein Wagen nur 300 m entfernt stand, nicht weit von der Küche. Es gibt also doch Wege, die näher heranführen, aber damals ließen sie uns einfach sechs Kilometer im Mannschaftszug durch den Dünensand latschen, diese Idioten.
Als wir alles beisammen hatten, sahen wir noch einmal hinüber zum Dnjepr und zu den fernen Wäldern, die im Regendunst kaum noch zu erkennen waren. Ade schönes Klavier, ade schöner Bunker – oh grüß dich Gott, es wär so schön gewesen, oh grüß dich Gott, es hat nicht sollen sein…
Nach kurzer Fahrt ein Schild am Wege: „Vorsicht Feindeinsicht! Beschuss!“ Die Straße verlief dort oben bei Nikolenki hart am Rande des Steilabfalls zum Dnjepr hin viele hundert Meter ganz frei geradeaus und der Russe war sicher haarscharf auf diese Strecke eingeschossen. Eni hatte längst Vollgas gegeben und kurvte abenteuerlich über die wüst zerrissene Straße. Überall Löcher, in denen das Wasser stand, Einschläge von Granatwerfern und Ari. Die Kanone hüpfte wie irrsinnig hinterher. Wir wurden auf unseren Sitzen kreuz und quer geschleudert, stießen uns blau und grün und fluchten. Aber Eni kam voran.
Drüben, die Wälder am anderen Ufer – dort saß der Iwan!
Dreck flog uns in die Gesichter. Was für endlose Wälder dort! Alles im Regen. Alles trübe und trostlos. Ob die da drüben pennten? Ein scharfer Schlenker um einen riesigen Trichter, in dem sich ein Teich mit tausend tanzenden Tropfen angesammelt hatte – dann schob sich plötzlich eine Böschung wie eine Kulisse vor den Strom, vor die Wälder, vor die grauen Wolken, und wir prasselten und schleuderten in einem Hohlweg, der auch noch schwer zerschossen war, auf Nikolenki selbst zu.

Obuchow, Dienstag, 9. September 1941

Nun sind wir wieder in Obuchow.
Sturer Kompaniedienst. Wecken, Antreten, Sachen instand setzen, Waffen reinigen, Dienstausgabe. Und die Wache vollführt den gleichen komischen Eiertanz bei der Ablösung wie am heimatlichen Kasernentor. Uns Geschützbedienungen, die wir ja alle im Laufe der Zeit mal vorn gewesen sind, muss wieder klar gemacht werden, dass das faule und lässige Leben dort das größte Übel ist. Deshalb muss man uns endlich wieder Zucht und Ordnung, Disziplin und Pünktlichkeit beibringen. So etwas hören wir zu gern, besonders von Emil.

Krasnoje, Mittwoch, 10. September 1941

Schon wieder Umzug, diesmal nach Krasnoje, ganze 4 km von Obuchow entfernt. Dafür brauchten wir zwei Stunden in grundlosem Matsch unter schweren Wolken, bei Kälte und strömendem Regen. Nässe am ganzen Körper, Zähneklappern im lausigen Wind beim Wacheschieben, weitere zwei Stunden lang. Herbst in Russland…

Krasnoje, Donnerstag, 11. September 1941

Eigenartig, wie weltenfern der Krieg sein kann, wenn es so regnet. Nur die fremden Menschen im Haus erinnern daran, der strenge Geruch nach allerlei Viehzeug und die Läuse. Unsere Wäsche ist von den zerknackten Läuseleibern längst blutig gesprenkelt und an unseren Körpern zeichnen sich deutlich die Bissstellen als kleine rötliche Punkte ab. Manche beginnen zu eitern, weil man sie in seiner Wut oder im Schlaf aufgekratzt hat. Es ist nur ein bescheidener Trost, dass in der nassen Wäsche auch die Läuse nicht so angriffslustig sind.

Krasnoje, Sonnabend, 13. September 1941

Es sind schon mehrfach Gerüchte von einer großen Kesselschlacht bei Kiew aufgetaucht. Bisher hat allerdings niemand Genaues sagen können, niemand ahnt, wo der Kessel sein soll, aber es muss etwas Wahres dran sein, genauso wie an der Leichenpest in Kiew selbst. Nun scheinen die Dinge zu reifen, nun scheint das ferne Ziel, das wir so lange vor Augen gehabt haben, fast erreicht zu sein. Aber was dann? Was liegt vor uns?
Was kommt jenseits von Kiew? Was wissen wir von dieser Welt jenseits des Stromes? Da gibt es irgendwo Poltawa und Charkow und das Donezbecken, dann den Don und die Wolga. Was wird davon unser neues, nächstes Ziel sein? Was erwartet uns in den Wäldern, die wir am anderen Ufer bereits gesehen haben, oder in den Steppen, die irgendwo hinter den Wäldern beginnen sollen, um sich ins Innerste Asiens zu verlieren?
Die Karten schweigen. Aber sie zeigen Straßen und Dörfer, Teiche und Eisen-

bahnen, und die grünen Flächen der Wälder sind immer wieder unterbrochen von Äckern und Siedlungen. Also werden wir doch Menschen dort finden, Häuser, in denen wir unterziehen und uns wärmen können, Straßen und Wege, die die Landschaft gliedern und teilen, damit sie uns in ihrer Grenzenlosigkeit und Monotonie nicht erdrückt. Nur eines kann ich mir nicht vorstellen, nämlich wo dort im Osten einmal eine Grenze erreicht und gehalten werden soll. Aber das müssen die wissen, die den größeren Überblick haben.
Heute haben wir unseren dritten und letzten Eimer im Brunnen verloren, aber einen kriegten wir schließlich mit Hilfe der Hausbewohner doch wieder hochgeangelt. In solchen Situationen empfindet man mit einem Male wieder deutlich, wie weit sich unser alltägliches Leben gegenüber dem gewohnten geändert hat: Wir holen das Wasser aus Brunnen, wir waschen uns irgendwo draußen an einer zugigen Hausecke, weil verspritztes Wasser den üblichen Lehmfußboden aufweichen würde, wir rasieren uns meistens mit kaltem Wasser oder mit Muckefuck, wir schlafen auf dem Fußboden, auf Stroh oder Lehm oder auf den gemein harten Bänken, den zusammengerollten Rock als Kopfkissen, den Mantel als Decke, wir tragen Tag und Nacht dieselbe Wäsche auf dem Leibe, die voller Läuse ist, wir stinken dementsprechend und wissen kaum noch, was ein Bett ist, ein Nachthemd oder eine Matratze; wir laufen mit langem, struppigem Haar herum und essen manches liebe Mal mit dreckigen Pfoten, weil einfach kein Wasser oder keine Zeit zum Waschen da ist, wir wissen selten, ja eigentlich nie, wo und wie und ob wir überhaupt am Abend schlafen werden. Strom und Gas für Licht oder zum Kochen gibt es in keinem dieser armseligen Dörfer und so braten wir uns Kartoffeln auf primitiven Feuerstellen und wenn wir Zeit haben, uns sogar das Rasierwasser mal warm zu machen, dann ist das schon ein halber Sonntag. So haben wir fast immer den Geruch verbrannten Holzes in der Nase und in den Klamotten und die Hände voll fettigem Ruß, jedenfalls dann, wenn wir allein in einer Bude hausen, die von ihren Bewohnern verlassen ist, wie neulich in Pljuti oder damals in Obuchow. Vornehm geht es dagegen hier in Krasnoje zu, wo die Bewohner mit uns zusammenleben und im großen Ofen stets für warmes Wasser und für einen Berg von Bratkartoffeln mit vielen Zwiebeln sorgen. Kurzum, wir sind Nomaden geworden, die ein unsichtbarer Wille lenkt. Wir haben keine Ahnung von den Zielen unserer Fahrt, weder räumlich noch zeitlich, nicht für den Tag und nicht für die Stunde. Wir leben ein ganz und gar fremdes Leben, das keine eigenen Pläne erlaubt, ein Leben des ständigen Wechsels, des immer Neuen, der ewigen Ungewissheit. Und doch sind wir uns all dieser Wandlungen kaum noch bewusst, sondern machen instinktiv aus allem das Beste, ja, für eine Weile ist ein solches Leben sogar auch ganz spannend. Deutschland, die Heimat, Eltern und Freunde – das alles liegt schon so fern, ist schon so weit hinter uns versunken wie eine Insel, von der man nur noch die höchsten Spitzen sieht. Aber nun werden auch die höchsten Spitzen bald hinter dem Horizont dieses Ozeans versinken, der Russland heißt. Und immer höher wird die Wölbung der Erdkugel steigen, je weiter wir nach Osten ziehen, den Steppen entgegen und den Stürmen des Winters.

Krasnoje, Montag, 15. September 1941

Gestern nichts Besonderes. Wache, Wäsche waschen, Postempfang. Man ist schon glücklich, wenn zu Hause bis vor 14 Tagen nichts Schlimmes passiert ist, so lange braucht die Post nun mal. Vater in Dortmund schimpft auf die Tommies, die jetzt schon zwischen 11 und 12 Uhr nachts einfliegen und bis 4 Uhr früh für immer neue Alarme sorgen. Im Übrigen wurden wir abermals über Partisanenmethoden, russische Flugblätter usw. belehrt. Es kommt wohl doch häufiger Sabotage an Fernsprechleitungen vor, weshalb man in einer Ortschaft zunächst einige Geiseln genommen und nach abermaliger Sabotage im selben Dorf erschossen hat. Auch anderswo sind Partisanen und Agenten nach Feststellung der Tatsachen erschossen worden. Die meisten sind stolz auf ihre Tätigkeit und gehen eiskalt in den Tod. Auf der anderen Seite sollen nach Aussagen von Gefangenen in Tripolje ausgerechnet die Politruks und Offiziere als erste verduftet sein, als es brenzlig wurde. Zurück blieben dann nur die armen Muschiks. Interessant ist auch das Verhalten der Politruks gegenüber deutschen Flugblättern, die zum Überlaufen auffordern. Anfangs haben sie jeden Iwan, der mit einem solchen Zettel erwischt wurde, erschießen lassen. Als es dann später zu viele wurden, die sie hätten umlegen müssen, lasen sie den Inhalt vor und machten ihn lächerlich. Diese Sorge haben unsere Oberen gottlob nicht. Was die Russen uns an Propaganda herüberschießen, liegt hoffnungslos schief und ist selbst das miserable Papier nicht wert, das man nicht mal für den Hintern nehmen kann.

Wassilkow, Dienstag, 16. September 1941

Heute früh riss man uns schon um zwei Uhr aus dem Schlaf. Die Nacht war finster und widerlich kalt. Überall im Dorf liefen die Motoren warm. Benzinschwaden schwebten unsichtbar im Dunkel. Lichter zuckten auf, erloschen schnell. Die Zivilisten sahen unserem Treiben, das auch ihre Nachtruhe unterbrach, mit beneidenswerter Gelassenheit zu. Aber sie kennen ja Schlimmeres – das harte Klopfen in der Nacht, wenn einer geholt wurde…
Nach einer Nachtfahrt auf gemeinen „Straßen“ aus trocken gewordenem Lehm, eingeklemmt zwischen immer neuen Infanteriehaufen, rollten wir in den Morgenstunden endlich in Wassilkow ein, wo Emil eine schön verdreckte leere Fabrikhalle als Quartier ausgesucht hatte, in die wir erst mal Stroh für die „Betten“ schleppen mussten. Man ließ uns zwar sonst in Ruhe, aber wir stellten uns bald an die Straße, quatschten mit vielen fremden Landsern und reichten uns alle neuen Parolen gegenseitig weiter. Wir spürten, dass etwas im Gange ist, dass der Rubel rollt. Stukas röhrten über der Stadt, Jäger jaulten durch die Lüfte und Kolonnen rumpelten durch die Straßen, immer neue Kolonnen und Fahrzeuge, staubüberkrustet, nach Osten fahrend oder leer zurück. Sankas dazwischen mit ihrer blutigen Last. Knatternde Kradmelder. Dampfende Pferde. Fremde Zeichen an den Wagen und rostige Löcher von Fliegerbeschuss und Granatsplittern. Wir sind also nicht so allein auf der Welt, wie es uns manchmal in den einsamen Stellungen von Obuchow oder Pljuti geschienen hatte.
Lange noch klönten wir am Abend. Die Müdigkeit der letzten Nacht ist verges-

sen. Es geht wieder vorwärts, irgendwie. Das ist die Hauptsache. Unsere beiden Nachbarregimenter sollen südlich von uns sogar schon den Dnjepr überschritten haben, hieß es. Also sind wir jetzt wohl auch bald dran.

Wassilkow, Donnerstag, 18. September 1941

Nach zwei Ruhetagen mit sturem Dienst soll es morgen weitergehen. Kiew kann wohl tatsächlich jede Stunde fallen. Der Angriff ist in vollem Gange. Ob sie uns noch brauchen werden? Ach, was wäre das für ein Erfolg, wenn Kiew wirklich fiele! Seit Bitterfeld träumt man davon, seit zweieinhalb Monaten. Und nun stehen wir schon in der zweiten Septemberhälfte!

Vorort von Kiew, Sonnabend, 20. September 1941

Als wir gestern Morgen aufbrachen, sah die Welt wieder mal trostlos aus. Aus tiefen Wolken, die ein kühler Wind über die Erde jagte, sprühte feiner Regen. Wir klapperten schon, ehe es überhaupt losging. Bald hatten wir die festen Straßen von Wassilkow hinter uns gelassen. Ein steiles Stück Weg führte uns zunächst auf eine weite kahle Hochebene.
Schaukelnd quälte sich unsere Kolonne ganz einsam durch die graue Schlammfläche. In blauschwarzen Wellen schoben sich die Wolken über uns hinweg. Vor uns hoben sich die immer gleichen öden Felder aus dem Dunst, hinter uns entschwanden sie so lautlos wie sie erschienen waren. Das Geräusch der Motoren erstickte in der nassen Luft, die kein Echo kannte, oder der Wind trug es seitab, irgendwohin ins Nichts. Nur selten mal ein Wrack am Wege, ein paar Bretter. Keine Kreuze, nur totale, unbegreifliche Einsamkeit und Verlorenheit.
Was war mit Kiew los? Man hörte nichts, keine Flieger, kein Grollen der Artillerie. Wo waren die Kolonnen geblieben?
Wir dösten. Der Regen machte uns müde und gleichgültig. Kiew? Das war wohl nur eine Parole gewesen. Oder die Geschichte war längst erledigt, ohne uns, wie üblich. In Melancholie und bleiernem Halbschlaf versickerte die Zeit.
Aber dann war auf einmal ein Dorf um uns, arme Hütten, Fahrzeuge dazwischen, Feldgendarmerie und Polizei, rauchende Gruppen. Wir hielten. Fragen hin und her, Gelächter, Rufe Wir trampelten uns auf den Wagen warm, denn absitzen durften wir komischerweise nicht. Die meisten steckten sich die unvermeidliche Zigarette an. Doch schon nach wenigen Minuten war die Rast beendet. Wir rollten weiter. Nach Kiew sollten sie heute noch kommen, hatten die Polizisten gesagt, sie warteten nur auf die Nachricht vom Fall der Stadt. Also doch! Wir waren auf einmal wieder munter und aufgekratzt. Der Regen ließ auch nach. Höher trieben die Wolken, flockiger. Die Sicht wurde besser. Aber je weiter das Auge reichte, je klarer die Landschaft sich darbot, desto bedrückender wurde der Anblick dieser Leere, dieser toten Scheibe dunkler Erde. Dort leben, in solcher Verlassenheit? Und doch, dort waren Menschen gewesen, ungezählte sogar. Der Weg, der sich in tausend und aber tausend Spuren zerfaserte, verriet es, die zerschossenen Wagen, die in den Furchen rosteten, verrieten es, und etwas später

dann die Kreuze – oh Gott, eine Unmenge von Kreuzen zu beiden Seiten des breitgewalzten Weges, oft auch mitten darin, dort, wo früher einmal die Felder begonnen hatten. Dann hatte der Weg die Felder gefressen, wie er die zerrissenen Reste der Fahrzeuge fraß, und die Gräber waren da einfach mit hineingeraten. Erst einzelne, dann 30, 40 gehäuft. Die Kreuze hingen schon schief im ziehenden Schlamm, Helme waren abgefallen und lagen nun dem Himmel offen da, gefüllt mit rostigem Wasser. Wer hatte die Gefallenen dort beerdigt, in dieser seelenlosen Landschaft? Fern von allen Menschen? Vergebens suchten wir einen Baum oder eine Hütte oder wenigstens ein paar zerschossene Reste, die anzeigten, dass dort einst Leben gewesen ist. Aber nichts, gar nichts. Während ich in die Runde sah, um vielleicht doch noch irgendwo Spuren zu entdecken, brach plötzlich hinter uns die Sonne schräg durch ein Wolkenloch, aber das sah so abgrundtief abscheulich aus wie das Triefauge eines Tintenfisches oder Polypen, gierig und gemein und überlegen zugleich. Immer höher schob sich das Auge an uns heran. Ein bleicher Lichtfinger schnürte über die Erde hin und über die Kreuze weg, bis der eklige Spuk verschwand und nur noch die Wolken über uns hin flogen.
Gegen 11 Uhr erreichten wir dann endlich ein weiteres Dorf, das völlig zerschossen war, soweit wir sehen konnten. Wir brachen die letzten Reste zerfetzter Zäune und Bäume um und tarnten damit die Fahrzeuge notdürftig inmitten der Ruinen und Gärten. Es roch noch nach Brand, obwohl es ja schon so lange regnete, und manchmal stieß der Fuß in Aschehaufen, die im Innern noch glühten. Wir saßen ab und warteten, wie üblich. Chotow hieß der Ort, wusste einer. Nun gab es nur noch Kamine, die wie verkohlte Finger zum Himmel wiesen. Die Glut der großen Öfen war erloschen. Nun regnete es in die geborstene Erde und der Wind tanzte in den aufgerissenen Räumen. Die Menschen waren zerstreut. Was sollten sie auch noch an dieser Stätte des Grauens? Nur eine uralte, offenbar blinde Frau entdeckten wir zufällig hinter einem schwarzen Mauerrest. Sie saß aufrecht im Regen und weinte lautlos. Man sah es nur an den Tränen, die über ihr graues, zerfurchtes Gesicht rannen. Sie saß und weinte, stumm und unbeweglich. Wir sprachen sie verlegen an – sie schwieg und weinte. Vielleicht hörte sie auch nicht gut. Sie sah wie durch uns hindurch und weinte. Da gingen wir betreten wieder weg. Aber mir saß ein Kloß im Halse und nie werde ich das Bild dieser alten Frau vergessen; wie sie erstarrt in den Trümmern ihres Hauses saß, der einzige Mensch aus dem Dorf inmitten der toten Ruinen, unter dem grauen, trostlosen Himmel. Ihre Kleider waren wie die Asche, so stumpf und farblos und so feucht wie der Lehm der zerblasenen Wände, der rings um sie gehäuft lag. Ihr stummes Weinen war schlimmer als alle Zerstörung ringsum, es war eine erschütternde Anklage, die mir an die Nieren ging.
Wir waren erleichtert, als kurz danach ein Haufen Artillerie anrückte und die Geschütze inmitten der Gärten in Stellung brachte. Trubel und Leben waren plötzlich wieder in dem toten Dorfe eingekehrt. Richtunteroffiziere winkten, Zahlen wurden gebrüllt, Kutscher fluchten, Pferde wurden zur Tränke geführt – es war fast ein Bild des Friedens, hinter dem die bedrückenden Erlebnisse des Morgens rasch verblassten.
Gerade als wir unser Brot gegessen hatten, kam der Befehl zur Weiterfahrt. Wir brummten ein Stück auf derselben Straße zurück, dann aber bogen wir ab und erreichten bald einen ausgedehnten Wald, der eine flache Anhöhe bedeckte. Am

Fuße dieser Höhe stockte die Fahrt. Wir mussten halten. Zur Linken war ein blumengeschmückter Friedhof mit vielen, vielen Gräbern zu sehen, und vorne, der Straße zu, wurden gerade lange Reihen neuer Gräber geschaufelt. Nicht weit davon lagen schon die, für die die Gruben bestimmt waren, unter fleckigen Zeltbahnen. Aus dem nahen Walde schleppten sie weitere Gefallene heran. Es war eine stumme Geschäftigkeit um den Tod der vielen, die wie wir nach Kiew gewollt hatten und vielleicht erst gestern oder heute früh auf Minen getreten oder von Granaten und MG-Garben zerrissen worden sind, während ihre Kameraden vielleicht in dieser gleichen Stunde schon in der Stadt oder jenseits des Stromes standen.
Zu unserer Erleichterung brauchten wir an dieser traurigen Stätte nicht allzu lange zu warten. Die Straße wurde frei, und wenig später kamen wir auf sandigen Wegen durch Wälder und Schonungen rasch voran. Die Wolkendecke riss auf und die Sonne erwärmte von Zeit zu Zeit das Land und uns oben auf den Wagen. Wir sahen gut getarnte, schwere Bunker mit verwirrenden Grabensystemen und Stacheldrahtverhauen, wir überquerten halb fertige Panzergräben, die sich schnurgerade durch das Dickicht zogen und von Befestigungen flankiert wurden. (Bild 16) Es war unheimlich still und menschenleer ringsum. Vor einem Betonbunker, der mitten in eine Lichtung gebaut war und mehrere Waldwege beherrschte, fanden wir später ein Dutzend Gräber, deren Holzkreuze schon ein wenig verblichen waren. (Bild 17) Ein einfaches Geländer aus Holzstangen umsäumte den stillen, sonnigen Platz. Dort war der Frieden schon wieder eingekehrt und die Gewächse des Waldes überwucherten den Bunker allmählich.
Kurz darauf hielten wir an einem Waldrand. Wir setzten uns auf die Böschung des Weges. Der Boden war dort schon fast trocken, die Sonne wärmte uns und den Wind spürte man kaum. Wir warteten wieder mal auf Befehle. Über den Motoren zitterte die Luft. Es roch nach Reifen und Benzin und nach altem, feuchtem Laub. Nirgends ein Laut aus der Ferne. Ach ja, wie oft würde die Sonne in diesem Herbst noch so herrlich scheinen? Und wie oft würden wir sie noch erleben? Die an der Lichtung und die vielen an der Straße sahen sie schon nicht mehr. Endlich, nach einer knappen Stunde, staubte ein Kradmelder heran, und das erste, was er uns zurief, war: „Kinners, Kiew ist um 12 Uhr gefallen!!“ Da sprangen wir alle jubelnd und erlöst auf, wollten ihn anhalten, aber er musste sofort vor zum Chef, um einen Befehl zu überbringen. Und dann hieß es auch schon: Aufsitzen! Die Motoren wurden angelassen, der Wald dröhnte wieder vom Aufbruch der Kolonne, weiter ging's, nach Kiew!
Ein Dorf blieb irgendwo zurück, Wälder, Äcker – das alles war uns nun gleich. Der ganze weite Himmel wölbte sich jetzt blau über uns, die Wolken hatten sich verzogen. Aber es wurde kalt. Die Sonne hing schon tief. Und dann, als wir um eine Waldecke bogen, standen plötzlich quer vor uns lange Kolonnen gegen den Abendhimmel. An der Einmündung unseres Weges mussten wir warten, bis wir uns in eine Lücke einfädeln konnten. Es war unser Regiment, das da zog, und es war eine richtige Steinstraße. Doch konnten wir nicht losbrausen, wie wir gern gewollt hätten, sondern wir mussten ganz genau in der Spur fahren, weil links und rechts der Straße und auch an den Straßenrändern ungezählte Minen liegen sollten. So bummelten wir im Schneckentempo zwischen der Infanterie dahin.
Schließlich gelangten wir wieder einmal in ein Dorf. Unsere Kompanie stoppte,

während die Infanteristen rechtsab über die Felder weiterlatschten. Aber dorthin konnten wir nicht mit, denn weiße Bänder im Gras zeigten große Minenfelder an, durch die nur schmale, vielfach geknickte Pfade führten. Auf ihnen entschwanden in langer müder Reihe die Infanteristen in der Dämmerung.
Bald stand unser Haufen allein zwischen den fremden Hütten an einer Wegekreuzung. Im Westen leuchtete das letzte Licht des Tages. Wir froren, aber wir durften nicht in die Häuser. Daher zündeten wir, allen Fliegern und Regeln der Kriegskunst zum Trotze, auf der Dorfstraße Feuer an und wärmten uns daran. Die Fahrzeuge standen wie eine Wagenburg um uns und warfen flackernde Schatten auf die weißen Wände der Häuser. Um uns versank die Welt unter der tiefen Bläue des sternenübersäten Himmels. Die Lagerfeuer und die gekalkten Wände erinnerten mich plötzlich an ein altes Bild, das mich früher einmal sehr beeindruckt hatte: Friedrich der Große nach der Schlacht bei Leuthen... „Nun danket alle Gott…“ hatten sie damals gesungen, aber gestern sang niemand und auch an Gott dachte wohl kaum einer.
Erst spät am Abend bekamen wir noch unser Mittagessen. Der Fraß war zwar längst kalt, aber das störte uns kaum noch. Und dann verkrochen wir uns bald auf die Fahrzeuge, schützten uns gegen den eisigen Nachtwind so gut es ging und versuchten auf den harten Sitzen zu pennen. Die Feuer erloschen. Totenstill schlief die Nacht, die Sterne glitzerten. Nur die Posten gingen vorüber und sprachen leise miteinander. Kiew gefallen. Nun danket alle Gott. Ob sie immer noch saß und weinte, die alte Frau in Chotow?
Schon ehe heute früh die ersten Strahlen der Sonne aufflammten, waren wir munter und trampelten uns wie die Irren warm. Bald danach brachen wir auch schon wieder auf. Erst ein Stück die verminte Straße zurück, dann links ab Richtung Kiew. Wo wir eigentlich umhergondelten und was dieses ewige Hin und Her und Vor und Zurück bedeuten sollte, wusste kein Mensch. Wieder waren wir zunächst allein auf weiter Flur. Überall fuhren wir an verstaubten oder ganz frischen Gräbern vorüber, eine zerfetzte schwere Pak lag umgestülpt am Straßenrand, die Gräber der Bedienung gleich daneben. Nur Russengräber oder gefallene Russen konnten wir nirgends finden. Erst später änderte sich das Bild. Wir mussten schwere Flak mit den dicken Zugmaschinen vorbeilassen und später überholten wir sie wieder. Schluchten und steile Hügel wechselten in rascher Folge. Das Gelände war zerrissen von zehntausenden von Granateinschlägen, Felder, übersät mit toten Russen. Gewaltige Krater zeigten das Wirken der Stukas an. Schluchten und Böschungen hatten die Iwans mit tausenden von Löchern zu wahren Festungen ausgebaut. In vier, ja in sechs Stockwerken übereinander hatten sie sich wie die Wühlmäuse in die Erde gegraben und es war uns zunächst unbegreiflich, dass sie nicht noch in diesem verfilzten Durcheinander der Hohlwege, Sträucher und Hecken lauerten. Erst nach einer Weile fiel uns auf, dass dort kaum Kampfspuren zu sehen waren, auch keine Toten. Die lagen dafür in fürchterlichen Massen auf den Feldern. Hatte man dort die Iwans zu Gegenangriffen losgejagt? Waren von unserer Seite diese massierten Erdbefestigungen ausgespart worden? Hatte man sie einfach umgangen?
Am allerschlimmsten sah es dann in einem sumpfigen Waldstück aus. Dort war wirklich das Unterste nach oben gekehrt, es stank bestialisch nach Leichen und Pulver, nach Moder und Brand. Zerfetzte Körper und Uniformstücke, zerborstene

Baumstümpfe und Wurzeln, Waffentrümmer und Stiefel und blutige graue Klumpen und helle Knochen und Wassertümpel und halbe Schädel, es war nicht mit anzusehen, nur weiter, nur weiter…
Erst gegen Mittag gelangten wir in einen Vorort von Kiew. Eine Stunde lang standen wir natürlich wieder am Rande der Straße im Staub der vielen Fahrzeuge. Dann bezogen wir eine Bude, die einige Meter oberhalb der Straße an den ziemlich steilen Hang gebaut war. Es sah herrlich aus in den Räumen. Alle Scheiben waren rausgeflogen, die Scherben und der Putz von den Wänden bedeckten fast knöcheltief den Fußboden und man glaubte, noch den Staub in der Luft zu schmecken. Also begannen wir wieder einmal, unsere Wohnung schön sauber zu machen und menschenwürdig herzurichten. Es staubte dabei schaurig und wir sahen bald aus wie die Schweine. Aber dann ließ man uns auch in Ruhe und wir konnten uns ungestört waschen und rasieren. Später kreuzte auch der Tross noch auf und es gab einen zünftigen Braten mit Gemüse und Kompott. Es geht also auch so. Soweit ist unsere kleine Welt nun wieder in Ordnung. Jenseits des Dnjepr soll schon überall der Vormarsch im Gange sein.
Über Kiew aber stehen verschiedene schwarze Rauchpilze. Es heißt, der Russe habe überall Sprengladungen mit Zeitzündern eingebaut. Wir können also ganz froh sein, dass wir hier draußen hausen. Aber lange werden wir bestimmt nicht hier bleiben. Darüber sind wir uns klar. Das dicke Ende kommt erst noch. Ich habe ja selbst die Karten gesehen. Es kann noch tausend Chotows geben und Millionen Tränen. Und doch: Kiew ist gefallen! Und vorgestern sogar schon Poltawa. Und dies alles mit so erstaunlich geringen Opfern: 85.000 Tote, 300.000 Verwundete, 20.000 Vermisste bis Ende August. Diese Freude überwiegt. Bis zum Winter wird das Schlimmste geschafft sein. Unterhalb unseres Hauses rollen die Kolonnen ohne Unterbrechung, seit vielen Stunden schon. Und dies ist ja nur eine Straße von hunderten. Alles nach Osten, über den großen Strom…

K U S E M I N (ZWISCHEN KIEW UND CHARKOW)

Vorort von Kiew, Sonntag, 21. September 1941

Heute Nachmittag kletterten wir den Hang hinter dem Hause hinauf und hatten von der Höhe aus eine wunderbare Sicht. Kiew lag nicht fern zu unseren Füßen, der Dnjepr floss in breiten, regellosen Bahnen dahin, und ganz weit im Süden glaubten wir sogar den Fräuleinsberg von Tripolje zu sehen. Jenseits des Stromes breitete sich auch hier das unendliche, waldige Land aus, das unsere Truppen nun wohl schon weit bis hinter den Horizont durchschritten haben. Es war schön, dort oben zu stehen, sich den leichten Wind um die Nase wehen zu lassen und zu beobachten, wie die Schatten der Sommerwolken über den Fluss und die weiten Wälder huschten. Unter uns rollten scheinbar lautlos die Kolonnen über die gelben Wege, und die Staubfahnen sahen aus wie kleine Dampfwölkchen, so leicht und lieblich. Das ging nun schon die ganze Nacht und den ganzen Tag hindurch so…

Südöstlich Kiew, Dienstag, 23. September 1941

Schon früh um vier, noch im Finstern, scheuchte man uns gestern Morgen hoch. Um 5 Uhr starteten wir, angeblich, um auf das andere Dnjepr-Ufer übergesetzt zu werden und dort einen Brückenkopf zu bilden. Tatsächlich konnten wir erst heute früh um 3 Uhr total übermüdet das Ostufer des Flusses betreten. 80% der Zeit hatten wir immer wieder gestanden und gewartet und nur an einer Stelle hatten wir mal Kampfspuren entdeckt, hunderte von Erdlöchern dicht bei dicht, die nur von Russen gegraben worden sein konnten. Auch bei diesen Löchern bleichten viele menschliche Skelette und Schädel im Dreck. Bis auf Stiefel und Helme war alles andere längst verwest und zu Staub zerfallen oder von den Ratten gefressen. Anscheinend waren diese Geländestreifen monatelang Niemandsland gewesen, denn sonst hätte ja wenigstens eine Seite ihre Toten geholt und beerdigt, allein schon wegen der Seuchengefahr.
Gleich nach dem Anlegen der Fähre wurden wir wie üblich in ein komisches Kasernengelände gelotst, wo wir uns in morschen, versauten Holzbuden ohne jede Inneneinrichtung auf dem Fußboden einfach in den Dreck fallen ließen, um noch etwas zu pennen. Aber aus allen Ritzen kroch die Kälte in die Räume und unter die Decken, auch war es natürlich verdammt hart ohne Stroh und obendrein stank es nach toten Ratten und faulem Schilf.
Zwei Stunden später, schon früh um fünf, wurden wir auch aus diesem Scheißasyl wieder hochgejagt. Wir staubten uns den Mist aus Haaren und Klamotten, schnappten unser Gelumpe und torkelten wie Besoffene zu den Wagen.
Bald erreichten wir eine flotte Steinstraße und da ging es endlich mal wieder ab mit 80 Sachen, dass uns die Augen tränten. Saubere Dörfer und ausgedehnte Wälder flogen vorbei. Die Welt schien noch gar nicht erwacht zu sein. Es war ein schöner Herbstmorgen, kalt, aber voll frischer, klarer Luft.
Nach 20 km bogen wir nach rechts ab und erreichten wenig später ein Dorf, in dem schon eines unserer Infanteriebataillone lag. Bald hatte man uns mit dem Auftrag am Wickel, ziemlich am Ende der Ortschaft in Stellung zu gehen und die Sicherung zu übernehmen. Man rechnete damit, dass versprengte Russen dort versuchen würden durchzubrechen. Also doch!
Hinter einer kleinen Böschung am Wege brachten wir die Kanone in Stellung. Wir hatten etwa 400 m freies Feld vor uns, dahinter versperrte ein größerer Wald jede weitere Sicht. Zwei Mann blieben gleich als Posten draußen, der Rest richtete sich in einem der letzten Häuser ein.
Nachmittags wurde Alarmbereitschaft befohlen. Es fing also jenseits des Dnjeprs gut an. Wir suchten mit dem Glas immer wieder den Waldrand ab, konnten aber nichts Verdächtiges entdecken. Stattdessen beobachteten wir gegen Abend immer mehr Zivilisten, die aus dem Dorfe über die freie Fläche in den Wald spazierten und sich dort zu schaffen machten. Erst wollten wir sie daran hindern, aber das war unmöglich, da wir weithin die einzigen Landser waren. Die, die wir anrufen konnten, kamen ohne Scheu näher und machten Essbewegungen, redeten von Brot und Speck usw. Wir kapierten nicht viel von dem Gebrabbel, vor allem wurde uns nicht klar, was das mit dem Wald zu tun haben sollte, aber da sie keinen Anlass zu Misstrauen boten, sondern im Gegenteil heiter und zutraulich wa-

ren, ließen wir sie denn auch ziehen. Kurze Zeit, nachdem sie im Wald untergetaucht waren, kamen die ersten Weiber und Kinder schon wieder mit Säcken und Beuteln beladen zurück, wenig später rollte die ganze Welle in breiter Front auf das Dorf zu und die, die wir angehalten hatten, steuerten strahlend auf uns zu und öffneten ihre armseligen Säcke. Da endlich ging uns ein Licht auf: Die Guten hatten Brot und Speck, Getreide, Mais und Salz und weiß der Teufel was noch im Walde verbuddelt! Fast wie die drei Grazien von Obuchow im Ofen! Aus Angst vor uns? Oder vor ihren eigenen Genossen? Wir kriegten es auch hier nicht heraus, nur Stalin nix gut usw. Nun, uns war es piepe, wir sagten charascho und lachten und gönnten ihnen gern ihren kümmerlichen Vorrat. Sie freuten sich wie die Kinder.
Links hinter uns konnten wir von unserer Stellung aus Kiew und das hohe Ufer des Stromes erkennen. Die riesige Rauchwolke hing wie gestern über der Stadt und vorhin war dort sogar der Himmel rötlich erleuchtet. Es scheinen da schauerliche Brände zu wüten. Bei uns ist es seit Anbruch der Dunkelheit still. Offen liegt das Feld vor uns und die Sterne geben genug Licht. Im Walde hat sich bisher nichts Feindliches gerührt. So friedlich kann es gern noch eine Weile bleiben.

Südöstlich Kiew, Mittwoch, 24. September 1941

Das Haus, in das wir gestern einzogen, hatte uns gleich beim Eintritt wegen seiner Sauberkeit gut gefallen. Auch die Menschen waren freundlich und hilfsbereit, holten Wasser aus dem Brunnen und machten uns, ohne dass wir etwas gesagt hätten, fette Bratkartoffeln mit Speck. Nur ein Haufen Bälger, die die gute Stube bevölkerten, schrien abwechselnd aus vollem Halse. Vielleicht hatten sie Böses von uns Hunnen gehört und fürchteten nun, lebend gebraten zu werden. Am Tage hatte uns dies Gebrüll wenig gerührt, denn wir hatten ja nebenbei auch allerlei zu tun, entlausten uns, klönten auch mal mit den Posten an der Kanone oder guckten Eni zu, wie er am Motor herumfummelte.
Als dann gestern Abend die ganze Familie mit Ausnahme des Opas den gemeinsamen Schlafplatz oben auf dem großen Ofen erstiegen und sich dort zu einem formlosen Haufen zusammengekuschelt hatte, dachten wir, nun sei Ruhe. Aber ach! Die Bälger bläkten wieder von vorn los, ein dauerndes Geschiebe und Gemenge und Getuschel war auf dem Ofen im Gange und der Opa konnte erst recht nicht schlafen. Unentwegt tigerte er in der freien Stubenhälfte auf und ab, rülpste und zog mit hörbarem Behagen seinen Rotz aus den fernsten Bronchien hoch in die Nase, um ihn dann elegant und schwungvoll in eine Ecke des Raumes zu qualstern. Uns erstarrte schier das Blut und bald gaben wir dem Alten zu verstehen, dass uns das nicht passte und dass wir so etwas für nix kultura hielten. Aber er panimaite nix, rülpste weiter aus Urtiefen und fuhr sich hin und wieder mit der Hand erst über den Bart und dann an seinen Kittel. Dann war wohl immer etwas in seinen Bartfransen hängen geblieben. Und unbekümmert sammelte er neuen Schleim in seinem Kehlkopf…
Im Laufe des Tages konnten wir tatsächlich einige Iwans schnappen, die einzeln aus den Wäldern traten und anscheinend froh waren, erst einmal irgendwo in Sicherheit zu landen, wo sie essen und schlafen können. So standen wir doch

nicht ganz umsonst da, sondern hatten zum ersten Mal in Russland eigene „Beute“ gemacht, wenn auch nicht gerade in heroischem Kampf.

Südöstlich Kiew, Sonnabend, 27. September 1941

Gestern Mittag war's wieder vorbei mit unserer Dorfidylle – alle Geschütze in einem anderen Dorf sammeln! Aber das größte Ereignis des Tages waren die Sondermeldungen über den Kessel von Kiew: Über 660.000 Gefangene, dazu die Toten und Verwundeten – das muss doch ein ungeheures Loch in die russische Front geschlagen haben. Und über 4.500 Geschütze und Panzer! Endlich scheint die große Ernte dieses Feldzuges zu reifen. Vor wenigen Tagen das Asowsche Meer erreicht, eine Million BRT in drei Monaten durch die U-Boote versenkt, jetzt wieder ein Kreuzer, zwei Zerstörer und neun Handelsschiffe durch die Luftwaffe – solche Verluste hält doch kein Land auf die Dauer aus. Es herrscht jedenfalls überall große Freude und Zuversicht, vor allem, weil die riesige Bresche vor unserem Abschnitt geschlagen wurde. Dadurch wird der weitere Vormarsch bestimmt sehr erleichtert.
Heute kriegte ich auch endlich mal wieder Post. Alle sind so „stolz“ auf mich, den einzigen Vertreter der Familie an der Front. Dieser Stolz ist etwas Grässliches, nationaler Kitsch in Reinkultur, und er ist wohl deshalb so schwer auszurotten, weil diese Art von Gefühlen so unendlich ernst und gut gemeint ist und aus tiefer Liebe entspringt. Vielleicht braucht man in der Heimat so etwas, um überhaupt die tägliche Sorge ertragen zu können.
Morgen ist Sonntag und prompt geht morgen die Reise weiter – trotz des säuischen Wetters. Von wegen Frankreich! Die Division soll eine Vorausabteilung bilden, Charkow soll baldmöglichst erreicht werden! Märsche von dreißig bis vierzig Kilometer pro Tag! Die arme Infanterie. Aber die Luftwaffe bombardiert immerhin schon feste den Raum Charkow. Eine Vorausabteilung der Division soll schon ziemliche Verluste an Fahrzeugen und Pak erlitten, vor allem auch viele Vermisste haben, weil der Iwan angeblich noch überall sitzt und unerwartet, besonders nachts und von hinten, angreift.

Ostwärts Borispol, Sonntag, 28. September 1941

Auch heute ist es gemein kalt und windig wie gestern. Wir rollten zunächst auf schlammigen Wegen zurück zu der großen Steinstraße und dann ging es in schneidigem Tempo nach Osten, vorüber an einem riesigen Gefangenenlager mit tausenden von braunen Gestalten inmitten schier endloser Kiefernwälder. Nach etwa einer Stunde erreichten wir dann Borispol, eine größere Stadt mit Flughafen und Bahnanlagen. Wir rauschten ohne Stopp durch die ärmlichen Straßen und passierten später eine Beutesammelstelle, in der unvorstellbare Mengen an Geschützen, Panzerwracks, Fahrzeugen, Protzen und stählernem Gerümpel aller Art aufgetürmt lagen. Ob das alles schon aus der Kesselschlacht von Kiew stammte? Da haben bei uns die Hochöfen erst mal genug zu schmelzen.
Hinter Borispol wurde die Landschaft eintönig und grau. Auch die Sonne, die

gelegentlich für einige Minuten durchbrach, konnte der allgemeinen Melancholie keine Lichter aufsetzen. Schnurgerade und unsagbar kahl zog sich die Reihe der Telefonmasten nach Osten. In weiten, flachen Wellen breiteten sich leere Felder ringsum. Der Wind beugte die spärlichen Gräser am Wegesrand und sang in den Drähten. Wie schon so oft fuhrwerkten wir ganz allein durch die gottverlassene Gegend und in einem lang gestreckten Dorf durften wir uns dann gegen Mittag in unsere sauberen, warmen Quartiere verkrümeln. Wache hatten mal andere.

Taschani, Montag, 29. September 1941

Die Zeiten des ruhigen Krieges sind vorbei; daran haben wir nicht den geringsten Zweifel mehr. Heute früh startete die Kompanie gleich am Morgen wieder. Ein ekelhafter Wind erfasste uns, sobald wir die Häuser und Gärten hinter uns gelassen hatten. Von den vielen Spuren war die Straße zerklüftet und steinhart dazu, weil der trockene Wind die Nässe aus dem Lehm gezogen hatte. Nun staubte es wieder gewaltig und wir sahen schon bald so aschgrau aus wie einst an heißen Sommertagen. Wir stockerten frierend durch eine Landschaft ohne Baum und Strauch, ohne Häuser und Kirchen. Nur Stoppelfelder und Unkrautflächen, soweit die Blicke reichten. Die Sonne schien blass hinter feinen Wolkenschleiern, aber sie wärmte jetzt einfach nicht mehr. Immer auf der Suche nach der besten Fahrspur quälte sich die Kolonne von Mast zu Mast vorwärts. Bis ans Ende der Welt schienen diese schwarzen Stangen zu führen, unbarmherzig, ohne Halt und ohne Hoffnung. Nur hinter uns verschlang sie der Staub. Einmal tauten wir in diesen fahlen, kalten Morgenstunden allerdings auf. Da wurden nämlich unförmige Klumpen beiderseits der Straße vor uns sichtbar und als wir nahe genug herangekommen waren, erkannten wir die Reste einer russischen Kolonne, die dort offensichtlich von Fliegern zusammengeschossen worden war. So gerade in ausreichender Breite hatte man inzwischen eine Spur freigeräumt, aber rechts und links türmten sich die Schrottberge meterhoch und an die 300 m lang. (Bild 18) Autos, Geschütze, Granatwerfer, Tankwagen, Schlepper – verbeult, verbrannt, zerfetzt und umgestülpt, Gummi, Rost und Lachen von Öl. Ja, wen es so erwischt auf einer solchen Ebene ohne Deckung!
Erst am Nachmittag stießen wir auf eine belebte Straße und bald darauf kriegte Reimann Befehl, mit unserem Geschütz zwei Brücken bei dem Dorfe Taschani zu sichern, in dem wir gerade rasteten. Wir rollten zu der bezeichneten Stelle, während die Kompanie ohne uns davon fuhr.
Am Fuße eines Abhanges haben wir nun vorhin die Kanone so in Stellung gebracht, dass wir die Straße, die von rechts heranführt, genau vor uns haben. Sie zieht sich als flacher Damm durch eine weite Niederung von Sümpfen und Teichen und die beiden kleinen Brücken spannen sich kurz hintereinander über schmale Verbindungsgräben. (Bild 19) Jenseits der Teiche steigt das Gelände ganz sanft an und man kann ferne Wälder und einzelne größere Bäume erkennen.
Die ersten Stunden der Wache sind uns schnell vergangen. Es ist hier nichts zu befürchten, denn die Straße entlang zogen wahrscheinlich schon den ganzen Tag über ohne Unterbrechung bespannte Trosse und Artillerie. Motorisierte Haufen brummten staubend vorüber und wir hockten zufrieden auf den Holmen und sa-

hen dem Schauspiel zu. Jetzt ist es windstill geworden und die Abendsonne goss bis eben noch einen letzten Hauch von Wärme über die Landschaft. Lautlos entschwinden allmählich die Wälder am Horizont in der Dämmerung. Dünne Nebel schwebten schon über den Sümpfen und die letzten Kolonnen verlieren sich auf dem schmalen Wege zwischen den Wassern. Enten jagen über uns hin. Es wird Nacht und mit ihr kommt die Stille. Aber hier hat man keine Angst davor.

Taschani, Dienstag, 30. September 1941

Wir standen heute den ganzen Tag über so prächtig an der Kurve, dass sich eine regelrechte Altweiber-Tratschecke bildete. Morgens war Köhler mit seinem Geschütz vorbeigekommen. Er hatte weiter rückwärts irgendwo genauso gesichert wie wir und war dort nun überflüssig geworden. Später marschierten Teile unseres Nachbarregiments vorüber. Die Kameraden erzählen Schauergeschichten von Überfällen versprengter Russen auf Kolonnen weit hinter uns. Angeblich einmal 1.000 Russen! Das war gestern und vorgestern passiert und die Verluste waren offenbar erschreckend, wenn man alles glauben kann, was die Genossen so erzählen. Die schweren Infanteriegeschütze des Regiments sollen mit zig Pferden in einem brennenden Stall verschmort sein. Wir aber sind wie ahnungslose Engel durch die Gefilde gerauscht.
Gegen Mittag brauste ein Geschütz Heeresflak mit schwerer Kettenzugmaschine heran. Die Kollegen bauten sich nicht weit von unserer Kanone auf, um ebenfalls schön zu sichern. Sie wussten genau über die Lage Bescheid, insbesondere erklärten sie mit Bestimmtheit, wir brauchten in diesem Herbst nur noch bis Charkow zu marschieren, dann wäre Ruhe. Nun ja, eben noch bis Charkow – nicht schlecht. Und dann Ruhe. Auch nicht schlecht. Der Überfall auf das Nachbarregiment und viele andere Gruselmärchen, die wir im Laufe des Tages noch zu hören kriegten, verdarben uns den Spaß an solchen kindlichen Parolen doch sehr und daher ließen wir die Genossen ruhig sabbeln. Mehr als hundert Kilometer sind wir bisher wohl kaum von Kiew aus nach Osten vorangekommen und bis Charkow sollen es mindestens noch 300 km sein. Ob uns der Iwan weiter so friedlich dahinpilgern lässt, ist doch wohl ziemlich fraglich, selbst wenn man aus Prinzip gern Optimist ist.
Durch Zufall erkannte mich am Nachmittag ein Leidensgenosse aus Zittau, als er mit einer langen Marschkolonne vorübertippelte. Ein so unerwartetes Wiedersehen ist immer eine etwas wehmütige Freude. Man sieht, dass der alte Sack noch lebt, man weiß aber manchmal schon gar nicht mehr, wie er heißt, nur das Gesicht ist da, der Tonfall seiner Worte, man wünscht sich noch schnell Hals- und Beinbruch, Erinnerungen an gemeinsame Stunden und Wochen werden spontan wieder wach, man möchte die Zeit zurückdrehen, aber da ist er schon wieder vorbei, untergetaucht in dem fremden Haufen, und man denkt plötzlich: Wie lange noch? War dies die letzte Begegnung? Er oder ich? Und man dreht sich noch einmal um, obwohl man weiß, dass es vergeblich ist. Irgendwo da vorn, eine der verstaubten Uniformen, das ist er, das war er…
So verging dieser Tag an den Brücken von Taschani. Es blieb kühl und frisch auch um die Mittagszeit. Wir lebten nicht schlecht. Otto hatte allerhand schöne

Sachen organisiert; darin ist er unermüdlich und unbezahlbar. Aber mein Magen ist wieder nicht in Ordnung; bald langt es mir wirklich mit diesen ewigen Dünnschiss- und Kotzgefühlen. Immerhin, es ist schon erholsam, sich die zerlöcherten Socken und die blutbeschmierte Unterwäsche vom Leibe zu reißen, den Heerscharen der Läuse und Eier in den Nähten der Uniform und in allen Maschen der Socken und der Strickjacke den Garaus zu machen, während in der blechernen Schüssel auf dem Ofen das Wasser für die große Waschung heiß wird, und dann mal wieder alle Eiter- und Blutkrusten, allen Dreck und Schweiß von sich abzuspülen, genüsslich die Wärme der Stube auf sich wirken zu lassen, sich mit dampfendem Wasser und ohne Hast zu rasieren. Wir alle sind schon ganz schön zerbissen, man juckt und kratzt sich ja längst vollautomatisch. Man müsste seit langem mal wieder zum Friseur, aber das Hermännchen, unser Kompaniefigaro, ist sonstwo und Ottos frivole Angebote eines kostenlosen Kahlschnitts sind indiskutabel, wenn der Winter vor der Tür steht. Dann schon lieber die Läuse im wärmenden Filz.
Seien wir dankbar, dass es auch hier noch überall Dörfer und Menschen gibt, dass wir noch nicht draußen in der Steppe stehen müssen, ohne Haus und Dach.
Die Frau in unserem Quartier spricht ein wenig deutsch. Von ihrem Mann hat sie seit Kriegsbeginn nichts mehr gehört. „Schisko jedno – woina…“, sagt sie leise. Nicht zu ändern, das ist der Krieg. Ist es Gleichgültigkeit? Hasst sie uns, obwohl sie freundlich für uns sorgt, uns Bratkartoffeln macht, immer rechtzeitig Wasser holt? Die Menschen in diesem Land haben es im Blut, ihr Inneres zu verbergen. Sie müssen es seit Jahrhunderten, um zu überleben. Wie könnte dieses Volk aufblühen in einer wirklichen Freiheit…
Die kleinen Kinder sind noch fröhlich und unbeschwert. Auch hier toben ständig vier bis fünf herum. Man weiß nicht recht, ob alle zu dieser Frau gehören. Wir fremden Soldaten machen jedenfalls wenig Eindruck auf sie und wir bemühen uns umgekehrt, ihren Spektakel möglichst zu überhören.
Nur heute Nacht war buchstäblich die wilde Sau los: Da wurden plötzlich die Schweine im Stall nebenan rebellisch und zerquiekten uns total das bisschen Schlaf zwischen den Stunden der Wache am Geschütz. Aber mit Rücksicht auf die gute Frau unterdrückten wir alle Mordgelüste mannhaft.

Jablonewo, Mittwoch, 1. Oktober 1941

Der erste Oktober! Oktober – das ist bei uns flammendes Herbstlaub, das ist der Rauch der Kartoffelfeuer über den Feldern, das ist Ernte, Weinlese, das sind kalte Nächte und letzte windstille Sonnentage. Aber wir werden hier wohl nur kalte Nächte erleben und neblige Tage und Regen und Schlamm.
Als ich mit solchen Träumereien nach der letzten Nachtwache noch ein paar Minuten an der noch leeren Straße stand, rollte ein Kübelwagen heran und – kaum zu fassen – er war's: Kurt! Kurt, mein Freund, damals beim Regimentsstab in Frankreich! Ich schrie ihn an, rannte hinterher, er sah mich, bremste, wir fielen uns vor Freude fast in die Arme und dann erzählten wir uns sprudelnd alles Neue. Er ist ja noch beim Regimentsstab, er muss ja mehr wissen als wir armen Marschierer. Es geht ihm gut, klar, mir auch – und dann sagte er, fast beiläufig, er

führe in den nächsten Tagen nach Deutschland, um einen kaputten Wagen im Werk reparieren zu lassen und um Ersatzteile zu beschaffen, und er hoffe natürlich, auch Zeit für einem Abstecher nach Hause zu finden. Ach, der Glückliche – ich gönne es gerade ihm von Herzen, aber als er dann weitergefahren war, sah ich ihm nach, bis sein Wagen in den Wäldern jenseits der Teiche verschwunden war, und ein Kloß steckte mir im Halse und ich hätte heulen können. Ein Jahr lang bin ich nun nicht zu Hause gewesen und an Urlaub ist nicht zu denken. Mit einem Male stand diese ganze Scheißrussland riesengroß vor mir. Wir haben zwar bisher kaum etwas erlebt, wir werden gefahren und brauchen nicht diese hunderte von Kilometern zu latschen und doch ist man irgendwie fertig. Der Sommer ist ohne Entscheidung verflogen, man weiß nicht, wie es weitergehen wird, im Unbewussten lastet nun, mit jedem Tag drückender, eine heimliche Angst, ja ein Grauen vor dem Winter, vor ewiger Kälte und Nässe und Dunkelheit. Nirgends ist ein Ende zu erkennen. Bisher hat es immer ein Ende gegeben, in Polen und Norwegen, in Belgien und Frankreich und auf dem Balkan. Doch hier versagt etwas, hier hängt drohend etwas in der Luft, das man nicht greifen und verjagen kann. Wohl kann man solche Gedanken abschütteln und mit Wurstigkeit und Blödeleien eine Weile verscheuchen, aber sie kommen immer wieder wie ein Mückenschwarm und gehen wie Gift ins Blut und fressen sich fest in den Träumen. Unmerklich gewöhnt man sich daran, mit Jahren zu rechnen, wo bisher Tage oder Wochen genügt haben. Aber Jahre in Russland – das ist unvorstellbar, das geht über Menschenkraft, das darf einfach nicht sein. Wenn man wenigstens jetzt noch einmal nach Hause könnte, drei oder acht Tage nur, dann wäre alles Bisherige ausgelöscht, dann begänne danach ein neues Kapitel, dann hielte man es wohl wieder ein Jahr lang hier draußen aus. Aber so? Kurt aber wird nun bald zu Hause sein, in Deutschland, in der Heimat. Zu Hause, in der Heimat. Unfassbar…
Am Abend wurden wir leider von Otto Girmer, unserem neuen Zugtruppführer, abgeholt, der schön dumm, dafür aber auch schön eingebildet ist. Wir polterten über die Brücken, die wir so tapfer bewacht hatten, erreichten bald den Wald und kurz darauf verdeckten die Bäume die Teiche und Sümpfe von Taschani auf Nimmerwiedersehen. Es wurde dämmerig. Wir rollten über menschenleere Straßen nach Osten; die Kolonnen waren irgendwo abgebogen. Vor einem Dorfe begrüßte uns dann im letzten Tageslicht unerwartet Unteroffizier Köhler, der mit seinen Leutchen eine kleine Brücke sicherte. Damit waren wir auch schon am Ziel. Wir bekamen einen dreckigen, alten Schuppen ohne jedes Inventar als Unterkunft zugewiesen und darin hocken wir nun auf dem faulenden Boden, den Rücken an die schimmelige Wand gelehnt. Es stinkt entsetzlich muffig und schon vorhin beim Abendbrot spazierten die Mäuse ungeniert in Zugstärke in der Bude umher.

Jablonewo, Donnerstag, 2. Oktober 1941

Am Vormittag, als wir die Kanonen säuberten, gab es wieder Post, sogar einen Brief vom 17. September. Vater berichtet u.a. von der Ansicht eines Intendanturrates, der bei Lublin 240.000 gefangene Russen „betreut": „… wenn man die Bolschewiken als Tiere bezeichne, so sei das eine Beleidigung der Tiere." Ty-

pisch. Kommentar überflüssig. Der Herr sollte mal ganz nach vorn an die Front geschickt werden.
Heute kriegten wir auch endlich die Bilder von Tripolje, die wir schon vor Wochen bei einem Kameraden bestellt haben. Der Fräuleinsberg, von Minen zerfetzte Trossfahrzeuge, daneben die toten Pferde, Salings zerrissenes Geschütz mit den Trümmern des Wagens auf einem einsamen Feldwege und schließlich Bilder vom Friedhof in Obuchow, wo die 165 Toten dieser beiden Tage von Tripolje liegen. Heute, da man diese Bilder sieht, fragt man sich unwillkürlich, ob dieser Angriff, ob diese Opfer nötig waren, wenn damals doch bestimmt schon alles für den großen Kessel von Kiew vorbereitet war. Vier Wochen später wäre Tripolje wie Kiew und wie tausende andere Nester ohne einen Schuss in unsere Hand gefallen. Warum also? Ging damals noch solch eine Gefahr von diesem kleinen Brückenkopf aus? War es Ehrgeiz eines Generals? Wir werden es nicht ergründen können. Und die 165 werden nicht mehr lebendig. Aber man ist auf einmal nachdenklich geworden und empfindet umso stärker die absolute Abhängigkeit vom Willen anderer. Man muss ja darauf vertrauen können, dass kein Opfer umsonst verlangt wird. Ohne dieses Vertrauen bräche bald alles zusammen. Aber an diese Möglichkeit darf man überhaupt nicht denken.

Lubny, Freitag, 3. Oktober 1941

Gestern blieben wir in unserem Mäuseschuppen und wurden schön mit Geschützreinigen und ähnlichem Stumpfsinn beschäftigt. Heute wurden wir auf einer tief zerfurchten „Straße“ stundenlang bei eklig nasskaltem Wind so durchgeschüttelt, dass wir alle Knochen einzeln spürten. Der Anblick der schwarzgelben Stoppelfelder, die sich während der ganzen Fahrt beiderseits des Weges bis zum Horizont erstreckten, machte uns obendrein langsam aber sicher auch seelisch fertig. Aber wir erreichten schließlich Lubny, unser Ziel, und kriegten von einer nebenan untergebrachten Einheit die neueste Zeitung in die Hand: Der Aufruf des Führers an die Soldaten der Ostfront!
„Dieser Gegner hat sich für seinen Angriff militärisch in einem so enormen Ausmaß gerüstet, dass auch die stärksten Befürchtungen noch übertroffen worden sind. Denn dieser Feind besteht nicht aus Soldaten, sondern zum größten Teil nur aus Bestien.
Nun, meine Kameraden, habt Ihr selbst mit eigenen Augen das ‚Paradies der Arbeiter und Bauern‘ kennen gelernt. In einem Land, das durch seine Weite und Fruchtbarkeit die ganze Welt ernähren könnte, herrscht eine Armut, wie sie für uns Deutsche unvorstellbar ist…“
Ja, das können wir wahrhaftig bestätigen.
„… In knapp drei Monaten ist es dank Eurer Tapferkeit, meine Kameraden, gelungen, diesem Gegner eine Panzerbrigade nach der anderen zu zerschlagen, zahllose Divisionen auszulöschen, ungezählte Gefangene zu machen, endlose Räume zu besetzen – nicht leere, sondern jene Räume, von denen dieser Gegner lebt und aus denen seine gigantische Kriegsindustrie mit Rohstoffen aller Art versorgt wird.
In wenigen Wochen werden seine drei ausschlaggebendsten Industriegebiete

restlos in Eurer Hand sein!
Eure Namen, Soldaten der deutschen Wehrmacht, und die Namen unserer tapferen Verbündeten, die Namen Eurer Divisionen, Regimenter, Eurer Schiffe und Luftgeschwader werden für alle Zeiten mit den gewaltigsten Siegen der Weltgeschichte verbunden sein.
Über 2.400.000 Gefangene habt Ihr gemacht;
Über 17.500 Panzer und über 21.600 Geschütze vernichtet oder erbeutet;
Über 14.200 Flugzeuge wurden abgeschossen oder am Boden zerstört…
Dieses… Ergebnis… wurde erreicht mit Opfern, deren Zahl… im gesamten noch nicht 5 v. H. derjenigen des ersten Weltkrieges beträgt. Was Ihr, meine Kameraden, und was die mit uns verbündeten tapferen Soldaten an Leistungen, an Tapferkeit, an Heldentum, an Entbehrungen und Anstrengungen in diesen kaum dreieinhalb Monaten hinter Euch habt, weiß keiner besser als derjenige, der einst selbst als Soldat im vergangenen Kriege seine Pflicht erfüllte. In diesen dreieinhalb Monaten, meine Soldaten, ist nun aber endlich die Voraussetzung zu dem letzten gewaltigen Hieb geschaffen worden, der noch vor dem Einbruch des Winters diesen Gegner zerschmettern soll. Alle Vorbereitungen – soweit sie Menschen meistern können – sind nunmehr fertig. Planmäßig ist dieses Mal Schritt um Schritt vorbereitet worden, um den Gegner in jene Lage zu bringen, in der wir ihm jetzt den tödlichen Stoß versetzen können.
Heute ist nun der Beginn der letzten großen Entscheidungsschlacht dieses Jahres…“
Die letzte große Entscheidungsschlacht dieses Jahres. Mein Gott – die letzte große Entscheidungsschlacht, der tödliche Stoß! Moskau? Charkow? Die Wolga?
Wir quirlten durch die Gänge, diskutierten diese unerhörten Ankündigungen und vergaßen ganz das Essen. Und dann vorhin die Rede des Führers, schlecht zu verstehen aus der alten Röhre, aber wir alle standen dichtgedrängt, atemlos, hörten die harte Stimme, erfuhren, dass seit 48 Stunden abermals eine gigantische Operation im Gange ist, dass bisher alles planmäßig verlaufen ist. Nur über eines hat man sich getäuscht: Über die ungeheuren Vorbereitungen dieses Gegners. Und dann dieser eine Satz, der uns ins Mark traf: „Dieser Gegner ist bereits gebrochen und wird sich nie mehr erheben. “
Und wieder die Hinweise auf die Bestialitäten des Feindes. Ist es anderswo so schlimm gewesen? Haben nur wir nichts davon gemerkt, weil wir kaum im richtigen Kampf gewesen sind?
Und dann: Wer in dieses Land als Kommunist gegangen sein sollte, der ist für alle Zeiten geheilt. Jawohl, wir sehen täglich dieses Paradies bzw. das, was man hier aus diesem reichen Land und diesen Menschen gemacht hat. Was immer die Propaganda über den Bolschewismus behauptet hat – diese Armut ist schlimmer, ist unvorstellbar, wenn man sie nicht mit eigenen Augen gesehen hat.
Nun wird sogar die Produktion von Munition auf manchen Gebieten gedrosselt, weil übergenug vorhanden ist. Ist dies nun der große, lang ersehnte Durchbruch zur Entscheidung? Hat auch dieser Feldzug ein Ende wie alle früheren auch? Reden wir es uns nur ein, dass dieser Gegner bereits gebrochen ist und sich nie wieder erheben wird? Aber nein, er hat es selbst gesagt, er könnte es unmöglich behaupten, wenn es nicht stimmte.
Immer wieder bildeten sich Gruppen. Zweifel wurden laut. Wie kann man so

etwas vorher behaupten? Morgen kann der erste Schnee über uns kommen. Napoleon ist auch erst in Moskau kaputt gegangen. Von Napoleon kommt offenbar keiner los, obwohl wir schließlich 130 Jahre weiter sind.
Ich kann mir nicht helfen – ich bin total durcheinander. Soll dieser ganze Krieg hier doch noch vor dem Winter beendet sein? Felix macht nur ein langes Gesicht. Er glaubt nicht daran. Fast kriegten wir uns vorhin noch in die Haare. Neue Hoffnung haben wohl alle geschöpft, wenn auch viele nicht glauben können oder wollen, dass die Kräfte des Russen schon am Ende sein sollen. Ich sage mir nur trotz gewisser Zweifel, dass der Führer ja einen besseren Überblick haben muss als wir und dass er niemals so etwas Schwerwiegendes sagen würde, wenn er nicht ganz fest von der Richtigkeit überzeugt wäre. Also muss es wohl so sein, also besteht wohl wirklich Hoffnung auf ein baldiges gutes Ende. Noch eine große Schlacht in diesem Jahr. Vielleicht stimmt es doch mit Charkow. Die Stadt soll noch etwa so weit vor uns liegen wie Kiew hinter uns. Und was ist das schon? 200 km vielleicht…
Nein, es muss schon stimmen. Denn dass der Führer solche Dinge in einer solchen Rede behauptet, ohne ganz handfeste Gründe dafür zu haben, das gibt es nicht, das ist einfach unvorstellbar. Mögen die anderen ruhig meckern und zweifeln. „Dieser Gegner wird sich nie mehr erheben, nie mehr!", hat er gesagt. Wie soll man jetzt einschlafen können?

Kibintzi, Sonnabend, 4. Oktober 1941

Schon um fünf Uhr früh wurden wir ganz unplanmäßig aus unseren Träumen gerissen und mit der Tatsache konfrontiert, dass vor uns schwere Kämpfe im Gange seien und dass wir noch heute eingesetzt werden könnten. Da hatten wir auf der langen, reizlosen Fahrt genügend Zeit, uns seelisch auf diese plötzliche Wendung der Dinge vorzubereiten. Mit einem Schlage nisteten sich die alten Zweifel und Ängste wieder ein. Aber noch konnten wir von schweren Kämpfen nichts hören oder gar sehen. Stunde um Stunde verrann. Das gab uns neuen Auftrieb.
Mittags hielten wir dann in Kibintzi, einem kleinen Nest mit großer Schule. Die hatte Emil natürlich als Quartier ausgewählt. Wir räumten Tische und Bänke aus, säuberten den Laden und holten wie schon unzählige Male vorher Stroh, und jetzt am späten Nachmittag sieht es so aus, als blieben wir heute doch noch verschont. Auf der Straße geht es allerdings sehr lebhaft zu.
Inzwischen ist es 20 Uhr geworden. Ich habe mal wieder Wache, also wieder eine Nacht ohne richtigen Schlaf. Die anderen bekamen vorhin Schnaps zur Abendkost. Als ich eben eine Kleinigkeit vom Wagen holte, erzählte mir Felix, Otto sei schon stinkbesoffen und ungenießbar. Er hat wohl die Schnauze voll.
Der Wehrmachtbericht spricht heute von Kampfhandlungen großer Tragweite. Es tut sich also wirklich was.

Irgendwo östlich Borki, Montag, 5. Oktober 1941

Gestern brachen wir schon in aller Frühe auf, erreichten unbehelligt Mirgorod und machten dort sogar eine längere Rast. Es war unruhig in dem Ort; irgendwas lag in der Luft, das sich auch auf uns übertrug. Während des Essens wurde dann auf einmal Alarmbereitschaft befohlen. Der Tross blieb zurück, ein Teil der Kompanie zweigte ab. Wir anderen rollten mit großen Abständen weiter nach Osten und kamen schon bald ohne Zwischenfall nach Nowgorod, einem der typischen Provinznester. Überall roch es nach frischem Brand. Zerrissene Drähte hingen wirr auf die Straße herab. Spuren von Splittern und Geschossen an den Häusern. Einzelne Granattrichter. Ein paar tote Pferde.
Wir sollten zu einer Brücke; wir fragten uns bei jedem Landser weiter durch und fanden sie dann auch bald. Nicht weit davon stand eine Kirche inmitten einer Baumgruppe. Dort stellten wir die Fahrzeuge unter, saßen ab und warteten auf weitere Befehle. Heeresflak war bei der Brücke, die aus mehreren Einzelbrücken bestand, schussbereit aufgefahren. Verwundete kamen herüber, Melder knatterten vorbei. Von jenseits der Brücke hörte man jetzt aus großer Entfernung Gewehrfeuer. Wir bummelten hinüber zu denen von der Flak und erfuhren, dass noch am Morgen blutige Kämpfe um einen kleinen Brückenkopf jenseits des Flusses getobt hätten. Aber die Brücke hätten sie wenigstens noch heil gekriegt, gestern Nachmittag schon. Aber es hätte viele Tote gegeben, da drüben könnten wir es ja sehen.
Schweigsam gingen wir wieder zurück zur Kirche. Alles war auf einmal so anders geworden, so drohend, so unmittelbar und unausweichlich. Und dann sahen wir sie unter den Zeltbahnen liegen wie damals vor Kiew: 15, 20, 30 Mann; über die Brücke schleppten sie gerade wieder drei Gefallene heran. Ein Stück weiter zog sich eine lange Reihe fertiger Gräber mit frischen Kreuzen hin. Neue Löcher wurden ausgehoben. Wir gingen die Gräber entlang, deren Erde noch feucht war, und lasen die Namen. Die meisten vom Nachbarregiment, gestern gefallen.
In dem Wald vor uns beschossen sie sich noch immer. Ich spürte, wie sich eine dumpfe Unruhe und Beklemmung in mir breit machte. Zwei Tage vorher, in Lubny, hatte ich neue Hoffnung gefasst. Nun konnten wir selbst jede Minute ins Feuer geworfen werden, nachdem man sich so lange in der Illusion gewiegt hatte, man käme vielleicht doch noch um alles herum wie bisher.
Da riefen sie auch schon zum Fertigmachen. Das war fast eine Erlösung von den dämlichen Gedanken. Wir saßen auf und wurden geschützweise vorsichtig über die klapperigen Holzbrücken gelotst. Dann verschluckte uns der dunkle Wald. Gleich hinter den Brücken lagen noch viele Landser tot hinter Bäumen und unter Sträuchern, und etwas weiter dichte Haufen gefallener Russen. Ein schauerlicher Anblick im Dämmerlicht, die gelben Gesichter und Hände…
Zusammen mit Köhlers Geschütz glitschten wir eine lehmige Schneise entlang. Der Lärm der Motoren erschien uns in der gespenstischen Stille des Waldes unerträglich. Nirgends eine Menschenseele, nur Stämme und undurchsichtiges Unterholz. Nach einer Viertelstunde gelangten wir endlich an eine Querschneise und dort trafen wir zu unserer Erleichterung sogar ein paar einsame Landser an, die auch nicht wussten, was eigentlich gespielt wurde. Um uns wenigstens wehren zu können und Deckung hinter den Schilden zu haben, wenn es mulmig werden

sollte, brachten wir zunächst mal unsere Kanonen an der Kreuzung in Stellung. Danach fiel uns die absolute Stille des Waldes umso mehr auf den Wecker. Es war nun auch kein Gefechtslärm mehr zu hören. Aber überall witterte man Gestalten hinter und zwischen den Bäumen. Die Infanteristen standen allerdings lässig da und qualmten.

Sie waren seit Tagen unrasiert, ihre Uniformen verschmiert vom Lehm. Ich beneidete sie um ihre Ruhe. Sie sind uns an Leistung und Erfahrung eben doch weit überlegen. Hunderte von Kilometern, die wir schön gefahren sind, haben sie im Staube der Straßen marschierend zurückgelegt. Ihre MGs, ihre Gewehre und Gasmasken, Zeltbahn und Stahlhelm, Brotbeutel und Spaten, die schweren Munikästen und Patronentaschen – alles Zeug haben sie selbst von Polen bis hierher schleppen müssen, und wo immer Stellung zu beziehen oder anzugreifen war, wurden sie zuerst gerufen, brachten sie die meisten Opfer. Ihre Ruhe und ihre Gelassenheit sind echt, weil sie den Iwan kennen, weil sie aufeinander eingespielt sind und ihr Handwerk im Traum verstehen. Im Vergleich zu ihnen sind wir zarte, verwöhnte Prinzen mit empfindlichen Nerven.

Obwohl sie uns Mordsgeschichten vom Kampf um die Brücken, von Kiew und vielen anderen Orten, die wir überhaupt nicht berührt hatten, erzählten, wollte die Zeit nicht verrinnen. Einmal flammte zwar das Schützenfeuer vor uns wieder auf, aber es war wohl ein bis zwei Kilometer entfernt und dauerte nicht lange. Bei uns ließ sich kein Mensch blicken. Wir schienen einfach vergessen zu sein und waren froh, dass wenigstens die Infanteristen bei uns blieben.

Als es dann zu dunkeln begann, knatterte endlich ein Motorrad auf der Schneise heran. Unser Geschütz kriegte den Auftrag, etwa tausend Meter weiter rechts bei zwei Teichen in Stellung zu gehen. Der Melder führte uns hin, während Köhler bei den Infanteristen bleiben durfte. Beim letzten Licht des Tages wies uns der Melder ein, dann röhrte er gleich wieder zurück. Wir standen nun völlig allein in der Nacht. Vorsichtig und so leise wie möglich bauten wir die Kanone gefechtsklar auf. Vor uns schimmerten noch ganz schwach die helleren Flächen der beiden Teiche aus der Dunkelheit. Sonst umgab uns tiefste Finsternis und die absolute Lautlosigkeit des unbekannten Waldes. Jeder Schritt, jedes kleinste Knacken eines Zweiges ließ uns schreckhaft zusammenfahren. Wir wussten weder, wo der Russe zu erwarten war noch, wo wir Anschluss an die eigenen Leute hatten, ja, wir ahnten nicht einmal, wo wir uns überhaupt befanden und wie die Gegend um uns herum aussah. Zu fressen kriegten wir auch nichts mehr, aber es hätte uns auch kaum geschmeckt. Jetzt fehlte uns nur noch der Iwan mit lautlosen Messern.

Wenige Schritte hinter der Kanone entdeckten wir trotz der Finsternis zufällig noch einen lang gestreckten Heuhaufen, den die Russen dort anscheinend für ihre Gonis angefahren hatten. In ihm versuchten wir zu schlafen, soweit wir nicht mit entsicherten Waffen an der Kanone wachten. Nirgends flammte eine auch noch so entfernte Leuchtkugel auf, kein Melder suchte uns, kein Mensch knackte im Unterholz, den wir hätten anschreien können, nur um endlich die fürchterliche Spannung und Ungewissheit loszuwerden. Nichts, nichts. Nichts Lebendiges, nichts Totes die ganze Nacht hindurch. Nur diese entsetzliche Stille in dem fremden Wald, die die Kehle zuschnürte, nur das entnervende Flüstern und Rascheln der Kameraden im Heu, nur diese tausend lauernden Augen der Nacht, die man ständig auf sich gerichtet fühlte, Stunde um Stunde, bis die Nerven fertig waren und

man zugleich vor Müdigkeit umzufallen drohte.
Weit nach Mitternacht begann es auch noch, leise zu regnen. Ein feines Rauschen wehte durch die Bäume, ringsum spukten Tropfen wie vorsichtige Schritte im Wald, aber wenig später ahnte man dann wenigstens den allerersten grünen Schein der Frühe über den Teichen. Da endlich holten wir tief Luft an der Kanone, wagten ein paar Schritte zu gehen und reckten unsere verkrampften und von der Kälte der Nacht erstarrten Glieder. Endlich, endlich! Noch eine solche Nacht und wir sind reif für die Klapsmühle.
Als es dann einigermaßen hell geworden war und wir erkennen konnten, dass wir uns in einem lichten Kiefernwalde befanden, begann links von uns in ziemlicher Entfernung eine wüste Schießerei. Kurz darauf erlöste uns ein Kompaniemelder mit dem Befehl, wieder zu der altbekannten Kreuzung zurückzufahren. Dort sollten wir uns Köhlers Geschütz anschließen.
Das brauchte man uns nicht zweimal zu sagen. Wir fanden auch tatsächlich die richtige Schneise wieder und trafen Köhler dort am alten Platz. Sie hatten die Nacht über genauso allein vor sich hin gezittert wie wir, nachdem die Infanteristen am Abend doch noch weggeholt worden waren. Aber auch Köhlers Mannen hatten außer der Angst des kleinen Mannes im dunklen Walde nichts Besonderes erlebt.
Wir sollten nun zusammen die Schneise entlang nach Borki weiterfahren. Dort in Borki war die Infanterie noch am Abend vorher eingedrungen und der Gefechtslärm im Morgengrauen war vermutlich auch von dort gekommen. Jetzt, als wir gemeinsam starteten, war es längst wieder ruhig geworden. Der Tag begann grau und feucht. Es roch nach modrigem Laub. Endlich nahm auch der verfluchte Wald ein Ende. Vor uns erblickten wir Felder mit Strohmieten und ein gutes Stück weg ein Dorf. Das war sicher Borki. Aber der Weg dorthin war gemein verschlammt und wir kamen nur sehr langsam und mühsam voran. Ein widerlich kalter Wind fegte uns im offenen Gelände ins Gesicht und da wir seit dem Vortage nichts Warmes mehr in den Bauch gekriegt hatten, waren wir schon bald aus tiefster Seele sauer.
In Borki hatten es sich die Landser in Gärten und Höfen so bequem wie möglich gemacht. Auch in den Häusern hockten viele und wärmten sich auf. Von uns wollte niemand etwas. Da stiefelten wir kurzerhand in die erstbeste Bude, um dort zu warten. Nur einer blieb jeweils draußen beim Geschütz.
Die Leute in dem Haus waren ungewohnt freundlich und ohne Scheu, obwohl wir ihnen ja so unangemeldet in den Morgenkaffee gepoltert waren. Ehe wir noch richtig unser Zeug abgeschnallt und niedergelegt und uns selbst gesetzt hatten, brachten sie Teller an und gleich darauf eine große Pfanne mit Bratkartoffeln; aber das waren schon keine Bratkartoffeln mehr, das waren Kartoffelstückchen zwischen zahllosen Speckwürfeln und beides zusammen schwamm buchstäblich in Fett. Wir fischten heraus, was sich fischen ließ, aber schon nach wenigen Happen waren wir so voll des heißen Specks, dass wir die guten Leutchen bitterlich enttäuschen mussten, als sie uns noch ein Gebäck mit eingerolltem Speck anbieten wollten. Es war uns einfach nicht mehr möglich. Aber sie kochten uns wenigstens noch so eine Art Muckefuck für die Feldflaschen. Doch da kam auch Eni schon zur Tür herein: Es ging weiter! Schnell alles umgewürgt, die Flaschen gefüllt, danke schön, spaßiba, spaßiba! Und hinaus in die kalte Morgenluft, voll

bis oben hin und mit heißen Backen. Und dann hieß es plötzlich: Weitermarsch im Mannschaftszug! Die Wagen bleiben hier!
Uns rührte schier der Schlag. Mannschaftszug? Bei dem Schlamm? Jawohl, Sicherung der Infanteriespitze. Und während wir noch herumstanden und den Idioten verfluchten, der uns so etwas zumuten wollte, tobte ein aufgeregter, junger Leutnant von der Infanterie heran und moserte uns an, was wir da noch herumständen, seine Leute wären längst angetreten usw. usw. Na, da mussten wir nun wohl oder übel ran. Auch Reimann wurde zusehends rappeliger. Also hingen Otto und ich uns die Zugseile stöhnend über die Schulter, während Felix und Günter die Munition an den Schild hievten. Und dann schnappten wir uns vorn die Holmgriffe und die beiden anderen schoben hinten. Eni blieb mit Köhlers Kutscher in der warmen Bude zurück bei den Wagen. Beide machten noch schön winke, winke und feixten dreckig, als wir fluchend losschoben.
Bis zu den letzten Häusern des Dorfes blieb uns keine Schinderei erspart. Die Straße war dort besonders tief verschlammt, weil das Dorf in einer flachen Senke lag. Aber da bogen kurz vor uns plötzlich aus einem der Gehöfte zwei Pferdchen mit einem Panjewagen und einigen Infanteristen in unsere Marschrichtung ein. Mensch, Otto! Fünf Seelen und ein Gedanke! Otto wetzte quer durch alle Pfützen voraus und schnell hatte er die Kameraden so weit beschwatzt, dass sie unsere Spritze anhängen ließen, wenn wir mit schöben. Klarer Fall! Mit Stricken und Ketten knubbelten wir die Kanone irgendwo hinten an die Karre dran. Einem Kasernenhofbullen wäre von diesem Anblick bestimmt schlecht geworden. Aber der Knoten hielt und wir stemmten uns fleißig gegen die Bretter des Wägelchens. Das strengte nicht entfernt so an wie das gleichzeitige Ziehen der Kanone und Tragen der Holme. Bald zog sich der Weg eine leichte Anhöhe hinauf und oben hatte der Wind den Schlamm schon fast hart und trocken gemacht. Da schafften die Gonis es auf der Ebene sogar allein und wir konnten unbeschwert wacker fürbass schreiten. Köhlers arme Schleicher aber gifteten keuchend hinter uns her. Ein zweiter Wagen hatte sich nirgends gezeigt und so mussten sie den Anstieg mühselig und schweißtriefend im Mannschaftszug bewältigen.
Wir hingegen tippelten nun noch halbwegs frisch eine gute Weile mit der Infanterie des Weges. Wir waren gar nicht mehr böse, dass wir laufen mussten, denn die Bewegung machte uns warm und ließ uns den kalten Wind kaum spüren. Schritt um Schritt rückten uns Köhlers Leute näher und nach einer halben Stunde hatten sie uns dann auch tatsächlich eingeholt.
Beiderseits der baumlosen Straße erstreckten sich weite Stoppelfelder, manchmal noch mit Hocken besetzt. Kleinere Waldstücke belebten das Bild. Plötzlich – ein Brummen vor uns, Schreie, Rennen – „Fliegerdeckung!!!“ und da waren sie auch schon ganz, ganz tief: Feuerspeiende Ratas. Und wir seitlich hinaus in die Straßengräben und im Schweinsgalopp weiter in die Kornpuppen. Sechs Stück kreisten minutenlang mit röhrenden Motoren über uns, ganz dicht über uns bellten ihre Kanonen; ihre MG-Garben streuten die Felder ab, sie wussten ja, wo wir steckten. Rasende Spritzer in den Stoppeln. Irgendwo Schreie, hastende Gestalten, ein Kreisel des Wahnsinns mit roten Sternen, man sah die Pilotenköpfe, und dann – eine Garbe genau auf mich zu, die Stoppeln zerstachen mir das Gesicht – so dicht prasselte und fatschte es noch nie, so grässlich laut klatschte es noch nie in die schwarze Erde.

Doch ich lebte, zitterte am ganzen Leibe, aber keine Schmerzen, der Puls jagte vor Todesangst, ich konnte nicht mehr, lag da wie ein nasser Sack, ohne Kraft. Aber auf einmal wurde das Motorengedröhn schwächer. Sie sammelten sich drüben und flogen ab nach Osten. Ein paar Sekunden lang wurde es ganz still. Dann schrie irgendwo einer über das Feld: „Sa-ni-tä…"
Nun flogen überall Kornpuppen auseinander, Gestalten rappelten sich hoch, Rufe von der Straße her. Auch ich stemmte mich hoch, schlug mir mit zitterigen Pfoten den Dreck und das Stroh von der Uniform, rückte die Mütze zurecht und stolperte langsam zur Straße, zur verlassenen Kanone.
Wir lebten, alle da, keiner verletzt. Aber von Köhlers Bedienung war Otto Grütz schwer verwundet. Ihn hatte es gleich beim ersten Anflug erwischt und er hatte nicht mehr wegrennen können. Nicht weit von ihm lag ein Infanterist im Graben mit völlig zerschlagenem Oberschenkel. Bordkanone. Sanitäter mühten sich schon, den Blutstrom abzudämmen, aber der arme Kerl lag, schon wachsbleich an Gesicht und Händen, in einer riesigen Lache. Keine Hoffnung. Andere Verwundete hasteten oder humpelten wenig später mit roten Verbänden vorüber nach hinten, den Schock im Gesicht, nur weg Richtung Heimat. Andere schleppten sich schwer an den Schultern ihrer Kameraden dahin. Ein Dutzend in gut fünf Minuten. Diese gottverdammten Hunde.
Die Kanone hatte sich mit dem Sporn in die Erde gerammt. Außer einigen Kratzern war ihr nichts Böses widerfahren. Den Wagenkasten entdeckten wir 100 m weiter vorn umgekippt im Graben, die Hinterräder lagen nicht weit davon und die Pferdchen konnten wir kaum noch erkennen. Sie grasten ungerührt rund 500 m von uns entfernt hinter einigen Kornpuppen, die abgerissene Deichsel mit den Vorderrädern lässig hinter sich.
Es blieb uns nichts übrig, als jetzt auch Mannschaftszug zu machen, wie Köhlers Leute, die mit ihrer ganzen Hetzerei nur eins erreicht hatten: dass sie mit uns von den Ratas erwischt wurden und nun sogar Otto Grütz verloren hatten. Sie stritten sich noch kilometerlang um „hätten wir", „wären wir" und „wären wir und wenn", bis Köhler platzte und jede weitere Diskussion untersagte. Die Infanterie hatte sich inzwischen zu zwei langen Reihen beiderseits der Straße auseinander gezogen und unsere beiden Kanonen bildeten nun den Schluss des Haufens. Noch einmal sollten uns die roten Teufel nicht so erwischen! Wortkarg und mit immer noch weichen Knien marschierten wir dahin. Die gute Laune war uns vergangen. Seit Lubny sind wir immer mehr in die Scheiße geraten und nun latschen wir auch noch zu Fuß durch die Gegend.
Irgendwo in einem fremden Kaff rasteten wir später. Auf der Straße lag ein erschossener Kommissar, der erste, den wir zu sehen bekamen. Er war bestimmt noch nicht lange tot, denn das Blut war kaum von Staub überkrustet.
Müde treckten wir bis zum Abend der Infanterie nach. Die Gegend blieb so öde wie immer, aber der Weg zog sich wenigstens eben dahin, sodass die Kanonen leicht rollten. Endlich wurde in einem verfilzten Dorf gehalten. Die Infanteristen durchkämmten die Gärten und Häuser und schnappten auch tatsächlich noch einige Iwans, die entweder den Anschluss verpasst oder von dem Krieg die Nase voll hatten und nun ausgerechnet bei uns in einem Schuppen eingesperrt wurden. In unserem Quartier war es gemein eng, aber wir wollten uns lieber nicht zu sehr im Dorf verzetteln. Ganz astrein schien die Lage noch nicht zu sein. Wir waren

anscheinend auf einmal ganz vorn und wurden ein ungutes Gefühl nicht los.
Ehe es vorhin ganz duster wurde, stießen unsere Fahrzeuge noch zu uns. Aber wir sind so kaputt und sauer, dass wir Eni wegen seines faulen Lebens nicht einmal beschimpften. Von den Wagen wären bei dem Fliegerangriff bestimmt nur brennende Fackeln übriggeblieben. Den Spaß hätten sich die Ratas bestimmt nicht entgehen lassen. Manchmal ist unsere Führung ungewollt doch weiser als man denkt.
Vor der Nacht graust mir. Wir sind jetzt tatsächlich die Spitze des Regiments auf einer der hundert Provinzstraßen. Niemand weiß, wo der Russe steckt und wie stark er ist, niemand von uns kann sagen, in welchem Abstand unsere nächsten Nachbarn parallel zu uns nach Osten vorstoßen. 20 km, 30 km? Wir bilden also einen Igel. Die Infanteristen schieben nach allen Seiten Vorposten hinaus in die Felder. Diese armen Säcke. Sie sind immer zuerst dran. Wir dagegen bleiben mit unseren Kanonen an der Dorfstraße und sichern nach vorn und hinten. Das bedeutet Doppelposten die ganze Nacht hindurch; zwei Stunden Wache, zwei Stunden „Schlaf" mit angeritzten Nerven und Russenträumen. Die Läuse kribbeln jetzt wieder in der Wärme. Zu fressen gibt's nur Brot und Wurst, nichts Warmes in den Bauch. Der Wind weht saukalt von Osten. Schneeluft. Schöne Scheiße.

<u>Noch weiter östlich Borki, Dienstag, 7. Oktober 1941</u>

Die Nacht war schrecklich. Trostlos der Kampf gegen die Müdigkeit, solange wir draußen in der Kälte hin und her stapften, hoffnungslos aber auch der Versuch, sich in den zwei Stunden zwischen den Wachen in den Schlaf des Vergessens sinken zu lassen. So erschien uns der Befehl zu neuem Aufbruch fast wie eine Erlösung von der nächtlichen Quälerei. Aber als man uns dann sagte, wir gehörten jetzt zur Vorausabteilung der Division und sollten an der Spitze der Infanterie fahren, da war es uns auch wieder nicht recht. Doch zu langem Grübeln ließ man uns gar keine Zeit. Noch ehe es richtig Tag geworden war, holte man uns aus dem warmen Mief und der Enge des Panjehütte heraus auf die eiskalten Wagen, deren Motoren schon warmliefen, und dann zuckelten wir tatsächlich noch vor dem Kübelwagen des Kommandeurs im Schritttempo an der Spitze der Infanterie durch den Schlamm nach Osten. Wir froren schon bald erbärmlich da oben und so sehr wir uns auch die Augen ausguckten – vom Iwan war nirgends etwas zu sehen. Schwarzgrau und kahl erstreckten sich die abgemähten Felder zu beiden Seiten bis hin zu fernen Nebelbänken. Die „Straße" war nichts anderes als der Acker, jedoch mit den tiefen Reifenspuren von Russenfahrzeugen, die sich dort schon vor uns schnurgerade durch leichte Mulden und über die baumlosen Ebenen ihren Weg gewühlt hatten. Später waren dann ein Stück lang sogar kleine Bäumchen beiderseits der morastigen Straße gepflanzt.
Und dann, als wir etwa zwei Stunden lang ohne jeden Zwischenfall vor der Infanterie durch die gottverlassene Einöde getuckert waren, begann es… zu schneien. Der erste Schnee in Russland. Erst fielen nur einzelne Flocken, aber später schneite es mehr und mehr und zeitweilig verschwand sogar der Horizont im dichten Gestöber. Das gab uns schier den Rest. Als etwas später einige Häuser vor uns sichtbar wurden, machten wir Pakleute uns selbstständig, schlitterten im

Karacho etwa 500 m voraus in das unbekannte Dorf und wärmten uns dort in der erstbesten Bude, bis die Infanterie wieder herangekommen war. Von den Russen wussten die Leute in dem Hause angeblich nichts, aber auch uns hatten sie offensichtlich nicht so früh erwartet. Erst hinterher ging uns auf, was uns hätte passieren können, wenn dort im Dorf noch der Iwan gesteckt hätte.
Viel zu schnell war die Rast vorüber. Wir mussten wieder hinaus in das Schneetreiben und die entsetzliche Zottelei ging ohne Erbarmen weiter. Wir klapperten bald wieder wie zuvor. In allen Ecken und Winkeln und an den Waffen und Klamotten setzten sich Schnee und Eis an. Etwas Schlimmeres konnte uns kaum noch widerfahren. So früh schon Winter, Anfang Oktober!
Eine gute Stunde später hingen wir plötzlich fest. Am Beginn einer etwas stärker ansteigenden Wegstrecke drehten die Räder durch, also Kanone abhängen und schieben. Aber es war wie verhext. Köhlers Leute, die unseretwegen seitlich ausbiegen mussten, kamen bald die kleine Anhöhe hinauf. Die Infanterie zog hässlich grinsend an uns vorüber. Helfen tat natürlich keiner. So standen wir kurze Zeit später allein im Schneegestöber und schoben und fluchten und hatten Mühe, nicht unter die Räder zu kommen, wenn der Wagen zurückrutschte und wir mit den Stiefeln im Schlamm feststeckten. Es war einfach zum Kotzen. Fünf Meter weiter links verlief die Spur, in der Köhler es geschafft hatte, aber selbst bis dahin kamen wir einfach nicht, nicht vorwärts, nicht rückwärts, nicht quer.
Nach einiger Zeit näherten sich hinter uns aus dem Schneetreiben andere Einheiten und marschierten weiter. Infanterie feixte, die Kutscher der bespannten Haufen feuerten ihre Zossen an und die braven Tiere keuchten dampfend den Berg hinauf. Wir standen da und hatten eine grenzenlose Wut im Bauch. Doch dann endlich, gerade als Feldwebel Volkmann mit seinem Zug auf unsere Zeichen hin mit Vollgas in Köhlers Spur vorüberdröhnte – da endlich kriegten wir auf einmal festeren Boden unter die Räder, Eni jaulte die Anhöhe hinauf und wir anderen würgten mit den letzten Kräften die Kanone im Mannschaftszug hinterher, versaut von oben bis unten, aber warm!
Oben verschnauften wir noch eine Weile, betrachteten von der lächerlichen Höhe aus noch einmal voller Ingrimm den zerwühlten Schauplatz unserer Pleite und rutschten dann aufgesessen weiter durch Schlamm und Glatteis, den Kolonnen nach, die uns inzwischen überholt hatten. Es blieb eben und nach und nach hörte sogar das Schneien auf. Wir ließen die Infanterie und die Trosse, die zuletzt an uns vorübergezogen waren, bald hinter uns und gondelten dann wieder ganz allein durch die Gegend. Nur die Spuren einiger Fahrzeuge und der Trampelpfad der Infanteristen zeigten uns, dass die Vorausabteilung, zu der wir ja eigentlich gehörten, noch vor uns sein musste.
Später entdeckten wir schon von ferne ein qualmendes Etwas am Wege und als wir näher kamen, erkannten wir einen leichten russischen Spähwagen, den sicher Köhler oder ein Geschütz von Volkmann abgeknallt hatte. Das wäre doch auch etwas für uns gewesen! Ein sauberes Loch hatten sie ihm in den Pelz gebrannt, und nun stand er ölstinkend unter dem grauen Winterhimmel und brannte langsam aus. Also war der Iwan doch noch da!
Um die Mittagszeit endlich hoben sich dunkle Hütten von den Wolken am Horizont ab und der Weg mündete in ein größeres Dorf ein. Die Vorausabteilung der Infanterie war auch dort nicht mehr zu finden. Nach rechts zweigte eine andere

Straße ab und plötzlich glaubten wir zu erblinden: Aus einem Haufen, der von dort heranmarschiert und -gefahren kam, löste sich ein PKW, kam auf uns zu, hielt: Emil!!! Unser geliebter Emil! Wie konnte er sich so weit nach vorn wagen? Und wie leutselig redete er mit Reimann, der ihm unser Missgeschick berichtete! Während wir, noch immer benommen vom Wunder dieser Erscheinung, vom Wagen herab dem Gespräch unserer Führer lauschten, fuhr Otto urplötzlich mit einem Sprung von seinem Sitz hoch und schrie: „Mensch, Russen! Da drüben am Berg!!!“ Und richtig, links von uns erstreckte sich ein weiter Teil des Dorfes in einen Bachgrund hinab und am jenseitigen Hang führte eine Straße wieder hoch in die freie Landschaft. Und dort, wo die Straße die Häuser hinter sich gelassen hatte, versuchten gerade mehrere LKWs durch den Schlamm auf die Höhe hinaufzukommen. Ein ganzer Pulk brauner Gestalten stand dabei und palaverte und versuchte zu schieben, genauso wie wir am Vormittag. Es gab keinen Zweifel, Adlerauge Otto hatte richtig geäugt – das waren Russen, die seitwärts abhauen wollten! Eindeutig erkannten auch Reimann und Emil die Situation durch ihre Ferngläser. Da befahl uns Emil auch schon, durch das Dorf bis zu den letzten Häusern zu fahren und von dort aus die LKWs abzuknallen. Mit einem Schlage erwachte in uns das Jagdfieber. Wir schlitterten mit wedelnder Kanone die Dorfstraße entlang, folgten dem Abzweig nach links, hockten mit schussbereiten Waffen auf dem Wagen. Die Straße war leer. Es ging bergab. Unten eine schmale Holzbrücke. Mit Karacho drüber hin. Keine Minen. Nun mussten sie uns schon hören, mussten wir sie jeden Augenblick sehen können. Noch immer kein Mensch auf der Straße. Eine Biegung – und da waren sie vor uns!!! 300 m weg. Halt. Abprotzen. Stellung. Munition her, los, los! Noch hatten die Iwans nichts bemerkt. Sie schoben und wir hörten ihre fremden Rufe und den Lärm der Motoren. Sprenggranate. Fertig! Und raus bellt der erste Schuss. Etwas zu kurz, schade. Aber sie stieben auseinander. Schuss! Und Schuss! Und Schuss! Die Wagen hängen fest. Gestalten in wehenden Mänteln hasten seitab in die Felder. Ein Wagen brennt. Sie wollten in die Strohdiemen türmen, die rechts und links in den Feldern stehen. Otto kurbelt. Panzer- und Sprenggranaten abwechselnd in die Haufen hinein. Und dann zirpt es plötzlich gemein um uns – piu-piu-piupiupiu – die Hunde schießen zurück! Na wartet – und hinein ins Stroh! Überall hetzen sie nun weg von uns und erreichen flatternd wie Kinder in zu langen Nachthemden den Kamm der Höhe und entschwinden dort unseren Blicken und Schüssen. Das Gefatsche ihrer Gewehre lässt nach. Eine Strohdieme qualmt nun auch. Einer liegt beim letzten Wagen im Schlamm. Er scheint tot zu sein. Es wird wieder still. Nur von dem brennenden Wagen her hört man leises Knistern. Unser Auftrag ist erfüllt. Noch einmal sucht Reimann mit dem Glas die Stoppelfelder und Strohhaufen ab. Nichts rührt sich dort, keiner ist mehr zu sehen. Aber sechs LKWs ist der Iwan erst mal los, dazu den Panzerspähwagen vom Vormittag. Wir freuen uns wie Kinder. Endlich, endlich haben wir mal was gejagt als Panzerjäger – dass es keine Panzer waren, war uns für den Anfang auch recht.
Wir hingen die Kanone an und donnerten mit Vollgas zwischen den geduckten Hütten den Berg hinauf, zurück zur Hauptstraße, durch und durch warm wie lange nicht. Da – kurz vor der Einmündung in die Hauptstraße erstarb auf einmal kläglich das Geröhre des Motors. Blubb-blubb-blubb, dann war es aus. Wieder Stille. Ausgerechnet jetzt. Na ja, was sollte schon kaputt sein? Eni fummelte und

suchte, aber bald war so viel klar, dass die Geschichte noch lange dauern konnte. Da ließen wir Eni weiterbasteln und stapften zur Hauptstraße, um zu sehen, was dort los sei. Aber die breite Straße lag verödet da. Emil war verduftet und nirgends sah man Kolonnen oder Fahrzeuge. Nur ein paar Zivilisten standen hier und da vor den Häusern und schwatzten. Sehr gemütlich war dies Gefühl der Einsamkeit nicht, denn unwillkürlich glaubte man, von allen Seiten versprengte Russen in das Vakuum zwischen unseren Truppen zurückfluten zu sehen. Im Haufen ist man immer noch etwas geborgen, mochte alles ringsum öde und feindlich sein, aber der Haufen war jetzt weit vor uns; danach kam offensichtlich ewige Zeiten nichts; und in diesem Nichts saßen wir nun mit Motorschaden fest.
Zum Zeitvertreib besahen wir uns eine zerfallene Kolchose etwas oberhalb der Dorfstraße. Die Dächer der Ställe waren durchlöchert, die Wände bestanden nur noch aus Reisig und innen lag der Mist wohl einen halben Meter hoch. Aber das mag mit besonderen russischen Wirtschaftsmethoden zusammenhängen. Hier lässt man anscheinend alles verkommen, und was der Mensch nicht kaputt kriegt, das bewirken Regen und Wind.
Als wir zu Eni zurückkehren wollten, erblickten wir zu unserer Freude einige Fahrzeuge, die sich wie Betrunkene schaukelnd und rutschend durch den Modder wurstelten. Und eines davon war der Bus des Regimentsstabes mit Taschenberg, meinem Kollegen von Pithiviers. Den bat ich, doch mal kurz nach unserem Wagen zu sehen, denn ich wusste, dass er was von Motoren versteht. Er tat es auch gleich und nach einer Viertelstunde sprang der Motor wirklich an! Er war zwar nur behelfsmäßig geflickt, aber er brummte doch wenigstens wieder und schlug die neblige Stille dieses Tages tot. Freudig saßen wir auf und schaukelten bald auf der ausgefahrenen Spur hinter Taschenbergs Bus her, der sich einsam ein gutes Stück vor uns durch den Schlamm quetschte.
Und dann verreckte der Motor wieder. Eni sah sofort, dass nun keine Hoffnung mehr bestand. Aus, Schluss. Knappe 500 m hatten wir noch geschafft. Nun standen wir immer noch in demselben Kaff und waren allein und sahen den Bus in der Ferne entschwinden. Was nun? Einfach in die nächste Bude ziehen und auf den Tross warten? Oder Panjepferdchen organisieren und damit weiterzotteln? Zu Fuß? Nein, niemals! So grübelten wir, bis einer die rettende Idee hatte: Mensch, von den russischen LKWs müsste doch bestimmt einer zum Laufen zu bringen sein! Beschädigt war doch sicher nur der letzte! Gesagt – getan.
Eni und Reimann latschten los, wir anderen blieben bei der Kanone und dem kaputten Wagen auf der Dorfstraße und warteten. Und siehe da, wenig später kreuzte Walter Hollmann mit seinen MG-Leuten an Bord auf, Walter, der gute alte Sack, unser Kutscher von Pithiviers bis Bitterfeld. Er nahm uns gleich ins Schlepp, als er unser Elend sah. Otto, Felix und Günter kletterten zu den MG-Leuten auf deren Wagen, damit dessen Hinterachse gut beschwert würde, und ich nahm Enis Fahrerplatz ein, um unsere Karre, so gut es ging, zu lenken. Aber es fuhr sich dort in der morastigen Brühe doch verdammt anders als auf Frankreichs glatten Chausseen. Ich hatte schwer zu rudern, um hinter Walter in der Spurt zu bleiben, und als wir das Dorf glücklich hinter uns gelassen hatten, hätte ich um ein Haar unseren Wagen nicht mehr vom Geländer einer dieser verfluchten schmalen Brücken weggekriegt. Dann wäre die Vormarschstraße in schönster Weise verrammelt gewesen, denn nichts hätte uns aus dem Schlammloch wegzie-

hen können als allenfalls eine dicke Zugmaschine der Flak. Aber wo war hier Flak?
Na, es ging also noch so eben gut, aber es kostete mich Schweiß und Nerven, und Walter ging es vermutlich kaum besser. Als daher einige Zeit später ein Dorf sichtbar wurde, waren wir uns schnell einig: Bis dahin und nicht weiter! Mit diesem Vorsatz erreichten wir schließlich wirklich die ersten Häuser, zogen unter und ließen zunächst mal Vormarsch Vormarsch und Russen Russen sein. Uns langte es. Doch es dauerte gar nicht lange, da kam Eni mit einem Russenkarren angeröhrt und unsere Freude war groß. Der Schlüssel hat noch im Wagen gesteckt, der Motor war noch etwas warm gewesen – Eni hatte nur auf den Anlasser getreten, gewendet und war uns einfach nachgefahren. Er war begeistert von dem Wagen, der sich, obwohl er leer war, so prächtig durch den Modder schob. Unsere Wagen, meinte er, wären jedenfalls an dem Berg nie so hochgekommen wie die sechs Russenkarren.
Im Dorf hier liegt zum Glück genug Infanterie, die uns beschützt. Wir haben es uns daher gemütlich gemacht, soweit man das hier kann. Die Frau in dem Haus ist auffallend sauber und gepflegt, brutzelt uns Bratkartoffeln und backt uns Brot. Der Tross ist fern und von ihm haben wir bis auf Weiteres wohl keine Versorgung mehr zu erwarten. So müssen wir nehmen, was wir vorfinden.
Reimann hat inzwischen entschieden, dass Eni mit unserem kaputten Wagen hier im Dorf bleiben und auf den Tross warten soll. Unter einigen Gefangenen, die die Infanterie gemacht hatte, fanden wir am Nachmittag einen Kraftfahrer. Der soll nun in Zukunft den Russenwagen fahren, mit dem wir den Vormarsch fortsetzen wollen. Wir nahmen den Iwan mit in unsere Bude, wo er bald auftaute und mit Händen und Füßen erzählte. Stalin kapuut, nix gutt, nemetzki charascho – na ja, das übliche Lied. Die armen Teufel wollen ja schließlich auch leben.
Vorhin störte uns ein Offizier von der Infanterie in unserer Behaglichkeit mit dem Befehl, die Kanone bei einem Stall am Dorfausgang in Stellung zu bringen und dort Doppelposten zu stellen. Im Übrigen wären Russenhaufen gesichtet worden und es hätte alles in höchster Alarmbereitschaft zu bleiben. So wird immer dafür gesorgt, dass selbst die bescheidensten Bäume der Sorglosigkeit nicht in den Himmel wachsen.
Sorge, wirkliche Sorge macht uns seit heute nur der frühe Einbruch des Winters. Keine Parole redet von Pelzsachen, dicken Handschuhen oder warmen Stiefeln. Wir haben nur unsere längst zerlöcherten Socken an den Füßen, die Stiefel sind wahre Eishöhlen und unsere gestrickten Handschuhe geben jedem Finger genug Luft zum Frieren. Hier muss verdammt bald was geschehen. Aber bis zum Winter soll ja die Entscheidung gefallen sein und vor uns scheinen wirklich nur noch Trümmer sowjetischer Armeen zu existieren. Sonst hätten sie unser kümmerliches Heeresspitzchen doch schon längst total zur Sau gemacht. Aber diese paar Hanseln, die sich hier noch schnappen lassen…

Irgendwo zwischen Kiew und Charkow, Mittwoch, 8. Oktober 1941

Die Nacht brach gestern Nachmittag besonders früh herein. Es war stockfinster draußen und der Wind jaulte an der Ecke des Stalles. Zeitweilig regnete oder schneite es wieder. Zwei Stunden Wache, zwei Stunden Ruhe, zwei Stunden Wache – ein zermürbender Rhythmus, an den ich mich nie gewöhnen werde. Und man ist so übermüdet und die Kälte ist so gemein. Doch das Schlimmste ist immer der Moment, wenn man geweckt wird; wenn eine Hand an der Schulter rüttelt und man glaubt, es sei der Russe; wenn man die Augen nicht aufkriegt vor Schlaftrunkenheit und nicht fassen kann, dass man wieder hinaus muss in Nacht und Regen und Kälte. Dann wünscht man sich schon mal, tot zu sein, nichts mehr zu wissen und zu fühlen von alledem.

Aber die Nacht war doch immerhin ruhig geblieben. Erst kurz vor dem Morgengrauen, als ich mich gerade wieder hingelegt hatte, wurden wir plötzlich alarmiert. Wir stürzten in die Dunkelheit hinaus und hörten von fern her Stimmen und Rufe in der Finsternis. Die Infanteristen vermuteten Russen, die sich zum Angriff bereitstellten. Wir standen und horchten angestrengt. Die Laute schienen aus einer Mulde hinter den Feldern zu kommen, die wir am Abend vorher noch rechts vom Dorf gesehen hatten. Ganz allmählich schälten sich die Umrisse des Dorfes und des Geländes aus dem schwächeren Dunkel des Himmels. Der erste Schein des Tages erhellte den östlichen Horizont. Gespenstisch trug der Morgenwind das Wispern und Rufen aus der verborgenen Senke zu uns herüber. Und dann, als es noch etwas heller geworden war, hörten wir heiseres Geschrei und kurz darauf wurde das Feld vor uns lebendig: Schwarze Massen von Russen quollen über den Horizont uns entgegen. Sie hatten weiße Fetzen an Stöcke gebunden, schwenkten mit Hemden und Tüchern, aber schon hatten die MGs der Infanteristen zu rasseln begonnen, Leuchtspurgarben zischten über die schwarzen Äcker dem fahlen Morgenhimmel entgegen, Schreie erfüllten die Luft, ein Teil der dunklen Gestalten flutete sofort wieder in wilden Sprüngen zurück in die rettende Mulde, andere torkelten weiter, bis auch sie sich wandten, ein paar Tote und Verwundete noch ein Stück weit mit sich zerrten, dann aber mit ihren weißen Lappen ebenfalls in panischer Angst von uns weg rannten, bis wir sie nicht mehr sehen konnten. Das ganze entsetzliche Drama spielte sich in wenigen Sekunden ab. Ein paar Gefallene lagen noch reglos auf dem Acker, Verwundete schrien im Hintergrund noch eine Weile nach Sanitätern, dann verstummte auch ihr Rufen.

Erst jetzt kamen wir dazu, die Infanteristen zu beschimpfen, was ihnen einfiele, in die Pulks hineinzuschießen, die sich doch offensichtlich hätten ergeben wollen. Aber da fuhren sie uns vielleicht an – hier gäbe es keinen Pardon, zu oft schon wären Einheiten von solchen Haufen mit weißen Fahnen überfallen und gnadenlos niedergemacht worden, das wäre nichts als Bluff und große Schweinerei, wir hätten ja anscheinend noch nicht viel erlebt, sonst müssten wir das doch wissen, wir sollten uns ja nicht in ihren Kram einmischen; wenn einzelne Iwans die Hände hochnähmen und weiße Fahnen hätten – gut, aber wenn sie in solchen Wolken mit 300 bis 400 Mann kämen, gäbe es nur eins: hineinhalten und umlegen.

Ich glaube, wir alle waren zunächst erschüttert über diese brutalen Ansichten, aber andererseits mussten wir ihnen Recht geben: Wenn diese weißen Fetzen wirklich Bluff waren und wir hätten die Russen arglos herankommen lassen, dann wären wir sicher schon abgemurkst worden. Die von der Infanterie hatten bestimmt schon schlimmere Erfahrungen gesammelt als wir. Wer einmal selbst erlebt hat, wie die weiße Fahne zu heimtückischem Mord missbraucht wird, dem muss auch das Schicksal derer gleichgültig werden, die sich nur unter Zwang dem

Missbrauch dieses Zeichens anschließen und sich gern ergeben würden, wenn sie nur könnten. Da die weiße Fahne in zahllosen Fällen, von denen wir wissen, missbraucht worden ist, und zwar gerade von größeren Haufen, haben es nun Überläufer und Unschuldige zu büßen. Recht und Vertrauen können dann nicht mehr viel gelten, nur noch das eigene Überleben. Du oder ich.

Ob diese 300 oder 400 Russen sich ergeben wollten? Wir konnten nichts behaupten, aber wir glaubten es auch nicht mehr, je länger wir über das Geschehen dieser frühen Stunde nachdachten. Das Rumoren in der Nacht, das befehlsartige Geschrei, ehe sie aus der Senke auftauchten, das Vorgehen in geballten Klumpen ausgerechnet in der Morgendämmerung, der üblichen Stunde des Angriffs – all das sprach doch mehr für recht feindselige Pläne. Und so hatten die alten Füchse von der Infanterie wohl doch die richtige Nase gehabt, als sie ohne Zögern in die Haufen hineinhielten. Viel ist zwar damit nicht gewonnen, denn diese 400 Mann irren nun weiterhin in den leeren Räumen zwischen unseren vorstoßenden Truppen umher und überfallen vielleicht morgen früh eine Sanitätskompanie, beschießen einzelne Fahrzeuge oder besetzen am Abend ein Dorf irgendwo im Hinterland. Doch was können wir daran ändern? Unser Auftrag heißt: Vorwärts um jeden Preis! Was rechts und links und hinter uns geschieht, hat uns nicht zu kümmern. Den Preis aber bezahlen oft nicht die vordersten Spitzen, sondern ahnungslose Trosse und Kolonnen weit hinten, die sich sicher wähnen und nicht ans Sterben denken. Bei solch einem Vormarsch ist überall Front, das müssen viele erst noch lernen.

Eine halbe Stunde lang warteten wir noch an der schussbereiten Kanone, doch die Russen waren und blieben verschwunden und wir hörten auch nichts mehr aus der Senke. Danach packten wir unseren ganzen Krempel auf den Russenlaster und befestigten die Kanone behelfsmäßig mit Stricken daran, weil der Protzhaken zu dick für die Öse an unserer Kanone war. Walter kriegte seinen Wagen nun auch nicht mehr in Gang. Das Maß war eben voll. Immerhin brauchte Eni nun nicht allein in dem verdächtigen Dorf zurückzubleiben, sondern konnte sein Leid mit Walter teilen.

Wir aßen schnell noch etwas, dann aber drängelte Reimann mit Recht, denn wir wollten heute endlich unseren Haufen wieder einholen, Köhler und Volkmanns Zug, die ja irgendwo vor uns herumkrebsen mussten. Da die Russenkarre keine Bänke hatte, ließen wir uns notgedrungen auf Munikisten und Spritkanistern nieder, aber bei der irren Schüttelei rutschte das Zeug natürlich dauernd unter uns weg und dann versuchten wir zur Abwechslung mal zu stehen oder auf der Bordwand zu sitzen. Es war weder so noch so ein reines Vergnügen. Schon bald sehnten wir uns die oft verfluchten harten Sitzbänken auf Enis Wagen zurück, an denen man sich wenigstens festhalten konnte.

Der Iwan kutschierte nicht schlecht. Schnee und Regen hatten weite Seen auf Weg und Feld gebildet, aber der Wagen wühlte sich wirklich famos durch jeden Schlamm und Modder hindurch. (Bild 20, 21, 22) Die Landschaft war bretteben und die Sicht gut. Wir suchten unentwegt den Horizont nach Russen ab, aber nirgends zeigte sich etwas Verdächtiges. Klotzig dröhnte der raue Motor in der Einsamkeit. Schlamm, Schlamm, Schlamm, ein schier endloses Meer…

Als wir nach fast zweistündiger Fahrt eine größere Ortschaft erreichten, die in weite Maisfelder eingebettet lag, saßen selbst wir bald auf der tief zerfurchten

Dorfstraße fest, weil sich ein Haufen Artillerie mit Protzen und Geschützen und Munifahrzeugen so ausgebreitet hatte, dass keine Spur mehr daran vorbeiführte. Es war eine bodenlose Sauerei, eine Kolonne derartig zusammenklumpen zu lassen – und plötzlich, als hätte es der Teufel gerochen, krachte und brummte es von vorn her. „Tiefflieger!!!", schrie einer und schon sprangen wir herunter in den fast knietiefen Morast, keuchten in die nächsten Häuser, Bomben detonierten im Dorf, Schreie, Motorengedröhn – dann waren sie auch schon über uns hinweggeröhrt, die verdammten Himmelhunde, drehten irgendwo draußen ab und kamen unverständlicherweise auch nicht zurück. Aber die Herren von der Artillerie wurden dafür auf einmal umso aktiver. Im Nu leerte sich die Straße, Pferde und Geschütze verschwanden seitwärts in den Gehöften und Gärten und gleich darauf stand unser Gespann allein auf weiter Flur. Die Idioten hatten mehr Schwein als Verstand gehabt, denn die wenigen Bomben waren anscheinend genau ins Leere gegangen. Trotzdem hatten wir eine Stinkwut im Leibe, weil uns beim Abspringen Dreck und Wasser in die Stiefel gelaufen und Mantel und Hände natürlich total verdreckt waren. Und überhaupt, die ganze Sauerei passte uns nicht. Zu allem Überfluss kam Felix nicht wieder. Keiner hatte gesehen, wohin er gerannt war. Wir riefen ihn vom Wagen aus, weil wir weiter wollten, aber er hockte wahrscheinlich schön warm in einer Bude und ließ den lieben Gott einen guten Mann sein, obwohl das sonst wirklich nicht seine Art ist. Allmählich kriegten wir die Wut. Fehlte nur, dass noch mal Tiefflieger uns zur Minna machten. Die mögen wir jetzt wirklich gern. Oder war Felix vielleicht doch etwas passiert? „Feeelix!" Keine Antwort.
Wir kletterten wieder vom Wagen, um ihn zu suchen. In den nächsten Häusern steckte er nicht. Doch da – endlich! Ach, das arme Schwein war hinter ein Haus gewetzt und dort in ein hinterlistiges Kellerloch geplumpst, hatte sich alle Knochen verstaucht und war einfach nicht mehr allein herausgekommen. Die ganze Zeit über hatte er aus seinem schimmeligen Verlies heraus gebrüllt, bis ihn endlich einer von der Ari gehört und befreit hatte. Nun war der arme Lazarus wieder bei uns und brauchte sich um den Spott nicht zu sorgen. Otto, der Lustmolch, rieb ihm emsig Salz in seine Wunden.
Doch nun konnten wir endlich weiter. In einem Gehöft standen viele Landser um irgendetwas herum – dort hatte es wohl eingeschlagen und auch Tote und Verwundete gegeben. Der Weg im Dorf war eine einzige Katastrophe. Wir mit unserem Beutewagen konnten uns aber wenigstens noch eine Spur bahnen, vorbei an den Fahrzeugen, die schon ganz schief standen oder noch wie Fliegen am Leim hin und her ruckten, obwohl sie schon bis weit über die Achsen im Dreck versunken waren. Die schweren Pferde der Artillerie boten ein Bild des Jammers. Das wochenlange Ziehen durch den grundlosen Matsch hat sie wohl fertiggemacht. Vielleicht kriegen sie auch nicht mehr genug Kraftfutter. Oder beides wirkt so katastrophal zusammen.
Wegen des hoffnungslosen Morastes beschlossen wir sehr bald, in diesem Dorf zu bleiben. Es wäre sinnlos gewesen, sich noch weiterzuquälen, um dann womöglich irgendwo auf freiem Feld hängen zu bleiben und die Nacht dort unter umherirrenden Russenhaufen zu verbringen. Da sogar Teile des Divisionsstabes in den Häusern untergezogen waren, suchten wir uns beruhigt in der Nähe eine schöne Bude aus, tarnten Wagen und Kanone unter den Bäumen, soweit man das jetzt im

Herbst noch kann, und machten es uns dann mal wieder gemütlich. Wir wuschen und rasierten uns und in der Zwischenzeit brutzelte der Genosse Fahrer herrliche Bratkartoffeln für uns alle.
Während wir dergestalt für unser leibliches Wohl sorgten, glaubten wir hin und wieder ein merkwürdiges Gefatsche und Geknalle zu hören, so als ob im Dorf geschossen würde. Aber wer sollte da schon ballern? Und doch, verflucht noch mal, irgendwas stimmte doch da nicht? Das war doch nicht normal! Als es immer schlimmer wurde und als es auch bei uns plötzlich ein paar Mal ganz eklig geknallt und gefatscht hatte, machten wir uns hastig fertig, schickten den Iwan in das Kellerloch hinunter und sahen dann beim Raustreten, wie überall die Schreiberseelen und Funker vom Divisionsstab mit Gewehren und MPis unter ihre Fahrzeuge krochen.
„Der Iwan ist im Dorf!!!“, brüllten sie uns zu. Verdammter Mist. Wie war das möglich? Bei der Kanone suchten wir uns rasch etwas Deckung. Das ganze Dorf hallte inzwischen von einer wüsten Schießerei wider. Aber sehen konnte man überhaupt nichts. Wir versuchten die Sträucher der Gärten und die anschließenden Maisfelder zu durchdringen. Nichts. Es knallte und pfiff von allen Seiten. Querschläger surrten, schlugen in Dächer und Wände. Und nichts zu erkennen. Nichts. Verrückt konnte man werden. Flirrende Maisblätter, verdächtiges Rascheln, knackende Zweige. Sonst nichts. Aber überall wird geschossen. Die Hände zittern. Die Pistole ist entsichert. Nur Reimann hat seine MPi, Otto und ich nur Pistolen, Felix und Günter wenigstens noch Gewehre. Aber da sehen wir sie plötzlich über die Straße springen, braune Gestalten mit Pelzmützen. Mein Gott, mein Gott, dort wimmelt es ja nur so!!! Felix und Günter schießen. Wir anderen können noch nicht, sie sind zu weit weg. Wir sichern nach hinten, sehen dort aber auch nur flimmernden Mais. Nur wenige Russen kommen jetzt noch über die Straße. Wild rasseln überall im Dorf deutsche MGs und MPis. Es scheint Luft zu geben. Dann springen Landser herüber auf unsere Seite, wo offenbar die meisten Russen sitzen, Handgranaten krachen, Hurragebrüll dringt herüber. Bei uns fatscht es weiter in die Bäume, aber Russen sehen wir nicht, obwohl wir uns vorsichtig aufgerichtet haben und über den Mais hinwegzuspähen versuchen. Der Hauptkampf spielt sich 200 m von uns entfernt ab; erkennen können wir aber nach wie vor nichts, das Gebüsch ist zu dicht. Allmählich verlagert sich der Lärm von der Straße weg rückwärts in die Maisfelder. Die Iwans scheinen sich zurückzuziehen, aber das Schießen lässt trotzdem kaum nach. Die Russen stecken jetzt im hohen Mais, vielleicht sind auch noch Strohhaufen da, hinter denen sie ja gern lauern. Nach und nach krabbeln nun auch die Schreiber unter ihren Autos hervor und kommen zu uns hinter die Häuser, um mit zu sichern. Jeden Augenblick können die Russen hier auftauchen und einen neuen Durchbruch über die Straße versuchen. Doch allmählich lässt nun auch die Ballerei nach. Nur am anderen Ende des Dorfes ist noch was im Gange. Auf der Straße laufen schon wieder Landser herum. Die Gefahr scheint vorüber zu sein…
Wir blieben noch eine ganze Weile auf unserem Posten. Die Nerven beruhigten sich. Eineinhalb Stunden dauerte die Schweinerei und die Bratkartoffeln waren natürlich längst kalt. Als sich die Nachrichtenmänner und sonstigen Divisionsknechte unauffällig wieder verdrückten, weil sie ja auch noch was zu tun hatten, ließen auch wir uns wieder in unserer Behausung nieder. Nur einer blieb für alle

Fälle als Beobachtungsposten draußen vor der Tür. Wir riefen den Iwan aus seinem Versteck; er hatte ganz schön gezittert aus Furcht, die Russen könnten ihn finden und als Verräter oder Überläufer abknallen. Er wusste ja in seinem finsteren Verlies noch viel weniger als wir, was gespielt wurde. Nun freute er sich wie ein Kind, dass seine eigenen Landsleute abgeschmiert worden waren und ihn nicht erwischt hatten.
Kaum hatten wir seine aufgewärmten Bratkartoffeln verzehrt und ihn wegen seiner Kochkünste schön gelobt, da begann von Neuem ein bösartiges Geknalle im Dorf. Wieder verkroch Iwan sich im Keller, wieder stürzten wir hinaus, um nur zu bald schon zu fühlen, dass es diesmal noch ekliger werden würde. Geschrei und Schüsse hörte man nun von allen Seiten, aber zu sehen war wieder nichts, absolut nichts. Es wurde allerdings dann doch bald besser, weil in der Zwischenzeit Infanteristen des Nachbarregiments im Dorf eingetroffen waren. Ein Teil von ihnen rückte auch in unser Viertel und begann sofort, systematisch die Häuser, Gärten und Maisfelder zu durchkämmen. So waren wir unerwartet rasch der gröbsten Unsicherheit enthoben. Mochte es noch so infam fatschen und sirren, wir wussten nun, dass in unserer unmittelbaren Nähe eigentlich kein Iwan mehr stecken konnte. Voller Wut über die Störenfriede schlossen wir uns todesmutig den Infanteristen an und forsteten mit ihnen – wenn auch in geziemendem Abstand – das Dickicht durch. Wieder verzog sich der Gefechtslärm hinaus in die Maisplantagen. Die Infanterie verfolgte die flüchtenden Rotten schließlich noch bis ans Ende der Felder oder bis zu irgendwelchen Feldwegen, die man übersehen konnte. Dort nisteten sie sich sofort für die Nacht ein, damit kein Russe wieder in die undurchdringliche Deckung der Maisstauden einsickern konnte.
Wir sockten zurück in unsere Bude. In den Gärten und sogar unmittelbar an der Dorfstraße lagen viele gefallene Russen. Weit über hundert haben wir selbst gezählt oder grob geschätzt und wie viele noch im Gesträuch und im Mais liegen mochten, konnte man nur ahnen. Sicher waren es auch dort schon einige hundert. Insgesamt, gemessen am Erfolg, ein erschreckendes Blutopfer. Wahrscheinlich haben uns bei dem zweiten Angriff nur die hinzugekommenen Infanteristen gerettet, aber selbst wenn der Angriff von all dem zusammengerafften Tross- und Stabsvolk noch einmal abgeschlagen worden wäre – aus den Maisfeldern hätten wir allein die Russen nie herausgekriegt und spätestens in der Abenddämmerung wären sie abermals über uns hergefallen und hätten uns dann todsicher niedergemacht.
Jetzt, da es wieder still geworden war und nur noch ganz vereinzelt Schüsse draußen in den Feldern fielen, kam uns die Größe der Gefahr erst so richtig zum Bewusstsein. Es gibt nun keine Sicherheit mehr, nicht bei Nacht, nicht bei Tage, weder vorn noch hinten. Der Russe ist noch da und wenn wir uns ihm auch im Allgemeinen weit überlegen fühlen, so macht uns diese überfallartige Kampfesart doch verdammt nervös und unsicher. Solange wir nur hinter der Front hergefahren waren, sprachen wir fast nur vom „Iwan", nun plötzlich reden wir durchweg nur noch vom „Russen" – und dies Wort sitzt uns wie ein Stachel im Fleisch und nimmt uns die Ruhe.
Als wir wieder in unsere Bude traten, die durch einige Querschläger leicht ramponiert und verstaubt war, war Iwan nicht da. Wir riefen nach ihm im Garten – nichts. So ein Schweinehund! Also doch getürmt. Na, es war nicht zu ändern.

Doch dann fanden wir ihn ganz unvermutet, als wir noch mehr Kartoffeln aus dem Keller holen wollten. Tot! Mit dem blutigen Kopf nach unten, mit einem Bein noch in der klapperigen Leiter verhakelt. Also mussten die Russen bis in unsere Bude vorgedrungen sein, während wir mit der Infanterie die Gärten durchsuchten. Wir standen noch etwas verdattert am Kellerloch, als ein Feldwebel von der Infanterie zu uns hereintrat und uns freudestrahlend berichtete, er hätte hier einen Iwan umgelegt, der sich gerade im Keller hätte verstecken wollen. Man könne ja gar nicht genug aufpassen bei den Burschen.
Nun war uns schlagartig alles klar. Wir erzählten dem Feldwebel, dass er da aus Versehen unseren Fahrer erwischt hätte; das tat ihm Leid, aber so etwas konnte er auch beim besten Willen nicht ahnen. Da hatte also der gute Iwan sicher wieder fröhlich ans Tageslicht krabbeln wollen, als er deutsche Laute an der Tür hörte, und an unserer Stelle empfing er dann die tödliche Garbe. So schnell geht das oft. Armer Kerl. Und wie hatte er sich noch kurz vorher gefreut…
Ich wurde nun von Reimann zum Gefangenenlager, das bei der Kirche sein sollte, geschickt, um dort einen anderen Gefangenen als Fahrer zu organisieren. Die Kirche war halb zerfallen oder erst halb fertig; genau konnte ich das in der Dämmerung nicht mehr erkennen. Sie hatte jedenfalls kein Dach und unter freiem Himmel kauerten dort über tausend Gefangene, wie mir der Posten erzählte. Sie lagen oder hockten wahrscheinlich fast in Schichten übereinander wie ein Schwarm Bienen. Keiner sprach auch nur ein Wort. Der Posten wusste noch, es seien heute nur wenige Gefangene dazugekommen. Die meisten wären seit gestern da, man hätte nur noch keine Leute frei gehabt, um sie nach hinten zu bringen. Bei den Angriffen der Russen hätte sich nicht einer gemuckst. Sie hätten wohl alle fürchterliche Angst gehabt, ihren Leuten wieder in die Hände zu fallen. Dicht an den Boden gepresst hätten sie die ganze Schießerei über sich ergehen lassen und zum Glück wären die Russen auch nicht bis an die Kirche herangekommen.
Einen Ersatzfahrer wollten mir die Knechte trotz ihrer schönen Erzählungen nicht geben. Sie hätten strengen Befehl, keinen Gefangenen herauszurücken. Erst als ich unsere Lage herzzerreißend trostlos geschildert hatte, ließ einer der Posten einen Dolmetscher kommen, und nach dessen Aufforderung löste sich endlich eine einzige Gestalt aus dem formlosen Gewusel.
Es war schon fast duster, als ich mit dem neuen Fahrer wieder in unserer Bude eintraf. Er musste als erstes in den dunklen Keller kriechen und dem toten Iwan den Schlüssel aus einer seiner Taschen holen, denn Reimann wollte noch umziehen in ein anderes Haus, in dem sich unser Kompanietrupp am Nachmittag eingerichtet hatte. Dort waren wir wenigstens nicht so isoliert in der weitverzweigten Ortschaft.
Das erste, was wir dann in der neuen Unterkunft erfuhren, war der Tod von Lauterbach, einem MG-Schützen aus Volkmanns Zug. Er war am Mittag bei der Säuberungsaktion gefallen. Kopfschuss. Der erste Tote der Kompanie seit Tripolje. Lauterbach, der stämmige, immer fidele Erzgebirgler.
Das alles liegt uns nun schwer im Magen. Es will keine rechte Unterhaltung aufkommen, obwohl ja so viel zu erzählen wäre. Mit einem Ohr horcht man immer nach draußen, ob es nicht doch schon wieder knallt. Viel länger als sonst sitzen wir schon beim Kerzenlicht, denn niemand hat Ruhe zum Schlafen.

Kusemin, Donnerstag, 9. Oktober 1941

Seit heute Mittag sieht es verdammt beschissen in uns aus. Ich will versuchen, dies noch schnell zu beschreiben, denn was nachher und morgen sein wird oder heute Nacht, ist ungewisser denn je.
In der letzten Nacht kamen wir Dank der Mitwirkung des Kompanietrupps pro Nase mit zwei Stunden Wache vor der Tür aus. Im Schatten der Hütte fühlte man sich sogar halbwegs sicher, obwohl der Wind die Maisblätter in den nachtschwarzen Gärten in immer neuen Varianten rascheln ließ. Die Infanterie hatte offensichtlich gute Arbeit geleistet; die ganze Nacht hindurch zerriss kein Schuss die Stille, stieg keine Leuchtkugel empor. Überall in den aberhundert Dörfern dieser unabsehbaren Ebene stehen in solch einer Nacht die Posten ringsum, starren und lauschen in die winddurchrauschte Finsternis. Anscheinend pennen die Russen in den Nächten, denn von nächtlichen Überfällen haben wir in letzter Zeit nur ganz vereinzelt mal was gehört. Sie sind wohl täglich aufs Neue überrascht, wo wir schon sind, und greifen nur an, wenn sie sich überlegen fühlen.
Heute früh, als wir trotz allem wieder etwas ausgeschlafener waren, wollten wir mit dem Kompanietrupp zusammen weiterfahren. Während wir noch frühstückten, öffnete sich die Tür und – Eni stand vor uns! Sein Wagen lief wieder und Teile des Trosses waren mit ihm gekommen. Sie wussten längst alles von dem Theater am Vortag und hatten auch schon erfahren, dass wir wenigstens alles gut überstanden haben. Es ist immer wieder erstaunlich, wie schnell sich solche Dinge von Dorf zu Dorf und von Einheit zu Einheit herumsprechen und wie schnell man selbst in einer ausgedehnten Ortschaft erfahren kann, wo sich dieser oder jener kleine Verein eingenistet hat. Irgendwer hat noch immer irgendwo irgendwas gesehen und so findet man sich wieder, ehe man's gedacht.
Unser neuer Fahrer und die Russenkutsche wurden freudig von der Infanterie übernommen. Wir packten wieder alles um auf unseren Wagen und wenig später brummten wir als kurze Kolonne mit den Trossleuten zusammen zum Dorf hinaus. Der Wind hatte die Straße abgetrocknet, daher kamen wir ungewohnt flott voran und erreichten vor zwei Stunden ohne Zwischenfälle dieses Nest Kusemin. Hier waren Teile der Kompanie, vor allem Volkmanns Zug und Köhlers Geschütz mit unserem Zugführer schon gestern eingetroffen.
Die Freude über das Wiedersehen aber erstarb uns augenblicklich, als wir hörten, was hier gesehen ist: Albert Gehere ist tot, zwei Mann von seinem Geschütz tot, Feldwebel Weller schwer verwundet. Alle aus Volkmanns Zug.
Aber damit nicht genug. Zum ersten Mal sind hier russische Panzer aufgetaucht. Köhlers Geschütz hat mit einem einzigen Schuss einen abgeknallt, der urplötzlich durch die Gärten und Hecken gewalzt kam. Walter Klüger aber hat einem anderen Schuss auf Schuss entgegengejagt und alle Granaten sind höhnisch singend von der schrägen Frontwand des Panzers abgeprallt und mit farbiger Leuchtspur steil in die Wolken gezischt. Bei einer Entfernung von 300 m hatte er den ersten Schuss abgefeuert und sich gewundert, dass er so absprang, dann den zweiten, dritten, vierten – alle hatten genau gesessen, alle stoben in die Höhe – und da hatte ihn und seine Bedienung ein eisiger Schreck gepackt, wie blind und voller

Verzweiflung knallten sie Schuss um Schuss heraus, alles war vergebens, näher und näher brach sich der Panzer seien Weg durch die Gärten wie ein Elefant, den man mit Pflaumensteinen bespuckt; er rasselte genau auf sie zu, sie schossen, aber alles, alles prallte ab, alle vier Sekunden spritzte die Leuchtspur mit scharfem Knick in den Himmel, nichts half, auf 30 m war der Koloss heran, ohne bis dahin geschossen zu haben – da endlich drehte das Ungetüm plötzlich ab, als wäre es die Sache Leid, verschwand hinter einem Haus, brach sich krachend und dröhnend weiter seinen Weg durch Bäume und Zäune und Hecken und kehrte nicht wieder. Er schoss nicht, er knackte Klügers Geschütz nicht einfach zusammen wie eine Laus, nein, schlimmer, er verachtete es nur, zeigte ihnen lässig die verwundbare Breitseite...
Walter und seine Leute aber konnten danach nicht mehr. Was sie in dieser einen schrecklichen Minute erfahren haben, heißt ja nichts anderes, als dass wir nun mit unserer 3,7-cm-Pak am Ende sind, dass der Russe einen Panzer besitzt, der von vorn höchstens noch durch einen Zufallstreffer in den Turmdrehkranz oder in die Optik beschädigt werden kann, sonst allenfalls von der Seite oder von hinten. Der Traum vom Panzerjagen ist nun in alle Winde zerstoben. Hier in Kusemin hat sich heute zum ersten Male neben dem Russenschreck, der uns vom ersten Tage an mehr oder weniger bewusst in den Knochen steckte, der Panzerschreck in uns hineingefressen. Panzeralarm – das bedeutet in Zukunft Angst und Schrecken gerade bei uns Panzerjägern. Wir können keine Hoffnung mehr haben, Panzer dieses Typs abzuschießen. Jeder vergebliche Schuss kann nur die Stellung verraten und muss unweigerlich bewirken, dass sich langsam der Turm herüberdreht und dass wir Sekunden später in wirbelndem Feuer zerrissen werden. Wie ein Alpdruck sitzt auf einmal diese Erkenntnis in uns fest, und da es sich um unsere ureigenste Waffe handelt, die von nun an nur noch zum Hasenschießen zu gebrauchen ist, erfüllt uns tiefe Niedergeschlagenheit. Das sagt zwar niemand, aber jeder trägt jetzt solche Gefühle in sich, jeder weiß, dass es nur noch eine Frage der Zeit und der Gelegenheit ist, wann wir dasselbe erleben werden wie Walter Klüger, nur mit dem Unterschied, dass er unbegreiflicherweise noch einmal heil davongekommen ist. Aber man merkte ihm an, dass er ein anderer geworden ist, als er immer von Neuem seine Geschichte erzählen musste. Er holte immer tief Luft und manchmal gingen seine Blicke einfach durch uns hindurch. Er ist fertig mit den Nerven. Der Panzer soll der neue Typ gewesen sein, der T 34, enorm schnell und wendig und mit einer 7,63-cm-Kanone. Wir haben Kaliber 3,7...
Und dann dieses andere: Albert Gehre gefallen, mit zwei Mann von seiner Bedienung. Und am selben Tage Lauterbach. Vier Tote an einem Tag, dazu Feldwebel Weller und Otto Grütz, die wohl auch nicht wiederkehren werden.
Kusemin – diesen Namen werden wir nicht so bald vergessen...

DERGATSCHI (KURZ VOR CHARKOW)

Kuplanowka, Sonnabend, 11. Oktober 1941

Vorgestern Mittag gab es in Kusemin sogar noch warmes Essen von der Küche, dazu Post. Wir hockten uns auf die Fahrzeuge, ließen uns von der blassen Sonne ein wenig den verlausten Pelz wärmen und löffelten den Erbspamps hinunter.
Wir hatten gerade unsere Kochgeschirre am Brunnen gesäubert und wussten nicht recht, was nun eigentlich geschehen sollte, als es im Dorf lebendig wurde. Eine Menge Infanterie quoll aus den Häusern, sammelte sich und rückte schwer bepackt ab. Wenig später erfuhren wir, dass noch ein Angriff steigen sollte. Bald hieß es: Fertig machen! Aufsitzen! Die Dorfstraße mündete hinter den letzten Häusern in einen tief eingeschnittenen Hohlweg, der in eine breite, zum Teil bewaldete Niederung hinabführte, durch die sich ein schmales Flüsschen schlängelte. Jenseits der Brücke begrenzte ein ausgedehntes Waldstück einen grünen Wiesengürtel. Wir hielten vor der Brücke an. In den Gräben am Fuße der hohen Böschungen des Hohlwegs hinter uns lagerte die Infanterie, die wie wir den Spitzen folgen sollte.
Den Hohlweg herab schoben sich zahlreiche Fahrzeuge, LKWs und bespannte Wagen und es entstand eine Stauung, die nur noch durch russische Tiefflieger verschönert werden konnte. Doch bald darauf erhoben sich die Infanteristen aus den Gräben. In langen Reihen klapperten sie an uns vorüber und als sie den Waldrand erreicht hatten, schlossen wir uns an. Hinter uns lösten sich auch die Fahrzeuge in großen Abständen aus dem dichten Knäuel im Hohlweg.
Ohne Störung erreichten wir den Waldrand. Eine breite, sandige Schneise führte leicht bergauf. Hinter einer Biegung mussten wir gleich wieder anhalten. Einige Fahrzeuge standen vor uns, darunter der Wagen mit Unteroffizier Stefan und seinen MG-Leuten. Es waren Minen gefunden worden. Etwa 100 m vor uns sahen wir die Pioniere am Werk. Mit langen, dünnen Stangen durchstocherten sie den Sand. Vereinzelt hörte man von weit her Schüsse. Die Spitze der Infanterie war also schon ein gutes Stück vor uns. Auch der Verein, dem wir uns in der Niederung angeschlossen hatten, war unseren Blicken entschwunden. Hinter und neben uns kreuzten immer mehr Fahrzeuge auf. Kein Fahrer wollte draußen in der Ebene warten und womöglich von Ratas zur Sau gemacht werden. So kuschelte sich wieder alles bei uns zusammen, als ob der Wald ein warmes Körbchen wäre und als ob kein Flieger in dem Meer der Bäume die Schneise mit den vielen Fahrzeugen erkennen könnte.
Wir standen und standen. In vier und fünf Reihen neben einander klumpten sich die Trosshaufen. Wir hätten am liebsten mit einem riesigen Knüppel dazwischengehauen. Wo immer sich eine noch so winzige Lücke zeigte, mussten sich irgendwelche Idioten mit Gewalt hineinquetschen, als ob sie es gar nicht abwarten könnten. Jetzt Tiefflieger! Vor uns sprengten indessen die Pioniere die ersten Minen hoch. Mit gewaltigen Schlägen flogen die Brocken weit über die Wipfel der Bäume hinaus. Pferde stiegen hoch und wollten durchgehen, aber das konnten sie nun in der allgemeinen Keilerei wenigstens nicht. Immer von Neuem erschütterten Detonationen die Luft. Die Zeit verstrich. Die Sonne versank schon hinter

den Bäumen. Es wurde gemein kühl und in der Tiefe des Waldes begann es allmählich zu dämmern. Dann endlich schien es doch so weit zu sein. Es hieß, eine Fahrspur sei frei. Kutscher saßen auf, Motoren wurden angeworfen, Pioniere winkten, Landser eilten zurück zu ihren Fahrzeugen, die sie verlassen hatten, um beim Sprengen zuzusehen. Ganz langsam rollte der erste Wagen an. Es war der von Stefan. Ein paar Mann von den Pionieren wiesen ihn genau in die Spur ein. Hinter ihm fädelten sich einige andere Fahrzeuge ein, dann kamen wir an die Reihe. Deutlich erkannten wir schon die Trichter, die die hochgejagten Minen in den Sand gerissen hatten. Wir fuhren genau in der Spur der... da, oh Gott, ein entsetzlicher Schlag, ein halber Mensch hoch in der Luft, wirbelnde Autoteile – ist das Stefan? Stefan! Wir können nichts sehen vor Staub. Halt. Stille. Stöhnen. Hastende Pioniere…

Warten. Staub zieht ab. Wir stehen schon in der Minengasse und können nicht abspringen. Vor uns versperren die anderen Wagen die Sicht. Und dann springt plötzlich die furchtbare Nachricht von Wagen zu Wagen: Zwei Mann sollen tot sein, Stefan lebt noch, nur der Fahrer soll einigermaßen heil geblieben sein. Wir sind wie erschlagen. Die ganze MG-Bedienung ausgelöscht.

Saling fuhr mit seinen Leuten auf Minen und nun dies. Minen, Minen. Diese heimtückischen Dinger. Mein Gott, wieder zwei Mann tot, Stefan halbtot. Wieder Leute von Volkmanns Zug. Eine entnervende Angst kroch uns ins Genick. Man hätte umkehren und einfach davonlaufen mögen. Aber die Pioniere machten schon eine Spur neben dem beschädigten Fahrzeug von Stefan frei. Da kennen sie nix. Jeder Quadratzentimeter Boden wurde abermals durchstochert. Es dauerte lange, aber anscheinend fanden sie nichts mehr.

Stefans Fahrer Brosio kam angehumpelt. Er hielt sich an den Fahrzeugen fest und setzt seine Füße immer halb unter die Wagen genau in die ausgefahrene Spur. Viel konnte er nicht sagen. Beide MG-Schützen tot, Stefan schwere Prellungen. Bleich und benommen hangelte er sich bald weiter nach hinten durch. Für ihn war erst mal Feierabend.

Endlich hatten die Pioniere es geschafft. Sie winkten. Ganz vorsichtig und langsam fuhren die Wagen vor uns an. Die Pioniere winkten heftiger. Sie schienen sich ihrer Sache ganz sicher zu sein. Aber erst als der erste Wagen einen gewissen Vorlauf gewonnen hatte, folgten die nächsten etwas schneller. Neben der Spur blieb Stefans Wagen zurück. Er selbst wälzte sich stöhnend im Sande, Sanitäter waren um ihn bemüht. Ein Stück abseits hatte man schon die blutigen Reste der Toten zusammengetragen. Die rechte Hälfte des Wagens war stark zerstört. Es war ein fürchterlicher Anblick, die Blutlachen, die Stoff- und Menschenreste, zersprengtes Blech und Holz. Wenige Meter weiter stand dann Feldwebel Volkmann am Weg, das Gesicht kalkweiß und wie erstarrt. Bei ihm wartete sein Zugtrupp. Als wir vorbeirollten rief uns einer zu, Müller Franz und der Waffenmeistergehilfe wären auch gefallen, sie lägen ein Stück weiter vorn, von Baumschützen abgeknallt. Das fuhr uns abermals in die Knie wie ein Peitschenschlag. Was war denn so plötzlich los? War dies alles ein grässlicher Traum? Aber nein, da lagen sie am Wegesrand unter ihren Zeltbahnen. Das mussten sie sein. Noch zwei Mann von Volkmanns Zug! Acht Tote also innerhalb von zwei Tagen. Da soll einem das Gesicht wohl zu Stein erstarren. Acht Tote, Lauterbach, Albert mit den beiden, und nun diese vier auf engstem Raum. Uns waren die Kehlen wie zuge-

schnürt. Das Grauen umschlich uns, die Angst vor dem Unausweichlichen ließ uns frieren. Wann wird es uns zerreißen?
Auf einmal fanden wir uns an der Spitze, Köhlers Geschütz hinter uns. Die Trosse blieben zurück. Brummend mahlten sich unsere Wagen durch den Sand. Die Infanterie war längst außer Sicht. Unheimlich lauerte die Dämmerung zu beiden Seiten der Schneise. Wir kauerten verkrampft und frierend, aber sprungbereit auf den Bänken. Der Wald schien feindfrei zu sein. Aber konnten die Baumschützen nicht auch jetzt noch irgendwo lauern? Was war leichter als uns von oben her abzuknallen wie ein Karnickel? Wir waren doch völlig wehrlos auf der Schneise – doch da zeigte sich endlich hinter einer leichten Biegung offenes Land, das von der Abendsonne noch gerade eben beschienen wurde. Uns fielen zentnerschwere Steine von der Seele, als wir die dunklen Wände des Waldes verließen und in die hellere Weite der Ebene einfuhren. Wenig später hatten wir einen Teil der Infanterie eingeholt, die in lockeren Ketten über die Stoppelfelder vorging. Da aber kamen uns plötzlich zwei LKWs entgegen. Wir stoppten. Russen? – Klar, Mensch, Russen!!!
Runter von den Wagen, abprotzen und in Stellung gehen war das Werk von Sekunden. Da bogen sie etwa 200 m vor uns nach links auf einen Seitenweg ab und zeigten uns schön ihre Breitseiten. Sie schienen herrlich zu schlafen. Und schon jagten wir mit Köhlers Leuten um die Wette unsere Sprenggranaten heraus. Hier sprang nichts ab, hier brannte der erste Wagen nach drei Schüssen lichterloh, der zweite hielt sofort und spuckte dicke Haufen verstörter Iwans aus, die gleich von unseren Infanteristen herangerufen und -gewinkt wurden und kurz darauf vereinnahmt waren. Schade, schon Schluss! Wir waren gerade in der richtigen Stimmung, um hundert solcher Laster in Brand zu schießen.
Die Gefangenen freuten sich anscheinend sehr, dass der Krieg für sie so schnell beendet war. Für uns aber blieb dies harmlose Zwischenspiel nur ein bescheidener Trost.
Wir saßen wieder auf und rollten etwas leichteren Herzens auf eine Ortschaft zu, die in einiger Entfernung zu sehen und schon am Nachmittag von den vordersten Truppen besetzt worden war, wie uns die Infanteristen erzählt hatten.
Dann aber stand plötzlich unser Zugführer vor uns auf der Straße und schickte uns zurück zu der Straßengabel mit den Russen-LKWs. Nun stand uns eine lange, kalte Nacht im freien Felde bevor. Völlig allein brummten wir durch die Stille. Das allerletzte Licht des Tages ließ noch die feingezackte Silhouette der fernen Wälder erkennen. Näher und näher kamen wir den Resten des Russenwagens, der immer noch wie eine Fackel brannte und schon von weitem die Umrisse des zweiten Wagens sichtbar machten. Mochte der Teufel wissen, was die Burschen geladen hatten.
Bei der Straßengabel sollten wir nun also wieder mal die Sicherung übernehmen. Ganz in unserer Nähe sicherten aber auch noch zwei Gruppen Infanterie die Straßengabel; das war das einzig Erfreuliche an der Situation. Wir hatten noch Befehl bekommen, uns einzugraben, und so machten wir uns zunächst daran, Panzerdeckungslöcher für uns selbst zu buddeln. Dabei wurden wir wenigstens etwas warm. Zwischendurch aßen wir noch, was wir so bei uns hatten. Die Infanteristen hatten sich schon in etwa 50 m Abstand rings um uns herum ihre Löcher geschaufelt. Man hörte nur gedämpftes Scheppern und Klappern, sonst war es unheimlich

still. Manchmal sprühte das Feuer noch einmal auf und warf einen rötlichen Schein auf unsere Gesichter.
Wir richteten uns für die Nacht ein. Es war nun alles egal. Wir wollten nur endlich mal unsere Ruhe haben. Die letzten Stunden hatten genug Nerven gekostet. Aber nun auf einmal wollte sich niemand mehr in sein Loch verkriechen und pennen. Eine bohrende Unruhe ließ uns lieber umhertrampeln und im Nachtwind frieren.
Plötzlich hörten wir vom Wald her Motorengeräusche. Ein LKW oder etwas Ähnliches kam auf der Straße näher. Russen konnten es kaum sein. Wir warteten mit entsicherten Waffen am Straßenrand. Sie mussten uns sehen, da der kokelnde Wagen uns immer noch schwach beleuchtete. Und da bremsten sie auch schon, Pak wie wir. Aus dem schwarzen Fahrerhaus fragte eine Stimme, ob dort Pak stünde, sie hätten Auftrag, ein Geschütz abzulösen. Uns rührte fast der Schlag. Abgelöst!!! Aber es stimmte, die Kameraden waren vom Nachbarregiment und hatten uns genau an diesem Punkt erwartet. Nun feuerten wir in höchster Eile unsere Sachen auf den Wagen, hörten noch mit halbem Ohr, die Trosse würden noch im Wald zurückgehalten, weil die Luft wohl noch nicht ganz rein sei, hängten die Kanone an, sagten Dankeschön und auf Wiedersehen und machten, dass wir davonkamen. Denn geheuer war uns die Geschichte nicht. Vielleicht war die Ablösung ein Irrtum gewesen. Darum nichts wie weg! Und so bollerten wir zum zweiten Male auf das Städtchen zu, das irgendwo vor uns in der Dunkelheit liegen musste. Rein, raus, rein – als ob man es mit Verrückten zu tun hätte. Aber nun durften wir auch noch unseren Haufen in dem wildfremden Nest suchen!
Endlich der Ort. Die Straßen menschenleer, die Häuser schwarz, ohne Licht. Wir suchten wenigstens ein erleuchtetes Fenster oder einen Posten am Weg. Aber nichts. Die Straße schien kein Ende nehmen zu wollen. Dann aber rollten wir doch auf ein Haus zu, vor dem Betrieb herrschte. Leute vom Nachbarregiment. Aber Reimann ließ nicht halten. Da trommelten wir ihm aufs Dach und brüllten ihm zu, er solle doch wenigstens mal fragen, anstatt planlos durch die Gegend zu irren. Er jedoch ließ Eni stur weiterfahren. Es wurde wieder finster und einsam, und dann gerieten wir plötzlich auf einen größeren Platz, von dem zahlreiche Straßen und Wege abgingen, soweit man das überhaupt erkennen konnte. Auch dieser Platz war menschenleer. Jetzt endlich ließ Reimann doch anhalten, weil er mit seiner Weisheit am Ende war. Eni stellte den Motor ab. Da hörten wir auf einmal, was wir schon während der Fahrt undeutlich vernommen hatten: wüstes Schießen und Krachen irgendwo weit vor uns. Reimann stieg aus und rannte suchend umher, aber das nützte gar nichts. Wir sagten ihm schwer die Meinung. Wir wollten zurück zu denen vom Nachbarregiment und dort pennen. Da wussten wir wenigstens, wo und woran wir waren.
Aber nein, er wollte weiter zum Zug, der müsse ja irgendwo zu finden sein. Ja, sagten wir, vielleicht da vorn, wo es schoss und krachte. Es wäre doch Idiotie, um Mitternacht in dieser Gespensterstadt umherzutappen und sich womöglich noch von den eigenen Leuten abknallen zu lassen. Und außerdem rechnete beim Zug bestimmt kein Mensch mehr mit uns. Da hinten bei den anderen könnten wir sicher wenigstens ein paar Stunden koksen und am Morgen sähe dann schon alles anders aus. Aber nein, Reimann wusste es besser. Er hatte Angst vor der eigenen Courage. Halblinks vor uns ballerte es zünftig. Der Ort war ganz offensichtlich

noch gar nicht vollständig besetzt. Und wir standen da auf dem Platz wie bestellt und nicht abgeholt und warteten. Otto war kurz vorm Platzen. Reimann wetzte unruhig hin und her.
War denn so viel Irrsinn denkbar? Waren wir verrückt oder er? Was sollten wir in diesem unheimlichen Nest? Hatten wir in diesen Tagen nicht schon genug Unheimliches erlebt? Hatten wir nicht vor allem ein paar Stunden Schlaf ehrlich verdient und nötig? In die Schnauze hätten wir ihm hauen können…
Plötzlich kam ein Geist aus dem Dunkel geschritten und steuerte genau auf uns zu. Der Geist entpuppte sich als Mensch und Hauptmann, der seinen Haufen suchte wie wir. Aber Reimann war gerettet, denn der Hauptmann hatte irgendwann eine Pak gesehen, die in Richtung der Schießerei gefahren war.
Prompt stieg unser Führer ein, ließ starten und bog in die bezeichnete Straße ein. Drohend glitten die Schatten der Häuser an uns vorüber. Eni blubberte ganz langsam. Wir hatten unsere Handwaffen schussbereit. Hin und wieder zischte eine Leuchtspur unter dem Himmel oder zwischen den Gärten dahin. Dann begegnete uns unvermutet ein Kradfahrer. Wir hielten an, fragten ihn aus. Ja, auch er hatte Pak gesehen, irgendwo bei einer Kirche, dreimal rechts und dreimal links um die Ecke oder so. Genaues konnte er allerdings auch nicht sagen. Er wusste nur, dass überall in den Häusern noch Russen steckten, die nun von der Infanterie herausgemöbelt würden. Wir sollten man ja umdrehen, koscher wäre es da vorn nicht, und man könnte zu leicht ein Ding abkriegen. Wir könnten ja im Dustern mit der Kanone doch nichts machen. Diese weise Erkenntnis wünschten wir auch unserem Meister. Der schwankte auch einen Augenblick, als wir ihn noch einmal fragten, ob er uns denn für nichts und wieder nichts einfach abknallen lassen wollte, ob die acht Toten noch nicht genug wären, ob er den Wahnsinn verantworten könne. Doch dann siegte der Herdentrieb in ihm. Er wollte zum Haufen, heim zu Mama. Ein Zurück käme nicht mehr in Frage.
Wir tuckerten also tatsächlich weiter.
Immer näher kamen wir dem Zentrum der Knallerei. Endlich stießen wir auf die ersten Landser, die mit schussbereiten Karabinern in den Gärten und an den Häuserecken lauerten. Sie meinten, unsere Straße wäre wohl ziemlich frei. Aufpassen müssten wir natürlich, aber sie räumten jetzt schon mehr in den Nebenstraßen auf. Die Buden wären voll gewesen von Iwans. Zuerst hätten sie viele im Schlaf überrascht, aber nun wären sie von dem Spektakel doch allmählich wach geworden. Die ersten Teile der Infanterie wären noch in einer Tour durchmarschiert und die Russen hätten so gut wie nichts davon gemerkt, weil es ja schon finster gewesen war. Eine Pak wäre auch vorbeigekommen. Die Spitze säße jetzt wohl am Ausgang des Orts nicht weit von der Kirche.
Während wir oben auf dem Wagen nach allen Seiten sicherten, rollte Eni im Schritttempo weiter. Es zwitscherte nun gemein um die Ecken und mehr als einmal duckten wir uns tief, als ob die hölzerne Bordwand uns hätte schützen können. Wir hatten eine Stinkwut im Leibe. Jeden Augenblick konnte es einen von uns erwischen. Sehen konnten wir nichts, aber die Iwans mussten ja auf jeden Fall den Motor hören. Überall huschten Gestalten um Hausecken, Mündungsfeuer spritzte, Handgranaten krachten. Uns geschah wie durch ein Wunder nichts, ja, wir fanden sogar immer wieder Landser, die uns beruhigten und die Richtung zur Kirche wiesen. Allmählich gelangten wir sogar in stillere Bezirke und nach lan-

gem Suchen und Fragen stießen wir bei einem größeren Gebäude unversehens auf einen Posten von Köhlers Geschütz. Reimann hatte sein Ziel erreicht, mit mehr Schwein als Verstand.
Das war sein Glück. Sonst hätten wir ihn gelyncht, denn alle Erregung und Nervenüberreizung dieser Fahrt durch den nächtlichen Hexenkessel hatten wir nur ihm zu verdanken. Nun war es fast zwei Uhr geworden. Drei volle Stunden lang waren wir in dem Geisternest umhergefuhrwerkt. Wo war die Zeit nur geblieben? Jetzt gab es nur noch eins: Pennen, grunzen. Mochten die anderen Wache schieben. Wir waren fertig. Nach uns die Sintflut.
Wir stellten Wagen und Kanone im Hof ab, schnappten uns nur die Fresserei und die Decken und gingen hinein zu den anderen, die auf dem Fußboden schnarchten. Leikert, unser Zugführer, war hoch erfreut, uns zu sehen, wir waren glücklich, endlich doch noch eine Bude gefunden zu haben – doch da sagte Leikert so nebenbei, er hätte zwar gar nicht mehr mit unserem Kommen gerechnet, aber nun könnten wir ja gleich um vier Uhr bei der Vorausabteilung mitmachen…
Uns erstarrte das Blut in den Adern. Reimann kriegte eine knallrote Birne. Sooo – da also hatten wir die Scheiße!!! Keiner sprach mehr ein Wort. Aber unsere Blicke sagten ihm alles. Das hatten wir nun davon. Genau so hatten wir uns das vorgestellt. Vier Uhr Vorausabteilung. Das war zu viel. Ein falsches Wort noch und wir wären explodiert.
Wir hauten uns um und versuchten doch noch zu schlafen. Aber wir waren viel zu erregt, warfen uns hin und her und zählten die Minuten, die uns noch blieben, bis wir von Neuem in die schreckliche Ungewissheit dieser Tage und Nächte hinaus mussten.
… vier Uhr Vorausabteilung…
Als wir dann geweckt wurden, war es schon fünf Uhr. Wegen der Finsternis hatte man den Start um eine Stunde verschoben. Wir waren noch so zerschlagen und kaputt, dass wir ganz mechanisch unser Brot kauten, die Sachen zum Wagen trugen und nicht einmal die Kraft aufbrachten, unsere Wut auf Reimann aufzuwärmen. Es regnete in Strömen. Damit stand uns ein besonders schöner Tag bevor. In der Stadt war nichts mehr zu hören. Nicht weit von unserer Schule waren russische Beute-LKWs aufgefahren, ein Haufen Infanterie stand rauchend und schwatzend daneben an der Straße, als ob tiefster Frieden herrschte. Eine Pak vom Nachbarregiment hatte sich ebenfalls eingefunden.
Schließlich rauschte ein Major der Infanterie in einem PKW heran und befahl nach kurzer Besprechung den Aufbruch. Köhlers Geschütz sollte an der Spitze fahren, danach wir, der Kommandeur, die Infanterie auf dem Russenwagen und zum Schluss die andere Pak. Wir schlängelten uns nach vorn, die Infanteristen schwangen sich mit viel Getöse auf die Wagen und dann brummten die Motoren auf.
Es wollte nicht recht Tag werden. Am Ausgang der Stadt, die angeblich Swoboda oder Kotelwa hieß, stießen wir auf den ausgebrannten Wagen von Unteroffizier Walter aus unserer Kompanie. Er hatte sich nicht weit davon mit seiner Kanone im Straßengraben eingenistet. Wir hielten, der Kommandeur ließ sich melden. Soviel wir aufschnappen konnten, hatte Walter am Abend vorher einen Paktreffer in den Wagen gekriegt, nachdem er unbehelligt durch die Stadt gekommen war. In der Nacht hatte er dann mit einigen Infanteristen zusammen die Straße gesi-

chert und dabei durch Hodenschuss einen Mann verloren, der zum Austreten ein paar Schritte seitwärts gegangen war. Die Kameraden vom Geschütz erzählten uns kurz, es sei Schnabel gewesen, er hätte die ganze Nach hindurch entsetzlich geschrien und gewimmert, aber sie hätten ihn nicht holen können, weil die Russen noch ringsum in den Gärten gesteckt hätten. So lag eine furchtbare Nacht hinter ihnen. Erst als in der Morgendämmerung die Infanteristen vorgefühlt und festgestellt hätten, dass die Russen verschwunden waren, hätten sie ihn tot und grässlich verkrampft gefunden. Nun lag sein Körper in der Nässe unter einem Baum. Der neunte Tote der Kompanie.
Die vom Geschütz Walter mussten nun zusehen, wie sie ohne Fahrzeug weiterkommen. Man merkte ihnen an, dass sie fertig und zum Umfallen müde waren. Wahrscheinlich wären sie lieber mit uns hinaus in den Regen gefahren, als dort in dem gespenstischen Ort so allein zurückzubleiben. Aber an sich ist ja alles gleich. Den einen trifft es in der Einsamkeit, den anderen inmitten des großen Haufens. Es ist nur so bedrückend und schauerlich, in dieser feindlichen Fremde irgendwo allein und ohne Hilfe zu sein. Viele mögen ja ein dickes Fell haben und mit ihrer Wurschtigkeit alle Ängste erschlagen, aber so weit bin ich noch lange nicht.
Der tief verschlammte Weg führte uns nun, soweit man sehen konnte, durch ein lang gestrecktes, flaches Tal. In mäßiger, ständig wechselnder Entfernung schoben sich zu beiden Seiten kurze Hänge empor und oben auf den Kämmen war die Welt für uns zu Ende. In dieser schier endlosen Rinne kämpfen sich unsere Wagen durch Schlamm und Pfützen voran. Grau in grau breiteten sich die Äcker bis zu den nahen Horizonten. Gespannt versuchten wir die Regenschleier zu durchdringen. Unser Ziel war Kuplanowka, ein Ort, der 18 km von Swoboda entfernt liegen sollte. Das klingt zwar bescheiden, aber da wir ja bei solchem Morast selten schneller als ein Fußgänger vorankommen, stand uns noch eine stundenlange Fahrt bevor, selbst wenn gar nichts passierte. Und weil wir schon bald an vielen Stellen bis auf die Haut durchnässt waren und ein kalter Wind uns von Osten her entgegenstrich, hatten wir schon sehr schnell wieder den ganzen Mist satt und unsere Wut auf Reimann war das Einzige, das uns innerlich etwas aufheizte.
Lange Zeit schlabberten wir so durch den grundlosen Modder dahin, ohne dass Häuser oder Bäume oder auch nur die obligate Mastenreihe das monotone Bild der Stoppelfelder zu beiden Seiten des Weges belebt hätten. Auch vom Iwan war nirgends etwas zu bemerken.
Erst später schälten sich auf der linken Seite am Fuße des Hanges ein paar Schuppen und eine Scheune aus dem Regendunst und rechts gegenüber waren mehrere große Strohdiemen aufgestapelt. Aber auch dort konnten wir nichts Verdächtiges entdecken. Der Iwan war offensichtlich verduftet. Friedlich lag alles im milchigen Morgen vor uns, dessen Stille allein durch unsere Kolonne zerrissen wurde. Doch da! – Plötzlich trat hinter einem der Schuppen eine Gestalt hervor – mit einem Gewehr auf dem Buckel, deutlich zu erkennen! Also ein Iwan, ein Posten! Er hatte noch gar nichts bemerkt, denn er drehte uns nun seelenruhig den Rücken zu und spazierte auf den benachbarten Schuppen zu. Hörte er uns denn nicht? Anscheinend nicht, wohl deshalb, weil der Wind ja von ihm zu uns strich. Wir kamen den Schuppen, die etwa 200 m abseits des Weges standen, immer näher. Der Posten bummelte gelassen seines Weges. Wir waren gespannt wie ein Flitzebogen und konnten uns das Lachen nicht verkneifen. Aber jetzt! Mit einem

Ruck fährt er herum, stutzt, guckt, guckt immer noch, man sieht förmlich, wie es in seinem Gehirn rotiert – und schwupp!, wetzt er ab und verschwindet hinter einem Schuppen und schlägt Alarm!
Im selben Moment waren wir auch schon von unseren Wagen gehopst, wühlten die Kanone im Schlamm halbwegs in Schussposition und ballerten den Iwans zusammen mit Köhlers Geschütz freundliche Morgengrüße in die Schuppen – ein paar Panzergranaten, die mit Höllenspektakel quer durch alle Wände und Räume hindurchschlagen und jeden ermuntern, sofort ins Freie zu stürzen, und dazwischen schöne Sprenggranaten. Im Nu entstand ein heilloses Gewimmel in dem Gehöft, nach allen Seiten stoben verstörte Iwans auseinander, den Hang hinauf und in die Felder hinein. Die Infanteristen knallten mit ihren MGs und Flinten mit uns um die Wette, aber viel Schaden konnten wir nicht anrichten, dazu zerstreuten sie sich zu schnell in alle Winde, und so dauerte es auch nicht lange, bis sie die Höhe erreichten und unseren Blicken und Geschossen entschwanden. Währenddessen war es aber auch rechts bei den Strohhaufen lebendig geworden. Köhler hatte schon geschwenkt, wir taten es auch und hielten nun ebenfalls in die Wolke von Russen hinein, die sich für die Nacht ins Stroh verkrochen hatten, aber nun ebenso unsanft geweckt wurden wie vorher ihre Genossen in dem Gehöft. Auch von den Strohhaufen aus entfleuchte bald der ganze Schwarm in hurtigen Sprüngen hinter die Kimm. Wir stellten das Feuer ein, um Munition zu sparen. Die Genossen rannten ja auch so rasant genug mit ihren wehenden Mänteln. Die Infanterie war längst abgesessen und ging schon weit auseinander gezogen in Richtung der Scheunen und Strohhaufen vor, um sie zu durchsuchen. Wir kuppelten derweil die Kanonen wieder an und warteten bei den leeren Fahrzeugen auf die Rückkehr der Infanteristen.
Die Nester schienen leer zu sein, denn die Kameraden schlenderten schon bald sorglos zwischen den Gebäuden umher und suchten offensichtlich mehr nach fetter Beute als nach Russen. Auch oben an den Hängen ließ sich keine Menschenseele mehr blicken, obwohl die Iwans uns ja eigentlich von da oben aus ganz schön hätten zur Sau machen können, wenn sie uns von beiden Seiten zugleich unter Feuer nahmen. Doch der Schrecken in der Morgenstunde war ihnen wohl so auf den Magen geschlagen, dass keiner auf so unfeine Gedanken kam. Uns konnte es nur recht sein.
Im Fußgängertempo rückte die leere Kolonne nun vor bis in Höhe des Gehöftes. Dort stießen die Infanteristen wieder zu uns. Mit viel Getöse würgten sie ihre müden Kadaver wieder auf die Wagen. Wir mussten auf Befehl des Kommandeurs noch eine MG-Bedienung mit auf unseren Wagen nehmen, sodass wir mit neun Mann auf den Pritschen hockten. Ein letzter Blick in die Runde. Alles lag wieder still und friedlich wie zuvor, nur ein Strohhaufen hatte Feuer gefangen und qualmte nun schwach an einer Ecke. Beruhigt konnten wir weiter vorstoßen.
Der erschrockene Posten und die türmenden Iwans hatten unsere miserable Laune etwas aufgebessert. Auch das Gefühl, dass unsere Spritze wenigstens gegen Lastwagen, Scheunen und Strohhaufen noch ganz brauchbar ist, hob unsere Stimmung. Obendrein waren die Infanteristen bei uns auf dem Wagen lustige Kerle, die sich freuten, mal so vornehm kutschiert zu werden. Sie hatten überhaupt keinen Respekt vor den Russen und meinten glatt, der Krieg wäre bald aus. Tatsächlich war ja auch nirgends etwas von einem organisierten Widerstand zu

merken; was uns vor die Rohre kam, spritzte in höchster Eile seitwärts über die Höhen und schoss nicht mal mehr zurück.
Nach einiger Zeit zeigte sich wieder ein einsames Gehöft und als wir noch gut tausend Meter entfernt waren, krachte es plötzlich mehrmals ringsum auf den Feldern. Die Hunde schossen mit Granatwerfern! Wir ließen uns aber nicht stören, sondern wühlten uns zunächst weiter durch den Schlamm, da die Einschläge weitab gelegen hatten. Bald sahen wir auch einen Haufen Iwans zwischen den Schuppen umherspringen. Wir wollten halten und die Brüder unter Feuer nehmen, aber der Kommandeur hinter uns gab durch Zeichen zu verstehen, wir sollten weiterfahren. Er selbst scherte mit seiner Kutsche aus und während wir gespannt weiterrollten und die Einschläge uns verfolgten, ohne uns weh zu tun, sahen wir noch ein paar Mal die Leuchtspuren der Geschosse des Geschützes am Ende der Kolonne zu dem Gehöft hinüberzischen. Das bereitete dem Spuk offenbar ein schnelles Ende, denn einige Infanteristen, die auch zurückgeblieben waren, gingen zügig auf das Gehöft zu und haben dort wohl geschnappt, was noch nicht getürmt war.
Wir konnten uns indessen um das Schicksal der Genossen bei den Scheunen nicht mehr kümmern, weil sich vor uns auf einmal allerlei Bewegung zeigte. Ahnungslos zogen einzelne Gruppen von Russen auf den Hängen zu beiden Seiten daher, Reiter trabten einzeln oder in kleinen Trupps zwischendurch und kleine bespannte Kolonnen quälten sich die Höhen hinauf. Da erwachte in uns wieder der Jagdeifer, unsere aufgestauten Ängste und unsere Wut auf den Regen und auf Reimann mussten sich entladen – doch für uns bot sich einfach noch kein lohnendes Ziel. Aber dafür war der MG-Schütze in seinem Element: Wie ein Besessener streute er seine Garben nach rechts und links in die Haufen, sodass seine Schützen kaum genug Munition nachschieben konnten. Die Vorderstützen des MGs hatte er auf das blecherne Dach des Fahrerhäuschens geknallt und da ratterte und kratzte es nun so hin und her, dass Eni und Reimann sicher angst und bange wurde. Die Russen aber stoben wieder auseinander wie Hühner, wenn der Habicht niederstößt. So fegte dieses eine MG an der Spitze der Kolonne wie ein scharfer Besen die ganze Talmulde leer. Ein Wagen blieb auf halber Höhe mit einem gestürzten Pferde stehen, zwei, drei Russen fielen, ein Reiter überschlug sich und rührte sich nicht mehr – das war alles, was übrig blieb. Was sonst mal hier, mal da aufkreuzte, entfloh in panischer Angst und ward nicht mehr gesehen. Es tat uns geradezu Leid, dass wir nicht ganze Armeen auf diese elegante Art in die Flucht schlagen konnten, aber anscheinend hatte der Russe wirklich nicht mehr aufzubieten als diese verkleckerten Häufchen, die sich allem Anschein nach noch weit im Hinterland wähnten und sicher gern in Ruhe ihr Frühstück verdaut hätten.
Als wir auf diese frisch-fröhliche Weise ein gutes Stück in das blank gefegte Tal vorgedrungen waren, kam endlich fettere Beute auf uns zu: Eine längere, bespannte Kolonne und an ihrer Spitze drei Raupenschlepper mit drei dicken Kanonen. Ausgerechnet dort dehnte sich die Talmulde breiter als sonst und ein Teil der Fahrzeuge war durch die Gebäude einer Kolchose verdeckt. Wir beschossen die Brüder deshalb nicht gleich von schräg vorn, sondern fuhren weiter bis auf die Höhe der Kolchose. Die drei Schlepper waren schon ein Stück weit den Hang hochgefahren und wurden nun von einem anderen Gemäuer teilweise verdeckt. Da auch die Entfernung ziemlich groß war, nahmen wir, wenn auch ungern, erst

mal die geringere Beute aufs Korn. Es wurde ein grausames Spiel. Aus beiden Geschützen jagte die Leuchtspur hinüber, nach zwei, drei Fehlschüssen hatten wir die Kolonne gepackt und dann flogen die Fetzen, brachen Wagen, stürzten Pferde, flohen Reiter und Rosslenker, gingen Gespanne durch und wälzten sich getroffene Tiere. Was lebte, hastete den Hang hinauf, nur weg, nur weg in jagender Angst. Zurück blieben die zerstreute Spitze der Kolonne und die verlassenen Wagen am Ende. Ledige Pferde trabten ziellos umher. Aber nun die Schlepper! Fast hatten sie die rettende Höhe erreicht. Visier 1.200! Zwei Leuchtspurbahnen zogen dicht hinter einander ihre hohe Bahn, senkten sich – schade, zu kurz! Gleich darauf noch einmal, noch höher – wieder zu kurz. Aus. Es hatte keinen Zweck mehr. Sie waren schon zu weit weg für unsere Kanönchen.
Am liebsten hätten wir uns in den Hintern gebissen. Erst konnten wir wegen dieser blöden Kolchosenschuppen nicht schießen und nun waren die Brüder zu weit weg. Wie aufgescheuchte Wanzen verkrochen sie sich eilig hinter den Horizont und wir konnten es nicht mehr verhindern. Drei schwere Geschütze!!! Die Trümmer der anderen Kolonne gaben uns nur wenig Trost. Es war die Rache des kleinen Mannes, kaum mehr. Wenn wir nun auch keine Zeit mehr hatten, uns um die Überreste zu kümmern, so war den Iwans hoffentlich doch wohl alle Lust vergangen, an diesen Ort des Schreckens zurückzukehren. Mochten die, die nach uns kommen, den Kram sicherstellen und die Pferde einfangen. Wir mussten weiter.
Es zeigte sich nun nichts mehr im Tal, bis wir schließlich wieder ein Dorf erreichten. Die Infanterie saß ab und schwärmte beiderseits der Straße aus um die Häuser und Gärten zu durchkämmen. Köhler brachte sein Geschütz in Stellung, um notfalls die Infanterie unterstützen zu können. Wir blieben auf dem Wagen und beobachteten die Hänge. Es regnete immer noch und wir waren längst bis auf die Haut durchnässt. Aber die Spannung und das Schießen hatten uns zeitweilig Nässe und Kälte fast vergessen lassen.
Das Dorf schien feindfrei zu sein. Wir rückten langsam vor, bis wir die Infanteristen bei der Rast in den Gehöften trafen. Da stiegen auch wir ab, wärmten uns in einer Bude etwas auf und vertilgten, was wir noch so hatten. Es war ohnehin fast Mittagszeit geworden.
Doch lange dauerte der Spaß nicht. Der Kommandeur hatte es eilig. Daher schob sich unsere Kolonne schon wenig später wieder hinaus aus der Geborgenheit des Dorfes in die windige Ebene. Der Weg wurde schlechter und schlammiger. Tiefer Morast wechselte mit riesigen Wasserlachen und zu guter Letzt mussten wir auch noch abspringen und auf lange Strecken hin die Wagen ständig nach links drücken, weil sie in den Graben zu rutschen drohten. Den Russenkarren mit den Infanteristen machte der einseitig schiefe Weg natürlich nichts aus. So kam es, dass die Infanteristen uns bald überholten und vor dem nächsten Kaff, das wir schon liegen sahen, wieder absaßen, um das Gelände abzugrasen. Wir quälten uns währenddessen mit vereinten Kräften durch den uferlosen Schlamm und hatten manches Mal alle Mühe, zu verhindern, dass wir von den Fahrzeugen beiseitegequetscht wurden.
Zerschunden und fluchend und abermals voller Dreck von oben bis unten kamen wir schließlich doch noch zu den ersten Häusern der Ortschaft. Es war, oh Wunder, Kuplanowka, unser Tagesziel. Halleluja!

Im Ort besserte sich der Zustand des Weges, wir saßen wieder auf, um nach vorn zur Spitze der Infanterie zu fahren – da hielt Eni auf einmal an, ließ aber zunächst den Motor auf vollen Touren laufen. Dann fummelte er an der Schaltung, nahm Gas weg, gab Gas, stellte schließlich den Motor ab, stieg aus und sagte schlicht: „So, nun ist die Kupplung endgültig im Arsch, jetzt könnt ihr tippeln. "

Ja, so war es und so blieb es. Die Kupplung war hin, sie griff nicht mehr. Ihr eigenartiges Klingeln und Singen, das so ganz zu unserer Autoheimat gehörte, war erstorben, erwürgt vom ewigen Schlamm. Wir schoben den Wagen und die Kanone wohl oder übel in das nächste Gehöft, wo wir uns selbst auch einquartieren mussten. Köhler mit seinen Leuten quälte sich weiter. Bald darauf kam ein leerer Beutewagen von der Infanterie zurück, der uns abholen sollte. Wir hatten uns wieder mal zu früh gefreut, wie so oft schon. Wieder schleuderten wir allen Kram von einem Wagen auf den anderen, wieder zurrten wir die Kanone mit den unmöglichsten Hilfsmitteln an dem Russenkarren fest, dessen Protzhaken ja nicht passte. Dann ließen wir Eni unter wildfremden Zivilisten allein bei unserem Wagen zurück und beneideten ihn nicht. Aber er wollte noch andere Landser in seine Bude locken, ehe es Nacht würde.

Die Dorfstraße vor uns entpuppte sich nun wieder als abgrundtiefer Sumpf. Unserem Vehikel machte das jedoch gar nichts aus. Auch Köhler war anscheinend glatt durchgekommen. Als wir uns etwa einen Kilometer auf dieser breiten Schlammstraße vorangewühlt hatten, gelangten wir an einen kleinen Platz, in dessen Umgebung sich noch Teile der Infanterie aufhielten. In der Mitte dieses Meeres aus Dreck und Wasser ragte als Symbol des Paradieses der Bauern und Arbeiter eine Insel empor, ein gewaltiger Sockel und darauf ein gipserner Lenin. Reimann ließ halten und rief uns aus dem Fahrerhaus zu, wir sollten den Lenin mit der Kanone umlegen. Wir sagten ihm arglos, aber dennoch unverblümt, wir seien doch nicht so verrückt, uns wegen dieser Scheiß-Leninfigur die Finger noch mehr dreckig zu machen. Aber da wurde er unvermittelt stinksauer und dienstlich und als wir ihm dann nochmals gut zureden wollten, war es ganz aus. Er hätte es satt, sich dauernd von uns in seine Befehle hereinreden zu lassen, Geschützführer wäre er und nicht wir, und wir sollten sofort die Kanone in Stellung bringen.

Bäääh!!! Na, das war ja wieder ein gefundenes Fressen für Otto. Während wir zähneknirschend versuchten, das über und über bekleckerte Geknuddel aus Stricken und Ketten aufzupulen, flachste er unentwegt vor sich hin, redete was von Idioten und Verbrechern und Arschlöchern und ein paar Mal fehlte nicht viel, dass er uns ein paar in die Fresse gehauen hätte, nur weil ihm unsere dämlichen Pfoten in die Quere kamen oder zu langsam fummelten. Doch endlich kriegten wir das Ding los, rotzten es wütend in die Jauche und ich lud. Aber Otto konnte nicht zielen, weil die Visiereinrichtung auch voller Schlamm war und wir sie mit unseren triefenden Händen und Klamotten beim besten Willen auch nicht sauber machen konnten. Nur Reimann hatte trockene Hände, weil er ja nie mit anzufassen braucht, doch er dachte gar nicht daran, sich mit diesem Dreck seine Finger oder gar sein Taschentuch zu besudeln.

Da packte Otto die kalte Wut, er peilte einfach über das Rohr hinweg, ich sah, da ja dort keine Gefahr bestand, oben über dem Schild hinweg, um den Schuss zu verfolgen – und dann knallte es auch schon, Feuer stand vor meinen Augen, und unten im Sockel sprangen einzelne Stücke weg. Im selben Augenblick rauschten mir die Ohren, ich hörte nichts mehr, alles war so weit weg, ich hörte nichts, Otto schrie mich wütend an, ich verstand nichts – ach so, ja, laden, natürlich! Otto kurbelte, visierte, ich hörte nur dies gewaltige Rauschen im Schädel. Otto war fertig, ich duckte mich tief hinter den Schild, dann krachte es wieder, irgendwo weit weg, und dann dämmerte es mir, dass mir sicher die Trommelfelle geplatzt seien, weil ich meine Rübe so idiotisch oben über den Schildrand geschoben hatte, wo mich der Abschussknall natürlich voll treffen musste. Der zweite Schuss ging an den oberen Rand des Sockels und schlug eine ganze Ecke weg, und immerhin schon beim dritten Schuss fiel Lenin durch Wadenvolltreffer vom Stängel und plumpste herrlich in seiner ganzen Größe und bleichen Pracht in den schwarzen Modder.

Was dann an diesem Tage noch geschah, weiß ich nicht mehr genau. Ich war benommen und unsicher auf den Beinen und verstand von den Gesprächen der anderen kein Wort. Wir zogen in eine Bude in der Nähe des Platzes. Ich merkte nur, dass es grässlich stank und lausig kalt war. Der Ofen wollte nicht wärmen. Überall stand ich im Wege, brüllte nach jedem Scheißdreck dreimal, erhielt wahrscheinlich nur saugrobe Antworten und verkroch mich schließlich verbittert in den hintersten Winkel. Dort schlotterte ich entsetzlich in meinen nassen Klamotten, von denen ich einige am Ofen zu trocknen versuchte, aber es tröstete mich ungemein, dass auch die anderen dicke Gänsehäute hatten und sich nicht gerade liebkosten. Reimann und Otto bewegten ihre Kiefer lange und heftig auf und ab und wenn alles nichts nützte, ballerten sie auch mal mit der Faust auf den Tisch. Ich hockte derweil verschüchtert und verstoßen in meiner Ecke und hörte dem Rauschen und Dröhnen in meiner geplagten Birne zu.

Kurz bevor es duster wurde, brachen die Genossen plötzlich auf, ohne sich um mich zu kümmern. Irgendetwas von Russen verstand ich in der Eile noch. Ein Angriff? Überfall?? Ich ging wenigstens vor die Tür, die Pistole in der Hand. Die Kameraden waren verschwunden. Wohin? Keine Seele war zu sehen. Aber hin und wieder glaubte ich wie aus unendlicher Ferne so etwas wie Schüsse zu vernehmen. Ich konnte nur warten, spähen, mich ganz dünn machen. Vergebens. Mir wurde bange. Wo waren die anderen? Was war los? War ich etwa ganz allein zurückgeblieben? Mit quälender Langsamkeit verstrichen die Minuten. Allmählich machte ich mir selber Mut, indem ich mir sagte, wo gar nichts zu sehen und keine nahen Schüsse zu hören seien, könnten wohl auch keine Russen sein, aber verdammt ungemütlich wurde es doch, je länger sich die Ungewissheit hinzog; obendrein klebte der Wind die Wäsche schön nass an den Körper. Dunkel wurde es auch. Tief wischten schwere Regenwolken über die Hütten. Doch dann, endlich, endlich, kehrten die Kameraden zurück. Sie wollten mir was erzählen, aber es war sinnlos. Ich verstand nur Bahnhof. Aus ihrem Betragen konnte ich allerdings schließen, dass die Geschichte wohl ziemlich harmlos gewesen war, jedenfalls nicht zu vergleichen mit der zweimaligen Schweinerei in dem anderen Dorf. Aber auf 400 m sollen die Iwans doch an unsere Unterkunft herangekommen sein. Alles in allem schienen die lieben Genossen jetzt zugänglicher und nicht mehr so gereizt zu sein.

In der Nacht zitterten wir alle schauerlich vor Kälte. Das Miststück von Ofen qualmte, ohne zu heizen und unsere Sachen wurden kaum trockener. Es war alles mal wieder so richtig zum Knochenkotzen. Und das Kacken irgendwo hinter der

Bude, das sich nicht mehr länger verkneifen ließ, bereitete bei dem Regen einen ganz besonderen Genuss. An Schlaf war wegen der Kälte nicht zu denken. Da war es draußen vor der Tür beim Wacheschieben fast noch erträglicher, weil man sich etwas Bewegung machen konnte. Man hätte an meiner Stelle allerdings genauso gut meinen Mantel hinhängen können, denn ich hörte ja nichts und zu sehen gab es nichts in der Finsternis. Aber die Kameraden wollten es ja so haben...

Im Laufe des heutigen Vormittags nun wühlten wir uns nacheinander zerschlagen und verkatert und unterkühlt aus unseren Mänteln und Decken. Die Sachen waren immer noch feucht; muffige, kalte Luft erfüllte den Raum, waschen kam wegen der Dauernässe nicht in Frage. Es war schlimm genug, dass wir die klammen, vor Dreck starrenden Lumpen wieder anziehen mussten. Die Stiefel waren steinhart und zusammengeschnurrt und bargen halbfeste Schlammpolster, die man erst mal zusammen mit den verschlissenen Sockenresten herauspolken musste.

Zu fressen hatten wir auch nichts Gescheites mehr. So gingen wir frierend und übernächtigt und hungrig, ohne Ziel, ekelhaft dreckig und unrasiert an den rohen Tisch und verfluchten diese ganze bodenlose Scheiße. Ich hörte kaum besser als am Abend zuvor und war daher besonders gereizt.

Kurz vor Mittag sah Köhler bei uns herein. Soviel ich verstand, saß auch er einige hundert Meter weiter mit Kupplungsschaden fest, und ebenso ganz in seiner Nähe eine MG-Bedienung der Kompanie. Also Pleite auf der ganzen Linie. Anscheinend wurden sich unsere Führer aber dahingehend einig, dass sie erst mal den Tross abwarten wollten. Es wurde fernen von irgendwem beschlossen, zu Eni zu ziehen. Irgendwoher erschienen sechs gefangene Iwans und die mussten unsere Kanone die tausend Meter zu Enis Quartier zurückschleifen. Unser Russenwagen war ja längst wieder von der Infanterie kassiert. Wir selbst hatten an unserem Kram genug zu schleppen und jeder musste obendrein auch noch zwei Munikästen tragen.

So schlurften wir wie die Lastesel durch den ziehenden Morast zurück zu Eni, gebeugte, mager gewordene Gestalten in verdreckten, dünnen Mänteln, durch die der kalte Oktoberwind hindurchpfiff, als wären sie gar nicht da.

Eni freute sich fast ein Bein aus, als wir leibhaftig bei ihm aufkreuzten. Es hatten zwar in seiner Nähe einige Haufen übernachtet, aber er war doch allein in seiner Hütte geblieben und hatte daher nicht allzu ruhig geschlafen. Nun kriegte er Leben in die Bude. Um uns einen Schimmer von Daseinsberechtigung zu verleihen, brachten wir die Kanone am Hause in Stellung und „sicherten" in gekonnter Weise irgendwas. Jeweils einer von uns stand auf Posten und besah sich tief betrübt diesen grausam verrosteten und drecküberkrusteten Haufen Eisen, der einst unsere blitzblanke Kanone gewesen war. An den kaputten Wagen durfte man überhaupt nicht denken...

Eni berichtete Schauerdinge von den Bewohnern seiner Behausung, einem jungen Frauenzimmer und einem noch jüngeren Kerl. Beide hockten stur und feindselig stundenlang auf der Kante eines merkwürdigerweise vorhandenen Bettes, kauten Sonnenblumenkerne und spuckten die Spelze seelenruhig in die gute Stube. Es war ihm noch nicht gelungen, dies saubere Pärchen zu irgendeinem freundlichen Handgriff zu bewegen. Das bestärkte allerdings Otto enorm in seinem Vorhaben, als treusorgender Familienvater vor allem erst mal was Anständiges zu futtern zu organisieren. Da liefen ihm zwei Gänse genau richtig vor die Füße. Unsere lieben Gastgeber begannen ob dieser Barbarei zwar laut zu lamentieren, aber sie kannten eben Otto noch nicht. Er setzte die beiden kurzerhand an die Luft und dann kommandierte er mit uns lahmen Säcken herum: Rupfen, Wasser holen, Holz suchen, Feuer machen, Töpfe herschaffen, viel mehr Holz holen, besser rupfen – huh, es wurde so schlimm, dass ich freiwillig auf Posten zog, um diesem Wirrwarr und Ottos Flüchen zu entfleuchen. Aber gegen Abend schwebten dann liebliche Düfte durch das Haus und wir schlugen uns unsere ausgemergelten Gedärme voll, dass das Fett nur so triefte. Etwas Brot hatten wir sogar noch, das aßen wir gesundheitshalber dazu. Und nun sieht die Welt schon rosiger aus. Der Russe scheint weit weg zu sein, der Ofen strahlt milde Wärme aus, die Uniformen werden jetzt endlich trocken, und eine wohlige Müdigkeit umfängt uns. Hoffentlich wird auch diese Nacht ruhig. Dann werden wir zur Not auch viermal zwei Stunden Wache schieben.

Kuplanowka, Sonntag, 12. Oktober 1941

Wir blieben heute möglichst viel im Haus, nahmen die Kanone von der Straße weg und stellten sie hinter einem Schuppen so auf, dass sie auch seitlich durch die typischen hohen Bretterzäune unliebsamer Sicht entzogen war, aber die Felder hinter den Häusern bestreichen konnte. Wir wollten nämlich endlich wieder einmal einen ungestörten Sonntag verleben. Da war es gut, wenn möglichst niemand auf uns aufmerksam wurde. Ergo tarnten wir uns schön und bastelten selbst einen passenden Kampfauftrag. Erstaunlich ist nur, dass Reimann nicht wieder zum großen Haufen drängte, sondern mitmachte.
Otto war der Ansicht, wir müssten unbedingt jeder eine Gans haben, da wir nie wissen könnten, wann wir auf solche Reserven angewiesen sein würden. Also griff er mit geübter Hand vier dieser großen Vögel und brachte diesmal auch das muntere Pärchen gewaltig in Schwung mit Wasserholen, Feuermachen, Rupfen und all den anderen notwendigen Zureichungen. Trotzdem blieb auch für uns noch genug Arbeit übrig und so ging ich seinem Ansinnen, mich ebenfalls am Rupfen zu beteiligen, wiederum lieber durch zusätzliches Wacheschieben aus dem Weg. Otto nahm das Angebot auch dankbar an, da ihn die Geschicklichkeit meiner Pfoten schon oft genug in stumme Verzweiflung versetzt hat. Ich bin in seinen Augen ohne Zweifel ein guter Mensch, aber eben ein Aburent und selbst zum Scheißen zu dämlich. Die beinahe geplatzten Trommelfelle waren für ihn ein neuer, herrlicher Beweis. So sorgt er eben für mich wie ein Vater für einen etwas verunglückten Sohn und wir fahren beide nicht schlecht dabei, denn wir tauschen ja stets unsere Zigaretten gegen Süßigkeiten, wobei er sich sogar meist besser stellt. Aber durch freundliche Andeutungen der Art: „Ich würde meine Zigaretten auch jederzeit bei anderen los“, kann ich ihn bei Bedarf zart erpressen.
So wurde heute den ganzen Tag über schwer gebrutzelt, während es draußen in Strömen goss. Meine Trommelfelle sind anscheinend doch nicht geplatzt, denn ich kann fast wieder normal hören. Auf der Dorfstraße sahen wir viele Haufen vom Nachbarregiment vorübertrotten. Aber von unserem Tross ließ sich kein Schwanz blicken und deshalb können wir eben nicht weiter. Mögen nun auch mal

andere an der Spitze marschieren.
Vorhin, als es dunkel wurde, ließen wir uns endlich zu fürstlichem Male nieder, obwohl uns der ewige Gänsebraten schon anwidert. Wir futtern eben auf Vorrat. Und gleich wollen wir uns umhauen und auch auf Vorrat pennen. Man kann ja nie wissen. Und da sich in unserer Nähe einige fremde Haufen einquartiert haben, können wir hoffentlich ohne große Sorge unsere Wachen schieben.
Von Kusemin spricht keiner mehr. Jeder verdrängt seine Befürchtungen in die hinterste Ecke und das Wohlleben erleichtert das Abschalten. Den Wehrmachtbericht haben wir seit Tagen nicht mehr gehört und was sich auf unserer Vormarschstraße tut, wissen wir auch nicht. Aber man erträgt eben einen solchen Zustand im Moment sogar prima. Von vorüberziehenden Kolonnen haben wir nur tolle Sachen von gewaltigen Kesselschlachten vor Moskau aufgeschnappt. Es geht wohl auf ganzer Front vorwärts nach Osten. Der Iwan ist offensichtlich groggy und taumelt wohl nur noch durch den Ring. Mensch, wenn wirklich bald Schluss wäre!

Kuplanowka, Montag, 13. Oktober 1941

Heute früh im Morgengrauen schreckten wir plötzlich durch mehrere Artillerieeinschläge aus dem Schlaf. Russen? Das war doch kaum möglich! Aber dann rauschten noch ein paar Salven ins Dorf und seitab in die Felder und auf einer der kleineren Höhen erschien eine dichte Kette von Russen, die mit viel Geschrei auf unser Dorf zutobten. Schnell brachten wir die Kanone nach vorn und gleich an der Straße in Stellung und jagten den Iwans unsere Sprenggranaten entgegen. Fast gleichzeitig begannen überall im Dorf die MGs zu rattern und es dauerte nicht lange, da löste sich der Haufen auf und verschwand noch schneller hinter der Höhe, als er gekommen war. Ein paar Dutzend Tote blieben verstreut auf den Äckern liegen, die Infanteristen schnappten sich noch einige Gefangene, von denen ein paar leicht verwundet waren – dann hatte der ganze Spuk schon ein Ende. Uns aber bleibt immer wieder nur das ungläubige Staunen über diese schon kriminell dilettantische Art der Durchführung der Angriffe, damals das lang anhaltende Gequatsche und Gebrüll, ehe die 400 im Morgengrauen mit den weißen Fahnen über die Kimm gestürmt waren, heute die idiotische Ballerei mit den paar Kanönchen oder Granatwerfern, die nur eins bewirkte, nämlich dass das ganze Dorf rechtzeitig wach wurde. Wenn sie das in nur hundert Dörfern dieser endlosen Kampflinie so machen, dann werden täglich tausende in den Tod gejagt ohne den geringsten Nutzen oder Erfolg. Wie lange hält ein Heer solchen Wahnsinn aus? Können sie es wirklich nicht besser? Halten sie uns allen Ernstes für eine so leichte Beute? Wie hätte eine deutsche Kompanie so etwas angepackt? Ist dieser Gegner also wirklich schon so gebrochen, dass er sich nie wieder erheben wird? Ach, schön wär's! Verdammt schön…
Nach diesem Schreck am frühen Morgen ereignete sich nichts Besonderes mehr. Da unsere Nahrungssorgen zunächst behoben sind, konnten wir nicht länger umhin, eine Reinigung der Waffen und Klamotten ernsthaft ins Auge zu fassen. Den schlimmsten Dreck, vor allem an der Kanone, haben wir trotz des Regens schon gestern beim Wacheschieben beseitigt. Aber es war noch übergenug an Feinarbeit

nachzuholen und damit vertrieben wir uns die Zeit, sofern wir nicht an unseren kalten Gänsen nagten.
Vorhin rückte eine Kompanie Infanterie ins Dorf und bezog in unserer Nachbarschaft Quartier. Das beruhigt doch sehr, wenn die Luft noch nicht so rein ist, wie man sie gern hätte.

Kuplanowka, Dienstag, 14. Oktober 1941

Die letzte Nacht verlief bis zum Hellwerden friedlich und trotz der dauernden Postensteherei an der windigen Hausecke haben wir etwas Schlaf nachgeholt und fühlen uns alle wohler.
Schon gleich morgens erzählten uns dann Infanteristen, sie hätten gestern Abend am Eingang des Dorfes, etwa einen Kilometer zurück, eine Pak stehen sehen, Schulz hieße der Geschützführer. Natürlich, Unteroffizier Schulz!
Reimann hatte nichts Eiligeres zu tun als Günter und mich sofort loszuschicken; zwecks Verbindungsaufnahme. Es wurde ein grauenhafter Marsch dorthin, weil Straße und Gärten vom Regen der letzten Tage noch tiefer verschlammt waren. Am liebsten hätten wir uns auf den klapperigen Zäunen vorwärtsbalanciert, um nicht immer wieder in gurgelnden Löchern kleben zu bleiben. Gewiss kennen wir nun diesen Schlamm zur Genüge und haben natürlich aus der Erfahrung heraus eine gewisse Geh- und Schlurftechnik entwickelt, aber jeder Schritt erfordert trotzdem ein Vielfaches der Kräfte, die man auf trockenen Wegen aufwenden muss. Und deshalb ist man so oft wie zerschlagen, selbst wenn man nur kurze Strecken im Morast gestiefelt ist. Aber das empfinden wir nun schon längst nicht mehr als etwas Besonderes.
Bei Schulzens Wagen hatte – wie konnte es anders sein? – ebenfalls die Kupplung ausgelitten. Nun sitzen wir hier mit vier kaputten Fahrzeugen in einem einzigen Dorf und wenn man Stefans und Walters Wagen dazurechnet, dann hat die Kompanie allein in diesen letzten Tagen sechs Wagen verloren davon zwei total und vier ohne jede Feindeinwirkung wenigstens vorübergehend. Wir marschieren also herrlichen Zeiten entgegen…
Aber das Schönste hatten Schulzens Leute in der vergangenen Nacht erlebt: Sie hatten alle, ohne einen Posten zu stellen, herrlich gepennt. Und dann hatte es irgendwann ans Fenster geklopft, und als einer nichtsahnend die Tür öffnete, sah er vor sich – einen Pulk Russen, die – sich ergeben wollten…
Ihnen allen war zunächst schier das Herz stehen geblieben. Aber hatten diese leichtsinnigen Vögel nicht ganz andere Dinge verdient? Eine einzige kleine Handgranate zum Beispiel, schlicht durchs Fenster gelupft, die sie alle schmerzlos ins Jenseits befördert hätte? Aber nein, ausgerechnet solch ein bodenlos vergrunzter Verein stößt dann auf so friedliche Iwans. Und in der Heimat sorgen sie sich um ihre Soldaten und ahnen nicht wie viele nur aus Dummheit und Faulheit, aus Leichtsinn und Gleichgültigkeit fallen müssen.
Selbst uns Unbeteiligten zitterten noch die Knie, als wir mühsam wieder heimwärts schlampten und uns dabei die nächtliche Szene bei Schulzens ausmalten. Ähnlich war dann auch der Eindruck bei unseren Genossen.
Am Nachmittag wurden wir brutal aus unserem Mauseloch aufgescheucht. Durch

einen Melder der Infanterie erhielten alle Geschütze den schriftlichen Befehl des Regiments, morgen weiterzumarschieren, egal wie. Natürlich, ganz gleich wie. Mit solchen Befehlen ist ja bisher noch immer alles erreicht worden.
Da unser Wagen kaputt und vom Tross nichts zu sehen oder zu erwarten ist, mussten wir umgehend wenigstens einen Panjewagen und zwei Pferdchen auftreiben. So zog denn Otto, der Unentbehrliche und in allen Dingen Erfahrene, mit Eni los, um auf den Höhen, wo gestern die Iwans erschienen waren, nach Gäulen zu suchen. Wir hatten dort schon all die Tage hindurch Vieh weiden sehen. Und richtig: zwei Stunden später kamen die beiden Helden mit je einem struppigen Zossen angetigert. Die Tierchen hatten sich ziemlich schnell von etwas Zucker und Brot locken lassen und dann brauchten die beiden ihnen nur noch die mitgenommenen Stricke um die Hälse zu binden und sie hinter sich her zu ziehen. Nun sind wir also auch ein bespannter Verein geworden. Pak zu Pferde!
Da die edlen Wirtsleute zu unserem Bedauern nichts hatten, was wir notwendig brauchten, blieb uns nichts übrig, als den Nachbarn ihren Wagen und das erforderliche Geschirr wegzunehmen. Sie ließen es geschehen mit jener äußerlichen Ruhe, mit der sie sicher schon Schlimmeres ertragen haben.
Wieder brachte Otto den Laden in Schwung. Er fand sich sofort mit dem krausen Geschirrgetüdel zurecht, von dem wir armen Theoretiker natürlich keinen Schimmer hatten, er untersuchte den Wagen, er tränkte und fütterte die strammen Vierbeiner – kurz: ohne ihn hätten wir die Tierchen sicher nie gefangen, geschweige denn das Gespann marschbereit gekriegt.
Als schließlich alles schön vorbereitet und versorgt war, setzten wir uns zum Abendessen nieder. Es gab Kartoffelpuffer, die von Fett nur so trieften. Jeder hatte noch etwa eine halbe Gans über, die in allen möglichen und unmöglichen Behältnissen als Marschverpflegung für die nächsten Tage verstaut wurde. Von der normalen, uns zustehenden Verpflegung der Kompanie haben wir ja schon seit Kusemin nichts mehr bekommen. So müssen wir uns eben selbst helfen. Jetzt, nach dem Essen, wollten wir uns wieder früh schlafen legen, diesmal jedoch mit dem sehr unschönen Gefühl, von morgen an durch diesen endlosen Matsch tippeln zu müssen. Wer kann uns sagen, für wie lange Zeit und wie weit? Es ist auch nur ein kleiner Trost, dass die Spitze der Division sicher schon weit voraus ist, sodass wir wahrscheinlich nur hinter der „Front" herzuzotteln brauchen. Andererseits schwirren immer noch Russenhaufen in der Landschaft umher und man ist nirgends in einer sicheren Etappe alten Stils. Es ist eben alles Kacke, wohin man auch blickt, trotz dieser drei ruhigen Tage, die wir uns hier selbst befohlen haben. Die Nächte werden immer länger und dunkler und das ewige Postenstehen fällt einem immer schwerer, weil kein Ende abzusehen ist. Wie schnell sind dagegen die warmen Sommernächte oft verstrichen! Wie kurz ist damals die Dauer der wirklichen Finsternis gewesen; jetzt aber muss man sich dauernd Bewegung machen, um nicht zu frieren, jetzt dringen die nasskalten Winde durch bis auf die Haut, jetzt sind die Beine immer so lahm und schwer von den dreckverklumpten Stiefeln und vom ständig saugenden Schlamm. Unsere Körper sind von den Läusen zerbissen und von unseren rissigen Fingern überall blutig gekratzt. Aber am schlimmsten lasten die qualvoll langsam tropfenden Minuten dieser sackschwarzen Nächte auf uns. Es wird wirklich höchste Zeit, dass dieser Feldzug ein Ende nimmt.

Wieder in Kuplanowka, Mittwoch, 15. Oktober 1941

Da alles Schimpfen und Hadern nichts half, versuchten wir heute morgen so gut gelaunt wie möglich zu sein. Und weil wir nun ganz auf das Wohlwollen unserer Pferdchen angewiesen waren, hatte Otto sie besonders liebevoll getränkt und geatzt. Wir anderen hatten indessen all unser Gelumpe aus der Bude herausgeschleppt und schön gleichmäßig auf das nicht allzu große Wägelchen verladen. Zum Schluss bammelten wir auch die Spritze mit strammen Kroten hinten an.
Nachdem wir dann noch in aller Ruhe gefrühstückt hatten, holte Otto seine beiden Lieblinge aus dem Stall und spannte an. Es tat uns wohl zu sehen, wie geduldig und friedlich die Gonis sich alles gefallen ließen. Sie sind offensichtlich Kummer gewöhnt. Schließlich nahmen wir rauen, aber herzlichen Abschied von Eni, der ja wohl oder übel bei seiner Karre zurückbleiben musste. Na, und dann endlich rief Otto wohlgemut: „Hüh!“, schnalzte mit der Zunge und ließ fröhlich die Peitsche knallen. Die Zossen aber rührten sich nicht. Da schrien auch wir zur Verstärkung, was uns gerade einfiel: „Hüh!“ und „Los!“ und „Voran!“ und „Hopp hopp!“ und „Wollt ihr wohl?“ Otto knallte heftiger, aber die Biester blieben stur stehen. Da fiel uns glücklicherweise noch rechtzeitig ein, dass die Pferdchen ja kein deutsch verstehen konnten, und so versuchten wir sie mit „Dawei!“ und „Iti!“ und „Pascholl!“ zu animieren. Umsonst. Solcher Undank verdross uns über die Maßen, vor allem Otto, den treuen Pfleger. Er wippte schließlich dem einen eins mit der Peitsche über – da sprang der wohl hoch, dachte aber nicht entfernt ans Ziehen. Der andere blieb derweil eisern stehen. Nur die Ohren spielten misstrauisch, als der dann einen leichten übergebraten kriegte, hatten wir den gleichen Erfolg. Unsere Liebe und unsere gute Laune erkalteten zusehends. Wir fluchten, brüllten auf Kommando, Otto ließ beide zugleich die Peitsche spüren – alles für die Katz. Wir zerrten ihnen vorn am Geschirr die Hälse lang – ein lächerliches Unterfangen. Bis uns schließlich der Kragen platzte und wir voller Ingrimm in die schlammtriefenden Speichen des Wagens griffen. Da mit einem Male zogen die Biester an! Johlend und torkelnd watzten wir neben der traurigen Fuhre durch den Morast, aber es ging wirklich voran, die Gonis stemmten sich in die Seile, wir schoben mit hängender Zunge und bald hatten wir im Geschwindschritt 100 m geschafft. Der Rubel rollte, der Stein der Weisen war gefunden! Sowie der Morast tiefer und zäher wurde, schoben wir kräftiger, und dies Rezept schien sich zu bewähren, so männermordend es auch für uns war. Sogar die kleine Steigung nicht weit vor dem Platz mit dem umgelegten Lenin kamen wir zunächst glatt hinauf, doch dann versackten wir plötzlich in einem unsichtbaren Schlammloch und blieben stecken. Die Pferdchen dampften, und wir waren völlig aus der Puste. Also hatten wir eine Pause auch verdient. Soweit war ja nun alles ganz gut gelaufen, wenn uns auch unklar blieb, wie wir diese mörderische Art der Fortbewegung über viele Kilometer hin durchhalten sollten. Aber immerhin, ein Anfang war gemacht, aller Anfang ist schwer und wir froren jedenfalls nicht.
Während wir noch mit solchen Gedanken erschossen auf den Holmen des Geschützes hockten, um uns zu verschnaufen, ahnten wir nicht, dass wir schon den vorläufigen Endpunkt dieser Tour erreicht hatten. Als wir nämlich weiterwursteln wollten, streikten die Pferde. Nicht im Guten, nicht im Bösen, nicht mit Brot und nicht mit Schieben waren sie zu bewegen, auch nur noch einen Schritt zu tun. Als

wir dies kapiert hatten, waren wir gar nicht einmal so traurig darüber, denn damit war immerhin erwiesen, dass es mit Panjegäulen eben nicht geht. Aber was sollten wir tun? Dort, mitten auf der breiten Dorfstraße, konnten wir nicht bleiben. Mit Kanone und Wagen zusammen kamen wir auf keinen Fall mehr weiter. Der Wagen mit all dem vielen Zeug und der Munition war sicher schon allein zu schwer. Um wenigstens die Kanone von den Pferdchen ziehen zu lassen, brauchten wir ein Ackerrad, ein eisernes Hilfsrad, dessen Gabel in der Protzöse der Kanone gehalten wird, sodass die Spritze dann auf drei Rädern läuft, beziehungsweise durch den Schlamm schleift. Vor allem brauchten wir aber für die Tiere einen russischen Kutscher, der mit ihnen umgehen kann. So war das alles nur halber Kram.
Doch zunächst wollten wir versuchen, unseren Vormarsch wenigstens noch bis zu Köhler vorzutreiben, der ja irgendwo vor uns im Dorfe sitzen sollte. Unser persönliches Gelumpe und alles irgendwie Entbehrliche wollten wir bei Eni zwischenlagern, weil wir es nicht einfach im nächsten Hause lassen konnten. Wir hätten ja nie etwas davon wiedergesehen, schon gar nicht, wenn fremde Landser dort hausen.
Da die lieben Gonis offensichtlich nicht mehr in der Lage waren, den vollen Wagen die lächerlichen 500 m zurück bis zu unserer Bude zu schaffen, beschlossen wir fluchend, die Munition selbst dorthin zu schleppen, da sie das meiste Gewicht ausmachte und im Vergleich zu den vielen anderen Einzelsachen aus verhältnismäßig wenigen Stücken bestand. Reimann blieb als Wache bei dem glorreichen Gespann, während wir vier anderen uns je zwei Munikästen schnappten und damit Richtung Eni absockten. Es war eine ungetrübte Freude, die lausig schweren Dinger durch den zähen Dreck zu schleifen. Bald kochte uns das Wasser im Arsch und als wir dann mit verdrehten Pupillen bei Eni an Land krochen und der uns in seiner kindlich-naiven Art grinsend willkommen hieß, da hätten wir ihn fast mitsamt dem blöden Pärchen, das wieder Sonnenblumenkerne raspelnd auf der Bettkante saß und sich heimtückisch zu freuen schien, noch erschlagen.
Felix durfte, nachdem wir etwas zu Kräften gekommen waren, die schönen tausend Meter zurück zu Unteroffizier Schulz und seinen Mannen tippeln, um sich dort ein Ackerrad auszuleihen, weil unseres nicht in Ordnung war. Wir restlichen drei Musketiere patschten indessen wieder nach vorn zurück zu Reimann, um nochmals eine Ladung Munition auf den Ast zu nehmen. Und als wir nun auch von diesem zweiten Lasteselgang zu unserer fast noch warmen Bude und zurück zum Panjewagen und zu Reimann gelatscht waren, um nun erschöpft auf Felix und sein Ackerrad zu warten gedachten, wollte Reimann sofort in einem Gefangenenlager, das zur Abwechslung einen Kilometer voraus liegen sollte, einen Kutscher organisieren. Reimann hatte inzwischen ferner auf seiner einsamen Wacht bei dem Gespann beschlossen, mit dem nun beinahe leer gewordenen Wagen und der Kanone auch zurück zu Eni zu kutschieren, obwohl es an sich Blödsinn war, die Kanone wieder die 500 m zurückzubringen, wenn wir doch zu Köhler wollten, der irgendwo tausend Meter vor uns hauste. Andererseits – wenn wir die Kanone dort hätten stehen lassen, so hätte auch einer von uns die ganze Zeit dabei Wache schieben müssen. Also halfen wir Reimann und Otto noch beim Anschieben und Wenden und als wir sahen, dass die Gonis wieder wacker zogen, nachdem die schwere Munition entfernt war, machten Günter und ich kehrt und

stapften weiter in Vormarschrichtung ins Dorf, bis wir nicht weit jenseits des berühmten Leninplatzes tatsächlich so etwas wie ein Gefangenenlager entdeckten. Aber die Wächter waren auch dort stur. Sie durften unter keinen Umständen einen Gefangenen herausgeben. Da hatten wir den Salat. Wütend sockten wir nun die ganze blöde Strecke bis zu unserer Bude zurück, wo inzwischen der ganze Verein wieder munter beisammen hockte. Felix hatte ein Ackerrad gekriegt und war unterwegs mitsamt der unhandlichen, einseitigen Last einmal herrlich in ganzer Länge in den Sumpf gefallen. Entsprechend war jetzt auch seine Laune. Otto hatte die halbleere Fuhre mit grässlichem Dauergeschrei in einem Zug bis ins Ziel gejagt.

Dergestalt konnten wir, da es inzwischen Mittag geworden war, mit Befriedigung feststellen, dass wir aufgrund unserer vielfältigen heroischen Bemühungen immerhin gesund den Punkt erreicht hatten, von dem aus wir am frühen Morgen so zuversichtlich aufgebrochen waren. Man könnte von diesen russischen Verhältnissen glatt die Krätze kriegen – wenn man sie nicht längst hätte!

Voll ohnmächtiger Wut knabberten wir nun erst mal wieder an den schmierigen Gänseresten herum, die uns auch schon ankotzten. Jeden Tag dreimal Gänsebraten kalt – was ist das für ein monotones Leben!

Nachdem auch unsere Rosse ihr Futter gekriegt hatten, brachen wir mit bleischweren Gliedern zum zweiten Male auf, diesmal natürlich um viele Erfahrungen reicher. Zunächst spannten wir die Gonis vor die Kanone – und siehe da, ein sanfter Anstoß genügte und sie zogen munter davon, sodass wir bei dem tiefen Schlamm manchmal Mühe hatten, mitzukommen. Die Steigung wurde genommen, der Platz passiert und in weniger als einer Stunde hatten wir Köhlers Unterkunft gefunden und die Spritze dort abgestellt. Voller Hoffnung wegen dieses schönen Erfolges schlappten wir gleich wieder den Weg zurück zu Enis Bude. Zahm und willig trotteten die Pferdchen ledig hinter uns her. Sie waren ja doch lieb, die Guten, wir hatten es ja immer schon gewusst!

Außer allem unwesentlichen Kram mussten wir nun auch einen Teil der vielen Munition zurücklassen bei Eni. Es wäre sonst wieder schiefgegangen. Aber wir gelangten doch immerhin auch mit dem halb beladenen Wagen heil zu Köhler, wenn wir jetzt auch öfter schieben mussten. So haben wir immerhin beinahe einen ganzen Tag gebraucht, um mittels fünf Mann und zwei struppigen Gonis die Kanone und die Hälfte des Gepäcks und der Munition etwa eineinhalb Kilometer weiter nach vorn zu schaffen. Befehl ausgeführt! Vormarsch fortgesetzt, ganz gleich wie!

Köhler hat mit seinen Leuten offenbar auch nicht schlecht gelebt. Sie sind sogar in einem ganz vornehmen Haus mit Teppichen gelandet. Aber noch gab es keine Ruhe für uns. Während die anderen den schlimmsten Dreck von der Kanone abwischten, musste ich noch mal, diesmal mit Reimann höchstpersönlich, zum Gefangenenlager schlurfen, weil unser Führer unbedingt seinen russischen Rosslenker haben wollte. Wieder schien erst alles Zureden vergeblich, aber nach endlosem Hin und Her konnten wir uns schließlich doch ganz ausnahmsweise einen Mann aussuchen. Uns schien zuletzt ein mittelgroßer, schwarzer Mann mit dunkel funkelnden Augen am besten geeignet. Er hieß Alex und erzählte uns vertrauensvoll und lustig schon auf dem Rückweg tausend Dinge, wobei seine Hände und Arme lebhaft mitruderten.

Als er dann die Gonis sah, meinte er gleich, die wären nix gut, und wenn wir ihn recht verstanden, würde er sie schon bei Gelegenheit gegen bessere umtauschen. Auch das Geschirr war in seinen Augen einfach eine Zumutung und der deutschen Wehrmacht geradezu unwürdig. Sofort ging er daran, in der Nachbarschaft nach besserem Geschirr zu suchen oder wenigstens alles Mögliche an Material zu organisieren, um das vorhandene Zeug zu reparieren oder zu verbessern. Die kümmerliche Peitsche würdigte er kaum eines Blickes. Und als es dann Abend geworden war, hatte er schon ein viel solideres Geschirr und eine richtige Kutscherpeitsche beisammen und war ohne jeden Hochmut stolz wie ein König, weil er eine so schöne, selbstständige Arbeit erwischt hatte und uns arme Irre, die wir ja von Rössern nichts verstehen können, aus tiefer Not hatte erretten dürfen. Er ist allem Anschein nach mit Leib und Seele Kutscher und da er auch offen und freundlich und ein fideler Bursche ist, nahmen wir ihn gleich und gern in unsere kleine Gemeinschaft auf.
Heute nacht nun können wir uns die Wache mit Köhlers Leuten teilen. Auf jeden entfallen nur zwei Stunden, weil wir erst ab zwei Uhr Doppelposten stellen wollen. Man kann also fast die ganze Nacht durchschlafen. Überhaupt – eine ganze Nacht durchschlafen, ohne Wache, ohne Angst, ohne Alarm – wie ist das eigentlich? So etwas kennen wir doch alle von früher. Aber haben wir je gewusst, welch ein Geschenk allein schon darin liegt?

Jablonowka, Donnerstag, 16. Oktober 1941

Obwohl ich gestern Abend von dem grausamen Hin und Her im tiefen Schlamm und dem Schleppen und Schieben so lahm und müde war wie selten sonst, kriegte mich irgendein juckendes Biest immer wieder wach. Das übliche Gekrabbel der Läuse war es nicht, vielleicht hatte mich ein Teppichfloh am Saugrüssel. Kurzum, der sehnlich erwartete Schlaf endete jedes Mal schon nach kurzer Zeit wieder in einer wüsten Flucherei und heute Morgen fühlte ich mich noch zerschlagener als gestern Abend.
Köhler hatte schon gestern irgendwo erfahren, dass in einem Ort namens Jablonowka ein Teil der Kompanie liegen solle. Die 8 km bis dahin wollten wir heute schaffen. Es war trockener geworden und wir konnten mit Wagen und Kanone zugleich fahren. Köhler hatte sich wie wir auf Panjebetrieb umgestellt, allerdings wollte er keinen Russenkutscher haben. In lockeren Haufen tippelten wir zusammen mit fremden Einheiten die Straße entlang durch die Etappe.
Gegen Mittag schälte sich der Ort aus der neblig-trüben Landschaft. Nach langem Suchen fanden wir tatsächlich einige Leute von der Kompanie und sogar von unserem Zuge und zogen dicht bei denen unter. Alex hatte sich tadellos bewährt, obwohl er mit den Gonis gar nicht zufrieden war. Wir brauchten unbedingt stärkere, meinte er. Als wir dann irgendwas Zusammengefegtes zu Mittag aßen und glaubten, Alex sei noch beim Füttern der Pferde, kam er augenzwinkernd zur Tür herein: Er hatte schon zwei stämmige Zossen gegen die bisherigen eingetauscht! Wie er das geschafft hatte, verriet er nicht, aber sicher hat er dem Bauern gesagt, wenn er nicht freiwillig tausche, würden wir ihm seine besseren Pferde überhaupt wegnehmen, ohne Gegengabe. Was sollte der arme Teufel tun? Es ist eben Krieg.

Die Frau in unserer Bude war indessen schwer auf Draht gewesen. Wir hatten uns in der Nachbarschaft drei Hühner geschnappt, die sie uns wunderschön zurechtmachte. Außerdem buk sie uns aus ihren Vorräten mehrere Brote. So speisten wir denn abermals sehr feudal und hatten unseren Spaß an Alex, der seinen Ehrgeiz daran setzt, uns und seinen Gonis durch seine Sprachkenntnisse und „Beziehungen" zur Dorfbevölkerung alle möglichen Vorteile zu verschaffen. Er selbst fährt natürlich auch nicht gerade schlecht dabei.
Heute Nacht geht es wieder stramm rund – zwei Stunden Wache, zwei Stunden „Schlaf". Da drückt einen wenigstens der harte Fußboden nicht so lange. Morgen sollen wir 17 km bis Polkowaja tippeln. Dann kann es eigentlich nicht mehr allzu weit bis Charkow sein. Wenn man bloß mal wüsste, wie es sonst aussieht in der Welt. Auf diesen Dörfern verblödet man total.

Polkowaja, Freitag, 17. Oktober 1941

Bald nach Mitternacht begann es zu regnen und als es endlich Tag wurde und wir verschlafen und sauer bis auf den Grund der Seele losmarschierten, breiteten sich die Stoppelfelder ringsum wieder schwarz und trostlos aus. Es fanden sich noch verschiedene andere Haufen, die denselben Weg vor sich hatten, und so bildete sich zwanglos eine lockere Kolonne, die zunächst noch vom Herdentrieb zusammengehalten wurde. Aber je länger die Quälerei in dem Schlamm anhielt, desto mehr zerriss die Kette der Fahrzeuge und Fußlatscher. Später teilte sich der Weg auch noch einige Male und nach etwa zwei Stunden kämpften wir uns ziemlich allein auf weiter Flur durch den uferlosen Dreck. Alex' Gäule zogen wirklich prachtvoll. Er selbst war ständig hellwach bei der Sache, trieb an oder lobte, rückte das Geschirr zurecht und achtete sorgfältig auf die richtige Verteilung der Ladung. Solange wir auf dem Marsche waren, brauchten wir uns um nichts zu kümmern. Alex entwickelte sich sogar fast zum heimlichen Führer des Geschützes: Wir waren ganz und gar abhängig von den Pferden, er war der Herr der Pferde, also… Vor allen Dingen aber war er immer guter Laune und willig und verstand sofort, was wir wollten. Daher genügte es, dass wir unsere eigenen Kadaver durch den Morast schleppten, aber selbst das brachte uns allmählich wieder an den Rand der Verzweiflung.
Beinahe hätten wir am Eingang eines weit verstreuten Dorfes noch freiwillig einen dieser kitschigen hölzernen Triumphbögen umgelegt, die wohl die beglückende Sowjetmacht verherrlichen sollen und jeden schon von ferne mit Hammer und Sichel anlachen. Doch wir waren schon viel zu ausgemergelt von der Tippelei, um dafür auch nur noch einen Finger krumm zu machen. Viel wichtiger war für uns die Frage, ob wir uns an der Straßengabel für rechts oder links entscheiden sollten. Schilder waren ebenso wenig zu entdecken wie Landser und Karten hatten wir nicht. Reimann hatte auch sonst keine Ahnung und Köhler war längst weit zurückgefallen, da seine Pferde nicht so flott zogen wie unsere.
Wir standen eine ganze Weile ziemlich blöde da, bis auf einmal ein Meldereiter die Dorfstraße entlang auf uns zukam. Der wusste zwar auch nicht, wo es nach Polkowaja ging, doch es genügte uns vollauf zu erfahren, dass auf der nach links abzweigenden Straße in den Morgenstunden eine Sanitätskompanie überfallen

worden sei, gar nicht weit von dem Dorfe entfernt. Das fuhr uns doch verdammt in die Knie, denn wir waren ja wie üblich seelenruhig durch die Gegend gezottelt, als ob es überhaupt keine Russen mehr gäbe. Für uns kam also nur die rechte Straße in Frage, ganz gleich, ob sie nach Polkowaja führte oder nicht. Zunächst aber machten wir vor einem der Häuser in der Nähe Halt, um zu rasten. Die Pferde mussten mal verschnaufen und etwas zu fressen und zu trinken kriegen, und uns ging es ähnlich, wenn uns auch der Appetit ziemlich vergangen war. Mit einem Male stiegen böse Erinnerungen wieder auf. Der Russenschreck, den wir in den letzten Tagen so schön in den hintersten Ecken des Bewusstseins verstaut hatten, fiel auf einmal wieder laut polternd in die gute Stube unserer Hoffnungen und Wünsche. Wieder machten sich Unsicherheit und Furcht vor diesen versprengten Russenhaufen breit. Es ist schon zum Kotzen hier.
Die Frau des Hauses sah sehr westlich und gar nicht bäuerlich aus. Sie redete uns auch sofort in deutscher Sprache an und wenig später erzählte sie uns wildfremden Männern ihre Lebensgeschichte, die wohl typisch für unzählige Menschen in diesem Paradies ist. Sie ist in Leningrad sehr vornehm als Tochter eines Russen und einer Deutschen aufgewachsen. Ihr Mann war dort ein angesehener Arzt gewesen, ist dann aber verhaftet und verschickt worden wie ihr Bruder auch. Nun lebt sie seit Jahren unsagbar bescheiden in diesem gottverlassenen Kaff, einsam, gemieden von allen Dorfbewohnern, die mit einer Kapitalistin nichts zu tun haben wollen oder dürfen. Dass jetzt die deutschen Soldaten gekommen sind, empfand sie als unendliches Glück, auch wenn Mann und Bruder wohl für immer verschollen sind.
Als wir aufbrachen und ihr Haus verließen, das auf unbestimmbare Weise eine fast heimatliche Atmosphäre ausstrahlte, obwohl es nur mit diesen überall gleichen primitiven Möbeln ausgestattet war, drückte sie jedem von uns lange die Hand und dankte uns schluchzend, dass wir gekommen wären und das Land endlich befreit hätten.
Draußen umfing uns wieder der zähe Dreck. Es regnete immer noch in Schauern. Aber einen Hauch von Kultur, eine Ahnung von altem erloschenem Glanz und eine kleine Hoffnung, dass auch dies Land einst glücklicher sein möge, nachdem es so Unsägliches erlitten hat, nahmen wir mit hinaus von dieser tapferen, unbekannten Frau. Am Ende des Dorfes stießen wir bei einer Kreuzung auf eine längere, bespannte Kolonne, in die wir uns einfädelten. Wir hatten durchaus keine Lust mehr, allein durch die Gegend zu latschen, zumal vor uns ein größeres Waldstück sichtbar wurde. Als wir uns dann diesem Walde genähert hatten, kriegte Reimann mal wieder seinen Rappel. Es genügte ihm nicht, dass wir herrlich inmitten der Kolonne dahin sockten – nein, er musste unbedingt an die Spitze. Weil aber der Weg zum Überholen vieler Fahrzeuge zu schmal war und ständig andere Fahrzeuge entgegenkamen, wollte er eine Biegung der Straße abschneiden und längs einer Bahnlinie einen ausreichenden Vorsprung herausschinden. Wir warnten ihn. Alex machte ein bedenkliches Gesicht, da wir zunächst über den Bahndamm hinweg auf dessen andere Seite gelangen mussten. Es nützte nichts. Unser Führer hatte sich ja schon mehr als einmal unsere Meckereien verbeten und nun ging es eben um sein Prestige.
Also hinein ins Vergnügen, Volldampf voraus, dawei, dawei die Böschung hinauf – und dann lag prompt das ganze schöne Prestige da, ein einziger wüster Haufen.

Die Kanone riss ab und landete mit einem Rad rückwärts in einem Loch und mit der Schnauze tief im Dreck. Die Karre kippte um, der gesamte Salat kollerte scheppernd die Böschung hinab, nur die Pferdchen standen oben, aber mit abgerissenem Geschirr. Alex jammerte zum Erbarmen, Otto schrie laut „Scheiße!“, wir anderen fluchten uns was in die Bärte und aus der Kolonne auf der Straße schallten frohgemute Anfeuerungsrufe zu uns herüber. Reimann wollte uns im ersten Moment anpöbeln, weil wir nicht zugefasst hätten, dann Alex, weil er nicht richtig kutschiert hätte, aber wir keiften ihn geschlossen voller Wut nieder, während wir den Wagen über die Gleise wuchteten und dann den ganzen Mist aufsammelten und auf die Karre schmissen. Alex versuchte tief beleidigt, sein gutes Geschirr wieder zurechtzuflicken, wir zerrten indessen die Kanone hoch und über den Damm. Und als schließlich alles behelfsmäßig wieder zusammengeschustert war, setzten wir stinksauer unseren Marsch an der Bahn entlang fort. Keiner sagte einen Ton. Wir vier latschten ganz hinten hinter der Kanone her und ließen unseren Pfadfinder schön allein in seinem frischen Ruhmesglanz dahinwandeln. So stießen wir bald wieder auf die Straße – und siehe da, es kam, wie es kommen musste: 200 m vor uns erblickten wir... das letzte Fahrzeug der Kolonne. Die meisten Gespanne waren schon im Walde unseren Augen entschwunden. „Jaja“, sagte der alte Oberförster, „blinder Eifer schadet nur.“ Die ersten werden die letzten sein…

Aber Reimann hatte ein dickes Fell. Unsere halblauten Bemerkungen über den durchschlagenden Erfolg seines Seitensprunges überhörte er eisern. Stattdessen wollte er nun eine neue Taktik anwenden, indem er jeweils mit Karacho ein Gespann überholte und sich dann in die Lücke davor quetschte. Wir beschleunigten wohl oder übel unser Tempo, fanden Anschluss an die Kolonne und begannen auch tatsächlich kurz darauf mit dem neckischen Spiel. Die Aufmerksamkeit, die das immer neue Lossprinten und Einfädeln erforderte, lenkte uns zunächst von den etwas unheimlichen Gefühlen ab, die uns in dem undurchsichtigen, dunklen Walde übermannen wollten. Nachdem wir eine Reihe von Fahrzeugen überholt hatten, gab Alex uns besorgt zu verstehen, die ständige Hetzerei wäre nix gutt für die Pferde; so etwas könne man nur mit leichten Wägelchen machen, aber nicht mit diesen vielen Zentnern an Munition und mit der Kanone hinten dran. Da auch uns die Zunge ganz schön aus dem Halse hing, gab Reimann sich endlich zufrieden. So trotteten wir denn inmitten der Kolonne – etwa da, wo wir uns anfangs eingefädelt hatten – noch ein langes Stück durch den düsteren Wald, bis der Weg sich senkte und wir in der vor uns liegenden, weiten Talmulde tatsächlich Polkowaja liegen sahen. Als wir endlich auch den Wald hinter uns gelassen hatten, verflog die erbärmliche Beklommenheit rasch.

Es dauerte wohl noch eine ganze Stunde, bis wir das Dorf erreicht und eine passende, noch nicht belegte Bude gefunden hatten. Der alte Bauer ist ein Russe von der Art, wie wir ihn uns in Kindertagen immer vorgestellt, aber bisher so gut wie gar nicht vorgefunden haben: Ein richtiger Opa mit schönem Vollbart, gütig, hilfsbereit und erfahren in allen Dingen des Lebens. Er sorgte mit Alex dafür, dass die Pferde reichliches und gutes Futter bekamen, obwohl es ja seine Vorräte waren. Aber die Gonis, selbst diese fremden, sind für ihn eben mehr als bloße Arbeitstiere für den Menschen und so half er auch noch beim Abreiben der von Regen und Schweiß durchnässten Tiere, schaffte Wasser herbei und verließ den

Stall erst, als er alles in bester Ordnung wusste.
Uns setzten die beiden Alten später schöne Bratkartoffeln mit Speck vor. Da vergaßen wir bald alle Schinderei des Tages und schwatzten noch eine Weile mit den freundlichen Hausbewohnern. Da das Dorf ziemlich stark mit Landsern aller Art belegt ist, wollen wir heute Nacht nur jeweils einen Posten vor die Tür stellen. Dadurch können wir hoffentlich etwas länger grunzen als sonst. Unsere klatschnassen Uniformen trocknen schon in der Nähe des Ofens und werden den schönen, sauren, warmen Mief in der Bude wohl noch angenehm bereichern.

Bogoduchow, Sonnabend, 13. Oktober 1941

Unser heutiges Ziel, Bogoduchow, war uns dem Namen nach schon irgendwo bekannt geworden. Das gab uns zunächst trotz der 20 km bis dahin etwas Auftrieb. Vielleicht lag es auch daran, dass diese ziemlich weiten Märsche doch immerhin ein Zeichen für das Tempo des allgemeinen Vormarsches sind, wobei wir selbst ja schon hoffnungslos hinterherhinken. Wir werden bestimmt nicht die ersten in Charkow sein.
Zum ersten Male seit längerer Zeit hatte sich heute früh dicker Nebel gebildet, der alle Geräusche im Dorfe seltsam veränderte. Etwas frischer als sonst spannten wir an und kamen zunächst auch ganz gut voran. Aber als dann ein kilometerlanger leichter Anstieg genommen werden musste, machten unsere Pferdchen schlapp. Immer häufiger blieben sie stehen, um sich zu erholen. Da hatten wir die Quittung für die idiotische Hetzerei von gestern. Alex war todunglücklich. Seine braven Pferdchen! Es ist eben doch zuviel, was dauernd von ihnen verlangt wird. Sie können wohl mit leichten Wagen lange Trab laufen, aber diese schwere Last, noch dazu bergauf, geht trotz besten Futters über ihre Kraft.
In dieser Not kam uns ein Bauersmann mit einem Ochsengespann entgegen. So leid es uns tat – er musste seinen Wagen stehen lassen, seine Ochsen vor unsere Fuhre spannen und mit uns wieder in die Richtung trotten, aus der er gerade gekommen war. Und er war gerade aus Bogoduchow zurückgekehrt! Nachdem wir ihm mit Alexens Hilfe schonend beigebracht hatten, dass er uns wieder nach Bogoduchow ziehen müsse, reagierte er doch fühlbar sauer und sprach kein Wort mehr. Wir konnten den armen Teufel nur zu gut verstehen, aber was half es? Krieg ist Krieg, für alle eine unschöne Sache. Wir zotteln ja wahrhaftig auch nicht zu unserem Vergnügen durch diese Gegend.
Vielleicht war es gut, dass der Nebel das Land ringsum unsichtbar machte. So blieb uns wenigstens einmal der Anblick der ewig gleich öden Stoppelfelder erspart. Manchmal klangen ferne, undeutliche Laute an das Ohr. Sonst aber stand die Luft still und sanft und ungewohnt milde. Im unerschütterlichen, bedächtigen Rhythmus pendelten die Häupter der Ochsen vor uns her. Alex ging mit den ledigen Gonis am Schluss. Nach drei Stunden hatten wir wohl etwa die Hälfte der rund 20 km bis Bogoduchow geschafft. Meist waren wir allein dahingetippelt, schweigend, mit offenen Ohren für alle Geräusche aus dem milchigen Dunst.
Später begann der Nebel zu ziehen und lockerer zu werden. Und plötzlich schwammen lang gestreckte Schatten vor uns und zerstörte Fahrzeuge und Wagenräder lagen im Weg. Die Schatten entpuppten sich als ein Güterzug. Je näher

wir ihm kamen, desto mehr verschmortes Kriegsgerät lag umher, desto aufgerissener wurde die Straße. Wir fanden viele tote Russen und dann konnten wir erkennen, dass die Güterwagen fürchterlich von MG-Garben durchsiebt waren. Der Bahndamm war zerwühlt von zahllosen Schützenlöchern. Überall sah man gefallene Russen, in den Löchern, in den Wagen, zwischen den Gleisen und auf freiem Felde; Räder, Protzen, Munition, Kanister, Granattrichter, Öl- und Leichengestank – ein Bild des Grauens. Wieder einmal. Aber das Schlimmste war die Stille, die über dieser Stätte lastete wie der Nebel, eine zuweilen absolute Lautlosigkeit. Die ziehenden Nebel ließen die Toten schweben und sich regen. Krähenschwärme stiegen träge auf und fielen gleich wieder zwischen anderen Leichen ein. Die schwarzen Vögel fühlten sich durch uns gestört und sahen uns lange misstrauisch nach. Wir aber verspürten keine Lust, dort zu verweilen. Solche Bilder haben wir nun schon zu oft mit ansehen müssen. Man versucht zwar immer von Neuem, den Anblick dieser vielen Toten aus dem Gedächtnis auszuräumen, sonst verfolgen sie einen bis in den Schlaf und in den hellen Tag – aber wer kann das wirklich? Wer ist so abgebrüht? Wen lässt so etwas wirklich kalt?
Unberührt von dem Grauen ringsum trotteten die Ochsen ihren Weg dahin. Hinter uns gingen die gespenstischen Waggons und die Haufen der Gefallenen im weißen, stillen Nebel unter. Die Krähen konnten weiter hacken.
Stunden später erreichten wir dann endlich die Stadt. Schon lange ehe sich die ersten Häuser aus dem Dunst abhoben, häuften sich die Zeugen schwerer Kämpfe. Masten lagen umgeknickt, Drähte hingen wirr in der Luft, es stank wieder nach toten Pferden. Je näher wir unserem Ziel kamen, desto toller wurde der Zustand der Straße, die man wegen der vielen Trichter und Fahrzeugtrümmer kaum noch befahren konnte. Hier war noch alles frisch. Niemand hatte Zeit gefunden, die Straße wieder passierbar zu machen, ja auch nur die Knäuel der zerrissenen Telefonleitungen beiseitezuschieben. Flak war in rauen Mengen aufgefahren, als ob jeden Augenblick der Teufel los sein könnte. Und wegen des Nebels konnten wir bestimmt noch nicht einmal den ganzen Umfang der Zerstörungen erkennen. Der Brand- und Leichengeruch, mit dem die Luft getränkt war, reichte uns allerdings auch so.
Mit solchen nicht gerade erfreulichen Eindrücken rollten wir vorsichtig die steil abfallende Straße hinab bis in die eigentliche Stadt. Dort entließen wir den Ochsenmann samt seinem Gespann, nachdem die Raucher ihm wenigstens noch ein paar Zigaretten abgegeben hatten. Mehr hatten wir ja selbst nicht. Ohne sich zu besinnen, machte der arme Hund kehrt und marschierte nun die 20 km wieder zurück, die er am frühen Morgen schon einmal gefahren war. Vielleicht hat ihn ein anderer Haufen nochmals geschnappt und abermals bis Bogoduchow mitgenommen, vielleicht fand er seinen Wagen nicht mehr vor, vielleicht nahmen ihm andere seine Ochsen ganz ab – wer kann es wissen? Not kennt kein Gebot. Aber er sah andererseits nicht so aus, als ob er sich noch einmal erwischen lassen wollte, und so wird er wohl weit ab von der Straße durch Feld und Wald heimwärts gesockt sein.
Wir fanden nach kurzem Suchen ein wunderschönes Haus. Wir hatten aber noch gar nicht all unser Gelumpe abgeladen, als uns ein Melder von der Kompanie eräugte und uns kundtat, er solle alle Geschütze, die hier einträfen abfangen und zum Quartier der Kompanie lotsen. Wir hatten uns mal wieder zu früh gefreut.

Wir luden also den Mist wieder auf, rollten einige hundert Meter weiter und schlugen uns auf dieser lächerlichen Strecke in einem knochigen Loch einen Schwingschenkel der Kanone zu Bruch. Das kommt vom dämlichen Umziehen zum großen Haufen. Dort durften wir uns dann sogar solo in einem benachbarten Hause einnisten.
Von der Kompanie ist nur ein ziemlich kleines Häufchen beisammen: Der Tross ist in alle Winde zerfleddert und verschollen wie auch Eni und seine Kollegen. Im Laufe des Abends konnten wir noch allerlei mit den Kameraden beschwatzen. Dabei erfuhren wir auch, dass um diese Stadt blutige Kämpfe getobt haben. Drei Tage lang sollen deutsche Truppen hier eingekesselt gewesen sein, bis sie mit großer Mühe und unter hohen Opfern befreit werden konnten. Und so ganz astrein ist die Lage offensichtlich immer noch nicht. Die viele Flak gibt zu denken.
Es gab heute Abend zum ersten Male seit endloser Zeit so etwas wie Kompanieverpflegung in Form von edlem Hammelbraten. Dafür haben wir aber auch die schöne Aussicht, gleich morgen 35 km zu tippeln. So wird immer dafür gesorgt, dass die Bäume der Freude nicht in den Himmel wachsen. Eben kamen noch Unteroffizier Köhler und Unteroffizier Walter im Dustern hier an. Sie haben es also auch noch geschafft und freuen sich nun wie wir über die Aussichten für morgen: 35 km bei dem Morast!
Im Übrigen soll es jetzt täglich Sondermeldungen regnen: heute angeblich Odessa genommen, riesige Kesselschlachten im Mittelabschnitt vor Moskau usw. Wann wird man sich das alles mal in Ruhe zu Gemüte führen können? Wir spielen anscheinend nur eine Statistenrolle in dem gewaltigen Drama, aber böse ist keiner darüber. Der Schlamm macht uns fertig genug, auf Russen verzichten wir gern.

Dolschik, Montag, 20. Oktober 1941

Gestern Morgen auf dem Marktplatz von Bogoduchow sprang uns noch ein tolles Schild in die Augen: Charkow 60 km! 60 km nur noch bis Charkow!! Und dann Ruhe! Keine Russen mehr, kaum Wache, Urlaub – Menschenskinder, gar nicht auszudenken! Gestern sollten wir allein schon 35 km tippeln, das war dann schon mehr als die Hälfte bis Charkow. Theoretisch könnten wir dann also bereits am nächsten Tage dort eintreffen – theoretisch natürlich nur, dachten wir angesichts dieser unerwarteten Verheißung.
In der Praxis überholten wir sehr bald Köhler, der wenige Minuten vor uns aufgebrochen war, nun aber hilflos am Wege stand, weil seine frisch organisierten Ochsen keinen Schritt mehr taten, obwohl oder weil er sie schon halb tot geprügelt hatte. Da wir ihm bei bestem Willen auch nicht helfen konnten, ließen wir ihn und seine Bedienung in ihrer grenzenlosen Wut auf die Mistviecher zurück und freuten uns umso mehr an unseren strammen Zossen, die sich gut erholt hatten und unter Alexens weiser Führung wacker zogen. Wir bogen bald von der Hauptstraße nach Charkow ab und wühlten uns ein langes Stück auf tief versandeten Wegen voran. Später wurde die Landschaft merklich bewegter als bisher. Schier endlose Steigungen wechselten mit oft ziemlich steilen Abfahrten. Unten in den Mulden lauerten dann die berüchtigten schmalen Brückchen, die manches Mal den Verkehr zum Stocken brachten, weil der Gegenverkehr ja auch zu sei-

nem Recht kommen musste. Aber die Höhen und Senken waren auch das einzige belebende Element dieser Landschaft, die sonst fast nur die üblichen, grauschwarzen Stoppelfelder darbot, soweit das Auge reichte. Nur ganz vereinzelt zeigte sich einmal ein Dorf, eine Kolchose oder ein fernes Waldstück.
Stunde um Stunde tippelten wir lustlos durch diese monotone Gegend, bergauf, bergab, bergauf. Gelegentlich sahen wir vor oder hinter uns eine kleine Kolonne, hin und wieder marschierten wir auch ein Stück mit anderen Fahrzeugen zusammen, bis die Wege sich trennten und wir uns wieder aus den Augen verloren. Dann waren wir auch wohl mal eine Stunde lang völlig allein in der weiten Öde und kamen durch kleine Dörfer, die vielleicht noch gar kein deutscher Soldat betreten hatte. Aber weil von den Höhen aus die Blicke so ungehindert bis zu den fernsten Horizonten wandern konnten, weil dies Land so offen und durchsichtig vor uns lag, hatten wir bis in die Mittagszeit hinein keine Befürchtungen wegen der Russen. Nur unsere verwöhnten und verweichlichten Füße begannen allmählich zu schmerzen, weil die Wege zur Abwechslung mal trocken und ziemlich hart waren. Als wir dann mittags schließlich in einem kleinen Dorfe rasteten und uns was in die Bäuche stopften, mussten wir betrübt feststellen, dass wir vielleicht gerade die Hälfte geschafft hatten. Die Pferde kamen eben doch nicht im normalen Fußgängertempo voran.
Nach der Pause dauerte es lange, bis wir wieder einigermaßen in Tritt kamen. An den Sohlen brannte es wie Feuer, einige Blasen scheuerten kräftig und Schultern und Kreuz wurden lahm vom Schleppen des vielen Gelumpes, das man nun mal bei sich haben muss. Den Gonis merkte man die große und ungewohnte Anstrengung ganz besonders an. Sie wurden noch langsamer und auf den langen Steigungen mussten wir ihnen immer häufiger eine Erholungspause zubilligen. Wenn die Wege nicht so fest und trocken gewesen wären, hätten wir schon längst auf freiem Felde Pleite gemacht. So aber rollte doch die Kanone schön leicht, sodass wir sie, wenn es bergab ging, manchmal sogar bremsen mussten.
In den Nachmittagsstunden, als uns die Leere und Stille der Felder ringsum doch etwas unheimlich geworden war, sichteten wir endlich eine Artilleriekolonne, an die wir uns anhängen wollten. Doch das war leichter gewollt als getan, denn vor uns wölbte sich nun abermals ein schier endloser Höhenrücken, der uns trotz der geringen Steigung Schlimmes für die Tiere befürchten ließ. Solange das Gelände noch eben war, beschleunigten wir den Marsch ein wenig. Dadurch erreichten wir auch den Anschluss. Aber dann befiel uns immer mehr eine Art Torschlusspanik. So abgefallen und mager die Pferde der Artillerie auch aussahen und so schleppend auch sie sich den Berg hinaufquälten – unsere braven Tiere waren einfach überfordert. Obwohl wir alle mitschoben und die Zossen anfeuerten, wurden die Pausen immer häufiger. Drohend wuchs die Angst in uns, die Gonis könnten vollends schlapp machen, sodass wir gottverlassen in der Einöde zurückblieben und Nacht und Russen schutzlos ausgeliefert wären. Diese Angst gab uns neue Kräfte. Alex benutzte nun auch die Peitsche und wir schoben noch kräftiger als zuvor. So gelang es uns immer wieder, den Abstand zur Kolonne der Ari klein zu halten. Während aber die Pferde der Ari wenigstens stetig und damit kräftesparend zogen, mussten wir jeweils kurze Wegstrecken in möglichst schneller Gangart hinter uns bringen, um danach für Mensch und Tier genügend lange Pausen einlegen zu können. Diese Anstrengungen, diese Angst und halbe Verzweiflung

ließen uns zum Glück kaum merken, wie unheimlich lang dieser Anstieg war und wie die Zeit verrann. Wir sahen immer nur die Fahrzeuge vor uns, die zu entschwinden drohten wie die Kräfte und der Mut in uns. Erst als wir dann doch endlich die Höhe bezwungen hatten, ausgebrannt und ausgepumpt, erst als wir dort oben sahen, dass die Straße nun auch eine lange Strecke wieder leicht bergab führte, holten wir ganz, ganz tief Luft und fühlten uns wie erlöst von einem bedrückenden Traum. Wir blickten noch einmal zurück auf diesen langen, schnurgeraden Marterweg, der uns so viel abverlangt hatte. Weithin erstreckte sich dort oben der Höhenrücken inmitten vieler anderer. Es ging auf den Abend zu. Unser Ziel aber war noch weit und unsichtbar.
Nun, da die Mühen des Schiebens für uns entfielen, weil alles leicht daherrollte, spürten wir das Brennen an den Füßen und die allgemeine Erschöpfung umso heftiger. Wir mochten einfach nicht mehr. Aber wer fragte uns schon, was wir gern mochten? Die Gonis mussten dies auch alles erdulden, obwohl sie schon gar nicht wissen können, was das für einen Sinn haben soll.
Nach einer Weile überquerten wir auf einer provisorischen Holzbrücke einen tiefen Panzergraben, der, wie mit dem Lineal gezogen, das Gelände durchschnitt, aber offensichtlich gar nicht verteidigt worden ist. Wie viele Menschen hatten wohl daran geschuftet? Nun lag das Werk von tausenden tot und sinnlos da. Ein paar Spanische Reiter im Graben und ein kümmerlicher Drahtverhau davor rosten vor sich hin. Die Mäuse wühlen in den Böschungen und der Regen schwemmt die Erde auf die Grabensohle…
Auf einmal entdeckten wir vor uns in der Ferne ein paar Strohdächer! Das musste das Ziel sein! Wir waren wahrhaftig schon lange genug auf Achse und nach unserer Schätzung hatten wir wenigstens schon 30 km zurückgelegt. Letztendlich war also das Ziel in Sicht! Erleichtert, ja fast heiter tippelten oder humpelten wir neben den Pferdchen her, die auf dem leicht abfallenden Wege wieder prächtig liefen. Wir lobten Alex wegen seiner guten Wahl und er freute sich sehr darüber. Er ist wirklich ein Kutscher, wie wir ihn uns besser nicht wünschen können, und hat den Marsch bisher ohne jede Klage durchgehalten.
Es dauerte noch eine volle Stunde, bis wir die Häuser, die in einer kleinen Talmulde lagen, auch wirklich erreichten. Als wir dann jedoch nahe genug herangekommen waren, brach neue Enttäuschung über uns herein: Die Häuser waren nichts als Scheunen und Ställe einer menschenleeren Kolchose. Die Artillerie fuhr auch prompt durch, ohne zu halten. Aber wir waren so fertig, hatten uns so sehr an dieses Ziel geklammert, dass wir doch bleiben wollten. Was sollte schon passieren in dieser weiten, offenen Gegend? Dann wieder sahen wir die Wolken an, sahen die Artillerie davonfahren, sahen die Dämmerung und dachten an die Einsamkeit ringsum und an das Schlafen in den fremden, verlassenen Scheunen – nein, nein, sagten wir uns, nicht hier bleiben, nicht hier überfallen werden! Nein, lieber noch eine Stunde laufen, sich lieber noch einmal aufraffen, die Zähne zusammenbeißen, aber bei den anderen bleiben. Und so rollten auch wir ohne Halt durch die Kolchose und schoben unsere schwere Fuhre drüben am jenseitigen Hang wieder den Berg hinauf.
Während dieses Marsches in abermaliges Neuland hörten wir auf einmal weit hinter uns ein langes Gerummel, wie Geschützfeuer, und dann beobachteten wir sogar eine Menge von Einschlägen in einem weit entfernten Wäldchen. Sonst

rührte sich dort nichts. Kurze Zeit später rummelte es woanders noch einmal, ohne dass wir etwas erkennen konnten. Ob da ein russischer Panzerzug geschossen hatte? Solange die Russen solche Scherze in weiter Ferne veranstalteten, ließ uns das ziemlich kalt. Aber irgendwie kroch uns doch wieder ein verdammt ungemütliches Gefühl über den Rücken, zumal es immer dunkler wurde und wir die Ari nun doch aus den Augen verloren hatten. Ein kalter Nachtwind kam auf. Unwillkürlich legten wir noch einen Schritt zu. Sogar die Pferdchen strengten sich noch mehr an, sie schienen den Stall zu wittern und gaben noch einmal alle Kräfte her. Beim letzten Schein des Tages gelangten wir dann endlich in ein richtiges Dorf. Die Artillerie hatte sich schon überall breit gemacht und wir hatten Mühe, noch irgendwo unterzukommen. Doch das war nun alles so gleichgültig. Schlafen, schlafen, sonst gar nichts mehr. Aber erst musste Alex noch die Zossen versorgen, für die wir nicht einmal einen Stall finden konnten. Sie mussten draußen bleiben, es half nichts. Wir brutzelten uns noch etwas Fleisch zurecht, holten Stroh und rissen uns endlich die schweren Stiefel von den Füßen. Kurz darauf lagen wir lang und begannen zu schnarchen. Wir schliefen fest und traumlos, bis wir wieder zum Wacheschieben in die feuchte Kälte hinaus mussten. Oh, dieses tausendmal verfluchte Postenstehen, Nacht um Nacht, Stunde um Stunde. Es wäre schon ein Grund zum Aufhängen…

Irgendwann begann es dann wieder zu regnen, immer so sachte weg. Grau und trostlos dämmerte der Morgen herauf. Wir aber mussten weiter, ohne Pardon. Unteroffizier Walter war noch spät am Abend mit seinem Geschütz zu uns gestoßen. Da nun gleich hinter dem Dorf ein steiler Berg bewältigt werden musste, beschlossen wir, uns gegenseitig die Pferde zur Unterstützung auszuleihen. Zunächst spannten wir Walters Gonis vor und schafften den Anstieg auch leidlich mit viel Schieben. Dann warteten wir oben auf die anderen. Es regnete munter und wir wurden langsam, aber sicher wieder nass bis auf die Haut. Auf dem Wagen bildete sich die übliche Schmiere, die durch die Säcke mit Hafer und Heu und Stroh nicht gerade vermindert wird. Überhaupt ziehen wir seit der behelfsmäßigen „Umrüstung" von mot- auf hottehü-Betrieb wie die Zigeuner durchs Land, denn die Futtersäcke und Tränkeimer und Geschirrteile machen jeden Versuch einer halbwegs militärischen Ordnung auf diesem Panjewagen lächerlich und wir müssen ja dieses Zeug als Reserve mitschleppen, weil wir nie wissen, ob und wo wir neues Futter finden.

Nach geraumer Zeit war auch Unteroffizier Walter mit seinem Gespann oben und wir sockten nun langsam entlang einer öden Mastenreihe durch das traurige Land. Nur zu bald trennten sich dann unsere Wege wieder. Wieder einmal stiefelten wir allein durch die niederdrückende Melancholie der verlassenen Felder dahin. Der verschlammte Weg führte auf und ab und wir mussten wieder häufig schieben und Pausen einlegen. Aber für diesen Tag war nur ein kurzer Marsch von acht bis zehn Kilometern vorgesehen. Unterwegs fanden wir haufenweise Flugblätter vom Russen, die aber so billig und verlogen aufgemacht waren, dass wir uns nur fragen konnten, ob sich der Iwan wirklich Erfolge von dieser Propaganda verspricht. „Tausend offene Gräber warten auf euch…" Und ausgerechnet wir sollen überlaufen, weil der Krieg für uns verloren sei – nee, Herrschaften, wenn wir bei Gott auch die Schnauze voll haben von euerm Arbeiter- und Bauernparadies und erst recht vom Krieg – aber überlaufen, niemals. Selbst wenn uns das Wasser bis zum

Halse stehen sollte. Bloß nicht euch lebend in die Hände fallen – das ist unsere größte und fürchterlichste Angst.
Unerwartet früh, schon gegen Mittag, fanden wir uns plötzlich in Dolschik. Wir gerieten zwar noch in ein unergründliches Schlammloch, das uns viel Ärger und Mühe machte, und in dem uns das Dreckwasser kochgeschirrweise in die Stiefel schwappte, aber schließlich überwanden wir auch dies, fanden eine schöne Bude und machten es uns gemütlich. (Bild 23) Auch die Gonis hatten einen warmen Stall und kriegten Extrarationen, damit sie sich gut erholten. Sicherheitshalber standen wir sogar freiwillig jeder eine Stunde Wache, denn zurzeit sind wir offenbar die einzigen Landser im ganzen Dorf und ein gebranntes Kind scheut das Feuer. Im Übrigen aber wuschen und rasierten und entlausten wir uns in aller Ruhe und sahen jetzt zu, dass wir die Klamotten wieder trocken bekamen.
Bei üblichem Kerzenlicht haben wir eben ein paar ordentliche Schläge Bratkartoffeln verdrückt und rechnen gerade noch einmal aus, dass es eigentlich nur noch 20 km bis Charkow sein können.

Dergatschi, Freitag, 24. Oktober 1941

Vier Tage ist es nun schon her, dass unsere fast behagliche Abendstimmung in Dolschik jäh unterbrochen wurde. Wie ein Gespenst, kreideweiß, dem Umfallen nahe, mit aufgerissenen Augen, bärtig und total verdreckt – so hatte Feldwebel Volkmann plötzlich in der Tür gestanden und war auf dem nächsten Stuhl zusammengesackt. Wir waren entsetzt aufgesprungen, unsere Schatten zitterten riesig an Decke und Wänden – dann war es stückweise aus ihm herausgebrochen: Unteroffizier Tank ist tot mit seiner ganzen Bedienung, zwölf Panzer waren da, er hat mit seiner schweren Pak noch sechs abgeschossen, große Verluste der Infanterie, alles im Nebel, ungefähr 10 km von Dolschik, kurz vor Dergatschi…
Früh am Morgen war es passiert. Aus einer Waldstellung heraus hatten die Russen schlagartig das Feuer auf die Infanterie- und Ari-Kolonnen eröffnet, bis auf 100 m hatten sie sie im Nebel herankommen lassen. Es muss furchtbar gewesen sein. Und dann waren auch noch die zwölf Panzer wild feuernd vorgeprescht. Zwei Geschütze der Ari sollen davon noch drei Panzer im direkten Beschuss erledigt haben, dann sind sie selbst durch Volltreffer in die Luft geflogen wie Unteroffizier Tank mit seinen Leuten und Finsterbusch, die „wilde Sau", der Fahrer. Auch Volkmann hat wieder einen Toten in seinem Zug, Kirchhübel von Walter Klügers Geschütz. Wie viele verwundet sind? Keine Ahnung.
Doch, der Stecher-Sepp soll einen Handdurchschuss haben, harmlose Sache. Feldwebel Kreißig Splitter im Oberschenkel.
Volkmann war dann abends in der Dunkelheit ganz allein den Weg zurückgehetzt, um irgendwo Verstärkung zu suchen, denn vorn bei Dergatschi sollte es immer noch mulmig sein. Dann hatte er endlich uns gefunden und konnte nicht mehr…
Es wurde nur noch das Nötigste besprochen. Uns war klar, dass wir am nächsten Morgen an der Reihe waren. Böse Ahnungen erfüllten uns. Vier Stunden lang versuchten wir vergeblich, das ganze Elend im Schlaf zu vergessen, und während der vier endlosen Stunden draußen auf Posten horchten wir immer nur hinüber

nach Dergatschi in die undurchdringliche Finsternis, wo die Katastrophe geschehen war. Aber es war kein Kampfeslärm zu hören, keine noch so ferne Leuchtkugel zu sehen. Nur ein schwerer Herbstregen stürzte die ganze Nacht hindurch auf die Erde nieder, als wollte er die Welt ersäufen. Schlamm, Schlamm, Schlamm und kein Ende. Und es goss auch noch in Strömen, als wir im Morgengrauen die Pferde anspannten. Wir aßen hastig noch etwas Brot und Honig, den schäbigen Rest unserer früheren Herrlichkeiten. Aber uns war ohnehin alles gleichgültig. Nur los, etwas tun – bloß nicht dies entnervende Herumsitzen und Warten. Wir platschten gerade auf die Dorfstraße hinaus – da stiefelte plötzlich Emil, unser fast schon vergessener Meister, auf uns zu! Erst glaubten wir wieder an ein Gespenst, doch er war es leibhaftig und mit ihm und Volkmann trotteten wir nach kurzer Besprechung tatsächlich los. Wieder diese trostlosen, im Regen zerfließenden Stoppelfelder, wieder die beängstigende Einsamkeit und Stille des trüben Morgens. Trotz des Morastes kamen wir ziemlich flott voran, weil wir, schon um warm zu werden, jeweils kräftig schoben, wenn es notwendig schien. Je länger wir so dahin stapften, desto mehr beruhigten wir uns, einmal, weil von vorn her nichts zu hören war und auch, weil wir in Bewegung waren und wegen des Schlammes ständig auf uns und die Fuhre aufpassen mussten und gar keine Zeit mehr zum Grübeln fanden, vor allem aber deswegen, weil Emil bei uns war. Denn wo Emil ist, kann es nicht gefährlich sein.
Nach einer reichlichen Stunde kamen wir am Fuße einer langen Steigung an und Volkmann erzählte, dort oben auf der Höhe hätte es begonnen. Dort wäre eine Kreuzung, von der aus eine Straße rechts ab nach Dergatschi führe. Wir brauchten noch eine Stunde, bis wir endlich oben auf einer Art Hochplateau anlangten. Vor allen das letzte Stück des Weges war steil und wüst. Zerbrochene Telefonmasten, tote Pferde, Granatlöcher voller Wasser, Knäuel von Draht – das immer gleiche Bild, der immer gleiche Gestank von Aas und Leichen, Brand und Pulver. Auf der Höhe hatte man dann einen großartigen Rundblick, soweit ihn der Regen zuließ, und man hörte in der Ferne nun deutlich Gefechtslärm halbrechts vor uns. Dort lag wohl Dergatschi. Mehr noch als die Schießerei fesselte uns aber zunächst ein Haufen von Trossfahrzeugen, die ungerührt die Kreuzung und die umliegenden Felder blockierten, als würde dort Markt abgehalten. Kein Mensch schien an Flieger zu denken, kein Vorgesetzter brachte die Heinis mal auf Vordermann – nein, wie Kraut und Rüben hatten sie sich dort zusammengerammelt, wie sie gerade gekommen waren. Mit Mühe konnten wir uns bis zur Kreuzung durchschlängeln. Dort befahl uns Emil dann, so in Stellung zu gehen, dass wir nach links hin – bezogen auf den Anmarschweg – den Panzerschutz speziell für die Trossfahrzeuge übernehmen könnten. Es müsse mit Panzerangriffen gerechnet werden. Deshalb sei ständig Alarmbereitschaft erforderlich.
Also noch immer Panzergefahr. Und aus Richtung Dergatschi knallte es ununterbrochen. Die arme Infanterie dort. Im Vergleich zu ihr mussten wir ja noch ganz still sein. Emil stelzte mit Volkmann weiter. Wir suchten uns indessen etwas abgesetzt von den vielen Fahrzeugen eine Stellung und fanden sie schließlich bei einer von mehreren Rübenmieten oder Misthaufen; genau konnten wir das nicht unterscheiden. Wir buddelten die Kanone etwas ein und tarnten sie schön nach allen Seiten und oben mit dem stinkigen, halb verfaulten Zeug. Dann gruben wir für uns selbst auch noch ein paar Mulden und Löcher in dem nassen Klitsch, um

uns etwas geschützt niederlassen zu können. Denn der Wind fegte dort oben auf der Höhe eisig und trieb den Regen ganz schräg vor sich her. Da war uns warmer Mief entschieden lieber als der kalte Ozon. Einer blieb dann wie üblich als Posten am Geschütz, wir anderen machten es uns bequem. Einen Teil der Munition lagerten wir bei der Kanone. Alex blieb zunächst bei uns, hatte aber Auftrag, mit den Trossen abzuhauen, wenn irgendetwas passieren sollte. So hockten wir nun im Mist und warteten. Unaufhaltsam kroch die Kälte in uns hoch, unaufhaltsam zog sich die Nässe an den Beinen empor. Wir vertilgten das letzte Brot. Und warteten. Der Regen peitschte hernieder. Die armen Gonis standen klatschnass, aber den Pferden von den Trossen ging es ja nicht besser. Sie ließen die Köpfe hängen und rührten sich möglichst wenig. Wie wir.

Das Schützenfeuer ließ nicht nach. Es war weit weg und berührte uns nicht direkt. Aber es zeigte doch, dass die Lage durchaus noch nicht gesichert war, zumal wir ja fast in entgegengesetzter Richtung sicherten, mit dem Rücken nach Dergatschi. Was war überhaupt los? Wir latschten, nachdem wir von dem unbequemen Sitzen ganz steif geworden waren, trotz des Sauwetters nacheinander mal hinüber zu den Trossknechten. Doch die wussten auch nichts zu berichten, sondern waren genauso sauer wie wir und fluchten sich was in den Bart. So verstrichen die Stunden langsam zum Abend. Erst gegen Mittag kreuzte plötzlich Köhler bei uns auf, der gerade erst eingetroffen war und nun gleich von uns was wissen wollte. Wir konnten ihm aber auch nur das Wenige berichten, das Volkmann uns erzählt hatte, aber das war ihm schon bekannt.

Er zog dann schließlich ein Stück von uns weg und baute sich ähnlich wie wir in einer anderen Miete ein, um mehr auf Dergatschi zu ebenfalls die Sicherung zu übernehmen. Nun fühlten wir uns nicht mehr ganz so verlassen auf der Höhe, aber zu futtern gab es nach wie vor nichts. Selbst Otto, der als Weißwaren-Reisender mit seiner Schnodderschnauze wahrhaftig auf Anhieb fremde Leute belatschern kann, kam mit leeren Kochgeschirren von einem Erkundungsgang zu den Trosshengsten zurück. Das verhärtete unsere frostige Stimmung noch mehr. Dies immer neue Warten und Nasswerden und Frieren im Regen – es ist schon ein Wunder, dass man sich nicht längst den Tod geholt hat. Auch am Nachmittag wollten die Stunden nicht verrinnen. Zu all dem gesellte sich nun immer stärker der Hunger. Niemand wollte etwas von uns. Das Gefecht bei Dergatschi schien abzuflauen. Aber Regen und Wind jagten weiter über die Höhe.

Trotzdem gingen wir häufiger umher, weil auch unsere Löcher immer nasser wurden und weil wir Bewegung brauchten, um nicht zu sehr zu frieren. Wenn man dann diese nassen, armselig-klapperigen Gäule und die unter Zeltbahnen kauernden Kutscher und die ziehenden Wolken ansah, dann fasste einen wieder so richtig der Menschheit ganzer Jammer und unser eigener im Besonderen. Klappernd vor Kälte und schimpfend stiefelten wir hin und her und ruderten mit den Armen. Aber je mehr man sich bewegte, umso mehr spürte man sofort wieder diese klebrige Nässe. Dass man bis heute noch nicht einmal einen wirklichen Regenschutz erfunden hat! Die Zeltbahn ist ja ganz schön, aber viel zu kurz, und wo man sie berührt, lässt sie das Wasser durch. Aber der deutsche Soldat ist ja hart wie Kruppstahl…

Gegen Abend flackerte der Gefechtslärm wieder auf. Und dann passierte es auf einmal: Irgendwer brüllte was von Panzern! Das knallte in den Trosshaufen hin-

ein wie ein Blitz. Köpfe fuhren hoch, Schreie gellten über das Feld, Peitschen pfiffen und klatschten auf erschrockene Pferdeleiber und Sekunden später stob die wilde Masse in alle Winde, wie Wasser in einer Schüssel, wenn man mit der Faust hineinschlägt. Wir wussten nicht, ob wir lachen oder weinen sollten. Wir waren nur froh, dass wir hinter unserer Miete standen und nicht unter die wild gewordenen Hufe und Räder geraten konnten. Wie vom Teufel besessen polterten die Gespanne nach allen Seiten davon, nur weg von der Höhe, weg von der Kreuzung – auf Biegen und Brechen. Hei, wie munter die Säcke plötzlich geworden waren – und ehe wir alles richtig begriffen hatten, war die wilde Jagd vorübergedonnert und verschwunden, irgendwo weiter unten an den Hängen des Berges. Nur ein allgemeines Geschrei tönte aus den Mulden noch zu uns herauf. Nun hatten wir auf einmal freie Sicht in Richtung Dergatschi. Die Kreuzung war menschenleer und als es dann in unserer Umgebung endlich still wurde, hörten wir tatsächlich ein ganz fernes sonores Brummen. Das konnten Panzer sein, die irgendwo rechts von Dergatschi herumkrebsten. Und dann entdeckten wir sie plötzlich – eins, zwei – drei Stück! Das Herz klopfte bis zum Hals, obwohl sie sicher mehr als 1.500 m entfernt waren. Wir drehten die Kanone um 180 Grad und beobachteten die dunkelgrauen Käfer, die sich auf der Hochebene langsam voranschoben. An Schießen war nicht zu denken, dazu waren sie viel zu weit weg. Nun standen sie da und peilten anscheinend die Lage. Russische Infanterie schien nicht dabei zu sein. Dann fuhr der eine wieder. Es waren die ersten „lebenden" Panzer des Russen, die wir da vor uns hatten.
Da – alle drei krochen jetzt langsam nach rechts hinüber. Deutlich hörten wir wenige Sekunden später das lautere Motorengeräusch. Würden sie näherkommen? Würden wir schießen müssen wie damals Walter Klüger, Schuss auf Schuss in den Himmel, bis uns einer der Panzer auch ganz kurz in den Himmel jagte? Unteroffizier Tank mit seinen sechs Mann war dort irgendwo gefallen, ein Panzerschuss hatte wahrscheinlich genügt. Nun röhrten die drei wieder mehr nach links hinüber. Drehten sie etwa ab? Wir standen wie auf Kohlen. Auch Alex, den wir doch noch bei uns behalten hatten, war aufs Höchste gespannt. Was für Gedanken mochten ihm durch den Kopf schießen? Ja, sie schienen nun wirklich abzudrehen und von uns wegzufahren, denn eine Zeit lang wurde der Lärm stärker, weil sie uns die Auspufföffnungen zudrehten. Und bald darauf verschwanden sie tatsächlich in einer dichteren Regenwand.
Hatten wir noch einmal Schwein gehabt? Es wurde allmählich noch trüber und dunkler, als der Tag schon gewesen war. Bei Nacht sind Panzerangriffe ziemlich unwahrscheinlich – damit trösteten wir uns fürs erste, obwohl die Schießerei noch immer heftig im Gange war.
Was mochte Alex wohl empfunden haben, als er die kopflose Flucht der Trosse miterlebte? War der Nimbus der Deutschen bei ihm dahin? Wir fragten ihn lieber nicht, denn uns selbst war ja auch nicht sehr wohl gewesen, als die Panzer erschienen.
Ehe es ganz finster wurde, gab Alex den Tieren noch zu fressen. Dazu kriegten sie Regenwasser, das wir in den Eimern gesammelt hatten. Für uns war nichts mehr da. Seit Bogoduchow hatten wir nichts mehr bekommen und auch nichts mehr organisieren können. Eine schöne Scheiße. Und nun stand uns eine endlose Nacht bevor. Wir weiteten die Löcher noch etwas mehr zu Höhlen aus, um da-

durch vielleicht doch noch mehr Regenschutz zu finden, aber an sich war alles Blödsinn. Nasser als nass konnten wir sowieso nicht werden.
Eine oder zwei Stunden später röhrte es in der totalen Finsternis dieser Nacht von Dolschik her den Berg herauf – es war der dreiachsige Steyr des zweiten 5 cm-Geschützes; der Fahrer war erleichtert, uns gefunden zu haben, und blieb auch bei uns. In seinem Vehikel versuchten wir später etwas zu pennen, aber wegen seiner Enge war der Wagen für mich eine einzige Quälerei. Die meiste Zeit schoben wir aber ohnehin Wache. Es war säuisch kalt und windig wie schon den ganzen Tag, und schon nach kurzer Zeit froren wir wieder durch und durch. So blieb es die ganze Nacht hindurch. Und die Nächte sind jetzt so endlos lang. Bei Dergatschi rührte sich nichts. Der Fahrer des Steyr wusste noch manche Einzelheit zu erzählen und dabei dachte man immer wieder an die Toten, die sicher noch zerfetzt im Regen lagen. Es sind schon so schrecklich viele geworden, die von Tripolje und Kusemin und nun von Dergatschi. Aber was soll's? Lieber abschalten, sich warmtrampeln und nicht mehr an das Elend denken…
Das Erste, was wir wiedererkannten, als es mit grausamer Langsamkeit heller wurde, waren der Schlamm und die von den Trossen zerfahrenen Äcker. Da hatten wir wieder alles um uns, was wir so brauchten, um in die richtige Stimmung zu kommen. Später setzte auch der Regen, der uns in der Nacht für einige Stunden verschont hatte, wieder ein, damit wir nur ja nicht zu fröhlich würden. Kein Hund kümmerte sich um uns. Wir hatten also weiter auf der Höhe zu bleiben, ohne Aussicht auf etwas Essbares oder auf einen warmen Schluck Muckefuck. Wir sahen aus wie die Schweine. Unsere Gesichter sind verdammt grau und schmal geworden. Der kalte, ewige Wind jagte uns einen Schauer nach dem anderen über den Rücken und ließ die Augen tränen. Wir standen da herum und warteten, ohne zu wissen worauf und weshalb. Aber das war uns ja längst nichts Neues mehr. Wie quälend lang eine Stunde sein kann, wenn man so steht und wartet und friert, das haben wir oft genug erfahren. So warteten wir auch dort oben weiter, eine Stunde nach der anderen, obwohl uns die Augen vor Müdigkeit selbst im Gehen zuzufallen drohten.
Bei Dergatschi war offenbar Ruhe eingekehrt. Im Laufe des Vormittags kleckerten sogar einige Trossfahrzeuge heran und nahmen ungeniert Kurs auf Dergatschi: Gegen Mittag bildete sich sogar so etwas wie eine lockere Kette von Fahrzeugen, die alle in derselben Richtung entschwanden. Später rastete ein Haufen von der Infanterie bei der Kreuzung und bekam obendrein aus einer Feldküche warme Verpflegung! Das war unerträglich für uns. Wie Hyänen schlichen Otto und ich kreisend und möglichst unauffällig immer näher an den Kessel heran. Wir waren nur zu zweit losgezogen mit je zwei Kochgeschirren, damit wir als Bittsteller zweier Geschützbedienungen recht bescheiden aussahen. Die Kameraden verfolgten natürlich jeden unserer Schritte und konnten auf den kleinsten Wink hin mit den restlichen Kochgeschirren herbeistürzen. Aber noch war für uns Hyänen die Stunde nicht gekommen. Die Löwen, die Infanteristen, hatten das Vorrecht. Wir stellten uns lauernd so auf, dass der Wind uns den Duft der Erbsensuppe und die warmen Dämpfe aus dem Kessel wohlig ins Gesicht trieb. Als dann endlich die Schlange der Infanteristen den Kessel mit vollen Näpfen passiert hatte und auch keine Nachzügler mehr in Sicht waren, eilten wir hurtig auf den Koch zu und Otto erhob ein zu Herzen gehendes Klagelied über unseren Hunger. Doch

der Koch war ein großes Arschloch. Erst wollte er uns gar nichts geben; er hätte nichts übrig, wir sollten uns an unsere eigene Küche halten und schleunigst abhauen, ehe sein Chef dazukäme. Doch Otto kann man so nicht abspeisen. Er hatte längst spitzgekriegt, dass noch Suppe im Kessel war und erhielt nach nochmaligem Palaver endlich die Zusage, wir könnten uns vielleicht noch etwas holen, wenn keiner von der Kompanie mehr nachfassen wolle. Aber eine halbe Stunde ließ uns der Lustmolch noch warten, ohne dass ein einziger von der Infanterie wegen eines Nachschlages gekommen wäre. Dann endlich gab er uns mürrisch drei Kochgeschirre voll und die mussten wir uns mit 10 Mann teilen. Und wenn der Fraß auch längst kalt und vom Regen verdünnt war, und wenn es für jeden von uns auch nur wenige Löffel davon gab – wir waren froh, dass wir wenigstens dies im Bauche hatten.
Noch während wir mit frostklammen, schmierigen Pfoten die Suppe in uns hineinlöffelten, rückte die Infanterie ab. Wir paar Männeken blieben abermals fast ganz allein auf der Höhe, bis später wieder Trosse und Artillerie vorüberzogen. Wir froren und „sicherten" indessen tapfer weiter. Aber dann, am späten Nachmittag, kam Feldwebel Volkmann von Dergatschi herüber, um uns – abzuholen! Unser Auftrag bei der Kreuzung war erledigt, wir sollten nach Dergatschi! Da waren wir fix bei der Hand, die Kanonen anzuhängen und uns fertig zu machen. Endlich konnten wir wieder mal laufen und dabei warm werden, endlich hatten wir Aussicht, in der Nacht wieder ein Dach über dem Kopf zu haben!
Eilig verließen wir den schrecklichen Ort, Alex machte den Pferdchen Dampf und dann hatten wir die Straße nach Dergatschi unter den Füßen. Doch die Freude über den Aufbruch verging uns nur zu schnell wieder, als die Straße sich senkte und den Blick über ein weites Feld des Grauens freigab. Da lagen sie in rauen Mengen, tot, zerrissen, und dazwischen zerfetzte Wagen, ausgebrannte Panzer und zerschossene Geschütze der Artillerie. Drüben, gar nicht weit, war der Wald, aus dem der rasende Tod hervorgebrochen war. Volkmann zeigte uns noch verschiedene Einzelheiten, aber viel mochte er nicht sagen, während wir, der Straße folgend, nach links abbogen und allmählich den Wäldern näher kamen, die sich zu beiden Seiten ausdehnten. Ja, nun konnten wir uns vorstellen wie die Russen schlagartig das Feuer eröffnet hatten, wie die Panzer über einen freien Streifen zwischen Straße und Wald vorgeprescht waren, um alles niederzuwalzen. Sechs Stück standen da auf freiem Felde; von diesen hatten tatsächlich zwei Geschütze der Artillerie drei Stück im direkten Beschuss aus nächster Nähe abknallen können, ehe sie selbst in tausend Fetzen gerissen wurden. Welche Dramen haben sich dort in Sekundenschnelle auf engstem Raume abgespielt? Wie verzweifelt muss die Lage im ersten Augenblick gewesen sein, als die Hölle aus dem Nebel hervorbrach? Und welcher Mut, welche Kaltblütigkeit, welche Geübtheit der Artilleristen hat dazu gehört, die Geschütze im Angesicht der heranröhrenden Panzer abzuprotzen, in Stellung zu bringen und noch zu schießen und zu treffen, obwohl doch alles so hoffnungslos erscheinen musste! Sicher, nun lebt keiner von diesen Bedienungen mehr und sicher hat auch keiner mehr das EK bekommen.
Am Waldrand wurden gerade die ersten Gefallenen zusammengetragen und dort sahen wir dann auch die grauenhaft zugerichteten Trümmer von Tanks Geschütz und Wagen. Mein Gott, wie sah das alles aus! Es war auch nur ein kleiner Trost, dass wir im Walde selbst dichte Rudel gefallener Russen fanden und dass ihre

meisterhaft ausgebauten Stellungen am Waldrand dann doch genommen worden sind. Zu groß ist die Zahl der Opfer, die hinter uns in der weiten Mulde liegen geblieben sind, und noch viel größer ist natürlich die Zahl der Verwundeten, von denen es auch in unserer Kompanie eine Menge geben soll. Hahn hat ein Auge verloren, Feldwebel Kreißig Oberschenkelschuss – ein paar Namen hört man mehrmals, aber Endgültiges weiß noch keiner.
Dort vor Dergatschi hat der Russe auf seinem Marsch jedenfalls noch einmal einen blitzschnellen, fürchterlichen Prankenhieb ausgeteilt und wahrscheinlich hat bei uns nicht viel an einer vollen Katastrophe gefehlt. Wie es heißt, ist es nur dem persönlichen Mut und den klaren Befehlen des Regimentskommandeurs zu verdanken, dass nicht noch Schlimmeres passierte und dass keine Panik ausbrach. Nun, als wir dort vorüberzogen, war es wieder still geworden. Der Regen verhüllte das grausige Bild mit sanften Schleiern. Wir wandten unsere Blicke wieder nach vorn, wo irgendwo Dergatschi liegen musste. Wo später der Wald endete, entdeckten wir noch drei zerschossene Panzer, die zweifellos noch von Tanks Leuten erledigt worden sind, als sie gerade aus der Deckung des Waldes hervorbrachen. Es sind also neun Panzer abgeschossen worden von insgesamt zwölf, die angegriffen hatten. Ein schöner Erfolg, trotz allem. Ob die drei, die uns am Abend vorher beunruhigt hatten, die Überlebenden gewesen sind? Ob sie sich deshalb nicht weiter voran getraut hatten?
Uns konnte es nun egal sein. Wir wollten nach Dergatschi und Panzer hätten uns in dieser Stunde nur vollends demoralisiert. Jenseits der Wälder umgaben uns zunächst nur öde Felder. Es wurde dämmerig. Der Matsch war tief wie immer, aber die Pferde zogen brav und willig. Fast eine Stunde brauchten wir noch, bis wir an die ersten Häuser des Ortes kamen. Auf der Dorfstraße rollte mir dann zu allem Überfluss noch ein Rad der Kanone über die Ferse, weil mein Fuß plötzlich im Schlamm steckengeblieben war, als ich zwischen Wagen und Kanone dahinwandelte. Es gab sofort böse Schmerzen und daher war ich froh, als wir schon kurz danach anhielten und in einem sehr ordentlichen und sauberen Hause Quartier machten. Ja, es gab sogar von irgendwoher noch richtige Verpflegung! Da war denn bald alles Frieren und Hungern vergessen. Wir konnten uns die Bäuche richtig voll schlagen und in der Nacht herrlich schnarchen. Nur einmal hatten wir eine Stunde Wache vor der Tür – was war das schon? Aber dies endlose Frieren und Warten und Herumstehen und Nasswerden und Kohldampfschieben hatte doch zunächst ein Ende und sei es nur für eine Nacht. Wo mochte in dieser Nacht die Infanterie stehen? Wieder irgendwo draußen in der Finsternis der verregneten Felder? Diese ärmsten aller armen Schweine…
Gestern Morgen waren unsere Klamotten wieder halbwegs trocken geworden. Die Welt gefiel uns so schon viel besser. Wir erhielten später Befehl, bei der Kirche von Dergatschi die Sicherung des Regimentsstabes zu übernehmen, der also auch schon im Orte saß. Das versprach einerseits ein sehr sympathischer Auftrag zu werden, andererseits muss man meist den Zackigen markieren, um nicht hässlich aufzufallen. Aber das ist entschieden das kleinere Übel.
Vor der Kirche befindet sich ein kleiner Platz. In einer Ecke dieses Platzes, nahe der Kirche, bauten wir die Kanone auf. Sehen und schießen können wir höchstens 50 m weit, aber die Hauptsache ist ja, dass wir einen pompösen Auftrag haben. Gleich gegenüber fanden wir auch ein schönes Haus als Quartier. Dann schoben

wir treudeutsch unsere hochwichtige Wache. Etwas Abwechslung verschaffte uns die Dorfjugend, die mit affenartiger Geschwindigkeit alles mögliche Zeug aus der Kirche schleppte, die anscheinend als Materiallager gedient hatte. Wir sahen uns später das Gotteshaus auch von innen an, aber es war so fürchterlich verdreckt und mit allerlei wüstem, wertlosem Kram angefüllt, dass wir es sehr schnell angeekelt wieder verließen.
Wir faulenzten am Nachmittag nach Herzenslust. Waschen und Rasieren kam noch lange nicht in Frage. Am Abend holten wir die Spritze ans Haus heran und bewachten uns quasi selbst damit, so wie wir unseren edlen Emil manches liebe Mal mit leibhaftigen Kanonen bewacht haben. Aber hier mussten wir ja den hohen Stab „sichern", selbst in rabenschwarzer Nacht und mitten im Dorf, und das geht von unserem Hause aus genauso gut. Am Morgen stellten wir dann die Kanone wieder zackig an der Kirche auf und schoben den ganzen Tag über unsere ruhige Wache. Heute wuschen wir uns schön gründlich nacheinander mit heißem Wasser und kriegten dabei zum ersten Mal nach langer Zeit mal wieder unsere ausgemergelten Kadaver zu Gesicht. Wohin das Auge schweift – nichts als Bisswunden und eiternde, zerkratzte Stellen. Und dann Entlausen, stundenlang. Aber was nützt es schon, wenn man hunderte von diesen ekligen Läusen knackt, aber beim besten Willen nicht auch noch die aberhundert Eier in den Nähten und Haaren finden und zerdrücken kann? So bleibt nach stundenlangem Mühen nur das Gefühl, wenigstens die dicke Dreckkruste losgeworden zu sein und wieder freier atmen zu können. Umso ekelhafter ist es dann, wieder in die stinkende, schon wochenlang getragene und blutverschmierte Unterwäsche steigen zu müssen, weil die Ersatzgarnitur auf Enis Wagen liegt. Und wo Eni steckt, weiß niemand.

Dergatschi, Sonnabend, 25. Oktober 1941

Es ist immer noch so gemein kalt und ungemütlich draußen wie all die letzten Tage hindurch. Heute gingen wir trotzdem daran, unsere Uniformen und Waffen, vor allem aber die Kanone zu säubern. Die Sachen starrten ja nur so vor Dreck, und man weiß kaum, wo man beginnen soll. Wir wagten es sogar, nacheinander und zwischen unseren Postenzeiten die Wäsche zu kochen, obwohl theoretisch in jeder Minute ein Marschbefehl oder eine sonstige Schweinerei auf uns zukommen konnte. Aber bis jetzt klappte alles wie am Schnürchen und im Laufe des Tages konnten wir wieder in die zwar noch graue und fleckige, aber immerhin mal gekochte und trockene Wäsche steigen – ein Gefühl wie Weihnachten.

Dergatschi, Sonntag, 26. Oktober 1941

Ach, dieser Abend gestern! Ins Abendessen platzte uns einer mit der Nachricht, Charkow sei gefallen! Charkow gefallen!!! Wirklich? Keine Parole?? Nein wirklich, Charkow gefallen!! Ach Kinder, welche Freude! Charkow! Und bis auf 60 km sind sie an Moskau heran! Und überall sonst Kessel, Vormarsch und Verfolgung…
Das Ziel aller Mühen erreicht. Die sagenhafte Steppenstadt erobert. Ist dies wirk-

ich kein Traum? Stehen auch wir nur noch 10 oder 15 km vor der Stadt? Liegt Kiew tatsächlich schon so unsagbar weit hinter uns? Wir waren für den Rest des Tages ganz durcheinander. Auf einmal wurden in uns die alten Hoffnungen und Träume von Ruhe und Ablösung wieder mächtig. Es war uns auch ziemlich gleichgültig, dass anscheinend andere Divisionen als erste in die Stadt eingedrungen sind, denn wir glaubten, auch abseits der großen Straßen unseren Teil zu diesem Erfolg beigetragen zu haben. Die Zahl der Toten ist jedenfalls erschreckend genug. Da heute Sonntag ist, hatten wir damit gerechnet, wieder tippeln zu müssen. Aber auch heute störte uns bis jetzt niemand in unserem Frieden. Wir fummelten weiter an unseren Sachen herum, entlausten uns intensiv und ohne Erbarmen und fanden neben der Wache sogar noch Zeit, Briefe nach Hause zu schreiben.
Doch das ist gar nicht so einfach. Einmal sind unsere Hände nicht mehr an so zarte Tätigkeiten gewöhnt, zum anderen fällt es einem doch schwer, in dieser ersten Ruhepause lange Schilderungen vom Stapel zu lassen. Es ginge uns gut, es sei nicht immer schön gewesen, aber es würde schon besser werden.
Und es müsste ja auch bald mal Urlaub geben.

Charkow, Dienstag, 28. Oktober 1941

Gestern Abend hatten wir noch erfahren, dass wir heute nach Charkow tippeln sollten. Wir nach Charkow!!! Bald nach dem Hellwerden nahmen wir Abschied von unserem trauten Heim, luden unseren Krempel auf und holten schon bald hinter den letzten Häusern von Dergatschi eine lange Kolonne ein. Später kriegten wir statt des verschlammten Weges auf einmal eine richtige Steinstraße unter die Füße. Es war eine Lust, auf dem holperigen Pflaster auszuschreiten ohne Angst, jeden Augenblick mit einem Stiefel im Dreck stecken zu bleiben. Mit der Zeit liefen wir uns sogar richtig warm und spürten die Nässe nicht mehr so sehr, obwohl der Wind immer neue Regenschauer aus den grauen Wolken peitschte. So mistig, so deprimierend hatten wir uns den Einmarsch nach Charkow auch nicht vorgestellt. Am späten Nachmittag, als wir schon fast die Hoffnung aufgegeben hatten, die große Stadt noch zu betreten, zeichneten sich über dem regenverhangenen Horizont einige merkwürdige, dunkle Rechteckflächen ab, die wir uns lange Zeit nicht erklären konnten. Erst als wir noch ein gutes Stück nähergekommen waren, glaubten wir sie als die oberen Geschosse von Hochhäusern erkennen zu können. Hochhäuser in Russland? Mitten in dieser grenzenlosen Öde? Aber immer deutlicher schälten sich dann schwarze Fensterflächen aus dem Grau der Fassaden und endlich gab es keinen Zweifel mehr: Vor uns lag Charkow, unser Ziel!
Es dauerte zwar noch eine Weile, bis wir die ersten ländlichen Vororte erreichten, aber dann marschierten wir auf Straßenbahnschienen entlang und sahen die Wolkenkratzer fast greifbar auf einem etwas erhöhten Gelände stehen, eine imposante Gruppe in amerikanischem Stil. Wir folgten jedoch zunächst der abschüssigen Straße in tiefer gelegene Stadtviertel und waren enttäuscht, dass die eigentliche Stadt noch gar nicht begonnen hatte. In allen Seitenstraßen stand der gleiche knietiefe Morast wie draußen in den Dörfern, die Häuser waren einstöckig und

bescheiden wie dort, und nur die Hauptstraße, auf der wir dahinzottelten, wies gepflasterte Fußwege auf und wurde meist von steinernen Häusern mit primitiven Läden eingefasst. Die Oberleitung der Straßenbahn hing an vielen Stellen zerstört herab.
Die Straßenbahnwagen, die verlassen auf den Gleisen standen, sahen uralt und unsagbar verkommen aus. Direkte Kampfesspuren konnten wir jedoch kaum entdecken, höchstens mal ein paar Kratzer und Löcher von MGs, an den Häusern kaputte Fensterscheiben. Die meisten Türen und Fenster waren lieblos verbrettert. Die Bevölkerung nahm wenig Notiz von uns; wir waren ja auch nicht die ersten, die vorübermarschierten. Ehe wir recht wussten, wie uns geschah, waren wir dann in die Nähe der Wolkenkratzer geraten. Es war wirklich ein überwältigender Anblick, so unvermittelt am Fuße dieser 15-stöckigen Gebäude entlangzuziehen, die sich über uns wie eine Stadt für sich auftürmten. Hatten wir sonst jemals solche Bauten gesehen? In Deutschland nicht, in Paris nicht, in Belgrad nicht. Aber hier, inmitten der unendlichen Ebene, haben die Roten die Tempel ihrer Macht errichtet. Klotzig, aschgrau wie der Regen und die Dämmerung dieses trüben Tages, leblos, unnahbar und kalt ragten die Riesenquader vor uns auf. Man verlor das Gleichgewicht, wenn man die Blicke nach oben richten wollte. Ja, wann haben wir in diesem Lande jemals nach oben geblickt? Aber hier haben sie wohl zeigen wollen, dass sie stärker sind als Natur und Geschichte dieses Landes und dass sie genauso viel können wie die in New York und Chicago. – Aber durch die kreuzweise auf alle Scheiben geklebten Papierstreifen, die wohl das Zersplittern des Glases bei Luftangriffen und Kämpfen verhindern sollten, bekommen die düsteren Kolosse obendrein das Aussehen von Gefängnissen mit vergitterten Fenstern. Auch das ist ein Symbol, wenn auch sicher ein ungewolltes.
Als wir die tiefe Schlucht zwischen zwei Gebäuden durchschritten hatten, öffnete sich vor uns die riesige Fläche des Roten Platzes. Das war wieder ein gewaltiger Anblick, auf den wir nicht im geringsten vorbereitet waren. Je weiter wir wie Ameisen auf der weiten Platte dahinkrochen, desto imponierender wurde im Rückblick das Bild der Hochhäuser. Nun erst konnten wir erkennen, dass es eine graue, einheitlich geplante Gruppe war. Vor allem fielen uns zweistockwerkhohe Verbindungsbrücken zwischen je zwei vorgeschobenen Klötzen auf. Diese Brücken spannten sich in Höhe des 6. Geschosses so weit wie ihre Höhe über der Erde betrug, sodass der Eindruck von kolossalen Toren entstand.
In welch eine fremde Welt waren wir doch an diesem Abend noch geraten. Der endlose Platz, die gewaltigen Bauten hinter uns, nun zur Rechten armselige Holzbaracken neben den Hochhäusern und links wieder große Gebäude in kitschigem Stil, vor uns dann ein nüchterner Betonbau – fast war es zuviel, was sich da so fremd um uns auftat. Monatelang haben wir nur Felder und Wiesen und niedrige Hütten gesehen und nun verloren wir uns fast in einer steinernen Riesenstadt. Monatelang sind wir nur auf Lehm und Sand und in tiefem Morast gelaufen und gefahren – nun knallten unsere Stiefel auf hartes Pflaster und unsere Füße, die sich an den weichen Boden gewöhnt haben, begannen zu schmerzen. Aber nun marschierten wir über den Roten Platz von Charkow, über das Zentrum dieser Stadt, und wenn es auch keine Siegesparade mit feierlichem Tamtam gab, wenn wir auch nass und müde und als zerfledderter Haufen über den Platz dahinkleckerten – es war doch der Rote Platz von Charkow, dessen Pflaster wir unter den

Füßen hatten, nicht einmal diese, seine Lieblingsstadt, hat der Russe halten können, obwohl unsere vormarschierenden Haufen doch bei Gott kümmerlich und ausgelaugt gewesen sind. Er ist hinausgejagt worden und mag nun zusehen, dass er irgendwo draußen in den Steppen ein Winterquartier findet. Nun erst, während wir über den Roten Platz tippelten und die Augen nicht von den finsteren Türmen in unserem Rücken lassen konnten, glaubten wir wirklich, dass Charkow gefallen ist, dass das Ziel des Feldzuges tatsächlich erreicht ist und dass nun wohl hoffentlich eine ruhigere Zeit vor uns liegen wird.
Wir gelangten ans Ende des großen Platzes und sahen noch einmal zurück. Da standen die wuchtigen Klötze weit in der Ferne wie eine Traumkulisse hinter einer unendlichen Bühne. Doch dies alles war kein Traum, nein, dies war Charkow, das Herz von Charkow, und wir waren ganz und gar wach. Die Füße brannten uns und wir hatten Hunger. Wir waren durchnässt und kaputt und wollten nur noch ein Dach über dem Kopf haben. Charkow ist groß und unser Ziel war noch fern. Wir gerieten in traurige Seitenstraßen und sockten kreuz und quer, bis wir endlich die richtige Ausfallstraße erwischten, auf der wir wohl noch eine Stunde lang in der Dämmerung dahinsockten. Dort weiter draußen interessierte uns nichts mehr, keine Häuser, keine demolierten Straßenbahnen. Die Straßen selbst waren menschenleer. Vielleicht müssen die Zivilisten um diese Zeit schon in den Häusern sein. Nur wenige Fahrzeuge waren noch bei uns geblieben. Alle anderen von der langen Kolonne waren schon von den vielen Seitenstraßen aufgesogen worden.
Kurz bevor es ganz duster wurde, bogen auch wir in eine tief verschlammte Seitenstraße ein und eines der dörflich anmutenden Häuser wurde uns schließlich als Quartier zugewiesen. Wir räumten mit unseren letzten Kräften den ganzen Mist vom Wagen und stellten die Kanone in einem kümmerlichen Schuppen unter. Die armen Gonis mussten wieder mal draußen bleiben. Einen Pferdestall gibt es hier nicht.
Ja, da sind wir nun also in Charkow, am Ziel. Wir können uns richtig ausziehen und brauchen keine Wache zu schieben. Andere Truppen sind schon über die Stadt hinaus den fliehenden Russen nachgestoßen. Hier ist schon Frieden, Hinterland. Zum ersten Male nach einer uns endlos erscheinenden Zeit können wir wirklich ohne Sorge schlafen. Sorglos schlafen – das haben wir total verlernt. Immer sind die Sinne im Unterbewusstsein wach geblieben, bereit, auf das kleinste Alarmzeichen hin sofort zu reagieren. Nun auf einmal können wir sorglos fast ohne Unterbrechung eine ganze Nacht hindurch schlafen… Ja, nun liegt nicht alles hinter uns, aber Charkow ist genommen. Vielleicht gibt es mal wirklich Ruhe und Urlaub und Ablösung. Allein die Hoffnung darauf hat uns ja die Kraft gegeben, immer wieder alle Strapazen auf uns zu nehmen. In Charkow sollte Ruhe sein. Eine einzige Schlacht sollte in diesem Herbst noch geschlagen werden. Jetzt endlich ist es soweit. Aber offenbar ist der Krieg noch nicht zu Ende. Vielleicht gibt es doch keine Ruhe, keine Ablösung, ja, vielleicht alarmiert man uns noch in dieser Nacht. Wir haben es zu oft erlebt, dass selbst die bescheidenste Hoffnung in der nächsten Minute zerrissen wird. Unser ganzes Dasein ist eine ständige Alarmbereitschaft bei Tag und Nacht, im Kleinen und im Großen, und das macht auf die Dauer die besten Nerven kaputt. Daher ist es schon am besten, wenn man gar keine Pläne mehr macht, wenn man nichts mehr erhofft und nichts

mehr fürchtet, sondern nur noch versucht, aus allem, so wie es kommt, das Beste zu machen, sich jedes Essen – und sei es ein nasses Stück Brot – so gut wie möglich schmecken zu lassen, sich an Sonne, Mond und Sternen zu freuen, wenn sie scheinen, und Regen, Wind und Kälte zu ertragen, so gut man es kann. Vor allem aber zu schlafen, in jeder Minute, die sich bietet, im Sitzen oder im Stehen oder wie jetzt auf dem harten Fußboden eines fremden Hauses in Charkow. Schlafen und vergessen…

Und doch – es geht nicht anders, man hält es sonst nicht aus: Trotz allem auch ein wenig Hoffen, immer wieder, und nun erst recht, denn die Zukunft bleibt ungewiss und Schnee und Frost und eisige Stürme können jetzt ja jederzeit über das Land kommen. Da braucht man schon Kraft und Hoffnung, neue Hoffnung. Zu viele Freunde liegen begraben am Wege und die Sonne des Sommers scheint uns nicht mehr…

S C H E W T S C H E N K O W O (Etwas östlich Charkow)

Charkow, Mittwoch 29. Oktober 1941

Ja, so war mir gestern zumute in der Stille dieser Nachtstunde. Für uns, die wir noch leben und heile Knochen haben, war es eben doch ein großer Tag, in Charkow zu sein, wohl 2.000 km von zu Hause, am Ziel dieses Herbstes. Da darf man mit 20 Jahren wohl mal etwas träumen und hoffen. Wovon träumen Millionen sonst in friedlichen Zeiten mit 20 Jahren? Unsere Träume und Hoffnungen sind schon traurig und bescheiden genug, meine ich.

Charkow, Sonntag, 9. November 1941

Schade, das erlösende Wort des Führers ist nicht gefallen: Wann ist endlich Schluss?? Gewiss – 8 bis 10 Millionen Totalausfall der Russen – „... davon erholt sich keine Armee der Welt mehr, auch die russische nicht“ –, gewiss: 15.000 Flugzeuge, 22.000 Panzer, 27.000 Geschütze, 3,6 Millionen Gefangene. Aber wie viel an Menschen und Material haben sie immer noch? Was kommt noch alles auf uns zu? Was geschieht mit uns im Winter? Was nützt uns heute der Satz: „Sie werden staunen, womit wir eines Tages antreten!“? Wann ist dieser Tag??

Diese Rede hat keine neue Hoffnung erweckt…

Auch sonst gibt es wenig Neues. Die Kompanie ist allmählich wieder beisammen; die Fahrzeuge, die auf 200 km Länge einzeln in den verschlammten Dörfern verendet waren, wie zum Beispiel Enis Wagen, haben sich gegenseitig oder mit fremder Hilfe nach und nach bis Charkow durchgewurstelt; der schwere Werkstattwagen, ein Henschel-Dreiachser, ist wegen der grundlosen Straßen viele zig Kilometer auf den Schwellen der Eisenbahn bis hierher gestockert. Unvorstellbar. Nun haben die Fahrer alle Motoren, Getriebe und Kupplungen auseinandergerupft, denn nichts war mehr richtig intakt. So stehen die traurigen Reste ausge-

weidet in einer eisig kalten Fabrikhalle, in der ein paar Kokskörbe für ein Minimum an örtlicher Wärme sorgen. Und wenn es morgen Alarm geben sollte, müssten wir wieder zu Fuß und mit Panjes los.
Wir „Landser" sind geschützweise in Häusern in der Nähe der Fabrik untergebracht. Anfangs konnte uns Alex noch ein paar Kartoffeln und andere gute Sachen in der Nachbarschaft besorgen, aber das ist nun vorbei. Jetzt gibt es seit Tagen abends als Hauptmahlzeit nur noch heißes Wasser mit 12 bis 15 Hirsekörnern darin, dazu etwas trocken Brot. Wenn wir Wache schieben müssen, frieren wir entsetzlich in unseren dünnen Sommermänteln. Aber der Dienstbetrieb läuft wieder eisern bis zur Dienstausgabe gegen 18 Uhr in der finsteren Fabrikhalle. Emil ist wieder in seinem Element.
Gestern ist der Stecher Sepp, der in Dergatschi nur einen Handdurchschuss erhalten hatte, in der vermeintlichen Sicherheit des Lazaretts an Flecktyphus gestorben. Wieder ein Toter…
Gut drei Monate haben genügt, unsere einst komplette mot-Kompanie materiell zu ruinieren und moralisch haben wir auch einen schweren Knacks weg, denn wir sind fertig, ausgelaugt; wie sehr, das haben wir erst hier in der relativen Ruhe und Sicherheit dieser letzten Tage so richtig gespürt und nun auch nach dieser Rede des Führers, die uns nur Steine statt Brot gegeben hat.

Charkow, Mittwoch, 12. November 1941

Das Thermometer stürzte heute innerhalb weniger Stunden auf minus 17 Grad. Das war wie ein Fall ins Bodenlose. Ein schneidender Wind fegte obendrein von Osten her in die Stadt hinein und ließ allen Schlamm auf der Straße zu tückischen Bergen und Tälern erstarren. Aber seit heute Abend genießen wir die warme Geborgenheit dieser armen Hütte in der lichterlosen Stadt bewusster. Wer jetzt vorn stehen muss, die Nase nach Osten, vor sich die mondlosen Äcker, über die der Ostwind in Wellen den Staub jagt…

Charkow, Donnerstag, 13. November 1941

Noch immer heult von Osten ein eisiger Wind, der alles erstarren lässt und einem die Luft nimmt. Mit klammen Pfoten machten wir uns bei irgendwelchen blöden Arbeiten zu schaffen, aber es konnte niemand von uns erwarten, dass wir ernstlich etwas zustande brachten.
Zu acht Mann bekamen wir vorhin ein Brot, dazu etwas von der gewohnten Buchweizenwassersuppe. Unseren Alten in dem Hause zogen wir die letzten Linsen aus der Nase. Wenn auch keiner davon spricht, so sitzt uns allen doch ein schwerer Kloß auf der Seele, wenn man an den Vormarsch auf Moskau denkt. Wir hören seit einiger Zeit wieder regelmäßig die Wehrmachtberichte und wissen daher ungefähr, wo unsere Truppen stehen und wo der Schwerpunkt der Kämpfe liegt. Wenn bei Moskau, wo es bestimmt noch kälter ist als hier, die Panzer und Zugmaschinen kein Glysantin im Kühler haben und wenn sie genauso überrascht worden sind wie wir, dann gute Nacht. Dann stehen sie jetzt schon irgendwo in

einem Dorf mit zerrissenen Motoren wehrlos im steingewordenen Morast. Was das bedeutet, braucht uns niemand zu erzählen. Und trotzdem könnte man beinahe auf die Idee kommen, dass es vorne jetzt schöner wäre als hier. Zu sehr kotzt es uns an, Tag für Tag diesen lächerlichen Arbeitsdienst zu machen, dieses stumpfsinnige Geschützreinigen an den sauberen Kanonen, und dazu von 0 bis 24 Uhr so erbärmlich Kohldampf zu schieben. Vorn mag es ja wenigstens noch was zu fressen geben und wenn die Truppe offiziell nichts kriegen kann, dann darf sie sich aber was holen.
Und doch – wenn man jetzt nach Osten sieht, zu den rauen Novemberwolken hin, die von dort her über uns hinwegfegen, dann kann einem bange werden um alles Erreichte und man könnte meinen, dass dieser Frost ein Menetekel für fürchterliche Dinge ist. Auch den alten Napoleon hat ja im Grunde nur der Winter kaputt gemacht. Wir haben immer geglaubt, wir wären so viel weiter als der. Aber vielleicht ist dies alles nur Einbildung. Wie sooft bleibt letzten Endes alles am einfachen Fußlatscher hängen, damals wie heute.

Charkow, Sonnabend, 15. November 1941

Brot gab es heute überhaupt nicht. Wieder nur etwas Buchweizengrütze mit viel Wasser und morgens den üblichen Muckefuck. So musste uns die Alte vorhin wieder mit Bratkartoffeln aushelfen. Sie tat es zu unserer Verwunderung auch ganz gern. Sie ist jedenfalls immer freundlich und hat vielleicht sogar ein wenig Mitleid mit uns, die wir das Hungern ja gar nicht kennen wie diese einfachen Menschen hier.
Wenn es nur auch endlich mal Bekleidung gäbe und Ersatz an vielen anderen Dingen, die wir so bitter nötig brauchen! Wie unbeschreiblich verkommen sehen unsere Klamotten aus! In Frankreich, im frühen Frühjahr, haben wir zuletzt in normalen Betten geschlafen, seitdem doch eigentlich immer nur auf Bänken, Fußböden, auf Stroh und Mantel und Holz, auf dem staubigen oder nassen Wagen oder im Loch, in Erde und Mist; wann seit dem Übergang über den Dnjepr sind wir mal aus Uniform und Wäsche gekommen? Und so sieht auch alles aus. Die Socken hoffnungslos zerfetzt, die Stiefel durchlöchert und aufgeplatzt, die Handschuhe nur noch Lumpen. Allein der Kopfschützer ist noch einigermaßen heil und zu gebrauchen. Aber fast noch deprimierender als all dies ist der ekelhafte Dreck und der überall eingefressene Schweiß- und Eitergeruch. Wie viele tausend Läuseleichen kleben mit ihrem und unserem Blut in den Nähten, wie viele Geschwüre und Eiterstellen und Blutkrusten haben wir hundert- und aberhundert Mal aufgekratzt und verschmiert, wenn uns die Biester zur Raserei brachten! Und nie ein Pflaster oder gar ein Verband!

Charkow, Freitag, 28. November 1941

Alle Tage wieder den immer gleichen Stumpfsinn. Immer noch Kälte, immer noch Eisbeine, immer noch blau gefrorene Hände von früh bis spät. Wieder Ausbildung an der mittleren Pak und Arbeitsdienst. Als wir dann am Abend auch die

Dienstausgabe wie üblich im Dustern hinter uns gebracht hatten und gerade weggetreten wollten, wurden wir plötzlich noch einmal zusammengetrommelt. Das hatte nichts Gutes zu bedeuten. Minuten später waren zehn bis zwölf Namen verlesen von denen, die morgen nach vorn zum Regiment fahren sollen. Ich bin auch dabei. Ich hatte keinen Appetit mehr, sondern packte meinen Kram zusammen. Jetzt wäre ich doch wieder gern hier geblieben, hätte den Idiotendienst abgeschrubbt und dabei gefroren und selbst die verhasste Dienstausgabe im Finstern weiter über mich ergehen lassen. Aber damit hat es nun ein Ende. Von nun an darf man wieder in der Hundekälte nachts draußen Wache schieben, Stunde um Stunde mit der übermächtigen Müdigkeit kämpfen und uns zu allem noch vor dem Iwan hüten. Es gibt keine Bekleidung mit auf den Weg, keine saubere Wäsche, keine wärmenden Sachen, keine Filzstiefel zum Postenstehen, keine heilen Handschuhe, keine Pelzmützen – nein, nichts, nichts, nichts. In den abgeschabten Sommersachen jagen sie uns hinaus in die sibirische Kälte, in diesen schneidenden Ostwind…
Vor einem Monat rückten wir in Charkow ein, morgen geht es wieder hinaus nach Osten. Scheiße, riesengroße.

Starij Saltow, Sonnabend, 29. November 1941

Wir waren ein Häufchen trauriger Gestalten, als wir heute Vormittag auf dem Hof der Fabrik mit steif gefrorenen Knochen auf zwei Russenlaster kletterten, die uns nach Starij Saltow bringen sollten. Man hatte uns wie immer ein paar Stunden sinnlos warten lassen. Wir hatten allerlei Gerät, Munition und Verpflegung aufgeladen, und dann… endlich war es so weit.
Wir bogen in die große Straße nach Osten ein und sofort sprang uns der Frost wie mit tausend Nadeln ins Gesicht, sodass wir uns schleunigst hinter die Planken des Wagens kauerten und die Gesichter hinter den hochgeschlagenen Mantelkragen zu schützen suchten.
Einige lang gestreckte, hohe Mietshäuser standen noch da, lieblos, roh und grau auf die schmierigen Äcker geworfen, ohne Gärten, Zäune und Wege, nur verbunden durch ein krakeliges Netz dünner Trampelpfade, die alle zur Hauptstraße strebten und kaum ein paar kümmerliche Querverbindungen hatten. Das war das Letzte, was wir von Charkow sahen. Dann hatte uns die freie Landschaft wieder, die endlose Weite, und die Stadt ging hinter einer flachen Anhöhe unter. Und wie die düsteren Häuser versunken waren, so ging nun auch die steinerne Straße wieder unter im gefrorenen Meer des Schlamms. Nur die schwarze, einsame Reihe der Masten ließ erkennen, wo die Straße weiterführte, nach Osten, in die Steppe hinein. Wir wurden hin- und hergeworfen wie alte Eimer und glaubten mehr als einmal, die Knochen seien uns wie Glas zersplittert. Der Weg war wie ein erstarrter, gepflügter Acker, so tief hatten sich in der Schlammzeit die Räder eingefressen, so hoch war der Morast zur Seite gequetscht worden.
Über der Ebene spannte sich ein dunstiger, aber noch heller Himmel und wir konnten weit ins Land sehen, das sich wieder so bedrückend menschenleer um uns ausbreitete. Man fragte sich wie schon so oft, wo sich denn dieser einsame Krieg eigentlich abspielt und wo in dieser Öde Menschen leben und Soldaten

kämpfen sollen.
Je weiter wir nach Osten rumpelten, desto zusammenhängender zeigte sich eine dünne Schneedecke. Nach geraumer Zeit begegneten uns zahlreiche Trüppchen von Zivilisten, meist Frauen, Kinder und alte Männer mit Säcken und Körben. Zuerst wussten wir nicht, was diese Leute überhaupt auf diesen leeren Schneefeldern wollten, aber dann gelangten wir schließlich an eine Stelle, wo wir sahen, was sie aus der Stadt oder aus den Dörfern seitab dorthin herausgetrieben hatte: Da lagen eine ganze Reihe toter Pferde bei zwei umgestürzten Masten, aufgetrieben und bis über die Hälfte im Schlamm versackt. An diesen wochenalten Kadavern standen sie mit Beilen und Spaten und schlugen sich Stücke aus dem gefrorenen Fleisch. Kunstvoll ließen sie die steife, dick verkrustete Haut der Tiere wie ein Gewölbe stehen und brachen sich nur das Innere heraus. Was mussten diese Menschen für Hunger leiden, dass sie das auf sich nahmen! Nicht weit von dieser Stelle gingen Frauen und Kinder gebückt über die verschneiten Stoppeln und stocherten mit allerlei Stöcken die letzten Ähren unter der vereisten Schneedecke hervor. Und wieder ein Stück weiter versuchten ganze Scharen von Menschen, die Erde der Felder aufzubrechen, um längst erfrorene Kartoffeln zu finden. Das waren wieder Bilder, die uns noch mehr frieren und mit Sehnsucht an Charkow zurückdenken ließen. Wir hatten längst jedes Gefühl in Händen und Füßen verloren und wünschten uns nur noch eins: Eine warme Bude und etwas Warmes in den Bauch. Wir durften vielleicht auf beides hoffen. Aber die Menschen auf den Feldern…?
Die Landschaft änderte sich kaum. In leichten Wellen hoben und senkten sich die schier endlosen Äcker und immer wieder taten sich neue Horizonte vor uns auf. Aber schon wenig später rollten wir eine letzte Anhöhe in ein ziemlich ausgedehntes Dorf in einer breiten Talmulde hinunter. Starij Saltow! Bei Köhler und seinen Leuten, denen ich mit einem anderen Leidensgenossen zugeteilt worden war, wurden wir zwei als hoch erwünschte Verstärkung wohlwollend empfangen. Wir kriegten irgendwoher auch gleich was Gutes zu essen und hatten ausnahmsweise mal beim Einzug in ein neues Quartier nichts zu säubern, einzurichten und in Schuss zu bringen. Als wir dann etwas aufgetaut und gesprächiger geworden waren, ging denn auch gleich das gegenseitige Erzählen los. Köhler ist schon fast eine Woche hier draußen und hat noch nichts Besonderes erlebt. Der Donez fließt gar nicht weit von unserer Bude entfernt. Es sieht alles sehr friedlich, ja fast heimatlich, aus mit den Gärten und Bauernhäusern und mit dem Rauch der Schornsteine, der in die stille, reine Winterluft emporsteigt. Und drüben, jenseits der Talsenke, der Wald. Der Schnee hat allen Dreck unter seinem weißen Tuch begraben. Wie es heißt, sitzt der Russe viele Kilometer entfernt auch irgendwo in warmen Dörfern. Dazwischen erstreckt sich ein weites Niemandsland, das nur nachts von beiderseitigen Spähtrupps überwacht wird. Bei Tage beobachten nur wenige Posten das weite Vorgelände.

<u>Starij Saltow, Sonntag, 30. November 1941</u>

In der Nacht brauchten wir nur zwei Stunden Wache zu schieben. Das ist uns, die wir noch ganz schön ausgeruht sind, nicht weiter schwer gefallen. Gerade nachts ist jetzt der Schnee eine feine Sache, weil er alles so hell und übersichtlich macht. Das friedliche Dorf und der Wald in einiger Entfernung taten ein Übriges, um eine gelöste Stimmung in uns aufkommen zu lassen und ganz verstohlen auch mal an zu Hause und an Weihnachten zu denken, denn heute beginnt ja die Adventszeit. Das hätten wir beinahe ganz vergessen. Der Tag ging dann hin, indem wir Holz hackten und über Mittag auch ein kleines Stündchen pennten. Dabei störte es uns wenig, dass russische Jäger alle Nase lang über Starij Saltow freche Kurven drehten und dass es von Osten her hin und wieder rummste. Da schießen sie angeblich mit der Ari die Dörfer in Brand, um sich den Iwan vom Leibe zu halten.

Starij Saltow, Freitag, 5. Dezember 1941

Unteroffizier Wutzler, der Führer des mittleren Geschützes, ist heute durch eine Fliegerbombe schwer verwundet worden. Anscheinend haben die Hunde sein Geschütz aus der Luft entdeckt. Bei uns beschränkten die Iwans sich auf den Abwurf von höchst törichten und albernen Flugblättern. Damit bringen sie keinen dazu, überzulaufen.

Starij Saltow, Sonnabend, 6. Dezember 1941

Noch immer hält das herrliche windstille Wetter an. Man spürt die Kälte nicht so sehr, die Luft ist so rein und der ganze Dreck liegt unsichtbar unter der weißen Decke des Schnees. So gefällt mir Russland noch am besten.
Außer einem blinden Alarm ist uns in den letzten Tagen nichts Aufregendes widerfahren. Thema Nr. 1 waren die üblichen Urlaubsträume. Die Post ist wieder in Gang gekommen. Zu Hause war zuletzt, d.h. vor einigen Wochen, noch alles heil trotz der zahllosen Luftalarme, aber jeder macht sich täglich Sorgen um alle anderen.
Gegen Abend erhielten wir plötzlich Befehl, morgen zum 1. Bataillon nach Passekowka jenseits des Donez vorzuziehen. Nun ist es also aus mit den schönen Tagen. Aber wir haben wenigstens diese Zeit zum Eingewöhnen gehabt und müssen dankbar dafür sein. Auf jeden Fall war es hier schöner als unter Emils Fuchtel in Charkow!

Passekowka, Sonntag, 7. Dezember 1941

Natürlich Sonntag – Reisetag! Kurz nach dem Essen machten wir uns mit zwei Panjewagen und der Kanone auf den Weg, tippelten vorbei an der zerschossenen Kirche von Starij Saltow, dann tauchte vor uns eine kleine, nicht mehr ganz intakte Holzbrücke auf, die über ein Bächlein führte. Dieses Bächlein, kaum zehn Meter breit, war der sagenhafte Donez. Darüber waren wir doch sehr erstaunt, denn mit dem Namen, der uns so geläufig ist, hatten wir uns ja auch eine gewisse Breite des Flusses vorgestellt. Als wir dann 100 m jenseits der Brücke waren, sah

man hinter uns kaum noch die verschneiten Böschungen der Ufer. Wenig später erfreuten uns eine Menge zerstörter Flak-Kanonen der Russen, die dort wohl die Brücke über den Donez gesichert hatten.
Kurz darauf führte dann der Weg in einen Wald hinein und später am Rande des Waldes entlang. Es hieß, dieser Wald sei überhaupt nicht von unseren Truppen besetzt, sondern praktisch Niemandsland. Etwas mulmig wird einem bei solchen Erkenntnissen schon, denn man kann ja wirklich nicht wissen, ob nicht irgendwo ein russischer Späh- oder Stoßtrupp im Gebüsch hockt. Es tat uns aber niemand etwas zu Leide und so gelangten wir schließlich ungeschoren nach Passekowka, einem mittelgroßen Dorf, das sich lang gezogen nicht weit vom Walde entfernt an der Straße erstreckt. Wir meldeten uns bei dem Führer der Infanteriekompanie und erhielten schon bald ein Haus zugewiesen, bei dem wir auch gleich die Kanone aufbauen sollten.
Es war nicht ganz einfach, das bunt bemalte Ding mit Schnee so zu tarnen, dass man möglichst wenig davon sieht; es brach daher auch schon die Dunkelheit herein, als wir mit diesem Fummelkram endlich einigermaßen fertig waren. Danach machten wir es uns in unserem Quartier gemütlich und bezogen zu zweit Posten an der Kanone. Wir haben nun wieder abwechselnd zwei Stunden Wache und vier Stunden Ruhe vor uns; der alte, entnervende Rhythmus. Etwas weiter von uns entfernt ragt die dunkle Wand des Waldes in den blaugrauen Himmel. Wie tief der ist, wissen wir noch nicht. Er soll aber in der Dunkelheit durch Posten der Infanterie gesichert und überwacht sein. Wir können deshalb wohl ziemlich unbesorgt sein, zumal das freie Feld bis zum Waldrand wegen des hellen Schnees gut zu übersehen ist.

Passekowka, Montag, 8. Dezember 1941

In der ganzen Nacht fiel kein Schuss. Nicht einmal eine Leuchtkugel erhellte mit ihrem zitternden Licht den grauen Nachthimmel.
Ein warmer Luftstrom machte sich unerwartet auf und es begann zu tauen. Das wollten wir erst gar nicht glauben, doch schon bald merkten wir es überall an dem Matsch und an dem Wasser, das uns durch die Löcher in die Stiefel drang.

Passekowka, Dienstag, 9. Dezember 1941

Woher die Parolen kommen, weiß niemand zu sagen, aber vor Moskau soll es ganz übel aussehen: Regimenter erfrieren, Fahrzeuge und Panzer stecken rettungslos im zusammengefrorenen Matsch, die Kräfte sind erloschen. Wenn das stimmt, muss es furchtbar sein. Angeblich greifen jetzt sogar die Russen an, mit frischen Truppen aus Sibirien, wintergewöhnt.
Hier ließ das Tauwetter heute fast allen Schnee verschwinden. Die Welt ist mit einem Male wieder grau und finster geworden und der Wald steht drohend und unheimlich vor uns. Der Matsch, der vor allem auf der Straße unergründlich wurde, läuft uns weiter von oben und unten in die Stiefel, obwohl in Eile überall Bretterstege verlegt werden. Aber irgendwann tappt man eben doch mal daneben

und platscht in den Modder.
Eben erfuhren wir vom Kriegseintritt Japans und von dem großen Erfolg bei Pearl Harbour. Die Japaner gehen offenbar gewaltig ran. Uns soll es recht sein, solange die Amerikaner sich nicht auch gegen uns wenden. Das fehlte uns jetzt noch. Schade; dass die Japaner nicht auch gegen Russland antreten. Vielleicht kommt das noch, wenn der Russe noch mehr geschwächt ist.

Passekowka, Donnerstag, 11. Dezember 1941

Heute war überhaupt nichts los. Tagsüber schläft das Dorf, denn alle Landser, die hier liegen, sind in den Nachtstunden auf den Beinen gewesen. Das Wetter verschlechterte sich gestern gegen Abend erheblich, kalt und nass pfiff der Wind um die Häuserecken und nachts kam sogar ein regelrechter Sturm auf. Da glaubte man oft, im Wald oder auf dem schwarzen Acker vor uns verdächtige Geräusche zu hören, und man war viel unruhiger auf Posten als in den Nächten vorher. Aber auch diesmal geschah nichts. Es blieb finster und selbst in dieser rabenschwarzen Nacht ging nirgends eine Leuchtkugel hoch. Es will wohl kein Posten von der Infanterie ohne Not seine Stellung verraten.

Passekowka, Freitag, 12. Dezember 1941

Es regnete heute fast den ganzen Tag und dadurch wurde der Matsch, der schon durch die Schneeschmelze entstanden war, noch tiefer und zäher. Wir fluchten nicht schlecht über unsere ständig nassen Füße, aber andererseits sind wir auch ganz froh, dass es so warm ist, zumal jetzt, mitten im Dezember. Aber die Nächte sind unsagbar lang und wenn wie jetzt kein Schnee liegt, sieht man wirklich kaum die Hand vor Augen und kann sich nur auf die Ohren verlassen. So leben wir wie die Molche in stetem Halbdämmer, denn auch bei Tage wird es in dem kleinfenstrigen Verlies nicht hell, sodass wir dauernd unsere trüben Hindenburgfunzeln brennen lassen müssen.
Eben kommen die neuesten Zeitungen mit Auszügen aus der Rede des Führers, von der wir dadurch erst jetzt überhaupt erfahren. Nun ist es also doch passiert: Krieg mit Amerika. Nun gibt es wohl kaum noch ein Land, das nicht mit uns oder gegen uns oder die Japaner Krieg spielt. Der Zweite Weltkrieg ist perfekt. Die Japaner preschen in alle Himmelsrichtungen vor: Philippinen, Thailand, Wake, Guam, Singapur. Schlachtschiffe rauschen gleich im Dutzend in die Tiefe. Es ist so verwirrend viel los auf diesem Globus, dass man nur noch generelle Eindrücke registrieren kann. Man müsste wirklich einen richtigen Globus mit sich herumschleppen, um alles einigermaßen anschaulich verfolgen zu können.
Den Russen ist es bestimmt recht, dass Amerika nun auch gegen uns in den Krieg eingetreten ist. Das wird ihnen ungeheuren Auftrieb geben, auch wenn Amerika ein Kapitalistenstaat ist. In der Not frisst der Teufel Fliegen. Insgesamt ist die Lage bestimmt nicht besser geworden. Es ist sogar verdammt viel auf einmal, was in diesen letzten Tagen und Wochen zu verkraften war und noch ist. Aber man weiß nun wenigstens, woran man ist und kann sich darauf einstellen.

Im Übrigen hat der Führer selbst angedeutet, dass der Winter nunmehr den Vormarsch unterbrechen wird, dass es aber im Sommer weitergehen wird. Die bisherigen Verluste sind ja erstaunlich niedrig – etwas mehr als das Doppelte der Somme-Schlacht des Ersten Weltkrieges. Aber die Zahlen werden schon stimmen. Es waren ja meist nur Tage oder Stunden, an denen es blutig zuging, dann kamen ja wieder Tage und fast Wochen ziemlich glatten Vormarsches.
Erschreckend demgegenüber die Zahl der in Polen vor Kriegsausbruch ermordeten Deutschen: 62.000. Wenn das kein Grund zum Eingreifen war!
Alles in allem eine große Rede, ein umfassender Rückblick, der uns in diesen Stunden von Neuem die Gewissheit gibt, in Ehren für eine gerechte Sache zu kämpfen. Wenn wir diese Gewissheit nicht hätten, stünden wir nicht hier. Mit dieser Gewissheit kommen wir nun hoffentlich auch über diesen frühen und harten Winter.

<u>Starij Saltow, Montag, 15. Dezember 1941</u>

Wieder in Starij Saltow, aber auf dem Hauptverbandsplatz (HVP) mit einem glatten Durchschuss durch den linken Unterarm, die Knochen heil, nur drei Finger gekrümmt, also wohl bestimmte Sehnen angekratzt.
Man hatte uns mitten in der Nacht zu einem gewaltsamen Aufklärungsunternehmen nach Schewtschenkowo befohlen mit dem Ziel, Gefangene zu machen. Wir sollten natürlich mit unserer Pak die Infanterie sichern, wie üblich. Der Ort liegt etwa 10 km von Passekowka entfernt. In der Finsternis der Nacht war der Haufen planmäßig unbemerkt von hinten bis an das Dorf herangekommen, dort warteten wir auseinandergezogen die erste Morgendämmerung ab und dann trat die Infanterie lautlos an und wir folgten in einer Mulde mit unseren vier Pferdchen, der Protze und der Kanone. Es gab dann einiges Geballere im Dorf, aber es wurde schon bald wieder still, die Infanteristen sammelten sich, nachdem sie 20-30 Iwans geschnappt hatten, und der Rückmarsch begannen.
Aber nun, auf dem Rückweg, gerieten wir plötzlich in ein böses MG-Feuer der Russen, die in unsichtbaren Gräben hockten und nun hauptsächlich aus ihrer Feldstellung nach hinten schossen, entgegen ihrer eigentlichen Blickrichtung. Nun, in diesem unerwarteten Gefatsche, ließen wir die Pferde mit der Kanone vorweg laufen, machten selbst in gewissem Abstand schulmäßig Sprung – „Auf Marschmarsch“ und „Hinlegen“ in den Ackerfurchen und dabei erwischte es mich dann.
Albert von Köhlers Geschütz robbte auf mein Rufen hin sofort heran. Und dann sahen wir die Bescherung: Der ganze Unterarm voller Blut. Aber keine Schmerzen, nur der kleine Finger klirrte noch so komisch.
„Mensch, ich glaube, du hast einen prima Heimatschuss!“, sagte Albert trocken. Gemeinsam fummelten wir das Verbandspäckchen aus der Rocktasche. Mit einem Schlage wich alle Angst und alle Erregung von mir. Heimatschuss, hatte er gesagt. Prima Heimatschuss! War das möglich? Heimatschuss? Heimat? Das hatte ich mir immer ganz anders vorgestellt, aufregender, gefährlicher. Und nun war es fast gar nichts. Albert hatte seinen Ärmel hochgekrempelt und machte sich seelenruhig daran, meinen Unterarm zu verbinden, während über uns immer noch

die Geschosse zwitscherten und das Mündungsfeuer der MGs so nah zu hören war. Auf einmal war das alles fast vergessen. Heimatschuss! Ja, jetzt nur noch heil herauskommen, dann war alles gut. Da war Albert auch schon fertig und sagte: „Los, komm, jetzt müssen wir zusehen, dass wir wieder Anschluss kriegen!“ In kurzen Sprüngen hetzten wir nun hinter den anderen her, die schon ein weites Stück vor uns waren. Noch weiter entfernt trotteten unbeirrt die Pferdchen ihres Weges und hatten die Kanone sogar noch hinter sich. Geschahen noch Wunder?

Als wir mit keuchenden Lungen noch ein großes Stück geschafft hatten, fiel uns plötzlich auf, dass die Russen überhaupt nicht mehr schossen. Es war still geworden über den Feldern. Wir sahen nun auch die Landser vor uns aufrecht, wenn auch weit auseinandergezogen, über die Äcker trampeln und da versuchten auch wir es, die wir nun tatsächlich die letzten waren. Auch unseretwegen fingen die Russen nicht wieder an, zu feuern. Anscheinend konnten sie uns dort nicht mehr sehen. Minuten später waren wir glücklich alle wieder bei der Kanone versammelt und das größte aller Wunder bestand darin, dass nur eins der Pferde einen Streifschuss am Halse bekommen hatte. Aber sie liefen und die Kanone war gerettet. Nur die Protze war von Einschüssen durchlöchert. An der Kanone konnten wir nur zwei bis drei Kratzer am Schild entdecken, sonst war ihr nichts geschehen. Ein Wunder kommt selten allein. Wäre auch nur ein Pferd schwerer getroffen worden – was dann?
Ganz allmählich fiel uns nun, als wir weitermarschierten, ein riesiger Stein vom Herzen. Die Infanterie schloss sich enger zusammen. Als wir uns umdrehten, konnten wir weder von Schewtschenkowo noch von der Feldstellung der Russen etwas entdecken.
Und nun brachen in uns die Dämme. Jeder begann wild zu erzählen, jeder musste sich spontan die ausgestandenen Ängste von der Seele reden. Ich wurde von allen Seiten als der einzige Verwundete unserer Geschützbedienung bestaunt. Es war aber offensichtlich nichts Ernstes, ich konnte ohne weiteres laufen und auch das Bluten hatte längst aufgehört. In Revolutionoje, dessen Trümmer wir in der Nacht mehr geahnt als gesehen hatten, wurde gehalten und gesammelt. Die Infanteristen brachten zwei Kameraden auf Bahren getragen. Verschiedene andere waren so wie ich mehr oder weniger leicht verwundet, aber fast alle konnten noch laufen, nur zwei nahmen wir auf unsere Protze.
Ein Teil der gefangenen Iwans war bei dem Feuerüberfall aus den Feldstellungen einfach liegen geblieben und daher hatten wir jetzt bei Weitem nicht mehr so viele Gefangene wie im Dorf. Insgesamt neun Verwundete und vielleicht ein Dutzend Gefangene.
Und einer von Köhlers Geschütz fehlte. Wir hatten ihn zuletzt beim Einbruch in das Dorf in der Mulde gesehen, die sich in leichten Windungen bis zu den ersten Häusern erstreckte. Da irgendwo muss er zurückgeblieben sein, denn beschossen wurden wir dort noch nicht. Ja, einer wusste, er sei früher Kommunist gewesen, und da schien es uns plausibel, dass er sich nach unserem Abzug den Russen gestellt hatte, vielleicht auch, um den Krieg wegen seiner sieben Kinder mit größerer Wahrscheinlichkeit zu überleben.
Von Revolutionoje aus tippelten wir, vom Iwan unbelästigt, wieder nach Passe-

kowka zurück, wo wir kurz vor Mittag müde und hungrig und auch ganz schön fertig mit den Nerven ankamen.
Nachdem der Sani uns Verwundeten dann in Passekowka die obligate Tetanusspritze verpasst hatte, hieß es: „Ab nach Starij Saltow zum HVP!“ Und da lag ich dann bald in einem herrlichen, weiß bezogenen Bett und schlief sogar in dieser ersten Nacht ganz gut, obwohl einige Schwerverwundete immer wieder stöhnten und brüllten. Das ließ mich oft vor Angst hochfahren, denn auch in mir wühlten ja noch die Erregungen dieser Nacht und dieses Morgens. Immer wieder glaubte ich, das Fatschen und Knallen der MGs zu hören. Aber wenn ich dann wieder wusste, wo ich mich befand, war alles gut, und ich versuchte mir vorzustellen, wie es wohl sein müsste, wenn ich bald in Urlaub führe…
Gestern Nachmittag schrieb ich dann noch einige Briefe, um alle zu beruhigen. Nun liege ich also unvermutet hier unter fremden Gesichtern mit der Aussicht, zumindest nach Charkow verlegt zu werden. Hier muss ja wieder Platz geschaffen werden. Soll ich mich freuen, für eine Weile außer Gefahr zu sein? Es ist ein zwiespältiges Gefühl, nur so leicht verwundet zu sein. Eigentlich könnte ich doch ohne weiteres Posten stehen und damit den Kameraden etwas mehr Schlaf verschaffen. Zum Heimatschuss reicht es bestimmt auch nicht. Aber der innere Schweinehund ist erst mal zufrieden…

Charkow, Dienstag, 16. Dezember 1941

Der Transport hierher in einem Sanka mit vier Schwerverwundeten, mir und noch einem Leichtverwundeten war eine grauenvolle Höllenfahrt. Der Schlamm hatte infolge des Frostes in der Nacht eine feste Kruste bekommen und dadurch wurde der Wagen gnadenlos geschüttelt. Die Verwundeten hatten fürchterlich unter den Stößen des Wagens zu leiden, sie schrien und fluchten und stöhnten unentwegt und man selbst saß als Leichtverwundeter dabei, hilflos und innerlich fast ebenso fertig wie diese Armen, die sich gegen diese Quälerei nicht wehren konnten. Wenn einem von dem lauten Jammern und Brüllen der Schwerverwundeten noch nicht schlecht wurde, dann aber bestimmt von dem ekelhaften Geruch der Verbände, des Blutes und der fiebrigen Ausdünstungen. Dieser dumpfe Gestank schnürte mir den Magen zu und füllte den Raum so dicht wie Watte. Von hinten drang durch die Ritzen auch noch der Qualm des Motors herein…
Um die Mittagszeit endlich spürten wir statt der steinhart gefrorenen Dreckwege das sanfte Pflaster städtischer Straßen unter uns, Charkow war erreicht! In der Krankensammelstelle am Roten Platz wurden wir ausgeladen. Das ist ein riesiger, kahler Bau mit finsteren hohen Sälen, deren Fenster zum Teil verbrettert sind und die man nun mit uralten Eisenbetten vollgestopft hat. Auch hier eine fürchterliche Luft, weil niemand die wenigen Glasscheiben öffnen will, um nicht das bisschen Wärme und „wohligen“ Mief flöten gehen zu lassen.
Wir beiden Leichtverwundeten wurden in einen der Säle geführt und konnten uns dort eines der freien Betten aussuchen. Wir kriegten Decken, alte, stinkende Fetzen, und wurden endlich auch unsere schwarz gewordene Unterwäsche los, die wir schon so lange auf dem Leibe getragen haben. Was war das für eine Wohltat, am Abend zu duschen und reine Wäsche anzuziehen, auch wenn sie gebraucht

und kaputt ist! Aber es ist reine Wäsche, Wäsche ohne Läuse, wenn auch nur für eine halbe Stunde, denn die Uniform behielten wir ja, und darin sitzen die Blutsauger wie eh und je zu hunderten, trotz eifriger Dezimierung in Starij Saltow.
Die Verpflegung ist das Hauptthema hier, sie lässt das Schlimmste befürchten, und wenn es schon am Tage in dem Riesenschuppen grau und trostlos aussah, so wurde es am Abend noch verheerender, denn das einzige Licht kommt kalt und stechend von einigen nackten Glühlampen, die hoch über uns an der schwarzen Decke hängen. Das gibt kaum genug Licht zum Lesen. Kurz, es ist ein Stall, dass man das Fürchten kriegen kann, wenn man hier länger bleiben muss. Und in diesem Stall die ständige, wimmelnde Unruhe der vielen Leichtverwundeten. Witzeerzähler und Angeber führen das große Wort, Skatspieler klotzen bis in die Nacht hinein auf den wenigen Tischen herum und dazu ist es kalt und dreckig und verwahrlost, wohin man auch sieht. Die Nacht mag herrlich werden.
Draußen am Roten Platz rollen in Massen neue Panzer. Sie sind anscheinend auf dem Weg nach Norden, nach Bjelgorad, wo blutige Kämpfe im Gang sein sollen. Überhaupt sieht es wohl an der ganzen Front verdammt mulmig aus. Das drückt meine Stimmung noch viel mehr als das traurige Bild, das wir hier Stunde um Stunde um uns haben.
Und nun ist Adolf Oberster Befehlshaber des Heeres. Von Brauchitsch war offensichtlich der ungeheuren Nervenanspannung dieses Krieges nicht gewachsen. Allgemein wird dieser Wechsel sehr begrüßt. Hitler kann als einziger von denen ganz oben ermessen, wie es dem einzelnen Landser hier draußen zumute ist, was er bei Tag und Nacht leisten und erdulden muss. Jeder hofft, dass es nun besser wird, dass die Krise, in die der Winter uns gestürzt hat, bald gemeistert werden wird. Auf ein paar Kilometer sollte es jetzt nicht ankommen, aber die Front muss in sich halten. Und im Frühjahr geht hoffentlich der Vormarsch weiter, um endlich dem ganzen Elend ein Ende zu machen.

Charkow, Montag, 22. Dezember 1941

Ich bekam heute Ausgang und lief bei kaltem, windigem Wetter durch die Stadt, um mir noch einmal die riesigen Hochhäuser anzusehen und sie zu knipsen. Sie ragen ja gar nicht weit von unserem Stall in die Wolken. Fast zwei Monate ist es nun her, seit wir in der regnerischen Abenddämmerung über diesen Platz getippelt sind, müde und nass, aber doch in der Hoffnung, dass das Schlimmste geschafft sei. Doch jetzt sieht manches verdammt anders aus. Der Russe greift an vielen Stellen an und es werden tolle Parolen von phantastisch ausgerüsteten sibirischen Divisionen erzählt. Und das jetzt im Winter! Bei uns aber hat fast die Hälfte aller Verwundeten auch noch böse Erfrierungen! Die Woll- und Pelzsachen-Sammlung, zu der der Führer gestern aufgerufen hat, kommt nach diesen Erfahrungen viel zu spät. Was wird von all dem Kram wirklich mal eines Tages bei uns an der Front landen? Keine 10%! 90% reißen sich bestimmt andere unter den Nagel, daran zweifelt hier niemand. Das gibt nur böses Blut, so gut das Ganze auch gemeint sein mag, ganz zu schweigen von der Frage, wann das Zeug hier anrollen wird. Im Sommer mal. Aber die vorderste Truppe kriegt ja doch nichts ab.

Im Zug, Mittwoch, 24. Dezember 1941

Es geschehen noch Wunder: Auch mein Name stand gestern auf der Liste derer, die mit einem Lazarettzug nach Westen verlegt werden! Am späten Nachmittag, als es draußen längst dunkel geworden war, fuhr der Zug kaum spürbar an. Das ist doch ein anderes Fahren als in dem Sanka! Es ist mollig warm, wenn auch die Luft zum Ersticken ist. Aber wir rollen nach Westen, erst mal raus aus der ganzen großen Scheiße, und das ist unbezahlbar.
Heute nun wurden wir leicht verwundeten Gangbewohner den ganzen Tag über auf Trab gehalten, denn Sanitäter und Ärzte wuselten alle Nase lang an uns vorbei, sodass wir kaum mal sitzen konnten.
Draußen lag Schnee. Die Fenster waren mit dicken Eisblumen belegt und es war gar nicht so einfach, ein Loch in diese Schicht glitzernder Kristalle zu hauchen, um einmal einen Blick nach draußen werfen zu können. Durch die Ritzen der Fenster und Türen wehte ganz feiner Schneestaub in die Wagen. Der Zug rollte nur sehr langsam und hielt oft, mal eine Viertelstunde, mal eine halbe und manchmal auch über zwei Stunden, irgendwo in weiter Schnee-Einsamkeit, fernab von menschlichen Siedlungen.
Da rollte ich nun mit meinen Leidensgenossen durch dieses Land zurück nach Westen. Es ist ja noch gar nicht so lange her, dass wir uns in Schlamm und Regen in entgegengesetzter Richtung nach Charkow vorwärtsgequält haben. Vor zwei Monaten, vor 60 Tagen, war gerade das Drama vor Dergatschi passiert. Wie lange ist das her, wie weit liegt das zurück!?
Die Zeit wollte und wollte nicht vergehen. Wir hatten nichts Rechtes, womit wir uns beschäftigen konnten, es zog gemein in der Nähe der Fenster und draußen heulte der Wind im Gestänge der Wagen. Wir standen wieder einmal. Sinnlos, wie es schien.
Weihnachten. Heiligabend. Ja, oft habe ich mir ausgemalt, wie Weihnachten sein würde. Da sollte der Krieg aus sein oder wenigstens das Gröbste geschafft. Nun aber hocke ich hier im Lazarettzug und es ist wieder mal alles ganz anders gekommen, als man es sich vorgestellt hat. Wie lange wird es dauern, bis ich wieder Post erhalten werde? Wenn sie zu Hause sehr viel Glück haben, bekommen sie meine Nachricht aus Starij Saltow noch gerade rechtzeitig zum „Fest“ und brauchen sich keine Sorgen zu machen.
Unendlich langsam versank der schneetrübe Tag in Dämmerung und Dunkelheit. Wir Gangbewohner krochen wieder auf unsere Bretter, denn da ist es doch bequemer als im Stehen oder Hocken. In den Waggons brannte wieder nur die traurige Notbeleuchtung. Der Zug stand wieder einmal. Singend und klagend brach sich der Wind an den Kanten der Wagen. Einige hatten noch Hindenburglichter bei sich und zündeten sie auf ihren Pritschen an. Es wurde still in den Abteilen. Heiligabend. Jeder wollte jetzt mit seinen Gedanken allein gelassen sein. Kein Glockengeläut, kein Lied, nichts. Aber auch kein Schuss, keine Leuchtkugel. Nur irgendwann der ferne Pfiff der Lokomotive, den die Schneeflocken gleich erstickten. Heiligabend. Friede auf Erden und den Menschen ein Wohlgefallen. Ja, schön wär's, schön wär's. Friede auf Erden…

Der Zug fuhr irgendwann weiter und der Wind legte sich. Sanft glitten die Räder über die verschneiten Gleise, als wollten sie uns nicht stören. Die großen Wagen schwankten leicht im Takt. Es war warm und still in den Abteilen. Ob die vorn es in dieser Stunde auch so warm und still hatten? Oder ist der Russe gerade an diesem Abend besonders aktiv? Müssen vielleicht gerade an diesem Abend vor Moskau oder anderswo ganze Regimenter vor der Übermacht sibirischer Divisionen türmen? Und haben sie zu Hause Ruhe vor den nächtlichen Fliegern? Können sie in Dortmund oder Hamburg oder Köln wenigstens in dieser Nacht einmal ohne Alarm und Bomben durchschlafen? Es ist ein verdammt beschissener Krieg geworden, vorne und hinten zugleich, außen und innen, oben und unten. Ein Krieg gegen Frauen und Kinder und alte Leute zeichnet sich ab und das ist wohl die größte Sauerei. Ach, lieber nicht an all das denken. Lieber dösen und an früher denken, als alles noch klar und friedvoll war. Aber am liebsten an gar nichts denken, nur schlafen, denn die Gedanken enden doch immer wieder bei dem, was jetzt ist und fürchten sich vor Dingen, die vielleicht erst noch auf uns zukommen. Die Wärme genießen und die Ruhe, solange man noch beides hat…
Spät am Abend, als viele schon eingeschlafen waren, gingen die Ärzte und Sanitäter als lange Wolke von Abteil zu Abteil und überreichten jedem von uns eine Tafel Schokolade. Zum Glück machten sie es kurz und ließen nicht erst noch einen billigen Seich vom Stapel, der uns nur angekotzt hätte. Ich machte es dann wie die meisten anderen auch und futterte die Schokolade in einem Rutsch auf. So viel Hunger haben wir immer noch, dass wir das vertragen können. Und damit war dann die „Bescherung“ zu Ende und der Heilige Abend überstanden.
Nur noch eines jetzt, die Briefe. Diese schrecklichen Worte: Weihnachtsglanz, Heimat, Sehnsucht, Stimmung, Freude, Hoffnung – so gut gemeint, aus tiefstem Herzen gewünscht und doch – wie fremd, wie leer geworden. Aber aus jeder Zeile spricht die unendliche Liebe und die kaum verhüllbare Sorge. Ach, wüssten sie doch, dass wir so sanft und warm durch Nacht und Schnee nach Westen rollen…
Weihnachten 1941. Ich werde diese Stunden im Zug wohl nie vergessen.

Kiew, Mittwoch, 31. Dezember 1941

Ich bin in der Zitadelle gelandet, die jetzt als Lazarett dient. Zum ersten Mal seit Ende des Sommers bin ich richtig läusefrei, weil hier auch die Uniformen desinfiziert wurden. Es gibt sogar ein Radio, sodass wir Musik und Nachrichten hören können.
Was ich hier soll, weiß ich nicht. Die Wunden sind zugeheilt, Schmerzen habe ich nicht, nur die drei Finger sind immer noch krumm gezogen. Anscheinend haben gewisse Sehnen doch etwas mehr abgekriegt. Insofern bin ich wohl noch nicht wieder kv. Aber heute Nachmittag: Halsschmerzen, Angina! Nun sitze ich erst mal in der Angina-Isolierstation.

Kiew, Sonntag, 11. Januar 1942

Allmählich bin ich wieder zu Kräften gekommen und meine Tage in dieser warmen Geborgenheit dürften bald gezählt sein. Das größte Problem wird sein, von hier aus direkt zur Truppe entlassen zu werden. Nur wenige sind bisher nicht zum Ersatzhaufen geschickt worden, kaum einer war so blöd, auf seinen Genesungsurlaub zu verzichten. Mir aber ist diese Verwundung zu albern, ich will nicht noch einmal in Zittau bei meinem Ersatzbataillon aufkreuzen und dann vielleicht namenlos in irgendeinem Alarmhaufen verrecken. Man hat hier so viel Entsetzliches gehört von Flucht und Chaos im Norden und vor Moskau, von tausenden Vermissten und Erfrorenen, von Urlauberzügen, die man irgendwo angehalten, von Urlaubern, die man herausgeholt und blindlings in einen hoffnungslosen Gegenangriff gejagt hat – das soll mir nicht passieren! Ich bin mit meiner Kompanie verwurzelt, dort sind meine Kameraden und Freunde.
Immer wieder sind in diesen Wochen die schlimmen Minuten in Schewtschenkowo in mir lebendig geworden, vor allem Alberts selbstverständliche Hilfeleistung im Feuer der MGs und in der Gefahr, abgeschnitten und von den Russen geschnappt zu werden. Das war das, was wir unter Kameradschaft verstehen, für die ich Albert dankbar sein werde, sooft ich an Schewtschenkowo denke. Auch aus solchen Gefühlen heraus will ich zurück zur Kompanie, selbst wenn mich jeder für bekloppt erklärt.
So böse wie in diesen letzten Tagen und Wochen sah es noch nie aus. Der Wehrmachtbericht spricht nur von schweren Abwehrkämpfen, aber wo die Front verläuft, bleibt wohl bewusst dunkel. Vielleicht sieht man hier auch alles zu schwarz, weil man so viele unkontrollierbare Parolen hört. Aber wer einmal getürmt ist, dem sitzt sicher der Russenschreck wieder tief in den Knochen. Es wird nur allmählich Zeit, dass man mal erfährt, wie die Lage wirklich ist. Die Ungewissheit ist das Schlimmste, weil man nur das Negative ahnt. Bedenklich ist ja auch, dass die Russen nicht nur in Kertsch, sondern auch in Eupatoria und Feodosia zu landen wagten und in Feodosia noch nicht wieder ins Meer gejagt werden konnten. Über Kertsch erfährt man seit der Landung Ende Dezember überhaupt nichts mehr. Nur, dass da unten einer ganzen Division die soldatische Ehre abgesprochen worden sein soll, weil sie angeblich feige getürmt ist. Aber ganz ohne Grund türmt eine deutsche Division bestimmt nicht, da muss schon einiges zusammenkommen.
Die größten Siege aller Zeiten haben anscheinend doch nicht ausgereicht, den Bolschewismus so zu zerschlagen, wie man es noch im Oktober geglaubt hat. Aber was wäre passiert, wenn der Russe uns überfallen hätte, wenn wir treudeutsch auf die Verträge vertraut hätten? Es ist nicht auszudenken. Im Moment bleibt uns wohl nur die Hoffnung auf den Sommer. Bis dahin müssen wir uns eben noch so durchwursteln. Adolf hat ja Neujahr immerhin gesagt, die Stunde des Wiederantritts werde kommen. Das genügt mir. Mehr habe ich wegen des Fiebers von der Rede sowieso nicht behalten.
Vielleicht hilft uns Japan noch indirekt. Aber die Amis sollen die Russen schwer beliefern, oben über Murmansk und im Süden über Persien. Kapitalisten und Bolschewisten Arm in Arm gegen die „Weltgefahr“ Deutschland! Wenn das Theater nicht so entsetzlich traurig wäre!

Kiew, Mittwoch, 21. Januar 1942

Meine Stunden in diesem Lokal sind gezählt. Die Angina ist abgeklungen, morgen geht's zur Abschlussuntersuchung. Morgen entscheidet sich wohl auch die Marschrichtung. Ich bleibe dabei: Ich will zur Kompanie zurück, obwohl nun auch südlich Charkow die Kacke am Dampfen sein soll. Das sind sicher die Angriffe an der Donezfront, von denen der Wehrmachtbericht jetzt öfter spricht. Es qualmt also auch bei Charkow. Ob unsere Division dabei ist? Trotzdem, ich will dahin. Ich habe die vier Wochen hier wie ein unerwartetes Geschenk genossen, obwohl ich mir sehr viele Gedanken über die Lage mache.

Kiew, Donnerstag, 22. Januar 1942

Es ist soweit: Morgen rolle ich ab zur Kompanie! Alles andere ist mir heute egal.

Charkow, Sonnabend, 31. Januar 1942

Volle acht (!) Tage und sieben Nächte bin ich bei entnervender Kälte unterwegs gewesen von Kiew bis hier, Luftlinie rund 400 km. Die weitaus meiste Zeit frierend in total überfüllten Wartesälen in Romodan und Krementschug, in Poltawa und zum Schluss noch in einer kleinen Station sieben Kilometer vor Charkow. Mit schmerzenden Knochen vom Liegen auf harten Bänken und Fußböden. Nur dann und wann mal stückweise eine Fahrerei in warmen Lazarettzügen, die wir uns brutal eroberten, überwiegend aber in vereisten Güterwagen mit stundenlangen Aufenthalten auf Bahnhöfen oder auf freier Strecke. Loks ohne Kohlen; die ganz wenigen Güterzüge, die überhaupt ein Stück weit nach Osten fuhren – leer, ohne Waffen, Munition oder sonstigen Naschschub, leer an die Front! Nun kann ich mir schon besser erklären, wie es zu dieser allgemeinen Katastrophe im Osten kommen konnte. Aber wie soll das weitergehen? Worauf kann man denn überhaupt noch hoffen?
Ich könnte noch hundert deprimierende Details dieser „Reise" erzählen, aber was soll's? Hauptsache, ich bin wieder heil beim alten Haufen. Es gab gestern natürlich erstaunte Gesichter ob meiner frühen Rückkehr, aber ich war nun doch glücklich und zufrieden wie ein verlorener Sohn, der wieder heimgefunden hat.
Nachmittags meldete ich mich beim Chef zurück, holte einen Riesenberg Post ab und vernahm zu meiner Freude vom Spieß, ich solle mich nun erst noch ein paar Tage ohne Dienst erholen! Mein Gott, was sind die Herren großzügig geworden!
Der Abend ging schließlich noch hin mit dem Auspacken von 18 Päckchen! Das Papier flog in großen Haufen durch die Bude. Es war eine Pracht und die Wirtsleute staunten nicht schlecht. Dann begann das Sortieren und Verteilen und es war schon fast beschämend zu sehen, wie sich die Matka und die Kinder über ein paar Süßigkeiten freuten. Was ist dies doch für ein unsagbar armes Volk! Manchen Kleinkram kannten sie überhaupt nicht, hatten sie noch nie gesehen…
Viel Kummer macht allen die Kälte im Osten. Die Pelz- und Wollsachensammlung ist wohl ein großer Erfolg, weil jeder spürte, wie bitter notwendig sie war,

aber jeder wusste auch, dass sie viel zu spät kam. Hier bei uns ist noch kein Stück gelandet. Dafür rollen die Güterzüge leer nach Osten und in Parchim allein werden zum Beispiel 1.000 Schneehemden genäht. Alles Volk ist dabei. Aber hier liegt der Schnee seit Wochen und wir laufen noch immer in unseren grünen Sommermäntelchen herum. Nur vorn machen sie sich wenigstens den Stahlhelm weiß und hängen sich weiße Laken um. Aber was ist das für ein armseliger Notbehelf! Ganz offensichtlich hat niemand mit einem Winterkrieg dieser Heftigkeit und Schwere gerechnet, obwohl der Russe die kalte Jahreszeit ja immer in seiner Geschichte genutzt hat, um das Blatt zu wenden. Es fragt sich nur, wie lange er diese offenbar gewaltigen Menschenverluste ersetzen kann.
Beim Regiment hat sich anscheinend nicht viel ereignet. Die Stützpunkte östlich des Donez sollen planmäßig aufgegeben worden sein, also auch Passekowka. Der Russe hat zwar oft angegriffen, aber immer nur sinnlos in kleinen Haufen, die meistens ohne große Mühe schauerlich zusammengeschossen wurden. Die Zahl der Toten und Gefangenen hat fast immer über 50% gelegen. Dazu die Verwundeten – es ist unvorstellbar. Aber sie greifen an, immer wieder, immer an denselben Stellen, buchstäblich ohne Rücksicht auf Verluste. Befehl ist Befehl. Arme Kerle.
Schlimm sieht es wohl nur südlich Charkow aus. Das muss die Ecke bei Losowaja sein. Ein Nachbar-Regiment ist vor wenigen Tagen dorthin in Marsch gesetzt worden, bei irren Schneestürmen. Die beiden anderen Regimenter haben sich dementsprechend noch mehr in die Länge ziehen müssen. Aber hier sieht anscheinend niemand die Lage sehr sorgenvoll an. Umso besser.

Charkow, Sonntag, 8. Februar, 1942

Drei Tage der Erholung ohne Dienst hat man mir freundlicherweise gegönnt. Dann begann wieder der alte Dreh mit Arbeitsdienst und Wache. Die Tage, die nun doch schon etwas länger und heller werden, sind erfüllt vom ununterbrochenen Dröhnen und Brummen der Stukas und vom Pfeifen der Jäger. Im Süden von Charkow, wo die Russen durchgebrochen sind, sieht es wohl doch mulmiger aus, denn für nichts und wieder nichts beordert man die Flieger bestimmt nicht dorthin in den Hexenkessel.

Charkow, Donnerstag, 19. Februar, 1942

Seit vorgestern muss ich eine unbarmherzige MG-Ausbildung mitmachen mit „Auf Marschmarsch“ und „Hinlegen“ von morgens bis abends und mit blutig gerissenen Pfoten und eisigen Füßen. Verdammt sei, was hart macht!!! Heute am Abend war ich fast am Ende meiner Kräfte.
PS: Eben schneite plötzlich Toni zur Tür herein und eröffnete mir, ich würde morgen abgestellt. Wohin, wusste er auch nicht. Aber es scheint nicht vor zur Kompanie zu gehen. Was ist nun wieder los? Wohin wollen sie mich denn schicken, wenn nicht zur Kompanie? Ist im Süden Großalarm? Sucht man Dumme für einen Alarmhaufen? Was haben die vor? Was kommt da auf mich zu???

H O F   B E L I K O W (südlich Charkow)

Werchnij Bischkin, Sonntag, 22. Februar 1942

Vorgestern waren wir schließlich ein Haufen von 60 zusammengekratzten Landsern geworden. Von unserer Kompanie Unteroffizier Stefan, den in dem Wald bei Kusemin eine Mine mit seiner Bedienung hochgeschleudert hatte und der auch erst vor wenigen Tagen wieder bei der Kompanie eingetroffen war; ferner zwei Leute vom Tross, darunter Georgi, den ich ganz gut kenne, und ich. Sonst lauter unbekannte Gesichter aus fremden Einheiten. Alle fühlten sich abgeschoben und hatten die Schnauze voll. Die ganze Nacht davor hatte ich vor Aufregung und Wut kaum schlafen können. Nun durften wir auf dem knochigen Fußboden einer geräumigen Bude im Stadtzentrum von Charkow noch einmal „ruhig" pennen. Wie die Hunde. Was uns blühen wird, hatten wir in 100 Variationen gehört, eine schlimmer als die andere.
Gestern in aller Frühe pferchte man uns dicht gerammelt auf zwei LKWs. Dann ging's ab nach Süden. Schnee, Regen, Wind und leichter Frost – diese schon so oft erlebte Mischung, die einen in Kürze fertig macht, vor allem, wenn man sich nicht rühren kann. Von warmen Wintersachen keine Spur, nur immer noch die löcherigen Sommerklamotten vom letzten Jahr. Ja, nun war ich dahin geraten, wohin ich auf keinen Fall hatte kommen wollen: In einen Haufen wildfremder Landser, der irgendwohin geschickt wird, um Feuerwehr zu spielen und verheizt zu werden. Oh, hätte ich Idiot doch damals in Kiew die Schnauze gehalten! Dann hätte ich gestern und heute vielleicht noch zu Hause am warmen Ofen gesessen. Aber nun war es zu spät, darüber nachzudenken. Nur eines schwor ich mir auf dieser Fahrt mit klappernden Zähnen: Solange ich beim Kommiss bin – Maul halten und „jawoll" sagen! Das ist zwar keine ruhmvolle Haltung, aber als kleiner Schütze Arsch braucht man sich dann wenigstens keine Vorwürfe zu machen.
Kurze Tankpause in Merefa. Neue grausige Parolen von Landsern, die uns wie exotische Affen beglotzten, weil wir irgendwo im Süden Feuerwehr spielen sollten. Nach einer halben Stunde weiter nach Taranowka. Dort durften wir sogar absitzen und uns eine Stunde lang in ein paar Häusern aufwärmen und etwas essen. Aber das, was uns die Landser in ihren Quartieren erzählten, nahm uns schnell den letzten Rest Appetit. Wenn alles stimmte, was sie berichteten, dann sind weiter südlich bei Isjum ganze Kompanien und Bataillone zerrissen und überrollt worden, dann ist der Russe über die ahnungslosen Dörfer im Hinterland hinweggerast wie eine hohe Flutwelle und hat alles niedergemacht, was drin gewesen war. Die, mit denen wir uns unterhielten, waren durchweg nur durch Zufall oder Glück dieser Katastrophe entronnen und lagen nun als die letzten Reste ihrer Haufen dort in Ruhe, um wieder aufgefüllt zu werde.
Bald hinter Nowo-Beretzki, einer kleinen Bahnstation, hielten die Fahrer plötzlich an und erklärten, sie könnten nicht weiterfahren, der Weg sei zu tief verschneit. Sie beriefen sich auf irgendwelche Vorschriften und machten einfach kehrt, ohne sich um das Gegacker des verratenen Haufens und die Befehle unseres Häuptlings zu kümmern. Und wir standen auf einmal in freier Wildbahn und durften nun bis zu unserem unbekannten Ziel tippelten. Doch mit der Zeit merk-

ten wir, dass das gar nicht das Schlechteste war, denn nun konnten wir uns Bewegung machen und froren nicht mehr, und die weite weiße Winterlandschaft hob wider Erwarten sogar unsere Stimmung. Das Schneetreiben hatte aufgehört, ein ganz klein wenig schien hin und wieder sogar die Sonne durch dünne Wolkenschleier und man konnte nach Süden hin weit über die Schneefelder sehen. Der Weg zog sich fast immer in nur geringer Entfernung an ausgedehnten Wäldern zur Linken vorüber, während sich nach der anderen Seite hin weite, baumlose Ebenen erstreckten, in denen man nur vereinzelt Mulden und Senken erahnen konnte.

Eine Stunde lang waren wir wohl so durch den knirschenden Schnee getrottet, als ich mich immer schlapper und kurzatmiger werden fühlte und von der Spitze unseres Vereins immer weiter zurückfiel, bis schließlich auch die Letzten mich stur überholt hatten und ich nicht mehr konnte. Ich blieb zwei Minuten stehen, holte tief Luft und versuchte es wieder ein Stück. 50 m, dann war ich wieder am Ende. Die Knie zitterten mir, der Schweiß stand mir auf der Stirn und doch fror ich. Ich hatte wohl Fieber.

Doch da war Gott sei Dank auch das nächste Dorf nicht mehr weit. Als erstes tauchte eine Windmühle hinter einer Waldecke auf, dann konnte ich ein großes, rotes Gebäude, offenbar die Schule, erkennen, und schließlich auch eine Reihe anderer Häuser. Der Hauptteil des Dorfes schien allerdings in einer Talmulde zu liegen, die ich noch nicht einsehen konnte.

An der Mühle war ich vollends am Ende. Ich setzte mich einfach in den Schnee. Mir war alles egal. Hinter mir tauchte die Sonne rot in einen dunklen Dunststreifen ein. Der Wald warf schon lange, kalte Schatten. Unheimliche Stille ringsum. Wie Wasser quoll die Kälte aus dem Boden. Ein neuer Schüttelfrost überfiel mich. Ich musste trotzdem weiter. Ich konnte ja nicht einfach im Schnee sitzen bleiben.

Beim Aufstehen wurde mir schwarz vor den Augen. Schritt für Schritt stakte ich den Weg rechts ab hinunter in das Dorf und tauchte wenige Schritte später schon ein in die eisigen Schatten des Tales. Eine Querstraße kam in Sicht. Die anderen waren weg. Aber da waren wenigstens Häuser – nein, doch nicht! Alles Ruinen, verkohlte Haufen, versengte Kamine, nur Schutt und Trümmer, verschneites Stroh von zerblasenen Dächern. Du lieber Gott – was war dort los gewesen? Keine Seele zu sehen. Wieder der eklige, kalte Brandgeruch. Ich schleppte mich bis zur Kreuzung, ließ mich dort irgendwo auf ein paar Steine fallen, um wieder zu Atem zu kommen. Wo waren nur die anderen geblieben? Sie konnten doch nicht einfach verschwunden sein!

Plötzlich stapfte aus den Trümmern hinter mir ein Landser und fragte mich, woher ich käme und wohin ich wollte. Ich erklärte ihm, ich hätte schlapp gemacht und suchte nun meinen Haufen, der kurz vor mir vorübergekommen sein müsste. Und fragte ihn auch nach den zerstörten Häusern. Da zeigte er auf die Höhe jenseits der Talmulde: Dort oben hätten eines Tages russische Panzer gestanden und in der Abenddämmerung in dieser Dorfecke Haus um Haus in Brand geschossen. Sie wären dann wieder verschwunden und hätten diesen ganzen Teil des Dorfes wie eine einzige brennende Fackel zurückgelassen. Damals hätten nur Landesschützen und andere alte Säcke dort gelegen und die hätten sich dann auch bald beruhigt, wären aus den verbrannten Buden ausgezogen und hätten sich woanders wieder einquartiert. Und dann wäre in der Nacht russische Infanterie lautlos und unbemerkt in das Dorf eingedrungen und hätte in den Häusern alle Landser niedergemacht, denn die Opas hätten nicht mal Posten aufgestellt, sondern seelenruhig gegrunzt, obwohl doch nur wenige Stunden vorher die Panzer da gewesen waren. Sie hätten wohl geglaubt, das wäre nur eine Patrouille gewesen und so wären sie dann ahnungslos im Schlaf erschlagen und erstochen und erschossen worden.

Ich hielt so viel Leichtsinn nicht für möglich, man könnte doch in solch einer Situation nicht einfach weiterpennen – „Doch, doch", sagte er, „wir haben sie ja nachher in den Häusern gefunden, als wir den Russen ein paar Tage später hier wieder hinausgeschmissen haben. Guck dir nur da unten die Schlitten an!"

Was für Schlitten? In diesem Moment glitt ein Landser auf einem kleinen Panjeschlitten heran. Ich bat ihn, mich mitzunehmen, da er doch wohl in die Richtung führe, in der mein Haufen marschiert war. Bereitwillig machte er mir Platz auf dem schmalen Sitzbrett.

Die Dorfstraße senkte sich weiter leicht bergab, immer noch zwischen Ruinen und verschneiten Schutthaufen. Es war inzwischen schon ziemlich dunkel geworden und daher bemerkte ich erst ziemlich spät ein paar hohe Haufen vor uns auf der Straße und ich fragte den Fahrer, was denn das sei. „Das sind die Schlitten mit den Landesschützen. Alles Tote. Die stehen schon über drei Wochen hier so herum."

Da war es plötzlich ganz aus mit mir. Mein Magen drehte durch. Ich bin zwar schon einiges gewöhnt, aber dieser Anblick ging nun über meine Kraft. Drei große Pferdeschlitten, jeder gut drei Meter lang, und alle drei Schlitten übermannshoch vollgestapelt mit den Leichen deutscher Soldaten. Köpfe, Füße, Arme, Hände – O Gott, nein! Gespenstisch fahl hingen aufgerissene Gesichter und gespreizte Finger aus dem fast schwarzen Gewühl der Uniformen heraus. Und diese Totenberge standen schon über drei Wochen dort!

Wenig später hörte ich von einem Hügel her Stimmengewirr in der schneehellen Nacht – das mussten sie sein! Ich bedankte mich bei dem Kollegen, stieg steif vom Schlitten und quälte mich den Hang hinauf. Ja, endlich, da waren sie angetreten! Ich stellte mich keuchend dazu, fror entsetzlich. Die Quartiere wurden verteilt. Wir kriegten ein paar Häuser zugewiesen, aber wir mussten selbst sehen, wie wir darin unterkamen, denn alle diese Unterkünfte waren schon belegt, knüppeldick voller anderer Landser.

Mir war alles so unendlich schnuppe. Ich konnte einfach nicht mehr, war ausgepumpt von der scharfen Luft, vom Hunger und vom Erschrecken über so viel Grauen. Ich fragte niemanden und wurde nicht gefragt. Mit letzter Kraft wühlte ich mir eine Fleischbüchse aus dem Brotbeutel, massakrierte sie mit dem Seitengewehr und schlang gierig das Zeug hinunter, so gefroren wie es war, und dann rollt ich mich unter den Tisch, denn es war nirgends Platz sonst. In dem warmen Mief des Hauses jagten mir wieder Frost- und Fieberschauer über den Rücken und mir wurde später zum Kotzen übel von dem verdammten Fleisch. Aber ich blieb liegen, ich konnten nicht mehr hoch und rausgehen. Und wenn ich denen die ganze Bude vollgekotzt hätte, wäre es mir egal gewesen. Auf den Pritschen schnarchten sie seelenruhig. Andere spielten am Fenster polternd Skat. Woher nahmen die nur ihre Ruhe? Fiebernd warf ich mich hin und her. Der Boden war

so hart. Es zog von der Tür herüber, ich konnte meine Beine nicht ausstrecken. Ich wurde den Anblick dieser hoch getürmten Leichenhaufen nicht mehr los. Ich fror und schwitzte in immer neuen Wellen und im Halse kratzte der eklige Geschmack hochgewürgter Galle.
Oh, dieses gottverdammte Russland. Nichts mehr sehen, nichts mehr hören. Werchnij Bischkin soll dieses Nest übrigens heißen. Schön ist was anderes.
Heute nun ein strahlender Tag, blendende Sonne, glitzernder Schnee und ein blauer Himmel. Wir mussten die Hände vor die Augen halten, um uns gegen dies gleißende Licht zu schützen, als wir heute früh aus der Bude traten, um eingeteilt zu werden. Ich hatte in der Nacht noch verhältnismäßig gut geschlafen und fühlte mich frischer. Vor allem die verdammte Schwäche spürte ich kaum noch. Wir traten vor den Häusern an und bald versammelten sich einige fremde Häuptlinge vor uns, um sich den guten Fang, den sie da mit uns gemacht hatten, anzusehen und die Beute zu teilen. Wir vier kamen mit zwei anderen Panzerjägern zur 14. Kompanie, also zu den „Panzerjägern" des Nachbarregiments. Das war für uns immerhin ein Trost. Wir mussten auch das allerletzte bisschen Privatzeug, das wir noch hatten, abliefern und behielten schließlich außer unseren Pistolen nur Brotbeutel, Kochgeschirr, Feldflasche und Gasmaske. Alles andere sollte beim Regiment gelagert werden.
Als das organisiert war, schickte man uns durch das ganze Dorf wieder zurück bis in die Gegend der Mühle. Es war derselbe Weg, den ich am Abend vorher schon mit dem Schlitten gefahren war. Aber anders als am Abend vorher lag jetzt die Straße hell und sonnig vor unseren Augen. Als wir jedoch in die Nähe der Leichenschlitten kamen, brachte ich es nicht über mich, dorthin zu sehen, denn ich fürchtete, mir würde dann wieder schlecht. So schaute ich nur nach rechts zu den Häusern an der Straße und zu der roten Schule auf der Anhöhe. Kurz darauf sprach uns ein Feldwebel an, der sich als der Zugführer der 14. Kompanie entpuppte, der wir zugeteilt waren. Er schickte uns noch weiter weg in den äußersten Teil des Dorfes, wo praktisch kein Haus mehr stand. Dort sollten wir uns irgendwo in einem Keller oder einer Bude häuslich einrichten und weitere Befehle abwarten. Also tippelten wir gleich weiter durch das menschenleere, verwüstete Dorf, bis wir unten im hintersten Talgrunde doch noch eine Hütte fanden, die kaum beschädigt war. Es stank in der Bude allerdings entsetzlich und da die ganze Behausung nur aus einem Raum bestand, bedeuteten wir den Bewohnern, sich freundlicherweise im Keller oder anderweitig einzuquartieren. Wir konnten es auch nicht ändern.
Eine Weile überlegten wir zwar noch, ob wir uns nicht doch noch ein anderes Domizil suchen sollten, weil der Gestank fast unerträglich war, aber dann entdeckten wir noch rechtzeitig, woher die Düfte strömten: Unter dem Bett staute sich ein unbeschreiblicher Dreck! Da krempelten wir kurz entschlossen die Ärmel hoch und begannen, den Mist rauszufeuern in der Hoffnung, die Luft würde dann besser. Mit groben Werkzeugen gingen wir also am heiligen Sonntag daran, die Klamotten unter dem Bett hervorzuzerren. Aber bald kriegten wir das Maul vor Erstaunen nicht mehr zu. Wir angelten Gasmasken, Dosen mit verschimmelten Fleischresten, Munitionskisten, Lumpen, Ölkannen, verfaulte Gurken und Tomaten, Putzlappen und Sauerkrautreste und weiß der Teufel was sonst noch für undefinierbares Mistzeug unter den uralten Matratzen hervor und hatten alle Mühe,

das gärende Gelumpe bis vor die Tür zu kriegen, ohne uns dabei selbst zu versauen. Das war wieder einmal so ein unbeschreiblicher Dreck, wie er anscheinend nur im Sowjetparadies möglich ist. Ein paar Mal machten wir Pause, weil wir einfach nicht fassen konnten, wie Menschen mit so viel stinkendem Schmutz und Unrat in einem Raume hausen können. Aber schließlich hatten wir doch einigermaßen Ordnung und Sauberkeit in den Saustall gekriegt und fingen an, uns etwas wohler zu fühlen. Wir brauchten aus den Trümmern in der Nachbarschaft nur noch ein paar Bretter, auf denen wir schlafen wollten. Dann ließ sich dort schon leben.

In diese Vorfreude hinein trampelte plötzlich ein Melder mit der frohen Kunde, wir wären ab sofort zur 10. Kompanie versetzt. Das schlug uns wie ein Knüppel in die Kniekehlen. Wieso sollten wir Pakleute nun auf einmal zur Infanterie versetzt sein? Man hatte uns doch zwei Stunden vorher noch zur 14. Kompanie eingeteilt! Aber es war kein Irrtum, der Mann hatte unsere Namen, beschrieb den Weg zum anderen Ende des Dorfes und verduftete wieder.

Was sollten wir tun? Da hatten wir mit Ekel im Halse die Bude sauber gemacht und uns mit dem üblen Scheißdreck herumgeärgert und nun schickte man uns woanders hin. Vor allem, wir sollten zur Infanterie! Das war das Schlimmste überhaupt, denn uns würden sie ja immer als erste vorschicken. Wir sind ja Fremde, gehören nicht zur Kompanie, Leihsoldaten, gut genug zur Schonung der eigenen Leute.

Wortlos suchten wir unseren Kram zusammen, schnallten um und verließen wütend die gastliche Herberge. Die Alten hatten sicher gleich gemerkt, was gespielt wurde und spionierten nun wohl grinsend hinter uns her. Von uns aus – mochten sie in der trostlosen Trümmerecke weiter vegetieren! Dass dort überhaupt noch Zivilisten hausten, war uns ohnehin unbegreiflich.

Schweigend latschten wir abermals die lange Dorfstraße entlang. An den Schlitten vorbei, an unseren ersten Quartieren vorüber, bis wir in den Ostteil der Ortschaft kamen und endlich ein unauffälliges Schild „10. Kp." entdeckten. Wir meldeten uns beim Kompanieführer und der wies uns als Unterkunft eine winzige Hütte am Fuße des ziemlich steilen Abhangs an der Südseite des Dorfes an. Es war eine verdammt enge Bude, in der schon sechs Mann hausten. Wir standen zunächst da wie ein Häufchen Unglück, nur mit Gasmaske, Brotbeutel und Pistole, und sollten nun auf einmal Infanterie spielen.

Später erschien der Zugführer der Infanteristen, musterte uns etwas spöttisch und schickte uns dann zu einer in der Nähe liegenden Häusergruppe, die man aber nicht sehen konnte, weil sich vor ihr eine Anhöhe durch das Dorf zog. Dort sollten wir uns Tragegestelle, Schulterriemen und vor allem Patronentaschen organisieren, die wir als Panzerjäger nicht besaßen. Es lägen genug Tote dort herum, meinte er, und wir würden sicher etwas Passendes finden.

Als wir dann die niedrige Anhöhe erreicht hatten, glaubten wir auf einmal nicht richtig zu sehen, denn vor uns standen keine Häuser, sondern genau wie am anderen Ende des Dorfes bei der Mühle blickte man nur auf Trümmerhaufen und Ruinen. Diese Trümmer aber waren buchstäblich mit toten Russen beschichtet. So etwas hatte ich bisher noch nicht gesehen. Hunderte sind dort niedergemäht und abgeknallt worden. Ein grausiges Bild. Wir hatten an manchen Stellen sogar Mühe, zwischen den Leichen hindurchzukommen, ohne auf Arme und Beine oder

in fürchterlich entstellte Mongolengesichter zu treten. Ein Meer von verkrampften, gelben Leibern, von braunen Mänteln im Schnee... gebrochene Augen, zugeschneite Münder und wächserne Hände; Pelzmützen und steif gefrorene Wattejacken, Schuhe und Stahlhelme voller Eis, nackte Füße und überall schwarz geronnenes Blut. Das waren sie also, die gefürchteten Sibiriaken, scharenweise auf die verkohlten Reste der Häuser gehäuft, regungslos und stumm für immer. Grässlich knackte der Schnee unter unseren Füßen. Sonst nirgends ein Laut. Die Dämmerung fiel ein.
Dort gab es nichts zu holen. Dort lagen nur diese Berge von Gefallenen und von deren Sachen wollten wir nichts haben. Doch, eine Meldetasche fand ich noch, vielleicht ganz praktisch.
Ein letzter Blick über diese entsetzliche Stätte. Ob die auch schon drei Wochen lang so lagen? Aber wer soll auch die Toten begraben, wenn der Boden so tief gefroren ist?
Wir drehten um. Blau stieg die Nachtkälte aus dem Talgrund empor. Plötzlich stießen wir auf die Leiche einer Russin. Ihre Uniform war zerschnitten, sie lag fast ganz nackt im Schnee auf dem Rücken. Was ist dies nur für ein Land? Frauen als Soldaten, ganz vorn. Und dann im Tod noch so? Wer hat sie so zugerichtet?
Fröstelnd stiefelten wir zurück in unser Quartier. Komisch, auch dieser Tag hat uns gelangt. Die Kälte allein macht schon so müde, wenn man stundenlang draußen ist. Wir kriegten prompt unsere Abendverpflegung und sitzen nun nach dem Essen noch mit den Infanteristen zusammen an dem ärmlichen Tisch, auf dem zwei Hindenburglichter eine kümmerliche Helligkeit verbreiten. Die Kollegen haben uns schon schauerliche Sachen von einem verunglückten Angriff auf Kisseli erzählt, das ist eine Ortschaft einige Kilometer südlich von Werchnij Bischkin, weit hinter den Höhen. Wir erfuhren auch, dass eine gute Stunde von Werchnij Bischkin entfernt noch ein kleiner Ort von uns besetzt ist, Hof Belikow, kurz vor diesem Kisseli. Zwischen Hof Belikow und Kisseli verläuft jetzt die Front. Aber an sich gibt es hier gar keine Front, sondern nur einzelne Stützpunkte und dazwischen zwei oder drei Kilometer weit überhaupt nichts. Nur Spähtrupps, die jede Nacht dieses endlose Niemandsland überwachen.
Ich bewundere immer wieder die Ruhe und Gelassenheit, mit der die Infanteristen uns das alles erzählen. Für sie ist es die selbstverständlichste Sache der Welt, dass bei Kisseli die eine Kompanie fast völlig zum Teufel gegangen ist und dass sie Nacht für Nacht auf Spähtrupp gehen müssen. Es gibt anscheinend überhaupt nichts, was sie erschüttern kann, höchstens eine zwanzigfache Übermacht der Russen. Auch das Drama von Kisseli und die schweren Verluste, die es dort gegeben hat, nehmen sie gelassen hin, wie etwas, das eben zum Handwerk gehört. Was sind wir dagegen doch für Waisenknaben!
Gegen zehn Uhr müssen sie nachher aufbrechen und auf Wache oder Spähtrupp ziehen. Wir bleiben dann allein zurück und dürfen uns in ihre Kojen hauen, denn heute Nacht wollen sie uns noch mit Streife verschonen. Das finden wir sehr anständig und hundemüde sind wir wirklich.

Werchnij Bischkin, Montag, 23. Februar 1942

Kurz vor dem Hellwerden kehrten heute früh die Ureinwohner des Hauses gleichmütig wie von einer normalen Arbeit zurück. Die Nacht war hell gewesen, die Schneeflächen meilenweit zu übersehen. Also keine Gefahr, keine Überraschungen, keine Schweinereien in Sicht.
Wir selbst haben auch sorglos gepennt und nur jeder eine Stunde Tischwache geschoben. Auch bei uns keine besonderen Vorkommnisse! Nun überließen wir den Kameraden die Bretterkojen, entlausten uns, wuschen uns und waren gespannt, wann man wohl von uns etwas wollte.
Gegen Mittag, als ich gerade einen Brief an die Eltern geschrieben hatte, war es dann so weit: Wir sollten oben auf den Höhen südlich von WB, wie alle dieses Nest nennen, Schneebunker bauen. Es war eine schöne Arbeit und die Sonne schien dazu. Unendlich weit konnte man von dort aus nach Osten, Süden und Westen blicken. Irgendwo halblinks vor uns soll Hof Belikow liegen. Wir konnten es aber nicht finden, denn es verbirgt sich in einer Mulde. Die stillen Schneehöhen am Horizont liegen aber bereits hinter Hof Belikow und sind vom Russen besetzt.
Wir „mauerten“ die Bunker aus lauter Schneequadern zusammen und wussten, dass da drüben irgendwo der Russe sitzt und uns bestimmt beobachten konnte, weil wir ja nur unsere dunklen Sommeruniformen anhaben. Umgekehrt kann man sicher auch von der Stellung aus mit dem Fernglas die Russen irgendwo herumlaufen sehen und dennoch tut keiner dem anderen etwas. Der Krieg ist hier wohl doch ziemlich zur Ruhe gekommen.
Hinter den Stellungen bricht die Anhöhe unvermittelt in vielen rissigen Schluchten an die fünfzehn bis zwanzig Meter tief zum Dorf hin ab, sodass wir von oben nicht einmal das Haus sehen konnten, in dem wir übernachtet haben, weil es zu dicht an diesem Steilabhang steht. Aber das übrige Dorf war dafür in seiner ganzen Länge von etwa drei Kilometern umso besser zu überschauen. Von dem tiefer gelegenen Ostteil der Ortschaft aus wölben sich verschiedene Höhenzüge wie die Finger der gespreizten Hand nach Westen. Dieses abwechslungsreiche Gelände ist wie von Kinderhand wahllos besetzt mit Gruppen und Reihen von Häusern; die Hänge dazwischen sind wie zerknittert von den schwarzen Gerippen entlaubter Bäume und dem dichten Geäder der Trampelpfade, die sich grau von den helleren Schneeflächen abheben. Nur in den Mulden steht dunkel ein Geflecht nackter Sträucher. Oben auf dem höchsten der Hügel ragt wuchtig der rote Klotz der Schule empor. Noch ein Stück weiter und sogar noch etwas höher steht jenseits des Dorfes vor weiten Wäldern die Mühle, bei der ich neulich fast nicht mehr weiter konnte. Uns gegenüber auf dem jenseitigen Hang reckt eine andere große Mühle ihre sechs schwarzen Flügel in den Himmel und daneben stecken viele Gräberkreuze im Schnee. Das ist Werchnij Bischkin, unsere neue Heimat. Der Name gefällt mir gar nicht.
Bis in die Dämmerung hinein blieben wir auf der Höhe und türmten für die Posten der Infanterie die offenen Schneewände auf. Das nennt sich dann Bunker. Immer dunkler wurde der Schnee, länger wuchsen die Schatten und schließlich war der Himmel von den letzten Strahlen der untergehenden Sonne heller als die Erde. Als wir dann auf vereisten Stegen und Treppenstufen wieder zu unserer

Bude hinunterschlidderten, fing weiter südlich ein längeres Gerumpel an. Vielleicht war das in Hof Belikow. Es wurde aber kein Alarm befohlen.
Heute Nacht müssen wir nun oben eine Stunde Wache schieben.

Hof Belikow, Mittwoch, 25. Februar 1942

Ach, diese vorletzte Nacht! Wir spürten die Kälte kaum. Silbern lag der Schnee, blau umfing uns die Nacht und die Sterne verstrahlten ihr sprühendes Licht in eine unendliche Stille. In solch einer Stunde kann man alles vergessen. So schön ist die Welt, so schön kann sie sein…
Gestern wurde es dann in den Morgenstunden wegen des wolkenlosen Himmels wieder lausig kalt und gegen Mittag erhielten wir unerwartet den Befehl, uns umgehend beim Regimentsstab zu melden. Und siehe da – wir vier Mann sollten eine Pak-Bedienung ablösen, die anderswo ein mittleres Geschütz übernehmen sollte. Vor lauter Freude hätten wir beinahe einen ganz unvorschriftsmäßigen Luftsprung gemacht. Endlich wieder zur Pak! Es machte uns auch gar nichts aus, dass wir nach Hof Belikow mussten, jene vorgeschobenen Stellung, von der wir in den letzten Stunden schon einiges gehört hatten.
Wir vertrödelten den Rest des Tages und warteten auf die Dämmerung, denn dann sollte ein Schlitten mit Verpflegung, Post und Munition zum Bataillon in Hof Belikow fahren und uns mitnehmen. Nach einer Stunde Fahrt durch eine einzige lange Senke waren wir am Ziel, einer kleinen Talmulde, auf deren Grund sich vier weit verstreute Häuser an die Hänge ducken. (Bild 24) Wir meldeten uns in der Bude, die am weitesten rechts liegt, das heißt, wir wollten es, kamen aber überhaupt nicht hinein. In dem einzigen Raum drängten sich die Landser knüppeldick bis an die Tür. Doch schließlich drang die Kunde, dass wir uns melden sollten, bis zu einem Feldwebel vor, der irgendwo hinten am Ofen im Lichtschein einer traurigen Funzel hockte. Er kämpfte sich bis zu uns durch und dann war bald geklärt, welche Leute wir ablösen sollten, wo die Kanone steht, und dass wir tatsächlich in dieser überfüllten Bude hausen sollten. Wir stapften mit dem Geschützführer der Pak etwa 150 m weit einen Hang hinauf. Dort oben stand die Kanone hinter einem mickrigen Schneewall. Das war also unsere neue Stellung. Soweit wir in der Dunkelheit erkennen konnten, betrug die Sicht nur ungefähr 100 bis 200 m, denn der Hang stieg nach vorn hin noch weiter leicht an. Was jenseits der Höhe los war, konnte man nicht mal ahnen.
Angesichts der Fülle in unserem Quartier meldete ich mich sofort freiwillig zur ersten Wache, von acht bis zehn Uhr. (Bild 25) Etwa 50 m rechts hinter uns war ein Doppelposten von der Infanterie mit einem MG stationiert. So konnten wir immer in Augenverbindung miteinander sein und zwischendurch auch mal einen kleinen Klön riskieren. Die Höhe vor uns war angeblich noch von unserer Infanterie gesichert, aber wo sich deren Stellungen befanden, wussten die Kameraden auch nicht genau. Alles in allem erschien mir die neue Situation verdammt verworren. Man sah keinen Russen, man sah nirgends eine Stellung, man wusste nicht, wo die eigenen Leute liegen und schießen kann man im Notfall erst dann, wenn einem der Iwan unmittelbar vor der Nase steht. Aber zunächst ließ ich mir darüber keine grauen Haare wachsen, sondern tröstete mich damit, dass sich ja

unsere Vorgänger beim Aussuchen der Stellung etwas gedacht haben müssen und dass man uns wohl noch genauer einweisen würde. So ging diese erste Wache in der neuen Stellung in munteren Gesprächen mit den Infanteristen schnell dahin. Dann erschien die Ablösung, zwei Mann hoch. Georgi riet mir, gleich draußen bei der Kanone zu bleiben, denn in die warme Stube käme ich doch nicht hinein. Als ich dann aber, seinen weisen Reden zum Trotz, die Tür aufmachen wollte, hatte ich tatsächlich meine liebe Not, meinen Körper hineinzuzwängen und die Tür hinter mir wieder zuzuziehen. Stefan hockte trübselig auf dem einzigen Wasserfass in der Bude und musste jedes Mal aufstehen und Platz machen, wenn einer Wasser brauchte. 40 Mann vegetierten angeblich in dem einen Raum, drei von vier Mann der Belegschaft hockten dicht gerammelt auf dem Boden, aber nicht einmal das funktionierte bei uns, weil wir direkt an der Tür unser Leben fristen mussten. Dauernd quetschten sich die Ablösungen raus und rein, Melder kamen und gingen und auch die Bedürfnisse des Leibes mussten zwangsläufig außerhalb unserer Heimstatt befriedigt werden. Ich fand nach etwa einer Stunde einen Platz auf einem Haufen Brennholz, aber auch unmittelbar neben der Tür. Das Sitzen war wegen der scharfen Kanten und Splitter natürlich kein Genuss. Außerdem zog es durch die Tür unverschämt an den Knien. Die kalte Luft umspülte die Füße, sodass ich meine Eisbeine überhaupt nicht los wurde. Und an Schlaf war in dieser Enge schon gar nicht zu denken. Während wir unten herum froren und zitterten, schwebten unsere Köpfe in dichten Miefwolken, denn geraucht wurde natürlich trotz der Überfüllung. Wir aßen schließlich noch etwas, indem wir die Knie als Tisch benutzten, aber selbst das war ein hoffnungsloses Bemühen, denn die Hälfte von Brot und Wurst kullerte uns doch auf den Boden und war sofort zertrampelt. Im Übrigen beschmierten wir uns herrlich unsere Hosen und Mäntel, weil wir dauernd angestoßen wurden. Ja, und dann versuchten wir doch zu schlafen, Stefan auf dem Wasserfass und ich auf dem Brennholz. Aber es war alles Scheiße. Sinnlos. Ich war froh, als ich wieder zur Kanone hinaus musste, denn draußen war wenigstens die Luft frischer und man konnte sich Bewegung verschaffen. Aber wie das wochenlang so gehen sollte, war uns zunächst ein Rätsel.
Heute Morgen fanden wir uns mit total zermürbten Knochen irgendwo auf dem Fußboden wieder. Es hatte in der Nacht doch irgendwann einmal Luft gegeben und wir hatten wie die anderen ein Plätzchen zum Liegen gefunden. Doch das haben wir in unserer Müdigkeit kaum registriert. Dafür merkten wir nun auf einmal etwas ganz anders, dass nämlich in der Nacht eine sagenhafte Zahl von Läusen zu uns übergewandert war! Und wie dieses Ungeziefer unter dem Hemd und in der Hose kribbelte und biss! Man wusste gar nicht, wo man zuerst jucken sollte. Nun ist also für Beschäftigung in den wachfreien Stunden gesorgt!
Der Iwan war in der Nacht ruhig. Am Morgen setzte er uns jedoch unvermutet zwei dicke Arikoffer vor die Haustür, sauber gezielt, aber zum Glück ohne Schaden. Das sah verdammt nach Einschießen aus, denn er blieb den Tag über wieder ganz ruhig. Der Wachtmeister von der Ari, der unser Leithammel ist und hier als vorgeschobener Beobachter wirkt, kennt diese Tour der Russen genau. Immer wenn sie eine Schweinerei vorhaben, setzen sie ein paar Tage zuvor ganz vereinzelte, unauffällige, aber sehr gut gezielte Schüsse ins Ziel, und nach dem Einschießen eines solchen einzelnen Geschützes richten sie dann später ihre Artille-

rie und Granatwerfer aus. Die beiden Koffer haben uns zwar nicht weh getan, aber die schwarzen Einschläge und die Kratzer der Splitter im Schnee sitzen uns nun doch auffällig vor der Nase.
Kurze Zeit nach diesen beiden Einschlägen brummten zehn silberglänzende Russenbomber ziemlich hoch über uns weg nach Norden, vielleicht nach Charkow. Wir hockten auf ein paar alten Brettern in der Sonne vor dem Hause und sahen ihnen ziemlich gleichgültig nach. Sonst blieb alles den ganzen Tag still und friedlich.
Unsere Leidensgenossen aus der Bude lernten wir im Lichte des Tages auch besser kennen. Da ist also der VB der Ari, dazu ein Zug Infanterie und wir sechs Mann von der Pak, genau 39 Mann in diesem einen Raum von etwa 25 Quadratmetern. Aber von dieser Fläche geht noch der Ofen mit etwa fünf Quadratmetern ab. Wir von der Pak überlegten uns im Laufe des Tages eine besondere Taktik, um mit größerer Sicherheit bei Nacht in den Genuss des Liegens und bei Tage etwas besseren Sitzens zu kommen. Wir wollen immer etwa fünf Minuten vor der Infanterie ablösen. Die Infanteristen haben einen weiteren Weg zu ihren Postenständen und daher können wir im Allgemeinen eher wieder in der Bude sein als die abgelösten Infanteristen. Das ist vielleicht eine Spur gemein, aber wir sehen auf der anderen Seite nicht ein, weshalb ausgerechnet wir dauernd die miesesten Umstände hinnehmen sollen.
Heute gewannen wir am Tage auch endlich einen besseren Überblick über dieses Nest Hof Belikow und unsere Stellung.
Es ist tatsächlich so, dass wir vor uns und nach beiden Seiten hin – am Beispiel der Uhr etwa von der 8 über die 12 bis zur 4 hin – gerade mal 100 bis 200 m weit sehen können, weil in diesem Bereich der Hang um uns noch leicht ansteigt. Jenseits dieses extrem nahen Horizonts soll der Hauptteil von Hof Belikow in einer Senke liegen, dahinter sollen sich höhere Höhen – unter anderem nach Kisseli zu – im Halbkreis herumziehen, auf denen der Russe sitzt. Von all dem sehen wir aber nichts! Eine wahrhaft meisterlich ausgesuchte Stellung. Wenn die Russen mal über den Horizont vor unserer Nase quellen, soll ihnen wohl der unvermutete Anblick unserer Spritze und des benachbarten MGs einen solchen Schrecken einjagen, dass sie in panischer Angst wieder kehrt machen.
Aber so würde es wohl nicht kommen, denn Sorge macht uns auch der hohe Höhenzug, der zwar ziemlich weit entfernt ist, aber halb links hinter uns, etwa von der 8 zur 6 hin, klar zu erkennen ist. Wenn dort oben auch die Russen sitzen, dann haben sie uns ganz deutlich im Visier, solange es hell ist. Aber nix Genaues weiß keiner. Herrliche Zustände.
Rechts hinter uns kann man Teile des sogenannten Dreieckswäldchens sehen, sonst ist dort überall offenes Gelände, in dem irgendwo in zwei bis drei Kilometern Entfernung eine Feldscheune stehen soll, in der ein Zug Infanterie haust. Ringsum also das Nichts oder Niemandsland, das Reich der nächtlichen Streifen. Und wo der Iwan seine ständigen Stellungen hat, weiß auch keiner. Die Mausefalle braucht nur noch zuzuschnappen. Aber das halbe Bataillon, das hier in Hof Belikow steckt, soll 200 Mann umfassen und hat demnach auch eine ganz erhebliche Feuerkraft. Ganz hoffnungslos ist die Sache also wohl doch nicht.
In der Nacht beginnt bei mir nun wieder der zermürbende Kampf gegen die Müdigkeit. Der Rhythmus von zwei Stunden Wache und zwei Stunden „Ruhe" bringt

alles durcheinander, denn der dürftige, zerhackte Schlaf in dem Gewusel des überfüllten Raumes kann nicht ersetzen, was an Nervenkraft und Frische stündlich verloren geht. Das Telefon schrillt alle Nase lang, jeder, der pinkeln muss, reißt zweimal die Tür auf und lässt einen Schwall eisiger Nachtluft herein, vergrunzte Trottel latschen einem im schönsten Traum auf den Knöchel und andere Idioten wecken sieben falsche Kameraden zur Unzeit, bis sich der richtige mit verklebten Augen unter Mantel und Decke hochrappelt. Die Stille und Helligkeit der Nacht und die Ruhe des Russen tun ein Übriges, um draußen den Kampf gegen die Zentnerlast der müden Lider zu erschweren. Dazu der wenige Wind, der frostig über die Höhen streicht und langsam aber sicher alle Wärme aus dem Körper saugt. Was nützt das wenige Stroh unter den Stiefeln, was hilft die hohe Schneewand vor der Kanone? Wo bleiben die wirklichen Wintersachen, die Pelze, die Filzstiefel, die dicken, winddichten Fausthandschuhe? Nichts, nichts, nichts. Die ungefütterten Stiefel stammen noch aus Bitterfeld und sind schon in den Nähten aufgeplatzt, die Handschuhe sind nur noch Löcher. Manchmal kann man wirklich an allem verzweifeln.

Hof Belikow, Donnerstag, 26. Februar 1942

Ein dicker Nebel nahm uns heute fast vollkommen die Sicht. Es passierte zwar weiter nichts, aber wir mussten den ganzen Tag über Doppelposten stellen, das heißt: doppelt so lange draußen in der nassen Kälte bleiben wie sonst am Tage. Der Nebel macht einen ohnehin schon ziemlich fertig, weil man ganz auf sein Gehör angewiesen ist und bei jedem Knacken und Rauschen gleich „Kennwort!" brüllen möchte. Zwar soll ja vor uns noch Infanterie sein, aber wer garantiert uns, dass der Russe sich nicht von hinten oder von den Seiten her anschleicht? Gerade das unbemerkte Einsickern ist ja seine große Stärke und die Schlitten auf der Dorfstraße in Werchnij Bischkin sagen genug. So war es ein wenig schöner, endlos langer Tag voll innerer Spannung, die auch in der Unterkunft nicht weichen wollte. Ständig lauschte man bewusst oder unbewusst nach draußen, besonders seit dem Einbruch der Dunkelheit, die alles noch schlimmer macht. Aber unbekümmert gingen vorhin die Infanteristen auf Tour, eine lange Reihe weißlichgrauer Schemen, die schon nach wenigen Schritten im lautlosen Meer des Nebels entschwanden.

Hof Belikow, Freitag, 27. Februar 1942

Am Vormittag, nach einer nicht enden wollenden Nacht voller Gespenster und wehender Schatten, hob sich endlich der Nebel, aber zum Ausgleich wehte es bald darauf wieder eisig über die kahle Höhe und es blieb unfreundlich und grau bis in den Abend. Aus uns unbekannten Gründen knallte und zwitscherte es ununterbrochen kreuz und quer durch die Lüfte. Wir am Hinterhang konnten jedoch nicht feststellen, wer nun schoss und wo es schoss. Vielleicht zeigten sich die Russen häufiger auf den Höhen nach Kisseli zu und unsere Infanterie versuchte sie von dort zu verjagen. Auch unsere Infanterie liegt ja auf jener nächsten Höhe

vor uns nur am Hinterhang, kann also auch nicht allzu weit sehen und schon gar nicht nach Kisseli hinein. Wenn der Russe einmal mit Schwung über die Höhen brausen sollte, dann bliebe auch unseren armen Säcken dort vorn nichts anderes übrig, als in ihrer Stellung zu schießen bis zum Letzten, denn auf der deckungslosen Ebene würden sie von oben abgeknallt wie die Karnickel.
Je länger wir mit den Infanteristen in unserer Bude zusammen sind, desto mehr bewundere ich sie. Mit welch einer Ruhe und Selbstverständlichkeit gehen sie auf Streife, die fast immer drei bis vier Stunden dauert, mit welcher Gelassenheit kommen sie in langer Reihe angetippelt, als hätten sie nur einen Sonntagsspaziergang gemacht. Nachher hört man dann aus der Meldung des Spähtruppführers, sie wären einem Spähtrupp der Russen begegnet, sie hätten sich mit den Iwans herumgeschossen und im Übrigen sei nichts Besonderes vorgefallen. Sind diese Ruhe und diese Gelassenheit nichts weiter als Gewohnheit? Oder Stumpfsinn und Gleichgültigkeit? Oder ist es das Gefühl der Überlegenheit über den Iwan? Immer wieder fragen wir uns das. Es ist wohl von allem ein Teil dabei, denn ohne Wurstigkeit und ohne ein verdammt dickes Fell kann ein normaler Mensch es gar nicht fertig bringen, jede Nacht von Neuem in die dunkle Ungewissheit zu laufen und die Gefahr von Tod, Verwundung und Gefangenschaft auf sich zu nehmen. Es sind doch Menschen wie wir alle, genauso jung oder viel älter, frisch von der Schule oder aus dem Beruf gerissen, ledig oder verheiratet wie Millionen andere auch. Und gehen doch dahin, als hätten sie ihr Leben lang nichts anderes getan, als wäre es ihr Beruf irgendwo in den Dörfern und Städten der Heimat. Wenn ich daran denke, dass ich einmal einen solchen Spähtrupp mitmachen oder gar führen sollte, dann wird mir verdammt mulmig um die Rosette. Es ist eben doch ein großes Glück, dass wir wieder zur Pak gehören und nicht mehr bei der zehnten Kompanie stecken. Was machen doch schon diese 100 m aus, die wir hinter den Allervordersten stehen!
Um die Mittagszeit rückten vier Mann ab. Das machte sich in den Platzverhältnissen ungeheuer positiv bemerkbar. Auch die Läuseplage schien uns hinterher nachgelassen zu haben, so als ob die guten Kameraden die meisten Tierchen freundlicherweise mitgenommen hätten.
Um die Zeit der Abenddämmerung ließ endlich auch die verdammte Schießerei etwas nach, die uns oben am Hinterhang doch etwas auf die Nerven gegangen war, weil man nichts sah. Nur hin und wieder streicht jetzt noch die leuchtende Spur eines Geschosses über uns hin, sonst hört man nur das gelegentliche Knallen und Zwitschern der Kugeln im Dustern, sei es über uns oder im Dorf vor uns oder weiter weg auf den Höhen vor Kisseli.
Unsere Methode, etwas früher abzulösen als die Infanterie, bewährt sich übrigens prächtig. Jedes Mal, wenn wir durchfroren aus der Nacht in die verräucherte, dunkle Bude zurückkehren, finden wir genug Platz vor, um wie die anderen wenigstens stramm auf der Seite liegen zu können. Für eine plutokratische Rücken- oder Bauchlage ist ja ohnehin kein Platz vorhanden.
Ansonsten knipste ich heute gegen Mittag den Blick von unserer Stellung hinunter auf die vier Häuser und den etwas entfernten Höhenzug, der sich von Kisseli aus im großen Halbkreis um Hof Belikow legt. Auch unsere Pak-Stellung bannte ich von der benachbarten MG-Stellung der Infanterie aus auf die Platte. Der Höhenzug ist auf den Fotos leider nicht zu erkennen, die Bilder sind trotzdem dem

Anhang beigefügt. (Bild 24, 25) Es war eine triste, graue Stimmung, alter Schnee, struppige Gräser, drückende Wolken und eine trostlose Verlassenheit trotz der Häuser und Menschen. „Front“, Winterkrieg 1942, Russland in Reinkultur…

Hof Belikow, Sonnabend, 28. Februar 1942

In der Nacht war der Russe ruhig geblieben. Der Wind aber wurde immer gemeiner. Schließlich waren wir es leid und bauten die Schneewand um das Geschütz so hoch, dass wir dahinter etwas Schutz vor der beißenden Kälte finden konnten. Da, wo wir normalerweise auf Posten stehen, errichteten wir sogar einen kleinen Schneeturm, in den gerade ein Mann hineinpasst. Man darf sich zwar nicht die ganze Zeit in diesem Windschutz aufhalten, weil man wegen der hohen Wände nicht genug sehen und hören kann, aber es ist schon eine wesentliche Verbesserung, wenn man sich wenigstens hin und wieder mal ein wenig vor dem Winde schützen kann.

Hof Belikow, Sonntag, 1. März 1942

Ein himmlischer Tag. Ein warmer, fast windstiller Frühlingstag. Der Februar, der kälteste Monat, ist vorüber. Die Sonne wanderte strahlend ihre Bahn und um die Mittagszeit wurde es so warm, dass wir im Schutze der Schneewand sogar Mantel und Rock ausziehen und unsere Gesichter richtig sonnen konnten. Das gibt es also noch! Soll dieser Winter wirklich schon so zeitig enden? Ringsum lag alles in tiefstem Frieden, der Schnee glänzte im Sonnenlicht. Kein Schuss zerfetzte die Stille, der ganze elende Krieg schien vergessen. Kann man irgendwo auf einem Alpengletscher zufriedener die Wärme der Sonne in sich einsaugen, als wir es dort zu Füßen unserer Kanone taten? Unwillkürlich begann man zu träumen: Wie herrlich wird es sein, wenn man nicht mehr jeden Tag und jede Nacht zu frieren und zu wachen braucht, wenn dieser verdammte Stellungskrieg ein Ende hätte, wenn wir im Frühling wieder marschieren, um endlich diesem ganzen grausigen Geschehen ein Ende zu machen…
So schön wie der Tag, so wundervoll war die Nacht. Das Licht der Millionen Sterne funkelte vom Himmel auf uns herab und der Mond leuchtete in marmorner Helle. Hinter uns im Grunde träumten die dunklen Hütten und weithin erkannte man die Stoppeln und Gräser im Schnee. Schade, dass wir nirgends in die Ferne sehen können. In dieser Nacht war es sicher auch wieder berauschend schön auf den Höhen von Werchnij Bischkin, wo wir die Schneebunker gebaut haben. Von da aus hat man diesen grenzenlosen Blick über die weiten Ebenen, dort steht man wirklich auf einer Höhe und sieht das Gelände ganz leicht nach allen Seiten abfallen. Aber das ist nun vorbei. Wir stecken jetzt in Hof Belikow und müssen zusehen, dass wir diese Stellung halten.
Vielleicht ist es sehr langweilig, wenn ich immer wieder vom Wetter, von der Kälte, vom Schnee, von Sonne und Mond berichte, aber ich kann es nicht ändern, es gehört dazu. Für uns, die wir den größten Teil unseres Daseins draußen unter freiem Himmel verbringen müssen, bei Tag und Nacht, ist das Wetter nun einmal

wichtiger noch als Essen und Trinken. In einer Nacht wie dieser, in der der Schnee den Glanz der Sterne und des Mondes widerstrahlt, kann man vieles vergessen und neue Kraft gewinnen, wenn man nur will. Man darf ungestraft ein wenig träumen und an zu Hause denken, auch wenn man allein auf Posten steht. Man vergisst die Zeit und den Ort, man malt sich den nächsten Urlaub aus und ist nicht einmal traurig dabei. So schön war diese Nacht. Und wenn ich nicht so eiskalte Füße bekommen hätte, wäre ich sogar noch länger draußen geblieben. So aber ging ich dann doch hinunter in den vollgemieften Schuppen und quetschte mich zwischen die anderen.

Hof Belikow, Montag, 2. März 1942

Ruhig und klar verging auch der heutige Tag. Nur die Kälte nahm stark zu und machte unsere Hoffnungen auf einen baldigen Frühling wieder zunichte. Vorhin, gegen halb acht, wurde dann aber plötzlich höchste Alarmbereitschaft befohlen. Man hat einen Funkspruch oder ein Telefongespräch der Russen abgehört und danach haben die Iwans eine Schweinerei vor. Wir Wachfreien hasteten daraufhin sofort hoch zur Kanone. Die Munition lag bereit, die Schneewand ist so gebaut, dass sie in zwei Sekunden umgeworfen werden kann. Zwei Stunden lang trampelten wir alle zusammen unsere Kreise um die Kanone, aber es blieb die ganze Zeit über vollkommen ruhig. Kein Schuss, keine Leuchtkugel am mondhellen Himmel. Gegen halb zehn wurde dann der Alarm wieder abgeblasen. Nun schieben wir wieder unsere normale Wache, zwei Stunden Doppelposten, zwei Stunden „Ruhe".
Vor dem plötzlichen Alarm konnte ich mir noch die erste, noch längst nicht erwartete Post zu Gemüte führen: Briefe der Eltern vom 11. Und 15. Februar und von Großmutter sogar vom 19. Februar. Also ganz ungewohnt frisch. In der Heimat sah man die Dinge damals recht rosig. Es sind anscheinend viele Verstärkungen im Anrollen, selbst die Russen melden das, und so geht der Heldenklau um: Was Beine hat, wird eingezogen. Und die Wochenschau zeigte die Ausgabe der Wollsachen an der Front! Dass wir nicht lachen!

Hof Belikow, Dienstag, 3. März 1942

Den ganzen Tag über schoss heute so ein verfluchter Hund mit einem Mehrladegewehr dicht über unsere Stellung hinweg. Der Iwan muss irgendwo vor uns auf der Höhe bei Kisseli gesessen haben. Da wir ihn nicht sehen konnten, war zwar auch die Wahrscheinlichkeit gering, dass er uns traf, aber dieses verdammte Fatschen, Zischen und Knallen vom Morgengrauen bis zur Dämmerung war so widerlich und ging einem mit der Zeit so auf die Nerven, dass wir den Kerl sicherlich mit den bloßen Händen erdrosselt hätten, wenn wir ihn in die Finger gekriegt hätten. Als es schon dunkel geworden war, schoss vorhin eine andere Pak aus dem für uns unsichtbaren Teil des Dorfes heraus hoch auf die Höhen etwas links hinter uns. Es war ein wundervolles Schauspiel, wie die Leuchtspuren der Geschosse in schlanken Bögen aus der Tiefe hochstachen und oben unterhalb des

Kammes versprühten. Was die Kameraden dort oben unter Feuer nahmen, konnten wir nicht erkennen, aber es war offenbar saubere Maßarbeit, Schuss um Schuss. Von den Höhen ringsum grollte vielfach gebrochen das Echo der Abschüsse auf uns zu. Aber schon bald endete der schöne Spuk wieder und nun hat abermals die lange, stille Nach begonnen, mehr als zwölf Stunden Finsternis.
Erst eben fiel einem von uns auf, dass die Pak vorhin ja eigentlich verdammt weit nach links, das heißt, schon fast hinter uns, geschossen hat. Wie hätten wir sonst die bunten Leuchtspuren beobachten können? Hat sich der Russe schon dort oben auf den Höhen eingenistet? Guckt er uns womöglich schon seit Tagen unbemerkt von der Flanke und von hinten in die Stellung und ins Dorf? Schiebt er sich schon unauffällig von allen Seiten näher heran? Neulich die beiden Einschläge der Ari vor dem Haus – auch die hätten doch nur Sinn, wenn er die Trefferlage beobachten konnte! Hat er sie von dort hinten aus beobachtet? Und nun auch noch dieser verfluchte Dauerschießer? Und vorhin unsere Pak! Braut sich da etwas zusammen? Mit einem Schlag glauben wir in allem ein System, eine planmäßige Kette vorbereitender Maßnahmen zu erkennen, und diese noch ganz neuen Überlegungen drücken uns verdammt eklig auf den Magen.

Hof Belikow, Mittwoch, 4. März 1942

Schon das Morgengrauen, das ich draußen bei der Kanone heraufziehen sah, versprach einen schönen Tag. Um die Mittagszeit wurde es dann auch tatsächlich so herrlich warm draußen, dass wir unsere erbärmlichen Kadaver wieder in die strahlende Sonne legen konnten. Welche Wohltat, sich Mantel und Rock auszuziehen und zu spüren, wie die Wärme durch Hemd und Pullover bis auf die Haut drang! Was machte es da schon, dass die Läuse sogar draußen rebellisch wurden und anfingen zu krabbeln und zu beißen? Im Allgemeinen hocken sie ja wegen der Kälte draußen still in den Nähten und Ritzen und werden erst wild, wenn man nach der Wache wieder in die warme Bude zurückkehrt. Heute hält uns allerdings nichts im Quartier, heute blieben wir auch während der wachfreien Stunden draußen vor dem Hause sitzen, hörten das Schmelzwasser vom Dach tropfen; speckig glänzten die Schneeflächen in der Sonne, wir unterhielten uns mit den Frauen des Hauses, die nebenan im Stall oder im Keller hausen, und sahen am Nachmittag eine ganze Weile dem lustigen Spiel zweier Wiesel zu, die ungeniert in unserer Nähe herumtobten und sich durch uns gar nicht stören ließen.
Ja, wir haben es hier wirklich gut getroffen. Wir nehmen teil an unseren gegenseitigen kleinen Sorgen und Freuden, Schlafen und Essen funktioniert reibungslos und auch sonst gibt es kaum einen Misston. Mit viel Sinn für Gerechtigkeit und mit guter Einteilung sorgt der VB der Ari dafür, dass wir alle nacheinander Zeit und Platz finden, unsere Waffen zu säubern, uns zu waschen und zu entlausen und auch mal eine Karte zu schreiben, wie ich es heute tat, um die zu Hause an unserem Glück teilnehmen zu lassen. So vertragen wir uns prima. Wenn nicht dieser idiotische Dauerschießer wieder von morgens bis abends den schönen blauen Himmel mit seiner Ballerei verpestet hätte, wäre man an diesem Frühlingstage wirklich kaum auf die Idee gekommen, tief in Russland zu stecken. So friedlich und still war alles. Selbst unsere Sorgen vom Abend zuvor sind heute

wieder dahin geschmolzen wie der Schnee auf dem Dach unseres Hauses.
Vorhin in der Abenddämmerung wurde überraschend noch ein schweres Infanteriegeschütz in unserer Nähe in Stellung gebracht. Das ist doch ein anderer Apparat als unsere winzige Senfspritze! Wo die mit ihrem Kaliber 15 cm hinhauen, da bleibt bestimmt kein Auge trocken. Wie schon alle Tage vorher trabten auch heute in der Abenddämmerung die Pferdchen mit den Verpflegungsschlitten von Werchnij Bischkin heran. Wenn man um diese Zeit gerade Wache hat, erkennt man die Schlitten von der Höhe aus schon von Weitem. Man sieht auch die dunklen Gestalten, die sich, behängt mit vielen Kochgeschirren und Feldflaschen, aus den Häusern lösen, um sich am Treffpunkt einzufinden, aber von alledem hört man in der Stellung kaum einen Laut.
Der Iwan mit seiner Nervenflinte hat am Abend endlich einen kalten Bauch gekriegt und ist wohl nach Hause gelatscht. Nun steht man nachher wieder allein in der Dunkelheit bei der Kanone, um sich herum nur die beklemmende Stille der Nacht und in einiger Entfernung die Schatten der Posten von der Infanterie. Erst ab 10 Uhr abends hat man wieder Gesellschaft durch den zweiten Posten.

Hof Belikow, Donnerstag, 5. März 1942

Die Nacht war auf einmal verflucht finster geworden und gegen Morgen kam auch noch ein hässlicher Wind auf. Später schoss sich das Infanteriegeschütz auf Ziele hinter den Höhen ein. Wenn man beim Abschuss gut aufpasst, kann man ohne weiteres den Flug der schweren Koffer verfolgen, weil sie bei weitem nicht so rasant fliegen wie die Granaten der Artillerie. Es machte Spaß, von oben her zuzusehen, wie sie unten die dicken Dinger in das Rohr wuchteten. Man hörte mit etwas Verzögerung das Kommando des Geschützführers, man sah den Feuerschein und dann orgelte der Brummer über die Höhen hinweg ins russische Hinterland. Nach einer Weile spürte man dann fast körperlich das Beben des fernen Einschlags. So gingen die Stunden der Tageswachen heute mal ungewohnt schnell dahin.
Um die Mittagszeit erschien dann – für uns ganz unerwartet – ein Schlitten mit Winterbekleidung, die aus der Sammlung in der Heimat stammte. Nun endlich, wo der Winter fast vorüber ist, landeten die Sachen bei uns hier vorn. Pullover, Socken, Handschuhe, Westen, Ohrenschützer und viele andere warme Sachen. Als es ans Verteilen ging, stellte sich heraus, dass wir vier Mann nicht auf der Liste verzeichnet waren, offensichtlich deswegen, weil wir nicht zu dieser Kompanie gehörten, als der Bedarf angemeldet werden musste. Stefan beschwerte sich sofort in aller Form über diese Ungerechtigkeit, aber er konnte nichts ändern. Wir kriegten nichts ab!
Wütend schrieb er postwendend an Emil mit der Bitte, uns umgehend aus den Beständen der Kompanie die notwendigen Sachen zuzuschicken. Diese Tat erleichtere uns zwar momentan, wenn wir auch von Emil nichts erhoffen, aber im Übrigen durften wir mit Tränen in den Augen zusehen, wie die anderen mit neuen warmen Strümpfen und Pullovern und Handschuhen ausstaffiert wurden und ihre zerlumpten Socken mit allen Läusen vor die Haustür schmissen. Ich selbst habe ja wenigstens meinen dicken Pullover aus Frankreich, aber deswegen friere ich vor

allem an den Händen genauso furchtbar wie die anderen, weil die Handschuhe ja längst zerfetzt und meine schönen Fausthandschuhe von zu Hause bisher noch nicht angekommen sind. Wir vier Leihsoldaten sind jedenfalls sauber angeschissen und verfluchten zum ersten Mal diesen gottlosen, unkameradschaftlichen Sauhaufen, in den wir da geraten sind.
Gegen Abend rückten zu unserem Entsetzen acht Mann Verstärkung für die Infanterie an, die auch noch in unserer Bude Platz finden sollen. Zu allem Überfluss fing das Volk auch noch an, von Ablösung zu quatschen, die nun in den nächsten Tagen ganz bestimmt kommen soll. Vielleicht wollten sie uns damit die neue fürchterliche Enge und die in Scharen mitgebrachten Läuse etwas schmackhafter machen. Aber von einem so dämlichen Gesabbel wird nichts besser, vor allem kriegen wir davon keine wärmeren Pfoten und Füße.

Hof Belikow, Freitag, 6. März 1942

Es wurde immer schöner. Noch vor Mitternacht setzte ein rasender Schneesturm ein, gerade als wäre er speziell für uns bestellt, die wir keine Wintersachen abgekriegt haben. Ausgerechnet während dieses Schneesturms wurde ich zu meiner zweiten Nachtwache von zwölf bis zwei Uhr nicht oder nicht ausreichend geweckt und der gute Stefan musste in der Hundekälte vier Stunden draußen bleiben. Danach war auch seine Stinkwut auf mich, obwohl ich letzten Endes auch nichts dafür konnte, im Gegenteil, denn mir passte das erst recht nicht, weil ich nicht nur den Ärger hatte, sondern hinterher natürlich seine Wache auch mit übernehmen musste, also ebenfalls vier Stunden in dieser eisigen Sturmnacht draußen stehen musste.
Der Trampelpfad, der hinauf zu unserer Stellung führt, war schnell zugeweht, sodass man jetzt Mühe hatte, in dem dichten Schneetreiben überhaupt den Weg nach oben zu finden.
Die beiden Infanteristen, die rechts von uns am MG stehen, konnten in der letzten Nacht von großem Glück sagen. Sie hatten sich Decken mit hinaufgenommen, standen tief verhüllt in ihrem Schneetürmchen und ließen sich sachte vollschneien. Was sollte in einer solchen Nacht schon passieren, mögen sie sich gedacht haben. Doch dann hatte auf einmal unmittelbar vor ihnen ein Gespenst gestanden, schwarz, fremd, stumm. Einen Herzschlag lang waren sie vom Schrecken gelähmt, hatten dann aber instinktiv die Waffen von der Schulter gerissen und „Kennwort!!!“ gebrüllt – und der andere hatte verängstigt die Arme hochgerissen. Ein Russe!! Genau so entsetzt, genauso erschrocken wie unsere beiden Helden. Der Iwan war unbewaffnet, schleppte aber einen großen Rucksack mit sich und in dem fanden sie nichts weiter als – hunderte Schuss Gewehrmunition! Unter den Arm hatte er ein Brot geklemmt, das in den Schnee plumpste, als er die Arme hochriss.
Da hatten sie also durch einen unwahrscheinlichen Glückszufall einen von diesen verdammten Schießern erwischt, die den ganzen Tag irgendwo im Schnee auf dem Bauche liegen, an ihrem gefrorenen Brot knabbern und die ganze Umwelt wahnsinnig machen mit dieser Fatscherei. Nun hatte sich solch ein Knochen im Schneetreiben verirrt und war uns ins Netz gegangen. Wenn wir uns auch neulich

noch geschworen hatten, solch einen Kerl bei lebendigem Leibe zu zerreißen, falls er uns in die Hände fiele – heute Nacht, als wir dies ängstliche Würstchen so plötzlich in unserer Bude stehen hatten, brachten wir es doch nicht fertig, sondern ließen ihn bis zum Abend in einer Ecke des Raumes hocken. Die Leute vom Tross, die die Verpflegung brachten, nahmen ihn dann mit nach hinten.
Nach diesem Schrecken der anderen werden wir uns in der kommenden Nacht wohl nicht wieder in unser Schneetürmchen verkriechen, obwohl es immer noch stürmt und schneit, Millionen Flocken, Millionen spitze Kristalle und eine Sicht von zehn Metern.
Heute am Tage blieb es überall ruhig. Der Wind ließ nur zeitweilig mal etwas nach, aber der Schnee stiebte pausenlos weiter und erstickte alles Leben ringsum. Von der Stellung aus sah man überhaupt nichts mehr, die Senke, in der unsere Häuser stehen, wehte immer mehr zu. Das ist vor allem deswegen gemein, weil uns jetzt schon auf dem Wege zur Stellung der lockere Schnee in die Stiefel fällt und dort schmilzt (so warm sind unsere Füße doch noch!). Daher mussten wir die ganze Zeit über mit nassen Füßen draußen stehen. Auch in den freien Stunden kriegen wir unsere Stiefel und Socken nicht mehr trocken, weil wir ja nicht stundenlang barfuß herumsitzen können.
Alles in allem: Eine Nacht und ein Tag wie am Ende der Welt, ein Schweben in weißer, flirrender Materie, ohne Sicht, ohne Schall, ohne Zeit, ohne Richtung und doch erfüllt von Halluzinationen und leibhaftigen Gespenstern.

Hof Belikow, Sonnabend, 7. März 1942

Immer noch dies dreimal verfluchte Schneetreiben. Es war einfach zum Kotzen. Die Flocken tropften einem in den Hals, als ob es nicht schon kalt genug wäre. Die Stunden des Postenstehens draußen auf der Höhe schlichen doppelt und dreifach so langsam dahin, weil sich den Augen nirgends eine Abwechslung bot. Zeitweilig konnten wir nicht einmal die benachbarten Infanteristen erkennen. Den einzigen Spektakel ringsum machte der russische Kollege vom Dienst, der wieder ohne Sinn und Verstand Löcher in die Luft und in das Gewimmel der Flocken ballerte.
Doch dann, am Nachmittag, schrie plötzlich einer: „Panzeralarm!“ Ich hatte gerade meine zwei Stunden Wache hinter mir und war dabei, mich wieder etwas aufzuwärmen. Aber nun stürzten wir erschrocken ins Freie und horchten in das Schneetreiben hinaus. Und richtig: Irgendwo da oben dumpfes Brummen schwerer Motoren! Aber nichts zu sehen außer dem stiebenden Schnee.
Also wieder hoch zur Kanone, zu den anderen. Auf einmal war alles in Frage gestellt, denn wenn sie von oben über die Höhen donnern und dann ins Tal stoßen, sind wir verloren. Oben in der Stellung duckten wir uns, aufs Höchste gespannt, hinter die Schneemauer und lauschten. Da – wieder dies tiefe Rumoren aus der Richtung der 9, der 10, der 11, der 12. Man sah nichts, man konnte nicht schießen, aber man hörte sie deutlich hin und her fahren. Fern und gedämpft zwar, aber doch unüberhörbar. Sonst war es ganz still ringsum, sogar der Schießer vom Dienst hatte seinen Betrieb eingestellt. An der Kanone war alles klar. Da brummten sie wieder – da hinten, diesmal mehr zur 8 herüber, in der Richtung der

Häuser hinter uns!!! Das Herz klopfte bis zum Halse. Aus war es mit der Ruhe und Beschaulichkeit.
Etwas später hörte es ziemlich abrupt auf, zu schneien, die Sicht besserte sich und wir erkannten nach Tagen plötzlich den Horizont der Höhen wieder, weiß vom vielen frischen Schnee. Nur nach vorn konnten wir wie üblich wegen des blöden Hinterhanges, auf dem wir stehen, nichts sehen. Und dann waren sie auf einmal da – ein schwarzer Koloss schob sich langsam über die harte Trennungslinie zwischen Himmel und Schnee und etwas rechts daneben noch einer! Was weiter nach rechts hinüber in Richtung Kisseli geschah, blieb uns verborgen. Wir starrten nur diese beiden an, die da oben in voller Größe auf der Kimm erschienen waren, schwarze Ungeheuer auf der blendenden Fläche des Schnees. Noch immer war sonst alles gespenstisch still. Dann hörte man wieder ganz deutlich das Bullern der Motoren, sah das metallische Blinken der Ketten und die Kanonen an den wuchtigen Türmen, die sich langsam drehten. Sie waren nun schon ein Stück die Höhe herabgekrochen, ruckten lässig klirrend ein wenig hin und her, blieben wieder stehen. Ganz langsam schwenkten sie die Türme, bewegten sie die Rohre der langen Kanonen auf und ab. Sonst geschah nichts. Die frechen Hunde standen nur da oben wie dicke schwarze Käfer auf einem weißen Bettlaken und beäugten uns. Sie hatten bestimmt auch unsere Stellung ganz genau im Visier.
Plötzlich zuckten wir von einem schweren Schlag zusammen: Das Infanteriegeschütz hatte den ersten Koffer hinaufgejagt. Wir sahen ihn fliegen – rumms, ein gewaltiger Einschlag, ein strahliger schwarzer Fleck im Schnee, gar nicht weit von den Panzern entfernt. Dann wieder ein Schuss. Diesmal kürzer. Die da oben störten sich nicht daran. Die andere Pak im für uns unsichtbaren Teil des Dorfes schwieg wie wir. Mit aufreizender Lässigkeit sahen sich die Kerle in den Panzern den Betrieb bei uns an. Um sie herum wurde der Schnee nun schon schwarz und grau von den Einschlägen und Pulverwolken des sIG, aber ein direkter Treffer wollte den Kameraden nicht glücken. Manchmal lagen die Einschläge nur 10 oder 15 m von den Panzern entfernt, aber das kratzte die überhaupt nicht. Sie hatten es sich bequem gemacht und sahen im wahrsten Sinne des Wortes auf uns herab, bis es endlich dämmerig wurde. Das sIG verballerte etwa 20 Schuss, dann hörten sie auf, wohl um die Munition für wichtigere Fälle zu sparen. Wir aber mussten uns weiterhin bei unserem Kanönchen verstecken und konnten nichts tun, mussten ohnmächtig zusehen, wie die da oben umherschnurrten, als gehörten sie dazu.
Dies plötzliche Erscheinen der Panzer hat nichts Gutes zu bedeuten, für nichts und wieder nichts lungern die da oben nicht herum. Wenn wir doch wenigstens eine anständige Kanone hätten! Aber wir können überhaupt nur eben so weit schießen, wie sie von uns entfernt standen, 1.200 m vielleicht.
Ganz kurz stach noch einmal die Sonne durch die Wolken und ließ den obersten Rand jener Höhe grell aufleuchten. Die beiden Panzer glühten in diesem hellen Schein wie die lüsternen Augen einer Katze, die eine wehrlose Maus in ihrer Nähe entdeckt hat. Als es dann dunkel wurde, kurvten die Burschen wie zum Hohn noch ein paar Ehrenrunden vor unseren Augen. Dann drehten sie uns die Auspuffrohre zu, bollerten gemächlich zurück hinter die Höhen und rumorten dort noch eine Weile in der Finsternis der einfallenden Nacht. Dann trat Stille ein. Aber dies ist nun nicht mehr eine Stille wie in den letzten Tagen und Nächten. Hinter dieser Stille lauert von nun an eine Drohung, wie ich sie so lähmend wohl

noch nie empfunden habe. Lange noch standen wir erregt am Geschütz beisammen und die Kälteschauer, die uns über den Rücken jagten, kamen nicht nur von der klaren Nachtluft. Jetzt schien aber die Gefahr für heute beseitigt zu sein und wir lassen nur noch den üblichen Doppelposten am Geschütz. Wir Wachfreien stiegen jedenfalls kurz vor 10 Uhr wieder den Abhang hinunter in den Talgrund zu unserer Hütte. Mit jedem Schritt nach unten wuchsen die Höhen ringsum empor und es schien uns fast so, als stiegen wir in einen tiefen Schacht hinab und wüssten, dass bald ein schwerer Deckel darauf gewälzt werden wird.
Zwei Stunden habe ich jetzt noch Zeit bis zur nächsten Wache, aber ich finde keine Ruhe. Fast alle Infanteristen sind alarmiert und laufen irgendwo Streife oder haben ihre Alarmstellungen besetzt. So ist der Raum fast leer und wir wenigen Leute fühlen uns einsam und ungemütlich darin.

Hof Belikow, Sonntag, 8. März 1942

Von Mitternacht bis zwei Uhr früh stand ich wieder mit Georgi an der Kanone. Ein sternklarer Himmel wölbte sich über uns und alles war still. Klares Frostwetter hat die feuchten Schneetage abgelöst und wir durften hoffen, bald wenigstens wieder trockene Füße zu kriegen. So trampelten wir uns auf dem Stroh in unseren Postenständen warm, machten Dauerlauf auf der Stelle und lauschten alle paar Minuten wieder angestrengt in die Dunkelheit hinaus. Um zwei konnten wir dann auch tatsächlich wieder in unsere Bude hinuntergehen, um uns aufzuwärmen und um zu grunzen. Aber schon um drei Uhr riss uns Stefan aus dem Schlaf – es war erneut Alarmbereitschaft befohlen worden, weil man im Morgengrauen einen russischen Angriff befürchtete. Also torkelten wir schlaftrunken wieder hinauf zur Stellung und warteten zähneklappernd und bis ins Mark durchgefroren mit den anderen auf den Anbruch des Tages. Noch war alles totenstill ringsum. Alles Warten und Stehen wäre noch erträglich gewesen ohne die gemeine Kälte, der man ja nun schon seit Monaten kein einziges Gramm Fett mehr entgegenzusetzen hatte.
Ganz allmählich wurde es dann im Osten heller. Wir konnten halblinks hinter uns den Horizont der Höhe wieder erkennen und schließlich war auch die Sonne nicht mehr fern. Immer deutlicher bot sich das vertraute Bild der Häuser und Hänge dar und dann blitzten plötzlich die ersten Strahlen der Sonne über den Kamm.
Fast im selben Augenblick dröhnte hinter den Höhen das Brummen von Panzermotoren hervor! Also doch, nun kamen sie wieder! Wie sollte dieser Tag enden, wenn es nicht gelang, die Panzer abzuknallen? Bei uns war alles bereit, aber was nützte das schon, wenn die Entfernung zu groß ist und unsere Granaten abspringen wie Kieselsteine? Da krochen sie auch schon wieder über die Höhe. Zwei, drei Stück. Kaum erkennbar waren sie, weil sie die Sonne genau hinter sich hatten. Und wieder schepperten sie lässig ein Stück den Hang hinunter auf das Dorf zu, schoben sich mit widerlichem Brummen eine Weile hin und her und stellten sich dann genau wie gestern regelrecht in Positur und beobachteten uns. Und schossen immer noch nicht. Auch sonst war es immer noch unheimlich ruhig. Aber die Luft knisterte förmlich vor Spannung, denn überall lag ja nun die Infanterie in Bereitschaft und wartete auf den Angriff. Und doch geschah nichts. Nur

diese drei Panzer standen da oben. Man glaubte direkt zu sehen, wie die Hunde an ihren warmen Motoren lehnten, sich eins grinsten und womöglich hinter ihren dicken Panzerplatten seelenruhig frühstückten.
Da begann plötzlich das sIG wieder zu ballern, aber genau wie gestern ließen sich die dicken Wanzen da oben nicht stören. Wenn sie doch wenigstens zurückschössen! Aber nein, sie standen in ihrer ganzen aufreizenden Größe da und blickten höhnisch auf uns herab. Dass machte uns rasend, diese verfluchte Spannung, dies ohnmächtige Lauern, was sie nun wohl tun würden. Das war das Spiel einer Katze, die die Maus zappeln lässt.
So standen sie morgens um sechs, so standen sie um sieben, so standen sie um acht und so wie die da oben standen, so mussten auch wir bei der Kanone bleiben ohne Ablösung und ohne Ruhe. Das sIG gab sich zwar alle Mühe, die Bullen zu vergraulen, aber vergebens. Ein Volltreffer gelang ihnen nicht und so stellten sie schließlich abermals resigniert das Feuer ein. Der Schnee um die Panzer herum war nun über und über schwarz und zerrissen von den Einschlägen, aber die Panzer rührten sich nicht vom Fleck. Wir froren entsetzlich, aber nach ein paar Stunden ließ dann doch die innere Spannung etwas nach, man hielt sie einfach nicht mehr aus, man gewöhnte sich daran, dass die Panzer dort oben am Hang klebten und uns beobachteten. Schließlich war uns alles egal. Vor den Augen der großen Katze gingen wir nacheinander einzeln hinunter in das Haus, um wenigstens mal wieder etwas zu essen. Zum Glück steht das Haus so dicht am Fuße des Hanges, dass die Panzer es nicht sehen können. Dadurch konnten wir uns unten immerhin ungezwungen bewegen. Nur mit Feuermachen am Tage war es wegen des Rauchs Essig. Dementsprechend herrschte auch in der Bude eine hässliche Kälte und so verließ man schon bald wieder das ungastliche Gemäuer. Bei den Kameraden hatte man wenigstens Gesellschaft.
Wir warteten verzweifelt bis zum Mittag. Es änderte sich nichts. Die gottverdammten Panzer warteten wie angewurzelt. Wir machten in unserer Stellung einen Dauerlauf nach dem anderen und hatten es insofern sicher besser als die Infanteristen, die überall im Dorf oder auf den Hängen lagen und sich den Bauch noch viel mehr erkälteten als wir. Vielleicht ist dies die neueste Masche der Russen, um uns vor einem Angriff so richtig kaputt zu kriegen, körperlich und nervlich. Wenn sie so weiter machen, haben sie auch alle Aussicht auf Erfolg.
Um die Mittagszeit brüllten auf einmal die Motoren auf und die Genossen verschwanden ohne weitere Umstände hinter der Höhe. Die Herren hatten sicher Hunger und legten eine Pause ein. Da nutzten auch wir schnell die Gelegenheit und ließen nur einen Doppelposten an der Kanone. Wir anderen eilten hinunter in die Bude und machten uns ans Essen. Wie beruhigend, dass auch die Herren Panzerleute ein menschliches Rühren verspürten und mal eine Pause einlegten!
Kurz nach ein Uhr kamen sie wieder über die Höhe gekrochen, frech und unbekümmert, und ließen sich auf ihren alten Spuren häuslich nieder. Die Sonne neigte sich schon dem Westen zu und der Hang, auf dem die Panzer lauerten, lag nun hell im Licht. Wie endlos lang doch so ein Tag ist, wenn man seit drei Uhr früh fast ununterbrochen draußen im eisigen Wind stehen muss! Die Kerle in den Panzern haben sicher nicht nur solch ein dünnes Mäntelchen an wie wir, sondern schöne Wattejacken und gefütterte Stiefel und obendrein können sie sich ihre Pfoten herrlich an den Motoren wärmen.

Kurz bevor die Sonne unterging, flackerte plötzlich im Südteil des Dorfes, den wir nicht einsehen können, Infanteriefeuer auf. Einzelne Gewehrschüsse, MG-Garben, Feuerstöße aus Maschinenpistolen. Das alles klang eigenartig fern und gedämpft aus der Tiefe vor uns herauf. War das der Angriff? So plötzlich in der Abenddämmerung? Wir standen wie elektrisiert. Wenn man doch nur etwas sehen könnte! Aber da hatten wir vor uns nichts, als diese blöde Anhöhe. Jetzt schossen sie auch weiter links im Dorf. Dann plötzlich wieder totale Ruhe. Die Panzer rührten sich während dieses Theaters überhaupt nicht, drehten nicht einmal die Türme. Eine halbe Stunde lang dauerte dieses verrückte, unregelmäßige, manchmal rasend wilde, dann wieder nur kleckernde Schießen; schließlich erstarb es fast ganz. Nur vereinzelt zischte noch ein Leuchtspurgeschoss zu den Höhen hinauf oder über uns hinweg ins Hinterland. Endlich verzogen sich auch die Panzer wieder brummend hinter die Höhe. Eine Weile rumorten sie dort noch wie gestern umher. Dann verebbte auch das Blubbern der Motoren. Ende der Vorstellung. Zurück blieb die Dunkelheit der Nacht und eine unheimliche Stille.
Noch konnte niemand von uns hinunter in das Haus gehen. Die Lage war einfach noch zu ungewiss. Der Magen hing uns längst tief in den Kniekehlen und wir warteten sehnsüchtig auf die Verpflegung, die eigentlich schon hätte da sein müssen. Keiner von uns traute dem plötzlichen Frieden, denn irgendwas muss die Infanterie ja gesehen haben. Unwillkürlich unterhielten wir uns nur im Flüsterton. Eine ganz große Schweinerei lag in der Luft. Die Stille war zu still, die Sterne strahlten zu schön. Wie viel hundert Augen durchbohrten wohl in dieser Stunde die Nacht? Es wurde sechs Uhr, halb sieben, sieben, halb acht. Wir waren durchgefroren bis ins Innerste. Wenn man so herumstand und sich noch nicht rühren mochte vor lauter Kälte, ertappte man sich immer wieder dabei, dass man fast eingeschlafen war und es kaum gemerkt hatte. Und doch waren die Sinne hellwach, wenigstens unbewusst. Man war nur zu müde und zu gleichgültig geworden. Der Tag war eben zu lang und der Wind zu scharf gewesen. Wenn man in die Bude gehen könnte, würde man sofort umfallen und pennen. Aber wenn man eine Weile so vor sich hin gedöst hatte, schüttelte einen ein Kälteschauer wieder zusammen, man drückte sich noch näher an die schützende Schneemauer, aber der Wind kam doch immer wieder von hinten, von vorn, von allen Seiten. Ach, wenn doch alles ein Ende... Da zerriss auf einmal gellendes MG-Feuer genau vor uns in der Senke die trügerische Stille. Und nun auch weiter links; rasendes, wahnsinniges MG-Feuer. Unsere MGs! Das war der Angriff!
Sie kommen! Sie kommen!
Aus dem unsichtbaren Teil des Dorfes vor uns sprühen die tödlichen Funken empor und zischen über die Höhen, auch über uns hinweg. Rote, gelbe, grüne Fontänen werden in wilden, feurigen Kaskaden die Hänge hinauf in den dunklen Nachthimmel geschleudert. Über uns sind es meist die blassgrünen und weißen Spuren der Russen. Es rasselt in immer neuen, langen Feuerstößen aus der Tiefe zu uns herauf, die Läufe der MGs müssen längst glühen, aber sie schießen weiter. Rings von den Hängen schwingt das Echo des Höllenfeuers hundertfach hin und her und nun sehen wir auch links von uns, dort, wo die Panzer gestanden haben, dunkle Russenhaufen über den hellen Schnee bergab torkeln, lockere Gruppen in wehenden Mänteln. Dann laufen sie auch schon hinein in die mähenden Garben, die Leuchtspuren fressen sich gierig in die stumpfen Klumpen der Leiber und in

den zerfetzten Schnee. Nur der kleinere Teil der Geschosse heult ins Leere, weit hinaus über die Höhen. Immer mehr von der wogenden, hilflosen Masse bleibt liegen und da wenden sich die ersten, sie wollen fliehen, wollen zurück über die rettenden Höhen, sie fallen, sie wälzen sich im Schnee, sie werden noch eingeholt von den unbarmherzigen Kugeln, nur wenige entkommen wie flatternde Hühner…

Aber weiter rechts, fast genau vor uns, scheint etwas schief zu gehen. Immer lauter knallt es uns in den Ohren, immer dichter zischen und fatschen die Garben über uns hinweg, aber wir können nichts sehen. Wissen nur, dass von vorn nur die Russen über uns hinweg schießen können, und das ist beängstigend. Man hört kein Geschrei, sieht dort auch keine Landser, keine Russen kommen. Nur weiter links versuchen die letzten noch in panischer Angst über den Kamm zu entfliehen. Rings um uns rast in einem großen Halbkreis der Tod, verblassen die Sterne hinter dem sprühenden Geflecht der Leuchtspurbahnen. Immer mehr gewinnen wir den Eindruck, dass der Russe halblinks vor uns in der Senke sitzen muss, das heißt in einem Teil des Dorfes. In unseren Häusern rührt sich nichts. Aber vor uns! Von dort hört man kaum noch das schnelle Rasseln der deutschen MGs, aber immer wilder, immer steiler, immer gellender spritzt es grünlich und rot in den Himmel hinauf, ein dichtes, tödliches Netz, und es sieht so aus, als ob die Russen jeden Augenblick vor uns auf der Höhe erscheinen müssten. Und wir stehen da – was sollen wir tun? Wohin sollen wir schießen? Wohin laufen, wenn sie jetzt plötzlich von allen Seiten auf uns zukommen? Wo bleibt unsere Infanterie? Sie muss doch noch vor uns sein!

Zum Glück ist hinter uns noch alles ruhig, auch links, wo die Panzer gestanden haben, sieht man nur noch dunkelbraune Flecke im Schnee, die sich nicht mehr bewegen. Aber das Fatschen und Knallen unten im Dorf zieht sich immer weiter nach links hinüber. Dann hört man endlich auch mal wieder das lange, rasende Rauschen eines deutschen MGs. Gott sei Dank, sie sind noch da! Zitternd vor Erregung stehen wir an der Kanone, jeden Augenblick bereit, die Schneemauer umzureißen und das Feuer zu eröffnen.

Wo ist nur die Infanterie? Vor uns wird es jetzt plötzlich still. Ist der Angriff abgeschmiert? Sind die Russen wieder hinter die Höhen getürmt nach Kisseli zu? Wenn man doch nur etwas mehr sehen könnte! Letzte Feuerstöße verenden in fernen Echos. Tatsächlich, es wird still. Der bunte Vorhang vor dem Himmel ist verschwunden und man sieht wieder die Sterne über sich. Und es bleibt auch still. Wie weggewischt ist der irrsinnige Lärm und der bunte Lichterzauber. Also sind die Russen wohl doch zurückgeschlagen worden wie links von uns? War dies nun alles? Oder werden sie bald wiederkommen?

Wir lauschten gespannt in die Nacht. Aber es war tatsächlich kein Laut mehr zu hören, nicht vor uns auf der Höhe, nicht aus dem südlichen Teil des Dorfes und auch nicht von unseren Häusern her. Wir trampelten uns warm, spürten nun plötzlich, dass wir auf halb erfrorenen Füßen standen, weil wir lange Zeit keine Bewegung gewagt hatten.

Wir warteten wohl eine halbe Stunde lang. Es rührte sich nichts mehr. Und dann beobachteten wir, wie unsere Infanterie im Gänsemarsch zu unserem Haus zurückkehrte. Da schickte Stefan auch einen von uns hinunter, der sich nach der Lage erkundigen sollte. Kurz darauf keuchte der schon mit schnellen Schritten

wieder den Berg zu uns herauf und berichtete, der Russe sei ins Dorf eingebrochen. Der ganze Südteil sei von wenigstens 100 Mann besetzt und die Front liefe jetzt quer durch das Dorf zwischen den Häusern hindurch. Die Russen seien schwer am Schanzen, brächen Schießscharten in die Hauswände und es sei fast unmöglich, sich blicken zu lassen, weil man sofort abgeknallt würde…
Also doch! Der Russe im Dorf. Das ist der Anfang vom Ende. Wenn er eine Nacht Zeit hat, kriegen wir ihn ohne Unterstützung durch schwere Waffen bestimmt nicht mehr raus. Jetzt gibt es keine Ruhe mehr. Jetzt müssen wir mindestens noch die ganze Nacht hindurch in dieser Kälte draußen stehen, wieder ohne Schlaf und mit der Angst vor dem Morgengrauen. Das haben wir nun von der idiotischen Hinterhangstrategie! Ein Anlauf und schon verkrallt sich der Russe im Dorf. Was kümmern ihn die Toten, die vielleicht zu hunderten auf den Hängen liegen? Er sitzt im Dorf und beißt sich nun darin fest. Eine ganz dicke Scheiße.
Erst spät am Abend kamen endlich die Schlitten mit der Verpflegung. Nur einzeln durften wir hinuntergehen und schnell etwas essen und uns ein wenig aufwärmen. Aber wir durften dabei nicht einmal das Koppel ablegen, denn jeden Moment konnten die Russen im Dorf mit einer neuen Schweinerei beginnen. Nun haben wir die Aussicht, nur noch oben in der Stellung zu stehen, Stunde um Stunde! Gewiss, die Nacht ist hell und es wird nun auch wohl bis zum Morgen ruhig bleiben, aber es ist wieder solch eine Stille, bei der man das eigene Herz schlagen hört und bei der man fühlt, wie ringsum ein Verhängnis auf einen zukriecht. Und man kann nicht mal schießen, weil man nichts sieht, man kann nicht mal schreien, weil bei uns sowieso nie ein Mensch vorbeikommt. Die Streifen laufen immer hinter uns in der Senke auf das Dreieckswäldchen zu und lassen uns die ganze Nacht allein auf der Höhe. Und wenn bisher noch Infanterie vor uns gewesen sein soll, so wissen wir jetzt überhaupt nichts mehr.
Kurz vor Mitternacht konnte auch ich endlich hinuntergehen und mein Kochgeschirr leer essen. Das wärmte wohl den armen Kadaver wieder etwas auf, aber in der Bude kriegte ich Platzangst. Ich glaubte, die Wände und die Decke erdrückten mich und im nächsten Moment stünde der Russe in der Tür. Nein, lieber raus und oben frieren, aber bei den anderen an der Kanone sein. Mochte der VB der Ari an seinem Telefon sitzen bleiben – er kann uns auch nicht helfen, denn so genau schießt die Ari ja auch nicht, dass sie nur die Häuser träfe, in denen sich jetzt der Russe verschanzt hat. Genau so wenig nützt uns das sIG. Und was können wir mit unserer Pak ausrichten? Nichts, gar nichts! Ein Hohn ist das Ganze. Und nicht mal warme, heile Socken, ja nicht mal ein paar lächerliche Handschuhe oder Filzstiefel hat dieser traurige Haufen für uns. So steht man ohnmächtig fluchend die ganze Nacht in dem auszehrenden Wind und wartet auf das Morgengrauen und fragt sich, wie das alles weitergehen soll... und man fragt sich im Geheimen, wohin man denn türmen soll, wenn der Russe plötzlich vom Südteil her vor unseren Häusern auftaucht.

<u>Hof Belikow, Montag, 9. März 1942</u>

Als ich heute nacht wieder nach oben zur Stellung kraxelte, waren es noch über vier Stunden bis zum Hellwerden. Wir trampelten uns warm, wir rieben uns die

Hände und das Gesicht und die Ohren mit Schnee ein und zählten die Minuten und warteten auf die Helligkeit. Im Inneren hauste die Angst vor dem kommenden Tag. Wir krümmten uns zusammen vor dem lähmenden Frostwind, Stunde um Stunde, und gegen ein Uhr war ich schon wieder so durch und durch unterkühlt, dass ich doch noch einmal ins Haus hinunterstakte, um vielleicht zwei Stunden zu pennen, wie es Georgi schon getan hatte. Nur der VB der Ari saß mit zwei Mann am Tisch, sonst war der Schuppen gespenstisch leer. Ich legte mich am Ofen auf eine Bank und bin dann wohl wirklich sehr schnell eingeschlafen. Als man mich wieder wachrüttelte, war es drei Uhr früh. Schlaftrunken und wie aus einer anderen Welt kommend, torkelte ich wieder durch den tiefen Schnee hinauf zu den anderen.
In diesen zwei Stunden war draußen kein Schuss gefallen, nur der Schnee strahlte seine Kälte in die Nacht und man konnte kaum glauben, dass 300 oder 400 m entfernt die Russen in den Häusern saßen.
Als es ungefähr vier Uhr geworden war, hörten wir plötzlich von rechts aus dem Dreieckswäldchen merkwürdige Geräusche, Rufe, Stimmengewirr, dann wieder nichts. Drehten unsere Nerven schon durch? Doch da – wieder! Da hatte doch einer gerufen! Wieder Stille. Das konnten nur Russen sein, denn unsere Streifen, die jede Nacht durch das Wäldchen laufen, hatten wir nie gehört. Das fehlte gerade noch, dass sie nun auch von dort aus angriffen und den Sack zumachten! Mit einem Schlage waren wir wieder hellwach. Alles war vergessen, die Kälte, die Müdigkeit. Wenn es doch nur Tag werden wollte! Wenn man etwas sehen könnte! Immer wieder drangen diese merkwürdigen Geräusche zu uns herüber. Das konnten wirklich nur Russen sein.
Unten bei unseren Häusern rührte sich nichts. Ob die dort gar nichts ahnten? Wir konnten ja auch niemanden wegschicken, um Alarm zu schlagen. Auch der Doppelposten am MG in unserer Nähe musste zusammenbleiben.
Endlich zeigte sich am Osthimmel der allererste blasse Schein des neuen Tages. Und da war auch wieder dies komische Geschrei. Aber diesmal hatte es geklungen, als wäre es weiter weg, hinter dem Wäldchen. Was hatte das wieder zu bedeuten? War es ein Stoßtrupp? Aber der macht nicht solchen Lärm. Wir lauschten und beobachteten nach allen Richtungen, denn jetzt zog die kritische Stunde herauf, das Morgengrauen. Wenn sie angreifen wollten, dann konnte es nun nicht mehr lange dauern. Noch immer war von dem Wäldchen nicht mehr als ein dunkler Schatten zwischen den schneeweißen Hängen zu erkennen. Aber es wurde heller, Gott sei Dank! Auch diese entsetzliche Nacht ging dem Ende zu. Kein Laut war mehr aus der Richtung des Wäldchens zu hören. Doch dann schrie plötzlich einer vom MG: „Alarm!!!“, und zeigte auf die Straße nach Werchnij Bischkin, genau hinter uns: In mehreren Wellen marschierten sie von dort hinten auf unsere Häuser zu, waren vielleicht noch 300 oder 400 m entfernt!
Mit einem Ruck fliegt die Schneemauer um, wir reißen die Kanone herum und dann jagt der erste Schuss hinaus! Zielen können wir wegen der Dämmerung noch nicht, aber ungefähr haben wir Richtung und Höhe. Schuss! Schuss! Schuss! Die Posten der Infanterie vor den anderen Häusern schlagen Alarm, das MG neben uns rasselt jetzt wilde Feuerstöße hinunter in die Mulde und wir können beobachten, wie die Leuchtspurbahnen wieder jäh in menschlichen Leibern und im Schnee verlöschen. Die Russen werfen sich hin, kommen kaum noch voran,

bleiben im rasenden Feuer einfach liegen, wehrlos, ohne Waffen. Die letzten wenden sich bald zur Flucht, verschwinden hinter einer flachen Höhe nach links, hinter der sie offenbar auch hervorgekommen sind. Und schneller, als wir zu hoffen wagten, ist der Spuk vorüber. Wir selbst sind plötzlich wie verwandelt, spüren die Kälte kaum noch, die Spannung ist von uns gewichen und wir freuen uns wie die Kinder über diesen leichten Erfolg am frühen Morgen. Ganz unnütz sind wir also doch nicht mit unserer Spritze!

10 bis 15 Russen sind unten liegen geblieben und nun treten etwa 25 Infanteristen bei unseren Häusern an, um den Iwans nachzustoßen. Weit auseinander gezogen durchkämmen sie die Talsenke. Wir sehen dies Schauspiel von oben, jeden Augenblick bereit, der Infanterie Feuerschutz zu geben, wenn es notwendig werden sollte. Aber die Straße nach Werchnij Bischkin ist frei. Vorsichtig pirschen sich die Infanteristen an die Quermulde heran und dann stürzen sie auf einmal vorwärts, man hört Geschrei, aber es scheint nichts Ernsthaftes zu sein, denn das Palaver hinter den Hängen geht weiter, und schließlich können wir nichts mehr sehen, weil Russen und Landser hinter der Höhe verschwunden sind. Wenig später brachten sie wohl an die 50 Gefangene heran. Sie wurden zu unseren Häusern geführt und mussten dort warten.

Wir erlebten dies ganze Schauspiel wie aus der Loge eines Theaters. Auf einmal kam uns dann zum Bewusstsein, dass es fast heller Tag geworden war und dass sich die Russen im Südteil des Dorfes überhaupt nicht gerührt haben. Sollte dieser kleine Angriff nur Ablenkungsmanöver sein oder glaubten sie im Ernst, uns auf diese Weise schon fertigmachen zu können? War das nun alles für den Tag? Sollte diese Morgenstunde vorübergehen ohne einen neuen Angriff? Es schien wirklich so zu sein, obwohl keiner es glauben wollte. Doch das war uns zunächst schnuppe.

Nun stieg die Sonne kalt und bleich über den Kamm. Wir überlegten, wie wir tagsüber die Wache einteilen wollten, aber wir waren damit noch gar nicht fertig, als ein Infanterist von unten heraufgestiefelt kam und uns den Befehl überbrachte, wir müssten wegen höchster Alarmbereitschaft alle an der Kanone bleiben! Da hatten wir die Scheiße wieder. Nach der Nacht also auch noch den ganzen Tag draußen! Wir fluchten das Blaue vom Himmel und zerstampften wütend den unschuldigen Schnee.

Und mitten hinein gab es auf einmal einen Zisch, eine Detonation und einen dumpfen Schlag – und wir standen frei in der Landschaft! Unsere Schneewand weg! Ein Beweis, dass die Hunde uns von irgendwoher ganz genau beobachten konnten! Alle Achtung…

Und während wir uns noch leicht bedeppert den Schaden betrachteten, wurde es in dem Wäldchen hinter uns wieder lebendig. Deutlich konnten wir nun beim Licht des Tages eine Menge Russen zwischen den Bäumen umherwuseln sehen. Na wartet, Freunde! Rache ist süß! Rum mit der Kanone, geladen und den ersten Schuss hinein! Und noch einen. Und noch einen. Und noch einen! Hei, wie die Leuchtspur fegte und wie die Genossen auseinander stoben!! Nach 20 Sekunden war nicht eine Figur mehr zu finden. Und mitten in unsere Siegesfreude hinein zischte es wieder grell, dreimal krachte es, Schnee stiebte und die Reste unserer Burg flogen uns um die Ohren. Blitzartig hatten wir uns diesmal in den Schnee geworfen, aber das war längst zu spät und vielleicht auch unser Glück, denn die

meisten Splitter waren offenbar in den Schnee gezischt. Von uns war jedenfalls nicht einer verletzt!
Nun sahen wir allerdings zu, dass wir die Mauer wieder zusammenkriegten. Von Rechts wegen hätten wir schleunigst Stellungswechsel machen müssen, denn links von uns auf den Höhen bei den vielen Toten hatten sie ja bestimmt ihre Beobachter sitzen, die jeden unserer Handgriffe genau im Visier hatten. Unsere Stellung war einfach unmöglich geworden. Aber wohin sonst? Befehle hatten wir nicht. Also zunächst bleiben und abwarten, bis sie uns mit vollen Serien total zur Sau machen…
Ein aasiger Wind hatte sich aufgemacht. Die Sonne blieb blass hinter einem dünnen Wolkenschleier hängen. Stefan ging nun doch mit dem einen Genossen hinunter, um sich endlich auch mal etwas aufzuwärmen. Schießen kann man ja zur Not auch mit zwei Mann. Ich sollte mit Georgi noch bis ein Uhr draußen bleiben. Wir verkrochen uns hinter unserer Schneemauer und beobachteten immer wieder die Höhen links hinter uns und ganz besonders das Wäldchen rechts hinter uns. Aber dort war es nun ganz still geworden.
Bis etwa gegen 10 Uhr vormittags blieben wir ungestört mit unseren Eisbeinen und dem widerlichen Wind im Gesicht. Doch um diese Zeit fuhren wir dann plötzlich wie elektrisiert wieder zusammen: Motorengeräusche!!! Sie kamen wieder! Links oben hinter der Höhe musste es sein, wie am Tage vorher! Fast 10 Minuten lang kurvten sie unsichtbar dahinten umher, eine Ewigkeit für unsere zerfledderten Nerven. Und dann kamen sie, zwei Stück krochen über die Höhe, wurden größer, brummten gemächlich wieder den Hang hinunter, auf das Dorf zu. Totenstille sonst, nur dies wahnsinnig machende auf- und abschwellende Brummen der Motoren. Und da – noch ein dritter etwas weiter rechts! Den hatten wir erst wegen unseres Hanges nicht sehen können. Aber nun entdeckten wir auf einmal hinter den Panzern komische lange Apparate, Schlitten oder Bretter. Was hatten sie nun wieder vor?
Sie hielten, ließen aber die Motoren laufen und drehten langsam die Türme auf das Dorf zu. Ja, es waren offensichtlich Schlitten oder floßartige Bretterkonstruktionen, die sie da an Seilen in gewissem Abstand hinter sich her schleppten. Nun sprangen von jedem Panzer drei oder vier Russen herunter, die wir vorher wegen der Entfernung gar nicht erkannt hatten und wenn uns nicht alles täuschte, packten die die Toten, die dort auf dem Schnee lagen, und schleiften sie auf die Schlitten. In aller Gemütsruhe, als lüden sie Zementsäcke auf. Waren wir nun verrückt oder die da oben? Sahen wir schon am hellen Tage Gespenster? Seit wann kümmert sich der Russe so um seine Gefallenen? Warum holte er sie weg?
Aus dem Dorf unter uns fiel kein Schuss. Auch wir konnten mit unserer müden Spritze nicht so weit langen. Wozu auch? Vor lauter Spannung über den weiteren Gang der Dinge vergaßen wir für eine Weile sogar das Frieren und den Hunger, bis uns der dröhnende Abschuss des sIG brutal in die Wirklichkeit zurückriss. Nach orgelndem Fluge zerriss das Geschoss mit gelbrotem Feuerschein die Schneedecke zwischen den Panzern. Da fuhr auch schon der zweite Schuss heraus und schlug wieder dicht bei den eisernen Bullen ein. Aber die Burschen da oben ließen sich auch diesmal nicht stören. Doch da!!! Jetzt drehte einer sein Rohr, drehte weiter, hob es, immer mehr in unsere Richtung – na? – Den Feuerschein sahen wir noch, aber dann spürten wir nur noch einen entsetzlichen

Schlag, Feuerfetzen, Blitzstrahl, kreischende Luft, Qualm, Schnee und surrende Splitter! Der Panzer!!! Volle Deckung!!!
Und raus aus der Schneeburg, es gab doch Deckungslöcher – und ich falle in ein Loch, Gott sei Dank, Deckung! Der verfluchte Saukopp. Stechender Qualm ist die Luft.
Da – wied... und Einschlag, wirbelnder Schnee, etwas weiter weg. Komisch, wie gedämpft das klingt, wenn man in einem Loch kauert. Als hätte man eine ganz dicke Daunendecke über die Ohren gezogen. Und wieder knallte es. Die Erde zittert. Widerlich jaulen und schlürfen die Splitter dicht über den Schnee hin. Schneeklumpen kullern ins Loch. Aber man ist ja doch geschützt. Und doch – jetzt haben sie uns. Die Granatwerfer dazu und ein Volltreffer in die Deckung. Hier kommst du nicht mehr lebend heraus, durchzuckt es mich plötzlich. Links hinter uns auf der Höhe thronen sie mit ihren Panzern, rechts im Wäldchen hinter uns stecken sie bestimmt auch noch und vor uns sitzen sie im Dorf fest. Soll ich wirklich hier in diesem engen Schneeloch verrecken? Kriegt denn das sIG diese gottverdammten Panzer nicht mal kaputt? Was soll diese Ballerei, wenn sie doch nichts treffen? Ach, dass das alles so beschissen geworden ist – und da packt mich plötzlich ein furchtbarer Schüttelfrost, es schüttelt und klappert mich zusammen, ich spüre, wie die Zähne rasend aufeinanderschlagen, ich kann es nicht ändern, ich flattere und zittere am ganzen Körper, ich kann nicht mehr…
Oh Gott, wo sind denn die anderen? Warum kommt denn keiner? Diese entsetzliche Kälte, diese fürchterliche Leere und Kraftlosigkeit. Wenn doch nur schon alles vorbei wäre. Wenn sie uns doch wenigstens mal warme, heile Sachen gäben, statt dieser erbärmlichen Sommerlumpen! Und da wieder dieser entsetzliche Doppelschlag der Panzerkanone, wie ein Peitschenhieb ganz nah der Einschlag. Ich bin wie betäubt, gelähmt vor Schreck. Füße und Hände müssen längst erfroren sein. Kein Leben mehr in ihnen. Ja, erfrieren soll schön sein, weit weg ist man dann angeblich, alles wird leicht, fällt ab und man merkt nichts mehr.
Allmählich lässt der Schüttelfrost nach, ich werde auf einmal ganz ruhig, entspannt und gelöst. Ob das schon der Anfang vom Erfrieren ist? Das Schöne? Ich betrachte die Schneekristalle vor mir, in denen sich die Sonne zehntausendfach spiegelt. Ich möchte einschlafen, gleich hier in diesem schönen, weißen Bett. Es ist alles so friedlich geworden, mag der Panzer doch noch schießen, mich kann er hier unter der Erde nicht treffen. Hier ist Frieden. Ich träume schon.
Und dann schoss ich plötzlich aus halbem Schlaf hoch. Sie kommen!!! Zuletzt hatten die Panzer doch noch woandershin geschossen und nun hörte man Motorenbrummen! Ich rappelte mich auf die Knie und spähte vorsichtig aus dem Loch – ach nein, sie kommen nicht! Dort oben fuhren sie zurück mit ihren hoch bepackten Schlitten hinter sich, schepperten zurück über die Höhe, lässig wie sie gekommen waren. Der Schnee leuchtete wieder weiß, abgesehen von den schmutzigen Einschlägen des sIG; die hässlichen braunen Menschenbündel waren beseitigt. Jetzt erschien auch Georgi aus dem Nachbarloch und drüben beim MG standen die Infanteristen wieder hinter ihrem Schneewall. Auch wir krochen nun wie ein paar uralte Kröten aus unseren Löchern und humpelten mit völlig abgestorbenen und eingeschlafenen Beinen zu unserer Kanone, die wie durch ein Wunder noch unversehrt war. Aber ringsumher sah man nun die Einschläge von fast 30 Panzerschüssen, die alle eine schleimige schwarze Spur in den Schnee gerissen

hatten.
Wir flickten unsere Schneemauer, die abermals etwas abgekriegt hatte, wieder zusammen, immer gewärtig, nun zur Abwechslung von den heimtückischen Granatwerfern eingedeckt zu werden. Ganz allmählich quoll mit abscheulichem Kribbeln das Blut wieder in Arme und Beine.
Unten bei den Häusern war offensichtlich nichts passiert. Um ein Uhr sollte die Ablösung kommen, das waren noch über zwei Stunden. Irgendwie und irgendwann nahmen auch diese fürchterlichen 120 Minuten ein Ende. Wir konnten uns vor nervlicher und körperlicher Erschöpfung kaum noch auf den Beinen halten, als sich aus unserer Bude endlich zwei Gestalten lösten und zu uns herauf stapften. Die Ablösung! Endlich, endlich…
Ausgehöhlt und mit letzter Kraft schwankten Georgi und ich hinunter in den warmen Mief unserer Hütte und dort packte mich, kaum dass ich mich irgendwo niedergelassen hatte, zum zweiten Male ein Schüttelfrost, dass ich glaubte, aus den Lumpen zu fliegen. Und als ich danach in einer Ecke zusammengesackt war und am liebsten alles um mich herum vergessen hätte, wurden die Läuse wieder rebellisch und fingen an zu krabbeln und zu beißen.
In dem großen Raum ging es zu wie im Taubenschlag. Streifen der Infanterie kamen und gingen, erzählten und rauchten wie die Schlote. Jedes Mal, wenn die Tür aufging, ergoss sich ein neuer Schuss eisiger Luft in die Bude, während in der oberen Hälfte vor lauter Dunst kaum die gegenüberliegende Wand zu erkennen war. Aus dem benachbarten Stallgebäude holten sie später die Gefangenen vom Morgen und sockten in ziemlicher Eile mit ihnen ab in Richtung Werchnij Bischkin. Aber mir war das alles scheißegal. Ich hockte in meiner Ecke, müde bis zum Umfallen, zitterte dauernd vor mich hin und wurde einfach nicht wieder warm. Irgendwann später fiel dann die Dämmerung ins Tal und ich versank für eine Weile in totenähnlichen Schlaf.
Doch dann wurde auf einmal die Tür aufgerissen und der Bataillonskommandeur der Infanterie trat herein und erzählte, was vorn im Dorf los gewesen ist. Er schätzte die Zahl der Russen, die sich in den Häusern verkrallt haben, sogar auf ungefähr 500 und sah keine Hoffnung mehr, die restlichen Häuser noch lange zu halten. Sein Gefechtsstand, die Funkerbude und seine Unterkunft waren am Mittag von den Panzern zerschossen worden. Es sah alles sehr mulmig aus. Der VB der Ari berichtete dem Kommandeur von seinen Beobachtungen, die sich auf einen größeren Bereich erstreckten und überall Angriffsabsichten und Bereitstellungen der Russen befürchten ließen. Der Kommandeur ließ sich mit dem Regiment in Werchnij Bischkin verbinden und schilderte dem Regimentskommandeur die Lage. Er wollte Hof Belikow räumen, ehe es gestürmt würde und alles verloren sei.
So also standen die Dinge. Nach einer langen Pause gab der Regimentskommandeur seine Zustimmung. Er sagte auch Schlitten und Munifahrzeuge zu, die alles abtransportieren sollen.
Ja, so ist es also heraus: Hof Belikow ist nicht mehr zu halten. Die Katze hat das Spielen satt. Noch zwei bis drei Stunden Ruhe brauchen wir. Dann müssen die Schlitten da sein, dann geht es zurück nach Werchnij Bischkin. Dort sind wir dann wenigstens nicht mehr so allein. Für die restliche Zeit hier in Hof Belikow ist natürlich allerhöchste Alarmbereitschaft befohlen.

Werchnij Bischkin, Dienstag, 10. März 1942

Gestern Nachmittag, nach der Entscheidung des Kommandeurs, aßen Georgi und ich noch hastig, was wir in den Brotbeuteln fanden, etwas Brot, etwas Zucker und die letzten Reste unserer ranzigen Butter. Dann packten wir unser bisschen Kram zusammen, unsere Decken, das Fliegertuch, den Überzug der Kanone, und stiefelten wieder hinauf, um die beiden anderen abzulösen, damit auch die noch essen und sich etwas aufwärmen konnten. Ringsum rührte sich nichts. Immer wieder blickten wir die Talsenke nach Werchnij Bischkin entlang, wo ja die schwarzen Umrisse der Schlitten bald zu sehen sein mussten. Aber ein Blick auf die Uhr zeigte uns, dass erst eine Stunde seit dem Gespräch des Kommandeurs vergangen war, dass also mindestens noch eine weitere Stunde vergehen musste, bis die Schlitten wirklich zur Stelle sein konnten; Werchnij Bischkin liegt ja immerhin sechs bis sieben Kilometer entfernt.
Dunkel zog die Nacht von den Höhen bei Kisseli her über den Himmel, aber das war in diesem Falle ja besser als heller Mondenschein, der uns vielleicht verraten könnte. Der Russe schien nichts zu merken. Nirgends eine Leuchtkugel, nirgends ein Schuss oder eine MG-Garbe. Nur unten bei unseren Häusern zeigte sich etwas mehr Leben als sonst.
Später standen wir wieder alle an der Kanone. Auch für unser Zeug und die Munition war ein Pferdeschlitten bestellt. Wir hatten einen einigermaßen gangbaren Weg für die Kanone hinunter in die Senke erkundet. Jeder wusste, was er zu tun hatte, alles stand und war bereit zum Abmarsch. Eine oder höchstens noch zwei Stunden Hof Belikow und dann Rückmarsch! Schade. Zum ersten Male in diesem Kriege Rückmarsch, planmäßiger Rückmarsch, wenigstens für uns. Vor Moskau und Tula und wer weiß wo noch haben sie ja schon vor Monaten um ihr Leben rennen müssen, damals um die bittere Weihnachtszeit und in den langen Wochen danach. Dagegen war dies ja nur eine harmlose Angelegenheit. Alle Müdigkeit war verflogen. Wir trampelten wie die Wilden umher, um warm zu werden und zu bleiben, und immer häufiger suchten wir hinter uns die Schlitten. Aber sie kamen noch nicht, sie konnten auch noch gar nicht da sein.
Hoffentlich waren die Infanteristen im Dorf vorsichtig genug, damit der Russe nicht noch misstrauisch würde. Ganz still war es wieder geworden, auch unten bei unseren Häusern ließ sich keine Menschenseele mehr blicken. Unsagbar langsam schlichen die Minuten dahin. Allmählich wurde die Geschichte doch unheimlich. Sonst waren um diese Zeit doch immer mal Leuchtkugeln hochgegangen und die MGs eingeschossen worden. Nun nichts von alledem. Dieses nervtötende Warten. Immerhin, jetzt mussten die Schlitten auf jeden Fall schon unterwegs sein. Wir schlugen vor, abwechselnd hinunter zu gehen, um uns noch etwas aufzuwärmen. Aber Stefan lehnte ab. Es war immer noch höchste Alarmbereitschaft befohlen. Also blieben wir oben, trampelten weiter, hüpften weiter, fluchten weiter, schlugen uns die Arme um den Leib und rieben immer wieder Nase, Kinn und Ohren mit Schnee ab, denn der Wind strich noch immer, wie schon den ganzen Tag und die letzte Nacht, gemein frostig über die Höhen. Und immer noch nichts von den Schlitten zu sehen, immer noch diese verdammte Stille ringsum. Hoffentlich war da keine Panne passiert, denn noch eine ganze Nacht hier oben, womöglich ohne Verpflegung, das wäre nicht auszudenken. Wir wollen heute Nacht in Werchnij

Bischkin pennen, nur noch pennen, sagten wir uns immer wieder.
Und dann erstarrten wir plötzlich. Jeder hatte etwas gehört. Was war das? Panzergeräusche? Motoren? Jetzt, in der Nacht? Fahren sie weg? Oder was ist das? Das sind die Panzer!! Hört doch – sie geben Gas, die Motoren heulen auf! Alle Augen suchen den Horizont ab. Kommen sie? Nichts. Aber sie nähern sich, unsichtbar hinter der Höhe, immer lauter wird das Geröhre. So laut waren sie doch noch nie!!! Was – wollen – da ist einer!!! In Affenfahrt stiebt er durch den Schnee, da – der zweite – und noch einer!! Alaaarm!!! Alaaarm! Sie kommen!!! Alaaarm!!!
In rasender Fahrt stechen sie über den Horizont, schießen wild mit MGs und Kanonen vor sich her, zwei, drei, vier Stück rasseln zu Tal, feuersprühend. Eine Leuchtspur steigt aus der Tiefe, rauschend schlägt der Feuerlärm über uns zusammen. Jetzt knallt die Pak aus dem Dorf nach oben – vorbei, vorbei! Sie sind viel zu schnell. Der Deich ist gebrochen, Schuss auf Schuss bellen die Kanonen ins Dorf, Qualm steigt hoch, sie preschen zu Tal wie brüllende Lawinen, stäubend und krachend in einem Orkan von Blitz und Donner. Jetzt dröhnt auch das sIG los im direkten Beschuss, weit nach oben auf die Höhen – und da toben nun dichte Ketten von Russen den Hang hinab – das ist der letzte Angriff. Wir stehen wie gelähmt, haben den Schneewall niedergeworfen, aber schießen können wir nicht, viel zu weit sind sie noch für uns. Vor uns, unter uns brennt etwas, Feuerschein spiegelt sich im Schnee der Höhen. Und plötzlich rennen Gestalten auf unsere Häuser zu – sind es die Russen?? Unsere? Es sind unsere, die türmen! Plötzlich quillt Rauch aus unserer Bude, immer dichter. Unentwegt klotzt das sIG, aber ohne viel Erfolg. Was ist nur vor uns los? 150 m weit können wir sehen. Wenn die Russen dort erscheinen, sind wir verloren. Immer mehr Infanteristen hetzen unten an unseren Häusern vorbei.
„Wir müssen auch weg von hier, sonst ist es zu spät!"
Stefan ringt mit sich selbst. „Los, wir müssen hier weg! Wir sind doch schon die letzten hier oben! Jeden Augenblick können die Russen vor... da sind sie doch schon!!!" Aber nein, es sind wieder welche von der Infanterie, Gott sei Dank! Aber sie türmen, winken uns zu: „Haut ab, haut ab!!!"
Und die Kanone? Mitschleppen? Nein, zu spät. Und schon fummeln wir ohne Befehl mit fliegenden Händen den Verschluss heraus, reißen das Zielfernrohr ab und laufen hinter den anderen her, wetzen wie die Hasen, versinken im lockeren, tiefen Schnee, wühlen uns wieder hoch, stolpern von Neuem – nur weg, nur weg! Lassen die Verschlussteile irgendwo verstreut in das weiße Pulver fallen, der Wind beißt in den Augen, in uns brennt die Angst, liegen zu bleiben, dem Iwan in die Hände zu fallen, nur das nicht, nicht lebendig. Wir türmen schmählich, Kanone weg, nicht mal gesprengt – renn doch nicht so, ich kann nicht mehr!! Tränen verschleiern das Bild, dunkle Punkte wischen über die weißen Flächen, rechts brennt es ganz hell – das ist unser Haus, die Decken sind weg, alles hin. Ein Riesenschlag am sIG – die haben wenigstens noch gesprengt! Aber nur weiter! Stiller wird es auf einmal, die Lungen stechen so wahnsinnig, der Schnee knirscht. Wo sind die Panzer? Sie suchen uns. Alles ist nass, Stiefel, Hände, Gesicht. Schnee? Schweiß, der die Klamotten an den Körper klebt? Blut? Egal, nur weg, Anschluss halten, nicht zurückbleiben…
Und ich kann laufen wie noch nie im Leben, die Lungen zerreißen nicht, das Herz

setzt nicht aus, ich kriege immer wieder die Beine aus dem tiefen Schnee, hundertmal, zweihundertmal, ich sehe tote Russen, die von neulich morgens – und auf einmal stehe ich bei den anderen unten in der Senke auf der festen Schneespur nach Werchnij Bischkin. Hinter uns kommen noch 10, 14 Mann, in aller Ruhe, Infanteristen. Wir reißen uns die Kopfschützer von denn Ohren, horchen nach hinten – Stille. Man hört nichts. Kein Panzergeräusch. Wir von der Pak sind alle beisammen. Gott sei Dank. Keiner verwundet. Einer erzählt, dass die Panzer mit Höllenfahrt ins Dorf geprasselt sind, dass es einfach kein Halten mehr gab, dass viele überhaupt nicht mehr aus den Häusern herausgekommen sind oder zwischen den Häusern abgeknallt wurden wie die Karnickel. Uns allen sind die Schrecken und Anstrengungen in die Gesichter gegraben.

Wir warten keuchend auf Nachzügler. Aber wer noch lebendig aus Hof Belikow herausgekommen ist, der hätte nun schon da sein müssen. Aber wir warteten weiter. Zwei Minuten, fünf Minuten. Eine Ewigkeit voller Unruhe und Angst. Wir horchten wieder in die Nacht. Nichts, keine Rufe, keine Motorengeräusche mehr. Drei Mann wurden zurückgeschickt, um nachzusehen, ob hinter der letzten kleinen Biegung noch jemand käme oder läge. Lautlos entfernten sie sich, weit auseinandergezogen. Keiner redete jetzt mehr. Der Wind wirbelte reine Schneekristalle über den verharschten Weg und fuhr uns eisig unter den Mantel bis an die schweißnasse Wäsche. Wir zogen uns die Kopfschützer wieder über die Ohren, wollten uns nicht dort noch den Tod durch Schwindsucht holen.

Die drei kehrten zurück, hatten keine Seele mehr gesehen, auch keine Russen. Wir konnten abhauen. Jetzt, beim Antreten, wollten auf einmal die Beine nicht mehr. Aber Werchnij Bischkin lockte. Wir waren am Ende, total übermüdet, brauchten was Richtiges in die Rippen, sonst nichts. Aber in WB mussten sie uns erst mal eine Weile in Ruhe lassen. Also schlurften wir los, ohne Kommando, ohne Ordnung, ohne Schlitten, ohne Decken, ohne Kanone. Ohne die 30 oder 50 oder 100 Mann, die tot oder vermisst in Hof Belikow geblieben waren. Jeder tippelte allein seine Spur, nur darauf bedacht, nicht jetzt noch schlapp zu machen, nicht jetzt noch liegen zu bleiben, wenigstens diesen nassen, stinkenden, ausgelaugten Kadaver noch nach Werchnij Bischkin hinüber zu retten. Und jeder verdrängte seine Gedanken an das Schicksal der Kameraden in Hof Belikow, das auch unser Schicksal hätte sein können. Was geschah in diesen Minuten mit ihnen? Waren die Verwundeten schon umgelegt oder wurden sie versorgt? Quetschte man die Gefangenen schon aus? Wo war der Kommandeur gewesen, als es losging? Warum ist niemandem der Gedanke an einen Gegenstoß gekommen? Aber weg damit, wir konnten jetzt nichts mehr ändern, nur noch die eigene Haut zu retten versuchen. In Werchnij Bischkin würden wir weiter sehen.

Plötzlich zuckten wir abermals zusammen: Einer hatte wieder Motorengedröhn gehört. Die Panzer waren hinter uns her!!! Tatsächlich, rechts hinter uns, ziemlich weit weg, aber das konnte auch täuschen, weil wir in der Mulde liefen. Ein paar Infanteristen wurden seitwärts die Höhen hinauf geschickt, während wir anderen zusahen, dass wir schnell eine Biegung des Weges erreichten, die uns hinter einen flachen Hügel führte, wo wir wenigstens nicht schon von Weitem gesehen werden konnten. Diese Scheißpanzer! Wir mussten uns dann an den Hinterhängen verteilen und warten. Deutlich hörte man die Biester rumoren. Sie walzten nun wohl die Höhen platt und suchten uns. Doch da kamen schon die Infanteristen

den Hang herab und gleich darauf marschierten wir auch schon weiter. Die Panzer standen angeblich irgendwo seitab in größerer Entfernung und sicherten nun wohl nur den Schlaf der Genossen in Hof Belikow.
Eine reichliche halbe Stunde liefen wir noch im Geschwindschritt, dann erblickten wir die ersten Häuserumrisse von WB. Dort, an der zerfallenen Kolchose vorüber, waren wir vor gut einer Woche mit dem Schlitten nach Hof Belikow gefahren, froh, wieder zur Pak zu kommen. Und nun kehrten wir zurück wie ein verlorener Sohn, durchschwitzt und halb erfroren zugleich, und die Pak hatte der Russe. Hoffentlich gibt das nicht noch ein böses Nachspiel, hat wohl jeder von uns gedacht.
Der Haufen löste sich auf. Da sich niemand um uns kümmerte, suchten wir uns selbst eine Bude zum Pennen. Aber wo wir auch um Unterschlupf baten, wurden wir brutal abgewiesen, bis wir schließlich doch noch in einer zugigen Behausung ohne Fensterscheiben Platz und etwas freundlichere Kameraden fanden. Wir ließen nur die Brocken auf den Fußboden poltern und wälzten uns dazu, Treibgut des Dammbruchs von Hof Belikow, hungrig und am Ende unserer Kräfte.
Und dann ging die Tür auf, eine raue Stimme fragte in die Dunkelheit, ob hier Pakleute von Hof Belikow seien – wir schwiegen entsetzt, der Kerl fragte noch mal, trat näher, nahm das Hindenburglicht vom Tisch, funzelte uns in die Gesichter – und da rappelte sich Stefan hoch, tat so, als ob er aus tiefstem Schlaf aufgeschreckt sei: „Ja, was ist? Wir sind von der Pak."
Und dann sagte das Arschloch, es war ein Feldwebel: „Los, steht auf, ihr müsst raus und Doppelposten an der Kolchose stellen, aber sofort!", machte kehrt und schmiss die Tür hinter sich zu…

WERCHNIJ BISCHKIN

<u>Werchnij Bischkin, Dienstag, 10. März 1942</u>

Ja, so standen gestern Abend gegen neun Uhr die Dinge. Wieder keine Ruhe, wieder kein Schlaf, wieder kein Vergessen. Ich meldete mich gleich freiwillig für die erste Wache und Georgi ging mit. Vor uns zwei endlos lange Stunden am Ende des Dorfes hinter einer Ecke der zerfallenen Kolchose. Alles noch nass von der Flucht durch den tiefen Schnee und vom Schweiß. Schon nach kurzer Zeit kroch wieder diese unerträgliche, auszehrende Kälte den Rücken hinauf. Georgi klagte über Schmerzen an den Zehen und glaubte, er habe sich die Füße erfroren. Wir versuchten uns notdürftig hinter dem Reisiggeflecht der Stallwände gegen den Wind zu schützen, aber Kälte, Angst und Nässe hatten sich längst in unser Innerstes gefressen und dagegen half auch kein Trampeln und Armeschlagen und Sichverstecken. Am liebsten hätten wir uns gegen diese verrottete Wand gelehnt und die Augen zufallen lassen und uns um nichts mehr gekümmert. Infanteristen standen genug in der Nähe auf Posten – mochten die doch aufpassen und nach dem Russen sehen.
Irgendwann fielen mir wirklich die Augen zu, die Welt versank um mich, aber ich

fühlte trotzdem genau, dass ich noch stand. Ich hörte Georgi trampeln und war doch wunderbar weit weg. Ich träumte auf einmal von zu Hause und fuhr dann plötzlich von einer Stimme hoch: „Du, Mensch, wach auf, schlaf nicht ein!“ Da fiel der Traum in Scherben und die erbärmliche, zugige Ecke des verdammten Kolchosenstalles stand wieder vor mir. Danach war ich wieder ein paar Minuten einigermaßen wach, aber da es ringsum still war und man weit in die schneehelle Landschaft hinaussehen konnte, war die Verlockung zu groß, doch wieder dieser wohligen Müdigkeit nachzugeben, um nichts mehr von dieser beschissenen Welt sehen zu müssen.
Doch dann war auf einmal die Ablösung da, viel früher, als ich geglaubt hatte. Wir stapften erleichtert in die Bude zurück, aber die war nun gerammelt voll von Landsern, die fast übereinander auf dem Fußboden schnarchten. Nur ein Hindenburglicht flackerte auf dem Tisch, dessen riesiger Schatten die ganze Grundfläche des Raumes bedeckte. Irgendwo fanden wir doch noch ein Loch, quetschten uns zwischen knurrende Leiber und dann war ich auch bald weg, einfach weg, bis mich jemand an der Schulter rüttelte – ach ja, ich musste ja wieder raus! Auch Georgi wühlte sich in einer anderen Zimmerecke völlig verstört empor, aber nun war man doch ein wenig wärmer, nicht mehr so durch und durch nass und nicht mehr ganz so ausgelaugt und müde.
Mitternacht war vorüber, der Russe hatte sich nirgends gerührt. Schweigend stand die Nacht über den weißen Höhen. Nun war auch diese Kolchosenecke nicht mehr ganz so fremd und trostlos. Wir sprachen leise über Hof Belikow, den gestrigen Tag und das schmähliche Ende. Was hatten wir doch für ein unmenschliches Glück gehabt! Und was für ein Stümper war doch der Russe! Er hätte uns alle einkassieren oder abknallen können, wenn er nur 20 handfeste Kerle mit zwei MGs in das Wäldchen gelegt hätte. Keiner von uns wäre durch die Senke entkommen. Oder wenn er mit seinen Panzern über die Höhen oder auf dem Wege nach hier nachgestoßen wäre! Was hätten wir in unserer panischen Angst dagegen tun können? Aber dazu reicht es wohl beim Russen noch nicht. Die Iwans waren sicher froh, dass sie die Häuser erobert hatten und in der Nacht im Warmen hocken konnten. Welcher deutsche Kommandeur wäre nach einem so erfolgreichen Blitzangriff mit Panzerunterstützung einfach im Nest geblieben und hätte die Masse der Besatzung entkommen lassen? Er wäre bestimmt die längste Zeit Kommandeur gewesen.
Früh um drei konnten wir wieder in die finstere, stinkige Bude zurückkehren und uns zwischen die pennenden Genossen wälzen. Von fünf bis sieben Uhr waren wir wieder mit Wache dran. Der Russe zeigte sich nirgends und so fiel uns ein Stein vom Herzen, als auch die kritische Stunde des Morgengrauens ohne Alarm und Aufregung verstrich.
Als wir uns um sieben Uhr dem Quartier näherten, führte Stefan gerade ein verzweifeltes Rückzugsgefecht gegen die Besitzer der Bude, die uns dort rausekeln wollten. Das schafften sie auch sehr schnell mit Hilfe eines Feldwebels, der just zur rechten Zeit erschien. Zwei Minuten später standen wir auf der Straße und schlichen nun mit einer Stinkwut im Leibe wie armselige Bettler von Haus zu Haus und fragten bescheiden nach etwas Platz. Schließlich stießen wir auf eine kleine, ganz leere und saukalte Kate und nisteten uns hocherfreut ein. Aber die Freude nahm schon bald ein jähes Ende, denn kurz darauf erschienen Infanteris-

ten, die uns leider anhand einiger kleiner Sachen beweisen konnten, dass sie diese Behausung schon belegt hatten. Nun waren wir abermals obdachlos, aber eine halbe Stunde später erbarmten sich dann ein Stück weiter einige Pioniere und nahmen uns bei sich auf.
Wir hatten uns noch gar nicht richtig auf der Bank des Hauses niedergelassen, als derselbe Kerl, der uns in der Nacht hinaus an die Kolchose gejagt hatte, uns nun zum zweiten Male aufgabelte und uns mitteilte, wir gehörten ab sofort wieder zur zehnten Kompanie! Das gab uns nun den Rest. Wir mussten auch ab sofort wieder einen Tagesposten an der Kolchose stellen. So haben sie uns nun wieder eingefangen. Wir Pakmänner ohne Kanone sind gut genug, als Infanteristen verheizt zu werden, aber für Unterkunft sorgt niemand. Und Emil wärmt seinen Arsch in Charkow und kümmert sich einen Scheißdreck um seine Leute. Jeder andere hätte uns längst wieder angefordert, ob begründet oder nicht, aber so etwas ist von ihm ja nicht zu erwarten.
Georgi meldete sich heute Mittag ab ins Revier. Seine Füße brannten ihm furchtbar und als er weghumpelte, wussten wir, dass er nicht mehr zu uns zurückkehren wird. Wenn er keine allzu schweren Erfrierung davongetragen hat, ist er vielleicht in acht oder vierzehn Tagen in Deutschland, in der Heimat. Uns aber haben sie hier als Infanteristen verraten und verkauft, ja, wir müssen noch dankbar sein, dass uns die Flucht überhaupt gelungen ist.
Vorhin, am frühen Nachmittag, kriegten wir endlich zum ersten Mal seit vielen, vielen Stunden wieder etwas Warmes in den Bauch. Aber bald kommt nun wieder die Nacht und dann schieben wie wieder unsere Wache, zwei Stunden draußen an der Straße nach Hof Belikow, zwei Stunden „Ruhe"; zwei Stunden Frost, zwei Stunden Läuse und totenähnlicher Schlaf, bis zum entsetzten Hochfahren, wenn wieder eine Hand an der Schulter rüttelt. Draußen dann wieder der schneidende Nachtwind, die fahle Landschaft im Schnee, der einsame Schlittenweg nach Hof Belikow. Und wieder die Erinnerung an diese schmachvolle Flucht, an die Angst, bis wir endlich abhauten, an die Angst vor den Panzern, vor dem Versinken im Schnee, vor dem Liegenbleiben. Und wir haben unsere Kanone nicht gesprengt. Vielleicht sind wir jetzt deshalb zur Infanterie versetzt worden. Aber am meisten graut uns vor dem Kampf gegen die Müdigkeit. Der Körper kann nicht mehr, alle Kräfte sind verströmt, der Hunger wühlt uns zu oft in den Gedärmen. Wir stinken alle aus dem Munde und zu Kacken gibt es nichts mehr. Darüber ist auch keiner böse, denn so schön ist das bei 20 Grad minus im Nachtwind auch nicht.
Hof Belikow – ein Ende mit Schrecken.

Werchnij Bischkin, Mittwoch, 11. März 1942

Als wir heute am Vormittag dabei waren, unsere Waffen zu säubern, und uns darüber unterhielten, was für einen Wochentag und was für ein Datum wir inzwischen eigentlich erreicht hätten, erschien plötzlich abermals ein Feldwebel in der Tür, aber diesmal der von der vierzehnten Kompanie. Der holte uns kurzerhand ab zur Pak! Wir drei Hinterbliebenen tippelten wie verwandelt hinter ihm her durch das ganze Dorf, vorüber an den schrecklichen Totenschlitten, die noch immer an derselben Stelle standen, und erreichten etwas später den Gefechtsstand

der vierzehnten Kompanie. Dort rupfte man uns kurzerhand auseinander. Ich wurde dem Gefreiten Unglaub als Ladeschütze zugeteilt und ehe ich mich recht versah, stand ich schon im neuen Quartier unter lauter fremden Gesichtern, und mittags ging es schon hinauf zum sogenannten Stützpunkt, den sie nur den Stiftpunkt nennen, weil man sicher irgendwann von dort oben aus wird stiften gehen müssen.
Dort oben am Westende des Dorfes sieht die Welt nun wieder ganz anders aus und doch hat die Stellung auch wieder eine verteufelte Ähnlichkeit mit der in Hof Belikow, denn die Kanone ist wieder am Hinterhang aufgebaut, unmittelbar neben einer Straße, die nach Alexejewka führt und die allein an einer eintönigen Reihe von Telegrafenmasten erkennbar ist. (Bild 26) Das Kanönchen steht am oberen Auslauf einer kleinen Schlucht, die sich rechts neben der Straße hinunter an das Westende des Dorfes zieht und dort in ein breites Sumpfgelände zerfließt, das seinerseits wieder von der Straße auf einem flachen Damm durchquert wird. 200 m hinter der Stellung steigt dann die Straße im Dorfe selbst wieder nach Osten hin an und erreicht bald den Abzweig nach links hinauf zur Windmühle, wo ich damals zusammengesackt bin. Nun habe ich also diese altvertraute Ruinenecke wieder vor, beziehungsweise hinter mir.
Etwa 200 m vor der Stellung verläuft die ganz flache Kuppe der Anhöhe und was jenseits dieses Horizontes geschieht, können wir wieder einmal nur ahnen. Es sollen dort aber noch Vorposten der Infanterie liegen. Etwas weiter links befindet sich angeblich irgendwo die Feldscheune, die von einem ganzen Zug Infanterie besetzt sein soll. Zwischen dieser Feldscheune und Hof Belikow sind ständig alle Streifen der Infanterie gelaufen, bis der Ofen in Hof Belikow aus war.
Wenige Schritte hinter der Kanone haben sich die Kameraden aus Brettern und Türen eine ganz winzige Bude zusammengeschustert, die aber immerhin mit einem kleinen Öfchen ausgerüstet ist und in der man mollig warm sitzen kann, wenn auch nicht gerade bequem. Das Wichtigste aber ist ein Telefon, das uns mit dem Kompaniegefechtsstand verbindet und dadurch ein erhebendes Gefühl der Sicherheit vortäuscht.
Nach vorn dagegen ist der Eindruck deprimierend: Sechs oder sieben Masten mit zerfetzten Drähten; am zweiten Mast lehnt ständig ein Posten der Infanterie als Späher und Warner. Sonst wieder nur Schnee und Eis unter diesigen, grauen Wolken. (Bild 26)
Im Fluge vergingen mir über Mittag die drei Stunden der Wache. Danach tippelten wir die Straße hinab durch den sumpfigen Grund und wieder hinauf in das Dorf, vorüber an der Windmühle auf der Höhe zur Linken. Kurz hinter der Wegegabel liegt unser Quartier in einem der Häuser unmittelbar neben der Straße. Nun haben wir erst mal neun Stunden Ruhe – eine unvorstellbar schöne Vision!
Die Kameraden sind offenbar ganz ordentliche Leute, nur warnten mich einige gleich vor der unheimlichen Klaueritis, die in der Kompanie herrschen soll. Ich wollte das erst nicht glauben, aber schon bald hörte ich aus den Gesprächen heraus, dass dem einen der Zucker aufgefressen, dem anderen die Butter weggekommen und dem dritten das Messer gemopst worden ist. Das sind allerdings verdammt traurige Zustände. Ich werde mich natürlich entsprechend vorsehen, indem ich nichts herumliegen lasse.
Im Alarmfall müssen wir vom Quartier aus sofort hinaufjagen zu der roten Schu-

le, die man gleich oberhalb unserer Behausung auf der Höhe inmitten des Dorfes weithin sichtbar hingebaut hat. Dort oben ist eine Reserve-Pak stationiert, die wir im Falle von russischen Angriffen zu bedienen haben, wenn wir nicht gerade auf dem Stiftpunkt Wache schieben.
Da wir erst von Mitternacht bis drei Uhr früh wieder oben in der Stellung sein müssen, werde ich mich schon früh aufs Ohr hauen, um endlich einmal etwas Schlaf nachzuholen. Hoffentlich kann ich auch pennen, denn die Bilder der letzten Stunden in Hof Belikow verfolgen mich auch jetzt immer noch. Je länger ich über dies Geschehen nachdenke, desto weniger fassbar wird es mir, dass wir überhaupt aus dieser teuflischen Falle heraus gekommen sind. Hoffentlich bleibt es hier nun eine Weile ruhig; wir alle könnten es verdammt gebrauchen.

Werchnij Bischkin, Donnerstag, 12. März 1942

Um halb zwölf schon rissen sie mich heute Nacht aus den tiefsten Tiefen des Schlafes. Ich musste mich erst lange besinnen, bis ich meine triste Umgebung wiedererkannte und begriff, dass ich nun wieder in Nacht und Schnee hinaus musste. Wir schnappten uns jeder einen Arm voll Holz und trotteten dann durch die klare, lautlose Winternacht hinauf zur Stellung. Aber diesmal war den Genossen der Umweg über die Straße zu weit. Sie bogen gleich hinter den letzten Häusern links auf einen Trampelpfad ab, der quer durch den Sumpf führt. Mir stand die Angst bis zum Halse, denn ich fürchtete in meiner Schlaftrunkenheit jeden Augenblick nach rechts oder links in das schwarze Eiswasser abzukippen. Aber ein Schutzengel geleitete mich im Halbschlaf heil durch den Modder und oben bei der Kanone verlor sich dann allmählich das Zittern in den Beinen.
Behaglich bullerte das Holz im Ofen. Lustig stoben die Funken aus dem blechernen Ofenrohr in die Nacht. Das ist nun doch ein ganz anderes Leben als auf dieser gottverlassenen Höhe bei Hof Belikow, zumal hier auch noch mehrere Infanteristen mit einem sMG in Stellung stehen.
Pünktlich um drei Uhr früh kam die Ablösung in Sicht und bald nach der Rückkehr in den Mief unserer Bude konnte ich mich wieder hinhauen und schnarchen. Den ganzen Vormittag hatten wir heute frei. Keine Wache! Wann hat es das zuletzt gegeben? Man konnte sich endlich mal wieder mit warmen Wasser waschen und die Zähne putzen und man hatte Zeit zum Läuseknacken. Über Mittag verbrachten wir wieder drei Stunden teils draußen an der Kanone, teils im geheizten Häuschen. Mit den Infanteristen vom sMG gab es genug zu erzählen und die Stunden vergingen mir wie im Fluge. Es war seltsam still ringsum. Unser Dorf, das wir von dort oben aus weithin überblicken können, lag unbewegt und scheinbar ohne jedes Leben unter uns. Der Russe ist mit der Einnahme von Hof Belikow offenbar zufrieden und lässt sich nirgends blicken. Es ist die reinste Winterfrische.
Vorhin in der Abenddämmerung hackten wir uns schnell unser Holz für die Nachtwache, etwas später erschienen die Schlitten und wir konnten beim Kompaniestab, der nicht weit von uns untergebracht ist, unser Süppchen holen. Ich kriegte zu meiner grenzenlosen Überraschung sogar ein Päckchen: Abgeschickt am 14. September 1941! Inhalt: Ein Film! Es geschehen wirklich noch Wunder.

Fast alle hier sind guter Stimmung, denn in WB hat sich nun schon seit Wochen nichts Böses mehr ereignet und auch mir vergeht nun allmählich das Zittern, wenn ich an Hof Belikow denke.

Werchnij Bischkin, Freitag, 13. März 1942

Kurz vor drei Uhr in der Nacht, als wir uns schon zum Rückmarsch ins Quartier fertig machten, rasselte plötzlich das Telefon in unserem Unterstand. Wir kriegten Befehl, entlang den Höhen am Südrand des Dorfes in Richtung Osten bis hinüber zur zehnten Kompanie Spähtrupp zu laufen. Zugleich wurde höchste Alarmbereitschaft befohlen. Man hatte Bewegungen des Russen beobachtet, die nichts Gutes verhießen.
Es ging also wieder los! Diese gottverdammten Iwans…
Mit 20 Schritt Abstand stapften wir los. Es war schon seit mehreren Nächten nicht mehr ganz so hell, Wolken verdunkelten die Sterne und die letzte, zarte Sichel des Mondes. Wir ahnten oft nur die tiefen Erosionsschluchten, die links von uns in den Grund unmittelbar südlich der Häuser von WB abstürzten. Immer wieder brachen wir auf dem Kamm der freien Höhe im tiefen, unberührten Schnee ein und hatten erst nach einer knappen Stunde die ersten Posten der zehnten Kompanie erreicht, ohne etwas beobachtet oder gehört zu haben. Man brachte uns zum Gefechtsstand der zehnten Kompanie, wir machten dort unsere Meldung und konnten dann durch das ganze lange Dorf wieder in unsere Herberge zurücktippeln. Mein erster Spähtrupp in Russland war glücklich überstanden! Ich hatte mir alles viel aufregender vorgestellt, aber dort oben auf der weiten Fläche konnte man ja selbst in der Nacht weit genug ins Land sehen. Nun war es fast 6 Uhr früh geworden. Der Tag brach eben an. Um 12 Uhr waren wir wieder dran. Also schnell noch was essen und dann auf die verlausten Bretterbetten. Man kennt das ja kaum noch anders – nachts auf Achse, am Tage grunzen, soweit es die Wache oder der Iwan eben erlaubt, alles auf Kommando, alles zerhackt, in Raten, von einem Extrem ins andere.
Plötzlich gab es dann ein Riesengeschrei, ganz nah – immer diese grässlichen Träume. Aber nein – der Zugführer stand leibhaftig in der Tür, brüllte uns wach und jagte uns hinauf zur Schule an die Kanone. Die Russen griffen an, von allen Seiten!!!
In fliegender Hast schnappten wir Stahlhelm und Koppel, stürzten, noch immer halb benommen, hinauf zu dem roten Bau und sahen dann jenseits des Stützpunktes Russen, 100 oder 200 Mann mochten es sein, die in ungeordneten Haufen näher rückten. Vom Stützpunkt aus konnte man sie wahrscheinlich noch gar nicht beobachten, weil man dort ja wieder so schön am Hinterhang klebt. Aber wir hatten von der Schule aus wunderbar freies Schussfeld und jagten mit der dort stationierten kleinen Pak sofort die ersten Schüssen fast genau über den Stützpunkt hinweg in die quirlende Masse hinein. Sekunden später begann dann auch die Artillerie zu bolzen und irgendwo im Dorf bullerte ein Infanteriegeschütz los, dann noch eins. Schnee- und Dreckfontänen spritzten auf, die Russen warfen sich in den Schnee und kamen nicht mehr näher. Auf dem Stützpunkt wussten sie anscheinend gar nicht, wie ihnen geschah, denn wir mussten verdammt dicht über

sie hinweg schießen. Aber die Russen wurden niedergehalten, das war die Hauptsache. Zwei oder gar drei Geschütze der Artillerie klotzten nun um die Wette. Die armen Teufel da oben auf dem freien Feld!
Nach 20 Schuss machten wir eine Feuerpause, denn die Munition ist zu kostbar. In diesem Moment relativer Stille hörten wir auf einmal schweres Gewehr- und MG-Feuer hinter uns. Einer wetzte sofort um die Ecke auf die andere Seite der Schule und meldete gleich darauf atemlos, die Russen griffen dort in noch viel dickeren Haufen an! Was tun? Vor dem Stützpunkt lagen sie noch immer flach im Schnee, daher zerrten wir nun die Kanone ruckzuck auf die andere Seite der Schule und hielten nun von dort aus in die angreifenden Russen hinein. Die Infanterie hatte offenbar gutes Schussfeld und räumte mit ihren MGs schon schauerlich unter den dichtgedrängten Pulks auf. Der Schnee war bereits weithin braun gefleckt von den Gefallenen und den Verwundeten, die sich in ihren Schmerzen wälzten. Wirres Geschrei sprang in Fetzten zu uns herüber. Aber die ersten türmten nun wieder nach Westen zurück in die Wälder, aus denen sie angetreten waren. Das war für uns eine ganz böse Überraschung, denn am Südrand der Wälder verläuft unsere Schlittenstraße nach Nowo-Beretzki. Wenn sie jetzt im Wald stecken, dann ist bestimmt auch der Weg abgeschnitten, auf dem wir neulich noch hierher gelaufen sind.
Es hatte schon sehr bald keinen Zweck mehr, dass wir weiter feuerten, denn die Infanteristen waren offensichtlich schon Herren der Lage und erreichten mit ihren MG-Garben entschieden mehr als wir mit unseren mickrigen Sprenggranaten. Erregt drang immer noch das heisere Gebrüll der russischen Führer herüber, vermischt mit dem Stöhnen und Schreien der Verwundeten im freien Felde. Wenigstens dreihundert Mann hatten dort angegriffen und gut die Hälfte war nun wohl tot oder verwundet. Andere wuselten noch im Schnee hin und her, versuchten sich zu sammeln, indem sie hinter den Haufen der Toten und Verwundeten Deckung suchten, aber sie stürmten nicht mehr vor. Immer wieder fetzten die Feuerstöße der MGs in die Leiber und wir begriffen nicht, dass die Russen kaum zurückschossen. Vielleicht besaßen sie nur ganz wenige Gewehre. Wir haben schon öfter gehört, dass bei solchen Angriffen nur jeder fünfte oder zehnte Mann eine Waffe hat, die anderen sollen sich dann die Gewehre und Munition der Gefallenen nehmen. So einfach macht es sich die Führung dort. So ist das einkalkuliert, so jagt man dort 300 Mann in den Tod. Keine Spur von Feuerschutz, kein einzelnes sprungweises Vorgehen, wie wir es vom ersten Tage an eingebläut kriegten, sondern dichtgeklumpte Massen, mit denen ein einziges MG fertig werden kann, wenn es funktioniert. Ein Verbrechen an diesen armen Kreaturen. Das ist kein Kampf mehr, sondern nur noch ein fürchterliches Abknallen wehrloser Zielscheiben. Aber was konnten wir anderes tun? Sieht die russische Führung denn nicht selbst den Wahnsinn dieser Massenschlächterei?
Allmählich wurde es in Richtung Wald ruhiger. Der Gefechtslärm ebbte ab und auch vor dem Stützpunkt hatten sich die Russen zurückgezogen. Selbst aus dem Obergeschoss der Schule konnte man sie nicht mehr sehen. Nach einer Stunde etwa waren die letzten Überlebenden im Schutze der Leichenhaufen in die Wälder zurückgekrochen, immer wieder verfolgt und dezimiert von den Garben unserer MGs. Grässliche braune Hügel auf den weißen Schneeflächen – das war alles, was von dreihundert Männern blieb, soweit sie den rettenden Wald nicht noch

erreicht hatten. Und bei uns das Entsetzen über so viel Wahnsinn.
Die ersten Landser liefen in der Senke vor uns wieder frei zwischen den Häusern umher. Die Gefahr war fürs erste gebannt. Wir konnten die Kanone wieder in die Schule zurückschieben. Auch vor dem Stützpunkt lag alles in tiefem Frieden. Die Kameraden dort oben hatten sicher nicht einen Russen zu sehen gekriegt, weil sich alles jenseits des flachen Kammes abgespielt hatte. Wir konnten uns nun sogar wieder in unsere Hütte verkrümeln, aber es blieb höchste Alarmbereitschaft befohlen. Keiner durfte sich von der Bude entfernen. Immerhin – erst mal Ruhe.
Wir waren noch nicht unten an der Straße angelangt, als sie plötzlich oben an der Schule wieder laut schrien und winkten. Die Russen griffen abermals am Stützpunkt an! Also zum zweiten Mal rauf zur Schule, Kanone raus und geladen wie so oft. Tatsächlich, da rückten sie wieder an! Genau an derselben Stelle wie am Morgen. Schon ballerte die Artillerie los. Wirbelnde Fontänen sprühten in die Luft. Wir brauchten gar nicht zu schießen. Die Ari klotzte so wirkungsvoll in die braunen Haufen hinein, dass wir es nicht besser gekonnt hätten. Schon bald beobachteten wir, wie auch diese Welle eilig hinter den Horizont zurückflutete. Danach fiel wieder die große, unheimliche Stille über das Dorf, wie immer, wenn das Echo der letzten Detonationen und MG-Garben verebbt ist.
Diesmal durften wir nicht mehr ins Quartier, denn man rechnete jetzt jeden Augenblick mit neuen Angriffen. Halb elf war es inzwischen geworden. Seit acht Uhr standen wir schon an der Schule, nachdem wir in der Nacht bereits von Mitternacht bis früh um sechs auf den Beinen gewesen waren. Und jetzt merkte ich auch, woran es lag, dass ich so viel Schnee und Wasser im Schuh hatte: Die Sohle meines linken Stiefels war vorn an der Kappe glatt abgerissen, vermutlich, als wir so schnell den Hang zur Schule hinaufliefen. Das war nun eine ganz böse Entdeckung für mich, denn andere Stiefel gibt es in WB bestimmt nicht und in meiner Größe schon gar nicht. Wie soll das weitergehen? Von nun an muss ich doppelt und dreifach aufpassen, dass mir dieser Fuß nicht erfriert. Eine schöne Belastung zu allen anderen…
Nach einer halben Stunde Pause legte die Ari plötzlich abermals los, diesmal jedoch weit nach links hinüber, nach Osten in die Gegend der Kolchose. Das eine Geschütz ist gar nicht weit von unserem Haus entfernt dicht an der Straße in einem hohen, ringförmigen Erdwall eingegraben, sodass man es nach allen Seiten drehen kann. Offenbar versuchten die Russen es nun aus Richtung Hof Belikow. Das Ganze sah verdammt nach Generalangriff auf Werchnij Bischkin aus. Der vierte Angriff an diesem Tage schon, in diesen drei Stunden. Diesmal merkten wir nur am Ballern der Ari, dass irgendwo etwas im Gange war. Nur ganz von fern kleckerte mitunter etwas MG-Feuer dazwischen. Dann trat unvermittelt wieder Ruhe ein, 10 Minuten lang, eine halbe Stunde, eine ganze Stunde.
Wir hatten uns derweil in der Schule auf ein paar Stühlen und Bänken niedergelassen, hatten ein paar Läuse geknackt und lauschten zwischendurch natürlich immer wieder nach draußen. So wurde es schließlich halb zwölf. Wir mussten wieder hinauf zum Stützpunkt, ohne Rücksicht auf Verluste, denn dort begann ja um zwölf unsere reguläre Wache bis 3 Uhr.
Wir steckten uns einen Kanten Brot ein, schnappten unser Holz und tippelten den nun schon vertrauten Weg hinauf zum Stiftpunkt. Zum ersten Mal wurde mir auf diesem Wege bewusst, dass der westliche Teil von WB, das heißt das Ende des

Dorfes, in einem weiten Kessel liegt. Der steile Geländeabbruch, der sich hart am Südrand des Dorfes entlangzieht und von vielen steilen Schluchten zerhackt ist, erstreckt sich nach Westen hoch über unseren Stützpunkt und die Straße hinaus und endet schließlich in einem Halbkreis auf der Nordseite des Dorfes bei der Windmühle.
Die Kameraden auf dem Stützpunkt hatten am Morgen wirklich keinen Iwan zu Gesicht gekriegt und hatten sich ganz schön erschrocken, als plötzlich die Ballerei begann und wir ihnen unsere Leuchtspurapparate haarscharf über die Hütte zischen ließen. Nun waren sie durchaus erfreut, dass sie verduften konnten. Bei der Schule im Dorf ist man nun einmal sicherer als da oben auf dem einsamen Stiftpunkt mit nichts anderem im Rücken als dem Steilhang und dem Sumpf.
Nach einer Stunde ungestörten Herumtrampelns fuhren wir plötzlich zusammen: Wir hatten Motorengeräusche gehört! Oh Gott! Jetzt also auch noch Panzer! Halb rechts vor uns, hinter der Höhe, rumorten sie – genauso gemein, so aufreizend und deprimierend wie in Hof Belikow. Diese verdammten Hunde. Dann kroch endlich der erste über den flachen Horizont, gleich darauf ein zweiter und dann auch noch ein dritter. Mit provozierender Langsamkeit schoben sie sich quer zu uns über das Feld. Drei T 34. Sie waren so weit weg, dass es keinen Sinn hatte, mit unserer Spritze nach ihnen zu schießen. 500 bis 600 m entfernt blieben sie ziemlich weit rechts von uns stehen und drehten lässig ihre Kanonen zu uns herüber. In diesem Moment bellte abermals die Ari hinter uns los und mit ihr ein sMG, das oben bei der Schule fest auf bestimmte Ziele eingestellt ist. Die Einschläge der Ari lagen auf Anhieb prima. Den Brüdern mussten die Brocken ganz schön um die Ohren fliegen, aber sie rührten sich nicht. Taten gar nichts, standen nur da und glotzten zu uns hinüber. Wir Panzerjäger mussten uns das abermals bieten lassen, denn wir hatten ja nichts in der Hand, um diese Burschen zum Teufel zu jagen. Ein beschissener Krieg ist das geworden. Und das Schlimmste ist: Die Infanteristen bilden sich womöglich noch ein, wir könnten ihnen im Ernstfall wirklich helfen.
Der erste Panzer ruckte nun wieder an. Die beiden anderen klirrten gleich darauf lässig hinter ihm her, als wären sie diese blöde Dreckschmeißerei leid und wollten sich erst einmal die Brocken aus dem Pelz schütteln. Ein Schuss musste doch nun endlich mal solch einen Bullen erwischen! Aber stattdessen tat sich plötzlich bei einem Panzer die Luke auf, drei Kerle sprangen heraus, latschten in aller Gemütsruhe um ihre Kiste herum und besahen sich offensichtlich einen Schaden, während unsere Ari dazwischenhämmerte. Das ist alles! Aber dieser mittlere Panzer schien doch etwas abgekriegt zu haben, denn die drei winkten einen anderen zu sich und der klapperte auch näher an seinen Kollegen heran. Dann konnten wir ganz deutlich beobachten, wie sie ein Abschleppseil locker machten und den beschädigten Panzer an den anderen anhängten. Danach stiegen die Brüder wieder ein, ruckten an und verschwanden gemächlich hinter der Höhe. Die Ari ballerte noch eine Weile hinter ihnen her, dann aber wurde es wieder still im Dorf und auf den Höhen vor uns. Der Rauch verzog sich, eine schwache Wolke des süßlichen Pulverqualms trieb noch über uns hinweg, dann war wieder Alltag um uns. Aber wir waren einmal mehr erschlagen von so viel Frechheit und Arroganz und wurden uns abermals schmerzlich bewusst, was die Stunde geschlagen hat. So hatte es auch in Hof Belikow begonnen. Sie könnten es sich leisten, immer das

gleiche Rezept anzuwenden, denn sie wissen bestimmt ganz genau, dass wir keine dicke Kanone für den direkten Beschuss haben.
Mit der Kälte kroch nun auch wieder diese verdammte Beklemmung vor den nächsten Tagen und Stunden in mir empor. Um drei Uhr kam aber gottlob planmäßig die Ablösung. Wegen der Panzer hatten wir schon befürchtet, noch länger oben bleiben zu müssen. Schleunigst mogelten wir uns wieder durch diesen widerlichen Sumpf zurück in unsere Bude.
Mein linker Stiefel ist hin. Zehn Zentimeter lang klafft an der Spitze der Riss zwischen Sohle und Kappe. Das kann kein Schuster mehr reparieren. Wahrscheinlich gibt es hier auch gar keinen. Eine schöne Scheiße zur Winterszeit.
Kurz bevor es dunkel wurde, brachten sie eine sage und schreibe 5-cm-Kanone angeschleppt, die oben auf dem Stützpunkt eingesetzt werden soll. Endlich mal ein kleiner Lichtblick! Mit solch einem Ding kann man dem Russen doch schon etwas mehr imponieren. Wie durch ein Wunder wurden wir nicht zum Hinaufschaffen der Kanone benötigt, sondern konnten es uns im Quartier einigermaßen gemütlich machen – was man so gemütlich nennt.
Mit den neuen Kameraden komme ich bisher gut aus. Ich sehe auch Stefan häufiger, der jetzt eine fremde Bedienung beisammen und immer drei Stunden nach uns Wache hat. Durch den Verlust der beiden Geschütze in Hof Belikow sind zwei volle Bedienungen frei geworden und das ist auch der einzige Grund, weshalb wir so wenig Wache zu schieben brauchen.
Eben kehrten die Essenholer mit leeren Kochgeschirren und ohne Brot zurück. Die Schlitten sind nicht gekommen, der Weg nach Nowo Beretzki ist abgeschnitten. Also doch! Das sind die Russen, die heute Morgen von Westen her aus dem Walde heraus angriffen. Werchnij Bischkin hängt in der Luft Diese Nachricht ist ein voller Schlag in den Magen, denn die Iwans aus dem riesigen Waldgelände nördlich WB herauszuboxen, noch dazu im Winter, ist sicher unmöglich, jedenfalls mit den hier vorhandenen Kräften.
In einer finsteren Ecke der Bude fand sich eben noch ein kleiner Sack mit Mehl. Wir werden uns wohl oder übel aus Schneewasser und diesem angemoderten Zeug eine Mehlsuppe brauen müssen, damit wir wenigstens was Warmes in die Knochen kriegen.

Werchnij Bischkin, Sonnabend, 14. März 1942

Mitten in die trübselige Mehlpampsrührerei platzte gestern Abend ein Landser mit dem Schreckensruf: „Alles raus, der Russe ist im Dorf!!!“
Wir mussten sofort vor unserer Hütte einen Sperrriegel quer über die Straße bilden, um das weitere Vordringen des russischen Späh- oder Stoßtrupps zu verhindern. Wir waren total perplex. Wieso ist der Russe im Dorf? Und wo? Es hatte doch nirgends geknallt? Man konnte doch immer noch ziemlich gut sehen, selbst in der Nacht!?
Fröstelnd bezogen wir wie befohlen dicht bei unserem Hause Posten und versuchten, in dem nachtgrauen Gestrüpp der Sträucher und Bäume im Sumpf Bewegungen zu erkennen oder Geräusche aufzufangen. Die Dorfstraße war wie ausgestorben. Schnell gewöhnten sich unsere Augen an die Dunkelheit. Nach wenigen

Minuten schon wurden wir dann von unserem Quartier weggeholt und etwas näher zum Stützpunkt hin an der Straße konzentriert, wo angeblich die Schweinerei passiert war. Wie wir erst jetzt nach und nach erfuhren, hatte die Bedienung des mittleren Geschützes das schwere Ding mit viel Mühe zum Stützpunkt hochgewuchtet, war zurückgekehrt und wollte nun die Munition nach oben schleppen. Dabei sind sie dann unten im Sumpf urplötzlich mit Handgranaten und Pistolenfeuer überfallen worden. Wenn auch keiner ernstlich verwundet wurde, so war doch der Weg zum Stiftpunkt erst mal versperrt. Die Kameraden oben hatten offensichtlich von dieser Pleite noch gar nichts bemerkt. Aber woher waren die Iwans nur gekommen? Über unsere Zufahrtsstraße hinweg? Hoffentlich hoben sie nicht noch die ganze Besatzung des Stützpunktes von hinten her aus? Wer ahnt denn da oben schon, dass der Russe aus dem Dorfe kommen könnte?
Immer beschissener wurde die Lage. Vier regelrechte Angriffe seit dem frühen Morgen, dann die Panzer und nun diese Sauerei mitten in der Nacht. Wir starrten hinunter in den sumpfigen Grund, versuchten in den verschneiten Ruinen und Kellern doch irgendwo huschende Gestalten zu erkennen, aber es rührte sich nichts dort. Absolute Stille. Aber es war zu still, um noch normal zu sein, es war wieder einmal diese lauernde Stille, deren Gefährlichkeit man instinktiv fühlt und die einem niemand ausreden kann.
Nach zwei Stunden erbärmlichen Frierens und nutzlosen Horchens und Spähens wurden sechs Mann und ich dazu aus der Postenkette herausgezogen und zum Kompaniegefechtsstand geführt. Dort wurde uns an Pak- und MG-Munition angehängt, was wir nur irgend tragen konnten. Wir erhielten Befehl, zur zehnten Kompanie auf die Höhe südlich des Dorfes zu gehen und dann denselben Weg, den wir neulich als Spähtrupp gelaufen waren, jetzt wieder umgekehrt zu gehen, den ganzen Kram zum Stiftpunkt zu schaffen und dort bis zum Morgen als Verstärkung zu bleiben.
Ganz schön bedient von diesem herrlichen Auftrag sackten wir das schwere Zeug auf, trotteten erst mal fast einen Kilometer weiter zur zehnten Kompanie und als wir dann dort mit der letzten Kraft unserer ausgehungerten Kadaver die steilen Hänge mehr erkrochen als erstiegen hatten, waren wir erst mal total fertig. Es war einfach zu viel. Vor allem diese entsetzliche Schinderei durch die Schlucht bis auf die hoch gelegene Ebene hinauf! Lächerliche 15 m Höhenunterschied zwar nur, aber uns reichte es. Warum konnte man uns nicht gleich zusätzlich fünf Mann mehr als Verstärkung für den Stiftpunkt mitgegeben? Doch was halfen Wenns und Abers? Wir mussten weiter. Die Kameraden auf dem Stützpunkt warteten auf uns und die Munition, obwohl sie von ihrem Glück sicher noch nichts ahnten. Wie neulich – ach was, wie in den frühen Stunden dieses selben Tages – brachen wir bei jedem Schritt tief in den verharschten Schnee ein. Ein paar Mal war ich wieder dicht vorm Umkippen, zumal wir ja nichts mehr hatten essen können. Einer von unserem Trupp, ein schmächtiger Kerl, sackte schließlich zusammen und blieb eine ganze Weile liegen. Fertig. Aus. Da wurde dessen Munition auch noch verteilt und in diesem Stil quälten wir uns hundertmeterweise voran, bis zu den Knien im pulverigen, nur obenauf vereisten Schnee, Tränen der Verzweiflung und Erschöpfung in den Augen. Und kein Ende abzusehen. Zwei bis drei Kilometer mochte die Strecke dort oben wohl lang sein. Der Schweiß rann uns in Strömen vom Körper. Immer wieder mussten wir nach Sü-

den ausbiegen, weil sich diese blöden, tief eingerissenen Schluchten quer vor uns legten. Nicht einmal unsere eigenen Spuren vom Spähtrupp am frühen Morgen nützten uns etwas, denn auch da hatten wir ja immer wieder diesen Schluchten ausweichen müssen. Dieses immer neue Ausbiegenmüssen war wirklich das Ärgerlichste. Am liebsten hätten wir jedes Mal den ganzen drückenden Scheiß in die Tiefe geschmissen und uns hinterher ins lautlose Nichts fallen lassen…
Oben auf der Höhe wehte auch noch ein ekelhafter, nasser Wind. In den Pausen, die wir in immer kürzeren Abständen einlegen mussten, spürten wir ihn doppelt gemein auf unseren schweißnassen Stirnen. Wie sollte das erst werden, wenn die Hitze dieses Marsches verflogen war?
Zwei Stunden waren schließlich wohl vergangen, als wir endlich die feinen, schwarzen Nadeln der Telegrafenmasten an der Straße nach Alexejewka quer vor uns erkennen konnten. Gott sei Dank! Nun war es nicht mehr weit. Aber dann kam uns noch einmal so eine saublöde, idiotische Schlucht quer vor den Bug, wir mussten noch einmal an die 50 m weit nach links hin ausbiegen, aber dann waren es wirklich nur noch 100 m, dann 90, dann 80... Schwer keuchend wühlten wir uns voran, wollten nur endlich am Ziel sein und diese übermächtigen Lasten in den Schnee fallen lassen können. Dann glaubten wir auch schon die Umrisse der beiden Kanonen zu erkennen – endlich, endlich!!!
Die letzten Meter noch – und dann plötzlich ein peitschender Schrei: „Kennwort!!!“
Wir zuckten zusammen wie unter einem Schuss, lähmende Stille – „Kennwort!!!“
Knackende Schlösser – „Nicht schießen, Kameraden, wir sind es!!!“ Keiner wusste vor Schreck mehr das Kennwort, wir schrien nur voller Angst: „Nicht schießen, nicht schießen!!!“ – bis endlich doch noch einem das Kennwort einfiel, aber da hatten sie sich auf dem Stützpunkt schon beruhigt. Wir torkelten mit unseren letzten Kräften auf sie zu, ließen den ganzen Krempel einfach fallen und sackten selbst in die Knie, wo wir gerade noch standen. Ausgepumpt, völlig fertig, kaputt…
Und dann redeten wir uns unsere Angst von der Seele, erfuhren, dass sie uns schon lange beobachtet und für verirrte Russen gehalten hatten. Und es hatte wohl nicht viel daran gefehlt, dass sie uns über den Haufen geknallt hätten, als wir das Kennwort nicht wussten. Ein Schuss in die Munition oder in die geballten Ladungen hätte nichts mehr von uns übrig gelassen.
Die lieben Kameraden dort oben wussten tatsächlich noch nichts von der ganzen Geschichte. Sie hatten wohl am frühen Abend die Handgranatenschmeißerei im Dorf gehört und sich vor allem gewundert, dass die Besatzung des mittleren Geschützes nicht wieder gekommen war. Aber dann hatten sie sich bei dem Gedanken beruhigt, dass die wohl erst kurz vor dem Morgengrauen erscheinen würden, da in der Nacht ja doch nicht mit Panzern zu rechnen ist. Von eingesickerten Iwans hatten sie ebenfalls nichts bemerkt. Daher konnten sie auch nicht ahnen, dass ihnen von links vorn mitten in der Nacht Verstärkung zugeführt werden sollte. Per Telefon hatte man ihnen jedenfalls nichts angekündigt. Aber nun freuten sie sich riesig, denn wir waren nun mit den Pionieren, die seit dem frühen Abend zusätzlich dort oben hinbefohlen waren, ein Häufchen von 30 Mann mit geballten Ladungen und ganz schön viel Munition.
Es war nun halb neun. Wir hatten also noch gute neun Stunden Nacht ohne Aus-

sicht auf Ablösung vor uns. Und das bei dieser Kälte! Im Häuschen hockte der Leutnant der Pioniere. Dagegen war leider nicht viel einzuwenden. Fünf Minuten konnte man so eben mal im Schnee sitzen und verschnaufen, aber dann musste man hoch, die Kälte war zu streng, der Wind zu schneidend. Also laufen, immer auf der Stelle, links, rechts, links, rechts, links, rechts… laufen, laufen… nur jetzt nicht erfrieren, wo man am ganzen Leibe die durchgeschwitzten Klamotten kleben hatte. Jetzt nicht stehen bleiben. Laufen, laufen… die ganze Nacht… und wenn du noch so hungrig und fertig bist – du darfst nicht einschlafen. Laufen, laufen, laufen, sich bewegen, mit den Armen rudern und immer wieder Kinn, Ohren und Nase mit Schnee massieren…
Eine halbe Stunde lang kann man das schaffen, kann sich das immer wieder einreden, aber dann kriegt man auf einmal die Beine nicht mehr hoch, der Magen ist zu leer, man muss mal stehen bleiben und Luft holen. Auch von unten her wurde es immer kälter. In Hof Belikow hatten wir auch stundenlang Wache geschoben, aber dort hatten wir in unserer Schneeburg wenigstens etwas Stroh ausgebreitet, und das dämmte die Bodenkälte doch erheblich ab. Oben am Stützpunkt aber gibt es nur Schnee und Eis und meine linke Sohle schlappte. Während die meisten von uns wie Besessene in der Stellung umhertobten, bullerte munter das Feuer in dem Öfchen. Das reizte mit jeder Minute mehr zum Klassenhass. Immer häufiger wurde ich von Kälteschauern geschüttelt, fast so wie damals in dem Loch in Hof Belikow, als der Panzer schoss. Aber wenn der Magen auch knurrte und die Knie versagen wollten – ich redete mir zu: laufen, laufen, links, rechts, links, rechts, laufen, laufen. Stunde um Stunde. Du musst hier bleiben, Ablösung kommt nicht, du darfst nicht umfallen und einschlafen…
Immer schneidender pfiff der Wind von Norden her die Schlucht herauf und es wurde fast unmöglich, den Kopf dorthin zu drehen. In kürzester Zeit wären Kinn und Nase erfroren und die Stirn schmerzte mir schon genug vor Kälte. So stierte man stundenlang auf dieselben zwei, drei Masten, die man vor sich sah, auf die Kanone und auf die Schneebrocken, die wir um unsere Stellung aufgeschichtet haben. Aber die Nacht war so endlos lang, so lang und so entsetzlich kalt, wie mir noch keine erschienen war. Irgendwann schlug ich dann hart auf und fand mich im Schnee wieder. Die anderen um mich herum feixten und ich erinnerte mich nur mühsam, dass ich wohl doch aufgehört hatte zu laufen und dann im Stehen eingeschlafen sein muss. Also weiterlaufen, links, rechts, links, rechts, auch wenn der Magen noch so leer war und die Beine nicht mehr tragen wollten. Laufen, laufen, laufen. Um das eigene Leben. Irgendwann wurde es ein Uhr. Es wurde auch zwei Uhr und später war es sogar halb drei geworden, als wieder einer nach der Zeit fragte. Jede einzelne halbe Stunde kam mir so furchtbar lang vor wie sonst eine ganze Nacht. Nur nicht erfrieren, ein Bein oder eine Hand verlieren. Davor hatte ich immer eine entsetzliche Angst. Immer verrückter wurde das Treiben, denn nun trampelten selbst die Hartgesottenen wie die Irren, jetzt hielt es keiner mehr im Stehen aus. Wer dieses Bild ganz unvoreingenommen sah, musste uns wirklich für einen Haufen total durchgedrehter Typen halten. Gegen vier Uhr früh knallte ich wieder unsanft auf den festgetretenen Schnee und verstauchte mir dabei sogar den rechten Knöchel gemein. Das brachte mich aber wenigstens wieder zur Besinnung.
Von da an war die Müdigkeit plötzlich wie verflogen. Wenig später konnte man

sogar im Osten das allererste Licht des Morgens ahnen. Also nahm auch diese schreckliche Nacht mal ein Ende. An den russischen Spähtrupp dachte kaum noch jemand. Der hätte sich gestern Abend sicher viel lieber still zurückgezogen und war wohl nur durch das Erscheinen unserer Leute aufgeschreckt worden. Nun hockten die Genossen sicher längst wieder bei ihresgleichen und ruhten sich auf ihrem Lorbeer aus. Aber mit uns armen Idioten hatte man diesen Riesenzirkus veranstaltet – aus lauter Angst vor ein paar Iwans!
Ganz allmählich wurde es nun heller. Oh, wie man nach einer solchen Nacht diese erste Morgenhelle erwartet, dieses sanfte Auftauen der nächtlichen Schwärze unter den unsichtbaren Strahlen der noch verborgenen Sonne. Auch wenn man nicht weiß, was der Tag bringen wird, auch wenn man das Morgengrauen fürchten muss, weil der Russe vielleicht angreift – sei's drum, aber die Dunkelheit entweicht, mit dem Licht hofft man auf Wärme und Rettung.
Auch jetzt peitschte nirgends ein Schuss. Überhaupt war es bisher am Stützpunkt viel friedlicher als in Hof Belikow, denn der Russe sitzt hier offenbar sehr weit entfernt in Alexejewka. Wie mochte es nun weitergehen? Würde der Russe wieder angreifen wie gestern? Dreimal, viermal? Noch deutete nichts darauf hin. Wenn sie gleich im Morgengrauen kommen sollten, waren wir allerdings schlimm dran. Doch es wurde mit der Zeit merklich heller und der Posten vorn am Mast, der weit ins Niemandsland hinaussehen kann, stand fast unbeweglich und konnte offenbar nichts Verdächtiges bemerken. Endlich schoss dann der erste Strahl der Morgensonne durch den leichten Dunststreifen. Unter uns lag das Dorf in tiefstem Frieden. Wir hatten also die ganze Nacht umsonst geschwitzt, geschuftet und gefroren! Aber da – was war das?
Aus einem der noch einigermaßen heilen Häuser am Rande des Sumpfes hinter uns trat eine Gestalt in einem Russenmantel, räkelte sich, guckte in den Morgen, stellte sich an die Hauswand und pinkelte. Was war denn das für ein Kerl? Ein Dorfbewohner? Aber in diesem größtenteils zerstörten Teil des Dorfes hausen doch gar keine Zivilisten mehr! Jetzt traten aus einem anderen Hause gleich drei ähnliche Figuren heraus, zündeten sich Machorkas an, qualmten munter drauf los und pinkelten ebenfalls fröhlich gegen die Bude. „Mensch, ist das der Spähtrupp von gestern Abend?" Steckten die Hunde etwa immer noch in den Ruinen? Aber sie benahmen sich ja, als wären sie im Urlaub. Doch dann – wie auf Kommando krabbelten nun fast überall aus Ruinen, Kellerlöchern und Häusern solche Gestalten – „Mensch, das sind Russen!!! Kein Spähtrupp, ein ganzer Haufen!!!"
Und schon lagen die Pioniere hinten im Schnee und ballerten aus allen Flinten. Da rissen auch wir unsere Kanone aus den vereisten Löchern, machten kehrt, duckten uns tief hinter den Schild und ließen die Spritze ein Stück bergab rollen, dorthin, wo besseres Schussfeld war. Und dann nach bewährtem Rezept hinein!! Vor lauter Begeisterung riss ich mir die Handschuhfetzen von den Händen, um die Munition besser fassen zu können, und dann bellte Schuss auf Schuss hinaus – Panzergranate, Sprenggranate, Panzer, Spreng, Panzer, Spreng – ins erste Haus, ins zweite, ins dritte! Da stoben sie unten zur Seite, einen zerriss es im Laufen, schrecklich wirbelten Kopf und Rumpf drei Meter hoch durch die Luft; nun quollen sie in panischer Angst aus den Häusern, gerieten sofort ins rasende Feuer der MG-Leute und Pioniere. Aber schnell waren auch die meisten wieder verschwunden, brachten sich hinter Häusern und in Kellerlöchern in Deckung und erwider-

ten dann sogar das Feuer. Wir hörten allerdings nur das infame Zwitschern der allernächsten Geschosse, denn der brüllende Knall unserer Kanone brach sich ringsum an den steilen Wänden des Kessels und wir jagten immerhin in kurzer Zeit an die 50 Schuss hinaus. Staub und Sand, Glasscherben und Stroh flogen unten durch die Luft, immer mehr bedeckte sich der Schnee mit stummen, verkrampften Gestalten. Es war eine barbarische Zusammenarbeit. Wir scheuchten die Genossen mit unseren Panzergranaten aus den Häusern hinaus ins Freie und dort wurden sie scharenweise von den Gewehren und MGs erfasst und niedergestreckt.

Mitten in dem irren Getöse schrie plötzlich Unglaub, unser Geschützführer und Richtschütze, auf und schlug links neben der Kanne in den Schnee. Ein Schuss hatte ihn genau in den Ellenbogen des linken Armes getroffen, mit dem er seitlich aus der Deckung des Schildes geraten war. Nun krümmte er sich vor rasenden Schmerzen, aber wir mussten noch weiterschießen, bis von rechts, von unserer Unterkunft her, die eigene Infanterie antrat und im Nahkampf systematisch die Keller und Ruinen auszuräuchern begann. Handgranaten und geballte Ladungen sprengten mit schmetternden Schlägen die Verstecke auseinander, lautes Geschrei brach sich an den Wänden des Kessels, immer mehr Russen hoben die Hände hoch und kletterten eilig aus den rauchenden Trümmern hervor. Ihr Widerstand brach jetzt schnell zusammen, ihre Lage war hoffnungslos. Bald hörte man nur noch vereinzelt einen Schuss, eine MPi-Garbe und Schreie von Verwundeten. Mit Zurufen winkten die Infanteristen die Russen aus den letzten, noch nicht durchsuchten Häusern zusammen und wenig später stand ein ansehnlicher Haufen brauner Gestalten auf der Straße versammelt. Der ganze Spuk hatte vielleicht eine halbe Stunde gedauert. Wir versuchten, die Iwans zu zählen und kamen dabei auf etwas über 200 Mann, darunter viele leicht Verwundete, die noch humpeln konnten. Das waren allein die Gefangenen. An Toten und fast Toten konnten wir von unserer Stellung aus über 50 erkennen. Wie viele aber mochten noch in den Kellern und Häusern liegen, wie viele würde man vielleicht überhaupt nicht finden?

Wir schoben die heißgeschossene Kanone wieder in ihre richtige Stellung hinauf, Front nach Alexejewka. Unglaub wurde auf eine Zeltbahn gebettet und musste trotz seiner Schmerzen erst einmal warten. Wir konnten ihm nicht helfen. Er schrie und wimmerte und das machte einen vollends fertig, sosehr man ihm diese Erleichterung wünschte. Aber jetzt nach der Aufpeitschung aller Nerven durch das wilde Feuer, nach der Ekstase des Schießens brach schlagartig eine Ernüchterung über uns herein. Wir konnten einfach dies Geschrei nicht mehr hören, sondern wollten endlich mal was zu fressen haben, endlich in eine warme Bude kommen und diese entsetzliche, chronische Unterkühlung loswerden, die schlimmer ist als Hunger und Durst. Alle Freude über das geglückte Unternehmen konnte uns jetzt nicht mehr trösten. Was besagt schon dieser Erfolg, wenn es möglich war, dass sich 300 oder 400 Russen eine ganze Nacht lang unbemerkt in unserem Dorfe einnisten konnten? Man muss nun wohl weiter auf das Schlimmste gefasst sein. Unser aller Schicksal hat bestimmt an einem einzigen, hauchdünnen Faden gehangen. Es war wohl unser unfassbares Glück, dass die Russen genauso fertig und genauso durchgefroren waren wie wir. Wieder haben ihnen die Kommissare wahrscheinlich gesagt: Wenn ihr im Warmen schlafen wollt, dann erobert euch Häuser! Das hatten sie getan, auf eine verdammt elegante Art. Alles

andere muss ihnen dann scheißegal gewesen sein. Wenn auch nur einer dieser Russenhäuptlinge auf die Idee gekommen wäre, etwas mehr zu tun – sie hätten den ganzen Stiftpunkt umzingeln und schlagartig ausräuchern können, ja, sie hätten vielleicht sogar das halbe Dorf aufrollen können wie damals in Hof Belikow. Tief genug sitzt der Russenschreck in jedem von uns. Wenn solche Sachen jetzt jeden Abend passieren, dann gute Nacht, Marie…
Mit Schrecken merkte ich plötzlich, dass drei Finger meiner linken Hand geschwollen und gefühllos waren. Auch Kinn und Nase waren schon ganz weiß gewesen, aber die hatte ich durch Massage mit Schnee wieder hingekriegt. Mit den Fingern aber war etwas los. Die hatten eine Erfrierung weg. Es sind genau die, die nach der Verwundung krumm gewesen waren. Nun hatte ich die Quittung für das leichtfertige Ausziehen der Handschuhreste.
Inzwischen war es halb neun geworden. Geschlagene zwölf Stunden standen wir nun schon dort oben in der kälteklirrenden Luft und noch immer war von Ablösung nichts zu merken. Die Gefangenen hatten sie zur Windmühle auf der anderen Seite des Dorfes gebracht. Dort hockten sie nun und warteten und froren sicher genauso wie wir. Unten im Sumpf hinter uns geisterten noch einige Infanteristen durch die Trümmer und Häuser. Sie suchten wohl noch nach Verwundeten oder Iwans, die sich versteckt hielten. Aber es war nun längst ganz still geworden. Unsere Wut auf die Ablösung, die nicht kommen wollte, steigerte sich immer mehr. Wegen der unerträglichen Kälte blieb uns auch nichts übrig, als wieder mit diesem idiotischen Hampeln und Hüpfen zu beginnen, obwohl wir alle kaum noch Kraft in den Beinen hatten.
Endlich – endlich, gegen neun Uhr rückten die Säcke von der Ablösung an. Uns fielen zentnerschwere Steine von der Seele. Die Kameraden wussten zu berichten, dass die Russen außer den 200 Gefangenen mindestens noch ebenso viele Tote zu verzeichnen haben. Aber das war uns im Moment ziemlich schnurz. Wir wollten nur endlich ins Warme, endlich was in den Magen kriegen, wenigstens etwas heißen Tee. Auf dem Rückweg klappte ich beinahe doch noch zusammen. Die grausigen Bilder der zerfetzten Russen gaben mir den Rest, der Magen drehte sich um, ich spürte ein fürchterliches Würgen im Hals und die Finger brannten immer unverschämter und wurden immer dicker. Doch dann endlich konnten wir auf unseren Bänken und Hockern niedersinken, uns das Gelumpe vom Halse reißen und erst einmal ganz tief Luft holen. Einer opferte sich, brachte das Feuer wieder in Gang und bemühte sich um den Mehlpamps, den wir gestern Abend halbgar hatten stehen lassen müssen. Obwohl ich mich bald hinlegte, sowie ich meinen Teil von dem heißen Schleim hinuntergewürgt hatte, blieb mir der Frost in den Knochen und schüttelte mich immer von Neuem durch und durch. Gegen zehn Uhr fuhr ich dann aus dem allerersten Halbschlaf hoch, weil die Ari ein paar Häuser weiter geschossen hatte, dann war sofort wieder Alarm. Der Russe am Stützpunkt!!!
Also wieder mit Karacho hinauf zur Schule und an die Kanone. Doch diesmal war es zum Glück nur ein schwächerer Haufen von Russen, der schon bald wegen des Feuers der Artillerie das Weite suchte, ohne dass wir mit unserer Spritze überhaupt zum Zuge kamen. Eine Stunde später konnten wir wieder in die Bude abrücken. Gleich darauf hörten wir aus der Gegend der zehnten Kompanie MG-Feuer und Gewehrschießerei und wieder haute die Ari dazwischen, dass bei uns

der Putz von der Decke bröckelte. Wir warteten alarmbereit im Quartier, wurden jedoch diesmal nicht herausgeholt. Daher konnten wir schnell noch etwas Mehlpamps mampfen und dann war es schon wieder Mittag – Zeit für den Stützpunkt. Und keine Minute Schlaf. Stattdessen müssen wir von nun an jeweils vier Stunden stehen und haben nur noch acht Stunden „Ruhe“, weil nicht nur unser Unglaub ausgefallen, sondern auch von einer anderen Bedienung ein Mann durch zwei Gewehrschüsse verwundet worden ist. Ich überlegte noch, ob ich wegen meiner Finger, die trotz Frostschutzsalbe immer dicker geworden waren und gemein schmerzten, nicht ins Revier gehen sollte, aber das schien mir dann doch zu lächerlich. Man hat zu oft gehört, dass die Ärzte jeden wegschicken, der nicht mit dem Kopf unter dem Arm ankommt. Immerhin kann ich ja noch mit Daumen und Zeigefinger der linken Hand laden und das ist die Hauptsache.
Am Nachmittag, kurz bevor wir abgelöst werden sollten, ging wieder eine blöde Ballerei los, diesmal weit hinter uns in den Wäldern nordwestlich WB, irgendwo hinter der Windmühle. Aber auch dort trat nach einer halben Stunde Ruhe ein, ohne dass etwas Besonderes passiert zu sein schien. Aber diese ständige Unruhe und das ewige Wechseln der Angriffspunkte macht uns kaputt, ohne dass wir uns dessen ganz bewusst werden. Man lebt in dauernder Spannung, man glaubt jeden Augenblick wieder woanders etwas gehört zu haben, aber andererseits können wir nur von Glück sagen, dass die Russen so verzettelt und zeitlich gestaffelt angreifen. Ein rasanter Angriff zur gleichen Minute und von allen Seiten – und der Ofen wäre aus. Aber das kriegen sie anscheinend nicht hin.
Diesmal verstrich die Zeit auf dem Stiftpunkt etwas schneller. Man konnte, weil es Tag war, weiter sehen und die Kälte und vor allem der beißende Wind hatten nachgelassen. Man musste nicht um des Lebens Willen die ganze Zeit trampeln, sondern es genügte, wenn man etwas hin und her latschte und sich was erzählte. Ich nutzte diese Ruhe und knipste die trostlose Mastenstraße mit dem Posten am Mast, mit Schnee und Wolken, die in der Ferne in einem diesigen Nebel verschwammen. (Bild 26) Das ist dort unsere Welt bei Tag und Nacht, Stunde um Stunde in deprimierender Monotonie.
In der Abenddämmerung konnten wir wieder planmäßig in unsere Behausung zurückkehren. Aber noch einmal wurden wir alarmiert und hörten lange Zeit einen bösartigen Gefechtslärm aus der Gegend der Kolchose. Die Ari klotzte nur am Anfang ein paar Mal in diese Richtung, dann hörte man nur noch MG-Feuer und das Prasseln von MPis. Die armen Schweine von der Infanterie! Die müssen noch viel mehr Feuerwehr spielen als wir. Vielleicht ist der Russe dort wieder in das Dorf eingedrungen und hat sich für die Nacht festgesetzt. In unserer Ecke ist es noch ruhig. Kein Alarm, nirgends Schießereien. Einer von uns muss jetzt allerdings nachts draußen an der Straße Posten stehen, nachdem die Russen einmal so eklig eingesickert sind. Ich komme aber heute nicht mehr an die Reihe, sondern kann mich gleich auf die verlausten Bretter fallen lassen. Natürlich ist es ungewiss, ob ich bis halb zwei werde pennen können. Dann müssen wir sowieso wieder für vier Stunden zum Stiftpunkt.

Werchnij Bischkin, Sonntag, 15. März 1942

Ich konnte bis halb zwei grunzen, hatte wirklich für ein paar Stunden den ganzen Jammer vergessen können. Obwohl bei der Ablösung abends um zehn Uhr nichts passiert war, pirschten wir uns mit entsicherten Waffen die Straße entlang durch den Sumpf, spähten und horchten in die Trümmer mit der ganzen Gereiztheit unserer überdrehten Nerven. Die Nacht war trotz des Schnees ungewohnt finster. Der Mond fehlt jetzt doch sehr. Und es war ein beklemmendes Gefühl, an den toten Russen vorüberzuschleichen, die mit zerrissenen Leibern dicht neben der Straße liegen und mit gespenstischen Augen und blutverschmierten Gesichtern in die Nachtwolken starren. Vom Talkessel aus sieht der von den Schluchten zerfressene Kamm der Höhe aus, wie das Gebiss eines Raubtiers, das jeden Augenblick zupacken kann. Dort unten im Sumpf hatten sie am Abend zuvor die andere Bedienung zu fassen gekriegt. Jetzt im fahlen, nächtlichen Schneelicht ahnte man überall Schatten. Das Knirschen der eigenen Stiefel im Schnee schien von den Hängen ringsum hundertfach verstärkt widerzuhallen, und die unheimliche Stille der Nacht umhüllte uns dadurch noch drohender als sonst. Aber allen Phantasien des schlaftrunkenen Hirns zum Trotz erreichten wir mit zitterigen Knien den Stiftpunkt.

Nach einiger Zeit wurde es sogar klar am Himmel, die Sterne lösten sich funkelnd aus dem Grau des Himmels, deutlich konnte man die Häuser und Bäume im Dorf und drüben auf der anderen Seite des Hanges das lange Stallgebäude und die Windmühle erkennen. Das bleiche Licht dieser mondlosen Nacht machte das Wacheschieben wieder etwas erträglicher, obwohl Kälte und Wind wieder anzogen.

Wer dann um sechs nicht erschien, war die Ablösung. Mit jeder Minute staute sich mehr Wut in unseren vereisten Gemütern an, vor allem, weil wir keinen Grund für die Verspätung erkennen konnten. Der Morgen zog sonnig herauf, Schnee und Eis glitzerten im Frühlicht, der Russe war friedlich – warum zum Teufel kamen die Säcke nicht? Wir hatten uns doch unser Sonntagsfrühstück verdammt ehrlich verdient!

Um halb acht konnten wir dann endlich oben abzittern. Man hatte kurzerhand eine gewisse Verschiebung der Ablösungszeiten beschlossen, aber nur um uns das mitzuteilen, schickte man natürlich früh um halb sechs keinen Melder zum Stützpunkt. Um halb acht erfuhren wir es ja früh genug von der Ablösung…

Gegen acht Uhr also kamen wir endlich übermüdet, hungrig und durchfroren nach fast sechsstündiger Wache zurück ins Quartier und suchten uns die allerletzten Mehlreste aus den verlassenen Kellern zusammen. Dreckiges, muffiges Zeug, eingewickelt in alte Lumpen und verschimmelte Säcke. Zucker gab es auch nicht mehr. Und so schmeckte der Fraß dann auch.

Nach dem neuen Plan hatten wir nun Zeit bis vier Uhr nachmittags. Schade, dass wir erst mal schlafen mussten, denn draußen lachte wirklich die Sonne vom blauen Morgenhimmel wie seit Tagen nicht mehr. Sorge machte uns nur die Fresserei. Seit Tagen ist nichts mehr hereingekommen, ein auf die Dauer unhaltbarer Zustand.

Wir waren noch dabei, den grässlichen Mehlpamps zu verdauen, als es plötzlich ganz in der Nähe stahlhart knallte, gleich darauf stürzte einer in die Bude: „Panzer im Dorf!!! Alles raus!!!“ – Mein Gott, wir Stahlhelm auf, Gewehr, Koppel geschnappt – wieso Panzer im Dorf? – raus auf die Straße – und sofort wieder erschrocken an die Hauswand und hinter das Haus, denn da klirrte er heran in rasender Fahrt, ein kleiner, wendiger Typ, scheppernd dröhnte er an uns vorüber und prasselte rotzfrech weiter ins Dorf hinein. Und wieder knallte es fürchterlich hinter uns, Dreck und Ziegel flogen uns um die Ohren. Was war nun los? Der Panzer war vorüber, aber der hatte nicht geschossen. 200 bis 300 m war er schon weiter in rasender Fahrt. Wir mussten hinauf zur Schule, in unserem Quartier konnten wir unmöglich bleiben. Wir keuchten die Höhe hinauf, sammelten uns dort, trafen die anderen, die ebenso alarmiert und durcheinander waren wie wir. Und dann schlug es plötzlich grauenhaft in unsere Gruppe hinein, wir hörten nichts mehr von der Detonation und als sich der Qualm verzogen hatte, wälzten sich zwei Kameraden blutend im Schnee. Das waren doch Panzerschüsse! Und nun entdeckten wir ihn – oben am Stützpunkt stand er!! Ein T 34! Oh Gott, was war dort passiert? Es war keine Bewegung dort oben zu erkennen, alles wie tot. Aber jetzt drehte der Kerl wieder das Rohr und feuerte zwei, drei, vier Schüsse in schneller Folge in die Häuser an der Straße. Auch unser Haus kriegte wieder einen ab, dass es wüst qualmte.

Von allen Seiten hetzten nun die Landser hinauf zur Schule. Der Ruf „Panzer!“ hatte alle alarmiert und ihnen das Herz in die Hose fallen lassen, genauso wie uns. Was tun? Es war sonst alles still. Der kleine Panzer musste irgendwo in der Mitte des Dorfes sein. Aber nirgends hatte man Minen oder geballte Ladungen, mit denen man ihn hätte kaputtmachen können. Nur ein paar Minen quer über die Straße geschmissen und etwas Schnee drüber – und wir hätten ihn. Aber keiner wusste, wo solche Dinger liegen. Vor dem Beschuss des Panzers am Stützpunkt hatten wir uns schnell in die Schule zurückgezogen. Furchtbar das Stöhnen und Wimmern der Verwundeten und ihre Angst, dem Russen in die Hände zu fallen.

Der T 34 oben am Stützpunkt schoss nun nicht mehr, aber man konnte auch noch keinerlei Bewegung erkennen, weder Landser noch Russen. Was war dort nur passiert? Alle tot? Überrollt? Sonst war es immer noch unheimlich still im Dorf – doch da – plötzlich Kettenklirren von links, und da sahen wir ihn wieder, wie ein Phantom donnerte er an den Häusern vorüber, an den Geschützen der Ari, an unserem Haus, brüllend dröhnte der Motor zu uns herauf, wie ein Irrer jagte er mit Vollgas vorüber – und wir standen da mit leeren Händen, zitternd vor Schreck und Erregung über so viel Frechheit, hatten nichts, um diesen Hund wenigstens jetzt auf der Rückfahrt noch in die Luft zu sprengen. Auch mit unserer Spritze konnten wir ihn nicht kriegen, weil die Straße zu tief liegt. Wir hätten erst ein weites Stück vorrollen müssen und dann hätte uns bestimmt der Panzer am Stützpunkt in tausend Fetzen zerrissen, ehe wir auch nur einen Schuss herausgekriegt hätten.

Nun preschte der Kleine hinunter in die Senke der Sümpfe. Eine Weile verstummte das Geräusch seiner Ketten, jetzt musste er drüben jenseits des Sumpfes wieder die Straße hinaufkommen, die zum Stützpunkt führt, und da war er auch schon, röhrte immer noch mit kaum gedrosseltem Tempo bergauf, vorüber an unseren Kanonen, nichts tat sich dort, vorüber an dem T 34, und dann war er weg, an den Masten vorbei und verschwunden hinter dem Horizont. Wir standen wie geplättet da, unfähig etwas zu tun. Der Schreck und die Beschämung über diese

große Pleite steckte uns tief in den Knochen. Da machte sich ein ganzes Dorf in die Hose vor einem einzigen Panzer, der einen Kilometer weit ungeschoren hinein und ebenso ungeschoren auch wieder hinausdonnern konnte. Keine Mine, keine Kanone, kein Stacheldraht, nichts, was diesen dreisten Burschen auch nur aufgehalten hätte, was uns wenigsten eine winzige Genugtuung verschafft hätte. Hundert Minen hätten wir in aller Ruhe auf die Straße legen können, zehn Mann, jeder zehn Stück. Das wäre eine Sache von einer Minute gewesen. Etwas Schnee drüber, und er wäre bei dem Höllentempo garantiert da draufgeprasselt und in die Luft geflogen. Aber die Gelegenheit war nun vertan. Jetzt war er durch die Lappen. Eine unendliche Blamage, eine tieftraurige Sauerei…
Nach einer Viertelstunde ließ man uns in die Unterkünfte zurück. Der Panzer am Stützpunkt schoss nicht mehr. Hatten sie ihn doch noch geknackt? Die Verwundeten wurden von Sanis abgeholt. Es war auf einmal wieder sonntäglich ruhig. Uns holte niemand. Also kümmerten wir uns nun zunächst mal um unseren eigenen Kram. Unsere Behausung war im Innern ein einziger Trümmerhaufen. Wir fanden zwei Ein- und Ausschusslöcher von der Panzerkanone. Alles durcheinandergewirbelt, ein einziges Chaos. Bänke und Tische zersiebt, verstaubt kaum noch Putz an den Wänden und der Decke, alle Scheiben im Arsch und die Tür aus den Angeln geflogen. Dort mochte noch hausen wer will – wir nicht mehr. Wir pulten unsere versaubeutelten Mäntel, Decken und Kochgeschirre und so weiter aus dem Dreck und sockten hinauf zur Schule. Dort sitzt man zwar herrlich auf dem Präsentierteller, aber der Bau hat wenigstens massive Ziegelwände. In einem Raum fanden wir sogar einen intakten Ofen, auch die Scheiben waren fast alle heil geblieben. So schlugen wir zunächst mal in diesem Raum unser Quartier auf, das heißt, es gab ja nicht viel aufzuschlagen, sondern wir schmissen unser Gelumpe irgendwo auf den Fußboden und hatten damit einen Platz belegt. Mit Betten oder Bretterpritschen ist es natürlich bis auf Weiteres aus.
Allmählich sprach sich dann auch herum, was oben auf dem Stiftpunkt passiert war: Die beiden Panzer waren mit Affenfahrt urplötzlich auf dem Kamm der Anhöhe vor der Stellung erschienen, das mittlere Geschütz hatte noch vier Schuss hinausjagen können, allerdings alle daneben, und dann war der große T 34 genau auf die 5-cm-Pak zugerast und hatte mit einem Volltreffer aus 20 m Entfernung die Kanone ins Jenseits befördert. Die Bedienung hatte das Unheil zum Glück geahnt, war rechtzeitig zur Seite gesprungen, und daher ist wie durch ein Wunder nur einer von ihnen leicht verwundet worden. Und während der kleine Panzer weitergefahren war, ohne sich im geringsten um die Besatzung des Stützpunktes und um seinen großen Bruder zu kümmern, zerriss dem T 34 eine Mine die Kette, kurz bevor er auch noch das mittlere Geschütz zermalmen konnte. Er blieb hängen und eröffnete dann aus dem Stand sofort das Feuer auf das Dorf und die Schule. Von diesem ganzen Drama haben wir erst etwas gemerkt, als der erste Schuss kurz vor unserem Hause eingeschlagen war. Der Versuch der Stützpunktbesatzung, den Panzer später mit Handgranaten fertigzumachen, scheiterte dann, weil die drei Mann Besatzung des Panzers blitzartig ausstiegen und sofort mit Maschinenpistolen und Handgranaten ein wahnsinniges Feuer eröffneten, ehe die anderen überhaupt begriffen, was gespielt wurde. Einer von den dreien schoss aus drei Meter Entfernung auf einen Mann unserer Bedienung, verfehlte ihn aber. Der jedoch hatte sich geistesgegenwärtig blitzschnell auf die Erde geschmissen und

tot gestellt. Der Russe riss ihm dann noch triumphierend das Fernglas vom Halse, bis dann endlich die drei Mann, es waren zwei Offiziere und der Fahrer, umgelegt waren, ohne dass es auf unserer Seite noch Verluste gab.

Der leichte Panzer war indessen bis in die Mitte des Dorfes geprasselt, vorbei an ahnungslos die Straße entlangtippelnden Landsern, hatte vor dem Regimentsstab zügig gewendet und war dann mit dem gleichen Spektakel den langen Weg zurückgedonnert, ohne auch nur einen Schuss abzufeuern. Wir konnten uns den ganzen Zauber nur so erklären, dass die beiden Panzer den Auftrag hatten, nach den 400 Russen zu suchen, die zwei Nächte vorher in unserer Ecke in das Dorf eingesickert waren. Von denen hat die Besatzung des kleinen Panzers allerdings wohl nur noch ein paar Dutzend Leichen unten im Sumpf sehen können.

Den ganzen Vormittag über ereignete sich nichts Aufregendes mehr. Aber diese Überraschung am frühen Morgen steckt uns allen noch immer in den Knochen. Vor allem die bittere Erkenntnis, dass ein Russenpanzer unbehelligt so weit in das Dorf hinein- und ebenso wieder hinausdonnern kann. Was soll erst passieren, wenn sie mit mehreren aufkreuzen? Das Chaos ist überhaupt nicht auszudenken. Das waren mal wieder der Russenschreck und der Panzerschreck in Reinkultur. Keine Spur von der viel bejubelten Überlegenheit des deutschen Soldaten, sondern nur Lähmung, Hilflosigkeit und mangelnde Vorsorge für solche Fälle. Niemals hätte der kleine Panzer heil entwischen dürfen. Auch am Stützpunkt haben sie geschlafen, denn dort musste er in jedem Falle wieder durch, durch diesen Engpass von drei Metern Breite. Es ist und bleibt eine beschämende Blamage. Es zeigt aber auch, wohin uns alle diese monatelange Überforderung gebracht hat. Der Schlamm, die Kälte, der Hunger, die chronische Übermüdung und die erbärmliche Ausstattung mit schweren Waffen haben uns nervlich kaputt gemacht. Wir sind ausgebrannt, ausgelaugt, Nervenbündel, sowie es kritisch wird. Ob Adolf das weiß?

Mit schwerem Bammel in der Hose klemmten wir uns heute Nachmittag wieder unser Bündel Holz unter den Arm und tippelten wie gehabt hinauf zum Stiftpunkt, gespannt, welches Bild wir dort wohl vorfinden würden. Ja, da lagen die zerschossenen Reste der 5-cm-Pak, da stand der Panzer, sogar beide Ketten zerfetzt, einige Räder und Reifen abgerissen und verbogen, der Schnee weithin schwarz von den Minendetonationen. (Bild 27) Hoch ragte der geöffnete Deckel der Turmluke in den grauen Winterhimmel – die Sonne war hinter neuen Wolkenmassen untergegangen –, und auch vorn die Klappe des Fahrersitzes war aufgeschlagen, sodass wir bequem die primitive Inneneinrichtung dieses Panzers besichtigen konnten. Rohe Eisengestelle, liederlich mit zeltähnlichem Stoff behangen, waren die Sitze. Sonst gab es außer einigen öligen, stinkenden Lappen und der Munition, die in rohen Gestellen lagerte, nichts zu sehen. Draußen lagen die drei toten Russen im Schnee, zwei junge Offiziere mit gut geschnittenen Gesichtern, der Fahrer in öliger Montur. Schneidige Kerle sind es gewesen, das muss man ihnen lassen. Es hat allem Anschein nach nicht viel gefehlt und diese drei hätten die ganze Besatzung des Stiftpunktes niedergemäht, so überrascht sind die Kameraden gewesen, als die drei Iwans so plötzlich mit diesem irrsinnigen Feuerzauber aus ihrer Kiste sprangen.

Nun lag wieder die Stille des Wintertages über der Stätte des grausigen Geschehens. Schon gegen Mittag hatte es ganz leicht zu schneien begonnen. Allmählich

bedeckte nun der Schnee die Spuren des Kampfes, die vielen Geschosshülsen, die schwarzen, schleimigen Flecken, die breiten Spuren der Panzer und die Leichen der gefallenen Russen. Auch unten im Sumpf und zwischen den Häusern und Ruinen verblassten die dunklen Flecken der vielen Toten. Es war eine stille Wache dort oben, keiner mochte viel reden. In Dämmerung und leichtem Schneetreiben versank das Dorf unter uns.
Um halb sieben waren wir wieder in der Schule, unserer neuen Behausung. Zu fressen gab es außer etwas trockenem Brot nichts mehr. Die Schlitten sind auch gestern Abend nicht durchgekommen. Auch jetzt ist die Verbindung offenbar noch unterbrochen. Unsagbar müde und schlapp und einer stummen Verzweiflung nahe, hockten wir am Ofen, wären am liebsten ganz in ihn hineingekrochen, um etwas Wärme und Geborgenheit in uns aufzusaugen. Das wenige Brot war nass und glitschig. Um es einigermaßen bekömmlich zu machen, rösteten wir es scheibenweise auf der glühenden Eisenlatte des Ofens. Süßsaure, verbrannte Luft erfüllte den Raum und ließ uns die Augen zufallen. Ich betrachtete meine Hände. Die drei Fingerkuppen sind noch immer böse geschwollen und schmerzten, vor allem, wenn ich zu nahe an die Wärme komme. Irgendwann muss ich doch einmal zum Doktor gehen, ehe sich aus den Frostbeulen eine hässliche Entzündung entwickelt.

Werchnij Bischkin, Montag, 16. März 1942

Es ist noch nicht aller Tage Abend hier. Gestern Abend, als wir so friedlich am Ofen hockten, bellte plötzlich MG- und MPi-Feuer auf und gleich darauf gab es Alarm. Der Russe griff abermals von Norden, aus den Wäldern heraus, an. Also wieder raus an die Kanone, aller Sterbensmüdigkeit zum Trotz. Ein wüster Feuerzauber knatterte unter uns in einem Seitental des Dorfes. Diesmal waren es hauptsächlich die blassgrünen und weißen Leuchtspurgeschosse der Russen, die in dichten Kaskaden in die tief hängenden Schneewolken zischten. Ehe wir es uns versahen, kamen Scharen von Landsern vor uns den Hang heraufgekeucht, lauter alte Männer von einem Baubataillon. Sie erzählten in fliegender Angst, die Russen seien in ihre Häuser eingebrochen, sie selbst hätten keine Waffen, sie könnten nicht schießen und wüssten auch nicht, wie man Handgranaten werfen muss. Sie hätten alles verloren und nur das nackte Leben gerettet, viele von ihnen wären nicht mehr aus den Häusern herausgekommen, es wäre alles so schrecklich schnell über sie hereingebrochen, wir sollten ihnen doch helfen… Nun hatten wir die Sauerei im Quadrat – die Russen 100 oder 200 m von uns entfernt mitten im Dorf. Wo war denn nur die Infanterie? Man konnte doch diesen ganzen Ortsteil nicht nur diesen hilflosen Säcken vom Baubataillon überlassen! Alle standen in höchster Spannung. Wir scheuchten die alten Männer in die Schule. Draußen konnten sie uns doch nicht helfen. Einige wenige Infanteristen hatten sich inzwischen in aller Eile vor der Schule aufgebaut und lauerten nun wie wir auf die ersten Iwans, die jeden Moment den Hang heraufkommen konnten. Aber so schnell wie das Spektakel aufgeflammt war, so schnell verstummte es plötzlich wieder.
Nach einer halben Stunde rückte endlich ein richtiger Haufen Infanterie zur Ver-

stärkung an. Ein Teil der Leute blieb zur Verstärkung bei uns an der Schule, der Rest verteilte sich nach links und rechts, um die Einbruchsstelle wenigstens notdürftig abzuriegeln. Allem Anschein nach hatten die Russen wieder nicht mehr vorgehabt, als sich in einem Teil des Dorfes einzunisten, um dort im Warmen zu pennen. Es blieb ruhig. Die Infanteristen konnten außer ganz wenigen Posten der Russen, die versteckt hinter einigen Häusern standen, nichts Besorgniserregendes entdecken. Uns allen stand nun natürlich abermals eine Nacht ohne Schlaf bevor, das war uns klar. Doch diesmal wurden uns die Stunden nicht so endlos lang wie neulich oben auf dem Stützpunkt, denn die Infanteristen, die bisher hauptsächlich im Ostteil des Dorfes in der Gegend der schönen Kolchose gelegen und dort den Rabatz mitgemacht hatten, konnten uns allerlei Interessantes erzählen. Sie wussten zum Beispiel auch, dass die Schlittenkolonnen in der letzten Zeit mehrmals von Panzern beschossen worden sind, wenn auch aus großer Entfernung und ohne Schaden zu erleiden. Warum die Verbindung nun ganz abgeschnitten ist, wussten sie allerdings auch nicht.
Die Kameraden auf dem Stützpunkt wurden in der Nacht von einer anderen Bedienung abgelöst, weil wir Befehl hatten, bei der Schule zu bleiben, bis der Einbruch der Russen beseitigt sei. Diese Aktion war für die Stunde des Morgengrauens befohlen.
Bis Mitternacht legte sich unsere Spannung wieder. Wir waren nun schon so erschöpft, dass wir vor lauter Übermüdung alles an uns abgleiten ließen, was nicht direkt an unsere Existenz rührte. Irgendwo ist einfach Schluss, von einem bestimmten Punkt an kann man einfach nicht mehr. Man staunt nur noch über sich selbst, dass man noch lebt und dies alles erträgt. Wenn wir Alkohol gehabt hätten, würden wir uns grenzenlos besaufen, nur um diese unendliche Scheiße für eine Weile zu vergessen…
Mitternacht ging ohne Störung vorüber. Wie im tiefsten Frieden schienen die Häuser des Dorfes zu schlafen. Der Neuschnee hatte die Landschaft frisch geweißt. Dadurch war die Nacht auch ohne Mondlicht wieder etwas heller geworden. Stunde um Stunde schoben wir in einschläfernder Monotonie unsere Wache. Der Wind pfiff glücklicherweise nicht direkt von vorn, sodass wir hinter der Mauerecke nicht allzu sehr frieren mussten. Etwa alle halbe Stunde durften wir abwechselnd in den Bau gehen, uns ein wenig aufwärmen und etwas Brot rösten. Das war eine fast feierliche und romantische Handlung angesichts des grauen Elends ringsum und der verdammten Iwans in der Nähe. Nur die Läuse wurden mit jeder Stunde rebellischer, jedenfalls sowie man in die Nähe des wärmenden Ofens geriet, weil man sich entspannen und erholen wollte. Seit Tagen sind wir nun nicht mehr dazu gekommen, uns mal die Klamotten vom Leibe zu reißen und uns zu entlausen. So mögen nun 200 oder 500 Läuse in unserer Wäsche stecken, ein Gedanke, der einem manchmal trotz aller Abgebrühtheit doch einen ganz schönen Brechreiz verursacht. Im Laufe der Nacht wurde es tatsächlich so schlimm, dass man lieber draußen in der Kälte blieb, um wenigstens dem irrsinnigen Gekribbel und Beißen des Ungeziefers zu entgehen. Seit Charkow, seit dem 20. Februar, haben wir nun ohne Unterbrechung diese dreckigen Lumpen auf dem Leibe und die Läuse fühlen sich darin wie im Paradies.
Gespannt warteten wir auf den Morgen. Von den Infanteristen erfuhren wir im Laufe der Nacht, es solle noch eine Kompanie herankommen, um die Russen

gleich in der Dämmerung auszuräuchern und fertigzumachen. Wie anders sieht die Welt aus, wenn man weiß, woran man ist! Wenn man sich nicht ganz so verlassen fühlen muss wie wir neulich auf dem Stützpunkt oder wie in Hof Belikow. Die Opas vom Baubataillon – es hatten sich an die hundert bei uns eingefunden – wuselten pausenlos in den unbelegten Räumen des Gemäuers umher und fielen uns mit ihrer ständigen Fragerei und mit ihren läppischen Sorgen schwer auf den Wecker. Es ist auch unbegreiflich, dass man 200 solcher Leute in diesem umkämpften Ort hausen lässt, da sie ja doch nicht helfen können, sondern im Gegenteil durch ihre Verwirrung und Panikmache mehr Unheil anrichten, als wenn sie gar nicht da wären. So aber besteht angeblich die Belegschaft von WB aus stolzen 800 Mann! In Wirklichkeit sind mindestens 200 davon ausgesprochene Nieten und Blindgänger.
Endlich ging auch diese Nacht auf das Ende zu. Wir machten alles zur Unterstützung der Infanterie fertig. Vorsichtig, tief geduckt, rollten wir die Kanone, Schild voraus, etwa 40 m auf die Häuser zu, in denen die Iwans grunzten, und warteten dann auf das Vorgehen der Fußlatscher. Ob es wieder so schön klappen würde wie neulich vom Stützpunkt aus? Es war wieder so gespenstisch still. Hühner oder Hähne, die in den Dörfern sonst den Morgen verkünden, gibt es ja im Kampfgebiet längst nicht mehr. Alles lauerte nun auf die Sekunde X. Die Kälte war fast vergessen.
Und dann zerriss plötzlich das erste MG die trügerische Ruhe. Erst rechts, dann links noch eins. Mit einem Schlag war die ganze Talmulde von einem rauschenden, prasselnden Geknalle und Fatschen erfüllt. Da jubelten auch wir in altbekannter Manier den Russen Panzer- und Sprenggranaten in die Häuser, wieder flogen die Fetzen, wieder klirrten Scheiben und qualmte es aus den blinden Fensteröffnungen. Erstaunlich schnell waren diesmal auch die Iwans wach; als hätten sie nur auf diesen Moment gelauert, antworteten sie mit einem rasanten Feuerzauber nach allen Seiten. Aber da, wo wir mit unseren Granaten hineinschlugen, stürzten sie meist in panischer Angst aus den Buden und wurden sofort von den MGs der Infanterie niedergemäht. Es wurde abermals ein entsetzliches Gemetzel und es war nur gut, dass man das Geschrei und Gestöhne der Sterbenden nicht hören konnte, weil das Knallen und Zwitschern der Geschosse jeden Schmerzensschrei übertönte. Von Haus zu Haus arbeiteten sich die Infanteristen vor, Handgranaten explodierten hinter den offenen Fenstern, immer mehr Russen hoben die Hände hoch und wurden nach hinten ins Dorf gewiesen. Schließlich konnten auch wir nicht mehr schießen, sonst gefährdeten wir die eigenen Leute. Wieder hatten wir das zweifelhafte, makabre Glück, den Schluss des Dramas wie von einem Logensitz aus unbeteiligt beobachten zu können. Der letzte Widerstand der Russen war bald gebrochen, aus Löchern und Häusern krochen hier und da noch ein paar Iwans hervor – dann trat wieder diese unheimliche Stille nach dem Sturm ein. Etwa 100 Mann mochten sie geschnappt haben, der Rest lag tot auf den Wegen, in den Häusern und Kellern oder im Schnee der Gärten. In der Meldung des Regiments wird es nüchtern heißen: „Eine feindliche Gruppe von ca. 200 Mann, die am Abend in das Dorf eingebrochen war, wurde im Morgengrauen vernichtet oder gefangengenommen. “
An die 600 Mann hat der Russe also allein in den letzten Tagen und nur in unserer Ecke ohne den geringsten Erfolg verloren. Unsere eigenen Verluste sind da-

gegen fast null. So sehr uns diese Angriffe auch nervlich belasten, so wenig wir auch ein Ende dieser Angriffe voraussehen können, so tröstlich sind andererseits doch diese Erfolge. Sowie wir nur annähernd gleichwertig an Menschenzahl und Waffen sind, hat der Russe verspielt, das zeigt sich immer wieder. Das Schlimme sind nur seine Panzer. Auch die wären generell zu ertragen, wenn wir nur eine gleichwertige Abwehrwaffe hätten. Wenn nur ein oder zwei dicke Panzer oder einige schwere Pak im Dorfe stünden, könnten wir sicher ziemlich ruhig schlafen. Aber so?

Es war nun sechs Uhr morgens. Erleichtert wollten wir uns in die Schule zurückziehen, da hieß es plötzlich, wir müssten auf den Stützpunkt und dort ablösen. Keine Rücksicht darauf, dass wir die ganze Nacht kein Auge zugetan hatten – es half nichts, wir mussten los. Mit uns konnten sie es ja machen.

In entsprechender Laune hetzten wir todmüde wieder hinauf zum altvertrauten Ort, lösten die Kameraden ab und standen dann wieder allein bei dem T 34, der zerborstenen Kanone und unserer kleinen Spritze, die als einzige heil davongekommen war und nun das Rückgrat der Verteidigung bilden musste.

Vormittags um zehn Uhr wurden wir wie durch ein Wunder planmäßig abgelöst und rösteten uns dann in den Mauern der Schule unser allerletztes Brot. Die Verpflegungsschlitten sind auch gestern Abend nicht durchgekommen. Das hing wohl mit dem Angriff der Russen zusammen. Wahrscheinlich beherrschen die von den Wäldern aus die Zufahrtsstraße. Es wird wirklich immer schöner.

Gegen elf Uhr wurden wir wieder alarmiert, kaum dass wir mal eine halbe Stunde am Ofen gehockt hatten. Diesmal mussten wir uns, egal woher, Gewehre schnappen, dann scheuchte man uns sofort los, etwa 30 Figuren, ein gemischter Haufen aus Infanteristen, alten Baupionieren und uns wachfreien Panzerjägern. Man führte uns unterhalb der Windmühle an die Nordseite des Talkessels, wo wir es uns am oberen Ende verschiedener Schluchten auf dem blanken Schnee gemütlich machen durften, 100 m vor uns die Zufahrtsstraße von Nowo Beretzki. Im Wäldchen hart nördlich der Straße waren dicht am Dorf Russen beobachtet worden, die wir nun am weiteren Vordringen hindern sollten. Sie haben uns jetzt also tatsächlich von allen Seiten eng umklammert.

Mit eiskalten Bäuchen und Beinen kauerten wir in Deckung und beobachteten den Wald. Es tat sich aber nichts. Meine Finger kribbelten gemein, aber an der nun schon tagealten Schwellung war keine Veränderung zu bemerken. Nach einer Stunde hielten wir das ganze Theater für einen üblen, blinden Alarm und verfluchten dieses Werchnij Bischkin und alles, was damit zusammenhing, wieder einmal aus tiefster Seele.

Als sich nach zwei Stunden immer noch nichts rührte, wurden wir höchst ungeduldig und wollten wieder zurück in die Schule an den Ofen. Aber wir hatten noch keinen Gegenbefehl und mussten weiter ausharren, sosehr wir auch in der Schneekälte zitterten. Und dann – drei Stunden waren vielleicht verstrichen – schreckten wir plötzlich aus unserer Erstarrung hoch, denn aus dem Wald vor uns hörte man das typische Stimmengewirr der Russen! Nun wurde es also doch noch Ernst! Eine ganze Weile rumorte und brabbelte es im Walde, aber man konnte nichts erkennen. Sie stellten sich offenbar etwas weiter im Innern des Waldes zum Angriff bereit. Nun waren wir schlagartig wieder hellwach, die Gewehre entsichert, das Visier gestellt.

Und dann kamen sie wirklich! Hier und da, in verschiedene Gruppen aufgeteilt, 30, 50, 20 Mann, etwas in der Tiefe gestaffelt – so quollen sie plötzlich an verschiedenen Stellen aus dem Unterholz. Im selben Augenblick schossen wir aus allen Läufen, was wir nur herauskriegten. 300 m waren die ersten entfernt. Unser Feuer verwirrte sie. Sie hatten uns anscheinend überhaupt nicht erwartet. Einige hielten an, warfen sich in den Schnee, andere Trupps rückten stur voran, wie es wohl nur Russen können, langsam, aber unaufhaltsam, bis wir auch ihr Vorgehen mit Hilfe unseres einzigen MGs zum Stehen brachten. Ein wüstes Durcheinander aller möglichen Laute sprühte zu uns herüber, einzelne brüllten „Urräh", einige Führer schrien ihre Leute an, aber im Ganzen war es wahrhaftig kein berauschender Angriff, eher eine hilflose Schafherde, die unter die Wölfe geraten war. Uns packte dieser elende Rausch des Schießens immer heißer, wir mussten uns einfach diese immer neuen Massen vom Halse schaffen, wir sahen, wie drüben vor dem Waldrand immer mehr Gestalten in den Schnee sanken und sich nicht mehr erhoben.
Nach einer Viertelstunde grausigen Schießens und rauen Geschreis wurde es stiller über dem Schneefeld vor dem Wald. Was nicht liegen geblieben war, robbte oder hastete geduckt wieder zurück in das schützende Dunkel der Bäume. Wir waren wie umgewandelt. Die hätten wir abgeschmiert! Mitten in unser Siegespalaver hinein begannen plötzlich die drei Geschütze der Ari im Dorfe ein wüstes Geklotze nach Norden hin. Und da sahen wir auch von dort erneut Massen von Russen in mehreren Wellen angetrabt kommen, mit heiserem „Urräh"-Gebrüll, ein erregendes Bild. In drei langen Reihen von je etwa hundert Mann sprengten sie über die weiße Schneefläche, Mann an Mann untergehakt, eine zuckende Schlange von Leibern, alle anscheinend besoffen und die meisten ohne Waffen. Schauerlich schlugen die Granaten der Ari schon nach wenigen Salven dazwischen, grauenhaft, wie von Riesenfäusten gepackt, wirbelten ganze Stücke dieser Menschenketten – 5 oder 10 oder 15 Mann – buchstäblich in die Luft und platschten in Form kleiner Brocken wieder herab in den Schnee. Und was nicht von den Granaten zerfetzt oder fortgeschmettert wurde, das rannte wie besinnungslos weiter in den sicheren Tod, der jetzt auch aus den Häusern des Dorfes mit den rasenden Garben der MGs und Maschinenpistolen mitten unter sie sprang. Was ging in diesen Menschen vor, die sich so wehrlos in den Tod hetzen lassen mussten? Aus der wellenförmig vorrückenden Bewegung wurde schließlich ein kümmerliches Vorhopsen einzelner letzter Gruppen, dann stürzten auch sie in den Schnee und blieben liegen. Nur wenige robbten noch zurück in die nächste flache Mulde, die vielleicht noch etwas Deckung bot, oder suchten Schutz hinter den Haufen der Toten.
So war nach einer Viertelstunde auch dort der Angriff abgewehrt. Etwa die Hälfte der 300 Russen lag zerrissen oder sterbend vor den Häusern im Schnee, weitere 50 hatte die Ari schon draußen vor dem Wald gepackt. Wieder 200 Tote für nichts und wieder nichts – eine wahrhaft grausige Bilanz. Bei uns war nicht einer verwundet und auch im Dorf war sicher nicht viel passiert.
Als das Geschrei der Flüchtenden, das Brüllen und Rufen der Verwundeten und das Rasseln der MGs verklungen waren, blieben nur noch die dunklen Haufen der Gefallenen und die scharfen Rosetten der Einschläge als einzige Spuren zurück. Keiner von uns, der nicht von der fürchterlichen Automatik dieser Menschen-

schlächterei berührt war. Begreifen die denn nicht, dass sie es so nie schaffen werden? Sind 100, 200, 300, 400 Tote in jeweils nur wenigen Minuten nicht ein erschreckender Beweis totaler Brutalität den eigenen Leuten gegenüber? Oder ist es nur eine für uns unvorstellbare Unfähigkeit? Wir stehen immer von Neuem fassungslos vor diesen zusammengeklumpten Leichenbergen, die uns vor den Augen bleiben werden, bis neuer Schnee ihre Konturen gnädig verwischt. Man möchte geradezu glauben, sie schöben uns diese wehrlosen Massen absichtlich vor die MGs, weil sie sie loswerden wollen. Und nichts erreicht, nichts, nicht das Geringste…

Während wir noch an diesem unbegreiflichen, selbstmörderischen Verhalten der russischen Führung herumrätselten, erhob sich weit weg am anderen Ende des Dorfes von Neuem schwerer Kampfeslärm. Rasendes Rattern von MGs zerhackte die Luft, rote Leuchtkugeln zitterten gegen den Himmel und die Geschütze der Ari bolzten ein pausenloses Sperrfeuer in die Gegend. Aber immer wieder flammte es auf: Rot, rot – Feind greift an! Und dann sogar Sternbündel bunt: Panzer!!! Und Sekunden später hörte man auch deutlich den scharfen Knall von Panzerkanonen. Jetzt ging es also richtig los!

Mit höchster Aufmerksamkeit beobachteten wir wieder die Waldränder vor uns, um nicht von einem gleichzeitigen Angriff von dieser Seite her überrascht zu werden. Unsere Gedanken aber waren im Ostteil des Dorfes. Was spielte sich dort ab? Immer wieder die roten Leuchtkugeln. Nur gut, dass die Ari feste hineinhielt und offenbar auch genügend Munition hatte. Beobachten konnten wir dort allerdings gar nichts. Das Gelände um die Kolchose liegt wie der ganze Ostteil des Dorfes in einer Senke. Nur gelegentlich sah man mal die Spritzer von Einschlägen oder Qualmwolken auf den Höhen. Und dazwischen immer wieder die Panzerschüsse. Die gingen uns ganz besonders an die Nieren. Wir lagen wie elektrisiert in unseren Schneeschluchten und zitterten vor Kälte und Spannung zugleich. Fiel dort jetzt die Entscheidung?

Nach einer halben Stunde hatten wir den Eindruck, als ob der Lärm immer noch aus derselben Ecke käme, als ob die Russen zumindest keinen tiefen Einbruch erzielt hätten – wenn überhaupt. Jeden Augenblick konnte man nun auch uns holen, denn im Wald tat sich überhaupt nichts. Gegenüber, auf der anderen Seite des Kessels beim Stützpunkt, war ebenfalls nichts zu sehen, nichts zu hören. Aber nachdem es bei uns wieder friedlich geworden war, fraß sich die Kälte erneut tief in die Eingeweide. Hände und Füße waren längst blau und gefühllos, die Augen entzündet vom ewigen Frostwind. Im Osten des Dorfes tobte der Gefechtslärm weiter, so heftig und laut, wie wir es hier noch nie erlebt hatten.

Allmählich, unendlich langsam, ging es auf den Abend zu; im Osten wölbte sich der Himmel schon dunkler. In diesem Augenblick, als das Getöse der Artillerie und das Bellen und Rasseln der MGs schon über eineinhalb Stunden lang anhielt, und als wir schließlich immer unruhiger wurden, weil wir glaubten, man hätte uns ganz vergessen, schickte der Russe sogar noch seine Schlachter in den Kampf. Von Süden, aus der Gegend von Hof Belikow, kurvten sie plötzlich heran, drei Stück, vielleicht 400 oder 500 m hoch. Sie flogen einen Halbkreis und schienen sich die Sache erst mal anzusehen, doch dann kippte auf einmal der erste ab, der zweite, der dritte – Mensch, das sind ja unsere Stukas!!! Klar, das waren sie, der erste zog nun steil wieder hoch, der zweite! Nun drang das Jaulen der Motoren zu

uns her und mitten hinein das schwere Wuchten der Bomben. Da sprangen wir auf vor Freude und Erlösung, tobten umher, warfen unsere Flinten in die Luft und waren einfach aus dem Häuschen. Unsere Stukas!!!
Sekunden später quollen Staubfahnen über eine Höhe empor und wie auf Kommando wurde es plötzlich ganz still. Kein MG-Feuer mehr, keine Leuchtkugeln mehr, kein Klotzen der Ari. Die Stukas kletterten röhrend wieder in die Höhe und flogen etwas seitab an uns vorüber und wir winkten ihnen mit unseren dreckigen Rotzfahnen zu, obwohl wir wussten, dass sie es sicher nicht sehen konnten. Aber das war uns ja so gleichgültig. Wir mussten einfach unsere Freude zeigen, egal wie. Wenig später hub zwar das Geklotze der Ari noch einmal an, die MGs begannen von Neuem ihr tödliches Mähen, aber nun klang für uns alles hoffnungsvoller, aktiver. Die Panzerkanonen bellten nicht mehr.
Nach 20 Minuten trat dann endgültig der Frieden des Abends ein. Das war wohl Rettung in letzter Minute, zumindest für heute. Nun waren die großen Vögel schon im Abendrot entschwunden.
Nun wurden aber auch wir ernstlich ungeduldig. Was sollten wir noch in diesen eiserstarrten Schluchten? Zwei Mann wurden ins Dorf geschickt, um die Lage zu peilen, um zu fragen, ob man uns vergessen hätte. Nach einer halben Stunde kehrten sie zurück mit dem Befehl, zu bleiben, wo wir waren, bis wir abgerufen würden. Also wieder warten, wieder trampeln, wieder lauschen und beobachten. Die Flieger waren nun längst gelandet, fläzten sich in einer warmen Bude, hatten ihr geregeltes Abendessen und die Aussicht auf eine ungestörte Nachtruhe. Sie haben gewiss den Tod genauso im Nacken wie wir, wenn sie fliegen und ihre Bomben schmeißen oder durch die russischen Flakgürtel müssen. Aber wenn sie dann wieder zu Hause sind, können sie sich auch wie zu Hause fühlen. Ja, wie zu Hause. Verdammt noch mal, es gibt doch nichts Beschisseneres als ein richtiges Infanteristendasein.
Endlich, gegen sieben Uhr abends, als es schon finster geworden war, überbrachte uns ein Melder den Befehl zum Abrücken. Acht schöne Stunden hatten wir in der gottverlassenen Schlucht zugebracht, und davon sieben und eine dreiviertel Stunde für die Katz. Die Kälte hatte uns steif und gefühllos gemacht, Stirn und Finger brannten von Wind und Frost und im Magen wühlte die Übelkeit vor lauter Hunger. Zu essen fanden wir so gut wie nichts mehr in der Schule. Das letzte Brot hatten wir draußen gegen Mittag hinuntergeschluckt. Todmüde und erschlafft von der plötzlichen Wärme, die uns in der Schule umfing, sackten wir irgendwo im Dreck an der Wand zusammen und ließen die Augendeckel zufallen. Wie schon so oft – nur noch schlafen, endlich mal wieder schlafen und alles vergessen. Aber dieses tausendmal verfluchte Läusepack spürt nun schon wieder die Wärme und beginnt, zu wandern und zu jucken und zu beißen. Wahnsinnig kann man davon werden.

Werchnij Bischkin, Donnerstag, 19. März 1942

Wie lange ist das nun her? Zwei Wochen oder wirklich erst knapp drei Tage? Was war das Letzte gewesen? Ja, die acht Stunden draußen in der Schlucht, in der Winterkälte und dann die Läuse, als wir kaum fünf Minuten in der Nähe des O-

fens gehockt hatten, ausgehöhlt von Hunger und der frostigen Luft, halb tot vor Übermüdung und dem Wahnsinn nahe.
Das dauerte vielleicht eine halbe Stunde. Genau weiß es keiner mehr. Und dann schrie wieder einer aus der Dunkelheit draußen: „Alarm!!!“ Wir stürzten wie in Trance hinaus zur Kanone, sahen abermals schwarze Menschenknäuel über den nachtdunklen Schnee herantorkeln, wieder von Norden her, aus den Wäldern, zwei lange, wabernde Ketten. „Urräh!!!“, grölten sie schauerlich aus betrunkenen Kehlen in die Finsternis, aber das schockte uns diesmal nicht, wir waren gerade in der richtigen Stimmung und feuerten ihnen, ohne lange zu fackeln an die 20 Sachen entgegen, die Ari hämmerte dazwischen, die MGs rissen die grölende Meute schauerlich auseinander, bis wieder nur einzelne Gruppen beisammen blieben, und dann war der Höllenspuk schon nach fünf Minuten verflogen. Einige wenige Gespenster entwetzten in panischer Flucht nach Norden zurück in den rettenden Wald, der Rest blieb stumm im Schnee liegen oder verröchelte nach und nach, einzelne grässliche Schreie fuhren uns noch wie Messer in die Rippen. Und dann erstarb auch dieser Spektakel und nur hin und wieder hallte ein verzweifelter Ruf oder ein hoffnungsloses Stöhnen über die Schneefelder, bewegte sich hier und da noch ein Mensch unter Bergen von Toten. Wir konnten ihnen nicht helfen, wir waren selber am Ende, körperlich und seelisch.
Ein paar Minuten lang konnten wir uns noch in der Schule aufwärmen, dann jagte man uns mitleidlos um halb acht wieder hinauf zum Stützpunkt, als ob wir den ganzen Tag nur gefaulenzt hätten. Dort standen wir dann wieder unsere vier Stunden mit leeren Gedärmen, schlotternd bis ins Innerste, in der sternkalten Nacht, Selbstmordgedanken im Kopf, um nur endlich mal Ruhe zu finden.
Um halb eins hockten wir wieder in der Schule. Jeder kriegte zwei Scheiben Brot, die man irgendwo noch aufgegabelt hatte. Die Schlitten waren natürlich nicht gekommen. Keiner dachte mehr an die nächste Stunde, jeder spürte nur eins: Im Grunde sitzen wir schon genauso schön in der Falle wie damals in Hof Belikow, und wenn nicht bald ein Wunder geschieht, ist das Ende abzusehen. Ade, du mein lieb Heimatland…
Von eins bis halb vier früh habe ich dann zum ersten Mal seit Tagen irgendwo in einer Dreckecke des Raumes gegrunzt. Aller Verzweiflung, allem Hunger, allen Läusen zum Trotz. Dann mussten wir wieder hinauf zum Stiftpunkt zu den trostlosen Masten. Wieder vier Stunden draußen stehen und trampeln, wieder die bange Zeit des Morgengrauens. Aber diesmal konnten wir uns doch ein paar Mal in der kleinen Holzbude etwas aufwärmen. Wir alle waren gereizt, überreizt, und keiner redete mehr als unbedingt nötig. Jeder hing nur noch seinen trüben Gedanken nach. Der Panzerangriff der Russen war bestimmt noch nicht der letzte gewesen, das konnte man sich an den fünf Fingern abzählen. Man sehnte das Frühlicht herbei, um nur endlich die deprimierende Finsternis hinter sich zu bringen, und hatte doch eine erbärmliche Angst vor dem neuen Tag.
Und richtig, kaum war es etwas heller geworden, setzte im Ostteil des Dorfes wieder ein gewaltiges Plauzen und Infanteriefeuer ein. Wieder zischten die roten und bunten Leuchtkugeln empor, pausenlos feuerten unsere Artilleristen dazwischen. Die Iwans wollten uns fertigmachen, endgültig. Rauchwolken stiegen in der Gegend der Kolchose zum Himmel und trieben mit dem Wind träge zu den Höhen bei der zehnten Kompanie hinüber. Das war aber auch schon alles, was

wir von dem Drama sehen konnten. Immer stärker schwoll das Getöse an und gelegentlich glaubten wir sogar das „Urräh"-Geschrei angreifender Russen zu hören. Bei uns war es noch ruhig, aber gerade das war uns gar nicht geheuer. Alle Nase lang blickten wir zu dem vorgeschobenen Posten am zweiten Mast hinüber, aber der rührte sich nicht. Später mischten sich in das Orgeln und Detonieren der Arigranaten immer häufiger, immer schärfer die rasanten Abschüsse und Einschläge von Panzergranaten. Das konnten nur die Russen sein. Uns erschien es wie ein Wunder, dass die Ari immer noch Munition hatte, obwohl doch nun schon mehrere Tage lang keine Nachschubkolonnen mehr durchgekommen waren. Vor lauter Aufregung bemerkten wir später überhaupt nicht das Nähern unserer Ablösung. Auf einmal standen sie mitten unter uns und erzählten, die Russen hätten von drei Seiten mit Panzern und dichten Infanteriewellen angegriffen und seien teilweise schon wieder in das Dorf eingebrochen. Wir sollten sofort zur Schule und dort das Reservegeschütz besetzen. Sicher würden wir bald zur Panzerabwehr in den Ostteil des Dorfes geschickt werden. Angeblich waren aber auch eigene Panzer zur Unterstützung der Abwehr angefordert…

Auch das noch. Panzerabwehr – wir! Mit der 3,7! Wir hasteten hinunter in die Senke, an der Mühle vorbei und zur Schule, und von dort aus hatten wir dann einen erschreckenden Einblick in den lang gezogenen Teil des mittleren Dorfes. Auf den Höhen ostwärts Werchnij Bischkin konnten wir vier Russenpanzer erkennen, aber einer von ihnen qualmte, offenbar von einem Treffer. Die drei anderen ballerten in unregelmäßigen Abständen nach WB hinein. Die russischen Infanteristen schienen dicht vor den Häusern des Dorfes zu liegen, von wo immer wieder das Rauschen und Knattern des Schützenfeuers bis zu uns herüberklang. In der Schule hatte sich eine Art Gefechtsstand aufgetan, sodass wir allerlei Einzelheiten über die Lage aufschnappen konnten. Aber das Ergebnis war nur traurig; es sah offensichtlich sehr, sehr ernst aus. Umso dringender wartete man auf die eigenen Panzer, die dann endlich gegen neun Uhr aus der Gegend von Nowo Beretzki auf unserer Nachschubstraße heranklirrten. Es waren aber nur vier kleine Dinger mit kurzen Rohren, einfach kümmerlich im Vergleich zu den langen Ratsch-Bumm-Kanonen der russischen Panzer. Vorsichtig sichernd, wie Rehe, die in der Dämmerung aus dem Walde treten, schepperte unsere Verstärkung gemächlich auf der Dorfstraße nach Osten. Offenbar fühlten sie sich gar nicht wohl in ihrer Haut. Während wir ihnen noch mit etwas gemischten Gefühlen nachblickten, wurde plötzlich wieder Alarm geschrien! Am Wald nordwestlich von WB zeichnete sich ein neuer Angriff der Russen ab. Die Panzer wurden angehalten, Melder flitzten zwischen ihnen und der Schule hin und her. Diesmal konnten wir von unserer Schule aus sogar den Moment beobachten, da sich abermals an die 200 bis 300 Mann – offenbar ist es jeweils ein Bataillon – aus den Waldrändern lösten und mit widerlichem Geschrei auf das Dorf zurannten, genauso stur in langen Ketten wie schon die letzten Male. Wider Erwarten setzten sich unsere Panzer in Bewegung, scherten quer von der Straße herunter zu uns herauf und hielten in Höhe der Schule an. Sekunden später hatten sie die angreifenden Russenhaufen im Visier und knallten ihnen ihre heißen Brocken um die Ohren, kaum dass das MG- und Schützenfeuer aus dem Dorf heraus begonnen hatte. Man konnte genau erkennen, wie das blanke Entsetzen in die Reihen fuhr. Wie von Furien gejagt, türmten sie schon nach den ersten Panzerschüssen in

panischen Sprüngen zurück in den Wald und zwei Minuten später war die Ruhe wieder hergestellt. So schnell hatte es noch nie geklappt. Und abermals lagen wohl an die 50 Tote oder Schwerverwundete auf den Schneefeldern, diesmal jedoch ein ganzes Stück hinter den Leichenhaufen der früheren Angriffswellen, viel näher am Wald. Was hatten die Kerle doch für eine heillose Angst vor ein paar Panzern! Genau wie wir! Wie tröstlich! Was hätten zwei oder drei eigene Panzer in Hof Belikow für Wunder gewirkt. Aber bei uns kommt offenbar alles zu spät und wenn es kommt, ist es zu wenig.
Mitten in die Freude und Begeisterung über diesen raschen Erfolg krachten zwei gewaltige Schläge in die Schule. Das waren Panzer!!! Anscheinend die Russenpanzer im Ostteil des Dorfes, die unsere Panzer bemerkt hatten und nun aufs Korn nahmen. Sofort ließen unsere Kameraden die Motoren aufheulen, drehten sich knirschend und quietschend auf der Stelle um 180 Grad und preschten holterdiepolter die Höhe hinunter zur Dorfstraße, wo sie erst mal außer Sicht der Russenpanzer waren. Unten verkrochen sie sich hinter den wenigen noch einigermaßen heil gebliebenen Häusern und warteten den weiteren Verlauf der Dinge ab. Wir blieben wie üblich wieder allein bei der Schule stehen und hatten auch den Schaden, denn die beiden Panzerschüsse waren in zwei Schulräume gegangen und hatten Fenster und das wenige Mobiliar schauderhaft massakriert. Nun dröhnte durch die leer gefegten Fensterhöhlen von Neuem das Getöse der Schlacht im Ostteil des Dorfes. Dort konnten wir nun allerdings keine Russenpanzer mehr entdecken außer dem einen, der noch ein wenig qualmte und als einziger Fremdkörper die weiße Schneefläche belebte.
Plötzlich horchten wir wieder wie elektrisiert: Unsere Stukas kamen wieder!!! Sechs Stück diesmal. Sie kreisten eine Weile östlich des Dorfes und suchten sich wohl in aller Ruhe ihre Ziele. Und dann sahen wir sie kippen, hörten kurz darauf das Aufheulen ihrer entnervenden Sirenen und konnten deutlich erkennen, wie sich schwarze Punkte von ihren Rümpfen lösten und schnurstracks hinter den Höhen auf die Erde zuschossen. Erst als die Stukas schon wieder in die niedrig hängenden Wolken hochgezogen waren, schepperte die Erde unter unseren Füßen, und erst Sekunden später dröhnten dann die gewaltigen Detonationen zu uns herüber. Hoffentlich hatten sie dort so richtig in die Panzer hineingehauen! Breit gefächerte Rauchwolken quollen nun über die Höhen, aber anscheinend waren die Kameraden noch nicht am Ende. Sie sammelten sich, kreisten noch einmal über die Stätte der Vernichtung, kippten abermals ab und ließen diesmal viele kleine Bomben fallen, die wohl für die Bereitstellungen der russischen Infanterie gedacht waren. Wie kurz zuvor bohrte sich das infernalische Geheul der Sirenen in unsere leeren Gedärme. Schon stiegen sie wieder empor, ihre Motoren röhrten zum Himmel, sie sammelten sich noch einmal, kreisten einige Minuten lang über ihren Opfern und entfernten sich dann in majestätischer Ruhe nach Westen. Und wirklich, es trat Ruhe ein. Die Ari war verstummt. Die Panzer waren nicht mehr zu hören. Eine geradezu gespenstische Stille nach dem stundenlangen Getöse.
War damit nun der Angriff der Russen abgeschlagen? Sollte das wirklich der letzte Paukenschlag gewesen sein? Wir gingen abwechselnd in unseren zerhauenen Schuppen, wärmten uns etwas auf, aßen eine Scheibe geröstetes Brot und hatten Hunger und Kälte und Läuse vor lauter Spannung beinahe ganz vergessen. Und dann doch wieder – das waren Panzerschüsse! Fünf, sechs, sieben Stück in

rascher Folge. Also wieder alle Mann raus an die Kanone. Im Ostteil des Dorfes nichts zu sehen. Offenbar hielten sich die Panzer etwas weiter seitlich hinter den Höhen. Dort hielten also unsere Leute noch die Stellung. Gott sei Dank! Aber rot, rot, rot, überall, und dazwischen nun auch wieder die bunten Sterne – Panzerangriff!!! Scharf und abgehackt knallten die Panzerkanonen herüber. Nun hörte man von ganz weit her sogar Motorenbrummen. Sie rollten näher!!! Wir standen in höchster Erregung und suchten die dicken schwarzen Punkte. Ein Blick noch schnell hinüber zum Stützpunkt, nach hinten, nach Norden – dort war alles still. Die vier eigenen Panzer warfen nun auch die Motoren an und ließen sie warmlaufen. Die Kommandanten kehrten eilig von einer Besprechung zurück, schwangen sich von oben in die Turmluken und schmissen sie hinter sich zu. Es wurde ernst, verdammt noch mal. Da fuhr der erste an, vorsichtig schob er sich auf der Dorfstraße vorwärts, und der zweite, die beiden anderen. Die Kanoniere an dem Geschütz der Ari, das ja nicht weit weg von der Schule steht, waren alarmbereit versammelt. Aber noch fiel kein Schuss. Wegen des Röhrens der Motoren und des Klatschens und Klirrens der Ketten auf der vereisten Dorfstraße konnte man nun auch aus dem Ostteil nichts mehr hören.
Nach 200 m Fahrt machten die Panzer Halt. Sie verteilten sich seitwärts der Straße in Gärten und hinter Hausruinen. Es schienen verdammt vorsichtige Genossen zu sein. Und dann stellten sie sogar die Motoren ab. Blubb-blubb-blubb machte es noch ein paar Mal und danach war es wieder ruhig bei uns. Auch die Russenpanzer schossen nun nicht mehr, selbst ihr Motorengeräusch war verstummt. So vergingen fünf Minuten, ohne dass etwas geschah. Aber vorn schossen sie immer noch rot. Ob die Ari keine Verbindung zu ihren Beobachtern hatte? Sie hätten doch schon feste in die Bereitstellungen hineinklotzen müssen, ehe die Russen überhaupt antraten. Aber die Kanoniere standen immer noch untätig herum, die Hände in den Hosentaschen, einige trampelten sich warm wie wir auch. Eine ungeheure Spannung, der sich niemand entziehen konnte, lag wieder in der Luft. Immer wieder schossen einzelne rote Leuchtkugeln vermischt mit weißen in die Höhe: Hier sind wir. Etwas Fürchterliches braute sich dort zusammen, denn noch nie hatten wir so viele rote Notrufe auf einmal gesehen. Und dann plötzlich neue Panzerschüsse und fernes Motorenbrummen. Jetzt war es wohl so weit. Die Kanoniere an der Straße sprangen an die Kanone, luden und von Neuem zerbarst die Luft unter den Abschüssen, Panzerkanonen feuerten dazwischen, rasendes MG-Feuer rauschte zu uns herüber und wie aus der Erde gestampft schob sich plötzlich ein ganzes Panzerrudel oben auf die ferne Höhe, darunter zwei ganz dicke Biester, wie wir sie noch nie gesehen hatten. Das waren 52-Tonner, KW2 oder wie die Dinger heißen. Mit Kanonen vom Kaliber 15 cm! Deutlich sah man die Feuerblitze, die die Rohre zu zerreißen schienen. Ein irrsinniger Lärm brandete uns an die Ohren. Die Kanoniere feuerten Schuss um Schuss in Richtung der russischen Panzer. Schwarz wurde der Schnee ringsum. Und dann schoben sich dichte Rudel russischer Infanterie über den Kamm. Sie ballten sich hinter den Panzern zusammen und rückten mit ihnen immer näher auf das Dorf zu. Das war der Generalangriff, bestimmt!!! Wie in Hof Belikow, in rasender Fahrt die Hänge hinunter, alles überflutend…
Die beiden schweren Brocken blieben auf halbem Hange stehen, doch die anderen kurvten weiter. Klare Sache – Feuerschutz der großen. Die wirklichen Entfer-

nungen zwischen den Panzern und dem Dorfrand waren von uns aus nur schwer abzuschätzen, es konnten 500 oder 1.000 m sein. Aber sie waren auf jeden Fall schon ein weites Stück auf Werchnij Bischkin zugerollt, hinter sich noch immer die wuselnden Haufen der Infanterie. Das Feuergetöse schwoll zu einem einzigen Furioso an, in dem man keine einzelnen Geräusche mehr unterscheiden konnte.
Und dann – wir trauten unseren Augen kaum – brannte plötzlich der eine 52-Tonner! Es war keine Täuschung – er brannte! Hinter dem unförmigen Turm drängte sich pechschwarzer Qualm nach oben. Die Besatzung feuerte allerdings unentwegt weiter, das ganze Ding sprühte rotgelbe Blitze. Der zweite KW 2 rückte nun in die Nähe des ersten, wollte anscheinend sehen, was da passiert war. Wir konnten das gleichmäßige Vorschieben des Kolosses ja nur optisch verfolgen, und da wir wegen der Entfernung weder die Ketten noch die Räder sehen konnten, sah es fast so aus, als glitte er wie ein Schlitten den Hang hinunter – dies um so mehr, als wir ja auch keinerlei Fahrgeräusche oder Motorenlärm hören konnten. Und dieses scheinbar lautlose Gleiten endete abrupt und ohne ersichtlichen Grund. Er stand, schlagartig, wie angewurzelt!!! Und einen Augenblick später schlug ein greller Feuerblitz aus seinen Eingeweiden und auch er begann zu qualmen. Was war da los? Waren die beiden Dicken etwa getroffen? Aber das war ganz ausgeschlossen. Und doch – beide standen da, ziemlich dicht beieinander, und qualmten, tatsächlich, sie waren schon halb zugedeckt von öligem, immer heftiger hochquellendem Qualm und Rauch und sie fuhren nicht mehr und vor allem, sie schossen auch nicht mehr!
Anscheinend waren nun auch die anderen Panzerbesatzungen unsicher geworden; weit zerstreut hielten sie auf der von vielen hundert Einschlägen zerfetzten weißen Fläche, aber kaum einer schoss noch. Die russische Infanterie drängte sich Schutz suchend immer enger hinter den Panzern zusammen. Sollte denen wirklich der Schreck in die Hose gefahren sein? Die drei Geschütze der Ari und ein paar Infanteriegeschütze in der Mitte des Dorfes legten ein phantastisches Sperrfeuer vor, es blitzte und spritzte dicht bei oder auch mitten in den Pulks. Die Verluste der Russen mussten grauenhaft sein – wir mochten jedenfalls nicht in ihrer Haut stecken.
Der ganze Angriff war nun offensichtlich ins Stocken geraten. Sie wussten nicht, wie es weitergehen sollte. Die beiden dicken Brummer hatten sich nicht mehr vom Fleck gerührt und qualmten nur noch fett und schwarz vor sich hin. Und während wir dieser unerwarteten Wendung der Dinge noch ganz ungläubig gegenüberstanden, hatten wir gar nicht bemerkt, dass über unsere Köpfe hinweg schon wieder sechs Stukas geflogen waren, die sich nun ohne langes Besinnen erneut mit heulenden Sirenen hinunterstürzten und allem Anschein nach grauenhafte Verheerungen unter den Panzern und besonders wohl unter der schutzlosen russischen Infanterie anrichteten. Einige Sekunden lang war die ganze Szenerie von haushohen, undurchdringlichen Dreck- und Staubwolken verhüllt. Die Erde erzitterte in langen Wellen, wir aber jubelten aus unserem Aussichtsturm befreit den Stukas zu. Macht sie fertig, Kameraden, haut sie, verleidet ihnen das Wiederkommen ein für alle Mal! Und als sich endlich die Wolken lichteten, fielen uns vollends Zentnerlasten von der Seele, denn bei den Iwans gab es nun anscheinend kein Halten mehr. Was noch kriechen und laufen konnte, wendete sich bergauf, weg, nur weg und über die Höhen!!! Panzermotoren heulten auf, ohne Rücksicht

auf die herumliegenden Toten und Verwundeten drehten sich die Kästen auf der Stelle und hauten ab, hauten einfach ab! Eine entsetzliche Angst musste den Genossen im Genick sitzen! Es sah manchmal so aus, als führen sie sogar durch die Leichenberge hindurch und einfach zwischen die flüchtenden Pulks, nur um die Höhe zu gewinnen und den Stukas zu entkommen. Grausige Szenen müssen sich in diesen Minuten der panischen Flucht dort oben abgespielt haben, unvorstellbar für uns, die wir sicher niemals so unmenschlich rücksichtslos gegen die eigenen Kameraden vorgehen würden. Und doch, wer will's beschwören? Diese armen Teufel da oben flüchteten in hellem Entsetzen wie Hühner, unter die die Habichte gestoßen sind; gejagt von den Granaten der Artillerie, von den tödlich zwitschernden Garben der MGs und von den eigenen Panzern.
Und nun kippten auch die Stukas noch einmal ab und peitschten mit ihren Bordkanonen und MGs von oben in die stiebenden Haufen hinein. Das weiße Schneefeld war nun auch noch mit zahllosen kleinen dunklen Tupfern übersät, den Opfern dieser erbarmungslosen Jagd. Die Einschlagwolken der wuchtigen Stuka-Bomben hatten sich verzogen und nun gab es wirklich keinen Zweifel mehr: Sie waren auf der Flucht, sie türmten ohne Halt über die Höhen zurück. Nur die Toten und Verwundeten und die getroffene Panzer konnten nicht mehr mit. Wie riesige schwarze Särge standen die Kolosse hilflos auf den weiten Hängen. Leichter Rauch kräuselte noch aus ihren Eingeweiden. Die dort taten uns nun nichts mehr…
Ach, Kinder, das war Rettung in höchster Not. Erst diese phantastische Ari, die offenbar die beiden dicken Bullen erwischt hatte, und dann die Stukas! Was wäre passiert ohne sie? Ach, Kameraden, ihr da oben in euren prächtigen Vögeln, habt Dank, habt Dank, fliegt ruhig wieder nach Hausse, schlagt euch die Bäuche voll mit leckeren Sachen und haltet einen schönen Mittagsschlaf. Wir wollen gern noch etwas weiter frieren und hungern, aber lasst uns nicht im Stich, wenn sie wiederkommen, lasst uns nicht im Stich! Kommt wieder, wenn es brennt!!!
Ach ja, es war wirklich nicht zu fassen. Die Höhen waren kahl gefegt von allem, was noch lebte, die Kanonen schwiegen, die Stukas brummten heim nach Westen. Ein ungeheurer Druck fiel von uns ab. Wir holten ganz tief Luft, fanden kaum die Sprache wieder, so unwahrscheinlich, so unglaublich war diese plötzliche Wendung der Dinge. Ringsum kein lebendiger Russe, kein schießender Panzer mehr zu sehen. Und eine paradiesische Ruhe auf einmal. Verlassen von den Kanonieren ragten die glühenden Rohre der Ari-Geschütze steil in den Himmel…
Einer von uns blieb an der Kanone. Wir anderen ließen uns erschöpft in der Schule auf den Fußboden oder die letzten heilen Bänke fallen. Auch wir waren fertig, obwohl wir nur zugesehen hatten. Drinnen war es lausig kalt geworden, denn die Fenster waren ja im Eimer und aller Müdigkeit zum Trotz mussten wir nun dafür sorgen, dass wir die riesigen Löcher schleunigst wieder dicht kriegten, sonst hatten wir überhaupt keinen warmen Raum mehr. Aus Türen und aus Brettern von Schulbänken zimmerten wir uns provisorische Fenster zusammen, die wir aber mangels Glas schließlich doch voll verbrettern mussten. Dadurch ist nun der Raum schön duster, selbst am hellen Tage.
In unser nützliches Tun platzte dann zu unserem Schrecken ein neuer Alarmruf: „Fliegeralarm!! Tiefflieger!!“ Und da hörten wir sie auch schon, ganz tief kamen sie von Westen, wir flitzten in Deckung hinter die Mauern der Schule, aber dann

brüllte plötzlich einer: „Das sind Deutsche!!!“ Und tatsächlich, drei He 111, ganz tief über uns hinweg, und mitten im Dorf ließen sie auf einmal Bomben fallen – um Gottes Willen, mitten ins Dorf! – und dann flatterten kleine Fallschirme heraus, blähten sich auf, die Bomben schwebten zur Erde: „Mensch, das ist Verpflegung und Munition!!“ – Hallelujah!!! Mensch, sie haben uns nicht vergessen!!!
Und schon drehten die Bomber am anderen Dorfende, verschwanden für ein paar Augenblicke hinter den Höhen, flogen abermals ganz niedrig über uns hinweg, wir winkten und schrien und jubelten den donnernden Vögeln zu, sie mussten uns ja sehen, und dann schossen sie nach eine Kehre wieder auf uns zu, schienen fast die Schule zu rammen, wir hörten nichts mehr außer dem irren Lärm der Motoren, und gleich darauf sanken gar nicht weit von uns entfernt wieder einige Bomben an Fallschirmen zur Erde. Wir waren vor lauter Begeisterung ein Stück hinter ihnen her gerannt und stürzten nun so schnell uns die Beine trugen zu den Bomben hin, die sich tief in den Schnee gewühlt hatten, aber unbeschädigt waren. Im Nu waren die schönen seidenen Fallschirme abgetrennt, aber dann tauchte auch schon ein Feldwebel auf und scheuchte uns brutal von den Dingern weg, damit nicht sofort alles geklaut würde. Minuten später schon rauschten einige Schlitten vom Regiment heran, auf die wurden die Bomben aufgeladen und wir blieben zurück mit der Verheißung, wir würden in kürzester Zeit unseren Teil abbekommen. Und so geschah es ausnahmsweise auch wirklich schon nach einer knappen Stunde. Schokolade, Brot, Wurst, Butter und Zigaretten. Unfassbare Schätze für unsere ausgemergelten Gedärme. Vor allem Zigaretten, die Hauptsache für die meisten Raucher. Ach Gott, wir hatten wieder was zu essen, Brot und Wurst und sogar Schokolade! Schokolade!!
Im Triumphzug wurde die Beute in die Schule geschleift und dort unter pausenlosem Geschnatter auseinandergeteilt, bis jeder seine Portion hatte. Danach trat tiefste Stille ein. Jeder hatte sich mit seinem Raub in einen separaten Winkel verzogen und stopfte sich mit dem Zeug den Wanst voll. Scheiß auf die Russen, wir hatten wieder was zu fressen! Endlich, endlich.
Mit den leckeren Sachen war auch ein schöner Gruß des Generals gekommen, der uns seine Anerkennung aussprach und weitere Unterstützung zusagte. Viel konnten wir uns zwar davon auch nicht kaufen, aber wir sind ja sooo bescheiden geworden und freuten uns eben doch sehr. Was war das für ein Gefühl, mal wieder anständiges Brot und ein handfestes Stück Wurst in die Rippen zu kriegen und eine ganze Tafel Schokolade auf einen Ritt vernaschen zu können! Wir benahmen uns wie ausgehungerte Bestien, aber mehr waren wir auch wirklich nicht mehr.
Irgendein Idiot brüllte dann plötzlich wieder was von Fliegeralarm, aber wir ließen uns in unserem Geschmatze nicht stören, bis uns auf einmal ein verdammt fremdartiges Motorengeräusch und das üble Rülpsen und Rotzen von Bordkanonen und MGs doch höchst sauer aufstieß. Das waren doch Iwans! Und da orgelten die Hunde auch schon von Osten heran, eine ganze Horde von Schlachtern, Bomben schmeißend und wild nach allen Seiten feuernd. Die Burschen kannten wir, die sind gefährlich! Sofort spritzten wir hinter der Schule in Deckung, aber da waren sie auch schon heran, die Dorfstraße jagten sie entlang, schossen auch in die Aristellungen und schmissen in langen Reihen ihre gemeinen, kleinen Bömbchen. Ganz deutlich sah man die roten Sowjetsterne, die wir so liebten, man sah die Köpfe der Piloten. Wir legten unsere Flinten an und eröffneten ein wütendes

Feuer auf die Störenfriede, doch schon nach zwei bis drei Sekunden waren die Sauköppe der Reichweite unserer Gewehre entkommen, drehten westlich des Dorfes eine weite Ehrenrunde und nahmen wieder Kurs auf uns, auf die Schule, auf das Dorf. Und wir konnten nichts anderes tun, als uns schleunigst auf der entgegengesetzten Seite des Gemäuers in Sicherheit zu bringen. Dort begannen wir wieder ein ohnmächtiges Geballere auf die gepanzerten Vögel. Rostrot sprühte das Feuer aus ihren Kanonen und MGs, sie wackelten mit den Flügeln und schwänzelten weit streuend über Werchnij Bischkin hinweg, in der Hauptsache aber immer über der Dorfstraße entlang. Dort suchten sie bestimmt die Geschütze der Ari, die wollten sie sicher vor allem zur Sau manchen. Brausend brach sich das Gebrüll der starken Motoren an den Hängen ringsum, ebbte schließlich ab und dann entschwanden auch die ungebetenen Genossen unseren Blicken nach Osten. Es war schon verdammt was los an diesem Tage. Nicht mal unser Essen ließen uns die Hunde ungestört zur Brust nehmen.
Zehn Minuten nach den Schlachtern hingen wieder Stukas über dem Ostteil von Werchnij Bischkin in der Luft, kippten ab und beaasten nun ihrerseits die Iwans hinter den Höhen mit ihren Bordkanonen. Die Rache des kleinen Mannes. Weil sich das alles etwa zwei oder drei Kilometer von uns entfernt abspielte, war die moralische Wirkung jedoch bei Weitem nicht so aufregend wie beim Erscheinen unserer Bomber und der russischen Schlachter. Immerhin hatten wir wieder etwas Erfreuliches zu sehen und das tat unseren wunden Seelen verdammt gut.
Wir blieben trotz der infamen Kälte sogar noch eine Weile draußen stehen und sahen den Stukas zu, wie sie abkippten und wieder hochrollten und in langen Spiralen auf noch größere Höhe stiegen, um sich dann abermals in kühnem Sturzflug auf die Iwans zu stürzen. Das ist ein immer wieder faszinierendes Bild für uns arme Erdenwürmer, das ist ein anderer Krieg als unser beschissenes Wacheschieben und Frieren und Hungern in den endlosen Nächten. Jeder Flieger ist noch immer ein gut Teil Sportler und Techniker, für sie ist der Krieg immer noch ein Stück Beruf oder Handwerk. Sie können Tag für Tag Erfolge melden – wir zählen allenfalls die gemordeten Läuse.
Nun, da die Panzer und die Wellen der roten Infanterie hinter den Höhen verschwunden waren, sah alles so harmlos und friedlich aus, selbst das Fallen und Steigen der Stukas. Nach einer halben Stunde verschwanden auch sie noch. Wir latschten in die Schule zurück und trafen alle Vorbereitungen für die Nachtwache, suchten uns Holz für den Stiftpunkt zusammen, flickten die Ofenrohre unseres umgestürzten Ofens wieder zusammen und dichteten die Fenster noch besser ab. Es ging allmählich auf den Abend zu. Schwarze kalte Schatten füllten schon die Mulden und Senken des Dorfes.
Da begannen die Russen zu guter Letzt noch damit, uns mit Arifeuer einzudecken. Erst klotzten sie schwer in den Ostteil, danach verlegten sie ihr Feuer systematisch immer näher in unsere Gegend herüber und zwischendurch schlugen sie sogar von irgendwcher auch wieder mit Panzerkanonen dazwischen. Die Einschläge kreischten immer näher heran. Offenbar hatten sie immer noch die Geschütze der Ari auf dem Kieker, die ihnen ja den ganzen Tag versaut hatten. Das war nur zu verständlich. Durchweg lagen die Einschläge in der Nähe der Straße, bis auch uns auf einmal die Brocken ganz gemein um die Ohren flogen. Mit Sicherheit vermuteten sie in der Schule eine Beobachtungsstelle oder einen Ge-

fechtsstand. Alle halbe Minute kriegten wir eine Gruppe von drei anständigen Kalibern ums Haus gesetzt und der Krach dabei war nicht von schlechten Eltern. Nachdem sie uns eine Viertelstunde lang auf diese höchst unfeine Art behämmert hatten, ohne großen Schaden anzurichten, sprang das Feuer wieder zurück in den Mittelteil des Dorfes und später in den Ostteil. Dort hinein klotzten in unregelmäßigen Abständen auch immer wieder die leidigen Panzer, aber wir konnten sie nicht sehen. Sie standen wohl irgendwo in Richtung Hof Belikow hinter den Höhen bei der zehnten Kompanie.
Früh versank die Sonne hinter einem hohen Dunstschleier. Da brummten plötzlich wieder Panzermotoren auf, aber wir waren diesmal schnell beruhigt, denn es waren nur unsere vier Freunde, die sich seit den frühen Morgenstunden nicht mehr aus ihrer Deckung herausgetraut hatten. Nun wurden ihnen anscheinend die dicken Koffer der Iwans zu ungemütlich. Ziemlich hastig klapperten die Kameraden bei uns vorüber und verschwanden bald auf der Straße nach Nowo Beretzki.
Nun waren wir also wieder ganz unter uns. Das Feuer der russischen Artillerie schlief später auch ein. Als es dämmerig geworden war, herrschte abermals ringsum Stille, wundersame Stille. Das Ohr musste sich erst daran gewöhnen. Wenn die Russen nun nicht noch einen ihrer idiotischen Abendangriffe unternahmen, war wohl auch dieser Tag überstanden, ohne dass ihnen auch nur ein einziger Einbruch geglückt wäre. Vielleicht hatten sie einige Häuser im Ostteil des Dorfes besetzt, aber das wäre wenig genug für diese ungeheuerlichen Opfer an Menschen.
Bis acht Uhr abends hatten wir noch freie Zeit, dann waren wir wieder reif für den Stiftpunkt, den wir den ganzen Tag nur von Ferne gesehen hatten. Aber nun mussten auch die Kameraden dort oben mal wieder abgelöst werden.
Vor dem Abmarsch feuerten wir das Öfchen noch einmal bis zur Rotglut an, pumpten mit allen Fasern noch etwas Wärme in uns hinein, aßen die Reste von Brot und Wurst und schöpften nun zum ersten Mal seit vielen Tagen wieder etwas Hoffnung, dass es wenigstens nicht noch schlimmer werden würde, denn dass sie uns die Stukas und Panzer zu Hilfe geschickt hatten, war doch ein Zeichen, dass man Werchnij Bischkin und uns nicht aufgeben wollte.
Schließlich war es so weit: Wir mussten los zum Stützpunkt. Die Kälte stieg aus dem nachtblauen Schnee zu einem wolkenlosen Himmel empor. Die Zeit schien still zu stehen. Kein Schuss zerriss mehr die Stille der Nacht. Aber die Kälte biss uns in die Gesichter und wir mussten uns sehr vorsehen, dass uns nichts erfror. Eine Weile konnte sich jeder mal in das kleine warme Bunkerchen setzen und etwas pennen. Zum ersten Mal hatten wir in Werchnij Bischkin neuen Mut gefasst, spürten wir, dass wir inmitten dieser Einöde aus Schnee und Eis nicht ganz verlassen standen. Zum ersten Mal glaubten wir, auf eine Wende hoffen zu dürfen, zum ersten Mal tippelten wir um Mitternacht ohne Beklemmung durch den Sumpf hinauf zur Schule, zum ersten Mal bohrte in uns nicht mehr dieser würgende Hunger, grauste uns nicht mehr so vor der nächsten Wache in dreieinhalb Stunden. Man hatte uns nicht vergessen, das war es wohl, diese Angst hatte unbewusst in uns allen gesteckt…
Knappe drei Stunden hatten wir uns in einer leidlich warmen Ecke der Schule wieder mal hinlegen können, dann wurden wir aus unseren wirren Träumen hochgerappelt. Um vier Uhr früh standen wir wieder oben unter den blitzenden

Sternen, für abermals vier Stunden schoben wir schweigend unsere Wache an der Kanone, übermüdet, gleichgültig, kalt bis ins Mark. Es wurde hell, ohne dass der Russe sich rührte, und es blieb auch nach dem Morgengrauen ruhig. Der Iwan hatte wohl die Nase voll.

Mit den drei erfrorenen Fingern war es in den letzten Tagen so schlimm geworden, dass ich mich im Laufe des Vormittags doch endlich beim Arzt meldete, um mir die Blasen aufstechen zu lassen. Der machte große Kulleraugen, als er die Bescherung sah, und noch größere, als ich ihm erzählte, dass ich schon tagelang so herumliefe, dass mir die Sache aber zu lächerlich erschienen wäre. Kurz und gut, ich musste sofort ins Revier einziehen und konnte nach den Worten des Doktors froh sein, dass kein Dreck an die erfrorenen Stellen gekommen ist. Dann wäre meine Hand sicher verloren gewesen…

Ich kam mir wie ein Fahnenflüchtiger vor, als ich mich später bei den Genossen abmeldete und mit meinem bisschen Kram ins Revier umsiedelte, das etwa in der Mitte des Dorfes in einem Bauernhause auf einer Anhöhe untergebracht war, nicht weit von jener ersten Unterkunft in Werchnij Bischkin, in der ich mich gleich nach unserer Ankunft unter dem Tisch zusammengeringelt hatte. Nun hause ich dem ungemütlichen Ostteil des Dorfes ein ganzes Stück näher. Die wohlvertraute Schule dagegen ragt nun weit rechts auf einer anderen Geländerippe gen Himmel.

Das Revier ist eine der üblichen Bauernstuben. Außer ein paar Hockern, zwei Bänken und einem Tisch ist genauso wenig Mobiliar vorhanden wie überall sonst auch. Von allen Seiten kamen gestern im Laufe des Tages die Landser mit Verwundungen, Erfrierungen und anderen Leiden hier an. Die meisten leichter Verwundeten und Kranken wurden ohne lange Behandlung vom Arzt gleich wieder weggeschickt. Was an Verbandsmaterial und Spritzen noch vorhanden war, musste für die Schwerverwundeten aufgehoben werden. Viele, die gehofft hatten, hier endlich zur Ruhe zu kommen oder sogar abtransportiert zu werden, schlurften mit langen Gesichtern wieder davon. Mir selbst ist es unbegreiflich, warum ich mit diesen drei schön verbundenen Blasen im Revier bleiben durfte. Aber das hatte schließlich der Arzt zu bestimmen.

Den ganzen Tag über waren unsere Stukas gestern wieder in der Luft, aber sie warfen ihre Bomben meist ziemlich weit weg von Werchnij Bischkin in die Wälder am Donez, vielleicht auch nach Hof Belikow und Kisseli hinein. Der Russe aber rührte sich an der ganzen Front nicht mehr. Es schien so, als hätte ihm der Verlust der beiden überschweren Panzer einen enormen Schock versetzt, von dem er sich erst erholen musste.

Aus den Gesprächen mit den Verwundeten erfuhr ich immer neue Einzelheiten über das Geschehen der letzten Tage. Das Schicksal von Werchnij Bischkin und uns allen hat mehrmals wohl nur noch an einem seidenen Faden gehangen. Alle waren sich einig in der Bewunderung für das phantastische Feuer der drei Geschütze der Ari, die auch allem Anschein nach die beiden dicken Brummer abgeknallt haben. Wie es hieß, soll sogar eine Kommission des OKH hierher kommen, um sich die Dinger anzusehen. Der eine Panzer hat erst einen Treffer auf seine Motorhaube und gleich danach in den Motor selber gekriegt, der andere ist nach einem Treffer ins Getriebe ruckartig stehen geblieben. Das soll ein Spähtrupp in der Nacht festgestellt haben. Wir haben also doch einigermaßen richtig beobach-

ten.
Gegen Mittag ging ich gestern hinüber zum Kompaniegefechtsstand, um mir meine Verpflegung zu holen, aber warmes Essen gab es nicht. Alle genossen die unbegreifliche Ruhe, die der Russe uns ließ, und die Stimmung war hier und da beinahe ausgelassen. Auch der Iwan ist offenbar ganz schön fertig.
Am frühen Nachmittag wurden die ersten Schwerverwundeten auf Schlitten zum Revier gebracht, einige fast bewusstlos oder stöhnend, andere wieder ganz aufgekratzt oder mit wirren Fieberreden. Mit geübten Händen taten die Ärzte das Notwendige oder Mögliche. Ich kam mir sehr überflüssig vor und verkroch mich in eine Ecke des Raumes. Der große Ofen ist ein schauriges Biest mit verschiedenen tiefen Rissen im Gemäuer, aus denen immer sachte der Qualm des Feuers kräuselt und meinem Kopf den Aufenthalt in den höheren Regionen des Zimmers verleidet. Wenn die Sanis das Feld geräumt hatten, unterhielt ich mich mit den Verwundeten, die nur auf dürftigen Strohschütten lagen und in der zugigen Luft furchtbar froren. Man merkte ihnen an, wie froh sie waren, dass sie sich erst mal all das Schwere von der Seele reden konnten. Auch mir ging es umgekehrt ja nicht anders.
Ein paar Mal hat es im Ostteil des Dorfes ganz böse ausgesehen. Wir oben auf dem Stützpunkt und überhaupt im Westteil von WB sind wohl nur deshalb so einigermaßen davongekommen, weil da nur die steilen Geländeabbrüche in das Dorf hinunterführen, und die Russen deshalb dort nicht gern mit Panzern angreifen. Sie hätten ja nur die Straße an unserem Stützpunkt vorbei benutzen können, und das war ihnen wohl zu riskant. Aber im Ostteil des Dorfes, der in einer flacheren Umgebung liegt, sind sie mehrmals halbkreisförmig mit ihren Panzern aufgekreuzt. Von der Schule aus haben wir allerdings nie alle Panzer zugleich erkennen können. Insgesamt fünf oder sechs Stück sind immerhin im Ostteil abgeschossen worden, ein schöner Erfolg.
Spät am Abend kamen gestern endlich wieder die ersten Schlitten durch und brachten Verpflegung und Munition.
Als es dunkel wurde, kroch ich widerwillig auf den rauchenden Ofen, aber es blieb mir gar keine andere Wahl, denn die Strohschütten auf der Erde waren voll belegt und oben war es wenigstens warm. Aber an Einschlafen war nicht zu denken. Immer wieder wurde die Tür aufgerissen, eisige Nachtluft strömte in den Raum. Weitere Verwundete wurden auf die Schütten gepackt oder auf Bahren abgesetzt, Stöhnen und Schreien und das Rufen nach den Sanitätern zerrissen jeden Anflug von Schlaf. Gegen elf Uhr abends etwa fuhren die ersten Schlitten, die Verpflegung und Munition gebracht hatten, vor dem Hause vor, und dann begann die fürchterliche Arbeit, die stöhnenden Menschenbündel auf die Schlitten zu laden, einzuwickeln und festzuschnallen. Dies ganze Treiben spielte sich im Schein weniger Funzeln ab. Weit stand die Tür auf. Draußen sah ich den blassblauen Schnee und die geschäftigen Gestalten bei den Schlitten. Ich selbst konnte mit nur einer brauchbaren Hand kaum helfen und zufassen. Erst lange nach Mitternacht trat etwas Ruhe ein, aber auch danach war das Schlafen unmöglich, denn der Qualm räucherte mir einen bösen trockenen Husten in den Hals, und die aufgespeicherte Hitze des Ofens war mir nach dem entsetzlichen Frieren der letzten Wochen zu ungewohnt. Aber immerhin, es war seit vielen Wochen die erste Nacht ohne Wache. Ein unvorstellbares Geschenk…

Vollkommen heiser und wie gerädert wachte ich nach einigen kurzen Brocken Schlaf schon früh wieder auf. Vom Russen war weit und breit nichts mehr zu sehen oder zu hören. Ein völlig ungewohnter Zustand. Ich hatte endlich mal wieder genügend Zeit, mich von oben bis unten gründlich zu waschen und dann vor allem die Läuse zu jagen. Damit war ich allein fast zwei Stunden beschäftigt, hatte aber trotzdem kaum mehr als die Hälfte erwischt.
Wenn der Tag auch so friedlich schien – hier im Revier merkt man am ehesten, dass weiter geschossen, geblutet und gestorben wird, denn jetzt am Nachmittag sind die kümmerlichen Strohlager schon wieder voll von Verwundeten und Leuten mit bösen Erfrierungen, die sich an diesem Ort der Geborgenheit erst einmal die Seele erleichtern müssen und immer wieder in epischer Breite, soweit sie reden können, ihre Erlebnisse und Verwundungen schildern. Ich kann nur noch halb hinhören und notiere derweil das Elend dieser letzten Tage und Nächte. Und lande, seitdem es draußen so relativ friedlich geworden ist, naturgemäß immer wieder bei mir selbst. Schauerlich ist der Anblick des eigenen Leibes – ein langes, dürres Gestell ohne ein einziges Gramm Fett. Was vielleicht noch an Kalorien im Körper gesteckt hat, ist in der ewigen Kälte verbrannt und nicht wieder ersetzt worden. Am schlimmsten zu ertragen ist aber das Aussehen und der Gestank der Klamotten. Hier gibt es nichts mehr zu waschen und zu pflegen. Aller Schweiß und aller Dreck kleben als undefinierbare, grauschwarze Speckschicht in der Wäsche, in den armseligen Sockenlumpen, am Rockkragen und an den Hosen und stinkt zum Gotterbarmen gen Himmel. Am rechten Schlappstiefel lässt sich nichts mehr reparieren. Alle Versuche, die klaffende Sohle am Oberteil festzubinden, sind jämmerlich gescheitert. Bindfaden rutscht nach vorn herunter oder schnürt die Zehen ab oder ist nach hundert Schritten im verharschten Schnee durchgescheuert und schließlich überhaupt nicht mehr aufzutreiben. Mit Lederriemen ging es noch schlechter, weil die bei der Kälte wieder viel zu steif sind. Ergo habe ich mir schon seit 14 Tagen einen Spezialgang auf der Hacke angequält, der die Fußspitze stets in der Luft hält, um die Schnee- und Wasserzufuhr in den Stiefel auf ein Minimum zu reduzieren. Hier im Revier habe ich nun zum ersten Male seit Wochen richtig warme und trockene Füße. Dazu ist der Ofen wenigstens brauchbar. Und zum ersten Male seit Wochen fühle ich mich nicht durchfroren, brauche ich nachts nicht zu zittern und zu klappern, sondern bin manchmal durch und durch richtig mollig warm.

<u>Werchnij Bischkin, Freitag, 20. März 1942</u>

Je später es gestern Nachmittag wurde, desto häufiger fragten die Verwundeten, wann denn endlich die Schlitten kämen, um sie abzutransportieren. Doch darauf konnte ich ihnen ebenso wie die Sanis nur erwidern, sie müssten sich noch ein paar Stunden bis Mitternacht gedulden, weil die Schlitten erst in der Dämmerung in Nowo Beretzki losfahren könnten. Das hielten die meisten für eine unglaubliche Schweinerei, aber ich konnte ihnen da auch nicht helfen. Als es dann endlich dunkel geworden war, sockte ich wieder hinüber zur Schule und holte mir mein Essen, das tatsächlich schon eingetroffen war. Viel Neues gab es nicht zu erzählen. Der Iwan hat allem Anschein nach wirklich die Schnauze voll und lässt sich

kaum noch blicken.
Nach dem Essen kroch ich wieder auf das Miststück von Ofen und versuchte, etwas auf Vorrat zu pennen. Aber es war dasselbe Lied wie am Abend vorher: Einige Verwundete bekamen Fieber, andere pöbelten die Sanis an, weil die Schlitten immer noch nicht gekommen waren. Die Sanis haben allerdings ein dickes Fell und kennen solche Wutausbrüche, die ja letzten Endes der Angst entspringen, zur Genüge. Wieder wurde es Mitternacht, bis die letzten Verwundeten auf die Schlitten verfrachtet waren und die kleine Leidenskolonne mit den unermüdlichen Pferdchen auf der Dorfstraße entschwand. In aller Pracht strahlte der Himmel mit seinen Abermillionen Sternen auf diese zerrissene Welt hernieder, unbekümmert um die Lebenden und die Toten. Der Arzt und die Sanis verdrückten sich schnell in das benachbarte Haus, in dem sie wohnen. Ich beneide sie nicht um ihre blutige Arbeit. Hier jedenfalls kommen sie genauso wenig zum Schlafen wie wir, wenn wir unsere Wache schieben. Die ganze Umgebung, das ständige Umgehen mit Verwundeten und Sterbenden ist sicher alles andere als erhebend. Nur ungern schob ich meine Knochen wieder auf den Ofen, aber draußen war es einfach nur kalt, und dann ist mir warmer Mief immer noch lieber als kalter Ozon.
Schon früh war ich heute wieder auf den Beinen, übermüdet, mit wund gelegener Haut und kaum noch fähig zu sprechen. Ich taute mir Schnee zum Waschen auf und war gerade beim Entlausen, da röhrten auf einmal mehrere Tiefflieger über die Häuser hinweg und schossen aus allen Knopflöchern. Klamotten überwerfen und rausstürzen war eins – da kamen sie auch schon zurück, rotzten mit ihren Bordkanonen über unsere Häuser hinweg und ließen auch noch hundsgemeine Bomben fallen. Nun aber gleich in den Keller, den wir zum Glück dicht beim Hause haben! Mehrmals noch jaulten die Schlachter auf und nieder, während wir sie verstohlen aus unserem Kellerloch heraus beäugten. Noch ehe die Flieger dann wieder abdrehten, begann die Ari der Russen zu ballern, erst hinauf zur Schule, dann aber hauptsächlich in den Ostteil des Dorfes, obwohl es dort weiß Gott nicht mehr viel kaputt zu schießen gibt. Sollte das Theater wirklich von Neuem beginnen?
Mehrere Male am Tag wurde die Klotzerei so übel und gemein, dass wir den Keller aufsuchen mussten. Aber die ersten Verwundeten, die schon gegen Mittag zu uns gebracht wurden, mussten jedes Mal oben in dem Haus liegen bleiben. Wir konnten sie beim besten Willen nicht in den Keller hinunterschleppen, weil der Einstieg viel zu eng und zu steil ist. So lagen die armen Teufel wehrlos da oben, hörten die Granaten kommen und konnten sich nicht vom Fleck rühren. Ein verdammt ekelhaftes Gefühl, auch für uns, die wir in dem Loch in einiger Sicherheit kauerten. Aber es wäre sinnlos gewesen, wenn wir auch oben geblieben wären und die Helden markiert hätten. Den Verwundeten hätte es jedenfalls kaum etwas genützt.
Die Ari des Russen schoss zum Glück unglaublich viele Blindgänger, die nur mit einem lauten Wuff in den Schnee zischten. Am Nachmittag kamen allerdings die Flieger noch einmal und diesmal nahmen sie ganz besonders unsere Ecke und das Revier aufs Korn. Aus den vielen Schlittenspuren, die bei uns zusammenlaufen, schlossen sie wahrscheinlich, hier müsse ein Gefechtsstand sein. Der Rote-Kreuz-Wimpel vor der Tür war sicher zu klein und hätte sie wohl auch kaum gestört. Sie

schmissen manchmal so schwere Brocken, dass wir glaubten, das Haus müsse zusammengestürzt oder wenigstens weggeblasen sein. Diese armen Säcke da oben! Aber was sollten wir denn tun? Was konnten wir tun?
Erst nach einer Stunde verschwanden die Himmelhunde wieder und dann sahen wir die Bescherung: Ungefähr zehn riesige Löcher von fast drei Metern Tiefe waren im Umkreis von etwa 50 m um unser Haus in die tief gefrorene Erde geschlagen worden, aber das Haus selbst stand noch, nur die letzten Scheiben waren in tausend spitze Nadeln zersplittert und lagen wild verstreut auf dem Fußboden und im Stroh. Den Verwundeten war wie durch ein Wunder nichts geschehen. Gegen die Glassplitter hatten sie sich wenigstens noch mit ihren Decken schützen können. Doch nun lagen sie mit ihrem Fieber und Schüttelfrost vollends im fliegenden Zug. In aller Hast stopften wir die Fensterlöcher mit Filz und Stroh und Zeitungen aus, aber einige Öffnungen mussten wir noch frei lassen, damit der Arzt und die Sanis etwas sehen konnten, denn die wenigen Kerzen müssen unbedingt für die langen Nächte aufgehoben werden. Damit es im Raum nicht zu kalt wurde, mussten wir heizen, was das Zeug hielt, aber der Ofen, der verfluchte, qualmte natürlich umso schlimmer. Die Verwundeten schimpften mit Recht auf die Kälte, auf den beißenden Rauch und auf die trostlose Dämmerung am hellen Tage. Ich aber stand hilflos dabei. Mehr noch als Flieger und Ari machten mich das Stöhnen und Wimmern und Fluchen der Verwundeten fertig. Es fehlte nur noch, dass die Russen wieder irgendwo zum Angriff antraten. Alles sah so aus, als ob dies wieder das Vorspiel zu einer ganz großen Schweinerei sein sollte. So kehrte die Angst vor den nächsten Tagen und Stunden, die schon ein wenig von mir gewichen war, wieder zurück und machte mich unruhiger als an den letzten beiden Tagen.
Eben brachten sie einen Toten, dem durch Bordkanonen beide Beine durchschlagen worden sind. Sein zermanschter, blutüberkrusteter Torso wurde in eine Ecke neben die Verwundeten gepackt und schweigt nun entsetzlich in den finsteren Raum hinein. Aus den Resten der Uniform wandern die Läuse über seinen wehrlosen Mund…

Werchnij Bischkin, Sonnabend, 21. März 1942

Bis gestern Abend die Schlitten kamen, ging ich trotz der Kälte draußen spazieren. Ich hielt es nicht mehr aus in der Bude. Schwarz starrten die Bombentrichter rings um das Haus aus dem Schnee. Geknickte Bäume, abgerissene Zweige und Teile des Strohdaches lagen überall verstreut. Nirgends stieg ein Laut aus den Ruinen und Gärten der weiträumigen Ortschaft. Was hatte der Russe vor? Wir wissen aus eigener Erfahrung, wie stur er an einmal gefassten Plänen festhält, selbst wenn es ihn unsinnige Opfer kostet.
Als die Schlitten gegen Mitternacht endlich abgefahren waren, überlegte ich wieder, ob ich nicht doch unten auf den Strohschütten schlafen sollte, um dem ätzenden Rauch zu entgehen. Aber ich merkte dann bald, dass ich mir dort den Tod geholt hätte. Zu eisig strich die Nachtluft über den Fußboden hin und so ließ ich mich abermals lieber auf der heißen Ofenbank rösten.
Heute nun das gleiche Theater wie gestern. Wieder ballerte die Ari, wieder such-

ten uns die Schlachter mit Bomben und Bordwaffen heim und kein deutscher Flieger ließ sich sehen. Wie durch ein Wunder trafen sie auch heute unser Haus nicht. Wohl riss eine kleinere Bombe einen Schuppen direkt hinter dem Hause in tausend Fetzen und eine große schlug etwa 10 m vor dem Hause ein, aber größerer Schaden wurde nicht angerichtet. Jetzt zählten wir in 50 m Umkreis immer an die 20 große, fast drei Meter tiefe Krater neben ungezählten kleineren Einschlägen. In unserem winzigen Keller fühlten wir uns immer noch einigermaßen sicher, obwohl von der Decke und von den Wänden der Sand immer bedenklicher auf uns herabrieselt. Umso größere Qualen litten jedes Mal die Verwundeten im Revier, die nicht mit uns in den Keller konnten. Ihre Ängste müssen nach dem Schock der Verwundung einfach furchtbar sein. Und wir können ihnen nicht helfen. Das quält uns am meisten.
Bei der Kompanie, wo ich mir jeden Tag mein Essen hole und bisher vergeblich nach Post fragte, gab es auch heute nichts Neues. Der Russe bleibt unsichtbar und beschränkt sich anscheinend auf seine Feuerüberfälle und Fliegerangriffe. Und dabei ist heute Frühlingsanfang! Frühlingsanfang!!! Welch ein Wort, welch eine Hoffnung für uns! Die Sonne hat schon sehr an Kraft gewonnen und in den letzten Tagen haben sich an windgeschützten Stellen schon dünne Rinnsale von getautem Schnee gebildet. In Vertiefungen und Gräben stehen die ersten richtigen Pfützen aus leibhaftigem Wasser. Ich merke das ja leider immer sehr schnell an meinen Strumpfresten, die jedes Mal sofort klatschnass geworden sind, wenn ich versehentlich in solch ein Rinnsal hineingetapst bin. Ach ja, Frühlingsanfang! Nun sind die Tage endlich wieder ebenso lang wie die Nächte geworden, aber der Schnee liegt noch kompakt und lässt nirgends ein Stückchen Acker durchblicken. Das bisschen Freude an den rieselnden Wässerchen versauten uns die Hunde auch noch mit ihrem blöden Geballere, das in wechselnder Stärke bis zur Abenddämmerung anhielt. Als ich nach längerem Aufenthalt bei der Kompanie am späten Nachmittag ins Revier zurückkehrte, war der Raum abermals mit Verwundeten gefüllt, und das Elend dieser blassen, erschöpften Gestalten bedrückte mich mit doppelter Macht. Wieder senkte sich die Finsternis über den Ort, wieder nahm das gequälte Fragen nach den Schlitten kein Ende. Hier ist es manchmal wirklich schlimmer als bei der Kompanie, weil kein Wort der Vertröstung gegen diese Schmerzen und die Angst, dem Russen vielleicht doch noch in die Hände zu fallen, ankommt, und weil einem angesichts der stöhnenden Körper jeglicher Humor im Halse stecken bleibt; ich muss hier bald wieder raus, sonst kriege ich zuviel.

<u>Werchnij Bischkin, Sonntag, 22. März 1942</u>

Gestern Abend lag ich schon um acht Uhr auf dem Räucherofen, denn die Augen wären mir sonst sogar im Stehen zugefallen. Ich wollte einfach von dem ganzen Jammer nichts mehr sehen und hören, ich wollte die entzündeten Augen schließen, um sie nicht immerzu wegen des Qualms reiben zu müssen. Ich muss auch wirklich bald eingeschlafen sein, denn kurz danach träumte ich, die Russen wären wieder im Dorf. Deutlich hörte ich das wüste Schießen, bis mich plötzlich jemand an den Schultern rüttelte und mich alarmierte, die Russen griffen an und wären

schon im Dorf!
Nun hörte ich es wirklich, ein rasendes Gefatsche und Zwitschern. Halb angezogen, zerrissen zwischen Schreck und lähmender Angst, stürzte ich hinaus, sah mit Entsetzen hinter unserem Hause die grünen russischen Leuchtspuren zum Himmel hochstieben, fand die Ärzte und Sanis verstört, die Verwundeten verzweifelt und hilflos und wäre beinahe spontan zur Schule oder zur Kompanie davon gerannt. Wir horchten in die Nacht, versuchten aus dem Gefechtslärm der wieder hinter einer Höhe gellte, herauszuhören, was sich da abspielte. Immer wieder flackerte das MG- und Gewehrfeuer auf, nach links, nach rechts und wieder zurück schwangen die Leuchtspurgarben. Manchmal glaubten wir, die ersten Russen müssten gleich hinter dem Hang, vielleicht 100 oder 200 m entfernt sein, so laut knallte es uns von dort her entgegen.
Was sollten wir nur tun? Was sollte vor allem mit den Verwundeten geschehen? Die durften wir ja auf keinen Fall zurücklassen. In den benachbarten Höfen fanden wir einige kleinere Schlitten, die zerrten wir hastig zusammen und als die Schießerei von der rechten Seite her immer näher zu kommen schien und immer bedrohlicher klang, schleppten wir die Verwundeten hinaus auf die Schlitten und hüllten sie notdürftig in die Decken, jeden Augenblick bereit, uns selbst vor die Schlitten zu spannen und abzuhauen, irgendwohin in den Westteil der Ortschaft, wo es noch ruhig zu sein schien. Es war vielleicht neun oder halb zehn, noch zwei endlose Stunden Zeit, bis die Pferdeschlitten zu erwarten waren. Das Dorf um uns herum schien wie ausgestorben, nirgends ein Landser, der uns hätte Bescheid sagen können, vor allem auch niemand, der uns einen Befehl brachte, abzurücken. Die Verwundeten froren fürchterlich in der kalten Nachtluft und stöhnten mit Recht über die viel zu kurzen, ungepolsterten Schlitten. Sie wollten unter allen Umständen sofort weg und nicht jetzt noch von den Russen massakriert werden. Aber die paar Sanis und ich hätten sie auch nicht weit schleppen können. Alles kam darauf an, dass die Russen nicht näher rückten, nicht wie in Hof Belikow plötzlich in Scharen den Hang herabgestürzt kamen.
Eine entsetzlich lange Stunde zitterten wir so zwischen Hoffen und Bangen an der Hausecke, spähten immer wieder hinauf zum Kamm der Anhöhe und saugten alle Geräusche des Gefechtes in uns auf. Dann endlich schien der nächtliche Lärm nachzulassen. Nur selten noch flackerte plötzlich MG-Feuer auf, nur vereinzelt hörte man noch Gewehrschüsse, bis dann urplötzlich ganz weit links im Westen, wo es bisher noch still gewesen war, ein jähes Rasseln und Knattern aufloderte und unsere Hoffnungen aufs Neue zerstörte. Noch immer kam kein Mensch mit einer Nachricht oder einem Befehlt, das war das Schlimmste, so vergessen zu sein in einem offenbar von allen Landsern verlassenen Ortsteil, so allein zu sein mit der irren Angst vor eingebrochenen Russen in unbekannter Zahl. Die Verwundeten tobten und jammerten immer lauter, sie wollten wenigstens 500 oder 1.000 m weit weggebracht werden, weg aus dem unmittelbaren Gefahrenbereich, weg von dem drohenden Verhängnis hinter der Höhe, sie wollten in eine andere Bude kommen, wo der Russe ihnen nicht so nahe auf der Pelle saß. Aber woanders gibt es ja keine heilen Buden mehr. Die Ärzte weigerten sich auch, das Haus zu räumen, ehe nicht äußerste Gefahr bestand. Sie mussten auch an die Verwundeten denken, die gerade in dieser Stunde im Revier erscheinen konnten und sofort versorgt werden mussten.

Endlich, endlich wurde es dann doch stiller, schließlich hörte das Fatschen und Krallen ganz auf. Die Russen hatten anscheinend wieder einige Häuser oder Ruinen erobert und gaben sich nun für den Rest der Nacht damit zufrieden, wie schon so oft. Fünf Minuten warteten wir noch fluchtbereit in der beißenden Kälte der Nacht, dann schleppten wir die stöhnenden Verwundeten wieder hinein ins Haus, weil sie es auf den harten Schlitten keine Minute länger mehr aushalten konnten und vor allem neue Erfrierungen ihrer zerschossenen Glieder befürchteten. Etwas besser, etwas wärmer und geschützter war es eben doch auf den verlausten Strohschütten.
Als die Umquartierung geschafft war, stellten wir uns wieder zitternd draußen an die Hausecke und beobachteten weiter. Noch später als sonst glitten dann endlich die Pferdeschlitten heran. Wir schnallten die Halbtoten so schnell wie noch nie darauf, damit sie nun doch noch diesen Ort der Ängste und Leiden verlassen konnten. Mitternacht war schließlich vorüber, als die Schlitten auf der schneehellen Dorfstraße entschwanden. Was für zentnerschwere Steine mochten den armen Kerlen in diesen Minuten von den Herzen gefallen sein, da sie unter sich die rettenden Kufen wussten. Ihnen winkte nun die Sicherheit, wenn nicht der Russe wieder in den Wäldern steckte. Aber an diese Möglichkeit darf man einfach nicht denken.
Nun durfte auch ich mich in der leer gewordenen Bude auf mein qualmendes „Bett“ wälzen und versuchen zu schlafen, allen Iwans irgendwo im Dorfe zum Trotz. Schlafen wenigstens bis zum Morgengrauen. Endlich, endlich…
In aller Herrgottsfrühe fuhr ich abermals von einem schaurigen Geknatter hoch, aber das war im Wesentlichen die eigene Infanterie, die wahrscheinlich die eingesickerten Iwans nach bewährtem Rezept wieder ausräucherte oder zusammenfing. Der ganze Spuk dauerte keine halbe Stunde, dann war es wieder ruhig. Erst im Laufe des Tages erfuhren wir, es seien wieder an die 200 Russen eingesickert, von denen keiner entkommen ist. Wie oft haben sie dieses schwachsinnige Unterfangen nun schon versucht? Jedes Mal ist doch nur der gesamte eingedrungene Haufen total verloren gegangen, entweder tot oder verwundet, oder gefangen. Mit welcher selbstmörderischen Sturheit müssen die Kommandeure dieser verlorenen Haufen gesegnet sein!
Kurz nach diesem Morgenspektakel begann die russische Ari wieder ihr Gebolze, an das wir uns nun schon einigermaßen gewöhnt haben. Meist streut sie ziemlich wahllos das ganze Dorf ab. Gemessen an dem Aufwand ist auch hierbei der Erfolg mehr als bescheiden.
Gegen neun Uhr kam dann ein älterer Landser von der Schule her angekeucht und forderte dringend einen Arzt an, weil die Schule einen Volltreffer unserer Stukas abgekriegt hätte und mehrere Leute schwer verwundet wären. Wir hatten zwar in den letzen Tagen nicht einen Stuka mehr gesehen und auch heute keine bemerkt, aber irgendetwas musste ja dran sein. Da ich sowieso noch mein Essen von gestern Abend holen wollte, lief ich mit hinauf zur Schule. Dort stand tatsächlich alles aufgeregt um mehrere Verwundete herum. Wir erfuhren dann sehr bald, dass der Einschlag keineswegs von einer Stukabombe, sondern, wie zu erwarten, von der russischen Artillerie herrührte. Während der Arzt die Verwundeten versorgte, machte ich mich auf den Weg zum Kompaniegefechtsstand, aber noch ehe ich die Schule verlassen hatte, flog ich urplötzlich wie von einer Riesenfaust geschmet-

tert durch die Tür und landete staubbedeckt im Schnee. Erstaunt saß ich da, die Ohren völlig taub von dem wahnsinnigen Krach des Einschlags. Aber passiert war mir sonst offenbar nichts. Mein Kochgeschirr fand ich in einem Schutthaufen total versaut wieder, alle Räume hingen voll von dichten Staubwolken. Diese gottverdammte Ari!
Nun sah ich aber zu, dass ich Boden gewann. Wieder hatte es einige erwischt, die genauso unvorsichtig gewesen waren wie ich, und es war mehr als Glück, dass der Raum, in dem der Arzt mit den Verwundeten beschäftigt war, diesmal nichts abgekriegt hatte. Schnell holte ich mir meine Verpflegung und sogar drei Briefe, schnell wetzte ich danach wieder zurück ins Quartier, das heißt ins Revier, wo es in der Zwischenzeit ruhig geblieben war. Sofort stürzte ich mich auf die Post: Mutter vom 21. und 22. 2. Großmutter vom 25. 2. Also uralte Kamellen von vor vier Wochen.
Zu meiner großen Erleichterung erfuhr ich nun auch endlich, dass mein kleines Tagebuch von 1941 heil zu Hause angekommen ist. Trotz der für andere zum Teil unverständlichen Abkürzungen hat Mutter doch einige Dinge herausgelesen, die ich ihr in meinen Briefen vorsorglich verschwiegen habe, zum Beispiel die häufigen Magenbeschwerden im Sommer und Herbst. Nun macht sie sich nachträglich noch Sorgen!
Kurz vor Mittag schlugen ein paar ganz schwere Volltreffer in die Schule. Wenige Minuten später quollen dicke Rauchwolken zum Himmel empor. Was an dem wuchtigen Bau noch brennen konnte, hatte Feuer gefangen und brannte lichterloh bis in den Abend hinein. Nun ist unser Haufen bestimmt zum zweiten Mal obdachlos geworden. Wo wird er jetzt ein neues Quartier finden?
Meine Finger haben sich soweit gebessert, dass der Arzt glaubt, mich morgen entlassen zu können. Das ist außer der Post das einzig Erfreuliche an diesem Tag, denn jede Wache draußen auf dem Stützpunkt scheint mir angenehmer als das Hinvegetieren im Qualm des Ofens und in der frostigen Luft, die ständig durch den Raum streicht. Und wie schön muss es sein, einmal keine leidenden und schreienden Verwundeten um sich zu haben, diesem ewigen Geschmack von Äther, zersetztem Blut und schmieriger Unterwäsche entfliehen zu können.

Werchnij Bischkin, Montag, 23. März 1942

Einen letzten schönen Verband um die drei Finger – dann durfte ich schon am frühen Morgen zurück zum Haufen. Ich wurde zum Geschütz von Gottfried Kluge geschickt und schob schon mittags meine erste Wache auf dem altbekannten Stiftpunkt in freier Luft und mit den alten Kameraden, die ich alle kenne. Die Schule ist tatsächlich unbrauchbar geworden, aber die Genossen haben nun in der Nähe des einen Geschützes der Ari eine noch halbwegs intakte Behausung gefunden, die aus unerfindlichen Gründen leer stand. Aber die Hütte wimmelt nur so von Läusen. Das ist für mich etwas deprimierend, denn im Revier bin ich durch eifriges Knacken auf einen Durchschnitt von nur 30 Stück am Tage gekommen. Auch das regelmäßige Waschen mit warmen Wasser, das ich mir dort habe leisten können, ist mir gut bekommen. Viele Eiterpickel und Kratzstellen sind zugeheilt, der ständige Juckreiz, der einem sonst die Nerven zerfrisst, hat mich in den

letzten Tagen nur noch selten geplagt. Mit diesen Errungenschaften des Revierlebens wird es nun bald wieder vorbei sein. Und doch, allen Läusen zum Trotz: Hier ist es besser, solange der Russe ruhig bleibt! Ich freue mich wirklich, wieder bei diesem Haufen zu sein und meinen geregelten Dienst zu haben, und als es vorhin sogar noch etwas Milchreis gab, war das fast schon zu viel des Glücks.
Daran konnten auch ein paar ekelhafte Arischüsse nichts ändern, die die Hunde uns urplötzlich auf dem Rückweg vom Stützpunkt so knallhart vor die Nase setzten, als hätten sie uns ganz persönlich gemeint. Es gibt aber zum Glück überall Deckungslöcher und darin verbrachten wir noch eine halbe Stunde, bis die Luft wieder rein schien. Die Iwans suchen wohl immer noch die Geschütze unserer Ari, die ihnen alles vermasselt und die auch in den letzten Tagen öfter ein Wörtchen mitgeredet haben.

Werchnij Bischkin, Dienstag, 24. März 1942

Nach einer ruhig verlaufenen Nacht krachten sie uns heute Morgen wieder einen hundsgemeinen Feuerüberfall auf die Straße rings um unsere Unterkunft. Nach der ersten kurzen Serie dauerte es nicht lange, bis die Russen abermals mit dicken Paukenschlägen unsere Ecke abklotzten, sodass wir schleunigst in die Löcher kriechen mussten. Diesmal hielt das ohrenbetäubende Krachen und Blitzen eine halbe Stunde lang an. Als wir dann endlich vorsichtig den Eisengehalt der Luft beschnuppern konnten, entdeckten wir zu unserem Schrecken, dass nun das letzte Fenster unserer sowieso schon finsteren Wohnhöhle zerdonnert und die Tür ausgehoben und weit in die Gegend gefeuert worden war. Um ähnlichen Belästigungen hinfort aus dem Wege zu gehen, beschlossen wir schweren Herzens, uns in einem Kellerloch in etwas größerer Entfernung von dem Geschütz der Ari einzunisten. Auf halbem Wege zwischen der Ari und dem Sumpfgelände im Westteil des Dorfes unterhalb des Stiftpunktes fanden wir schließlich ein einigermaßen großes Verlies, etwa zwei Meter breit und tief und drei Meter lang.
Allerdings – schon der erste Blick in den Abgrund machte uns in unserem Entschluss, freiwillig unter die Erde zu gehen, wieder wankend, denn was uns da aus der schwarzen Tiefe entgegenschimmelte und stank, war geradezu unfassbar. Ein völlig verrottetes Gurkenfass mit weißlich-glitschig verschimmeltem Inhalt, ein Kubikmeter Lumpen, alte Pelze und so weiter, ein Haufen sicher längst erfrorener Kartoffeln und Rüben, und über und zwischen allem eine undefinierbare Masse von Abfall und Schweinkram finsterster Art. In solch ein Dreckloch sollten wir ziehen? Noch dazu freiwillig?
Und doch, in der Mitte stand ein solider Pfahl, der die Holzbalkendecke noch einmal unterstützte und darüber war ein halber Meter Erde geschüttet. Das allein ist doch immerhin besser als gar nichts. Nach einigen Bedenken holten wir uns schließlich doch die nächsten Zivilisten heran, die allem Krieg zum Trotze immer noch in den Ruinen vegetierten. Die mussten nun wohl oder übel das Zeug ans Tageslicht hieven und gleich 50 m weiter in ein anderes Loch schmeißen, wo es von uns aus weiter stinken und schimmeln konnte. Als nach geraumer Zeit die Erdwände und die Sohle des Loches zum Vorschein kamen, ohne Dreck, ohne Lumpen, ohne Gurken und Sauerkraut, da sah das Ganze auf einmal so geräumig

und schon leidlich appetitlich aus, dass wir unseren Entschluss schon nicht mehr bereuten. Wir kratzten überall noch 5 cm dick Erde von den Wänden ab und schaufelten sie nach draußen, um nur ja alle Quellen eines etwaigen Gestankes mit Sicherheit zu eliminieren, dann holten wir uns Stroh von den zerschossenen Häusern und breiteten es auf der Erde aus. Als Krönung der Aktion schleppten wir ein kleines Öfchen aus einem der Häuser in unser Loch und fanden schließlich sogar noch so etwas wie ein Ofenrohr, das wir zur Eingangsöffnung hinaus steckten. Schnell waren auch noch die zusammengerutschten Eingangsstufen ausgebessert und mit Brettern und Pflöcken gesichert. Zum Schluss nagelten wir einen dicken Tuchfetzen als Vorhang oben über den Randbalken. Damit war dann unsere gute Stube fürs Erste fertig.
Als endlich das erste Holz im Ofen knallte und bullerte, fühlten wir uns schon bald mollig warm und geborgen in unserem Erdloch. Das Einzige, was noch fehlt, ist genügend Licht. Aber wegen der Kälte können wir den Vorhang nur wenig aufschlagen. So leben wir halt wie die Molche im Dämmer.
Schneller als wir dachten ist es über diesen Arbeiten nun wieder Abend geworden und wir müssen hinauf zum Stiftpunkt. Hinauf zum T 34, zur zerstörten Pak und zur Mastenstraße nach Alexejewka.

Werchnij Bischkin, Mittwoch, 25. März 1942

Wir schoben auch heute unsere regelmäßige Wache mit ständig nassen Füßen. Aber ich muss es nochmals sagen, ich müsste es von jedem dieser warmen Frühlingstage wiederholen: Was ist es für ein unbeschreibliches Glücksgefühl, das gluckernde Wasser zu sehen, es von Dächern und Ruinen tropfen zu hören, ja sogar, es in den eigenen Stiefeln zu haben; die Kraft der zunehmenden Sonne auf dem Rücken und im Gesicht zu spüren, unter sich das weite wellige Land und die fernen Wälder in stillem Frieden zu sehen, als hätte es nie einen Russen und nie das grauenhafte Schlachten in der fürchterlichen Kälte gegeben. Nur die rötlichen Reste der Häuser, die verkohlten Balken und die toten Fensterhöhlen erinnern an das Geschehen. Und natürlich die Leichenberge überall, die verschneiten und staubüberkrusteten Reste so unfassbar vieler Menschen. Doch man ist jetzt einfach abgestumpft, man sieht keinen Sinn mehr darin, sich all das Vergangene wieder vorzustellen und auszumalen. Man kann nur wieder zu Kräften kommen, wenn man dies Übermaß an entsetzlichen Bildern aus sich hinauswirft und sich nur noch bemüht, aus allem das wenige Schöne herauszuholen. Aber das ist schon schwer, denn vor allem die Opfer der Kämpfe häufen sich grausig am Wege, ja sie wachsen nun mit ihren verdrehten Armen und Beinen noch sichtbarer aus dem tauenden Schnee heraus. Immer mürber und löchriger wird das weiße Tuch, das bisher so viel von dem Grauen verdeckt hat. Zurück bleiben der Staub und schwarzer Pulverdreck auf erloschenen Gesichtern.
Um die Mittagszeit drohte unser Bunker plötzlich von der einen Seite her zusammenzurutschen. Durch das starke Heizen ist anscheinend die Feuchtigkeit aus dem Boden gewichen und nun begann die Geschichte lawinenartig zu rieseln. Mit einem schnell organisierten Blech konnten wir unser lebendiges Begräbnis allerdings noch einmal abwenden.

Der Russe ist immer noch beängstigend still und friedlich. Nicht ein einziger Schuss zerriss heute die Stille ringsum. Umso mehr waren wir vorhin erstaunt, als uns kurz vor dem Ende unserer Abendwache plötzlich Panzeralarm gemeldet wurde, und wir noch länger auf dem Stützpunkt bleiben mussten. Zwei Stunden lang horchten wir vergeblich in die Finsternis hinaus, dann hatte man auch höheren Orts ein Einsehen und schickte uns die Ablösung herauf. So konnten wir uns erst um zehn Uhr in unserem Kellerloch aufs Stroh hauen. Nur einer muss sich jeweils beim Scheine eines Hindenburglichtes wach halten, um gegebenenfalls Alarm zu schlagen. Aber zurzeit ist immer noch alles ganz still draußen.

Werchnij Bischkin, Freitag, 27. März 1942

Es geschehen noch mehr Zeichen und Wunder. Nicht nur Sonne und Mond erfreuen seit einiger Zeit unser Herz, nein, unser Geschütz wurde heute vom Stützpunkt heruntergeholt und 200 m von unserem Kellerloch entfernt mitten in den Trümmern neben der Dorfstraße aufgestellt. Stattdessen kam ein neues mittleres Geschütz als Ersatz für das zerstörte nach oben auf den Stiftpunkt. Und da wir alle nicht am mittleren Geschütz ausgebildet sind, brauchen wir auch bis auf Weiteres keine Wache mehr dort oben zu schieben.
Als wir einigermaßen begriffen hatten, was das für uns bedeutetet, eröffnete man uns außerdem, wir hätten unsere Kanone nur im Alarmfall zu bedienen, sonst aber auch dort keine Wache zu stehen. Wir sagten schnell wie aus einem Munde „Jawoll!!!“ und verduften schleunigst in unserer Höhle, um uns gegenseitig noch einmal zu vergewissern, ob wir auch richtig gehört hätten. Keine Wache? Weder auf dem Stiftpunkt noch an unserer Kanone??? So etwas ist doch überhaupt nicht vorstellbar! Aber es stimmte doch. Es ist bei der Großdeutschen Wehrmacht möglich, dass eine Kanone, unsere Kanone, getarnt in einer Ruine steht, ohne von einem Posten bewacht zu werden. Bis zum Abend erschien auch wirklich kein Mensch mit der Frage, wo der Posten sei, sondern wir lebten buchstäblich in den Tag hinein wie die Rentner und beschäftigten uns mit Holzhacken und Entlausen, um danach unser schwer verdientes Abendbrot ohne Hast zu verzehren. Vor lauter Freude ließ ich wieder mal zwei Karten in die Heimat flattern, um mein Wohlbefinden anzuzeigen.
Jetzt, vor dem Schlafengehen, empfinden wir es beinahe schon als Zumutung, dass die ganze Nacht hindurch immer einer von uns wach bleiben muss. Wenn wir schon keine Wache zu schieben brauchen, dann sollte man uns doch anstandshalber auch einen Posten vor die Tür stellen, der uns im Notfall weckt. Aber es ist eben kein Glück vollkommen auf dieser beschissenen Welt.

Werchnij Bischkin, Sonnabend, 28. März 1942

Keine Wache, kein Frieren, Zeit zum Waschen und Entlausen und immer saubere Füße von dem Eiswasser, das ständig von den Sockenresten in meine Stiefel gesaugt wird. Von allen Höhen fließen die Bächlein zu Tal, überall kommen Gasmasken und Kippen, braunes Gras und Patronenhülsen, alte Handschuhe und

unzählige Granatsplitter unter dem weggetauten Schnee ans Licht. Und ich muss es immer wieder erwähnen, so wie ich vorher von der Kälte berichten musste, obwohl kein Wort in der Lage ist, ihre auszehrende Unmenschlichkeit realistisch zu beschreiben.
Wir hörten heute wieder neue Gerüchte über schwere Kämpfe unseres Regiments am Donez. Es ist schon öfter mal was durchgesickert, aber da niemand Genaues wusste und mich damals andere Sorgen wahrhaftig mehr bedrängten, habe ich diese Parolen kaum registriert nach dem Motto: Na, wenn schon, was ist das gegen unsere Leiden? Aber nun scheint doch etwas dran zu sein. Mein heißer Wunsch, zurück zur Kompanie zu kommen, schmolz in diesen Tagen und Stunden rapide dahin wie der Schnee. Ich fühle mich hier wirklich wohl bei den Kameraden, wir genießen zum ersten Male seit Wochen so etwas wie Ruhe und Etappe, und ich halte es daher nur für einen selbstverständlichen Akt der Gerechtigkeit und des Ausgleichs, dass ich nun auch mal ein paar schönere Stunden bei diesem fremden Haufen in dem Erdloch zubringen kann. Stefan und den anderen Kumpel von der Kompanie sehe ich kaum einmal, aber sie denken in diesen Tagen sicher ähnlich wie ich.

Werchnij Bischkin, Sonntag, 29. März 1942

Wieder ein Tag, einer der wenigen Tage, von denen nichts Wesentliches zu berichten ist. Nur das eine vielleicht, dass unser Kampf gegen die Läuse hoffnungslos geworden ist. Das Ungeziefer vermehrt sich noch schneller, als wir es trotz unserer vielen Freizeit vernichten können. Aber das ist auch das einzig Traurige an unserem derzeitigen Dasein. In uns überwiegt bei weitem die Freude, dass wir keine Wache haben, dass der Schnee schmilzt und sich nun sogar die ersten braunen Flecken oben an den Rändern der Schluchten zeigen. Zum ersten Male seit Monaten natürliche braune Erde, nicht die aufgerissene der Bombentrichter und Granateinschläge. Wir genossen diesen Sonntag und das immer noch unfassbare Faulenzen von früh bis spät mit der ganzen Inbrunst unserer geschundenen Kadaver. Nur manchmal beschlich uns die Angst vor zu viel Glück und einem dicken Ende, wenn wir es gar nicht mehr erwarten.

Werchnij Bischkin, Montag, 30. März 1942

Auch heute störte uns niemand in unserem friedlichen Rentnerdasein. Wie lange kann das aber noch gutgehen? Ich dachte in einer stillen Mittagsstunde längere Zeit an zu Hause, an Mutter, Vater, Bruder, die Großeltern. Sie alle haben bestimmt seit Wochen keine Nachricht mehr von mir erhalten, denn meine Kartengrüße können noch gar nicht eingetroffen sein. Auch jetzt bin ich immer noch zu gleichgültig und kaputt, um einen ausführlicheren Brief zu schreiben. Die Heimat ist ja so unendlich fern. Was soll ich auch berichten? Von der Kälte? Von den Russen? Das können sie alles täglich in den Zeitungen lesen und sich zur Genüge selbst ausmalen. Allerdings, was wirklich geschieht, was in einem selbst vorgeht, das steht natürlich nicht in den Zeitungen. Das kann auch keiner nachempfinden,

der nicht dabei war. Was sie wissen sollen, ist, ob ich jetzt in dieser Stunde lebe und wohlauf bin. Aber das kann ihnen niemand sagen, auch ich nicht. Und sie erfahren es vielleicht in drei Wochen. Was also soll's?
Später mal, wenn es noch etwas wärmer geworden ist, will ich mich hinsetzen und schreiben, damit sie wenigstens noch erfahren, dass ich lebte, als ich den Brief schrieb.

Werchnij Bischkin, Dienstag, 31. März 1942

Das Geschütz, das bisher als Reserve an der Schule gestanden hat, wurde heute heruntergeholt und nicht weit von uns entfernt in Stellung gebracht. Von nun an dürfen wir auch wieder Posten stehen, und zwar gleich acht Stunden am Tag. Unteroffizier Stefan kam am Vormittag bei uns vorbei und las mir einen langen Brief vor, den er an die Kompanie geschrieben hat. Darin beschreibt er unseren armseligen Zustand in der fremden Umgebung und bittet nochmals dringend um Wintersachen, vor allem aber um frische Wäsche. Nichts von alledem haben wir in diesen sieben Wochen seit Charkow erhalten. Außerdem soll die Kompanie uns endlich anfordern, damit wir wieder zu unserem richtigen Haufen kämen, denn hier in WB schien die Lage nun so weit gefestigt zu sein, dass man uns wohl entbehren könne. Ich gab Stefan meinen Segen, wenn auch in Sachen Rückanforderung nur halben Herzens. Zu ändern war ja sowieso nichts mehr. Und generell hat er Recht – hier werden wir zwangsläufig immer Fremde bleiben, solange wir nur ausgeliehen sind.

Werchnij Bischkin, Mittwoch, 1. April 1942

Der April fing gleich richtig an. In dieser Nacht kamen wir kaum gegen den Schneesturm an und morgens war es wieder säuisch kalt. Kurz nach dem Hellwerden kriegten wir plötzlich auch noch den idiotischen Befehl, bei zwei riesigen Bombentrichtern, die die Stukas etwa 300 m vor unserem Stützpunkt an der Straße nach Alexejewka in die Erde gehauen haben, in Stellung zu gehen. Das ging komischerweise auch ohne Komplikationen vonstatten, wenn wir auch den Sinn dieser selbstmörderischen Aktion am helllichten Tage ums Verrecken nicht begriffen. Ganz weit entfernt sahen wir hin und wieder mal einen Iwan umherlaufen, aber sie taten uns nichts, obwohl sie uns genauso gut sehen mussten wie wir sie.
Um die Mittagszeit holte man uns ebenso abrupt wieder zurück zum Stützpunkt, weil nun plötzlich eine neue Stielgranate an dem T 34 ausprobiert werden sollte. Diese Stielgranate ist die neueste Sensation und Wunderwaffe. Sie besteht aus einem etwa fußballgroßen Kopf mit der Sprengladung darin und aus einem ziemlich langen Stiel, der – man höre und staune – von vorn in das Rohr der Kanone gesteckt werden muss. Hinten am Verschluss wird dann nur die Treibladung eingeschoben, die dieses unförmige Ding mit Ach und Krach etwa 100 m weit befördern kann. Das bedeutet nichts anderes, als dass man bei einem ernstlichen Panzerangriff wohl kaum dazu kommen wird, nach dem ersten Schuss noch eine

zweite Stielgranate loszuwerden, weil man zum Laden ungeschützt vor die Kanone springen und dort den Brummer einfädeln muss. Aber dessen ungeachtet soll das Ding garantiert jeden Panzer durchschlagen und dementsprechend wurde es uns von einigen fremden Leuten aufs Höchste gepriesen.
Skeptisch wie wir waren, brachten wir die Kanone etwa 30 m unterhalb des T 34 in Stellung und luden sie vorsichtig mit dem scharf gemachten Ungetüm. Danach versuchten wir befehlsgemäß mit einer speziellen Zieleinrichtung den T 34 ins Visier zu kriegen. Wegen des schweren Sprengkopfes muss das Rohr hierfür gewaltig hochgekurbelt werden, fast wie bei einem Mörser, sodass von unserer gewohnten rasanten Flugbahn nichts mehr übrig bleibt.
Ja, und dann kam der große Moment. Alles hockte hinter dem Schild in Deckung. Fertig? – Jawoll. – „Feuer frei!"
Ein greller Lichtblitz, steil flog das Ding im Bogen hoch, senkte sich ebenso rasch und zersprühte krachend rechts vorn unter dem Panzer. Künstlerpech. Wir alle hoch und hin. Ein kleines schwarz gebranntes Loch im Schnee, und die Kette war noch mehr zerrissen als sie schon war. Schade, die Hauptwucht war in den gefrorenen Boden und nicht in den Panzer gegangen. Aber wir hatten noch eine zweite Granate zum Ausprobieren und die traf dann genau den Wulst vorn am Bug des Panzers und drang dort 13 cm tief ein. Ein winziges Loch von etwa 3 cm Durchmesser. Das war wieder Pech. Ein paar Zentimeter weiter in die normale Panzerplatte – die wäre bestimmt durchgeschmort und wir hätten die Wirkung auch im Innern des Panzers in Augenschein nehmen können. Ein dritter Versuch wurde dann leider nicht mehr genehmigt. Eine einzige Granate war noch vorhanden und die ist nun für den Ernstfall bestimmt.
Wir wuchteten nach dem Manöver unsere Spritze wieder hinauf neben den T 34, rollten sie in die alten Löcher und luden sie dann bedächtig mit der neuen Supergranate. Wenn nun also, wie damals an dem einen Sonntag, zwei Panzer zugleich angedonnert kommen sollten, können wir vielleicht mit unsagbarem Dusel den ersten noch erledigen, danach aber nur die Beine in die Hand nehmen. Wundervolle Aussichten. Unser Selbstvertrauen als Panzerjäger ist nach dieser kümmerlichen Demonstration deutscher Waffenkunst noch weiter unter den Nullpunkt gesunken. Jetzt kann man überhaupt erst schießen, wenn ein Panzer ganz nahe herangekommen ist. Wenn deutscher Erfindergeist nicht bald etwas entscheidend Besseres herausbringt, dann ade.
Am Nachmittag bauten wir uns noch ein zweites Häuschen neben das vorhandene, damit wir endlich etwas mehr Platz zum Sitzen kriegten. Der Iwan rührte sich auch heute nirgends, aber Tauwetter war erst wieder am Nachmittag. Und unsere Wache dürfen wir von nun an ja wieder schön auf dem Stiftpunkt schieben. Wir haben es ja geahnt.

Werchnij Bischkin, Donnerstag, 2. April 1942

Kaltes und windiges Aprilwetter. Wieder mussten wir frühmorgens die Kanone die flache Anhöhe hinauf und dann noch ein Stück ganz schwach bergab zu den Bombentrichtern auf dem Vorderhang schleppen, von wo aus man zwar eine weite Sicht nach Alexejewka hinüber hat, wo man im Ernstfall aber auch, von

Gott und allen Kameraden verlassen, herrlich auf dem Präsentierteller sitzt. Mittags stolzierte zu unserem Entsetzen auch noch ein Haufen verrückt gewordener Offiziere in voller Größe und Schönheit genau auf uns zu. Einer der Herren verlangte von Kluge, er solle auf ein paar Russen schießen, die man als winzige Pünktchen in etwa 2.000 m Entfernung gerade noch mit bloßem Auge erkennen konnte. Als Kluge dem guten Mann erklärte, unsere kleine Kanone könne gar nicht so weit schießen, wurde der Herr wild und fühlte sich auf den Arm genommen. Es bedurfte erst eines längeren Palavers, um ihn schließlich doch noch anhand unserer Zieleinrichtung davon zu überzeugen. Uns verschlug es platterdings die Sprache – und das will was heißen. Aber so etwas läuft nun entgegen den primitivsten Regeln der Kriegskunst im freien Felde und im Angesicht des Feindes herum und markiert auch noch den dicken Wilhelm.
Gegen zwei Uhr nachmittags kam endlich die Ablösung und am Abend durften die anderen die Kanone wieder zum Stützpunkt zurückschleifen. Dass der Iwan bei alledem nicht einmal dazwischengefunkt hat, ist uns immer noch unbegreiflich. So viel Schwachsinn traut er uns wahrscheinlich gar nicht zu. Oder er hielt alles für Bluff oder eine ganz besondere Teufelei.

<u>Werchnij Bischkin, Freitag, 3. April 1942</u>

Es taute heute wieder herrlich und ganz allmählich vergrößern sich nun trotz des Neuschnees die braunschwarzen Erdflecken auf den Höhen. In jeder freien Minute kämpfen wir den schier hoffnungslosen Kampf gegen die Läuse, aber es wird trotzdem mit jeder Stunde schlimmer. Man selbst stinkt nun schon seit Wochen wie ein Schwein oder Wiedehopf und weiß nicht, wo man sich alle Nase lang zuerst kratzen soll. Die einstmals reine, jetzt schwarzgraue Wäsche ist von tausend roten und gelben Sprenkeln übersät. In allen Ritzen und Nähten kleben die vertrockneten Leichen der Quälgeister dicht bei dicht. Eine Scheiße ohne Ende.
Und nun, da wir mal ein etwas ruhigeres Leben haben, finden wir auch Zeit, über uns selbst und unseren Zustand nachzudenken, und das ist gefährlich. Warum lässt man uns in dieser menschenunwürdigen Verfassung nun schon seit Wochen in Dreck und Ungeziefer regelrecht verkommen? Wo ist die deutsche Gründlichkeit geblieben, der exakte Kommiss, der rechtzeitig an alle Eventualitäten denkt? Dieser Krieg hat sich doch zu einer ganz großen Pleite entwickelt, bei uns immerhin nur im Kleinen, aber an anderen Frontabschnitten doch in erschütterndem Maße auch im Großen. Was man hin und wieder mal so aus den Wehrmachtberichten gehört hat, klang wirklich manchmal beängstigend und enthielt sicher nicht einmal die volle Wahrheit. Abwehrkämpfe, Abwehrkämpfe – was anderes gibt es doch schon gar nicht mehr…
Vielleicht ist es gut, dass man nicht alles erfährt, sondern jede Minute vollauf mit sich selbst beschäftigt ist und alle Kraft braucht um nicht der nächstbesten Verzweiflungsstimmung nachzugeben. Es muss nun aber bald etwas geschehen, mit neuen Waffen und mit Ersatz aus der Heimat und mit einer ganz anderen Ausrüstung und Ausstattung. Wir haben wahrhaftig auch einmal Ablösung und Ruhe verdient, damit man wieder lernt, was es heißt, ein Mensch zu sein. Im Grunde sind wir noch viel zu kaputt, um uns eine schönere Welt auch nur zu erträumen.

Wir sind ja schon glücklich über jede Stunde Schlaf im vergessenen, dreckverschmierten, ewig nassen Stroh unseres Erdloches, von dessen Decke es nun auch zu tropfen beginnt. Der wassergetränkte Vorhang über dem Eingangsloch verhüllt zum Glück den Jammer dieser Welt vor unseren chronisch entzündeten Augen. Wir latschen halb im Tran hinauf zum Stiftpunkt, wir haken jede dieser aberhundert Wachminuten ab wie eine tote Laus – weg damit, die nächste. An nichts denken, nichts planen, nichts hoffen, nur schlafen und vergessen, am liebsten 24 Stunden am Tag…

Heute Nachmittag wurden die restlichen Zivilisten aus dem Dorf zusammengetrommelt und mussten die toten Russen, die noch überall in den Ruinen und Gärten lagen, beiseiteschaffen. Solange der Schnee ihre graubraunen Jacken bedeckt hatte, waren sie nicht allzu sehr ins Auge gefallen, aber nun kann man diese oft zu wirren Klumpen gehäuften Leichen zwischen den Trümmern einfach nicht mehr ertragen. Die Zivilisten, großenteils Frauen, wickelten den Toten schlicht und einfach handfeste Stricke um Beine oder Arme und schleiften sie dann munter schwatzend hinunter an den Rand des Sumpfes. Dort ließen sie die Körper ins Wasser kollern, wo sie ganz oder auch nur zum Teil versanken. Am Abend sah es soweit überall gut aufgeräumt aus. Nur vereinzelte Stahlhelme, Schuhe oder Mäntel im Schnee und die zerblasenen Scheiben, der abgeplatzte Putz und die durchlöcherten Wände erinnerten daran, dass dort in einer frühen Morgenstunde mal 200 Russen gefallen sind. Unten im Sumpf aber grinsen nur die bleckenden Totenschädel aus dem Wasser und warten darauf, dass sie eines Tages, wenn die Eisschicht unter dem Tauwasser geschmolzen ist, in der Tiefe endlich ihre letzte Ruhe finden können. Was muss das im Sommer für einen Gestank geben! Aber das soll nicht unsere Sorge sein. Im Sommer sind wir hoffentlich schon ganz woanders, weit, weit weg von diesem fürchterlichen Werchnij Bischkin.

Vorhin verflog meine miese Stimmung schlagartig, als uns Kluge noch unerwartet Post in unser glitschiges Gehäuse brachte. Bisher habe ich ja eigentlich immer nur gute Nachrichten von zu Hause bekommen und so war es auch heute.

Dieter schreibt und zeichnet wie im tiefsten Frieden über „Stilelemente der Gotik“. Vater berichtet von neuen Armeen, die bereits in die Front eingeschoben würden, beide haben einen schönen gemeinsamen Tag in Dresden und Pirna verlebt, als Vater auf der Rückreise von Jägerndorf nach Dortmund war. Aber Ostern kann Vater nicht kommen und ist auch wohl nicht böse darüber, weil er es satt hat, die 12- und 15-stündigen Bahnfahrten stehenderweise zu absolvieren. Alter Mann von 58 Jahren ist halt kein D-Zug mehr.

Großvater kann nun endlich wieder zu seinem geliebten Dämmerschoppen gehen. Bei der Kälte und Glätte und der Finsternis in der verdunkelten Stadt ist es im Winter einfach nicht möglich gewesen. Das Radio der Großeltern droht nun bald ganz zu versagen. „Keiner macht einem heute etwas heil!“ Aber ohne Nachrichten könnte Großmutter kaum leben.

<u>Werchnij Bischkin, Sonnabend, 4. April 1942</u>

Von meinem rechten Stiefel löste sich heute Vormittag der Absatz und das ganze hintere Sohlenende schlappt nun wie bei einem Pantoffel bei jedem Schritt hinter

mir her. Am linken Stiefel ist ja schon lange das gleiche Elend mit dem vorderen Sohlenteil. Ich kann jetzt auch nirgends einen Knecht finden, der mit ein paar fachkundigen Handgriffen diesem unhaltbaren Zustand ein Ende bereitet. Andererseits – was macht es schon, dass nun noch etwas mehr Wasser durch die Stiefel fließt? Die Füße und die letzten Fasern der Socken sind ohnehin Tag und Nacht nass, seit Wochen schon.
Draußen strömen die Wasserbäche weiter mit wahrer Lust von den Höhen zu Tal. Jetzt haben sogar die Verpflegungsschlitten Mühe, durchzukommen, weil sie auf manchen Strecken schon keinen Schnee mehr unter den Kufen haben. Die Sonne schießt nun schon gegen vier Uhr früh über den Horizont und daher sind die Nachtwachen nicht annähernd so trostlos lang wie noch vor wenigen Wochen. Es geht eben doch aufwärts! Und ab Mitternacht soll Ostern sein. An den Karfreitag hat kein Mensch gedacht, einfach vergessen.

Werchnij Bischkin, Ostersonntag, 5. April 1942

Ostersonntag! Wir machten gleich in aller Frühe unseren Osterspaziergang zum Stützpunkt hinauf, wo wir die ersten vier Stunden unserer Wache schoben. Frisch und klar rieselte das Wasser durch die Stiefel – so richtig schön österlich. Zur Feier des Tages wurde im Zug eine Kuh geschlachtet. Drei und vier Mal manschten wir uns große Haufen „Gewiegtes" zurecht und schlugen uns zum ersten Mal seit vielen, vielen Wochen wieder unmenschlich die Bäuche voll, sodass wir am Nachmittag kaum noch den Weg hinauf zum Stützpunkt schafften. In der Mittagszeit aber raffte ich mich endlich auf, in unserem Schwindsuchtverlies einen Brief nach Hause zu schreiben. Ich konnte ja immerhin etwas Positives melden: Eine verlauste Decke und eine verblichene Zeltbahn beim Iwan in Hof Belikow. Verbleibender Besitz: eine verrostete Flinte, eine russische Meldetasche aus WB-Ost, ein vor Dreck frei stehendes, einst dunkelgrünes Sommermäntelchen, die erfrorenen Fingerspitzen noch ohne Gefühl, der Schnupfen von der Eisenbahnfahrt von Kiew nach Charkow im Januar noch immer ungebrochen. Aber sonst ist alles prima.
Es traf sich auch gut, dass mir in unserer Soldatenzeitung eine Notiz aufgefallen war, die sich nur auf uns, das heißt Hof Belikow und Werchnij Bischkin, beziehen konnte und die ich dem Brief beifügte: „Ein sächsisches Infanterieregiment wies vom 7. bis 17. März allein 25 feindliche starke Angriffe, von denen 12 mit Panzerunterstützung angesetzt waren, unter hohen Verlusten für den Gegner ab. Acht abgeschossene Panzer und 1.200 Tote blieben vor der Stellung liegen."
Wie groß die Stärke dieses Regimentes wirklich war, beziehungsweise ist, habe ich bisher nicht erfahren können. Es hieß mal, in WB seien 800 Mann eingesetzt, davon etwa 200 alte Knaben eines Baubataillons mit Kampfwert gleich null. Mit den Panzern hat es bestimmt seine Richtigkeit und ebenso mit den 1.200 Toten. 200 sind ja allein in unserer Ecke gefallen und gestern von den Frauen in den Sumpf geschleift worden. Und wie oft sind 200 oder 300 Russen in der Abenddämmerung in das Dorf eingedrungen und dann jedes Mal am nächsten Morgen zu 30 oder 50% gefallen? Und wie sieht es in dieser Hinsicht im Ostteil aus? Dort müssen doch allein hunderte liegen. Und wie viele lagen schon im Ostteil des

Dorfes bei der zehnten Kompanie, als wir uns damals die Ausrüstungsklamotten zusammensuchen sollten? 1.200 Tote – diese entsetzliche Zahl ist bestimmt nicht übertrieben. Und gewonnen haben sie nichts außer Hof Belikow und einem winzigen Bruchteil an Toten und Verwundeten bei uns. Ein erschütterndes, deprimierendes Ergebnis für die Russen, vor allem, wenn man selbst gesehen hat, wie unsagbar wehrlos und dilettantisch man diese Massen in den sicheren Tod gejagt hat.
Die kleine Notiz ist nun alles, was die Welt von diesen Wochen erfährt, das heißt, mit einiger Sicherheit erfährt es überhaupt nur dieses Stückchen Front, in dem die Soldatenzeitung erscheint.
Als ich den Brief mit klammen, steifen Fingern zu Ende gebracht hatte, war mir doch wohler. Zu lange habe ich die Eltern warten lassen. Aber irgendwo ist nun mal eine Grenze, wo man nicht mehr kann.

Werchnij Bischkin, Ostermontag, 6. April, 1942

Ein schöner Tag mit gutem Wetter und guter Verpflegung. Ohne diese entsetzliche Kälte ist das Wacheschieben beinahe ein Vergnügen und da der Russe sich nicht blicken lässt, können wir uns auf Posten sorglos was erzählen. Vorhin berichtete einer Schauermärchen über das Schicksal unseres Regimentes, das vorn bei Starij Saltow am Donez lag. Angeblich hat der Russe dort einen Großangriff gestartet; Starij Saltow ist verloren und angeblich stehen die Russen schon kurz vor Charkow. Selbst wenn man 50 oder 80% dieser Parolen abstreicht, bleibt noch genug übrig, um sich über das Schicksal der Kameraden größte Sorgen zu machen. Vielleicht fordert man uns jetzt beschleunigt wieder an, damit wir wenigstens gleich von einer Scheiße in die andere kommen. Das sähe Emil nur zu ähnlich. Frohe Ostern…

Werchnij Bischkin, Dienstag, 7. April 1942

Man hat höheren Orts herausgefunden, dass 400 m links neben unserem Stützpunkt ein Geschütz platziert werden müsse, obwohl dort überall der Steilabhang mit den tief eingerissenen Schluchten zum Dorf hin abfällt. So kamen während unserer Wache zwei Infanteristen mit zwei Pferdchen die Sumpfstraße hoch, wir durften die Spritze anhängen und dann im großen Bogen um die Schluchten herum, immer am Abgrund entlang, nach Osten zotteln. Auf diesem Marsch bemerkten wir mit Erstaunen, dass die meisten dieser Schluchten im Grunde voll toter Pferde und Russen waren, die irgendwann vor unserer Zeit von oben hinuntergestürzt sein müssen, denn bei vielen sah man an den unnatürlich abgeknickten Körpern, dass das Rückgrat gebrochen war. Nun hat das abfließende Tauwasser die Leichen und Kadaver zur Hälfte mit allerlei Sand und Geröll zugeschwemmt, die sichtbare Seite aber frisch gewaschen. In ein oder zwei Wochen sind sie sicher ganz von den nachrutschenden Erdmassen begraben und damit für immer verschollen.
Die Stellung hielten wir für ausgesprochen blöd, denn dort standen wir noch mehr

allein auf weiter Flur und hatten als Rückzugsmöglichkeit allenfalls den Sprung in eine der Schluchten offen. Die Sicht reichte von dort aus zwar etwas weiter als am Stützpunkt, aber im Ernstfall hätte uns ein Panzer längst abgeknallt, ehe wir mit unserem Sprengapparat überhaupt losballern könnten. Da diese Stellung nun von unserer „Wohnung" aus gesehen nicht mehr rechts, sondern links von uns lag, suchten wir uns einen kürzeren Weg, mussten dabei aber in jedem Falle den in zwei Arme geteilten Bach durchwaten. Mir machte das am wenigsten aus, da ich ja ohnehin meine Fließendwasser-Anlage in meinen Stiefeln habe, aber die anderen Kameraden, die nicht so glücklich dran sind, zogen doch verdammt lange Gesichter. Aber sie waren andererseits auch zu faul, nun immer den langen Umweg zu laufen, die Straße durch den Sumpf, dann zum Stützpunkt und schließlich weit vor all den Schluchten nach links hinüber bis zu dieser edlen, neuen Stellung. So kriegten sie nun auch schön nasse Füße.
Am Nachmittag beehrte uns der Kommandeur des Regiments, den sie gern den Bluthund nennen, mit einem kurzen Besuch in unserer Stellung. Er hatte merkwürdigerweise nichts zu meckern, sonder sprach uns im Gegenteil Mut und Hoffnung zu und bestätigte unsere unmaßgebliche Ansicht, dass der Russe in dieser Gegend erst mal die Nase voll habe. Na schön, uns soll es recht sein. Aber angeschissen sind wir dort oben doch, denn wir haben keine Bude, in die wir uns mal zum Aufwärmen und zu einem kurzen Nickerchen zurückziehen können. Also trampelten wir wie einst in schöner Winterszeit stundenlang auf der Stelle.
Vor der Nachtwache geschah übrigens noch ein kleines Wunder: Ich hörte zufällig von einem Schuster in der Nähe reden, wetzte spornstreichs hin und kriegte tatsächlich wenigstens den Absatz wieder festgepinnt, den ich immer schön in der Manteltasche mit mir herumgeschleppt hatte. Der schlappt nun also nicht mehr. Vor der linken Sohle kapitulierte der Meister allerdings auch. Da sei mit Nageln nichts zu beschicken, und Ahle und Zwirn besitze er nicht, ganz abgesehen davon, dass in dem ausgelaugten Leder jeder Faden gleich wieder ausreißen würde.

Werchnij Bischkin, Mittwoch, 8. April 1942

Gegen Nachmittag wurde es so schön warm, dass ich mich draußen in unserer herrlichen Stellung auf die Kanone setzen und ohne meine sogenannten Handschuhe einen Brief an die Großeltern schreiben konnte. Es war zwar noch kein reines Vergnügen, die Schrift wurde auch verdammt krakelig, aber es war doch der erste Brief dieses Jahres im Freien und ohne Handschuhe!
Unser Kommandeur bekam heute das Ritterkreuz für den Abwehrkampf in Werchnij Bischkin. Diese Nachricht erfüllte uns alle mit Stolz, ob wir den Alten nun leiden mochten oder nicht, ob wir selbst ein EK abkriegten oder nicht, denn diese Auszeichnung gilt ja hoffentlich auch jedem einzelnen von uns Landsern, ohne die der Kommandeur dies Nest wohl kaum gehalten hätte.

Werchnij Bischkin, Donnerstag, 9. April 1942

In den Morgenstunden stellte sich zu unserem Erstaunen heraus, dass das Geschütz in der neuen Stellung überflüssig sei. Wir durften es nun selbst, das heißt ohne Pferdchenhilfe, durch Schnee und Matsch zum Stiftpunkt schleifen und nach einigem Hin und Her sogar wieder in der Nähe unseres Erdloches in einer Ruine abstellen. Nur das mittlere Geschütz bleibt aufgrund neuester taktischer Erkenntnisse oben an der Mastenstraße in Stellung.
Am Nachmittag geschah dann plötzlich etwas Unfassbares: Es erschien das Vorkommando eines fremden Haufens mit dem Auftrag, uns abzulösen. Ablösen?? Uns??? Ja, tatsächlich. Die ganze 14. Kompanie soll aus Werchnij Bischkin herausgezogen und nach Bereka und Umgebung verlegt werden. Nun schlug es aber dreizehn!
Bereka liegt angeblich gar nicht weit von hier. Ob man jetzt dort eine Schweinerei befürchtet, für die wir gut genug sind? Wir sind noch immer ganz und gar durcheinander. Aber es muss ja wohl was dran sein.
Ungläubig und zerfahren haben wir unser bisschen Gelumpe bereitgelegt und warten nun. Warten auf die Ablösung. Können es noch gar nicht begreifen. Wieso Ablösung? Und so plötzlich…

Werchnij Bischkin, Freitag, 10. April 1942

Gestern bollerte in der Abenddämmerung tatsächlich ein Wagen heran, auf den wir unseren Kram aufluden. Mit einiger Mühe kriegten wir auch die Kanone hinten angebunden. Und dann standen wir da im Finstern und warteten auf die Ablösung selbst, die nicht erschien. Wir warteten um acht Uhr an unserem verlausten Dreckloch, wir standen auch um neun Uhr noch mit Eisbeinen am selben Fleck und fluchten schändlich über diese unzuverlässige Bande. So sang- und klanglos sollten wir nun also dies Werchnij Bischkin verlassen. Wir hatten nicht mal mehr Zeit, vom Stiftpunkt aus einen letzten Rundblick über das Dorf und den Talkessel zu werfen, noch einmal die trostlos-monotone Mastenreihe entlangzusehen, noch einmal zum Abschied die Einzelheiten des Stützpunktes oben zu betrachten, den T 34, die kleinen Bretterbuden, das Geschütz, das sMG, die Schlucht und die Straße durch den Sumpf. Nur als dunklen Fleck konnten wir den T 34 eben noch oben am Horizont erkennen. Unter uns liegt der Sumpf, die große Wasserfläche, auf der sich bei Nacht immer noch eine dünne Eisdecke bildet. Da hob sich im Westen über dem schwarzen, unheimlichen Wasser scharf der gezackte Rand des Steilabfalls gegen den noch ganz leicht aufgehellten Himmel ab. Da lief unten im Grunde die verharschte Spur der Straße in einer großen Windung hinauf zum Stützpunkt. Wie oft sind wir in dieser gespenstischen nächtlichen Stille da entlanggelaufen?
Links hinter den Höhen, irgendwo weit weg, Hof Belikow, fast schon vergessen, und doch steckt uns noch immer die schmähliche Flucht in den Knochen, das rasende Feuer der Panzer und der russischen MGs. Hinter uns links der rauchgeschwärzte Torso der Schule, dort die Windmühle, ein Trümmerhaufen wie fast alle Häuser in diesem WB. Und doch lebten noch überall Zivilisten, hausten wie

wir irgendwo in den ärmlichsten Löchern und dachten nicht daran, ihr Heimatdorf zu verlassen. Aber wir sollten nun dieses Werchnij Bischkin verlassen? Dieses WB mit den massakrierten Landsern auf den drei Schlitten, mit den ungezählten toten Russen in den Gärten und Ruinen, auf den weiten Schneefeldern und in der Tiefe der Schluchten? Diesen Ort des Brand- und Leichengeruchs, des modernden Strohes, der nassen Kellerlöcher und des faulen Unrats, diesen Ort unserer Leiden und Ängste bis in die kurzen, wirren Träume hinein, die uns in den abgehackten Augenblicken des Schlafs immer wieder verfolgt und heimgesucht haben. Hier hat jeder gelitten, unter Schneesturm und Kälte, Übermüdung und Läusefraß. Aber das Schlimmste war für mich immer die Angst gewesen: am Tage Angst vor der Nacht, in der Finsternis vor dem Morgengrauen, in den kümmerlichen Buden vor der grimmigen Kälte, in der Kälte vor den Läusen, im Halbschlaf vor den Russen, vor der Einkesselung, vor dem lautlosen Erfrieren, vor einer Heimkehr als Krüppel. Dies alles hat uns in diesen Wochen keine Sekunde losgelassen und manchmal bis an den Rand der nackten Verzweiflung getrieben.
Nun, da wir diesen Ort verlassen sollten, spürte ich, dass ich ihn gar nicht mehr verlassen konnte, dass ein Teil meines Selbst bis an mein Lebensende in diese Ruinen und in diese Berge von Leichen verkrallt bleiben wird, dass ich diese grausigen Bilder und die entsetzlichen Träume dieser Wochen durch alle Tage und Nächte, die mir noch beschieden sind, mit mir herumschleppen werde.
Nun lag das Dorf zerfetzt und zerschlagen und stumm unter dem hohen Nachthimmel und kein Laut drang zu uns. Der letzte Schnee auf den Hängen war alt und löchrig geworden wie wir. In einer Woche ist vielleicht alles schwarz dort, die Gärten, die Wege, die Ruinen, die Gerippe der Sträucher und Bäume und der Sumpf mit den gärenden Leichen. Ja, vielleicht war es doch gut, dass wir WB gerade zu dieser Stunde verlassen mussten. Der Kampf um den Ort war ausgekämpft, nun konnte ein Tapetenwechsel nicht schaden. In neuer, fremder Umgebung konnte man freudiger den Frühling und das frische Grün erwarten, in einer anderen Landschaft lassen sich die schrecklichen Bilder und Erinnerungen wohl leichter verdrängen.
Es war zehn Uhr geworden und noch immer ließ sich die Ablösung nicht blicken. Jetzt fehlte nur, dass das ganze Theater eine Scheißhausparole war und wir doch noch bleiben mussten. Es wurde ungemütlich kalt. Trotzdem mochten wir in unserem Erdloch kein Feuer mehr machen, weil wir ja doch jeden Augenblick mit dem Abmarsch rechneten. Was mochte bei unserer Kompanie los sein? Ob Emil unseren Brief erhalten hat? Ob vielleicht schon die Anforderung unterwegs ist?
Während wir viele solche Gedanken in uns wälzten, kamen auf einmal einige Gestalten auf der Dorfstraße näher. Die Ablösung? Ja, wirklich, sie waren es. Eine halbe Stunde ging noch mit allerlei Palaver hin, mit der Übergabeverhandlung, doch dann war es tatsächlich so weit. Die Höhe hinauf zur Ruine der Windmühle war das Schwerste. Wir legten uns gewaltig in die Speichen des Wagens und mit vereinten Mühen kriegten wir schließlich trotz der infamen Glätte des vereisten Weges die Karre mitsamt der Kanone hinaufgewürgt.
Oben aber mussten wir erst wieder zu Kräften kommen. Von der Windmühle aus bot sich ein letzter Rückblick auf dies fürchterliche Werchnij Bischkin. Irgendwann vor scheinbar endloser Zeit war ich dort in tiefer Erschöpfung zusammengesackt, ehe überhaupt alles begann. Nun stand ich wieder dort. Am Ostende des

Dorfes erkannte man im Nachtlicht noch so eben die andere Windmühle des Ortes, die mit den vielen Gräberkreuzen. Unter uns lagen die Reste der Ortschaft wie tot in den dunklen Schatten des Tales.
Werchnij Bischkin. War es ein Abschied für immer? Drüben, jenseits der Talmulde, noch einmal die Mastenstraße nach Alexejewka, der schwarze Klumpen des T 34. Ein unvergleichlicher Punkt.
Werchnij Bischkin. Und ich lebe noch. Dort unten habe ich das Letzte an Kraft, an Willen, an Selbstüberwindung aus mir herauspumpen müssen, aber es bleibt mir nun wenigstens eine schwache Genugtuung: Ich habe es überstanden, ich habe durchgehalten. Nur dieses entsetzliche Frieren werde ich nicht noch einmal ertragen können.
Ich wollte mich nun nicht noch einmal umdrehen, nicht mehr zu dieser Stätte grausiger Schlächterei zurückblicken. Und doch – einen allerletzten Blick noch.
Werchnij Bischkin – fremd, kalt, fahl. Albträume für tausendundeine Nacht.
Werchnij Bischkin – dieser Name ist mir für immer in die Seele gebrannt. Noch lange werden sie mich verfolgen, die gelben, aufgerissenen Gesichter auf den Schneefeldern, die blank gewaschenen, zerbrochenen Körper am Fuße der Schluchten, die grau verstaubten Menschenreste in den Kellern und Ruinen, in den Gärten und in den moorigen Wassern der Sümpfe, und die grässlich gestapelten Leichen auf den drei Schlitten.
Werchnij Bischkin – ein Ort der Toten unter eisigem Himmel…

B E R E K A

Bereka, Freitag, 10. April 1942

Über den „Weg“ von Werchnij Bischkin nach Bereka ließe sich allein ein Roman schreiben. Erst eine lange horizontale Strecke mit Schnee unten, 20 cm Wasser darüber und dann noch eine knapp 1 cm dicke Eisschicht als Deckel. Zwei Pferdchen, ein Wagen mit allem Gelump einschließlich der schweren Munition und die Kanone hintendran. Schließlich ging's ums Verrecken nicht mehr weiter; dann fanden wir im Finstern nur zufällig die Ursache: Wir hatten ein Hinterrad des Wagens verloren, einfach weg! Wir fanden es 50 m hinter uns im eisigen Wasser liegend, aber der Bolzen blieb verschwunden. Mit einem anderen Wagen musste später die Fuhre nachgeholt werden, einer blieb mutterseelenallein die ganze Nacht über auf dem Wagen hocken, während wir anderen mit den Pferdchen und der Kanone im Morgengrauen in Bereka eintrafen, nachdem uns auf der talwärts führenden Straße in den Ort hinein ein fast wadentiefer Schlamm den Rest gegeben hatte. In Wirklichkeit war alles noch viel verrückter und langwieriger und schlimmer, aber dies mag als Andeutung genügen.
Doch hier in Bereka erlebten wir nun gleich zwei Wunder: Erstens fanden wir ein Quartier mit regelrechten Zimmern, mit Blumen, Holzfußboden, Teppichen und halbwegs bürgerlichen Möbeln. In diese Pracht trampelten nun wir verdreckten Gestalten mit unseren armseligen Lumpen. Wenn wir nicht gerade sieben Wo-

chen Hof Belikow und Werchnij Bischkin hinter uns gehabt hätten, wären wir wahrscheinlich lieber im Stall untergezogen. Aber jetzt hatten wir in dieser Hinsicht keine Hemmungen mehr, nix kultura hin, nix kultura her.
Und dann das zweite Wunder: Was am Vormittag noch unglaubliche Parole war, wurde am Nachmittag Wirklichkeit. Es gab reine Wäsche. Nach über sieben Wochen reine Wäsche!! Das war fast zu viel des Guten. Nachdem wir uns zur Mittagszeit den Bauch mit verschiedenen Resten vollgestopft hatten, weil keine richtige Verpflegung gekommen war, begannen wir nach dem Essen mit wahrer Wollust unsere verkommenen Kadaver mit heißem Wasser und richtiger Seife abzuschrubben. Wenn sich auch die aberhundert Pickel und Schwären gar nicht abschrubben ließen, so blieb doch das Gefühl, endlich wieder einmal frisches Wäsche am Körper zu haben. Mochten die Hosen und Röcke und Mäntel auch vor Dreck und Speck stehen – das war alles nicht so schlimm und lässt sich später wieder beheben. Aber wir waren doch endlich einmal dieses stinkende, schweiß- und eiterverschmierte Gelumpe los, wir hatten neue, heile Strümpfe an den Füßen und vielleicht auch mal eine Stunde Ruhe vor den Läusen.
Als es am späten Nachmittag doch noch Abendverpflegung gab und der Duft fettreicher Bratkartoffeln uns umwölkte, fühlten wir uns nach unendlich langer Zeit zum ersten Male wieder als Menschen. Keine Wache in Sicht, eine unsagbar wohlige Wärme den ganzen Rücken hinauf; der Russe wer weiß wo, kein Hunger im Gedärm, sondern ein vollgefressener, fauler Wanst, die sadistische Freude, schlafen zu können, es aber trotz aller Übermüdung und Erschöpfung nicht zu tun, nur um noch dies einmalige Wachsein zu genießen – so hingen wir träge, aber glücklich in dieser gepflegten Umgebung herum. Aber nicht mehr lange, denn die Müdigkeit zog uns dann doch mit Macht, aber wir genossen immer noch ein wenig länger die behagliche Wärme des Ofens, die frische, nach Seife duftende Wäsche, kurzum, unser armseliges, noch einmal gerettetes Leben…

Bereka, Sonntag, 12. April 1942

Auch gestern noch Ruhe, gute Verpflegung, Zeit zum Entlausen und zum gröbsten Säubern der Klamotten. Aber heute kurz vor dem Mittagessen hatten sie uns wieder am Schlafittchen. Es ist ja auch Sonntag, Reisetag. Wir sollen eine andere Bedienung ablösen, die ihre Kanone angeblich in einer ganz blöden Stellung mitten auf freiem Felde stehen hat.
Der Schlamm war immer noch so schön, dass die Reifen der Kanone darin zwei Handbreit tief versanken und sich die Spornbleche hinter der Protze alle Nase lang wie ein Pflug in den Morast einwühlten. (Bild 28) Schon nach wenigen Metern stand uns das Wasser wieder bis zum Rande der Stiefel und wir selbst waren von oben bis unten versaubeutelt. Für die lächerlichen drei oder vier Kilometer brauchten wir vom Mittag bis zur Abenddämmerung, weil die Pferde wieder alle paar Meter verschnaufen mussten.
Dann endlich fanden wir die Genossen in einem weiträumigen Hause und glaubten uns hocherfreut am Ziel. Aber zu unserem Leidwesen eröffneten uns die Kameraden, die Stellung sei noch vier Kilometer weiter! Kluge, unserem wackeren Geschützführer, und den beiden ersten, die mit Wache dran waren, blieb unter

diesen Umständen nichts weiter übrig, als gleich auch diese Strecke weiterzusocken und die Kanone während der Nacht in Stellung zu bringen. Die drei wollen auch gleich die ganze Nacht hindurch draußen bleiben, während wir es uns inzwischen in der Bude gemütlich gemacht haben, so gut man das in Russland eben kann. Dafür müssen wir morgen früh um halb fünf heraus. Die „Ruhezeit" ist dahin. Es geht anscheinend nicht ohne uns.

Bereka, Montag, 13. April 1942

Spät kamen gestern Abend die abgelösten Kameraden aus der Stellung zurück, um wie ihre drei Kumpels noch einmal hier zu übernachten. Auch sie bestätigten uns, es sei in der Stellung ganz ruhig und wir würden dort wohl keinen Ärger erleben.

Mit diesem Trost im Busen sockten wir drei anderen fast noch vor Tau und Tag los, um Kluge und die seinen, wie verabredet, pünktlich um sechs Uhr ablösen zu können. Wir wussten, dass wir noch etwa zwei Kilometer weit die Dorfstraße entlanglaufen und dann hinter den letzten Häusern links in eine talartige Mulde abbiegen mussten. Die Beschreibung stimmte auffallend gut. Wir stiefelten auf den glitschigen Stoppelfeldern ungefähr einen Kilometer immer leicht bergauf und trafen dort dann ein paar Infanteristen, die uns die ungefähre Richtung zu unserer Pak-Stellung angeben konnten. Schließlich stießen wir am Ende einer flachen Seitenmulde auf einen ringartigen Erdwall, in dem, mit Stroh getarnt, eine Pak stand. An der einen Seite des Erdwalles sahen wir dann auch den kleinen Holzbunker, aus Brettern höchst billig zusammengehauen. Darin hockten unsere drei Genossen ziemlich trübsinnig, weil das Ding mehr als knöcheltief abgesoffen war. Man band uns schwer auf die Seele, wir dürften uns tagsüber ja nicht blicken lassen, weil der Russe alles genau einsehen könne. Im Übrigen aber sollten wir zusehen, dass wir den Bunker bald leer kriegten.

Sonst gab es wenig einzuweisen. Links und rechts erstrecken sich weithin kahle Stoppelfelder. Irgendwo konnte man kleine Erdhaufen oder Korngarben erkennen und hinter solchen Gebilden durfte man wohl die nächsten Stützpunkte der Infanterie vermuten. Genaues wussten sie aber in der Hinsicht auch nicht. Auch die Russen solle man gut beobachten können, da Alexejewka jetzt direkt vor uns in einer weiten Senke liegt.

Also sprachen sie und enteilten tief gebückt nach hinten, bis sie glaubten, außer Sicht der Iwans zu sein. Wir standen nun buchstäblich wieder mal allein auf weiter Flur, in etwa drei Kilometer Entfernung die ersten Häuser von Alexejewka, und sonst ringsum nur Himmel und Stoppeln. Mit dem Fernglas suchten wir sorgfältig das Gelände ab, aber viel konnte man auf den weiten Flächen beim besten Willen nicht entdecken. Auf jeden Fall war es ratsam, nicht allzu deutlich in Erscheinung zu treten, um den Iwans keinen Anlass zu unfreundlichen Aktionen zu geben.

Nacheinander setzten wir uns als offizielle Posten auf die Holme der Kanone und besahen uns das Gelände im Einzelnen. Dort oben gibt es zum ersten Mal in diesem Winter für die Posten zwei Pelzmäntel! Es ist kaum zu glauben! Aber jetzt brauchen wir sie kaum noch. Nur nachts zieht man sie sicher ganz gern an.

Im Laufe des Tages beobachteten wir die Russen mehrmals ganz deutlich beim Ablösen. Wahrscheinlich wissen sie auch über uns ganz genau Bescheid. Da man nichts Rechtes unternehmen konnte, verging die Zeit bis zum Abend nur sehr schleppend und langweilig. Aber schließlich wurde es dann doch dämmerig und die Ablösung erschien zu unserer Freude pünktlich.
Schnell und tief gebückt empfahlen wir uns ohne langes Palaver über das freie Feld nach hinten und strebten hungrig dem wärmenden Quartier zu, das wir nach fast einstündigem Fußmarsch gerade noch vor Einbruch der Dunkelheit erreichten. Wenig später erschien zu allgemeiner Überraschung Unteroffizier Lück, ein auf den ersten Blick sympathischer Mann aus der Wiener Gegend, um Kluge als Geschützführer abzulösen. Da Kluge aber draußen in der Stellung war, marschierte Lück gleich allein weiter in die Finsternis hinaus, in der Hoffnung, den Weg nicht zu verfehlen. Und wirklich kehrte Kluge, der nun ein anderes Geschütz übernehmen soll, vorhin kurz vor Mitternacht zurück.
Ich habe nun noch eine Stunde Wache hier im Zimmer und dann bleiben noch drei Stunden Schlaf bis zum neuen Start. Das alte Lied mit neuer Melodie: zwölf Stunden Wache, zwölf Stunden Weg, zehn Stunden frei. Und dazu Tischwache in der Nacht.

Bereka, Mittwoch, 15. April 1942

Gestern hat sich bei uns in der Stellung nichts Besonderes ereignet, aber letzte Nacht hat es schaurig gegossen. Die Straße war fast unpassierbar geworden, in der talartigen Mulde hatte sich ein reißender Bach gebildet und man rutschte auf den Stoppeln herum wie auf Schmierseife. Auf halbem Wege zur Stellung kam uns plötzlich der gute Lück mit den beiden anderen Genossen mit allen Zeichen körperlicher und seelischer Auflösung entgegen: Unser Bunker war in der Nacht innerhalb von zwei Minuten bis oben hin ersoffen! Sie hatten sich gerade noch an die frische Luft retten können, aber alle Klamotten waren liegen geblieben: die Pelzmäntel, das Fernglas, das kostbare Brennholz, ja sogar Lücks Pfeife und eine Dose Tabak. Sie hatten obendrein noch die ganze Nacht hindurch mit nassen Füßen und Hosen draußen in dem ekelhaften Wind stehen müssen und es war daher schon verständlich, dass sie vollends bedient waren. Lück wollte es riskieren, den Bunker heute wegen des grundlosen Matsches nicht zu besetzen. So schlidderten wir allesamt teils sauer, teils heiter wieder nach Hause. Dafür sind wir drei nun heute Abend mit der ersten Nachtwache dran.

Bereka, Donnerstag, 16. April 1942

Da der Bunker noch immer total ersoffen war und die Kanone 10 cm tief im Wasser stand, als wir nach einer deprimierenden Glitscherei im Schlamm in der Stellung ankamen, beschlossen wir, uns angesichts der Hoffnungslosigkeit der Lage ein trockenes Plätzchen zu suchen, und das fanden wir dann auch wirklich in Gestalt eines winzigen Holzbunkers mitsamt einem Öfchen gar nicht weit weg von der Stellung. Dort verbrachten wir die Nacht angenehm trocken und warm,

und die Ablösung brachte dann im Morgengrauen auch noch die frohe Botschaft mit, wir hätten noch drei Mann Verstärkung bekommen, sodass wir nun zwar weiterhin 12 Stunden draußen sein müssten, dafür aber hinterher 24 Stunden Ruhe hätten. Kaum hatten wir den lieben Kameraden den ersoffenen Bunker und den kleinen See ordnungsgemäß übergeben und auf der offenen Fläche die ersten Schritte in Richtung Heimat hinter uns gebracht, da befeuerte uns plötzlich der Iwan mit einigen unfreundlichen MG-Garben, die allerdings viel zu hoch über uns hinwegzwitscherten. Auch weiter rechts in der Gegend der Straße nach Alexejewka schien er die Ablösung der Infanterie mit MG- und Granatwerferfeuer hässlich stören zu wollen. Die Hunde haben uns also, wie es gar nicht anders sein kann, ganz genau auf dem Kieker.
Um die Mittagszeit kann man es jetzt schon wagen, sich in einer windgeschützten Ecke mit bloßem Oberkörper in die Sonne zu setzen. Was ist das dann für ein unbeschreiblich schönes Gefühl, die Augen zu schließen und die wärmende Kraft der Sonne auf sich wirken zu lassen! Ganz still liegt das Dorf im Mittagsschlaf, kein Vorgesetzter kümmert sich um uns. Ein Vogel singt vom Dach, die ersten Hummeln summen in den Büschen. Ja, es ist wirklich Frühling geworden, selbst hier! Und Werchnij Bischkin liegt weit, unendlich weit zurück. Jetzt brauchte man Urlaub, endlich einmal Urlaub. Aber man ist ja schon so dankbar für diese wenigen Stunden der Ruhe, für diese warmen Sonnenstrahlen.

Bereka, Freitag, 17. April 1942

Heute kriegten wir den eisernen Befehl mit auf den Weg, den Bunker und den See innerhalb des Erdwalles leer zu schöpfen. Als die Mittagszeit herangekommen war, hatten wir an die 500 volle Eimer aus dem Bunker geholt und damit ungefähr die Hälfte ausgelöffelt. Das war ein verdammt beschissenes Ergebnis, denn es zeigte uns, dass das Wasser von den Seiten her immer neuen Zustrom erhalten musste. Sonst hätte das Loch nach 500 Eimern längst leer sein müssen.
Bis wir im Laufe des Nachmittags auf Grund kamen, waren 1.200 Eimer bewegt und wir sauer und fertig bis oben hin.

Bereka, Sonntag, 19. April 1942

Gestern erteilte man uns Unterricht über das Sprengen der Geschütze, nachdem angeblich viele Geschütze unverantwortlicher Weise im Stich gelassen und unbeschädigt in Feindeshand gefallen sein sollen. Für jede Kanone gibt es jetzt eine besondere Sprengladung, mit der im äußersten Notfall das Ding in die Luft gejagt werden muss, ehe es dem Iwan in die Hände fällt. Diese Unterweisung gab natürlich Anlass zu allerlei hässlichen Witzen, aber wir hoffen ja alle, dass bald der neue Vormarsch beginnen und sich das Problem des Sprengens damit von selbst erledigen wird.
Abends, als wir wieder zur Stellung tippelten, nahmen wir die Sprengladungen mit, nachdem wir nochmals schwer vergattert worden waren, das Geschütz in keiner Lage unzerstört in Feindeshand fallen zu lassen.

Im Bunker war es wieder einigermaßen trocken. Die Sterne funkelten in erhabener Klarheit, aber die Nächte sind nun doch recht dunkel, weil nur noch in schattigen Mulden etwas grauer Schnee zu finden ist. Sorglos konnte man als Posten auf und ab gehen. In der Ferne war Alexejewka schwach zu erkennen. Ich dachte an die Mastenstraße oben am Stiftpunkt in Werchnij Bischkin. Ja, Werchnij Bischkin – das liegt nun hinter uns wie ein entsetzlicher Albtraum. Aber ich habe bewusst alles zu registrieren versucht, soweit man das in solcher Situation überhaupt kann. Ich habe erfahren, welche ungeheuren Kräfte der Wille zu überleben verleihen kann. Wer aber wird das je verstehen? Wer wird je darauf Rücksicht nehmen, dass unsere schönsten Jahre hier auf den Müllplatz der Geschichte geworfen werden? Und werden wir später, wenn wir überleben sollten, überhaupt ganz normal sein können?
Vor einem Jahr, am 8. April, war der Angriff auf Pirot. Mein Gott – Jugoslawien! Ein schönes Abenteuer, weiter nichts. Auch bis Kiew und Lubny war der Krieg noch ein Kinderspiel für uns. Erst der Schlamm hat uns die Kraft aus den Knochen gesogen, erst der Winter uns den Rest gegeben. Viel kann mit der Division nicht mehr los sein. Vielleicht ist es bei unserer Kompanie noch schlimmer als hier. Die bösen Parolen und Gerüchte reißen nicht ab.
Beschissene Gedanken. Aber wenigstens Stille ringsum über den kahlen Feldern und genügend Sternenlicht zum Sehen auf der dunklen Erde. Nur einmal flammte irgendwo links hinter uns bei Werchnij Bischkin eine kurze Schießerei auf.
Es wird nun schon früh hell. Ehe wir es erhofft hatten, kam die Ablösung geduckt von hinten. Wir konnten uns wieder auf unser warmes Nest und auf das Schlafen freuen. Nur noch vier Kilometer tippeln…
Wir fläzten uns den ganzen Nachmittag über in der Sonne, hängten die verlausten Klamotten in den Wind und sogen mit allen Poren die Wärme in uns hinein. Dass wir das noch erleben dürfen! Wie jetzt die Erde zu duften beginnt! Am Abend tanzten sogar die ersten Mücken in den Gärten, die Vorboten des Sommers.
Sommer – welch ein ungeheures Wort voll Sonne, Wärme und Hoffnung – nach dieser unendlichen Nacht des Winters!

Bereka, Sonnabend, 25. April 1942

Ein paar ruhige Tage liegen hinter uns. Die Stunden in der Stellung, ob bei Tage oder nachts, waren fast langweilig, weil nichts passierte. Also brauchte ich auch kaum etwas zu notieren.
P.S.: Eben beim Mittagessen trabte ein Kompaniemelder zur Tür herein: Wir ausgeliehenen Pakleute sollen sofort zurück zu unserer Kompanie!! Das ist im ersten Moment wie ein Schlag mit dem Holzhammer. Wir sollen hier weg? Und sofort? Du lieber Gott, so plötzlich…

Charkow, Dienstag, 28. April 1942

Nun sitze ich also wieder in Charkow. Es ist hässlich kalt und selbst in der Stadt sehr matschig. Heute Morgen waren wir zum Entlausen und seitdem lässt man

uns in Frieden. Von Dienst spricht noch niemand.
Als am Sonnabend der Melder wieder abgehauen war, hatten wir zwei doch ganz schön die Schnauze voll. Solange es mehr als mulmig war, hat man uns beim fremden Haufen schmoren und ohne Winterklamotten alles mitmachen lassen, aber nun, da wir endlich auch mal etwas zur Ruhe gekommen waren, holten sie uns wieder. Mit einem Schlag war alle Freude über die so oft ersehnte Rückkehr erloschen. Nun spürten wir, wie wir schon mit diesem fremden Haufen verwachsen waren und wie schwer uns der Abschied von diesen Kameraden fiel. Besonders mit Unteroffizier Lück hatten wir uns gut angefreundet. Bei ihm gab es keinen Befehlston, sondern alles spielte sich reibungslos und ohne Widerspruch ab, weil seine Anordnungen vernünftig und gerecht waren. Aber was half das alles?
Wir suchten unsere paar Sachen zusammen und dann hieß es Abschied nehmen, Abschied von den Kameraden und von Bereka. Aber damit auch von Hof Belikow und Werchnij Bischkin, denn uns war klar, dass wir diese Orte, diese Trümmer nun wohl niemals wieder sehen würden. Lange winkten wir den Kameraden noch zu und später, auf halbem Wege nach Nowo-Beretzki, noch ein letzter Blick hinunter auf Bereka. Ade, Kameraden, macht's gut…
Mit einem im Straßengraben gefundenen Brot unterm Arm wurden wir in strömendem Regen von einem Fahrer per Panjewagen bis Nowo-Berezki mitgenommen; von dort kamen wir in eisigen Güterwaggons bis Merefa, und ein LKW-Fahrer brachte uns von dort bis Charkow, allerdings in einer Weise, dass wir auf der offenen Ladepritsche glaubten, uns seien alle Knochen gebrochen, weil er auch noch im Finstern alle Schlaglöcher in fürchterlichem Tempo überbretterte. Wir übernachteten dann irgendwo bei einer Dienststelle in Charkow und am nächsten Morgen holte uns ein LKW der Kompanie ab zum alten Verein.
Hier wollte nun natürlich jeder wissen, wie es uns ergangen war und nun erfuhren auch wir endlich etwas genauer, was bei der Kompanie und beim ganzen Regiment los gewesen ist. Der Russe hatte nach einem enormen Trommelfeuer angegriffen, alle Pak- und Artilleriegeschütze gingen schon gleich zu Anfang verloren, da sie viel zu weit vorn eingesetzt waren. Um ein Haar wäre das ganze erste Bataillon in eine große Falle geraten. Die Russen standen mit ihren Panzern schon in Starij Saltow, während das erste Bataillon noch jenseits des Donez kämpfte. Mit knapper Not und nur unter starken Verlusten sind sie dann unter dem Feuer der Russen doch noch über den Fluss zurück geflüchtet und haben sich später zurück bis nach Nepokrytaja gerettet. Dabei wäre ihnen beinahe noch ein eigener Panzergraben zum Verhängnis geworden. In Nepokrytaja ist es dann noch zu furchtbaren Kämpfen gekommen, aber schließlich hat man diesen Ort mit Unterstützung von Panzern wenigstens doch noch halten können. Nur die großen Lebensmittelvorräte, die den Russen in Starij Saltow in die Hände gefallen waren, haben nach der Meinung aller den Vormarsch der Russen gestoppt. Sie müssen sehr hungrig gewesen sein, denn sie ließen anschließend erst mal Ruhe, und der Kampf um Nepokrytaja war erst einige Tage später entbrannt.
Unser heiß geliebter Führer Emil hat gleich zu Beginn des Dramas einen so nachhaltigen Nervenschock bekommen, dass er dringend in die Heimat fahren musste. Da sitzt das feige Schwein nun und ruht sich auf seinem Lorbeer aus. Vielleicht ist es ganz gut, dass wir wenigstens nicht ihm sofort begegneten. Nun ist Leutnant Leikert unser Kompanieführer und hockt vorn in Nepokrytaja, wie es sich gehört.

Ich zog wieder in mein altes Quartier. Die Leute erkannten mich gleich wieder und waren sichtlich erfreut über das Wiedersehen. Nach einem ruhigen Mittagsschlaf wusch ich mich am Nachmittag gründlich und hatte sogar das Vergnügen, ganz unerwartet noch 100 Reichsmark Frontzulage zu bekommen, ein wahrhaft fürstliches Honorar für diese letzten Wochen.

Nun sitze ich also wieder in Charkow, den Kopf voller Gedanken in dem Bemühen, mir all das einigermaßen plastisch vorzustellen, was sich bei Starij Saltow und Nepokrytaja abgespielt haben soll. Die vertrauten Namen stiegen wieder empor. Der und der und der sind nun also weg von der Kompanie, leicht oder schwer verwundet, Leutnant Hofmann tot. Und alle Kanonen flöten. Eine Panzerjägerkompanie ohne eine einzige Kanone.

Nun vegetiert die Kompanie in Nepokrytaja und den benachbarten Ortschaften zwar mit Ersatzkanonen dahin, spielt aber überwiegend Infanterie.

Wenn man heute betrachtet, was unserer Kompanie widerfahren ist und was wir bei der Schwesterkompanie des Nachbarregiments in Werchnij Bischkin erlebt haben, dann können wir Abgestellten beinahe noch zufrieden und dankbar sein, ganz abgesehen davon, dass wir von der Pak dort kaum jemals in eine wirklich hoffnungslose Lage gekommen sind. Hier haben sie alle türmen müssen und alle haben auch ihr letztes bisschen Privatzeug verloren. Bei uns war der Russe so blöde gewesen, jeden Tag kleckerweise an einer anderen Stelle anzugreifen, während hier offenbar die ganze Wucht eines geballten Angriffs mit einem Schlage über das Regiment hereingebrochen ist. Da haben auch die Stukas nicht mehr viel retten können.

Starij Saltow verloren und Passekowka, von wo aus wir im Dezember die gewaltsame Aufklärung nach Schewtschenkowo durchgeführt haben. Dort sitzt nun überall der Iwan. In der Krankensammelstelle und in den Wäldern und Dörfern am Donez. Es wird jetzt verdammt Zeit, dass endlich der eigene Vormarsch wieder in Gang kommt, dass wir endlich wieder selbst die Initiative ergreifen, um diesen ewigen Druck der Russen vom Halse zu kriegen. Jetzt müssen endlich neue, frische Divisionen anrollen, damit unsere jämmerlich zerschlagenen Haufen wirklich mal im Hinterland zur Ruhe kommen. Vielleicht ist es ganz heilsam, dass alle Kanonen verloren waren. Das sagt mehr als tausend Worte. Und wer weiß, wann der Russe wieder ansetzt. Charkow in unserer Hand, eine Panzerstunde vor seiner Nase, das ist für ihn eine ständige Provokation.

Mein Gott, ich habe Werchnij Bischkin überstanden. Richtig fassen kann ich es immer noch nicht. Aber jetzt will ich diese Ruhe nach dem Sturm genießen, denn ganz so finster wie es bei uns im Kleinen ausgesehen hat, scheint es im Großen jetzt doch nicht mehr auszusehen. „Im Frühling marschieren wir wieder…“ – diese Gewissheit hat uns im Winter immer wieder neue Kraft verliehen und der Führer hat es am Heldengedenktag erneut bestätigt: Alles, was noch kommen mag, wird leichter sein als das, was dieser Winter von uns forderte…

P.S.: 21 Uhr: Eben ein Melder. Morgen muss ich nach vorn zur Kompanie, nach Nepokrytaja. Der Name reicht mir jetzt schon.

Gleich wieder nach vorn. Diese Schweinehunde. Jagen mich sofort wieder nach vorn…

W E S S E L O J E

Nepokrytaja, Mittwoch, 29. April 1942

Ein Schlepper nahm mich und zwei fremde Genossen heute Morgen mit nach vorn, Richtung Starij Saltow, aber schon ein ganzes Stück von Nepokrytaja entfernt, am sogenannten Muni-Wäldchen, mussten wir absteigen und selbst weitersehen.
Ich trennte mich von meinen Genossen und konnte nach einer halben Stunde Fußmarsch tatsächlich die Überreste eines weit verstreuten Dorfes auf einer Anhöhe erkennen. Nur ein massiver weißer Bau, vermutlich die Schule, schien als einziges Gemäuer einigermaßen heil geblieben zu sein. Schließlich erreichte ich die ersten Ruinen, traf hier und da einen Landser und einer glaubte sich dann auch erinnern zu können, am anderen Ende der Ortschaft Pakleute gesehen zu haben. Es ging aber fast noch eine Stunde hin, bis ich nach verschiedenen Irrgängen durch tote Trümmerwege an einem verlotterten Zaun das kleine Schild fand, das zum Kompanie-Gefechtsstand führte.
Minuten später stand ich dann vor Leutnant Leikert, unserem neuen Chef. Nach einigen Worten der Begrüßung schickte er mich zu meinem alten Zug, wo ich mir ein Quartier suchen sollte. Der erste, der mir von den alten Säcken entgegenkam, stutzte, Maul und Nase bis zu den Ohren aufriss, war Otto. Ach, Otto, du guter alter Knochen!! Er lebte also noch, Gott sei Dank. Aber er war noch viel schmaler geworden, sein Gesicht noch viel schärfer und grauer, dreckig und abgerissen sah er aus – genau wie ich! Keiner von uns ist gut durch diesen elenden Winter gekommen, das darf man wohl behaupten. Wenig später hatte ich die ganze Meute am Hals, all die vertrauten Gesichter und Stimmen. Nur Felix war gerade nicht greifbar, sondern hockte drüben in Pestschanoje, einem Nest einige Kilometer weiter rechts, wo jeden Tag eine andere Geschützbedienung für 24 Stunden in Stellung geht. Im Nu war ein gewaltiges Gebrabbel und Palaver im Gang. Ich wurde ausgequetscht, wie es mir ergangen war, und umgekehrt wollte ich erst recht wissen, was der alte Haufen erlebt und mitgemacht hat, wie es nun hier aussieht, wie sich der Russe benimmt und wie es mit Urlaub und Ablösung steht. Ich merkte bald, dass ihnen allen die Flucht von Starij Saltow und die Kämpfe danach noch schwer in den Knochen steckten, körperlich und vor allem seelisch. Es ist wohl wirklich eine halbe Katastrophe gewesen. Otto, der alte, mit allen Wassern gewaschene Fuchs, erzählte als einziger mit einer gewissen Schadenfreude, wie er dem Iwan entwischt ist, indem er sich ganz allein seitwärts über die Felder gemogelt hat, immer weit weg vom großen Haufen und von den Russen. Und doch merkte man ihm an, dass selbst er, der kaum unterzukriegende Kerl, einen schönen Knacks weg hat. Er ist nicht mehr der Alte, Unverwüstliche. Die Russen, vor allem aber ihre verdammten Panzer, sind allen an die Nieren gegangen. Nun also hocken sie hier in diesem zerhämmerten Aschen- und Schutthaufen Nepokrytaja als armseliger Rest einer Panzerjägerkompanie, mit ein paar Ersatzkanonen für die verlorenen und sonst mit Pistolen, Gewehren und Beuteflinten, die sie sich irgendwo im Dreck zusammengesucht haben.

Ehe es dunkel wurde, kurvte noch eine Rotte von acht Ratas über Nepokrytaja hinweg, der übliche Abendgruß der Iwans, wenn das Wetter gut ist. Überhaupt ist der Iwan immer noch sehr aktiv, vor allem mit seinem Störungsfeuer und seinen Fliegern.
Aber das soll uns heute Abend nicht mehr kratzen. Ich bin wieder beim alten Haufen – das ist für heute die Hauptsache.

Nepokrytaja, Donnerstag, 30. April 1942

Der Tag zog kühl und regnerisch herauf. Ich bekam einen oberflächlichen Eindruck von der näheren Umgebung unserer Unterkunft. Wir hausen nicht allzu weit von der weißen Schule, und in dem Park- und Gartengelände, das sich bis zu unseren Häusern hinzieht, stehen und liegen friedlich vereint haufenweise die Trümmer von russischen und deutschen Panzern, von Traktoren und Lastwagen. Wirre, rostige, ausgeglühte Eisenhaufen, Panzer, deren Türme umgestülpt auf den Fahrgestellen liegen, Schlepper, die es im Trommelfeuer unter den Bäumen schauerlich erwischt hat. Dazwischen das überall gleiche, trostlose Bild verkohlter Balken, zermürbter Ziegel und niedergebrannter Häuser. Auch die Schule hat offenbar lichterloh gebrannt, denn aus allen Fensterhöhlen sind schwarze Rauchspuren nach oben geschlagen. Nepokrytaja selbst liegt wirklich auf einer Hochebene, rings von kahlen Feldern umgeben. Wo sich auch nur das kleinste Loch zur Unterbringung von Mensch oder Pferd darbietet, ist es ausgenutzt bis zum letzten. Unsere Infanterie hat ihre Stellungen auf einem parallelen Höhenzug jenseits einer weiten Mulde, aber von unseren Häusern aus ist weder etwas von den Stellungen noch vom Russen zu sehen, sodass wir uns ganz ungezwungen im Dorf bewegen können, solange keine Ratas kommen.
Frühmorgens musste alles, was Beine und keine Wache hatte, raus und das schon begonnene Grabensystem innerhalb der Ortschaft weiter ausbauen. Jeder bekam ein Stück von 10 bis 15 m Länge zugewiesen und das musste bis zum Abend ausgeschaufelt sein.
Am späten Nachmittag besuchte ich Felix, der aus Pestschanoje zurückgekehrt war und nun wieder 24 Stunden bei der Kompanie in Nepokrytaja bleiben kann. Aber mit ihm war diesmal gar nichts anzufangen. Er hat offenbar besonders schwer gelitten und war kaum zu einem Gespräch zu bewegen. So habe ich ihn noch nie gesehen, so sauer, so fertig und hoffnungslos. Als ich mich von ihm verabschiedete, war ich fast genauso deprimiert wie er. Wenn das die allgemeine Stimmung ist, dann Sieg Heil beim erstbesten Angriff der Russen.
Eben wurde erhöhte Wachsamkeit befohlen, da in der Nacht ein Angriff der Russen erwartet wird. Auch das noch.

Nepokrytaja, Freitag, 1. Mai 1942

Gott sei Dank – es blieb ruhig. Nur auf Pestschanoje setzte der Russe alle 20 Minuten einen einzelnen Schuss von dickem Kaliber. Das sieht wieder verdammt nach Einschießen aus.

Am Vormittag flog mir beim Holzhacken ein strammes Scheit mit voller Wucht gegen die Brille, die in tausend Stücke zersprang. Die Augen blieben wie durch ein Wunder heil, aber eine schöne Schramme an der Stirn und einen prächtigen Brummschädel kriegte ich doch. Das war natürlich ein gefundenes Fressen für Ottos Lästerschnauze, ach, er lebte richtig auf vor lauter Freude, mich mal wieder wie in alter Zeit so recht von Herzen zur Schnecke machen zu können. Ich gönnte ihm den Spaß, er kann ihn gebrauchen.
Zum Stützpunkt nach Pestschanoje kann ich allerdings heute Abend nicht mit. Ohne Brille bin ich halb blind und damit ist niemandem gedient. Schließlich liegt der Stützpunkt unmittelbar hinter der Hauptkampflinie an der Babka. Pestschanoje ist überhaupt wohl der am meisten umkämpfte Ort in dieser Gegend. Ein halbes Dutzend Mal soll er im März den Besitzer gewechselt haben. Mit Panzern und Stukas wurde er zurückerobert, Stunden später griff der Russe dann wieder aus dem Babkagrund heraus an und drang zumindest in Teile der zerstörten Ortschaft ein. Aber seit dem letzten Angriff am 9. April sitzen wir endgültig dort und es herrscht jetzt im Allgemeinen Ruhe. Immer wieder höre ich neue Einzelheiten der schlimmen Wochen in Starij Saltow, in Nepokrytaja und Pestschanoje. Paulus soll hier gewesen sein, zeitweilig waren fast alle schweren Waffen zum Teufel beziehungsweise beim Iwan, es fehlte vor allem immer wieder an Munition – da soll der einfache Landser wohl das Laufen lernen. Viele schwere Waffen sind angeblich leichtfertig im Stich gelassen worden, drei neue Pak mit der brillanten Stiel-Sondermunition waren tagelang beim Russen und wurden später zurückerobert – mitsamt der Munition, von der der Iwan nur eine Granate probeweise verfeuert hatte. Aber alles in allem ist die Division kaputt. Allein im März sollen über 4.000 Mann ausgefallen sein, davon allein 450 vermisst und über 300 mit Erfrierungen. Die Widerstandskraft ist erloschen, es fehlt die Gewissheit eines starken Rückhaltes. Der Landser im Graben kann nur noch türmen, wenn die Massen über die Höhen quellen und zig Panzer ungeniert die offene Landschaft beherrschen. Die eigenen Panzer kommen immer zu spät. Nun hat zwar die Ari wieder neue Geschütze, aber unsere Kompanie hat nur alte Spritzen als Ersatz für die verlorenen gekriegt. Man rechnet wohl damit, dass doch wieder alles flöten geht. Oder es ist wirklich nichts da. Beides schlimm genug. Was sollen unsere Anklopfgeräte auch gegen diese Panzerrudel ausrichten
Es ist ein unsagbar trauriger, deprimierender Zustand. Angeblich soll die Division auch nicht mehr aufgefrischt werden. Den Rest noch an Ort und Stelle verheizen – das ist wohl der Weisheit letzter Schluss. Vor allem fehlen ja so bitter die alten, kampferprobten Männer, die Türme in der Schlacht. Allmählich begreife ich, warum sie alle die Schnauze so voll haben. Die Hoffnung fehlt. Alle warten nur auf den nächsten Großangriff und jeder hat sich wahrscheinlich schon im Stillen überlegt, auf welchen Schleichwegen er sich nach Westen absetzen wird, wenn die Panzer über die Höhen gerasselt kommen. Es hat ja doch alles keinen Zweck mehr…
Auch Adolfs Rede vor ein paar Tagen kann uns da nicht viel helfen. Was nützt uns das dickste Lob des einfachen Musketiers, wenn buchstäblich nichts dahintersteckt? Wenn wirklich tausende von Lokomotiven und Panzern im Frost zerplatzt sind, dann fehlen die jetzt eben für den Nachschub und für den weiteren Vormarsch. Zwar sagte Hitler neulich, es werde die Stunde kommen, da sich die

Fronten wieder aus der Erstarrung lösen – aber das müsste nun doch wirklich bald geschehen. Und ohne uns. Diese demoralisierten Kompanien können nicht mehr angreifen. „Aber im Frühling marschieren wir wieder…“ – das war unsere Zuversicht in den frostklirrenden Nächten dieses Winters. Und nun wollen wir nicht mal mehr marschieren. Ausgebrannt.

Nepokrytaja, Sonnabend, 2. Mai 1942

Ich schob als blindes Huhn in der Nacht meine eine Stunde Wache wie in den letzten Nächten auch. Friedlich flackerten in der Ferne die Leuchtkugeln entlang der Front. Ganz selten nur ratterte mal irgendwo ein MG. Die Nächte sind jetzt wieder sehr duster, nicht schön für die armen Säcke vorn im Graben.
Das Wetter besserte sich heute zusehends, aber dafür erschienen auch die Ratas immer häufiger und zahlreicher am Himmel. Das ist kein gutes Zeichen. Die eigenen Jäger glänzen durch Abwesenheit.
Im Laufe des Vormittags wurden wir mit unserem Grabenstück fertig und konnten uns am Nachmittag auf die faule Haut legen. Rochlitzer, der bei uns wohnt, kriegte plötzlich den Befehlt abzuhauen – Richtung Heimat, Urlaub!!! Er ist Vater mehrerer Kinder und verschwand nun innerhalb von 20 Minuten, ohne alles richtig begriffen zu haben. Urlaub? Nach Hause?
Wir jungen, ledigen Spunde brauchten uns keine Hoffnung auf Urlaub zu machen, das hat man uns immer wieder versichert. Wenn der eine oder andere doch Urlaub bekommt, dann sind das Ausnahmefälle, vor allem solche, denen die Tommies die Wohnung kaputtgeschmissen haben. So ging er, der gestern noch nichts von seinem Glück geahnt hatte, davon, noch immer ungläubig und begleitet von vielen guten Wünschen. Wir anderen blieben zurück, sahen ihm nach, nicht gerade voller Neid, aber doch mit Wut über eine Führung, die es nicht fertig bringt, auch unseren Haufen, der nun seit 15 Monate ohne Pause durch Jugoslawien und Russland marschiert, endlich einmal abzulösen und in die Heimat zu verlegen. Millionen und Abermillionen gesunder, kräftiger Leute vergammeln in Frankreich und Norwegen und Dänemark und Holland und leben bestimmt nicht schlecht dort. Aber die Haufen, die es einmal an diese verdammte Ostfront geworfen hat, die lässt man da Monat um Monat, Jahr um Jahr nun schon bald, und wundert sich auch noch, wenn irgendwann mal die Grenze erreicht ist und die Nerven durchgehen.

Nepokrytaja, Montag, 4. Mai 1942

Gestern begann gegen Abend ein schwerer Regen, der die ganze Nach anhielt. Tag für Tag sind Rudel von Ratas am Himmel und kontrollieren die ganze Gegend, ein Zeichen, dass sich da wieder was zusammenbraut. Aber auf unserer Seite tut sich anscheinend nichts. Vorn ein paar Infanteristen, hier und da ein paar Kanonen – aus. Und was auch immer der Wehrmachtbericht jetzt so meldet, es ist Kleckerkram, es verzettelt sich überall. Malta, Versenkungen hier, Versenkungen da, schwere Abwehrkämpfe hier, örtliche Angriffserfolge da. Lappland, Sewastopol, England und Nordafrika. Kleinvieh macht auch Mist, gewiss, und wahrhaftig nichts gegen diesen pausenlosen Einsatz der Flieger und U-Boote in aller Welt. Aber es müsste endlich mal wieder irgendwo entscheidend krachen. Wenn Rommels Panzer hier in Russland wären, wenn alle Flieger jetzt Moskau fertig machten und alle Panzer es nähmen – das wäre ein Fanal. Aber es deutet nichts auf solche Paukenschläge hin, im Gegenteil. Die Tage verrinnen, die Nächte, die Wochen und Monate, und allmählich sogar die Jahre…

Nepokrytaja, Dienstag, 5. Mai 1942

Morgens rückte wieder der ganze Verein aus Pestschanoje an. In der Nacht hatte ein russischer Stoßtrupp versucht, Gefangene zu machen. Die wuchtige Schießerei war sogar in Nepokrytaja deutlich zu hören gewesen.
Ich musste wieder buddeln gehen, aber da es abermals bald anfing, gewaltig zu pladdern, wurde das Unternehmen später aufgegeben. Nass bis auf die Haut waren wir trotzdem schon, aber ich hatte dann wenigstens schön Zeit, etwas Post zu erledigen.
Gestern haben sie in Pestschanoje 20 Schuss Kaliber 17,2 cm um die Ohren gekriegt. Von diesen Koffern ist ihnen ganz schön die Muffe gegangen. Außerdem hat man auf den Höhen jenseits der Babka sieben eingegrabene Panzer erkannt. Die Partie um Pestschanoje ist also noch nicht zu Ende, das spürt jeder.

Nepokrytaja, Mittwoch, 6. Mai 1942

Heute Nachmittag wurde wieder die ganze Belegschaft des Ortes zusammengeholt, um eine kleine Brücke zu reparieren, die über den Bach in der Talmulde zu den Stellungen der Infanterie führt. Durch den Frühjahrsmorast und wohl auch durch eine zeitweise Überschwemmung des Baches war sie total verschlammt und halbwegs abgesoffen. Zur Umleitung des Wassers mussten wir zwei Gräben ziehen und außerdem die Brücke selbst mit einer Lage Bohlen zusätzlich abdecken. Sogar der Regimentskommandeur erschien, als wir mitten in der Arbeit waren. Zu meinem Schrecken stelzte er plötzlich auf mich zu und stellte mich wegen meiner fürchterlichen Stiefel zur Rede. Ich trage ja immer noch diese schlappenden Galoschen, die mir schon in Werchnij Bischkin kaputt gegangen sind. Auch in Charkow hatte man mir keine besseren geben können, da zumindest für meine Größe keine passenden Stiefel vorhanden waren. So war ich also mit denselben Latschen hierher nach Nepo gekommen und hatte neulich auch schon Leikerts Missfallen erregt.
Nachdem ich dem Kommandeur mit brillenlosen Augen den traurigen Sachverhalt dargelegt hatte, schüttelte er nur resignierend sein Haupt und entschwand dann auf einmal sehr eilig, als über der Talmulde plötzlich drei Ratas heranbrummten, die gar nicht sehr hoch über uns hinwegdonnerten und kurz darauf nach einer Kehrtwendung so taten, als ob sie uns hässlich befunken wollten. Wir hatten uns vorsorglich schon seitlich verkrümelt, aber die Kerle röhrten nur noch einmal im Tiefflug über uns hin und entflogen dann nach Osten. Wir konnten

daher nach nur kurzer Unterbrechung unser segensreiches Werk weiterführen, ohne allerdings große Hoffnungen auf seine Haltbarkeit zu setzen, denn der russische Schlamm lässt sich im Allgemeinen von zwei mickrigen Gräben und einer Lage Bohlen nicht sehr beeindrucken.
Der Iwan war heute auffallend ruhig. Ein gutes Dutzend Überläufer soll allerdings ausgesagt haben, dass der Russe einen Angriff über die Babka auf Charkow plant. Möglich ist das bestimmt.

Charkow, Freitag, 8. Mai 1942

Herrliches, strahlendes Frühlingswetter. Wir mussten wieder an der Brücke bauen und gerieten dabei sogar ins Schwitzen, obwohl wir uns gar nicht einmal sehr anstrengen mussten.
Mittags kriegte ich plötzlich Befehl, sofort mit einem Wagen nach Charkow zu fahren, um mir endlich eine neue Brille und auch neue Stiefel verpassen zu lassen. Anscheinend hat Leikert vom Regimentskommandeur einen Anschiss bekommen, weil man mich in diesem Lumpenaufzug schon so lange hat herumlaufen lassen. Da der Fahrer wie eine gesengte Sau daherprasselte, sah ich schon nach kurzer Zeit wieder mal aus wie ein Wildschwein, von oben bis unten schwarzgrau und verdreckt. Und doch – es war endlich mal wieder richtig warm, die Sonne schien und ich ließ mir sogar mit Freuden den Wind um die Nase wehen.

Charkow, Sonnabend, 9. Mai 1942

Ich ging am Vormittag zum Arzt und holte mir dort meinen sogenannten Brillenschein. Sonst ließ ich mich nur beim Essenfassen sehen. In der Stadt und auf der Straße nach Osten rollten heute in Massen deutsche Panzer, schwere Pak und ähnlich erfreuliche Sachen, alle merkwürdig gelb bemalt, als ob sie ursprünglich für Afrika bestimmt gewesen wären. Oder sollen sie wirklich über den Donez in die Steppen rollen? Tut sich jetzt tatsächlich doch noch was?

Charkow, Sonntag, 10. Mai 1942

Heute wurde ein Wunder Wirklichkeit: Ich konnte meine Wasserspülungsstiefel in die Ecke schmeißen und bekam neue Treter. Und einen nagelneuen Rock dazu. Das war fast zu viel auf einmal. Neue, heile, nach Leder duftende Stiefel und ein neuer, sauberer Rock dazu. Und Aussicht auf trockene Füße bei Regen und Schlamm! Nun erst sieht man, wie entsetzlich verdreckt und abgeschabt die Hose ist. Aber eine neue Hose war nicht eingeplant. Trotzdem muss ich mich immer wieder in meiner stolzen Pracht bewundern. Mann, was sind wir doch bescheiden geworden…
Den ganzen Tag über kursierten heute wilde Gerüchte über einen bevorstehenden Großangriff der Russen auf Charkow. Es hängt auch etwas in der Luft, denn im-

mer noch rollen neue Panzer und schwere Waffen nach Osten. Ein ganz und gar ungewohnter Anblick, den ich wegen der fehlenden Brille leider nur sehr verschwommen genießen kann. Am Abend kamen sogar in Massen russische Bomber und Jäger über die Stadt. Gelegentlich pfiffen auch eigene Jäger durch die Lüfte, aber meist erst dann, wenn die Russen wieder verschwunden waren.

Charkow, Montag, 11. Mai 1942

Die russischen Bomber und Jäger wurden heute immer unverschämter. Ungeniert dröhnten und röhrten sie über dem Stadtbereich und schmissen meist über dem Flugplatz ganze Serien von Bomben ab. Aber auch die eigenen Jäger wurden aktiver. Immer wieder stürzte ich ans Fenster, um die Flieger zu beobachten. Als ich später am Vormittag zur Untersuchung zum Augenarzt marschieren musste, verging mir die Zeit wie im Fluge. Die Straßen hallten wider vom Rasseln der Kettenfahrzeuge und vom Brummen der Motoren. Das war doch endlich mal wieder ein anderes Bild! Pak 7,5; 8,8-Flak, alle mit schweren Zugmaschinen. Panzer mit neuen Langrohrkanonen, Sturmgeschütze, schier endlose Nachschubkolonnen mit funkelnagelneuen LKWs, Staub und Dröhnen, Lärmen und Scheppern von einem Ende der Stadt zum anderen. Fast ohne eine Lücke quollen und strömten die Kolonnen aus der Enge der Straßen nach Osten, überdröhnten die Bomberpulks der Russen und ließen die Erde erzittern.
Auch am Nachmittag verging kaum eine Minute, ohne dass Jäger oder Bomber am Himmel hingen. Hier braut sich ohne Zweifel eine ganz dicke Sache zusammen. Aber wenn wir nur einigermaßen gleichwertig sind, vor allem mit schweren Waffen, dürfte eigentlich nichts schiefgehen. Die ganze Erbärmlichkeit des Winterkrieges hat ja darauf beruht, dass wir als Infanteristen in den Schneewüsten und einsamen Stützpunkten so hoffnungslos allein ausharren mussten, weil sich kaum je ein Panzer oder Flieger in unserer Nähe zeigte, allenfalls erst in der Stunde der höchsten Not. Aber so, wie sie auch heute wieder nach Osten rollten, pausenlos, Stunde um Stunde, eingehüllt in dichte Staubwolken selbst hier in der Stadt, kann man endlich neue Hoffnung schöpfen. Vielleicht stimmt es auch gar nicht, dass der Russe angreifen will, vielleicht ist dies alles nur die Vorbereitung für den lang ersehnten eigenen Vormarsch, die die Russen verständlicherweise mit ihren Fliegern zu stören versuchen. Es wird ja auch wirklich Zeit. Es ist fast Mitte Mai, die Sonne brennt schon heiß vom Himmel und der Schlamm ist ausgetrocknet. Die große Unruhe, von der die Stadt erfüllt ist, überträgt sich auf jeden. Ja, es tut sich was, der Sommer steht vor der Tür und wir sind nicht mehr allein. Wir marschieren wirklich wieder und unser Aushalten in der Kälte und die Verzweiflung dieses entsetzlichen Winters hat sich offenbar gelohnt.
Jetzt, spät am Abend, ist es etwas stiller in den Straßen geworden. Aber vorn an der Front ist die Nacht sicher erfüllt von hundertfältigen Bewegungen, hin und her, vor und zurück. Und bestimmt tuckern jetzt überall über den Stellungen und im Hinterland die „Nähmaschinen“ durch die Nacht und lassen neugierig ihre Leuchtfallschirme schweben.

Charkow, Dienstag, 12. Mai 1942

Als ich mich mittags wohl oder übel zum Essenholen unters Volk mischen musste, erfuhr ich zu meinem Schrecken, die Russen hätten am frühen Morgen einen Großangriff auf Charkow gestartet und seien im Vormarsch auf die Stadt. Nepokrytaja und Pestschanoje wahrscheinlich schon verloren…
Kurze Zeit später wurde es lebendig bei uns. Pak und Flak gingen an den Ausfallstraßen in Stellung. Pausenlos heulten und röhrten Bomber, Stukas und Jägergeschwader über die Stadt. Im Unterschied zu gestern ließen sich aber heute die russischen Flieger überhaupt nicht blicken. Es hieß, gestern Nachmittag seien allein in der Gegend von Nepokrytaja zwölf Russen heruntergeholt worden. Nun trauten sie sich anscheinend nicht mehr.
Der Betrieb auf den Straßen wurde noch toller als an den Tagen vorher. Immer wieder Panzer, Pak und Flak, aber zugleich verdichteten sich die Gerüchte, der Russe stehe schon dicht vor der Stadt und nicht mehr weit vom Flughafen entfernt. Gegen Abend marschierten auch lange Kolonnen Infanterie nach Osten, und auf zusammengewürfelten Fahrzeugen kauerten ebenso zusammengefegte Haufen von Landsern. Alarmstimmung auf der ganzen Linie. Keine Panik, aber vibrierende Unruhe, wohin man sah.
Ich konnte am Nachmittag endlich meine neue Brille abholen. Als ich mich damit beim Spieß zurückmeldete, war klar, dass ich morgen wieder mit nach vorn muss. Wie mag es heute den Kameraden vorn ergangen sein? Wer lebt noch? Sitzen sie noch in Nepo oder mussten sie wieder stiften gehen? Haben sie Rochlitzer vielleicht aus dem Urlauberzug geholt und in einen fremden Alarmhaufen gesteckt? Möglich ist alles. Wenn mir nicht neulich die Brille kaputt gegangen wäre, läge ich jetzt vielleicht schon unter Trümmern von Nepo oder Pestschanoje. Mein Gott, was habe ich wieder für einen Dusel gehabt mit diesem blöden Stück Holz! Aber was wird morgen sein? Wie soll ich jetzt einschlafen? Werden sie morgen durchbrechen? Es sollen ja hunderte von Panzern dabei sein. Was ist mit Otto, mit Felix, mit all den anderen? Auf Kertsch soll seit Tagen schon eine große Schlacht im Gange sein. Geht es jetzt überall los?

Iwanowka, Mittwoch, 13. Mai 1942

Als ich heute früh mit meinen Klamotten auf dem Hofe der Fabrik erschien und mich zur Fahrt nach vorn melden wollte, fand ich dort schon viele Grüppchen aufgeregt erzählender Landser vor. Sie alle hatten sich im Laufe des gestrigen Tages oder der Nacht nach Charkow zurückgezogen, waren abgefangen worden und sollten nun mit unseren Fahrzeugen wieder nach vorn gefuhrwerkt werden. Den wild wuchernden Parolen und Erzählungen konnte man mit einiger Sicherheit entnehmen, dass Nepokrytaja tatsächlich verloren ist und die Russen kurz vor dem Munilager stehen. Auch Pestschanoje war angeblich verloren, aber der Russe schien sich bisher mit diesen Erfolgen zu begnügen. Im Moment jedenfalls war es vorn angeblich ruhig.
Mann an Mann wurden wir auf unsere Wagen verfrachtet, dann ging es ohne viel Federlesen auf der sattsam bekannten Straße ab nach vorn. Das Wetter war ein-

fach prachtvoll. Die Straße platzte fast von Fahrzeugen aller Art in beiden Richtungen. Panzer, Flak, Nachschub-LKWs, Sanitätskolonnen, Kradmelder und immer wieder Panzer und LKWs, ein endloser Strom, der der Schlacht entgegenbrandete. In dicke Staubwolken gehüllt, die uns kaum die Luft zum Atmen ließen, donnerten wir in diesem Massenverkehr nach Osten. Kein russischer Flieger am Himmel, kein Geschützlärm. Immer nur wieder Staub, Staub, Staub und das ewige Rumpeln und Rollen der Kolonnen.
Und dann war plötzlich noch einige Kilometer vor dem Muniwäldchen die Reise zu Ende. Bei einer Kolchose stand die Feldgendarmerie in breiter Front quer über die Straße und hielt jeden Landser und jedes Fahrzeug an, das in Richtung Charkow verduften wollte. Wir mussten zu Fuß weiter. Nach kurzer Überlegung ließ ich meinen Mantel und meine Decke auf dem Wagen und bat den Fahrer, die Sachen wieder mit nach Charkow zu nehmen. Ich hatte einfach keine Lust, bei dem herrlichen Wetter dies Zeug als Fußlatscher dauernd mit mir herumzuschleppen.
In weit auseinander gezogener Reihe sockten wir unter Führung eines Feldwebels in einem flachen Straßengraben nach Osten in Richtung auf Nepokrytaja, vorbei an kleinen Waldstücken, in denen gut getarnt unsere Panzer standen. Von Kampfeslärm komischerweise überhaupt keine Spur. Das ist ja immer wieder das Unverständliche am Russen, dass er mit seinen dicht geballten Massen wohl seine unvermeidlichen Anfangserfolge erzielt, aber dann auch gleich wieder auf der Stelle tritt und seinen Erfolg nicht sofort ausweitet. Wir konnten ungeschoren unseres Weges ziehen, immer wieder lauschend, ob man nicht doch von irgendwoher Kanonendonner oder Fliegergeräusche hörte. Und dann auf einmal hatten wir, was wir suchten: Flieger von rechts!!!
10, 12, 18 Stück!!! Sekunden später wussten wir es: Russen!!! Russische Schlachtflieger! Rumms – lagen wir der Länge nach im Straßengraben, machten uns platt wie die Wanzen, aber die Sonne stand noch nicht im Zenit und daher konnten die Iwans unsere Schatten bestimmt deutlich erkennen. Nun waren sie heran, stießen jäh hinunter und beharkten das Wäldchen und die Straße hinter uns mit ekelhaftem Gekrächze aus allen Bordkanonen und MGs, dröhnten dann über die Straße hinweg auf die andere Seite, schwenkten wieder ein und kamen erneut auf uns zu. Diesmal viel näher und so tief, dass der Staub hinter ihnen aufwirbelte. Wieder grasten sie die Waldstücke hinter uns ab, in denen die Panzer standen. Ein tolles Gekurbele erfüllte die Luft und alle Nase lang mussten wir uns im Graben wieder ganz klein machen, weil sie so dicht über uns hinwegheulten, dass sie uns gar nicht übersehen konnten. Sowie sie etwas weiter weg jagten, verrenkten wir verstohlen unsere Hälse, um zu sehen, wann die nächsten auf uns hernieder stießen. Und schon donnerte abermals eine Rotte dieser verdammten Himmelhunde im Tiefflug über uns hinweg, dass uns die Ohren dröhnten. Zum Glück schossen sie immer nur quer oder schräg über die Straße, aber wir warteten ja nur auf den Moment, wo einer auf die naheliegende Idee kam, parallel zur Straße zu fliegen, um mit einer einzigen langen MG-Garbe den ganzen dürftigen Graben auszuräuchern. Es war sinnlos, seitlich in die Felder hinaus zu türmen, denn dort gab es noch weniger Deckung als in dieser Andeutung von Graben, aber offenbar waren wir ihnen als simple Fußlatscher einfach zu billig, zu kümmerlich. Sie stießen nur immer wieder wie besessen auf die Waldstücke herab und wollten

dort wohl unbedingt die Panzer zur Sau machen. Vielleicht hatten sie auch weiter hinten auf der Straße die schönen Fahrzeugkolonnen am Arsch. So etwas ist natürlich eine fettere Beute.

Nach einer halben Stunde verschwand der Spektakelspuk so rasch, wie er über uns hereingebrochen war. Wir stellten uns wieder auf die Beine, klopften uns den Dreck aus den Klamotten, tippelten mit noch etwas größeren Abständen als bisher weiter und trafen schließlich Oberleutnant Nitsche, den Regimentsadjutanten. Er schickte uns weiter nach Nowo-Alexandrowka, einem kleinen Ort, der in einer Mulde liegen sollte. In diesem Nest sollten sich die Reste der Regimentseinheiten sammeln. Zur Abkürzung latschten wir gleich halblinks querbeet über die Felder und fanden nach knapp zwei Kilometern auch tatsächlich das Dorf.

Dort fanden sich im Laufe des Tages alle ein, die irgendwo aufgegabelt worden waren, und da wir keine weiteren Befehle kriegten, hatten wir genug Zeit, eigene Panzer zu beobachten, die in dicken Staubwolken auf der Straße nach vorn rasselten. Der Himmel dröhnte fast pausenlos von unseren Stukas und Jägern.

Auch unsere Leute trafen nach und nach vollständig ein. Otto kam, später Felix und Günter. Aber Ernst Herold soll gefallen sein. Doch das sind alles Parolen, einer hat es vom anderen gehört. Fest steht nur so viel: Wieder ist alles verloren, wieder hat sie der Panzerschreck zermürbt, wieder sind sie getürmt wie die Karnickel, als gestern die Massen aus dem Babkagrund quollen. Schon die Tage vorher, praktisch nur Stunden, nachdem ich nach Charkow abgefahren war, hatte der Russe wie wild auf den gesamten Abschnitt geballert, gestern Morgen um halb fünf begann dann ein zweistündiges Trommelfeuer auf Pestschanoje, auf Nepokrytaja und auf die Stellungen der Infanterie und unserer Pak auf den Höhen ostwärts von Nepokrytaja. Aus den riesigen Staub- und Pulverwolken brachen dann die Panzer hervor, die braunen Infanterierudel gleich dahinter, und dann gab es kein Halten mehr. Weg, ab nach hinten, Kanonen sprengen – rette sich, wer kann! Dazu oben in Massen die russischen Schlachter. Letzter Widerstand in Nepokrytaja selbst, auch dort nahm die Infanterie Reißaus, nur die Ari stand, schoss noch direkt in die russischen Bataillone hinein, dass 50 auf einen Schlag liegen blieben. Aber 500 krochen und stürmten auf engem Raum weiter. Mittags war dann Stille in Nepokrytaja. Die letzten Geschütze der Ari gesprengt, der Ort verlassen bis auf die Toten und Verwundeten.

Pestschanoje hielt sich auch nur bis zum Mittag, dann knallten die Panzer zusätzlich von Norden, von Nepokrytaja her, in die Ortschaft hinein und es begann die gleiche Tragödie – abhauen über die weiten, deckungslosen Felder. Wen es erwischte, der blieb liegen, wer nicht mehr konnte, war verloren, wer abgeschnitten war, wurde nicht mehr herausgeboxt. Jeder war sich selbst der Nächste.

Am Nachmittag gab es sogar Verpflegung, zwar nur kalt, aber wer hatte schon überhaupt damit gerechnet? Bei Einbruch der Dämmerung schickte man uns noch zwei Kilometer weiter nach Norden, nach Iwanowka.

Hier konnte sich unser Zug in einer Bude zusammentun mit der begründeten Aussicht, schlafen zu können, wirklich zu schlafen. Niemand will im Moment etwas von uns. Alle, die aus Nepo und Pestschanoje entkommen sind, hauten sich sofort hin und waren Minuten später weg. Sie wollten von der ganzen Scheiße nichts mehr wissen. Sie sind einfach fertig, vor allem moralisch. Ihre Gesichter und ihre unendlich müden Bewegungen sagen mehr als genug.

Michailowka, Donnerstag, 14. Mai 1942

Die Nacht war still und warm gewesen und heute brannte die Sonne herrlich vom Himmel. Man schickte uns wieder ein Stück weiter nach Norden, nach Michailowka, und dort mussten wir uns Deckungslöcher buddeln, weil mit neuen Angriffen der Russen von Norden her gerechnet wurde; dort irgendwo bolzte es auch tatsächlich gewaltig und unsere Stukas brummten in erfreulichen Schwärmen über uns hin in diese Richtung.
Die 13. Kompanie, die Stabskompanie und unser Verein sind ab heute zur „Kampfgruppe Nitsche" zusammengeschustert worden. Dieser lächerliche Haufen ohne Kanonen, MGs und Handgranaten soll nun wohl allenfalls noch als 17. Reservewelle gelten.
Später durften wir wieder ein Stück weiterrücken und in einem riesigen abgeernteten Maisfeld abermals Löcher buddeln, die wir schön mit den Maisblättern auspolsterten. (Bild 29) In etwa fünf Kilometern Entfernung luden die Stukas erneut ihre schweren Sachen ab und ich knipste die winzig erscheinenden Staubtürme der Einschläge aus unserer Molle heraus. Wir langweilten uns den heißen Tag über und grunzten auch mal im Vertrauen auf die Kameraden von den dicken Waffen, aber nun wird es kühl und wir wollen endlich wieder in die Hütten des Dorfes zurück, um richtig zu pennen.

Nördlich Michailowka, Freitag, 15. Mai 1942

Nun liegen wir wieder in unseren Maismollen von gestern, aber in der letzten Nacht haben wir doch ganz schön das Fürchten gelernt. Kaum hatte man uns endlich, als es schon verdammt frisch geworden war, ins Dorf zurückgeholt, da ließ man unsere drei kümmerlichen Haufen im offenen Viereck antreten und wir kriegten zu hören, wir müssten noch schnell vor Eintritt der völligen Dunkelheit eine Säuberungsaktion mitmachen, jedoch nur als dritte Welle hinter der Infanterie, die irgendwo vor uns schon für diesen Zweck bereitgestellt sein sollte.
Das passte uns ja nun gar nicht in den Kram. Es gab nichts mehr zu futtern, sondern so wie man uns mit dieser Botschaft überrumpelt hatte, wurden wir in Marsch gesetzt, um zunächst mal Anschluss an die Infanterie zu finden. Unser einziger Trost war die Dunkelheit, die ja bald jede weitere Aktion unmöglich machen musste. In diesem Sinne hofften wir im Stillen, das Ganze sei vielleicht nur ein blinder Alarm, wie wir das ja wahrhaftig schon oft genug erlebt haben.
Aber was sich dann in der letzten Dämmerung und bald darauf in fast völliger Finsternis am Gleis einer Feldbahn abspielte, war wirklich unbeschreiblich: Vorrücken in einem dichten Maisfeld, hinter uns das allerletzte Tageslicht, plötzlich ein wahnsinniges Feuer von vorn, grüne, weiße, rote Leuchtspur, zum Glück hoch über unsere Köpfe hinweg – damit war klar, dass es nichts zu „säubern" gab, sondern dass wir hinter den Infanteristen einer dicht besetzten Stellung der Russen an einem Waldrand frontal ins Messer gelaufen waren.
Dann war auch noch der Rand des schützenden Maisfeldes erreicht, vor uns hunderte kleiner Flammenblitze, gellendes Knallen direkt in die Ohren; später brüll-

ten sogar noch Motoren vor uns auf, vielleicht 80 m entfernt. Deutsche Panzer, hieß es – kurz, finsterste Romantik in Bild und Ton. Und dann erstarb allmählich das Geknalle und Gefatsche, die Panzer zogen sich nach links hinüber und weiter vor. Aber dann schrie jemand urplötzlich in die Nacht: „Vorsicht, Russenpanzer!!!", und nun spielte in diesem Hexenkessel alles verrückt. Sieben oder acht deutsche Landser waren im Dustern auf den Kolossen mitgefahren, bis sie die roten Sterne erkannten – und hatten keine Handgranaten, um den Iwans wenigstens noch die Optik zu vermiesen, ehe sie schleunigst absprangen.
Und danach ein stundenlanges Herumliegen hinter dem Gleis der Feldbahn, ohne Befehle, ohne Orientierung, zwischen fremden Landsern in der Nacht, 50 m vor einem weiteren Russenpanzer…
Später ein großes Feuer irgendwo genau hinter uns, und wir alle als lebende Schattenrisse ganz flach an den Boden gedrückt hinter den Schienen, eine unheildrohende Stille im Wald und wachsende Angst vor dem Morgengrauen. Wenn sie uns dann kassieren? Nicht auszudenken.
Doch irgendwann ein Befehl, geflüstert von Mann zu Mann: Alles nach rechts sammeln! Wir kamen auch ungestört weg von dem elenden Gleis, weiter hinten sammelte sich tatsächlich ein Haufen von Landsern, keiner wusste, wo wir uns befanden, herumirrende Versprengte im Finstern waren wir, voller Angst, wegen Feigheit vor dem Feinde aufgegriffen zu werden, nachdem wir erfahren hatten, dass ein Feldwebel uns auf sein eigenes Risiko zusammengeholt hatte und „Richtung Heimat" lotsen wollte. Das ist ihm dann trotz der Schwärze der Nacht zu unser aller Glück auch gelungen, denn am frühen Morgen sind wir mit viel mehr Schwein als Verstand wirklich wieder in unserem Dorf gelandet.
Alles in allem war diese Geschichte noch um Potenzen verrückter und gespenstischer, aber dieses nächtliche Chaos mit allen Details zu beschreiben, würde noch viele Seiten füllen. Wahrscheinlich haben wir noch so eben das einzige Loch in dem großen Sack der Iwans gefunden, denn noch in der Nacht war die Front in unserer Gegend ein ganzes Stück zurückgenommen worden. Davon haben wir ganz vorn natürlich nichts erfahren. Kein einziger Iwan ist bei dieser Wahnsinnsunternehmung geschnappt worden, aber zwei von unserer Kompanie, die von dem nächtlichen Sammelbefehl nichts gehört hatten und die ganze Nacht über vorn am Walde geblieben waren, fanden sich im Morgengrauen von fast allen Seiten von Russen eingekreist. Sie haben dann spontan einen Fluchtversuch unternommen und sind dabei von einem Panzer verfolgt worden, der ihnen in voller Fahrt, aber ohne zu schießen, bis fast auf die Hacken fuhr, dann aber abdrehte, um eine größere Gruppe anderer Landser abzuschneiden. Was aus denen geworden ist, wussten die beiden nicht, sie selbst hatten ihr MG nur noch im Laufen auseinandernehmen und stückweise fallen lassen können. Nun standen ihnen die Schrecken noch immer brennend in den Gesichtern…
So verdankte nicht nur ich mein Leben diesem mutigen Feldwebel. Was die höhere Führung sich bei dieser Aktion an Unfähigkeit und unverantwortlicher Blindheit geleistet hat, mit welcher sträflichen Leichtfertigkeit sie hunderte ahnungsloser Landser in ein solches nächtliches Abenteuer geschickt hat, dessen Sinnlosigkeit spätestens beim Einsetzen des russischen Feuers mit Händen zu greifen war, geht auf keine Kuhhaut. Wir hatten mal wieder – und wahrhaftig zu Recht – die Schnauze gestrichen voll, und uns soll ja nicht noch mal einer kommen mit einer

„kleinen Säuberungsaktion“ bei Sonnenuntergang.
Trotzdem – wir waren ja heil davongekommen und brabbelten stundenlang mit den anderen über diese interessante Nacht des 14. Mai. An Schlafen war wegen des allgemeinen Gewusels im Dorf sowieso nicht zu denken und die neuesten Parolen wollte man ja auch nicht verpassen.
Nepokrytaja soll gestern von einer Panzerdivision wiedererobert worden sein, ebenso Pestschanoje. Dort verläuft die Front nun wieder an der Babka wie vor dem 12. Mai. Ganz schlimm dagegen soll es südlich Charkow aussehen. Dort stehen die Russen angeblich schon vor Merefa und Poltawa. Dann ist also Werchnij Bischkin verloren und Bereka überrannt, wahrscheinlich auch Nowo-Berezki und Taranowka. Unvorstellbar. Alle Opfer und Leiden des Winters vergeblich. Wer mag noch leben von den Kameraden dort? Lück? Kluge? Diese prächtigen Kerle? Ist es zu fassen, dass ich nicht mehr dort bin, sondern diesmal anscheinend von der Traufe in den Regen geschickt wurde.
Kurz vor Mittag befahlen sie uns wieder hinaus in die Maisfelder, wo wir müde und abgestumpft unsere Mollen von gestern bezogen. Aber bald packten uns wieder die Bilder der gewaltigen Schlacht, Luftkämpfe zwischen Ratas und unseren fast doppelt so schnellen Jägern, Bomber und Tiefflieger, lange Kolonnen von Panzern und Selbstfahrlafetten mit Gerassel und Staub auf der Straße, auf einem Höhenzug weit vor uns Haufen gefangener Russen, die man offenbar einfach ohne Begleitung nach hinten geschickt hatte und die wahrscheinlich sogar froh waren, dem Gemetzel weiter vorn lebendig entronnen zu sein.
Ja, das ist es, was uns schon so endlos lange gefehlt hat: Das Rollen gepanzerter Kolonnen, der sommerliche Staub, der Geruch von Benzin und Öl – kurz, das berauschende Gefühl, dass doch noch die alte Kraft und Wucht dahinter sitzt. Wo sind die Zeiten, da wir selbst noch motorisiert durch die russischen Weiten gefahren sind, stolze Panzerjäger! Nun, da wir nur die anderen brummen hörten und die staubigen Fahrzeuge sahen, stieg die alte, in Schlamm und Schnee und ewiger Kälte erstickte Sehnsucht nach dem Vormarsch wieder in uns auf, die Lust, Kilometer zu fressen, nur um endlich auch hier ein Ende machen zu können, ein Ende in einer letzten umfassenden Schlacht. Die Sonne hat doch die Wege wieder fest und trocken gebrannt. Warum können nicht auch wir wieder anständige Sachen unter den Hintern kriegen? Warum sind diese vielen dicken Sachen nicht zur Stelle gewesen, als der Russe angriff? Aber nun ist es dafür zu spät. Nun zotteln wir dahin, ein jammervoll zerfledderter, entnervter Verein, den Panzerschreck in den Knochen, verkommener Landseradel, hin- und hergeschubst als Lückenbüßer, ohne Kanonen und Handgranaten, und wie zum Hohne bestückt mit russischen Beuteflinten. Der Dank des Vaterlandes ist ferner denn je…

Ostwärts Wesseloje, Sonntag, 17. Mai 1942

Heute liegen wir nun wieder auf freiem Felde herum und spielen Krieg. Aber wir sind noch mehr sauer als die Tage vorher.
Vorgestern Abend, als sich das allgemeine Getöse gelegt hatte, konnten wir in der Dämmerung doch noch in das Dorf hinuntertippeln und uns zum Grunzen in die Häuser verkriechen.

Aber abends gegen zehn Uhr wurde noch bekannt gegeben, wir müssten am nächsten Morgen in aller Frühe, noch während der Dunkelheit, weiter marschieren. Außerdem erfuhren wir erst zu dieser späten Stunde, dass Feldwebel Lang bei der Säuberungsaktion gefallen ist. Ein dicker Granatsplitter hat ihn erwischt. So geht einer nach dem anderen dahin und man fragt sich jedes Mal unwillkürlich, wann man selbst an der Reihe sein wird.
Schon bald nach drei Uhr früh scheuchte man uns gestern Morgen tatsächlich hoch. Zwei Stunden lang tippelten wir total vergrunzt durch die Nacht, vorbei am Schauplatz des nächtlichen Dramas von neulich, den wir an den Feldbahngleisen und der Waldspitze wiedererkannten, und erreichten dann querfeldein wieder diese verfluchte Feldbahn an einer Stelle, an der ein großer Pulk von Panzern in einer Art Bereitstellung auf freiem Felde stand, umgeben von einem Schwarm von LKWs, Schützenpanzer- und Kübelwagen. Wir erhielten Befehl, uns parallel zu den Gleisen einzubuddeln, weil anderswo eigene Panzer vorgestoßen wären und man nun mit russischem Druck in unsere Richtung rechnen müsse. Zu unserer Freude entdeckten wir in etwa 20 m Abstand von den Gleisen zahlreiche Mulden, die sich vielleicht die Russen gebuddelt hatten und in denen wir es uns nun gleich gemütlich machten.
Die Sonne strahlte schon in dieser frühen Morgenstunde heiß hernieder. Das geschäftige Hin und Her der Kollegen von den Panzern bot uns anfangs wohlfeile Abwechslung, dann aber heulten urplötzlich Granaten heran und schlugen genau in die Feldbahngleise und zwischen die Panzer und natürlich auch in unserer Nähe ein. Blitzartig hatten wir uns in unsere flachen Kuhlen geworfen, empört über so viel Gemeinheit. Und es blieb nicht bei einer Serie, sondern der Iwan bolzte weiter, zwar nicht pausenlos, aber doch mit so dicken Kalibern, dass uns der Arsch verdammt auf Grundeis ging. Wir mussten unbedingt tiefer in die Erde, aber sofort. Und kaum einer von uns hatte noch einen Spaten bei sich. Allmählich kriegten wir es mit der blanken Angst, wir machten schließlich in unserer Not die Seitengewehre frei und stachen damit fieberhaft die Erde auf und warfen sie mit den bloßen Händen aus dem Loch. Alle Nase lang musste man wieder die Rübe tief in den Dreck stecken, wenn die Splitter und Schienenstücke gar zu nahe durch die Luft schwirrten und ringsum Sand und Staub aus dem Boden schlugen. Gepeitscht vom Höllenspektakel der Einschläge und geblendet von den Feuerblitzen wühlten wir uns mit aller Kraft in die Erde. Warum hatten wir Idioten nur die Spaten weggeworfen? Nur jetzt nicht solch ein schweres Ding ins Kreuz kriegen – das war unser einziger Gedanke. Mochten die Hände blutig werden und die Nägel einreißen – nur in die Erde, nur endlich etwas mehr Deckung. Und bei nächster Gelegenheit wird wieder ein Spaten organisiert!!!
Nach einer halben Stunde waren die meisten so weit, dass sie einigermaßen sicher in ihren Löchern kauern konnten, solange sie kein Volltreffer erschlug. Aber die verdammten Iwans streuten noch eine weitere Stunde lang immer wieder von Neuem das Gelände ab und ließen uns nicht zur Ruhe kommen. Ich war nur erstaunt, mit welcher Sturheit die vielen LKWs und PKWs auf der Straße stehen blieben. Gewiss, denen in den Panzern und Schützenpanzerwagen können die Splitter nicht viel anhaben, aber die ungepanzerten Fahrzeuge? Aber das war schließlich nicht unser Bier.
Endlich ließ das Feuer der schweren Koffer nach. Hinter uns ragten die Schienen

zerfetzt, bizarr verbogen und mit scharfen Spitzen in den blauen Himmel. Aus allen Löchern tauchten nun misstrauische Köpfe empor. Aus einem Loch wurde wenig später ein offenbar Schwerverwundeter herausgezogen, zu einem Wagen getragen und in verdächtiger Eile weggefahren. Wir hörten dann mit Schrecken, Walter Klüger sei von einem Mordssplitter ins Kreuz getroffen worden, obwohl er sein Loch fertig gehabt hatte. Nun verließ uns also auch dieser wahrhaft gute Kamerad.
Es ist zum Kotzen.
Kaum war der Wagen mit Walter entschwunden, da hörten wir verdächtiges Fliegergebrumm. Gleich darauf jagten auch schon russische Schlachter im Tiefflug heran, flogen eine kurze Schleife jenseits der Panzeransammlung und kamen prompt zurück. Klare Sache! Wir sahen sie noch anfliegen, ganz tief, Feuer speiend, dröhnend – brüllende, bellende Teufel! Und wir ganz tief in die Löcher. Und schon krachte es, 10, 20, 100 Bomben dicht hintereinander, fast wie die Schüsse eines MGs. Viele tausend Splitter sirrten wie ein riesiger Schwarm von Aasfliegen über uns hinweg und fatschten mit Rasanz in die Erde. Dann war der Spuk verflogen, das Motorengeheul verklang, die Detonationen waren verrauscht, für Sekunden trat eine totale, gespenstische Stille ein. Die Straße vor uns mit dem wahnsinnigen Pulk der Panzer und Fahrzeuge war weg, verhüllt von einer einzigen graubraunen Staubwolke. Aber nun kam Leben in den Verein! Ein Motor nach dem anderen jaulte auf höchste Touren und ab ging die Post. Wild in die Gegend, irgendwohin seitab in die Leere der Felder. Wozu stellten sie sich auch so idiotisch in solchen Klumpen auf einen so markanten Punkt? Das war sicher ein frisch aus Frankreich importierter Haufen, der glaubte, er wäre hier in Russland noch auf dem Übungsplatz. Aber trotz allem, es sah zum Glück nicht so aus, als ob die Bomben viel Unheil angerichtet hätten.
Später wurden ein paar Mann gesucht, die in das nächste Dorf laufen und dort Wasser holen sollten. Ich meldete mich freiwillig, weil ich mir gern die Beine etwas vertreten wollte. Es war ein schöner Weg den schwachen Abhang hinunter nach Petrowskoje. Ein leichter Wind wehte uns Kühlung entgegen. Wir paar Mann waren für uns, abseits vom großen Haufen. Allein das war schon viel wert. Aber als wir dann die ersten Trümmer des Dorfes erreicht hatten und sahen, was sich dort abgespielt haben muss, wurde uns doch beinahe schlecht. Ein riesiger Stukatrichter neben dem anderen, umgestülpte, fortgeblasene und zerfledderte Häuser und Bäume, grausam zerrissene und in der Hitze schrecklich aufgeblähte Leiber toter Russen und über allem ein erstickender, den Magen umdrehender Brand- und Leichengestank. Wir mussten lange suchen, bis wir etwas außerhalb des eigentlichen Dorfes noch einen Brunnen fanden, der offensichtlich nicht versaut oder zusammengedrückt und mehr oder weniger verschüttet war.
Da das Wasser gut und frisch schmeckte, löschten wir erst einmal in langen Zügen den eigenen Durst und füllten danach die Feldflaschen der anderen. Das war ein mühseliges und langweiliges Geschäft, weil wir keinen Trichter hatten, sondern alles aus dem Eimer in die engen Hälse der Flaschen gießen mussten. Aber wir hatten ja Zeit. Eine Weile streiften wir noch durch das Dorf, jeder hatte sich zwei oder drei Spaten organisiert, die er für sich und diesen oder jenen von der Kompanie mitnehmen wollte.
Die meisten Toten waren Mongolen mit gelben, von Schmerz und Angst und

Hitze grässlich verzerrten Gesichtern, die uns mit starren Augen und bleckenden Zähnen immer von Neuem erschreckten. Wenn wir auch schon viele tausend von Todesangst und Blut entstellte Leichengesichter gesehen haben – dort war es besonders schauerlich durch die Hitze, den grauenhaften Gestank und das giftige Brummen von Millionen grün schillernden Fliegen, die überall an den Toten nagten. Nur weg von diesen verkohlten Trümmern, raus aus diesen Leichenbergen und der unheimlichen Stille und Verlassenheit dieses Ortes!
Erst jetzt, als wir dem Ausgang der Ortschaft zustrebten, fiel uns richtig auf, dass wir außer den Fliegenschwärmen und Ratten, die vielleicht noch in den Kellerlöchern hausen mochten, die einzigen Lebewesen an diesem Orte gewesen waren. Daher beeilten wir uns doppelt, wieder ins freie Gelände und an die frische Luft zu kommen und dieses Trümmer- und Leichenfeld hinter uns zu bringen. Auf dem Rückweg überholte uns dann ein schweres Gleiskettenfahrzeug und da der Fahrer wie wir auf die Höhe zu den Panzern wollte, nahm er uns gern mit. So donnerten wir unvermutet in prasselnder Fahrt königlich über die Felder, eine lange Staubfahne hinter uns her, und waren im Nu wieder bei unseren Genossen. Himmelherrgott, das war doch ein anderes Vorwärtskommen als diese verdammte Fußlatscherei! Den frischen Wind von vorn, die Erde tief unter den Ketten und hinter uns nichts als Staub…
Von den Panzern an der Straße schepperte nun einer nach dem anderen in östlicher Richtung davon. Am späteren Nachmittag standen wir schließlich allein auf der Höhe. Die Kampftätigkeit hatte überall nachgelassen. Fast sah es so aus, als sei der Großangriff der Russen irgendwo weiter vorn zum Stehen gekommen. Konnte man uns nun nicht nach Hause schicken? Was sollten wir da oben noch auf der einsamen Höhe im Scheine der sinkenden Sonne? Die Nacht über die Stellung halten?
Während wir noch beisammen standen und palaverten, kriegten wir plötzlich Befehl, nach Petrowskoje zu marschieren, also in das Dorf, in dem wir am Mittag Wasser geholt hatten. Also doch. Ehe wir abrückten, wurde uns aber noch eröffnet, wir seien nun abgelöst! Weil unser Verein keine Kampfkraft mehr besäße. Wir waren sprachlos. Abgelöst? Gab es das wirklich noch? Gerade jetzt, da wir eben noch davon gesprochen hatten? Wir konnten es gar nicht fassen. Jetzt sollte der Krieg für eine Weile ohne uns weitergehen? Wir sollten Ruhe haben, in irgendeinem Dorf oder gar in Charkow? Konnte man das alles glauben? Aber sie hatten es uns ja gesagt, es musste also wahr sein. Wir waren abgelöst…
In lockeren, unmilitärischen Grüppchen zottelten wir über die Felder, in die weite Senke hinab zu den Trümmern des Dorfes. Wir brabbelten uns die ganze Freude über diese Wendung der Dinge von der Seele, alles vergessen, die Tiefflieger, das Geballere der Ari. Aber Walter hatte es doch noch getroffen.
Jetzt sahen wir nur noch den sommerlichen Abendhimmel über den weit geschwungenen Feldern und vor uns das Dorf. Jetzt war es auch gleichgültig, wie weit wir noch tippeln mussten, von uns aus auch noch 10 oder 20 km ohne Verpflegung. Diese unverhoffte Freude und Genugtuung sollte uns schon aufrecht halten! Auf der von Trichtern zerrissenen Dorfstraße löste sich der Verein fast ganz auf, denn im nördlichen Teil des Dorfes, den wir am Mittag nicht mehr durchstöbert hatten, fanden wir noch zahllose, genauso fürchterlich zugerichtete Leichen deutscher Landser und bei ihnen größere Mengen von Decken, Mänteln,

Brotbeuteln und Feldflaschen. Die meisten deckten sich nun noch schnell mit dem Notwendigsten ein und tauschten manche Sachen gegen bessere aus. Nur Decken und Mäntel nahm kaum einer mit. Niemand hatte Lust, solch schweres Zeug zu schleppen. Es geht also auf den Sommer zu, und wir waren ja abgelöst. Wozu also?
Am Ausgang des Dorfes wurde plötzlich Halt gemacht. Wir konnten in einem größeren Schulgebäude unterziehen und rasten. Aber kaum einer ging in den muffigen, verdreckten Bau, sondern die meisten legten sich draußen in den Straßengraben und an die vergammelten Zäune. Da lagen wir eine ganze Weile, ließen den lieben Gott einen guten Mann sein und waren nach langer Zeit zum ersten Mal wieder mit unserem Schicksal ein wenig ausgesöhnt. Endlich hatte man uns abgelöst und bestätigt, wie ausgebrannt und fertig wir sind. Schade nur, dass es noch nichts zu fressen gab.
Später mülmte eine lange Doppelreihe von Infanteristen an uns vorüber, lauter junge Kerls in neuen Klamotten. Die Zunge hing allen ganz schön aus dem Halse und sie schwitzten gewaltig. Das war endlich mal ein frischer Haufen aus Frankreich oder aus der Heimat, der sich nun hier seine Sporen verdienen wollte. Wir genossen in ungetrübter Schadenfreude den Vorbeimarsch der lieben Kameraden, auch wenn sie uns allerlei Staub in die Nasen wirbelten. Was hatten sie alle für feine Sachen am Leibe, neue Stiefel, heiles Lederzeug, Gasmaske, Spaten, Gewehre und Zeltbahnen. Alles komplett, alles neu und gepflegt. Wie duftete das noch nach Kleiderkammer und Schuhwichse! Mein Gott – wann haben wir zuletzt Schuhwichse benutzt, abgesehen von den wenigen Tagen in Charkow?
Als die ersten verdrossen an uns vorübergesockt waren, erhob sich weiter hinten ein lautes Schimpfen und Pöbeln, und als ein frischer Haufen bei uns ankam, kriegten auch wir von den Herren zu hören, sie hätten uns Arschlöchern die ganze Scheiße zu verdanken, weil wir vor dem Iwan getürmt seien. Nun müssten sie die Karre... aber da kamen sie nicht weiter mit ihren frechen Sprüchen, denn sie kriegten von uns einen derartigen Schwall von Schimpfwörtern um die Ohren geschrien, dass sie erschreckt zusammenzuckten. Einige von uns waren vor Erregung aufgesprungen, hatten drohend das erste beste Stück Holz oder ihr Koppel in der Faust, Unteroffiziere und Feldwebel dieses sauberen Vereins wollten uns gegenüber die Vorgesetzten markieren und begannen zu brüllen – kurz, es fehlte nicht viel und das Ganze wäre in eine handfeste Prügelei mit schweren Waffen ausgeartet. Solche grünen Jungs hatten uns gerade noch gefehlt! Frisch aus der finsteren Etappe kommen und gleich die Schnauze aufreißen, ohne einen Schuss Pulver gerochen zu haben, und dann noch unseren verlausten Bettlerhaufen anpöbeln – das war zu viel! So sprühte die Luft in der sonst so stillen Dorfstraße auf einmal von Arschlöchern und Feiglingen, von Scheißkerlen und grünen Jungs, von Heimatkriegern und Lackaffen. Zum Schluss wünschten wir ihnen viel Glück beim Iwan, boten ihnen Windeln für alle Fälle an und wollten sie gern in drei Wochen noch mal wieder sprechen. Dann war endlich dieser niederträchtige Ersatzhaufen an uns vorüber und es trat etwas Ruhe ein.
Ein Offizier dieser Einheit, der kurz darauf noch vorbeikam, wollte wissen, was sich ereignet hatte. Er kriegte ganz schön die Meinung gegeigt, war aber wenigstens klug genug, sich die Reden anzuhören und im Übrigen die Dinge auf sich beruhen zu lassen. Für uns war der Fall damit allerdings noch lange nicht erledigt.

Die Volksseele kochte. Diese Rotzjungen hatten uns an unserer empfindlichsten Stelle getroffen, ob zu Recht oder nicht. Daher war die Erregung so groß. Und wenn auch sonst keiner von uns irgendeinem anderen etwas Schlechtes wünschte – diesen eingebildeten Burschen gönnten wir ein richtiges Fracksausen und Muffenflattern.
Und überhaupt. Die Verpflegung kam nicht. Wozu haben diese Sauhaufen eigentlich ihre verdammten Trosse? Müssen wir etwa noch zu den Küchen laufen oder haben die Trosshengste uns den Fraß nach vorn zu bringen? Und in diesem Kaff wollten wir auch nicht bleiben. Das lag uns noch viel zu weit vorn, auch wenn jetzt anscheinend überall Ruhe herrschte. Aber das konnte sich am nächsten Morgen verflucht schnell wieder ändern. So waren wir gerade in der richtigen Stimmung, als einer unserer Zugführer mit dem Beikrad angestaubt kam und uns sofort zusammenholte. Was hatte das wieder zu bedeuten?
Eine Minute später wussten wir es. Wir waren ab sofort der 3. Panzerdivision unterstellt und sollten umgehend nach Wesseloje marschieren, einem Ort in etwa 10 km Entfernung…
Schlagartig war es totenstill in dem Haufen. Jeder kniff die Augen zusammen und sah böse von einem zum anderen. Panzerdivision??? Wir waren doch abgelöst, zum Teufel!! Das war Verrat! Gemeinheit! Auf einmal loderte helle Meuterei auf: Da machen wir nicht mit! Kommt gar nicht in Frage! Wir können nicht mehr! Wir sind abgelöst! Wir wollen nach Charkow! Was geht uns die Panzerdivision an? Die sollen selbst sehen, wie sie fertig werden! Uns hat auch niemand geholfen! Wir bleiben hier! Wir sind fertig! – so brodelte es in jedem von uns, machte sich in lauten Rufen Luft. Ein falsches Wort jetzt, und es wäre was geplatzt. Jetzt war Schluss!!!
Ganz bleich war der Zugführer geworden, aber noch sagte er nichts. Gott sei Dank. Er wartete, bis es wieder ruhiger wurde. Wartete noch drei Sekunden länger. Sprach dann ganz leise und ruhig, redete uns zu und erklärte uns die Lage: Der Russe drückt wieder schwer an verschiedenen Stellen. Vor uns in Ternowaja sind noch 2.000 Mann eingeschlossen, davon die meisten von unserer Division. Ein Befreiungsangriff der Panzer ist zwar geglückt, aber nun sitzen auch diese Panzer in Ternowaja fest und fehlen anderswo, weil der Russe hinter den Panzern den Ring wieder zumachen konnte. Deshalb müssen wir jetzt hinter der Panzerdivision noch zwei oder drei Tage lang Löcher stopfen, bis weitere Divisionen aus Frankreich da sind. Wir sollen keinen Angriff unternehmen, sondern nur Sicherungs- und Auffanglinien weiter hinten besetzen. Das ist alles. Die Führung weiß, was mit uns los ist, und hat kein Interesse, uns an Stellen einzusetzen, wo wir versagen müssen, weil wir keine Waffen mehr haben. Es hilft nichts, wir müssen sofort aufbrechen, damit wir noch vor Einbruch der Dunkelheit in Wesseloje sind. In fünf Minuten ist Abmarsch…
Wir standen wie versteinert da. Das hatte ja alles ganz schön geklungen, aber wer garantiert uns dafür, dass man uns nicht am nächsten oder übernächsten Tage wieder genauso anschiss wie jetzt? Eine wundervolle Sicherungs- und Säuberungsaktion haben wir ja gerade vor wenigen Stunden mitgemacht und die Nase noch gestrichen voll davon. Was heißt hier Sicherungslinie, wenn der Russe irgendwo durchbricht? Es sah doch wohl immer noch ganz beschissen aus, wenn sie ausgerechnet uns immer noch nötig hatten.

Dann war es so weit. Antreten. Ab und hinaus aus dem Dorf in langer, aufgelöster Reihe. Keiner sprach ein Wort. Wohin man blickte, nur verkniffene Münder und böse, kleine Augen. Zehn Kilometer noch! Nun auf einmal merkte man auch, wie hungrig man war, wie schlapp. In diesem Zustand noch zehn Kilometer, über zwei Stunden Marsch. Und dann wieder in die Scheiße. Und am Mittag hatten sie uns vorgeschwindelt, wir seien abgelöst. Böse Gedanken schwirrten uns durch die Köpfe. Es ist doch alles nur ein abgekartetes Spiel, um uns wieder etwas aufzumöbeln. Deswegen nur hat man das schöne Märchen von der Ablösung erfunden. Und nun jagt man uns wieder ohne Verpflegung und ohne Waffen dem Russen in die Fänge. Als ob dieses großdeutsche 90-Millionen-Volk nicht noch ein paar andere Haufen hätte, außer uns. Eher fahren die frisch importierten Vereine wieder zur Erholung nach Frankreich zurück, als dass wir mal für eine Woche nach Charkow kommen. Was sollen wir bei einer Panzerdivision? Das ist ja das Schlimmste überhaupt. Das bedeutet in Wahrheit Angriff, sonst gar nichts. Keine Rede von Auffangstellung und Sicherung – wir sind gerade noch gut genug, als letzter Kehricht einer einstmals stolzen Infanterie-Division noch schnell verheizt zu werden. Schrott, Abfall, Anmachholz für das große Feuer der Schlacht. Die wollen uns gar nicht mehr nach Charkow oder in die Heimat oder nach Frankreich lassen – wir sind ja verseucht, sind vor dem Russen getürmt, haben den Panzerschreck in den Knochen. Wir wissen zu viel, haben zu viel erlebt, um uns noch mit Schlagworten abspeisen zu lassen. So sieht es aus! Alles andere sind Illusionen. Der Dank des Vaterlandes! Die Helden der Ostfront! Hahaha! Wir wären abgelöst, ja, dafür wären wir noch 10 oder 20 km gelaufen, hungrig und durstig sogar. Aber jetzt nicht, nicht nach Wesseloje, nicht zu der Panzerdivision. Aber mit uns können sie es ja machen.

Die Straße zog sich fast schnurgerade leicht bergauf. Nirgends war mehr ein Dorf oder sonst ein Zielpunkt für das Auge sichtbar. Nach einer halben Stunde war ich es leid, so für mich allein dahin zu trotten. Ich schloss zu Otto auf, wollte mich von ihm etwas aufmuntern und auf andere Gedanken bringen lassen, quatschte ihn an: „Schöne Scheiße, was, Otto?“ Aber da fuhr er mir fast mit seiner Geiernase ins Gesicht und blitzte mich an mit Augen, als wollte er mich erstechen. „Lass mich bloß in Ruhe, Mensch!!!“, zischte er mich an und sah wieder geradeaus nach unten, zwei Schritt vor seine Füße, wie er die ganze Zeit schon dahingetigert war, und würdigte mich keines Blickes und keines Wortes mehr. Er war groggy, und wie! Ich verkrümelte mich schnell wieder in mein Loch in der langen Reihe, hielt die Schnauze und schlurfte fast wie Otto weiter durch den Staub, spürte fast schmerzhaft, wie mir der Magen vor Hunger durchdrehte. Der Hals war mir längst wund gescheuert von Sonne, Schweiß und Staub, die Zunge hing wie ein Stück trockenes Holz im Mund.

Und immer noch nicht die Hälfte des Weges. Immer weiter zog sich der Haufen auseinander. Kaum einer redete mit seinem Neben- oder Vordermann. Die wenigen Worte wurden von der großen Weite über dem offenen Land sofort verschluckt. Es ging nun deutlich auf den Abend zu.

Unmerklich wurde das Tempo schneller. Es hatte keinen Zweck mehr zu bummeln. Wenn wir schon nach Wesseloje mussten, dann wollten wir auch bald da sein. So erreichten wir schließlich die ersten Häuser des Ortes, mussten aber wie immer erst noch bis ans entgegengesetzte Ende tippeln. Aber dort kriegten wir

dann wider Erwarten ein großes Haus zugewiesen, in dem wir übernachten sollten. Es gab vor allem Wasser und wir konnten uns noch schnell den gröbsten Dreck vom Leibe spülen. Nach drei Tagen zum ersten Mal wieder.
Danach fühlte man sich wieder etwas menschlicher. Unsere allgemeine Enttäuschung und Verbitterung konnten wir allerdings auf diese Weise nicht so leicht abwaschen. Die saß zu tief in uns und fraß sich noch immer tiefer. Otto redete den ganzen Abend kein Wort mehr, sondern verkroch sich wie ein Hund in einen dunklen Winkel und grunzte. Es gab nichts mehr zu fressen, aber die Wache wurde natürlich noch eingeteilt. Dann konnten wir uns endlich auch offiziell hinhauen. Wir rollten uns ebenfalls auf den blanken Fußboden und hatten bald alles vergessen.
Heute nun wieder Bullenhitze und gleich morgens ohne Frühstück Löcher buddeln, obwohl kein Spektakel zu hören war. Aber am späten Vormittag holten sie uns wieder. Zurück in die Mitte des Dorfes, dann auf einer Nebenstraße etwa in Richtung Ternowaja wieder raus. Dort, ziemlich weit vor uns, lag ein Höhenzug quer zur Straße und um diese Höhe sollen schon seit Tagen schwere Kämpfe toben.
Wir kriegten nach einer Weile Befehl, uns wie üblich jeweils zu zweit querab auf einem nach links sanft ansteigenden Hang in zirka 100 m Abstand Löcher zu buddeln und diese „Stellung“ zu halten. Wegen der Hitze begnügten wir uns wieder mit flachen Mulden. Ein bisschen Schutz gegen Splitter und gegen MG-Feuer war gewiss notwendig. Aber wozu sollte man erst einen Meter tief in der Erde verschwinden?
Kurz vor Mittag waren wir jedenfalls mit der Schanzerei fertig und betrachteten voll Stolz unsere herrliche Stellung, die sich als lange Kette von kleinen Erdhäufchen mit jeweils zwei Mann Besatzung darbot. (Bild 30) Wenn hier der Russe anrückt, sind wir so oder so verloren, denn vor und hinter uns gibt es nichts als freies Stoppelfeld. Wohin sollten wir türmen? Es blieb nur zu hoffen, dass der Russe uns in Ruhe lässt.
Träge lagen wir in der Mittagssonne und dösten in die hitzeflimmernde Weite der Felder. Nun ist es wieder derartig heiß geworden, dass man die Sonne beinahe verflucht und sich kaum noch vorstellen kann, dass man noch vor wenigen Wochen in WB so entsetzlich in Schnee und Eis gefroren hat. So weit das Auge reicht, breiten sich lang gezogene Höhen. Nur rechts von uns zieht sich in der Senke die Nebenstraße entlang, an der die wenigen Häuser oder Scheunen weit zerstreut liegen. Das ist wieder dass echte, alte Russland, kein Baum, kein Strauch, nur Felder und Himmel.
In den Nachmittagsstunden bis in die Abenddämmerung hinein wurden wir Zuschauer eines nie erlebten Aufmarsches schwerer deutscher mot-Geschütze, Panzer und 8,8-Flak. Sie schoben sich auf den Höhenrücken halb rechts von uns hin und her, tauchten wieder in unsichtbaren Mulden unter oder blieben lange Zeit lauernd da oben stehen. Aber kein Schuss fiel. Wir hörten nur das auf- und abschwellende Brummen der großen Motoren aus etwa eineinhalb Kilometern Entfernung. Alles in allem mochten dort oben schließlich an die 200 dicke Brocken versammelt sein, ein Anblick, der uns immer wieder glauben ließ, wir träumten. Solch eine geballte Masse gepanzerter Feuerkraft lag völlig außerhalb unserer Erfahrungen, aber wir waren uns auch bald klar darüber, dass ihr eine ähnliche

Masse russischer Panzer gegenüberstehen musste, weil immer neue Wellen unserer Stukas über uns hinweg auf die Höhe vor uns zuflogen und dort hinter dem Horizont mit heulenden Sirenen auf unsichtbare Ziele niederstießen. Bei uns aber tat sich nichts.
Es sieht fast wieder so aus, als hätte man uns vergessen. Die Sonne steht schon tief. Ob wir heute Abend wenigstens mal was Warmes in die Rippen kriegen? Der Abendwind streicht schon wieder verdammt kühl über die Felder.

Ostwärts Wesseloje, Montag, 18. Mai 1942

Äußerlich hat sich seit gestern Abend nichts geändert. Wir liegen noch immer in denselben Löchern, nur noch staubiger und mit noch längeren Bartstoppeln. Aber wir haben nun wirklich die Nase voll, obwohl wir uns über den heutigen Tag eigentlich nicht beschweren können. Zwischendurch reicht es einem allerdings immer öfter und immer heftiger. Das begann gestern Abend mit der Fresserei, die wir in der Dämmerung doch noch kriegten. Uns gingen die Augen über, was da jeder von uns von der Panzerdivision zugeteilt bekam: Schokolade und Zigaretten satt, herrlichen Käse – nicht etwa den uns sonst immer nur hingeworfenen Harzer – und viel Wurst – ein Menü im Vergleich zu unserem normalen Brotbelag, von manchen anderen leckeren Schweinereien gar nicht erst zu reden. Und dann fragt man sich verbittert, warum es immer noch mehrere Klassen innerhalb der Wehrmacht geben muss. Warum kriegen die, die sowieso schon nach der ganzen Lage der Dinge am angeschissensten sind, auch den kümmerlichsten Fraß? Es war zwar sehr nett gemeint von den Herren der Panzerdivision, dass sie uns an ihrer Verpflegung teilhaben ließen, es stand uns auch zu, weil wir der Division ja unterstellt sind, aber im Grunde hatte es nur den Erfolg, dass wir noch mehr Wut auf diesen Verein bekamen und von hässlichen Klassenkampfideen infiziert wurden. Lieber hätten wir trockenes Kommissbrot in Charkow geknabbert als hier die schöne Schokolade. Und doch, wir lutschten sie runter oder tauschten sie gegen die vielen Zigaretten, weil wir nur zu genau wussten, dass wir sobald nicht wieder so fürstliche Verpflegung bekommen werden.
Aber unsere Hoffnung, man würde uns noch wieder nach Wesseloje zurückholen, trog. Es wurde dunkel, kühl wehte die Nachtluft aus der Senke zu uns herauf und wir gingen schweigsam noch ein wenig hin und her. Schlafen konnte noch keiner. Etwas Drohendes hing über uns, jeder glaubte das zu spüren. Die vielen Panzer, die Flak, die Stukas – all das hatte nichts Gutes zu bedeuten. Und diesen geballten Massen gegenüber uns paar armseligen Figuren, hingetröpfelt auf die nachtdunklen Stoppelfelder …
Hier und da standen noch ein paar von uns beisammen, erzählten sich leise was, andere hatten sich auf den Rand ihrer Löcher gehockt und aßen noch, man ging noch mal 50 m beiseite, um sich zu erleichtern. Dann wurde es dunkler und dunkler und immer stiller. Alle 300 m blieb ein Doppelposten wach. Wir anderen, die wir erst später mit der Wache an der Reihe waren, versuchten schließlich doch, in den Mulden etwas zu pennen. Aber aus Faulheit hatten wir die Löcher natürlich zum Hinlegen zu kurz ausgeschaufelt und nun war es zu spät, sie noch zu verlängern. Zumindest hatte keiner Lust dazu. Viel schlafen konnte man doch nicht,

weil es zu kalt war und kaum einer Decke und Mantel bei sich hatte. Aber man konnte sich den Rock etwas über die Ohren ziehen und damit das Genick etwas wärmen. Das macht schon viel aus. Man ist ja schon dankbar, dass es nicht regnet und dass kein Schnee mehr über die Ebene stiebt. Außerdem sind die Nächte jetzt erfreulich kurz und hell. In der ganzen Nacht war nicht eine Leuchtkugel zu sehen, trotz der ungeheuren Massierung schwerer Waffen. Das ist meist ein schlechtes Zeichen. So lagen oder standen wir unter dem blauen Nachthimmel, den Millionen Sterne erhellten, und warteten mit verdammt unguten Gefühlen auf das Morgengrauen.

Lange bevor dann endlich die ersten wärmenden Sonnenstrahlen über die Höhen schossen, waren wir wieder auf den Beinen. Wir hatten zeitweise doch ganz schaurig gefroren, aber nun vertrieb die Sonne rasch wieder die Kälte, und wir konnten schon bald unsere Röcke beiseitewerfen und uns wieder in Hemdsärmeln auf unseren komfortablen Matratzen niederlassen. (Bild 31) Mit Staunen stellten wir beim Hellwerden fest, dass die Panzer und die beiden 8,8 halbrechts vor uns auf der Höhe verschwunden waren. Klar und ungestört hob sich der Horizont ringsum vom hellen Morgenhimmel ab. Die wenigen Häuser und Scheunen der Kolchosen waren die einzigen Punkte, die die Monotonie der Höhen und Senken belebten.

Mit jeder halben Stunde wurde es heißer. Wir waren froh, dass uns niemand aus unserem beschaulichen Dasein herausriss. Unter solchen Umständen wollten wir ganz gern noch eine Weile bei der Panzerdivision bleiben. Weit und still erstreckten sich wieder die Felder unter der flimmernden Luft. Natürlich klönten wir auch über die Lage. Es ist uns allen unheimlich, dass bei diesem herrlichen Frühsommerwetter der Vormarsch noch nicht begonnen hat, sondern dass offenbar immer noch die Russen angreifen und nicht wir. Sicher ahnen die Russen, was ihnen bevorsteht, und versuchen jetzt kurz nach der Schlammperiode noch, unsere Operationen durch wütende Angriffe durcheinander zu hauen.

Mögen die Panzer eines Tages zum Don, zur Wolga oder auch nach Moskau losbrausen, damit es hier endlich Ruhe gibt. Uns sollen sie allerdings erst mal in Frieden lassen. Wir sind nun fast ein Dreivierteljahr, von Tripolje an gerechnet, dauernd an der Front und das reicht uns, das steht uns bis oben hin.

Wie gestern wurde es um die Mittagszeit herum plötzlich wieder lebendig. Von jenseits der Höhen halb rechts schob sich ein Pulk von zehn deutschen Panzern herauf, denen wenig später noch zwei schwere Flak folgten. Und es dauerte gar nicht lange, da eröffneten die Panzer und die Flak auf einmal das Feuer. Wunderbar sahen wir beim Abschuss jeden Feuerblitz, dann die Leuchtspurbahn flach über das Gelände hin, aber der Rest spielte sich wieder hinter der uns genau gegenüberliegenden Höhe ab, die ungefähr anderthalb Kilometer entfernt sein mag. Von irgendwoher wehte dann plötzlich das Gerücht zu uns herüber, vor uns, also hinter besagter Höhe, sollten weit über 100 Russenpanzer stehen! Da war es schlagartig mit unserer Ruhe vorbei, erst recht, als wir nach wenigen Minuten die ersten Leuchtspurbahnen russischer Panzerkanonen über unsere Panzer hinwegzischen sahen.

So begann es und daraus entwickelte sich eine regelrechte Panzerschlacht mit grellrotem Mündungsfeuer und hin und her blitzenden Leuchtspurbahnen. Und dann stiegen bald schwarze Qualmwolken hinter der Höhe empor – die ersten

Russenpanzer brannten! Nun fehlten nur noch die Stukas, aber kaum hatten wir davon gesprochen, da brummte es hinter uns – sie kamen wirklich! 15, 18, ach, ganze Schwärme, und drüben auf der Höhe begann alsbald die gleiche Achterbahn des Todes, wie gestern schon; die fast senkrecht stürzenden Stukas vermengten sich optisch mit den wieder hochziehenden und kreisenden, die neue Opfer suchten; selbst uns sägten die kreischenden Sirenen an den Nerven – wie musste es erst den Russen in ihren eisernen Kisten ergehen!?
Erst als dann die ersten Flugzeuge ganz tief und immer lauter röhrend über uns hinweg nach Hause geflogen waren, merkten wir, dass neue Wellen über ihnen schon fast über der Höhe angekommen waren und nun ebenso ihre fürchterlichen Lasten abluden. Diesmal waren es Ju 88, die viele kleinere Bomben wie Kugeln einer zerrissenen Kette fallen und Flammenbahnen hinter der Höhe aufblitzen ließen. Der dunkle Qualm aus Ruß und Staub nahm uns zwar immer mehr die Sicht, aber wir spürten die permanenten Erschütterungen doch deutlich.
Am späten Nachmittag, als es schon wieder kühl wurde, trieben die Wolken direkt über uns hin und wir schmeckten das verbrannte Öl im Rachen. Allmählich klang unsere stundenlange Erregung ab, auch über und vor uns breitete sich eine ungewohnte Stille aus. Doch was nun? Sollen wir auch diese Nacht wieder hier draußen bleiben? Und wann kommt endlich die Fresserei? Auch heute hat sich den ganzen Tag lang kein Mensch um uns gekümmert. Der Rest Butter ist geschmolzen und schmeckt so ranzig wie das Panzeröl. Das Brot ist ausgetrocknet und steinhart, und den Wurstzipfel schmeißt man lieber weg, ehe man sich den Magen vergiftet. So bleibt nur trocken Brot…
Und was wird morgen? Ausgestanden ist die Geschichte bestimmt noch nicht.

<u>Zirkuny, Dienstag, 19. Mai 1942</u>

Unser ungutes Gefühl hatte uns gestern doch nicht getrogen. Man kann so etwas hinterher zwar immer leicht behaupten, aber als sich am späten Nachmittag die grauschwarze Wolke über uns geschoben und uns die Sicht genommen hatte, als wir meinten, oben in dem Qualm flögen wohl gerade die letzten Stukas heim, da glaubten wir dann plötzlich außer dem Geräusch der Stukamotoren noch ein anderes, fremdes Brummen zu hören. Genau vor uns. Waren das die Russen? Ganz deutlich hörte man dort hinten etwas rumoren. Zugleich hob sich die Wolke und begann sich aufzulösen. Ihr Hauptteil war längst mit der leichten Ostbrise über Wesseloje auseinander geweht und nun konnten wir am Horizont der Höhe vor uns tatsächlich ganz langsam einige schwarze Punkte hin und her kriechen sehen. Das waren sie! Und zugleich erkannten wir nun, dass die eigenen Panzer und die beiden Flak auf der Höhe halbrechts verschwunden waren. Deutlich war zu beobachten, dass sich die Russenpanzer auf uns zu bewegten. Wir konnten zwar kaum mehr als die Türme einiger Panzer erkennen, aber das genügte uns.
Wo waren unsere Panzer? Unsere Flak? Es musste doch etwas geschehen, um die Russen aufzuhalten! Aber wir waren anscheinend die einzigen weit und breit. Und in diesem Moment blitze es drüben auf und ein Panzerschuss knallte nicht weit an uns vorüber ins Hinterland. Wie die Karnickel verschwanden wir in unseren flachen Mollen. Jetzt fingen die Hunde auch noch an zu schießen! Und da

wieder! Wir hatten nun sechs, vielleicht auch sieben schwarze Käfer da oben erkannt, und zwei von ihnen feuerten, streiften systematisch das Gelände rechts und links von uns ab. Die nächsten Granaten ratschten vielleicht 100 m an uns vorbei. Das meiste ging über uns hinweg und hinein nach Wesseloje.
Wo sollten wir hin, wenn sie sich jetzt in Bewegung setzten? Jäh war die helle Freude über die Stukas einer ungeheuren Nervosität gewichen. Mit einem Schlag waren wir wieder der verratene und wehrlose Haufen. Nichts als deckungsloses Feld um uns. Das ferne Brummen der Panzer verstummte wieder. Die paar, die wir erkennen konnten, peilten anscheinend die Lage und hatten unsere dürftigen Löcher bestimmt längs im Visier. Aber ihre Panzergranaten wollten sie nun wohl doch für bessere Ziele aufheben. Wenn es nur endlich dunkel werden wollte! Warum kam niemand, der uns sagte, was los war? Jeden Augenblick konnte sich die Masse da oben auf uns zubewegen und dann waren wir geliefert. Kribbelig und nervös kauerten wir platt in unseren Löchern. Was machten die anderen? Man sah überall nur die kleinen, oberflächlich getarnten Erdhäufchen, sonst nichts, keinen Kopf. Alle hatten sich schön klein gemacht.
In dieser erregenden Spannung verstrich eine halbe Stunde, ohne dass sich etwas tat. Wir schimpften auf die Panzerdivision, die uns dorthin gelotst hatte und nun im Stich ließ. Dann auf einmal Rufe von rechts. Ganz unten in der Nähe der Straße erheben sich welche aus ihren Löchern. Dann erreicht auch uns der Befehl, sofort an der Straße zu sammeln. Hastig brüllen wir das Gehörte weiter, schnappen unsere paar Brocken und laufen geduckt in schnellen Schritten die 300 m hinunter zur Straße. Was hat das wieder zu bedeuten? Zum Glück geht es auf der Flanke des Hanges nach unten und je tiefer wir gelangen, desto mehr verschwinden die Silhouetten der Panzertürme hinter dem Kamm der Höhe. Die Hunde schießen auch nicht, obwohl nun eine lange Reihe von Landsern in großen Abständen hinter uns hergerannt kommt.
Hinter einer der Scheunen der Kolchose aufgeregtes Palaver. Die Sensation des Tages: Wir sind abgelöst und sollen sofort nach Wesseloje zurück marschieren, dort sammeln und weitere Befehle erhalten. Aber das ist ein zu infamer Witz, als dass wir darüber lachen könnten. Die Masche kennen wir. Darauf sind wir einmal hereingefallen, und dass man es wagt, uns angesichts der Panzer nun schon wieder mit solchen Parolen zu kommen, ist der Gipfel. Dass wir nach Wesseloje zurückmarschieren sollen, mag ja noch stimmen, sonst hätte man uns sicher nicht an die Straße geholt, aber das andere kann nur eine hundsgemeine Scheißhausparole sein. Im Moment interessierte uns nur eins: Weg von den Russenpanzern. Wir müssen auch endlich mal wieder unter Menschen kommen, sonst fangen wir alle noch zu spinnen an.
Warum dauerte es nur so ewig lange, bis die letzten endlich heran waren? Die ahnten natürlich noch nichts von ihrem Glück und ließen sich Zeit. Aber nach einer halben Stunde war dann doch der ganze Verein vollzählig beisammen und wir rückten mit großen Abständen von Mann zu Mann nach Wesseloje ab. Es schien also wirklich zu stimmen. Aber was hatten sie nun mit uns vor? Lustlos schlurften wir den staubigen Weg entlang. Und plötzlich – wieder Motorengeräusche!! Laut aufröhrendes Motorengebrüll!!! Die Russenpanzer!! Immer lauter. Das waren nicht nur ein paar Panzer, sondern 20 oder 30 zugleich!!!
Wir blickten erschrocken nach hinten, nahmen die Beine in die Hand, ganz ohne

Befehl. Jetzt aber weg, wenigstens noch hinein nach Wesseloje, ehe es dunkel wird! Und wirklich, die Panzer müssen näher kommen, man hört es deutlich. Wir sehen sie zwar nicht, denn sie fahren anscheinend auf den Höhen entlang, aber sie kommen bedrohlich näher. Mit hängender Zunge jagen wir immer schneller den Weg entlang. Eine verdammte Scheiße ist das, schon wieder eine halbe Flucht…
Zum Glück kam der Abhang nach Wesseloje hinein gerade zur rechen Zeit. Von da an konnten sie uns bestimmt nicht mehr sehen. Endlich tauchten wir zwischen den ersten Häusern und Gärten unter. Im Dort herrschte offensichtlich höchste Alarmstimmung. Aber wir hasteten weiter, ohne uns um Landser und Kanoniere zu kümmern, die sich in den Gehölzen der Gärten zur Verteidigung einrichteten. Weg, weg, nur weg von diesen elenden Panzern!!!
Am jenseitigen Ende des Dorfes wurden wir angehalten. Aha, nun kam das dicke Ende. Wir verkrümelten uns in die nächsten Häuser und schnappten erst mal nach Luft, immer mit einem Ohr zu den Panzern hin. Kurz danach sickerte das Gerücht durch, die Russen stünden jetzt etwa dort, wo am Morgen unsere eigenen Panzer so brillant geschossen hatten. Also waren die Russen gut einen Kilometer näher gerückt. Aber nun wurde es Gott sei Dank endlich dunkel. Die größte Gefahr schien gebannt.
Man trommelte uns wieder zusammen. Dann trat auch schon unser Führer aus dem Haus. Er grinste sogar scheißfreundlich. Typisch. Dieser Hund, er wollte es uns so richtig schön schmackhaft machen. Und dann sagte er: „Ihr habt ja schon gehört, dass wir abgelöst sind. Wir sollen jetzt sofort in Richtung Charkow marschieren bis nach Zirkuny, ungefähr 20 km von hier. Übermorgen früh sind wir dann in Charkow. Also holt eure Klamotten, auf geht's!"
Mein Gott, war das wahr? Kein zynischer Traum? Wir abgelöst? Ja, es war Wirklichkeit. Wir traten an und marschierten los. Raus aus Wesseloje, weg von den Panzern, Richtung Westen der Sonne nach, die dort schon längst versunken war. Und nun entlud sich alle angestaute Angst und Ungewissheit in einem heillosen Gebrabbel und Durcheinander. Jeder quatschte mit jedem, in zwanglosen Gruppen tippelten wir durch die einfallende Nacht, ohne Befehl, ohne Verpflegung, zum ersten Male ohne den fürchterlichen Druck der letzten Wochen. Abgelöst! Abgelöst! Diesmal schien es also keine Parole zu sein. Wesseloje entschwand hinter uns in der Dunkelheit. Wir marschierten nach Charkow!! Und alles war Wirklichkeit, der staubige, holperige Weg, der Hunger in den Gedärmen und die milde Nachtluft über den weiten, kahlen Feldern.
Einer stimmte irgendwann ein Lied an, und im Nu fiel der ganze Haufen mit ein: „In der Heimat, in der Heimat, da gibt's ein Wiedersehen!" Und dann quollen uns die Lieder förmlich aus den Busen, eins nach dem anderen, eins schaurig-schöner als das andere, so wie sie gerade kamen, vom schönen Westerwald bis zu den blauen Dragonern. Und wenn der eine nicht weiterwusste, hatte am anderen Ende schon wieder ein anderes Lied begonnen. Das Edelweiß oder die morschen Knochen. Die ganze Liederherrlichkeit hinauf und hinunter, die man sonst tausendmal verfluchte, wenn man singen sollte und nicht wollte.
Als die besseren Lieder hinaus gegrölt waren, kam die nächste Kategorie dran, die Rosemarie, die Erika, im Feldquartier auf hartem Stein, das Schweizermadl und Antje, das blonde Kind. Und zwischendurch immer wieder die uralte Sehnsucht: Weit ist der Weg zurück ins Heimatland, so weit, so weit… Ja, Scheiße,

Heimatland. Wir wollten nach Zirkuny, das war für uns schon die halbe Seligkeit. Unsere Füße begannen von der langen Latscherei zu brennen, der Magen hing uns in der Kniekehle und ich dachte irgendwann auch mal etwas beschämt an die vielen ernsten Lieder, die wir in der HJ so oft gesungen haben: „Auf, hebt unsere Fahnen in den frischen Morgenwind...", „Es dröhnet der Marsch der Kolonne, der Tambour schlägt das Fell... und keiner ist da, der feige verzagt, der müde nach dem Weg uns fragt...", „Der Himmel grau und die Erde braun, und da schritten die Männer zum Sturme...", „Kameraden, wir marschieren, vollen fremdes Land durchspüren, wollen fremde Sterne sehn..."

Ja, das alles haben wir reichlich genossen: fremde Länder, fremde Sterne und frischen Morgenwind. Wir lieben die Stürme, die brausenden Wogen...

Und was ist geblieben von alledem? Wo ist unser Idealismus, unsere Opferbereitschaft?? Wer spricht überhaupt noch davon?

Ja, was ist geblieben von alledem?? Zweifel, Resignation und oft genug nur die nackte Angst um unser Leben, denn „wir müssen weiter marschieren, bis alles in Scherben fällt..."

Nach einer Stunde hatten wir uns ausgetobt. Da summte nur noch dieser oder jener eine Melodie vor sich hin, aber die meisten zottelten schweigend des Weges. 20 km sind doch eine verdammt lange Strecke und viel mehr als die Hälfte hatten wir noch nicht geschafft. Irgendwo, weit hinter uns standen nun die Russen mit ihren Panzern auf der Höhe, lagen unsere verlassenen Löcher bei Wesseloje. Wir aber marschierten nach Westen, wir waren abgelöst...

Später besuchte uns noch eine Nähmaschine vom Iwan, die wie neulich weit von uns entfernt ihre Leuchtbomben in die Nacht gesetzt hatte und nun immer näher auf uns zutuckerte. Als sie nahe genug heran war, rafften wir uns noch einmal auf und schmetterten ihr ein paar freche Lieder entgegen: „Du bist verrückt, mein Kind", und „Bomben auf Engelland". Der Iwan aber ließ ungerührt seine Christbäumchen fallen und wir ließen uns umgekehrt von dem einsamen Nachtvogel auch nicht stören. Jeder Schritt brachte uns näher nach Zirkuny, näher nach Charkow. Wir waren für jede Abwechslung auf diesem langen Nachtmarsch dankbar, selbst wenn sie vom Iwan kam. Das wollte schon etwas heißen.

Und dann endlich, irgendwann weit nach Mitternacht, erkannten wir dunkle Hütten vor uns – ein Dorf. Es war wirklich Zirkuny. Wir irrten zwar noch eine Weile zwischen den Häusern umher, bis man das Quartier für uns gefunden hatte, aber dann sackten wir auch bald, so wie wir waren, auf den moderigen Brettern eines leeren Schulraumes zusammen, den Rock zusammengeknüllt unter dem Kopf und diese ganze Scheiße versank in den gnädigen Fluten des Schlafs...

Als wir heute aufwachten, stand die Sonne schon hoch am Himmel und es war wieder brütend heiß. Man ließ uns bis jetzt tatsächlich in Ruhe. Wir konnten uns in einer wunderbaren Sand- und Dünenlandschaft aalen wie die Wildsäue. Am Nachmittag gingen wir zu einem kleinen Flüsschen, das in der Nähe durch die Wiese fließt, und spülten uns wohlig allen Staub und Schweiß vom Leibe. Die Küche einer slowakischen Einheit versorgt uns mit guter Verpflegung und so sind wir zufrieden wie selten bisher in diesem Krieg.

Vorhin bei der Dienstausgabe nahmen wir nicht einmal die Ankündigung übel, dass wir morgen früh schon um drei Uhr weiter marschieren sollten – nach Charkow! Nach Charkow marschieren wir immer!

Charkow, Donnerstag, 21. Mai 1942

Wie hat sich die Welt in den letzten 40 Stunden verändert! Gestern früh noch in Zirkuny, heute Abend längst schon wieder heimisch hier in Charkow! Keiner denkt mehr an Nepokrytaja oder an Wesseloje, an die Panzerdivision und die russischen Schlachter. Es gab eine Unmenge Post, die man hier zurückgehalten hatte, und zu Mittag mal wieder unsere normale Verpflegung. Das reinste Schlaraffenland. Und nach dem Essen sogar zwei Stunden Mittagsruhe.
In Mecklenburg ist noch alle Welt durch und durch erschüttert von den entsetzlichen Fliegerangriffen der Engländer auf Rostock. Vier Nächte hintereinander. All die schönen historischen Baudenkmäler zerstört, ebenso der Hauptkern der Wohnhäuser. Ungezählte Menschen obdachlos. Wir nehmen natürlich auch Flüchtlinge auf, 60.000 Menschen sind unterwegs.
Eigentlich müsste man sich schämen, dass man hier sein eigenes Geschick so wichtig nimmt und kaum ermessen kann, was für eine Hölle diese Luftangriffe für Frauen und Kinder sein müssen. Abgesehen von diesen Schweinereien aus der Luft scheint es aber nun überall besser zu werden, vor allem hier im Osten ist der Bann des furchtbaren Winters gebrochen. Überall werden starke russische Gruppen vernichtet, am Wolchow, am Eismeer, an der Murmanfront, im Hinterland der Front. Gestern vor allem die große Sondermeldung über Kertsch: 3 Armeen vernichtet, 150.000 Gefangene, 258 Panzer, 1.133 Geschütze, 323 Flugzeuge! Das tut unseren wunden Seelen gut, das ist Rache und Genugtuung für vieles!
Auch hier in Charkow scheint das Schlimmste geschafft. Selbst die schwersten Angriffe werden abgeschlagen, über 500 Panzer sind bisher abgeschossen und die Menschenverluste der Russen müssen grauenhaft sein. Stunde um Stunde brummen die Geschwader der Stukas und Ju 88 über der Stadt, manchmal glaubt man fern das Grummeln zu hören. Heute früh soll Ternowaja endlich befreit worden sein, wo rund 2.000 Mann von unserem Nachbarregiment und anderen Haufen über acht Tage lang eingeschlossen waren. Hoffentlich stimmt es. Die armen Kerle sind dann bestimmt reif fürs Sanatorium.
Südlich Charkow, wo unser anderes Nachbarregiment kämpft, soll der Russe vor Merefa stehen. Als ich das gestern wieder, und zwar sehr bestimmt, hörte, wurde in mir abermals diese schreckliche Zeit dort lebendig. Liegen nun auch dort die Kanonen zermalmt? Was ist mit Lück und Kluge und den anderen Kameraden von damals? Hat ein einziger Panzerschuss sie oben im Erdwall zerfetzt? Wurden sie abgeschnitten in der Einsamkeit der Stützpunkte, umgangen, geschnappt?

Charkow, Sonnabend, 23. Mai 1942

In Kertsch sind nun über 170.000 Gefangene beisammen und 1.400 Geschütze. „Im Frühling marschieren wir wieder…“ – es scheint nun doch was Wahres daran zu sein. Am schönsten aber ist ein Satz im gestrigen Wehrmachtbericht: „Bei Charkow ist nunmehr das Gesetz des Handelns auf unsere Seite übergegangen.“

Wenn sie so etwas schreiben, dürfen wir noch mehr erhoffen. Das ist wie eine Erlösung von einem Albdruck. Das Gesetz des Handelns wieder bei uns. Wann hat es das zuletzt gegeben??? Ach ja, so allmählich fallen nun doch Zentnerlasten von uns ab. Nach dunklen Monaten dürfen wir nun wohl wieder hoffen, dass noch alles gut wird.

Charkow, Pfingstsonntag, 24. Mai 1942

Zur Abwechslung pladderte es heute in Strömen, aber trotz Regen und Feiertag mussten wir wieder bis 16 Uhr Dienst machen, was uns verdammt gegen den Strich ging. Es hat sich herumgesprochen, dass unser Kommandeur eine Stinkwut auf sein „feiges" Regiment hat und uns nun wohl zur Strafe anständig schleifen lässt.
Heute Abend gleich zwei Wehrmachtberichte, von gestern und heute: Der russische Großangriff von 20 Schützendivisionen, 3 Kavalleriedivisionen und 15 Panzerbrigaden auf Charkow ist unter schwersten, blutigen Kämpfen und Materialverlusten restlos zusammengebrochen. Der am 17. Mai begonnene deutsche Gegenangriff führte in den Rücken der stärksten feindlichen Kräftegruppe und hat ihre Verbindungslinien durchschnitten. Seit zwei Tagen sind deutsche, rumänische und ungarische Truppen auf ganzer Front der bisherigen Abwehrschlacht zum konzentrischen Gegenangriff angetreten. Und heute: Südlich Charkow starke sowjetische Kräfte eingeschlossen, Ausbruchsversuche und Angriffe von außen erfolglos.
Also scheint der Schwerpunkt südlich Charkow zu liegen. Vielleicht ist Bereka schon wieder frei, weil sie alle kehrtmachen, um noch über den rettenden Donez zu entkommen. Das wäre ja unvorstellbar schön!

Charkow, Dienstag, 26. Mai 1942

Es gehen üble Parolen um, die besagen, unser Regiment solle ganz und gar aufgelöst werden. Das würde bedeuten, dass wir auseinandergerissen und tröpfchenweise auf fremde Haufen verteilt würden.
Unabhängig vom Elend unserer Division ist die Kesselschlacht südlich Charkow in vollem Gange. Wir können uns das Grauen dort schon so ungefähr vorstellen. Die armen Teufel, die jetzt von ihren Kommissaren zu tausenden nach Osten in den Tod gejagt werden. Und mit welchen Parolen von Befreiung und Sieg über die Faschisten mag man sie anfangs begeistert haben! Was fühlen diese einfachen Arbeiter und Bauern jetzt nach der jähen Wendung vom Angriff in das Inferno des Kessels?

Charkow, Mittwoch, 27. Mai. 1942

Unser einziges Thema ist immer wieder die Kesselschlacht, die nach dem heutigen Bericht schnelle Fortschritte macht. Die Widerstandskraft des bisher zäh

kämpfenden Gegners ist nach neuen, vergeblichen Ausbruchsversuchen gebrochen. Chaotische Zustände kennzeichnen das Bild der auf engstem Raum zusammengedrängten und in mehrere Teilkessel zerschlagenen Verbände.
Wir aber wurden heute Abend schwer belehrt, dass die Kampfmoral zu stärken sei. Es gibt jetzt eine ungewöhnlich hohe Zahl von 8,8-Flak, die jeden russischen Panzer glatt durchschlägt. Der Panzerschreck ist ab sofort verboten! Man fragt sich nur, warum diese vielen schweren Waffen nicht früher da waren und warum wir keine abkriegen. Sollen sie doch eine schwere Panzerdivision aus uns machen!

Charkow, Donnerstag, 28. Mai 1942

Ein Oberst Block hat heute unsere Division übernommen. Er soll ein ganz scharfer Bulle sein, Blutordensträger und so weiter. Vermutlich hat er Befehl, unsere verluderte Fluchtdivision wieder stahlhart zu machen. Von Auflösung unseres Regiments ist daher nun auch keine Rede mehr.
Auf den Schlachtfeldern kehrt nun also wieder die große Stille ein. Nun sind sicher Werchnij Bischkin und Bereka und Hof Belikow wieder frei. Jetzt kann man offen über die Höhen nach Kisseli gehen oder auf der Mastenstraße hinab nach Alexejewka lustwandeln, ein unvorstellbarer Gedanke. Aber wie mag es in diesen Ortschaften heute aussehen? Was steht noch in Werchnij Bischkin? Was gäbe ich darum, wenn ich jetzt nur mal einen Tag lang dieses blutgetränkte Gelände wiedersehen könnte…

Charkow, 30 Charkow, Sonnabend, 30. Mai 1942

Die große Schlacht um Charkow ist beendet. Die Abwehr schwerster Angriffe wurde in einen stolzen Vernichtungssieg verwandelt. 240.000 Gefangene, 1.249 Panzer, 1.026 Geschütze, 538 Flugzeuge. Blutige Verluste überaus groß.
Wahrhaftig, ein stolzer Sieg; ein bitter notwendiger Sieg nach der deprimierenden Last dieses furchtbaren Winters. Erst der Triumph von Kertsch, nun Charkow. Zwei gewaltige Paukenschläge zum Auftakt des Sommers. Der Iwan hat es nicht geschafft. All seine grauenhaften Massenopfer waren umsonst. Wenn auch unsere Fußlatscher-Division dezimiert und moralisch ziemlich angeknackst ist – die anderen mit den dicken Sachen sind ja nun endlich da und mögen den Iwan nun bis ans die Wolga jagen. Wir gucken jetzt ganz gern mal eine Weile zu. Auch wir haben letzten Endes getan, was wir konnten, und sicher in der Einsamkeit und Kälte der winterlichen Stützpunkte mehr gelitten. Deswegen fühlen auch wir uns dem Iwan immer noch überlegen, sofern nur die Waffen halbwegs gleichmäßig verteilt sind. In diesem Sommer müssen wir es nun schaffen. Der Anfang ist jedenfalls ein strahlendes Fanal: Die große Frühjahrsschlacht bei Charkow. Unser sehnsüchtiger Traum ist Wirklichkeit geworden: Im Frühling marschieren wir wieder!!
Und Adolf hat einen neuen Orden gestiftet: Die Ostmedaille. Das Ding hat schon prächtige Spitznamen weg: Zitterorden, Gefrierfleischorden, Fluchtmedaille.

Charkow, Donnerstag, 4. Juni 1942

Unsere Nachbarregimenter haben vorn, wie es heißt, noch ganze 2.500 Mann auf 25 km Frontbreite, theoretisch also alle 10 m ein Mann, eine imponierende Front, fürwahr. Die Feuerkraft ist aber noch viel mickriger als die zahlenmäßige Stärke. Es fehlen immer noch die verlorenen sMGs, die Infanteriegeschütze und Paks. Auch wir Panzerjäger sind ja zurzeit nur Fußlatscher.

Pestschanoje, Dienstag, 9. Juni 1942

Als wir am letzten Freitag, also am 5. Juni, unsere Ausbildung fast hinter uns hatten, musste die Kompanie plötzlich antreten. Das bedeutete nichts Gutes. Kurz darauf wussten wir, dass alles, was noch halbwegs kriechen kann, in zwei Stunden abmarschbereit zu stehen hatte, Richtung Nepokrytaja. Es war also wieder aus mit Ablösung und „Ruhe“. 14 Tage sind offenbar genug für uns.
Was wir dann auf der langen nächtlichen Fahrt nach vorn an Regen und Schlamm, an Kälte und blauen Flecken genossen haben, entsprach voll unseren erfahrungsgetränkten Befürchtungen, ebenso das Gestolpere auf dem letzten Stück des Weges, auf dem die Wagen sich an einer kleinen Steigung rettungslos im Modder festgerammelt hatten. Dieser letzte „Weg“ bis nach Nepokrytaja hinein hatte es wahrlich in sich: Fußangeln aus herabhängenden Drähten, Pferdekadaver und alle paar Meter mit Wasser gefüllte Granattrichter, in die man wegen der totalen Finsternis dieser Nacht immer wieder bis zu den Knien hineinglitschte. Fahrzeugtrümmer mit gemein scharfen, rostigen Blechen, Ziegelhaufen von zerblasenen Häusern. Zu allem Überfluss schüttete der Himmel sein Wasser weiterhin in Strömen über uns aus; man sah nicht einmal den Schatten seines Vordermannes, sondern konnte nur aus dem Fluchen und Scheppern abschätzen, wo sich die anderen ihren Weg suchten. Jeder musste selbst zusehen, dass er den Anschluss nicht verpasste. Längst waren die Stiefel wieder voll Wasser gelaufen und die Füße schlabberten in einem undurchdringlichen Modder von Wolle und Dreck.
Ein Melder führte uns schließlich von der Bude des Regimentsstabs aus zu einem villenähnlichen Gemäuer mit einem Säulenvorbau, der mit allem möglichen Gerümpel vollgestapelt war. Dort sollten wir für den Rest der Nacht unsere Häupter niederlegen, so wie wir waren. Nun, mit einer Stinkwut im Bauch versuchten wir uns aus Kisten oder Steinen eine Art Stütze für Rücken und Kopf zurecht zu basteln und hockten uns dann gottergeben in den nassen, harten und saukalten Winkel. Der Wind jaulte gemein um die Ecken und aus der Finsternis schüttete Petrus immer neue Regenschauer schräg über uns hin. Gute Nacht…
Am nächsten Morgen, also am Sonnabend, pöbelte man uns schon um drei Uhr wieder aus den Federn. Irgendwie hatte man ja doch, von der Müdigkeit überwältigt, eine Weile geschnarcht. Und nun, da es im Osten etwas heller wurde, sahen wir auch die Bescherung: Wir hatten auf gestapelten Ziegelsteinen und auf Muni- und Handgranatenkisten gelegen oder gesessen und merkten jetzt erst beim Aufstehen, wie quer und verdreht uns die geschundenen Knochen im Leibe steckten.

Angeblich hatte in der Nacht sogar ein Bomber ein paar Sachen auf Nepo fallen lassen; ich hatte allerdings nichts davon gehört.
Ohne langes Hin und Her setzte man unseren Haufen Minuten später nach Pestschanoje in Trab. Trostlos war dieser Marsch durch die Trümmer des nun fast restlos zerstörten Nepokrytaja. Jetzt stand außer der großen weißen Schule, die zwar auch viele Treffer erhalten hatte, aber als Gesamtgebäude doch noch relativ unversehrt auf der Höhe thronte, praktisch kein einziges Haus mehr. Nun brach aus den Kameraden, die damals am 12. Mai die Kämpfe mitgemacht hatten und inzwischen wieder bei uns waren, die Wucht der Erinnerungen hervor: Ja, da unten am Bach hatten sich zwei abgeschossene Bomber in die Erde gerammt, an der Brücke dort lag noch ein Panzer versackt im Sumpf. Hier vor der Brücke waren am 12. Mai acht Panzer in Reihe aufgefahren und hatten sich nicht hinübergetraut, wahrscheinlich aus Angst vor Minen. Alle unsere Geschütze hatten jenseits oben auf der Höhe bei den vordersten Teilen der Infanterie gestanden, waren gleich bei dem Trommelfeuer ausgefallen oder später von den Panzern vernichtet und überrollt worden. Aber in der Ortschaft selbst, hinter der Brücke oder hinter dem Bach, hatte nicht eine Pak mehr in Reserve gestanden, die die acht Panzer der Reihe nach hätte abknallen können, genau so schön, wie sie dort aufgefahren waren. Wer mag diesen Blödsinn befohlen haben, dass wieder, trotz der bösen Erfahrungen vom März, alle Panzerabwehrkanonen vorn bei der Infanterie stehen sollten? Hier hatte man abermals eine traurige Quittung für so gravierende Fehler erhalten. Und der einzelne Landser badet es aus.
Aber das war nun alles vorbei. Wohin das Auge blickte, Trümmer, zerfetzte Bäume, ausgebrannte Autos, Panzer und Traktoren, zerplatzte Benzinfässer und große Blechstücke, die wie Fledermäuse in verschiedenen Baumkronen baumelten. (Bild 32) Dort in Nepokrytaja war es wohl mit am schlimmsten zugegangen.
Nun war zwar die alte Hauptkampflinie, wie sie vor dem 12. Mai bestanden hatte, in diesem Bereich wiederhergestellt worden, aber nach welchen Opfern, nach welchen Verlusten an Menschen und schweren Waffen auf beiden Seiten!
Nach einer Stunde wurde Pestschanoje vor uns sichtbar, das heißt zuerst sah man eigentlich nur ein wüstes Dickicht aus Sträuchern und Bäumen und nur ganz vereinzelt darin ein paar Blechdächer oder die Trümmer von Häusern, die schon wieder halb von frischem Grün überwuchert waren. Pestschanoje oder das, was davon übrig geblieben ist, liegt oben auf einer Höhe, und je näher wir kamen, umso mehr hatten wir den Eindruck eines einzigen undurchdringlichen Gartens. Hier waren Otto, Felix und Walter Klüger gewesen, als es losging. Felix war nach dem Trommelfeuer so fertig gewesen, dass er in seinem Loch sitzen blieb und sich gefangen nehmen lassen wollte. Nur mit etwas mehr als sanfter Gewalt hatte Walter ihn schließlich noch mitgezerrt. Nach der ersten Flucht und Panik hatten unsere Panzer in harten Gegenangriffen schließlich dies Nest zurückgewinnen und auch halten können. Aber der Russe hatte sich unheimlich in dem dichten Gefilze der Gärten verkrallt und ist erst nach entsetzlichen Verlusten, besonders des frisch eingesetzten Ersatzes, im Nahkampf Mann gegen Mann herausgeworfen worden. Nun sitzt er auch hier wie bei Nepokrytaja wieder in seiner alten Front jenseits der Babka, nun liegt auch hier die gleiche unheimliche Stille über den toten Ruinen wie dort.
Wir erhielten Befehl, uns in den Gärten kleine Erdbunker, die überall angelegt

sein sollten, zu suchen und dort einzunisten. Die wenigen Häuser, die sich noch bewohnen ließen, waren bereits besetzt. Es war angeblich sowieso nicht ratsam, sich allzu frei zu bewegen, da der Russe es liebt, mit seiner Ari die Gegend unberechenbar abzustreuen. Wir fanden bald ein paar Löcher in einem Garten, gerade so hoch, so lang und so breit, dass man zu zweit darin liegen konnte. Wenn man sich auch nur kriechend in diesen Fuchsbau hineintasten konnte, so bot er doch immerhin mit seiner Balkenlage und dem darüber geschütteten Erdreich einen gewissen Schutz und Platz genug zum Grunzen.
Die Tage nach unserem Einzug in unsere Fuchslöcher waren schlichtweg zum Kotzen. Zu essen kriegten wir erst im Dustern was. Dazu mussten wir einen steilen, dicht bewachsenen Hang bis zu einem Nebenbach der Babka hinunterglitschen, diesen auf einem wippenden Brett überqueren und dann auch noch lange in strömendem Regen auf die Feldküche warten. Danach denselben Katastrophen-„Weg“ wieder bergauf, aber mit den vollen Kochgeschirren. Nachts Horchposten im Dickicht zur Babka hin, im rauschenden Pladder. Unsere Löcher ersoffen, die reinsten Pisshütten. Und alles bei Tag und Nacht gewürzt mit russischen Überfällen von Artillerie und Granatwerfern.
Obendrein schickten sie uns auch noch den total verschlammten Weg zurück nach Nepokrytaja; dort sollten wir eine Kanone holen! Unser Weg führte uns auch am Friedhof des Regiments vorüber, der schon vor dem 12. Mai dort bestanden hatte und nun nach Abschluss der Kämpfe zum großen Teil demoliert und zerwalzt und voller Trichter war. (Bild 33, 34, 35) Jetzt hatte man gerade begonnen, die einzelnen Gräber wieder herzurichten, die zerschlagenen Kreuze zu erneuern und wieder aufzustellen oder zu reparieren. Aber insgesamt sah die Stätte unter dem rieselnden Regen entsetzlich trostlos und verkommen aus. Es ist schon gut, dass die, die dort ihre Söhne oder Väter liegen haben, nicht wissen, welch grausiges Bild sich dort bot.
Eigenartigerweise will in solchen Momenten nur selten ein Gefühl wirklicher Trauer aufkommen. Man beneidet eher ein wenig diejenigen, von denen man weiß, dass sie einen schnellen und schmerzlosen Tod gestorben sind, und empfindet nur verstärkt die bange Frage, wann man selbst an der Reihe sein mag und wie. Man kann es manchmal kaum glauben, dass man in diesem grausigen Gemetzel noch übrig geblieben ist, obwohl man schon so viele tausend Tote und so viele Kreuze mit eigenen Augen gesehen hat. Und man bildet sich ein, dass es nun wirklich nicht mehr lange dauern kann…
An einer Wegegabelung stießen wir dann endlich auf Günter, glücklich darüber, in dieser Trümmermelancholie einen Menschen aus dieser Welt wiederzusehen. Wir bestaunten das herrliche Beutegeschütz, das er uns da mit zwei Panjepferdchen und einem Wägelchen entgegengebracht hatte: Eine Russenpak 3,7 cm ohne Zielfernrohr und Visiereinrichtung. Beides konnte die großdeutsche Wehrmacht leider nicht mitliefern, weil die Iwans es unfeinerweise abmontiert und mitgenommen hatten, genau so, wie wir es ja im Notfall auch tun müssen. Mit solch einer Spritze sollen wir nun also weiterhin Krieg spielen!
Zunächst war uns das aber noch ziemlich gleichgültig. Wir wollten nach Hause, nach Pestschanoje. Da jedoch die nächstliegende Brücke in Nepokrytaja für die Kanone zu wackelig war, marschierten wir in einem großen Bogen an zerstörten Geschützen der Artillerie vorbei und machten dann auf freiem Felde eine Pause,

und zwar an einer Stelle, wo zwei Panzer, darunter ein englischer, steckengeblieben, beziehungsweise abgeschossen waren. (Bild 36, 37, 38) Es war wieder erschütternd zu sehen, wie weit gestreut auf unserer Seite die paar armseligen Kanonen stehen, wie kümmerlich und luftleer alles das ist, was sich stolz die Front nennt. Im Grunde seines Herzens muss man dem Herrgott täglich auf den Knien danken, dass nicht bei jedem kleinen Angriff der Russen der ganze Laden auseinander fällt wie ein Kartenhaus. Das konnte bisher wohl immer wieder nur durch die bessere Ausbildung des Einzelnen und das konzentrierte Zusammenspiel aller schweren Waffen verhindert werden. Aber dass es auch da Grenzen gibt, die man nicht ungestraft überschreitet, hat sich ja nun schon mehrfach in erschreckender Weise gezeigt. Schuld ist dann allerdings immer nur der kleine Landser.
Auf dem Rückweg brach natürlich auch noch die Wagendeichsel ab, aber wir erreichten unsere schimmelige Schlafkoje im Dustern doch noch. Das Essen war kalt, Horchposten durften wir auch noch spielen und zu guter Letzt hörte es auch auf zu schiffen. Heute wurden wir sogar wieder halbwegs trocken. Doch konnte man es nicht lassen, uns einen schauerlichen „Grundsätzlichen Befehl für die Durchführung der Verteidigung“ zwecks Kenntnisnahme unter die Nase zu reiben. Anständige Kanonen, richtig platziert, wären uns allerdings lieber gewesen. Aber die Division soll in den letzten Tagen über 2.000 Mann Ersatz bekommen haben. Dann sind wir doch wohl noch nicht ganz abgeschrieben. Selbst unser Regiment hat formal wieder drei Bataillone!

Pestschanoje, Mittwoch, 10. Juni 1942

In der Nacht blubberten gleich drei Nähmaschinen auf einmal in der Gegend umher. Anscheinend ist der Iwan nervös und wittert Verrat. Uns vergingen durch das immer neue Rätselraten, wo nun wohl wieder ein Leuchtbömbchen aufblenden würde, die zwei Stunden Nachtwache schön schnell.
Früh um drei Uhr riss uns dann plötzlich schweres deutsches Artilleriefeuer aus dem Schlaf, das rechts und links von uns den Himmel grell aufzucken ließ und eine ganze Weile anhielt. War das der Beginn des Angriffs, den wir schon so lange ersehnten? Auch unsere Infanterie vorn auf den Höhen veranstaltete allerlei Spektakel, wir konnten jedoch keine Einzelheiten erkennen, denn sehr bald überzog sich die Landschaft mit einem seltsamen Nebel, der erst die Täler füllte und uns später auch die Sicht auf die Höhen vor uns nahm. Lange noch rätselten wir an dem Spuk dieser frühen Morgenstunde herum, aber niemand konnte uns etwas Genaues sagen. Auch im Laufe des Tages erfuhren wir nichts, was uns Gewissheit gebracht hätte. So können wir zurzeit nur hoffen, dass dort in irgendeiner Form die große Sommeroffensive begonnen hat, auch wenn die Ballerei bei uns vielleicht nur ein Fesselungs- oder Scheinangriff war, um die Iwans über die wirklichen Angriffsschwerpunkte zu täuschen. Dass es aber überhaupt mal wieder von unserer Seite aus rummste und klotzte, erfüllte uns alle mit großer Freude und Zuversicht.

Pestschanoje, Donnerstag, 11. Juni 1942

Schon sehr früh am Morgen war es dann mit dem Schlaf vorbei. Wir hörten draußen vor unserem Loch einige Genossen unverschämt laut quatschen und wollten uns wütend dies rücksichtslose Benehmen zu nachtschlafender Zeit verbitten – da riefen sie uns zu: „Ihr könnt ruhig rauskommen! Der Iwan ist weg."
Das brauchten sie uns allerdings nicht zweimal zu sagen. Wieso weg? Wo? Nun, ganz einfach – weg! Tatsächlich, vor uns auf der Höhe jenseits des Bachgrundes, wo man früher nie eine Menschenseele gesehen hatte, schlenderten Infanteristen aufrecht umher. Wie im tiefsten Frieden…
Uns interessierte auf einmal kein Schlaf und kein Frühstück mehr. Ungläubig starrten wir immer wieder hinüber zu den Landsern auf der Höhe. Der Russe weg? Sind unsere Kameraden beiderseits von uns schon so weit vorgestoßen, dass der Iwan hier abgehauen ist, um nicht wieder in einem Kessel zu landen? Oder steckt irgendeine Teufelei dahinter?
Wir hocken jetzt schon seit einiger Zeit ziemlich ratlos vor unseren Löchern im Gras und können uns noch keinen Reim auf die neue Lage machen. Wir genießen nur eins: Der Russe ist weg! Und schon spuken alle Nase lang neue Gerüchte durch Pestschanoje: Die Division soll einen Brückenkopf über den Donez bilden, der Iwan soll alles schwer vermint haben und Teile des Regiments sind angeblich schon im Vormarsch nach Osten. Fassen und glauben kann man das alles noch nicht. Der Iwan ist weg!!! Sollte es wirklich wieder losgehen??
Eben wird erhöhte Alarmbereitschaft befohlen…

K U R E N Y E (nahe am Don, nordwestlich von Stalingrad)

Obwohl ich mein Tagebuch in den nächsten Wochen bis Ende August wie bisher weitergeführt habe, will ich nur noch wenige Erfahrungen, Zustände, Beobachtungen und Gedanken mit Ort und Datum beschreiben. Das ganze Hüh und Hott, das Kreuz und Quer, die immer gleichen Tätigkeiten und Schindereien des Marschierens, Wacheschiebens und Kanonenschleppens, das immer gleich widerliche Nasswerden und Trocknen und Läuseknacken und Löcherbuddeln und Staubschlucken und Latschen im Schlamm möchte ich jedoch nicht mehr tageweise erwähnen. Der Grund ist sehr einfach: Eine richtige Front habe ich seit dem unerwartetem Abzug der Russen von Pestschanoje im Süden der Ostfront nicht mehr erlebt. Wohl sind wir hier und da mal ein paar Stunden oder Tage planmäßig angehalten oder vom Iwan gestoppt worden, wohl haben wir gelegentlich verdammt eklige Feuerüberfälle mit Granatwerfern und Artillerie abgekriegt, aber Ernstes ist dabei kaum passiert und etwas Neues waren solche Attacken für uns alte Hasen wahrhaftig auch nicht. Die Summe all dieser Negativa verschwindet jedenfalls gegenüber dem, was wir bis dahin haben leisten und ertragen müssen.
Dass die Bilanz dieser nächsten 80 Tage für uns so positiv ausfallen würde, haben wir natürlich vorher nicht ahnen können; wir verdanken dies letztendlich dem überwiegend geordneten Rückzug der Russen bis in den Raum Stalingrad.

Ostwärts Starij Saltow, Sonntag, 14. Juni 1942

In Nepokrytaja beim Regimentsstab fanden wir vorgestern mal wieder den größten Teil der Kompanie vor. Ja, da standen sie leibhaftig vor uns, die vielen guten Spezis, die den Winter so friedlich und warm in Charkow überstanden haben. Die Fahrzeuge waren getarnt zwischen die letzten Häuser, beziehungsweise Trümmer des Dorfes geschoben. Da sah man den uralten Küchen-Büssing wieder, da standen der Henschel-Dreiachser und unsere vertrauten Geschützfahrzeuge. Wilde Parolen schwirrten durch die Luft, wie weit der Russe schon getürmt sei und dass es nun ein Kinderspiel sein würde, bis an die Wolga und den Kaukasus vorzustoßen.
Gestern in aller Herrgottsfrühe ging's dann los. Die Motoren dröhnten ihr herrliches, lang entbehrtes Lied in den Morgen wie einst in schöneren Zeiten. Wir haben nun auch alle erforderlichen Geschütze wieder beisammen und sehen halbwegs komplett aus, auch wenn es nur russische Beutekanonen ohne Zielfernrohr und Visier sind!
Gegen Mittag, als wir irgendwo in Stellung gegangen waren, um was zu sichern, holten sie unserem Zug die Geschützfahrzeuge weg – zum Spritholen! Aber schon eine Viertelstunde später erschienen drei Kutscher mit rassigen Panjekarossen, das alte Anknubbelspiel begann von Neuem und von nun an latschten wir wieder wie die ersten Menschen zu Fuß durch die Gegend…

Burluk, Dienstag, 16. Juni 1942

Hier in Burluk haben uns nicht sichtbare Panzer schon einige Male gemein in indirektem Beschuss in die Suppe gespuckt, aber da vor unserer neuesten Stellung im Tal eine Bahnlinie auf halber Höhe des Gegenhanges verläuft und genau uns gegenüber ein Bahnwärterhäuschen steht, beschlossen wir, trotz der Panzer endlich mal einen Schießversuch mit unserer Beutespritze zu machen. Weil wir ja keinerlei Ziel- oder Visiereinrichtung besitzen, richteten wir zunächst das Rohr nach Augenmaß ganz grob auf das Häuschen, öffneten dann den Verschluss und versuchten durch eifriges Kurbeln das Gemäuer durch das Rohr hindurch ins Blickfeld zu kriegen. Da man aber durch das Rohr hindurch jeweils nur einen winzigen Ausschnitt des jenseitigen Hanges erkennen kann, war das Suchen und Finden gar nicht so einfach. Als wir den Schuppen dann endlich doch erwischt hatten, luden wir die Spritze mit einer Panzergranate und kurbelten das Rohr auf Verdacht ein wenig höher, da ja die Flugbahn nicht geradlinig, sondern abfallend verläuft. Nach dem Knall des ersten Schusses fuhren unsere Köpfe neugierig hoch und siehe da, der Einschlag saß viel zu kurz, tief unten im Tal! Aber das sollte uns nicht verdrießen. Abermals Verschluss aufgerissen, anvisiert, geladen und ein ganzes Stück höher gekurbelt. Und wieder Schuss!! Immer noch viel zu tief, aber schon besser.
In dieser primitiven Weise jagten wir im Abstand von eineinhalb Minuten Schuss auf Schuss hinaus, ohne dass sich beim Russen irgendeine Reaktion zeigte. Zwei oder drei Granaten zischten sogar über das Gemäuer hinweg und mit dem elften

Schuss erzielten wir dann endlich einen Treffer mitten ins Haus! Da kannte der Jubel keine Grenzen und um gleich die Probe aufs Exempel zu machen, jagten wir mit derselben Überhöhung eine Sprenggranate hinterher. Aber da erlebten wir unser blaues Wunder, denn das Ding klatschte kaum 400 m vor uns in den Bach hinein. Nun waren wir am Ende unserer Kunst. Elf Schuss braucht man, um mit Panzergranaten auf eine Entfernung von vielleicht 600 m ein Bahnwärterhaus zu treffen und die Sprenggranate saust bei gleicher Rohrstellung steil nach unten in den Dreck. Gnade uns Gott, wenn jemals Panzer auf uns zukommen! Je länger wir über das Ergebnis dieser Schießerei nachdachten, desto mehr vergingen uns das Lachen und der Galgenhumor. Schließlich hat ja der Russe drüben seine Panzer stehen. Wenn wir doch auch nur einmal richtig phantastisch mit dicken Waffen und Munition satt ausgerüstet wären – wir wären genauso ein toller Haufen wie das Afrikakorps oder eine Panzerdivision. Aber diese Armseligkeit und Schäbigkeit zerfrisst die Moral. Sie allein ist der Nährboden für den Panzerschreck und die Russenangst, sie allein macht uns alles so unnötig schwer.

Burluk, Sonntag, 21. Juni 1942

Heute haben sie mich aus heiterem Himmel zum Geschützführer gemacht, vermutlich, weil ich vor Wochen mal zugestimmt habe, mich als KOB (Kriegs-Offiziers-Bewerber) zu melden. Natürlich habe ich mich gelegentlich gefragt, ob ich wohl jemals Offizier werden würde, aber jedes Mal, wenn mir ein Lackaffe oder ein unreifer Knabe oder gar ein Arschloch wie Emil begegnete, habe ich mich in meiner Schnäpserhaut ganz wohl gefühlt, denn ein solcher Typ zu werden habe ich nicht nötig. Auf der anderen Seite habe ich mich oft gefragt, ob ich überhaupt alt genug bin und die nötige Härte, Erfahrung und Menschenkenntnis besitze, um einen anvertrauten Haufen von Menschen in jeder Lage richtig führen und mich auch durchsetzen zu können. Vor allem diese Zweifel an mir selbst standen jetzt auf einmal wieder grell vor mir. Aber ich kann es nun ja erst mal als Geschützführer versuchen.
Und vorhin plötzlich noch der Gedanke: Heute geht das erste Jahr des Russlandkrieges zu Ende! Man merkt zu spät, wie viel Pessimismus allein in dieser Formulierung steckt. Wie viele Jahre werden noch folgen? Und: Werden wir übers Jahr überhaupt noch – leben??? Was ist sonst ein Jahr gewesen? Die Zeit von Weihnachten bis Weihnachten. Ein Schuljahr. Frühling, Sommer, Herbst und Winter. Uns erscheint das letzte Jahr wie eine Ewigkeit, der wohl noch viele Ewigkeiten folgen werden…

Burluk, Montag, 29. Juni 1942

Wir Geschützführer wurden schwer vergattert und mussten uns hoch und heilig verpflichten, eher unser Leben zu opfern als dem Iwan unsere Spritze unzerstört in die Hände fallen zu lassen. So tief sind wir also wieder gesunken. Wann hat es früher auch nur den Gedanken daran gegeben, dass Waffen beim Vormarsch (!) in Feindeshand fallen könnten?

Polassnoje, Sonnabend, 4. Juli 1942

Nach einigem Hin und Her sind wir nun hier gelandet, wieder ein Stück weiter östlich. Seit dem frühen Nachmittag haben wir sogar regelrecht dienstfrei. Auch das gibt es noch. Hinter uns, in einer waldigen Talsenke, liegt die Artillerie. Vor zwei Stunden ritt zu unserem grenzenlosen Erstaunen die Regiments-Musikkapelle durch das Dorf, der Kesselpauker wie im tiefsten Frieden vorweg. (Bild 39) Die Kameraden spielten dann unten bei der Ari prächtig bis in die Nacht hinein, während die Landser dazu sangen. Wann hat es so etwas zuletzt gegeben, solch einen Sommerabend mit Musik im kühlen Grunde?
Der nachtblaue Himmel ist übersät vom Glitzern der Sterne. Mild streicht die Nachtluft über die warme, braune Erde, die sich bis in unendliche Ferne zu wölben scheint. Was ist dies für ein gesegnetes Land, wie verschwenderisch weit auseinander sind die Häuser und Ställe gebaut, wie sauber leuchten die weiß gekalkten Wände selbst jetzt in der Dunkelheit. Und andererseits – wie armselig und verkommen ist vieles im Detail. Man braucht schon einen heißen Sommer, um dies riesige Land zu lieben. Bei Regen und Schnee muss es trostlos sein im vollen Sinne des Wortes. Trostlos. Ein einziger Grund zum Saufen.

Polassnoje, Sonntag, 5. Juli 1942

Laut Wehrmachtbericht ist der Don in breiter Front erreicht. Gestern hat ein Gefreiter von unserer Schwesterkompanie beim Nachbarregiment das Ritterkreuz für den Abschuss von neun Panzern am 12. Mai bekommen. Jeder freut sich, dass auch mal ein tapferer „kleiner Mann“ so ausgezeichnet wird. Wie viele hunderttausend Mann hätten nicht längst wenigstens das EK II verdient? Aber die meisten werden es nie bekommen. Der Tod ist jedem näher als das EK II. Und die Kameraden aus Cholm können sich für den neu gestifteten Cholmschild am Ärmel auch nicht viel kaufen.

Bei Polassnoje, Mittwoch, 8. Juli 1942

Die Zeit der Ruhe scheint schon wieder vorbei zu sein. Es kursieren unsympathische Parolen über neuen Aufbruch und Abmarsch. Fast haben wir vergessen, dass immer noch Krieg ist und dass an allen Fronten im Süden der Vormarsch zügig weitergeht, angeblich bis zum Kaukasus und hinüber nach Stalingrad zur Wolga. Solange man uns nur als siebente oder elfte Welle hinterher trotteln lässt, können wir allerdings noch sehr zufrieden sein.

Waluiki, Sonnabend, 11. Juli 1942

Am Donnerstag früh musste ich die Kompanie als Wachhabender um zwei Uhr, also mitten in der Nacht, hochscheuchen und dann standen wir nach altem Brauch

erst mal schön bis drei Uhr in der Kälte der Nacht herum und warteten. Das erste fahle Morgenlicht erhellte gespenstisch unseren kümmerlichen Aufzug mit den abgemagerten Gäulen, den unmöglichen Panjewägelchen und den halben Kanonen hinten dran. Jetzt wirkte die Landschaft eintönig und kahl, nur Sand und Gras und am Ende des Dorfes, wo wir sammelten, ein halb zerfallener Kolchosenstall. Die Stimmung war unter aller Sau. Die Marschdisziplin innerhalb der Division soll ganz schaurig abgefallen sein und daher erhielten wir strengste Befehle für den Marsch selbst. Keiner durfte aufsitzen, selbst der Fahrer musste latschen. Es waren genaue Abstände einzuhalten, es war genau auf den Vordermann zu achten. Kurz, mit solchen Lächerlichkeiten wollte man wohl den miesen Eindruck unserer Schrottkolonnen etwas aufpolieren, anstatt uns so auszurüsten, dass man stolz auf seinen Haufen sein kann. Dann kommt nämlich auch die Marschdisziplin von ganz allein wieder. Aber so? Marschdisziplin im Zigeunerhaufen?
Gegen drei Uhr früh konnten wir dann endlich lossocken. Wir mussten uns einem Haufen von der Infanterie anschließen, wieder mal. So tippelten wir also der Sonne entgegen, missgelaunt und immer wieder von argwöhnisch äugenden Offizieren fremder Einheiten beschnüffelt und angeschissen. In dieser Stimmung sollten wir 40 km marschieren, bei wolkenlosem Himmel, also bei brütender, unbarmherziger Hitze. Aber zunächst ging es ja noch. Ein erfrischender Morgenwind wehte uns leise entgegen und nahm den Schweiß weg. Doch schon gegen sechs Uhr, als wir vielleicht 10 km zurückgelegt hatten, brannte die Sonne ganz ansehnlich. Schnurgerade zog sich der staubige Sandweg leichte Höhen hinauf und hinab. Ringsum nichts als weites, baumloses Steppenland, darüber die flimmernde Luft. So tippelten wir schier endlos weiter in Sonnenglut und Staub bis nach Julianka, unserem Tagesziel, und gestern, am Freitag, haben wir endlich auch die größere Stadt Waluiki erreicht und sollen nun sogar ein paar Tage Ruhe haben.

Östlich Waluiki, Donnerstag, 16. Juli 1942

Heute sind wir sogar zirka 50 km per Auto weitergefahren bis zu einer Art Gut mit einem richtigen Teich und einem Wald gleich hinter den Häusern, in dem wir die Fahrzeuge und Kanonen gut getarnt unterstellen und unsere Zelte aufschlagen konnten.

Irgendwo, Freitag, 17. Juli 1942

Für heute hatte man höheren Orts einen ganz neuen Sport für uns ausgeheckt: Wieder mal eine Säuberungsaktion! Zunächst ging's durch einen schier undurchdringlichen Wald mit metertiefen Schluchten. Als wir den dichtesten Wald und Busch nach etwa einer Stunde schwer keuchend hinter uns hatten, fehlte die Hälfte von uns. Die Kameraden waren wohl irgendwo hängen geblieben und hatten keine Verbindung mehr halten können. Nun mussten wir nach einer kurzen Verschnaufpause auch noch in einen tiefen Grund hinunter, der völlig versumpft war. Aber auf dem nächsten Berg jenseits des Sumpfes wurde es endgültig lichter und

wir hatten das Schlimmste geschafft.
Schwitzend, dreckig und von Dornen und hundertfältigem Geschmeiß zerschunden machten wir am Waldrand eine Pause. Nach einer halben Stunde war dann auch der ganze Haufen wieder beisammen. Nun dehnte sich unübersehbar ein Kornfeld vor uns. Die meisten von uns sind kleiner als das Korn hoch war, aber ich guckte bei meiner Länge noch so eben über die Ähren hinweg und hatte dadurch einen Überblick über die Landschaft, die zunächst tatsächlich nur aus dem Kornfeld vor uns und dem überwundenen Wald hinter uns bestand. Alle 15 m kämpfte sich nun ein schimpfender Kopf durch das sanft wogende Getreide. Schon nach einer Strecke von hundert Metern waren wir unten herum völlig nass geworden, weil der Tau noch in aller Frische an den Halmen saß und natürlich mit Wonne auf unsere Hosen übersprang. Die Stiefel liefen von Minute zu Minute mehr voll Wasser – kurz, es war wieder mal zum Auswachsen. Oben schwitzte man infolge der Hitze, die immer drückender wurde, und unten kriegte man eine kalte Dauerdusche verpasst. So quälten wir uns wütend und erschöpft durch das endlose Meer der scharfen, rauen Stängel, unter die sich immer mehr mannshohe Disteln mischten, die in dieser gesegneten Gegend offenbar große Mode sind.
Nach etwa einer Stunde konnte ich in der Ferne die Dächer eines Dorfes ausmachen und wenig später hatte sogar das Feld ein Ende. Wir sammelten uns hoch befriedigt über den wahrhaft grandiosen Sucherfolg an der Straße und hatten zugleich unser Tagesziel, ein Dorf in der Nähe, erreicht. 12 km sind wir so in der freien Natur unterwegs gewesen, ohne auch nur von Ferne einen Iwan zu sehen…

<u>Irgendwo, Sonnabend, 18. Juli 1942</u>

Heute zogen wir erst um vier Uhr los und stürzten uns gleich wieder in die Felder, die wir in der Nähe der Straße durchkämmten. Der Himmel war noch bedeckt und es kämmte sich wesentlich besser als gestern in der blöden Hitze, nur waren wir heute schon nach wenigen Metern durchnässt. Zu allem Überfluss wurde das noch einigermaßen erträgliche Kornfeld schon sehr bald von einem Feld übermannshoher Stacheldisteln abgelöst, die selbst ich nicht mehr überblicken konnte. Andauernd mussten wir uns von den überall anhängenden Kletten losmachen, außerdem gediehen in der Tiefe alle möglichen Arten heimtückischer Fußangeln in Gestalt von Ackerwinden und ähnlichen Schlinggewächsen, und es fehlte nur, dass man in einer solchen Menschenfalle hängen blieb und in seiner ganzen Länge in die Disteln fiel.
Heute betrug die Straßenentfernung von Dorf zu Dorf zirka 17 km, aber wir sind sicher runde 20 km so abwechslungsreich durch die Disteln gestolpert. Am Abend hatten wir endgültig die Schnauze voll von dem Scheiß – alles für nix und wieder nix…

<u>Rowenki, Sonntag, 19. Juli 1942</u>

Beim lässigen Durchkämmen dieses Ortes stießen wir in einem der Höfe zu unserem Schrecken plötzlich auf einige Iwans, die sogar eine Panzerbüchse und ein

MG mit sich trugen. Aber die Genossen waren ganz friedlich und daher durften sie ihre entladenen Geräte noch zwei Stunden lang selbst schleppen, bis wir das Trüppchen irgendwo abliefern konnten.

<u>Koslow, Montag, 20. Juli 1942</u>

Die Gegend wurde, je weiter wir heute per Auto (!) nach Osten vorankamen, immer gebirgiger, die „Straße“ immer steiler bergauf und bergab.
Schlimm sind hier wirklich die Schwärme von widerlichen, klebrigen Fliegen, die einem glatt mit dem vollen Löffel ins Maul fahren, wenn man nicht aufpasst.

<u>Koslow, Dienstag, 21. Juli 1942</u>

Heute wurde überraschend die ganze Kompanie wieder mal neu eingeteilt, und was mir schon mehrere in den letzten Tagen geflüstert hatten, wurde wahr: Ich komme als „Führerreserve“ zum – Tross! Als ich dem Spieß sagte, ich empfände ein Dasein beim Tross geradezu als Herabsetzung, erhielt ich zur Antwort, die Sache sei vom Chef so befohlen, weil ich als KOB auch einmal den inneren Betrieb einer Kompanie kennen lernen müsse. Aus.

<u>Taly, Dienstag, 28. Juli 19422</u>

Die ganze Nacht hindurch rummelte die schwere Artillerie wie ein fernes Gewitter auf der Straße nach Osten, zum Don, zur Wolga, nach Stalingrad. Dort scheint sich etwas Gewaltiges zusammenzubrauen. Vielleicht steht dort die letzte entscheidende Schlacht bevor und sie rollen nun dahin: schwere und schwerste Artillerie, Sturmgeschütze, Panzer und Flak, endlose Kolonnen mit Munition, Tag und Nacht, und doch nur ein staubiger Wurm unter dem unendlichen Nachthimmel. Die Luft vibrierte, man glaubte ein leises Beben unter den Füßen zu spüren und über allem stand regungslos und in tiefem Schweigen die warme, sternklare Steppennacht.

<u>Taly, Sonntag, 2. August 1942</u>

Am Freitag, nach dem in den letzten Tagen üblichen Exerzieren, war bei uns, also beim Tross, wieder Ruhe, obwohl wir ja offiziell auch Waffenreinigen hatten. Aber darum kümmert sich eben niemand. Es ist doch ganz gut, dass ich Methoden und Schliche der Herren vom Tross hier einmal in natura kennen lerne. Es will mir immer von Neuem so scheinen, dass sich überall bei Trossen und Stäben eine ganz eigenartige Sorte von Menschen zusammenfindet, die nur hier gedeihen kann, die aber auch unter sich wie Pech und Schwefel zusammenhält und kaum jemals auseinander gerissen wird, außer durch höhere Gewalt. Das war in Zittau so, das war in Pithiviers so und das ist hier so und sicher in 1.000 anderen Kom-

panien nicht anders. Natürlich sind überall prächtige Kerle dabei, aber die Luft ist anders in solchen Haufen. Man hat dort etwas zu verlieren, das ist es, und alle Außenstehenden sind potentielle Feinde, denen jeder Einblick in die Interna verwehrt werden muss. Daher die Isolierung, die ich stündlich spüre, weil ich mich nicht anbiedere. Aber das wäre das Letzte für mich.
Gestern nun mein zweiter Geburtstag in Russland. Ich malte mir diesen Tag vor einem Jahr aus; als wir in dem Walde an der Rollbahn lagen. Ja, was war das noch für eine Idylle, gerade dort! Ich hatte dienstfrei, wir waren noch weit hinter der Front und rollten unbeleckt von allem Kommenden nach Osten, frisch und komplett. Der Krieg war uns weit davongelaufen und wir fuhren ihm nun in der heimlichen Hoffnung nach, dass alles vielleicht schon bald ein Ende haben würde, vielleicht sogar noch ehe wir richtig eingesetzt würden. Das war vor einem Jahr, vor 365 Tagen. Nein, dieser Tag liegt fünf Jahre zurück, für uns sind es fünf Jahre. Jeder Tag wie fünf normale und jede Nacht – ach, wie soll man die Nächte werten, wie die Stunden ohne Schlaf und voller Ängste zählen? Vor einem Jahr, als ich 20 wurde, war es noch schön, trotz mancher Entbehrung und Strapaze. Und nun, heute? Nun bin ich also 21, volljährig, wie man so schön sagt, für mich allein verantwortlich. Und muss zutiefst dankbar sein, dass ich überhaupt noch lebe und nicht in irgendeinem Acker bei Tripolje oder Nepokrytaja wie tausend andere zerfetzt oder erschossen liege.
Gestern Abend erhielt die Kompanie den Befehl, heute weiterzuziehen. Mit Pferden und Ochsen, da es keinen Sprit gibt. Es ist eine einzige Groteske – die Großdeutsche Wehrmacht mit Ochsen auf dem Vormarsch! Der Tross soll noch hier bleiben, auch wegen Spritmangels.
Die Kompanie zottelte heute früh wie ein Haufen alter Germanen zur Zeit der Völkerwanderung los. Später gab es allerdings doch noch etwas Benzin, sodass wenigstens die Gefechtsfahrzeuge nachgeschickt werden konnten, um die tippelnden Kameraden aufzunehmen.

Taly, Dienstag, 4. August 1942

Am Mittag zog eine große Wolke von Italienern durch Taly. Ein Teil von ihnen ließ sich in der Nähe unseres Reviers nieder. In wilden Reihen schlugen sie ihre Zelte auf, das Häuptlingszelt in der Mitte. An jeder Ecke stellte sich zunächst ein Posten. Da die Sonne hässlich stach, nahmen die Posten schon bald ihre Hüte ab, setzten oder legten sich je nach Laune neben ihre Flinten und dösten in die Gegend. Wir waren sprachlos über einen solchen Schlendrian. Eine Weile beobachteten wir aus dem Hinterhalt den Betrieb und waren uns bald einig, dass die Offiziere fast durch die Bank keinen vertrauenerweckenden Eindruck machten. Vor allem konnten wir uns kaum über die faulenzenden Posten beruhigen.
Am Nachmittag unterhielten wir uns dann mit dem Posten, der am nächsten bei uns unter dem Gebüsch lag und seine Flinte am Baum lehnen hatte. Wir zeigten ihm unsere sauberen Gewehre, die er ungläubig beguckte, und forderten ihn auf, doch mal zu schießen. Da lächelte er uns verlegen an und murmelte so etwas wie: „Nix Patron, nix schießt." Wir versuchten, ernst zu bleiben und sagten ihm, als Posten müsse er doch geladen haben. „Nix panimaju", sagte er. Mit Gebärden,

auf Russisch und Französisch, Latein und Deutsch wollten wir ihn animieren, seine Büchse doch wenigstens mal zu laden. Daraufhin zog der Unselige an der Stelle, wo bei einem normalen Gewehr der Kastenboden ist, ein schier zwei Meter langes Gewrümmel aus Stoff heraus, steckte es voller Eifer in die Tasche und popelte nach vergeblichem Suchen endlich aus der dritten Patronentasche einen Ladestreifen heraus, den er dann beim zweiten Versuch auch tatsächlich eingeklemmt kriegte. Aus Gründen des Selbsterhaltungstriebes verzichteten wir nach diesen Vorführungen gern darauf, auch noch eine Probe seiner Schießfertigkeit geboten zu bekommen. Wir bedankten uns tief beeindruckt für seine Freundlichkeit und meinten dann, er müsse nun doch wohl wieder auf Posten ziehen. Da trollte er sich und legte sich zu einem Kameraden in den Schatten. Die geladene Flinte richtete er zum Glück nicht auf uns, aber trotzdem fühlen wir uns seitdem nicht mehr so sicher wie vorher.
Am Abend hatte sich unsere Anwesenheit überall herumgesprochen. Die ersten Bundesgenossen rückten in Scharen an und wir parlierten in allen Sprachen dieser Erde mit ihnen. Wir kriegten später von ihrem Wein ein halbes Kochgeschirr voll ab, aber auf die gebrutzelten oder gekochten Froschschenkel verzichteten wir dankend.
Das Tollste erlebten wir an diesem schon ungewohnt ereignisreichen Tag am Abend, als die Itaker zum Appell antraten. Was es da für Bilder bei den Kommandos, bei der Meldung und später beim Essenfassen gab, ist unbeschreiblich, das muss man einfach gesehen haben. Wir unterhielten uns dann noch lange, während die Makkaronimänner draußen noch schmalzige Lieder in den lauen Abendhimmel jodelten. Junge, Junge, dachten wir uns, wer sich auf diese Kameraden verlässt, ist verloren. Und unsere Division ist jetzt angeblich der achten italienischen Armee unterstellt und soll bestimmt Korsettstange spielen. Wir mit Ochsen und die mit solchen Flinten – wenn den Iwan da nicht das Grauen packt…

Taly, Freitag, 7. August 1942

Morgen früh sollen wir nach Bogutschar weiterfahren, 37 km. Vorn hat die Kompanie angeblich schon allerhand erlebt. Die Division soll einen Abschnitt von 75 km Breite zu halten haben. Das ist der reine Wahnsinn.

Irgendwo am Don, Dienstag, 11. August 1942

Heute fuhren wir um fünf Uhr in einen Ort, der nicht allzu weit von Bogutschar entfernt liegt. Das ganze Nest steckt voller Italiener und wir sind die einzigen Tedeschi. Von den Itakern kriegten wir auch hier die Verpflegung, wozu erfreulicherweise unter anderem auch ein halber Liter Wein pro Tag und Nase gehört. Mittags legten wir uns zum wohlverdienten Schlaf in die Sonne, denn in der stinkenden Bude war es vor Fliegen nicht auszuhalten. Hinter den Häusern liegen schöne Gärten mit Obstbäumen, die wir eifrig besuchten. Generell wird überall schwer geerntet, es werden neue Häuser gebaut – kurz, es regen sich viele Hände, um die Früchte dieses gesegneten Landes einzubringen, und bald, so denkt man plötzlich mit Schrecken, wird es ja auch wieder Herbst und Winter…

Irgendwo am Don, Mittwoch, 12. August 1942

Heute kamen wieder dicke Zahlen mit dem Wehrmachtbericht: Über eine Million Gefangene, über 60.000 Panzer, über 10.000 Geschütze, fast 5.000 Flugzeuge seit dem Frühjahr! Wo kommen immer wieder diese unvorstellbaren Massen her? Das ist die Kehrseite solcher Meldungen. Manchmal kann man davon wirklich Albträume kriegen.
Sonst geht es ja allgemein gedämpfter zu. Hier beim Tross haben wir genug Zeit, die Wehrmachtberichte genau zu verfolgen und uns auf den billigen Karten, die man so hat, anzusehen, wo unsere Truppen stehen. Stalingrad und der Kaukasus – das sind die Schwerpunkte, wo sich die Geschichte allmählich festzufressen scheint. Der Russe greift dafür zur Entlastung im Mittel- und Nordabschnitt an, wie üblich wochenlang an denselben Stellen. Rschew, Woronesch, Leningrad, am Wolchow, am Ladogasee. Aber bisher hat er anscheinend noch nichts Entscheidendes erreicht, stattdessen vermutlich wieder Hekatomben von Toten.

Irgendwo am Don, Sonnabend, 15. August 1942

Heute wurde Kuchen gebacken. Dabei verkrachten wir uns mit der Alten in unserem Hause, die kiebig wurde, als wir uns erlaubten, ihren Ofen zu benutzen. Schließlich scheuchten wir sie raus und ließen sie zur Nachbarin rennen, mit der sie die neueste Barbarei der Hunnen eingehend erörterte. Die Folge war, dass wir in ihrer Abwesenheit an die sonst eifersüchtig bewachten Legeplätze der Hühner gehen konnten und uns ordentlich eindeckten. So zum Wein schmecken die Eier recht gut.

Irgendwo am Don, Mittwoch, 19. August 1942

Am Nachmittag erschien plötzlich Rochlitzer mit einem Panjewagen von der Kompanie und eröffnete uns, wir müssten übermorgen zur Kompanie und unsere PKWs würden von Pferden gezogen. Wir fielen fast vom Stuhl. So tief sind wir also gesunken.

Irgendwo am Don, Donnerstag, 20. August 1942

Wir hackten Holz und wuchteten am Nachmittag die Beiwagenkräder auf Panjewagen, während alle Benzinreste gesammelt und in den Tank des dicken Henschel geschüttet wurden, denn den kriegen ja keine zehn Pferde weg. Am Abend gab es noch einmal Wein und wir holten uns noch schön viel Honig für die Reise.

Woanders am Don, Freitag, 21. August 1942

Um vier Uhr wurde geweckt, nachdem ich gerade noch 40 Minuten Wache geschoben hatte. In der Nacht war ein Haufen Italiener gekommen, schwere mot. Ari mit feinen Schleppern und Kanonen. Die besahen sich mit wachsendem Erstaunen unsere komischen Reisevorbereitungen, die darin bestanden, dass wir tatsächlich vor jeden PKW zwei Gäule knubbelten und unseren Jammerzug anschließend auch noch zu einer Marschkolonne formierten. Ja, die Heinis hatten gut glotzen, denn sie fuhren mit neuen und einheitlichen LKW-Kolonnen in Riesenfässern ihren Wein spazieren! Wir deutschen Landser aber sockten schön zu Fuß oder kauerten auf kümmerlichen Panjegespannen, während die Itaker in Geschwadern von 30 bis 40 Weintransportern vorüberbrausten!
Uns aber quollen unaufhaltsam die Tränen aus den Augenwinkeln, wenn wir unseren abgehalfterten, zerlumpten Zigeunerzirkus ansahen. Pferde vor Autos, kein Sprit mehr für ein paar Kilometerchen, traurige Gesellen, vom Sturmwind durchweht, Fürsten in Lumpen und Loden, ziehen wir dahin, bis das Herze uns steht, schäbig bis unter den Boden, Panjes und Autos in trostloser Pracht, trefft keinen Zeisig ihr bunter, ob uns auch Spötter und Speier verlacht, uns geht die Sonne nicht unter…

Kurenye, Dienstag, 25. August 1942

Gestern sind wir nun nach mehreren Tagesetappen wieder bei der heiß geliebten Kompanie eingetroffen und heute durften wir gleich oben an der Kirche eine Art Riegelstellung buddeln, eine armselige Grabenrinne in menschenleerer Unendlichkeit…
Vorhin kam noch Post von Mutter – mit einer schwarzen Anzeige: Friedrich ist tot, mein Parchimer Freund von Kindheit an. Das ist mir unfassbar. Fide. Im Mai hat er mir noch aus der Ecke von Bjelgorod geschrieben. Die ganze Zeit über waren wir wahrscheinlich kaum mehr als 100 km auseinander. Und nun dies. Vielleicht ist er vor Woronesch oder irgendwo am Don gefallen. Nun stehen seine Eltern in Parchim vor dem Nichts. Fide war ihr einziges Kind. Wie furchtbar muss dieser Schlag für sie sein. Wofür leben sie jetzt noch?? Mein Gott, Fide, alter Freund…

Charkow, Sonnabend, 29. August 1942

Diesen letzten Mittwoch, den 26. August in Kurenye, werde ich wohl so bald nicht vergessen, und dass ich jetzt in Charkow sitze, ist mir noch immer unbegreiflich. Doch ich will der Reihe nach berichten:
Letzten Mittwoch also, morgens kurz nach dem Antreten, flüsterten mir einige Kameraden zu, ich führe auf Urlaub. Da konnte ich natürlich nur höhnisch grinsen und meiner Wege gehen. Urlaub, so ein Quatsch! Aber kurz darauf wurde ich plötzlich zum Chef gerufen, der mit offiziell mitteilte, ich hätte ab sofort Urlaub!! Am 1. September führe mein Zug ab Charkow, am 22. September zurück ab

Berlin. Ich verstand die Welt nicht mehr. Ich? Urlaub?? Sofort???
Aber das war noch nicht alles. Mit mehreren anderen Kameraden zugleich bekam ich anschließend das Infanterie-Sturmabzeichen in Silber für die Tage von Tripolje, für die gewaltsame Aufklärung nach Schewtschenkowo im Dezember 41 und für die berüchtigte Säuberungsaktion vom 14. Mai dieses Jahres nordwestlich von Nepokrytaja, die Sache mit den Feldbahngleisen vor dem nächtlichen Wald. Außerdem gab es gleich die Ostmedaille, den Gefrierfleischorden, für den Winter im Osten.
Das war fast zu viel auf einmal. Mit dem Verwundetenabzeichen trug ich nun zwei Klimpersachen an der Brust und das rote Band der Frostmedaille im Knopfloch. Alle drei glaubte ich mir einigermaßen ehrlich verdient zu haben, aber ich kam gar nicht mehr dazu, mich selbst zu bewundern und zu freuen, denn nun begann die große Rennerei – zum Spieß wegen des Urlaubsscheins, Abmeldung beim Chef, beim Spieß, beim Zugführer. Letzte Klönsnacks, zwischendurch packen, noch schnell zu Otto und Eni – und dann endlich, kurz nach dem kaum noch registrierten Mittagsessen war es soweit. Endgültig. Urlaub. Mensch, Urlaub… Ich hing mir das zentnerschwere Gelumpe um, die anderen hatten sich schon zur Mittagsruhe hingehauen, und so marschierte ich dann ziemlich unbehelligt in der Hitze die schattenlose Dorfstraße entlang, hinauf zur ersten Anhöhe vor dem Ort, voll bepackt und schon nach hundert Metern voller Schweiß. Mein Gott, wie war das alles so schnell gegangen, so urplötzlich über mich hereingebrochen! Morgens beim Frühstücken noch keine Ahnung und jetzt nach dem Mittagessen auf dem Wege nach Hause, in die Heimat. Ganz wenige nur waren vor mir in den letzten Wochen auf Urlaub gefahren und nun auf einmal ich.
Da unten lag Kurenye und in den kühlen Häusern verschnarchten sie nun die schlimmste Mittagsglut, ruhten sich für den Dienst am Nachmittag aus. Ringsum der unermessliche Raum dieses Landes und des Himmels unter der brennenden Augustsonne. Nicht weit von Kurenye fließt irgendwo der Don. Dort sollte die Front sein, der ich nun für ein paar Wochen den Rücken zuwandte. War das alles Wirklichkeit? Ich auf dem Wege in die Heimat, nach zwei vollen Jahren der Trennung? Aber es war nun nicht die Zeit zu langen Träumereien. Jetzt hieß es Boden gewinnen, weg von der Kompanie, sonst stellten sie vielleicht noch fest, dass alles ein Irrtum war und dass ein ganz anderer hätte fahren sollen. Auf und los! Ich hatte in den letzten Wochen genug gefaulenzt, jetzt sollte es mir auf Schweiß und brennende Füße nicht ankommen!
So tigerte ich den staubigen Weg durch die mittagsstillen Felder dahin. Kurenye versank hinter dem Hügel. Ich war das einzige sichtbare Lebewesen in der unendlichen Einsamkeit.
Nach fast vier vollen Reisetagen zu Fuß, per Anhalter mit Panjewagen und LKW und per Bahn bin ich nun wieder in Charkow und habe hier noch drei Tage Zeit bis zur Abfahrt des Zuges. Wieder in Charkow! Welch ein Gefühl…

<u>Charkow, Montag, 31. August 1942</u>

Mit unwiderstehlicher Macht stehen jetzt in dieser Abendstunde die Erinnerungen in mir auf: Das große, geliebte Haus in Parchim, der Garten mit den schattigen

Bäumen, die vertrauten Wege im Buchholz, der See vor den Toren der Stadt, der Sonnenberg mit seinen gewaltigen Buchen.
Ich habe die zerknitterten, ausgebleichten Bilder aus der Tasche geholt, diese Bilder, die ich immer bei mir trage und doch nur selten ansehen mag, um nicht das große Heulen zu kriegen: Die Eltern, die Großeltern, Dieter. Wie sehen sie heute aus? Wie leben sie? Wird alles so sein wie früher, als wäre nichts geschehen? Oder gerate ich als Fremder in eine geordnete Welt voller Sauberkeit und Frieden, in die ich nicht mehr hineinpasse? Was soll ich antworten, wenn sie nach dem Krieg fragen, nach der Front, nach dem Russen? Was soll ich ihnen sagen? Es hat keinen Sinn, sich jetzt schon irgendetwas zurechtzulegen. Es muss sich alles finden, wenn ich erst zu Hause bin. Alles andere verblasst jetzt immer mehr vor diesem einen übermächtigen Gedanken: Ich werde in Parchim sein, ich werde sie wiedersehen…
Morgen ist der 1. September. Drei Jahre geht das nun schon und niemand sieht ein Ende. Aber man erträgt es, obwohl man aufschreiben müsste, wenn man an seine Jugend denkt, die Tag für Tag ins Ungewisse rinnt. Und doch, ich bin bisher allem entronnen und immer behütet gewesen. Wie viele meiner Kameraden liegen draußen ohne Wiederkehr, wie viele Eltern, Frauen und Kinder haben keine Hoffnung mehr auf die Rückkehr des Sohnes, des Mannes, des Vaters? Wie viele liegen allein von unserer Kompanie verstreut in einsamen Gräbern!
Und die, die noch leben, bauen nun vielleicht vorn am Don schöne Stellungen, massive Bunker für den Winter, irgendwo in diesen endlosen, sanften Weiten mit einem Ausblick bis ans Ende der Welt. Da hocken sie jetzt wohl am Geschütz und schauen den Abendwolken nach, die stumm nach Westen gleiten. Und vielleicht überfällt sie in der Dämmerung ein Frösteln, wenn sie an den Winter in dieser Menschenferne denken, wenn alle Gräser vom Schnee begraben sind…
Es sieht nicht so aus, als ob dieser Sommer schon die endgültige Entscheidung gebracht hätte. Wie entsetzlich leer war doch das Land hinter den vordersten Linien! Wo habe ich außerhalb der größeren Orte Soldaten gesehen, wo die Kolonnen, die Munition und Ersatzteile, Kanonen und nochmals Munition nach vorn bringen? Nichts, gar nichts. Wein haben sie spazieren gefahren. Wenn nun wieder ein Winter wie der letzte vor der Tür steht, ein Winter in diesen noch viel einsameren Einsamkeiten??
Fide fällt mir ein. Ich muss seine Eltern besuchen, werde ihnen nur wortlos die Hände drücken können. Ich werde in den Räumen stehen, in die er nicht mehr heimkehren wird. Dass ich gerade jetzt komme, muss sie doppelt schmerzen.
Ach, es hat keinen Sinn, darüber nachzugrübeln. Das Herz ist mir schwer genug von Spannung und Sehnsucht, von Erwartung und banger Freude. Morgen fährt der Zug. In die Heimat, nach Hause…

ZWISCHENGESCHICHTE

Die Zeit von September 1942 bis Oktober 1943

Als ich am 2. Oktober 1942 abends wieder bei der Kompanie am Don eintraf, konnte ich mich kaum noch auf den Beinen halten. Eine dicke Gelbsucht hatte sich schon in Charkow übel bemerkbar gemacht und bis zum Don war ich nur noch mit meinen letzten Kräften per Bahn, LKW und Panjewagen gekommen.
Nach der Meldung bei der Kompanie begann wie zum Hohn sofort die Tour rückwärts: Revier, Feldlazarett in Rossosch und endlich Lazarett in Shitomir westlich Kiew. Vom 1. Januar 1943 an wurde ich in tagelanger Fahrt schließlich bis Straubing zurück transportiert. Dort erlebte ich vom warmen Zimmer aus die Katastrophe von Stalingrad und das nicht abreißende Hängen und Würgen an der Südfront mit, diese offenbar immer wuchtigeren Angriffe der Russen, ihre immer neuen Durchbrüche ins menschenleere Hinterland, unser verzweifeltes Bemühen, die immer neuen Löcher zu stopfen und abzuriegeln. Und ich dachte ständig an die Kompanie, die nun in diesen hoffnungslosen Abwehrkämpfen mit Sicherheit auch dezimiert wurde, wenn sie überhaupt noch bestand. Ich schämte mich zwar dort in Straubing fast wie ein Gesunder zu leben, aber zum ersten Mal setzte sich hier in mir der Gedanke fest, beim Ersatztruppenteil einen Versuch mit der Kriegsschule zu machen, um nicht gleich wieder in das winterliche Chaos der Ostfront geworfen zu werden.
So verzichtete ich diesmal nicht auf den mir zustehenden Genesungsurlaub von 14 Tagen, sondern fuhr von Dortmund aus, wo die Eltern nun in einem kleinen Haus mit Garten am Rande der Stadt wohnten, zum Ersatzhaufen nach Dresden. Und dort bekam ich sogar noch 14 Tage Erholungsurlaub, wieder in Dortmund.
Danach war ich nun fest entschlossen: Ich will meine Teilnahme am nächsten Kriegsschul-Lehrgang beantragen! Nach einer Rückfrage bei der Kompanie draußen bezüglich meiner KOB-Eigenschaft klappte es auch wirklich.
Unser 13. Fähnrichs-Lehrgang in Hannover endete mit einem erstmaligen Kompromiss: Wir wurden nicht gleich Leutnants, sondern nur sogenannte Oberfähnriche und mussten bis zur vollen „Reife" noch einen „Vertiefungslehrgang" in Königsbrück bei Dresden mitmachen, den wir jedoch per Saldo nur als gekonnte Karikatur einer Offiziersausbildung empfanden. Darüber aber beklagte sich keiner, denn rings an allen Fronten, zur See und in der Luft sah es inzwischen so düster aus, dass jeder noch gern ein paar Monate in der Heimat blieb.
Zwischen den beiden Lehrgängen, gerade während der furchtbaren Luftangriffe auf Hamburg, konnte ich noch einige Tage Urlaub in Parchim verbringen. Nach dem Lehrgangsende in Königsbrück blieben nur noch die offizielle Beförderung zum Leutnant, die letzte Fahrt zum Ersatzhaufen und die allerletzten drei Tage Urlaub. Dann konnte jeden Tag der Marschbefehl ins Ungewisse eintreffen und damit meine 14-monatige Galgenfrist in dieser schlimmen Zeit abrupt beenden.

Dresden, Montag, 1. November 1943

Ach du lieber Gott! Ich komme zur Heeresgruppe Mitte! Abfahrt 4.11. also in drei Tagen. Heeresgruppe Mitte. Was kann das sein? Smolensk, Luki, Newel…? Auf jeden Fall Wald, Sumpf und Partisanen. Ich kann heute nichts anderes mehr denken. Es ist wie ein Schock, obwohl ich mir seit langem eingebildet habe, immer auf das Schlimmste gefasst zu sein.

Dresden, Mittwoch, 3. November 1943

Mit Dieter war ich heute Nachmittag wenigstens noch mal drei Stunden zusammen. Er hatte extra frei bekommen, um seinen Ost-Bruder verabschieden zu können. Nun ist auch er in absehbarer Zeit an der Reihe, ein bedrückender Gedanke. Wer von uns hätte je für möglich gehalten, dass er, der fast fünf Jahre Jüngere, noch zu Kriegszeiten würde Soldat werden müssen? Und nun ist es bald soweit…
Das wär's nun. Heeresgruppe Mitte. Eine ganz fremde Geographie. Neue Namen, ganz andere Gesichter. Als frisch gebackener Leutnant, der sich natürlich erst mal die Sporen verdienen muss. Kein Wiedersehen mehr mit den alten, unvergesslichen Freunden und Kameraden. Verloren das Land, das wir einst gemeinsam erkämpften. Die Kollegen von Hannover und Königsbrück zerblasen in alle Winde, wahrscheinlich auch auf Nimmerwiedersehen. Und eine unsagbar beschissene Lage an allen Fronten ringsum.
November 1943…

Im Zug Richtung Minsk, Freitag, 5. November 1943

Dresden vorbei, Hannover, Königsbrück, Straubing, Shitomir vor einem Jahr. Jetzt kämpfen sie um Kiew. Sackschwarze Nacht um uns. Viehtransport auf dem Wege zur Schlachtbank. Aber keiner lässt sich was anmerken.
Morgens beim Aufwachen irgendwo in Polen. Man sah es gleich an den verwahrlosten Häusern, den ungepflegten Gärten und Feldern. Nach einer Stunde Warschau West, nach einer weiteren Warschau Hauptbahnhof mit seiner Untergrundanlage. Grauer, roher Beton unter grauen, schweren Wolken. Gespenstisch leer die Bahnsteige. Rings um den Bahnhof erschreckende Wildnis, teils flache Schutthalden ausgebombter Häuser, teil unbebautes Ödland, von strohigen Gräsern überwuchert. Ob dort das jüdische Ghetto war, von dem soll nach einem Aufstand der Juden im Frühjahr angeblich nichts mehr stehen? Genaues weiß niemand.
Endlich der Zug nach Minsk. Wir kriegten wieder einen gesonderten Offizierswagen zu fassen, aber diesmal ungepolstert. Bald blieb Warschau hinter uns zurück, ein fürchterliches Bild meilenweiter Zerstörung. Dagegen sind unsere zerbombten Städte noch Gold. Die Landschaft wurde immer eintöniger, die Häuser

in den schlammigen Dörfern jenseits der Weichsel klebten wie graue Schwalbennester aus Lehm am Boden. Später dehnten sich Wälder weithin bis zum Horizont, aber auf etwa 100 m Breite beiderseits der Bahn sind sie abgeholzt, um Schussfeld zu schaffen und den Partisanen die Annäherung zu erschweren. In regelmäßigen Abständen sind neben den Gleisen Blockhäuser hingebaut, richtige, kleine Festungen mit einem Meter dicken Palisaden aus Baumstämmen, an allen Ecken Schießscharten und kleine Extrabunker, und nach oben hin netzartige Abdeckungen aus Stacheldraht, wohl als Sicherung gegen das Überklettern. Daneben dann immer wieder hohe Wachttürme, von denen aus man die Schienen und den gerodeten Streifen weithin übersehen kann. Aber was nützt das bei Nacht und Nebel selbst mit Scheinwerferlicht, da ja doch auf langen Strecken die umgehauenen Bäume kreuz und quer in dem Streifen liegen und dadurch das Anschleichen beinahe noch erleichtern? Soweit wir erkennen konnten, hockten in den Bunkern und Blockhäusern fast nur ältere Landsturmmänner, die wir um ihren Dienst wahrhaftig nicht beneideten. Trotz aller Sicherungsmaßnahmen soll beinahe jeder zweite Zug beschossen werden oder auf Minen fahren. Ein Wunder ist es nur, dass nicht mehr und Schlimmeres passiert.
Gegen Abend, als die Dämmerung wieder früh ins Land fiel, erreichten wir Brest-Litowsk. Dort gab es etwas Luft im Zug, sodass ich, was für die Nacht sehr wichtig ist, einen Fensterplatz ergattern konnte. Und so tuckert unser Zug nun durch die Dunkelheit, umspielt von den bleichen Lichtfingern der Scheinwerfer auf den Wachttürmen. Die Scheiben sind dicht verdunkelt, aber immer wieder ist man versucht, aus dem Fenster zu spähen und den jenseitigen Waldrand abzusuchen. Der Zug rattert ja hoch und weithin sichtbar über die tausendmal geflickten Schienen und wenn die Burschen in genügendem Abstand von den Blockhäusern am Waldrand ein MG in Stellung bringen, dann können sie in wenigen Sekunden einen ganzen Zug abrasieren. Und wie rasch ist an einer dunklen Stelle eine Mine an den Gleisen befestigt! Mit solchen Gedanken soll man nun einschlafen…

<u>Minsk, Sonnabend, 6. November 1943</u>

Ich habe in der Nacht wohl doch eine ganze Zeit gepennt, und als wir kurz vor Minsk mit unsagbar lahmen Knochen und müden Pupillen erwachten, registrierten wir voller Freude, dass uns in der Dunkelheit offensichtlich nichts zugestoßen war. Hier in Minsk war dann unsere Bahnfahrt auch zu Ende. Der große Bahnhof schien ganz intakt zu sein. Draußen wartete ein riesiger Mercedes-Omibus auf uns und brachte den ganzen Haufen hinaus an den Rand der Stadt zur Führerreserve der Heeresgruppe Mitte. Von hier aus sollen wir nun je nach den Anforderungen auf die Divisionen verteilt werden.
Eben hören wir, dass Kiew aufgegeben worden ist. Pünktlich am Jubeltag der Oktoberrevolution. Sogar das haben sie geschafft. Kiew. Mein Gott, auch diese große Stadt. Unsere unbeschreibliche Freude und Erleichterung damals. Dann ist jetzt auch Tripolje verloren. Ja, damals nach der Angst und Schinderei dieser ersten beiden Angriffstage in Russland – dieser Blick vom Marktplatz über den breiten Strom, diese grenzenlose Weite jenseits des Dnjepr, Charkow noch irgendwo unendlich fern als vages Endziel des Herbstes. Das alles ist nun wieder

dahin, sang- und klanglos aufgegeben, unhaltbar geworden, weil sie links und rechts schon wieder durchgebrochen sind. Wo soll nur diese reißende Sturzflut endlich wieder zum Stehen gebracht werden. Sind wir denn wirklich schon so fertig? Allmählich wird die Lage an den Fronten zum ständigen Albtraum, auch wenn sich kaum einer seine Bestürzung anmerken lässt.

Minsk, Donnerstag, 11. November 1943

Allmählich geht einem das Warten an die Nerven. Jeden Tag die neue lange Liste mit Namen am Anschlagsbrett. Jeden Tag wartet man darauf, dass jemand kommt und sagt: „Du bist dabei!“ Aber es ist nichts, bis heute wenigstens.
Adolfs Rede hat wegen der recht deutlichen Ankündigung der Vergeltung gegenüber England neuen Auftrieb gegeben. Der Bombenterror und damit die Vergeltung sind ja nun mal die einzigen brisanten Themen in der Heimat, mit Recht. Von Köln oder Hamburg aus sind Kiew oder Melitopol noch unendlich weit weg und bohren nicht auf den eigenen Nerven. Aber für uns hier im Osten hat Adolf doch verdammt wenig Tröstliches parat gehabt. Es ist wohl bis auf Weiteres unser Los, hier mit tausend Aushilfen und Notlösungen und halben Katastrophen den Russen so lange hinzuhalten, bis die wirkliche Entscheidung in England oder Frankreich, auf den Meeren oder in der Luft gefallen ist. Bitter. Verdammt bitter.

Minsk, Freitag, 19. November 1943

Sie haben mich!!! Morgen Richtung Orscha, dort weitere Auskünfte. Also doch, endlich. Hinein in die große Mühle westlich Smolensk. Nach dem ersten Schreck bin ich nun ganz ruhig. Das nervtötende Warten hat plötzlich ein Ende, das ist zunächst die Hauptsache.
Eben fällt mir beim Blick auf das Datum siedend heiß auf die Seele: Morgen bin ich vier Jahre beim Kommiss! Vier Jahre! Wie habe ich das eigentlich überlebt? Draußen regnet es seit dem Morgen in schweren, rauschenden Strömen, die einzig wahre Kulisse für dies Jubiläum und den neuen Start morgen früh…

Vor Poljaschitza, Freitag, 26. November 1943

Am 20. November kam ich mit der Bahn auch durch die Partisanenwälder östlich von Minsk heil bis Orscha. Am nächsten Tage musste ich mit dem Bummelzug nach Gorki weiterzotteln und dann zu Fuß neben einer Panjekolonne her nach Dobraja, zum Gefechtsstand meiner neuen Division. Dort hatte man noch keine rechte Verwendung für mich als Panzerjäger und schickte mich zunächst nach Krukowtschina als Gast zur dort hausenden 14. Kompanie des einen Regiments. Einen vollen Tag lang konnte ich mir die phantastisch ausgebauten Stellungen in der weiten Schneelandschaft anschauen; ich bestaunte die traumhafte Winterbekleidung aller Landser und ließ mir von dem jungen Führer der Panzerjäger auch sonst eine Menge Erfreuliches erzählen, vor allem, dass sie hier nur noch mittlere

und schwere Pak haben, keine Senfspritzen wie wir damals 1941/42.
Am letzten Dienstag ganz früh am Tage plötzlich ein Anruf für mich: „Sofort fertig machen, der Divisionskommandeur holt Sie umgehend ab!“ Oh je! Höchstpersönlich? In aller Eile machte ich mich fertig und hatte kaum meinen Kram beisammen, als auch schon draußen ein offener Kübelwagen vorfuhr und ich gerufen wurde. Sachen schnappen und mit leerem Magen raus und melden war eins. Ich durfte hinten einsteigen und schon ging die Fahrt ab. Zunächst kein Wort, aber dann erkundigte sich der Kommandeur, bei welchen Waffengattungen ich bisher gewesen sei, und als ich ihm ganz kurz meinen Werdegang geschildert hatte – MGK, Regimentsstab, Panzerjäger –, meinte er schließlich ungerührt, ich würde mich dann ja wohl freuen, auch mal eine andere Waffe kennen zu lernen. Die Infanterie sei ja nach wie vor die Königin der Waffen. Da wusste ich blitzartig alles. Ich käme als Zugführer zur ersten Kompanie, der Schwadron des Divisions-Füsilier-Bataillons, wo dringend ein Offizier benötigt würde.
Funkstille. „Jawoll, Herr Oberst.“ Fast hätte ich vor Schreck vergessen, wenigstens dies zu sagen. Oh Gott, zur Infanterie…
Wenig später hielten wir irgendwo bei einem anderen Regimentsstab. Ich wurde entlassen und schon gleich darauf mit einem Beiwagenkrad zum Bataillonsgefechtsstand des Divisionsbataillons geschleift, wo der Kommandeur mich nach dem frostigen Gespräch im Kübel unerwartet herzlich begrüßte und seinerseits ohne langen Aufenthalt zur ersten Kompanie weiterschickte. Ein langer Melder hockte schon wartend im Gefechtsstand und führte mich. Der Tag war dunstig, und gerade jetzt, als ich mir meine neue Umgebung etwas näher ansehen wollte, wurde der Nebel immer dichter. So merkte ich nur, dass der in den Schnee getrampelte Pfad vom Bataillonsgefechtsstand aus zunächst eine kahle Anhöhe hinaufführte und dort oben ein paar hundert Meter weit fast eben über freies Feld ging. „Hier müssense aufpassen, Herr Leutnant, hier liejen überall Minen“, sagte der Melder, „und bei juter Sicht jebe ich Ihnen den Tipp, da vorn im Jraben zu laufen, sonst kriejen Se jleich eine verplättet!“ Ach, das war rheinisches Mundwerk in Reinkultur!
Unvermittelt standen wir dann vor einem tief in die Erde versenkten Bunker, der sich nur als ganz flache Schneewehe aus der Umgebung abhob. Eine steile, aber gut mit Holz eingefasste Treppe führte in einen dunklen Schacht hinab. Motsch, der Melder, machte mir die Tür auf, und dann stand ich auch schon vor meinem neuen Chef, Hauptmann Meyer. Der erste Eindruck: Ein großer, wuchtiger Mann, offenbar auch aus der Düsseldorfer Gegend. Der zweite Eindruck: Ein schauriger Mief von Bratkartoffeln und Pfeife, Zwiebeln und Schnaps. Ohne Umschweife wurde ich fast wie ein alter Bekannter in Empfang genommen und dann an den Tisch genötigt. Der Chef qualmte ein schauriges Kraut. Dann begann das Erzählen. Erst berichtete ich kurz von meinem Werdegang und flocht auch gleich zur Genüge ein, die Umstellung vom Panzerjäger auf den reinen Infanteristen sei für mich ein gewaltiger Schlag ins Kontor, zumal man uns auch auf der Kriegsschule im infanteristischen Kampf kaum ausgebildet hatte. Ein Wort gab das andere, eine aufgelockerte, kameradschaftliche Stimmung erfüllte den Bunker, überhaupt nicht zu vergleichen mit dem miefigen, immer etwas hinterhältigen Betrieb bei der früheren Kompanie. Hier duzte der Chef seine Leute, wenigstens halb, hier herrschte offensichtlich ein derber, offener Ton, bei dem man sofort wusste, wo-

ran man war. Ich fühlte mich schon in dieser ersten Stunde beinahe sauwohl bei diesem Verein. Keine Spur von Arroganz oder kühler Distanz dem jungen Herrn Leutnant gegenüber, der nun so frisch gebacken aus der Heimat kam und dem man erst mal zeigen muss, was eine Harke ist. Nein, hier fehlte ein Zugführer, nun war er da und gehörte dazu.

Von Fritze Fuhrer, einem schweigsamen, rundlichen Kompaniemelder, wurden mir immer neue Bratkartoffeln mit sagenhaften Bergen von Zwiebeln auf den Teller geworfen, und es half nichts, ich musste ran und für den Durst war Schnaps genug vorhanden. Als ich dann schließlich voll bis oben hin und von dem Fusel halb besoffen war, meinte der Chef brutal, nun sollten wir losgehen und uns die Stellung ansehen. Ich müsste ja bis zum Abend meinen Abschnitt und meine Leute einigermaßen kennen lernen.

Wir schnallten um, ich kriegte auch ein paar Handgranaten für alle Fälle ins Koppel gesteckt und dann ächzten wir die Treppe aus dem finsteren Loch empor und traten hinaus in den Nebel.

Ein tiefer Graben führte nach vorn, aber den ließen wir links liegen und stiefelten frei über die offene Schneefläche hinweg auf den vordersten Graben zu. Der Nebel war so dick geworden, dass nach menschlichem Ermessen nichts passieren konnte. Die russischen Stellungen mochten irgendwo vor uns liegen – man sah keine 50 m weit.

Auf halber Höhe des Vorderhanges sprangen und rutschten wir schließlich in den Graben hinunter und sockten dort nun immer im Zickzack zwischen den hohen Erdwänden dahin, von einem Doppelposten zum nächsten. Die standen etwa alle 200 m und gehörten nun schon zu meinem Zug. Der Chef redete in köstlich unkonventioneller Art mit den Leuten und machte mich mit allen seinen „Knechten" bekannt. „Das ist der Dingsbums, einer von unseren ganz alten treuen Säcken." Aber zwischen den Posten dann auch: „Den Sowieso müssen Sie hin und wieder mal auf den Pott setzen, der braucht das einfach, dann spurt der auch wieder 'ne Weile ganz prima. "

Ohne Rücksicht auf Dreck und Enge schlidderte der Chef auch in jedes dieser Bunkerlöcher hinunter, wo meist nur ein Mann bei trübem Kerzenlicht am Tisch vor sich hin döste oder gerade aß oder seine Waffe reinigte. Kein Achtungsgeschrei oder diensteifriges Hochfahren, denn die anderen lagen ja irgendwo auf den kaum sichtbaren Bretterpritschen unter grauen Decken und schnarchten im Mief. Auch in den Bunkern fast immer ein Scherz und Freude auf den schmalen, unrasierten Gesichtern über das Kommen des Chefs. Eine freie, ungezwungene Atmosphäre, wie ich sie bisher selbst draußen bei der Feldtruppe noch nicht erlebt habe.

Nach den kurzen, leisen Gesprächen in den Bunkerverliesen war es draußen ganz seltsam still, der Nebel so dicht im Tal und jeder Schritt im Graben beinahe gespenstisch. Als wir dann in eine ziemlich steile Mulde hinuntertrotteten, in der die Rollbahn Gory-Gorki den Graben kreuzt, in die Talsenke hinabführt und drüben beim Iwan wieder hinauf, spritzten uns ein paar Granatwerfer plötzlich was um die Ohren. Das war die erste Begrüßung für mich. Freundlicher sind die Kerle seit 1942 also nicht geworden.

Nach etwa einer Stunde hatten wir den ganzen rechten Flügel des Kompanieabschnitts abgelaufen. Die Grenze zur Nachbarkompanie läuft dort mitten durch eine andere sanftere Mulde, in der der Graben hoffnungslos ersoffen ist und in der deshalb auch kein Posten steht. Eine etwas dürftige Sichtblende aus Latten und Stroh ermöglicht auch bei Tage ein halbwegs gedecktes Hinüberwetzen zum Nachbarn, aber ein Lotteriespiel soll es bei klarer Sicht immer sein. Nachts muss diese weiche Stelle natürlich besonders oft durch Streifen überwacht werden. Andererseits sah ich überall eine Menge Stacheldraht vor dem Graben liegen, davor sollen an verschiedenen Stellen auch Minen liegen und davor abermals Stacheldraht.

So wie ich die Dinge bei diesem ersten schnellen Rundgang aus dieser ganz ungewohnten Grabenperspektive heraus sah, kann in einer solchen Stellung nach menschlichem Ermessen kaum etwas Böses passieren. Die Posten haben nachts ihre MGs in sauber ausgebauten und mit Holzbalken verstärkten Stellungen, für Wechselstellungen ist gesorgt, die Sicht soll gut sein, man hat die Talmulde vor sich, die man bei Schnee und Mondenschein bestimmt wunderbar überwachen kann. So war ich denn am Ende meiner Antrittsreise als Zugführer nicht mehr ganz so erschüttert darüber, nun bei der Infanterie gelandet zu sein.

Ehe sich der Chef verabschiedete und mich bei meinem Haufen zurückließ, zeigte er mir noch einen ganz kümmerlichen, unbewohnten Minibunker, nicht weit entfernt vom Zugangsgraben zum Kompaniegefechtsstand auf der Höhe. Das sollte mein Zuggefechtsstand werden, in dem ich fürderhin mit zwei Meldern hausen sollte. Dieses Lokal hatte ich mir allerdings etwas komfortabler vorgestellt. Aber die Kompanie hat die Stellung erst vor kurzer Zeit von einer anderen Einheit übernommen und daher ist der Ausbau noch nicht so gut wie bei dem anderen Regiment, wo ich die ersten Tage zugebracht hatte. Meine zwei Melder standen bereits da und hatten das Loch schon eingehend beäugt. Einstimmiges Urteil: Große Scheiße. Unsere erste Aufgabe musste es sein, die Höhle menschenwürdig auszubauen und vor allem einen Ofen zu organisieren. Ich hatte trotz des Laufens schon seit Stunden Eisbeine und dieser Zustand musste ja irgendwann mal ein Ende nehmen. Daher ließ ich den beiden Meldern freie Hand, sich um das Nötige zu kümmern.

Ich selbst spazierte nach einer Weile noch einmal in Ruhe durch meinen Zugabschnitt, suchte die Bunker auf und versuchte, mir die ersten Namen und Gesichter meiner ungefähr 25 Mann einzuprägen. Sie waren nun alle wach und verdrückten die Reste ihrer Fresserei. Der Nebel hing noch immer dick über der Landschaft. In der Dämmerung begann dann auf der ganzen Länge der Front das Einschießen der Gewehre und MGs. Zuerst fuhr ich richtig zusammen, als ich so unerwartet die rauschenden Feuerstöße der MG42 hörte, aber dann stiegen die Erinnerungen an mein früheres Landserdasein wieder in mir auf und so ganz allmählich dämmerte es mir, dass ich nun wirklich nicht mehr in der Heimat, sondern wieder ganz vorn an der Front war und die Aussicht hatte, die Nacht in einem halb verfallenen Unterstand ohne Ofen und Wärme zuzubringen.

Gegen acht Uhr abends kam der Chef noch einmal auf seiner Streife zu mir. Ich begleitete ihn im Finstern durch meinen Abschnitt und er erzählte mir noch allerlei tolle Geschichten. Die Division hat einen verlustreichen Rückmarsch hinter sich, aber nun hofft man allgemein, dass hier erst mal Schluss ist mit dem Absetzen.

Gegen elf Uhr in der Nacht hob sich endlich der Nebel, sodass ich die Umrisse der uns gegenüberliegenden Höhe und sogar einige Grabenstücke beim Iwan erkennen konnte. Da alles friedlich war, legte ich mich nach Mitternacht einigermaßen beruhigt in meinem eiskalten, engen Unterstand nieder, den Kopf voll von tausend neuen Bildern, von Bunkern, Draht und Minen, von Schnee und Gräben, Namen und Gesichtern. Ich träumte dann schaurige Dinge von diesen unheimlichen, tiefen Gräben, die wie Menschenfallen sind, aus denen sich an jeder Ecke ein russischer Stoßtrupp seine Beute greifen kann.

Lange vor Beginn der Morgendämmerung wurde ich dann gestern früh wieder von der Saukälte in dem ungeheizten Puff wach. Als es etwas heller wurde, sah ich drüben auf dem jenseitigen, etwa 400 bis 600 m entfernten Hang zum ersten Male die dünn hingekritzelte Linie des gesamten russischen Grabens, und an einigen Punkten, nur durch das Glas zu erkennen, ein paar Erdbunker und Postenstände. Etwas weiter links, an der Grenze zum Nachbarzug, dort, wo die Straße hinüber zum Iwan läuft, steht auf der russischen Höhe ein kahles Baumgerippe, das sie hier den dürren Heinrich nennen. Ein weithin sichtbarer Zielpunkt.

Nachdem sich die Augen an die wachsende Helligkeit gewöhnt hatten, schlurfte ich, immer noch total vergrunzt und mit Eisbeinen bis zu den Hüften, durch den Graben zu den Posten und Gruppen, ließ mir über die Beobachtungen der Nacht berichten und entnahm aus den Meldungen, dass sich nichts Aufregendes ereignet hatte. Später kamen die Melder der einzelnen Gruppen und überbrachten die offiziellen Morgenmeldungen und die Anforderungen von Munition, Handgranaten und so weiter. Damit begann für mich der Papierkrieg. Mit klammen Pfoten musste ich diese Meldungen für meinen Zug zusammenfassen und an den Chef weitergeben. Inzwischen war es Tag geworden, die Männer verzogen sich bis auf einen Tagesposten je Gruppe in ihre Bunker, aßen etwas und legten sich nach der durchwachten Nacht schlafen.

Ich hingegen fand in meinem finsteren Schuppen keine Ruhe, zumal die Melder genau wie ich begierig waren, nun endlich einen Ofen zu installieren. Dazu muss ja alles von werweißwoher herangeschleppt werden: Holz, Platten, Rohre, Steine und schließlich auch der Ofen selbst. Da wir hier entgegen meiner bisherigen Erfahrungen unsere Stellung weitab von allen Dörfern inmitten kahler Felder haben, ist es auch gar nicht einfach, die nötigen Materialien überhaupt zu finden oder zu beschaffen. Während die Melder fleißig wirkten, trieb ich mich fast den ganzen Tag ziemlich ruhelos in meinem Grabenabschnitt umher, ließ mir von den Posten alle Einzelheiten der Minen, des Drahtes, der Minengassen, der Alarmvorrichtungen, der Feuerbereiche und nicht zuletzt alles Wichtige über den Russen auf der anderen Seite des Hanges erzählen und versuchte dabei gleichzeitig Kontakt mit den noch fremden Gesichtern zu bekommen.

Am Nachmittag hatte ich schon ein etwas besseres Gefühl für die Länge und die Tücken meines Abschnitts, für die Standorte der Gruppen und Posten und für den Verlauf und die Ecken des Grabens. Vom Iwan sah man den ganzen Tag über so gut wie nichts, aber unsere Ari soll hier schwer auf Draht sein und sofort ordentlich dazwischen halten, wenn sich drüben ein paar Gestalten sehen lassen.

Gegen Abend hatten die Melder tatsächlich so etwas wie einen Ofen zusammengeschustert. Als es dunkel genug war und keine Gefahr mehr bestand, dass der Iwan den Rauch sehen könnte, zündeten wir erwartungsvoll die erste Holzladung an und schnell füllte sich das Loch zum ersten Male mit wohliger Wärme. Nach

einiger Zeit bekam ich sogar wieder warme Füße!
Draußen hatten die MGs längst ihre Abendgrüße zum Russen hinüber gejagt und umgekehrt hatte der Iwan seine Flinten zu uns herüber eingeschossen. Meine zweite lange Novembernacht hier draußen zog herauf. Tausend Augen spähten wieder in die Dunkelheit, tausend Ohren versuchten wieder die wenigen Geräusche der Nacht aufzufangen. Gelegentlich geisterte mit kurzem Zischen eine Leuchtkugel zu den Wolken empor und tauchte die Talmulde sekundenlang in gleißendes Licht. Aber wenn man aus dem Kerzenlicht im Bunker in den schwarzen Schacht des Grabens hinaufklettert, erkennt man zuerst nichts weiter als einen schmalen Streifen des Nachthimmels über sich.
Heute Morgen nun setzte ich mich lange zu den Gruppen, da ich herausgefunden habe, dass die Männer morgens noch nicht gleich schlafen, sondern im Allgemeinen erst ihre Waffen reinigen und sich dann aufs Ohr hauen. Es sind durch die Bank aufgeschlossene, zutrauliche Leute, fast alle aus dem Rhein- und Moselgebiet, gesprächig, witzig und erstaunlich guter Dinge. Und anscheinend durch nichts aus der Ruhe zu bringen. In dieser Hinsicht sind sie mir bestimmt weit voraus, denn für mich ist dies alles noch viel zu fremd, als dass ich schon den Lässigen mimen könnte.
Nachmittags fand ich endlich auch Zeit, mir mal den ganzen Kompanieabschnitt in Ruhe anzusehen und mit den Nachbarzugführern die längst überfällige Verbindung aufzunehmen. Ich bin ja außer dem Chef der einzige Offizier in der Kompanie und daher im Notfall sein Vertreter. Ich muss deshalb auch über die Abschnitte der anderen Züge genauso Bescheid wissen wie über meinen eigenen. Da der Iwan ruhig war, wurden unsere Gespräche durch nichts gestört.
Ja, und nun ist mal etwas Ruhe eingetreten, Zeit, endlich auch mit meinen beiden Meldern und Bunkergenossen etwas mehr Kontakt aufzunehmen. Schaumburg aus Frankfurt am Main, unverkennbar an de Sprach. Bisher war er Sanigehilfe beim Chef, jetzt ist er hier zugleich Zugsanitäter. Ganz ideal passen wir sicher nicht zusammen, das spüre ich. Aber man muss sich ja erst mal eine Zeit lang beschnuppern. Der andere ist ein biederer, ruhiger Mann, mit dem sich wohl auskommen lässt.
Alles überzählige Gelumpe habe ich heute zum Tross zurück gehen lassen, was soll ich in der Enge und Finsternis dieser Unterwelt damit? Aber ich habe nun auch alles, was ich hier vorn wirklich brauche: Wattierten Kampfanzug mit Kapuze, schwer, plustrig, innen tarnfarben bunt, außen weiß oder umgekehrt, und vor allem Fernglas, Leuchtpistole, MPi, dicke Handschuhe. Es ist schon ein gewaltiger Unterschied zu jenen armseligen Sommerfetzen und Waffen, mit denen wir den ersten Winter durchstehen mussten. Und das im fünften Kriegsjahr.

Vor Poljaschitza, Sonnabend, 27. November 1943

Heute habe ich mir endlich mal Zeit genommen, nach Hause zu schreiben und die neue Feldpostnummer mitzuteilen, damit ich wenigstens zu Weihnachten auf Nachricht von zu Hause hoffen kann. Aber sonst ging es seit gestern Abend ganz schön rund. Nachdem wir unsere Abendkost unter etwas menschenwürdigeren Umständen vertilgt hatten, liefen wir zu dritt wieder die erste Nachtstreife von

Posten zu Posten, von Gruppe zu Gruppe; immer wieder zu den russischen Gräben hinüberspähend, jeden Augenblick auf den Anruf „Kennwort!“ gefasst. Kurz vor der Rückkehr in unseren Bunker dröhnte vom Nachbarzug herüber ein fürchterliches Gebrüll und schauriges Fluchen. „Der Alte“, sagten die Melder, „der macht wieder einen fertig. Der kann überhaupt ziemlich fluchen, das hört man durch die ganze Stellung und der Iwan drüben hört es bestimmt auch.“ Wenig später kam der Chef dann auch in meinen Abschnitt und erzählte mir gleich von sich aus, er habe gerade einen Posten zur Sau gemacht, der halb vergrunzt in seinem Loch gestanden hatte. Das nächste Mal würde er ihm eigenhändig eine Handgranate vor seinen Postenstand werfen.
Mit dem Chef machte ich nun gleich dieselbe Tour bis zu meiner rechten Grenze an der ersoffenen Mulde noch einmal. Dort stieg er, ohne gebrüllt oder Handgranaten geschmissen zu haben, mit seinen beiden Leibwächtern, dem langen Melder Motsch und dem Kompanietruppführer Kagerer fluchend aus dem Graben und verschwand hinter der Blende in Richtung zum rechten Nachbarn, mit dem er mal wieder die Lage beklönen wollte.
Auf dem Heimwege meinte ich dann zu meinen beiden Meldern: „Hier scheinen mir ja raue Sitten zu herrschen.“ Aber sie sahen das Gebrülle und die Handgranatenschmeißerei nicht weiter tragisch an, so etwas gehört für sie einfach zum Alten oder Käptn, wie sie ihn auch nennen. „Er will ja nur, dass die Leute nicht einpennen und geklaut werden oder durch ihr Grunzen andere ins Unglück reißen.“ Für sie ist er ein prächtiger Bulle, auf den sie nichts kommen lassen.
„Wissen Sie überhaupt, was Hauptmann Meyer von Beruf ist, Herr Leutnant?“ „Hm, schwer zu schätzen. “ „Da können Sie auch nicht drauf kommen – Pastor!“ Da war ich allerdings platt. Der und Pastor?
Die Tatsache, dass wir auch diese Chefstreife ohne Anschiss überstanden hatten, nahmen wir anschließend zum Anlass, meinen Einzug nun endlich quasi offiziell am wärmenden Ofen mit einer gemeinsamen Pulle Marketenderwein zu begießen.
Um Mitternacht war dann die Idylle vorbei. Ein widerlicher Schneesturm setzte recht plötzlich ein und wirbelte uns bis zum Morgengrauen die Gräben halbvoll. Um das Maß voll zu machen, musste ich gegen drei Uhr früh noch einen vom Chef befohlenen Alarm steigen lassen, der alle Männer hinaus in ihre genau festgelegten Postenstände jagte und die, die gerade keine Wache hatten, auch noch um die kümmerlich wenigen Stunden des Schlafes brachte. Aber solche Probealarme müssen ja immer und immer wieder geübt werden, damit im Ernstfall alles klappt.
Im Laufe des Tages wurde der Iwan dann plötzlich rappelig und schoss mit seinen dicken Sachen sehr unfein in unsere Gegend, bis ihn unsere Ari nach einiger Zeit wieder beruhigte. Aber dieser Feuerüberfall war so plötzlich und ohne erkennbaren Anlass gekommen, dass in uns allen eine gewisse Unruhe zurückgeblieben ist. Zu allem Überfluss ist nun seit einer Stunde auch noch echte Alarmbereitschaft befohlen, das heißt, sämtliche Männer müssen bis auf Weiteres draußen in der Kälte auf Posten stehen. Es tut sich allerdings zurzeit nichts.

Vor Poljaschitza, Sonntag, 28. November 1943

Erst weit nach Mitternacht wurde der dämliche Alarm heute früh wieder abgeblasen. Niemand hatte auch nur die geringste Besonderheit beim Iwan beobachten können. Umso ärgerlicher war jeder über den anscheinend so sinnlosen Verlust an Schlaf. Als es dann endlich hell wurde, lagen die russischen Stellungen still und ohne sichtbare Veränderung vor uns.
Wir konnten uns am Vormittag beim Kompaniegefechtsstand einen neuen eisernen Ofen abholen und bastelten uns beim Einbau in säuischer Drecksarbeit auch gleich ein größeres Fenster für unser Kellerloch zurecht, durch das wir dann wie gehabt das Ofenrohr nach draußen führten. So ist der Bunker seit Mittag doch erheblich freundlicher geworden. Die Melder haben auch irgendwo ein paar Laken aufgegabelt und damit die Wände ausgeschlagen, sodass man nicht mehr nur Erde und Bretter sieht. Nun können wir es hier erst mal eine Weile aushalten. Nur an dieses ständige Dreckigsein kann ich mich noch nicht wieder gewöhnen. Zum Waschen haben wir nämlich nur den Schnee, den wir uns in einer rostigen Schüssel schmelzen, und zum richtigen Waschen hat man auch gar nicht genügend Platz. Daher läuft man dauernd mit schmierigen Pfoten herum und wagt an seine Füße und noch schönere Körperteile gar nicht zu denken. Und trotzdem habe ich es hier im Vergleich zu vielen meiner Kameraden aus Minsk bestimmt gut getroffen.
Schaumburg ist seit gestern wegen eines Terrorangriffs auf Frankfurt in Sorge. Bei Orscha muss der Russe wieder schauerlich geblutet haben. Der Wehrmachtbericht soll neulich von „beispiellosen“ Verlusten an Menschen und Material und von einem großen Abwehrerfolg gesprochen haben. Das will schon etwas heißen. Übler sieht es offenbar bei Kritschew aus, einem Nest, das gar nicht weit südöstlich von hier liegen soll. Hoffentlich passiert da nichts Ernsteres.

Vor Poljaschitza, Montag, 29. November 1943

Die dumpfen Schläge gestern Abend und unsere spontane Angst: „O Gott – die Pioniere!!!“, unser Losstürmen und das entsetzliche Bild vor dem Graben stecken mir noch immer lähmend in den Knochen. Und die Angst vor etwaigen Konsequenzen.
Als ich gestern gerade dabei war, den abendlichen Papierkrieg zu erschlagen, polterte Motsch in den Bunker herein und kündigte mir einen Unteroffizier von den Pionieren mit fünf Mann an. Die Gruppe stand schon im Graben und hatte den Auftrag, nach wild verlegten Minen zwischen Graben und Stacheldraht zu suchen. Sie sollten in meinem Abschnitt ganz rechts an dem ersoffenen Grabenstück beginnen. Nur dort, so wusste ich, lagen zur Sicherung der Mulde wilde Stockminen, mit Stolperdrähten verbunden und ringsum mit einem Draht abgezäunt, sodass man sie gar nicht übersehen kann. Die Pioniere wussten das auch schon vom Chef und hatten im Übrigen genaue Karten der anderen Minenfelder bei sich. So ließ ich sie von Schaumburg zur Mulde führen, obwohl sie an sich den Weg dorthin auch schon kannten. Ich führte indessen den Papierkrieg weiter, Schaumburg kehrte nach zehn Minuten zurück – ja, und dann geschah es plötz-

lich, diese fürchterlichen Detonationen. Wir raus, Melder los zu Hauptmann Meyer, und voll schlimmster Ahnungen hingerast und dann – vier stöhnende, blutende Gestalten im nachtdunklen Graben, zwei im Schnee draußen vor dem Graben. Still, offenbar tot. Wir führten oder schleppten die Verwundeten in den nächsten Bunker, Schaumburg als Sani tat das Wenige, was er in dieser Lage tun konnte, der Unteroffizier ist noch am besten davon gekommen, aber auch er ist benommen, die wachfreien Landser sammeln sich an, stehen im Weg. – „Los, bringt die Verwundeten zum Gefechtsstand, helft ihnen!" – Schon ist auch der Chef mit Bello Reichert, dem Schwadronssanitäter, da. Beide keuchen noch und können auch nicht viel mehr tun, als auch schon veranlasst ist. Endlich lichtet sich der Graben wieder, wir fragen den Unteroffizier, wie das passieren konnte, er weiß es nicht, kann nur vermuten, dass einer der Getöteten eine Mine oder einen der Stolperdrähte berührt haben muss. Dieser war jedenfalls sofort tot und drei weitere verwundet. Als sie dann in den Graben zurückkriechen wollten, muss wieder einer an einen Draht geraten sein, eine zweite Mine zerriss ihn, er wälzte sich im Todeskampf auf eine dritte und die wirbelte dann noch zwei Mann hoch, die aber zum Glück nicht mehr allzu viel abkriegten. Ja, so etwa muss es wohl gewesen sein…

Vor dem Graben sah man noch die drei schwarzstrahligen Trichter im Schnee und die verrenkten und zerfetzten Körper der beiden Toten. Und es stank eklig nach Pulverschleim und blutigem Fleisch. Der eine Tote lag ziemlich dicht am Graben. Seinen schweren Körper konnten wir mit ein paar Mann noch gleich in den Graben herunterzerren und in einer Postenstellung niederlegen. Meyer rückte ab, wollte Fahrzeuge für den Abtransport der Verwundeten bestellen und weitere Pioniere anfordern, die die Toten abholen sollten. Im Scheine einiger Leuchtkugeln konnten wir noch erkennen, dass wir den zweiten Mann nicht selber bergen können. Er liegt zwischen den Minen. Da müssen wieder Pioniere ran.

Jetzt endlich wurde auch der Russe wach und streute einige MG-Garben in die Mulde. Er muss nicht nur die Detonationen, sondern auch das Schreien und das Stimmengewirr im Graben genau gehört haben. Warum schoss er nicht sofort dazwischen? Ich schickte alle zurück in ihre Postenstände und Bunker. Wenn der Russe noch mit Granatwerfern anfinge – nicht auszudenken.

Zurück zum Gefechtsstand. Fertig in den Knien. Anruf von Meyer: Noch in dieser Nacht kommen Pioniere, um wenigstens den einen Gefallenen zu holen. Der andere muss bis zum Abend draußen liegen bleiben. Außerdem soll ich Meyer tagsüber vertreten. Er muss weg und eine neue Stellung erkunden. Das Bataillon wandert mal wieder.

Streife, MPi schussbereit im Arm. Eine Grabenecke nach der anderen. Selbst meine neuen Klamotten sind schon stellenweise abgeschabt vom dauernden Schurren an den gefrorenen Grabenwänden. Zum Glück etwas Mondhelle, wohl kaum Gefahr. Man kann drüben beim Iwan sogar schwach die Gräben erkennen.

Wie sind die nur in das Minenfeld geraten? Immer und immer wieder laufen unsere Pioniere auf die eigenen Minen. Ob der Umzäunungsdraht zerschossen war? Vielleicht nur da, wo sie die ersten Schritte in das Feld machten? Aber sie hätten doch die Verbindungsdrähte an den Stöcken sehen müssen und die Stöcke selbst. Ja, hätten, hätten…

Das gibt nun eine dicke Meldung ans Bataillon, an die Division. Wie konnte das

passieren? Sind die Pioniere eingewiesen worden? Wer hat sie eingewiesen? Je mehr ich nachgrüble, umso beklommener wird mir zumute. Aber habe ich mir etwas zuschulden kommen lassen? Hätte ich mitgehen, dabei sein müssen? Es ist schließlich mein Abschnitt. Meyer hat mir keine Vorwürfe gemacht, aber das kann noch kommen. Auch er war fertig und hat nun erst mal die Meldungen am Hals. Schlafen konnte ich in dieser Nacht nicht mehr, obwohl ich nach dem Schrecken unsagbar müde war. Ich bin einfach nichts mehr gewöhnt.
Früh um vier Uhr kam ein anderer Pionierunteroffizier mit zwei Mann. Sie überlegten eine Weile, wie sie ihren toten Kameraden am Abend am besten aus dem Minenfeld ziehen könnten, dann banden sie dem Toten, der schon bei uns im Graben lag, die Handgelenke und Knöchel zusammen, schoben eine mitgebrachte Holzstange hindurch und schleppten den Leichnam wie ein erlegtes Wild von Grabenknick zu Grabenknick bis zum Fahrzeug irgendwo hinter der Höhe, wohl tausend Meter weit.
Der andere liegt nun noch draußen vor den Augen der Russen. Seine Gedärme türmen sich schauerlich neben den rot gefärbten Resten seiner Uniform, sein eines Bein ist fast abgerissen und liegt seltsam quer im Schnee. Er sollte heute zu seiner Frau und seinen drei Kindern in Urlaub fahren …
Von neun Uhr früh bis zur Abenddämmerung in Meyers Bunker als sein Vertreter. Das Radio nudelte fast ununterbrochen, aber das lenkte mich wenigstens etwas ab. So ungefähr habe ich nun auch endlich die Geschichte der Schwadron begriffen. Sie war einst eine echte Aufklärungsschwadron hoch zu Fahrrad, 250 Mann stark, und unterstand meist der Division direkt; sie wurde bei Smolensk zerfleddert und verlor sogar alle Räder. Inzwischen hat man ein besonderes Divisionsbataillon gebildet, in dem die Schwadron nun die erste Kompanie darstellt. Das Divisionsbataillon ist nun das Sturmbataillon der Division, der Edelhaufen gewissermaßen, der die Kastanien aus dem Feuer holen darf. Dass wir hier so banal im vordersten Graben stehen, passt eigentlich gar nicht ins Konzept, aber Not kennt leider keine Ausnahme. Was uns bleibt, ist die besondere Liebe und Aufmerksamkeit des Divisionskommandeurs und die besondere Ehre, diesem Verein angehören zu dürfen. Jetzt erst habe ich ganz begriffen, welche Freude mir der Oberst mit meiner Versetzung zur Schwadron machen wollte. Der Gute!
Das Einrücken in diese Stellung muss ein schauerlicher Nervenkrieg gewesen sein. Zunächst hat Oberwachtmeister Lang die Kompanie bei Nacht in die Irre geführt, obwohl er den Weg hätte kennen müssen. Dann begegnete die Schwadron mit ihren Fahrzeugen irgendwo in einem Hohlweg oder Engpass der dritten Kompanie, und Meyers Haufen war zuviel, weil falsch gelaufen. Dieses Durcheinander kaum 400 m vom Iwan entfernt, der sträflich gepennt haben muss, jedenfalls wie durch ein Wunder nicht dazwischen ballerte. Nach der Entwirrung des nächtlichen Knäuels ein wahnsinniges Hetzen, ein Wettlauf mit dem heraufziehenden Morgen, endlich Ablösung der richtigen Truppe in fliegender Hast, Beschwerde der erst so spät abgelösten Einheit und ein Riesenanschiss von der Division. Vor allem aber die verspätete Erkenntnis, dass die Jungs von der dritten Kompanie der Schwadron bei dem allgemeinen Gefitze in der Nacht eine halbe Kuh vom Wagen geklaut hatten.
Motsch und Kagerer, der Kompanietruppführer, haben sich offenbar gesucht und gefunden. Ein ständig zu Flachs und Blödsinn aufgelegtes Gespann, dabei ganz

entgegengesetzte Typen. Kagerer klein, verschmitzt, ein weißer Rabe aus dem Erzgebirge in dieser rheinischen Division. Motsch lang, vermutlich faul aus genauer Berechnung, mit allen Wassern gewaschen, einer, der bestimmt nicht als Erster auf dem letzten Loche pfeift. Gestern Abend, als die beiden mit Meyer von meinem Abschnitt aus querbeet über die Höhe heimwärts stiefelten, hat der Iwan sie entdeckt und noch ganz eklig mit ihrem MG befunkt. Gehört hatten wir das Gefatsche auch. Der dritte im Bunde ist Fritze Fuhrer, eine ganz ruhige Kugel, mundfaul, aber stets ums Essen besorgt.
Meyer ist also tatsächlich Pastor, war lange beim Divisionsstab, soll sich dann erst zu einer Frontkompanie rausgemeldet haben. Hauptmann ist er noch gar nicht lange. Und er soll wirklich ein Pfundskerl sein.
Am späten Nachmittag kam er prustend in seinen Bunker zurück. Die Chefs waren ganz schön getrabt, bei dem Schnee eine schweißtreibende Sache. Es wird wohl bald wieder in die Gegend von Klednewitschi gehen, von wo aus die Kompanie damals den abwechslungsreichen Nachtmarsch in diese Stellung angetreten hat. Warum nicht öfter mal wandern? Die Leute könnten zu viel Speck ansetzten.
Nun werden bald die Pioniere kommen, um ihren zweiten Gefallenen zu bergen. Und wieder eine lange Nacht, Streife um hundert und aberhundert Grabenecken.

Vor Poljaschitza, Dienstag, 30. November 1943

Mit großer Mühe haben sie in der vergangenen Nacht nun auch ihren zweiten Kameraden geborgen. Ein Pionier kroch mit einem längeren Seil hinaus in den tückischen Schnee, fand einen freien Weg zu dem Toten, schlang das Seil um den Fuß des nicht abgerissenen Beines, schob sich mit aller Vorsicht in seiner eigenen Spur wieder rückwärts zu uns, die wir mit angehaltenem Atem und klopfenden Herzen im Graben gewartet hatten. Aber der Leichnam war festgefroren. Nur mit roher Gewalt konnten sie ihn schließlich losreißen…
Übermorgen wollte er zu Hause ankommen. Stattdessen wird man seiner Frau die Todesnachricht überbringen. Diese Vorfreude! Die Kinder! Und dann solch ein Schlag statt des Wiedersehens. Wie gut, dass sie wenigstens nicht wissen, was von ihm übrig blieb.
In der Nacht kam wieder ein ekelhafter Wind auf und dann fing es auch noch an zu schneien. Am frühen Morgen kam man kaum noch durch die Gräben. Alles zugeweht und vollgeschneit. Da gab es kein Pardon – alles was Beine und Arme hatte und eine Schaufel schwingen konnte, musste ran und die Gräben wieder freimachen, sonst war jeder Verkehr innerhalb der Stellung unmöglich. Es war uns nur ein bescheidener Trost, dass man auch drüben beim Iwan den Schnee aus dem Graben fliegen sah und hin und wieder auch mal ein blitzendes Schaufelblatt. Zwischendurch gab es zur Abwechslung ein kleines Duell zwischen Iwans Granatwerfern und unserer Ari. Zu guter Letzt jaulten plötzlich aus einer Stellung hinter uns vier Stukas zu Fuß los, Raketen, die rasant mit rosarotem Feuerschweif über uns hinwegorgelten und dann drüben beim Russen in der Nähe des Dürren Heinrichs so fürchterlich in die Erde schossen, dass ein glühender Feuerregen, vermischt mit Dreck und Schnee wie bei einem Vulkanausbruch aus der Tiefe emporstieg und selbst unsere Bunker gewaltig bebten. Kurz darauf hörte man

Russen schreien, bis schließlich der Spektakel rasch erlosch, als hätte dieses Machtwort den Iwan erst mal wieder zur Raison gebracht. Danach blieb es auch ruhig.
Ich konnte heute wieder einige Briefe schreiben und beteiligte mich aus sportlichem Ehrgeiz zwischendurch auch am Schneeschippen, obwohl mir das gar nicht „zusteht“. Jetzt am Abend sind wir befehlsgemäß endlich so weit, dass wir mit einiger Berechtigung melden können: Der Graben ist wieder frei. Geschlafen hat am Tage allerdings keiner von den Männern und trotzdem müssen sie jetzt wieder auf Wache ziehen. Zwei Stunden Posten, zwei Stunden „Ruhe“, das uralte System, das auf Dauer jeden kaputt macht.

Vor Poljaschitza, Mittwoch, 1. Dezember 1943

Den ganzen Tag über völlige Ruhe ringsum. Eine etwas diesige Luft, kaum ein Windhauch. Ideal für einen Winterschlaf. So lächerlich es klingt: Schlaf fehlt mir tatsächlich am meisten, obwohl – oder gerade weil? – ich nun ein Jahr lang fast nur gepennt und gefaulenzt habe.
Vormittags hockte ich lange in den Bunkern, bei Peter Hidien, Unteroffizier Kullmann und Unteroffizier Rosemann. Man muss ja staunen, was sie alles so in den finsteren Ecken ihrer Höhlen an Handgranaten, MG-, MPi- und Leuchtmunition verstaut haben; 80% schwarze Bestände, Gott sei Dank, denn mit dem Soll könnten sie sich nicht lange halten. Um jeden Bunker ein raffiniertes System von Alarmglocken aus Konservendosen, Stolperdrähten, Zugminen, Wechselstellungen, spanischen Reitern zum Sperren des Grabens, und so weiter. Überall Nischen mit Handgranaten und kleine Stichgräben hinter dem vordersten Kampfgraben. In der Erfindung immer neuer Tricks und Fallen und Feuerstellungen toben sie sich aus, hierbei lohnt sich die Phantasie im Ernstfall. Solange sie trotz der wochenlangen Überanstrengungen an solchen Verbesserungen arbeiten, ist alles in Butter. Und ich staune auch hier immer wieder, mit welcher Gelassenheit sie vom Iwan reden.
Ganz ungewohnt sind mir einige „Beutegermanen“, Leute aus Oberkrain, also dem halb slowenischen Grenzgebiet nach Jugoslawien hinüber. Sie sprechen nur sehr schlecht deutsch und die meisten anderen misstrauen ihnen auch. Das macht es für diese Männer nicht leichter, vorn zu stehen. Die meisten trauen ihnen sogar zu, dass sie bei erster Gelegenheit zum Iwan abhauen, wie es vor einigen Wochen schon einer gemacht hat. Zusammen darf man so zwei Oberkrainer nicht auf Posten stehen lassen, auch wenn hier wohl schon deswegen keiner auf die Idee kommen wird, weil praktisch der ganze Abschnitt vor dem Graben vermint ist. Aber die wenigen Minengassen kennen sie bestimmt auch.
Eine Woche bin ich nun schon hier. Für mich ist es eine Ewigkeit.

Vor Poljaschitza, Donnerstag, 2. Dezember 1943

Gestern Nachmittag wieder ein siedend heißer Schreck in die Knochen: Telefon – sofort zum Chef! Was nun wieder? Stellungswechsel? Die Sache mit den Pionie-

ren? Vor dem Chefbunker hantierte Motsch: „Dicke Luft! Stoßtruppunternehmen!“ – Mein erster Gedanke: „Das gilt dir!“
Meyer unten ungnädig, sagt aber noch nichts. Endlich sind alle Zugführer beisammen. Dann bullert er los: Die Schwadron hat Befehl, noch in der Nacht einen Stoßtrupp zu machen mit dem Ziel, mindestens einen Gefangenen einzubringen. Und das, nachdem die dritte Kompanie erst vor drei Tagen ein erfolgreiches Unternehmen gestartet und einen Gefangenen und ein sMG geschnappt hat, wobei der Russe auch noch vier Tote zu verzeichnen hatte. Daher nun auch Meyers ganze Wut: Wie kann man jetzt schon wieder so etwas befehlen, wo der Russe doch bestimmt gewarnt ist und obendrein seine Stellungen immer besser ausbaut??
Machen soll die Sache Wachtmeister Möller, der erfahrene Zugführer. Mir sackt eine Zentnerlast vom Herzen. Mich schont er also noch.
Dann folgen Einzelheiten. Die Kompanie steht während des Unternehmens in voller Alarmbereitschaft im Graben, bereit, wenn es nötig werden sollte, sofort aus allen Rohren Feuerschutz zu geben. Ebenso werden alle schweren Waffen losheulen, wenn etwas schiefgehen sollte. Generell aber sonst kein Schuss, vor allem nicht eine einzige Leuchtkugel!
Punkt 21 Uhr sollte der Stoßtrupp aus dem Graben treten: Ein Einbruchstrupp, zwei Sicherungstrupps, ein Sanitätstrupp mit Bello Reichert. Alles ist weiß bemalt, selbst die Waffen und das Lederzeug. Je mehr ich von diesen Einzelheiten hörte, desto blasser wurde ich, weil ich mir ja ausrechnen kann, dass ich als junger Leutnant bestimmt beim nächsten Mal an der Reihe sein werde. So verließ ich am Ende der Besprechung den Bunker mit sehr unguten Gefühlen in der Magengegend. Die Vorstellung, eines Nachts selbst als erster drüben in den russischen Graben springen zu müssen, durch Minen und Stacheldraht hindurch, war im Moment für mich so deprimierend, dass ich kaum fähig war, einen vernünftigen Gedanken zu fassen. Ich war fest davon überzeugt, bei einem solchen Stoßtruppunternehmen die Nerven zu verlieren und damit alles zunichte zu machen, vor allem aber selbst nicht wiederzukehren. Doch nun lief die Uhr, diesmal noch ohne mich.
Es war noch eine Stunde Zeit bis zum Beginn. Ich hastete durch den Graben, gab meine Befehle, überwachte die Ausführung, ich horchte immer wieder hinüber zum Russen und versuchte irgendetwas durch das Glas zu erkennen. Aber da der Mond noch nicht aufgegangen war, war es trotz des Schnees ziemlich dunkel. Der Stoßtrupp in seinen weißen Tarnanzügen konnte daher hoffentlich gut bis an den feindlichen Graben oder Stacheldraht herankommen. Aber dann…
Endlich war es so weit. Jetzt mussten sie irgendwo weiter links aus dem Graben klettern oder waren vielleicht auch schon unten in der Mulde. In gespenstischer Stille und Dunkelheit lag das Niemandsland vor uns. Allmählich kroch eine gemeine Kälte in uns hoch. Ob sie sich nun schon da drüben unterhalb des Dürren Heinrichs vorwärtsschoben? In dieser knisternden Spannung und Ungewissheit verflog die erste Stunde. Nichts. Absolute Stille, auch beim Iwan. Warum geschah nichts? Wieder eine halbe Stunde dahin wie fünf Minuten. Man möchte endlich diese fast unerträgliche Spannung fallen lassen können, man möchte etwas sehen und fürchtet doch in jeder Sekunde das Aufflammen einer Leuchtkugel drüben – da! Musik? Ja, drüben beim Dürren Heinrich! Tatsächlich, Musik.

Iwan mach Lautsprecherpropaganda. Ausgerechnet jetzt, ausgerechnet dort! Eine grässliche Stimme grölt unverständliches Zeug in die Stille. Wir stehen zu weit seitab. „Germania" – glauben einige verstanden zu haben. Germania! Etwas später Kinderlieder, wie von einem uralten Grammophon. Der Graben beim Iwan ist jetzt bestimmt voll besetzt. Vielleicht kommen unsere Leute deshalb nicht weiter? Hellwach beobachteten wir drüben den Graben. Kein MG-Gerassel, alles finster wie schon seit Stunden. Nur dies laute, abgehackte Plärren und zwischendurch Fetzen von Musik deutsche Lieder. Gespenstisch, diese widerlichen Geräusche in der stillen, weißen Nacht.
Nach einer knappen halben Stunde schwieg endlich die dämliche Krachmaschine. Aber kurz darauf schoss eine grellgrüne Leuchtkugel beim Dürren Heinrich empor, gleich darauf knatterte MPi- und MG-Feuer – sie haben sie, sie sind entdeckt!!! Doch schon nach wenigen Feuerstößen verebbte das Feuer. Nicht einmal eine zweite Leuchtkugel zerriss die schützende Dunkelheit.
Etwas später stand plötzlich Motsch bei uns: Der Stoßtrupp ist ohne Verluste zurückgekehrt, ist überhaupt nicht in den Graben gelangt, weil es nirgends Deckung gab und weil der Graben während der Propagandagrölerei voller Russen steckte. Für uns wäre die Alarmbereitschaft aufgehoben. Normale Wache wie immer. Hallelujah!!!
In meinem Abschnitt hatte niemand etwas Besonderes beobachtet oder gehört, abgesehen von dem Lautsprecherrummel. So konnte ich meinerseits melden: Alles in Ordnung. Dann ging ich hinüber zum Nachbarzug, um mich dort nach den näheren Umständen des Stoßtrupps zu erkundigen. Aber schon auf dem Weg dorthin begegnete mir der Chef im Verbindungsgraben. Er hatte eine Stinkwut auf diese Idioten von der Division, die ihm gerade befohlen hatten, den Stoßtrupp unter allen Umständen noch einmal durchzuführen.
Also sofort wieder zurück zum Zug. Volle Alarmbereitschaft und das gleiche Spiel noch einmal. Eine große Sauerei. Wieder Warten, Lauern auf Schüsse und Leuchtkugeln. Umsonst.
Aber dann, gegen halb zwei, eine halbe Stunde nach dem zweiten Start des Stoßtrupps, flammte plötzlich links von unserem Kompanieabschnitt Leuchtkugeln hoch, zwei, drei, vier Stück, dazwischen Sternbündel rot, eine wilde MPi-Schießerei entwickelte sich, gleich darauf rauschte es auch schon hinter uns über die Höhe heran, schlug mit gelbroten Feuerstrahlen in den Bachgrund, Leuchtspurgarben sprühten in wirren Kaskaden durchs Tal, ein irrsinniger Spektakel rollte zwischen den Hängen hin und her – was war nur mit unserem Stoßtrupp???
Fünf Minuten später erstarben die Lichter, strömte die Stille zurück, schwiegen die Waffen wieder. Was war nur geschehen? Bange Minuten der Ungewissheit. Wieso Sternbündel rot bei uns? Ein russischer Stoßtrupp im Graben beim Nachbarn?
Endlich kommt Schaumburg: Anruf vom Chef, Alarmbereitschaft aufgehoben, aber erhöhte Wachsamkeit, der Russe war bei der Nachbarkompanie im Graben. Aber unsere Leute sind alle heil zurück.
Gott sei Dank! Ja, wirklich, Gott sei Dank. Das hätte ja böse ausgehen können, wenn sich die Stoßtrupps begegnet wären, womöglich dicht vor dem russischen Graben. Drei Uhr früh war es nun, zu spät, um noch zu schlafen. Man hätte es auch gar nicht gekonnt. Wieder eine Nacht im Eimer, aber Hauptsache, sie sind

alle wieder da.
Kurz vor vier Uhr kam der Chef mit seinen beiden „Knechten“ angetobt, voller Ingrimm über diese weltfremden Herrschaften bei der Division. Ständig ginge dieser Kampf mit Bataillon und Division um diese blödsinnigen Stoßtrupps, die nichts einbrächten und nur Opfer kosteten. Die Herren hätten ihn auch noch schwer angepöbelt wegen des zweimaligen Misserfolgs. Daraufhin hätte er sie vorhin angebrüllt, wenn sie unter solchen Verhältnissen Gefangene haben wollten, sollten sie sich selbst welche holen. Hörer hinhauen und aus dem Bunker an die frische Luft poltern, war dann eins.
„Im Übrigen habe ich dem Möller beim zweiten Mal gesagt, nach einer Dreiviertelstunde müsse er unbedingt Feuer kriegen. Solange sollten sie in guter Deckung im Bachgrund liegen bleiben. Die Iwans bei der Nachbarkompanie haben dann ja auch wunderbar für Feuer gesorgt, sodass Möller genug Anlass hatte, im Karacho wieder heim ins Reich zu kommen. Was bin ich froh, dass ich diese braven Säcke wieder heil beisammen habe…“
Ja, das ist wohl der echte Meyer. Er riskiert was für seine Leute und das spüren sie. Aber die Schwadron hat höheren Orts nun wohl fürs Erste verschissen.
Heute Mittag erfuhren wir auch, was sich beim Nachbarn abgespielt hat: Der russische Stoßtrupp war bis an den Graben gelangt und hatte sich fast schon den Chef und den Spieß der Kompanie gekrallt, die ohne weitere Begleitung gerade Streife liefen. Beide hatten sich aber gewehrt, woraufhin der Stoßtrupp nach kurzer Ballerei mit MPis und Handgranaten rasch verduftete und bis in den Bachgrund hinunter mit rasendem Feuer verfolgt wurde, bis ihm dann auch die dicken Sachen noch Beine machten. Der Kollege ist nun mit je einem idealen Arm- und Beinschuss auf dem Weg in die Heimat!
Mir hat dieser Überfall wieder einige Illusionen über den Haufen geworfen, denn offenbar ist man in seinem eigenen Graben doch nicht so sicher, wie ich es mir bisher eingebildet habe. Eine schöne Schweinerei, dieser Stellungskrieg.
Zwischendurch sah auch der Chef wieder herein. Die Division und er haben sich nun über die Stoßtruppangelegenheit beruhigt, denn die Sache ist damit wohl zunächst bereinigt. Aber der Kommandeur konnte es doch nicht lassen, Meyer noch höchstpersönlich eine saftige Zigarre zu verpassen.
Der Russe war den ganzen Tag über ruhig. Zur Abwechslung steigt das Wasser in der großen Mulde meines Abschnitts jetzt immer höher, sodass man nun überhaupt nicht mehr durchkommt. Bei Tage sieht die Welt wieder ganz anders aus als in der Nacht, als wir um den Stoßtrupp zitterten, aber jedes Mal, wenn ich an der Stelle vorbeikomme, an der die Pioniere verbluteten, kommt mir wieder ein kaltes Grausen hoch. Ich muss mich nach dieser langen Zeit in der Heimat doch erst wieder ganz und gar umstellen.

<u>Vor Poljaschitza, Freitag, 3. Dezember 1943</u>

In der Nacht hat es schon wieder wüst geschneit und geweht und das hielt auch den ganzen Tag über an. Zum Glück konnte man wenigstens oben über die Deckung laufen, denn der Russe kriegte das Schneetreiben genau ins Gesicht. Meistens fiel der Schnee so dicht, dass man nichts von den Stellungen drüben erkennen konnte. Aber wir haben strengsten Befehl, ohne Rücksicht auf das Anhalten des Schneetreibens die Gräben freizuschaufeln, koste es, was es wolle. So schufteten die Männer heute den ganzen Tag über, Stunde um Stunde. Wenn sie sich drei Meter durch den Berg hindurchgewühlt hatten, begann hinter ihnen der Graben schon wieder zuzuwehen. Sisyphusarbeit in Reinkultur. Aber geschaufelt werden muss, Befehl ist Befehl. Und dann regt man sich auf, wenn die Posten in der Nacht von der Müdigkeit einfach überwältigt und womöglich vom Iwan geklaut werden. Es ist zum Scheißschweineverrecken, wie der Chef neulich so schön bemerkte. Darüber tröstet einen auch der Sekt nicht hinweg, den es heute gab.

Vor Poljaschitza, Sonnabend, 4. Dezember 1943

Zu allem Überfluss wurde in der Nacht wieder ein Probealarm befohlen. Der Alte jagte weithin fluchend durch die Stellung, weil wohl hier und da etwas nicht geklappt hatte. Aber bei uns war er recht friedlich, weil alle wach und ordnungsgemäß in ihren Ständen hockten. Weil er so göttlich laut brüllt, kann man ja auch rechtzeitig die Augen aufreißen. Ob er vielleicht nur deshalb so laut ist, damit man ihn schon von Weitem hört, damit er keinen seiner übermüdeten Knechte anfahren muss? Der Iwan weiß jedenfalls immer, wo die Schwadron ihren Abschnitt hat.
Gegen Mitternacht hob sich der Vorhang aus Schnee, es wurde rasch ganz windstill und sternklar und somit auch etwas heller. Am Morgen ging dann strahlend die Sonne über dem glitzernden Neuschnee auf, schmerzend bohrte sich das ungewohnte, grelle Licht in die Augen. Fast konnte man von diesem Bild begeistert sein, wenn man das nur in Russland und in solch einer Stellung fertig brächte. Aber das Ende des Schneefalles bedeutete nun erst recht erneute Schaufelarbeit. Bis zum Abend kriegten wir, abgesehen von zwei kurzen Stücken, den ganzen Graben wieder frei. Drüben beim Iwan rührte sich komischerweise nichts. Die wissen wohl besser als wir, dass es doch in Kürze wieder schneien wird.
Zur Belohnung gab es vorhin schon wieder Sekt, zwar nur eine Pulle für drei Mann, aber mehr wäre auch Gift.

Vor Poljaschitza, Sonntag, 5. Dezember 1943

Heute ist es wieder zum Verzweifeln. Wieder hat es die ganze Nach hindurch geschneit und gestürmt. Wir können kaum aus unserem Bunkerloch heraus, denn der Schnee liegt in einem Meter Entfernung von der Tür schon zwei Meter hoch. Hinein kommt man nur durch eine Rutschpartie auf dem Hintern, mit dem Erfolg, dass man dabei jedes Mal ein paar Pfund Schnee in die gute Stube schiebt, der sich dann freundlichst in klares Wasser verwandelt. Wenn das in diesem Stil bis Ende Februar oder gar bis in den März hinein weitergeht, dann sind wir bald mit den Nerven fertig. Es ist auch nur ein geringer Trost, dass es beim Russen nicht anders aussieht. Die Kerle sind ja aber ganz andere Winter gewöhnt. Heute steckten obendrein auch noch ein paar vereinzelte Schießer gut getarnt irgendwo in

einem Schneeloch und befunkten jeden, der bei uns über die Deckung laufen wollte. Gewiss, man riskierte es einige Male, mit Anlauf über ein besonders hoch zugeschüttetes Stück Graben zu huschen, aber fast jedes Mal fatschte es einem im selben Moment um die Ohren, dass man sich sofort wieder in den tiefen Schnee des Grabens fallen ließ und zusah, wie man bäuchlings weiter in Deckung robbte. Gesund ist solch ein Sport gewiss, aber die Stiefel und Klamotten werden doch sehr schnell durch und durch nass.
Die Männer mussten abermals den ganzen Tag ran und schaufeln und schaufeln. Es ist wirklich zum Auswachsen. Heute Abend gibt es zwar schon wieder Sekt, aber im Grunde hat man kein gutes Gefühl dabei, weil man befürchten muss, dass sich dieser oder jener zuviel auf einmal einverleibt und nachher in seinem Postenstand eingrunzt. Das wäre bei der chronischen Überbeanspruchung auch ohne Sekt wahrhaftig kein Wunder.
Ich habe es mir in den Abendstunden mit den Meldern ein bisschen gemütlich gemacht. Es war schön warm im Bunker, der Ofen bullerte lieblich und draußen rührte sich nichts. Wir schreiben Briefe beim Schein der Kerzen und bastelten uns aus einigen Sektkorken und Drähten kleine Leuchter, mit denen wir die Wände verzierten. Beim Mittagessen habe ich übrigens feierlich die erste Laus getötet. Welch lang entbehrter Anblick! Aber jetzt muss ich wieder für knappe zwei Stunden raus auf Streife. Zum Glück ist es klar, mal kein Flockenwirbel.

Vor Poljaschitza, Montag, 6. Dezember 1943

Heute Nacht gegen drei Uhr, als ich aus dem Bunker treten wollte, um meine zweite Streife zu laufen, schlug es mich fast von den Beinen: Es wehte und wehte wieder und der Schnee schwebte in dicken Flocken zur Erde. Die Gräben wieder voll, eine fast unheimliche Wattelandschaft ohne Licht und Laut. Eis und Schnee setzten sich sofort ins Gesicht, in den Nacken und an die Handgelenke. Es blieb uns gar nichts übrig, als wieder oben hinter dem Graben zu laufen, wenn wir zu allen Posten und Gruppen gelangen wollten.
In den Morgenstunden wurde es ganz verrückt. Urplötzlich Windstille und leichtes Tauwetter, kein neuer Schnee mehr aus den Wolken. Ich schnappte mir vor lauter Freude eine Schaufel und schippte als Frühsport so etwa 10 m Graben frei und fühlte mich danach so richtig wohl. Währenddessen kam der Chef leichtsinnig im Schweinsgalopp über die freie Fläche getobt und wir schwatzten eine ganze Weile über dies und das. Er war nun wieder guter Laune.

Vor Poljaschitza, Dienstag, 7. Dezember 1943

Von Mittag an schossen die Hunde wieder mit ihren verdammten Scharfschützen von drüben. Aber da war der Graben immerhin bis auf zwei längere Stücke wieder frei. So ging auch dieser Tag mit pausenlosem Schaufeln dahin. Immer wieder sah man misstrauisch zu den Wolken empor und prüfte die Windrichtung. Vorhin riss nun die Wolkendecke auf und es begann erneut zu wehen.
Jetzt strahlt der Mond weiß und ohne Hof, einzelne helle Wolkenschiffe segeln

unter den Sternen nach Osten dahin und über den Grabenrand wirbelt der Wind Millionen von Schneekristalle hinunter in die tiefe Grabenschlucht, genau ins Gesicht, genau ins Genick. Die Sohle ist schon wieder 20 cm hoch mit Schnee bedeckt und es weht wieder und weht und weht. Das Tauwetter gestern hat die Unterstände und Wohnbunker zu Tropfsteinhöhlen gemacht. Überall pinkelt und sickert es sachte durch die Ritzen. So artet immer gleich alles zur Plage aus. Nur die Landschaft liegt romantisch beleuchtet und schön vor unseren Augen. Immerhin können wir jetzt ausnahmsweise auch in der Nacht weiter schaufeln, denn der Iwan wird sich bei solcher Helligkeit wohl kaum mit Stoßtrupps an unseren Graben wagen. Überhaupt – so unbesorgt wie jetzt war ich hier noch nie. In all den Nächten vorher spürte ich bewusst und unbewusst, wie sehr diese neue, ganz ungewohnte Verantwortung auf mir lastet, und dass ich ständig in innerer Anspannung und Verkrampfung lebe, immer in Sorge, etwas falsch zu machen, ständig überlegend, ob und was nun zu tun sei, ob ich mich in meinen Befehlen und Anordnungen auch richtig ausdrücke und nicht lächerlich mache. Dieser rein infanteristische Stellungskrieg erfordert doch ein ganz anderes Vokabular, eine ganz andere Wachheit, eine viel schnellere Reaktion als ich es von den Panzerjägern her gewohnt bin. Dort waren wir fast immer ein Stückchen hinter der Infanterie gewesen und konnten uns zumindest mit auf ihre Wachsamkeit verlassen. Aber hier weckt uns im Erstfall niemand, hier gibt es nur einen Kampfauftrag: Wenn der Russe im Graben ist, ihn wieder rausschmeißen. Wenn ich daran denke, dass ich in diesen engen, nachtschwarzen Grabenschluchten jederzeit mit einem russischen Stoßtrupp zusammenprallen kann, dann rutscht mir das Herz immer noch tief in die Hose. Vergebens habe ich mir bisher vorzustellen versucht, wie ich in einer solchen Situation reagieren und ob ich instinktiv das Richtige tun und befehlen würde, oder ob mich dann nicht eine ganz entsetzliche Angst erstarren lassen würde, ob ich nicht in panischem Schrecken einfach davonrennen würde. Nahkampf mit der MPi, mit Pistolen und Handgranaten und Spaten – das ist ein Gedanke, den ich einfach nicht lange ertragen kann, der mich aber trotzdem jeden Tag und jede Nacht ein paar Mal überfällt und mich immer wieder von Neuem in eine Unsicherheit stürzt, die ich mir um keinen Preis anmerken lassen darf.
Wie oft habe ich mir schon heimlich überlegt, wohin ich türmen könnte, aber hinter unserem Graben steht vor allem bei Dunkelheit der Hang wie eine drohende Wand, die jeden Rückweg versperrt, wie ein hochgeschlagener Mantelkragen, der einem die Sicht nach hinten nimmt. Immer wieder sehe ich bei meinen nächtlichen Streifen dort hinauf, ob nicht auch hinter uns der Iwan lauert. Er kann ja wirklich im Schneegestöber über den Graben springen und sich dann in unserem Rücken auf die Lauer legen, bis wir mit zwei oder drei Mann unter ihm durchkommen. Lächerliche Phantasien vielleicht, hoffentlich, aber in dem tiefen Graben komme ich mir immer noch unsagbar wehrlos und verloren vor. Alle 200 m stehen zwei Mann in der Schwärze der Nacht, dahinter drei oder fünf Mann im Bunker. Das nennt sich hier Front. Aber diese Nacht ist so befreiend hell, so strahlend in ihrer weißen Schönheit, dass ich endlich einmal richtig gelöst und heiter bin.

Vor Poljaschitza, Mittwoch, 8. Dezember 1943

Der Graben ist nun erstmals seit vielen Tagen wieder vollkommen freigeschaufelt, abgesehen von der hoffnungslosen Mulde an der rechten Grenze. Ich saß – auch erstmals wieder seit Tagen – lange Zeit bei den Gruppen und ließ mir allerlei von den Familien und häuslichen Verhältnissen erzählen. Ich erkenne nun die meisten selbst bei Nacht an der Stimme und am Aussehen und bin erfreut, wie gut und reibungslos ich mich doch in dieser Kompanie eingelebt habe. Ich bin selbst lange genug Landser gewesen, um zu wissen, dass man um keinen Preis auf seine Befehlsgewalt pochen darf. Wenn man das erst einmal nötig hat, hat man für alle noch kommenden Kriegsjahre verschissen. Ich machte hier auch kein Hehl daraus, dass ich von der Pak komme und hier infolgedessen noch vieles lernen muss. Wie wenig ich von diesem Geschäft verstehe und mit welchen Gefühlen ich in der Nacht durch die Gräben schleiche, brauchen sie ja nicht zu wissen.
Nach dem ausgiebigen Rundgang am Morgen sitzen wir nun am Nachmittag in unserem Bunker beisammen. Die Melder haben noch einige bunte Tücher organisiert und die Wände damit ausgeschlagen. Nun ist es richtig schön kleinbürgerlich-schnuckelig in unserem Verlies, mit Kerzen, Tischtuch und Bildern. Das Herz braucht eben auch was in dieser unseligen Zeit.

Vor Poljaschitza, Donnerstag, 9. Dezember 1943

Manche Tage sind ja ganz schön anstrengend mit ihrem ständigen Hüh und Hott, und wenn man noch nicht manisch-depressiv veranlagt ist, kann man es hier werden. Gestern Abend zum Beispiel, als wir so gemütlich die Wärme unseres Ofens genossen und gerade dabei waren, noch ein paar Holzleuchter für den Tisch zurechtzuschnitzen, wurden wir Zugführer plötzlich wieder mal brandeilig zum Chef gerufen. Von ihm erfuhren wir, wir müssten bis Mitternacht die Stellung an einen anderen Haufen übergeben und selbst noch bis zum Morgengrauen in eine neue Stellung einrücken. Das hatte uns nun wirklich noch zu unserem Glück gefehlt. Kaum warm geworden, schon wieder raus. Wütend gab ich die Befehle an die Gruppen weiter.
Gegen Mitternacht hockte schließlich der ganze Verein, soweit er nicht Wache schob, marschbereit in den Bunkern. Wer dann nicht erschien, war die Ablösung. Um drei Uhr früh gab es dann keinen Zweifel mehr, dass wir den Tag über noch hier bleiben müssten. So konnten wir uns aufs Ohr hauen und am Vormittag wenigstens noch etwas von dem verlorenen Nachtschlaf nachholen.

Vor Poljaschitza, Freitag, 10. Dezember 1943

Von Abmarsch und Ablösung redet auch heute kein Mensch mehr.
Die Nächte sind jetzt immer wunderbar hell und wenn man sich abends im Mondenschein hinter dem Graben zum Kacken niederlässt, kriegt man direkt romantische Gefühle.
Ein Bataillon der Division soll an die Rollbahn bei Orscha abgestellt worden sein

und dort versagt haben. Von 400 Mann sind angeblich nur 70 übriggeblieben. Wie man da von Versagen reden kann, ist mir unverständlich. Aber es wird so viel gequatscht und an Tatsachen so wenig weitergegeben, dass man sich einfach kein eigenes Urteil bilden kann.

Vor Poljaschitza, Sonnabend, 11. Dezember 1943

Mit dem starken Glas des Aribeobachters beäugte ich heute Vormittag von dessen hochgelegener Beobachtungsstelle aus fast eine Stunde lang das russische Hinterland. Uns gegenüber, auf der Höhe neben dem Dürren Heinrich und gleich hinter dem russischen Graben, liegen die Trümmer von Poljaschitza, das vollkommen zerstört und niedergebrannt ist. Man kann es eigentlich nur an den unregelmäßig geformten Schneehaufen und vereinzelten, schwarz verkohlten Kaminresten erkennen. Weiter rechts im Hinterland liegt Lebedewo, links anschließend, fast wieder genau vor uns, Nikodemowo. Von dort oben aus sieht man tatsächlich jeden einzelnen Iwan in diesen Dörfern, während wir aus unseren tiefer gelegenen Gräben ja nur den jenseitigen Hang und die vordersten Stellungen erkennen können. Und da hinten liefen sie leibhaftig herum, in langen braunen Mänteln, dunkle Striche vor der hellen Schneelandschaft. Hier und da stiegen sie aus einem Erdbunker oder verschwanden in einem stehen gebliebenen Haus in der Ferne. Von der B-Stelle aus konnte man auch deutlich das stark verästelte Stellungssystem der Russen am Dürren Heinrich erkennen, das sich noch weit nach hinten erstreckt, aber von uns aus in dieser Ausdehnung gar nicht eingesehen werden kann. Da drüben gibt es auch mehrere schwer befestigte Bunker und wenn sich dort ein ungewöhnlicher Betrieb erkennen lässt, fahren unsere Stukas zu Fuß dazwischen. Sonst aber ist es drüben beim Iwan Stunde um Stunde genauso menschenleer und einsam wie bei uns. Das beruhigt immerhin etwas.

Vor Poljaschitza, Sonntag, 12. Dezember 1943

Dritter Advent, aber wieder alles Scheiße. Heute früh, als ich mich gerade hingelegt hatte – Telefon. Sofort zum Chef. Offenbar ganz dicke Luft. Und dann bricht es über uns Zugführern zusammen: Unsere Nachbarkompanien haben heute Morgen dem Bataillon unter anderem gemeldet, dass der Russe gegenüber dem Abschnitt der Schwadron vor seinem Graben zahlreiche Minen in den Schnee gelegt hat. Diese Minen sind aber von keinem Posten, von keinem Gruppenführer und keinem Zugführer der Schwadron gemeldet worden. Der ganze Sauhaufen von Schwadron hat also grandios geschlafen. Prompt kam dann schon am frühen Morgen vom Bataillon die peinliche Frage, was denn mit den Minen gegenüber unserer eigenen Stellung los wäre. Von allen Seiten wären die Dinger gemeldet worden, nur von uns nicht. Ja, nun war die Kacke am Dampfen.
Der Alte machte uns Zugführer zur Sau, dass es nur so qualmte, und mich als den jungen Herrn Leutnant besonders. Wieso, wollte mir allerdings nicht in den Kopf. Dann durften wir abziehen wie die begossenen Pudel. Das Peinliche ist, dass die Minen wahrhaftig nicht zu übersehen sind. Dicke, schwarze Punkte, sauber in

mehreren Reihen auf ungefähr 100 m Länge vor dem russischen Stacheldraht ausgebreitet, liegen sie da und springen einem direkt ins Auge, selbst wenn man nur flüchtig hinübersieht. Aber es ist ja andererseits auch wie verhext, dass nicht ein Posten oder Gruppen- oder Zugführer diese Dinger bemerkt hat, sonst wäre es nur eine interne Schwadronspleite gewesen. So aber hat sich der Chef wohl ziemlich deutlich sagen lassen müssen, dass seine ganze Kompanie ein großer Schlafmützenverein ist. So etwas hört kein Chef gern und wir kriegten das auch den ganzen Tag über zu spüren.

Vor Poljaschitza, Montag, 13. Dezember 1943

Eine Sauerei wie gestern sollte uns heute Nacht nicht wieder passieren. Daher passten wir die ganze Nacht hindurch auf wie die Schießhunde, und richtig, so um Mitternacht, regte sich drüben was. Bald klotzten auf unsere Meldungen hin die Ari und die Granatwerfer dazwischen, wir selbst jagten voller Rachedurst unsere MG-Garben hinüber, dass es in der Talsenke nur so rauschte und krachte. Das Schlimme an der gestrigen Pleite war ja auch gewesen, dass kein Mensch das Verlegen der Minen während der Nacht beobachtet und gemeldet hatte, obwohl es ziemlich hell war und man eigentlich auch hätte Geräusche hören müssen. Diesmal hörten die Posten was, diesmal sahen sie was und so gab es in der Nacht den schweren Rabatz mit dem Erfolg, dass im Morgengrauen zwei Tote zwischen den Minen zu erkennen waren.
In den frühen Morgenstunden, als der Mond schon untergegangen war, brach dann beim Nachbarn in den Graben ein russischer Stoßtruppein, unterstützt von Granatwerfer- und MG-Feuer. Leider gab es verschiedene Ausfälle in dieser Kompanie, wenn es auch dem Iwan nicht gelang, einen Gefangenen mitzuschleifen.
Solch ein nächtlicher Feuerzauber hat etwas unheimlich Drohendes an sich, besonders wenn die eigenen Granaten ganz tief von hinten heranstürzen und mit bösen, roten Blitzen nur 100 oder 200 m vor uns in den Bachgrund schlagen. Das Aufbrüllen der Detonationen, das helle Sirren der MGs, das Zischen der Leuchtkugeln und das wirre, rollende, bellende Echo zwischen den Hängen des Tales zerfetzen dann die übermächtige Stille und reißen auch den letzten Posten aus dem Halbschlaf der endlosen Nächte. So gesehen könnte man schon mehrmals in der Nacht einen solchen Spektakel gebrauchen. Aber mir geht er noch sehr auf die Nerven. Ich bin nichts Gutes mehr gewöhnt.
Um die Mittagszeit wieder Telefon – Zugführer zum Chef! Mein Gott, was nun schon wieder? Mit unschönen Gefühlen im Busen klapperte ich die hundert Grabenecken bis zum Bunker des Chefs ab. Fremde Gesichter dort. Und dann platzte schon bald die kleine Bombe: Wir werden heute noch abgelöst. Diesmal wirklich. Die fremden Gesichter gehörten zum Vorkommando der neuen Einheit. Wir schleppten die Kameraden sofort durch die Stellung, zeigten ihnen alles Wichtige und Schöne und reichten sie dann weiter zum Nachbarn. Nun sitzen wir abermals auf gepackten Koffern und warten auf den Abend, auf die Dunkelheit. Die Bunker sind warm und gemütlich, die Gräben tipptopp – nun legen sich die anderen ins gemachte Nest. So etwas hat man zu gern.

Korolewka, Dienstag, 14. Dezember 1943

Gestern Abend wurde es tatsächlich ernst. Mit einem für unsere Ohren unbeschreiblich lauten Schurren, Scheppern und Klappern zwängten sich die Gestalten der fremden Kompanie durch die Gräben, aber mit einem ebenso idiotischen Getöse sockten dann nach einer Weile die eigenen Leute vorüber, grausam behängt mit all den schwarzen Beständen an Handgranaten und Munition.
Hinter dem Kompaniegefechtsstand in der nächsten Mulde sollte sich alles zum Abmarsch versammeln. Dort warteten auch die Fahrzeuge. Diesmal schienen die Russen drüben fürchterlich zu schlafen, denn es fiel kein Schuss und keine Leuchtkugel sah mal nach dem Rechten. Und dann war die letzte Gruppe an meinem Bunker vorübergestiefelt. Ich hatte meinem Nachfolger alles Notwendige übergeben, ihm die Stellung gezeigt, ihn in unsere Feuerpläne eingewiesen und ihm die erkannten Stellungen der Russen angedeutet, soweit es in der Dunkelheit eben möglich war.
Ein letzter Blick hinüber zum Dürren Heinrich, auf den eigenen Graben, auf die lange Senke vor unseren Stellungen – dann versank diese Welt hinter dem Rücken der Höhe und vor uns öffnete sich die weite Mulde, in der die Kompanie schon fast versammelt war.
Ein etwa zweistündiger Marsch sollte uns dann nach Korolewka bringen, wo der Tross liegt. Über eintönige Schneefelder marschierte die Kompanie dicht aufgeschlossen durch die Nacht. Kaum einer redete. So ganz rosig war die Stimmung immer noch nicht. Ein kalter Westwind blies uns unangenehm in die Gesichter. Aber kurz nach zwei Uhr morgens erreichten wir Korolewka, wo der Spieß uns empfing und jedem Zug ein Haus zuwies. Die Wache stellte der Tross und so konnten wir uns bald hinhauen und erst mal sorglos grunzen. Gewacht und geschaufelt und mit der bleiernen Müdigkeit gekämpft haben die Männer am Dürren Heinrich wahrhaftig genug.

K L E D N E W I T S C H I

Korolewka-Kusowina, Mittwoch, 15. Dezember 1943

Der Chef ließ es gestern ruhig angehen. Auch er weiß nicht, wie lange wir hier in diesem evakuierten Kaff bleiben werden. Es wurde nur das unvermeidliche Waffen- und Geräteerinigen und ausreichend Putz- und Flickstunden angesetzt. Jeder hat wahrhaftig genug mit solchem Pusselkram zu tun, zu dem er in der Stellung einfach keine Zeit findet. Ich hatte Gelegenheit, endlich auch mal mit dem Spieß und den übrigen Leuten vom Tross in etwas nähere Tuchfühlung zu kommen und war erfreut, hier nicht die Spur von diesem ekelhaften Getue und von dieser widerlichen Cliquenwirtschaft zu spüren, die beim früheren Haufen alles erstickt hatte. Wie der Herr, so das G'scherr.
Der gestrige Tag war trüb und die Dämmerung fiel früh ins Dorf. Wir hockten abends noch eine ganze Weile bei Musik und Spielen zusammen, aber die meis-

ten hauten sich doch recht zeitig ins Stroh, um wenigstens mal eine Nacht ganz durchzuschlafen. Draußen hörte man noch die Hiwis krakeelen, die wieder zu viel Fusel gesoffen hatten. Es gibt eine ganze Menge von ihnen in der Kompanie, dazu ein paar Frauen für die Küche und die Wäschewascherei. An sich ein trauriges Zeichen, dass nicht einmal die Frontkompanien genug Leute haben.
Eben, genau ins Warten auf das Essen: Marschbefehl! 14 Uhr Abmarsch. Neue Stellung. Sofort Fahrzeuge beladen. Frische Wäsche gibt's nicht mehr, keine Zeit…
Scheiße, verdammte.

<u>Bei Klednewitschi, Donnerstag, 16. Dezember 1943</u>

Wir hätten gestern noch sooo viel Zeit gehabt, uns schmuck mit reiner Wäsche zu umhüllen, aber nein. Hastig das Essen runterkippen, dann ab nach Krukowtschina und jenseits des Dorfes auf freiem Felde Halt, bis zur Dämmerung warten wegen Feindeinsicht. Eine Stunde getippelt, dann zwei Stunden rumstehen und frieren im knietiefen Schnee. Sie lernen es nicht. Und die Landser baden es aus.
Dann endlich war es dunkel genug geworden, um den Marsch über den Kamm der langgestreckten Höhe wagen zu können. In Schützenreihe, 5 m Abstand, stapften wir leicht bergan, sahen halbrechts die Dächer von Scheunen emporwachsen und hatten bald den Kamm unmittelbar vor uns, wo schon das ganze Gepäck des abzulösenden Haufens im Schnee lag. Die Verteilung der Züge war klar. Ich habe den rechten Abschnitt zu besetzten, 1.200 m lang, irgendwo in der Mitte die Scheunen. Die Melder, die uns einweisen sollten, hatten uns schon erwartet. Die Gruppen tippelten los, eine nach links, eine zu den Scheunen, eine nach rechts. (Bild 40, 41) Mein Gefechtsstand lag etwas rechts hinter den Scheunen am Hinterhang, also freie Bewegung bei Tag und Nacht; der Bunker war allerdings mickrig und fast ohne Fenster.
Innerhalb von zehn Minuten hatte der Zugführer mir alles übergeben und zischte ab Einer blieb im Bunker am Telefon und ich sockte mit Schaumburg zur ersten Runde durch mein neues Revier los. Oben von der Höhe aus dann ein Blick in endlose Weiten, so schien es: Vor uns eine ganz flache, brettebene Niederung, an die 1.000 m breit, nach rechts hinüber läuft die leichte Höhe in eine kaum merkliche Senke aus, in der sich der Graben anscheinend auflöst. Sieht sehr nach Sumpf aus. Iwan angeblich 1.000 bis 2.000 m weg und meist friedlich.
Die Gruppen fand ich alle schon in den neuen Erdbunkern eingenistet. Unteroffizier Rosemann sitzt am wärmsten direkt unter den Scheunen, unter Unmengen von runtergeschossenen Holzbalken und zerfleddertem Stroh. Unteroffizier Kullmann rechts außen verdammt einsam am abfallenden Hang, nur Schnee und nach rechts hinüber anscheinend gar nichts mehr, kein Graben, keine Posten. Arsch der Welt. Peter Hidien mit seiner Gruppe thront einige 100 m links von den Scheunen auf der Höhe, hat aber ein böses Haufengewurschtel vor dem Graben, offenbar Reste eines Dorfes.
Begeistert war ich nach diesem ersten Rundgang wahrhaftig nicht. Doch zunächst war ja wieder der übliche Papierkrieg fällig: Vollzugsmeldungen, Feuerpläne, Stellungsskizzen. Immerhin, von zwei Uhr früh bis um fünf konnte ich noch

etwas pennen, dann lief ich meine zweite Streife. Dann Morgenmeldungen, Beobachtungen, Muniverbrauch, Verluste keine, Feind ruhig.
Später waschen, rasieren, Frühstück. Alles verdammt eng. Wir müssen noch allerhand basteln, um dieses Loch einigermaßen wohnlich zu machen. Bloß woher nehmen? Das nächste Dorf ist auch hier Kilometer entfernt.
Um uns den plötzlichen Wechsel schmackhaft zu machen, ist heute ein wunderschöner, strahlender Tag gewesen, ein richtiger Wintertag. Ich hockte wieder stundenlang bei den Gruppen, sah ihnen beim Waffenreinigen zu und bekakelte mit ihnen alle Einzelheiten der neuen Stellung. Hier ist alles anders als in dem bisherigen Grabensystem am Dürren Heinrich, vor allem sind hier die Abstände von Gruppe zu Gruppe viel größer als dort. Es ist daher nötig, dass sich jede Gruppe nachts durch Stacheldrahtverhaue nach allen Seiten einigelt, um russischen Stoßtrupps auf diese Weise die Annäherung im Graben wenigstens auf den letzten 20 bis 30 m unmöglich zu machen. Die Verteidigung muss hier vollkommen auf Rundumverteidigung umgestellt werden, für den Fall, dass der Russe auch mal von hinten kommt, denn bei diesen Entfernungen zwischen den Gruppen ist es in einer sackdusteren Nacht für einen Stoßtrupp kein Kunststück, unbemerkt hinter unseren Graben zu gelangen. So frei und offen auch alles bei Tage da liegt – bei Nacht und vor allem natürlich in finsteren Nächten, kann es verdammt eklig und ungemütlich werden. Und mit Sicherheit ist vorauszusehen, dass es immer eine ganze Zeit dauern wird, bis eine Verstärkung oder Streife einer Gruppe zu Hilfe kommen kann.
Am Tage knallte kein einziger Schuss. Daher lief alles, was Wege zu erledigen hatte, freiweg oben am Graben entlang – der Iwan ist ja so weit weg! Wirklich ekelhaft sind nur die Trümmer und Häuserreste, die unmittelbar vor unserem Graben auf viele hundert Meter ein verteufelt undurchsichtiges Gewirr von dunklen Haufen und Schatten bilden, was die Annäherung von russischen Stoßtrupps doch sehr erleichtert. Da gibt es hunderte von kleinen Deckungsmöglichkeiten für weiß getarnte Gestalten. Dieser vielleicht 50 m breite Streifen, der sich direkt vor unserem Stacheldraht hinzieht, ist schon im Dämmerlicht so unübersichtlich und verwirrend, dass ich kein gutes Gefühl habe, wenn ich dort laufe.
Wegen der großen Zwischenräume zwischen den Gruppen müssen wir hier viel mehr Streifen laufen und außerdem bei Nacht ständig Spähtrupps ins Niemandsland schicken. Das ist ein ganz drückendes Problem, weil fast alle Männer dadurch die ganze Nacht hindurch ohne Schlaf auf den Beinen bleiben müssen. Und die Belastung wird noch größer, wenn es wieder anfangen sollte zu wehen und zu schneien. Wenn die Männer erst einmal so überfordert sind, dass sie auf Posten einschlafen, nützen auch alle Streifen und Spähtrupps nichts mehr. So schön beruhigend es ist, dass der Iwan so weit entfernt sitzt und einen nicht einfach mit einem Gewehrschuss umlegen kann, so böse kann es werden, wenn er eines Nachts mit Stoßtrupps kommt. Wohl ist mir hier nicht.

Bei Klednewitschi, Freitag, 17. Dezember 1943

Ein gemein kalter Wind pfiff heute den ganzen Tag über die Höhen. In der Nacht war es enorm finster gewesen. Aber Iwan rührte sich zum Glück nicht. Auf der

Streife sah man wirklich kaum die Hand vor Augen und doch glaubte man jeden Augenblick in diesen verfluchten Trümmerhaufen vor dem Draht eine verdächtige Bewegung oder einen Schatten gesehen zu haben. Dann erstarrt man hoch und frei im Gelände auf dem Trampelpfad hinter dem Graben und möchte sich am liebsten blitzartig hinwerfen, um nicht im nächsten Augenblick von einer russischen MPi zusammengeschossen zu werden. Aber hinwerfen kann man sich nicht, weil das einfach lächerlich wäre, selbst wenn dort Russen lauerten. So tappst und stolpert man mit jagendem Puls am Graben entlang, immer wieder spähend und lauschend. Aber man sieht nur den flirrenden Schnee über die Gräben und durch den Draht fegen, man hört den Wind jaulen und an der Kapuze rauschen. Und sieht auf einmal Schatten vor sich, verschwommene Schemen, fährt zusammen vor Schreck, umkrampft die MPi – und weiß dann wieder, dass es ja die eigene Streife sein muss, die da kommt. Und dann bellen die Rufe „Kennwort!!!" scharf durch die Nacht und es sind wirklich die eigenen. Nur wenn der Chef auf Achse ist, gibt es keinen Zweifel, weil er unbekümmert durch die Gegend brabbelt oder hier und da mal einen dösenden Posten anfährt. So herrlich wie er kann jedenfalls sonst keiner fluchen. Wenn es noch mehr solcher Kerle in der Kirche gäbe, stünde es sicher besser um sie.
Unsere Bunker haben wir trotz der schlechten Erfahrungen am Dürren Heinrich wieder mit bunten Tüchern und Kerzen ausgeschmückt. In einem kleinen Holzrahmen, den ich in einer Ecke fand, habe ich die Bilder der Eltern aufgehängt und mit etwas Tannengrün verziert. Es ist ja immerhin bald Weihnachten. Marketenderwaren gibt es jetzt jeden Tag in rauen Mengen und der viele Schnaps kotzt mich schon an. Die Zigaretten darf ich freundlichst alle bezahlen, um sie dann allen möglichen und unmöglichen Gästen anzubieten. Kein Otto tauscht sie mir mehr gegen Schokolade, von der es aber auch genug gibt. Wohin man auch kommt, überall ist reichlich Schnaps vorhanden. Es bleibt dann natürlich nicht bei einem, sondern man inhaliert wenigstens zwei oder drei und zieht dann mit leichter Fahne, aber wohlig warm im Bauch, zum nächsten Bunker, wo das gleiche Spiel von vorn beginnt. Und umgekehrt freut man sich über jeden, der sich in die eigene Höhle verirrt und einem ein bisschen von dem verdammten Fusel wegsäuft.
Vorhin, bei der ersten Streife, sahen wir in der Ferne, etwas links von Dribin, dem größeren Ort uns genau gegenüber, ein buntes Feuerwerk von Funken. Die rühren von einem ausgedehnten Starkstromhindernis her, von dem uns unsere Vorgänger in der Eile noch fürchterliche Dinge erzählt haben. Ein eigener Stoßtrupp in Stärke von 28 Mann soll dort bis auf den letzten Mann in wahnsinnigem MG-Feuer zusammengeknallt worden sein. Von unserer Stellung aus hat man damals noch das Aufleuchten vieler bunter Lampen beobachtet, dann hatte nur noch das rasende Rasseln der MGs die Nacht erfüllt und das irrsinnige Zischen der Leuchtspurgeschosse. Solche Tragödien brennen sich einem ein, auch wenn man nicht dabei gewesen ist. Heute Abend nun, als dort drüben die Funken in der Dunkelheit sprühten, wurde dies alles wieder in uns lebendig.
Auch sonst ist mir diese Stellung noch immer nicht geheuer. Rechts von unserem Abschnitt ragen die Trümmer von Starakoschewka und Nowo-Starakoschewka aus dem Schnee. Dort hat vor einigen Wochen die Schwadron eine eingebrochene Russenkompanie aus den Ruinen geworfen und dabei 17 Männer verloren. Das

steckt den meisten noch heute in den Knochen. Und bevor die Schwadron zum Dürren Heinrich verlegt wurde, hat sie schon links von unserem jetzigen Abschnitt in Klednewitschi selbst gelegen. Für die alten Hasen ist diese Gegend also nicht unbekannt. Sogar die beiden Ratschbumms stehen noch in Nikolskoje und ballern seit gestern Nachmittag öfter mal hässlich in die Gegend der Scheunen.

Die vereiste Remistwjanka schlängelt sich in ungefähr 500 m Entfernung vom Graben durch die weite Senke. Jede Nacht laufen unsere Spähtrupps mehrmals bis dorthin, suchen nach frischen Spuren im verharschten Schnee, der aber immer wieder neu zugeweht wird, und sehen zu, dass sie im Niemandsland nicht von einem russischen Stoßtrupp abgeschnitten und kassiert werden. Wie durch ein Wunder hat noch niemand ein neues Stoßtruppunternehmen befohlen, nachdem am Dürren Heinrich auch noch ein Unternehmen der zweiten Kompanie erfolglos geblieben ist.

Die Gräben hier sind ganz großer Mist. Der Sandboden des Höhenrückens lässt keine genügende Tiefe zu und an manchen Stellen ist der Graben schon zu einer breiten Mulde, die kaum noch Schutz bietet, zusammengerutscht. Minen vor dem Graben gibt es hier nirgends. Eine kümmerliche Rolle Stacheldraht ist alles an „Befestigung“ der Stellung. Und dann nur alle 300 bis 400 m eine kleine Gruppe, und ganz nach rechts hinüber zum Nachbarn nur ein sumpfiges Nichts, in dem nur die Streifen einsam durch die Nächte laufen, bis sie endlich irgendwo zwischen Schneedünen und Häuserresten wieder auf die ersten Posten stoßen. „Front“ nennt sich das, Front von Iwans Gnaden. Da helfen uns auch die Beobachter der Ari nicht viel, die bei Rosemann unter den Resten der Scheunen hausen.

Und sonst? Immer noch keine Post. Gestern wieder schwere Angriffe auf das Industriegebiet, auf Bremen und Berlin. War Dortmund wieder dabei? Ungewohnt fremd sind die Gedanken an zu Hause geworden. Man kommt hier einfach noch nicht zur Besinnung, trotz der Adventszeit.

Bei Kritschew haben sie sogar im Schutze künstlichen Nebels angegriffen, wenn auch ohne Erfolg. Die proben doch nicht etwa für Gas??? Heute übrigens noch eine ganz dicke Belehrung seitens der Division, betreffend Stoßtrupps der Iwans. Grundtenor: Russische Stoßtrupps sind verboten, weil sittenwidrig. „Dass wir in den feindlichen Graben eindringen, dort vernichten, zerstören und Gefangene einbringen, ist selbstverständlich. Dass der Russe auch nur den Versuch dazu macht, muss bei unserer Division unmöglich sein. Dies kann und darf die Ehre der Division unter keinen Umständen zulassen…“ – Kommentar überflüssig.

<u>Bei Klednewitschi, Sonnabend, 18. Dezember 1943</u>

Der Betrieb hat sich eingespielt, die Streifen und Spähtrupps laufen nach der Uhr. Hin und wieder sieht ein Spähtrupp ein paar Russen im Vorfeld umherhuschen, denn die sind natürlich genauso unterwegs wie unsere. Aber bisher ist noch alles gutgegangen, und jeder hofft, dass es so weiter klappen möge.

Bei Klednewitschi, Sonntag, 19. Dezember 1943

Man hat sich nun an den Anblick dieser kahlen Höhe mit der charakteristischen Silhouette der drei Scheunenruinen gewöhnt, an das endlose Schneefeld vor und hinter der Stellung und an diese winzige Furche von Graben, die viele Menschen in mühsamer Arbeit in den Boden gekratzt haben. Mein eigener Bunker ist fast ganz vom Schnee begraben, aber er macht einen soliden Eindruck und ich habe ja auch den Vorteil, dass ich bei Tage etwas Feuer machen kann, solange keine russischen Flieger kommen.
Der Tag war still, morgens wehte es allerdings schon unsympathisch und da machte ich noch schnell zwei Aufnahmen, eine von den Scheunen und eine von meinem Bunker. (Bild 40, 41) Kurz darauf bezog sich prompt der Himmel, die Sonne verschwand hinter dicken Schneewolken und dann begann es wieder zu schütten, so schlimm, dass man wirklich nur mit Grausen an all die Arbeit denken kann, die nun wieder vor uns liegt. Und in dieser Kälte, in Schneetreiben und schneidendem Wind müssen die Posten draußen stehen, während ich ja immerhin nach zwei Stunden Streife wieder mit dicken Eisklumpen an den Filzstiefeln und mit schneeverkrusteten Augen und Nasenlöchern in meinen Bunker treten kann. Ich weiß ja aus eigener Erfahrung, wie quälend langsam die Stunden vergehen, wenn man bei solchem Wetter draußen stehen muss. Wie dann die Müdigkeit über die Augen fällt, wie die Lider so unsagbar schwer werden, wie man nur noch schlafen möchte, schlafen und alles vergessen. Vielleicht ist diese Gefahr jetzt sogar viel größer, weil alle Posten ihre Filzstiefel und dicken Mäntel und warmen Anzüge tragen. Damals in Werchnij Bischkin war uns meist die Lust zu schlafen vergangen, da biss uns die Kälte immer wieder hoch, man wusste, dass Leben und Gesundheit auf dem Spiele standen, wenn man erst mal unbemerkt umfiel und einschlief. Vielleicht ist es doch ganz gut, dass die Gruppen immer wieder ihre Streifen und Spähtrupps stellen müssen, weil sie dadurch etwas wacher bleiben und Abwechslung haben. Aber ich mag gar nicht an die denken, die Nacht für Nacht da vorn im Niemandsland umherschleichen müssen. Und doch, sie gehen hinaus ohne ein Wort. Das alles ist selbstverständlich, es gehört zum Handwerk, sie wissen genau, dass es zu ihrer eigenen Sicherheit sein muss. Und wenn sie durch die Löcher im Draht wieder hereingekommen sind, steigen sie kurz hinab in den Bunker, trinken einen Schluck kalten Kaffee und gehen wieder hinaus und lösen ihre Kameraden ab, die so lange auf Posten gestanden haben. Dann stolpern sie mit steifen Gelenken für eine Viertelstunde hinab in den Bunker, in dieses schwarze, aber warme Loch, rauchen noch eine Zigarette und schnallen wieder um und laufen ihre nächste Streife hinüber zum Iwan. Jede Nacht, ohne Murren, ohne Schlaf. Und am Nachmittag, wenn sie gerade mal für vier oder fünf Stunden die Augen zugemacht haben, sind sie wieder fröhlich und guter Dinge, machen ihre faulen Witze und freuen sich in diesen Tagen über das viele Zeug, das es zu essen und zu trinken geben wird, wenn Weihnachten ist. Nur der Iwan soll ja keine Schweinerei machen.

Bei Klednewitschi, Montag, 20. Dezember 1943

Es weht und weht und schneit zum Gotterbarmen – und an ein Ende ist nicht zu denken. Wie zum Hohn schielte der Mond in der Nacht etwa fünf Sekunden lang aus einem Wolkenloch, dann war es wieder undurchsichtig und trotz des hellen Schnees so sackduster wie sonst nur in finsteren Frühlings- oder Herbstnächten.
In dieser trostlosen Welt erschoss sich am frühen Morgen ein Soldat aus Möllers Zug in seinem Postenstand, Kuhle, 19 Jahre alt. Warum, fragt man sich betroffen. Man hatte ihm zwar vor Tagen mal eine Meldung angedroht, weil er als Posten zu viel getrunken hatte, aber das ist doch kein Grund sich zu erschießen – so denkt man leicht im ersten Moment und ahnt noch nicht, was in der Seele eines so jungen Menschen vor sich geht. Woher ist er gekommen? War es die Furcht vor den Konsequenzen der Meldung? Hatte er Heimweh? Oder einfach nur eine entsetzliche Gespensterangst vor diesen unheimlichen Schatten im stiebenden Nachtschnee? Die alten Säcke, die Oberschnäpser und Stabsgefreiten, die den Rummel nun schon seit 39 kennen, die schmeißt natürlich so leicht nichts um. Aber diese viel zu jungen Marschierer, kaum der Schule und der Nestwärme des Elternhauses entwachsen, und dann gleich hinaus in den russischen Winter und an die Front – es ist ein Jammer, ja eigentlich ein Verbrechen und ein Wunder, dass sich in ihrer einsamen Verzweiflung nicht viel mehr die Mündung des Gewehrs zwischen die Zähne schieben und nur noch leicht abdrücken.
Wenn man dann miterlebt, was für ein Papierkrieg um solch einen Fall entfesselt wird, dann möchte man Handgranaten dazwischenschmeißen und die Leute, die ja offensichtlich bei Weitem nicht ausgelastet sind, an Stelle dieser halben Kinder nach vorn in den Graben jagen.
Das Kriegsgericht ist eingeschaltet, Möller verhört, Unteroffizier Kaufmann verhört, der Kommandeur will genau wissen, warum und wieso. Meyer darf man an solchen Tagen nicht in die Quere kommen. Ihn trifft der Tod des geringsten seiner „Knechte“ bis ins Innerste, er kann das nicht einfach vom Tisch wischen wie Hobelspäne, nein, für ihn ist da ein junger Mensch vor die Hunde gegangen, der mit den nicht endenden Wachen, mit dem immer neuen Grauen vor den langen Winternächten, mit dem ständigen, hoffnungslosen Kampf gegen die Übermüdung einfach chronisch über seine Kräfte gefordert war. Aber keiner kann einen solchen Jungen nach Hause schicken, und so geht es weiter bis zum bitteren Ende, heute oder morgen, so oder so. Die ganze Schwadron war wie vor den Kopf geschlagen und das stundenlange Wehen und Schneien deprimierte uns obendrein.
Inzwischen ist es Abend geworden und unsere niedergedrückte Stimmung löst sich immer mehr auf, so gefühlsroh das auch nach dem Geschehen dieser frühen Morgenstunden scheinen mag. Aber am Nachmittag hörte es ganz wider Erwarten wenigstens auf zu schneien. Als ich kurz darauf mit dem Chef und Möller und Kagerer die Stellung abging, wie üblich oben hinter dem Graben laufend, kriegte uns die verfluchte Ratschbumms zu fassen, die sich in den letzten Tagen schon mehrfach sehr unfein bemerkbar gemacht hat. Der erste Schuss – Gottlob ein Blindgänger! – knallte mit schaurigem Krachen zwei Meter über uns in das Scheunendach, dass neue Fetzen flogen. Mit Riesensätzen kopfüber in den fast zwei Meter hoch mit Schnee gefüllten Graben, ohne zu wissen, wie wir da weiter

kommen sollten. Es war dann auch die reinste Wonne. Wie eine Herde Wildsäue rutschten wir auf Bauch, Knien und Hintern die Schneewehen innerhalb des Grabens rauf und runter, alldieweil Iwan uns dauernd mit verdammt gut gezielten Schüssen zu weiterem Tun ermunterte. Die Hunde hatten uns genau im Visier und grinsten sich wahrscheinlich eins über alle vier Backen. Wir aber landeten endlich prustend und mit knallroten Gesichtern im nächsten Bunker, wo wir unseren Jammer erst mal mit Schnaps ertränkten, bis auch der Iwan schließlich Ruhe gab.
Wenn das jetzt Mode wird, dass sie jeden, der frei übers Gelände läuft, mit der Ratschbumm beaasen, dann haben wir noch einiges zu erwarten, denn die Gräben sind gestrichen voll, und bis wir sie mit unseren wenigen Leuten mal leer kriegen, vergehen noch Tage, wenn nicht Wochen.

Bei Klednewitschi, Dienstag, 21. Dezember 1943

Heute früh schlief endlich auch das entnervende Wehen des Windes ein. Die Männer haben sich in den letzten Nächten oben im freien Gelände Schneestellungen gebaut, weil die Gräben vor lauter Schneemassen an manchen Stellen kaum noch zu erkennen waren. Nur die Bunkereingänge haben sie allem Wehen und Schneien zum Trotz eisern offen gehalten und diese Schinderei hat ihnen schon gereicht. Doch seit heute Morgen ist nun wieder das ganz große Schaufeln akut, obwohl das Schanzzeug zum Kotzen miserabel ist und der lockere Pulverschnee zur Hälfte wieder von jeder vollen Schaufel herunterstiebt. Der Russe ärgerte uns mit seiner verdammten Kanone erheblich, wenn auch bisher ohne Schaden anzurichten. Komischerweise hat er immer nur die Ecke bei den Scheunen auf dem Kieker. Dort kann man sich kaum noch öffentlich blicken lassen.
Große Sorge macht mir jeden Tag die Einteilung der Männer, die ohne momentane Ungerechtigkeiten und pausenlose Überforderungen einfach nicht mehr hinzukriegen ist; erst im Laufe von Tagen kann man alles wieder einigermaßen ausgleichen. Außer mir besteht mein Zug zurzeit aus 23 Mann einschließlich der Gruppenführer. Von diesem Trüppchen sind bei Nacht und Dämmerung, das heißt etwa 16 Stunden durchgehend, ständig sieben Posten, eine ständige Grabenstreife in Stärke 1:2 und die durchgehende Tischwache zu stellen. Und dazu noch zweimal in der Nacht ein zwei- bis dreistündiger Spähtrupp 1:4 im Niemandsland. Allein die sieben Posten, die ständige Streife und meine Telefonwache beanspruchen also zusammen elf Mann, das heißt, es braucht an sich jeder nur die halbe Nacht draußen zu sein, wenn nicht noch der zweimalige Spähtrupp zu je fünf Mann zu stellen wäre. Tatsächlich ist mein Zug die ganze Nacht in irgendeiner Form beschäftigt. Nur ganz unregelmäßig kann mal der eine oder andere in der Nacht etwas pennen, aber das verschiebt sich dauernd über viele Nächte hin, bis jeder einmal zwecks ausgleichender Gerechtigkeit an der Reihe war. Es gibt allenfalls ein wenig Abwechslung zwischen Postenstehen, Streife und Spähtrupp. Ein schöner Trost. Und mit diesen 23 Mann einen Abschnitt von 1200 Metern Länge halten. Aber da es ja allen so geht, trägt man es mit Fassung und hofft eben das Beste. Wenn man dann noch die Tagesposten, die Laufereien der Melder und Essenholer und schließlich auch das Essen, Läuseknacken und Waffenreinigen

mitzählt, kann man sich ausrechnen, wie lange und wie zerhackt jeder Einzelne hier wirklich „schlafen" kann, das heißt ausrechnen kann es niemand, weil alles Irrsinn ist. Aber irgendwann pennen sie doch und in der Abenddämmerung kriechen sie wie Nachttiere wieder aus ihren Höhlen und ziehen auf Posten und laufen Streife und machen sich fertig zum Spähtrupp, Nacht um Nacht, Nacht um Nacht...
Meyer soll dafür gesorgt haben, dass Kuhle Sarg, Grab und Kreuz gekriegt hat, obwohl ihm dies alles ja nicht „zusteht", weil er unehrenhaft aus der Wehrmacht ausgetreten ist. Meyer hatte alles gedreht, ehe das Kriegsgericht die Verscharrung des Toten anordnen konnte. Dafür soll er wieder einen Anschiss von der Division bekommen haben. Den Kriegsrichtern hat er dann aber doch wohl noch einen Hauch von Verständnis für die Verzweiflung eines jungen Menschen einblasen können, der einfach fertig war und nirgends mehr Licht sah.

Bei Klednewitschi, Mittwoch, 22. Dezember 1943

Endlich der kürzeste Tag des Jahres und kein Wind mehr. Wir atmeten richtig auf. Ganz allmählich wird auch der Graben leerer, obwohl es mit dem schäbigen Schanzzeug eine einzige Quälerei ist. Die Russen beschießen uns gemeiner Weise immer öfter mit der Ratschbumm, aber meist ballern sie nur Löcher in die Luft. Trotzdem – nett ist das nicht von ihnen.
Der Chef meinte heute, ich wäre wohl schon im Februar mit Urlaub dran. Das ist eine ganz fantastische Aussicht. Ich dachte aber auch gleich wieder an die schöne Weissagung von den 30 Tagen, die ein Offizier an der Front zu erwarten hat. Die sind gerade heute um!
Ich habe wohl noch nicht erwähnt, dass wir hier unser Essen immer mittags kriegen. Der Schlitten kann nur bei klarem Wetter auf dem Höhenzug hinter uns vom Russen kurz beobachtet werden, sonst aber ungesehen bis zu Meyers Gefechtsstand heranfahren, wo sich dann auch jedes Mal ein beängstigende Zahl von Essenholern ansammelt. Solange uns der Iwan nicht mit Fliegern von oben hinter den Hang guckt, ist das alles auch gut und schön. Und mittags schmeckt etwas Warmes ja doch ganz anders als am Abend, wenn sowieso alle schon im Aufbruch oder draußen sind.
Zwei Tage noch bis Weihnachten. Und Aussicht auf Urlaub!! Ob Iwan uns wirklich noch so lange in Frieden lässt???

Bei Klednewitschi, Donnerstag, 23. Dezember 1943

Auch diese Nacht ist wie alle bisherigen in dieser Stellung – toi, toi, toi! – ohne Zwischenfälle verlaufen, was den Iwan betrifft. Und am Tage hat sich bis jetzt auch nichts Besonderes ereignet. Man kann nun wieder innerhalb des Grabens von Gruppe zu Gruppe gelangen. Damit entfällt der leidige Zwang, sich von der elenden Kanone befeuern und in den Schnee jagen zu lassen. Nur nach rechts zur Nachbarkompanie hinüber ist es hoffnungslos, die weite, fast ebene Mulde freischaufeln zu wollen. Dort steht ohnehin kein Posten und es wäre paradox, dem

Iwan in Form eines Grabens auch noch schöne Schleichwege zu schaffen. So muss er über die weite offene Schneefläche kommen. Aber er kann natürlich auch mal eines Nachts vor meinem Bunker stehen, wenn er etwas weiter ausholt, denn der liegt praktisch in der Tiefe der weithin offenen Flanke des Kompanieabschnitts.
Nach der pausenlosen Schaufelei der letzten Tage schnarchen sie heute in ihren Bunkern. Man trifft nur die Tagesposten in den MG-Ständen an und da es hell und klar ist, kann man lange und unbesorgt mit ihnen klönen. Beim Iwan lässt sich auch kein Schwanz blicken. Die grunzen jetzt genauso.

Bei Klednewitschi, Freitag, 24. Dezember 1943

Heiligabend, das heißt, Abend soll es erst noch werden. Es hat die ganze Nacht hindurch immer sachte, ja beinahe weihnachtlich-festlich geschneit, aber es war trotzdem wieder gespenstisch dunkel und undurchsichtig gewesen. Man geht ja in solch einem Schneetreiben dahin wie in einem Traum. Die ganze unendliche Welt ist lautlos verschwunden, nur ein kleiner sichtbarer Kreis aus Schnee und halb verwehten Spuren gleitet unter einem hinweg, kommt aus dem Nichts und entschwindet ins Nichts. Und doch sind alle Sinne überdreht, alle Nerven überreizt, denn auf jedem Streifengang kriegt man bei diesen gemeinen Schatten und Haufen und Schneeverwehungen inmitten der Reste des Dorfes und auch ganz links bei dem Obstbäumen in Möllers Abschnitt wieder ein wildes Herzklopfen, weil man dort Russen oder wenigstens Bewegungen zu sehen glaubt. Ich bin jedes Mal erleichtert, wenn ich diesen ekligen Bereich meines Reviers wieder heil hinter mich gebracht habe und rechts von den Scheunen in freies, übersichtliches Gelände komme, wo ich dann erst mal wieder eine gute halbe Stunde zu laufen habe, um Verbindung zum rechten Nachbarn aufzunehmen. Bei klarer Sicht sieht man dort schon von weither dessen Streifen zu uns herüberkommen. Dort ist natürlich bei solchem Wetter auch für den Russen eine unbemerkte Annäherung kaum möglich. In dieser letzten Nacht war es allerdings auch dort wieder schaurig, weil man nirgends ein Zeichen des richtigen Weges findet. Einen Graben gibt es dort nicht, kein Stacheldraht weist den Weg, neblig-schwammig huschen die Flocken durch die Dunkelheit, die nur der Schnee eine Spur heller macht. Aber ein guter Geist hat uns bisher noch immer wohl behütet und sicher durch alle Schneedünen und wässrigen Löcher laufen lassen.
Alles in allem war ich gerade heute sehr froh, als endlich der erste Schein des Morgens fahl sichtbar wurde und ich einigermaßen sicher sein konnte, dass nun am Tage nichts mehr passieren wird. Der Tag selbst ist mir bisher rasch vergangen. Es schneit nicht mehr und die Gräben sind noch gut begehbar. Verschiedene Leute aus der Kompanie wurden befördert, mussten deshalb zum Chef geschickt werden und sich vorher in halbwegs anständigen Aufzug bei mir abmelden. Nach dem feierlichen Akt kippten wir ein paar Schnäpse auf ihr Wohl. Nun sind sie erst mal schwer damit beschäftigt, ihre neuen Winkel oder Sterne auf die Uniformen zu nähen. Auch das ist eine feierliche Handlung. Noch etwas früher als sonst kamen dann die Schlitten vom Tross, die Essenholer kriegten tatsächlich kaum alles auf einmal weggeschleppt. Es ist schon phantastisch, was für diesen Tag

nach vorn gebracht worden ist.
Von der Dämmerung an soll es richtig Weihnachten werden. Dann ziehen bis etwa 19 Uhr die Gruppenführer auf Posten und ich laufe Streife, während die Männer mal zwei Stunden lang vollzählig beisammen sitzen und ein wenig feiern können sollen. Hoffentlich, hoffentlich macht der Iwan heute keinen Stunk. Wir alle aber müssen aufpassen, dass keiner vor Sehnsucht und Rührung durchdreht, dass keiner allein bleibt und sich womöglich auch eine Kugel in den Kopf jagt.
Die Dunkelheit rückt näher. Die Sonne, die am Tag hin und wieder aufleuchtete, ist hinter grauen Wolkenbänken versunken. Heiligabend. Heiliger Abend. Ein Hohn in dieser Zeit.

<u>Bei Klednewitschi, Sonntag, 26. Dezember 1943</u>

Nun liegen die Feiertage hinter uns, aber wider Erwarten haben sie doch wohl den meisten von uns neuen Auftrieb gegeben. Nirgends Katzenjammer und Rührseligkeit, sondern eher eine behagliche, zuversichtliche Männerweihnacht. Heiligabend standen, wie vorgesehen, die Gruppenführer vom Beginn der Dämmerung an knapp drei Stunden auf Posten. Ich lief in dieser Zeit mit meinen Meldern die erste Streife und besuchte nacheinander die Gruppen in ihren Bunkern. Meine 20 braven Knechte – um mit Meyer zu reden – fand ich durchweg zufrieden, ja beinahe fröhlich vor. Das hatte ich am wenigsten erwartet. Ich hatte eher geglaubt, bei ihnen eine Stimmung à la Götz von Berlichingen anzutreffen, die Schnauze voll von dem Brimborium und der ganzen Scheiße, die da Russland heißt. Für manche sind es ja schon die dritten Weihnachten, die sie draußen in Russland verleben; da hätte man eine solche Stimmung wahrhaftig verstehen können, denn auch ich kann ihnen ja keinen Trost sagen, keinen Termin nennen, wann dies ganze Elend mal ein Ende haben könnte. Aber nun saßen sie da beim Schein aufgesparter Kerzen, freuten sich kindlich über Pfeffernüsse und Drops, Schokolade und Schnaps, über Stollen und Sekt und manche Päckchen und Briefe aus der Heimat. Und einige waren auch dankbar, dass der Pfarrer gekommen war und eine Andacht gehalten hatte, für die, die hören wollten. In ihren verdreckten Uniformen, die längst vom ewigen Scheuern in den Gräben verschlissen sind, hatten sie es sich gemütlich gemacht und qualmten behaglich eine Zigarre oder ihre Zigaretten. Der Iwan ist nun mal da und es gibt eben nur eins – ihn sich vom Halse halten. Das ist vielleicht, auf den simpelsten Nenner gebracht, ihre Philosophie in dieser Zeit. Wahrscheinlich ist es die einzige realistische und mögliche, um dies alles über die Jahre hin so zu ertragen, wie sie es tun. Und da sich vieles entscheidend gebessert hat – die Winterkleidung, die Ausrüstung mit dem tollen MG 42, die Verpflegung – besteht auch für unseren Teil der Front eigentlich kein Grund, nicht guter Hoffnung über den weiteren Gang der Dinge zu sein. Ich ließ mich trotz meiner generellen Sorgen über die Gesamtlage von ihrer Behaglichkeit und guten Laune anstecken und war dankbar, dass wir hier in dieser Stellung das Weihnachtsfest so in Frieden verleben durften. Darin konnten uns auch die Russen nicht stören, die plötzlich in die Nacht hinein mit ihren Ratschbumms und Granatwerfern einen schweren Rabatz vom Stapel ließen. Wir hockten gerade in Rosemanns Bunker, tief unter dem dicken Gebälk der Scheunen, wo uns kaum

etwas passieren konnte, und ließen Iwan ballern.
Von 19 Uhr an war dann für alle Fälle erhöhte Alarmbereitschaft befohlen. Streifen und Spähtrupps zogen wie jede Nacht los, hinaus in die ungewisse Dunkelheit. Ich streifte mit meinen beiden Meldern noch hinüber zum Chef, um auch ihm und seinem Kompanietrupp ein gutes Fest zu wünschen. Er war gerade im Aufbruch und wollte zusammen mit den beiden anderen Zugführern, die schon bei ihm waren, eine Streife durch den ganzen Kompanieabschnitt laufen. Ich begleitete den Verein noch eine Zeit lang und auf diesem Weg begegnete uns der Bataillonskommandeur, der jedem Zugführer eine Pulle mit Rum und ein paar Zigaretten in die Hand drückte. Von ihm erfuhren wir aber auch, dass beim Nachbarbataillon noch am späten Nachmittag ein Posten geklaut worden war. So vergeht auch in dieser ruhigen Stellung kaum ein Tag ohne ein deprimierendes Ereignis. Heute erschießt sich ein junger Soldat, morgen wird woanders ein Posten ausgehoben, lautlos, unbemerkt von den anderen, fast am hellen Tag. Auch das ist Weihnachten, Heiligabend. Es kann einem schon eine Gänsehaut über den Rücken hinunterrieseln, wenn man sich das Wie und Warum auszumalen versucht.
Am späten Abend kehrten wir drei schließlich in unseren kleinen Bunker zurück, wo die beiden schon am Nachmittag ein Bäumchen geputzt hatten, dessen Lichter wir nun entzündeten. Und dann holten auch wir erst mal tief Luft. Weihnachten 1943. Wir hatten uns noch etwas Sekt aufgehoben, ließen ihn in unseren zerkratzten Blechbechern perlen und tranken ihn dann in Gedanken an unsere Lieben zu Hause, für die diese Tage ja viel bitterer und schwerer zu ertragen sind als für uns, die wir unter unseresgleichen sind, Soldaten und Kameraden. Aber zu Hause haben die meisten ihre Sorgen für sich allein zu tragen und sie wissen nicht einmal, ob wir noch leben. Das ist ein himmelweiter Unterschied.
Doch es hatte keinen Sinn, traurigen Gedanken nachzuhängen. Es gab genug, ja schon zu viel, zu essen und zu trinken und Post war gekommen. Für mich als erstes Lebenszeichen von zu Hause: zwei Zeitungen! Iwan war still. Wir traten ein paar Mal hinaus vor den Bunker, weil es uns zu warm geworden war und weil wir frische Luft hereinlassen wollten. Ein wolkiger Himmel hing über uns. Weithin leuchtete der Schnee bleich und fast ohne Schatten. Kurz vor Mitternacht haute ich mich auf meine Pritsche, während einer der Melder als Tischwache am Telefon sitzen blieb wie jede Nacht.
Um ein Uhr zog ich dann mit den beiden wieder auf Streife. Als wir nach zwei Stunden zurückkehrten, klingelte plötzlich das Telefon: „Alarm!!!“ Ein Spähtrupp hatte im Vorfeld Russen gesehen. Also los, die Gruppen benachrichtigen! Ich musste natürlich auch los und selbst nach dem Rechten sehen. Vom Graben aus suchte ich, so gut es bei Nacht eben geht, mit dem Glas Stück für Stück dieses verfluchte, rubbelige Gerümpel vor der Stellung ab, fand aber nichts Verdächtiges. Vielleicht hatte der Spähtrupp mit etwas befuselten Augen nur ein paar Kohlköpfe gesehen, vielleicht hatten einige knabbernde Hasen Geräusche verursacht. In der Stille der Nacht hört man ja vieles, was man sonst überhaupt nicht registrieren würde. Bis morgens um sieben rührte sich jedenfalls nichts. Dann zog endlich der neue Tag herauf und wir konnten uns nach der einen Stunde Schlaf um Mitternacht noch etwas aufs Ohr hauen.
Gestern, am ersten Feiertag, vertrat ich ab Mittag den Chef, der zum Tross fuhr,

um auch dort Weihnachten zu feiern und zugleich bei der Hochzeit eines Hiwis mitzuwirken. Einer von den Fahrern oder Pferdepflegern heiratete gestern eine von den russischen Waschfrauen im Tross.
Der Schlitten mit der Verpflegung glitt wie üblich schon am hellen Tage heran, und so konnten wir den edlen Festtagsfraß zu fast gutbürgerlicher Mittagszeit in uns hineinstopfen. Der Braten schmeckte so gut, den Pudding musste ich auch noch unbedingt hinterher schieben – kurz, es kam, wie es kommen musste: Ich lag den ganzen Nachmittag sehr groggy auf der Bank und lauschte nur sehr mühsam der Musik, die pausenlos aus dem Radio quoll, und den blumenreichen Erzählungen von Kagerer und Motsch über Meyer und ihre Erlebnisse mit ihm. Zum Beispiel über Meyers Sammelwut am Dürren Heinrich. Alles, aber auch alles hob er auf dem Streifengelände auf: leere Kisten, platt gewälzte Feldflaschen, Patronenhülsen, uralte, verschimmelte Uniformfetzen. Den ganzen Plunder kriegte dann Motsch in die Hand gedrückt, bis es dem zu bunt wurde und er grundsätzlich ein Stück fallen ließ, wenn Meyer ihm ein weiteres hinreichte. Als sie eines Nachts an einem schönen gefrorenen Scheißhaufen vorüberstapften meinte er dann nur: „Den lassen wir aber liegen."
Überhaupt, die vielen Haufen rings um die Bunker, die Kagerer so schön Flatterminen zu nennen beliebt, haben es Meyer angetan. Seit er mehrmals über solche festgefrorenen, schneeüberzuckerten Bolzen gestolpert ist, sich einmal dabei auch noch schändlich das Knie an einer benachbarten „Mine" aufgeschlagen hat und auch sonst auf seinen Streifen schon öfter als Einziger in heimtückische Löcher und zugewehte Granattrichter gefallen ist, weil Kagerer und Motsch ihn natürlich quasi als Spähtrupp immer schön vorweg laufen lassen, hat er sich jetzt Skier nach vorn geholt, auf dass ihm solches Unheil fürderhin nicht mehr widerfahre. Rings um den Gefechtsstand mussten auch alle wilden Haufen gesammelt und schmuck zu einem weithin sichtbaren Mahnmal aufgetürmt werden.
Auch Heiligabend muss es ziemlich wüst zugegangen sein. Motsch und Kagerer waren jedenfalls am Vormittag ganz schön blau, entweder noch oder schon wieder. Am schlimmsten soll der Rubel bei Bello, dem Sani, gerollt sein. In dessen Bunker haben sie zu mehreren im Zustande seliger Besoffenheit mit Pistolen herumgeballert und wahllos Brot und Ofenrohr, Bilder und Betten durchlöchert. Die Burschen haben verdammte Nerven.
Aber alles in allem: Was ist dieser Meyer für ein Prachtbulle im Vergleich zu diesem miesen Würstchen Emil! Hier wird handfest gelacht und geflucht, hier weiß man, woran man ist, und mit Schleimscheißerei ist hier kein Lorbeer zu ernten.
Ich raffte mich, nachdem ich mich lange genug auf der Bank geräkelt hatte, schließlich doch noch auf und wälzte meinen trägen Körper drei Stunden lang durch den ganzen Kompanieabschnitt von Bunker zu Bunker, von Posten zu Posten, und traf schließlich klatschnass, aber doch wenigstens etwas wohler, im Gefechtsstand ein. Kurz darauf kehrte der Chef in Begleitung des Spießes zurück, der dann auch noch eine Runde durch die Gräben lief, während der Chef uns schauerliche Geschichten von den besoffenen Hiwis erzählte. In Folge des reichlichen Fusels hätte die Hochzeitsfeier um ein Haar noch mit Mord und Totschlag geendet. Gläser und Flaschen waren schon durch die Gegend geflogen und die Weiber hatten gekreischt und getobt, als sich ein paar Hiwis in die Wolle krieg-

ten. Einem hatten sie schließlich mit mehr als sanfter Gewalt erst das Messer und dann eine deutsche Pistole aus der Hand reißen müssen. Für die Hiwis ist es aber wohl eine Mordsgaudi gewesen. Vom frühen Nachmittag an lagen die stinkbesoffenen Kerle jedenfalls irgendwo im Stroh und schliefen ihren Rausch aus. Die Arbeit hatten derweil die deutschen Fahrer. Wenn man an Bellos Ballereien denkt, kann man sich noch nicht mal schön moralisch entrüsten.
Das Schönste hatte der Chef fast noch vergessen mir zu geben: Einen Brief aus Parchim. Das erste richtige Lebenszeichen der Familie seit Ende Oktober, seit der Abfahrt aus Dresden. Und Gott sei Dank ist nichts Schlimmes passiert, jedenfalls bis zum 12. Dezember nicht. Es muss eine Menge Post verloren gegangen sein oder noch zurückgehen. Dieser Brief war nun doch noch das Weihnachtsgeschenk schlechthin.

Bei Klednewitschi, Montag, 27. Dezember 1943

Alle Tage ist kein Sonntag und daher wurde heute vom Bataillon sogar ein Ausbildungsdienst befohlen, als ob die Männer nicht auch einmal ein paar Stunden Schlaf zusätzlich gebrauchen könnten. Aber danach fragt keiner. Da seit Tagen kein Schnee mehr gefallen ist und der Iwan sich nicht muckt, müssen die Leute unbedingt beschäftigt werden. Die Begeisterung ist auch danach. Aber trotzdem müssen wir noch sehr zufrieden sein. Fast überall sonst tobt die Winterschlacht mit unverminderter Heftigkeit. Bei Shitomir greift der Großangriff auf weitere Abschnitte über, bei Witebsk, das auch schon westlich von uns liegt, ist ein schweres Ringen im Gange, bei Kritschew gab es wieder örtliche Einbrüche. Am Tag vor Weihnachten wieder Terrorangriffe auf Berlin und Aachen mit neuer Vernichtung unersetzlicher Kunstschätze. Aber so werden sie uns nicht klein kriegen; diese Art der Kriegsführung schürt nur immer neuen Hass und mobilisiert alle Kräfte für den Tag der Vergeltung.

Bei Klednewitschi, Dienstag, 28. Dezember 1943

Die Russen fingen heute Vormittag mit einer ganz neuen Sauerei an, indem sie uns gleichzeitig mit Granatwerfern und Ratschbumms beschossen. In den Scheunen haben sie ja auch wunderbare Sicht- und Zielpunkte vor Augen. Es wird jetzt einfach zu riskant, bei Tage weiterhin offen ohne Deckung zu laufen. Wir schlurfen also etwas mehr als sonst durch die Gräben, was zur Abwechslung auch mal ganz reizvoll ist und neue Ausblicke eröffnet.
Wenn der Iwan nicht schießt, ist diese unendliche Stille und Leere der Landschaft immer wieder frappierend. Nichts deutet auf Krieg und Tod hin. Der Schnee hat alles zugedeckt und dämpft selbst die eigenen Worte. Bei Nacht aber ist diese Leere und Stille trügerisch und voller Heimtücke. Man weiß, dass sich im Vorgelände die Spähtrupps beider Seiten umschleichen, aber man weiß nicht, ob irgendwo ein paar Russen bewegungslos lauern und nur beobachten, wann unsere Streifen laufen und wie stark sie sind. Noch immer habe ich ein Grausen vor diesem 500 m langen Ruinenstreifen, hinter dessen Mitte Hidiens Gruppe liegt.

Immer wieder ermahne ich sie, ganz besonders aufzupassen. Immer wieder trifft man trotzdem auf halb oder ganz grunzende Posten. Sie kommen nicht an gegen diese Müdigkeit, man kann nicht vier oder sechs Stunden in der Kälte und scheinbar so friedlichen Stille dieser Winternächte durchstehen und in jeder Sekunde hellwach sein. Ich könnte es ja auch nicht. Selbst Meyer läuft jetzt jede Nacht zweimal zu ganz unregelmäßigen Zeiten Streife, um seine Leutchen in ständiger, heilsamer Ungewissheit zu halten. Ihm steckt noch das Theater vom Rückzug in den Knochen, als er die Kompanie übernahm. Damals blieb die Schwadron, einfach in den Häusern eines Dorfes und pennte, statt in die neue Stellung einzurücken. So fertig waren die Leute. Meyer kam dann dahinter und tobte wie ein Berserker durch die Buden. So etwas soll ihm hier nicht noch einmal passieren, zumal gestern Abend zirka 40 Mann bei einem anderen Bataillon am Draht waren, aber zum Glück rechtzeitig entdeckt und verjagt wurden. Woanders haben die Iwans gestern Nacht laut gegrölt. Ganz so still ist es offenbar nicht mehr drüben.

Bei Klednewitschi, Mittwoch, 29. Dezember 1943

Diese ekelhafte Granatwerfer- und Ratschbumm-Ballerei nahm heute direkt unangenehme Formen an. Überfallartig setzte Iwan uns in unregelmäßigen Abständen ganze Serien vor allem in die Scheunen hinein, wo er anscheinend einen stärkeren Stützpunkt und nicht nur die eine Gruppe vermutet. Dort oben sieht es nun ganz munter aus, Balken und Stroh noch wilder durcheinandergepustet. Hoffentlich ist das kein Vorspiel für eine größere Schweinerei. Wir beobachten und melden natürlich alles genau. Eine Pleite wie mit den Minen damals möchte ich nicht noch einmal erleben.

Bei Klednewitschi, Donnerstag, 30. Dezember 1943

Letzte Nacht machte Iwan mit seinen komischen Lautsprechern schwer Propaganda. Man verstand zwar wegen der weiten Entfernung kein Wort, nur die Musikstücke, die er aus purer Menschenfreundlichkeit jedes Mal nach seinem Geplärre einblendete, konnte man hin und wieder so ungefähr erraten, und dann schickten uns die Sauköppe doch tatsächlich nach jedem Quasseln, nach jeder Musik, drei bis vier Granatwerfer- oder Ratschbummschüsse herüber. Das war der Gipfel der Frechheit. Einmal mussten wir uns sogar trotz der Finsternis ganz fix hinschmeißen, weil der nächste Einschlag nur etwa 20 m von uns entfernt in den Schnee fatschte. Am Morgen sah es bei den Scheunen und auch weiter drüben im rechten Teil meines Abschnitts richtig lieblich aus. So an die hundert Schuss hatten die Hunde allein in dieser Nacht herübergeballert. Zum Glück haben wir aber keinerlei Ausfälle oder Schäden erlitten. Außerdem ist uns die Nacht wegen des Spektakels wunderbar schnell vergangen. Ansonsten ist es kälter und windiger geworden; stundenweise legte sich ein übler Nebel über die Niederung. Wir müssen also auch bei Tage scharf beobachten und horchen.

Bei Klednewitschi, Sonntag, 2. Januar 1944

Oh, diese schrecklichen letzten Tage! Ich zittere innerlich noch immer, wenn ich daran denke, zumal ich nicht weiß, ob die Geschichte mit Erdödy nun endlich ausgestanden ist oder nicht. Wenn nicht, bin ich wohl bald reif.
So etwa habe ich es erlebt:
In der Nacht zum 31. Dezember war wieder Nebel aufgekommen und wir hatten häufiger als sonst unsere Leuchtkugeln hochschießen müssen, um wenigstens hin und wieder etwas von unserer Umgebung erkennen zu können. Aber es war alles still draußen – zu still, möchte man heute rückblickend sagen. Auch die Spähtrupps hatten nichts Besonderes beobachtet. So war ich morgens gegen halb vier nach meiner zweiten Nachtstreife wieder in den Bunker zurückgekehrt und hatte versucht, noch etwas zu schlafen. Doch dann hatte mich plötzlich einer wachgerüttelt: „Herr Leutnant, Herr Leutnant, da ist was los, wir müssen raus!" Im selben Moment hatte das Telefon geschrillt, Meyer brüllte irgendwas von Alarm, aber da hatte ich schon umgeschnallt, Handgranaten geschnappt, MPi geschnappt und hastete mit den Meldern hinüber zu den Scheunen. Dort oben flackerte eine Leuchtkugel nach der anderen, ein wüster Feuerzauber prasselte auf die Dächer hernieder. Pak, Granatwerfer. Rote Feuerblitze überall. Dann hörten wir oben auf der Höhe auch Schüsse, MPi-Garben, ein MG42, und als wir schließlich atemlos bei Rosemann in den Graben sprangen, war der Spuk vorüber. Rosemann fanden wir völlig am Ende im Graben stehen, besser hocken, keiner Antwort fähig. Die anderen erzählten uns rasch, weiter links bei Peter Hidiens Gruppe sei was im Gange gewesen, mit Handgranaten und so weiter. In die Scheunen hätten die Russen nur mit ihren Ratschbumms und Granatwerfern reingehauen, sonst wäre nichts los gewesen.
Nun rasten wir, so schnell uns die Beine trugen, mit einigen Leuten von Rosemanns Gruppe hinüber zum Bunker von Hidien. Zwei, drei Leuchtkugeln zischten dort hoch, aber wir konnten nichts sehen. Der verfluchte Nebel. Endlich stießen wir auf Hidiens Leute, einer lag am Boden, es war Konsorski, verwundet, blutüberströmt im Gesicht, Splitter in der Stirn, vielleicht im Auge. Er wimmerte. Von den anderen hörten wir: Der Erdödy ist weg, mit dem MG. Erdödy hatte auf Posten gestanden mit Konsorski. Erdödy war weggeschleppt, aber keiner konnte richtig sagen, wie es passiert ist. Sie redeten was von einer Streife, die gekommen sein soll und das waren dann plötzlich die Russen.
Nun kam auch Meyer mit dem Kompanietrupp angefaucht. „Alles, was überflüssig ist, zurück in den Graben!", brüllte er. Dann fragte er erregt alle aus, die in der Nähe waren und es miterlebt hatten. Peter Hidien, der Gruppenführer, konnte nicht viel sagen. Als er mit seinen Leuten, die sich gerade für den Morgenspähtrupp fertig machten, aus dem Bunker gestürzt kam, war alles schon vorbei. Er hatte nur noch ein paar Russenmäntel gesehen und mit seinen Leuten hinterhergeschossen, aber anscheinend ohne Erfolg. Der Nebel hatte sofort alles verschluckt. Als sie dann in den Postenstand gelaufen waren, hatten sie gemerkt, dass Erdödy weg war und auch das MG und die Munition.
Konsorski, der einzige, der etwas mehr wissen musste, wimmerte vor Schmerzen auf der Grabensohle und redete immerzu etwas von der Streife, das wären die Russen gewesen und die hätten plötzlich Handgranaten geschmissen. Zwischen-

durch meldete Kagerer, von unserer Streife sei ein Mann durch Bauchschuss schwer verwundet worden, die beiden anderen seien getürmt. Die mussten nun sofort ran und hatten ein verdammt schlechtes Gewissen. Aber allmählich kam es dann doch heraus.

Es müssen Russen in zwei stärkeren Gruppen vor dem Graben gelegen haben als Sicherung, natürlich genau in diesen verfluchten Trümmern und Haufen versteckt. Drei Russen müssen rotzfrech hinter unserem eigenen Graben oder auf der Deckung herangeschlendert sein, der eine soll sich sogar noch laut die Nase geschnäuzt haben. Auf den ersten Anruf: „Kennwort!!" hat einer von den dreien undeutlich die Parole gemurmelt und anscheinend auch noch gefragt, was los sei. Auf den nochmaligen Anruf: „Kennwort!!" haben die drei Kerle dann urplötzlich ihre Handgranaten gezogen und genau in den Postenstand geworfen. Ein einziges Feuer, ein dreifacher Knall war alles. Erdödy hat offenbar sogar noch mit seinem MG geschossen, ehe es ihn wohl voll traf. Er wurde geschnappt, hochgerissen und über den Stacheldrahtverhau hinweggeschleppt und seitdem nicht mehr gesehen oder gehört.

Die eigene Streife, die von der anderen Seite gekommen war, ist dann von der Sicherungsgruppe draußen unter rasendes Feuer genommen worden, den einen hat es erwischt und die beiden anderen sind getürmt, einfach in den Graben gesprungen und davongelaufen. Alles in allem eine fürchterliche Sache.

Meyer schickte eine Gruppe durch den Stacheldraht hinaus, alles absuchen, nach Russen, nach Erdödy, nach dem MG. Jetzt war ja kaum noch etwas zu befürchten, die Russen sind bestimmt schon längst über den Bach. Vorsichtig und lautlos huschten die Gestalten im Niemandsland hin und her. Dann riefen sei leise: Ein 5 m breites Loch war in den Stacheldraht geschnitten, etwa 150 m vom Postenstand entfernt, ziemlich genau in der Mitte zwischen den beiden Bunkerstellungen von Rosemann und Hidien. Und Spuren in Massen. Meyer und ich gingen auch hinaus vor den Draht. Da sah man es dann deutlich: Links hat ein Haufen von anscheinend 10 bis 15 Mann gelegen und weiter rechts auch. Dann die Stelle mit dem durchgeschnittenen Draht. Von dort aus führten auch Spuren hinüber zu unserem Graben, hinter dem sie sich dann auf dem Trampelpfad verloren.

Meyer kochte und mich überfiel in immer neuen Wellen die Angst, als Zugführer für diese neue Riesenpleite verantwortlich gemacht zu werden. Ich war mir zwar keiner Schuld bewusst, ich hatte meine Streifen eingehalten, hatte wegen des dichten Nebels nicht mehr sehen können als der andere auch. Aber wer fragt nach solchen Vorkommnissen schon danach? Da heißt es nur: „Das ist Hartmanns Zug, die Schweinerei ist bei Hartmann passiert. Früher schon das Unglück mit den Pionieren, dann die Schlafmützigkeit mit den Minen – immer war Hartmann vertreten…"

Ganz allmählich wurde es heller. Da befahl Meyer nochmals einer Gruppe, Erdödy zu suchen und die Spuren wenigstens bis zum Bach zu verfolgen, damit wir Gewissheit kriegten, soweit es menschenmöglich und zu verantworten ist.

Schon nach fünf Minuten kam einer von der in den Nebel hinausgeschickten Gruppe zurück und meldete, sie hätten Erdödy gefunden. Er läge etwa 200 m vor dem Graben, tot, mit zerfetztem Kopf und Oberkörper. Vorher hätten sie noch seine blutgetränkte Mütze im Schnee gefunden. Das war alles.

Wenig später brachten sie den schweren, blutverschmierten Körper herange-

schleift. Das Soldbuch steckte noch in der Tasche. Nur sein Seitengewehr hatten sie mitgenommen. Seinen Leichnam hatten wir nun wenigstens zurück, aber Erdödy war tot und konnte uns nichts mehr sagen. Er ist wahrscheinlich der Einzige, der nicht versagt hat, der noch geschossen hat und nicht weggerannt ist, der vielleicht nicht einmal ganz tot war und sich noch gewehrt hat, als sie ihn griffen und aus dem Graben zerrten.
Es war nun Tag geworden. Kalt und nass hing noch immer der Nebel über den weiten Schneefeldern. Bis auf Weiteres wurde erhöhte Alarmbereitschaft befohlen, wenigstens für die Dauer des dichten Nebels. Ich musste mit zu Meyer in seinen Bunker. Eine bodenlose Sauerei. Meyer stampfte im Bunker auf und ab. Sagte minutenlang kein Wort. Das ist das Schlimmste bei ihm. Solange er gotteslästerlich flucht, ist alles halb so wild. Aber nun musste er die Schweinerei weitermelden und was dann passieren würde, wusste er zur Genüge.
Er ließ dann alle zusammentrommeln, die irgendetwas von diesem nächtlichen Drama gesehen oder gehört haben könnten und fragte mich in der Zwischenzeit nochmals nach allen Einzelheiten. Aber ich konnte auch nicht viel dazu sagen. Ich war vielleicht eine halbe Stunde vorher noch dort oben gewesen und hatte wegen des widerlichen Nebels alle Posten zum x-ten Male zu erhöhter Wachsamkeit angehalten, desgleichen die Gruppenführer extra. Ich hatte selbst schon allein aus Selbsterhaltungstrieb besonders aufgepasst – mehr konnte ich ja nun auch nicht tun.
Der Vormittag ging hin mit immer neuen, quälenden Befragungen. Das Bataillon, die Division wussten in groben Umrissen Bescheid. Dann, so gegen halb zehn, kam, was kommen musste: Der persönliche Anruf des Divisionskommandeurs, dem wir als Divisionsbataillon ja direkt unterstehen. Natürlich gleich zu Beginn die idiotische Frage: „Wie konnte der russische Stoßtrupp überhaupt in und hinter den Graben kommen?“ Es ist zum Kotzen – als wenn man es mit weltfremden alten Jungfern zu tun hätte! Alle 300 bis 400 m stehen zwei verlassene Hanseln im Nebel, die anderen laufen Streife und Spähtrupp, und dann wird man noch ganz offiziell so etwas gefragt. Meyer war wütend zum Platzen, wohl weniger über mich oder die Leute seiner Kompanie als vielmehr über diese Art Fragen. Er musste sich wahrscheinlich schwer zusammennehmen, um seinem Kommandeur wenigstens einigermaßen sachlich zu antworten und zu berichten. Schließlich haute er den Hörer wieder hin und fegte mit seinen schweren Schritten abermals wie ein angeschossener Tiger im Bunker hin und her. Dann ging zum zehnten Male die Fragerei für dieses verdammte Protokoll los, das nun in allen Einzelheiten aufgesetzt werden musste, und zwar so, dass die Kompanie dabei doch noch halbwegs in Ehren bestehen konnte.
Wie konnte der Russe in den Graben kommen? Wann ist die letzte Streife gelaufen? Wo ist die letzte Streife gelaufen? Wer ist die letzte Streife gelaufen? Wie…? Warum…? Warum nicht…? Was haben die Posten, die Streifen, die Spähtrupps gesehen, gehört? Warum haben sie nichts gesehen, gehört, gerochen, geahnt, veranlasst, gemeldet??? Dieser ganze Idiotenscheißdreck, der keinen Deut mehr an der Lage ändert, der keinen Erdödy mehr lebendig macht und keinen Schuss Munition und kein MG zurückbringt. Dass der Erdödy geklaut werden konnte, war schon ein ganz dickes Versagen und es ist fast sein Glück, dass er wenigstens tot ist und die Russen ihn liegengelassen haben. Aber viel schlimmer

als der Verlust eines Mannes, eines Menschen, ging den Herren da oben anscheinend das geklaute MG an die Nieren – das rührt an die Ehre der ganzen Kompanie, darüber erregen sie sich, als wenn jetzt der Krieg verloren wäre. Die Russen haben Millionen Soldaten und hunderttausende an Kanonen und Panzern und Flugzeugen verloren – und hier wird ein Eiertanz um ein lächerliches MG aufgeführt, der einen wirklich am Verstand und an den Qualitäten dieser Herren zweifeln lassen kann. Aber das ist leider die typische Einstellung. Was zählt schon der Mensch? Waffe verloren, Ehre verloren!
Gegen Mittag war endlich das Protokoll hingemogelt. Und so muss sich die Geschichte abgespielt haben:
Der Stoßtrupp der Russen, insgesamt etwa 40 Mann stark – wie eine deutsche Frontkompanie vorn im Graben! – hat in zwei Gruppen von je etwa 5 Mann beiderseits des Bunkers der Gruppe Hidien am Draht gelegen und das Unternehmen gesichert. Drei Mann sind dann, als die eigenen Streifen vorübergelaufen waren und die Russen den ungefähren Klang des Kennwortes abgehört hatten, im Nebel unbemerkt über den Graben gesprungen und ganz lässig und wie eine Streife von uns langsam auf den Postenstand von Erdödy zugeschlendert.
Die beiden Posten haben dann wie üblich die vermeintliche Streife angerufen, aber das nur undeutlich gemurmelte Kennwort nicht richtig verstanden. Der eine Russe hat sich dann noch seelenruhig und weithin dröhnend die Nase geschnäuzt und anschließend wohl so etwa gefragt, was los sei. So hat es jedenfalls geklungen. Da die Posten die Parole nicht genau verstanden hatten und auch über die vorzeitige Rückkehr der Streife verwundert waren, hatten sie nochmals „Kennwort!!" gerufen, aber in dem Moment waren die drei schon nahe genug herangekommen und hatten blitzschnell ihre Handgranaten geworfen. Erdödy hat wohl tatsächlich noch sein MG herumgerissen und ein paar Schuss herausgejagt, aber doch ungezielt, jedenfalls ohne Erfolg – dann war er in Feuer und Splittern zusammengebrochen wie der andere verwundete Posten. Alles weitere hat dann niemand mehr gesehen. Vom Krachen der Handgranaten wurde die Gruppe alarmiert, aber als sie den 15 m entfernten Postenstand erreicht hatten, war alles gelaufen. MPi-Feuer deckte sie ein, die Sicherungsgruppe vor dem Draht schirmte alles sauber ab. Als wenige Sekunden später das Feuer nachließ, war auch der ganze Stoßtrupp im Nebel verschwunden. Mit dem toten Erdödy und dem MG sind die Russen über den Stacheldraht gehetzt, den die draußen liegenden Teile des Stoßtrupps offenbar mit Brettern heruntergedrückt hatten.
Fast in der Sekunde des Überfalls hatten die Russen zur Deckung des Rückzuges einen schweren Feuerüberfall mit Granatwerfern und Ratschbumms auf die Scheunen losgehen lassen. Ein Schuss der Ratschbumm – wie durch ein Wunder ein Blindgänger – war Unteroffizier Rosemann 20 cm neben seinem Kopf in die rückwärtige Grabenwand geknallt. Durch den fürchterlichen Schreck war Rosemann völlig benommen gewesen, als wir bei ihm erschienen, und er blieb es dann auch den ganzen Tag. Er zitterte, konnte kaum richtig reden und war einfach fertig mit den Nerven, obwohl er noch ein unfassbares Glück gehabt hatte. Sonst hätte man wohl nichts mehr von ihm gefunden.
In seiner Gruppe war nichts weiter passiert außer einigem Sachschaden. Nun war uns auch klar, warum der Iwan schon all die Tage vorher diese Ecke mit seinen Feuerüberfällen aufs Korn genommen hatte. Sauber eingefädelt. Das muss man

wohl sagen. Und eine verdammte Leistung und Kaltblütigkeit dieser drei Burschen, die dieses Husarenstück vollbracht hatten. Alle Achtung – trotz unserer Wut.

Das Versagen der beiden getürmten Heinis von unserer Streife deckte Meyer im Protokoll mit dem Mantel der christlichen Nächstenliebe zu. Er wollte die beiden nicht vors Kriegsgericht bringen, dann wäre ihnen ein Bewährungsbataillon sicher und wir wären die beiden los. Wir brauchen sie aber so bitter nötig zum Postenstehen und Streifelaufen, und sie sind wahrscheinlich auch so schon gestraft genug. Drei Mann haben wir ohnehin in diesen wenigen Sekunden verloren, Erdödy, Konsorski mit seinen Splittern in der Stirn und den anderen mit dem Bauchschuss. Diese beiden Verwundeten sehen wir wahrscheinlich auch nie wieder.

Einige Pappkameraden, die wir zu Vortäuschung von Posten überall zwischen den eigentlichen Postenständen aufgestellt haben, sind übrigens von den drei Russen aus den Scheinstellungen mitgenommen und vor Peter Hidiens Bunker geschmissen worden.

Selbst diese Frechheit und eiskalte Ruhe haben diese Burschen noch aufgebracht.

Mir schmeckte an diesem Silvestertage kein Essen mehr. Ich war fast so fertig wie Rosemann und die anderen, die alles aus der Nähe miterlebt hatten. Ich hatte zwar keinen direkten Vorwurf von Meyer zu hören gekriegt, aber mir war doch alles andere als wohl in meiner Haut, denn ich war mehr als meine vorgeschriebenen Streifen gelaufen, hatte dann aber eben doch im Bunker gelegen und gepennt, als die Sache passierte, und ich war natürlich viel zu spät gekommen, um noch irgend etwas zu retten oder zu ändern. Vor allem aber: Es war mein Zug, es waren meine Leute, mein Name.

Am Abend rief der Kommandeur noch einmal bei Meyer an, nachdem er das Protokoll gelesen hatte. Er war zwar schon etwas ruhiger, aber er ließ Meyer doch wissen, die Schwadron solle sich nicht einbilden, ein Ersatz-MG zu kriegen. Das sollten wir uns schön beim Russen wiederholen. Und das bedeutet ja wohl, dass ich bald reif für einen Stoßtrupp sein werde, denn ich habe ja letzten Endes versagt und das MG verloren, zumindest keine Fortune als Offizier gehabt. Du bist nichts, dein MG ist alles. Als ob wir nicht alle gestraft genug wären. Man fragt sich nur, wofür. So hat dies schauerliche Jahr auch bei uns in ziemlicher Katastrophenstimmung geendet. Aber vielleicht sehe ich alles zu schlimm.

Als uns nach diesem deprimierenden Tage die Dämmerung wieder früh die Sicht zum Russen nahm, als uns die Nacht wieder milchig weiß und gespenstisch still von allen Seiten umschlich, trieb es mich wieder hinaus in den Graben. Erhöhte Alarmbereitschaft war sowieso befohlen, obwohl niemand im Ernst damit rechnete, dass die Russen es gleich in dieser Nacht noch einmal versuchen würden – es sei denn, sie hätten dort auch so schneidige Kommandeure, die einen nur halb erfolgreichen Stoßtrupp sofort noch einmal an derselben Stelle losjagen. Mit einem lebendigen Erdödy hätten sie sich bestimmt zufrieden gegeben. Aber lebendig oder tot – wohl jeder von uns sah in dieser Nacht in jeder Streife Russen, jeder zuckte heimlich zusammen, wenn aus dem Dunst drei Schatten Gestalt annahmen wie Gespenster und immer näher kamen, bis schließlich einer halblaut „Kennwort!" rief oder man sich auch ohne Kennwort erkannte. Die gottverdammten Trümmerhaufen vor dem Draht schienen sich hier und da zu bewegen, das

übermüdete Auge sah überall kriechende Schemen und kurz vor Mitternacht geisterte eine Zeit lang auch noch wolkiges Mondlicht über die Dünen und Senken aus Schnee und trieb den nebligen Spuk bis fast zum Irrsinn. Ich fand keine Ruhe. Selbst Meyer will nun dreimal nachts Streife laufen; da musste ich also von Rechts wegen fünf und sechs mal meinen Abschnitt abklappern bis hinüber zum fernen Nachbarn in Starakoschewka.
Gegen Mittag war schon ein absolutes Alkohol- und Schießverbot für die Neujahrsnacht erlassen worden. Angeblich sollte dann aber am Neujahrsmorgen ein großartiger Feuerüberfall aus allen Rohren steigen. Meyer begegnete mir dann auf der ersten Nachtstreife und schimpfte gotteslästerlich auf diese Idioten, die den Wahnsinn eines solchen Feuerüberfalls befohlen hätten, obwohl sie wissen müssten, dass uns der Russe danach doppelt und dreifach eindecken würde. Näheres über diesen Quatsch würden wir noch rechtzeitig erfahren. Im Übrigen ginge Wachtmeister Möller auf eigenen Wunsch gegen 21 Uhr mit ein paar Mann raus, um zu sehen, wie der Iwan über den Bach gekommen sei. Wenn es krachen sollte, wären das mit einiger Sicherheit Möllers wackere Mannen, die T-Minen und geballte Ladungen bei sich hätten, um im Falle eines Falles was in die Luft zu sprengen.
Ich unterrichtete meinen Zug und eine halbe Stunde später krachte es halb links vor uns tatsächlich mehrmals recht zünftig. Sonst aber fiel kaum ein Schuss. Nur die Nebelschleier waberten ringsum und machten uns halb wahnsinnig.
Um Mitternacht kam mir dann nach meiner zweiten Streife Peter Hidien ganz aufgeregt entgegen: Einer von seinen ganz jungen Kerlen sei weg. Wieso weg??? Ja, weg. Aus dem Bunker gegangen, um den einen Posten abzulösen, aber dort nicht angekommen. Der nicht abgelöste Posten hatte schließlich die Alarmglocke gezogen, um sich bemerkbar zu machen, weil kein Posten den anderen auch nur eine Minute lang allein lassen darf.
Noch einer weg! Mir wurden die Knie weich. Mein Gott, wie sollte ich das Meyer beibringen? 20 Stunden nach Erdödy? Ich ließ den Mann suchen, aber er war weg, lag auch nirgends tot oder verwundet. War er zum Russen übergelaufen? Waren womöglich schon wieder Russen am Bunker gewesen und hatten ihn lautlos kassiert? Aber die Posten wiesen das weit von sich – das hätten sie nun doch gemerkt. Ich ließ noch einmal alles absuchen bis vorn zum Draht, bis 100 m ringsum im Graben und dahinter im verschneiten Gelände – nichts, nicht einmal eine Spur im Schnee. Und draußen kam nun ein Wind auf, der die Wolken wieder dicht vor den Mond schob. Schneeluft…
Also zum Chef, die Meldung machen. Ich wagte mich kaum die vereisten Stufen hinab in den Gefechtsstand. Schon oben an der Treppe hörte ich lautes Reden, und siehe da, Meyer saß mit den Seinen und Möller und Leisenheimer vor halbleeren Schnapsflaschen, es stank nach Fusel, trotz Alkoholverbot.
Ich meldete den Vorfall. Meyer nahm die Sache gewohnt ruhig auf und meinte, wir sollten erst mal den Morgen abwarten. Er bot mir Schnaps an und erzählte begeistert von Möller und seinem Trupp, der am Bach einen Steg und ein Boot gefunden und beides prächtig in die Luft gejagt habe. Außerdem wären dort allerlei Deckungslöcher gewesen, in denen vermutlich eine weitere Sicherungsgruppe gewartet habe.
Schon bald sprang das Gespräch um, auf den Feuerüberfall. Ich musste wohl oder

übel noch einige Schnäpse mitsaufen, denn am Morgen, prophezeite Meyer, würde uns der Iwan sowieso zur Sau machen. Diese Idioten, diese Wahnsinnigen! Wenn solche Befehle kein Grund zum Saufen wären, dann gäbe es überhaupt keinen mehr.

Nach einer halben Stunde meldete ich mich wieder ab. Ich hatte ein ungutes Gefühl im Magen, ich wollte nicht wieder irgendwo im Bunker hocken, wenn etwas passieren sollte, und schon gar nicht leicht befuselt. Im eisigen Nachtwind wurde ich schnell wieder klar. Der junge Mann war noch immer spurlos verschwunden. Ich lief gleich meine Streife weiter und erfuhr beim Nachbarzug vom Tod eines Postens. Kopfschuss auf Wache. Wahrscheinlichkeit 1 : 100.000 bei den wenigen Schüssen, die der Iwan in dieser Nacht abgegeben hatte und bei der Entfernung zu den feindlichen Gräben. Das war nun wie ein neuer Peitschenschlag in die Kniekehlen.

Früh gegen sechs Uhr kam dann der Befehl für den Feuerüberfall um Punkt sieben Uhr. Alle Waffen genau drei Minuten lang mit Vollgas auf die russischen Stellungen. Auch wir sollten mit allen MGs und Flinten ballern, was aus den Rohren geht. Wenn wirklich etwas los ist, darf die Ari nicht schießen, weil nicht genug Munition da ist. Hier aber sollte nun für nichts und wieder nichts drei Minuten lang aus allen Rohren gefeuert werden ohne ein wirklich lohnendes Ziel. Aber Befehl ist Befehl und so blubberten denn auch auf die Sekunde genau die Granatwerfer und die sJGs, die hinter uns in den Mulden versteckt stehen, und die Artillerie in der Ferne los. Wenige Augenblicke danach orgelte der ganze Zirkus gurgelnd über uns hinweg, es krachte drüben in Dribin und haushohe Dreck- und Schneefontänen spritzten auf breiter Front hoch in die reine, stille Morgenluft. Unsere Leute freuten sich königlich, dass auch sie dem Russen drüben mal so richtig den Laden vollrotzen durften, bis die Läufe glühten. Zu viel hatte sich in ihnen an Wut angestaut, zu oft hatten sie hören müssen: „Seid sparsam mit der Munition!“ Jetzt oder sobald nicht wieder!! Und so rauschte und knatterte und jaulte es weithin über das flache Tal, dicht schwangen die Lichterketten der bunten Leuchtspurgeschosse über den fahlen Schnee dahin und fraßen sich drüben in Häuser und Höfe und alle dunklen Schatten. Drei Minuten, welch herrlich lange Zeit, wenn man nach Herzenslust schießen darf, 180 Sekunden lang Jagdrausch und Fieber, Rache für Erdödy, für Konsorski, für den, für den, für den… ach, endlich mal wieder schießen dürfen, das rasende Peitschen und Zischen der tödlichen Garben hören, einmal sich austoben dürfen, selbst handeln und nicht immer nur auf das warten müssen, was der Russe tut, Nacht um Nacht…

Aber da war es auch schon vorbei. Stopfen!! Ein, zwei abgehackte Feuerstöße noch, eine Weile schwang noch das Rauschen in der Luft, dann wurde es gespenstisch still. Tief Luft holen, die Waffen absetzen. So, ihr Hunde, das war's. Und ein gutes neues Jahr wünschen wir euch!

Aber was soll's? Die Toten wurden nicht lebendig und das MG kam auch nicht zurück. Als der Rabatz beendet war, blieb der Iwan wider Erwarten ganz friedlich. Über Dribin verzog sich der Qualm. Die Division hatte mal wieder was Feines zu melden, wir selbst konnten uns befriedigt zum Frühstücken in unsere Bunker verkriechen. Etwas später hörten wir wohl ein paar Mal das typische blubb-blubb-blubb der russischen Granatwerfer, aber die Einschläge lagen irgendwo weit links von meinem Bunker, vielleicht am linken Flügel des Kompa-

nieabschnitts oder noch weiter weg in Klednewitschi.
Ich hatte noch immer keinen rechten Hunger seit der Sache mit Erdödy und wollte erst mal versuchen zu schlafen. Nach 20 Minuten etwa schrillte plötzlich dass Telefon, Meyer am Apparat. Und wie aus weiter Ferne hörte ich ihn sagen, der Wachtmeister Möller sei eben – gefallen. Volltreffer von einem Granatwerfer…
Oh Gott, ausgerechnet Möller?? Dieser feine, stille Kerl. Mein Gott, Möller. Erdödy, der andere und nun er. Drei Mann in 24 Stunden. Ich raste sofort hinüber zum Chef. Das war die Quittung für den Feuerüberfall. Meyer walzte ruhelos im Bunker auf und ab, auch er ganz fertig.
Ein reiner Zufallstreffer. Möller war auf dem Rückweg von Meyer zu seinem Zug gewesen und sogar im Graben gelaufen. Eine etwas verirrte Granate ist dann genau neben ihm in die Deckung eingeschlagen und hat seinen Kopf mit unzähligen Splittern durchsiebt. Zwei Meter weiter und sie hätte ihm wahrscheinlich kaum etwas getan.
Wir hockten alle wie erschlagen im Bunker. Der ganze Ärger mit dem Stoßtrupp und die Sache mit meinem weggelaufenen Jüngling war auf einmal fast belanglos. Aber Möller nun auch tot?? Keiner von uns wollte es glauben. Bei der Meldung an das Bataillon hielt Meyer auch nicht mit seiner Meinung über diesen Feuerüberfall zurück – da kennt er keine Rücksicht.
Draußen trieb indessen ein eisiger Wind Stunde um Stunde den losen Schnee stiebend vor sich her. Mittags waren die Gräben halb voll, am Abend dreiviertel, und es wehte und wehte weiter, und wir waren so deprimiert wie selten. Es war einfach zu viel auf einmal. Ich ertappe mich jetzt öfter bei dem Gedanken, wie gut es doch eigentlich die haben, die schon alles überstanden haben, so wie Möller, dessen Körper draußen unter einer Zeltbahn im Schnee lag. Was störten ihn noch Kälte, Schnee und Angst? Und wenn ich an diese ständig überforderten Männer denke – sie schlafen wenn es hoch kommt, in der Zeit von nachmittags um vier bis morgens um sechs vielleicht vier Stunden, aber nur in lauter kleinen, zerhackten Stücken. Und nun ist wieder abzusehen, dass sie den ganzen Tag über ohne Pause Schnee schaufeln müssen. Ich weiß kaum noch, wie ich die Streifen und Spähtrupps einteilen soll, seit Erdödy und die beiden Verwundeten fehlen.
Auch heute, am 2. Januar, weht und schneit es wieder und man könnte schreien vor ohnmächtiger Wut. Aber der Russe ist wenigstens ruhig.
Der junge Mann aus meinem Zuge hat sich neulich, statt auf Posten zu ziehen, mit einer faulen Ausrede in einen anderen Bunker beim Nachbarzug begeben, weil er... Zahnschmerzen gehabt hatte! Nun blüht auch dem womöglich das Kriegsgericht wegen halber Fahnenflucht oder Feigheit vor dem Feinde oder ähnlich schöner Sachen. Wieder entwickelte sich heute früh ein sagenhafter Papierkrieg, doch dieser Fall liegt zum Glück sonnenklar und das erleichterte mich sehr. Meyer ist der Letzte, der einen seiner Knechte leichtfertig oder nur aus Sturheit oder Gedankenlosigkeit dem Kriegsgericht ausliefern würde. Als Pfarrer weiß er zu gut, was in einem solchen Menschen an Angst und Verzweiflung vorgehen mag, und die Schwadron braucht außerdem jeden Einzelnen viel zu nötig. Und weil Meyer seine Leute in Schutz nimmt, soweit es irgend geht, hängen sie alle an ihm, obwohl sie ihn andererseits auch durchaus fürchten, wenn er nachts laut fluchend seine Streife läuft und auch mal einem vergrunzten Sack eine scharfe Handgranate vor den Postenstand schmeißt. Der pennt dann nicht so bald wie-

der ein.
Alles in allem, ein Jahresende und ein Jahresbeginn von seltener Beschissenheit, im Großen wie im Kleinen. Vor einem Jahr wussten wir noch nichts von Stalingrad, standen wir noch im Kaukasus, jetzt ist Shitomir zum zweiten Male und sicher endgültig verloren gegangen, dieser Ort, der für mich immer mit Empfindungen der Wärme und Geborgenheit verbunden sein wird. Zerstört, verbrannt und leer ist sicher die Stätte, wo wir noch vor einem Jahre Weihnachten feierten.
Und sonst? Ein Hängen und Würgen an der ganzen Ostfront, ein nicht nachlassender Terror in den Städten der Heimat, die U-Boote anscheinend ohnmächtig gegen eine neue Abwehrtechnik, von der Vergeltung nichts als schöne Reden. Nur in Italien sieht es endlich halbwegs stabil aus, obwohl auch dort jeden Tag eine neue Landung der Alliierten alles aus den Angeln heben kann. Scheiße, wohin man auch sieht.
Aber was bleibt uns übrig, als weiterzukämpfen? Kündigen und nach Hause gehen is nich. Was uns erwartet, wissen wir seit Casablanca, und dass es auch nicht nur um Hitler und die Partei geht, wissen wir auch. Stalin will Deutschland, dann hat er Europa. Und man hat den Eindruck, dass allmählich wirklich alles auf dem Spiel steht. Das allein gibt uns überhaupt noch die Kraft und Härte, hier zu stehen, jede Nacht, bei jeder Kälte, einen schier endlosen Winter hindurch, Stunde um Stunde in dieses scheinbar leblose Niemandsland zu starren und zu lauschen, gegen diese entsetzliche Müdigkeit anzukämpfen und gelegentlich auch gegen die Verlockung, sich eine Kugel in den Kopf zu jagen; tagelang die Melancholie dieser grauen, drückenden Wolkenmassen zu ertragen und im Wirbel des lautlosen Schneetreibens nicht durchzudrehen. Dies alles ertragen viele nun schon im dritten Winter und wenn kein Wunder geschieht, werden wir es noch auf unabsehbare Zeit auf uns nehmen müssen. Ich selbst darf mich gar nicht beklagen; mir brennen zwar auch die Augen vom fehlenden Schlaf, aber ich bin ja normalerweise in Bewegung, während die Posten in der Kälte auf der Stelle stehen müssen, achthundert Minuten in jeder Winternacht.
Ja, es ist eine verdammt traurige Bilanz an diesem Jahreswechsel. Es muss nun wirklich bald etwas Entscheidendes geschehen. Nach meinen ersten, fast berauschenden Eindrücken von dieser Front im Mittelabschnitt beschleichen mich jetzt doch öfter bange Fragen. Wie sollen wir denn diese 1.200 m Graben mit ganzen 20 Hanseln halten können, wenn der Iwan hier mal Ernst macht? Was nützt uns der zugeschneite Auffanggraben 2 km hinter uns? Wer wird ihn je erreichen? Aus diesen Bunkern kommt keiner lebendig heraus, und wenn doch, dann schießen sie ihn auf den kahlen Schneefeldern ab wie Karnickel. Man wird uns als Vermisste melden; vermisst westlich Klednewitschi…
Und draußen weht und weht es und nun schneit es auch noch dazu. Man müsste sich sinnlos besaufen.

<u>Bei Klednewitschi, Montag, 3. Januar 1944</u>

Um bei Überfällen à la Erdödy zukünftig eine Eingreifreserve zu haben, will der Chef eine Reservegruppe zusammenstellen, die in der Nähe seines Gefechtsstandes untergebracht werden soll. Dazu sollte ich aus meinem Zug zwei Mann ab-

stellen. Außerdem kam heute einer weg, der eine Strafe zu verbüßen hat. Da hakte es bei mir aus, denn nun blieben mir noch ganze 17 Mann. Es half aber alles nichts; der Gedanke einer Eingreifgruppe ist ja im Prinzip goldrichtig, nur dürfte dadurch die armselige Substanz der Züge nicht noch mehr geschwächt werden. Wie soll ich nun mit 17 Mann zurechtkommen? Einen kleinen Kompromiss gestand der Chef schließlich zu: Die Reservegruppe oder ein Teil von ihr soll wenigstens hin und wieder eine Streife übernehmen. Das spart für zwei Stunden drei Mann ein. Aber sonst blieb es dabei. Drei Mann bin ich zusätzlich los. Von den 17 Mann sind 11 so gut wie ständig auf Posten oder Zugstreife, der Rest läuft zweimal in der Nacht drei Stunden lang im Vorgelände Spähtrupp. Einzuteilen gibt es da nichts mehr. Jede Gruppe muss sehen, wie sie in sich den Ausgleich schafft. Die Starken müssen nun noch mehr an durchgehender Wache oder Streife leisten, damit die Jungen und Schwachen wenigstens hin und wieder mal eine Stunde lang die Augendeckel zufallen lassen können. Eine gerechte Wacheinteilung ist einfach nicht mehr möglich.
Als ich zusammen mit den Gruppenführern schließlich meine 17 Männer so eingeteilt hatte, dass jeder wenigstens im Laufe von vier oder fünf Nächten auf die gleiche Zahl von Posten-, Streifen- und Spähtruppstunden kam, kehrte mit dem Verpflegungsschlitten unerwartet früh ein Urlauber zurück, und ich hatte auf einmal 18 Mann zur Verfügung! Freudig rangierten wir ihn ein, wo es bei einer Streife oder einem Spähtrupp besonders kniff. Als wir damit fertig waren und ich eine Stunde später erleichtert meine Streife angetreten hatte, meldete mir Unteroffizier Rosemann, in seiner Gruppe habe sich einer so schwer den Fuß verknackst, dass er kaum stehen könne.
Nun sind wir also wieder 17 und die ganze Freude ist zum Teufel.
Aber gegen Mittag ist uns doch noch Heil und Unheil zugleich widerfahren: Der Wind erstarb zu einem sanften Säuseln, der Schnee blieb oben in den Wolken, die Sicht wurde klar und es begann zu tauen. So schön und schier unfassbar dies auch war – für uns bedeutete es wieder: Schaufeln, schaufeln, schaufeln. Kein Schlaf mehr ab Mittag. Mit zehn Schaufeln lösen wir uns nun ab. Mehr brauchen wir auch nicht, denn sieben Mann gehen sowieso ab für die ständigen Tagesposten draußen und in den Bunkern; dazu der Zeitbedarf für Waffenreinigen, Essenholen, und so weiter. Bei 900 m Grabenlänge – in Luftlinie gemessen, ohne die aberhundert Knicke – hat also jeder von den 17 Männern über 50 m freizuschaufeln, das sind über 75 Kubikmeter Schnee. Heute Abend sollen wir allerdings ein Kommando Schneeschaufler von rückwärtigen Einheiten bekommen. Die werden sich freuen.

Bei Klednewitschi, Dienstag, 4. Januar 1944

Die Nacht war durchsichtig und still. Endlich wieder einmal lief man seine Streife ohne Nervenflattern am Graben entlang. Gestern Abend kriegten wir tatsächlich die Schneeschaufler von der Division, die auch ganz ordentlich arbeiteten. Gegen Morgen, als es hell wurde, war wirklich ein zusammenhängendes Stück geschafft. Mein Angeknackster musste zu allem Überfluss auch noch ins Revier und damit bin ich fürs Erste wieder um eine Hoffnung ärmer.

Um die Mittagszeit gab es eine ganz verrückte Sensation: Unteroffizier Ciska aus Möllers Zug hatte sich, zunächst unbemerkt von den dösenden Tagesposten, aus dem Graben geschwungen und war im Zustande völliger Trunkenheit den Russen 800 m weit entgegengelaufen, über die vereiste Remistwjanka hinweg, hatte sich den gesprengten Steg angesehen, hatte mit der Mütze zu den Iwans artig winke, winke gemacht und war schließlich genauso gemütlich schlendernd und schaukelnd und ohne das Gewehrfeuer der inzwischen wach gewordenen Russen zu beachten, wieder heim gesockt. Der Anschiss von Meyer soll hinterher allerdings nicht von Pappe gewesen sein. Sicher hat der friedliche Wanderer gar nicht begriffen, warum der Alte so brüllte. Ciska hat nur erklärt, er habe sich mal die Reste des Steges und des Bootes ansehen wollen. Da soll dann selbst Meyer platt gewesen sein. Selig sind die Besoffenen, denn sie wissen nicht, was sie tun und merken nichts von der ganzen riesengroßen Scheiße.
Wir hingegen schaufelten weiter Schnee. Keiner ist mehr ohne Blasen an den Pfoten, aber es taut immer noch und der Schnee lässt sich gut werfen.
Bei einem Nachbarbataillon ist letzte Nacht wieder ein Mann übergelaufen. Wir fragen uns immer, was solche Leute sich davon erhoffen. Gewiss, dem Elend hier vorn sind sie zwar entronnen, aber was erwartet sie drüben? Glauben sie im Ernst an die Parolen und Versprechungen des Nationalkomitees Freies Deutschland? Das sind doch nur geköderte Verräterfiguren oder erpresste Stalingrad-Generäle, die der Iwan bei Bedarf fallen lassen wird, wie eine geknackte Laus. Dass sich überhaupt so hohe Offiziere für so etwas hergeben, nachdem sie jahrelang von jedem Soldaten genau das Gegenteil bis zur Aufopferung des Lebens gefordert haben, ist mir unverständlich. Entweder haben sie damals dauernd gegen ihre Überzeugung geredet oder sie tun es jetzt. So was nennt sich deutsche Offiziere! Für mich ist der Gedanke an eine Gefangenschaft beim Russen noch immer am allerschwersten. Von dort kommt bestimmt kaum einer zurück und Hunger und Quälerei würde ich über Jahre nicht ertragen können. Dann lieber gleich im Kampf verrecken. Aber auch das ist sicher leichter gesagt als durchgestanden.

<u>Bei Klednewitschi, Mittwoch, 5. Januar 1944</u>

Gestern Abend, als es schon dunkel geworden war, schoss unsere Ari in Dribin eine ganze Reihe von Häusern in Brand. Bei der Gelegenheit ging auch allerhand Munition mit schwerem Getöse und herrlichem, bengalisch beleuchtetem Qualm in die Luft. Es war die Rache des kleinen Mannes. Wir freuten uns wie die Kinder, auch wenn wir uns an dem schönen Feuerchen leider nicht wärmen konnten.
In der Nacht, die wieder klar und kälter war, schafften die Schaufelknechte von der Division abermals ein gutes Stück. Bei soviel Betrieb im Graben vergeht eine Nacht wie im Flug, man empfindet auch die Müdigkeit nicht so schrecklich und ist gleich in ganz anderer Stimmung.
Heute nun klarer, befreiender Sonnenschein und eine gesunde, trockene Kälte. Und kein Wind! Das gibt es also auch noch.

Bei Klednewitschi, Donnerstag, 6. Januar 1944

In der Nacht gab es um ein Haar wieder eine Katastrophe. Wir hörten davon nicht mehr als ein paar ferne Schüsse im Niemandsland und Minuten später Geschrei und MPi-Feuer weiter links am Graben. Von der Nachbarstreife erfuhren wir es dann: Der Obergefreite Jasinski hatte auf Spähtrupp von einem russischen Spähtrupp einen grauenhaften Schuss quer durch beide Augen bekommen. Bello, der Sani, war alarmiert worden und durch eine Lücke im Stacheldraht zu den Leuten des Spähtrupps hindurch gestürmt, hatte Jasinski notdürftig verbunden und zurück geschleppt, aber dann auf dem Rückweg die Lücke im Drahtverhau verfehlt. Und während er noch dabei war, den Draht herunterzutrampeln, um Jasinski den langen Umweg zu ersparen, hatte die Streife des Nachbarzuges in der Annahme, Russen vor sich zu haben, sofort das Feuer eröffnet. Nur durch wildes Gebrüll und Geschimpfe hatte Bello dann erreicht, dass die Kameraden stutzig wurden und aufhörten zu feuern. So fertig mit den Nerven sind wir im Grunde alle. Wenn Russen kommen, schießen wir nicht oder zu spät oder daneben. Hier war es ein Glück, dass wenigstens diese Schüsse auch ihr Ziel verfehlten. Aber Jasinski, dieser arme Teufel, blind für den Rest seines Lebens. Auch Meyer ist wieder k.o.
Der Tag begann dann wunderschön mit eitel Sonnenschein, aber mitten in den ersten Vormittagsschlaf hinein wollte das Bataillon auf einmal Meldung haben, dass der ganze Graben der Kompanie schneefrei sei. Die Herren glaubten wohl, weil sie uns zweimal ein Schneeschipperkommando geschickt hatten, wäre nun ein Kompanieabschnitt von rund drei Kilometern Grabenlänge freigeschaufelt. Das war nun völlige Fehleinschätzung. Als sie das geschluckt hatten, gaben sie eine letzte Frist bis zum Abend. Also wieder kein Schlaf, sondern schaufeln bis zum Umkippen. Gegen 20 Uhr waren wir dann auch wirklich fertig, in jeder Beziehung. Ich hatte gleich am Morgen 15 m mitgeschaufelt und fühlte mich richtig wohl danach.
Am Nachmittag begann es wieder zu wehen, scheinbar nur leicht und wenig, und doch, wenn man sieht, dass nur noch wenige Meter fehlen, und nun das ganze Elend von vorn anzufangen droht, dann könnte man dem nächstbesten, der einem dumm in die Quere kommt, gleich eine Handgranate in die Fresse schmeißen; wenn man sieht, dass hinter einem schon wieder 10, 15, dann 25 und 50 cm Schnee im Graben liegen, dass sich Täler und kleine Schneewehen bilden und die eigene Spur Minuten später nicht mehr zu finden ist, wenn sich der feine weiße Staub wieder eisig in Hals und Nase, Ohren und Augen setzt, dann kriegt man Magenkrämpfe vor ohnmächtiger Wut. So füllt sich nun der Graben in dieser Nacht von Neuem, immer leise, kaum merklich und doch mit unaufhaltsamer Stetigkeit, ohne dass es schneit. Aber die Millionen kleiner Schneekristalle, die der Wind vor sich her treibt, sinken mit Freuden in diese schmale Rinne unseres Grabens, in der wir leben, auf die wir angewiesen sind und die das ist, was man so schön die Front nennt. So werden nun bald wieder die Befehle vom Bataillon kommen, die Gräben leer zu schaufeln, koste es, was es wolle. Wie dankbar müssen wir schon sein, dass wir nicht auch noch die restlichen 300 m in der Mulde an der rechten Grenze freihalten müssen, die nur nachts mit Streifen begangen wird und in der sich längst meterhohe, tückische Schneewehen gebildet haben, in die man in der Finsternis immer wieder fluchend hineinstolpert. Diesen gottverfluch-

ten Winter in Russland soll endlich der Teufel holen!
Dabei ist der Russe hier ja noch weit und im Allgemeinen recht friedlich. Und doch, die Nächte sind immer wieder von einer unheimlichen Spannung erfüllt. Was wissen wir, ob die Russen nicht doch jede Nacht irgendwo vor der Stellung ihre Spähtrupps liegen haben, die nur beobachten und jeder Berührung mit unseren Spähtrupps aus dem Wege gehen. Wir haben es ja nun erlebt, wie es ist, wenn sie zuschlagen. Es klappt auf Anhieb, weil sie genau wissen, wann die Streifen laufen, in welcher Richtung und Stärke. Wir müssten viel unregelmäßiger laufen, aber dazu brauchten wir mehr Leute, viel mehr. Das ist das A und O unserer ganzen Misere.
Jetzt ziehen wir meist schweigend am Graben entlang, nur halblaut kommt der Anruf der Posten, halblaut antwortet man in den nebligen Nächten und immer wieder zuckt man plötzlich vor einem Schatten, einem Laut, einer Bewegung zusammen. Fast immer ist es dann nur die eigene nervöse Phantasie, die gereizte Spannung, die einen Gespenster sehen lässt, wo gar keine sind. Aber ringsum ist alles so beängstigend still, der Schnee saugt jeden Laut in sich auf, kaum hört man das Knirschen der Stiefel im Harsch, und dann fährt auf einmal ein fahler Streifen Mondlicht lautlos über das weiße Feld, das plötzlich zu leben scheint, oder man steht unerwartet im gleißenden Licht einer Leuchtkugel, erstarrt wie ein Stock, mit klopfendem Herzen, nur weil ein ebenso durchgedrehter Posten auch Gespenster gesehen hat.

Bei Klednewitschi, Freitag, 7. Januar 1944

Draußen jagen die Wolken heute wieder tief über das Land. Die Sonne und nachts der Mond ließen sich nur selten zu einem kurzen Blick auf diese traurige Welt hinreißen. Aber es ist ein Trost, dass wir noch keinen Befehl zum Schaufeln haben. Vielleicht wird man höheren Orts mit der Zeit doch noch etwas vernünftiger. Solange es weht, ist jeder Schaufelwurf nicht nur sinnlos, sondern auch eine unverantwortliche Kraftvergeudung. So aber nutzen die Männer die Zeit und grunzen, solange es irgend geht. Wenn man am Tage durch die Stellung zottelt, ist alles Leben wie erloschen. Nur der eine Posten bei jedem Bunker steht da und freut sich, wie man selbst, über einen kleinen Schwatz. In den Bunkern aber liegen sie in dickem, warmem Mief und schnarchen um die Wette, dass es der Iwan eigentlich hören müsste. Wie Murmeltiere im Winterschlaf.
Die Nacht wird wieder gemein duster werden. Ich habe meine Leutchen noch einmal zu höchster Wachsamkeit ermahnt, damit uns nicht noch einmal eine Schweinerei wie am Silvestermorgen passiert. Ein Nachspiel wird die Geschichte hoffentlich nicht noch haben, sonst hätte man sicher schon etwas gehört. Aber ein Stoßtrupp dürfte mir nach wie vor bald sicher sein. Daran darf ich überhaupt nicht denken, dann sacken mir noch jetzt die Knie weg.

Bei Klednewitschi, Sonnabend, 8. Januar 1944

Noch kann ich es gar nicht glauben: Kurz vor Mitternacht kam gestern Abend der Chef in meinen Bunker gepoltert und eröffnete mir ernst, ich müsse bis heute einen schriftlichen Antrag einreichen. Antrag?? Ja, mein Urlaubsgesuch, meinte er grinsend. Da fiel ich aus allen Wolken, aber es war kein übler Scherz. Ich soll wirklich am 12. Januar ab Orscha fahren. Unter einer Bedingung: Wenn die Männer bis dahin den ganzen Graben freigeschaufelt haben! Die Armen!
Zwei Tage noch hier und zwei finstere Nächte! Soll ich mich schon freuen? Urlaub! Ich! Ich bin noch immer ganz durcheinander…

Bei Klednewitschi, Sonntag, 9. Januar 1944

Bei klarem Himmel und Frost peitschte heute ein eisiger Wind den ganzen Tag über die glitzernden Schneekristalle und die weiße Unendlichkeit dahin. Die Gräben sind längst wieder gestrichen voll. Man kann kaum noch den Verlauf des Grabens inmitten der zahllosen neu entstandenen Schneeverwehungen erkennen. Wir liefen auch am Tage oben auf der Deckung, ohne dass Iwan uns belästigte. Heute nacht um drei Uhr war allerdings trotz Mondlicht plötzlich Alarmbereitschaft befohlen worden. Aber es geschah nichts und so konnten wir uns beim Hellwerden beruhigt aufs Ohr hauen.
Morgen soll ich nun zum Tross zurückfahren, um meinen Urlaub anzutreten. Die Papiere sind schon da! Natürlich spricht kein Mensch davon, dass vorher noch der Graben freigeschaufelt sein muss. Ich lasse bewusst noch keine Vorfreude in mir aufsteigen, denn noch ist nicht aller Tage Abend und bis morgen kann noch viel passieren. Wir haben in den letzten Tagen und Nächten genug Schreckliches erlebt, das noch immer an unseren Nerven zerrt.

Korolewka-Kusowina, Donnerstag, 11. Januar 1944

Zwei schneeweiße Mondnächte, gestern ein strahlender Sonnentag ohne Wind, ein friedlicher Iwan – und ich bin seit heute Nacht beim Tross. Der Urlaub hat schon begonnen…
Gestern um die Mittagszeit übergab ich meinem Vertreter den ganzen Papierkrieg, wies ihn in die Raffinessen der Stellung ein und saß dann noch eine Weile beim Chef. Doch bald glitten fast lautlos die Schlitten mit der Verpflegung heran, etwas später als sonst. Ich lief noch einmal meine Stellung ab, sagte allen „Auf Wiedersehen“ und wünschte ihnen das, was man in solchen Fällen so wünscht: heile Knochen und einen ruhigen Iwan. Ein letzter Blick hinüber nach Dribin, zu den russischen Stellungen, die sich friedlich als schwache Schatten vom Schnee der weiten Niederung abhoben, Abschied von meinen Meldern und mit den gepackten Klamotten ab zum Gefechtsstand.
Bis zur Abfahrt der Schlitten wurde es dunkel. Dann endlich konnte ich mich abmelden und wurde mit vielen guten Wünschen für einen trotz aller Bombenalarme schönen Urlaub entlassen. Und ich sollte auch mal an den Haufen denken!

Ach, eher werden wohl die Stunden zu zählen sein, in denen ich nicht an ihn denken werde…
Ich packte mich auf dem Schlitten schön warm ein und ab ging die Fahrt. Die zerrupften Dächer der drei Scheunen von Klednewitschi versanken hinter der Höhe. Ade, alter Käptn, ade Schwadron! Kilometerweit konnte man später von den sanften Höhen des Hinterlandes aus hinaus in die Nacht sehen. Es war eine dieser Stunden, in denen man der Grenzenlosigkeit und Stille dieses Landes und der Erhabenheit des Himmels so verfallen ist, dass man völlig vergisst, wie oft und abgrundtief man dasselbe Land verflucht und gehasst hat und in einer Mond- und Schnee- und Sternennacht wie dieser wieder verfluchen und hassen und dann trotz allem wieder lieben wird.
Still, ohne einen Schuss, ohne eine Leuchtkugel lag irgendwo hinter uns nun die Front. Dort standen sie auch in dieser Nacht wieder auf Posten, liefen ihre Streifen und ihre Spähtrupps im Niemandsland wie immer. Ich aber als einer der jüngsten Offiziere des Bataillons fuhr auf Urlaub! Eigentlich war es gar nicht zu fassen, aber der Schlitten glitt leise knirschend in der sternenfunkelnden Vollmondnacht dahin, die Pferdchen trabten und die kalte Nachtluft biss uns scharf ins Gesicht. Aber ich fuhr in den Urlaub…
Und nun soll mich nach dem Essen ein Schlitten nach Gorki bringen, zur Bahn. Ich bin mal wieder ausgeschlafen, von Kopf bis Fuß sauber gewaschen und mit läusefreier Wäsche ausgestattet. Ein Gefühl wie Weihnachten.
Eben neueste Parole: Unser Bataillon wird noch heute abgelöst und woanders eingesetzt. Dann sehe ich also Klednewitschi und „meine“ drei Scheunen nicht wieder. Aber das kratzt mich jetzt wenig. Sooo schön war es dort nun auch wieder nicht.
Morgen in aller Frühe fährt der Zug von Orscha ab. Vielleicht bin ich übermorgen schon zu Hause. Zu Hause…

Dortmund, Donnerstag, 3. Februar 1944

Nun gehen auch diese drei Wochen mit Macht dem Ende zu.
Schon damals im Zug von Orscha fiel endlich alles an Spannung und nächtlichen Ängsten ab, obwohl wir noch in der Dunkelheit in die kalten Abteile kletterten und dann immer wieder zu den Waldrändern hinausspähten, hinter denen die Partisanen hausen. Aber es rollte alles glatt, keine Mine, kein Feuerüberfall. In Schnee und Schlamm erstarrte Dörfer, kaum Leben in den frostigen Städten an der Strecke, in Minsk, Molodetschno und Wolkowysk; und immer wieder schwarzer, undurchsichtiger Wald unter dickem Schnee. Eine ungemütliche, deprimierende Reise.
Es war ein echt schöner Urlaub, lang genug, mit viel Schlaf, mit allem Gutem, das Mutter sich für Dieter und mich von der Weihnachts-Sonderzuteilung abgespart hatte, obwohl ich von der ganzen Familie wahrscheinlich am besten im Futter bin. Diesen Vorteil haben wir wenigstens vorn.
Ich habe fast jeden Tag einige Stunden an der Maschine gesessen und mein Tagebuch in einer ersten Kurzfassung ins Reine getippt, vor allem Hof Belikow und Werchnij Bischkin. Mutter meinte nach der Lektüre, die Großeltern dürften das

auf keinen Fall je zu sehen kriegen, sie ertrügen das einfach nicht.
Tag für Tag hat uns natürlich auch die militärische Lage beschäftigt. Der enorme Einbruch der Russen westlich Shitomir zerhackt die Front in zwei große Teile – eben wird gemeldet, dass nun sogar Rowno und Luzk verloren sind! Dort muss es ganz böse aussehen. Aber auch bei Leningrad ist nun alles im Zurückgehen, Nowgorod aufgegeben, überall schwere Kämpfe, überall zurück. Man versteht einfach nicht mehr, wie es kommt, dass fast jeder Angriff der Russen jetzt Erfolg hat. Sind wir überall so schwach geworden? Stehen alle guten Sachen im Süden und Westen? Aber was soll denn werden, wenn die Invasion nicht kommt und wir im Osten alles verlieren? Wenn die ganze Invasion nach den bösen Erfahrungen der Amis in Nettuno und Salerno und an der ganzen Front dort nur ein genialer Bluff ist? Oder sitzt bei uns der Wurm im Gebälk? Ist bei uns Sand im Getriebe? Sabotage, Verrat? Vater kann es sich anders nicht erklären und ich weiß es natürlich auch nicht. Wir haben vorn akute Sorgen genug und können uns nicht auch noch den Kopf über die große Linie zerbrechen. Aber furchtbar bedrückend ist die Situation, zumal ja auch Adolfs Rede zum 30. Januar nichts Neues brachte und die Bomber weiter morden, wo sie wollen. Ich weiß auch nicht, was unsere Flieger jetzt auf einmal über London sollen. Es gehen doch nur unnötig viele verloren, die dann woanders bitter fehlen. Jäger brauchen wir; Jäger, Jäger, Jäger, bis jede Nacht 100 oder 150 Terrorbomber vom Himmel fallen. Nur so etwas imponiert denen doch.
Aber trotz allem, mit den Alarmen hatten wir Glück, meist nur Störflieger, deretwegen man nicht erst in den Keller torkelt. Die Sirenen haben mir aber auch so gereicht. Diese Art Lärm sind wir draußen einfach nicht gewöhnt. Dort macht uns Nacht für Nacht die unheimliche Stille kaputt.
Stille Tage auch hier, überschattet von vielen Sorgen und Ängsten und dunklen Ahnungen, über die niemand spricht. Etwas Schauspielerei ist bei allem dabei, und jeder weiß es, aber keiner will dem anderen das Herz unnötig schwer machen. Nur die Freude über das Wiedersehen ist ganz echt und tief.
Ja, das war's. Kurz und nicht ganz schmerzlos. Sonnabend, übermorgen, muss ich wieder los. Am liebsten ginge ich heimlich schon heute Nacht, um diesen Abschied, der tief drinnen längst begonnen hat, nicht so quälend lang zu machen. Doch ich werde auch so noch früh genug zum Haufen kommen, zu den Kameraden vorn, die ich hoffentlich alle wiedersehen werde.

BARISCHEWKA

<u>Kamenka, Mittwoch, 9. Februar 1944</u>

Es war ein Abschied im Regen gewesen, ein Abschied ohne Worte. Eine letzte Umarmung, ein Blick zurück. Mutters Gesicht verweint hinter nassen Scheiben.
Fußmarsch durch zerstörte Straßen, vorbei an ausgebrannten Ruinen. Löcherig ausgeflickte Bombentrichter. Schlimmere Bilder als wir sie draußen haben, denn unsere Stellungen laufen ja im Allgemeinen durch freies Feld, fern von menschlichen Ansiedlungen, fern von wehrlosen Menschen, die in der Heimat Tag und

Nacht bedroht sind.
Der Zug hatte nur wenig Verspätung. Am frühen Nachmittag Berlin. Wie erschreckend gleicht diese Stadt streckenweise schon den erfrorenen Trümmern von Warschau! Aber es herrscht wenigstens noch Leben in den halb verschütteten Straßen. Dass die Millionen, die in den dicht bebauten Wohnvierteln der Großstädte hausen müssen, nicht längst die Flucht ergriffen und alles im Stich gelassen haben, ist eines der unbegreiflichen Wunder dieses Krieges. Wir draußen können verdammt dankbar sein, dass uns der tägliche Anblick solcher Ruinenviertel und das Heulen der Sirenen erspart bleiben. Wir haben andere Sorgen, gewiss, aber auch andere Möglichkeiten uns zu wehren.
Wieder die schier endlose Fahrt über Warschau durch die finsteren Partisanenwälder bis Minsk, dann weiter bis Orscha; wieder keine Schüsse aus dem Gefilz der gefällten Bäume, keine Minen auf dem Gleis, sondern ganz glatte Fahrt, wenn auch in stundenlanger innerlicher Alarmbereitschaft.
In Orscha war mir als vorläufiges Reiseziel Mogilew angegeben worden. Die Division war demnach wieder mal ein Stück gewandert. Südlich Orscha wurde das Land dann weiß. Es schneite in munteren Flocken. Der kümmerliche Zug hustete sich mühsam nach Süden voran. Zu unserer großen Freude zog sich längs der Bahn eine phantastische Stellung entlang: Eine Rolle Stacheldraht und dahinter streckenweise immerhin knöcheltiefer Graben, immer schön auf halber Höhe am Vorderhang, sodass im Ernstfall kein Mensch über die Höhen hinweg in diesen Graben gelangen könnte. Heil den unseligen Haufen, die eines Tages diese Stellungen besetzen müssen! Ja, es wird wirklich alles getan, um einen zuversichtlich und guten Mutes wieder zu seinem Haufen zurückkehren zu lassen. Die zerbombten Städte in der Heimat und die riesige Luftblase hier im Osten.

Vor Barischewka, Freitag, 10. Februar 1944

Gestern fand ich nach einer längeren Schlittenfahrt und nach einem Fußmarsch durch mehrere Dörfer endlich den Tross der Kompanie. Ein widerlich kalter Wind hatte mir wie in den besten Tagen von Werchnij Bischkin ständig ins Gesicht geblasen und so war mir richtig flau im Magen gewesen, als ich endlich die warme Bude des Spießes betreten konnte.
Die Trossleute erzählten mir schon bald die schauerliche Geschichte vom Marsch in die jetzige Stellung bei Barischewka und von einigen Stoßtruppunternehmen, bei denen der kleine Schubert aus meinem Zuge gefallen und einige andere leicht verwundet worden sind.
Am Nachmittag fuhr ich, wunderbar mit neuen Wintersachen ausgerüstet, mit dem Verpflegungsschlitten erwartungsvoll nach vorn, wo ich vom Chef neckisch begrüßt wurde und nun zum zweiten Mal die schauerlichen Geschichten der letzten Wochen erzählt bekam. Allein der Marsch in diese Stellung muss eine grausame Strapaze gewesen sein. Die alte Stellung in Klednewitschi hatten armselige Trüppchen eines sogenannten Sperrbataillons übernommen, lauter alte Säcke, die beinahe einzeln aus dem Hinterland herangeschlurft waren und drei ganze MGs ihr eigen nannten. Mit welchem Fatalismus müssen solche wehrlosen Haufen begnadet sein, damit sie überhaupt im vordersten Graben bleiben, ohne sich auf-

zuhängen oder gleich zum Iwan weiterzupilgern.
Die Schwadron hatte damals allerdings andere Sorgen als sich um das künftige Schicksal dieses Elendsvereins an den Scheunen von Klednewitschi zu kümmern. Zunächst blieben die Fahrzeuge im Schnee stecken und konnten nur mit unmenschlicher Würgerei bis auf etwas ausgefahrenere Wege gezerrt und geschoben werden. Um Mitternacht war das Bataillon endlich einige Dörfer weiter gekommen. Die Schwadron zog in einer Schule ohne Fenster und Türen unter. Kalter Zementboden, etwas Feuer aus zerschlagenen Schulbänken, aber trotzdem keine Wärme, kein Schlaf wegen der zugigen Kälte. Viele verkrochen sich in die Ställe zu den Pferden. Durchfroren und übermüdet ersehnte dann am Morgen jeder den Weitermarsch.
Nachmittags um vier Uhr, als es schon wieder dämmerig wurde, endlich Rast, aber keine Feldküche, nichts Warmes zu fressen. Verbot, sich in den Häusern aufzuwärmen, weil das Dorf noch bewohnt war. Abends halb sieben doch noch die Feldküche, aber schon eine halbe Stunde später Abmarsch, aller Müdigkeit zum Trotz. Die Erbsensuppe musste unterwegs im Finstern gelöffelt werden. Die Pferde am Ende ihrer Kräfte. Immer mehr Zeug musste abgeladen und erst mal an der Straße gelagert werden. Am besten hielten sich, wie so oft, die kleinen, struppigen Panjegäule.
Erst im Morgengrauen abermals Rast. Mensch und Tier unsagbar lahm und müde, schlapp zum Umfallen. Totenähnlicher Schlaf in einem fremden Dorf. Doch schon nach zwei Sunden das Unmögliche: Alles hoch, Weitermarsch nach Süden, Richtung Tschaussy! Die meisten waren kaum noch wach- und hochzukriegen. Hinschleppen den ganzen Tag hindurch. Kein Wort; keine Pause. Kein Fraß in die Rippen. Nur knirschende Stiefel im Schnee, schnaubende Pferde. Irgendwann Motorengeräusch von oben. Ein Russe, 75 m hoch über der Kolonne. Er schoss nicht, keiner nahm Notiz von dem Brummer, jeder latschte weiter, ohne auch nur den Kopf zu heben. So etwas ist bei der deutschen Wehrmacht normalerweise unvorstellbar, aber dort war wieder einmal die Grenze des Zumutbaren weit überschritten.
Abends im Dustern wankten sie schließlich halbtot in ein Dorf. Halt. Halbrechts voraus Wald, 500 m entfernt. Böses MG-Gefatsche in den Bäumen. Am Ziel. Abladen. Der Wald, das war ein Teil der neuen Stellung, der Ort – Barischewka. Melder führten die Schwadron in die unbekannten Gräben, die bis oben hin zugeschneit waren. Meyer sackte mit seinem Kompanietrupp zunächst mal total kaputt in seinem neuen Gefechtsstand zusammen. Schlafen, schlafen, sonst nichts mehr, trotz der Schießerei des Russen.
Früh um drei, in der tiefsten Dunkelheit, fuhr Meyer dann plötzlich hoch. Draußen war alles so still, zu still – schreckliche Ahnungen und Erinnerungen an ähnliche Situationen alarmierten ihn, er trommelte seine Melder wach, stürmte mit ihnen hinaus in die fremde Finsternis, fand mit Mühe die Spuren des Grabens im Schnee, endlich den ersten Bunker, die erste MG-Stellung – wie früher schon öfter – kein Anruf, kein Posten, alles leer, kein MG. Meyer die Treppe hinunter in das schwarze Verlies – da schnarchte die ganze Gruppe im Schein einer Kerze, ein Schlag auf den Tisch, entsetzensstarre Augen aus dunklen Winkeln und Meyer brüllt los: „Raus mit euch, ans MG und Schnee geschaufelt – seid ihr total wahnsinnig, einfach zu grunzen, 200 m vom Iwan entfernt??“

Da waren sie wach für den Rest der Nacht. Meyer aber weiter in jagender Hast zum nächsten Bunker. Wieder kein Anruf, kein Posten, die Stellung leer. Das gleiche Gebrüll im Bunker, das gleiche Entsetzen und Erschrecken in den todmüden Gesichtern. Der Iwan hätte längst was merken müssen, aber unbehelligt tobte Meyer oben frei im Gelände weiter von Bunker zu Bunker, überall die gleiche Riesenpleite, die ganze Schwadron wie tot in den Löchern und dann hochgeschreckt, als wäre der Satan selbst unter sie gefahren. Nicht ein einziger Posten in der ganzen Stellung und das in Rufweite vom Iwan…
So ging's bis zur linken Abschnittsgrenze, dann wieder wie von Furien gejagt den ganzen Abschnitt zurück und hinüber bis zur rechten Grenze, zu meinem Zug. Auch dort die gleiche Schweinerei in den noch nicht heimgesuchten Bunkern. Danach war auch Meyer am Ende seiner Kräfte und fertig mit den Nerven.
Eine Stunde später hatte es dann weiter links plötzlich schweres Feuer gegeben. Ein Melder fand schließlich den neuen Gefechtsstand und konnte nur noch melden, der Russe habe ganz links bei Unteroffizier Ciska angegriffen. Eine halbe Stunde dauerte dieser erste böse Zauber mit Pak und Granatwerfern, sMGs und sogar Artillerie. Zum Glück wurde aber niemand geklaut. Auch die nächsten Tage und Nächte hindurch blieb es recht unruhig, bis sich der Iwan daran gewöhnt hatte, dass hier jetzt eine intakte Division steht, die auch zurückschießt.
So hat es hier in dieser Stellung begonnen. Ich habe mal wieder unbeschreibliches Schwein gehabt, denn der Marsch des Bataillons hatte schon 24 Stunden nach meiner Abfahrt zum Tross begonnen. Mit je zwei oder drei Handgranaten hätte der Iwan in jener ersten Nacht jeden Bunker einzeln ausräuchern können, wenn er zwei Stunden früher gekommen wäre. Keine Gruppe hätte von einem solchen Drama bei den Nachbargruppen etwas gemerkt oder der Iwan hätte sie alle lautlos kassieren und die Stellung gleich besetzen können. Mensch, Meyer, wenn der Alte nicht wieder diese quälenden Ahnungen gehabt hätte…
Gestern lachte er schon wieder darüber, während ich mir noch die schauerlichen Möglichkeiten dieser Gespensternacht ausmalte. Um das Grausen in mir voll zu machen, holte Meyer wenig später unbewusst zum zweiten Schlage dieses Abends aus: Er hoffe, in wenigen Tagen auch in Urlaub fahren zu können, ich müsse ihn dann vertreten und solle mir die Stellung daher gut ansehen, denn der Iwan hätte hier bestimmt noch einiges vor. Und auf ging's mit Motsch hinaus in den Zugangsgraben bis zu zwei sMG-Stellungen am Waldesrand. Von dort aus war Vorsicht geboten. Genau gegenüber, gut 300 m entfernt, sah ich nun zum ersten Male den vom Russen besetzten, buschigen Hügel, halbrechts meinen Stützpunkt ebenfalls auf einem Buckel, dem Iwan wie eine Faust vor der Nase. Den Hauptgraben konnte man etwas links vom Zugangsgraben erkennen, wo er sich nach Norden hin verliert. Insgesamt bilden wir den südlichen Querriegel und das südlichste Stück Front mit der „richtigen“ Richtung nach Osten um eine russische Einbruchsstelle aus den Weihnachtskämpfen. Ausgerechnet mein Zugabschnitt springt nun wieder wie ein Brückenkopf aus dem südlichen Sperrriegel nach Norden in den russischen Brückenkopf hinein – ein Blinddarm, den der Iwan sicher eines Tages mal herausoperieren will.
Geduckt tigerten wir erst mal in den linken Schwadronsabschnitt zu den anderen Zügen. Dort liegt zunächst eine freie Senke vor dem Graben, die von drei Seiten prächtig einzusehen ist und dann ganz allmählich nach Norden hin in eine kaum

merkliche Hochfläche übergeht. Dort ist dann schon nach wenigen hundert Metern der Schwadronsabschnitt zu Ende. Von der linken Grenze aus hat man mit Blick nach Osten den verfilzten russischen Stützpunkt wieder frontal vor sich; Nach Norden hin erstreckt sich dann bei Freund und Feind eine weite, flache Mulde ohne Baum und Strauch, in deren Schneeflächen die Stellungen kaum noch zu erkennen sind.
Nachdem wir in jedem Bunker kurz „Guten Tag" gewünscht hatten, tippelten wir die ganze Strecke wieder bis zum Zugangsgraben zurück und kamen dann endlich zu meinem Zug, den Oberwachtmeister Lang in der Zwischenzeit geführt hatte. Auf dem Stützpunkt wurde Meyer trotz der Dunkelheit noch vorsichtiger, duckte sich tiefer und erzählte hässliche Sachen von den Scharfschützen, die der Iwan bei Tage drüben sitzen hat. Wir gelangten aber ungerupft bis zur vordersten MG-Stellung an der Nordspitze der Bergnase. Dort ist die Sicht nach Norden zum Russen hin verdammt kurz, weil der Berg gleich vor der Stellung steil abfällt und der Einschnitt dahinter nicht einzusehen ist. Umso weiter kann man allerdings ins russische Hinterland nach Osten sehen. In der weiten Talsenke fließt die Pronja, und jenseits erstrecken sich schier endlose Wälder.
Ich begrüßte schnell meine Männer, sah auch einige neue Gesichter, musste dann aber mit Meyer erst noch weiter bis zum rechten Nachbarn. In steilem Zickzack stürzt der Graben an der Ostflanke des bewaldeten Berges hinab ins Pronjatal. Unten knickt er scharf nach rechts in die planmäßige HKL ab, wie sie einmal vorgesehen war. Nach Norden hin, hinter dem russischen Brückenkopf, deutet nur noch eine kümmerliche Rolle Stacheldraht im Schnee an, dass auch dort die HKL am Fuße der Hügel mit weitem Schussfeld zur Pronja hin verlaufen sollte. (Bild 42) Jetzt kann man von der scharfen Ecke aus dem Iwan von hinten in seinen Stützpunkt sehen, aber das scheint ihn wenig zu kratzen. Weiter im Norden geht er bei Nacht unbehelligt über die Pronja.
Nach diesen Eindrücken von der rechten Schwadronsgrenze begleitete ich Meyer noch wieder bergauf bis zu meinem neuen Gefechtsstand. Dort verabschiedete er sich und sockte mit Motsch weiter. Ich blieb noch eine Weile allein in der Dunkelheit stehen, blickte rundum über mein zukünftiges Reich und hatte im Großen und Ganzen das erfreuliche Gefühl, dass wir hier wegen der engen Verzahnung der Fronten doch sehr schön nahe in Sichtweite beieinander hocken. Jedenfalls sind wir nicht annähernd durch solche weiten Einsamkeiten voneinander getrennt wie in dem endlosen Graben von Klednewitschi.

<u>Vor Barischewka, Sonnabend, 12. Februar 1944</u>

Etwas mulmig sieht die Sache eigentlich nur bei meinem Stützpunkt aus. Er ragt einfach zu steil aus dem Pronjatal hervor und die Sicht aus dem Graben nach Norden und Osten ist stellenweise beschissen kurz, zumal der Ostabhang auch noch strubbelig mit Bäumen und Sträuchern bewachsen ist. Von dort her sind also immer mal Überraschungen möglich. Am gemeinsten ist jedoch der Punkt genau vor der MG-Stellung. Hier kann man gerade zehn Meter weit sehen, dann taucht die Bergnase weg und was sich auf 50 m in den Einschnitt vor dem Stützpunkt tut, könnten allenfalls die Kameraden von weiter links aus beobachten. Bei

Nacht aber sehen die auf 400 m Entfernung auch keinen weiß getarnten Stoßtrupp im Schnee. Hier vorn hilft also nur horchen und riechen und ahnen. Wer nicht wittert, dass da vorn etwas faul ist, hat keine Zeit mehr zum Reagieren, wenn die Handgranaten geflogen kommen. Gottlob haben die Männer aber schon eine Menge getan, um den Mangel an Sicht durch schöne Schweinereien auszugleichen.
Da liegen zum Beispiel zwischen Graben und Stacheldraht die Tellerminen im Schnee, da sind außerdem die hundsgemeinen S-Minen verbuddelt, die etwa zwei Meter hoch springen und dann ihren Splittersegen nach unten spritzen, sodass kein Hinlegen mehr hilft. Neben diesen fest eingebauten Sachen gibt es noch eine ganze Reihe besonderer Spezialitäten, die mit Zugdrähten von den einzelnen Postenständen aus hochgejagt werden können. Andere Minen, Handgranaten und geballte Ladungen hängen fein verschnürt im Drahtverhau und sollen hochgehen, wenn einer versucht, den Draht zu durchkneifen oder zu überklettern. Am meisten Wirkung erhoffen wir uns von diesen gottverdammten Springminen, deren Zugschnüre den ganzen Graben entlang in den Postenständen an kleinen Pflöcken fein säuberlich verankert und nummeriert sind. So ist doch wenigstens einiges getan, um unliebsame Überraschungen im Keime zu ersticken.
Im MG-Stand an der Spitze des Grabens ist sogar ein Panzerschild mit einem Sehschlitz eingebaut, durch den man auch bei Tage die russischen Stellungen ziemlich ungefährdet beobachten kann. Aber dort gibt es nicht viel zu sehen. Der russische Graben verläuft gut getarnt zwischen Sträuchern und Gebüschen und umgelegten Tannen hindurch. Irgendwo in dem Grünzeug hocken bei Tage die Posten und Scharfschützen. Blicken lassen darf man sich da vorn jedenfalls nicht. Es knallt sofort.
Iwan knallte uns im Laufe des Tages dreimal einen einzelnen Granatwerferschuss auf den Stützpunkt und in die große Mulde. Eingedenk früherer Pleiten meldeten wir das sofort, denn es sah verdächtig nach Einschießen aus. Sonst aber blieb es heute ruhig. Der Urlaub ist nun schon wieder so fern, eine unruhige, graue Welt voller Trümmer und heulender Sirenen. Hier hören wir nur das Schweigen des Waldes und das feine Singen des Schnees in der Nacht.

Vor Barischewka, Sonntag, 13. Februar 1944

Gestern Abend kroch uns noch die kalte Wut in den Bauch, denn es begann wieder zu schneien und zu stürmen, und wir fürchteten schon das Schlimmste: Wie sollen wir in dieser Stellung existieren, wenn die Gräben voll sind? Oben ohne Deckung laufen? Das würde Iwan wohl kaum zulassen. Zu unserer Erleichterung ließ das Wehen und Schneien aber schon nach drei Stunden wieder nach und der Graben füllte sich nur so weit, dass man wenigstens noch gebückt darin laufen konnte. Wir nutzten die schlechte Sicht während des Schneetreibens aus, indem wir die Drahthindernisse durch zusätzliche Rollen verstärkten und weitere Minen und ähnliche Pinörkel schön sauber im Schnee verbuddelten. Wie durch ein Wunder latschte dabei keiner auf die eigenen Minen. Aber ich habe gewaltig gezittert.
Für das verlorene MG von Erdödy hat sich übrigens Ersatz gefunden – im wahrs-

ten Sinne des Wortes: Nicht weit von den beiden sMGs am Waldesrand lag ein intaktes MG im Schnee, unsere Vorgänger müssen es in den Weihnachtskämpfen liegen gelassen haben. So brauchten wir uns nun keins mehr beim Iwan zu holen. Das sind so die kleinen Neuigkeiten aus dem Hauptquartier…
Ich erfuhr dies alles an Ort und Stelle, weil der Chef am Vormittag zum Tross musste. Ich konnte daher als sein Vertreter schon frühmorgens das Hamburger Hafenkonzert und den Wehrmachtbericht hören. Ansonsten war es heute ein herrlicher Wintertag. So wunderschön die Sonne schien, so herrlich patschte und klatschte es von den Grabenwänden herunter: Tauwetter, wie es im Buche steht. Heute Nachmittag machte ich noch eine Aufnahme vom Pronjatal hinter dem russischen Stützpunkt und von mir. (Bild 42) Jetzt, am Abend, friert es wieder, doch ist uns das nur lieb, weil dadurch der grässliche Matsch wieder verschwindet. Im Übrigen wurde den ganzen Tag über Schnee geschaufelt und die Gräben sind wieder frei. Gott sei Dank.

Vor Barischewka, Montag, 14. Februar 1944

Außer drei vereinzelten Granatwerferschüssen in die große Mulde spielte sich weder in der letzten Nach noch am Tage etwas Besonderes ab. Trotzdem ist für den Fall einer Sauerei in unserem Kompanieabschnitt ein Feuerplan der schweren Waffen aufgestellt worden, der auf bestimmte Leuchtkugelzeichen hin schlagartig ausgelöst werden kann. Die Zusammenarbeit der Infanterie ganz vorn mit den schweren Waffen ist hier allgemein sehr eng und gut. Wir fragen uns nur, wie die Kameraden es anstellen wollen, dass ihr Sperrfeuer nur den Iwan trifft und nicht auch uns zur Minna macht.
Heute wird Bruder Dieter 18 Jahre. Seine Schonzeit geht zu Ende…

Vor Barischewka, Dienstag, 15. Februar 1944

Heute Mittag sieht die ganze Geschichte zum Glück schon wieder harmloser aus, aber gestern Abend hockte ich gerade friedlich bei dem üblichen Papierkrieg in meinem Bunker, da schlugen nicht weit entfernt auf einmal Pakschüsse ein, das Blubbern von Granatwerferabschüssen drang gedämpft bis in mein Verlies hinunter und im selben Moment kam auch schon der Posten von draußen hereingestürzt: „Herr Leutnant, der Russe muss vorn am Graben sein!!“
O Gott – Koppel, Stahlhelm, MPi, Handgranaten – und raus. Finsternis. Schnee. Einschläge. Wie blind tappt man die ersten Schritte hinaus in die Nacht. Die Melder haben sich noch jeder eine Kiste mit Reservehandgranaten geschnappt. Es rauscht und kracht ringsum, Granatwerfereinschläge, grelle Feuerblitze und dazwischen immer wieder die gellenden Detonationen der Pak, die fast das Trommelfell zerreißen. Leuchtkugeln links drüben, nun auch vorn auf dem Stützpunkt. Wir haben keine Zeit mehr, können nicht ewig gucken, müssen los. Nur – wohin zuerst? Doch da kommen plötzlich zwei Mann von vorn angekeucht: „Herr Leutnant, der Russe sitzt vorn im Stützpunkt, im Graben, ein Stoßtrupp!!“ Also hin. Wir jagen und hetzen den Graben entlang, stoßen uns an den Ecken, ducken uns

alle Augenblicke, wenn Splitter und Dreck uns zu nahe um die Köpfe zischen. Und da sind die ersten Posten! Nach links hin ist alles in Ordnung, aber vorn in der Spitze ist Rabatz. Ich nehme die Hälfte von der ersten Gruppe mit. Wir stürzen weiter, aber plötzlich orgeln von links her die eigenen schweren Waffen mitten in unser Stellungssystem hinein, sie pflügen mit haushohen Kaskaden von Feuer und Dreck alles um, der ganze Berg erzittert unter den wuchtigen Schlägen, es blitzt um uns herum wie in der Hölle, alles auf uns, nichts hinüber zum Iwan, kein Sperrfeuer vor die eigenen Gräben. Sind die denn wahnsinnig? Siedend zischen die Splitter in ganzen Salven in den Schnee, doch das alles kümmert uns eigenartigerweise kaum, wir keuchen nur nach vorn, blindlings, ohne zu denken, ohne zu fühlen. Zehn Mann stolpern schwer bepackt hinter mir her. 75 m sind es noch bis zum MG in der Spitze. Was mag dort los sein?? Wieder ein Drama wie mit Erdödy? Berg und Gräben sind in einem Inferno aus Feuer und Qualm untergegangen, wir fallen in Trichter, wo der Graben war, Dreckklumpen klatschen uns gegen die Helme. Noch haben wir keine Russen gesehen. Was machen die?
Da sind welche! Gestalten vor uns, schwarz, geduckt. Leuchtkugel hoch! Iwans?? Nein, unsere!! Die vorderste Gruppe! Gott sei Dank. „Was ist los vorn??“
„Wir hatten keine Handgranaten mehr, Herr Leutnant!“ Alle sind da und sie haben das MG bei sich! Kein Mann geklaut! Ich bin wie erlöst, trotz des irren Trommelfeuers ringsum. Kein Mann geklaut!
Sie machen sofort mit uns kehrt. Der Iwan soll ihnen im Graben nachgekommen sein, aber sehr vorsichtig. Weit kann der Stoßtrupp also nicht sein, höchste Vorsicht! Nach allen Seiten sichern! Ohne dass ich viel befehlen muss, werfen wir unsere Handgranaten immer möglichst genau in das nächste Grabenstück, das wir noch nicht einsehen können. Aber danach kommt jedes Mal der Sprung um die Ecke, ins schwarze Unbekannte. Wenn sie dort noch drinsitzen und schießen, ist der erste von uns geliefert – und der erste bin ich. Noch ist der Graben offenbar leer vor uns. Zwei-, dreimal ist es gutgegangen. Doch dann krachen in dem allgemeinen Getöse plötzlich Handgranaten vor uns. Granatwerfer, Pak und Ari sind vergessen, obwohl der Hügel unter der Wucht der Detonationen immer noch grollt und zittert. Sie müssen jetzt unmittelbar vor uns sein. Krampfhaft halte ich die MPi umklammert. Sie ist mein einziger Schutz, wenn ich um die nächste Ecke springen muss. Auf einmal Stahlhelme vor uns in Qualm und Nacht!! Da sind sie, hinter der nächsten Biegung!! Sie lauern und warten wie wir. Schmeißen jetzt Handgranaten, diese schweren, grünen Pötte. Aber ich brauche nicht viel zu sagen. Drei oder vier Mann sind ganz dicht hinter mir und werfen ohne jedes Kommando ihre Handgranaten in das unsichtbare Grabenstück vor uns. Es blitzt und bellt dort. Man merkt, sie kennen den Rummel, sie zielen gut, besser als die Iwans. Das gibt mir neuen Mut. Nun die nächste Ecke. Ich fühle, wie alles in mir zittert. Ist das Grabenstück noch oder schon frei? Was passiert, wenn ich um die Ecke springe? Eine feurige Salve, ein stechender Schmerz? Hinter dem übernächsten Knick sitzen sie ganz bestimmt, dort sehen wir jetzt wieder die Schatten ihre Stahlhelme, sehen Arme, die sich hochrecken, sehen schwarze Kugeln auf uns zufliegen. Los, vorwärts!! Ich höre mich brüllen, inmitten des irren Spektakels bin ich plötzlich in einem leeren Grabenstück, will Dauerfeuer schießen, höre nichts, kein Knattern, sehe kein Feuer, höre mich nur Hurra brüllen, die MPi schießt nicht, das Scheißding, aber ich renne vorwärts, vier, fünf, sechs Schritt,

kein Iwan im Graben, aber plötzlich ein greller Feuerblitz vor mir im Graben, ein schmetternder Schlag, aber ich stehe noch, ich lebe, kein Blut, kein Schmerz, ich taste mich weiter vor in der Schwärze der Nacht, schreie unentwegt Hurra, bin an der nächsten Ecke – und die Russen weg, ducken sich hinter der nächsten Biegung. Die ganze Meute hinter mir brüllt jetzt Hurra, unsere Handgranaten schwirren den Russen um die Köpfe, wir sind blind für das ganze Inferno ringsum, sehen nur noch die nächsten Grabenecken vor uns, passen nur noch auf die Iwans auf, die überall lauern können, es blitzt und sprüht ringsum, aber ich denke nur an meine MPi, will mir wieder den Weg freischießen, doch da brüllt einer hinter mir: „Sie türmen!!“, und im nächsten Moment springe ich blindlings um die Ecke, will wieder feuern, habe durchgeladen, aber Scheiße, das Ding knattert nicht, ist verdreckt, versaut. Auch dieses Grabenstück ist frei, wir schleudern nun schon wie Besessene unsere Handgranaten vor uns her, brüllen mit heiseren Kehlen unser Hurra gegen den Höllenlärm, merken, dass die Russen abhauen, und da ist auf einmal kein Halten mehr, in all dem Getöse und Qualm und Gestank stürzen wir wie berauscht vorwärts. Ich sehe nur noch blendende Blitze vor mir im Graben und seitlich auf der Deckung, aber ich lebe, ich komme vorwärts und alle sind dicht hinter mir. Unser Hurrageschrei muss viel verheerender sein als das ganze Gebolze der Granatwerfer – und da sehen wir plötzlich weiße Gestalten vor uns aus dem Graben klettern, reißen unsere Waffen hoch, wollen sie wegputzen da oben, wollen wenigstens einen noch krallen, ob tot oder lebendig, aber die Mistkrücken schießen nicht, wir können nur noch unsere letzten Handgranaten in ohnmächtiger Wut hinter ihnen herschmeißen und sie türmen, sie steigen aus, hopsen mit flatternden Schneehemden über den Drahtverhau, an die zehn Kerle müssen im Graben gewesen sein – und auf einmal sind wir vorn in der MG-Stellung, haben unseren Graben zurückerobert, wollen sie jetzt wenigstens noch zu fassen kriegen, aber unsere Flinten sind verstopft, wertloser Plunder. Es ist zum Heulen. Wenn man sie braucht, genügt ein Klumpen Dreck, und man steht da wie der erste Mensch im Hemd. Eine Scheiße ohnegleichen.
Aber Kinners, wir haben unseren Graben wieder! Wir keuchen, sind alle beisammen, hören wieder das fürchterliche Trommeln und Bersten der Granaten von hinten und vorn. Noch immer pflügen die eigenen schweren Waffen den Stützpunkt mit den Russen um die Wette um, dass man sein eigenes Wort nicht versteht. Wie ist es nur möglich, dass uns die eigenen Leute so fürchterlich zusammenhauen?? Kaum ein Einschlag drüben beim Iwan, aber alles uns selbst in die Schnauze. Diese Idioten da hinten…
Da sind auch die Posten wieder mit ihrem MG bei uns, und das Ding schießt sogar und nun rotzen sie dem Iwan drüben den Buckel voll. Vielleicht erwischen sie doch noch ein paar, ehe sie sich drüben in die rettenden Gräben fallen lassen können. Diese verdammten Hunde…
Aber diesmal haben wir anscheinend Glück gehabt. Wir haben keinen Mann verloren und sogar unser MG behalten. Das ist den Herren von der Division ja das Wichtigste. Nun hört der Iwan allmählich auf zu ballern, wenigstens bei uns; nur weiter links trommelt er noch. Die eigenen aber stülpen uns noch immer die Gräben mit ihren dicken Koffern um. Voller Wut schieße ich endlich eine Leuchtkugel hoch, Sternbündel grün mit rotem Vorsignal – Feuer vorverlegen, ihr Idioten!! Hämmert doch endlich mal drüben den Iwan zusammen!!

Während wir noch vorn in der MG-Stellung stehen und das Gelände absuchen, kommt der Käptn mit seinem Kompanietrupp prustend an, mit Kagerer und Motsch und den anderen Säcken und ist heilsfroh, uns hier vorn mit heilen Knochen wieder vorzufinden. Ich bin noch ganz außer Atem und melde ihm kurz, was ich weiß. Aber er hat schon mehr erfahren als wir, weil er nach uns durch den ganzen Graben getobt ist und erzählt uns, dass wir unseren Graben wohl kaum wiedererkennen werden, dass er schwarz ist von Pulverqualm, und dass er auf lange Strecken von den schweren Kalibern unserer Ari fast eingeebnet ist. Doch es ist wohl wie durch ein Wunder nicht viel passiert. Nur Unteroffizier Bartels hat sich mit einer Verwundung am Kopf beim Chef abgemeldet.
Meyer fällt ein Stein vom Herzen, als ich ihm sagen kann, dass wir offenbar alle komplett sind, soweit wir es von vorn aus beurteilen können. Und dass wir vor allem unsere Spritze nicht verloren haben!
Nach und nach hörten nun auch unsere schweren Waffen auf zu klotzen und dann legt sich plötzlich eine unheimliche Stille über das nächtliche Schlachtfeld. Nur fern über den Wäldern jenseits der Pronja verebbte das Echo leise rauschend. Dann hörte man drüben beim Iwan hin und wieder noch ein paar Rufe, einmal sogar Geschrei und Gestöhn von Verwundeten.
Ich konnte mich immer noch nicht beruhigen, die Knie zitterten mir und der Atem ging kurz und schnell. Die anderen, die dicht hinter mir gewesen waren, fragten mich, ob ich denn gar nichts abgekriegt hätte. Ich spürte nichts und da erzählten sie mir, von den dicken Handgranaten der Russen seien doch zwei unmittelbar vor meinen Füßen hochgegangen. Ja, ich entsann mich, ich hatte wohl zweimal einen stechenden Feuerschein dicht vor mir gesehen, aber ich muss wohl unmenschliches Schwein gehabt haben. Weder in den Beinen noch im Bauch noch im Kopf schmerzte es. Der ganze Splittersegen muss in den Dreck oder in die Grabenwände gespritzt sein.
Ach, ich war ja so froh, dass nichts Ernstes passiert war und dass ich meinen Abschnitt wieder hatte. Wenn wieder einer geklaut worden wäre, wenn sie wieder ein MG geschnappt hätten, wieder bei Hartmann – ich hätte ja für alle Zeiten verschissen.
Einmal fatschte uns Iwan noch ganz frech ein paar Feuerstöße herüber. Verdammte Sauköppe, ja, wir hatten natürlich schon wieder sorglos herumgestanden und viel zu laut gequasselt. Aber gleich darauf ballerte ihm unser MG-Mann einen Gurt hinüber und dann war erst mal wieder Ruhe.
Wir jagten noch ein paar Leuchtkugeln hoch, suchten noch einmal genau das Vorgelände ab, aber die Himmelhunde hatten sich natürlich genau die Stelle ausgesucht, an der sie ungesehen bis kurz vor den Graben gelangen können. Langsam stiefelte ich wenig später mit Meyer zu meinem Gefechtsstand zurück. Der Chef musste nun ja erst mal Meldung machen. Nun sah auch ich die Bescherung in unserem Grabensystem. Alle fünf Meter war die Grabenwand zusammengesackt, ein konturloses Geklump von rauchgeschwärztem Schnee und matschigem Dreck. Schüttelfrost ließ mich zusammenfahren, denn ich war schaurig ins Schwitzen gekommen, und nun, als sich Angst und Schrecken etwas gelegt hatten, merkte ich erst wieder, wie kalt der Nachtwind mir in den Nacken wehte. Der Käptn erzählte mir noch grinsend, er habe noch nie ein so fürchterliches Hurragebrüll wie meins beim Aufrollen des Grabens gehört. Aber mir ist das gar nicht so

bewusst gewesen, ich weiß nur, welch eine entsetzliche Angst mir im Halse gesteckt hatte. Wenn ich wirklich so bestialisch gebrüllt habe, dann kann die Lautstärke nur meiner Angst entsprochen haben. Jedenfalls gibt es nun wohl zwei Brüller in der Kompanie – Meyer als ständigen Brüller vom Dienst und mich als Brüller bei besonderen Festlichkeiten. Iwan wird nun immer wissen, welchen Haufen er vor sich hat.

Halb neun war es gestern Abend, als ich im Bunker auf der Bank zusammensackte und noch ein paar Mal ganz tief Luft holte. Diese gottverdammten Iwans.

Aber ich konnte nicht lange im Warmen bleiben, sondern musste zusehen, dass ich trotz der Finsternis meinen Laden wieder in den Griff kriegte. Ich sah mir meinen zerstampften Stützpunkt genauer an und ließ mir von den Posten und denen, die hinter mir den Graben aufgerollt hatten, noch einmal den Verlauf des Dramas erzählen. Ich selbst war ja wie im Rausch vorangetorkelt und wusste eigentlich gar nichts mehr. Ich hatte hinterher nur noch das nervtötende Geschmettere der Einschläge im Ohr und die ekligen Pulvergase in der Lunge und die hundertfachen Blitze und grellen Feuerzacken in der Nacht vor Augen.

Beim Absuchen des Grabens fanden wir noch ein russisches MG, ein paar Handgranaten, ein paar blutige Papiere und eine Tragbahre. Das war zwar keine fette Beute, aber immerhin besser, als wenn wir etwas verloren hätten. Durch das wüste Feuer, vielleicht sogar durch unsere eigene Ari, hatten wir in meinem Zug außer Unteroffizier Bartels nun doch noch zwei leichter Verwundete. Und ich selbst entdeckte heute Morgen beim Waschen in meinem linken Oberarm auch noch einen ganz winzigen Splitter. Im linken Abschnitt der Schwadron, dort wo an sich gar nichts weiter passiert war, sind durch das schwere Feuer sogar noch drei Mann verwundet worden. Einer von ihnen, Unteroffizier Hoppe, verblutete wenige Minuten später, ehe ihn einer fand. Halssplitter. Das ist nun doch ein sehr bitterer Preis für unseren Erfolg auf dem Stützpunkt. Wenn man daran denkt, dass womöglich auch dort die eigenen Waffen in unsere Graben hineingehauen und diese Opfer gefordert haben, möchte man am liebsten auch diese Schlumpschützen da hinten unter Feuer nehmen. Aber wenn man dem Russen so wie wir hier fast auf Tuchfühlung gegenüberliegt, kann man von den eigenen schweren Waffen gerechterweise wohl doch nicht mehr verlangen. Wo gehobelt wird, fallen eben Späne.

Den Rest der Nacht benötigte ich noch, um mit mir selbst wieder ins Reine zu kommen und wenigstens meine äußere Ruhe wiederzufinden. Es gab zum Glück genug zu tun. Der zerschossene Draht war auszubessern, die hochgegangenen Minen und Sprengpinörkel mussten ersetzt werden und vor allem mussten wir versuchen, aus dem zerhämmerten Gelände wieder so etwas wie einen Kampfgraben zu machen, teils durch Freischaufeln noch brauchbarer Stücke, teils durch Buddeln ganz neuer Gräben, wo vom alten nur noch Trichter und Mulden übrig geblieben waren. Überall klebte noch der süßliche Pulverschleim am Schnee und an der nassen Erde; wir selbst waren von oben bis unten verdreckt und stanken nach Feuer und Schwefel. Zu allem Überfluss war auch noch die ganze Nacht hindurch höchste Alarmbereitschaft vonnöten, denn beim Iwan gegenüber blieb es unheimlich still und man wusste einfach nicht, ob er schon ein neues Ding eingefädelt oder nur wie ein geprügelter Hund den Schwanz eingeklemmt und sich in seine Hütte verkrochen hatte.

Die finstere Nacht ging jedenfalls hin ohne eine Minute Schlaf, aber auch ohne eine neue Schweinerei. Es trat auch niemand auf unsere Minen. Aber es flatterten einem auch ohne großen Krawall in einer solchen Nacht ganz schön die Nerven.
Für mich ist seit gestern Abend die Welt verwandelt. Wenn ich mich auch kaum mit großem Ruhm bekleckert habe, so bin ich doch pflichtgemäß als Erster vorn im Graben gewesen und habe nicht die Nerven verloren. Ich habe zum ersten Mal richtig erlebt, was es heißt, als Führer eines Haufens voranzugehen, ich habe erfahren, dass die anderen auch wirklich hinterherkommen, dass man gar nicht viel zu befehlen braucht, weil die alten Säcke ihr Handwerk verstehen, als hätten sie nie im Leben etwas anderes getan. Ich weiß jetzt, dass man sich auf sie verlassen kann und dass auch ein russischer Stoßtrupp nur mit Wasser kocht. Mit Sicherungstrupps und so weiter waren es sicher 20 bis 25 Mann und erreicht haben sie nichts. Umso bedrückender ist allerdings die Misere mit den Waffen, die nicht schießen, wenn man sie braucht. Eine Russen-MPi müsste man haben.
Heute Vormittag wieder kein Schlaf, stattdessen der übliche blöde Papierkrieg, die Ausfragerei, wie alles gekommen ist, und später ein riesengroßer Anschiss von der Division, weil gestern Abend kein toter Russe gefunden worden ist. „Da verballert die Artillerie ein ganzes Volksvermögen und der Erfolg sind ein paar blutige Papiere!“, soll der Kommandeur getobt haben. Er hätte lieber die Herren Kommandeure der schweren Waffen anpöbeln sollen, nicht Meyer. „Der kann mich mal kreuzweise“, soll Meyer nur gemurmelt haben.

Vor Barischewka, Mittwoch, 16. Februar 1944

Letzte Nacht gegen ein Uhr war der Iwan mit 50 Mann auch noch bei der zweiten Kompanie in Prilepowka, später noch mal mit 15 Mann, vermutlich um zwei Tote und einen Schwerverwundeten aus dem Vorfeld zu bergen. Wir haben den Rabatz in der Nacht zwar auch gehört, aber wegen der Entfernung keine weitere Nervenkraft daran verschwendet. Übler ist allerdings die Tatsache, dass der Iwan etwas nördlich von uns einen festen Steg über die Pronja baut, den unsere Ari wegen der dicht davor liegenden Höhen nicht unter Beschuss nehmen kann.
Wir schlugen uns die letzte Nacht wieder redlich mit der Schanzerei in den Trümmern unserer Gräben um die Ohren. So schnell, wie man es sich erhofft, geht es leider nicht, denn die halbe Mannschaft muss durchgehend auf Posten stehen und mindestens ein Ohr zum Lauschen in den gemeinen Ostwind hängen. Doch alles in allem ist dieser Winter überhaupt nicht zu vergleichen mit jenem schrecklichen ersten in diesem Land. Der sitzt auch hier jedem, der ihn wirklich vorn an der Front miterlebt hat, für alle Zeiten in den Knochen.

Vor Barischewka, Donnerstag, 17. Februar 1944

Gestern Nachmittag platzte in meinem Bunker plötzlich eine Bombe, die mich schwerer traf als alle Handgranaten und Arischüsse bisher: Fritze Fuhrer meldete mir, der Chef führe noch am Abend in Urlaub und ich müsse als sein Vertreter sofort die Kompanie übernehmen! Ich sackte erst mal auf meiner Pritsche zu-

sammen und wurde wahrscheinlich ganz blass. O Gott – einen Zug führen, gut und schön; aber nun auf einmal für Wochen die ganze Kompanie, die Schwadron, die erste Kompanie des Divisionsbataillons? Nein.
Aber Fritze Fuhrer ließ mir nicht viel Zeit. Der Chef habe gesagt, ich solle sofort mein Zeug packen, Oberwachtmeister Lang den Zug übergeben und in den Chefbunker umziehen…
Schweigend stapfte ich eine Viertelstunde später mit Fritze durch den Schnee zum Gefechtsstand. Dort hockte ich ziemlich verdattert in der Ecke und sah zu, wie der Käptn seinen Krempel packte. Hin und wieder, wenn ihm noch etwas einfiel, gab er mir Tipps und gute Ratschläge. Verpflegung und Post waren verteilt, die letzten Unterschriften hatte er noch schnell erledigt, die Schlitten standen bereit.
Ja, das wär's! Er drückte uns allen im Bunker kurz und schmerzvoll die Hand, klopfte mir auf die Schulter und wünschte mir ganz besonders Hals- und Beinbruch und Soldatenglück, natürlich auch der ganzen Schwadron. Bückte sich unter der niedrigen Bunkertür und verschwand nach draußen in die Nacht. Wir alle gingen aber mit ihm zum Schlitten hinaus, rasch war das bisschen Gelumpe verstaut, noch ein Händedruck, nochmals alles Gute und einen schönen Urlaub – dann zogen die Pferdchen an, ein kurzes Winken und dann standen wir allein oberhalb des Bunkers am Weg nach Barischewka und sahen ihm nach, bis er hinter der leichten Höhe entschwand.
Heute Morgen hat der General Oberwachtmeister Lang, mir und einer Reihe anderer Leute meiner und anderer Einheiten das EK II verliehen. Nun auf einmal, wenn man nur etwas Lametta auf den Schultern hat, geht es schnell; da genügt ein Anlass und man hat das EK II. Schade, dass es nicht noch dieser und jener von meinem Zuge erhalten hat, denn es gibt noch genug alte Kämpfer, die seit Jahren an der Front stehen und genau wie ich bisher noch kein EK als einen wahrhaftig bescheidenen Dank des Vaterlandes bekommen haben.
Im Gefechtsstand fanden wir Meldungen der Züge vor, wonach der Russe wieder einige merkwürdige einzelne Granatwerferschüsse in die große Mulde gesetzt hat. Ich gab die Meldung gleich telefonisch weiter, denn diese komischen Einzelschüsse bedeuten ganz offensichtlich ein neues Einschießen. Irgendeine Sauerei hat der Iwan wieder vor. Mit dem Stoßtrupp von neulich Abend ist die Geschichte noch nicht ausgestanden.

<u>Vor Barischewka, Freitag, 18. Februar 1944</u>

Heute Nachmittag Eilbesprechung beim Bataillon. Ein russischer Oberleutnant von der Feldstrafgefangenen-Abteilung 11 ist übergelaufen und hat ausgesagt, die Russen planten einen neuen Angriff mit 70 Mann. Bei Fehlschlagen auch dieses Unternehmens soll dann angeblich eine ganze Division angreifen! Er hat weiter ausgesagt, der letzte Stoßtrupp habe aus lauter degradierten Offizieren bestanden, die sich bei solchen Gelegenheiten wieder bewähren sollen. Der Stoßtrupp hatte, was wir bisher nicht wussten und nur aus den gefundenen blutigen Papieren vermuten konnten, doch noch Verluste gehabt, und zwar zwei Tote und drei Verwundete. Insofern ist doch nicht das „ganze Volksvermögen" total für die Katz

gewesen. Welch erhebendes Gefühl muss das für die Herren da oben sein! Aber dass die Hunde nun wieder angreifen wollen!
Ich trommelte nach der Rückkehr zum Gefechtsstand sofort meine Zug- und Gruppenführer zusammen und wir spielten genau alle Möglichkeiten durch und knobelten aus, wo wir noch weitere Minen und sonstige Teufeleien einbauen könnten. Außer dem Kompanietrupp bildeten wir noch eine weitere Reservegruppe, die sich im Ernstfall der Kompaniereserve anzuschließen hat. Wir schafften außerdem noch im Laufe des Tages einen großen Teil der Reserve-Handgranaten zum Stützpunkt, damit es dort wenigstens nicht aus Mangel an Handgranaten eine Pleite gibt. Drei Mann schleppten vom Bataillon noch kistenweise Handgranaten, geballte Ladungen und MPi-Munition heran. Zwischendurch haute der Iwan wieder seine vereinzelten Schüsse in die Gegend. Zwei schlugen nicht weit vom Gefechtsstand ein. Das alles deutet ganz klar auf eine neue Aktion hin. So überraschte uns heute die Dunkelheit viel zu früh. Alles steht nun in höchster Alarmbereitschaft draußen. Im Schutze der Finsternis werden jetzt die zusätzlichen Minen und so weiter eingebaut. Hoffentlich gibt es dabei kein Drama.
In der vergangenen Nacht ist der Russe mit 50 Mann bei Darnicha in die HKL eingebrochen, aber wieder gefeuert worden. Die Spähtrupps und kleinen Stoßtrupps, die jede Nacht woanders am Draht sind, registriert man schon kaum noch.

Vor Barischewka, Sonnabend, 19. Februar 1944

Als der Papierkrieg gestern Abend erledigt war, hielt es mich nicht mehr im Bunker, ich musste hinaus, selbst sehen, selbst lauschen. Weit schossen wir unsere Leuchtkugeln hinüber zum Iwan, aber dort war alles ruhig, zu ruhig beinahe. Auch bei Tage sieht man kaum je einen Kopf da drüben. Irgendwo im Gestrüpp haben sie ihre Sehschlitze und beobachten uns todsicher unablässig. Wir sind ja viel zu leichtsinnig. Solange es nicht knallt, tigern wir nur leicht gebückt durch den Graben, sodass der Iwan bestimmt jeden sieht, der vorn umherschleicht. Nur die Posten müssen sehr vorsichtig sein, weil sie jeweils in einer der drei oder vier Wechselstellungen ganz still stehen und beobachten müssen. Ein paar Scharfschützen lauern ständig drüben. Sie schießen allerdings wohl nicht gleich auf jeden Kopf, sondern registrieren zunächst sorgfältig. Wir aber wundern uns dann immer, dass sie genau wissen, wo unsere Bunker und Nahtstellen sind. Doch solange nichts passiert, ist dem deutschen Landser die Unvorsichtigkeit nicht auszutreiben. Der Tarn- und Selbsterhaltungstrieb gilt offensichtlich unbewusst als feige und unmännlich. Die Überlegenheit des deutschen Soldaten…
Der Russe ballerte uns heute wieder den ganzen Nachtmittag über mit seinen mittleren und schweren Granatwerfern in die Mulde hinein, die nun schon ganz schön mit den schwarzen Einschlagtrichtern im Schnee bepflastert ist. Er mischte auch diverse Ratschbumm-Schüsse vom Kaliber 7,63 dazwischen, die bei uns von irgendwoher aus den Wäldern ganz ekelhaft einschlugen. Gegen 17 Uhr, als es schon dämmerte, ließ er sogar vier Nebelgranaten in der großen Mulde platzen. Die Tendenz ist also unverkennbar.
Vom Bataillon brachte Motsch vorhin die Nachricht mit, Lauschtrupps hätten beim Iwan fast alle zehn Minuten Leitungsproben und Abstimmungen im Funk-

verkehr mitgehört. Daraufhin hat angeblich sogar die Division eine Reserve näher zu uns verlegt. Russische Flieger haben außerdem im Hinterland Spreng- und Brandbomben geschmissen. Von den Gruppen an der linken Grenze wurde eben noch gemeldet, dass der Russe sich auch dort offensichtlich einschießt, allerdings mehr beim linken Nachbarn als bei uns. Es stinkt also überall und immer mehr. Wenn doch bloß Meyer da wäre! Ausgerechnet jetzt wo es mulmig wird, fährt er in Urlaub.

Vor Barischewka, Sonntag, 20. Februar 1944

Bis zum Abend haben wir noch einmal eine Galgenfrist bekommen, denn die Nacht verlief ruhig und ohne besondere Vorkommnisse. Am hellen Tage wird der Iwan ja wohl kaum rebellisch werden. Doch es ist saukalt geworden, teils klar und sonnig, teils etwas Schneetreiben – genau das Richtige für unsere MGs und MPis. Die werden schön vereist sein, wenn wir sie brauchen sollten.
Ich war in der Nacht wieder viele Stunden im Graben unterwegs, ging von Gruppe zu Gruppe und war immer von Neuem überrascht von dieser sturen Zuversicht, mit der fast alle auf den Iwan lauern. Er soll nur kommen, wir werden ihn schon fertigmachen! Das ist die Grundeinstellung, von der ich mir gern eine dicke Scheibe abschneiden würde, wenn ich nur könnte. Haufenweise haben sie ihre Handgranaten überall wurfbereit liegen, meist in kleinen Nischen, die sie sich seitlich in die Grabenwände gebuddelt haben, damit die Dinger nicht gleich von jedem kleinen Splitter detonieren und die eigenen Leute zerfetzen. Drei bis vier volle Reservekisten hat jede Gruppe bestimmt auch noch im Bunker stehen. Zum Abriegeln der einzelnen Stellungen um die Bunker herum liegen außerdem auf den Deckungen Spanische Reiter bereit, die im Notfall in den Gaben gerissen werden können und das weitere Vordringen eines Stoßtrupps praktisch unmöglich machen. Und dann gibt es überall noch die tollsten Klingelleitungen und Stolperdrähte, zusammengebastelt aus den primitivsten Gegenständen, Hauptsache, sie machen recht viel Krach. Ich merkte bei diesen Streifen, wie ich von Stunde zu Stunde zuversichtlicher und freier wurde. Irgendwie ist seit dem Stoßtrupp der Russen ein Bann in mir gebrochen. Ich habe größeres Zutrauen zu mir selbst gewonnen. Soll der Iwan nur kommen – wir werden ihn schon fertigmachen!
Iwan schoss sich heute offensichtlich immer noch ein. Ich schlief tagsüber so lange wie möglich und man ließ mich auch ziemlich in Ruhe, denn ich bin ja in den letzten Nächten sehr lange auf Achse gewesen. Als Kompanieführer hat man zwangsläufig einen anderen Tagesrhythmus als ein Zugführer. Der muss zwar so ziemlich die ganze Nacht draußen sein, kann aber dafür meist am Tage etwas länger pennen. Aber im Kompaniegefechtsstand fällt schon so viel Papierkrieg an, sind so viele Telefonate zu führen und Meldungen zu machen, dass man sich normalerweise in der Nacht ein paar Stunden aufs Ohr hauen muss, um am Tage diesen ganzen Krempel erledigen zu können. Dies umso mehr, als ja die Herren rückwärtigen Kommandeure gemeinhin ihre Bürostunden nur tagsüber haben und nachts der Ruhe pflegen.
Nun ist es draußen wieder dunkel geworden. Natürlich wieder höchste Alarmbereitschaft. Trotzdem haben wir uns vorhin die flotte Sonntagsmusik vom Sender

Belgrad angehört. Sogar die ewig junge Lilly Marleen erklang wie einst in schönerer Zeit. „Vor der Kaserne, vor dem großen Tor…“ Wie fern liegt das alles. Die warmen Nächte in Kragujewac, der schwere rote Wein, die betörende Melodie dieses Liedes. Wie jung war ich damals, wie zuversichtlich und unbeschwert. Jetzt hause ich hier in einem finsteren Bunker, schlurfe durch enge, dreckige Gräben und lauere auf den Iwan. Dieser Abend ist so still und schön, hoffentlich lässt Iwan uns auch diese Nacht in Ruhe.
Es ist ja immer eine ganz eigenartige, traumhafte Stimmung, wenn man in der Nacht aus dem kümmerlich beleuchteten, von warmem Mief erfüllten Bunker in dies unendliche Schweigen der Natur hinaustritt. Vielleicht hat man eine Stunde geschlafen, dann fallen die Augen immer wieder zu, man hört nur seine eigenen, knirschenden Schritte im Schnee. Man erreicht den Zugangsgraben, begrüßt die Posten am sMG und dann erkennt man drüben im fahlen Nachtlicht den russischen Stützpunkt, diesen struppigen Buckel, und weiß, irgendwo davor läuft unser Graben entlang, diese armselige Rille, die uns schützt und verbirgt. Man lauscht, sieht hinüber zu den schwarzen, lautlosen Wäldern jenseits der Pronja, lauscht wieder – nichts. Nur Nacht, Natur, Schnee, die nackten Bäume hinter uns, und sonst nur diese überwältigende Stille des Himmels, die einen das Fließen des Blutes hören lässt. Das klingt dann so, als ob ein leises Singen aus dem verschneiten Boden tönte. Irgendwo, weit weg im Norden, hängt dann für einige Sekunden eine Leuchtkugel wie ein Sternchen über dem kalten Horizont. „Heimat, deine Sterne…“ haben sie vorhin im Radio gespielt. Ja, Heimat, deine Sterne…

Vor Barischewka, Mittwoch, 23. Februar 1944

Nach den träumerischen Melodien vom Sender Belgrad war ich am Sonntagabend mit Kagerer und Motsch auf Streife gegangen und hatte alle Posten hellwach und empfangsbereit angetroffen. Nirgends besondere Vorkommnisse, keine Geräusche, keine Bewegungen beim Iwan. Trotzdem weiter höchste Alarmbereitschaft – aber das war allen klar, das brauchte ich niemandem mehr einzubläuen.
Beruhigt rollte ich mich kurz nach Mitternacht in meine Koje. Kommt er heute nicht, kommt er morgen.
Und dann auf einmal. Instinktiv fuhr ich aus dem Schlaf: Das waren Abschüsse, ganz deutlich!! „Alarm!!“, hörten wir von draußen die Stimme des Postens am Gefechtsstand, „Alarm!! Sternbündel rot!!“
MPi her, Leuchtpistole, Handgranaten, Stahlhelm auf – los, los, fertig und raus! Und da heult es auch schon in die Erde hinein, grelles Licht blitzt auf soweit wir sehen können. Schnell sind wir im Zugangsgraben, die Reservegruppe schwer beladen hinter uns. Wir quetschen uns durch den engen Graben vorwärts. Sternbündel rot ganz links. Und wieder – halbrechts Sternbündel rot!
So ging es los. Ein pausenloses Hochzischen und Niedersinken von roten und bunten und weißen Leuchtkugeln, Geschrei, fetzende Handgranaten, berstenden Minen am Stützpunkt – aber als wir vollgepackt und an hundert Ecken blaugestoßen angekeucht kamen, waren die Russen schon wieder aus dem Graben getürmt: „Alles wieder frei, keine Verluste!“, brüllt Oberwachtmeister Lang im Getöse der Einschläge, die wir nur noch als schmetternden, blitzenden Grundakkord regist-

rieren. Die Minen haben diesmal furchtbar gewirkt, aber die Russen haben ihre Verwundeten und vielleicht auch ein bis zwei Tote noch über den Stacheldraht zurück in die tiefe Mulde gezerrt.
Und nun ab zum linken Flügel, wo noch immer die Hölle los ist. Die Russen trommeln weiter auf unsere Gräben, unsere eigenen Granatwerfer schießen Sperrfeuer vor den Graben. Ein gelbroter Feuerzauber, sogar ein paar Nebelgranaten dazwischen. Tausend Meter Zickzackgraben liegen vor uns und alle Posten, an denen wir vorbeihetzen, sind unverletzt, unfassbar. Die Mulde ist frei, taghell angestrahlt von den weißen Fallschirmleuchten.
Und endlich sind wir am linken Flügel, zerschunden, mehr gestolpert als gelaufen, ganz aus der Puste und triefend vor Schweiß. Hier stehen sie beieinander im Graben, haben abgeriegelt und links von der äußersten Gruppe sitzt der Russe in der Stellung, ungefähr 50 m entfernt. Genau auf der Naht ist er eingebrochen. Typisch. Immer die gleiche Masche. In der Hauptsache hockt er drüben beim Nachbarn im Graben. Unsere Leute haben sich ihn einigermaßen vom Leibe halten können.
Ungefähr 100 Mann, schätzten sie. Alle in weißen Tarnmänteln. Wir können uns nur anschreien, denn noch immer hämmert das Sperrfeuer der Ari ins Vorgelände und das gemeine Geklotze lässt uns immer wieder zusammenschrecken, wenn die Dinger zu nahe kommen.
Und nun sehen wir sie da drüben, eine wuselnde Schlange im Pulverqualm, die im Moment anscheinend nicht weiß, was sie machen soll. Geschnappt haben sie offenbar noch keinen, aber ohne Gefangene dürfen sie sich drüben sicher auch nicht wieder blicken lassen. Etwa 250 m entfernt schießt der Nachbar pausenlos rote Leuchtpatronen und auch die grellen weißen Fallschirmlichter in die Nacht. Taghell ist das Vorgelände mitsamt dem Graben erleuchtet, wenn nicht Rauch- und Nebelschwaden die Sicht versperren. Aber es sind jetzt kaum noch Handgranaten da. Sie haben zu Anfang doch schon zu viele werfen müssen, um sich den Iwan vom Leibe zu halten. „Los, ein paar Mann ab zum Bataillon, seht zu, dass ihr welche herkriegt!“
Plötzlich grölt von drüben lautes Hurragebrüll herüber, ganze Salven von Handgranaten wirbeln durch die Luft. Wir sehen es blitzen und feurig platzen, immer deutlicher wird das Hurra, die Russen schreien durcheinander. Unsere haben sich gefasst und machen jetzt klar Schiff in ihrem Revier! Hoffentlich drücken sie uns nicht die ganze Meute Iwans auf den Hals, dann wird es aber mulmig! Und fast keine Handgranaten mehr. Die Leute können ja auch noch gar nicht zurück sein. „Los, holt Handgranaten, wo ihr welche kriegt, Gewehrgranaten, MPis – alles nach vorn, was Waffen hat!!“ Deutlich erkennen wir im wabernden Licht, wie uns die Russen langsam auf den Pelz rücken. Drüben begeistern sich unsere Nachbarn an ihrem Siegesgeschrei, aber uns schieben sie die Meute auf die Pelle. Verdammt noch mal, was sollen wir denn machen? Wie viele Handgranaten haben wir denn überhaupt noch? Zehn, zwanzig Stück – das ist alles? Jetzt sind die Iwans vielleicht noch 30 m weg, nicht mehr als drei oder vier Grabenecken. Sie wundern sich wahrscheinlich, dass wir nicht auch einen Gegenstoß machen und sie zu packen versuchen. Immer siegesgewisser brüllen unsere von der anderen Seite her, haben die Russen sicher schon um 50 m zusammengedrückt. Den Russen muss ganz schön die Muffe gehen, denn sie wissen ja hoffentlich nicht, wie

beschissen es um uns steht. Mein Gott, kommen denn keine Handgranaten?? Jetzt sind sie tatsächlich bis auf 25 m heran, sie drängen sich immer mehr zusammen, man hört Befehle, Verwundete schreien im Graben, vielleicht trampeln sie schon auf denen herum. Leuchtpatrone! Da stehen sie, geduckt, lauernd, Mann an Mann, Stahlhelm an Stahlhelm. Und plötzlich kommen die ersten dicke Pötte geflogen. Volle Deckung! Sauhunde, verdammte. Wir müssen schrittweise zurück, den Abstand lassen, sonst decken sie uns mit ihren Handgranaten ein. Wir können auch unsere paar Dinger nicht ziellos verkleckern, die brauchen wir für den äußersten Notfall. Munition muss her. Handgranaten!!
Ich jage noch drei Leute los, jetzt muss alles hierher, sofort!!
Lauernd schieben sich die Russen vorwärts. Ob sie was ahnen? Wenn sie jetzt rücksichtslos vorbrechen, ist alles vorbei. Aber das wagen sie nicht. Sie fürchten wohl eine Falle. Deutlich sehen wir ihre Köpfe über der Deckung im gleißenden Licht. Und nun fangen sie an, wilder mit Handgranaten zu schmeißen, wir müssen zurück, wir dürfen uns keine unnötigen Verluste leisten. Drüben brüllen sie immer noch wie die Irren, aber sie kommen auch nicht mehr so voran wie zu Anfang. Der Russe wehrt sich wie ein in die Enge getriebenes Tier. Auf 100 m Grabenlänge steht er jetzt vielleicht zusammengedrückt. Was soll er tun? Sie können ja auch nicht raus, dann würden sie reihenweise abgeknallt, das wissen sie bestimmt.
Und plötzlich brüllen sie los, genau vor uns, springen geduckt vor, knattern ein Höllenfeuer ab mit ihren MPis, schmeißen salvenweise Handgranaten – „Zurück, zurück!! Verteilt euch im Graben, wir dürfen nicht so dicht stehen!!" Einer der dicken Pötte kollert hinter uns auf die Deckung, detoniert mitten unter uns im Graben. Hönig schreit auf: „Lasst mich nicht liegen, nehmt mich mit!!" – Zwei Mann schleppen ihn hinter die nächste Ecke. Es wird kritisch. Sie kommen immer näher, spüren, dass wir nichts tun. „Handgranaten her, alles raus, sie müssen merken, dass wir auch was haben!!" Und wir werfen zurück, im Nu sind die wenigen Dinger hinübergewirbelt, aber der Iwan stutzt, einer stöhnt und wimmert ganz in der Nähe, aber immer näher rücken unsere von der anderen Seite, sie schießen ihre Leuchtpatronen hoch und schmeißen Handgranaten am laufenden Band, sie müssen hunderte davon haben, und sie brüllen siegesgewiss und markerschütternd in die Nacht. Und plötzlich Bewegung hinter uns im Graben – „Herr Leutnant, wir haben Handgranaten!!" Ach, Gott sei Dank, Kinners! Und jetzt aber los, auf ihn mit Gebrüll!!!
Auf einmal drängen sich Klein und Konsorski, der wider Erwarten schon wieder bei der Kompanie war, und der lange Motsch an mir vorüber nach vorn, ich will wieder an ihnen vorbei, aber da komme ich an die falsche Adresse: „Sie kommen nicht nach vorn, Herr Leutnant, Sie sind Kompanieführer!" Und die drei machen sich breit im Graben, ich habe plötzlich wieder Leuchtpatronen in der Hand und jage sie hoch, es wird wieder taghell bei uns und wir brüllen nun auch Hurra, die Handgranaten wirbeln, wir stürzen vor, sehen nur noch die Russen vor uns, die aus dem Graben müssen, die uns lange genug geängstigt haben, die nun ihrerseits von der Angst gepackt werden, sich umwenden, aber nicht fort können, weil sie im Graben schon so dicht gerammelt stehen. Wir aber springen wie befreit vor, von Ecke zu Ecke, schießen über die Deckung, Geschrei bei den Russen, entsetzte Augen, sie wissen wohl nicht mehr ein noch aus, haben wohl auch keine Hand-

granaten mehr – Jungs, wir haben sie! Und plötzlich klettern 50 m vor uns, aus der Mitte der erregten Schlange von Menschenleibern, die ersten weißen Gestalten aus dem Graben, springen mit wehenden Schneehemden über den Stacheldraht, stolpern und fallen hin, ein einziges Knattern und Rasseln von MPis und MGs erfüllt die Nacht, jetzt haben sie endlich Ziele vor sich frei oben im Gelände, jetzt entlädt sich alle Angst der letzten halben Stunde in einem gnadenlosen Gefatsche, immer mehr steigen aus der schützenden Tiefe des Grabens, sacken schon gleich danach im Vorfeld zusammen, bleiben liegen, schreiend, stöhnend oder einfach stumm. Wie Gespenster, wie Fledermäuse torkeln einige über den strahlend hellen Schnee, mörderisch schwingen die Garben der MGs über das deckungslose Feld. Auch von drüben her schießen unsere Nachbarn, immer näher kommen wir uns. Wir haben sie in der Zange, es gibt kein Halten mehr. Handgranaten fliegen in den immer noch vollen Graben hinüber, wir haben genug von dem Zeug, und immer mehr Iwans steigen aus, 30 oder 50 hetzen jetzt schon über die weiße Ebene, 10 oder 20 hängen schon still im Stacheldraht, andre wimmern draußen im Vorgelände, eine flatternde Gestalt nach der anderen fällt mit hochgerissenen Armen verdreht in sich zusammen. Wie Hasen bei der Treibjagd werden sie in einem schauerlichen Gemetzel abgeknallt, dann rennen plötzlich zwei verängstigte Figuren mit ausgebreiteten Armen wie irre nicht zu ihrer eigenen Stellung, sondern an unserem Draht entlang auf uns zu; sie haben in ihrer panischen Angst wohl völlig die Orientierung verloren. Wir hören Motsch noch rufen: „Achtung Mine!“, ziehen instinktiv die Köpfe ein, da zerplatzen uns fast die Ohren von dem Knall und von der ersten Gestalt ist nicht mehr übrig als ein zerfetztes Bündel Fleisch und ein paar Fetzen weißer Tücher im Draht. Der zweite stolpert mit aufgerissenen Augen noch einige Schritte weiter, wie ein Irrwisch immer am Stacheldraht entlang, und weiter hinten jagt ihm einer eine Gewehrgranate in den Bauch, dass auch er auseinander fliegt wie weißer Zunder…

Das Feld ist nun übersät mit Toten und sich krümmenden Gestalten. Nur ganz wenige haben inzwischen drüben die eigene Stellung erreicht. 50 m ist der Nachbar jetzt noch von uns entfernt und es können nicht mehr viele Russen zwischen uns im Graben stecken. Wahnsinnig ist noch immer das Gerassel der Maschinenwaffe, die auch die letzten weißen Russen noch mit ihren bunten Leuchtspurgarben jagen. Immer noch gellt unser heiseres Hurra in die Nacht, dass den Iwans eigentlich das Mark in den Knochen gefrieren müsste. Irgendwo merken wir dann, dass wir tote Russen unter den Füßen haben, es knirscht und wimmert, aber in der Schwärze des Grabens können wir unten nichts sehen, zumal wir ständig von der Helle der Leuchtpatronen geblendet sind. Klein, Motsch und Konsorski sind immer noch vor mir, denken gar nicht daran, mich nach vorn zu lassen, und dann winken uns auf einmal die ersten Kameraden von drüben zu, kein lebender Russe ist mehr zwischen uns!! Und wir fallen uns in die Arme, krächzen uns mit kaputten Stimmen an, schnattern uns irgendwie unsere unsagbare Freude und Erleichterung von der Seele, hören auf einmal wieder bewusst das Sperrfeuer der eigenen Waffen und schießen Sternbündel grün – Feuer einstellen. Genug des entsetzlichen Tuns. Mensch, wir haben unseren Graben wieder…

Unsere Handgranaten sind verbraucht. Ein paar Mal zischen noch MG-Garben über das Niemandsland. Wir jagten noch wechselseitig einige Leuchtpatronen weit hinaus nach vorn in das leichenübersäte Vorfeld, aber dort rührte sich nicht

mehr viel. Einige Gestalten sahen wir noch drüben in den Graben springen oder kriechen. Lass sie, die armen Teufel!
Der Russe war offensichtlich fertig, seine Granatwerfer schweigen. Immer seltener peitschte noch mal ein Schuss hinaus. Hier und da hörte man nun in der still gewordenen Nacht noch eine ersterbende Stimme, ein Stöhnen, ein fernes Wimmern. Gnädig verhüllte die Dunkelheit die Stätte des grausigen Mordens. Im Graben mussten auch noch viele tote Russen liegen und wir mussten stellenweise mit den Füßen erst wieder festen Grund auf der Grabensohle suchen. Noch einmal jagten wir gemeinsam Leuchtkugeln hoch und suchten das Vorgelände genau ab. Es war kaum zu fassen, da lagen sicher an die 50 Tote nur vor unserem Grabenstück, man konnte es gar nicht so genau zählen. An mehreren Stellen häuften sich drei oder fünf Gestalten, an die 15 hingen allein im Stacheldraht, manche kopfüber, die blutigen Köpfe im Schnee. Sekundenlang war dann wieder totale Finsternis um uns, denn wir mussten unsere Bestände an Leuchtmunition für den Fall schonen, dass der Russe doch noch etwas in dieser Nacht unternähme. Bedrückend lastete mit der Dunkelheit dann auch die unheimliche Stille über dem blauen Schneefeld.
Und plötzlich Schreie im russischen Stützpunkt, dort zerrten sie jetzt wahrscheinlich im Schutze der Dunkelheit ihre Toten und Verwundeten in die Gräben und wir ließen sie, wir konnten ja selbst nicht mehr, waren ausgelaugt und ausgepumpt und bis zum Erbrechen angewidert von all dem Blut und Geschrei, von dieser grässlichen Schlächterei.
Für den Rest der Nacht hatten wir nun sicher Ruhe. Mit dem Führer der Nachbarkompanie vereinbarte ich noch das Notwendige: Verstärkte Streifen, Absuchen des Geländes hinter dem Graben, Suche nach verwundeten und versteckten Russen. Sonst war alles getan. Ich verabschiedete mich von dem Kollegen und besprach noch die Einzelheiten mit dem Führer des linken Zuges. Viel war nicht mehr zu regeln, alle wissen, was in solchen Fällen zu tun ist. Ich konnte nun abhauen, vor allem nochmals zum Stützpunkt, um zu sehen, ob dort noch irgendwas Besonderes vorgefallen war. Aber dort war alles friedlich geblieben. Sie hatten redlich mit uns gezittert und später aus dem Geschrei herausgehört, dass alles gut gelaufen war. Oberwachtmeister Lang wusste Bescheid – ihm brauchte ich auch nichts mehr zu befehlen.
Vordringlich war nun vor allem die Meldung nach „oben“, denn die höheren Herren weiter hinten zappelten bestimmt schon fürchterlich vor Neugier. Schon unterwegs hörten wir, dass fünf Mann von der Schwadron verwundet seien. Drei Mann hatten durch die Handgranaten was abgekriegt, vor allem Hönig. Ihm hatte es einige Zehen abgerissen und auf einem Auge sah er nichts mehr. Konsorski hatte vorn im Nahkampf wieder Splitter abbekommen, aber zum Glück harmlos. Der Sani hatte längst alle versorgt und für die schwerer Verwundeten Schlitten angefordert.
Nun wurde es höchste Zeit für die Meldung an den Kommandeur: Rund 50 Feindtote allein in unserem Kompanieabschnitt, der Graben wieder voll in eigener Hand, fünf leicht bis mittelschwer Verwundete, kein Mann und kein MG geklaut. Man war zufrieden. Endlich mal wieder was Positives! Ich legte den Hörer auf, holte tief Luft und dachte an Meyer. Es ist ja seine Schwadron, sein oftmals angebrüllter Haufen, aber doch auch sein geliebter Haufen, an dem er

hängt, mit dem er zusammengewachsen ist wie jeder seiner „Knechte“ mit ihm.
Ganz still war es nun wieder draußen. Verebbt das brüllende Fetzen der Granaten, das Rasseln und Knattern der MPis. Diese Ruhe hatte nun aber nichts Unheimliches, nichts Drohendes mehr an sich, sondern wir hatten die Gewissheit, der Iwan ist fertig, er hat die Nase voll und wird sich zumindest in dieser Nacht nicht mehr rühren.
Um halb vier gab es dann plötzlich doch noch mal Rabatz. Die Posten hatten entdeckt, dass der Iwan seine Leute ins Vorfeld kriechen ließ, um möglichst viele seiner Toten noch vor dem Hellwerden zu bergen. Unsere Ari pfefferte ihm ein paar Minuten lang ihre Salven dazwischen, auch einige MGs bellten hinüber, aber die weißen Gestalten verkrochen sich wohl sehr rasch wieder und es gab wieder Ruhe.
Eine Stunde später versuchten es die Hunde sogar dummdreist noch einmal beim Stützpunkt – ausgerechnet dort! Ehe wir richtig alarmiert waren, verrauschte der Spektakel schon. Oberwachtmeister Lang gab kurz darauf durch, sie wären mit 30 Mann angeschlichen gekommen, aber schon vor dem Draht entdeckt und abgeschmiert worden. Das blieb dann der letzte Rummel dieser Nacht. Wir sprachen noch lange von diesen armen Kerlen, die sie doch immer wieder noch einmal rausgejagt hatten, wahrscheinlich um doch noch einen Gefangenen zu machen. Was mag denen nach all diesen Fehlschlägen jetzt blühen? Der arme Führer dieses verlorenen Haufens; fast möchte man ihm wünschen, er wäre gefallen. Und die Überlebenden dürfen sich bestimmt schon bald woanders „bewähren“.
Schon relativ früh am Vormittag meldete sich der Bataillonskommandeur zur Ortsbesichtigung an. Mit dem trottete ich dreckig und unrasiert und ohne Frühstück durch den ganzen Abschnitt und sah nun auch selbst, wie sich die Landschaft verändert hatte. Die große Mulde und die Hänge am Stützpunkt waren schaurig vollgepflastert, schwarz hatte sich Trichter an Trichter in den hellen Schnee gebrannt. Auch hinter den Gräben sah es stellenweise wüst und zerrissen aus, aber nur an wenigen Stellen war diesmal der Graben zerhämmert worden. Trotzdem war für Arbeit gesorgt. Der Kommandeur gab sich ungemein leutselig und zufrieden, von Anschiss oder Meckerei keine Spur. Gemeinsam peilten wir vorsichtig über die Deckung und versuchten die gefallenen Russen zu zählen. Es waren jetzt keine 50 mehr, denn der Iwan hatte während der Nacht in der Nähe seines Grabens doch wohl noch eine Anzahl Toter hereinholen können. Aber 25 bis 30 konnte man auch jetzt noch mit Sicherheit erkennen. Beim Nachbarn sind allein zwölf Tote im Graben gefunden worden. Ein Verwundeter wurde gefangen genommen.
Nun erwartete man höheren Orts einen ausführlichen Bericht und im Übrigen die Vorschläge für die EKs und so weiter. Es half mir nichts, dass ich sooo müde war – nachdem ich mich ein wenig frisch gemach hatte, musste ich ran und den Papierkrieg erledigen, eine widerliche Arbeit, zumal ich sie noch nie selbstständig gemacht hatte. Wer kam in Frage für das EK I? Wer für das EK II? Wer musste für das Infanterie-Sturmabzeichen eingereicht werden? Für wen reichte der Kampf als Nahkampftag? Wem stand das Verwundeten-Abzeichen zu? Für alles gibt es besondere Formulare, besondere Vorschriften und Bedingungen. Vor allem die Anträge auf Verleihung des EK müssen sehr genau formuliert werden, denn ein Antrag hat nur dann eine gewisse Aussicht berücksichtigt zu werden,

wenn ein Fall von „besonderer Tapferkeit“ vorliegt, vor allem natürlich beim EK I. Und es hilft auch nichts, dass so und so viele Leute schon drei oder fünf Mal das EK hätten kriegen müssen oder sollen. Wenn sie diesmal nicht ganz vorn dabei waren, können sie eben nicht eingereicht werden. Das ist leider immer dasselbe Elend und das wird auch so bleiben und das entwertet natürlich die ganze Geschichte sehr.

Mitten in diesen leidigen Schreibkram platzte dann die traurigste Nachricht der letzten Stunden: Unteroffizier Kruksberger schwer und Feldwebel Eckert vom Bataillonsstab, der den Kommandeur begleitet hatte, leicht verwundet. Das Wieso und Warum wollten wir erst gar nicht glauben: Der Kommandeur hatte sich an unserer linken Grenze von mir verabschiedet und war zum linken Nachbarn weitergegangen. Auf dem Rückweg war er dann wieder in unserem Abschnitt aufgekreuzt, hatte bei einem gefallenen Russen eine gestreckte Ladung im Stacheldraht entdeckt und Unteroffizier Kruksberger befohlen, herauszukriechen und das Ding zu holen! Am helllichten Tage, kaum 200 m von den russischen Stellungen entfernt! Und prompt schlug der Scharfschütze vom Dienst zu: Ein Schuss, ein furchtbarer Schrei, Stöhnen – Feldwebel Eckert spontan hinterher, noch ein peitschender Knall – Armschuss, aber er kriegte Kruksberger noch in den Graben gezerrt. Alarm, Melder zum Bataillon, Tragbahre her! Zehn Minuten später waren alle im direkten Zugangsgraben nach Barischewka verschwunden. Als wir endlich von dem Drama erfuhren, lag Kruksberger schon auf einem Schlitten, der ihn zum HVP brachte. Bauchschuss, wenig Hoffnung…

Die verdammte gestreckte Ladung hing noch den ganzen Tag über im Drahtverhau. Vorletzte Nacht mussten wir sie auf Befehl des Kommandeurs tatsächlich noch hereinholen. Nun haben wir ein Brett und 13 kg Sprengstoff mehr und einen guten Mann weniger. Aber wir haben's ja. Man fasst sich an den Kopf und kann es nicht begreifen. Die ganze Scheiße steht mir seitdem wieder bis zum Halse. Wie kann man nur solchen unverantwortlichen Wahnsinn befehlen???

Bis auf diese beiden bösen Schüsse blieb der Iwan vorgestern und in der folgenden Nacht mucksmäuschenstill und auch gestern rührte sich nichts in den Gräben drüben. Soviel Ruhe können aber die Leute im Hinterland offenbar nicht vertragen. Gestern Abend wurde mir nämlich ein Lautsprecher der Propagandakompanie angekündigt, der zum Tage der Roten Armee sein Geseiche verzapfen sollte, als ob wir nicht jüngst schon genug Gebrüll hier gehabt hätten. Aber gerade weil der Iwan hier so schön abgeschmiert worden ist, hielten sie unseren Abschnitt wohl für besonders geeignet, um die Genossen drüben mit unserer Propaganda auch noch schön moralisch fertigzumachen. Wir hatten dann aber doch die Genugtuung, dass die Heinis ihre Grölmaschine überhaupt nicht in Gang kriegten und schließlich stumm wieder abschwirrten. Doch der Obermeister hinterließ uns die tröstliche Verheißung, er werde heute Abend wiederkommen. Bis dahin würde man wohl den Fehler am Apparat behoben haben.

Leider kann man diesen Leuten ja den Zugang zu seinem Abschnitt nicht verwehren, man kann nur hoffen, dass der Iwan ihnen einige blaue Bohnen um die Ohren zischen lässt, damit die Kameraden aus eigenem Antrieb schleunigst wieder die Etappe suchen.

Aber das Verhängnis schlief auch in dieser Nacht nicht. Gegen Abend kam wieder mal ein ekliger, kalter Wind auf, der die Gräben halb zuwehte, gegen Mitter-

nacht jedoch zu unserer Erleichterung wieder abflaute. Die ganze Kompanie musste also wieder ran und schaufeln, schaufeln, schaufeln, denn ein ungangbarer Graben ist in dieser Situation unvorstellbar. Das weiß auch jeder und so wühlten sie bis zum Morgengrauen und hatten es dann auch so weit geschafft, dass man nun wieder überall leidlich durchkommt.
Zwei Mann von einer Gruppe Pioniere, die am Abend am Stützpunkt eine Gasse in den Drahtverhau schneiden sollten, traten prompt wieder auf die eigenen Minen und wurden ziemlich schwer verletzt, der eine am Fuß, der andere am Auge. Während der eine fürchterlich schrie, als Schmidt ihm den Stiefel vom Bein schnitt, wollte der andere nicht mehr als einen Schnaps und eine Zigarette. Ein eiserner Hund. Aber es ist und bleibt die reinste Hexerei. Scharenweise laufen die Russen immer wieder über unsere Minen, ohne dass auch nur eine hochgeht und man ist jedes Mal von Neuem fassungslos und weiß nicht, ob das bei unseren Leuten bodenloser Leichtsinn oder Dummheit oder wirklich nur Pech und Unglück oder gar das Verschulden irgendwelcher Leute ist. Mir geht das nun wieder an die Nieren, denn es passierte ja wieder bei uns, man muss die Scheiße melden ohne sagen zu können, wie es geschehen ist, man quält sich nun wieder tage- und nächtelang mit der Frage, ob man sich genug um die Leute gekümmert hat, ihnen alles Nötige gesagt und sie richtig eingewiesen hat. Aber was soll unsereins ihnen sagen? Wenn sie selbst nicht wissen, wo sie ihre Teufelseier versteckt haben…
Eine von unseren selbst gebastelten Schweinereien war es Gott sei Dank nicht, das steht jedenfalls fest. Und trotzdem schmeckt einem das Essen nicht. Jetzt fehlt nur, dass der Iwan heute Nacht die Propagandaheinis und damit auch uns zur Sau macht.
Allmählich rundet sich nun auch das Bild über die nächtliche Tragödie. Durch Lauschtrupps, durch gefundene Papiere und durch den einen Gefangenen hat man herausgekriegt, dass an dem Unternehmen der Iwans etwa 130 Mann beteiligt waren, wieder nur degradierte Offiziere. Von diesen 130 Mann sind über 100 ausgefallen, nicht gerechnet die Verluste, die die Russen sich am Stützpunkt geholt haben. Der linke Nachbar hat wie wir etwa 50 Tote in seinem Abschnitt gezählt, einschließlich der zwölf in seinem Graben. Wie viele Russen es noch drüben in ihrem Stützpunkt getroffen hat, werden wir nie erfahren. Aber 100 Tote – diese Zahl wird schon stimmen. 100 Tote von 130 Mann. Demgegenüber ein Toter auf deutscher Seite und elf Verwundete. Die Beute: Vier leichte MGs, von denen wir auch eins aus dem Stacheldraht geholt haben und fünf Gewehre. Nicht zu vergessen: Ein Brett und 13 kg Sprengstoff!
Alles in allem eine grausige Bilanz für den Russen, grausig erst recht, wenn man den Erfolg bedenkt, der gleich Null ist. Mit welchem Dilettantismus hat man auch diese Leute wieder in den Tod gejagt. Wie miserabel hat das Feuer ihrer schweren Waffen gelegen. Wie schutzlos hat man diese ehemaligen Offiziere über die offene Schneefläche fliehen lassen. Wo blieb da das Sperrfeuer ihrer schweren Waffen auf unsren Graben, wo der Feuerschutz ihrer MGs? Warum hatten sie nicht wenigstens Nebelkerzen bei sich, um uns die Sicht nehmen zu können? Warum schossen ihre Werfer keine Nebelgranaten wie zu Beginn der Trommelei? Wo waren ihre Deckungstrupps wie damals bei Erdödy, die uns niedergehalten hätten? Nichts, nichts von allem. Und warum hat keiner die Hände hochgehoben, warum gab es für sie nur den sinnlos gewordenen Kampf oder die Flucht ins

offene Verderben? Warum??
Wir werden es nicht begreifen und wir werden das Gefühl nicht los, dass den wenigen, die dieses Gemetzel überlebt haben, noch Schlimmes droht. Ein solches Desaster – nitschewo, lasst sie verrecken, die Feiglinge.
Wie oft haben wir nun schon das Hinschlachten solcher Menschenmassen miterleben müssen? Wie kamen sie damals in Werchnij Bischkin aus den Wäldern getrabt: 100, 200, 300 Mann, untergehakt, fast waffenlos, besoffen – und zwei Minuten später lebten vielleicht noch 50 oder 100. Schreckliche Erinnerungen. Aber sind wir nun deshalb Massenmörder, Schlächter wehrloser Haufen? Nein. Uns steht nur der Ekel bis obenhin, wir müssen uns ganz einfach von dem Druck der ständigen Gefahr und Übermacht, die überall lauert, befreien, obwohl wir sie nur selten einmal sehen können. Aber wenn sie dann aus ihren Gräben quellen, wenn sie uns mit der Übermacht ihrer Menschen erwürgen und erdrücken wollen, dann bleibt uns in unserer Angst eben nichts anderes übrig als zu schießen, zu brüllen und Handgranaten zu werfen, so lange, bis sie die Hände heben oder bis sich eben nichts mehr rührt, bis die letzten Zuckungen der Leiber verebben, bis keiner mehr stöhnt und kriecht. Da ist nichts anderes als die eigene schreckliche Angst vor dem Verrecken die Triebfeder allen Tuns, und wenn sie eben drüben glauben, sie könnten uns einfach an die Gurgel springen, dann irren sie sich fürchterlich. Dann müssen sie schon selbst die Verantwortung für die Sinnlosigkeit des Todes tragen. Wir stehen hier im Osten allmählich überall mit dem Rücken an der Wand, wir haben keinen Fluchtweg mehr offen. Und wir wissen, was uns blüht, wenn wir denen in die Hände fallen. Das ist es, was uns so verbissen weiterkämpfen lässt, auch wenn man manchmal im stillen Kämmerlein die Hoffnung auf ein gutes Ende sinken fühlt. Nur – wo sollen wir hin, was sollen wir denn tun, wenn nicht weitermachen und weiter hoffen. Aber man ist fertig, wenn man wieder solche Stunden hinter sich hat. Dazu Kruksberger und die Pioniere. Was der Iwan nicht schafft, das bringen wir selber fertig.
Im Übrigen ist immer noch Alarmbereitschaft befohlen. Die Division rechnet mit weiteren Angriffen, vor allem auch hier bei Barischewka…
Fünf Mann von der Schwadron haben gestern das EK II gekriegt, darunter Motsch und Hönig, Konsorski und Klein. Für die Wackeren freut es mich ganz besonders. Der General war wieder persönlich gekommen und hatte sogar Schnaps springen lassen.
Heute fand ich nun endlich Zeit, dem Chef einen Brief zu schreiben. Er soll sich doch mitfreuen am Erfolg seines Haufens. Bis er wiederkommt, vergehen bestimmt noch drei Wochen. Eine beängstigend lange Zeit.
Ich habe nun auf einmal schon fünf Nahkampftage: Tripolje, Schewtschenkowo, die „Säuberungsaktion“ am 14. Mai 1942 bei Nepokrytaja und nun die beiden Grabenkämpfe am Stützpunkt und vorgestern Nacht. Und ich lebe immer noch. Vor gut 14 Tagen war ich noch zu Hause in Dortmund.
Nun bin ich gespannt, was uns heute Nacht widerfahren wird. Die Propagandaleute müssen schon bald aufkreuzen.
Eben kommt Motsch vom Bataillon zurück. Kruksberger ist tot. Weiter links ein Mann mit sMG geklaut, woanders ein Unteroffizier…

Vor Barischewka, Donnerstag, 24. Februar 1944

Gesten Abend erschien prompt wie angedroht der Propagandamann. Er hatte seinen Apparat tatsächlich wieder hingetrimmt und begann nun vom Mittelteil meines Abschnitts aus heftig zu reden und zwischendurch Musik zu machen. Für den Tag der Roten Armee kam er nun zwar zu spät und sein eingelerntes Programm wirkte leicht angestaubt, aber was kümmerte das ihn und seine Mannen? Sie haben ihr Soll an Propaganda zu erfüllen, genauso wie wir das unsere an Wacheschieben und Schneeschaufeln. Und wenn man die Kameraden fragt, ob sie denn wenigstens selbst an den Erfolg ihrer Bemühungen glauben, sind sie sichtlich entrüstet ob so ketzerischer Zweifel und sehen in einem so misstrauischen Frontschwein wahrscheinlich einen üblen Defätisten.
Mehr als der ganze Spektakel interessierte uns der Iwan, der uns nach einer kurzen Wartezeit den ganzen Graben und das Vor- und Hintergelände mit bösartigem Granatwerferfeuer vollrotzte – so stark, dass ich vom Gefechtsstand aus schleunigst wieder durch den Graben fegte, um zu sehen, ob es irgendwo ein Unglück gegeben habe. Es ist ja immer dieselbe Misere: Die Fronttruppe hat ohnehin schon genug Verluste durch das tägliche Scharfschützen- und Granatwerferfeuer, aber dann kommen auch noch solche Knechte daher und reizen den Iwan mit ihrem nutzlosen Geplärr. Das darf dann die Frontkompanie abermals mit Blut bezahlen, mit Toten und Verwundeten und der noch stärkeren Anspannung derer, die zurückbleiben und die Wachen und Streifen der Ausgefallenen zusätzlich übernehmen müssen. Aber diesmal ging es zum Glück ohne Opfer ab. Nachdem die Propagandisten ihre Sprüche aufgesagt hatten, beruhigte sich auch der Iwan wieder.

Vor Barischewka, Freitag, 25. Februar 1944

Motsch hat mit einigen anderen heute an einer Panzer-Überroll-Übung teilgenommen. Die russischen Panzer sollen sich ja angewöhnt haben, selbst einzelne Landser in ihren Deckungslöchern durch Drehen auf der Stelle lebendig zu begraben oder zu zerquetschen. Der deutsche Soldat, nicht faul, baut sich jetzt natürlich nur noch ganz enge Löcher, gegen die die Panzer völlig machtlos sind. Diesen Sport soll nun jedermann im Hinterland ausprobieren, um im Ernstfall eiskaltes Blut bewahren zu können. Nun, bei Motsch klappte es gut, einen anderen mussten sie doch ausbuddeln, obwohl das Sturmgeschütz bei dieser Übung bestimmt nicht Drehkünste spielen ließ. Leider helfen selbst noch so enge Panzerdeckungslöcher gegen andere Schweinereien der russischen Panzer gar nichts: Zum Beispiel wenn sie im Fahren aus der Bodenluke Handgranaten in die Löcher fallen lassen…

Vor Barischewka, Sonnabend 26. Februar 1944

Der Iwan verhält sich immer noch mustergültig ruhig. Die Nächte waren in letzter Zeit trotz des Schnees hässlich dunkel, aber nun haben wir endlich wieder zu-

nehmenden Mond. Dadurch wird es jede Nacht etwas heller, wenigstens eine Zeit lang. Manchmal weiß man allerdings nicht recht, ob man es noch wagen kann, seine Streifen wie in den letzten Nächten oben auf der Deckung zu laufen, oder ob man sich lieber wieder in den Graben verzieht. Bei guter Sicht könnte der Iwan einen schon abknallen und das hat man nicht gern.
Motsch und Kagerer sind immer wieder von herzerfrischender Offenheit. Mit ihnen geht so eine Streife herrlich schnell herum. Mit dem zunehmenden Mond ist es auch milder geworden, sodass uns die Wattesachen schon nach einer halben Stunde zu warm werden. Aber wir sehen darin das kleinere Übel, Kälte haben wir wahrhaftig genug ertragen müssen.
Bei Kritschew hat es wieder russische Angriffe gegeben. Auch weiter rechts sind sie gestern eingebrochen. Bei einem Bataillon unserer Division waren sie wieder mit 50 bis 60 Mann – ein Mann von uns soll verschwunden sein. So geben sie nirgends Ruhe, tasten alles ab.

Vor Barischewka, Sonntag, 27. Februar 1944

Ein paradiesisch schöner Wintertag und dazu über Mittag das Volkskonzert. Man konnte fast den ganzen Krieg vergessen. So müsste es bleiben. Ich freue mich immer wieder über die prächtige Stimmung in der Schwadron. Die schauerliche Treibjagd hat allen einen wunderbaren Auftrieb gegeben und bestätigt, was jeder Landser vom Beginn dieses Krieges an weiß: Dass der Iwan verspielt hat, wenn wir waffen- und munitionsmäßig auch nur halbwegs gleichwertig ausgerüstet sind. Wenn wir wenigstens annähernd so reinklotzen können und wenn es auf hundert Handgranaten nicht ankommt, dann klappt der Laden. Aber wie selten sind solche Situationen? Man liest zwar dauernd von den neuen Waffen, von der Invasion, die doch bald kommen möge, damit wir auch die Engländer und Amerikaner zur Besinnung bringen können, aber hier bei uns merkt man nichts von der steigenden Produktion an Panzern, Geschützen und Munition. Bei uns herrscht ein chronischer Mangel gerade an Waffen und Munition, und wir flickschustern uns nur ganz erbärmlich durch, von einer Nacht zur anderen. Bei uns soll noch immer der Mensch alles schaffen, aber bei tausend Mann und tausend Geschützen beim Gegner sind wir 50 oder 100 Mann eben hoffnungslos überfordert. Ein kümmerliches Leben von der Hand in den Mund. Wir können uns nur damit trösten, dass ja wohl alles für die Invasion produziert und aufgehäuft wird, wir müssen eben diese Zeitspanne bis dahin mit Hängen und Würgen überstehen und den Iwan bremsen, so lange und so schlecht es geht, bis dann im Westen die endgültige Entscheidung gefallen ist. Wir müssen hier mit unseren erbärmlich dünnen Kräften der Heimat den Rücken frei halten und das wollen wir ja auch gern tun.
Mag der Iwan seine Schwerpunkte verlagern, heute hier, morgen da, mag er Gelände gewinnen, Vorsprünge eindrücken oder uns auch mal eine Beule schlagen – das alles ist noch zu ertragen, denn noch ist hier Platz und Gelände genug vorhanden. Aber es darf nie passieren, dass der Russe einen entscheidenden Durchbruch erzielt. Das ist meine große, geheime Sorge, die sich mir aber gerade bei den Fahrten in den Urlaub wieder so erschreckend eingeprägt hat und über die ich

natürlich mit niemandem reden kann. Dieses grenzenlos weite Land mit den wenigen, partisanenverseuchten Eisenbahnlinien, an denen alles, aber auch wirklich alles hängt. Nirgends pulsierendes Leben im Hinterland, nirgends Reservestellungen, die diesen Namen verdienten – nichts, nichts, jedenfalls soweit ich sehen konnte. Volle Züge in Berlin, halbleere ab Warschau und gespenstisch leere hinter Brest-Litowsk, so leer, dass man meinen könnte, man hätte die Endstation verpasst. Von der wirklichen Endstation aus kleckert man sich dann durch von Dorf zu Dorf, trifft überall nur dürftige Trosshäufchen und Ortskommandanturen und irgendwo ist dann die Front, ein armseliger Graben, ein paar Männekes darin, die man mühsam in versteckten Postenständen und finsteren Dreckbunkern suchen muss und dann ist es aus. Endgültig aus. 200 m weiter der Iwan und hinter seinem vordersten Graben das unendliche Russland, der Bolschewismus, die Rote Armee…

Vor Barischewka, Montag, 28. Februar 1944

Wieder solch ein bitterer Tag, von dem sich die Heimat wohl kaum eine rechte Vorstellung machen kann, denn von solchen Tagen und von so ruhigen Frontabschnitten erscheint ja kein Wort in den Zeitungen. Am Morgen war es noch hundekalt, aber später wurde es dann wärmer, es begann zu schneien und zu wehen, und die Gräben wurden abermals halbvoll. Bis tief in die Nacht hinein hatten die Männer wieder zu schaufeln.
Am Abend, als wir unsere erste Streife wegen des diesigen Wetters oben hinter dem Graben liefen, hatte ich mich noch mit Gauger unterhalten, der in einer hinter dem Graben aufgesetzten Schneeburg auf Posten stand. Wir waren weitergegangen, hinüber zum linken Nachbarn, hatten mit dem Verbindung aufgenommen, wie es üblich ist, und als wir dann zurückkamen, war Gauger tot. Ein ganz glatter Herzschuss, ein genau gezielter, einzelner Schuss, den ich wohl gehört, aber nicht weiter beachtet hatte.
Und Gauger tot. Es ist ein verdammt armseliger Trost, wenn man weiß, dass er nichts davon gemerkt hat. Ich trage nun dauernd die Vorwürfe in mir herum, dass er oben auf der Deckung seinen Postenstand hatte und nicht im Graben. Aber das Vorgelände ist dort vom Graben aus wegen einiger unmerklicher Mulden schlecht einzusehen und deshalb hatte die Gruppe von Anfang an diese kleine Schneestellung errichtet. Noch nie ist dort bisher ein Posten gezielt unter Feuer genommen worden. Und nun gleich so. Zufall? Oder einer dieser Scharfschützen? Hatte er das diesige Wetter ausgenützt, um sich näher an unseren Graben heranzuschleichen?

Vor Barischewka, Dienstag, 29. Februar 1944

Nach der Kälte und dem Schnee von gestern fing es heute Nacht auf einmal gewaltig an zu tauen und in den Gräben sammelte sich schon am Morgen lieblich das Wasser. Erst 5 cm, dann 10, 15, 20 cm, und schon am Abend hatten wir auf lange Strecken über 30 cm hoch Wasser im Graben stehen. Eine neue, ganz un-

erwartete und alles andere als erfreuliche Sauerei. Aber wir kriegten wider Erwarten bereits um die Mittagszeit eine von Hand zu bedienende Pumpe, die pausenlos betätigt werden muss.
Heute musste ich nun auch den Brief an Frau Gauger schreiben. So etwas hat man auf der Kriegsschule zwar schön geübt und es erleichtere mich auch, dass ich in diesem Falle wirklich mit gutem Gewissen berichten konnte, er sei in Folge eines Herzschusses schmerzlos gefallen. Es ist aber eine quälende Mühe, einen solchen Brief zu verfassen, wenn man es als junger Mensch noch nie gemacht hat. Hier kam hinzu, dass ich mich mitschuldig an seinem Tode fühlte, weil wir ihn trotz des zunehmenden Mondlichts vielleicht nicht rechtzeitig wieder in den Graben beordert hatten. Aber wie soll man in solchen Lagen als Führer anderer Menschen ohne Schuld leben und handeln können? Da ist man wohl einfach überfordert und muss es hinnehmen und sich bemühen, den gleichen Fehler nicht noch einmal zu machen. Viele werden ja sehr rasch mit solchen Problemen fertig. Über eine derartige Konstitution verfüge ich jedoch leider nicht.

Vor Barischewka, Mittwoch, 1. März 1944

Es taut weiter, eine ganz unvorhergesehene Schweinerei. Die Gräben sind zu dermaßen abgrundtiefen Matschrinnen geworden, dass sich bei Tage nur hindurchquält, wer unbedingt muss. Der ganze linke Flügel der Schwadron hängt praktisch in der Luft, solange es hell ist, weil kein Mensch durch das 30 bis 40 cm tiefe Wasser- und Schlammbad patschen will.
Trotz des Matsches gehen die Entlausungsaktionen planmäßig weiter. Täglich rückt morgens eine Gruppe mit Sack und Pack ins Hinterland und kehrt am Nachmittag sauber und ungezieferfrei wieder heim in ihr feuchtes Erdloch. Dort stürzen sich dann die in den Ritzen verbliebenen Viecher von Neuem auf Decken, Mäntel und Socken. Aber ein paar Tage und Nächte lang hat auf diese Weise doch jeder mal etwas mehr Ruhe vor den Quälgeistern.

Vor Barischewka, Donnerstag, 2. März 1944

Immer noch gluckert das Wasser von oben in die Gräben, platschen große Erdbrocken seitlich aus den Grabenwänden heraus. Die schlammige Wasserbrühe auf der Grabensohle wird immer tiefer. Wir laufen herum wie die Wildsäue, aber wir lassen den Dreck ruhig in dicken Krusten an den Klamotten kleben, weil es sinnlos ist, sich zu säubern, solange diese Nässe anhält. Überall schwindet der Schnee dahin. Auf weiten Strecken kommt sogar schon die dunkle, nasse Erde zum Vorschein. Damit verblassen auch die zahllosen rußschwarzen Einschlagtrichter, die bisher die weiße Schneedecke verziert haben. Mit Schrecken denkt man an die vielen toten Russen, die an unserem linken Flügel vor der Stellung liegen, weil man sie ja nicht bergen und beerdigen kann. Wenn die erst mal anfangen zu stinken – nicht auszudenken.

Vor Barischewka, Freitag, 3. März 1944

Gestern Abend kriegte einer einen Oberschenkeldurchschuss; ziemlich harmlose Sache zwar, aber wieder ein Mann weniger, wieder mehr Wache und Postenstehen für die, die übrig bleiben. Ihn hat es gestern in der Dämmerung erwischt, als er oben hinter dem Graben lief. Die Hunde drüben passen doch verdammt gut auf.
Es ist wieder etwas kälter geworden und der Zufluss an Wasser hat nachgelassen, sodass wir am Nachmittag sogar einigermaßen trocken zum linken Flügel gelangen konnten. Damit wir aber nicht übermütig werden, ist nun auch unser Gefechtsstand zur reinsten Tropfsteinhöhle geworden, wie alle Bunker vorn auch. Auch bei uns glitzert es jetzt feucht-glitschig an den Wänden, das Holz stinkt muffig, wir haben Zeltbahnen unter die Decke nageln müssen und dürfen nun alle paar Minuten einen Eimer unter die prallen Säcke hängen und sie schön melken. Jeder flucht bei der kleinsten Störung vor sich hin, der ruhige Gefechtsstandstrott mit Holzhacken, essen, saufen, grunzen und Streife laufen ist total aus den Fugen geraten. 150 bis 200 Eimer sind in den letzten 24 Stunden voll geworden. Die Klamotten sind klamm oder gar klatschnass, das Brennholz qualmt und wärmt nicht recht. Der Munitionsbunker ist abgesoffen, alles muss rausgeholt und getrocknet, der Schuppen selbst ausgeschöpft werden. Nichts verdirbt mehr und nachhaltiger die gute Laune, als solche niederträchtigen Überstunden. Und ich meckere, wenn mir das Wasser auf den dämlichen Papierkrieg tropft. Ein zünftiges Rheuma ist uns gewiss.
Bei Witebsk und Nevel und Rogatschew rollt der Rubel mal wieder. Nur wir sitzen anscheinend noch in tiefstem Frieden auf einem schönen Ast und wissen nur nicht, wie tief ihn der Iwan im Westen hinter uns schon angesägt hat.
Ansonsten Störflieger über Westdeutschland. Also Alarm in Dortmund. Scheiße, wohin man auch blickt.

Vor Barischewka, Sonnabend, 4. März 1944

Gestern Abend wurde es plötzlich ekelhaft windstill und neblig und wir konnten uns nur auf unsere Ohren verlassen. Die Leuchtkugeln ertranken im milchigen Dunst. Selbst bei Nebel fühle ich mich aber in dieser Stellung unvergleichlich sicherer als in Klednewitschi, denn dort standen die Posten so unheimlich weit auseinander, und man kam sich unsagbar verloren vor, bis man endlich wieder auf das nächste menschliche Wesen stieß. Hier sind es relativ kleine Abstände von Bunker zu Bunker und fast jede Gruppe kann auch vor den Abschnitt der benachbarten sehen, weil wir ja im Gegensatz zu Klednewitschi hier in einer Art Halbkreisstellung liegen.
Ich hatte heute einige Mühe, den Schnapskonsum zu drosseln. Wir haben ja immer viel zu viel von dem verdammten Fusel und hier im Gefechtsstand ist es Mode geworden, selbst in die Bratkartoffeln und in Pudding und Erbsensuppe einen Schuss Schnaps zu kippen. Aber bei Nebel muss man nun doch mal etwas bremsen. Iwan blieb aber rührend friedlich. Man hört in der Ferne allerdings gelegentlich Artilleriegebolze. Auch mit einzelnen Aufklärungsfliegern ist er jetzt

öfter unterwegs. Wir melden immer alles schön. Direkt bei uns tut sich wunderlicherweise gar nichts.

Vor Barischewka, Sonntag, 5. März 1944

Gestern Abend blieb ich bis zwei Uhr auf, um mir wieder einmal den Belgrader Sender anzuhören. Da draußen klare Sicht herrschte, ließ ich zur Abwechslung auch meine erste Nachtstreife ausfallen. Kompanieführer sind schließlich auch nur Menschen. Mit der alten Frau Schmidt und dem langen Motsch spielte ich eine Weile entgegen meinen Prinzipien Skat, später aber auch Schach.
Nach und nach erfahre ich jetzt in unseren Gesprächen viele Einzelheiten über diesen und jenen. Unteroffizier Hoppe, der bei dem ersten Stoßtruppunternehmen der Iwans am 14. Februar fiel, war zum Beispiel in gewisser Weise schuld am Tode eines Kameraden. Er hatte mehrere Arrestanten, die ihre Strafe in Form von Arbeitsdienst abarbeiteten und weit verteilt Schnee schippten, zu beaufsichtigen. Statt befehlsgemäß von einem zum anderen zu gehen, blieb er stur an einem Fleck stehen. In dieser Zeit verblutete einer der Arrestanten hilflos in einem leeren Bunker, nachdem er einen Schuss abbekommen hatte. Hoppe selbst ist dann am 14. Februar ebenso einsam verblutet…
Peter Hidien, einer meiner Gruppenführer, sollte lange vor Meyers Zeit bei einer Säuberungsaktion im Partisanengebiet einen kleinen Jungen, der bei den Kämpfen schwer verwundet worden war, von seiner Qual befreien. Hidien brachte es nicht mehr fertig, als der Junge sein Anschleichen bemerkte und ihn entsetzt ansah – da konnte Wachmeister Möller das Leiden und die plötzliche Angst des Jungen nicht mehr ertragen und erlöste ihn mit einer Garbe aus seiner MPi. Möller war seitdem verstört und sehr still. Meyer hat es später erfahren und Möller sehr geschätzt, weil er nachempfinden konnte, was in Möller vorgegangen sein musste. Als Möller dann am Neujahrsmorgen mit zerfetztem Schädel tot im Graben lag, hat Meyer geweint.
Wer ist in solchen Fällen Schuld?

Vor Barischewka, Montag, 6. März 1944

Das Wasser steht im linken Kompanieabschnitt auf hunderten von Metern immer noch oder schon wieder zwischen 30 und 50 cm hoch. Alles Pumpen ist für die Katz. Bei Tage ist ein Besuch der linken Gruppe zwar theoretisch möglich, aber ohne zwingende Not holt sich keiner nasse Hosen bis übers Knie. Sie haben dort sogar große Mühe, ihre Bunker vor dem Absaufen zu retten. Ohne Abschottungen zum Graben hin und ohne ständiges Wasserschöpfen ist nichts zu machen. So hausen die armen Säcke dort tagsüber von aller Welt abgeschnitten in ihren nassen Höhlen und schimmeln so vor sich hin. Aber trotz des mistigen Tauwetters glaubt keiner, dass der Winter schon zu Ende ist.
Der Russe ballert von Neuem so komische Sachen haargenau in unsere Gegend, in die Mulde, zum Stützpunkt und zum linken Flügel. Aber auch viel weiter links und rechts hört man immer wieder einzelne dicke Einschläge. Jedes Mal nur

einzelne Schüsse, auch kleinere Kaliber dazwischen, Granatwerfer und so weiter. Der schießt sich wieder ein!
Die Gruppen- und Zugführer sind angewiesen, genaue Beobachtungen über Lage, Kaliber, Uhrzeit und Abschussrichtung der Granaten zu machen und den russischen Graben und besonders das Hinterland, soweit möglich, sorgfältig zu beobachten. Bei uns sind zwar nur 20 bis 25 Schuss gelandet, aber jeder so präzise genau vor unsere Nase gesetzt, dass wir mehr als einmal vorsichtshalber das Geweih einzogen. Wenn das nun wieder losgeht, wenn ich wieder allein davor stehe, ohne den Chef?
Bei Orscha haben die Russen gestern auch wieder angegriffen, zwar vergeblich, aber immerhin. Und eben wird mir gemeldet, dass sich seit der Abenddämmerung über den Wäldern jenseits der Pronja zahlreiche Rauchsäulen kräuseln. Lagerfeuer?? Sammelt er dort etwa Truppen???

<u>Vor Barischewka, Sonntag, 12. März 1944</u>

Vor sechs Tagen hab ich, wie ich eben sehe, die letzten Notizen gemacht. Inzwischen wissen wir, was es mit den Lagerfeuern auf sich hatte. Es waren bestimmt welche und am nächsten Tag, am 7. März, am späten Nachmittag prasselte es dann Schlag auf Schlag auf uns hernieder:
Der Russe hat zwei feste Brücken über die Pronja gebaut, Panzer stehen bereit, seine große Anzahl von Batterien aller Kaliber ist festgestellt – kurzum: Großangriff in Reinkultur! Also höchste Alarmbereitschaft, alles vorbereiten, Großkampfbesetzung. Jede Beobachtung sofort melden. „Und eins dürfte selbstverständlich sein: Die Stellung ist um jeden Preis zu halten! Das wär's, meine Herren."
Ja, das wär's. Uns reichte es.
Die Sonne war hinter einer fernen Wolkenbank untergegangen. Die Konturen der Bäume und Sträucher stachen schwarz aus dem abendgrauen Schnee. Von der Stellung her kein Laut. Drüben über den Wäldern jenseits der Pronja hing schon die Dunkelheit. Dort drängten sie sich nun wohl wieder um die Feuer.
Viel war nicht mehr zu veranlassen. Für die einzelne Gruppe und ihren Abschnitt ist es gleich, ob ein Stoßtrupp oder ein Bataillon angreift. Sie können sowieso nicht aus ihren Löchern heraus, sondern nur schießen oder Handgranaten werfen, solange sie was haben. Was rechts oder links geschieht, sehen und hören sie in dem Getöse kaum. Erst wenn es plötzlich ringsum ganz still wird, wissen sie, dass sie in ihrem mit Stacheldraht verbarrikadierten Grabenstück abgeschnitten sind. Dann kommen die ersten Iwans auch bald von hinten. Jeder fällt oder überlebt da, wo er steht. Taktik und Strategie mögen auf der Kriegsschule ganz schön sein – hier zählen nur Handgranaten und MGs, die auch wirklich schießen.
Was der Kompanietrupp und die Kompaniereservegruppe zu tun haben, wenn es losgeht, ist schnell geklärt. Der Sani und ein Melder bleiben im Gefechtsstand, wir anderen stürzen los in den ersten Graben und weiter dahin, wo die meisten roten Leuchtkugeln hochgehen. Wenn wir überhaupt so weit kommen…
Die Genossen hatten Bratkartoffeln gebrutzelt und Schnaps auf den Tisch gestellt; die ganze Bude stank danach. Aber ich hatte keinen Appetit. Mir drückten viele

Zentner auf den Magen. Was kam jetzt auf mich zu? Tod? Gefangenschaft? Es wäre halb so schlimm, wenn es unvermutet über uns hereinbräche. Aber so? Großangriff.

Ich musste raus, durch die Stellung, mich überzeugen, dass alles in Ordnung war, selbst hören und sehen, was der Russe machte. Aber so schnell konnte ich gar nicht raus. Erst war noch der Papierkrieg zu erschlagen, die Verpflegung zu verteilen. Ich musste also noch warten, bis das ganze Durcheinander vorüber war, bis alle Unterschriften fertig und alle Eventualitäten für den nächsten Morgen besprochen waren. Alles Wichtige an Papieren ging zurück zum Tross, außerdem unser Heiligtum, das Radio. Es konnte ja in Feindeshand fallen.

Was sollte ich denen vorn im Graben sagen? „Die Stellung ist um jeden Preis zu halten!" Das wissen sie auch so. Also lieber gar keine Sprüche kloppen, versuchen, Zuversicht und Gelassenheit auszustrahlen, das war alles, was ich noch tun konnte. Und wie's da drin aussah, ging niemanden was an.

Beim Russen war alles ruhig, unheimlich ruhig sogar. Schwarzblau sah man vom Stützpunkt aus die Wälder drüben, in denen sich nun schön was zusammenbraute. (Bild 42) Davor die weite Talniederung der Pronja, in der man eigentlich jede Maus sehen können müsste, so hell warf der Schnee das Licht der Sterne zurück. Die Luft knisterte leise vor Kälte. Deutlich konnte man die Rolle Stacheldraht am diesseitigen Fuße der Hügel erkennen. Dort sollte ja eigentlich unsere HKL sein. Dann hätten wir es einfacher, ein tolles Schussfeld, den Iwan weit vom Halse, keinen verfilzten Stützpunkt vor der Nase.

Die alten, erfahrenen Füchse im Graben sind nicht mit Gold aufzuwiegen. Die meisten bastelten seelenruhig an immer neuen Sperren, Fußangeln, geballten Ladungen, an Abziehdrähten für Leuchtpatronen und Minen oder an zusätzlichen Deckungslöchern im Graben. Die Übrigen standen lässig auf Posten und lauschten in die Nacht. Sooft ich mich auch zu ihnen in den Postenstand stellte, um eine Weile mitzubeobachten, mitzuhorchen – es war und blieb so still da drüben, dass ich mir schon wieder Hoffnungen machte, die ganze Geschichte wäre nur ein schlechter Scherz. Der Mond stand rechts über den Tannen und füllte das Tal und das Feld vor uns und die russischen Gräben mit weißlichem Licht.

Schlimm war es nur links im Abschnitt. Dort stand das Wasser kniehoch im Graben und obendrauf hatte sich schon eine dicke Eisschicht gebildet. Solange man oben am Graben entlanglaufen kann, sieht das zwar ganz nett und sauber aus, aber wie es sein wird, wenn wir wegen des Feuers da unten durchmüssen, wagte ich mir nicht auszumalen. Als wir später von der linken Grenze zurücktippelten, hingen Nebelschwaden in der Pronjaniederung. Darüber war Iwan bestimmt nicht böse.

Kurz vor elf Uhr abends war ich mit meinen beiden Meldern wieder im Bunker. Der Ofen bullerte prächtig, aber es war so komisch ruhig – ach ja, das Radio fehlte. Ausgerechnet jetzt!

Und dann Telefon. Was nun?

„Achtung Sammelgespräch – bitte melden!" Herrgott, wie lange dauerte das, bis alle beisammen waren.

„Achtung – Lauschtruppmeldung: Russe greift in den frühen Morgenstunden des 8. März an. Höchste Alarmbereitschaft. Großkampfbesetzung. Ende. " – Aus. Das bisschen wussten wir ja längst.

Aber wo greift er an? Wann genau? Solchen allgemeinen Seich können sie sich in die Hose gießen, die Herren da hinten. Also heißt es nun warten, noch mal nachsehen, ob alles bereitliegt, nichts vergessen ist. Bis zum Hellwerden sind es noch gut 7 Stunden, über 400 Minuten. Eine endlose Zeit. Und kein Radio, keinen Appetit. Dafür einen dicken Kloß im Hals oder Angst, wie man's nennen will. Müde Witze flackern hin und wieder auf, die Kippen häufen sich und beißender Qualm steht im Schuppen. Bloß raus an die frische Luft!
Erst sieht man kaum etwas, dann die dunklen Schatten der Bäume, Sterne, den Anfang des Zugangsgrabens. Der Mond leuchtet jetzt dort drüben. Kalt ist es, der Atem hängt weiß in der Luft. Kein Schuss, keine Leuchtkugel, kein Laut sonst. Nur knisternde Nachtstille, knirschender Schnee unter den Füßen. Drei Minuten vor zwölf. Morgen, Kinder, wird's was geben, morgen werden wir uns freu'n, welch ein Trubel, welch ein Leben wird in unseren Gräben sein…
An Schlaf ist nicht zu denken. Die vorn können es nicht, weil sie zu viel zu tun haben und ich brächte es nicht fertig, selbst wenn ich es wollte. So sitzen wir voller Unruhe da, starren die Zeiger der Uhr an, die nicht vorwärtskommen, und werden dieses erbärmliche Gefühl im Magen nicht los. Wenn man sich wenigstens sinnlos besaufen könnte, wenn wenigstens Meyer da wäre, der alte Käptn, die Seele der Schwadron. Aber jetzt hängt alles an mir und jeder vergleicht mich mit Meyer. Das ist fast die schlimmste Belastung, trotz des schönen Erfolges vor gut 14 Tagen.
Um ein Uhr schnarrt wieder das Telefon. Wieder Sammelgespräch: „Lauschtruppmeldung: Russische Panzer stehen bereit. Ende.“ Nun, auch das wussten wir schon. Die Kameraden machen es wirklich spannend. Darauf sollte man doch wenigstens einen kleinen trinken, meinen Kagerer und Motschuan. Na gut, einen kleinen zum Anwärmen. Aber auf einem Bein kann man natürlich nicht stehen, natürlich nicht, ihr Hunde! Und aller guten Dinge sind drei – also prost! Es tut gut, das scharfe Zeug in der Kehle zu spüren, der Kloß im Halse wird kleiner.
Halb zwei ist es endlich. Längst liegt alles griffbereit. Koppel, MPi, Stahlhelm, Handgranaten, Leuchtpistole. Wenn man nur wüsste, wo es losgehen wird, wo der Hauptstoß zu erwarten ist. Aber das wird der Iwan uns sicher nicht auf die Nase binden. Ob ich noch mal durch die Stellung gehe? Aber was soll ich da? Ich muss jetzt jederzeit erreichbar sein für Befehle und Meldungen. Und sooft wir auch den Posten vor dem Bunker fragen: Es ist völlig ruhig, beim Iwan und bei uns, keine Leuchtkugeln, keine Motorengeräusche. Auch von den Gruppen und Zügen kommen keine Meldungen. Sie haben strikten Befehl, alles Verdächtige sofort durchzugeben. Also scheint sich wirklich nichts Besonderes zu tun. Ist vielleicht alles nur Bluff? Will der Russe ganz woanders angreifen und macht hier nur Wind, um Reserven zu fesseln? Eigentlich ist es ja komisch, dass ausgerechnet heute der Lauschtrupp so erfolgreich ist. Soll er womöglich etwas hören? Ach, es ist zum Kotzen, diese Ungewissheit, dies Warten, diese verdammten Uhren, die so langsam gehen. Und doch möchte man jede einzelne Sekunde noch genießen, sich sagen: Du lebst, sitzt im warmen Bunker – warum die Unruhe und Angst? Wer fest in seinem Glauben steht und sagen kann: „Dein Wille geschehe“, der ist vielleicht auch in solchen Stunden ruhig und gefasst. Aber wie viele sind das schon? Die meisten schalten auf stur, schirmen sich durch Wurschtigkeit ab, verschwenden keinen Gedanken an die Zukunft.

Plötzlich Abschüsse. Artillerie. Aber doch von hinten! Wir stürzen aus dem Bunker wie erlöst. Es geschieht etwas! Da gurgelt es auch schon über uns hinweg und drüben, irgendwo weit hinten beim Iwan, schlägt es ein, etwas links von uns. Sie hauen ihm wohl in die Bereitstellungsräume hinein, in die dichten Wälder. Wir stehen lange im Schnee draußen vor dem Bunker und zählen die Salven, schätzen die Entfernungen und freuen uns über die zuckenden Lichtblitze hinter dem Horizont und über das schwere Rollen, das aus den Wäldern herüberdröhnt.
Dann meldet sich wieder das Telefon. Wieder Sammelgespräch. Wir haben kaum gemerkt, dass es schon drei Uhr geworden ist.
„Lauschtruppmeldung: Angriffsziel Barischewka – Prilepowka. Zeit 4.30 Uhr. Ende."
Barischewka – das sind wir!!! Prilepowka liegt rechts von uns, bei der dritten und zweiten Kompanie. Wir also sind dran! Die Hütten von Barischewka liegen 300 m hinter unserem Graben. Von da aus könnte der Russe weit nach Westen sehen und wir hätten keinen Einblick mehr ins Pronjatal. Sauber ausgedacht. Ich versuche, wenigstens äußerlich ruhig zu bleiben, denn mir sind die Knie weich geworden. Auf uns soll also der Hauptstoß gehen. Was das Trommelfeuer noch übrig lässt, werden sie mit ihren Massen überfluten und erschlagen. Gefallen, vermisst am 8. März 1944 ostwärts Barischewka. Das ist das Ende für die Schwadron, für Meyers geliebten Haufen…
Eine Viertelstunde nach dieser Meldung stolpert der Posten herein und sagt etwas von Lautsprechermusik vom Russen her. Tatsächlich, blechern grölt da vom russischen Stützpunkt herüber etwas in die Nachtstille, Walzertakte, zerblasen vom Wind und dann eine eklige Stimme: „Kameraden, Kameraden, noch ist es Zeit, euer Leben zu retten, kommt zu uns, lauft über! Es gibt kein Entrinnen mehr für euch, ihr seid umzingelt!"
Dann Stille. „Kameraden", hatten sie getönt, „Kameraden"!! Nee, Genossen, so billig nicht. Eure Kameradschaft kennen wir. Und wie bestellt ballert in diesem Moment unsere Ari wieder los, aber diesmal haut sie viel kürzer rechts vor uns in den Wald, dorthin, wo die dritte und die zweite Kompanie liegen und den Russen an manchen Stellen noch viel dichter auf der Pelle haben als wir.
Es ist halb vier geworden. Eine Stunde noch. Zeit für die Henkersmahlzeit. Wie beruhigend, dass man weiß, wann man dran ist. Man könnte noch sein Testament machen. Makabre Idee. Aber wir haben ja zum Glück nichts zu vererben. Lieber würgen wir noch ein paar Bissen hinunter, saufen Schnaps und tun so, als könne der Iwan uns überhaupt nicht kratzen. Nach einer Weile, so gegen vier Uhr, reißt uns wieder das blöde Telefon hoch: „Der Russe schiebt sich bei der dritten und zweiten Kompanie näher heran. Die Artillerie ist verständigt. Ende. "
Hoffentlich haben die genug Munition. Hoffentlich hauen sie ihm an den richtigen Stellen ihre Brocken um die Ohren. Das wäre der einzige bescheidene Trost vor unserem unseligen Ende.
Ob man noch mal versucht zu grunzen, nur so im Sitzen, den Kopf auf den Armen? Ach, es ist ja doch alles Scheiße, die Nerven flattern, das kleinste Geräusch lässt mich hochfahren. Gnade der Maus, die sich jetzt blicken ließe! Es ist schon Sadismus genug, dass die Biester kreuzfidel über unseren Köpfen auf den Zeltbahnen umherwetzen. Was kümmert sie der ganze Krieg??
4.15 Uhr. Noch 15 Minuten also. Ich halte es nicht mehr aus in dem Bunkermief.

Kommt, los, macht euch fertig, wir wollen schon mal raus. Haben wir alles umgeschnallt? Nichts vergessen? Handgranaten? Leuchtmunition? MPi-Munition? Herrje, was zieht das Gelumpe am Koppel. Ob wir damit überhaupt durch den Graben kommen? Dabei schleppe ich noch nicht einmal Handgranatenkisten, sondern habe mir nur jede Tasche bis zum Zerreißen vollgestopft. Ein Splitter, und jeder von uns explodiert wie eine lebende Mine.
Endlich ist der ganze stolze Verein beisammen. Es ist wieder ganz still und sternklar, aber dunkler als vorhin. Kein Mond mehr... und saukalt. Es schüttelt mich durch und durch, der warme Mief zieht aus den Klamotten, die Kälte rückt nach. Unheimlich, diese fast absolute Stille. Und hier soll es doch in acht Minuten losgehen! Einer hat doch noch etwas vergessen, wuchtet zurück zum Bunker; schwach strahlt das Kerzenlicht durch die offene Tür auf den Schnee. Dann ist wieder nur die Nacht um uns. Ich klappere mit allen Knochen vor Kälte und Angst. Hoffentlich merken es die anderen nicht. Der Zug rollt bergab ohne Bremsen. Aussteigen verboten. Der Kopf ist leer oder eingefroren oder verblödet von dem verdammten Fusel. Nur nicht abgeschnitten werden, nicht verwundet liegen blieben, wenn die anderen türmen müssen – das sind die einzigen herrlichen Gedanken, die ich noch zusammenkratzen kann. Wo bleiben die zündenden Worte, der mitreißende Schwung, die Begeisterung des Kampfes für Führer, Volk und Vaterland? Alles Kacke. Apropos – eigentlich müsste ich noch mal auf den Donnerbalken. Zu spät. Wir schieben uns vor in den Zugangsgraben, Zigaretten aus, bleiern behängt an Leib und Seele. Jede Sekun...
Da – ein Blitz drüben beim Russen!! Und noch einer, noch, noch, noch, zehn, fünfzig, hundert – es geht los!!! Sie kommen!!!
Feuer sprühen über den fernen Wäldern, hundert zugleich; wir stehen hell erleuchtet, werfen lange Schatten über den Schneewall hinter dem Graben, starren noch ungläubig in diese Höllenbrunst und stürzen dann vorwärts, blindlings, befreit, nach vorn zu den anderen, durch Feuerschläge und klirrenden Stahl, von Grabenwand zu Grabenwand gestoßen und gejagt von brüllenden Teufeln. Der Sternenhimmel ist weg, nur Schwärze und Dreckstaub und süßlich Dünste, von Blitzen zerfetzt, der Graben zerrissen, geplatzt und verschüttet. Wir rammeln uns nach vorn, zerschunden und taub, die Augen voll Brand. Nur weiter, sie warten! Alle sind hinter mir, wir leben, ducken uns nur, wenn es zu schrill herabstürzt, und stolpern schon weiter, noch ehe der Schnee unter zischenden Splittern verkocht ist. Wie Ameisen unter den Hufen von tausend Büffeln.
Das grausige Geschehen dieses Tages dauerte 24 Stunden. Es ließe sich allenfalls auf zig Seiten im Detail beschreiben und würde trotzdem noch längst nicht alles erfassen; ich könnte auch nur immer wieder die immer gleichen, schon so oft gebrauchten Wörter benutzen: Russen, Handgranaten, Einschläge, Angst, Wasser, Eis und Splitter, vor, zurück, Getöse, wieder vor, wieder zurück, Graben, Blut, Bunker, Angst, Stellung, Feuer, Geschrei, Leuchtkugeln, verwundet, Stacheldraht, tot, Dreck, Minen, Trichter MG, Schnee, Feuerstöße, Nässe, Angst, MPi, Gestank, Rauch, Nebeldunst – kurz, dies ganze grauenvolle Vokabular des winterlichen Grabenkrieges. Ich will mich daher bei vergleichbaren, schon mehrfach geschilderten Phasen des Kampfes möglichst kurz fassen, hingegen die für uns einmalige Fürchterlichkeit in der Finsternis der Nacht ausführlicher in hilflose Worte zu kleiden versuchen. Also habe ich diese 24 Sunden in Erinnerung:

Im ersten Anlauf erreichten wir in der von tausend Feuerblitzen erhellten Dunkelheit heil den letzten Bunker, den von Kaufmann an der linken Abschnittsgrenze. Dort hatten wir trotz Nebel und Qualm immer wieder „Sternbündel rot" gesehen, also war dort die größte Not. Das Eis und das knietiefe Wasser im linken Abschnitt hatten uns bis über die Hüften durchnässt. Beim Nachbarn waren die Russen über den Graben hinweg schon weit ins Hinterland durchgebrochen. Bei uns hatten sie bisher nur getrommelt, aber noch nicht angegriffen, und wir konnten es gar nicht glauben, dass wir unterwegs in unserem Graben nur zwei leichter Verwundete angetroffen hatten, sonst war keiner von den verschiedenen Gruppen verletzt oder gar – tot. Ein Wunder.
An der linken Grenze des Kompanieabschnitts standen nun die Russen zirka 100 m von uns entfernt in dicken Klumpen herum und wussten offenbar nicht, was sie tun sollten. Das MG der letzten Gruppe war verschlammt und funktionierte ums Verrecken nicht. So schossen sie mit ihren Gewehren in die Pulks, aber die Russen störte es kaum, dass immer mehr von ihnen getroffen zu Boden stürzten.
Unbegreiflich, diese Russen. Warum kommen sie nicht mit ein paar hundert Mann, überspülen unsere winzigen Inselchen, hauen uns in unseren Löchern tot wie die Ratten? Warum schaffen sie das nicht? Wir werden sie wohl nie begreifen, ihre Unentschlossenheit in so günstigen Situationen nicht und ihre Gleichgültigkeit gegenüber dem Sterben auch nicht.
Später ließ das Feuer der schweren Waffen nach. Dann hopsten plötzlich 50 m von uns entfernt eine Menge Russen in den Graben, sie waren von Trichter zu Trichter näher an den Stacheldraht herangesprungen, nutzen eine kurze Feuerpause aus und rückten uns kurz danach auf den Pelz, drängten uns mit Handgranaten und MPi-Feuer zurück, weil wir schon wenig später nicht mehr genug Handgranaten hatten. Andere Iwans hockten längst irgendwo in den vielen Trichtern zwischen den Häusern von Barischewka und unserem Graben, also in unserem Rücken. Der Bunker von Kaufmann ging verloren und den plünderten sie wohl erst mal.
Ich jagte Motsch nach Barischewka, die Lage zu schildern und vor allem Handgranaten zu besorgen! Im Graben wuselten immer mehr Russen und schoben sich vor. Also zurück durch die eisige Brühe im Graben, aber keine Panik; ob die Einbruchsstelle beim Nachbarn und uns nun 1.200 oder 1.500 m breit war, war zunächst egal. Da wir inzwischen fast waffenlos waren, räumten wir wenig später auch den vorletzten Bunker, nahmen alles im Moment vielleicht Brauchbare mit – die Iwans immer schön außer Reichweite hinter uns her. Ob die auch nichts mehr zu schmeißen hatten? Manchmal hörte man höhnisches Lachen und das Plätschern des Wassers von drüben her. Nasse Ärsche hatten sie nun wenigstens auch.
Auch am dritten Bunker, dem von Ciska, dem letzten vor dem Zugangsgraben, war alles in Butter, aber auch dort hatten sie kaum noch Handgranaten, weil sie sich der Russentrupps in ihrem Rücken hatten erwehren müssen. Kein Befehl, keine Handgranaten, nichts. Herrliche Führung, herrliche Versorgung. Aber die Stellung halten um jeden Preis! So was haben wir gern.
Wir räumten schließlich auch diesen Bunker und postierten uns zirka 100 m vor dem Zugangsgraben, dort, wo die eisige Pfütze endete und wir wieder halbwegs

trockenen Boden unter den Füßen hatten. Nun mochten also die Iwans schön im Wasser stehen.
Und dann die böse Entdeckung: Sogar im Zugangsgraben nach Barischewka mussten einige Iwans in Tannenbergers Bunker ausgeräuchert werden! Die Russen am Hauptgraben aber blieben am letzten Bunker stehen und daher beschloss ich, schnell mit ein paar Mann im mittleren Teil des Kompanieabschnitts nach dem Rechten zu sehen. Es rührte sich jenseits des Zugangsgrabens offenbar nichts, aber dann stießen wir doch schon nach 150 m plötzlich auf Russen im Graben – ein größerer Haufen sogar!! Also überall dicke Schweinerei!
Wir konnten zunächst nur jeweils an den Enden des noch von uns besetzten T-förmigen Grabenstücks ein paar Leute mit unseren letzten Handgranaten als „Pfropfen" belassen und mussten im Übrigen auf das Ende gefasst sein, wenn die Iwans Ernst machen sollten.
War das der ganze Großangriff? Gedachte man uns nicht endlich mal über die weiteren Pläne der weisen Führung huldvoll zu informieren? Wenn wir noch lange so klatschnass im kalten Märzwind stehen mussten, holten wir uns die schönste Lungenentzündung. Jetzt erst, da die Spannung etwas absackte, merkten wir wieder, wie fertig wir waren, wie unheimlich schwer dies vollgesogene nasse Zeug an uns klebte, wie die Knie zitterten und das Frieren in der glitschigen Wäsche wieder hochkroch. Wie die Läuse auf der Flucht vor der Nässe wieder krabbelten…
Aber dann war plötzlich Motsch mit Handgranaten heil zurück, obwohl die Russen sich schon in Barischewka und weit im Hinterland festgesetzt hatten und ebenso genau hinter uns im Gelände! Wunder über Wunder! In Barischewka hatte man zwar schon mit den Russen aufgeräumt, als Motsch dort vorsichtig wie ein Fuchs eingesickert war, aber für uns hatten sie beim Bataillon außer den Handgranaten nur den Befehl: „Stehen bleiben, wo wir stehen!" Aber wir brauchten Luft und so rollten wir aus eigenem Entschluss mit den neuen Handgranaten von Motsch in einem einzigen großen Schwung mit irrem Gebrüll den Graben im Mittelabschnitt auf – es war wieder wie ein Rausch, wir merkten gar nicht mehr, ob sie schossen oder Handgranaten schmissen, wir hörten nur unser eigenes Geschrei, das die Angst verdrängen sollte. Kaum ein Russe kam lebend davon; alle, die aus dem Graben stiegen, um zu türmen, wurden oben von beiden Enden her von den MGs erfasst und fielen schon am Stacheldraht. Ergeben hat sich nicht einer…
Und plötzlich stehen wir vor einem spanischen Reiter! Aber drüben sind unsere, sie rufen, sie lachen und winken, sie würgen das Stachelding aus dem Graben, und dann liegen wir uns in den Armen, vergessen alles ringsum – Kinder, der Graben ist wieder frei! Und kaum ein Iwan entkommen.
Aber Unteroffizier Müller ist schwer verwundet, er hat eine MPi-Garbe in der Brust; weiß liegt sein Gesicht im dunklen Bunker auf dem Boden. Er erkennt uns noch, versucht zu lächeln. Wir sagen ihm, dass der Graben frei ist und dass er bald geholt wird und dann in die Heimat kommt, und dass der Krieg für ihn dann bestimmt aus ist. Doch er hört wohl das meiste nicht mehr, ist wohl schon weit weg von uns…
Jetzt gibt es nur eins: Schleunigst im Schwunge der Begeisterung und Freude den Graben auch nach links hin bis zur Grenze wieder zu säubern, trotz Wasser und

Schlamm. Wir stapfen zurück zum Zugangsgraben, den schauerlich zugerichteten Kampfgraben entlang, über die Bäuche der verschlammten toten Russen hinweg, beschmiert und grau wie Mülltonnen von innen.
Am Zugangsgraben das gewohnte Bild und nichts Neues. Sie freuen sich über unseren Erfolg und sind sofort dafür, auch nach links reinen Tisch zu machen. Wir sammeln alle Handgranaten, verteilen sie und scheppern los. Wartet, Genossen, wir sind gerade in der richtigen Stimmung!
Laut und beinahe übermütig patschen wir mit unseren Beinen in die braune Soße, rauschen wie Schlachtkreuzer durch die Wellen und sind bald vor dem ersten Bunker. Und die Iwans türmen!!! Sie haben bestimmt vorhin beobachtet, wie wir das andere Grabenstück aufgerollt haben und nun ahnen sie anscheinend Schreckliches. Sollen sie auch! Kinder, der Graben ist leer – spart die Handgranaten auf, Brüllen ist billiger! Und es klappt wie am Schnürchen. Da ist nun der erste Bunker – räuchert ihn aus, aber vorsichtig! Doch das zu sagen ist überflüssig, die Gruppe holt sich ihren Bunker selbst wieder! Zwei dumpfe Detonationen; wenn Iwans da unten drin waren, rühren sie sich nun nicht mehr. Wir anderen wühlen uns weiter, Iwan immer schön vor uns her, wir sehen nur filzige Rücken, selten fliegt mal ein dicker Pott zurück. Auch wir schmeißen nur so viel wie nötig ist, um die Herde in Trab zu halten. Das Rauschen des Wassers ist auf einmal wie Musik in unseren Ohren, jeder Schritt bringt uns vorwärts. Der zweite Bunker ist erreicht, das gleiche hohle Krachen – und weiter. Noch haben wir keinen Russen erwischt, es sei denn, es hätten welche in den Bunkern gesessen. Aber das kümmert uns im Moment noch nicht. Weiter, weiter! Dem Iwan nach! Und auf einmal hört das Rauschen auf, wir haben das Wasserloch hinter uns, der letzte Bunker ist erreicht!! Jungs, wir haben unseren Graben wieder!!
Aber dann, beim Blick hinüber in die große Lücke beim Nachbarn: Mein Gott, im Graben stehen sie gerammelt Mann hinter Mann, eine braune Kapuze hinter der anderen! Das sind ja hunderte!! Was soll das? Setzen die sich da zur Ruhe? Oder ist das die Versammlung zum neuen Angriff? Alle Freude ist jäh in uns erloschen. Wie viele Handgranaten haben wir noch? „Los, drei Mann ab, holt Handgranaten, klaut euch welche ganz egal. Wir müssen welche haben!!“ Warum haut die Ari nicht hier hinein? Schlafen die? Sehen die diesen Wahnsinn nicht? Hunderte von Russen, eine endlose Zickzackwurst von Menschenfleisch?
Die wollen kommen. Nicht mit 30 oder 50 Mann wie vorhin, sondern mit dem ganzen Heerwurm – ja, Heerwurm, das ist der einzig passende Ausdruck, besser noch als Menschenwurm, im Schleim dahinkriechend, 1.000 blinde, stumpfe Glieder.
Und der Wurm beginnt sich zu strecken. Die Spitze schiebt sich vor, hinter ihr entstehen Lücken, Zwischenräume, die den ganzen Wurmkörper durchlaufen. Dann wieder staut es sich vorn, verdickt sich, gleitet in Wellen nach hinten. Mir wird regelrecht übel. Machen sie wirklich ernst? Es sieht ganz so aus.
Und sie kommen tatsächlich. Sie haben gesehen, wie klein unser Häufchen ist. Das ist es. Und schon fliegt wieder ein dicker Pott auf uns zu, noch viel zu kurz, aber es wird nicht der einzige bleiben. Wieder hören wir diese gutturalen Befehle, glauben diese Masse Mensch zu riechen und gehen zurück. Es ist sinnlos. Hin und wieder werfen wir ihnen auch ein dickes Ding hinüber, aber wir achten vor allem auf Abstand und Sicherheit. Oh, es ist zum Kotzen…

Zum zweiten Male geht Kaufmanns Bunker verloren. Alles was an Essbarem beim ersten Rückzug drin geblieben war, haben sie ratzekahl aufgefressen, selbst den letzten Krümel vom Boden. Wie die Heuschrecken. Arme Teufel.
Dann wieder dies eisige Wasser, 300 m lang, knietief, langsam, würdevoll ziehen wir uns zurück. Komisch, Angst hat man jetzt kaum noch, aber was soll werden, wenn sie uns mit Macht vom Zugangsgraben abdrängen? Zögernd und immer noch sehr vorsichtig folgt uns der braune Wurm.
Vorüber am zweiten Bunker. Schwer saugen sich die Stiefel im Schlamm fest. Was der Wind schon etwas getrocknet hatte, ist nun längst wieder nass und eiskalt. Jetzt müssen wir auch noch krumm laufen wegen dieser verdammten Schießer. Eine finstere Wut beginnt in uns zu kochen. Doch dann haben wir das Ende der Scheißpfütze wieder erreicht, haben den dritten Bunker kaum noch registriert. So, hier ist Schluss! Wir richten uns ein wie beim letzten Mal. Ich mache die Kameraden auf die Heckenschützen hinter uns scharf. Durch die soll keiner von uns fallen!
So, da wären wir also wieder. Die Russen sind wie beim letzten Mal am Bunker stehen geblieben.
Was nun? 15 Handgranaten haben wir noch. Solange der Wurm sich nicht weiterschiebt, geht ja alles. Wind weht genug zum Trocknen und das Wasser hat der Iwan wieder ganz für sich.
Ich habe eine Stinkwut auf das Bataillon. Kein Befehl, keine Reserve, keine Munition, kein automatischer Nachschub von Handgranaten. Alles müssen wir uns selbst holen. Die Ari schießt nicht. Hat man uns doch abgeschrieben? Weiß man überhaupt, dass wir wenigstens hier noch stehen? Aber Motsch hat doch alles berichtet. Ich kann doch nicht alle fünf Minuten einen Melder losjagen. Die müssen doch wissen, was auch für sie selbst auf dem Spiele steht. Ein Sauladen ist das da hinten.
Stehen und warten, trampeln und beobachten. Hin und wieder ein Schuss. Unteroffizier Müller ist tot. Der erste heute. Er hat es hinter sich, ihn stört nichts mehr. Fast beneidenswert. Aber das sagt man so leicht. Die Familie ahnt noch nichts…
Nach einer Weile geschieht ein Wunder: Die drei, die ich losgeschickt hatte, bringen tatsächlich Handgranaten, genug, um einen neuen Anlauf zu versuchen. Also los, Jungs, noch mal ran, das sind wir unserem Käptn Meyer schuldig!! So treten wir abermals an, nicht voller Schwung, aber gewillt, unseren Graben zurückzuholen, trotz der viel größeren Zahl von Russen. Diesmal schreien wir gleich zu Anfang fürchterlich Hurra, um uns Mut zu machen und dem Iwan den Schneid abzukaufen, und das Rezept wirkt unerwartet Wunder: Ohne viel Widerstand zieht sich der Wurm zurück! Ein Mordsgeschrei ist zu hören, wenn wir ihnen ein halbes Dutzend Handgranaten zugleich nachschmeißen, und so gewinnen wir zügig Boden, socken längst wieder durch das tiefe Wasser und sehen vor uns nur huschende Köpfe um die Grabenecken flitzen. Anscheinend haben die Burschen auch keine Handgranaten mehr, denn die Gegenwehr bleibt überraschend gering.
Der erste Bunker ist erreicht. Alles leer. Also weiter. Noch haben wir keinen Iwan lebendig geschnappt, weil der Abstand immer zu groß ist. Vor dem nächsten Bunker trauen wir dann plötzlich unseren Augen nicht: Ein Russe mit weißer Pelzmütze, eine verwegene Gestalt, klettert blitzschnell auf den Bunker, reißt die

Arme hoch, schreit etwas, winkt mit vier deutschen Stielhandgranaten: Kommt doch her, ihr Feiglinge, kommt doch! Ein tolles Bild: Die weiße Mütze, der hochgereckte Kerl, breitbeinig, ganz frei stehend. Wir glotzen ehrlich verblüfft. Ist das Ganze ein Witz? Oder Hohn und bodenlose Frechheit? Wir grinsen, ein toller Bursche! Und er winkt mit den Handgranaten, will uns verarschen, freut sich, dass wir im eisigen Wasser stehen müssen und er nicht. Und nun zieht der Hund eine Handgranate ab und schleudert sie in hohem Bogen zu uns her – na warte, Freundchen, so nicht! Wir müssen sogar schnell zurückspringen, so gut hat er gezielt, doch ehe wir nun richtig schalten können, kracht hinter uns ein Schuss, und es dreht den Kerl da oben herum, die weiße Mütze segelt in den Schlamm und er selbst schlägt schwer auf und rutscht weg, irgendwohin in den Graben. Und wir hinterher mit Gebrüll und wirbelnden Handgranaten. Die Russen türmen abermals und wir gelangen ohne Verluste in einem Anlauf zum zweiten Mal bis zum letzten Bunker, haben zum zweiten Mal unseren Graben bis auf die äußersten 50 m wieder. Keuchend, fertig, triefend von Nässe und Schweiß. Aber wir haben unseren Graben wieder, haben die Stellung gehalten. Befehl ausgeführt. Ein schönes Gefühl, weil es kaum Opfer gekostet hat.

Etwas später krachte es plötzlich aus heiterem Himmel hinter uns im Graben, wir fuhren erschrocken herum und sahen gerade noch, wie ein dunkler Schatten von hinten auf die Grabensohle herunterpolterte – und dann erhob sich aus dem Haufen ein kompletter Iwan, nahm schön die Arme hoch und grinste uns ungeniert an. Das war denn doch der Gipfel der Frechheit – schmiss der Kerl uns eine Handgranate ins Nest, hopste kreuzfidel hinterher und hielt diese Art der Anmeldung seines Besuches für die selbstverständlichste Sache der Welt. Einige wollten den Kerl sofort umlegen, doch das konnten wir dann noch eben verhindern. Aber eine Stinkwut auf diesen heimtückischen Burschen hatten wir alle. Ein Wunder, dass nichts passiert war. Es hätten auch zwei Mann tot und fünf verwundet sein können. Doch kam er noch einmal davon, einer von diesen verdammten Schießern hinter unserem Graben und nun unser erster Gefangener, ein junger, knochiger Kerl. In einem schmierigen Säckchen trug er gefrorene Kartoffeln und Reste von Brot und Mohrrüben bei sich. Seine Flinte hatte er im Schnee liegengelassen. Das Grinsen war ihm anfangs sehr rasch vergangen, als er merkte, dass ihm einige an den Kragen wollten, aber wenig später hockte er ganz zufrieden auf der Grabensohle. Woina kaput – das war ihm wohl die Hauptsache.

Der lange Russenwurm stand während dieses Intermezzos immer noch in 50 m Entfernung und hatte offenbar keine bösen Absichten, wahrscheinlich wegen Mangels an Handgranaten. Man sah nur noch wenige Iwans im Gelände; die meisten hockten wohl immer noch im Graben und warteten auf neue Befehle. Wir verbarrikadierten nun den Graben mit allem, was greifbar und hinderlich war, und gedachten nun endgültig dort zu bleiben. Ich schickte abermals ein paar Leute los, die schleunigst Handgranaten holen sollten, denn wir hatten wieder viel zu viele verbraucht beziehungsweise zu wenige gehabt und standen nun wieder fast blank da.

Ich nutzte jetzt aber die Ruhe, um mit Kagerer und Motsch den ganzen Kompanieabschnitt abzulaufen, denn wir wussten ja zum Beispiel überhaupt nicht, wie es am Stützpunkt aussah. Die Gruppen waren überall beim Aufräumen und Vertiefen des Grabens, die zertrommelten Postenstellungen wurden neu zusammen-

gebastelt, vor allem aber die Leichen der Russen hinter den Graben gewuchtet, damit der Durchgang wieder frei würde. So überwog überall der Eindruck, das Schlimmste sei nun wohl schon überstanden. Die Freude über den Abwehrerfolg war groß und verdient.
Die Kameraden meines Zuges auf dem Stützpunkt hatten es am besten getroffen: Kein Russe war vor ihrem Stacheldraht aufgetaucht und so hatten sie nach dem Trommelfeuer, das auch ihre Gräben wieder schauerlich zugerichtet hatte, mit ihren MGs flankierend in die Russen hineingehalten, was die Spritzen hergaben. Und es schien auch jetzt alles ruhig zu sein und zu bleiben. Doch dann schoss auf einmal ganz weit weg an unserer linken Grenze eine rote Leuchtkugel hoch und ab da gab es nur noch eins: Hin im Karacho!
Aber als wir dann halb schwindelig von der Zickzackrennerei endlich auf den Zugangsgraben von Barischewka zusteuerten, glaubte ich auf einmal weiße Mäuse zu sehen – es wimmelte von lauter gut gekleideten Leuten in fast schneeweißen Tarnanzügen auf der Einmündung – Kameraden, von wo kommt ihr jewesen? Und siehe da, es waren zwei Züge Verstärkung vom Feldersatzbataillon, von der „Tanzschule“, herrlich bepackt mit Handgranaten ohne Zahl, dass uns Tränen der Rührung aus den Augenwinkeln quollen, als wir das sahen. Aber gleich darauf folgte die kalte Dusche: Unsere Leute hatten den Graben wieder räumen müssen und standen nun auch wieder im Zugangsgraben!
Wir hatten alle Mühe, uns nun erst mal durch die Massen unserer Retter bis zu ihnen durchzuquetschen, ohne die Weißbefrackten mit unseren versaubeutelten Kriegsanzügen allzu sehr zu beschmieren. Und dann endlich konnte Feldwebel Tannenberger berichten: Die Russen hätten offenbar Handgranaten gekriegt und wären plötzlich mit wildem Schießen viel forscher als bisher vorgerückt. Für sie selbst wären in der Zwischenzeit keine Handgranaten mehr gekommen und sie hätten deshalb ziemlich schnell abhauen müssen und schon das Schlimmste für den Zugangsgraben befürchtet. Aber nun stünden die Iwans seit zehn Minuten wieder wie bei den ersten Vorstößen bei Ciskas Bunker und trauten sich nicht weiter vor. Wahrscheinlich hätten nun die Iwans ihre Handgranaten verschmissen und zitterten nun wieder vor uns.
Das war nun eine böse Überraschung. Und dann soll man nicht die Wut kriegen, wenn wir jedes Mal zurück müssen einzig und allein deswegen, weil wir keine Handgranaten nach vorn kriegen. Aber solch ein unausgebildeter Reservehaufen schleppt sie zentnerweise mit sich herum! Nun sollten die Kameraden auch zeigen, was sie können.
Nach einigem Suchen fand ich die Führer des Vereins und erfuhr zu meiner Überraschung, dass der Einbruch jetzt mit Hilfe von Sturmgeschützen von beiden Seiten her gleichzeitig bereinigt werden solle. Tatsächlich rumorten, wie wir jetzt merkten, in gut tausend Meter Entfernung ein paar Sturmgeschütze im Hinterland umher und räucherten dort offenbar die eingesickerten Iwans im freien Gelände aus. Wie schön, dass wenigstens die Kameraden aus dem Hinterland das alles so genau wussten. Wir selbst hingen ja noch immer in der Luft mit Befehlen und Informationen und Handgranaten.
Um elf Uhr sollte der Angriff steigen. Also noch eine Viertelstunde.
Eine halbe Stunde später war alles wieder wie vorher. Zwar überschüttete Punkt elf Uhr sogar unsere Artillerie den Einbruchsraum mit schwerem Feuer und ir-

gendwo im Hinterland rumorten und schossen tatsächlich auch Sturmgeschütze. Unseren eigenen Angriff im Graben aber sollten diesmal vor allem die Kameraden vom Feldersatzbataillon unter Führung ihrer kriegserfahrenen Ausbilder vortragen, während ich mit erprobten Leuten der Kompanie ihnen dichtauf folgen und ihnen etwaige Iwans hinter unserem Graben vom Leibe halten wollte. Aber das Aufrollen des Grabens nach bisherigem Muster stieß plötzlich auf erbitterte Gegenwehr der Russen. Unter einem Hagel der gemeinen russischen Waffel-Eierhandgranaten mussten wir zurück. Nicht einmal bis zum zweiten Bunker waren wir vorangekommen.
Und dann höre ich: Ein General mit Eichenlaub und so ist am Zugangsgraben!! O Gott, ausgerechnet jetzt!
Also hin. Meldung: „Schwadron. Linkes Grabenstück dreimal wegen Mangels an Handgranaten verloren, dreimal wiedererobert…“ – da winkt er ab, gibt mir die Hand, ein kleiner, drahtiger Mann, General Martinek, der große Artilleriefachmann, Eichenlaubträger...
Wir besprechen, was zu tun ist; er lobt den Schneid der Kompanie und ich kann nur wiederholen, dass uns jedes Mal die Handgranaten gefehlt haben und dass uns das einfach unbegreiflich ist. Die müssten doch automatisch von hinten nach vorn gebracht werden. Bisher hätten aber immer wir selbst uns mühsam und unter Abstellung von Leuten welche organisieren müssen. Seine Adjutanten haben dicke Pakete mit Zigaretten bei sich, die werden nun verteilt; ein Oberleutnant der Ari ist auch mitgekommen und nun sollen Ari und Granatwerfer ein kurzes, aber konzentriertes Vernichtungsfeuer aus allen Rohren auf den verlorenen Graben legen. Unmittelbar danach sollen wir dann gleichzeitig mit den Kameraden von der anderen Seite den Graben aufrollen.
Jetzt sehe ich da hinten im Gelände ein Sturmgeschütz stehen, die anderen sind weg. Ist das etwa abgeschossen?
„Was wird aus den Sturmgeschützen, Herr General? Machen die wieder mit?“ – Selbstverständlich. Wir müssen mit diesem Anlauf den Graben unbedingt wieder holen, sagt er dann, denn wenn der Russe in der Nacht noch dort sitzt, kriegen wir ihn nicht mehr raus. „Das ist klar, Herr General, wir brauchen auch nichts weiter als genug Handgranaten.“
„Die sollt ihr kriegen!“, sagt er zum Abschied, winkt allen zu, gibt mir die Hand und geht dann durch den Zugangsgraben zurück nach Barischewka. Donnerwetter, ein feiner Kerl. Sachlich, klar, kein Hurragerede. Vom Bataillon oder von der Division war noch keiner hier vorn.
Nun soll also der letzte Rummel starten. Wenn der nicht hinhaut, ist der Ofen aus. Noch eineinhalb Stunden. Es ist fast ein Uhr. Wo ist die Zeit geblieben? Es gibt nicht mehr viel vorzubereiten. Diesmal wollen wir wieder selbst den Graben aufrollen. Die Genossen von der Tanzschule sollen uns nur dicht auf den Fersen bleiben und für Nachschub sorgen. Der Iwan muss sehen, dass hier ein gewaltiger Haufen angerückt kommt. Mit zehn oder 15 Mann kann man jedenfalls nicht ein paar hundert Russen aus dem Graben boxen, selbst wenn man hunderte von Handgranaten hat. Irgendwo ist mal Schluss. In diesem Sinne vergattere ich vor allem die Unterführer von der Tanzschule.
So standen wir, nachdem alles abgesprochen war, im Graben und fingen scheußlich an zu frieren. Der Wind strich doch ganz gemein scharf und die Wäsche

hüllte uns ein wie ein nasser Badeanzug. Wir hatten einen mordsmäßigen Kohldampf und weil wir nichts in die Rippen kriegten, klapperten unsere Knochen doppelt schnell in der Kälte. Der Tag war fahl und diesig geblieben, wie vergiftet von dem Pulverqualm der Morgenstunden. Je mehr man über das Verhalten der Russen nachdachte, umso rätselhafter wurde es. Warum hatten sie uns nicht längst durch den Zugangsgraben nach Barischewka gejagt, warum nicht am Morgen die Klappe energisch hinter uns zugemacht, jede Gruppe einzeln von allen Seiten eingekreist und fertiggemacht? Warum hielten sie diesen Abstand zu uns, obwohl sie uns an Zahl allein in unserem Grabenstück vielfach überlegen waren? Gar nicht zu reden von den dicht gedrängten Massen im Einbruchsraum? Viermal haben wir türmen müssen, dreimal sind sie vor uns gelaufen und bei diesem Ziehharmonikaspiel über jedes Mal 400 m so gut wie keine Verluste – das begreife, wer will und kann.
Nun also soll endgültig bereinigt werden. Ja, es wird auch Zeit. Wir alle sind verdammt kaputt. In dieser Stunde des Wartens sackt man ab, spürt man wieder, dass man nicht mehr die besten Nerven hat. Ich laufe voller Unruhe von einem zum anderen, erzähle wahrscheinlich alles dreimal, beobachte die russischen Gräben gegenüber und die Iwans in unserem Graben. Man sieht kaum mal einen Kopf, obwohl sie doch alle im Wasser stehen müssen und sich nicht einmal auf die Grabensohle hocken können wie wir. Die Stille wirkt allmählich beängstigend. Nichts schießt mehr. Die meisten lehnen apathisch an der Grabenwand und dösen oder beobachten oder ziehen verstohlen an ihrer Zigarette. Der Hunger in den Gedärmen wird lästig. Unbeweglich steht der schwarze Klotz des einen Sturmgeschützes im Hinterland, die anderen sind verschwunden. Sicher holen sie Sprit und Munition. Der eine aber hat wohl einen Paktreffer abgekriegt.
Noch eine knappe halbe Stunde. Die Genossen von der Tanzschule sehen jetzt auch lecker dreckig aus. Wie gern die sich jetzt wohl im friedlichen Hinterland schleifen lassen würden.
Endlich bringt ein Trupp Leute Handgranaten heran. Das Verteilen möbelt uns wieder auf. Jeder muss noch zwei oder drei Stück nehmen und zusehen, wo er sie unterbringt. Wir vom eigentlichen Stoßtrupp versammeln uns allmählich vorn und belauern die Iwans. Aber man sieht nur wenig und hört kaum etwas. Ein verrückter Krieg.
Nun kann es nicht mehr lange dauern, bis die Ari den Russen ihre 5-Minuten-Hämmerei verpasst. Nach diesem Trommelwirbel sollen wir lospreschen. Wir sind fast hundert Mann, ein stolzer Haufen. Eigentlich müssten nun ja auch die Sturmgeschütze wieder zu hören sein. Wir wollen ja klotzen und nicht kleckern! Aber das müssen unsere Oberen... und da brüllt es los, weit links von uns, Sekunden später bricht die Welt auseinander. Wir glauben, hochgeschleudert und zerschmettert zu werden – und doch geht alles präzise hinüber zum Iwan. Keine 50 m vor uns ist die Welt zu Ende, beginnt die Hölle. Dreckfontänen und Splitter, Pulverdampf und Feuerschein vermischen sich zu einer wirren, grauenhaften Wolke, unter der alles Leben ersticken muss. Wir kauern tief geduckt zwischen den Grabenwänden, sehen nur den lehmigen, nassen Dreck und einen grauen Wolkenstreifen vor uns. Wir spüren, wie sich das Beben der Erde von den Fußsohlen bis in den Kopf hinaufschlängelt. Jungs, wenn es jetzt nicht klappt…!! Ist alles klar? „Alles klar."

Vorsichtig schieben wir uns höher, wollen beobachten, was sich beim Iwan tut. Aber dort ist nichts zu erkennen. Qualm in dichten Schwaden. Einzelne Schreie. Wir tasten uns langsam vorwärts, noch etwas näher an die Hölle heran. Da hört das Feuer der Ari auf einmal auf, nur die Granatwerfer blubbern und schmettern noch weiter – jetzt müssen wir los, jetzt oder nie!!!
Und zum vierten Male rauschen wir auf dem Weg zu unserer linken Grenze ins Wasser hinein, brüllen unser Hurra und sehen vor uns erschreckt Köpfe hochfahren. „Handgranaten, los, hinein!"
Und schon verschlingt uns der Rauch, die Iwans türmen!
Und wir kommen zum ersten Bunker, finden völlig überraschte Iwans darin, weiter, weiter, freie Grabenstücke, dann wieder Russen, es rollt – und dann keine Handgranaten mehr! Endlich der Tanzschüler mit drei Eiern! Es dauert kostbarste Minuten, bis wieder einige herangekleckert sind. Und der Iwan räumt den Graben, wir finden keine Toten und Verwundeten, wir holen unseren zweiten Bunker zurück – und wieder keine Handgranaten mehr!! Ganz zehn Mann sind wir noch vorn, alle Tanzschüler weg…
Aber nun platzt mir der Kragen. Dieser verdammte Sauhaufen! Nicht mal hinterherlatschen können diese Säcke. Feldwebel Tannenberger muss mit unseren Leuten allein vorn bleiben, ich tobe zurück und brülle die Kerle an. So wie sie da anspaziert kommen, scheuche ich sie vor, mache die Herren Führer des Vereins zur Sau und kriege, je weiter ich nach hinten komme, das Maul nicht mehr zu vor Staunen: Alle drei bis fünf Meter steht wenigstens eine von diesen Figuren und „sichert"!
„Wer hat Ihnen das befohlen? Was sollen Sie sichern?"
„Ja, ich dachte…", „Ja, ich dachte…", „Ich habe das so verstanden…", „Wir wollten…", „Wir müssen…" – und ich schreie die Kerle an, mögen sie denken, was sie wollen, ich zeige ihnen die Marschrichtung: „Nehmen Sie die Handgranaten mit! Vorne stehen Ihre Kameraden und haben keine mehr! Ab, los, aber rasant!!"
Und sie glotzen mich an, teils erschreckt, teils stumpfsinnig – ich könnte mich glatt vergessen, dem Nächsten einen Tritt in seinen lahmen Arsch verpassen, dem anderen wegen seiner faulen Ausrede eine in die Schnauze hauen. Vorne stehen wir blank und da hinten lungert das Volk, jeder den Bauch gespickt mit Handgranaten, und „sichert". Allmählich kommt der Haufen in Trab, weiter hinten ahnen einige wohl schon Schreckliches und begegnen mir bereits aus einiger Entfernung in beschleunigter Gangart, aber das hilft ihnen nichts, das sind die Herrschaften, die schon gleich zu Beginn „gesichert" haben. Der nächste Unteroffizier, der mir noch vor die Flinte gerät, kriegt Befehl, den ganzen Rest da hinten zusammenzufegen und mit der letzten Handgranate nach vorn zu peitschen, aber im schnellstem Tempo.
In diesem Augenblick, als ich gerade wieder umdrehen und nach vorn zu unserm Stoßtrupp zurück will, brodelt vorn ein Geschrei hoch, man sieht Köpfe im Trabtrab, mir schwant Unheil, ich haste nach vorn, aber da kommen mir die ersten von der Tanzschule entgegengekeucht: „Die Russen kommen, die Russen kommen!"
Als die ersten mich sahen, blieben sie erschrocken stehen, als wäre ich Satan selbst, aber dann kommt die ganze Hammelherde angetrabt, in eine Wasserfontäne gehüllt: „Die Russen sind hinter uns her!", schreien sie, schubsen sich, rennen

mich fast über den Haufen – totale Panik. Hoffnungsloser Fall.
Ich lasse sie stehen, boxe mich nach vorn durch. Es hätte keinen Sinn, sie nochmals vorzujagen, womöglich noch mit der Pistole. Wahrscheinlich haben sie nur Schiss vor den eigenen Handgranaten. Wütend rammele ich mich durch die lange Reihe der Helden hindurch, schnappe mir die letzten paar Knechte und muss dann noch 50 m durch den leeren Graben keuchen, bis ich endlich auf unser verlassenes Häufchen stoße. Das hat zwar ein paar Dutzend Handgranaten bekommen, steht aber nun wieder isoliert kurz vor dem letzten Bunker.
Die ersten Tanzschüler, die ich aufgegabelt hatte, waren noch bis ganz vorn gewetzt und hatten ihre Handgranaten abgeliefert, die nächsten aber hatten wohl schon wieder „gesichert“, als sie merkten, dass ich noch weiter hinten aufräumte. Diese Heinis haben dann wohl auch die anderen mit ihrem Angstgeschrei angesteckt. In Wirklichkeit sind die Iwans keinen Schritt näher gekommen, aber unsere haben nicht weiter gekonnt, weil sie nichts mehr zum Werfen hatten. Das war alles. Und nun dieses Desaster.
Was nun? Dieser Haufen ist für uns mehr Ballast als Hilfe. Auf drei von denen hätte einer von uns aufpassen müssen. Eine schöne Schweinerei. Es zerriss mich fast vor Wut. Wieder nach hinten gehen und die Kadetten nach vorn prügeln? Nein.
Weithin können wir von da vorn aus den verlorenen Graben des Nachbarn einsehen in dem es von Russen nur so wimmelt. Unfassbar, wie man solche Massen in einen Graben stopfen kann. Von den Sturmgeschützen keine Spur. Auch vom anderen Ende der Einbruchstelle kein Gefechtslärm. Herrliche Organisation, wirklich. Mein Entschluss steht fest: Wir bleiben hier, solange uns die Russen in Ruhe lassen. Drücken sie wieder, dann gehen wir langsam zurück. Aber dann gehe ich zum Bataillon und mache Stunk. Weder allein noch mit diesem Tanzschülerverein machen wir noch einen einzigen Vorstoß. So nicht.
Es dauert auch nicht lange, da rücken uns die Iwans wieder auf den Pelz. Es ist ja auch nicht schwer zu erraten, dass hier vorn nur noch ganz wenige Hanseln ausharren. Wir achten schön auf einen angemessenen Abstand, damit sie uns nicht wehtun können und sparen unsere paar Eier für den äußersten Notfall auf. So schlurfen wir abermals zurück, 300 m weit bis zu den Knien durch das eisige Wasser. Gleichgültig, müde, lahm. Zum ersten Male richtig müde, deprimiert. Ist alles umsonst? Die ganze Schinderei dieses Tage, der prächtige Schwung, mit dem wir den Russen immer wieder zurück geworfen haben? Liegt es an der Verstärkung, dass seit deren Eintreffen nichts mehr klappen will? Müßig, darüber zu grübeln. Es könnte ja alles längst erledigt sein, wenigstens in unserem Abschnitt.
Wir verbarrikadieren uns schließlich zum x-ten Male am Zugangsgraben und die Iwans bleiben wieder wie verabredet am ersten Bunker stehen. Es wurde dämmerig. Wie sollte es weitergehen?
Ich musste sofort zum Bataillon, jetzt, ehe es ganz dunkel wurde und der Iwan womöglich neuen Schweinkram ausheckte. Eilig teilte ich den Haufen ein, übergab das Kommando und sockte los, den Zugangsgraben entlang, den irgendein Verein inzwischen wenigstens einigermaßen freigeschaufelt hatte, kam ins Dorf, sah flüchtig die toten Russen hinter den Häusern liegen, kullerte fast in einen Granattrichter, auf den ich nicht geachtet hatte, und polterte dann ziemlich wütend in die Bude, in der der Gefechtsstand untergebracht ist. Hauptmann J., der

stellvertretende Kommandeur, war bei der Division, um sich Befehle für den weiteren Krieg zu holen. So konnte ich dem Adju ungestört meine ganze Wut über diesen Betrieb an den Latz ballern und ihm sehr deutlich klar machen, dass der Haufen, den man uns zur Verstärkung geschickt hatte, besser zu Hause geblieben wäre oder nur Schnee geschaufelt hätte. Dass ich trotz aller schöner Zusagen zu keiner Stunde genug Handgranaten bekommen, noch Unterstützung durch die Sturmgeschütze oder die Kameraden von der anderen Seite gefunden hätte. Und dass wir jetzt nach viermaliger und wieder vergeblicher Rückeroberung unserer Stellung die Schnauze endgültig voll hätten. Dass wir allein und mit so kümmerlich wenigen Handgranaten und ohne schwere Waffen keinen weiteren Versuch mehr machen würden; auch gar nicht mehr könnten.
Dass wir mit unseren paar Leuten sowieso nicht hunderte von Russen erschlagen oder erwürgen oder in die Flucht schlagen könnten. Und dass man sich wohl nicht ganz klar gemacht hätte, was vielleicht bald im Dustern passieren könnte, wenn die Iwans erst mal merkten, wie jämmerlich es um uns steht.
Natürlich, das alles war den Herren bekannt, aber… aber… aber…, und sie selbst hätten ja auch…, und außerdem sollte um 20 Uhr ein allerletzter Versuch mit den Sturmgeschützen gemacht werden.
„Im Finstern?“ – Jawohl, ein oder zwei Geschütze sollten ganz dicht an unserem Graben entlangfahren und die Russen im Graben in direktem Beschuss ausräuchern. Alle Einzelheiten würden gerade bei der Division bekakelt. Und der linke Nachbar sollte ganz bestimmt zur selben Stunde antreten, sonst wäre sowieso alles witzlos, aber das alles würde eben gerade jetzt festgelegt, und wir bekämen bestimmt rechtzeitig Befehl.
„Befehle nützen mir gar nichts“, konnte ich da nur sagen. „Handgranaten und so was brauchen wir!“
„Ja, selbstverständlich. Bitte nur noch etwas Geduld. “
„Schön“, sagte ich zum Abschied, „hoffentlich hat der Iwan auch so lange Geduld. “
Draußen war es schon hässlich dämmerig, als ich wieder auf die Dorfstraße trat. Drei Stunden also noch, das heißt, wenn der Russe so lange still hielt. Es war ein widerliches Gefühl, allein durch den leeren Zugangsgraben zu schleichen. Überall konnten sie noch rechts und links im Schnee hocken oder schon im Graben selbst lauern. Aber mit etwas flatternden Nerven kam ich doch heil bis zu den ersten Posten im Zugangsgraben und hatte dann meinen Haufen und die Tanzschüler wieder um mich. Ich ließ sofort alle Unterführer zu Tannenbergers Bunker kommen und erfuhr mit Erleichterung, dass die Russen während meiner Abwesenheit nicht näher gerückt waren.
Jetzt, kurz vor der vollen Dunkelheit, mussten wir höllisch aufpassen. Ich erläuterte kurz den Plan der Division mit den beiden Sturmgeschützen und spürte, dass die meisten genauso skeptisch waren wie ich. In der Nacht mit Sturmgeschützen? Und so dicht am Graben? Doch darüber brauchten wir uns noch nicht den Kopf zu zerbrechen. Aufpassen, aufpassen, nach allen Seiten – das war zunächst das Allerwichtigste. Und sofort Meldung, wenn sich irgendwo etwas tun sollte.
Ich setzte mich mit Tannenberger in dessen Bunkerloch. Ich musste mal ein paar Minuten abschalten. Die Aussicht auf einen Nachtkampf war mir doch schwer an die Nieren gegangen. Wenn das nun auch in die Hose ging? Um etwas Ablenkung

zu haben, bestellte ich die Zugführer vom rechten Kompanieabschnitt und den Sani zu mir. Ich brauchte einfach mal bessere Nachrichten, etwas Positives nach so vielen Rückschlägen. Und das ergab sich dann: Am Stützpunkt und von da bis zu uns hier ist alles in Butter, keine Gefahr mehr in Sicht. Zwei Mann sind tot, Unteroffizier Müller und der andere von einem Granatwerfer durchsiebt. Fünf Verwundete der und der und der, die letzten drei nicht allzu schlimm.
Böse ist nur, dass drei Mann vermisst sind. Beim Aufrollen des Grabens ist niemand verloren gegangen, so viel steht fest. Volltreffer irgendwann? Nun, wir müssen abwarten.
Als dringendstes Problem schälte sich heraus: Unsere Leute vom linken Abschnitt müssen was zu essen kriegen, und zu trinken, natürlich. Ihre Bunker sind ratzekahl gefressen und voller toter Russen. Wir alle haben seit fast 12 Stunden nichts Reelles mehr in den Bauch gekriegt. Die rechten Züge müssen also abgeben, was noch da ist. Wenn Verpflegung kommt, sorgen die rechten Züge dafür, dass wir unser Teil hergebracht kriegen, denn wir können keine Essenholer abstellen. Höchste Alarmbereitschaft nach wie vor, Verbindung zum rechten Nachbarn und zu uns halten. Ein Melder ständig bei mir. Je eine Reservegruppe je Zug ständig abrufbereit. Dies und das noch, dann war geklärt, was wir zur Stunde klären konnten. Jetzt brauchten wir nur noch die Sturmgeschütze und Handgranaten in rauen Mengen. Hoffen wir, dass der Russe so lange wartet.
Ich musste wieder raus an die frische Luft; der finstere Bunker mit seinem trüben Funzellicht demoralisierte einen, wenn man zu lange darin hockte. Es war inzwischen sehr dunkel geworden. Ein kalter Nachtwind machte die nassen Klamotten sofort wieder fast unerträglich. Drüben auf seinem Stützpunkt spielte der Russe ziemlich nervös mit seinen fahlgrünen Leuchtkugeln, aber sonst war kein Gefechtslärm zu hören, unser Haufen stand klappernd und fluchend im Graben – sie waren ja alle genauso durchnässt wie ich. Kaum einer hatte etwas Besonderes beobachtet, nur am russischen Stützpunkt waren einige Iwans gesehen worden, die anscheinend ihre Toten aus dem Vorfeld holten. Ich versuchte trotz der Dunkelheit mit dem Glas im Hinterland und in dem besetzten Graben etwas zu erkennen. Ein paar Mal glaubte ich Erdreich hochfliegen zu sehen. Sie schanzten dort offenbar im Graben, machten ihn wieder gangbar oder buddelten sich zusätzlich Löcher. Hören konnte man so gut wie nichts. Der Wind stand quer zum Graben. Nur ganz vereinzelt huschte mal ein dunkler Schatten über das Feld und verschwand dann meistens im Graben. Hin und wieder fatschte einer unserer Posten einen Schuss hinüber, wenn er glaubte, ein solches Gespenst oder einen Kopf gesehen zu haben. Fast jedes Mal grölten sie dann höhnisch in die Nacht. Sie verarschten uns anscheinend mit hochgehaltenen Mützen oder Stahlhelmen. Diese verdammten Hunde. Sie fühlten sich jedenfalls wohl recht sicher und wenn sie wirklich schanzten – und wann schanzen die Russen nicht? –, dann geht der Tanz morgen weiter, dann kriegen wir sie am Tage wohl kaum noch raus.
Allmählich bildete sich wieder ein schöner dicker Kloß im Magen; es hätte alles so wunderschön geklappt heute, wenn wir nur zu jeder Stunde genug Handgranaten gehabt hätten. Aber jetzt? Können wir überhaupt noch den Graben aufrollen wie bisher? Müssten wir nicht am besten oben frei auf der Deckung laufen? Aber dann knallen sie uns ab wie die Karnickel. Und wenn die Iwans aus dem Graben streifen? Es müssen ja hunderte sein und sie werden sich wehren bis zum letzten

Spatenschlag. Es fehlt dann nur noch eine gut stehende Pak, die die Sturmgeschütze nacheinander abknallt. Es ist alles Wahnsinn, alles zu spät. Und selbst, wenn wir mit 60 oder 70 Mann losziehen – den eigentlichen Kampf führen höchstens 10, der Rest verkrümelt sich, bei Nacht erst recht. Diesen vollen Graben kann man nur mit Artillerie zusammenkartätschen, samt allem, was drin steckt, und dann auf breiter Front von hinten mit den Sturmgeschützen angreifen. So aber sollen wir einen langen Stamm mit der Laubsäge in Längsrichtung durchsägen, eine glatte Idiotie. Dass wir auch nie genug Munition und solchen Krempel haben. Immer muss es der Mensch bei uns machen, das arme Schwein, und ausgerechnet Menschen fehlen uns am allermeisten.
Die Stille ringsum ist wieder gespenstisch, fast so ähnlich wie in der Nacht vor dem Aufbrüllen der Geschütze. Aber jetzt ist diese Stille durchtränkt von lauernden Gefahren, die uns unmittelbarer berühren, und trotzdem schleicht das Gift der Müdigkeit und Erschöpfung unsichtbar von einem zum anderen, die Verlockung, nur kurz einmal die Augen zu schließen, eine Sekunde lang zu fühlen, wie der Schlaf sein könnte, so leicht, so warm, so weich und schön. Bis ein Schuss den Traum zerreißt und aus unserem verlorenen Graben das höhnische Gelächter herübergellt.
Eigentlich müsste man die Sturmgeschütze bald hören. Es ist halb acht geworden. Eine halbe Stunde noch. Und noch immer kein Befehl, keine Handgranaten, nichts. Nichts, nichts, den ganzen verdammten langen Tag schon. Solange bleiben normalerweise auch die Russen nicht untätig; vielleicht klappt auch bei denen Verschiedenes nicht. Aber wenn sie nun auf die Idee kommen Schluss zu machen? Was dann? Das wäre das Ende, die kopflose Flucht.
Zurück zum Zugangsgraben, zum Bunker. Melder zum Bataillon: Was zum Kuckuck ist denn nun los? Wo bleiben Befehle, Nachschub, die Sturmgeschütze? Wir horchen immer häufiger nach Westen, doch der Ostwind lässt kein Motorengeräusch durch. Zehn Minuten noch. Warten, warten, das beruhigt die Nerven ungemein. Wir holen uns alle noch den Tod in unseren nassen Sachen. Nicht mal Schnaps ist da. Mit der Verpflegung hat es auch nicht geklappt. Die Leute murren, schieben Kohldampf und frieren erbärmlich. Da hilft auch kein Trampeln und Dauerlaufen – die nasse Kälte hat sich längst bis tief in die Knochen gefressen und kriecht langsam höher ins Gehirn, bis zum Verrücktwerden, bis der erste junge Kerl sich vor Verzweiflung und Hoffnungslosigkeit die Flinte ins Gesicht schiebt und abdrückt. Alles schon da gewesen.
Kurz nach acht kam der Melder endlich wieder, gerade nachdem ich einen zweiten hinterhergejagt hatte. Die ganze Scheiße wird verschoben auf zehn oder elf Uhr!! Es fehlt noch an Sprit und Munition oder beidem für die Sturmgeschütze, und natürlich an Handgranaten – aber die Sache soll auf jeden Fall heute noch steigen! Oh armes Deutschland, ein Rabatz, und schon ist alles ausverkauft. Nun ja, warten wir weiter, wir sind es ja gewöhnt.
Aber in uns allen sammelt sich nun doch rapide eine ganz ungeheure Wut an, die sogar die Müdigkeit verdrängt und ihr Opfer haben will – diese Hunde da drüben, die in unserem Graben sitzen und in unseren Bunkern, während wir hier in der Kälte schnattern müssen und vor Hunger allmählich die Augen verdrehen. Wenn es heute noch losgeht, dann gnade euch Gott da drüben! Lieber verrecken, als dies erbärmliche Frieren noch länger zu ertragen. Sie knallen jetzt auf jede kleins-

te Bewegung beim Russen. Blut wollen sie sehen und Schreie hören. Sie sind wieder hellwach geworden nach Stunden der Gleichgültigkeit und Apathie. Ich selbst bin auch wieder auf Achse, spähe immer wieder durch das Glas in die Nacht, obwohl man mit bloßem Auge mehr erkennt, und schieße hin und wieder eine weiße Leuchtkugel schräg nach vorn oder hinüber zu unserem Graben, damit sie leichter ein Ziel finden und ihre Wut abreagieren können.
So wird es endlich einmal neun Uhr. Ewigkeiten später halb zehn. Und immer noch kein Befehl, kein alarmierendes Dröhnen ferner Motoren in der Nacht, keine Handgranaten. Man kann es gar nicht fassen, dass der Russe nicht angreift oder uns mit seiner Artillerie zudeckt wie am Morgen. Die Iwans schanzen, wir reizen sie mit unseren Schüssen wie Mücken einen Elefanten und sie lachen uns aus. Krieg des kleinen Mannes. Und doch kocht der Topf in uns bald über – es muss endlich etwas geschehen, sonst fallen sie mir noch rudelweise um, fertig, k.o., und die Russen können uns zusammenfegen wie Kakerlaken.
Zehn Uhr. Nichts. Einige sind schon im Stehen eingeschlafen, trotz Nässe und Frost. Und wenn man sie wachrüttelt, haben sie vergessen, wo sie sind, dann starren sie uns schreckerfüllt an, als wären wir Russen und mancher steht kurz vor dem Heulen. Wenn sie diesen Krieg überleben, werden sie noch oft im Schlaf hochfahren und diese Bilder nicht vergessen können, diesen entsetzlichen Schreck beim Erwachen. Eine herrliche Jugend haben sie, diese Kerlchen von der Tanzschule, wie wir alle, nur wir etwas Älteren wissen kaum noch, dass wir einmal jung waren, 22-einhalb Jahre alt bin ich schon. Aber viele hier sind 18 und 20 und erst seit einigen Tagen hier draußen. Und dann gleich in eine so gespenstische Nacht mit höhnisch lachenden Russen…
Endlich, kurz vor halb elf, brachte ein Trupp vom Bataillon Handgranaten, zum ersten Mal an diesem endlosen Tage einen richtigen Berg voll. Und ein Befehl ist da: Angriff 23 Uhr von beiden Flanken des Einbruchsstreifens. Zwei Sturmgeschütze brechen den Widerstand des Feindes durch direkten Beschuss, die Schwadron rollt gleichzeitig den Graben bis zur Schwadrons- und Bataillonsgrenze auf und stellt die Verbindung zum Nachbarregiment wieder her. Drei Sturmgeschütze vernichten den Feind in gleicher Weise im Graben des linken Nachbarn beziehungsweise im Einbruchraum hinter der HKL.
Kameraden, es wird Ernst!! Im Nu verfliegt die Zeit mit der letzten genauen Einteilung der Stoßtrupps und der Leute, die für Handgranatennachschub zu sorgen, Gefangene zu bewachen und Verwundeten zu helfen haben.
Die Stoßtrupps muss wieder die Schwadron stellen. Ich muss zufrieden sein, wenn die Tanzschüler den Rest schaffen, wenn sie nicht wieder gleich „sichern" und sich verkrümeln. Ich vergattere die Unterführer des Vereins noch einmal ganz gewaltig und drohe ihnen das Kriegsgericht an für den Fall, dass jetzt, wo alles, aber wirklich alles auf dem Spiele steht, wieder solche Schweinereien passieren wie am Vormittag.
Wir wollen mit zwei Stoßtrupps und einer Reservegruppe vorgehen, eine Gruppe im Graben, eine oben hinter oder neben den Sturmgeschützen, wie es sich ergibt, die Reserve zunächst auch oben. Leuchtmunition ist verteilt, wir selbst können kaum noch latschen vor lauter Wurfgeschossen.
Mitten hinein in das Gerenne und Gerede röhrt es plötzlich von Barischewka her – die Sturmgeschütze!! Das ist der Zündfunke, keiner ist mehr müde. Jeder spürt,

dass es nun unwiderruflich um die Wurst geht. Lieber heute Nacht ein Ende mit Schrecken als weiterhin dies Elend ohne Ende.
Die Sturmgeschütze stehen anscheinend beim Bataillonsgefechtsstand. Gleichmäßig brummeln die Motoren im Leerlauf. Die Russen werden nervös und feuern eine Leuchtkugel nach der anderen in die Nacht. Uns aber gefriert fast das Blut in den Adern, denn im Schein dieser Leuchtkugeln erkennen wir hunderte von pelzbemützten Köpfen, die sich über die Deckung recken und mit ihren grünlich beschienenen Gesichtern nach hinten starren, nach Barischewka. Und sehen gleich darauf, wie sich fast alle blitzschnell zurück in den Graben ducken, nachdem einige von uns ihnen ein paar blaue Bohnen hinübergeknallt haben – mein Gott, Mann an Mann stehen sie da!! Wenn der ganze verlorene Graben so mit Menschen vollgestopft ist, dann vegetieren dort ja nicht hunderte, sondern tausende! Das ist ja unvorstellbar…
Ob sie ahnen, was ihnen zugedacht ist? Aber ahnen wir denn, was uns blüht, was passieren muss, wenn diese endlose Kette von Menschenleibern um sich schießt und wirft und schlägt? Wenn sie ausbrechen, einfach aus dem Graben aussteigen und uns paar Mann in Schlamm und Wasser einfach tottrampeln? Wenn sie sich über uns hinwegschieben wie Lavaströme über ein Dorf? Auf einmal ist mir wieder kotzschlecht bei dem Gedanken, was uns diese nächste Stunde bringen kann, und es ist gut, dass in diesem Moment die Motoren der Sturmgeschütze aufbrüllen, dass man das hellere Klirren und Schnurren der Ketten heraushören kann – sie kommen!!
Jetzt müssen sie die Dorfstraße entlangscheppern, die Geräusche klingen mal gedämpfter, mal lauter. Wohl in uns allen brodelt es vor Erregung, keine Spur mehr von Nässe und Kälte. Und da schiebt sich hinten der erste eckige Kasten empor. Lauter röhren die Motoren, immer lauter, die Ketten blinken matt im Schneelicht, deutlich erkennt man den Turm, das Rohr – Jungs, sie kommen!
Der Erste, der Zweite und noch ein Dritter. Der dreht nach rechts ab. Aha, der soll das rückwärtige Gelände abgrasen. Und ihm folgen sogar noch zwei. Alle fünf sind gekommen und nun sind die beiden ersten heran, ich krieche aus dem Graben – Herrgott, was sind das für Riesenkästen, wenn man als kleines Würstchen daneben steht! Man versteht kein Wort. Der Fahrer drosselt den Motor, ich weise auf den vorderen Graben, schreie dem Kommandanten die Entfernung zu, 50 m etwa, frage, ob es gleich losgehen soll, er nickt, fragt nach unseren Stoßtrupps. Alles klar? Alles klar! Wie weit aufrollen? 500 m von unserem Abschnitt! Der Graben ist voll von Russen, Mann an Mann! Macht nix, dann können wir nicht so leicht danebenschießen, brüllt er und lacht. Junge, die haben Nerven. Nun ja, wenn man in einem solchen Kasten sitzt.
Der Kommandant redet noch mit seinen Leuten. Die Russen spielen total verrückt mit ihren Leuchtkugeln. Die ganze Szene ist giftgrün erleuchtet und gelegentlich fatscht es gemein herüber. Die Wespen riechen das Feuer vor ihrem Nest und stechen! Ich hopse in den Zugangsgraben zurück. Sicher ist sicher.
Das Rezept ist klar, auch ohne viele Worte. Die drei Sturmgeschütze kurven schon ein Stück weit weg im Hinterland herum und stellen sich bereit zur Treibjagd. Es ist zwei Minuten vor elf Uhr. Jetzt müssen sie auch auf der anderen Seite bereitstehen. Bei uns jedenfalls ist alles klar. Die großen Diesel wummern vor sich hin, es stinkt nach Auto – welch herrlicher Duft!

Da erscheint der Kommandant wieder in der Luke. Wollen wir? – Bei uns ist alles fertig! – Also los! Zeichen nach hinten zum zweiten Geschütz, Kopf weg, Luke zu. Und dann brüllen die Urviecher auf, quietschen, knirschen und klatschen die Ketten im verharschten Schneematsch – es geht los!! Und wir rennen im Zugangsgraben hinter den Bullen her, so zappelig und aufgeregt wie Kinder hinter der Feuerwehr.

Und da ist auch schon der vorderste Graben. Die Ungetüme drehen sich kreischend um 90°, kurbeln die Rohre herunter und warten auf uns. Wir krabbeln mühsam und ungelenk mit all unserem Gelumpe aus dem Graben und ducken uns dicht hinter den schwarzen Festungen, ganz nahe bei den Funken sprühenden Auspufftöpfen. Ein verdammt komisches Gefühl, so frei im Gelände zu stehen. Vom Stützpunkt aus müssten sie uns jetzt bestimmt erkennen können.

Und immer wieder diese verdammten Leuchtkugeln der Iwans. Im Graben stehen auch die anderen bereit, schwer bepackt wie wir. Nun fahrt schon! Aber da fliegt die Luke wieder auf: „Seid ihr fertig?“ – „Klar!“ – „Wenn was ist, haut dreimal schnell auf den Kasten!“ – „Ist klar!“

Noch ein paar Sekunden. Aber dann jubeln sie ihre Motoren hoch und patschen vorwärts, wir dicht gedrängt hinter ihnen. Leuchtkugeln über Leuchtkugeln beim Iwan in unserem Graben – und MG-Feuer!! Vorsicht!! Es klingelt gemein an den stählernen Kästen, aber man merkt, dass die Russen durcheinander sind. Sie fatschen gezielt in die Gegend. Treffen natürlich auch die Sturmgeschütze, aber das meiste geht... und da kracht ein Höllenblitz, ein betäubender Donnerschlag vor uns und im selben Moment sprüht 50 m vor uns Feuer auf, Schreie gellen, dann ist es wieder schwarz um uns, das Echo rollt, kaum hört man die Motoren. Der erste direkte Schuss. Stöhnen und erschütterndes Schreien. Offenbar Volltreffer. Und gleich darauf feuert der zweite auf dieselbe Stelle. Entsetzliches Brüllen aus der Tiefe, Leuchtkugeln, taghell ist die schauerliche Szene. Wir stehen auf freier Wildbahn und nun zwitschert und knallt es mit höllischem Spektakel von allen Seiten, sie ahnen wohl Fürchterliches und scheinen zurück zu wollen mit allem, was sie haben. Wir drücken uns noch enger an die Stahlkolosse, wollen natürlich nicht gleich zu Anfang schon eine verpasst kriegen.

Und schon schmeißt uns zum zweiten Male der Luftdruck fast um. Wieder dieser grässliche Doppelschlag an der Kanone und im Graben und neues Wimmern, Schreien; aber wir hören es nur von fern, die Ohren sind schon taub. Wir stehen noch im Niemandsland, neben dem Grabenstück, das die Russen immer anstandshalber zwischen sich und uns freigelassen haben. Unser erster Bunker ist nicht mehr weit. Die Gruppe im Graben hat noch nichts Verdächtiges gefunden; er ist leer. Nur das Wasser steht noch höher als heute Morgen. Wir können oben ganz gut in den Graben hineinsehen und denen unten wenigstens zurufen, dass keine Iwans im nächsten Grabenstück lauern. Auf Grabensperren und anderen Kleinkram müssen sie allerdings selbst achten.

Schrittweise schieben sich die Sturmgeschütze vor, immer etwas gestaffelt hintereinander. Von den drei anderen sieht und hört man nichts mehr; der Krach, den unsere beiden Bullen machen, ist zu gewaltig. Fünf bis sechs Schüsse haben sie bisher abgefeuert, doch man merkt noch keine rechte Wirkung. Im zitterigen Schein der Leuchtkugeln erkennen wir immer wieder deutlich die dicht gedrängte Masse im Graben, die weißlichen Flecke ihrer Gesichter im stumpfen Braun der

Mäntel und Grabenwände. Ich schieße keine Leuchtpatronen, solange es die I-wans tun, denn wir gehen lieber im Dunkeln vor, um selbst besser sehen zu können.
Ganz langsam tasten sich nun die Sturmgeschütze vor, die MGs der Russen rasseln und knattern wie verrückt, aber meist pfeift es trotz der guten Beleuchtung über uns hinweg. Jeden Augenblick müssen wir nun dort sein, wo die ersten Russen gestanden haben. Vorsichtig, Jungs, auf den Graben achten! Wieder ein schmerzender Kanonenschlag. Fetzen wirbeln durch die Luft, halbe Körper, ein Bein. Aber jetzt werfen sie Handgranaten! Und da reißen auch wir uns eine aus dem Gürtel und schleudern sie weit hinüber in den wuselnden Haufen hinter der nächsten Grabenecke. Dort sitzen sie!! Und sofort noch ein paar hinterher. Rumsrumsrums – gehen sie hoch mit tückischem Sprühfeuer. Die Russen stehen immer noch hinter der Ecke, dicht gedrängt, und die Sturmgeschütze können sie dort nicht so recht fassen. Wir müssen sehen, dass wir es mit Handgranaten schaffen. Gerade jetzt am Anfang dürfen wir ja nicht ins Stocken geraten. Und so schleudern wir ihnen massenhaft unsere Eier hinunter, aber sie gehen nicht zurück, sie können es gar nicht, weil der Graben dahinter vollgestopft ist. Wenn das so weitergeht, haben wir in zehn Minuten keine Handgranaten mehr.
Doch nun fährt das zweite Geschütz vor und stellt sich halb quer, das Rohr senkt sich. Die Russen im Graben müssen alles genau sehen, denn die Kanone steht keine 15 m entfernt, sie müssen doch türmen, sonst sind sie verloren – aber nichts geschieht, nur der entsetzliche Knall, Feuer im Graben und neues Geschrei und wir mit Handgranaten dazu, ein Dutzend zugleich detoniert; dann ist eine Sekunde Stille, wie vorhin nach dem ersten Schuss. Eine fürchterliche Stille ohne einen Todesschrei. Kein MG. Aber dann, volle Deckung!! Sie haben sich gefasst, ein MG von weiter hinten jagt seine Garben genau auf uns zu, das Mündungsfeuer spritzt wie aus der Erde zu uns herauf, es klirrt infernalisch um die Köpfe – doch da senkt sich nun das Rohr des anderen Geschützes und nach dem grellen Feuerblitz gähnt es nur noch tot und schwarz aus der Tiefe, wo eben noch ein MG sprühte. Eine dünne Wolke aus Staub und Pulverqualm zieht beiseite. Aus. Wir hören von alledem kaum noch etwas. In den Ohren dröhnen die Kanonenschläge und die röhrenden Motoren nur noch wie aus weiter Ferne. Wie Lerchen zwitschern irgendwo MGs.
Doch da ist schon das nächste Grabenstück, von vorn bis zum nächsten Knick vollgestopft mit geduckten Leibern. Das Grabenstück liegt fast quer zur Schussrichtung der Kanonen – ein Fall für unsere Handgranaten. Und während wir noch mit heiserem Geschrei unsere Eier in die Tiefe schleudern, wirbelt ein Schuss schon das nächste Grabenstück ins Nichts. Im hinteren Teil stehen mehrere bleiche Gestalten, eng aneinander geklammert, wissen, was den anderen geschah, sahen deren Überreste über die Deckung fliegen, sehen vor sich das Rohr, das sich präzise hebt, das eben noch zehn Menschen zerstäubte, sehen dies alles, wissen dies alles – und bleiben doch stehen, wehrlos, umklammern sich stumm, aufgerissene, schwarze Münder und Augen, sie stehen da, warten, sie schreien nicht, sie stürzen sich nicht vorwärts in ihrer Verzweiflung, sie heben die Hände nicht – nein, sie stehen nur da, erstarrte, geblendete Gespenster, sie fliehen nicht, sie drücken nicht ihre Hintermänner zusammen – und Sekunden später ist der Graben frei und sauber. In mir steigt mit jedem dieser mörderischen Schüsse das

große Kotzen höher. Durch die Taubheit in den Ohren ist alles so fern, ein ekelhafter Gruselfilm, aber kein Krieg mehr; gut, dass man sich mal für ein paar Sekunden hinter den Kasten stellen und die Augen zu machen kann. Mein Gott, noch mal, wie soll dies weitergehen? Warum schießen sie kaum noch, warum quillt diese Masse nicht aus dem Graben, warum erwürgen sie uns nicht mit ihren tausend Händen, warum zermantschen sie uns nicht bei lebendigem Leibe so wie die Granaten sie Mann um Mann zerfleischen? Warum lassen sie sich so entsetzlich still und wehrlos abschlachten, Grabenstück um Grabenstück? Warum brüllt diese Menschenschlange nicht auf, wo bleibt ihr entnervendes Urräh, das uns das Blut in den Gedärmen gerinnen lässt? Warum wehren sie sich nicht, warum reißen sie uns nicht mit sich in den Tod und das Nichts ihrer zerblasenen Leiber? Warum türmen sie nicht zurück zu ihrem Stützpunkt? Warum müssen wir dies ganze Grauen mit ansehen? Lauft doch, haut doch ab, wir wollen ja nur unseren Graben wiederhaben, wir brauchen eure Leichen nicht!! Haut ab, wir können ja selbst nicht mehr, wir lassen euch laufen! Ihr könnt euch doch nicht so unmenschlich zerhacken lassen, dieses entsetzlich viele Blut, hört doch auf, euch so morden zu lassen, wie junge Mäuse, die man mit der Schaufel erschlägt…
Aber sie bleiben, sie rühren sich nicht. Längst würgt uns der Ekel in den Kehlen, im Graben häufen sich die Toten, Verstümmelte stöhnen und röcheln im Wasser. Der Graben lebt noch immer, es windet sich im Schlamm unter den Stiefeln des Stoßtrupps, ja, es erheben sich hinter uns sogar noch Einzelne, leichter Verwundete, die als dunkle Schemen verschwinden, man sieht nur noch die helleren Flecke der hochgehobenen Hände.
Der Russe schießt kaum noch zurück, auch seine Leuchtpatronen scheinen ihm auszugehen. Links vor uns stöbern die anderen Sturmgeschütze auf, was noch im Hinterland sitzt. Viel scheint es nicht zu sein. Aber je weiter wir hier Grabenstück um Grabenstück vorankommen, desto voller scheint der Graben mit Russen zu sein. Es ist einfach unfassbar, was sie hier hineingepfropft haben und wie sich diese filzige Masse in sich dehnt und verschiebt, als atme sie. Die weitaus meisten müssen ohne Waffen sein oder sie haben keine Munition mehr. Man hört auch nirgends mal Befehle, merkt nichts von einem Führer, der sie zum Gegenangriff mitreißt. Auch vom russischen Stützpunkt her kommt anscheinend keinerlei Hilfe, kein MG-Feuer, kein Granatwerfer blubbert, keine Artillerie hämmert unseren Graben zusammen. Da drüben müssen sie hocken wie hilflose Greise und die im Graben haben sicher nur den Befehl bekommen, unsere Stellung zu besetzen und zu halten. Und nun halten sie sie, so unbegreiflich stur und stumpfsinnig und sinnlos wie es wohl nur Russen können. Aber ihre Gleichgültigkeit gegenüber dem Sterben, ihr stückweises Verrecken in diesem nassen Graben ist zugleich ihre stärkste Waffe – das jagt uns das Grauen unter die Haut und Spuren von Wahnsinn ins Hirn. Wir spinnen, dies alles kann nicht wahr sein, wir drehen hier noch durch, wir müssen dies pausenlose Fetzen und Krachen überschreien und lassen abermals wie in einem irren Rausch unsere Handgranaten detonieren, wir sehen nur noch Russen vor uns, unter uns, hinter uns, blutige Köpfe, platschendes Wasser, flatternde Mantelteile. Und kein Ende, kein Ende, der Fleischwolf rotiert, mal gröber, mal feiner. Und sie stauen sich im Graben wie Vieh vor der Schlachthoftür. Sie wissen nicht, wie fertig wir seit Langem sind, wie uns dieser Tag die Knochen gestaucht und die Nerven bloßgelegt und die Sinne verwirrt hat. Sie

ahnen nicht, dass jetzt ihr Urräh-Geschrei genügen würde, um das Grauen in uns in panische Angst und Flucht umkippen zu lassen. Wenn sie sich wenigstens wehrten, wenn wir halb besinnungslos in wilder Raserei ineinander verkrallt wären, alles vergessen könnten im Rausch des Mordens und Verreckens, wenn sie uns in ihrer Verzweiflung durchsiebten – das alles wäre noch einigermaßen ehrlich und normal. Aber dieses kalte Fertigmachen, dies stumme Schlangestehen der Opfer im Schlamm unseres Grabens…

Doch dann erkenne ich irgendwo weit vor uns in der flachen Senke Leuchtkugeln und bunte Leuchtspuren russischer MGs – dort greifen unsere auch an! Sind sie noch 800 m entfernt? Oder vielleicht nur 400 m? Man kann das nur schwer schätzen, denn der Gefechtslärm, der dort sicher ebenso die Nacht zerreißt wie bei uns, ist bei dem pausenlosen Krach in unserer Nähe nicht zu hören. Aber sie kommen uns entgegen, der Iwan sitzt in der Zange und das gibt uns auf einmal einen unerhörten Auftrieb. In wenigen Minuten haben wir noch ein paar Grabenstücke freigekämpft, die sich dann als fast leer entpuppten, aber dann erkennen wir wieder Köpfe dicht an dicht mit glitzernden Augen. Wir haben immer noch Handgranaten, der Nachschub klappt – toi, toi, toi! – und die Kameraden von der Tanzschule kommen immer schön nach. Gesegnet sei ein zünftiger Anschiss zur rechten Zeit! Schon reißen neue Granaten die Grabenwände und Deckungen meterweit in Stücke und wir setzen nach und geben ihnen von oben mit den Handgranaten, diesen erbarmungslosen Totmachern, den Rest. Es scheint jetzt doch leichter zu sein, der Graben ist offensichtlich nicht mehr so knüppeldick besetzt. Die Russen weichen zurück und lassen sich nicht mehr einfach abschlachten. Auch ihre Gegenwehr lässt nach, kaum eine grüne Handgranate, kaum noch ein Schuss. So gewinnen wir ganz unerwartet Boden, neue Hoffnung pulvert uns auf. Ist das Ende in Sicht? Von der anderen Seite sind sie auch schon ein Stück näher gekommen, das kann man deutlich erkennen. Jetzt sind es bestimmt nicht mehr als noch 500 bis 600 m! Und unsere linke Grenze kann eigentlich nur noch 150 m entfernt sein, gut 50 m noch bis zum letzten Bunker und dann noch 100 m bis zur Grenze!

Aber dann stehen die Russen plötzlich wieder dicht gerammelt vor uns im Graben. Unser Schwung der letzten 50 m erstickt wieder vor der dunklen Masse vor und unter uns. Abermals müssen die Sturmgeschütze ran, denn die Russen weichen nicht, abermals müssen die Kanonen die fürchterlichen Löcher in die Leiber reißen, während wir mit Handgranaten und MPis die schauerliche Restarbeit besorgen müssen, bis sich nichts mehr rührt, bis das letzte Leben im Schlamm verzuckt ist. Nur wenige haben die direkten Schüsse der Kanonen in einem toten Winkel des Grabens überlebt und dann die Hände hochgerissen und sich ergeben. Alle hätten es theoretisch tun können, kein Kommissar hätte sie von hinten erschossen. Aber fast alle lassen sich lieber zusammenkartätschen, anstatt das Leben zu wählen. Wie viele jetzt tot im Graben liegen, wie viele als Gefangene weiter hinten im Graben stehen mögen – ich weiß es nicht und will es jetzt auch gar nicht wissen. Mich interessieren nur diese letzten 150 oder 200 m Graben unseres Abschnitts, die wir jetzt mit letzter Kraft und Willensstärke noch zurückerobern müssen.

Ein Dutzend Männer von der Schwadron sind immer um mich, hauptsächlich sie müssen diese schreckliche Arbeit machen, während ich doch mehr beobachte und Leuchtpatronen schieße, wenn es zu finster wird. Die Russen sind offenbar mit

allem ausverkauft, ihre blassgrünen Leuchtkugeln sinken nur noch selten über dem Stützpunkt herab. Vor uns in der schwarzen Tiefe des Grabens ahnt man oft nur die Masse Mensch, die jetzt von beiden Seiten in eine eiserne Presse gespannt ist und unbarmherzig zusammengedrückt wird, Meter um Meter, Grabenecke um Grabenecke.
Ich kann es nicht weiter beschreiben; mir fehlen die Vokabeln des Grauens, des eigenen Entsetzens. So fürchterlich wie auf diesen letzten 100 m unseres Grabens war nichts vorher, wenn man überhaupt noch von einer Steigerung des Gemetzels sprechen kann, wenn nicht jeder einzelne Tote allein in diesen drei Wochen vor Barischewka schon zuviel des Schreckens für jeden Menschen wäre, der in dieser Hölle leben muss und überleben will und nicht einfach weglaufen kann.
Dies ist kein Feind, kein Gegner mehr, sondern nur noch Gegenstand handwerklichen Tuns, wie das blutige Auseinandernehmen eines gefangenen Wals, das Waten in Speck und Blut und stinkenden Gedärmen, Zerhacken von Knochen, eine riesengroße, unmenschliche Schweinerei, ein unfassbarer Strudel, ein Meer von Ekel und Brechreiz. Und doch leben wir immer noch, ein Dutzend gegen hunderte, die sich nicht wehren können oder wollen, sondern auf den Tod warten wie auf die nächste Straßenbahn, die gleich um die Ecke biegen muss…
Auf einmal sind dann Pioniere bei uns, ein ganzer Zug, die den Graben beim Nachbarn weiter aufrollen sollen. Es dauert eine Weile, bis ich alles begriffen habe, bis ich die Sturmgeschütze anhalten kann, bis ich merke, dass wir nur noch wenige Meter von unserer Grenze entfernt sind, und dass auch drüben die anderen auf 300 bis 400 m herangekommen sind. Mein Gott – für uns soll Schluss sein?? Ist das auch Wirklichkeit oder wieder ein entsetzlicher Traum dieser Nacht?
Ja, es ist wirklich so, wir haben unsere Stellung wieder und die Pioniere sollen nun weitermachen, zusammen mit den Sturmgeschützen, bis die gesamte HKL wieder in unserer Hand ist…
Ich stand wohl ziemlich lange wie benommen da, es wurde stiller, die Motoren brummten leiser, weil sich die Pioniere erst einmal informieren mussten, wir standen sträflich eng beisammen, alles ringsum war so verändert, so weit weg, ging uns auf einmal nichts mehr an; mit Windeseile sprach es sich herum, dass für uns Schluss war – dann fuhren die Sturmgeschütze wieder an, die Pioniere geduckt hinterher, MG-Feuer sprühte erneut in den Graben, Handgranaten wirbelten, die Kanonen blitzen auf, aber dies alles nun plötzlich ohne uns. Wir standen in der Nacht neben dem Graben, sahen ihnen nach, sprachlos, wie geblendet von einem Wunder und gingen schließlich mit zitternden Knien Schritt um Schritt zurück, blickten uns immer wieder nach den Leuchtkugeln um, sahen immer noch deutlich die dicht gedrängten Russen im Graben und die scharfen Konturen der Sturmgeschütze und Pioniere in der flachen Niederung.
Mein Gott, es war geschafft. Ganz langsam nur löste sich die stundenlange Verkrampfung, hoben sich die Blicke in die weitere Umgebung, zum Stützpunkt hinüber, zu den Spitzen des Wäldchens, in dem der Gefechtsstand liegt, und nach rechts hinüber, nach Barischewka. Alles still, nur hinter uns das Rasseln der MGs und das Bellen der Handgranaten. Wie weit war das auf einmal weg von uns…
Und wir schleichen zurück zum Zugangsgraben, ungefährdet, oben auf der Deckung. Für uns ist der Krieg zu Ende. Zu Ende! Und wir leben noch! Fühlen den

Nachtwind, stolpern über Waffen, Tote und Granattrichter auf unserem Weg, aber wie belanglos ist das alles, was kümmert es uns in dieser Stunde??
Am letzten Bunker versuchen sie schon, wenigstens an einigen Stellen auf festen Grund zu kommen. Ganze Haufen gefallener Russen haben sie schon aus dem Graben gehoben, mehr kann man jetzt noch nicht tun. Und da kommt der Führer der Tanzschüler zu mir. Er hat Befehl, seine Leute herauszuziehen und abzurücken, soweit unser Abschnitt wieder frei ist. Schade, gerade jetzt könnten wir ihre Hilfe und seine Leute noch gut gebrauchen, aber Befehl ist Befehl. Ich lobe ihn, weil es mit dem Handgranatennachschub diesmal so gut geklappt hat, und lasse ihn ziehen. Wir müssen sowieso auch unsere Häufchen umgruppieren, überall zwischen den Bunkern kleine Trupps hinsetzen, die vor allem zu beobachten und zu melden haben. Mit Schaudern denke ich plötzlich an das Morgengrauen – was soll werden, wenn die Russen erneut angreifen, mit frischen Kräften unseren verstopften, weithin unpassierbaren Graben überrennen? Egal was kommt, wichtig ist zunächst die Sicherung nach links und das Freimachen des Grabens; das muss klappen! Und so renne ich noch eine ganze Weile hin und her, kurz zum mittleren Zug, wo alles ruhig ist, wo der Russe nur vorsichtig seine Toten aus dem Vorfeld holt. Dann noch einmal zum linken Flügel. Dort ist es ruhig geworden. Unteroffizier Kaufmann meldet, dass die Sturmgeschütze vor wenigen Minuten nach links ins Hinterland abgerasselt sind. Die gesamte HKL ist offenbar wieder durchgehend besetzt, Verbindung nach links zu den Pionieren ist hergestellt, man sieht dort keine russischen Leuchtkugeln mehr. Die MGs schweigen, die Handgranaten und Kanonen haben ihre Opfer zerrissen. Noch mancher verwundete Russe wird unter den Leichenbergen seiner Kameraden verbluten oder ersticken oder erfrieren. Noch verdeckt die Dunkelheit gnädig das ganze Ausmaß des Grauens, das wir nur ahnen können. Die plötzliche Stille nach dem fürchterlichen Schlachten macht uns die Knie weich. Ist wirklich alles vorüber? So unvermutet? Und wie spät ist es eigentlich? Kurz nach drei Uhr.
Drei Uhr. So lange hat es also gedauert. Und wir haben unseren Graben wieder. Es ist alles noch gar nicht fassbar. Und wir leben…
Endlich können wir nun auch wieder zum Gefechtsstand gehen. Noch einmal vergattere ich auf dem Weg dorthin jede einzelne Gruppe, gerade jetzt ganz besonders aufzupassen und um Himmels willen jetzt nicht einzuschlafen!
So tapse ich schließlich mit dem Kompanietrupp zurück zum Gefechtsstand. Jeder Schritt ist eine Mühsal in der Schwärze der Nacht, die uns nun wieder umgibt. Schwer schlägt uns das Gelumpe gegen die Knochen, wir fluchen kaum noch über die tausend Granattrichter. Nur abschalten, nichts mehr sehen, nichts mehr hören von dem ganzen Grauen, die nassen Klamotten vom Leibe reißen, einen Schluck Tee. Da ist endlich das Wäldchen, der Verbindungsgraben, der Posten, der uns vielleicht für Gespenster hält, das letzte Stück bergauf bis zum Bunker, die Türklinke – und Wärme, Kerzenlicht, der Sani… „Ach, Leute, wir haben's geschafft…“, und wir sacken zusammen, lassen uns irgendwo fallen, „wir haben unseren Graben wieder… aber fragt nicht, wie. “
Eine Minute lang Nullpunkt, halbe Ohnmacht. Dann bringt einen die Stille wieder um den Verstand. Es kracht und schmettert ja nichts mehr, kein Feuerstrahl, kein Qualm. Kerzen statt grünlicher Leuchtkugeln. Warmer Mief. Die Mäuse in den Zeltbahnen unter der Decke, das reinste Kleinbürgeridyll. Beängstigend schön.

Die Augen brennen höllisch und die Ohren liegen verschüttet unter Bergen von Krach. Fünf Minuten mal schlafen.
„Gott, wie spät ist es?“ – „Halb fünf, Herr Leutnant. “
„Halb fünf schon? Ist der Russe ruhig? Wird es schon hell??“
Aus der Traum vom Schlafen. Alles ist ruhig. Irgendwann um halb fünf war es doch losgegangen? Ach ja, gestern Morgen.
Verluste! „Wie groß sind unsere Verluste? Hat das Bataillon schon gefragt?“ – „Es sind, soviel man weiß, drei Mann tot, drei Mann vermisst, zehn Mann verwundet.“ – „Das ist alles? Das kann doch unmöglich stimmen?“ – „Doch, von zwei Zügen liegen genaue Meldungen vor, nur beim linken Zug könnte sich noch was ändern.“ – „Das ist unfassbar. Das kann doch unmöglich wahr sein??“
Essen kann ich jetzt nichts. Nur trinken, trinken. Muckefuck oder Tee oder Schneewasser, alles egal.
Der Sani berichtet mir über jeden Verwundeten, dann über die drei Toten. Wo mögen die Vermissten stecken? Sind sie vielleicht verwundet und gleich zum Bataillon gelaufen? Keiner weiß etwas.
Munition anfordern, Sonderverpflegung, frische Wäsche! Wir stinken alle vor Nässe und Dreck. Nix kultura.
Beute! Vor dem Gefechtsstand liegt schon ein ganzer Haufen Zeug, sMGs, leichte MGs, Flinten.
Und plötzlich Telefon. Das Bataillon. Natürlich. Früh um halb fünf wagen sie es, diese Mistböcke. Jetzt wollen sie alles genau wissen, jeden Scheißdreck. Meldung dies, Meldung das, Bericht, Zusammenstellung. Ja, jetzt rotieren sie wieder, die lieben Kameraden, jetzt sind sie wieder obenauf. Beim deutschen Kommiss gibt es keinen Leerlauf, jetzt müssen die Siegesmeldungen zusammengetragen und ausposaunt werden, koste es an Schlaf und Nerven anderer Leute, was es wolle.
Aber so wird man wenigstens munter. Draußen ist es hell geworden und der Russe rührt sich nicht. Die Melder erzählen grausige Einzelheiten. Tote Russen, wohin man sieht, im Graben überall Gefallene. Das letzte Stück an der linken Grenze ist ganz zu, von unten bis oben voller Toter. Es ist sinnlos, den Graben dort leer zu räumen.
Von allen Seiten schleppen sie die Beute heran. Sogar ein zerstörtes Funkgerät ist dabei, das wir einmal unzerstört gehabt, dann aber wieder verloren haben sollen. Schade.
Und wieder das Bataillon: Bis zum Abend Vorschläge für das EK, Nahkampftage und, und, und. Natürlich. Man kommt nicht mal auf den Donnerbalken. Und ich sauge mir wieder diese dämlichen Begründungen für die EK-Vorschläge aus den Fingern. Worin bestand die besondere Tapferkeit? Es ist ein ermüdender Papierkrieg, zwangsläufig viel Phrasendrescherei und Gesafte. Aber die Welt will beschissen sein – bitte!
Mittags endlich Verpflegung und frische Wäsche. Ein Fest, sich im geschmolzenen Schneewasser zu waschen, sich das immer noch nasse Zeug vom Leibe zu reißen und dann wieder trocken und sauber und warm zu sein. Sich rasieren allem Drängeln des Bataillons zum Trotze, und dann mal gelöst hinaustreten in das stille Wäldchen vor dem Bunker, mit nassen Stiefeln zwar, aber die reine Winterluft einatmen, mal wieder so etwas wie ein Mensch sein…
In diese Idylle platzte das Telefon wie ein Rohrkrepierer:

„Lauschtruppmeldung: Auf dem russischen Stützpunkt ist ein General eingetroffen. Reserven sind unterwegs. Gefahr eines erneuten Angriffs. Alarmbereitschaft! Ende."

Ein Schlag in die Magengrube.

Melder zu den Zügen: Alarmbereitschaft! Den Meldern entgegen kamen die Melder mit der übereinstimmender Nachricht, dass im russischen Graben Bewegung und offenbar auch Verstärkungen zu beobachten seien. Auch aus den Wäldern jenseits der Pronja tröpfelten kleine Trupps über den Fluss und verkrümelten sich irgendwo auf dem lang gestreckten Stützpunkt.

Meldung ans Bataillon. Wenig später kam von dort die Durchsage, die schweren Waffen würden in Kürze einen zusammengefassten Feuerschlag auf den Stützpunkt legen. Also los nach vorn in den Graben! Das müssen wir sehen.

Wir schnappten uns rasch das üblich Gelumpe, Stahlhelm, MPi und Handgranaten, und preschten ab, sahen zum ersten Mal mit etwas größerer Ruhe bei Tageslicht die verwüsteten Flächen und den an vielen Stellen fast eingeebneten Graben; und Tote, erschreckend viele verzerrte und verkrümmte Körper im Schnee und im Schlamm.

Vorn im Graben war alles munter, aber voller Wut über den Iwan, der uns nicht einmal jetzt in Ruhe ließ. Durch das Glas war tatsächlich allerhand Gewusel im russischen Graben zu erkennen, huschende Köpfe, die oft an denselben Stellen sichtbar wurden und sofort wieder hinter der Deckung verschwanden. Aber die russische Ari schwieg ebenso wie die Granatwerfer. Beide hatten gestern seit Anbruch der Dunkelheit kaum noch geschossen. Auch im Laufe des Tages war nichts beobachtet worden, was nach neuem Einschießen aussah. Was bedeutete nun die Volksversammlung da drüben? Hatten sie immer noch nicht die Nase voll?

Nach einer Viertelstunde wummerte es schlagartig hinter uns los. Die Ari! Und nach wenigen Sekunden fauchten und stürzten Tonnen glühenden Stahls in die russischen Gräben, in kürzester Zeit erstickten die Feuerblitze im zähen Nebel, und unter uns grollte die Erde. Das war klassisches Vernichtungsfeuer, alles auf kleinsten Raum konzentriert – guten Tag, Herr General!

Das Feuer lag wirklich ausgezeichnet, nur wenige Schüsse zwangen uns in volle Deckung. Das meiste verwandelte den Stützpunkt drüben in eine Hölle, zerriss Lebende und Tote ohne Unterschied und zerschlug Bäume, Bunker und Gräben mit Mann und Maus. Eine Viertelstunde lang zertrommelten sie erbarmungslos alles Leben, dann setzte ebenso plötzlich der Feuerzauber aus und allmählich verzog sich die weißliche Qualmwolke nach Osten. Zurück blieb das Schweigen des Entsetzens, blieben einige halb irre Schreie aus der Tiefe der Trichter. Dort sah es nun sicher ähnlich aus wie bei uns, und unter den vielen Muschiks verblutete in diesen Minuten vielleicht auch ein General. Wir konnten gehen. Hier geschieht sicher so bald nichts mehr.

Wir trotteten zurück in den warmen Mief des Bunkers. Papierkrieg, Meldungen. Die Ari ballerte noch weiter in die Gegend, wo immer sich ein paar Iwans blicken ließen. Jetzt hatten sie Munition genug und zahlten den Russen heim, was sie am Tage vorher hatten schuldig bleiben müssen. Ein schönes Gefühl, beruhigend.

Richtig schön wurde es erst am Abend, als uns das Bataillon mit den Abendbefehlen einen Auszug aus dem Wehrmachtbericht vom 9. März mitschickte:

„Westlich Kritschew traten die Sowjets mit mehreren Divisionen zum Angriff an. Sie wurden nach Bereinigung örtlicher Einbrüche verlustreich abgewiesen.“

Westlich Kritschew – das waren wir, zumindest wir auch! Eine zwar sehr schlichte, aber immerhin eine Erwähnung. Und an der Autobahn Smolensk-Orscha hat der Russe seine Durchbruchsversuche auch wieder aufgenommen und ist abermals glatt abgewiesen worden. Es geht also.

Ich zog zu Beginn der Dämmerung mit dem halben Kompanietrupp in Tannenbergers armseliges Bunkerloch am Zugangsgraben nach Barischewka. Wenn der Iwan noch Schweinereien vorhatte, dann sicher dort. Dann wollte ich in der Nähe sein.

Abends gegen zehn Uhr, nachdem alle Gruppen auch das Gelände hinter und dicht vor dem Graben abgesucht hatten, konnte ich endlich eine erste, einigermaßen vollständige Übersicht zusammenstellen:

Wir haben nun doch fünf Männer verloren. Zwei der drei Vermissten wurde tot hinter unserem Graben im freien Gelände gefunden, der dritte ist immer noch vermisst. Keiner weiß, wann und wo ihm etwas zugestoßen sein könnte. Vielleicht ist er, ohne sich abzumelden, als Verwundeter auf eigene Faust abmarschiert; das wäre eine letzte Hoffnung, dass es noch lebt.

Zehn Mann sind verwundet, davon die meisten leichter. Das sind unsere gesamten Verluste dieses irrsinnigen Tages und dieser grauenvollen Nacht. Man will es einfach nicht glauben.

Wie viele Russen mögen tot in unserem Abschnitt liegen? Unteroffizier Kaufmann aus dem letzten Bunker an der linken Grenze hatte schon am frühen Morgen geklagt: Ich habe keinen Bunker mehr, sondern eine überfüllte Leichenhalle. Die letzten 75 m des Grabens an der linken Grenze sind buchstäblich voll bis oben hin mit gefallenen Russen. Ich habe es mit eigenen Augen gesehen. Dies Grabenstück wird niemand mehr freimachen. Wir müssen einen ganz neuen Graben dahinter ausheben und mit der Erde die Toten begraben. Dort mögen auf zwei Meter Grabenlänge acht bis zehn Tote liegen, ohne die Zerfetzten und Zerrissenen, deren Atome in alle Winde verweht sind. Das sind dann 300 bis 400 Tote in diesem einen Grabenstück. An die hundert mögen noch im Graben, im Wasser, in den Bunkern und Stellungen und Postenständen gelegen haben, an die 200 im Niemandsland und hinter unserer Stellung. Das sind also vorsichtig geschätzt 600 bis 700 Tote allein in unserem Abschnitt, nicht gerechnet, die Verwundeten, deren Zahl aber wohl nur vor unserer Stellung größer ist als die Zahl der Toten. Überall sonst haben sie sich ja abschlachten lassen wie Fische, so wehrlos und stumm.

Und bei uns fünf Tote, ein Vermisster und zehn Verwundete…

An Beute haben sich zusammengeläppert: 27 schwere, 43 leichte MGs, 2 Panzerbüchsen, 2 Flammenwerfer, 47 Maschinenpistolen, viele Gewehre – zwar lauter Kleinkram, aber doch ganz schön.

Und was für ein Theater hat man bei uns wegen des einen MGs gemacht, als das Drama mit Erdödy passierte! Man könnte das große Kotzen kriegen, wenn man daran denkt.

Die Nacht war still und voller Frieden. Kein Schuss, keine Leuchtkugel beim Iwan. Der Feuerüberfall am frühen Nachmittag hatte ihm offenbar den Rest gegeben. Umso gelöster war jetzt überall bei uns die Stimmung. Keine Spur von Siegesrausch und Überheblichkeit, aber man hörte aus allen Gesprächen eine tiefe Befriedigung und Freude über diesen großen Erfolg heraus. Es sah wirklich so aus, als hätten wir dem Russen fürs erste den Schneid abgekauft. Er kam uns vor wie ein Junge, der Prügel gekriegt hat und sich nicht wieder in die gute Stube traut.

Die halbe Nacht war ich unterwegs auf Streife; es war windstill und mild, die Männer mussten sich erst mal ihre Erlebnisse und Eindrücke von der Seele reden, und so erfuhr ich aus diesen nächtlichen Gesprächen in den Bunkern und Postenständen noch eine Unmenge kleiner Einzelheiten, die meine eigenen, zum Teil verschwommenen und unvollständigen Eindrücke zu einem Gesamtbild des Geschehens abrundeten. Und nach alledem konnte ich nur feststellen: Junge, Junge, wo wären wir jetzt, wenn der Iwan auch nur 10% mehr Angriffsgeist und Entschlusskraft gezeigt hätte?

Es gab keinen Alarm in der Nacht, in friedlicher Stille graute der Morgen. Iwan war bedient und ließ uns allen Zeit, wenigstens in Raten den verlorenen Schlaf nachzuholen. Sonst gab es den ganzen Tag über natürlich wieder Papierkrieg in Massen. Am schwersten waren für mich die Briefe an die Angehörigen der Gefallenen und Vermissten. Man müsste ein paar Stunden der Stille um sich haben, um die rechten Worte suchen zu können. Aber man ist ja keine Minute allein im Bunker.

Am Abend brachte der Spieß besonders viele schöne Sachen an, Schnaps und Zigaretten, Schokolade und ein dickes Stück Fleisch für jeden. Der Dank des Vaterlandes hatte selbst uns hier vorn in den zertrommelten Drecklöchern noch gefunden. Die Männer schmatzten mit Behagen, ihre Kochgeschirre klapperten, vor dem Gefechtsstand herrschte ein Betrieb wie auf dem Jahrmarkt und an den Iwan, der nur 250 m entfernt saß, dachte kein Mensch mehr.

Später, als sich der Trubel im Finstern verlaufen hatte, zog ich wieder um in Tannenbergers Bunker, nachdem ich den langen Motsch in Urlaub geschickt hatte. Der Spieß hatte den Urlaubsschein schon mitgebracht, obwohl Motsch erst am nächsten Tage dran war, aber nach dem Motto: „Wer weiß, was bis dahin noch alles passiert!“, ließ ich ihn sausen. Er hatte es verdient wie nur wenige. Und er sauste, konnte kaum die Abfahrt des Spießes erwarten, gepackt war alles seit Langem. So verschwand er schließlich mit dem Pferdeschlitten in der Nacht, Richtung Heimat. In Barischewka geriet er noch in einen kurzen Granatwerferüberfall der verdammten Iwans, den einzigen, den sie am ganzen Tage losgelassen hatten. Da wird er sicher noch ganz schön gezittert und diese ganze vermaledeite Ecke samt allen Russen zum Teufel gewünscht haben.

Gestern, nach abermals ungestörter Nacht, gab es vormittags plötzlich Alarm: Um elf Uhr sollen der und der und der zum Bataillon. Auch ich. Auszeichnungen und so. Also Melder los, schleunigst rasieren, waschen, Stiefel abkratzen, Fräcke grob abbürsten – keine Stunde Ruhe lassen die einem.

Schließlich war ein erfreulich großes Häufchen Krieger am Gefechtsstand versammelt, jeder so sauber wie möglich. Also ab im Gänsemarsch nach Barischewka.

Großes Palaver beim Bataillon. Von allen Kompanien sind Trupps erschienen. Antreten. Meldung. Ein Wagen, der General. „Heil, Soldaten!“ – „Heil, Herr General!“

Zackige Ansprache, während wir mit Eisbeinen im kalten Ostwind standen. Man mochte es kaum hören, aber man musste ja: …Großer Abwehrerfolg… Überlegenheit des deutschen Soldaten… des Einzelkämpfers im Graben… aber auch der schweren Waffen und der Sturmgeschütze… Opfer, Gefallene… weiter so für Führer, Volk und Vaterland bis zum Endsieg…, besondere Freude, nunmehr wohlverdiente Auszeichnungen verteilen zu können…"
Und dann schritt er eckig von Mann zu Mann, heftete die Sachen an, Eiserne Kreuze, Nahkampfspangen, Infanterie-Sturmabzeichen. Endlich auch vor mir. Ein fester Händedruck, Auge in Auge, wenige Worte, Fummeln an meiner linken Brusttasche – das EK I. Blick geradeaus, warten, bis er zwei Mann weiter ist, rühren.
Ja, so ist das also mit dem EK I. Da hängt es, schwarz, schwer. „Schwadron in Ehren gekämpft", hatte er gesagt. Hackenklappen weiter links. „Jawoll, Herr General!" Hinter dem Kommandeur die Herde seines Gefolges, gönnerhaft, aber diskret das Schauspiel genießend, wahrscheinlich zum 97. Mal. Endlich ist Schluss. Stillgestanden. Meldung. „Heil, Soldaten!" – „Heil, Herr General!" Weggetreten. Das ganze Theater keine 500 m vom Iwan entfernt.
Im Gefechtsstand war natürlich ein Schnaps für alle, die in der Nähe standen, fällig. Die Stimmung in der Kompanie war prächtig. Ich freute mich besonders, dass endlich mal eine größere Zahl von Männern die längst verdienten Auszeichnungen bekommen hatten. Doch das war für die, die diesmal leer ausgingen, auch nur ein schwacher Trost. Aber sie wissen alle, dass nur 50% der eingereichten Vorschläge drankommen, ohne Rücksicht auf Verdienst und Tapferkeit, zumindest beim EK. Bei den anderen Auszeichnungen geht es zum Glück gerechter zu. Aber so werten sie diese Dinge ganz nüchtern als einen Teil des großen Lotteriespiels über Leben und Tod.
Der Russe muckste sich auch gestern nicht und wir genossen den Frieden, hatten unser Radio wieder vorn und hörten Belgrad. In der Nacht war ich wieder lange auf Achse, um endlich mal mit etwas mehr Ruhe die einzelnen Bunker und Gruppen zu besuchen. Ein Schanzverein aus dem Hinterland zog uns währenddessen auf einen Schlag einen rund 90 m langen neuen Graben hinter dem Massengrab der Russen im alten Kampfgraben an der linken Grenze. Obwohl die Leute einen ziemlichen Spektakel machten und anfangs frei im Gelände stehen und sich erst mal etwas Deckung schaufeln mussten, schossen die Russen nicht. Die Ruhe bei denen ist überhaupt unheimlich. Manchmal könnte man glauben, sie hätten den Stützpunkt aufgegeben und säßen nur noch jenseits der Pronja in den nachtdunklen Wäldern.
Unser Graben ist inzwischen auch sonst überall ausgebessert und vertieft worden, aber noch immer stoßen wir beim Schanzen auf verschüttete Russen, deren Leichen jetzt nur mühsam aus der gefrorenen Sohle herausgehackt werden können. Vor und hinter den Gräben liegen einzeln oder in fürchterlichen Klumpen die gefallenen Russen. Es hat keinen Sinn, sie zu begraben, solange der Frost im Boden sitzt. Aber seit heute früh ist wenigstens der entsetzliche Leichenhaufen im alten Graben an der linken Grenze mit der Erde des neuen Grabens bedeckt und die Verbindung zum linken Nachbarn auch bei Tage wieder möglich.
Wenn man nun mit ein paar Tagen und Nächten Abstand die Bilanz dieser schauerlichen 24 Stunden zieht, packt einen immer wieder das Grauen vor der unbe-

greiflichen Zahl der toten Russen und ein ungläubiges Staunen darüber, dass wir noch leben und in unserer alten Stellung sitzen und überhaupt so unsagbar gnädig davon gekommen sind. Nach allem, was bisher durchgesickert ist, hat der Russe vor unserer Division mit drei Divisionen angegriffen. Die bereitgestellten Panzer sind angeblich im Schlamm stecken geblieben. Das ist vielleicht das größte Manko der Iwans gewesen. 2.500 Tote sollen insgesamt vor, in und hinter der HKL der Division gezählt worden sein. Zweitausendfünfhundert. Je Stunde hundert. General Martinek hat irgendwo von 4.000 Mann Verlusten insgesamt, also einschließlich der Verwundeten, gesprochen. Etwa 100 Gefangene kommen noch dazu. Von diesen Zahlen entfallen auf unseren Abschnitt vielleicht 600 bis 700 Tote und 100 Verwundete und ein gutes Dutzend Gefangene. Die meisten Opfer hat natürlich das Feuer der schweren Waffen und der Sturmgeschütze gefordert, aber viele sind auch bestimmt ins eigene Trommelfeuer gejagt worden. Und wieder steht man fassungslos vor der Frage, ob es der Russe wirklich nicht besser kann. Warum haben seine schweren Waffen in der Nacht nicht mehr geschossen, warum hat er nicht wenigstens noch mit dem Mut der Verzweiflung angegriffen, statt sich so grauenhaft und willen- und wehrlos abschießen zu lassen? Wir werden es nicht begreifen, wir können es nur erschüttert registrieren. Den größten Teil der Opfer hat sich der Russe jedenfalls selbst zuzuschreiben, seiner Unfähigkeit, Menschen und Waffen sinnvoll einzusetzen.
Die Division hat 75 Tote und 175 Verwundete. Auch hier ist das Verhältnis der Toten zu den Verwundeten sehr ungünstig, nicht 1:3 oder 1:4 wie normal. Aber insgesamt im Verhältnis zu den Verlusten der Russen wie 250:4000, das heißt wie 1:16. Das sagt eigentlich alles.
Demgegenüber ist die Beute der Division relativ bescheiden: 40 schwere, 60 leichte Maschinengewehre, 20 Panzerbüchsen, einige Flammenwerfer und zahlreiche Gewehre und Maschinenpistolen. Alles in allem ein Erfolg, über den sich auch der Käptn freuen wird.
In den Wäldern jenseits der Pronja ist wieder Stille eingekehrt. Kein Lagerfeuer brennt mehr am Abend, kein Rauch quillt mehr aus den Bäumen. Nur selten sieht man noch einen Iwan über die weiten Schneeflächen der Niederung laufen. Die Toten liegen überall noch schwarz auf den Feldern und werden im Frühjahr zu Erde geworden sein.

Vor Barischewka, Dienstag, 14. März 1944

Eine milde Luft strich uns auch heute verheißungsvoll um die Nase, aber gegen Mittag begann es aus schweren Wolken zu schneien, immer sachte weg. Jetzt am Abend sind die Gräben halb voll Schnee und die alte Verzweiflung beginnt sich im Busen einzunisten.
Wir haben jetzt viel Ruhe und Muße, erzählen uns stundenlang alte Geschichten und kommen immer wieder auf diese letzten Kampftage zu sprechen. Ich habe nun schon sechs Nahkampftage beisammen, aber auf die restlichen neun für die bronzene Spange verzichte ich gerne. Heile Knochen sind mir lieber und wichtiger als noch eine Medaille.
Wir alle lauern nun auf den Käptn. Ich bete natürlich heimlich auch noch um

Frieden und Ruhe, bis er wieder da ist. Als sein Vertreter glaube ich nun hinreichend gewirkt zu haben.

Vor Barischewka, Mittwoch, 15. März 1944

Nasser, stiller Schnee, die Landschaft melancholisch und einsam. Wie vergessen stehen die Posten im Graben. Wer irgend kann, schnarcht unten in den feuchten Höhlen. Die toten Russen sind unter weichen Schneehügeln verschwunden, aber nachts auf den Streifengängen stolpert man manchmal über ein verdecktes, steifgefrorenes Bein.
Man erholt sich wirklich etwas in der Abgeschiedenheit unserer Stellung und in der Urlaubsstille dieser Tage und Nächte. Erst jetzt spürt man, wie aufgedreht man war und wie mächtig einen dann die Welle der Erschöpfung auf den Strand geworfen hat.

Vor Barischewka, Donnerstag, 16. März 1944

Wieder mal verdammt Schwein gehabt. Letzte Nacht mussten wir uns überraschend um eine Gruppe nach links strecken und auf dem Weg in den neu hinzugekommenen Abschnitt verfehlte ich in der Finsternis zweimal die richtige Richtung, obwohl ich fest geglaubt hatte, immer dicht hinter dem ersten Graben gelaufen zu sein. Aber der frische Schnee hat die Trampelpfade verwischt und die kleinen markanten Steine und Haufen am Wege zugedeckt. Auch der zweite Graben ist wieder voller Schnee, weil wir genug zu tun haben, den ersten freizuschaufeln. So wäre ich zum Schluss auf dieser Streife in den neuen Abschnitt beinahe noch von dem ersten Posten der Nachbarkompanie zusammengeknallt worden. Der gute Mann hatte offenbar gedöst, fuhr plötzlich erschrocken herum und riss die MPi hoch, als ich ihm nichts Böses ahnend so unvermutet schräg von hinten in sein Revier gestolpert kam und obendrein vor Schreck nicht gleich das Kennwort wusste. Das wäre um ein Haar ein schöner Heldentod geworden.

Vor Barischewka, Sonnabend, 18. März 1944

Gestern schneite es zwar kaum noch, aber dafür pfiff ein widerlicher Wind über die Felder und jagte uns auch noch von dort den Schnee in die Gräben. Unser Bunker entwickelte sich abermals zur Berieselungsanlage. Alle halbe Stunde mussten wir die Zeltbahnen melken, auf denen sonst die Mäuse dahinzischen, und dabei ging fast immer ein Schuss Dreckwasser neben den Eimer, der drunter gehalten wurde. Grund zum Fluchen und zum Lachen und zum Saufen. Für den verdammten Papierkrieg fand ich kaum noch einen einigermaßen trockenen Platz. Überall leckte und tröpfelte es in Eimer, Schüsseln und Kochgeschirre, auf Papiere und in die Bratkartoffeln. Das Brot wurde klatschnass, kein Handtuch mehr trocken, es nässte pausenlos in die Kojen, in den Kragen und auf die Brille – kurzum, es war wieder mal eine dieser unvorstellbaren Schweinereien, die auf die

Dauer nur im Suff zu ertragen sind. Und in diese Höllenpinkelei platzte am Abend urplötzlich, ohne Vorwarnung – der Chef!! Unser Chef, der alte Käptn!! Mein Gott, war das möglich? Wir glotzten ihn an wie ein Gespenst, aber er war's wirklich, ungebrochen an Leib und Seele. Er begrüßte uns mit lautem Hallo, verfluchte schon bald gotteslästerlich unsere erbärmliche Pinkelbude und beschimpfte später schändlich seine Kirchenbehörde, die ihn mit törichten Briefen geärgert hatte. Im Nu standen Schnaps und Wein und frische Bratkartoffeln auf dem Tisch, eine unmögliche Mischung zwar, aber in der Not säuft und frisst man eben auch so etwas durcheinander. Ach, es wurde eine lange, laute Nacht im Bunker, zentnerweise fiel mir nach und nach die Last der Verantwortung von der Seele – er, der Alte, war nun wieder da und freute sich über seinen Haufen, über seine Radfahrer von der Schwadron. Kagerer und Motsch waren zwar auf Urlaub, aber auch mit dem sturen Fritze Fuhrer und den anderen alten Hasen im Kompanietrupp feierten wir wie befreit von schwerem Druck dieses Wiedersehen, lachten und schwatzten, soffen und fluchten, wie es gerade kam. Scheiß doch auf den Iwan und den ganzen gottverdammten Krieg und auf diese traurige Pisshütte, Musik her, Belgrad will ich hören, noch einen Schnaps, ihr alten Säcke! Prächtig habt ihr eure Sache gemacht!! Jawoll – die Schwadron wird nicht untergehen, sollen sie nur kommen, die Iwans, wenn sie die Schnauze immer noch nicht voll haben, hoch die Tassen, es lebe die Schwadron…

Zum ersten Male in meiner nun fast fünfjährigen Dienstzeit war ich mit mir und der Welt zufrieden, zum ersten Male hatte einer mich wirklich anerkannt und sprach es auch aus. Was hätte ich vielleicht schon früher leisten können unter anderen Vorgesetzten, unter solchen Kerlen wie Meyer. In diesen fuseldurchtränkten Morgenstunden fühlte ich mich richtig glücklich, erlöst von dem schweren Druck dieser letzten Wochen.

Unsagbar müde von dem Alkohol und der langen Nacht in der rauchigen Bude stemmten wir heute früh im Morgengrauen unsere vollen Bäuche in die Höhe und beschlossen, pflichtgetreu bis zum letzen Atemzug doch noch einen Rundgang durch die Kompanie zu machen. Vor allem wollte ich den Chef noch in den neu hinzugekommenen Abschnitt am linken Flügel einweisen. Es wurde ein grausamer Marsch, wir schwitzten schon bald, stolperten in den lockeren Schneewehen und bereuten wenig später schon unseren heroischen Entschluss, aber überall strahlten die Gesichter, als Meyers lauter Bass in der Finsternis hörbar wurde, als er seine treuen Knechte voller Rührung wieder begrüßte und für jeden ein persönliches Wort fand. Er hat seine Schwadron auf eine selten gewordene, raubeinigherzliche Landsknechtsart im Griff, er lacht und flucht lauter als jeder sonst über sich selbst und andere. Man weiß bei ihm, woran man ist, und er hält seine Hände schützend über seine Mannen, auch dann, wenn irgendwo der Wurm sitzt.

Nach zwei Stunden Marsch und Schwatz plumpsten wir endlich fluchend und schweißnass wieder in den Bunker. Im Laufe des Tages übergab ich ihm den ganzen Papierkrieg, froh, diesen Mist los zu sein, und am Nachmittag zog ich mich erleichtert in meinen alten Zuggefechtsstand zurück. Der ist ein gutes Stück höher und vor allem viel trockener als der Kompaniegefechtsstand. Hier kann ich endlich wieder menschenwürdig stehen und gehen, ohne mir den Schädel an blöden Balken einzurennen.

Auch mein Zug hat sich etwas nach links strecken müssen, aber es geht auch so.

Nun bin ich todmüde und brauche dringend eine Nacht voll Schlaf. Iwan soll ja schön ruhig bleiben!

P R I L E P O W K A

Vor Barischewka, Sonntag, 19. März 1944

Der Chef suchte gleich heute den Tross heim und ich durfte daher schon wieder in der Pinkelhütte Vertreter spielen. Draußen wehte der Wind gemein kalt. Wir hörten uns im warmen Mief des Gefechtsstandes das Volkskonzert und andere schöne Sachen an und machten uns einen richtigen spießbürgerlichen Sonntag, passiv und faul.
Wenn man dann zwischendurch den Wehrmachtbericht hört, kann einem allerdings richtig flau in der Magengrube werden. Absetzbewegungen, am ukrainischen Bug wird gekämpft, bei Kowel konnten Angriffe nur aufgefangen werden – wie weit soll der Iwan eigentlich an seiner westlichsten Frontspitze noch vorangelassen werden? In Kowel sind wir 1942 entlaust worden, als wir in den Urlaub fuhren! Dort begann praktisch das ungezieferfreie Reich! Und jetzt? Der ganze Sonntag wird einem vermiest, also säuft man wieder.

Bei Prilepowka, Donnerstag, 23. März 1944

Man macht schon was mit. Ganz begriffen habe ich es immer noch nicht. Letzten Montag war ich nach etwas längerem Schlummer als üblich heiteren Gemütes erwacht, Iwan hatte sich die ganze Nacht hindurch nicht gemuckst, ich machte mich gerade fertig, um die Gruppen in ihren Bunkern zu besuchen – da rumpelte plötzlich jemand die Stufen zur Bunkertür herab: Fritze Fuhrer.
„Herr Leutnant…", zwei Sekunden Pause, „Herr Leutnant, Befehl, Sie sollen ab sofort – die zweite Kompanie übernehmen!"
Wie bitte?? Mir sackten die Knie weg, ich brauchte erst mal einen Stuhl. Wie bitte? Ich die zweite Kompanie?? Und Leutnant Gl.?
„Der kriegt Ihren Zug."
Nun war ich total durcheinander. Aber Fritze wusste nichts Genaueres, ich sollte nur sofort packen und mich beim Chef abmelden.
Das Packen war auch danach. Ich weg von Meyer? Wieso Gl. zu meinem Zug? Ist das eine feine Art von Degradierung? Und warum? Und immer wieder: Ich weg von Meyer? Gerade jetzt, wo es anfängt schön zu werden, wo ich wohl endgültig Wurzeln in dieser Schwadron geschlagen habe??
Eine halbe Stunde brauchte ich, bis ich mein bisschen Trödelkram zusammen hatte.
Dann konnte ich endlich los zu den Gruppen, aber nur, um auf Wiedersehen zu sagen. Die meisten erfuhren es erst von mir, als ich im Bunker stand, und da fast alle nach der durchwachten Nacht erst geweckt werden mussten, hat mancher es wohl erst hinterher richtig kapiert. Es war für mich ein verdammt schwerer Gang. Zum letzten Mal die vertrauten stoppeligen Gesichter; Händedruck und Hals- und

Beinbruch! Gut, dass es so plötzlich kam, dass gar keine Zeit mehr für ein großes Abschiedsbesäufnis blieb, mit all seinen Folgen…
Ein letzter Blick hinüber zum russischen Stützpunkt, zu „meinem" Stützpunkt auf der vorspringenden Nase, zu den Wäldern und ins weite Pronjatal. Und schließlich ab zu Meyer.
„Herzlichen Glückwunsch zu dieser Aufgabe, lieber Herr Hartmann, es freut mich wirklich für Sie, auch wenn ich Sie nun verliere!" Ja, ich wäre wahrhaftig lieber bei der Schwadron geblieben, nach allem, was ich bei und mit ihr in diesen vier Monaten erlebt habe.
Offiziell war kaum noch etwas zu regeln, wir klönten noch eine Viertelstunde miteinander, und ich erfuhr, der gute Leutnant Gl. habe seinen Abschnitt vom dritten Graben aus verteidigt, während seine Gruppen vorn abgeschnitten waren und sich im ersten Graben mit den eingedrungenen Iwans herumschlugen. Diese Art Führung hatte ihm nun diesen Tausch eingetragen. Wahrscheinlich muss er sogar froh sein, dass man ihm nicht noch wegen Feigheit vor dem Feind das Kriegsgericht auf den Hals gehetzt hat.
Schließlich war auch hier bei Meyer alles gesagt. Abschied vom Kompanietrupp, vom Käptn, kurz, aber voller Herzlichkeit, wie es seine Art ist. „Soldatenglück und alles Gute und keine Angst, es wird schon klappen!" Noch ein Gruß zurück, eine heimliche Träne im Knopfloch, ein Kloß im Hals. Ade, Schwadron, ade, alter Käptn…
Und dann auf einmal allein, auf dem Wege zur zweiten Kompanie. Ich hatte eigentlich nur einen Trost: Schlimmer als der Sturz von der Pak zur Infanterie konnte es jetzt auch nicht mehr werden.
Der Trampelpfad im Schnee zieht sich immer am Fuße eines Höhenrückens entlang, der die Sicht zur Pronja und zu den Wäldern am anderen Ufer versperrt. Nach einer knappen halben Stunde zeigte ein kleines Schild in eine schmale Schlucht; die Bunker, die seitlich in die Hänge getrieben waren, gehörten schon zum Gefechtsstand der zweiten Kompanie.
Begrüßung mit Leutnant Gl., Begrüßung der anderen „Knechte", wie Meyer sagen würde, im Bunker eine Runde Schnaps, das übliche Übergabepalaver und noch eine Runde Schnaps. Nach einer Stunde war alles Wesentliche bekakelt und übergeben und Leutnant Gl. musste los, um nun meinen alten Haufen zu übernehmen. Und ich saß plötzlich da unter lauter fremden Gesichtern. Kompanietruppführer ist Unteroffizier Schmidt, ein offenbar prächtiger Mann mit EK I und allem, was so dazugehört. Mit ihm und einem Melder zog ich schon bald los, um mir als erstes das Stellungssystem der Kompanie anzusehen. Der Zugangsgraben führt vom Hinterhang aus noch ein paar Meter bergauf bis auf den Kamm der langen Hügelkette. Dort oben ist große Vorsicht geboten, besonders bei meiner Länge, denn der Kopf kann sich dort schön wie ein Scherenschnitt gegen den Himmel abheben, und der Iwan hat Scharfschützen in gut getarnten Löchern sitzen.
Aus dem Sehschlitz eines überdachten Postenstandes konnte ich dann einen ersten Blick in das neue gelobte Land unter mir werfen; Dicht vor uns, kaum 100 m entfernt und etwa 20 m unter uns, fließt die Pronja. Der auffallende Hügel am anderen Ufer heißt „der Kamelrücken". Dort sitzt der Iwan höher als unsere Leute im vordersten Graben, während wir vom Kamm aus wiederum dem Iwan auf dem

Kamelrücken in die Suppe spucken können. Die Eiterbeule in unserem Fleisch aber ist der Stützpunkt der Russen halb links unter uns auf dem diesseitigen Pronja-Ufer. Ich kann dort nur mit Mühe einen wilden Graben- und Löcherwirrwarr erkennen, Reste von Bunkern und Stacheldraht, alles in allem eine ersoffene Fläche von kaum mehr als 50x100 m, aber von tausend Granaten umgestampft bis zur Unkenntlichkeit. Und vermint auf Schritt und Tritt. Obwohl unsere Gräben die Russen dort eng umklammert halten, obwohl wir ihnen vom Kamm aus buchstäblich in jedes Loch schießen und in etwas helleren Nächten jeden Iwan erkennen können, der in dieser Todeszone oder jenseits der Pronja herumläuft, haben die Russen im Morgengrauen des 8. März auch in diesen winzigen Stützpunkt dicke Menschenmassen hineingepumpt und sind unserem Sperr- und Vernichtungsfeuer zum Trotz ohne jede Rücksicht auf Verluste aus diesem tiefen Sumpfloch heraus zum Angriff auf die Hangstellungen der zweiten und dritten Kompanie angetreten, haben einen Teil der Gräben überrannt und ein paar Stunden lang gegen alle Gegenangriffe gehalten.
Der Hang zum Stützpunkt hinunter ist gespickt mit zersplitterten Baumstümpfen vom ehemaligen Friedhof Prilepowka. Irgendwo dazwischen zickzacken sich unsere Gräben terrassenförmig gestaffelt nach unten in den verwüsteten Uferstreifen zwischen den Hügeln und der Pronja. Dort unten im Schlamm waren neben den plattgehämmerten Gräben die Bunker des Zuges von Oberfähnrich Kapol zu erkennen, zu dem aber bei Tage niemand gelangen konnte, weil die Gräben halb ersoffen und obendrein noch auf weite Strecken zugeschneit waren. So konnten wir, nachdem ich erst einmal tief Luft geholt und meine leichte Rührung über diese schauerliche Umgebung heruntergeschluckt hatte, nur einen Teil des Grabens durchlaufen und nur wenige Posten und Bunkerwachen begrüßen. Die, die noch pennten, ließen wir weiter pennen. Nach gut zwei Stunden landete ich verdammt groggy wieder im Gefechtsstand, im Schädel ein rotierendes Labyrinth von steilen Gräben und winzigen, finsteren Bunkern, von Minenfeldern und russischen Postenlöchern. Hier werde ich mich bei Nacht nie zurechtfinden, war meine feste Überzeugung.
In der Nacht klapperte ich mit Unteroffizier Schmidt auch die übrigen Teile des Kompanieabschnitts ab und begrüßte dabei die restlichen Mannen der Kompanie. Von unten, vom Ufer her, wirkten Gräben und Landschaft wieder völlig anders, fremd, bedrückend. Die Hügel erschienen im Schneelicht hoch und fast uneinnehmbar, aber ebenso drohend ragte drüben der Kamelrücken aus der sonst so flachen Niederung der Pronja.
An manchen Stellen liegen die feindlichen Gräben nicht weiter als 25 m auseinander; ganz unten am Ufer trennt uns sogar nur eine Erdaufschüttung von den Russen im selben Graben. Dort hört dann jeder, aber auch jeder Leichtsinn auf. Doch so gruselig mir zunächst auch alles erschien: Solange die Gräben noch zugeschneit oder zumindest nicht durchgehend gangbar sind, herrscht auch hier Waffenstillstand. Wir sehen die Russen bei Nacht im Stützpunkt und jenseits der Pronja und genauso können sie uns beobachten, wenn wir geduckt oben an den zugeschneiten Grabenstücken entlanghasten müssen. Es ist ein beklemmendes Gefühl, so wehrlos zu sein und doch nicht anders zu können. Nur die enge Verzahnung der Gräben auf Handgranatenwurfweite lässt diese Menschlichkeit aus Eigennutz und Selbsterhaltungstrieb überhaupt aufkommen. Wenn aber dann der

erste Schuss gefallen ist und sein Opfer gefordert hat, gibt es keinen Pardon mehr. Dann zählt nur noch das gute Auge und der Kopf des anderen im Visier.
In dieser ersten Nacht schoss kaum einmal eine Leuchtkugel hoch. Keiner wollte den anderen reizen. Aber die Luft knisterte vor Spannung – wenigstens empfand ich es so. Für mich war diese wirklich hautnahe Nachbarschaft der toten Gräben und der lauernden Posten einfach noch zu viel.
Unten bei Kapol, wo Schlamm und Dreck am deprimierendsten sind, mussten wir erst einmal eine neue Schnapsvariante ausprobieren. Kapol ist offenbar ein großer Mixer vor dem Herrn. Die trostlose Umgebung dieser Rattenlandschaft, die Stille und Eintönigkeit der langen Nächte ohne Besuch und Bewegung und die Enge der erbärmlichen Bunkerlöcher sind auf die Dauer wohl tatsächlich nur im halben Suff zu ertragen. Als Schmidt und ich uns schließlich doch von Kapols Lasterhöhle gelöst und zu guter Letzt auch noch eine Strecke bei der rechten Nachbarkompanie angesehen hatten, war ich bedient bis obenhin. Der Kompanieabschnitt erschien mir beängstigend lang und hoffnungslos verfilzt und undurchsichtig. Etwas unterhalb des Kammes unserer kleinen Bergkette wandelten wir schließlich heimwärts, rechts unter uns die lautlosen Wasser der Pronja, dahinter der Kamelrücken und die schwarzen Wälder, links unser weites, leicht welliges Hinterland im bleichen Nachtlicht. Dann war endlich die schmale Rinne erreicht, die Bunker am Hinterhang nahmen uns auf, eine duftende Pfanne mit Bratkartoffeln stand auf dem Tisch, als hätten sie geahnt, dass wir genau um ein Uhr kommen würden.
Mit ein paar fetten Kartoffelhaufen und diversen harten Schnäpsen verdrängte ich nun bei munteren Gesprächen mit dem Kompanietrupp die gespenstischen Visionen der letzten Stunden – dann haute ich mich auf die Bretterpritsche, um noch etwas zu pennen. Die Kompanie ist sicher nicht schlecht, aber die Stellung kann einen bis in die Träume verfolgen…
Gestern Morgen zog wie zum Ausgleich des diesigen Vortages ein herrlich klarer, sonniger Wintertag herauf. Und gleich zum Frühstück gab es wieder Berge von Bratkartoffeln, natürlich mit Schnaps. Die Genossen vom Kompanietrupp machen einen sehr guten Eindruck, nicht nur wegen der Bratkartoffeln! Aber im Tross ist etwas faul, das hörte ich schon mehrmals aus den Gesprächen heraus.
Wir konnten uns gestern am Hinterhang frei und ungezwungen bewegen. Überall gluckerten Bächlein von aufgetautem Schnee. Vorn in den Gräben mussten sie wie an den Vortagen tüchtig schaufeln, damit der Graben wieder frei wird.
Während der Streife in der mondhellen Nacht blieben wir in Kapols Schnapsbar wieder zu lange hängen, weshalb sich die Streife über vier Stunden hinzog. Überall herrschte Hochbetrieb. Iwan war bis auf Arifeuer weit ins Hinterland friedlich; er schippte genau wie wir den Schnee aus seinen schrundigen Gräben. Gegen zwei Uhr nachts bewölkte es sich dann allerdings und seit heute früh ist wieder mal die weiße Hölle los. Schneetreiben und Wind, zeitweise richtiger Sturm. Schnee so dicht, dass man manchmal nur wenige Meter weit sehen kann. Seit dem Vormittag sind die Stellungen wieder voll bis oben hin. Keine Möglichkeit, die Gruppen bei Tage zu besuchen. Zähneknirschend sehen wir zu, wie Stunde um Stunde der weiße Scheißdreck herabsinkt und alle gewohnten Konturen in weichliche Watte hüllt. Es ist wirklich zum Mäusemelken mit diesem Schnee. Aber wir haben wenigstens genug Kartoffeln und Hundefett und Schnaps, und

wenn wir nicht fressen und saufen, versuchen wir auf Vorrat zu schlafen. Und ich erledige Briefschulden, schreibe überall hin die neue Feldpostnummer. In mir aber rumort ständig eine fast unbewusste Unruhe: Der Hinterhang-Koller. Ich habe dauernd das Gefühl, hinauf zum Kamm gehen zu müssen, um nachzusehen, ob uns Iwan nicht über den Hals kommt. Hier ist für mich alles so ganz anders als je zuvor.
Im Großen macht uns die Ecke von Kowel die meiste Sorge. Dort, wo der Russe sowieso schon am meisten vorgedrungen ist, greift er täglich weiter an. Nun ist auch diese Stadt offenbar schon eingeschlossen. An die Südfront denkt man ohnehin nur noch mit Grausen. Dnjestr, Bug, Proskurow, das ist doch schon eher Rumänien als Russland. Und Winniza flöten. Wo mag mein alter Haufen jetzt herumgestoßen werden? Felix, Otto – wo seid ihr alle? Lebt ihr noch??

Bei Prilepowka, Freitag, 24. März 1944

Wie ein Wunderwesen aus einer besseren Welt begrüßten wir gestern Abend den Schlitten mit Post, Verpflegung und Papierkrieg. Das brachte für eine Stunde Leben und Abwechslung in unser stumpfsinniges Höhlendasein. Aber als die letzten Melder und Essenholer mit gefüllten, dampfenden Kochgeschirren lautlos in Finsternis und Schneegestöber verschwunden waren und auch der Koch die Rückfahrt durch das irre Nichts aus weißer Watte angetreten hatte, wurde es wieder gespenstisch um uns. So verlassen, so abgeschnitten von der Menschheit kommt man sich vielleicht irgendwo am Südpol vor. 10 m Sicht – dann war die Welt versunken in absoluter Stille und Undurchsichtigkeit. Und in seiner überreizten Phantasie sieht man russische Schneeschuhbataillone lautlos über die weißen Ebenen gleiten.
In der Nacht verwirrte mich die schneeverwehte Gegend vollends. Ich fand weder Graben noch Bunker und ohne Melder wäre ich bestimmt beim Iwan gelandet. Kapol, der Hund, hatte schon wieder ein neues Gesöff zusammengebraut, diesmal anscheinend mit einem Extrakt aus alten Fußlappen. Pfui Deibel.
Schmidt und Kapol sprachen mich in der Nacht abermals auf den Stunk im Tross an. Sie konnten nicht ahnen, dass das Stichwort „Tross" bei mir seit Emils Zeiten bis zum Beweise des Gegenteils verdammt böse Emotionen auslöst. Hier stinkt sogar der Fisch vom Kopfe her, wie das russische Sprichwort sagt, denn der Herr Spieß soll, kurz bevor ich kam, mit seinem eigenen Urlaub geschummelt, das heißt, ihn nicht eingetragen oder sich selbst zu früh in die Warteliste eingesetzt haben. Irgendeine krumme Tour jedenfalls. Nach längeren Beratungen mit Schmidt und Kapol entschloss ich mich nun heute brutal, Schmidt, den erfahrenen Infanteristen und Zugführer zum Spieß zu machen und den jetzigen Spieß als stellvertretenden Zugführer nach vorn in den Graben zu holen. Zugleich besetzte ich noch einige andere Stellen im Tross um, tauschte Leute, denen es im Laufe der Zeit da hinten zu wohl gegangen sein soll, gegen ältere Leute aus dem Graben aus und erhoffe mir nun von Schmidt, der weiß, was wir vorn brauchen, eine gründliche Aufmöbelung des gesamten Trosshaufens. Den bisherigen Spieß und einige seiner Kumpane habe ich in Zukunft ja selbst unter hinreichender Kontrolle. Als neuen Kompanietruppführer schlugen mir Schmidt und Kapol einen Un-

teroffizier Kober vor, einen ruhigen, einschlägig bewanderten Mann.
Die ganze Aktion ist zweifellos ein Wagnis, denn ich kann mich zurzeit letzten Endes nur auf meine eigene Menschenkenntnis und gewisse Ahnungen verlassen. Alles, was mir Schmidt und Kapol vorschlagen, kann deren eigenste Interessenpolitik sein. Das Vakuum nach dem Weggang von Leutnant Gl. ist vielleicht eine einmalige Chance für sie und andere, die Weichen in ihrem Sinne zu stellen und alte Rechnungen zu begleichen, ehe ich dahinterkomme, was wirklich gespielt wurde. Es besteht auch die große Gefahr, dass die Kompanie durch diese Maßnahmen gespalten und in Cliquen zerrissen wird, die nur darauf lauern, mir bei passender Gelegenheit eins auszuwischen oder sich gemeinsam an mir zu rächen. Und einen Feind habe ich in Zukunft bestimmt: den bisherigen Spieß. Aber aus den Gesprächen der letzten Tage habe ich immer mehr den Eindruck gewonnen, dass der Tross wirklich ganz allgemein als der Herd des Unfriedens und der Unsauberkeit angesehen wird.
So habe ich heute Nachmittag die personellen Umsetzungen befohlen und das Karussell in Gang gesetzt. Heute Abend kommen die Herrschaften nach vorn. Dann kann ich mir auch selbst ein Bild machen. Ein Tross á la Emil wäre jedenfalls auf die Dauer unerträglich. Eine solche Sippschaft versaut eine ganze Kompanie. So viel habe ich damals immerhin gelernt.

<u>Bei Prilepowka, Sonnabend, 25. März 1944</u>

Nun ist es also passiert und überwiegend herrscht Freude und Erleichterung. Der Spieß wirkte gestern Abend weichlich und unterwürfig, das personifizierte schlechte Gewissen. Er scheint auch weder Macht noch Freunde in der Kompanie zu haben, denn nachts während der Streife fragten mich einige Landser, warum ausgerechnet sie nun „den“ gekriegt hätten.
In Kapols traurigem Loch bekakelte ich am frühen Abend mit Schmidt und Kapol noch eine Weile die neue Lage und ich gewann immer mehr den Eindruck, dass mein Vertrauen in ihre Ratschlägen gerechtfertigt ist. Beide sind bei aller Gewieftheit des mit allen Feuern getauften, alten Kriegers frei heraus und ohne langes Geseiche und Drumherum offenbar grundehrliche Kerle. Aus ihren Worten, wie aus manchen freimütigen Bemerkungen der Landser war echte Befriedigung darüber herauszuhören, dass endlich reiner Tisch gemacht worden ist.
Kapol und Schmidt sind mit Abstand die beliebtesten Führer in der Kompanie. Kapol ist wegen einer Lappalie nur als Oberfähnrich von der Kriegsschule an die Front geschickt worden „zur weiteren Bewährung“. Dass er als Oberschlesier, perfekt polnisch redend und fluchend, temperamentvoll und kritiklustig, witzig, drahtig und schnapsfest auf der Kriegsschule anecken musste, ist mir schon in diesen wenigen Nächten klar geworden. Aber da unten bei seinen Landsknechten im Sumpfloch ist er in seinem Element, dort hat er immer Grund zum Lästern und Saufen und Ruhe vor der Obrigkeit, der es dort viel zu dreckig und gefährlich ist. Kurzum, er ist ein ganzer Kerl, der den Iwan kennt und ihm zur Not noch mit nackten Krallen an die Gurgel springen würde. Der lange Hermann Over, sein Melder, stammt aus derselben Ecke wie Schmidt, und daher sind alle drei ein Herz und eine Seele.

Schmidt dagegen ist ein ganz anderer Typ, untersetzt, ruhig, aber tatkräftig, sachlich, aber immer humorvoll, offensichtlich ein unbestechlicher, fürsorglicher Organisator. „Wenn Schmidt hinten ist, kriegen wir endlich alles, was wir brauchen und was uns zusteht“, das sagten mir heute Nacht mehrere in fast gleichen Worten.
So bin ich eigentlich schon jetzt sicher, das Richtige getan zu haben. Das ist ein unerwartet schönes Gefühl, wenn man noch so neu in einem Haufen ist.
Gestern Abend gegen zehn Uhr war auch sonst das Schlimmste überstanden. Es schneite nicht mehr, Kober saß frisch importiert bei uns im Gefechtsstand, Schmidt war mit dem Schlitten zurückgefahren, um den Tross zu übernehmen. Kurz danach erschien ein Arbeitskommando mit dem Auftrag, die Gräben freizuschaufeln. Als dieser Verein mit der gebotenen Vorsicht eingewiesen war und mit der Arbeit begonnen hatte, war es wieder Zeit für die Streife geworden.
Heute bei Tage konnte ich schon wieder einige Gruppen besuchen, deren Bunker an bereits leergeschippten Gräben liegen. Überall, beim Russen wie bei uns, sieht man alle paar Sekunden Schaufeln voller Schnee auf die Deckung fliegen. Das Wettrennen ist in vollem Gange. Wer kriegt zuerst seine Gräben frei? Wer kann zuerst wieder ungefährdet schießen? Ein Scheißspiel.

Bei Prilepowka, Montag, 27. März 1944

Heute ist nun wieder ein klarer, kalter Wintertag. Die Gruppen schaufeln, was in ihrer Kraft steht, aber Kapols Graben unten am Ufer ist bei Tage immer noch nicht zugänglich. Wohl sieht man von oben, wo und wie viel sie dort schon freigeschaufelt haben, aber die Verbindung dorthin fehlt noch. So kann ich Kapol nach wie vor nur nachts Gesellschaft leisten. Er ist wirklich ein sagenhaftes Unikum, ein Vollblutpferd, und wenn er richtig in Fahrt ist und mit funkelnden Augen und wilden Händen und Füßen anfängt polnisch zu fluchen, platzen wir alle vor Lachen.
Zwischen Dnjepr und Tschaussy wurde laut Wehrmachtbericht wieder ein großer Abwehrerfolg errungen. 3.500 Tote, rund 40 Panzer und so weiter. Das beruhigt sehr. Aber auch hier so grauenhaft hohe Zahlen von Toten…

Bei Prilepowka, Dienstag, 28. März 1944

Ich schreibe immer „Bei Prilepowka“, aber von dem Dorf steht kein Stein mehr auf dem anderen. Nur die Reste der Friedhofsbäume erinnern daran, dass in dieser anmutigen Ecke einmal Menschen gewohnt haben.
Große Verheißungen bezüglich unserer Waffen im Westen. Wenn die seit Langem erwartete Invasion abgeschmettert ist, kommt hier das Schlusshalali, denn der Russe hat nicht mehr viel zu bieten. Siehe neulich bei uns und bei Orscha und jetzt bei Tschaussy. So heute Nachmittag bei einer Offiziersausbildung beim Bataillon.
Wir hörten die Botschaft gern und würden sie auch gern glauben. Aber wenn nun die ersehnte Entscheidung im Westen in die Hose gehen sollte? Das sind aller-

dings Gedanken, die man als Offizier nicht aussprechen kann. Und was wissen wir schon von der Situation im Westen?
Die Schwadron hat auf unsagbar dusselige Weise wieder zwei Mann verloren: Unteroffizier Kullmann und Unteroffizier Preitz sind über einen Minenzugdraht gestolpert, beide schwer verwundet. Meyer war noch ganz fertig und wollte am liebsten das ganze selbstgebastelte Teufelszeug rausreißen oder in die Luft sprengen. Es gehen ja auch wirklich vor allem die eigenen Leute dabei drauf.
Findeisen hat einen Armdurchschuss gekriegt, ist aber bei der Schwadron geblieben. Das will in diesen Zeiten schon was heißen.

Bei Prilepowka, Mittwoch, 29. März 1944

Der Morgen ging wie fast jeden Tag mit dem letzten Schlaf, mit Waschen, Rasieren und Essen und allerlei Kleinkram und Papierkrieg dahin. Dann klingelte das Telefon: Nachmittags Besprechung beim Bataillon. Also wieder nichts mit einem Besuch bei den Gruppen vorn. Kaum ist der Iwan mal eine Weile ruhig, so beschäftigen uns die Oberen.
Los war in der Besprechung so gut wie nichts. Allgemeine Belehrungen, Erfahrungen. Von mehr Soldaten, Waffen und Munition keine Rede. Mich frappiert immer wieder diese Selbstverständlichkeit, mit der unsere trostlose Unterlegenheit in diesen drei Faktoren als Bagatelle abgetan wird. Als ob wir die Iwans einzeln nacheinander mit bloßen Händen meucheln könnten.
In den nächsten Tagen werden nun auch die Winterklamotten abgegeben. Es hat Sommer zu werden.
Vorhin kam mit der Post wie üblich die Frontzeitung „Der Stoßtrupp", diesmal mit einem PK-Bericht über den 8. März bei uns. Genau die Zahlen an Toten, Beute und so weiter, die wir schon kurz danach erfahren hatten. Die Überschrift des Artikel sagt wieder alles: „Die Phalanx der Herzen". Eine rechtzeitige Phalanx von Handgranaten hätte uns manches erspart.

Bei Prilepowka, Donnerstag, 30 März 1944

Im Süden bei Tschaussy flammte der Himmel von schwerem Artilleriefeuer. Aber die Front scheint dort eisern zu halten. Trotzdem beunruhigt mich die Sturheit des Russen an dieser Stelle allmählich. Wenn er tagelang anrennt, hat er doch größere Ziele im Auge.

Bei Prilepowka, Freitag, 31. März 1944

Eine Saukälte. Es wehte wieder unverschämt aus allen Richtungen und die kleinen, harten Schneekristalle sammelten sich von Neuem auf den Sohlen der Gräben und in den tief liegenden Eingängen der Erdbunker. Schon die Nacht war sternklar und der Frost knirschte unter jedem Schritt.
Von Tschaussy her hörte man nur noch hin und wieder. Ist dem Iwan die Puste

ausgegangen? Oder stand nur der Wind zu ungünstig?
Schön ist der große Erfolg gegen die verfluchten Terrorbomber: 132 Viermotorige in einer Nacht. Wenn wir an die Bomber denken, steigt in jedem von uns eine eiskalte Mordlust und ein tiefer Hass hoch. Mit diesen Kulturschändern hat niemand Mitleid, obwohl der einzelne Pilot oder Heckschütze ja genau solch ein armes Schwein ist wie wir und auch nicht gefragt wird, ob er töten will oder nicht. Und doch – diese ständige Sorge um die Menschen zu Hause ist schlimmer als alles andere hier. Alle paar Tage muss wieder einer auf Sonderurlaub fahren, weil er seine Eltern, ein Kind oder seinen gesamten Hausrat verloren hat.

Bei Prilepowka, Sonntag, 2. April 1944

Draußen stürmte und schneite es schon seit den frühen Morgenstunden, die Fenster waren blind vom vielen Schnee und durch die Türritzen pfiff es eklig kalt und nass in die Bude. Der Verbindungsgraben war schon wieder gestrichen voll und der Kompanietrupp hatte schon alle Nase lang den Platz vor der Tür freischaufeln müssen, damit wir überhaupt noch aus dem Loch heraus konnten.
Wie es unten in der Stellung aussehen mochte, wagte sich niemand auszumalen. Und so etwas Anfang April! Dazu eine aasige Kälte von sicher Minus 15 Grad, die durch den Sturm fast unerträglich wird. So blieb es bis zum Abend ohne die geringste Unterbrechung – eine undurchdringliche Wand aus Milliarden Schneekristallen, die in wilder, stiebender Fahrt über den Kamm ins Nichts gerissen wurden. Wir konnten nicht mehr tun, als warten und immer wieder die Tür freischaufeln.
Am Nachmittag hatten wir dann fast vier Stunden lang an die 20 Melder und Essenholer zusätzlich in der Bude, weil die unmöglich draußen auf den Verpflegungsschlitten warten konnten. Jeder brachte einen Schwall von Kälte und einen halben Eimer Schneewasser in den Schuppen, sodass es richtig gemütlich wurde.
Die Bunker und Stellungen vorn sind seit dem frühen Morgen natürlich auch total zugeschneit und kaum noch zu erkennen. Man sieht nur noch weiß. Die Russen im Stützpunkt und unsere Landser laufen ungeniert frei auf der Deckung, manchmal kaum 50 oder 100 m voneinander entfernt. Das Schneetreiben vermindert zwar die Sicht, aber wer wollte, könnte die Melder und Streifen und Essenholer der anderen dutzendweise abknallen. Sogar die Posten haben Mühe, sich ihren Standplatz alle Nase lang wieder freizuschaufeln. Immer höher steigt die weiße Flut im Heulen des Sturms. Es ist zum Knochenkotzen.
Die Verpflegung kam schließlich in der Abenddämmerung mit drei Stunden Verspätung auf drei erschöpften Pferden. Jeder Schlitten wäre hoffnungslos versackt. Die Wege vom Tross zu den Kompanien liegen irgendwo unter meterhohem Schnee begraben. Selbst die überall vorsorglich eingeschlagenen Pfähle mit Strohbündeln sind streckenweise vom Wind umgeweht oder in dem weißen Flockenmeer untergegangen. Wer keine Nase für die richtige Richtung hat, ist jetzt verloren, denn man erkennt die Landschaft nicht wieder. Die baumlosen Hügel und weiten Talmulden haben sich einander angeglichen und im heulenden Schnee verschwinden alle Konturen. So schlimm hat es noch keiner hier im Osten erlebt – und das will schon was heißen. Aber für Schmidt ist es selbstverständlich, dass

er gerade bei diesem Wetter mit nach vorn kommt.
Mit jedem Tag glaube ich jetzt fester, die richtige Entscheidung bei der Umbesetzung der Posten getroffen zu haben, mit jedem Tag wächst damit auch mein Vertrauen zu Kapol und Schmidt, die mich offensichtlich ganz objektiv beraten haben. Allmählich macht es mir Freude, diese Kompanie zu führen.
Vier Stunden lang war Schmidt vom Tross hierher unterwegs, statt etwa einer Stunde sonst. Die Pferde schwitzten und zitterten vor Erschöpfung, aber trotzdem mussten sie dann eine bis zwei Stunden im Schnee stehen und den eisigen Sturm ertragen, bis wir alles erledigt hatten. Und dann wieder vier Stunden zurück, bei jedem Schritt bis zum Bauch im Schnee; vielleicht auch fünf oder sechs Stunden, wenn die Kräfte nachlassen. Arme, treue Kreaturen… Ohne sie wäre diese Wehrmacht längst am Ende.
Unser Doktor Eickel, Kunstgeschichtler von Beruf, hier nun als Oberschnäpser und Kompaniemelder verschlissen, hatte heute seinen großen Tag: Im „Stoßtrupp" war sein Bericht über den 8. März abgedruckt. Das gab wieder Anlass zu langen Gesprächen über das Geschehen jenes Tages hier bei dieser Kompanie und über die Kunstgeschichte im Allgemeinen und im Besonderen.
Nun graust mir vor der nächtlichen Streife.

Bei Prilepowka, Montag, 3. April 1944

Vier Stunden dauerte die Schinderei in der Finsternis, ein einziges Stolpern, Fallen, Versacken und Fluchen. Löcher und heimtückische Erd- oder Eisklumpen unter der scheinheiligen Ebenheit der Hügel und Täler aus Schnee. Eine Sicht von 25 bis 50 m, der Sturm peitschte uns die gefrorenen Kristalle in Augen und Nase, in die Ärmel und unter den Schal. Wir irrten wie erblindet durch eine verschwommene Welt ohne Pronja und Kamelrücken, ohne Gräben und Stacheldraht, ohne die vertrauten kleinen Zeichen an den Trampelpfaden. Wir sahen Russen wie Gespenster und drehten dann schnell nach rechts ab; wir tapsten vielleicht längst auf unseren eigenen Minen herum, waren einmal offensichtlich direkt am Ufer, also schon vor dem vordersten Graben, machten kehrt, bis wir spürten, dass es wieder bergauf ging. Glaubten Rufe zu hören, schrien zurück – nichts. Nur das Jaulen des Sturms und das Wahnsinnsgeflimmere aus unerschöpflichen Wolken irgendwo über uns. Eine Reihe von Posten fanden wir überhaupt nicht. Vielleicht hockten sie im Bunker oder hatten den Stand gewechselt, vielleicht sind wir meilenweit an ihren vermeintlichen Postenstellungen vorbeigestolpert und keiner sah und hörte den anderen. Der eisige Wind ließ die Stirn brennen und nahm mir die Luft und höhlte mir wieder den Magen aus. Zum Glück begegneten wir dann Kapol, der uns mit seinem Teufelsgebräu wieder auf die Beine half.
Im Bunker war ich dann fertig für die Nacht. Die Mischung von Kälte, Sturm und Schnee ist für mich seit Hof Belikow und WB ein Albtraum, der mich lähmt und mir die letzte Kraft aus den Knochen saugt. Frieren will ich nicht mehr im späteren Leben, Kälte und Wind zugleich sind für mich die Hölle.
Schnee und Sturm haben auch heute den ganzen Tag über angehalten. Zwei Tage und zwei Nächte lang geht das nun schon so und schlimmer kann es eigentlich

nicht mehr werden. So etwas haben wir noch nicht erlebt. Auch weiß niemand, wie es wirklich draußen aussieht, weil nach 50 m alles in grauen Wirbeln erstickt. Wir schaufelten unentwegt die Fenster und die Tür unseres Bunkers frei, um nicht völlig zugeweht zu werden. Der kleine Fernsprechertrupp aus dem Nachbarbunker leistete uns aus lauter Verzweiflung lange Gesellschaft. Es sind fidele Burschen, die herrliche Geschichten aus ihrem Strippenzieherdasein erzählen können. Heute war Schmidt mit den armen Zossen noch länger unterwegs. Im Hinterland schauen nur noch Häuser und Telefonmasten und die wenigen Bäume aus den Schneemassen heraus. Jeder Schlitten versackt rettungslos. Jeder Gang ist eine erbärmliche Schinderei.
Kurz bevor Schmidt wieder aufbrach, ließ das Gestöber ein wenig nach und ich konnte es mir nicht verkneifen, eine der armen Pferdekreaturen zu knipsen. (Bild 43) Nur der Kopf und der halbe Hals sahen aus dem Schnee heraus. Rumpf und Beine waren in der Wartezeit ganz eingeschüttet worden. Dadurch fror das gute Tier vielleicht nicht mehr so im Wind.
An die Russen denkt komischerweise keiner. Ich sehe sie nur immer wieder mal im Traum mit ihren Skiern über den Kamm auf uns zukommen, leicht oberhalb des Gefechtsstandes…

Bei Prilepowka, Dienstag, 4. April 1944

Gestern am späten Abend geschah das Unbegreifliche, das Schneien ließ immer mehr nach. Die Luft wurde klarer, die Wolken rissen auf und jagten schwarz mit silbernen Rändern in dichten Herden am Mond vorüber. Prompt nahm ein Idiot im Graben die Sichtbesserung zum Anlass, einen Iwan, der wie wir frei herumlief, abzuknallen. Da wurden sie drüben feindlich und schossen sofort scharf und gezielt zurück. Zum Glück gab es bei uns keine Opfer, aber für den Rest der Nacht konnte sich auf beiden Seiten niemand mehr oben blicken lassen. Wir hatten diesen Blödsinn dann während der Streife auszubaden und im Übrigen muss nun mit Hochdruck geschaufelt werden, trotz des Sturmes, der immer noch den trockenen Pulverschnee in die gerade freigemachten Grabenstücke treibt.
Heute früh wurde ich durch eine ungewohnte Unruhe und Lauferei im Bunker wach. „Herr Leutnant, die Sonne scheint, es ist kaum noch Wind!“ Als ich das hörte, war ich mit einem Satz hoch, obwohl ich erst drei Stunden vorher von der Streife zurückgekehrt war. Im rötlichen Licht der Morgensonne erkannte ich die Welt nicht wieder. Genau vor unserem Bunker, am jenseitigen flachen Hang der kleinen Schlucht, hatte sich eine steile Schneewand von 5 m Höhe aufgebaut, ein Anblick wie die Eigernordwand. Der Himmel strahlte wolkenlos in silberner Bläue, Hügel, die es vorher nie gegeben hatte, warfen lange Schatten in die blendende Weiße des Schnees. Es wehte nicht mehr, es schneite nicht mehr – es lohnte sich wieder zu schaufeln, der Wind war gleich Null. Nur die Orientierung ist total durcheinander. Es gibt keine Mulden mehr, flache Kuppen sind zu steilen Dünen hochgepustet.
Drüben beim Iwan gibt es nur noch zwei markante Linien: Den weißen Kamm des Kamelrückens und die Silhouette der Wälder im Hinterland. Alles andere schläft lautlos unter einem riesigen Plumeau.

Eine Weile stand ich wie im Traum, zu plötzlich hatte dieser Anblick mich überwältigt. Aber dann gab es keinen Pardon mehr, nix wie ran und schaufeln, schaufeln, schaufeln, damit der nasse Bunkerdunst aus den Lungen fliegt! Zwei Mann einen Trampelpfad Richtung Bataillon, zwei Mann bergauf zum Verbindungsgraben, einer buddelt die Latrine wieder aus, je ein Mann die Zugänge zu den Bunkern! Es war wieder eine Lust zu leben.
Heute Mittag vertrauten mir die Strippenzieher unter dem Blausiegel der Verschwiegenheit an, unsere Tage in dieser Stellung seien nun wirklich gezählt. Sie hatten schon einige Tage vorher mal solche Parolen verbreitet. Aber solche Latrinengerüchte gehören ja zum Stellungskrieg wie ein Donnerbalken. Jetzt soll es aber bestimmt schon in wenigen Tagen losgehen, und zwar ziemlich weit weg. Diese Himmelhunde wissen doch immer mehr als man selbst. Ziemlich weit weg? Was heißt das schon? Tschaussy oder Frankreich? Oder…?
Die Verpflegung kam heute wieder mit dem Schlitten. Aber wie! Unsere beiden schwersten Pferde haben über drei Stunden gebraucht, obwohl ein Teil des Weges von anderen Schlitten schon wieder etwas festgefahren ist.
Gestern ist General Martinek im Zusammenhang mit dem großen Abwehrerfolg bei Tschaussy im Wehrmachtbericht genannt worden. Der Abwehrerfolg ist auch für uns eine fühlbare Erleichterung, denn 17 Schützendivisionen so halb hinter unserem Rücken sind wahrhaftig kein Pappenstiel. Heute hört man auch kein Gerumpel aus der Ecke mehr. Wenn es doch überall so klappen wollte.

Bei Prilepowka, Mittwoch, 5. April 1944

In der Nacht war ich mehrere Stunden mit dem kleinen Doktor auf Streife. Der Mond beschien eine gespenstische Landschaft, Schneedünen mit scharfen, geschwungenen Kanten, Überhänge und steil gewölbte Berge mit glatten, kristallglitzernden Linien und Flächen, darüber das kalte, weiße Mondlicht und der nachtblaue Widerschein des sternensprühenden Himmels. Lange hielten wir uns bei den Gruppen auf, die um die Wette wühlten, um ihre Gräben wieder frei zu kriegen, und zum Schluss stiegen wir an der Grenze zum rechten Nachbarn bis auf den Kamm der Hügelkette und ließen diese einmalig verwandelte, in tiefem Schweigen liegende Welt unter uns. Standen wir auf dem Mond oder auf einer von Millionen Dünen der Sahara? Selbst die Uferböschungen und der Eisspiegel der Pronja waren unter weichen Schneelawinen begraben. Beim Blick über das flach gewellte, offene Hinterland und über die weiten Wälder jenseits des Flusses vergaßen wir für eine Weile, dass wir hier immer noch tief in Russland stehen, und dass in jeder Sekunde ein Schuss und ein Todesschrei die Stille der verzauberten Nacht zersplittern kann. In beinahe feierlicher Stimmung kehrten wir zurück in den warmen Mief des Gefechtsstandes und hauten uns in die Kojen.
Auch am Tage zog die Sonne ihre Bahn über einen wolkenlosen Himmel. Ja, so war es heute wirklich: Richtig warme Sonne, Windstille, faulenzen, während der Schnee sich in tausend Rinnsalen in Wasser verwandelte. Und das alles 200 m vom Russen entfernt. Oh Russland, wie kannst du so schön sein…

Bei Prilepowka, Donnerstag, 6. April 1944

Kurz nach meiner Streife schossen die Russen in der Nacht auf einmal wie wahnsinnig mit ihren ekligen Granatwerfern in unseren Abschnitt, ein widerliches Getöse nach der langen Stille. Aber zum Glück ging der ganze Splittersegen in den Schnee, ohne Opfer zu fordern. Was die Genossen so geärgert hat, haben wir nicht ergründen können.
Die Gräben waren gegen Ende der Nacht beinahe ganz freigeschippt. Nur an wenigen Stellen musste man noch aussteigen oder kriechen, wenn man lieber ungesehen bleiben wollte.
Als wir dann nach dem Vormittagsschlaf um die Mittagszeit vor die Tür traten, hing der Himmel wieder grau über uns, es wehte steif von Osten und am Nachmittag tanzten abermals munter die Flocken, immer dichter, immer schneller…
Um das Maß voll zu machen, nahm eine schwere Pak der Russen mit etwa 200 Schuss den Artilleriebeobachter, der nicht weit von unserem Gefechtsstand oben auf dem Kamm haust, böse unter Feuer. Gleich einer der ersten Schüsse erwischte die B-Stelle voll und verwundete den Beobachter erheblich. Fast eine Stunde lang dauerte dieses höllische Bolzen und bei uns rieselte ganz schön der Sand von der Decke. Was haben diese verdammten Hunde jetzt wieder vor?
Bei Kowel scheint in den letzten Wochen doch wesentlich mehr im Busch gewesen zu sein, als man aus den Wehrmachtberichten entnehmen konnte. Die heutige Mitteilung über die Aufsprengung des Ringes, der die Stadt seit dem 17. März umklammert hat, lässt einiges ahnen. Drei Wochen in den Trümmern einer Stadt eingeschlossen sein – ich danke schön.

Prilepowka, Karfreitag, 7. April 1944

Als die Gräben am Abend abermals halb voll waren, klarte es endlich wieder auf. Während der nächtlichen Streife rasselte plötzlich oberhalb des russischen Stützpunktes ein MG los und wir sahen auf dem anderen Ufer der Pronja ein paar Iwans umkippen und liegen bleiben, die wohl Essen zum Stützpunkt bringen wollten. Ein Trupp Russen, der später die Gefallenen oder das Essen holen wollte, hatte auch noch einige Tote und Verwundete zu beklagen, während die anderen schleunigst wieder in den Wald hinter dem Kamelrücken zurückstoben. Das war das Ende des Waffenstillstandes. Wer jetzt noch frei oben herumläuft, hat keine Gnade mehr zu erwarten.
Tagsüber schien wieder die Sonne, aber es ist noch kalt. Der Winter will einfach noch nicht weichen. Auch sonst hängt noch so viel in der Schwebe. Wann kommen wir weg? Wohin? Kommen wir vom Regen in die Traufe?
Karfreitagsstimmung…

Prilepowka, Sonnabend, 8. April 1944

Heute Mittag ging die Zeitbombe hoch: Die ersten konkreten Befehle für die Ablösung! Übergabe vorbereiten und packen! Der alte Zirkus, nur dass ich jetzt

zum ersten Mal als Kompanieführer selbst an alles denken und alles organisieren muss. Unser friedliches Dasein steht nun Kopf. Der Einzelne hat zwar nicht viel zu packen, aber die Munitionsvorräte, die erst in der Stunde X auf die Trossfahrzeuge verladen werden können, müssen gezählt und griffbereit gestapelt werden. Jetzt quillt wieder all das Zeug ans Tageslicht, das sich in den Wochen des ruhigen Stellungskrieges in Kisten und Säcken unter den Pritschen angesammelt hat, schwarze Munition aller Art, Fressalien und Saufbares. Was tun mit all dem Kram, wenn man so plötzlich aufgeschreckt wird? Mitschleppen? Verballern? Auffressen? Versaufen?
Der Abschied von dieser günstigen Stellung am Steilhang, die auch ich jetzt wie meine Hosentasche kenne, wird uns nicht gerade leicht fallen; selbst die Landschaft ist uns ans Herz gewachsen, das anmutige Pronjatal, der Kamelrücken und drüben die Wälder bis hin zum Horizont. Hier konnte man wirklich in stillen Stunden beinahe den Krieg vergessen, wenn man oben auf dem Kamm lustwandelte. „O Täler weit, o Höhen…"
Über allem aber steht jetzt brennend die Frage, was uns nun bevorstehen mag. Ganz bestimmt hat sich die Division hier bewährt. Das dürfte die höhere Führung bewogen haben, uns nun noch ehrenvollere Aufgaben zuzuweisen. Es kriselt ja an zu vielen Stellen der endlosen Ostfront. Das Lesen der Wehrmachtberichte ist seit Langem kein Vergnügen mehr. Seit Jahren überall und immer nur noch Abwehrkämpfe und Rückmarsch nach Westen. Wir aber haben in diesem weit vorspringenden Frontbogen trotz allem beinahe noch wie im Paradies gelebt, wenn wir die Dinge ehrlich betrachten. Genau im stillen Winkel zwischen den heißen Feuern von Orscha und Tschaussy.
Vor drei Jahren war der Angriff auf Pirot und ich lebe immer noch…

Bei Prilepowka, Ostersonntag, 9. April 1944

Ostersonntag. Im Morgengrauen begann der Wind wieder eiskalt durch die Ritzen zu pfeifen und feine, harte Schneekristalle vor sich her zu jagen. Ins Frühstück hinein platzte der Befehl, in der Nacht abzulösen. Um drei Uhr morgen früh soll die Stellung geräumt und übergeben sein. Das Vorkommando der ablösenden Einheit wird am späten Nachmittag erwartet. Na, dann frohe Ostern, Kameraden! Schneetreiben und Ablösung – Herz, was willst du mehr?
Es ist nicht mehr viel zu befehlen oder zu klären. Gestern Abend habe ich mit Schmidt alles besprochen. Er wird die Sache schon schmeißen.
Im Laufe des Vormittags, als wenigstens das Schneetreiben aufgehört hatte, pilgerte ich noch einmal in aller Ruhe allein durch diese vertrackte, vom Stützpunkt der Russen amputierte Stellung. Ich schlich mich vorsichtig zu dem Tagesposten in das nachts immer so unheimlich tote Grabenstück, in dessen Verlängerung hinter ein paar Metern Erde die Russen lauern, von dort blickte ich noch einmal rückwärts hinauf zu den Baumstümpfen des Friedhofes von Prilepowka, hinter dem auf der Rückseite der Anhöhe der Gefechtsstand liegt, zu den kaum noch erkennbaren Resten des Dorfes, zu den überall verstreuten, zugeschneiten Bergen gefallener Russen und schließlich über die Pronja hinweg zum Kamelrücken. Um den Kamelrücken von dort unten aus knipsen zu können, hatte ich mich gleich zu

Anfang meines Hierseins einmal mit dem halben Oberkörper über die Deckung eines ehemaligen Bunkers hochschieben müssen, aber ich vertraute darauf, dass die Tagesposten der Iwans genau so müde sein würden wie unsere und es war auch gutgegangen. (Bild 44, 45, 46)
Ja, dies war nun für drei Wochen mein Abschnitt. Aus, vorbei. Stellungswechsel, natürlich am Feiertag.

In irgendeinem Kaff, Ostermontag, 10. April 1944

Als es gestern Abend dämmerig wurde, traf das Vorkommando der ablösenden Kompanie wider Erwarten ganz pünktlich ein und mit der Ruhe war es vorbei. Ich schleppte die Kameraden ausgiebig durch unsere herrliche Stellung, zeigte ihnen die vom Tauwasser wieder halb ersoffenen Gräben unten an der Pronja, die von zahllosen Minen verseuchten Trichterfelder zwischen den Gräben, die man nicht betreten darf, die toten Grabenstücke, von denen man nicht recht weiß, wie weit entfernt die nächsten Iwans sitzen, die eigenen Minen und Sperren und was wir sonst noch so zu bieten hatten. Drei Stunden lang kroch ich mit den Kollegen noch einmal in alle Winkel, die Zugführer besprachen an Ort und Stelle die Einzelheiten der Ablösung. Während ich vom Kamm aus zum letzen Mal meine Augen über diese Gräben, über die Pronja und die Wälder wandern ließ, waren die anderen stinksauer und verfluchten das Dreckloch, das sie nun übernehmen sollten.
Gegen Mitternacht rückte dann auch wirklich die ablösende Kompanie an. Gruppenweise lotsten unsere Melder sie zu den einzelnen Gruppen und Stellungen. Wenig später erschien Schmidt mit den Trossfahrzeugen für Waffen und Munition. Die Nacht war ziemlich dunkel. Iwan schien nichts zu bemerken. Von zwei Uhr an kamen unsere abgelösten Häufchen über die Kuppe geklappert, froh, den nassen, engen Bunkern entronnen zu sein. Mit Schwung wurden unten am Weg die schweren Klamotten auf die Schlitten und Wagen gepfeffert. Ungehemmt palaverten sie sich ihre Freude über die Ablösung von der Seele – hier am Hinterhang konnten die Iwans ja nichts mehr sehen, nichts mehr hören. Lange genug hatten sie vorn bei Tag und Nacht Mäuschen spielen müssen, jetzt aber lagen endlich ein paar Tage Ruhe und Freiheit vor ihnen; hier und jetzt, 300 m von den russischen Gräben entfernt, begann es, und was danach kommen mochte, war erst mal scheißegal.
Immer größer wurde der Haufen, zum ersten Male sah ich alle beisammen. Gegen drei Uhr früh zottelten endlich die letzten über den Kamm. Kurz darauf war alles verladen und wir waren abmarschbereit. Letzte Fragen und Hinweise, dann war der Abschnitt ordnungsgemäß übergeben – ordnungsgemäß übernommen. Waffenglück und Hals- und Beinbruch!
„Kompanie ohne Tritt, Marsch – Richtung Tross!“ 40 bis 50 Mann in langer Reihe, ein Dutzend Schlitten und Wagen. Wir waren abgelöst, stapften frei durch Nacht und tiefen Schnee nach hinten. Ein Gefühl wie Weihnachten.
Aber die Freude hielt nicht lange an. Wagen versackten, Schlitten kippten um, die Kolonne riss auseinander, Munition rutschte in den Schnee, einen Wagen zerriss es sogar beinahe, als ein Hinterrad plötzlich in ein tiefes Loch einbrach – kurz,

des Lebens ungetrübte Freude ward auch uns nicht zuteil. Fluchend und schiebend brauchten wir drei volle Stunden bis zum Tross. Müde, aber doch befreit vom Dreck und der Enge ihrer Gräben und von der Finsternis und Nässe ihrer Bunker verschwanden die Männer bald in den Häusern des Dorfes, um erst mal zu pennen, dachte ich.
Ich blieb bei dem Versuch, die Ankunft meines Haufens beim Bataillon zu melden, wieder beim Zahlmops hängen, weil dort auch Hauptmann Meyer hockte, der offensichtlich schon eine ganze Weile den Schnapsvorräten erfolgreich zu Leibe gerückt war. Da der Fusel aber unbedingt vernichtet werden musste, ging die Sauferei auf nüchternen Magen von Neuem los, und als wir schließlich irgendwann am Vormittag die gastliche Hütte verlassen wollten, voll des teuflischen Zeuges bis oben hin, war der Käptn so weit, dass er sich als Abschiedsgeschenk eine riesige, schaurig-schöne Glasvase in die eine und eine rostige Blechschüssel in die andere Hand drücken ließ. Damit zogen wir beide stolz über die Dorfstraße, Arm in Arm, unkundig des Weges zu unseren Kompanien. Aber das machte nichts, die Straße war breit und leer genug für unseren Zickzackkurs. Überall grölten sie in den Buden und Gärten. Das ganze Bataillon hatte, statt zu pennen, genauso gesoffen wie wir, und niemand freute sich mit uns über das Prachtstück von Schüssel und über die Vase aus grünem Glase.
So viel hatte ich noch kapiert: Schon bald würden wir irgendwo auf die Bahn verladen werden und bis dahin mussten alle Schnapsreserven der Division noch durch unsere Kehlen gejagt werden. Grund genug, nun doch erst mal zu grunzen, um wieder fit für neue Taten zu werden.
Unrasiert, dreckig und verkatert wälzte ich mich gegen Mittag nach drei Stunden wirren Schlafes wieder aus dem Stroh. Der Tross hatte inzwischen Befehl gekriegt, schon am Nachmittag vorauszufahren, während die Kompanie erst morgen mit LKWs nach Mogilew verfrachtet werden soll. In den wenigen Stunden bis zum Abmarsch des Trosses gab es noch eine Menge zu packen und zu wirtschaften. Ich verspürte jedoch nach den alkoholischen Anstrengungen des Vormittags nur wenig Lust, mich viel um diesen Kram zu kümmern. Schmidt kann das sowieso besser.
Gegen fünf Uhr knarrte und rumpelte der gesamte Tross des Bataillons in langer Kolonne aus dem Dorf, an Zahl der Fahrzeuge zwar ziemlich komplett, sonst aber der reinste Zigeunerhaufen mit seiner grotesken Mischung aus steifen Wehrmachtfahrzeugen, labberigen Panjewagen und Schlitten, aus schweren Zugpferden und struppigen Russenpferdchen, aus Landsern und Hiwis. Mag der Spieß sehen, wie er mit seinem Haufen zurechtkommt. Ich bin immer noch ganz schön sauer und will nichts mehr von dem verdammten Gesöff sehen, nicht mal eine ganz tolle neue Mischung á la Kapol. Heute ist immerhin Ostermontag. Benehmt euch, Kameraden!

Mogilew, Mittwoch, 12. April 1944

Die Großdeutsche Wehrmacht wird sich nie ändern. Kaum ist man einen einzigen Tag aus dem vordersten Graben heraus, da sprießen schon wieder die ewiguralten Sitten und Gebräuche des Kasernenhofes aus der frühlingswarmen Erde:

Wecken, Kaffee holen, antreten. Lauter erinnerungsschwere Schlagworte, an die man sich nach dem langen Dasein in der Vereinzelung der Bunker und Postenstände und in dem verdrehten Rhythmus des Wachseins bei Nacht und des halben Schlafens bei Tage erst wieder gewöhnen muss.
Zum ersten Mal stand ich gestern Morgen vor „meiner" in Reih und Glied angetretenen zweiten Kompanie, nachdem Kapol den Haufen alter Krieger gemeldet hatte. Ich erläuterte die Einzelheiten der geplanten LKW-Fahrt nach Mogilew: Abfahrt in 15 Minuten, Ordnung, Marschdisziplin und so weiter. Und dann warteten wir auf die Wagen. Es war schon am Tag vorher warm geworden und taute nun mächtig. Riesige Pfützen blinkten auf der Straße, kleine Bäche gluckerten in den Fahrspuren. Frühlingswetter.
Wir warteten eine halbe Stunde. Ich ließ die Kompanie wegtreten und in den Häusern warten. Wir warteten eine Stunde. Eineinhalb Stunden. Nichts. Kein LKW.
Nach zwei Stunden endlich erhielten wir Befehl, ohne Munition und Gepäck – zu marschieren! Die LKWs kämen erst später.
Als wir fluchend dabei waren, das Gelumpe am Straßenrand zu stapeln, rollten die Herren von der schnellen Truppe an. Aber es waren nur halb so viele Fahrzeuge wie angekündigt; mehr waren auch nicht zu erwarten. Also mussten Mensch und Gelumpe doppelt so dicht gepackt auf die Wagen. Und dann endlich los. Besser schlecht gefahren als bei der Nässe auf den Straßen gelatscht.
Der Weg war grausam genug. Schlamm und tiefe Löcher an den Südseiten der Hänge, Schneewehen an den Nordosthängen. Richtige Aprilwege. An einer Steigung schoben wir eine Stunde lang im Schlamm Wagen um Wagen schrittweise vorwärts, bis wir durch Zufall im nächsten Dorf ein paar Kameraden von der schweren Ari entdeckten, die uns mit einer schweren Zugmaschine rudelweise ruckzuck auf die Anhöhe hievten.
Nach diesen Erfahrungen setzten wir unsere Hoffnungen verstärkt auf die angekündigte Rollbahn, aber die war dann in ebenso trauriger Verfassung wie die Feldwege.
Später aber erreichten wir – o Wunder dieses Paradieses! – eine regelrechte Pflasterstraße, ruppelig zwar und bockig, aber schneefrei und trocken, sodass der Staub in dichten Wolken erst uns in die Gesichter fuhr und dann als hohe Fahne über die Felder trieb. Die Fahrer drückten auf die Tube und donnerten wie die wilde Sau durch die menschenleere Öde. Ich stand bei den anderen oben auf der Pritsche, die Arme breit auf die Spriegel gestützt, und fühlte mich wie ein Tigerkommandant. Herrlich, diese warme Luft, ja selbst der Staub im Auge und zwischen den Zähnen, unsagbar schön das Gefühl der Freiheit und der Rausch der Bewegung. Wohin uns auch die Reise führen mochte – diese Stunde wog vieles auf, denn sie gehörte im Genießen der fast schon sommerlichen Sonne und der brausenden Fahrt uns. Bis wir auf einmal in einem 300 m langen Wasser- und Schlammloch festsaßen und wieder das Fluchen über dies beschissene Land anfingen.
Ein gutes Stück vor Mogilew stoppte vorn die Kolonne in einem Dorf. Wir waren am Ziel. Aussteigen, abladen, Quartier machen. Dann überbrachte uns ein Melder den Befehl, noch bis Mogilew zu marschieren. Ohne LKWs. Dies Dorf war nicht das richtige! Zwei LKWs für jede Kompanie konnten gerade eben noch zurück-

gehalten werden, die anderen waren schon verduftet. Und alles Zetern und Meutern half nichts, wir mussten froh sein, dass wir wenigstens den größten Teil der Munition und des Gepäcks wieder auf die Wagen schmeißen konnten.
Das Bataillon sammelte am Ausgang des Dorfes. Kurze Chefbesprechung: Noch rund eineinhalb Stunden Marsch. Und dann los, immer auf der Hauptstraße, rechts am Straßenrand, Mann hinter Mann in langer Reihe, vier Kompanien, ein ganzes Bataillon. Ein wirklich noch stolzer Haufen kampferprobter Landsknechte, blass von dem langen Winter und nun staubüberkrustet in zerschlissenen Uniformen, so tippelten sie dahin in der Abendsonne, schwer behängt, ungelenk und steif, des freien Gehens entwöhnt, „Wilde Gesellen vom Sturmwind durchweht, Fürsten in Lumpen und Loden…“
Lange Zeit durchschnitt die Straße einen lichten Wald, dann nahm uns sogar eine richtige glatte Asphaltstraße auf, aber dieser Traum währte nur kurz. Wir bogen rechts in ein Fabrikgelände mit großen Wohnhäusern ab – und waren am Ziel! Das war uns mehr wert als die schönste Asphaltstraße. Es kam auch kein Befehl mehr, der uns wieder hochgescheucht hätte, nein, hier waren wir richtig, ja, hier sollten wir nun sogar ein paar Tage bleiben! Das erzählte ich aber lieber niemandem weiter.
In den Buden war es lausig kalt, aber schnell waren aus anderen Räumen Öfen organisiert und behelfsmäßig eingebaut. Schon bald qualmten und glühten dann die Feuer von reingestopftem Stroh und da Wind und Staub und der ungewohnte Marsch uns alle müde und lahm gemacht hatten, grunzte bald alles bis auf die Wachen. Ans Saufen dachte keiner mehr.
Wir hausen nun tatsächlich in einem Vorort von Mogilew. Heute Morgen in aller Frühe rückte der Tross von seinem Landmarsch an. Den ganzen Tag über gab es viel Arbeit und Lauferei, Waffenreinigen und die unvermeidliche Putz- und Flickstunde. Und jetzt am Abend Schnaps und die schöne Aussicht auf Ausbildungsdienst ab morgen. Sie können es nicht lassen.

<u>Mogilew, Donnerstag, 13. April 1944</u>

Der übliche Rummel, wenn mal ein Tag „Ruhe“ ist: Ausbildung, Unterricht über die Lage, Appelle. Immer derselbe Käse, als ob eine Kompanie nach monatelangem Einsatz in der vordersten Linie nicht auch mal einen einzigen Tag lang regelrecht faulenzen könnte.
Auf der Krim geht nun auch der Rückmarsch los. Hoffentlich, hoffentlich kriegen sie alle Truppen rechtzeitig über See in Sicherheit. Seit Odessa nun auch verloren ist, wirkt die Krim ja nur noch als Klotz am Bein. Die Truppen dort hätte man viel früher auf dem Festland einsetzen sollen. Aber was verstehen wir kleinen Grabenschleicher schon davon?
Zum Ausgleich dieser immer wieder deprimierenden Nachrichten heute allerlei Post, nun also die Glückwünsche zum Kompanieführer. Sie können zu Hause meinen ungeheuren „Aufstieg“ vom EK II über das EK I zum Kompanieführer innerhalb von fünf Wochen noch gar nicht recht verkraften und ihr Stolz hat etwas Rührendes an sich. Selbst Vater ist offenbar beeindruckt. „Die Kompanieführerstellung ist die schönste und befriedigendste, die es gibt, halte sie fest!“,

schreibt er. Ja, soweit es in dieser Zeit überhaupt etwas Schönes und Befriedigendes gibt, hat er sicher Recht. Ich habe es hier aber auch besonders gut getroffen. Der überwiegend rheinisch geprägte Menschenschlag liegt mir; mit Kapol, Schmidt und den allermeisten anderen Zug- und Gruppenführern lässt sich prima arbeiten, der Laden rollt fast von selbst. Und wenn schon Krieg sein muss mit all seinem Grauen, dann noch am besten hier ganz vorn. Hier geht es stündlich um unser Leben, man findet kaum Zeit zum Grübeln und Schwarzsehen, man steht mit dem Rücken an der Wand und weiß, was man zu tun hat. Man träg keine Verantwortung für den Krieg, sondern für die Menschen, die einem anvertraut sind. Hier vorn das Menschenmögliche zu retten, Opfer zu verringern, unnötige Strapazen abzuwenden, Leiden zu lindern, das Schwere tragen zu helfen – das ist schon eine schöne Aufgabe, so winzig auch der Spielraum ist, den man in einer militärischen Organisation eben nur hat. So gesehen, bin ich hier wirklich zufrieden und ausgefüllt wie noch nie in meiner ganzen Dienstzeit. Dass ich keine Stunde länger als unvermeidlich beim Kommis bleiben werde, steht auf einem ganz anderen Blatt.

Mogilew, Freitag, 14. April 1944

Heute wieder Ausbildung, Auf- und Um- und Abladen der Fahrzeuge. Immer wieder. Es war immer noch zu viel, was die armen Gonys ziehen sollten. Also ausmisten, dies und das und jenes. Umpacken. Reicht auch nicht. Vielleicht so? Vielleicht. Den lieben langen Tag. Jetzt am Abend verputzen wir die letzten Reste Alkohol. Das Zeug muss weg. Klar Schiff zum Gefecht.

Mogilew, Sonnabend, 15. April 1944

Morgen Nachmittag soll die große Reise losgehen, natürlich wieder mal am Sonntag. Heute hat man irgendwo Berge von dicken Strohschuhen entdeckt, die in mühsamer Fummelarbeit aufgeribbelt wurden, um für uns und die Pferde als Lagerschütte in den Waggons zu dienen. So arm sind wir geworden. In der übrigen Zeit siebten wir zum 23. Mal das Gelumpe auf den Fahrzeugen. Es war zu viel, zu viel, zu viel, zu viel. Also raus damit, raus, raus, eiskalt und ohne Pietät.
Es gab schon wieder frischen Alkohol mit auffallend vielem guten Zeug dabei. Wir wurden den Eindruck nicht los, dass wir das nur bekommen haben, weil die höheren Herren es beim besten Willen nicht mehr schaffen. Trotzdem ließen wir uns die edlen Sachen gut schmecken, ebenso die beiden Frontkämpferpäckchen, die man jedem von uns noch großmütig zuteilte, vermutlich auch nur, damit sie nicht ranzig würden…

TURZYSK

Im Zug westlich Baranowitschi, Montag, 17. April 1944

Um elf Uhr zogen gestern die schweren Trosspferde mit den vollgestopften Wagen an, Richtung Bahnhof Mogilew. Um 15 Uhr waren wir selbst an der Reihe, ein stattlicher Haufen, behängt mit Waffen, Gerät und Munition, Eisen an Eisen, silberne Sturmabzeichen und die schwarz-weiß-rot leuchtenden Bänder der EKs. Die wenigen Tage freier, ungezwungener Bewegung, die wenigen Nächte sorgloser Ruhe waren vorüber. Und doch, etwas hatten wir uns schon erholt und gestärkt und erfrischt nach dem langen Winter in den verschneiten Gräben und lichtlosen Bunkern. Wir hatten erst wieder lernen müssen, bei Nacht zu schlafen und in der Helle des Tage ohne Angst über Straßen und Plätze zu gehen. Wir hatten Zeit gehabt, uns ausgiebig zu waschen, uns die Haare schneiden zu lassen, die zerschlissenen Klamotten zu flicken, die Waffen wieder mal von Grund auf zu Überholen und nicht zuletzt – uns ausgiebig zu entlausen. Aber nun war das alles vorbei – Kompanie Marsch! Marschdisziplin wie einst auf dem Übungsplatz! Sie können es nicht lassen, müssen immer wieder diesen sinnlosen, aufreizenden Quatsch befehlen. Die Großdeutsche Wehrmacht ist die beste der Welt und kein Sauhaufen! Na schön, also Marschdisziplin bis zum letzten Kragenknopf. Aber ich hätte es nicht gesehen, wenn einer den Rock oben geöffnet hätte.
Eine Stunde Tippelei bis zu den ersten Häusern von Mogilew, eine weitere bis zum Bahnhof am anderen Ende der Stadt. Erst in der Abenddämmerung wurde der Zug für uns eingeschoben und als alles verladen war und wir selbst uns in den Güterwaggons auf Strohschütten eingenistet hatten, war es duster. 21.40 Uhr ein Pfiff der Lokomotive und ab ging's mit Höllentempo durch die Nacht.
Als wir bald nach dem Morgengrauen verstaubt und mit Stroh in den Haaren und Klamotten unsere Köpfe aus der Luke steckten, hatten wir Orscha schon hinter uns gelassen und bollerten in verdächtig schneller Fahrt auf Borissow zu. Dort gab es zehn Minuten Aufenthalt, kein Aussteigen, kein Waschen. Nur ein paar Mann durften in aller Eile Wasser für die Pferde holen. Und schon ruckte der Zug wieder an, bald steckten wir wieder in der ekligen Schneise zwischen finsteren Wäldern, sahen immer nur ganz kurz die hölzernen Festungen der Streckenposten vorüberhuschen, sonst nur den Wirrwarr der gefällten Stämme bis hin zu den Waldrändern. Hin und wieder auch kreisten Raubvögel im Aufwind.
Dann hielten wir auch schon plötzlich in Minsk. Wasser holen, Essen fassen in aller Eile – und weiter, weiter. Wälder, Brachland und karge Felder. Graugrüne und grünbraune Landschaft, nirgends mehr Schnee. Das ermüdende Rollen der Räder. Und doch war es wieder so schön, auf der Kante zu sitzen und allen Partisanen zum Trotz die Beine im lauen Wind baumeln zu lassen. Vor einer Stunde holte uns dann die Dunkelheit ein. Im Westen, weit vor uns, erschienen rote Lampen hoch im letzten Tageslicht. Die Sendetürme von Baranowitschi. 20 Minuten später gingen auch sie hinter uns im Osten in der Nacht unter. Und die Räder rattern und schlagen, Stunde um Stunde, ohne Pause.
Es wird Zeit zum Schlafen. Und noch immer kennt keiner unser Ziel. Frankreich? Da hätte es der Zug nicht so eilig. Uns schafft man dahin, wo es brennt.

Im Zug westlich von Brest-Litowsk, Dienstag, 18. April 1944

Heute früh Halt. Quietschende Bremsen. Stille. Davon wacht jeder auf. Brest-Litowsk. Befehl: Zwei Stunden Aufenthalt! Herrlich, waschen, rasieren, sich die Beine vertreten, mal alle Waggons der Kompanie abklappern. Ohne das ständige Rütteln und Schuckeln frühstücken.
Nach 20 Minuten ein Trompetensignal: Alles einsteigen! Das war wieder mal klassisch. Fünf Minuten später stand die neue Lok unter Dampf, ein langer Pfiff – aus der Traum von der langen Pause. Aber zu unserer Freude ist wieder ein warmer, sonniger Tag aus dem leichten Frühdunst heraufgezogen. Wir rumpeln immer noch westwärts, haben den Bug schon hinter uns gelassen. Damit liegt auch Kowel nun schon weit links im Südosten hinter uns; die erste Parole ist also geplatzt. Wer auf Frankreich spekuliert hatte, wittert nun allen bitteren Erfahrungen zum Trotz Morgenluft. Sauber und gepflegt breitet sich hier das Land mit sandigen Feldwegen und lichten Kiefernwäldern. Märkische Heide, märkischer Sand, manchmal Bilder wie aus dem heimatlichen Mecklenburg. Über allem Sonne und ein milder Frühlingswind. Wiesen voll gelber Sumpfdotterblumen. Vergessen sind die Schneestürme und eisigen Nächte. So halten wir es noch eine Weile aus. Gegen Mittag müssten wir in Warschau sein, rechneten wir uns aus.
Jetzt ist es 14 Uhr und alles ist Scheiße. In Deblin großer Bahnknotenpunkt. Wieder Rast. Und seit einer halben Stunde ist die Richtung klar: Die Sonne hängt rechts hinter uns. Wir fahren nach Südosten. Zurück. Richtung Kowel…
Die Gespräche sind abgestorben. Also doch. Begraben sind auch die allergeheimsten Träume von Frankreich, die jeder im Busen genährt hat. Uns lässt Mütterchen Russland nicht los. Uns nicht. Höchstens ohne Arm oder Bein oder Kopf.
18 Uhr. Lublin liegt nun auch hinter uns und wir rollen genau nach Osten. Also Kowel. Das heißt, wir rollen nur selten. Alle Nase lang steht der Zug. Es ist Gefechtsbereitschaft befohlen. Keiner darf mehr abschnallen. Vor uns sind mehrere Züge auf Minen gefahren. Wir nähern uns einem großen Partisanengebiet der polnischen Freiheitslegion. Die MGs sind nach rechts und links in Stellung gebracht und bei Fahrt und Halt besetzt. Die Wälder sind scharf zu beobachten. Bei Beschuss und Halt des Zuges muss auf Trompetensignal alles raus aus den Waggons und nach beiden Seiten in Stellung gehen, gegebenenfalls angreifen. Wohlan, es fängt gut an in dieser lieblichen Gegend.
Die Nacht mag heiter werden.

Kamienica, Donnerstag, 20 April 1944

Die letzten 48 Stunden waren für den Anfang in dieser öden Gegend mal wieder ganz schön, aber heute an Adolfs Geburtstag geht es schon wieder so lala.
In der vorletzten Nacht hatte ich doch noch versucht, im Zuge etwas zu grunzen, aber eine innere Unruhe schreckte mich immer wieder hoch. Meist stand der Zug irgendwo im freien Feld. Nirgendwo war ein Licht zu erkennen. Immer von Neuem suchten unsere Augen nach Bewegungen und verdächtigen Schatten in der Nacht – vergeblich. Uns wollten sie offenbar nichts tun. Viel hässlicher als das Stehen auf freier Wildbahn waren zwischendurch die kurzen Schleichfahrten

durch Wälder und Einschnitte. Der Zug zerratterte barbarisch die Stille der Nacht und musste einfach alle Partisanen reizen, ihre Garben aus guter Deckung in den hilflosen Wurm aus Menschen und Pferden zu versprühen. Wer sollte sie bei dieser Finsternis daran hindern? Wir? Lächerlich.
So standen oder saßen wir stundenlang angespannt in der offenen Waggontür, die Waffen im Anschlag und lauschten und beobachteten. Nichts. Schwarze Nacht, etwas Wind. Ein hundsgemeines Gefühl der Wehrlosigkeit. Und es blieb bei Kowel, die Richtung stimmte immer noch.
Gegen Morgen war es dann lausig kalt und windig geworden, der Himmel hatte sich bezogen und es sah nach Regenschauern aus. Ich hatte irgendwann doch noch eine knappe Stunde gepennt, übermüdet von der nervlichen Anspannung aller Sinne. Nun lag der Bug schon hinter uns und wir ruckelten verdammt klüngelig weiter nach Osten, durch eine reizlose, trübe Landschaft. Die Partisanen hatten uns ungeschoren gelassen. Nun, bei Tageslicht, zerbröckelte die Gefechtsbereitschaft allmählich. Aus den weiten moorigen Wiesen waren kaum Überraschungen zu befürchten.
Kurz vor Mittag kam dann endlich mal ein größerer Ort in Sicht: Luboml. Ganz Schlaue hatten schon gehört, dies sei die Endstation der Bahn. Und wirklich, wir wurden vor- und zurückrangiert, verschoben und auseinandergekoppelt und hielten kurz vor Mittag tatsächlich an einer langen Rampe. „Alles aussteigen, Fahrzeuge abladen!"
Endlich wieder etwas tun können, zufassen können! In einer halben Stunde war der Zug leer bis auf das Stroh, standen die Fahrzeuge seitab in Reihe aufgefahren. Es gab warmes Essen. Die schauerlichsten Parolen über unseren Einsatz schwirrten plötzlich von Mann zu Mann. Danach ist Kowel fast eingeschlossen und nun soll der Ring der Russen von uns aufgebrochen werden. In der Chefbesprechung vor dem Abmarsch erfuhren wir dann das Marschziel: Ein Wald bei einem Dorf Kamienica, gute 12 km. Aber schlechte, verschlammte Wege.
Als wir endlich den Waldrand erreichten, war es wieder finster geworden. Einige Stichwörter müssen für die stundenlange Schinderei genügen: Tiefer Morast, ein langes Wasser- und Schlammloch, Umspannen, mit vier oder gar sechs Pferden pro Wagen einzeln nacheinander hindurch; in der Finsternis nur noch Hören und Fühlen, Schlürfen der Räder, Klatschen der Hufe, Anfeuerungsrufe und Flüche, kreuz und quer, festgerammeltes Chaos; schiefgesackte Wagen, zigfaches Fragen der Kutscher nach verlorenen Haufen; Stolpern über Wurzeln, zurückgeschnellte Zweige ins Gesicht. Und immer noch drei Kilometer! Zitternde, zuschanden gequälte Gäule, diese ärmsten, willigsten Kreaturen; Versuche, Wachen zu organisieren, dann noch drei Kilometer – nein, so nicht…
Und dann wieder die Kälte der Nacht, die Nässe bis zu den Hüften, das Warten auf den Tag, der elende Kampf gegen die Müdigkeit, das panische Erschrecken nach 30 Sekunden Schlaf im Stehen… alles schon hunderte Male erlebt und überlebt, und doch immer wieder furchtbar. Aber wenigstens keine Partisanen.
Später irgendwann die erste schwache Helligkeit des Morgens! Aufbruch, Bewegung, Zupacken, warm werden. Nun sah man endlich mal die Scheißwurzeln und Schlammlöcher und konnte etwas ausweichen. Und nun kamen sie auch vorn allmählich in Gang, es gab Luft, es konnte sich wieder eine Art Kolonne bilden, es zeigten sich befahrbare Spuren. Am späten Vormittag zogen wir endlich in

dem Dorf unter, stinkend, versaut, bärtig und schlapp vor Hunger und Durst. Aber abends fühlten wir uns wieder als Menschen, satt, gewaschen und rasiert. Die Pferde standen warm in Scheunen voller Heu und konnten sich auch wieder erholen.
Spähtrupps in die Umgebung konnten keine Partisanen aufspüren, aber für die Nacht wurden viele Posten und Streife eingeteilt. Und ab morgen ist Gefechtsausbildung! Intensiv!

Kamienica, Sonnabend, 22. April 1944

Im Rahmen der Ausbildung gab es heute ein großes Gefechtsschießen mit scharfer Munition im Bataillonsrahmen. Überall waren Pappkameraden als Ziele im Gelände verstreut. Sogar die Granatwerfer bolzten in den Partisanenwald, dass es nur so rappelte. Wie in einem wilden Rausch jagten die Kompanien weit auseinandergezogen ihre Feuergarben in die Bäume und Sträucher, in rasendem Stakkato spritzten sie mit ihren MPis den Sand und die Gräser vor sich hoch. Trotz allem wäre es im Ernstfall ein verlustreicher Angriff geworden – sie klumpten viel zu dicht beieinander, es klappte selten mit dem theoretisch so einfachen Wechsel von Feuer und Bewegung. Wie konnte es auch anders sein nach diesen Jahren engster Tuchfühlung in Graben und Bunker? Aber sie konnten endlich einmal wieder feuern und schreien, rennen und sich auf Erde und Moos hinschmeißen, sich Luft machen, die MGs rasseln lassen, immer noch einmal hin und her, und die Leuchtspur fliegen sehen, wie sie sich in die Wälder fraß. Sie mussten ganz einfach wieder spüren, dass sie noch leben und Kräfte in sich haben, die ein Ziel brauchen, aber eben mehr als das immer gleiche Bild des scheinbar toten russischen Grabens. Der Mensch kann nicht Sommer um Sommer und Winter um Winter immer nur still stehen in Mückenschwärmen und Schneegestöber, er kann nicht Jahre hindurch immer nur lauschen und beobachten und sich selber ducken, Nacht um Nacht, Tag um Tag. Dass sie alle noch so normal sind, ist schon Wunder genug.
Im Gefechtsstand empfing man mich mit der Meldung, Hauptmann Meyer sei beim Gefechtsschießen seiner Schwadron in den Arm geschossen worden. Kagerer erzählte mir dann am Telefon, der Ellenbogen wäre wohl ziemlich im Eimer, und Meyer schon unterwegs zum HVP. Das ist ein schwerer Schlag für ihn, für die Schwadron und auch für mich, denn ihn hätte ich immer mal um Hilfe oder Rat bitten können. Nun fällt er sicher für Monate aus und wenn der Arm steif bleiben sollte, vielleicht für immer. Ausgerechnet der Käptn und auf so dusselige Weise.

Kamienica, Sonntag, 23. April 1944

Morgen hat Dieter seine Schul-Entlassungsfeier und zum 1. Juni ist die Einberufung zu erwarten. Die Ausbildungszeit ist zwar allgemein verlängert worden, daher rechnet Mutter auch nicht vor Anfang nächsten Jahres mit seinem Einsatz. Aber was sind schon acht bis neun Monate in dieser irren Zeit?

Kamienica, Montag, 24. April 1944

Einer göttlichen Eingebung folgend kontrollierte der Spieß am Nachmittag auch die beiden Fahrzeuge mit den Klamotten der Küchen- und Trossweiber. Was da am Ende eines Kampfes auf Leben und Tod zum Vorschein kam und lieblich in der Sonne stank, war für ein mitteleuropäisches Hirn unfassbar: Dutzende von Röcken und Jacken, ausreichend für sieben Winter, zentnerweise verschmierte Lappen und durchlöcherte Säcke, Klumpen von Bonbons und Seife, Speck und ranziger Butter, Haufen von nass gewordenem Brot und Zucker, als wenn sie von uns nicht genug zu essen bekämen – igittigittigitt!!! Und den ganzen Plunder haben wir nun all die Wochen mitgeschleppt, haben den eigenen Landsern und dem Tross kein unnötiges Stück zugestanden, haben tagelang gefilzt und ausgemistet und umgeladen, um die Pferde zu entlasten – und nun dies. Dazu dann das Gejammere und Gekeife der Weiber, die Blicke, mit denen sie Schmidt wohl tausendmal hinterrücks durchbohrten! Und später das Schnattern und Tuscheln in der Scheune! Wahrscheinlich hatten sie inzwischen längst wieder einen Teil der Sachen auf anderen Wagen versteckt und untergejubelt. Aber zunächst mal hat Schmidt einen Wagen freigefilzt für Munition und anderen wichtigen Kram – das ist die Hauptsache.

Kamienica, Mittwoch, 26. April 1944

In den letzten Tagen und Nächten haben wir neben der Ausbildung auch eine Feldwache stellen müssen, die auf eine angeblich durchgebrochene russische Kavallerie-Division aufpassen sollte.
Bei meiner nächtlichen Streife kam ich unbemerkt bis auf wenige Meter an die kleine Stellung der Feldwache heran – da endlich schoss ein vergrunzter Kopf aus dem Loch in die Höhe und schrie „Kennwort!!“ Doch dazu war es schon zu spät. Ich schiss den ganzen Haufen und besonders den Führer der Feldwache so an, dass die bestimmt für den Rest der Nacht wach blieben. Solch eine Pennerei darf unter keinen Umständen einreißen, selbst wenn so wenig Gefahr droht wie hier. Als ich mich dann ausgetobt hatte und mit dem Melder weiterstiefelte, musste ich doch grinsen. Nerven haben die Säcke – beneidenswert.
Für den Abend ist nun der Befehl zum Abmarsch in die Bereitstellung zu erwarten, das wissen wir seit dem frühen Morgen.
Morgen also geht es los. Angriff. Ein ganz blödes Gefühl drückt mir wieder auf den Magen. Angriff…

Im Wald bei Milanowicze, Donnerstag, 4. Mai 1944

Soviel Remmidemmi und Hüh und Hott und rin in die Kartuffeln, raus aus die Kartuffeln wie in diesen letzten acht Tagen haben wir wirklich selten an einem Stück erlebt.
Los ging es am Mittwochabend, also vor gut einer Woche, mit der Chefbesprechung beim Kommandeur. Viel wurde uns nicht verraten, nur dass mit uns zwei

Infanteriedivisionen und die SS-Division Wiking angreifen sollten. Kowel war seit Wochen nur durch einen kilometerlangen schmalen Schlauch mit unserem Hinterland verbunden und wir sollten nun rechts und links des Korridors angreifen und die Front bis in die Höhe der Stadt vorverlegen.
Viel mehr als der große Rahmen interessierte uns das Detail, und das klang einigermaßen tröstlich: Angriffsziel der Division war die Turja, ein Flüsschen, das auch durch Kowel fließt. Die Angriffstiefe sollte 15 km betragen, gerechnet von den vordersten Linien bei Targowiszce. Wir vom Divisionsbataillon sollten Divisionsreserve spielen, uns noch in der Nacht in der Nähe der Artillerie einbuddeln und im Übrigen je nach der Entwicklung des Angriffs auf das Schlimmste gefasst sein. Das besagte zwar nicht viel, aber der Ausdruck „Reserve" wirkte doch immerhin beruhigend.
Bei dem ganzen Angriff haben wir dann auch gar nicht viel mitgewirkt. In der Nacht Marsch nach Widuty, 17 km. Natürlich auch hierbei einzelne Sumpfflächen, aber sonst kamen wir glatt durch und erreichten den Ort um zwei Uhr früh. Angriffsbeginn vier Uhr. Die Fahrzeuge blieben in Widuty, die Kompanie musste noch einen Kilometer weiter und sich hinter der schweren Artillerie einbuddeln.
Kurz vor vier Uhr konnten wir schon ein paar hundert Meter weit sehen. Bei der Ari huschten viele Gestalten zwischen den Geschützen hin und her, sie rissen die Tarnung herunter, Kommandos und Zahlen wurden gerufen. Wie frei die Kameraden Krieg spielen können, solange sie nicht direkt was auf die Mütze kriegen!
Schließlich wurde es still um uns wie vor einer Premiere, ehe der Dirigent den Taktstock hebt. Wir kauerten als Zuschauer in unseren sandigen Sesseln, klapperten mit Knochen und Zähnen vor Kälte und sehnten die Sonne herbei.
Und dann plötzlich ein Ruf: „... frei!!" – und schon brüllte der erste Feuerstrahl aus einem langen Rohr, ringsum rollte das Echo von fernen Wäldern zurück und dann blitzte und krachte es aus ungezählten Feuerschlünden rechts und links hinter uns, Bataillone von Granaten zischten sprudelnd über uns hinweg und zerplatzten Sekunden später fern im Morgennebel, eine sprühende Kaskade flammender Blitze, ein flackerndes Morgenrot unter den Regenbogenfarben des aufgehenden Tages. Wir waren schon beim ersten Abschuss hochgefahren, erschrocken und befreit zugleich, und starrten nun hinüber in jene Hölle, umdröhnt vom Brüllen der Kanonen und doch so unberührt von dem großen Donner, den endlich mal der Iwan abkriegen sollte. Das schändliche Frieren war vergessen, alle Müdigkeit verflogen. Die Erde zitterte und mit jeder Minute wurde es heller. Nur drüben beim Russen verschwand die Welt hinter einem schweren Vorhang aus Staub und Dunst.
Schon nach zehn Minuten, die uns schrecklich lang erschienen, verebbte weithin das Feuer, nur die dicken Kaliber paukten noch weiter, vermutlich auf Ziele im Hinterland. Und nun hörte man vor uns aufheulende Motoren und scheppernde Ketten – unsere Tiger und Sturmgeschütze!! Es ging los!!!
Und während der kühle Ostwind von vorn her das auf- und abschwellende Röhren der Panzermotoren zu uns herübertrug, dröhnte und klirrte es nun auch links hinter uns; eine lange Kolonne von Schützenpanzerwagen mit den aufgegessenen Grenadieren quoll aus Widuty heraus auf die Höhe neben uns. Ach, was war das für ein berauschendes Gefühl: Schwere Ari, Tiger, Schützenpanzer und Sturmgeschütze, Flak auf Selbstfahrlafetten – dass es das alles überhaupt noch gab! Das

waren ja Bilder wie damals in Charkow im Frühjahr 1942, als nach dem gnadenlosen Winter endlich die neuen Panzer und Kanonen durch die Straßen klirrten und uns mit frischer Hoffnung auf den Sommer, auf Vormarsch und ein Ende aller Schindereien erfüllten. Doch das liegt nun schon zwei Jahre zurück, der Vormarsch durch die glühenden Steppen ist in Stalingrad erfroren und ausgebrannt und seitdem marschieren die Russen. Man hatte doch längst jeden Gedanken an einen neuen, entscheidenden Angriff begraben. Halten, halten – darin bestand doch seit Langem schon unsere ganze Kunst. Und nun auf einmal diese Bilder staubender Kolonnen und das Bellen schwerer Panzerkanonen! Nein, es war kein Traum, sondern greifbare Wirklichkeit, wir schmeckten den Staub, wir hörten den Lärm, wir sogen den Pulverdampf ein wie Parfum und waren ganz ohne Angst. Der Rubel rollte mal wieder, endlich, endlich…
Wohl eine halbe Stunde lang genossen wir das Wuchten und Dröhnen der Motoren, ließen wir gern den Mülm über uns hinwegziehen. Weit voraus geisterten die weißen Leuchtkugeln der Infanterie auf und ab wie Mücken. Dann rissen die Kolonnen ab. Die Artillerie machte Stellungswechsel mit viel Geschrei. Es wurde stiller in unserer Nähe. Den Gefechtslärm hörte man noch aus großer Entfernung. Und niemand brauchte uns.
Nach zwei Stunden, kurz nach sechs Uhr früh, kriegten wir endlich Befehl, in weit auseinander gezogener Schützenkette nachzuziehen. Die meisten hatten in der Wartezeit noch gepennt; nun knackten erst mal alle Gelenke von der Kühle und dem Kauern im Loch. Wenig später hoppelte uns ein Kettenkrad entgegen – es war der General. „Jungs, es geht wunderbar vorwärts, der Iwan läuft schon!“, rief er uns in voller Fahrt immer wieder zu. „Der Iwan läuft schon!!“
Gegen acht Uhr buddelten wir uns in Höhe Milanowicze erneut ein und beobachteten unsere Stukas, die weit vor uns im Sturzflug ihre Bomben fallen ließen.
Als dann der Befehl zum weiteren Vorrücken kam, war es fast neun Uhr geworden. In der gleichen, weit auseinander gezogenen Formation übersprangen wir endlich unsere alte HKL, einen armseligen Graben ohne Stacheldraht und Bunker in einer flachen Senke. Wenig später überschritten wir auch die russischen Stellungen am halben Hang, die wie immer viel besser ausgebaut waren. Dort hatte es nun heftig gehagelt. An die hundert tote Russen konnten wir im näheren Umkreis auf den Feldern erkennen, wo es sie vielleicht beim Weglaufen erwischt hatte.
Nun rückten wir immer wieder ein Stück vor und hätten uns eigentlich jedes Mal ein neues Loch schaufeln müssen, denn inzwischen waren die russischen Schlachtflieger wach geworden und jagten alle Nase lang mit Bomben und bellenden Kanonen über die Felder. In Kliczkowicze war die Hölle los. Häuser und Scheunendächer brannten, Verwundete, drei abgeschossene deutsche Sturmgeschütze, zwei zerschmetterte russische Pak, zusammengerammelte Trosskolonnen – das übliche Bild. Dann Deckung in einem kleinen, noch kahlen Waldstückchen an der Straße nach Ruzyn, Bomben der verdammten Schlachter auf eine blödsinnig zusammengeklumpte Ari-Kolonne, röhrende Stukas über uns, Hitze, Durst und Fliegengeschmeiß, wir müde in unseren abermals hastig ausgehobenen Löchern – so suchten wir die Mittagsstunden im Halbschlaf zu verdösen.
Gegen 16 Uhr weiter nach Ruzyn. Mehrere flache Gräben der Iwans, gefallene Deutsche und Russen, wieder stöhnende und wimmernde Verwundete in den Gärten.

Unterwegs mülmten uns dann die ersten Panzer entgegen, Tiger, Riesenbullen, die ich hier zum ersten Mal ganz aus der Nähe sah. Sie fuhren wahrscheinlich nur zurück, um neue Munition zu holen. Wie Götter thronten die verstaubten Herren dieser Ungetüme hoch über den Wolken aus Sand und Staub, die sie uns armen Erdenwürmern mit ihren dumpf patschenden Ketten mitleidlos in die Schnauze wirbelten.

Ruzyn bot das Bild einer Garnisonsstadt. Der Ort hatte lange nicht so gelitten wie Kliczkowicze, das ja nur wenig hinter der russischen HKL gelegen hatte. Aus Ruzyn waren die Iwans offenbar rechtzeitig getürmt, denn auf dem Wege dorthin lagen nur noch wenige Tote an der Straße. Nun hatten sich überall in den Scheunen und Höfen die Sturmgeschütze eingenistet. Für sie war der Krieg für diesen Tag zu Ende. Sie hatten schon am frühen Nachmittag ihr Soll erfüllt, die Turja gesehen und bereiteten sich nun mit allem Zubehör eines zivilisierten Menschen auf einen wohlverdienten Feierabend vor. Den schäbigen Rest der Arbeit mochte nun von ihnen aus wie immer die Infanterie erledigen. Nun, wir kennen ja dies schöne Lied zur Genüge und ertrugen den Anblick mit Fassung.

Dann, als es duster wurde, neue Befehle. Abriegeln, Waldstücke durchkämmen, in breiter Front nach Süden, dann nach Osten schwenken, schließlich: Angriffsziel ein Bahndamm, irgendwo vor uns im Wald! Natürlich: Wald bei Nacht! Sie lernen es nicht. Und nun eine gespenstische Stille. Keine Panzer, keine Flieger mehr. Aber vor uns ein paar brennende Häuser.

Den Bahndamm erreichten wir auch tatsächlich mit Zittern und Zagen im sackdustern Wald, aber oben auf dem Bahndamm erwischte uns eine verdammte Nachteule vom Iwan, wahrscheinlich einfach so – mit aberhunderten heruntergekleckerten Phosphorhäufchen; sie brannten lichterloh mit grellem, weißem Licht, und dann ließ der Hund noch zwei dicke Bomben mitten unter uns fallen. Selbst in meinem längst gebuddelten Loch kriegte ich Gesicht und Brille voll Dreck und Sand, aber passiert ist keinem was! Man kann es nach solchen Schweinereien nie glauben und der Saukopp da oben tuckerte seelenruhig weiter…

Spähtrupps waren währenddessen an einer Straße vor uns auf ein gottverlassenes Häufchen Landser gestoßen, die genau so wenig wie wir wussten, wo sie sich befanden und was sie sollten und wo der Iwan steckte. Sie wussten nur, dass nach „links“ hinüber meilenweit keine deutschen Seelen zu finden seien. Typisch: Losgejagt und bei Nacht in wildfremder Gegend allein gelassen.

Aber die Melder vom Bataillon fanden uns um 23 Uhr am Bahndamm und überbrachten den Befehl, um zehn vor zwölf mit der Kompanie bis zu dieser Straße vorzuziehen und auf ihr Verbindung zu anderen Einheiten zu suchen.

Also wieder raus aus den Löchern am Bahndamm und in breiter Front durch den nachtschwarzen Wald zur Straße. Und dann unter Anspannung aller Sinne vorsichtig nach Nordosten. Schließlich stießen wir tatsächlich auf ein paar fremde Landser, dieselben, die der eine Spähtrupp schon getroffen hatte. Die zitterten noch immer ganz isoliert am selben Fleck. Alles war mal wieder beisammen: Hunger, Kälte, Durst, Angst, Finsternis – nur keine „fremden Einheiten“, die doch irgendwo stecken sollten. Und hinter uns keine Schwadron, die uns folgen sollte. Da wurde es mir zu bunt: Keinen Schritt weiter ins Ungewisse, Einigeln, wieder Löcher graben, Doppelposten ringsum, Spähtrupps in alle Richtungen. Ergebnis: Alles feindfrei und still.

Eine widerlich kalte Nacht in den Löchern, wir die reinsten Verbrechervisagen, unrasiert, hohl vor Hunger und stinkend vom Schweiß des Tages. Im ersten Morgengrauen wieder auf die Straße; zwei Mann stöberten plötzlich etwas seitab zirka 20 verschüchterte, ebenso durchfrorene Iwans an einem Sumpfloch auf, die wir später einer Pak-Bedienung übergaben. Wieder etwas später erneut ein Melder vom Bataillon: Rechts hinter einer leichten Höhe ein Dorf an der Turja besetzen! Ob dort noch Iwans oder schon unsere Leute hockten, wusste der Knabe natürlich nicht. Also mit Vorsicht los!
Hinter der Höhe tatsächlich ein Dorf in der Bachniederung.
Kein Schuss, kein Iwan, alles leer. Drüben sind die ersten schon zwischen den Häusern verschwunden, nun auch wir. Wir überqueren die Dorfstraße, greifbar dicht vor uns die Turja – und dann rührt uns plötzlich beinahe der Schlag: Drüben, auf den sumpfigen Wiesen am anderen Ufer, laufen Russen ganz gemütlich spazieren – sie scheinen nichts Böses zu ahnen!! Die ersten Schüsse fatschen hinüber, die Gestalten beginnen zu rennen, sie lassen sich fallen und verkrümeln sich ganz fix irgendwo im Gelände.
Nun standen wir also unvermittelt an der Turja, hatten unsere neue Frontlinie erreicht. Eine klare, übersichtliche Sache. Ich holte die Zugführer zusammen und teilte jedem einen Abschnitt zu. Zu allererst waren jetzt wieder mit Hochdruck Deckungslöcher zu graben, und zwar so, dass wir überall gutes Schussfeld zur Turja hin hatten. Das war bei den ziemlich dicht bestandenen Obstgärten zwischen den Häusern und der Turja zwar leichter gesagt als getan, aber solange wir keine anderen Befehle bekamen, waren wir eben selbst für unseren Abschnitt verantwortlich. Die paar Iwans an dem anderen Ufer waren inzwischen unseren Blicken entschwunden. Still breiteten sich die Wiesen in der Morgensonne. So könnte es bleiben, dachten wir – aber da knallten sie uns auf einmal von drüben einen Schuss aus der schweren Ratschbumm auf die Dorfstraße, dass wir erschrocken auf den Bauch fielen. Dann noch einen, noch einen, Schlag auf Schlag, jetzt aus zwei oder drei Kanonen, weiter rechts, weiter links, hin und her zwischen die Häuser, mitten in die Häuser hinein und durch sie hindurch. Frauen und Kinder schrien, Staubwolken, Lehmbrocken und Holzbalken wirbelten uns um die Ohren, jeder kroch noch schnell in die kleinste Ritze, die sich irgendwo bot und gleich darauf flubbten uns die Hunde auch noch mit ihren verdammten Granatwerfern die Jacke von oben her voll, immer hinein in die Dächer und Gärten. Irgendwo brannte es schon, Qualm biss uns in die Augen und hunderte von Splittern sirrten durch die Luft und klatschen in die Lehmwände. Eine herrliche Sauerei.
Ganz systematisch durchlöcherten sie die Buden, wir wühlten uns indessen, wo wir gerade lagen, mit Zähnen und Krallen in das steinige Erdreich; der eine vor einer Haustür, der andere hinter dem Misthaufen, der dritte hinter einem dicken Pflaumenbaum. Um das Maß voll zu machen, hielten sie schließlich noch zünftig mit sMGs vor allem die freien Zwischenräume zwischen den Häusern nieder. Nur beängstigend langsam kamen wir in unseren Löchern auf Tiefe, und wie durch ein Wunder immer noch unverletzt, sanken wir endlich auf Tauchstation und holten Luft, fanden Zeit, das Rasseln der MGs, die Donnerschläge der Ratschbumms und die hundsgemeinen Blubber der Granatwerfer etwas zu sortieren. Als der Iwan nach einiger Zeit keine zappelnden Arme und Beine mehr im Dorf er-

kennen konnte, wurde auch sein Feuer schwächer.
Soweit war nun alles gut und schön, nur von irgendeinem Nachbarn keine Spur. Niemand hatte auch nur ein fernes Zeichen der Anwesenheit deutscher Landser beobachten können. Wir hingen also mal wieder herrlich in der Luft.
Aber auch keine Verluste durch die blöde Ballerei. Ich wetzte nun sprungweise vom einen Ende der Kompanie zum anderen, predigte überall das gleiche Lied: Seid vorsichtig, buddelt euch ein, lieber 20 Löcher zu viel als eins zu wenig, passt auf, auch nach hinten und seitwärts! Das gelobten sie auch treu und brav, aber mehr als eins hat bestimmt keiner geschaufelt nach dem Motto: Wieso ausgerechnet ich?
Gegen Mittag fielen wir nach unserem dreistündigen Ausflug endlich wieder beim Kompanietrupp ein, mit einem Mordskohldampf im Leibe. Als erstes musste ich jedoch erfahren, dass eine halbe Stunde vorher ein Mann gefallen und zwei verwundet worden waren, und zwar durch Granatwerfer. Die drei hatten ihre Köpfe nicht im Loch gehabt und das Ding in dem allgemeinen Spektakel nicht kommen hören. Das war nun ein sehr bitterer Schlag, vor allem, weil er theoretisch so leicht zu vermeiden gewesen wäre. Aber der Leichtsinn ist einfach nicht auszurotten. Warum soll gerade mir was passieren? Nun mussten erst mal zwei Mann los, um irgendwo Verbindungen zum Bataillon zu kriegen und vor allem Fahrzeuge für die Verwundeten und den Gefallenen zu organisieren.
Solche Verluste sind zunächst immer ein Schock, aber meist hat man gar nicht viel Zeit zum Grübeln. Man kann auch gar nicht stundenlang in Trauer versinken und die Dinge so lange schleifen lassen. So war es auch dort in dem Dorf an der Turja. Wir alle hatten unbändigen Hunger und angekratzte Nerven dazu. So war denn am frühen Nachmittag auch bei uns ein Ferkel geschlachtet worden und wurde nun mit viel Vorsicht über einem versteckten Feuer am Spieß gedreht. Die Kameraden hatten in der Zwischenzeit auch Milch und Brot, Honig und Butter beschafft, denn wir selbst liefen nun ja schon den dritten Tag ohne offizielle Verpflegung durch die Landschaft.
Nachdem auch ich mich etwas gestärkt hatte, musste ich los, um rauszukriegen, wo wir uns eigentlich befanden und vor allem, wo die benachbarten Haufen steckten. Das musste vor der Nacht geklärt sein, damit uns der Iwan nicht womöglich im Finstern von hinten einkassierte. Zu dritt, zwei Melder und ich, durchrannten wir abermals die verfluchten Lücken zwischen den Häusern, dann zog sich nach links hinüber immer weiter vom Dorf und von der Turja weg ein struppeliger Wald dahin und in ihm konnten wir endlich halbwegs sicher vor Feindeinsicht lustwandeln. Allerdings mussten wir dort nun wieder auf der Hut vor versprengten Iwans sein. Nach einer halben Stunde stießen wir endlich auf ein paar verstreute Katen und eräugten zwischen ihnen unverkennbar deutsche Landser. Endlich Menschen! Bei dem Häuptling des Vereins stellte sich dann heraus, dass die Kameraden etwa einen Kilometer links von uns und – noch schlimmer! – auch einen ganzen Kilometer hinter uns in Stellung lagen! Von Stellung an der Turja also überhaupt keine Rede! Zum Trost konnte der Kollege uns jedoch mitteilen, dass wir schon am Abend abgelöst würden und wieder als Reserve ins Hinterland kämen.
Diese Aussichten beflügelten unseren Heimweg ungemein. Da nicht mehr viel Zeit bis zur Dämmerung verblieb, organisierte ich schon vorsorglich alles Not-

wendige. Zum Glück war während unserer Abwesenheit bei der Kompanie nichts Schlimmes mehr passiert, wenn man den Tod vieler Hühner außer Acht lässt, die die Landser sich in Vorahnung kommender Notzeiten tafelfertig zubereitet hatten. Iwan rührte sich bei uns nicht mehr. Ehe es ganz dunkel wurde, schoben wir unsere vordersten Posten dicht ans Turja-Ufer heran und igelten uns auch nach hinten und nach den Flanken hin ein, um keine unliebsamen Überraschungen erleben zu müssen. Wer nicht auf Posten stand oder Streife lief, hockte in den Häusern bei den Zivilisten, die den Schreck des heftigen Feuers vom Vormittag einigermaßen überwunden hatten und nun sogar beim Braten ihrer eigenen Hühner und Eier halfen. Unsere Sanis hatten bei einigen von ihnen ein paar kleinere Splitterwunden verbunden und nun waren sie erst mal froh, ihren Frieden wieder zu haben. Woina nix gutt.
Nach ihren gestenreichen Erzählungen haben die Russen offenbar von unserem Angriff gewusst und die schweren Waffen rechtzeitig über die Turja zurückgeschafft. Sie haben anscheinend auch die Zivilisten im Dorf aufgefordert zu fliehen, weil wir doch alle Leute erschießen würden. Ein Großteil ist denn wohl auch abgehauen, denn manche Häuser schienen leer zu stehen. Bei diesem Hin und Her der Fronten ist es auch furchtbar schwer für die Bewohner, immer richtig zwischen den Mühlsteinen zu liegen, ohne zerquetscht zu werden. Vielleicht war auch das alles nur ein Märchen. Die Menschen müssen ja ganz einfach jedem nach dem Munde reden, der gerade die Macht hat. Was sie wirklich denken, erfahren wir sowieso nicht.
Die Ablösung erschien natürlich nicht wie verheißen am Abend, sondern erst im Morgengrauen. Das beschleunigte das Verfahren ungemein, denn wir mussten vor dem Hellwerden die Höhe hinter uns haben. Das schafften wir auch gerade noch ungestört.
Treffpunkt des Bataillons sollte die Steinstraße von Turzysk nach Ruzyn sein. Zwei Stunden warteten wir auf die anderen Kompanien. In dieser Zeit hatten wir genug Muße, uns unsere Gedenken über das üble Pak- und Granatwerferfeuer südlich von uns zu machen. Wollten sie uns dort in einen neuen Hexenkessel jagen?
Endlich, früh gegen sieben Uhr, als das Bataillon komplett war, kam der Marschbefehl. Richtung Norden, über Ruzyn in einen Wald. Also nicht nach Turzysk!! Nach gut zwei Stunden Marsch in weiter Schützenreihe verkrümelten wir uns in dem frei in offenem Gelände liegenden Waldstück und schlugen im dichten, feuchten Unterholz mit großen Abständen unsere Zelte auf, nachdem sich vorher jeder wieder mal ein Deckungsloch gegraben hatte.
Nachmittags kam dann Verpflegung, fades Zeug natürlich im Vergleich zu dem selbst Gebratenen, aber wir ließen uns auch das noch in den Bauch fallen. Die letzten Tage waren mager genug gewesen.
Am nächsten Tag, wieder mal einem Sonntag, erfuhr ich mittags von dem Befehl, wonach unser Bataillon nach Turzysk sollte, wo das rechte Nachbarregiment in tagelangen, schweren Kämpfen einen kleinen Brückenkopf gebildet hatte. Dort sollten wir in der Nacht die abgekämpften Kompanien ablösen und am nächsten Morgen angreifen. Das war schlimmer als meine schlimmsten Befürchtungen. Ich konnte nur hoffen, dass auch dies nicht so heiß gegessen wird, wie es gekocht wurde.

Um 14 Uhr brachen wir die Zelte ab und löschten die Feuer. Pünktlich um 15 Uhr marschierte das Bataillon weit auseinander gezogen querfeldein nach Südosten auf die Steinstraße nach Turzysk zu. Nach eineinhalb Stunden Marsch, den ein Schneeschauer zur Linken bei Sonne zur Rechten besonders romantisch machte, stießen wir etwa dort, wo wir uns neulich zum Angriff bereitgestellt hatten, auf die Straße. Wieder hieß es Löcher buddeln, Fliegerabwehr-MGs in Stellung bringen, keine Haufen bilden. Und von dort aus hörten und sahen wir nun das Theater bei Turzysk wie aus einer Loge: Stukas und russische Schlachtflieger kurbelten umeinander und der Höhenzug hinter Turzysk am jenseitigen Ufer der Turja war in eine dichte, schwärzliche Rauchwolke gehüllt. Auf der Straße bollerten alle Nase lang Kolonnen nach Süden, LKWs mit Schlauchbooten, bespannte Artillerie, Nachschubfahrzeuge. Dazwischen tippelte die Infanterie unseres Regiments. Die ganze Division war offenbar auf dem Marsch in das heiß umkämpfte Nest. Wir warteten ahnungsvoll auf die ersten Schlachter, die ja nur die Straße abzurasieren brauchten, aber die kurbelten nur über der Turja und stießen immer wieder auf die armen Teufel in dem Brückenkopf herunter. Wer dort in dieser Schlamm- und Eisenhölle steckte, hatte wohl nur noch wenig Chancen. Und dahin sollten wir nun in der Nacht? Und am nächsten Morgen angreifen? Mit diesem Durchfall in den Gedärmen?
Als es dunkel geworden war, ohne dass der schwere Gefechtslärm des Nachmittags merklich abgeklungen wäre, brachen wir tatsächlich auf und marschierten einer hinter dem anderen beiderseits an den Straßenrändern entlang auf den Feuerschein von Turzysk zu.
Ein blöder Nähmaschinenpilot ließ genau über der Straße und dem Bataillon, das regungslos im Dreck der Gräben kauerte, seine Dauerbrenner strahlen – und merkte nichts, sondern blubberte weiter in die Nacht…
So mogelten wir uns schließlich heil, wenn auch verspätet, grüppchenweise, eingekeilt in lauter fremde Haufen, nach Turzysk hinein. Zwischen den Trichtern der zerschossenen Straßen irrten abgehängte Gespanne herum, versperrten anderen den Weg, Melder suchten ihre Kompanien, es stank nach Brand und Leichen, man verhakelte sich in zerfetzten Drähten und um das nächtliche Chaos komplett zu machen, jagten uns die Iwans mit schmetternden Kalibern ihrer Ari ein paar Mal in schnellste Deckung hinter rußgeschwärzten Häusern und Ruinen. In die Kolonnen schlug es wie durch ein Wunder nicht hinein. Bald war auch die eigene Kompanie zerrissen, ich musste die Melder losschicken, um alle wieder in die Hand zu kriegen, kurz, es war ein grausamer Vorgeschmack dessen, was uns am Morgen bevorstand. In jedem von uns knisterte eine enorme Spannung und Unruhe, zeitweise verstand man in dem allgemeinen Gebrüll und Gebolze sein eigenes Wort nicht mehr und so ging uns der Aufenthalt inmitten der knackenden Balken und funkensprühenden Dächer mit jeder Minute mehr auf die Nerven. Auch die Verbindung zum Bataillon riss ab, es kamen keine Befehle mehr durch, niemand wusste, wohin wir sollten. Man hörte nur die dicken Koffer kommen und malte sich aus, was uns drüben erst erwarten musste, wenn es schon in der Ortschaft so wüst aussah. Und zu allem noch die Manschetten vor dem Angriff aus dem unbekannten Brückenkopf auf unbekannte Stellungen. Ein größerer Wahnsinn war überhaupt kaum vorstellbar. Was sollte das wieder für Opfer kosten? Und wozu solch ein winziger Brückenkopf? Zur Rückeroberung der Ukraine?

„Kompanieführer nach vorn zum Kommandeur!“ Aha, es war so weit. Tief Luft holen. Los, durch Trichter und heimtückische Pfützen, über Ziegelbrocken und durch beißenden Qualm. Dazu die Finsternis, die nur von den flackernden Bränden erhellten wurde.

Endlich beim Kommandeur, irgendwo hinter einem halben Haus. Warten auf den letzten Kollegen. Was nun? Eine neue Salve schlägt weiter links kreischend in die Ruinen. Dann endlich die Lage: Die einzige Brücke über die Turja ist durch Fliegerangriff zerstört. Der Brückenkopf selbst ertrinkt im Schlamm, der Russe greift von allen Seiten an. Nachschub und schwere Waffen kommen nicht mehr hinüber. Kurzum: Der Brückenkopf ist nicht mehr zu halten und wird noch in dieser Nacht geräumt! Mit der Räumung des Brückenkopfes entfallen die vorgesehene Ablösung und der geplante Angriff. Das Bataillon kehrt sofort in seine Stellung an der Rollbahn zurück und erhält dort weitere Befehle.

Hatten wir richtig gehört? Keine Ablösung? Kein Angriff?? Hatte wirklich die Vernunft gesiegt? Sollte dieses wahnsinnige Unternehmen wirklich abgebrochen werden, um weitere Opfer zu ersparen? Es war fast zu schön, um wahr sein zu können.

Wie ein Kurzschluss schoss der Funke durch die Reihen, keiner wollte es glauben, immer wieder wurden wir gefragt – doch, doch, es stimmt! Wir marschieren zurück! Und schon machten einige Kolonnen fast panikartig kehrt – nur raus aus Sodom und Gomorrha! Und kein Blick mehr zurück auf das sterbende Turzysk!

Im Geschwindmarsch strebten auch wir schon Minuten später aus der zerschlagenen Stadt nach Norden in die Nacht hinaus, keilten uns zwischen die anderen Kolonnen, fanden uns endlich draußen in der Stille der Felder erlöst wieder, befreit von dem Albdruck dieses unverantwortlichen Abenteuers in einem fremden Brückenkopf. Dank dem, der hier entschieden hat: Schluss mit diesem Krampf, es sind genug gefallen.

Früh gegen vier Uhr, als im Osten das Morgenrot heraufzog, standen wir wieder auf dem Feld an der Rollbahn, suchten unsere alten Löcher und hockten uns hinein, um vielleicht trotz der gemeinen Kälte noch etwas pennen zu können. Aber die Gedanken irrten immer wieder hinüber nach Turzysk, wo die armen Kerle aus dem Brückenkopf nun hoffentlich in Sicherheit waren. Welcher Kelch ist da an uns vorübergegangen…

Bis sechs Uhr hielt ich es in der feuchten Enge des Loches aus, weil ich immer noch hoffte, die infame Kälte durch kleine Nickerchen vergessen zu können. Aber dann war es vorbei; aus dem Schlaf wurde in der verkrampften Hockstellung doch nichts, zumal sich der Frost schon in Händen und Füßen festgebissen hatte. Also raus und Feuer gemacht, allen Fliegern zum Trotze! Es hatte tatsächlich gereift; weiß überzuckert breiteten sich die Äcker.

Kurz nach sieben erschien dann wie ein rettender Engel das Küchenfahrzeug mit Verpflegung und heißem Tee und der Nachricht, unsere Division sei im Wehrmachtsbericht genannt worden.

Wir drängten uns dicht um die Feuer, liefen uns warm und füllten uns die Bäuche mit den himmlisch heißen Sachen. Nun sah die Welt auf einmal wieder rosiger aus. Die Division im Wehrmachtsbericht, das war auf jeden Fall ein tolles Ding, worüber sich jeder freute, und eine Anerkennung auch für unser bescheidenes Zittern und Hungern und Frieren.

Die Idylle dieses ungestörten Vormittags war zu schön, um länger anzuhalten. Gegen Mittag hatten wir auf einmal einen neuen Kommandeur, einen erst kürzlich mit dem Ritterkreuz ausgezeichneten Hauptmann Röder, ziemlich jung, ernst, offenbar kein sturer Kommisskopp; als erste Amtshandlung übermittelte er uns den Befehl, in den schon bekannten Wald südwestlich Ruzyn zurückzumarschieren und dort zunächst zu bleiben.
Also wieder weit verteilt über die Felder zu den alten Löchern im Wald. Zelte aufbauen, warmes Essen und sogar ein Mittagsschläfchen! Dann plötzlich Chefbesprechung: Alles zurück an die Straße!!
Ein fürchterliches Fluchen und Schimpfen stieg zum Himmel, doch es half ja alles nichts. Innerhalb einer knappen Stunde hatte die meuternde Kompanie abmarschbereit zu stehen. Kurz darauf setzten wir uns auch wirklich in Bewegung, um nochmals diese blöden vier Kilometer hinter uns zu bringen.
Gegen 16 Uhr ließen wir uns in ungemein fröhlicher Stimmung abermals in unseren fast noch warmen Löchern nieder und harrten weiterer Befehle. Die ließen auch nicht lange auf sich warten. Als es dämmerig und kalt wurde, schickte man das ganze Bataillon nach vorn in die HKL zum Schanzen. Eine Stunde Marsch bis dicht an die Turja, immer schön im Dustern über den Bahndamm und durch Wald und Feld, pro Nase in unbekannter Gegend. 5 m Graben ziehen mit den erbärmlich kurzen Feldspaten. 1,5 m tief, im Mittel etwa 80 cm breit – eine ganz üble Schinderei. Zwischendurch ein paar knallharte Kurzschüsse der eigenen Ari, dass die Äste und Splitter nur so prasselten. Dafür taten uns diesmal die Iwans nichts, was wir ihnen hoch anrechneten. So verbrachten wir auch diese Nacht wieder ohne Schlaf, in emsiger, rückenmordender Bewegung, und latschten schließlich morgens gegen drei Uhr müde und außer Atem die 5 km zurück zu unseren gut ausgelüfteten Schlaflöchern an der Straße. Ein paar Nähmaschinen waren so freundlich, uns wenigstens streckenweise etwas heimzuleuchten.
Trotz Wind und leichter Regenschauer grunzten wir den ganzen Vormittag zusammengefaltet in unseren nassen Sandkuhlen, als Dach die verschmierten, tropfenden Zeltbahnen. Um die Mittagszeit krochen wir dann dreckig, missgelaunt und hungrig wie die letzten Landstreicher wieder ans Tageslicht. Und siehe da, wenig später überbrachte ein Melder einen neuen Befehl: Auf geht's, Sportsfreunde, diesmal wieder in den bewussten Wald bei Ruzyn! Die Abmarschzeit sollte noch durchgegeben werden. Also warteten wir. Rein ins Loch, weil es draußen so kalt und windig war, raus aus dem Loch wegen der Enge und Nässe darin…
Der Gefechtslärm über Turzysk war verstummt, kein Flieger mehr am Himmel. Dort verläuft die Front nun wohl auch an der Turja und nun hat anscheinend auch der Iwan dort Ruhe gegeben.
Als wir schließlich nach trübselig verdösten Stunden am Nachmittag doch noch abrückten, wurde es schon wieder dämmerig. Nun ja, man konnte ja die Zelte auch mal im Dustern aufschlagen, das übt sehr. Aber die Hunde schissen uns eins – am Waldrand kam es heraus, fünf Minuten vor dem alten Zeltplatz, dass wir mit dem gesamten Tross noch 15 km weitersocken sollten, bis in die Gegend von Dolsk, einem Kaff irgendwo weiter westlich im Hinterland.
Aus unerfindlichen Gründen latschten wir unsagbar trödelig mit vielen Pausen zirka 12 km querfeldein und dann noch 2 bis 3 km auf einer baumbestandenen

Allee nach Süden; dann endlich nahm uns im Morgengrauen ein Wald auf. Natürlich wieder Löcher buddeln und wieder die immer noch nassen Zeltbahnen zusammenfummeln. Aber danach ein tiefer, ungestörter Schlaf bis in den Mittag hinein...
Doch dann, genau beim Abendbrot, platzte wie eine Bombe der Befehl zum sofortigen Abmarsch Richtung Milanowicze, dem einzigen größeren Nest ringsum, und genau so weit weg wie der Wald von Ruzyn, also runde 15 km. Diese alberne Hin- und Hertippelei für nix und wieder nix ließ uns wieder auf die Palme steigen – zum Geier, hätte man uns nicht am Tage vorher gleich dorthin tippeln lassen können? Dann hätten wir glatt 20 km gespart!
Nun rissen wir wieder den ganzen Zeltscheiß zusammen und die Deckungslöcher waren natürlich auch wieder mal für die Karnickel. Wir beluden die Trossfahrzeuge, sammelten uns auf der schönen Nord-Süd-Allee und hingen schon bald hoffnungslos hinter anderen Haufen fest, deren Fahrzeuge nicht vorankamen. Wo wir in aller Herrgottsfrühe unseren Morgenspaziergang gemacht hatten, standen wir uns nun in der Abenddämmerung in umgekehrter Richtung zunächst mal die Beine in den Bauch. Erst im Finstern kam wieder etwas Schwung in den Laden; dank unseres wohligen und ungestörten Vormittagsschlafes war die Stimmung der Landser diesmal nicht tot zu kriegen, obwohl wir zusammengerechnet auch auf diesem Marsche stundenlang warten mussten und schließlich wieder erst im Morgengrauen in einem großen Wald hinter Milanowicze untertauchen konnten. Es regnete seit einer Weile sanft, das Gras glitschte schön nass, die Deckungslöcher mussten ausgehoben werden, in den Zelten war es gleich so feucht wie draußen – kurzum, ein kalter Arsch war uns sicher.
Bei Turzysk trommelte es heute wieder fast den ganzen Tag. Angeblich besteht der Brückenkopf doch noch. Was soll der Wahnsinn? Brückenköpfe lässt sich der Iwan nun mal nicht bieten, denn er weiß zu gut, was sie wert sind.

Bei Milanowicze, Freitag, 5. Mai 1944

Gestern gegen Abend kam noch ordentlich Schwung in den Betrieb. Es wurden zwei Mann je Kompanie mit Zeltbahnen zum Bataillon nach Milanowicze befohlen und die kehrten eine Stunde später zurück, fürchterlich bepackt mit den tollsten Sachen:
Die ganze Division bekam eine Sonderzuteilung an Schnaps und Zigaretten, Schokolade und Gebäck. Wir konnten diese schönen Sachen aber auch verdammt gut gebrauchen, denn die Nacht zog klar und aasig kalt herauf. Entgegen allen Erwartungen schreckte uns auch kein Marschbefehl mehr hoch.
Der Divisionskommandeur hat einen Tagesbefehl verzapft mit dem Wehrmachtbericht vom 30.4. und seinem Dank an die Division. Alles in allem ist es wohl wirklich ein großer Erfolg gewesen, auch wenn der Russe hier keine Gegenangriffe mit Panzern und so weiter gestartet hat. Er scheint die neue Front an der Turja nun endgültig – bis auf Weiteres! – geschluckt zu haben, denn auch bei Turzysk ist heute nichts mehr los. Aber der heutige Wehrmachtbericht meldet wieder heftige örtliche Kämpfe, beziehungsweise Angriffe und besonders hohe blutige Verluste des Feindes südwestlich Kowel. Damit kann ja wohl nur das

gestrige Trommeln bei Turzysk gemeint sein.
Die beiden Abschnitte aus den Wehrmachtberichten vom 28. und 29. April will ich mir noch notieren:
„Südwestlich Kowel durchbrachen Verbände des Heeres und der Waffen-SS, durch die Luftwaffe hervorragend unterstützt, tiefgegliederte feindliche Stellungssysteme und warfen die Sowjets an den Turja-Abschnitt zurück." Und:
„Südwestlich Kowel wurde das am Vortage gewonnene Gelände von versprengten feindlichen Kräften gesäubert und dabei eine eingeschlossene bolschewistische Kampfgruppe vernichtet. Unter den etwa 2.000 Gefangenen befindet sich auch ein Divisionskommandeur mit seinem Stab. Große Mengen an Waffen und Kriegsmaterial fielen in unsere Hand. Die blutigen Verluste der Sowjets sind hoch!"

Bei Milanowicze, Sonnabend, 6. Mai 1944

Zur Abwechslung gestern mal Bullenhitze und abends erstes richtiges Beschnuppern mit dem neuen Kommandeur. Wir hockten stilecht bei Kerzenlicht im Wald und klönten und soffen manche gute Pulle leer. Der Kommandeur scheint ein sehr nüchterner, zielbewusster Mann zu sein, kein Bullertyp, eher zähledern mit Stahlkern, geprägt von preußischer Zucht und Pflichterfüllung. Wir Kompanieführer werden unsere Haufen straff am Zügel führen müssen, sonst gibt es Ärger.
Die Gespräche drehten sich natürlich lange um das Geschehen der letzten Tage und um unseren zukünftigen Einsatz. Die Beute ist doch ganz schön gewesen. Rund 2.000 Gefangene, über 200 Geschütze, fast 100 Pak, 170 Granatwerfer, fast 300 Flammenwerfer, 11 Panzer, 10.000 Minen, verschiedene Muni- und Spritlager und all den sonstigen Kleinkram, den man kaum noch zählt. Und dazu über 3.000 Tote. Die Zahl unserer Toten wusste der Kommandeur nicht. Verwundet sind einige hundert, aber in Luboml hat man über hundert leichter Verwundete abgefangen und auf dem dortigen Hauptverbandsplatz einquartiert, wo sie in rund vier Wochen wiederhergestellt und gleich zu ihren Einheiten zurückgeschickt werden sollen. Heimaturlaub nach Heimatschuss ist also Essig in Zukunft.
Heute sogar Ausbildungsdienst in der Tiefe des Waldes, aber da auch die Kompanien gestern schön gesoffen hatten, passten wir vor allem auf, dass der Kommandeur uns nicht faulenzend aufstöberte.
Unter den Landsern ist die Stimmung prächtig. Das macht wohl vor allem die freie Bewegung nach dem ewigen Lauern in Gräben und Postenständen. Man fühlt sich nach der schier endlosen Grabenschleicherei beinahe wie ein Fohlen, das im Frühjahr auf die Weide kommt. Auch der Angriff hat das Selbstbewusstsein ungemein gestärkt. Allein die Tatsache, dass wir mal wieder eigene Panzer und Langrohrgeschütze und russische Beute gesehen haben, ist unbezahlbar. Wir alle erwarten nun viel von diesem Sommer. Die Invasion muss ja nun bald kommen, die Vergeltung wird vielleicht bewusst noch für diese Stunde aufgehoben. Und wenn im Westen klar Schiff ist, kommt auch für uns der Tag des letzten, gewaltigen Angriffs. Diese Hoffnung allein lässt uns aushalten.
14:10 Uhr. Wir werden Besatzung von Kowel. Heute Abend noch marschieren wir los. Eben kam der Befehl.

KOWEL

Im Wald bei Cerkasy, Sonntag, 7. Mai 1944

Die Nacht war mal wieder so richtig nach unserem Geschmack. Nach dem überraschenden Befehl zum Marsch nach Kowel hinein begann das übliche Aufbruchsgewimmel, Fahrzeuge beladen, Zelte abreißen, anspannen; dabei immer wieder Fliegersicherung und kriegsmäßiges Benehmen. Was waren das noch für Zeiten, als wir mit Pak und Wagen als Kolonne auffuhren, mit leise brummelnden Motoren, und dann ab mit 50 Sachen! Hier dagegen haben wir es mit Gäulen zu tun, die ihren eigenen Kopf haben und mit zusammengestoppelten Fuhrwerken, dass Gott erbarm. Aber der Hottehüh-Betrieb hat auch etwas herrlich Animalisches, menschlich Warmes an sich. Man hat es mit armen Kreaturen zu tun, die keine Reifenpannen oder Kupplungsschäden kennen und sich bis zum letzten Funken Kraft verbrauchen, wenn es darauf ankommt. Das bindet Mensch und Tier.
Wir hatten abermals das Vergnügen eines wundervollen Nachtmarsches. 15 km nur, aber sandige Wege, auf denen wir immer wieder schieben mussten, sackdustere Waldwege mit heimtückischen Sumpflöchern und tiefen Panzerspuren und armdicke Zweige, die von Granaten kreuz und quer in die Gegend gewirbelt worden waren. Und beim Hellwerden begann es auch noch leise zu schiffen.
Wir aber wurden noch ein paar Mal in dem grausam zerhackten Unterholz des Waldes hin und her, vor und zurück geschickt, bis man endlich den richtigen Platz gefunden zu haben glaubte. Dann begann sofort wieder das alte Lied: Deckungslöcher, Pferde und Fahrzeuge eingraben und tarnen, Zelte bauen, Kaffee fassen. Das Radio posaunte das Hamburger Hafenkonzert aus. Am späten Vormittag konnten wir uns dann endlich umhauen und einen Streifen wegpennen. Es ist ja schließlich Sonntag heute.
Nun müssen wir Kompanieführer gleich zum Chef. Heute Abend sollen wir ja in Kowel ablösen.

Kowel, Dienstag, 9. Mai 1944

Leicht erschüttert ist gar kein Ausdruck für meinen momentanen Zustand. Doch lieber der Reihe nach.
Vorgestern Nachmittag erhielten wir beim Kommandeur anhand von Karten einen ersten Überblick über das, was uns in Kowel erwartete: Eine irrsinnige Stellung auf Bahndämmen, im Sumpf und zwischen Häusern; ein weit vorspringender Frontbogen des Iwans, wie eine geballte Faust im Unterleib, das sogenannte Kowel II, mit einer entsprechend schmalen Einschnürung genau an meinem zukünftigen Gefechtsstand, und Stützpunktverteidigung mit weiten Abständen. Aber da die Stadt von dem Brillantenträger Gille trotz dieser unmöglichen Front nun schon wochenlang mit kümmerlichsten zusammengefegten Kräften gehalten worden ist, meinte man höheren Orts, wir würden das erst recht schaffen.

Wie üblich brachen wir bei Beginn der Dunkelheit auf, quälten uns wie in der Nacht zuvor ziemlich mühsam durch tiefen Sand und längere Schlammlöcher, brachten endlich diesen unheimlich zerhackten Cerkasywald hinter uns, überquerten eine Eisenbahn und gerieten dann erst richtig vom Regen in die Traufe. Mehrere Kilometer weit verlief die Straße nun dicht neben der Bahn und dort muss es schauerlich zugegangen sein. Immer von Neuem stolperte man in Granattrichter, dauernd verhedderte man sich in heimtückischen Drähten, Unmengen russischer Munition aller Kaliber häuften sich sauber gestapelt oder waren wild in die Gegend gekippt, ausgebrannte Panzer hingen mit hilflosen Rohren schräg in den Gräben. Was einst als Grünzeug dort gestanden hatte, ragte nur noch mit zerfetzten Stümpfen aus der aufgerissenen Erde. Zu allem Überfluss der schwere, vom Regen zäh gewordene Sand – es war eine Lust zu marschieren. Weit über eine Stunde brauchten wir, um uns durch diese verhexten 3 km längs der Bahn hindurchzuquälen. Dann bog die Straße erst nach links, gleich darauf scharf nach rechts, kreuzte zweimal die Bahn, und eine halbe Stunde später tippelten wir endlich auf einer immerhin gepflasterten Straße zwischen den schwarzen Konturen der ersten Häuser in die Stadt hinein.
Wenig später nahm uns an einer Kreuzung ein Vorkommando in Empfang, das uns bis in unsere Stellungen bringen sollte. Die Kameraden erzählten schauerliche Dinge, vor allem von Kowel II, wo der Iwan ganz dick sitzen soll, und von der verrückten Frontlinie, in der man angeblich überall von vorn und hinten, rechts und links beschossen würde. Erfüllt von diesen bildschönen Erwartungen latschten wir nun weit auseinander gezogen bei leichtem Mondenschein durch die Straßen. Da war die Brücke über die Turja!
Immer näher rückten uns von rechts und links nun die Linien auf den Pelz, aus denen alle Nase lang die Leuchtkugeln hochzischten. Es war so, als liefen wir in die Spitze eines Dreiecks hinein oder besser gesagt in das enge Loch einer Sanduhr, denn jenseits des Nadelöhrs schienen die Lichter wieder breiter gestreut und zum Teil recht weit entfernt zu sein. Beiderseits der Straße rasselten in immer bedrohlicherer Nähe die russischen MGs, manchmal kreuzten sich auch ein paar Leuchtspurgarben dicht über uns und Querschläger jaulten höllisch durch die Nacht. Iwan war tatsächlich verdammt aktiv. Etwas vor uns feuerte er plötzlich auch mit seinen Scheißgranatwerfern. „Das war bestimmt an der Brücke bei Ihrem Gefechtsstand, Herr Leutnant, dahin schießt der Iwan Tag und Nacht seine Feuerüberfälle mit Granatwerfern und MGs“, meinte der Mann vom Vorkommando. Wie angenehm, wollte ich gerade sagen, aber in diesem Moment kreischte es von links heran und schlug mit Donnergetöse ein paar hundert Meter vor uns dicht neben der Straße in die Häuser. Gleich darauf noch eine Salve, wieder Abschüsse, wieder drei Einschläge, alles in dieselbe Ecke. Dann keine Abschüsse mehr. Ein Wunder, dass bei dem Betrieb noch so viele Häuser ganz brauchbar aussahen.
Schön vorsichtig, mit gespitzten Ohren, schlichen wir uns mit drei Meter Abstand beiderseits am Straßenrand weiter vor. Die Nacht war ziemlich hell. Still und scheinbar ohne Leben verloren sich die armseligen Seitenstraßen im Hintergrund, wo nun irgendwo, vielleicht nur 300 m entfernt, schon die HKL verlaufen mochte. Fast schnurgerade führte die Straße nach Osten. Allmählich wurde die Bebauung lockerer, Gärten und Wiesen schoben sich zwischen die Häuser, Laufgräben

säumten die Straße. Unterwegs zweigten zwei Züge der Kompanie nach rechts ab. Der Tross hatte sich schon am Westrand der Stadt abgesetzt und einquartiert. Schließlich knickte die Hauptstraße schwach nach links ab und führte einen hohen Damm hinauf. Wir aber tippelten am Fuße der stetig wachsenden Böschung weiter, gelangten auf freies Feld mit hässlichen, wassergefüllten Granattrichtern, stolperten über die Gleise einer kleinen Nebenbahn und erkannten dann links von uns hinter einer letzten Häusergruppe ein breites Bahngelände und dahinter wieder einen ansteigenden Damm fast parallel zu unserem holperigen Weg, der hinter der Häusergruppe zu einem mickrigen Trampelpfad zusammenschrumpfte und sich in sanften Kurven durch die Wiesen schlängelte. Vor uns wuchs jetzt eine hohe Fachwerkbrücke in den nächtlichen Himmel und das dicke Bahnwärterhaus davor sollte mein Gefechtsstand sein!! Zwischen allerlei Gerümpel und Trümmern kamen wir der neuen Heimat immer näher. Von links her schob sich der mächtige Bahndamm immer dichter heran, rechts war das Gelände flach und baumlos, soweit man in dem fahlen Nachtlicht erkennen konnte.
Ja, und dann hatten wir es tatsächlich geschafft. Der Mann vom Vorkommando wurde unruhig. Alle müssten in Deckung dicht ans Haus, meinte er, äußerste Ruhe und bloß kein Feuer und kein Licht! Das Haus sei von drei Seiten einzusehen, schärfte er uns ein, und hinter dem Bahndamm säße der Iwan nur 200 m entfernt!
Der eigentliche Gefechtsstand war, wie sich nun herausstellte, nicht das recht massiv erscheinende Stellwerkshaus, sondern ein winziger Bunker, der an der Seite zum Bahndamm hin angeklebt war. Also tastete ich mich erst mal da hinunter zum Chef der Kompanie.
Mit Mühe quetschte ich mich durch eine sehr schmale, niedrige Tür. In dem Loch flackerte eine einzige Kerze verloren gegen eine übermächtige Finsternis an, ganz schwach glomm noch etwas Glut in einem Ofen und endlich wälzte sich aus Urtiefen und dickem Mief wortlos eine menschliche Gestalt ans Licht, ein älterer Feldwebel, der Kompanieführer. Erst als ich ihm sagte, wir wollten ihn ablösen, wachte er geistig ganz auf, seine Augen weiteten sich und dann konnte er sich auf einmal vor Freude gar nicht mehr fassen, er bedankte sich stockend, ergriff zitternd meine Hände: „Nein, ist das schön, dass ihr gekommen seid, es war ja sooo schrecklich hier, ihr werdet das ja noch selbst sehen…“, ach, es sprudelte nur so aus ihm heraus, wild durcheinander, ob wir auch genug Handgranaten hätten, wie viele wir denn wären, wir müssten überall ganz vorsichtig und still sein, vor allem an der Brücke und hier am Hause, am Tage dürfe man sich überhaupt nicht blicken lassen, dann schösse der Russe sofort mit Pak und Granatwerfern, und… und… und…, der ganze Mann ein Kessel, der endlich, endlich Dampf ablassen konnte, ein Mensch, dem nun stückweise ein unsagbar schwerer Stein vom Herzen fiel, eine arme, verzweifelte Seele, die am Ende einer endlosen Nacht unerwartet doch noch Licht sah und plötzlich wieder auf ein Weiterleben, auf Heimkehr und Rettung hoffen durfte. Erst ganz allmählich kamen wir brockenweise zur Sache, zur Stellung, zur Verteilung der Gruppen und Züge. Aber theoretisch, vom Bunker aus, hatte das alles keinen Sinn, wir mussten raus in die HKL und uns an Ort und Stelle alles ansehen, sonst würden wir noch im Morgengrauen da hocken und erzählen.
Wir kletterten also aus der finsteren Höhle hinauf in die hellere Nacht, ich winkte

den Zug zusammen und erklärte kurz, dass wir nun in die Stellung am Bahndamm gingen. Zunächst führte uns der gute Mann an einigen Schuppen vorüber, dann hinunter zu einem Wassergraben, auf Brettern drüber weg, links ab geduckt unter einem Bahngleis hindurch, und dort hielt er dann an und lauschte angestrengt. „Hier haben wir furchtbar viele Verluste gehabt, denn hierher schießen sie andauernd mit ihren Granatwerfern und MGs, weil sie genau wissen, dass wir hier durch müssen. Daher horchen wir jedes Mal, ob man Abschüsse hört. Von hier aus muss man ungefähr fünfzig Meter weit rennen, bis da hinten um die Ecke, wo ein Graben anfängt. Da hat man dann etwas Deckung. Aber wir haben auch hier schon für alle Fälle ein paar Deckungslöcher geschaufelt", flüsterte er mir zu.
Wir lauschten. Alles war still, nur weiter weg zitterte eine Leuchtkugel der Russen. „Immer nur fünf Mann auf einmal mit Vollgas los", gab ich nach hinten durch. Und dann sprinteten wir ab, die Böschung des Wassergrabens hinauf, unter der drohenden, wuchtigen Brücke hindurch, nach rechts um die Ecke und dann nach ein paar langen Sätzen hinein in den Deckungsgraben. Nach und nach kamen sie alle angehopst, mit entsetzlichem Scheppern und Klabastern, wie uns schien. Aber der Iwan, der dort angeblich nur 200 m hinter uns sitzen sollte – vom Gefechtsstand praktisch nur durch den hohen Bahndamm getrennt – blieb anständig oder pennte, tat uns jedenfalls nichts.
Als unser Häufchen wieder beisammen war, schlichen wir in dem ziemlich vergammelten Graben am Fuße des Bahndammes weiter. Wohin man blickte – flache Löcher in der Böschung, in den Wiesen, zur Verzierung hin und wieder ein dickes Loch im Damm, verrutschte Sandmassen, abgerissenes Gras. Ratschbumm oder Ari. Wir tippelten an der Innenseite einer großen Linkskurve des Bahndammes. Neben uns zweigte nun ein allmählich ansteigender Bahndamm ab und bildete eine Art Sehne im Kreisbogen des Hauptdammes. Wir liefen also am Rande eines lang gestreckten künstlichen Tales zwischen den beiden Dämmen entlang und stießen nach etwa 500 m in einem verbarrikadierten Durchlass, in dem es so finster war wie im Bärenarsch, auf die ersten Hanseln, die wir nun ablösen sollten. Im Nu waren wir umringt von lauter alt aussehenden, bärtigen Männern. Eisenbahner, Gendarmen, Entlausungspersonal, Bäckereileute, Landesschützen, Festungspioniere, Feldpostkameraden – des Führers älteste Kämpfer, die der Iwan hier bei friedlichem Tun überrascht und brutal am Weglaufen gehindert hatte.
Oben auf dem Bahndamm über dem Gleisgewölbe hatten sie sich tolle Postenstände à la Ostfront 1917 gebastelt, mit viel Hol und Regenschutz, aber wenig Sicht, und bestückt mit den gutmütigsten Flinten aus der Zeit vor 1870. Lieb' Vaterland, magst ruhig sein, nach Kowel kommt kein Iwan rein…
Von Mann zu Mann wiederholten sich nun die Szenen überschwänglicher Freude und Erlösung, die ich schon im Bunker erlebt hatte. Sie staunten unsere MGs an, konnten es gar nicht fassen, dass sie nun wirklich bald diese schrecklichen Gräben und Löcher verlassen sollten, um in Urlaub zu fahren, um wieder Post zu sortieren oder Brot zu backen oder verlauste Fronturlauber in saubere Menschen zu verwandeln. Über sie war der Krieg hereingebrochen wie eine Überschwemmung über den schlafenden Bürger, über Nacht standen sie im Hemd auf der winterlichen Straße. Und nun waren wir Fremden erschienen und boten ihnen eine neue Wohnung und „erlösten sie von dem Übel" – so mochten sie es viel-

leicht empfinden.
Oben vom Bahndamm aus hatte man eine gute Aussicht, aber zu langen Betrachtungen der Umgebung war einfach noch nicht die Zeit. Hinter uns klapperten jetzt auch die anderen Kompanien in dem Graben an uns vorbei in ihre Stellungen auf dem Bahndamm. Ich ließ zunächst eine Gruppe bei dem Tunnel, die sich im Laufe der Nacht und vor allem in den Morgenstunden alles genau zeigen lassen sollte. Mit dem Rest des Haufens schlurften wir nun oben in dem Graben auf dem Bahndamm weiter. Dort standen die alten Kameraden in ziemlich dichten Abständen als Einzel- und Doppelposten mit Blick auf die weiten Wiesen vor uns. Ich ließ auch unsere Leute tropfenweise bei den Posten zur Einweisung zurück und ärgerte mich schon nach wenigen Minuten erheblich über umgeschmissene Telegrafenmasten, Drähte und Schwellen, die plan- und sinnlos über dem Graben lagen und jeden zu tiefen Bücklingen zwangen. Auf meine Frage, warum sie den blöden Kram nicht längst weggeräumt hätten, erzählten sie uns allen Ernstes, es sei doch gut, dass die Dinger da lägen, denn dadurch wäre man gezwungen, immer schön in Deckung zu bleiben und könne daher nicht so leicht abgeschossen werden. Ich hatte es aber schon nach 200 m satt und brauchte auch gar nicht erst zu befehlen, den Krempel rauszuschmeißen – das taten sie hinter uns schon von allein.
Auch dort oben bei den einsamen Posten erlebten wir die gleiche, ans Herz gehende Beglückung und Dankbarkeit dieser alten, friedlichen Männer, die sicher bei ihrer Einberufung keinen Augenblick daran gedacht hatten, jemals wieder wie im ersten Weltkrieg ganz vorn im Schützengraben stehen zu müssen. Manchen rollten wirklich die Tränen über die Backen: „Nein, dass ihr Jungen doch noch gekommen seid, dass wir aus dieser Hölle noch einmal herauskommen sollen, dass wir nun doch noch unsere Frauen und Kinder wiedersehen werden…“ – so brach es mehr als einmal schluchzend aus ihnen heraus, einfach so von Mensch zu Mensch. Was galten hier Dienstrang und Alter? Was musste sich in diesen schwarzen, quälend langen Frühlingsnächten in ihnen an Angst und Verzweiflung, an Hoffnungslosigkeit und stummer Ergebung in ein unbegreifliches Geschick angestaut haben? Und nun dieses Glück, die Befreiung durch uns junge, schwer bewaffnete Leute! Und wenn man sah, wie ihnen im Gespräch die Augen nass wurden, wie ihnen die Stimme erstickte, wie sie uns nachblickten, als sei ihnen ein unbeschreibliches Wunder widerfahren, dann ging auch uns das verdammt unter unsere raue Schale, ob wir wollten oder nicht.
Auch auf der Feindseite zweigte nun ein niedriger Damm von dem Hauptdamm ab und verlor sich geradeaus irgendwo beim Iwan in den fernen Wiesen. 500 m nach dem ersten Durchlass erreichten wir dann eine richtige Brücke, unter der in besseren Zeiten ein weiteres, von dem Sehnendamm abgezweigtes Gleis ebenfalls unter dem Hauptdamm hindurch nach Osten verlief. Jetzt war auch diese Dammbrücke unten schwer verbarrikadiert. Oben aber konnte man bei Nacht ohne weiteres über das Schotterbett laufen.
Die Grenze unseres Abschnitts hatten wir damit aber noch immer nicht erreicht. Von links her zog sich nun auch der eigentliche „Sehnendamm“ immer näher an den Hauptdamm heran und mündete schließlich auf gleicher Höhe in ihn ein. Nun erst erkannten wir auch noch eine „Sehnenstraße“, die weiter innen verlief und streckenweise mit Bäumen bestanden war. Diese Straße unterquerte mit einem

wilden S-Schlenker unter einer weiteren Brücke auch noch den Hauptdamm und verlor sich parallel zu den Gleisen ebenfalls zum Russen hin. Die Brücke über der Straße gehörte nun Gott sei Dank nicht mehr zu unserem Abschnitt, sondern bereits zur Schwadron.

Wir waren vom Gefechtsstand aus bestimmt schon an die tausend Meter gelatscht, teils am Fuße des Bahndamms entlang, teils oben in den krümeligen Gräben. Ganz weit weg und winzig klein ahnte man nun im schwachen Nachtlicht die große Brücke bei meinem zukünftigen Gefechtsstand. Dies alles war bisher nur mein linker Zugabschnitt. „Wo liegen denn nun die andern Züge?", fragte ich den Feldwebel. Der aber zeigte nur müde ganz nach rechts hinüber, fast in die Richtung des Gefechtsstandes. „Da drüben irgendwo; vielleicht sehen wir mal eine Leuchtkugel."

Wir warteten ein paar Minuten, hörten gelegentlich mal etwas MG-Feuer, sahen ganz fern auch mal eine Leuchtkugel flackern, aber die Nacht war hell genug, man konnte recht gut sehen und brauchte eigentlich kein künstliches Licht.

„Und wie weit ist es vom Gefechtsstand zum nächsten Zug?" Er schätzte die Entfernung auf 1.200 m. Da fiel ich fast vom Ständer. Wenn ich in dieser Nacht noch dorthin wollte, wurde es ja verdammt Zeit! Mit dem Zugführer am Bahndamm besprach ich noch schnell das Wichtigste: Verbindung nach links zur Schwadron, besondere Aufmerksamkeit im Morgengrauen, größte Vorsicht bei Bewegungen am Tage. Feind sieht mit! Alles klar.

In flottem Tempo marschierte ich nun mit meinen Meldern und dem Feldwebel auf dem inneren Bahndamm zurück zum Gefechtsstand. Kurz vor dem gewaltigen Stahlgerippe der großen Brücke blieben wir instinktiv im Graben stehen – blubb-blubb-blubb! – und gleich darauf sprühte das Gestänge vor uns Funken. Sie suchten mal wieder Dumme. Etwas vorsichtiger pirschten wir uns näher, denn nach den Erfahrungen des Feldwebels war kurz nach einem solchen Feuerüberfall meist auch noch MG-Feuer aus ganz genau eingestellten sMGs fällig. Aber diesmal tat sich nichts. Immer noch nicht. Im Galopp wetzten wir unter der Brücke hindurch und die Böschung zu dem Bach hinab. Dort unten war man angeblich vor den MGs sicher, wenn nicht mal Querschläger ganz dumm abprallten.

Ich sah noch schnell in den Bunker hinein, wo der Rest des Kompanietrupps trübsinnig mit ein paar Strippenziehern vom Bataillon hockte, die auch in meinem Bunker bleiben sollten. Unteroffizier Kober hatte nichts Neues zu berichten, außer dass die Züge in der Feldwache und an der rechten Grenze durch Melder ihr Einrücken in die HKL bestätigt hätten. Der mittlere Zug sollte ganz weit draußen liegen, unerreichbar bei Tage, weil kein Graben dorthin führt. Nun wurde ich aber unruhig und hellhörig – die Feldwache ist bei Tage nicht zu erreichen? Das hatte mir bisher niemand gesagt. Auch beim rechten Zug müssten wir spätestens eine halbe Stunde vor dem Hellwerden verschwinden, meinte jetzt der Feldwebel, sonst kämen wir nicht mehr heil nach Hause, weil auch dorthin kein Graben existierte und man kilometerweit jede Figur im Gelände erkennen könne.

Während er mir diese frohen Botschaften ins Ohr träufelte, entschied ich mich wegen der vorgerückten Stunde, nur noch zu Kapols Zug ganz rechts zu laufen. Der Feldwache konnte ich im Moment sowieso nicht helfen.

Wir tippelten also los, anfangs zurück Richtung Stadt und dann neben dem Gleis der Feldbahn im Bogen durch die nassen Wiesen. Der Feldwebel empfahl uns

dringend, immer diesen Weg zu nehmen, auch wenn er etwas weiter sei als der direkte querbeet, denn es seien schon einige, die es besser wussten, ganz schön im Sumpf oder auf Nimmerwiedersehen beim Iwan gelandet. Nach einer Weile wies er uns auf eine lockere Gruppe von Bäumen hin, hinter der nach links hinüber das Niemandsland beginne. Zugleich konnten wir nun vor uns eine Anzahl Häuser oder Schuppen erkennen und in einer dieser Buden fanden wir dann Kapol bei einem recht mürrischen Landesschützenhauptmann, mit dem ich auch noch rasch das Wichtigste über die Russen und die Stellung bekakelte. Die alten Knaben sollten hier noch den Tag über in der Stellung bleiben und unsere Leute einweisen. Der Feldwebel drängelte währenddessen unübersehbar mit den Augen – er wollte verständlicherweise zurück zum Gefechtsstand und nicht noch am letzten Morgen das Schicksal herausfordern. Ansehen konnte ich mir dort also nichts mehr. So wünschte ich vor allem Kapol und seinem Haufen noch schnell Hals- und Beinbruch und sockte mit dem Trüppchen die ganze langweilige Strecke wieder zurück. Als wir schließlich lahm und müde im Gefechtsstand ankamen, war es wirklich schon fast heller Tag und eine himmlische Stille erfüllte den weiten Himmelsraum. Kein Schuss zerfetzte mehr die Luft. Jetzt waren sie nach der langen Nacht alle müde und hungrig.
Auch wir verkrochen uns schnell in unser schwarzes Bunkerloch, denn man konnte tatsächlich, soweit nicht der Bahndamm die Sicht versperrte, in einem großen Halbkreis ferne Wälder sehen, in denen bestimmt die Russen steckten. Hoffentlich passen die in der Feldwache auf – das war meine Sorge vor dem Einschlafen. Wir krümmten uns auf viel zu kurzen, roh zusammengekloppten Pritschen und erstickten fast in dem fensterlosen Kabuff, aber dann versackte ich doch noch in einem bleiernen Schlaf der Erschöpfung. Die Nacht hatte mir fürs Erste gelangt, körperlich und seelisch.
Gestern Mittag fuhr ich dann aus bösen Träumen hoch und als ich endlich begriff, wo ich mich befand, wurde mir auch klar, dass das Krachen und Bellen meiner Träume Wirklichkeit war. Iwan beschoss uns widerlich mit schwerer Pak und Granatwerfern. Es schepperte und knallte gemein ganz in unserer Nähe, aber wir hatten immerhin den Trost, dass die Iwans uns mit der Pak nichts antun konnten, es sei denn, sie schössen vorher den Bahndamm zusammen.
Im Laufe des Tages war der Russe überhaupt scheußlich aktiv mit seinen schwereren Waffen, es rummste und krachte immer von Neuem von Kowel II her hinter „unserem" Bahndamm und nach links hinüber zur Schwadron und zur dritten Kompanie. Wahrscheinlich hatten die Russen die ungewohnte Unruhe in unseren Gräben bemerkt und die wandernden Köpfe der abgelösten Heerscharen gesehen, die im Laufe des Tages von der dritten Kompanie angefangen bis zu meiner Brücke den ganzen Bahndamm entlangsockten und vor allem den Engpass unter dieser Brücke passieren mussten. In ihrer übergroßen Freude vergaßen die Kameraden in der Nähe unseres Gefechtsstandes die notwendige Vorsicht, der Bahndamm schützte sie ja, und so standen sie alle Nase lang wieder in Grüppchen vor dem Bunker und schwatzten sich ihre Erleichterung von der Seele. Wenn dann der Iwan wieder seinen Rappel kriegte und mehr in unsere Gegend klotzte, kullerten sie uns im Bunker schreckerfüllt buchstäblich vor die Füße. Ach, sie waren ja so selig, wie Kinder zu Weihnachten, und jeder von uns war für sie ein leibhaftiger Weihnachtsmann, bei dem sie sich von ganzem Herzen bedankten, manche

auch heute wieder mit Tränen auf den Stoppelbärten. Sie ließen uns alles da, was wir irgend gebrauchen konnten, kaum einer hatte noch seine Flinte bei sich, ja, sie wären sogar barfuß und ohne Unterhosen weitergezogen, wenn wir es verlangt hätten. Sie zeigten uns stolz die Bilder ihrer Familien, ihrer Häuser und ihrer Heimat, und wenn wir sie schließlich weiterschicken mussten, weil immer neue angetröpfelt kamen und der Volksauflauf zu groß wurde, dann winkten sie uns noch lange zu, drehten sich immer noch einmal im Laufgraben zu uns um und schwenkten zum Abschied ihre schweißverspeckten Mützen. Ja, die hatten nun wohl erst mal einen Urlaub verdient.
Diese ungewohnte, nur zu verständliche Seelenstrapaze hielt bis in den Nachmittag hinein an, dann waren auch die letzten vom Bahndamm bei uns durchgeschleust und mit ihnen war auch der Feldwebel nach herzlichem Abschied gegangen. Nun saßen wir allein in unserem neuen Revier und fühlten uns keineswegs wohl, wenn wir an die kommenden Nächte dachten. Solange die Russen nur schossen, mochte zwar alles noch angehen, aber wenn nun einer in der Feldwache verwundet wurde? Wie sollte man einen solchen armen Teufel am Tage hierher kriegen, wie überhaupt merken, dass dort etwas passiert war?
Solche Gedanken gingen mir immer wieder durch den Kopf, trotz der Dauergespräche mit den heimkehrenden Kameraden, trotz des Papierkriegs, den das Bataillon gefühlsroh wie immer entfesselte. Alles wollten sie gleich wissen, Stärke, Verluste, Munitionsverbrauch, Stellungsskizzen, dazu alle zwei Stunden Berichte über Feindbeobachtungen, Abschussstellen, Ziele und Wirkung der russischen Granatwerfer, Pak, und so weiter. Der ganze Kram musste über die Melder laufen, denn die Strippenzieher vom Bataillon hatten zwar außer meinem noch zwei weitere Telefonapparate in meinem Bunker installiert, mit denen sie die Schwadron und die dritte Kompanie endlich an die Strippe kriegen sollten, aber die Iwans fetzten mit ihren Feuerüberfällen immer von Neuem die Leitungen kaputt. Dann bimmelten die Kästen minutenlang um die Wette, die Nachrichtenfritzen wetzten voller Wut aus dem Bau, um die Störungsstelle irgendwo an dem kilometerlangen Bahndamm zu suchen und die Kabel wieder zu flicken. Dann rappelte es auf meinem Telefon, wütende Fragen, wo die Verbindung bliebe, dann durfte ich meine Melder losjagen, um den anderen Kompanien Befehle und Fragen zu übermitteln, kurzum, mein Gefechtsstand war innerhalb weniger Stunden zum zentralen Nervenpunkt des Bataillons geworden, weil der Weg zur Schwadron und zur dritten Kompanie nur bei mir vorbeiführt.
Am Nachmittag waren die Melder am Boden zerstört und es dauerte jedes Mal länger, bis sie von einem Auftrag zurückkehrten. Entschuldigungen hatten sie immer parat, sonst wären es ja auch keine richtigen Melder. Bei den Telefononkels flatterte jeder Nerv einzeln und auch mir wurde schließlich der Betrieb in dem winzigen Bunkerloch zu bunt. Ich verduftete zu den Stellungen auf dem Bahndamm, um wenigstens diesen Abschnitt auch mal bei Tage zu sehen. Mochte das Bataillon sich die Kehle heiser schreien.
Oben im Graben auf dem Bahndamm nahe der linken Grenze hat man eine sehr gute Fernsicht. Was vom Bunker aus wie ferne Wälder ausgesehen hatte, sind meist nur kleine, schüttere Waldstücke oder weite Schonungen. Dazwischen liegen bretteben und menschenleer die Wiesen und Kornfelder. In 1.500 m Entfernung kann man rechts und links der zum Iwan führenden Straße eine kaum

merkliche Anhöhe erkennen, die sogenannte Bunkerhöhe. Vor ihr sollen sich die russischen Gräben entlangziehen, die man aber wegen ihrer guten Tarnung auch mit dem Fernglas nur ahnen kann. Die Straße selbst ist ins russische Hinterland hinein noch kilometerweit deutlich zu verfolgen, und die Posten haben strengen Befehl, jede Bewegung auf ihr sofort im Gefechtsstand zu melden.
Fast rechtwinklig zum Bahndamm und zur Straße zerteilt nach Süden hin ein Panzergraben die Wiesen, und etwas rechts von ihm, in rund 1.000 m Entfernung, soll die Feldwache liegen. Aber so sorgfältig ich auch mit dem Glas die Wiesen und Felder dort absuchte – Gräben oder sonstige Spuren menschlicher Tätigkeit konnte ich nirgends entdecken, allenfalls schien der Boden dort ein wenig heller, also trockener zu sein als sonst. Noch weiter rechts überragen verschiedene Baumgruppen und Dächer den fernen Waldhorizont; die Dächer gehörten wahrscheinlich zu den Schuppen, in denen Kapol mit seinem Zug haust. Aber welch riesige Entfernung ist es bis dorthin! Wie soll ich jemals mit dem Kompanietrupp rechtzeitig zu Hilfe kommen, wenn der Russe dort eine Schweinerei veranstaltet? Und diese unheimlichen Lücken zwischen den Stellungen der Züge – wie soll man hier halten, wenn der Russe kommt? So beängstigend leer und weit ist noch keine Stellung gewesen…
Als ich nicht gerade erheitert von diesen ersten neuen Eindrücken in den Bunker zurückkehrte, hatten die lieben Kameraden ein edles Verschönerungswerk vollbracht: Die schmutziggrauen Holzbalken der Decke und der Wände waren mit hellen Tüchern und Decken ausgeschlagen und dadurch wirkte der Raum nun viel größer und freundlicher.
In der Abenddämmerung kam Schmidt mit der Verpflegung, mit Post und Papierkrieg. Das Bataillon hatte eine neue lange Wunschliste ausgeheckt und wollte nun vor allem genaue Skizzen von Feuerstellungen und Berichte über Stellungszustand und all den anderen Käse haben. Bis kurz vor Mitternacht brütete ich über diesem Mist und wartete auf die Meldungen der Züge. Dann musste ich wegen verschiedener Einzelheiten doch noch im Finstern hinüber zu Kapols Zug, fand auch Feldbahn und Schuppen ohne lange Irrwege und hatte wenigstens noch eine Stunde Zeit, um mit Kapol das Nötigste zu besprechen. Auch er hängt tagsüber in der Luft, weil kein durchgehender Graben zurück zu den Häusern der Stadt in Sichtdeckung führt. Wie uns am linken Flügel das russische Kowel II im Großformat auf den Magen drückt, so hält Kapols Zug von drei Seiten das sogenannte Bunkerhaus umklammert, das nur 150 m von seinem Gefechtsstand ganz frei inmitten einer Wiese liegt und auch wie eine Faust die eigentliche Frontlinie ausgebeult hat.
Das Bunkerhaus ist eigentlich nur noch ein Trümmerhaufen, besitzt aber offenbar einen ganz massiven Keller, aus dem heraus die russische Besatzung die ganze Umgebung tyrannisiert. Mehrere Versuche, den Klotz zu stürmen, sind schon schauerlich gescheitert. Nicht einmal den einzigen Zugangsgraben hat man abkneifen können. So steckt das Ding nun wie ein Dorn im Fleisch und es ist vorauszusehen, dass man höheren Orts diesen blamablen Zustand nicht mehr lange dulden wird, denn hinter dem Bunker erstrecken sich weithin offene Wiesen, ein paradiesisches Schussfeld für uns.
Kapol hat sich von seinen Vorgängern Mordsgeschichten über das Bunkerhaus anhören müssen. So viel steht jedenfalls fest: Die Iwans dort drin sind schneidige

Hunde, wachsam und rücksichtslos gegen sich selbst und uns. Alle Hochachtung. Zur Feldwache kam ich auf diese Weise auch in der letzten Nacht noch nicht. Die armen Kerle werden sich ihr Teil denken.
Heute nun den ganzen Tag über wieder Skizzen, Skizzen, Meldungen und Befehlsdurchgaben. Mein Gefechtsstand ist der reinste Taubenschlag. Sechs Mann passen hinein, 15 Mann stehen, fragen und suchen dauernd herum. Am schlimmsten sind die Nachrichtenknechte. Sie drehen schon stundenweise durch. Wenn sie eine Leitung geflickt haben und sauer nach Hause kommen, müssen sie erfahren, dass die andere schon wieder im Eimer ist. So geht das Tag und Nacht, seit wir hier sind. Ich glaube, sie haben hier noch kein Auge zugemacht. Kein Wunder, dass ihre Nerven zerfetzt sind wie ihre Leitungen.
Ähnlich ergeht es den Meldern, die auch pausenlos auf Achse sind und den Strippenziehern oft gleich sagen können, wo die Leitungen vermutlich hin sind. Viel Auswahl an Wegen und Leitungsbahnen haben wir ja nicht: Immer am Bahndamm entlang. Und da der Iwan zigmal in 24 Stunden seine Überfälle auf die Dämme loslässt, muss er immer wieder was treffen, selbst wenn die Kabel in den Gräben liegen.
Und bei dem Wahnsinnsbetrieb soll man dann auch noch den Papierkrieg fürs Bataillon erledigen. Wie gesagt, leicht erschüttert ist gar kein Ausdruck für meinen momentanen Zustand.

<u>Kowel, Mittwoch, 10. Mai 1944</u>

Wir alle wundern uns, wie schnell wir uns an dieses wirklich fast pausenlose Gebolze und Wummern rings um uns herum gewöhnt haben. In den bisherigen Stellungen hatten wir oft Tage, an denen es absolut still war. Hier aber tobt zu jeder Stunde ein irrer Rabatz, der bei der Schwadron und bei der dritten Kompanie schon ein paar Verwundete gekostet hat. Selbst Motsch und Bello Reichert haben gleich zu Anfang bei unserer Brücke ein paar unbedeutende Splitter abgekriegt. Die Wunden waren allerdings mit einigen Pflastern schnell versorgt. Hinterher fand Motsch noch zwei Löcher quer durch seine Mütze! Und Wanzen haben sie auch in ihrem Bunker.
Auch gestern zog der Abend unerwartet schnell herauf. Im Halbdunkel rollte die Küche bis vor die Bunkertür, neue Fluten von Papierkrieg ergossen sich in meinen winzigen Unterstand und die ganze Zeit über zitterte man vor dem nächsten Feuerüberfall.
Wenn die Iwans erst spitzkriegen, was sich hier am Abend alles an Meldern und Essenholern, Pferden und Wagen versammelt, dann gute Nacht, Marie. Nur gut, dass uns der hohe Damm nach links hinüber so herrlich abschirmt. Nach rechts hinaus ist der Iwan ja weit weg und kann wenigstens im Dustern nichts mehr sehen.
Gegen 23 Uhr riss ich mich gestern Abend von dem ganzen Rummel los. Ich musste endlich mal raus zur Feldwache, zu der ja auch noch keine Telefonverbindung besteht. Von den Essenholern hatte ich zwar schon einiges über die Zustände dort gehört, sandige, flache Gräben, keine Unterstände oder Bunker, kein Wasser, nur Wiesen ringsum und knöchelhohes Korn. Die schönste Sommerfri-

sche. Ich hatte mir den Zugführer der Feldwache herbestellt, da ich allein den Weg dorthin wohl kaum gefunden hätte, und so zogen wir mit zwei Meldern los, immer freiweg quer über die Wiesen, ohne jeden Anhaltspunkt außer einem zertrampelten Draht, der nur streckenweise im Gelände liegt und uns dann jeweils eine Weile führte. Zwischendurch konnte nur der Zugführer im Rückblick auf die hohe Brücke prüfen, ob die Richtung noch stimmte. Die Nacht war schön hell, und wir konnten ziemlich unbekümmert daherwandern, da man in dem niedrigen Gras jeden verdächtigen dunklen Fleck und jede Bewegung schon auf genügende Entfernung bemerkt hätte.
Immer kleiner wurden hinter uns das Haus und die Brücke, aber nach gut 15 Minuten stießen wir dann endlich auf die ersten Gräben der Feldwache, riefen leise, suchten die Posten, gingen ein Stück weiter am Graben entlang. Wo waren die Kerle? Wir riefen wieder, lauschten – nichts. Keine Antwort, kein schwarzer Punkt im Graben, der ein Postenkopf hätte sein können. Was war passiert? Sie mussten uns doch sehen? Höchste Vorsicht. Alles still. Und dann eine Gestalt von vorn, genau auf uns zu. Fernglas. Ein Landser, kein Zweifel. Langsam gingen wir ihm entgegen; auch er hatte uns längst gesehen und kam seelenruhig näher. Ein Mann von der Feldwache, der eine Meldung zum Gefechtsstand bringen sollte. Er erklärte uns dann auch leicht feixend, bis zur Feldwache wären es noch mindestens 400 m, aber die Richtung stimme. Dies wären nur ein paar verlassene Gräben, auf die wäre er auch schon mal reingefallen.
Da mussten wir alle grinsen; ich steckte die Meldung ein und wir nahmen ihn mit zurück zur Feldwache, die wir nun ohne Schwierigkeiten fanden. Meine schlimmsten Befürchtungen wurden jetzt noch übertroffen. Der Graben war nichts als eine breite, flache Mulde, zusammengerutscht und ausgefranst, kein Stück Holz für Unterstände, absolute Dürre, kein Schatten, Sicht vielfach miserabel und Beschuss von allen Seiten, am schlimmsten von Kowel II herüber. Jeder MG- und Gewehrschuss, der von dort aus beim Gefechtsstand über den hohen Damm hinwegflutscht, landet in der Gegend der Feldwache. Es ist ein Wunder, dass noch niemand etwas abgekriegt hat. Das Schlimmste aber ist, dass hier entgegen meinen bisherigen Annahmen nur sieben Mann vegetieren, ganze sieben Mann, abgeschnitten von aller Welt inmitten dieser meilenweiten Einöde. Jetzt erst erfuhr ich von dem Zugführer, dass der Rest des Zuges drüben neben Kapols Zug bei den Schuppen in Stellung liegt. Ich stauchte den Zugführer schwer zusammen, fragte ihn, wie er das verantworten wolle, und ordnete an, dass noch in dieser Nacht eine zweite Gruppe dorthin käme, ganz egal wie und woher. Lieber einen Stützpunkt weniger, aber die wenigen so stark, dass sie sich eine Weile selbst verteidigen können. Ob die Lücken dazwischen nun 800 oder 1.200 m breit sind, ist scheißegal. Während wir noch oben am Graben standen, fatschte uns zur Illustration der Zustände eine lange MG-Garbe um die Ohren, natürlich von Kowel II. Es war deprimierend zu sehen, wie weit die Brücke von der Feldwache aus entfernt ist, wie hoffnungslos hier jeder Gedanke an rechtzeitige Hilfe vom Gefechtsstand aus sein muss. Und ebenso fern liegen zur anderen Seite hinüber die Baumgruppen in Kapols Gegend, wenn die, die man dort schwach erkennen konnte, überhaupt schon die richtigen waren.
Ich regelte noch, was sich unter diesen Umständen im Moment regeln ließ. Besondere Sorge macht mir auch der Panzergraben, der sich etwa 200 m von der

Feldwache aus hinzieht und dem Russen jederzeit eine prächtige Annäherungsmöglichkeit bietet. Auf ihn müssen sie ganz besonders aufpassen, immer wieder Spähtrupps laufen und Spuren suchen.
Ich war doch verdammt bedrückt, als wir gegen zwei Uhr wieder aufbrachen. Die Männer in der Feldwache brauchen alle erdenkliche Unterstützung und Hilfe, vor allem einen gesicherten Zugang von rechts und links, so schnell wie nur irgend möglich. Und Holz, Holz, Holz, zum Ausbohlen des Grabens, zum Bau von Postenständen und Unterkünften. Noch haben wir etwas Zeit. Solange die Nächte so hell sind, lässt sich manches tun. Aber später bei Neumond? Dann können sie uns geklaut werden, ohne dass wir im Gefechtsstand etwas davon merken. Es wird Tag und Nacht so viel geschossen – wer kann da etwas Besonderes heraushören und wissen, ob da draußen einer auf Gespenster oder auf Russen geschossen hat? Alarm ist nur durch Leuchtkugeln möglich.
Von allen Seiten zwitscherte es gestern Nacht zur Feldwache, über der Stadt kreuzten sich die Leuchtspurfäden und niemand konnte dort sagen, wer gerade mit seinen Granatwerfern wohin geballert hatte. Zehn Echos rollten zugleich über die Wiesen und beim Blick rückwärts auf den Widerschein der Mündungsfeuer in den Wolken über der Stadt konnte man glatt vergessen, dass hinter einem in den stillen dunklen Wiesen der gefährlichste Feind lauerte, die lautlosen Spähtrupps und die Stoßtrupps und Postenklauer.
Auf dem Rückweg begegnete uns ein Trupp Fernsprecher, der Befehl hatte, einen Draht zur Feldwache zu legen. Mir fiel ein Stein vom Herzen. Wenigstens Telefon! Ich habe nun zwar noch ein paar Apparate mehr im Bunker, aber endlich alle Züge an der Strippe.
Heute Vormittag fand ich endlich auch Zeit, den VB der Ari zu besuchen, der sich ganz oben in „unserem“ Bahnwärterhaus eine B-Stelle eingerichtet hat. Der Tag hatte sich schon früh sehr unruhig angelassen, die Russen schreckten uns alle Nase lang mit schweren Feuerüberfällen aus dem Schlaf, es rasselte und klirrte schauerlich im Gestänge der großen Brücke und man hatte allgemein den Eindruck einer großen Nervosität beim Iwan, vielleicht, weil er von unserer Seite Schlimmes befürchtet. Denn dass die gute alte Zeit des Mäuschen-Spielens vorüber ist, hat der inzwischen bestimmt gemerkt. Ebenso weiß er wohl mit Sicherheit, wer jetzt in der Stadt sitzt. Vielleicht befunkt er deshalb so sprunghaft alle wichtigen Punkte und wir hatten den Ärger und konnten nicht schlafen.
Aus der luftigen Höhe des Dachstübchens sah die Welt fast noch verrückter aus als aus der normalen Sicht. Mit Mühe konnte man von dort aus die sonst unsichtbare Feldwache als schwachen, helleren Strich im Grün der Wiesen mehr ahnen als wirklich erkennen. Weit weg rechts hinter uns standen die Baumgruppen bei Kapols Zug und die paar Schuppen und Ruinen. Keine Menschenseele war zu sehen, nur hier und da ein Vogel auf den Wiesen, unbekümmert um Freund und Feind.
Gut zu erkennen waren im Fernrohr nur die Gräben und Bunker der Russen auf der Bunkerhöhe genau vor uns, allerhand schöne Sachen, und prima getarnt. Aber auch dort keine Spur von Leben, keine Bewegung. Und doch lauern auch dort wie bei uns viele Augen, die unablässig die Wiesen und Dämme absuchen, immer wieder, hin und her, und sich vielleicht wie wir über solch einen Vogel im Niemandsland freuen.

Links hinüber, nach Kowel II, versperrt der Bahndamm auch dort oben noch die Sicht. Zum Glück, denn sonst hätten die Iwans den Dachstuhl samt Beobachter bestimmt schon mit der Ratschbumm in alle Winde geblasen.
Am Nachmittag hatte man für unsere dicken Kanonen wohl endlich genug Munition herbeigekarrt. Der Iwan kriegte Kontra auf die Bunkerhöhe, dass es lieblich qualmte, und hinein nach Kowel II, dass unser Bunker zitterte und der Sand von der Decke rieselte. So etwas Schönes waren die Genossen von unseren Vorgängern gewiss nicht gewöhnt. Als der Spektakel nach gut zwei Stunden endlich verebbte, war Iwan merklich höflicher geworden, und mehr wollten wir ja auch nicht.
Unseren Strippenziehern gab dieser Tag allerdings den Rest. Sie sind schon von Natur aus etwas kiebig und sehr temperamentvoll und nun fuhren sie sich bei jeder Kleinigkeit in die Haare, bezichtigten sich gegenseitig der Faulheit und machten sich und erst recht uns andere total verrückt mit ihrer irrsinnigen Bimmelei. Eine Leitungsprobe nach der anderen, Gebrüll und Missverständnisse, Fluchen und krachende Hörer. Pausenloses Schrillen, aus diesem Apparat, aus jenem, aus welchem jetzt? Jetzt? Aus allen? Nein, diesmal aus diesem, du Idiot! Ruhe!! Leck mich… Das reinste Tollhaus. 24 Stunden lang am Tag. Alle halbe Stunde ist wieder irgendwo eine Leitung im Eimer und sie müssen raus, ob der Iwan klotzt oder nicht. Sie suchen die Stelle, geraten vielleicht in einen neuen Feuerüberfall, flicken in kümmerlicher Deckung, kriegen auch endlich wieder Verbindung, kommen nach einer oder zwei Stunden nach Hause, zitternd, wütend, hungrig – und dieselbe Leitung ist wieder im Arsch, wer weiß wo. Und jeder will oder muss telefonieren und flucht, wenn es nicht klappt. Jeder kurbelt auf einer anderen Leitung. „Jawohl, hier…“ – knack, tot. Strippenzieher raus! Für sie sind es höllische Tage und Nächte hier, ohne Schlaf und Ruhe. Jeder von ihnen steht unter Hochspannung. Berühren ist lebensgefährlich. Die armen Säcke zahlen jetzt bitter für ihr gepflegteres Leben in ruhigeren Stellungen.

Kowel, Donnerstag, 11. Mai 1944

Auch gestern Abend spielte Iwan mit Anbruch der Nacht wieder verrückt. Überall in der langen, verzahnten Front ließ er seine grünlichen Leuchtpinörkel steigen, und nach einer Weile wurden auch unsere Leute nervös und funkelten wild dagegen. Von allen Seiten fatschten die Geschosse über uns und die Stadt dahin, es pfiff und surrte von Querschlägern und Granatsplittern. Auf der Streife zur Feldwache und von da aus querbeet auf Kapols Baumgruppe zu zuckten wir alle Augenblicke zusammen, wenn es mal von rechts, dann von vorn und hinten zugleich allzu dicht an unsern Köpfen vorbeizischte oder wenn wir uns plötzlich von lieblichen Leuchtspurbahnen umhüllt fanden, die gleich darauf klatschend im Gras erloschen oder noch weit über uns hinaus bis fast wieder zum Iwan hinzwitscherten. Manchmal ballern sich die Genossen über uns hinweg gegenseitig was in die Schnauze – so sieht es jedenfalls mitunter aus.
Uns wurden die 800 oder 1.000 m vom Gefechtsstand zur Feldwache und die 1.000 m von da aus weiter zu Kapol auf diese Weise nicht langweilig. Diesmal fand ich auch endlich genug Zeit, mir bei Kapol vom nächsten Grabenstück aus

das berüchtigte Bunkerhaus der Russen genauer anzusehen, mit aller gebotenen Vorsicht natürlich, denn die Kerle da drin schießen tatsächlich auf den kleinsten Schatten, den sie entdecken. Sie selbst hocken unsichtbar hinter den schwarzen Löchern winziger Kellerfenster und haben sich noch zusätzliche Schießlöcher gebohrt. Wie eine leblose Ruine lag der Bunker frei inmitten der Wiese, überschüttet vom Geröll des zusammengestürzten Hauses. Nur nach rechts hinten in die Gärten hinein schlängeln sich die rubbeligen Silhouetten des Zugangsgrabens, der einzigen Lebensader. Kein deutscher Landser hat ihn bisher erreicht. Aus unsichtbaren Läufen ist bisher noch jedem der Tod entgegengesprüht, der dort den Kopf zu hoch genommen hat. Dort gibt es nicht einmal ein Niemandsland zwischen den Gräben, denn die harmlose Wiese um den Bunker herum gehört nur einem, dem Tod. Und weil das jeder weiß, zeigt sich keine Bewegung. Keine Leuchtkugel zerreißt dort das Dunkel der Nacht, kein Schuss zerbricht die Friedhofsstille dieses Ortes. Aber hundert Augen starren in die Nacht und viele Finger liegen ständig gekrümmt am Abzug. Das ist schon Nervenkrieg in Reinkultur.
Hoffentlich kommt nur nicht mal einer auf die Idee, diesen Bunker doch zu knacken, nach dem Motto: Dem deutschen Soldaten ist nichts unmöglich. Dann gnade Gott den armen Teufeln, die den Wahnsinn ausbaden müssen.
Gegen Morgen endlich ließ die blödsinnige Ballerei in unserem Rücken etwas nach. Es wurde Zeit, dass wir uns auf die Socken machten, zurück ins Körbchen zu den süßen Klingelkästen.
Von Motsch und vielen anderen Leuten, die rund um die Uhr an meinem Gefechtsstand vorüberpilgern, habe ich nun auch eine ungefähre Vorstellung davon, wie es hinter unserem Damm aussieht. In Höhe meines Gefechtsstandes liegt der Russe tatsächlich kaum mehr als 200 m entfernt in Kowel II mit Front zu uns, das heißt, zu dem Damm vor unserer Nase, der von anderen Einheiten besetzt ist. Jenseits meiner linken Grenze an der Bahnbrücke über die Straße liegt die Schwadron wie wir oben auf dem im Bogen weiterverlaufenden Damm, der aber nach Nordosten hin immer niedriger wird und schließlich in einem ekligen Busch- und Strauchgelände ganz verschwindet. Dort, wo es am unübersichtlichsten wird, biegt dann die Front in einem ganz spitzen Winkel wieder scharf um und läuft genau auf unseren Gefechtsstand zurück, bis sie vor unserem Bahndamm wieder zur Stadt hin abknickt. Dieser ganze Frontzwickel bammelt wie ein reifer Apfel an diesem dünnen Stiel, diesen 200 m, und wenn man daran denkt, dass unser linker Zug, die Schwadron und die dritte Kompanie wie auf einer Schnur hintereinander aufgezogen sind, ja dass sie teilweise Rücken an Rücken stehen, dass es dort kein Hinterland wie sonst gibt, sondern nur diesen länglichen, zapfenartigen Zipfel zwischen den Stellungen, und dass fast jeder Punkt auf den Dämmen von hinten und von vorn, das heißt von Kowel II und von der Bunkerhöhe aus, befeuert werden kann, dann kann einem schon mulmig werden.
Die böseste Ecke ist ohne Zweifel die sogenannte Spitze, jene Ecke bei der dritten Kompanie, wo die Front ganz scharf zurückknickt. Dort an der engsten Stelle stehen die Posten nur wenige Meter voneinander entfernt Rücken an Rücken. Bei Tage löst jeder Kopf, der sich blicken lässt, fast automatisch ein rasendes MPi-Feuer aus. Der Russe sitzt einfach zu dicht dran in dem Kusselgelände. Die Gräben sind nur noch Sandmulden und flache Löcher, zerstampft von unzähligen Granatwerfereinschlägen, und bisher hat es dort noch jeden Tag Verwundete

gegeben. Stacheldraht und Minen fehlen ganz. Es wäre auch unmöglich, heute noch solchen Kram dort einzubauen. Keiner käme mehr lebendig in den Graben zurück. 50% der ganzen Schießerei sollen Tag für Tag in die Spitze gehen. Die armen Kerle dort werden bald mit den Nerven fertig sein. Oder tot und verwundet. Dann kommen wir vielleicht dorthin. Schöne Aussichten, wohin man auch blickt.

Kowel, Freitag, 12. Mai 1944

Gestern Abend rückte endlich die schon mehrmals angekündigte Kompanie zum Schanzen an. Ein Verbindungsgraben vom Gefechtsstand zur Feldwache hinüber ist auch vom Kommandeur schon lange als vordringlich nach oben weitergemeldet worden. Nun kriegte jeder Mann fünf Meter zugewiesen, die er in der Nacht auszuheben hatte. Aber schon nach einem Spatenstich stand das Wasser im Loch – der Traum vom Graben war ausgeträumt. Es gab nur noch die Möglichkeit, wenigstens einen dürftigen Sicht- und Kugelschutz zu schaffen, nämlich aus Rasensoden eine Mauer aufzusetzen. Das geschah denn auch mit bemerkenswertem Eifer. Bis zum Morgengrauen hatten die Kameraden etwa 400 m Zickzack-Rasen-Mauer von etwa 1,20 m Höhe fertig gebastelt, optisch eine imponierende Leistung in dem bis dahin konturlosen Grün der Wiesen. Und moralisch von geradezu ungeheurer Wirkung!
Vor Sewastopol spielten sich in diesen Stunden sicher grauenvolle Szenen ab. Wer kommt mit auf die rettenden Schiffe? Wer hält die letzten Stellungen? Wie ist um diese Stadt gerungen worden. Nun geht sie in Tagen und Stunden verloren wie die ganze blutgetränkte Krim. Da stimmt doch etwas nicht. Der Kampf um Stalingrad hat nach der Einschließung im fürchterlichsten Winter noch über 12 Wochen gedauert – hier fällt ein Kartenhaus vom ersten Windhauch um. Wenn man wüsste, woran es liegt, wäre einem sicher etwas wohler. Aber so? Dies Schweigen über die Hintergründe ist schrecklich. Man kann eigentlich nur an Verrat und solche Sachen denken, denn woanders steht doch die Front noch. Aber man weiß eben zu wenig, und das quält und belastet einen so sehr.
Eben der erste Verwundete bei Kapol. Die verdammten Granatwerfer. Der Verwundete muss noch bis zur Dunkelheit in der Stellung bleiben, weil ja der Graben nach hinten noch nicht fertig ist. Zum Glück sind es wohl nur Fleischwunden. Aber ein Mann weniger.
Von der Spitze kamen heute bisher zwei Verwundete vorbei. Auch Granatwerfersplitter in Kopf und Schulter, viel Schwein dabei.
Das Wetter ist heute ungewohnt stürmisch. Das macht einen ganz kribbelig, zusätzlich zu allem anderen. Heimlich zittert man schon wieder vor der Nacht dieser endlosen Finsternis in der endlosen Weite der Wiesen.

Kowel, Sonnabend, 13. Mai 1944

Gestern rückten die Schanzkameraden schon in der Dämmerung an und gerieten prompt in das abendliche Gewimmel der Essenausgabe und Postverteilung hin-

ein; zu gleicher Stunde kreuzte eine Streife einer anderen Kompanie auf, die genau eingewiesen werden musste, und schließlich quetschte sich auch noch der Führer eines Pionierzuges, der Stacheldraht legen sollte, in unseren mickrigen Bunker. Die Strippenzieher fluchten, weil sie in dem allgemeinen Gebrabbel kein Wort verstanden, alle anderen brüllten sich an, weil das infernalische Geschrille der Telefone keine Sekunde verstummte, kurzum, diese nervtötende Wirtschaft in dem finsteren, viel zu engen Loch muss eine andere werden und ich beschloss spontan, heute mit dem Bau eines geräumigen und vor allem ausreichend hohen Bunkers zu beginnen. Platz genug ist an der hinteren Seite unseres Hauses.
Gegen Mitternacht war endlich alles Volk im Gefechtsstand abgefertigt und ich konnte hinaus um mir die Arbeit der Schanzer und Pioniere anzusehen. Es war ein himmlisches Gefühl, immer an der Rasenwand entlangzulaufen, auf dem hellen Sandstreifen, der nach dem Abheben der Grassoden übrig geblieben ist. Ich lasse jetzt jeden Abend vom Tross zwei Wagen voll Bauholz zum Gefechtsstand bringen und ein paar Mann von der Feldwache schleppen nun Nacht für Nacht unermüdlich Balken und Bretter die tausend Meter hinaus in die Stellung, Stück um Stück, und wer da draußen nicht Posten stehen muss, beginnt gleich in der Nacht mit dem Einbau der Hölzer. An Schlaf kann jetzt nachts sowieso keiner mehr denken; Wache schieben oder arbeiten, etwas anderes gibt es nicht. Doch man sieht auch schon überall Fortschritte: In der Feldwache selbst verbretterte Grabenstücke, die nicht mehr allzu leicht zusammenrutschen können, Stacheldraht und Rasenwand auf 2/3 Länge bis zur Feldwache. (Bild 47) In fast jedem steckt ein ganz erstaunlicher Drang, die Stellung auszubauen und immer ganz neue Raffinessen zu erfinden, die dem Iwan das Leben versauen sollen, wenn er wirklich mal kommen sollte. Solange er nur so hektisch ballert wie in all den letzten Tagen und Nächten, kann er uns noch nicht allzu sehr imponieren.

Kowel, Sonntag, 14. Mai 1944

In der Nacht schaffte der Schanzverein das letzte Stück Rasenwand bis zu den Gräben der Feldwache. Nun habe ich endlich auch am Tage Verbindung zu den abgeschnittenen Hanseln da vorn und brauche nachts auf Streife nicht mehr zu befürchten, mich zu verlaufen. Sogar eine Rolle Stacheldraht ringelt sich als endlose Schlange vor der aufgesetzten Graswand und weiter draußen vor den Gräben der Feldwache, ein Witz für den Iwan, aber ein Anlass, sich höheren Orts ob solcher Befestigungen stolz an die Brust zu schlagen.
Ein Stück weg von unseren Stellungen tobte fast zwei Stunden lang ein wüstes beiderseitiges Gebolze mit Artillerie und Granatwerfern. Der Himmel zuckte von den aberhundert roten Blitzen der Abschüsse und Detonationen. Vorhin erzählten die Melder, in der fraglichen Ecke wären zwei Spähtrupps aufeinandergestoßen. Das hat dann offenbar diese irre Hektik auf beiden Seiten ausgelöst. Vielleicht vermutet der Iwan hinter unserer Schießerei viel mehr, als drin ist; das macht ihn dann auch bei kleinen Anlässen so nervös und überempfindlich. Dazu dann immer noch dies eigentümlich ziehende Sturmwetter, fahle, diffuse Wolken, fast wie Föhn.
Ich stolzierte gegen Mittag zum ersten Mal am hellen Tage hinüber zur Feldwa-

che, allein inmitten der stillen, blühenden Wiesen, die in der Sonne wundervoll dufteten, allein mit einigen Lerchen und Raubvögeln hoch über mir. Aber draußen in den traurigen Sandlöchern vergingen mir schnell alle poetischen Anwandlungen. Ein Kern von Unterschlüpfen und Postenständen ist mit dem Nacht für Nacht herbeigeschleppten Holz gewiss geschaffen worden, aber eben nur ein Kern. (Bild 48, 49) Das langgestreckte Grabennetz selbst sah finster und deprimierend aus wie am ersten Tag, flache Mulden, kaum einen Meter tief, kaum Schutz und Deckung bietend, wenn einmal mehr geflogen kommen sollte als das übliche Gezwitscher von Kowel II.

Mein stolzes Stellwerkshaus war nur als ferner, bedeutungsloser Schuppen zu erkennen, die große Brücke schwebte als zierliches Filigranwerk über den geraden Konturen des Bahndammes. Von dort hinten aus Hilfe?? Ein hoffnungsloser Fall. Sie alle wissen dort, dass sie ganz auf sich gestellt sind. Da ist Wolny, das Urvieh aus Oberschlesien, einer, den kein Iwan schnappen wird, weil er noch gerissener ist als die; Schneider Oskar, äußerlich ein Typ zum Fürchten, aber einer, der den Russen wittert und zur Sau macht, lange bevor der ihn wahrnimmt. Ein paar von dieser unbezahlbaren Sorte sind hier beisammen, genießen geradezu dieses Leben in Wildnis und Einsamkeit, und die anderen verlassen sich auf die Instinkte dieser Vagabunden.

Zehn Meter vor und hinter den Gräben ist für die Leute der Feldwache die Welt zu Ende – so weit haben sie neben aller anderen Arbeit das immer höher schießende und nun schon kniehohe Korn und Gras abgesäbelt mit dem, was sie besitzen, mit Taschenmessern, Spaten und Bajonetten. Aber hier wächst jetzt buchstäblich eine heimtückische Gefahr heran: Das Korn muss, koste es, was es wolle, rechtzeitig auf 30, 40, ja 50 m Tiefe gemäht werden, sonst genügt eines nachts eine Handgranatensalve aus dem Getreide heraus, um die ganze Feldwache mit einem Schlag auszulöschen. Den Russen ist in dieser Hinsicht alles zuzutrauen. Sie haben sicher längst ihre heimlichen Lauertrupps in Gras und Korn liegen und wissen genau, wo unsere Männer stehen. Unbemerkt beobachten sie bestimmt Nacht für Nacht, mit versteckten Horchposten vielleicht sogar am Tage, jede Streife, jeden Bunker und Postenstand, und wenn sie dann zuschlagen, klappt es wieder wie am Schnürchen.

Ich konnte es mir nicht verkneifen, in der Feldwache noch ein paar Bilder zu verknipsen: Zwei „Unterstände“, ein verbrettertes Stück Graben. (Bild 48, 49) Man glaubt gleich den Sand zwischen den Zähnen zu spüren, wenn man diese erbärmliche Grabenrinne auch nur betrachtet.

Heute vor zwei Jahren war die bildschöne „Säuberungsaktion“ an der Feldbahn bei Nepokrytaja. Was habe ich seitdem gesehen und erlebt! Und ich lebe immer noch und bin heil, während täglich die Verwundeten an unserem Gefechtsstand Rast machen oder auf Bahren vorübergetragen werden. Alle paar Stunden gibt es hier oder da ein neues Loch in der ohnehin schon so dünnen Kette der Posten. Der Sand rieselt…

Eben wird Alarmbereitschaft befohlen. Der Russe plant angeblich einen Angriff. Wie, wo, wann, weiß natürlich keiner.

Kowel, Montag, 15. Mai 1944

Beim Bunkerbau sind wir bis heute ein gutes Stück vorangekommen, nachdem wir in 1,5 m Tiefe endlich einen infamen Trümmerhaufen durchwühlt hatten. Jetzt am Abend ist sogar der ganze Erdaushub im Wesentlichen geschafft.
Das Bunkerhaus soll jetzt systematisch von den schweren Waffen sturmreif geschossen werden. Also genau das, was ich immer schon befürchtet habe. Das Ding muss doch zu knacken sein, meine Herren, geradezu lächerlich!
Der Kommandeur kündigte mir für die Nacht einen Besuch an; er will endlich auch einmal die Feldwache sehen.
Der Alarm ist abgeblasen. Angeblich soll der Angriff der Russen nun am 18. steigen. So was haben wir gern. Fünf Verwundete hat die Kompanie nun schon, heute gleich zwei, zum Glück nur leichtere Sachen – toi, toi, toi! Aber wenn die Leute vielleicht auch schon bald wiederkommen – erst mal fehlen sie uns an allen Ecken.
Vorhin mit dem Papierkrieg kam ein unscheinbarer Befehl: Kowel ist zum „Festen Platz“ erklärt, der General „Kommandant von Kowel“. Das bedeutet also: Einschließen lassen, halten bis zur letzten Patrone à la Tarnopol und Stalingrad. Diese Geschichte ist mir nun doch schwer auf den Magen geschlagen. Wir sollen alle noch besondere Kenn-Nummern oder so etwas kriegen. Die Erkennungsmarke genügt offenbar nicht mehr.

Kowel, Dienstag, 16. Mai 1944

Letzte Nacht bei der langen Tippelei zur Feldwache und erst recht in den verschütteten Gräben der Feldwache selbst zeigte sich Röder ebenso tief besorgt über die Lage und Dürftigkeit dieser Stellung, wie ich es schon so viele Tage und Nächte bin. Er hat aus meinen Schilderungen über die Zustände dort bisher vielleicht immer etwas Zweckpessimismus herausgelesen. Jetzt, inmitten der lautlosen, nachtschwarzen Wiesen, schier meilenweit von der Stadt entfernt und im Gefatsche der Querschläger von Kowel II überkam ihn wohl doch ein wenig von dem unterschwelligen Grausen, das mich manchmal sogar aus dem Morgenschlaf reißt, wenn plötzlich das Telefon klirrt.
„Hier muss Verstärkung hin, sonst sind diese Männer eines Nachts verloren!“ – das war alles, was er sagte, als wir uns von der Feldwache verabschiedet hatten und nun wieder allein über die freien Wiesen in Richtung auf Kapols Stellung gingen. Dort führte uns noch kein Graben und kein Stacheldraht, aber immerhin konnte man ganz schwach als schwärzere Schatten die Pappeln an Kapols linker Grenze erkennen. Zehn Minuten marschierten wir so durch das taunasse Gras, die Maschinenpistolen wie immer auf unseren nächtlichen Streifen schussbereit im Arm, blieben hin und wieder stehen und lauschten und versuchten die Finsternis des Niemandslandes mit unseren Gläsern zu durchdringen. Und dann steckten wir auf einmal in Wasser und Sumpf, bogen etwas nach links aus, wo es trockener aussah, verrannten uns abermals, platschten zurück, gerieten noch weiter nach links ins Unbekannte hinein, auf einmal war die Pappelreihe ein ganzes Stück rechts von uns – verdammt, wir waren vielleicht schon halb beim Iwan! Mir wur-

de höchst mulmig zumute. Wir lauschten, während das Wasser in den Stiefeln gluckerte, versuchten uns zu orientieren, Schatten von Bäumen standen auf einmal überall schwarz gegen den Himmel, ferne Leuchtkugeln verwirrten uns noch mehr – Wo waren wir? Wo?
Wir mussten rufen. Allzu weit konnten doch unser Posten nicht sein. „Hallo – Posten!“ Stille. „Hallo – Posten!“ Stille. Nichts. Doch dann: „Hierher!“, rief es plötzlich halblaut von vorn, von der Stadt her. „Hierher!“ – Gott sei Dank! Mit neuem Mut stakten wir durch den Schlamm auf die unbekannte Stimme zu.
„Kennwort!!“ – schnarrte es uns plötzlich scharf entgegen, „Kennwort!!“ Das krächzten wir noch so eben aus unseren zugeschnürten Kehlen, dann ließen wir uns erst mal schweiß- und sumpfgebadet bei unseren beiden weit vorgeschobenen Horchposten nieder, in deren Nähe wir wohl nur durch Zufall gelandet waren. Sie hatten uns zwei Figuren schon eine ganze Weile beobachtet und gehört, sich aber befehlsgemäß nicht bemerkbar gemacht, zumal sie anfangs ja auch wirklich nicht ahnen konnten, wer da vorn so unmilitärisch herumplanschte. Uns fiel jetzt nach und nach eine Zentnerlast vom Herzen. Die Pappelreihe, die wir ursprünglich angepeilt hatten, begann erst 300 m von dort. Es zog sich zwar auch bei den Horchposten eine Baumreihe entlang, aber das war leider die falsche. So kann der Mensch sich irren. Es war nun allerhöchste Zeit, dass auch zwischen Kapols Bereich und der Feldwache zumindest eine Wegemarkierung geschaffen wird, sonst marschiert uns noch mal einer ahnungslos zum Iwan hinüber. Röder kann die Situation nun ja auch hinreichend beurteilen und er wird auch was tun. In Sachen Festung Kowel konnte er mich allerdings nicht trösten. Das ist unsere Endstation, wenn es mal losgeht. Auch er sieht da wohl ganz schwarz.
Artillerie und schwere Infanteriegeschütze versuchten heute tatsächlich das Bunkerhaus mit Punktfeuer zu zerschmettern. Unsere Gräben um das Bunkerhaus herum mussten für längere Zeit geräumt werden, um Opfer durch Fehlschüsse zu vermeiden. Ein Volltreffer gelang den Kameraden leider nicht, aber den Iwans im Keller war bei den Einschlägen dieser gezielten Musterkoffer sicher nicht wohl. Die Erde bibberte tausend Meter weit bis zu uns im Gefechtsstand, wenn es drüben einschlug.

Kowel, Mittwoch, 17. Mai 1944

Es ist unfassbar, was hier an dieser verrückten Zickzackfront im Laufe von 24 Stunden verballert wird. Immer neue Feuerüberfälle bei Tag und Nacht, mit Pak, Granatwerfern und MGs, auf die Brücken, in die Stadt hinein und von hinten und vorn und oben auf die Bahndämme, immer wieder, alles in allem mit kümmerlichem Erfolg außer dem einen, dass gerade auf den Bahndämmen bei jedem schwereren Einschlag die Gräben in der Nähe zusammenrutschen und mühsam wieder ausgebuddelt werden müssen. Es kommen natürlich auch immer wieder Verwundete von der Schwadron und von der dritten Kompanie vorbei, aber gemessen an dem ständigen Gebolze und Gerassel sind es doch erfreulich wenige. Wir selbst haben bisher sechs Verwundete gehabt, davon noch keiner schwer. Die blutigen Verluste sind also gering, aber so ganz langsam beginnen diese dauernde Unsicherheit und dies ewige Fatschen, Rumsen und Heranheulen von allen Seiten

unsere Nerven zu strapazieren. Man fährt plötzlich zusammen, obwohl der Einschlag 200 m weit weg ist, man hört hin und wieder Abschüsse, die keine waren, und hört nachts Gespenster, wenn der Wind über das hohe Gras streicht.
An der Feldwache wird Nacht für Nacht mit primitivsten Mitteln gemäht. Sensen sind nirgends aufzutreiben, nicht in der Stadt, nicht in den Dörfern im Hinterland. Die halbe Besatzung kriecht in der Dämmerung hinaus ins immer höher wachsende Korn, um die anderen zu sichern, und doch kann keiner weiter als fünf bis zehn Meter sehen. Ohren und Nase haben sich durch das Rauschen und Schwingen des Korns im Nachtwind nicht beirren lassen – daran hängt das Leben der Männer in der Feldwache bei Tag und Nacht.
Diese Stellung macht mir wirklich Sorge, weil ich keinen Weg sehe, die Dinge entscheidend zu bessern. Nur der Ausbau der Gräben, das Verschalen mit Brettern und Pfosten macht gute Fortschritte. Was an Holz nachts hier ankommt, wird bis zum nächsten Abend verarbeitet. Immerhin kann jetzt schon jeder in einer gezimmerten Schlafnische, in einer Art Alkoven dicht über der Grabensohle pennen, wo er Schutz vor Regen und Sonne, leichten Granatwerfern und den flach heranzischenden Garben aus Kowel II findet. Lange genug haben sie bei jedem Wetter unter freiem Himmel auf dem Grunde der sandigen Gräben schlafen müssen. Aber alles Geschaffene sind nur Schönheitskorrekturen; ein Bunkerhaus müsste man dort haben, aber bauen lässt sich dort einfach nichts, mit unseren ärmlichen Mitteln nicht und mit den wenigen übermüdeten Männern auch nicht.

Kowel, Donnerstag, 18. Mai 1944

Der Angriff der Iwans blieb mal wieder aus. Vor drei Tagen haben sie allerdings im Morgengrauen irgendwo mit zwei Kompanien angegriffen und zwei Mann mitgenommen. Vielleicht war das der Angriff. Wenn man nur wüsste, was sie mit solchen armen Teufeln machen. Ausmalen darf man sich ihr Schicksal nicht. Aber uns kann auf jeder Streife das Gleiche blühen. Lücken von 800 bis 1.000 m, in denen keiner etwas merken würde. Aber man läuft los in die Finsternis und denkt allenfalls noch: Warum sollen sie ausgerechnet mich schnappen?
Am Bunkerhaus klotzten sie auch heute weiter mit den dicken Kalibern in die Gegend, aber ein Ziel von vielleicht 7x7 m ist eben nicht so leicht zu erwischen. Die Burschen in den Kellern grinsen wahrscheinlich nur.
Im Übrigen hat sich nun schon so eine Art Alltagsleben eingespielt. Nacht für Nacht bin ich mit einem oder zwei Meldern oder auch mal ganz allein auf Achse, um meine Stellung möglichst genau von jedem Postenstand aus kennen zu lernen. Und weil die Wege so weit sind, bleibt kaum mal eine Viertelstunde für einen kleinen Schwatz. Das ist schade, weil ich auch am Tag mit dem nie endenden Papierkrieg meist viel zu tun habe und irgendwann ja auch mal schlafen muss.
Alles in allem ist der Russe wohl ganz rappelig, seit wir hier sind. Er weiß offenbar nicht, was er von den vielen Feuerüberfällen unserer Ari zu halten hat. Vielleicht denkt er, wir wollten noch weiter angreifen. Also klotzt er seinerseits. Vor lauter Spektakel kann man manchmal wirklich nicht schlafen.
Gestern ereignete sich übrigens etwas ziemlich Einmaliges: Die Ostfront erschien nicht an erster Stelle im Wehrmachtbericht. In Italien haben die Amis in monate-

langer Arbeit nun offenbar so viel Munition und Truppen aufgehäuft, dass sie unsere paar Divisionen endlich mal etwas zurückdrücken können. Ich glaube, gegen diese Plutokratenkrieger würden wir auch mit einer unheimlichen Wut im Bauch kämpfen. Ob man allerdings überhaupt noch kämpfen kann, wenn sie hundert Tonnen Granaten auf jeden einzelnen Mann verschossen haben, ist eine andere Frage. Das ist schon kein Kampf mehr, sondern quadratmeterweises Zermatschen jeglichen Lebens. Wie in unseren Städten. So kann man natürlich auch siegen. Wer hat, der hat.

Kowel, Sonnabend, 20. Mai 1944

Am späten Nachmittag zogen wir heute feierlich in unseren neuen Bunker ein. Im Vergleich zu unserem bisherigen Loch ist er ein fürstliches Gemach. (Bild 50, 51) Leider fühlte sich niemand von der Division oder vom Bataillon verpflichtet, uns zu diesem Festakt ein paar Pullen extra zu spendieren. Also mussten wir mit dem vorliebnehmen, was wir noch hatten. Es dauerte sowieso nicht lange, bis die Küche kam und bis auch dieser Gefechtsstand genauso vollgerammelt war wie der andere. Der Unterschied besteht nur darin, dass jetzt alles freiweg zur Tür hereindrängelt, während früher die nächsten immer erst warten mussten, bis sich gleichviele wieder zum Loch hinausgequetscht hatten. So forderte auch heute der Alltagsbetrieb wieder sein Recht, bis das Schlimmste überstanden, alle Melder abgefertigt und auch die Küche mit dem erledigten Papierkrieg wieder von hinnen gerumpelt war.
Die Freude über unseren gelungenen Bunkerbau versaubeutelten uns die Russen in der Nacht mit einer stundenlangen verrückten Schießerei aus allen Knopflöchern. Entweder bereiteten sie ein krummes Ding vor oder sie jagten aus Angst so viel Blei in die Luft. Nach Tagen und Nächten größerer Ruhe zerfetzten sie uns dabei gleich an mehreren Stellen die Telefonleitungen und unsere Strippenzieher waren mal wieder so richtig in ihrem Element. Hinter uns brannten die ganze Nacht hindurch ein paar Häuser vor sich hin und gegen den geröteten Himmel waren wir auf unseren Streifen sicher sehr schön zu sehen.

Kowel, Montag, 22. Mai 1944

Als wir in der vorletzten Nacht unsere Streife zum linken Zug am Bahndamm liefen, fiel uns eine ungewohnte Stille beim Iwan auf. Nicht mal an der stählernen Brücke klirrte es von den Splittern der Granatwerfer und von den Querschlägern der MGs in Kowel II. Wir haben unter der Brücke schon seit einiger Zeit Sichtblenden gebaut und die Gräben so nahe wie möglich an das Widerlager herangebuddelt, um die ungeschützte Strecke auf ein Minimum zu reduzieren. So ist dort auch lange nichts Ernstes mehr passiert. Wir lauschen dort nur jedes Mal kurz, ob das gedämpfte Blubb-blubb-blubb der Granatwerfer zu hören ist. Bleibt das aus, kann man mit ziemlicher Sicherheit das nächste Grabenstück in ein paar langen Sätzen erreichen. Aber gestern Nacht war es auch dort verdächtig still. Doch selbst von der Höhe des Bahndammes aus konnte man nirgends etwas Besonderes

bemerken. Erst als wir zurück zum Gefechtsstand tippelten, ging an zwei Stellen rechts hinter uns, in der Gegend der Spitze und im Abschnitt der Schwadron, eine wüste MPi-Schießerei und Handgranatenballerei los, Leuchtfallschirme tauchten das verfilzte Gelände in gleißendes Licht, aber die Entfernung war zu groß, um irgendetwas erkennen zu können.
Nach zwei Minuten Rabatz wurde es dort auch wieder still und dunkler, etwas Rauch hing noch zwischen den Kusseln, einzelne Feuerstöße ratterten noch in die Nacht. Wir hasteten zum Gefechtsstand um dort vielleicht Näheres zu erfahren, wurden aber gleich mit der Nachricht empfangen, ein russischer Stoßtrupp sei vor wenigen Minuten an der Feldwache glatt abgeschmiert worden. Ich rief sofort Tannenberger an. Der berichtete, einige Iwans seien offenbar versehentlich aus dem deckenden Korn heraus auf die schon gemähte freie Fläche geraten und hätten sofort Zunder gekriegt. Die ganze Feldwache hätte mit allen MGs und MPis in das Korn gehalten, was die Läufe hergeben, sie hätten auch ein paar Schreie gehört und dann sei der Spuk verflogen gewesen. Sie seien jetzt gerade dabei, die nähere Umgebung vorsichtig nach Toten und Verwundeten abzusuchen.
Da hatten wir den Salat! Drei Stoßtrupps zur selben Minute im Bataillonsabschnitt. Und wir hatten wegen des Spektakels in der Spitze von dem Theater an der eigenen Feldwache nichts gehört und geahnt, weil wir auf der Innenseite des hohen Bahndamms gelaufen waren. Jetzt also los zur Feldwache! Dort hatte sich in der Zwischenzeit nichts Neues ergeben. Tannenberger glaubte zwar fest, dass der Russe zumindest Verwundete gehabt hatte, doch es war bisher nichts gefunden worden. Die Iwans hatten ja auch Zeit genug gehabt, sich in der Dunkelheit in die Deckung des Korns zurückzuziehen und alles mitzuschleifen.
Was wäre dort schon passiert, wenn sie nicht in all den Nächten so eisern das Korn und Gras gemäht hätten? Ich brauche sie nun bestimmt nicht mehr zu ermahnen, auch weiterhin für Schussfeld und Sicht zu sorgen, je weiter, desto besser.
Als ich später die richtige Pappelreihe angesteuert hatte und heil in Kapols Bunker trat, war der noch ganz durcheinander von der schrecklichen Art, in der gerade ein Stoßtrupp des Nachbarregiments bei dem Versuch, das Bunkerhaus im Handstreich zu nehmen, zusammengeschossen worden war. Wir hatten das Gefatsche in Kapols Gegend auf dem Weg zur Feldwache auch gehört, uns aber nichts Böses dabei gedacht. Als hätten die Burschen im Bunker alles gewusst, so hatten sie den Stoßtrupp niedergemäht, noch ehe er vollständig aus dem Graben geklettert war. Kapol hatte alles mit ansehen müssen und mit seinen Leuten nur noch Feuerschutz geben können, als die Sache schiefging, aber es war ja nichts mehr zu retten gewesen. Nun hat man den Erfolg, den jeder Landser im Graben vorausgesagt hätte. Was störte uns denn am Bunkerhaus? Nichts, gar nichts! Und dennoch werden immer wieder Stoßtrupps, die besten Leute, so sinnlos verheizt und in den sicheren Tod gejagt.
Bei der Schwadron haben die Russen einen Mann geschnappt und mitgeschleift. Man schläft verdammt schlecht nach einer solchen Nacht, auch wenn es nicht die eigene Kompanie betrifft. Wir sind immer noch weitaus am besten dran mit mittlerweile neun Verwundeten bisher in Kowel.
Ich versuchte erst gar nicht zu pennen, sondern bastelte bis zum Mittag mit den

anderen am Bunker. Das Ding steht zwar schon seit Tagen soweit, aber die seitliche Erdauffüllung und vor allem die Erdüberschüttung auf der Decke müssen noch erheblich verstärkt werden, damit uns die Balken nicht gleich beim ersten Einschlag unter sich begraben. Es war warm und sonnig, Mücken und Frösche machten auf ihre Weise Musik, aus dem Radio rieselte wieder das Sonntags-Volkskonzert mit ach so trauten Weisen. Ja, selbst hier könnte es schön sein, wenn nicht diese schwarzen, unheilschwangeren Nächte wären, in denen man jetzt kaum die Hand vor Augen sieht.
Nach dem Mittagessen versuchte ich dann doch noch eine Weile auf dem Kanapee zu schnarchen, dann wenigstens zu lesen, aber es war alles nichts, meine Unruhe trieb mich bald wieder hoch, ich zog ab, um den Zug am Bahndamm und die Feldwache zu besuchen. Heiß flimmerte die Luft über den Wiesen, einsam dösten die Tageswachen vor sich hin. Ein stiller Sommertag, wie man ihn oft erträumt hat. Gespräche mit den Posten. Überall ist es das Gleiche: Ihre Sorgen um Familie und Wohnung, um die evakuierten Kinder, ihr Hass auf die Terrorbomber, ihre Befürchtungen wegen ausgebliebener Post. Und keinem kann man helfen, allenfalls dadurch, dass man sich die Zeit nimmt, ihnen zuzuhören, ihnen mit möglichst wenig Phrasen Mut zu machen, etwas Auftrieb zu geben für dies immer neue, zermürbende Postenstehen, für den immer neuen, schrecklichen Kampf gegen die Müdigkeit, die in jeder Nacht irgendwann einmal übermächtig wird. Und auch darüber gibt es kaum Meinungsunterschiede: Wir alle hoffen auf die Invasion, auf den großen, entscheidenden Sieg im Westen, der auch uns von der jahrelangen erniedrigenden Defensive befreien wird, von dem Riesenbluff der menschenleeren Gräben, die man so bombastisch die Front nennt. Was muss das für ein Gefühl sein, wenn sich das beängstigende Vakuum in unserem Rücken eines Tages füllen wird mit Soldaten und neuen Waffen, wenn wir nicht mehr als dünne, verlorene Postenkette mit dem Rücken am Abgrund stehen und immer nur auf den nächsten Stoß der Russen warten müssen, sondern eines Morgens von frischen Angriffsdivisionen abgelöst sein werden, die dann auch hier dem Spuk ein Ende machen. So muss es einmal kommen, nur so kann es kommen, wenn unser Kampf an dieser weit überspannten Front überhaupt noch einen Sinn haben soll. Eine Weile kann man so kümmerlich dahinwursteln und Landverluste ertragen, wo der Russe zu stark ist, aber der Krieg ist so nicht zu gewinnen, das wissen wir alle.
So wie ich hoffen sie alle auf die große Wende, auf den Endsieg, von dem jeder Tagesbefehl und Aufruf spricht, auf die Erlösung von diesem verfluchten Krieg, dem wir unsere Jugendjahre opfern müssen, ob wir wollen oder nicht, und dessen Ende wohl keiner mehr ersehnt als wir hier ganz vorn in der Armseligkeit unserer Existenz und in den Ängsten jeder neuen schwarzen Nacht.
Gegen 22 Uhr, als ich noch mit allerlei Papierkrieg am Tisch hockte, klirrten plötzlich die Scheiben von einem gewaltigen Knall, gleich darauf stürzte der Posten zur Tür herein und meldete, in der Gegend von Kapols Zug hätte er eine große Stichflamme beobachtet. Ich rief Kapol an, der war aber draußen, doch die Tischwache meinte, das Bunkerhaus müsse explodiert sein. Fünf Minuten später meldete sich endlich Kapol selbst: Das Bunkerhaus war tatsächlich in die Luft gesprengt und nur noch ein Trümmerhaufen. Hatten es die Russen selbst in die Luft gejagt? Hatte ein Granatwerfer gestapelte Munition getroffen? Keine Ah-

nung. Noch war alles so dunkel und verrückt wie das Bunkerhaus selbst.
Meldung ans Bataillon. Dann im Dustern wieder die 1.200 m an der Feldbahn entlang zu Kapol. Da lagen die finsteren Trümmer so still wie immer. Aber das Nachbarbataillon bereitete schon die Besetzung der Ruine vor. Russen lebten mit Sicherheit nicht mehr darin. Auch im Zugangsgraben hatte sich seit dem Blitz nichts mehr gerührt. Man konnte den Kopf über die Deckung schieben, ohne dass gleich Feuer aus unsichtbaren Löchern sprühte.
Der Bunker war tot. Gott sei Dank. Eine Nervensäge weniger.
Als wir dann gegen Mitternacht leicht dampfend wieder in den Gefechtsstand polterten, hatte sich in der Zwischenzeit der Kommodore zu einer Streife angemeldet. Mit ihm trabte ich kurz darauf bis fast zum Morgengrauen durch die Gräben der Feldwache und am Bahndamm.
Für 11 Uhr früh war sowieso schon eine Offiziersbesprechung beim Bataillon in den alten Kirchengewölben angesetzt. Schlaf also wieder gleich null. Außer Einzelheiten der Rundumverteidigung im Falle „Festung Kowel“ erfuhren wir dort, dass das Nachbarbataillon in dem gesprengten Bunkerhaus noch drei tote Russen, Munition und Handgranaten gefunden hat. Demnach ist das Ding sicher nicht planmäßig vom Iwan gesprengt worden. Nun hockt eine Gruppe der Nachbarkompanie in dem Schutthaufen mit Schussrichtung zum Iwan. Ein neuer Zugangsgraben soll mit Hochdruck noch in der kommenden Nacht gebuddelt werden.

Kowel, Dienstag, 23. Mai 1944

Bei der Feldwache, an Kapols rechter Grenze und ganz links am Bahndamm war der Iwan in der Nacht wieder mit Späh- oder Stoßtrupps am Draht, teils mit, teils ohne Granatwerferabschirmung. Er wurde aber überall rechtzeitig entdeckt und sofort schwer befeuert. So hatten wir nur am Bahndamm einen Verwundeten durch Splitter.
Zu unserer Erleichterung kommt jetzt nach den finsteren Neumondnächten der Mond wieder etwas mehr zum Vorschein und mildert wenigstens für ein paar Stunden die Dunkelheit im Vorgelände. Damit wir aber vor Freude darüber nicht übermütig werden, wirbelten Regen und Wind in der Nacht das Gras durcheinander. Kein Wunder, dass die Iwans in solchen Nächten aktiv sind, ein großes Wunder, dass sie immer noch keine Streife geschnappt haben. Auch wenn man ein paar Meter hinter den Gräben oder Graswänden läuft, ist man ja auf 500 m ringsum allein und sogar einem Spähtrupp, der tief ins Gras geduckt hinter dem Graben lauert, hoffnungslos ausgeliefert, trotz der schussbereiten MPi im Arm, trotz der Handgranaten, die man abzugsfertig am Koppel hängen hat. Streifelaufen ist in solch stockdunklen Nächten einfach Glückssache, mehr noch als Postenstehen. Man darf nicht an die Gefahren denken, man muss loslatschen und sich auf seine Instinkte verlassen, das ist die ganze Kunst. Wer den Iwan nicht riecht und ahnt, dem helfen auch Augen und Ohren nichts. Aber auch die Instinkte verbrauchen viel Kraft; man ist ja doch angespannt bei jedem Tritt, bei jeder noch so fernen Leuchtkugel, die den Körper als Riesenschatten auf der weiten Ebene sichtbar werden lässt. Man zuckt zusammen bei jedem Rascheln und Knacken in

der Schwärze der Nacht, bis endlich jene Stunde am frühen Morgen heraufdämmert, da der Himmel im Osten heller wird, da die ersten Konturen dieser Erde, unseres Abschnitts als dunklere Schatten erkennbar und die Leuchtkugeln seltener werden. Dann fällt es langsam von einem ab, man schreitet schneller aus, man weiß, dass nun auch die russischen Späher nach Hause wollen und müssen, um nicht noch gesehen zu werden. Der erste Vogel flötet sein Lied in das Meer der Stille, es wird Tag, wieder ist eine Nacht überstanden, der Bunker ist nicht mehr fern, heißer Kaffee steht dort bereit, und bis zum Abend wird hoffentlich Ruhe sein. Man wird schlafen und 16 Stunden lang leben können ohne die Angst, dass ein Posten oder man selbst geklaut wird. Mag der Iwan seine dicken Brocken in die Brücke dreschen, mag er von Kowel II aus mit seinen MGs die Luft durchlöchern so viel er will – so lange er in seinem Graben bleibt und höchstens ein paar Leitungen zerhackt, sind das kleine Fische, die nur die armen Strippenflicker auf die Palme bringen. Hier ist wirklich die Morgenstunde noch Gold wert, Befreiung von den Ängsten der Nacht; die Stunde des neu geschenkten Lebens, die Stunde vor dem ersehnten Schlaf, den wir dann doch so manches Mal nicht mehr finden, obwohl die Augen uns brennen.

Kowel, Mittwoch, 24. Mai 1944

In der Nacht schossen die Russen wie verrückt aus sämtlichen Knopflöchern und hielten allein dadurch alle Posten munter. Offenbar fangen nun auch beim Iwan die Nerven an zu flattern wie bei uns. Oder er löst seine Haufen ab und die alte Besatzung verfeuert ihre schwarzen Bestände.
Im Kompanieabschnitt passierte nichts weiter, außer dass die Posten in der Feldwache glaubten, einige Iwans gesehen zu haben. Sie ballerten ordentlich ins Korn, es rührte sich aber nichts.
Dortmund hat wieder einen Terrorangriff abgekriegt. Wie lange werde ich nun auf Nachricht warten müssen? Im ersten Moment ist solch eine Meldung doch immer ein erheblicher Schock.

Kowel, Donnerstag, 25. Mai 1944

Es war auch heute noch verdammt kühl und frisch, und in der Nacht jagten dicke Wolken unter dem Mond dahin. Die Russen wurden abermals am Draht überrascht und mit Handgranaten und MPis schnell wieder verscheucht. Aber ihre Aktivität in fast jeder Nacht wird allmählich doch beängstigend und lässt Böses befürchten. Vor allem bei der dritten Kompanie, aber auch bei der Schwadron ist es ja noch viel schlimmer als bei uns. Auf deutscher Seite ist keine Rede von Späh- oder Stoßtrupps. Wir sind schon dankbar und zufrieden, dass am Bahndamm, in der Feldwache und bei Kapol an der rechten Grenze je 15 bis 20 Mann zusammen sind und dass wir aus diesen kümmerlichen Häufchen noch so eben ein paar Streifen zusammenkratzen können, die die langen freien Strecken zwischen den Stützpunkten notdürftig überwachen. Der Russe kennt bestimmt seit langem unsere wenigen besetzten Stellungen und kann ohne Mühe jede Nacht an

jeden dieser Punkte ein paar stille Horcher legen. Aber wohin sollten wir unsere Spähtrupps auch schicken? Uns gegenüber liegen die russischen Stellungen durchweg tausend Meter und mehr entfernt auf flachen Bodenerhebungen und am Rande undurchsichtiger Schonungen. Keiner käme in helleren Nächten ungesehen heran, keiner fände im Finstern den vorbestimmten Punkt am jenseitigen Rande des immer breiter werdenden Wiesengürtels um die Stadt, keiner fände die Pfade zurück durch die sumpfigen Senken. Eine ganze zusätzliche Kompanie wäre notwendig, um auf diesem Gebiet etwas Sinnvolles zu unternehmen. Seien wir froh, dass man uns bisher mit solchen Sachen verschont hat.
In Italien scheinen die Alliierten nun auch aufs Ganze zu gehen. Wahrscheinlich wollen sie uns mit aller Gewalt zwingen, Truppen aus Frankreich abzuziehen, damit sie dort umso leichter ihre große Invasion starten können. Aber den Gefallen wird Adolf ihnen hoffentlich nicht tun, selbst wenn noch etwas Gelände verloren geht. Alles in allem aber scheint die Invasion nicht mehr fern zu sein. Selbst die Alliierten reden und schreiben nun dauernd davon, vermutlich um Väterchen Stalin zu besänftigen, der sicher täglich drängelt.
Man liest jetzt auch oft von schrecklichen Gräueln der Sowjets in den befreiten Gebieten. Was dort wohl über die armen Seelen hereinbricht, die auch nur etwas freundlich zu uns waren? Was dort wohl denunziert und ans Messer geliefert wird, um die eigene Haut zu retten? Die Kaukasusvölker sollen sogar zwangsweise umgesiedelt werden, wahrscheinlich auf Nimmerwiedersehen ins innerste Asien. O ja, wir können es uns schon vorstellen. Wir glauben die Brüder da drüben zu kennen. Gnade uns Gott, wenn die je über uns kommen sollten. Gnade uns Gott. Dann wäre es schon richtig, diesen Scheißkrieg noch zu genießen, denn ein solcher Frieden müsste wirklich furchtbar sein.

<u>Kowel, Freitag, 26. Mai 1944</u>

Im Laufe des gestrigen Tages waren mir schon ein Kommando Pioniere zum Minenlegen sowie ein Schanzverein angekündigt worden, der den längst überfälligen, 800 m langen Graben von der Feldwache zu Kapols Zug hinüber ausheben sollte. Die lieben Kameraden erschienen gestern Abend auch wirklich und die Nacht verflog dann auch schnell mit dem Einweisen der Pioniere und Schanzer und mit der Kontrolle und Sicherung ihrer Arbeiten. Aus dem geplanten Graben wurde allerdings auch dort nichts: Das Wasser stand viel zu hoch. So mussten auch dort mühsam hunderte von ausgestochenen Grassoden im Dustern zu wackeligen Mauern aufgestapelt werden, die im Ernstfall gerade etwas Sichtschutz bieten können. Die Pioniere können nur an bestimmten Schwerpunkten ihre Minen legen. Für die weiten unbesetzten Strecken zwischen den Stützpunkten gibt es einfach nicht genug von den Dingern.
Als die Pioniere nach Mitternacht an der äußersten Spitze der Feldwache ihre Teufelseier versteckt und sich heimwärts in die Stadt begeben hatten, flammte etwas weiter links plötzlich ein wilder Handgranaten-, Leuchtkugel- und MPi-Zauber auf, der nach drei Minuten wieder in Stille und Finsternis erstarb. Ich raste mit meinen Meldern von den Schanzern weg zur Stelle des Spektakels und erfuhr von den Posten, dass schon wieder ein paar Iwans am Rande des hohen

Korns gewesen und auf den Feuerzauber hin offenbar schleunigst verduftet waren. Wie gut, dass wir diesen breiten, immer wieder kurz gehaltenen Streifen an der Feldwache haben! Mit Handgranaten kommen die Iwans jedenfalls nicht vom Korn aus bis in den Graben.

Kowel, Sonnabend, 27. Mai 1944

Gestern in der Abenddämmerung kam „Fips", ein Bulle von Kerl, mit den Essenholern von der Feldwache angehumpelt, verwundet, mit einem ziemlich harmlosen Splitter im Bein. Er hatte noch im Hellen mit Tannenberger das Korn an der Stelle, wo gestern Nacht die Iwans beobachtet worden waren, nach Toten oder Waffen und so weiter abgesucht und plötzlich war ihm ein schwerer Schlag genau ins Kreuz gefahren, gleich darauf hatte es fürchterlich gekracht – ein Iwan hatte aus dem hohen Korn heraus hinterrücks eine dicke Handgranate geschmissen, die ihn zwar getroffen hatte, zu seinem unmenschlichen Glück jedoch erst am Boden detoniert war. In der allgemeinen Aufregung und Verblüffung haben sie den hinterlistigen Burschen dann leider nicht mehr erwischt. Dass sie später noch einen gefallenen Russen im Korn fanden, war nur ein geringer Trost.
Nach dieser üblen Überraschung müssen wir nun wohl fest damit rechnen, dass der Russe zumindest bei der Feldwache auch tagsüber ringsum seine Lauerposten liegen hat, die jede Bewegung beobachten. Das ist ein verdammt unbehaglicher Zustand, vor allem, weil wir ihn mit unseren paar Mann nicht ändern können.
In der Nacht schafften die Schanzer wieder ein gutes Stück Wand. Die Pioniere marschierten an unserem Gefechtsstand vorüber zur dritten Kompanie. Es geht streng nach Dringlichkeit. Die Spitze ist ja ohne Zweifel der böseste Punkt im Bataillonsabschnitt, noch schlimmer als die Feldwache. Man hört es immer wieder aus den Gesprächen mit Verwundeten, die bei Tag und Nacht von dort her kommen; sie alle danken Gott, dass sie glimpflich da herausgekommen sind. Nicht mal am Tage gibt es dort eine Entspannung. In dem Kusselgelände kann in jeder Sekunde ein neuer Überfall beginnen. Wehe dem, der leichtsinnig den Kopf zu hoch hebt. Sie sind schon jetzt runter mit den Nerven und haben nur einen einzigen Wunsch: einen gnädigen Heimatschuss und dann da raus für immer!
In den drei Wochen, die wir nun hier in dieser Stellung liegen, hat es bei der dritten Kompanie und bei der Schwadron sicher schon fast vierzig bis fünfzig Verwundete und sieben oder acht Tote gegeben, eine erschreckende Bilanz für einen Frontabschnitt, in dem sich offiziell überhaupt nichts ereignet, von dem kein Wehrmachts- und PK-Bericht spricht. Leichte Artillerie- und Granatwerfertätigkeit, gelegentliche Späh- und Stoßtruppunternehmen – kleine Fische also. Aber weil sich der tägliche Kleinkrieg an so wenigen exponierten Punkten festgebissen hat, fließt immer wieder Blut, müssen Splitter und Geschosse mit bestürzender Regelmäßigkeit immer neue Opfer finden. Bei uns war Fips der fünfzehnte Verwundete, der uns nun wie alle anderen für Tage oder Wochen oder vielleicht auch für immer fehlen wird.
Für jeden, der ausfällt, müssen die anderen noch länger Posten stehen und arbeiten, noch häufiger Essen holen und Meldungen überbringen, noch mehr aufpassen und wach sein, können sie noch weniger ausruhen und schlafen. Dass sie das alles

immer noch ohne Meutern und ohne überzulaufen tun, Tag für Tag, ohne Aussicht auf ein Ende der Leiden, spricht wohl mehr für unsere gerechte Sache als alle Propaganda. Man muss es täglich mit ansehen und miterleben, um zu ahnen, was diese namenlosen Männer nun schon seit Jahren leisten und erdulden. Wie schwer ist es allein schon, täglich von Neuem den Anblick der blutverschmierten, bleichen Verwundeten zu ertragen. Sie müssen ja fast alle auf dem Weg zum Verbandsplatz bei uns vorbei; da liegen oder kauern sie oft noch eine Weile, bis der angeforderte Pferdewagen kommt, und reden sich ihre Ängste von der Seele, saugen die Zigaretten aus, verfluchen die ganze Scheiße oder sind nur ganz still und zittern von dem Schock. Und wie oft ist es einer von der Schwadron, einer der Eisernen von Barischewka oder von meinem alten Zug. Wie oft höre ich, dass dieser und jener mir noch einen Gruß bestellt hat. Granatsplitter in beiden Beinen, Lungendurchschuss, ein Auge… Dann weiß man, dass man ihn wohl nicht mehr wiedersehen wird. So geht es Tag und Nacht, mal einer, mal drei zugleich. Und oft genug ein stummer Toter unter einer blutigen Zeltbahn. Eine offene Wunde am Körper jeder Kompanie, aus der unstillbar das Blut sickert. Jeder reißt ein neues Loch in die dünne Postenkette. Kaum einer kommt mal unerwartet früh zurück. Nicht mal alle Urlauber landen wieder bei uns. Man schnappt sie irgendwo auf freier Strecke oder dirigiert sie einfach in den Westen um oder nach Italien. Es ist schon deprimierend, des ständige Zerrinnen unserer armseligen Substanz, ohne Hoffnung auf Ersatz oder auf einen baldigen Umschwung. Eine ganze Kompanie ist schon dahin, wenn man alle Verluste zusammenzählt, eine von drei eingesetzten.
Und morgen soll Pfingsten sein.

<u>Kowel, Sonntag, 28. Mai 1944</u>

Es war ein so strahlender Sommertag, dieser Pfingstsonntag heute, aber in der letzten Nacht haben sie den ersten Kameraden in der Feldwache tödlich getroffen, diese verfluchten Schießer in Kowel II. Ich hatte bei meiner nächtlichen Streife zwei Mann erwischt, die entgegen dem klaren Befehl zusammen in einer Postenstellung standen. Die beiden Posten am MG sollen stets etwa 3 bis 5 m von einander entfernt in getrennten Postenständen stehen, damit möglichst nicht beide zugleich durch eine Handgranate oder einen Einschlag auffallen. Als ich eine Viertelstunde später vom äußersten Zipfel der Feldwache zurückkehrte und zu den allnächtlichen Graswandbauern vom Feldersatzbataillon hinübergehen wollte, lag der, den ich in den benachbarten Stand geschickt hatte, tot im Graben, umgeben von seinen erschütterten Kameraden. Herzschuss, genau von hinten, von Kowel II herüber. Ein winziges Geschoss aus einer verkleckerten MG-Garbe, wie sie zigmal in 24 Stunden hier in den Sand klatschen. Genau ins Herz. Von hinten. Aus. Und ich hatte ihn Minuten vorher dorthin geschickt.
Im Morgengrauen brachten sie den Leichnam zum Gefechtsstand. Wenig später kam der Wagen. Während ich den traurigen Brief an die Eltern des jungen Soldaten schrieb, knallte und fatschte es wieder gemein über den Bunker hinweg. Jetzt zittert man beinahe bei jeder Garbe, die in Richtung Feldwache über den Bahndamm gezischt kommt. Hat es wieder einen getroffen? Ging es weit drüber weg?

Ich habe tatsächlich keinen Punkt in meinem Abschnitt, der nicht wenigstens von drei Seiten befeuert wird oder zumindest beschossen werden kann. Ein Zustand zum Verrücktwerden. Und dann soll man Pfingsten feiern, das fröhliche Fest.
Heute Nachmittag trieb es mich wieder allein durch die Stellungen. Iwan war ruhiger geworden und genoss wohl auch die warme Sonne. Immer wieder, von immer neuen Standpunkten aus, suchte ich die Wiesen nach Spuren ab. Es war mir so unheimlich, dass die Russen noch nie auf den schier endlosen unbewachten Strecken aufgetaucht sind. Vom Bahndamm aus kann man zwar bei Tage bis vor die Feldwache weithin alles überblicken und auch im Panzergraben, der schon ziemlich zusammengerutscht ist, jede Maus erkennen, aber bei Nacht braucht bestimmt kein Iwan zu befürchten, von dort oben aus entdeckt zu werden. Vielleicht halten sie uns für viel stärker, als wir sind, wahrscheinlich sind sie noch nie auf die Idee gekommen, dass sie unbemerkt in den tiefen, menschenleeren Keil oder Zwickel zwischen der Feldwache und dem Bahndamm bis zum Gefechtsstand vordringen könnten. Theoretisch liegt mein Bunker zwar 800 m hinter der Verbindungslinie zwischen der linken Abschnittsgrenze am Bahndamm und der Feldwache, praktisch aber sind wir im Gefechtsstand genauso weit vorn wie die Posten dort, weil direkt vor uns niemand mehr ist. Aber wir haben es durch die sMG-Gruppe, die in dem Schuppen vor unserem Bahnwärterhaus sitzt und den tiefen Keil nach vorn sichert, natürlich unvergleichlich besser und sicherer als alle anderen.
Müde und noch immer bedrückt von dem Geschehen der Nacht, für das ich mich allen logischen Argumenten zum Trotz mitschuldig fühle, schlenderte ich in der Dämmerung wieder „nach Hause“. Die Küche brachte ein Pfundsessen, es gab Pudding, Wein und Zigaretten und die Abendmahlzeit hätte ein würdiger Abschluss dieses Feiertages sein können. Aber ich wurde den ganzen Tag nicht froh und bin dankbar, dass nun gleich die Schanzer und Pioniere wieder den Bunker füllen und mich für den Rest der Nacht beschäftigen werden.

<u>Kowel, Montag, 29. Mai 1944</u>

In der größten Hitze trugen wir am Nachtmittag auf dem erschreckend angewachsenen Divisionsfriedhof inmitten der Stadt unseren gefallenen Kameraden zu Grabe und hörten die Worte des Pfarrers von der Auferstehung des Lebens, auch dieses gewaltsam ausgelöschten Lebens. Aber angesichts der Trümmer und geschwärzten Ruinen ringsum fiel es mir sehr schwer, daran zu glauben, dass all diese zerfetzten und ausgebluteten Körper einmal wieder auferstehen sollen. Vielleicht stellt man sich das auch zu primitiv vor. Aber hätte es wirklich einen Sinn?
Da ich nun schon im westlichen Teil der Stadt war, benutzte ich die Gelegenheit, unsere in der Nähe fest eingebaute Küche zu besichtigen. Der Koch mit seinen Mannen hat sich sehr solide und sauber in einer Kellerruine eingerichtet. Man merkt, dass der Tross spurt, auch wenn ich mich nun schon wochenlang um nichts kümmern konnte.

Kowel, Dienstag, 30. Mai 1944

Für heute Nachmittag hatte der Kommandeur uns Kompanieführer zu einer „frontnahen“ Besprechung in meinen Bunker befohlen. Bei freundlichem Wetter ließen wir uns auf unserer „Terrasse“, dem halbwegs ebenen Platz vor dem Gefechtsstand, nieder und als wir nach einer Stunde den dienstlichen Teil erledigt hatten und bei einem allgemeinen Klönsnack mit Schnaps und einem Rest Wein angelangt waren, kriegte Iwan seine Mucken und jubelte uns von Kowel II unvermutet ein paar schwere Musterkoffer in die nahe und nähere Umgebung herüber. Ehe größerer Schaden entstand, empfahl sich die erlauchte Versammlung sehr rasch und ich blieb auch erst mal eine Weile schön im Bunker, bis die Luft wieder rein zu sein schien.
Uns allen will es unfassbar erscheinen, dass es nun schon seit einer ganzen Weile nichts Besonderes von der Ostfront zu melden gibt. Italien rangiert im Wehrmachtbericht ungebrochen vorn. Eigentlich müssten auch die Terrorangriffe jetzt vor der Ostfront erwähnt werden. Sie bomben wieder in rauen Mengen, wo und wann sie wollen. In den besetzten Westgebieten sollen sie die Eisenbahnen schwer am Wickel haben. In der Heimat jagen sie mit ihren Jabos zur Erholung Frauen und Kinder auf Feldern und Landstraßen. Saubere Herrschaften sind das.
Aus Dortmund immer noch nichts.

Kowel, Mittwoch, 31. Mai 1944

In der Nacht leuchtete der Mond zum ersten Mal seit langer Zeit wieder richtig schön hell und es machte Spaß unbekümmert im Abschnitt zu lustwandeln und dem Schanzkommando zuzusehen, das jetzt schon mit viel Routine die durchlaufende Graswand in den Wiesen hochzieht. Etwa drei Viertel der Strecke zwischen der Feldwache und Kapols Zug wurden gegen Morgen fertig.
Als ich nach dieser schönen und stilleren Nacht etwas gelöster und ruhiger als sonst in den Bunker trat, empfingen sie mich mit der Meldung, bei der Feldwache sei im Morgengrauen wieder ein Mann gefallen. Diesmal beim Mähen hinter dem Graben. Kopfschuss, sofort tot. Wieder MG-Feuer von Kowel II-… Nun also zwei Tote, 17 Ausfälle insgesamt. Man könnte heulen vor Wut und Ohnmacht.
Von der Spitze und aus dem Abschnitt der Schwadron brachten sie am frühen Morgen vier Verwundete, davon zwei Schwerverwundete. Immer wieder sind es die Granatwerfer mit ihren zahllosen Splittern. Man müsste dieses Kowel II mit einer einzigen dicken Bombe zermantschen können. Allein der Name schon: Kowel II. Und in dieser Faust in unserem Bauch sitzen sie eingekrallt wie Blutegel, unsichtbar, unfassbar, und schießen, schießen, schießen. Sie haben ja auch die klarsten Ziele unmittelbar vor Augen: Die Spitze, den Bahndamm. Jeder Schuss lässt sich genau beobachten. So sitzen auch 9 von 10 Schüssen im Ziel. Nur weil wir so wenige sind, ist die Zahl der Opfer noch relativ klein, gemessen an dem unglaublichen Munitionsaufwand der Russen. Man beginnt diese Hunde in Kowel II regelrecht zu hassen, vielleicht nur deshalb, weil sie hinter uns sitzen statt mit offenem Visier vor uns. Ja, das ist es wohl – von vorn und hinten ist „feige“ und daher die Wut und der Hass.

Mitten in den Vormittagsschlaf hinein rotzte uns der Iwan dann rund 150 Schuss mit einer Ratschbumm und seinen schweren Granatwerfern auf den Bahndamm. Aber mehr als zusammengerutschte Gräben erreichte er zum Glück nicht. Es gab nicht einen Verwundeten bei uns. Soviel Munition für nichts und wieder nichts müssten wir auch mal haben, dann sähe manches anders aus.
In der Stadt kriegte der Iwan mit seiner Ari endlich den schönen Kirchturm kaputt und um das Gebolze abzurunden, entlud sich am Nachmittag ein gewaltiges Gewitter über unseren Häuptern und die Mücken, die nun zu Millionen aus den Sümpfen steigen, machten uns rasend. In dieser gereizten Atmosphäre brütete ich lange über dem neuen Trauerbrief an eine ferne, unbekannte Frau.
Motsch erzählte zwischendurch unter Blitz und Donner ein tolles Ding: Vorgestern Nacht kurz vor dem Hellwerden haben sie bei der Schwadron einen russischen Stoßtrupp abgewiesen und dabei einen am Kopf ziemlich schwer verwundeten Iwan zu fassen gekriegt. Der rief nur nach seinen Kameraden und wollte Wasser haben. Außer seinem Namen gab er keine Auskunft. Militärisches wusste er angeblich nicht. Ein eiserner Kerl.
Da es nach dem Hin und Her Tag geworden war und der Gefangene dringend zum Arzt musste, nahm Motsch mit drei Mann von der Schwadron das Wagnis auf sich, den Russen auf einer Bahre über die offene Sehnenstraße nach Kowel hinein zu tragen. Die Gräben sind ja für vier Mann und eine Bahre viel zu schmal und winklig. Bereit, sich blitzschnell hinzuwerfen, wenn es aus Kowel II blubbern oder zwitschern sollte, traten sie am Gefechtsstand aus der Deckung ins Freie, kamen 10 m weit, 20 m, 100 m. Kein Schuss. Sie erreichten die Bäume – nichts. Sie fanden Sichtschutz hinter dem Schuppen an der Allee – nichts. Der Russe ließ sie mit ihrer blutigen, stöhnenden Last passieren.
Als sie eine Stunde später bei der großen Brücke mit der leeren Bahre genauso offen zurücktippeln wollten, hatten sie Sekunden später MG-Feuer um die Ohren und mussten sich schön geduckt wie sonst durch den Laufgraben neben der Straße quetschen.
Ob der Russe gewusst hat, dass einer der ihren auf der Bahre lag? Aber woher sollte er es wissen?

<u>Kowel, Donnerstag, 1. Juni 1944</u>

Schon wieder Juni und nichts Entscheidendes geschieht!
Nach einer auffallend stillen Nacht zog wieder ein herrlicher Tag herauf. Wir alle sehen eher nach sechs Wochen Davos aus als nach Krieg, ein bescheidener Ausgleich für die große allgemeine Misere.
Wir begruben unseren Toten feierlich wie unseren ersten Gefallenen in der Stadt. Er ruht elf Grabstellen neben seinem Kameraden. So viele sind rings um Kowel in diesen wenigen Stunden gefallen. Wenn das so weitergeht – man darf gar nicht daran denken, weil man es nicht mehr erträgt, weil man innerlich schon so angefressen ist von Sorgen und Zweifeln, weil niemand einem sagen kann, wie dies alles noch zu einem guten Ende kommen soll. Es muss schon sehr viel Wahrheit an dem dauernden Gerede von den Wunderwaffen sein, wenn der Endsieg noch unser sein soll. Die anderen ruhen sich ja bestimmt auch nicht auf ihren Lorbee-

ren in Afrika und Italien, im Südabschnitt und in der Luft aus. Die Wehrmachtberichte, die wir ja täglich hören und schriftlich kriegen, sprechen doch seit Stalingrad nur noch von schweren Abwehrkämpfen, und der Ring um Deutschland wird täglich kleiner. Gebe Gott, dass wir hier niemals Festung spielen müssen. Dann ade, du mein lieb Heimatland, der Ofen ist aus…
Zur Ablenkung von der allgemeinen Lage kam heute endlich mal wieder ein kleiner Schub Post. Aber nichts über den Angriff, nur Briefe vom 21. Mai, also aus den Tagen davor.
Zunächst ein ausführlicher Schrieb von Dieter. Bis übermorgen hat er sich beim ruhmreichen sächsischen Panzergrenadier-Regiment 14 zu Leisnig im schönen Tal der Freiberger Mulde, auf halbem Wege zwischen „Krimma“ und Döbeln, zu melden.
In Parchim sieht es recht bedrückend aus. Das immer neue Zusammenrücken im Haus, der Lärm und die Reibungen unter den ungewollten Untermietern haben Großvater seine behagliche Ruhe und Ausgeglichenheit genommen. Der Gärtner – so was gibt es noch! – macht natürlich vieles nicht richtig, Jahrzehnte alte, von Gefühlen und Erinnerungen getränkte Möbel müssen verschleudert werden, da in den letzen verbliebenen Zimmern einfach kein Platz mehr ist. Was andere in einer Bombennacht verlieren, sehen diese alten Leute nun Stück für Stück zerrinnen, wie Halligbewohner, denen die Sturmflut immer näher an die letzte Zuflucht brandet. Wer will sagen, was schlimmer ist und schwerer zu ertragen?
Eben noch, unter Zeitungen verbuddelt, ein Brief aus Dortmund – der wichtigste natürlich, vom 24. Mai!! Sie leben und das Haus steht noch, aber ringsum hat es gewaltig gekracht. Ein dicker Splitter ist quer durch das ganze Haus gefegt, die nächste schwere Bombe 200 m entfernt. Sieben Brandbomben im Nachbarhaus, bei den Eltern außer Kleinkram nur eine Scheibe am Kellerfenster kaputt. Aber natürlich zunächst kein Licht, kein Radio, keine Post, kein Wasser. Totales Abgeschnittensein.
Jetzt fällt mir doch erst mal ein Riesenstein vom Herzen, jetzt erst merke ich, wie mich die Sorge all die Tage hindurch belastet hat.

Kowel, Freitag, 2. Juni 1944

Letzte Nacht wurde der Graben, beziehungsweise die Graswand endgültig fertig. Jetzt endlich kann ich jeden Punkt meines Abschnitts auch bei Tage erhobenen Hauptes besuchen und wenn es doch mal zwitschern sollte, habe ich wenigstens Deckung.
Der Russe ist ungewohnt still; deutlich hört man das Flöten der Vögel in den Wiesen. Aus dem verlassenen Gärtchen des Bahnwärters haben wir heute sogar ein paar Radieschen geerntet.

Kowel, Sonnabend, 3. Juni 1944

Je länger man über die Tatsache nachdenkt, dass wir hier eine Festung, ein uneinnehmbarer Platz inmitten vorstürmender russischer Armeen sein sollen, desto mehr fragt man sich, ob die da oben überhaupt noch bei Trost sind, ob die auch nur eine Spur von Ahnung haben, was hier los ist. Kaum ein Platz eignet sich weniger zur Festung als dieses platte Nest Kowel, das der Russe schon zu zwei Dritteln umklammert hält. Ich werde einfach den Verdacht nicht mehr los, dass vieles bei uns nicht mehr stimmt und klappt, weil hohe Leute das so wollen, weil sie Hitler nicht leiden können und ihm falsch berichten, ihn falsch beraten. Welcher Generalstabsoffizier kann denn im Ernst ein unbefestigtes Kaff wie Kowel zum festen Platz erklären? Und was soll das Ganze, wenn der Russe erst mal beiderseits in den Sümpfen durchgebrochen ist? Offenbar sollen wenigstens wir ihm mit Sicherheit in die Hände fallen. Wer boxt sich denn schon im Gegenangriff wieder bis zu uns durch, wenn die Front erst mal 20 oder gar 100 km weiter westlich verläuft oder total zerfleddert ist, wie es bisher noch nach jedem Großangriff war? O, gebe Gott, dass wir niemals Festung spielen müssen bis zum allerbittersten Ende! Dann wird man allenfalls von uns das Gleiche melden wie der Wehrmachtbericht gestern von Italien: Dass sich die Kampfmoral wieder einmal gegen die Überlegenheit des Feindes bewährt hat. Aber mit Kampfmoral allein kann man einen Materialkrieg eben nicht gewinnen, so viel wissen wir auch.

Kowel, Sonntag, 4. Juni 1944

Ein schöner Tag mit Radiomusik vom Sender Weichsel. Selbst Iwan blieb friedlich, sodass ich mal ein paar Stunden Schlaf nachholen konnte.
Nun geht auch Rom wohl in Kürze verloren. Ob die Stadt dabei in Trümmer sinken wird wie das Kloster Cassino? Den Amis ist jede Barbarei zuzutrauen. Sie sparen eben Menschenleben, ein sehr humanes Rezept.

Kowel, Montag, 5. Juni 1944

Rom ist schon dahin. Die anderen werden jubeln und diesen „Sieg" als neuen Triumph in die Welt posaunen. Mir ist es lieber, dass die Stadt annähernd heil geblieben ist. Auf die 100 km² kommt es nun auch nicht mehr an.
Bei uns hat es sich in der Nacht merklich abgekühlt und die Russen ärgerten uns heute wieder hässlich mit ihren dämlichen Granatwerfern. Manchmal sieht es jetzt so aus, als schössen sie sich auf unseren Gefechtsstand ein. Aber ihre Ballerei gilt doch wohl allgemein dem Durchlass unter der Brücke.

Kowel, Mittwoch, 7. Juni 1944

Wir alle sind noch ganz durcheinander von diesen letzten 24 Stunden: Gestern Vormittag um 10 Uhr rissen sie mich aus meinen Träumen: Sammelgespräch!! Dieses viehische Telefon! Was denn nun schon wieder?? Wahrscheinlich höchste Alarmbereitschaft, was sonst? Als nach einer Weile alle Kollegen am Draht waren, meldete sich Leutnant Herrmann: „Meine Herren, das Neueste: Heute früh

sind die Amerikaner und Engländer in Nordfrankreich gelandet und sofort gepackt worden! Die Invasion hat begonnen!!"
Kinder, die Invasion hat begonnen!!! Danach die ersten Einzelmeldungen, heftige Kämpfe, versenkte Schiffe, Feuer der schweren Küstenbatterien und so weiter. Kinder, es geht los! Wir haben sie vor der Flinte! Nun aber drauf und immer wieder drauf – endlich haben wir sie zu fassen!
Wir waren alle wie aus dem Häuschen vor Freude; keiner der wegen der jahrelangen Terrorangriffe keine Stinkwut auf die Tommies und Amis hatte. Voller Freude gab ich die Sensation gleich an die Züge weiter. Sie wollten es erst auch nicht glauben, bis ich ihnen Einzelheiten berichtete. Da spürte man vom anderen Ende der Leitung her die gleiche freudige Erregung, die lange aufgestaute und nun gelöste Spannung. Und dann gab es den ganzen Tag lang und auch in der Nacht nur noch ein Thema: die Invasion. Einer hockte ständig mit dem Auftrag am Telefon und am Radio, sämtliche Nachrichten und Durchsagen stichwortartig zu notieren. Von den Zügen kamen umschichtig Melder, die das Wichtigste aufschreiben sollten. Auf einmal sind unsere Sorgen, ist unser elender Krieg unwichtig geworden gegenüber der großen Entscheidung, um die jetzt dort drüben am Kanal gerungen wird. Die Zukunft sieht endlich mal wieder heller aus, wir stehen doch nicht mehr so ganz auf verlorenem Posten!
Die Russen machten ihrer Freude über die Invasion auf ihre Weise Luft: Sie hauten uns wieder dicke Koffer um die Ohren, vielleicht auch aus Wut darüber, dass einer ihrer Stoßtrupps in der Nacht zuvor im Abschnitt des rechten Nachbarn, genau wie neulich bei uns an der Feldwache, versehentlich zu früh aus dem hohen Gras auf die gemähte Wiese geraten war, vor Schreck über die unfreiwillige Entblößung seine Handgranaten viel zu kurz in die Gegend geschmissen und dadurch dankenswerterweise selbst die vergrunztesten Posten hochgeschreckt hatte. So hatten sie dort ganz schön ihr Fett gekriegt und sich sehr schnell wieder verkrochen, bestimmt nicht ohne blutige Verluste. Dass man nach einer solchen Pleite verbittert ist, können wir den Genossen nachfühlen.
Im Laufe des Nachmittags meldeten die Züge nacheinander übereinstimmend, dass die Iwans in ihren Gräben sängen und grölten. Sie hatten anscheinend zur Feier der Invasion gehörig Schnaps gekriegt. Ich ging nach dem Abendrummel im Gefechtsstand hinaus in die Nacht, um mir den Spektakel anzuhören. Es waren schauerliche Gesänge, die da vor allem fern in den Schonungen gen Himmel geröhrt wurden, wilde, fremde Rhythmen, traurige Melodien, Marschmusik und gellendes Lachen, mal scheinbar ganz nah, dann wie von oben zurückgeworfen. Zwischendurch Weibergekreisch und brummende Bässe. Ach, Mütterchen Russland, da tobten sie sich aus, berauscht und siegesgewiss, mit Schreien und Gesängen aus einer uns unendlich fremden Welt. Wir hörten nur den Hass heraus, das aufpeitschende Stakkato ihrer Revolutionslieder. Wir standen lange im kühlen Nachtwind und konnten nicht los von diesen dämonischen Geisterlauten, die aus allen Himmelsrichtungen über den Bahndamm schwappten oder in Wellen über die dunklen Wiesen geritten kamen und uns das Fürchten lehren wollten. Die da drüben kriegen den Hass und den Sieg gepredigt Tag um Tag; sie befreien ja ihr Land von uns verdammten Faschisten – ein beneidenswertes Gefühl. Da sollen sie wohl singen und grölen, wenn es Schnaps gibt.
Wenn sie doch nur begreifen wollten, dass auch wir amen Schweine nicht freiwil-

lig hier stehen, dass wir Opfer und Leidende sind wie sie selbst und genauso wenig den ganzen Kram einfach hinschmeißen können, weil wir die Schnauze so voll haben. Die beiderseitige Angst macht hier alles so schwer und schlimm, die Angst vor Rache und Hass, vor endloser Quälerei in der Gefangenschaft.
Sie brüllten und feierten die ganze Nacht hindurch, bis im Morgengrauen der Spuk verflog, als sei nichts geschehen. Aber unsere kindliche Freude über den Beginn der Invasion haben sie uns mit ihrer gespenstischen Grölerei verdorben.
Der Schlaf in der Frühe des Tages danach war wieder gleich Null, denn der Kommandeur will kurz nach Mittag kommen, um den weiteren Ausbau der Festung Kowel mit mir zu bekakeln.

Kowel, Donnerstag, 8. Juni 1944

Gestern Nachmittag war ich tatsächlich bis fast in die Dämmerung hinein mit Röder in meinem Abschnitt unterwegs. Überall soll die „Festung“ noch ausgebaut werden. Neue Stellungen, bessere Zugangsgräben, Scheinstellungen, Wechselstellungen – ein Riesenzirkus wird geplant, befohlen und mit den Knochen der Landser wohl auch ausgeführt, aber das Wichtigste hat keiner zu bieten: Menschen, Soldaten. Wir schreiben Meldungen über jeden Scheißdreck und oben berauschen sie sich wahrscheinlich an stolzen Zahlen: x Meter Kampfgraben, y Meter Zugangsgraben, z Meter Feuerstellungen neu geschaffen! Als ob wir den Iwan mit Meldungen und bunten Fähnchen auf schönen Karten fertigmachen könnten. Zum Glück ist Hauptmann Röder ein ungewöhnlich vernünftiger, geistig klarer Mann, der den ganzen Käse bestimmt auch durchschaut, sich selbst aber eben um alles kümmert und mit uns Kompanieführern an einem Strang zieht. Seine Offenheit und seine Bereitschaft zuzuhören, Bedenken objektiv zu prüfen und bei allen Befehlen an den Mann ganz vorn zu denken, der sie auszubaden hat, sind eine immer neue Freude, die manches erträglicher macht.
Es war gestern den ganzen Tag über hässlich gewittrig und schwül. Die Mücken stachen und wir wurden auf unseren Streifen durch Wiesen und Gräben mehrmals durch und durch nass. In der Nacht verdunkelten schwere Wolken den Vollmond, aber die Russen ließen uns in Ruhe. Vielleicht waren sie noch sauer vom vielen Fusel.
Auch heute ist der Tag ohne besondere Ereignisse vergangen. Das heißt, die Feuerüberfälle auf die Brücke und die Bunker am Bahndamm haben das übliche Maß nicht überschritten. Wir hockten oft vor dem Radio, um Neues von der Invasionsfront zu erfahren. So viel steht ja offenbar fest: Die Landung ist geglückt und der Brückenkopf wird von den schweren Schiffsgeschützen und einer übermächtigen Luftflotte gegen unsere jetzt einsetzenden Gegenangriffe abgeriegelt. Neue Landungen sind aber wohl nicht erfolgt, im Gegenteil, mehrere Brückenköpfe sind zerschlagen. Die Verluste der Amis müssen nach dem heutigen Wehrmachtbericht schaurig sein; vor allem die Fallschirmtruppen hat es am ersten Tage offenbar grausam erwischt. Das kommt davon, wenn man die bedingungslose Kapitulation fordert und den Krieg vor allem gegen Frauen und Kinder führt. Die Herrschaften aus Übersee werden die Erbitterung unserer Truppen hoffentlich noch zu spüren kriegen.

Jetzt in der Abenddämmerung werden wie üblich die MGs mit mehreren Feuerstößen eingeschossen; es herrscht der gewohnte Spektakel, mal nah, mal fern, den das Ohr kaum noch registriert.

Kowel, Freitag, 9. Juni 1944

Oh, diese verdammten schwarzen Nächte. Gegen ein Uhr schlugen die Hunde wieder zu. „Sternbündel rot bei Kapol!!", schreit plötzlich der Posten vor dem Bunker. Anruf bei Kapol: „Jawoll, Handgranaten bei den Horchposten!"
„Los, raus, Sani, drei Mann – ab!!" Und wir keuchten im Marschmarsch immer an der Feldbahn entlang. Aber bei Kapol war alles ruhig. Keine Leuchtpatronen. Blinder Alarm? Nach gut zehn Minuten endlich vor Kapols Gefechtsstand. Die beiden Horchposten schwer verwundet, stöhnende Menschenwracks, blutüberströmt. Ihre Gesichter bleich auf den schwarzen Bahren. Die Sanis konnten ihnen nicht viel helfen. Ab zum Bataillon, auf schnellstem Wege. Telefonische Voranmeldung!
Was sie berichten konnten, hatten sie schon mühsam gehaucht: Sie hatten wie jede Nacht etwa hundert Meter vor dem Graben als Horchposten in einer flachen Mulde am Ende einer Baumreihe gelegen und sollten etwaige Feindannäherungen rechtzeitig und unauffällig nach hinten melden. Die beiden fühlten sich in der Schwärze der Nacht plötzlich von drei Seiten umschlichen, begannen in ihrer Not zu schießen und wurden Sekunden später von einer fürchterlichen Handgranatensalve durchlöchert. 15 Russen etwa sollen es gewesen sein, die gleich darauf türmten, zum Glück ohne den Versuch zu machen, einen oder gar beide Horchposten mitzuschleifen.
Mit weichen Knien hockten wir noch eine Weile bei Kapol im Bunker. Wie war diese Schweinerei nun wieder möglich? Sind die beiden überrascht worden? Haben sie gepennt? Oder war es der russische Stoßtrupp, der überrascht und dem durch das Feuer der beiden das Konzept verdorben wurde? Dafür spricht, dass der Stoßtrupp keine Anstalten machte, wenigstens einen mitzunehmen. Ja, so muss es wohl gewesen sein. Hätte er die Horchposten schnappen wollen, dann hätte er mit 15 Mann die beiden auch ohne weiteres gekriegt, tot oder lebendig.
Eins stand am Ende unserer Überlegungen fest: die beiden werden zum EK eingereicht. Ohne sie wäre vielleicht ein Posten aus dem Graben geholt worden.
Es war übrigens dieselbe Baumreihe und dieselbe Vorpostenstellung, auf die der Kommandeur und ich nach unserem nächtlichen Irrgang durch das sumpfige Niemandsland durch Zufall gestoßen waren. Denselben Weg sind nun also die Russen gekommen.
Buchholz, der eine der beiden Vorposten, ist erst vor kurzem von einem Bombenurlaub in Dortmund zurückgekehrt. Während einer Streife hatte ich mich lange mit ihm darüber unterhalten. Für beide ist der Krieg nun bestimmt aus, und wir sind wieder um zwei bewährte, erfahrene Soldaten ärmer. Nur weiter so, dann ist Weihnachten keiner mehr da.
Ich füllte heute im Laufe des Tages die Anträge auf Verleihung des EK und Anerkennung ihres Kampfes als Nahkampftag aus und verfasste den obligatorischen Bericht über den Hergang des nächtlichen Dramas. Als ich damit fertig war, er-

fuhren wir, dass Buchholz am frühen Morgen gestorben ist.
Wieder sitzt man erstarrt und voller Trauer im Bunker. Der dritte Tote hier in Kowel.

Kowel, Sonnabend, 10. Juni 1944

Zur Abwechslung war in der Nacht ein russischer Stoßtrupp bei der Schwadron im Graben, musste sich aber erfolglos wieder verziehen. So tasten sie überall die Front ab, die Hunde, und man freut sich mit den Kameraden, wenn sie irgendwo abgeschmiert werden.

Kowel, Sonntag, 11. Juni 1944

Nachdem ich mir ausnahmsweise mal ein Mittagsschläfchen genehmigt hatte, saß der Kommandeur zwei Stunden lang in schwüler Hitze bei uns auf der Terrasse. Er sieht ziemlich schwarz in Sachen Invasion, vor allem wegen der absoluten Luftherrschaft der Alliierten, die bei Tage jede Bewegung unserer Truppen unmöglich machen soll. „Was soll denn aber werden, wenn wir sie nicht wieder ins Meer werfen können?"
Er zuckte mit den Achseln. „Dann gnade uns Gott", sagte er müde und verabschiedete sich.
Dieses Wort liegt mir seitdem zentnerschwer auf der Seele. Der Kommodore ist ein so sachlicher, kühler Kopf – weiß er mehr, als er sagt? Ist auch für ihn der Krieg längst eindeutig verloren?
Wie kann er dann Kommandeur sein? Oder ist gerade diese Erkenntnis der tiefste Grund für sein Bemühen, jede unnötige Belastung vom einfachen Mann fernzuhalten, aber alles zu tun, was helfen könnte, ein Soldatenleben zu erhalten? Ist er vielleicht aus Verzweiflung über die Lage manchmal so mürrisch und gereizt? Kriegt er deshalb nie ein Wort billiger Propaganda über die Lippen?
Und so schlecht sieht es doch in der Normandie auch nicht aus; sie verstärken zwar die Brückenköpfe, aber alle Erweiterungsversuche sind doch trotz Schiffsartillerie und Luftüberlegenheit gescheitert. Schließlich haben die Alliierten doch auch jahrelang auf diese Stunde hingearbeitet und für diese Anstrengungen ist der Erfolg der ersten fünf Tage mager genug. Trotzdem – der Pessimismus des Kommandeurs hat mich sehr tief berührt.
Draußen rauscht gerade ein Gewitter mit wahren Wolkenbrüchen auf uns nieder. Die armen Kerle in der Feldwache. Sie haben nichts als ihre notdürftig verschalten Schlafnischen im Sand. Hoffentlich rutscht ihnen nicht alles zusammen.
Ein schöner Sonntag, wahrhaftig.

Kowel, Montag, 12. Juni 1944

Morgen fährt Kapol in Urlaub. Hoffentlich kassieren sie vor allem ihn nicht unterwegs. Er ist unbezahlbar mit seiner unverwüstlichen Klappe, immer hellwach und zu Späßen aufgelegt und obendrein auch einer von denen, die den Iwan wittern. In seinem Zugabschnitt fühle ich mich immer sicher; allerdings hat er hier auch den kürzesten und übersichtlichsten Abschnitt, was ihm und seinen Leuten nach dem elenden Sumpfloch in Prilepowka auch wirklich zu gönnen ist.

Kowel, Dienstag, 13. Juni 1944

Wieder so ein entsetzlicher Tag.
Nachts um zwei Uhr, als ich gerade von der Streife zurückgekehrt war, klingelte Leutnant Heermann und fragte, ob ich wegen Leutnant Schmidt Bescheid wisse. Nein, wieso. „Schmidt ist tot. Vor wenigen Minuten haben ihm die Russen im eigenen Graben aus zwei Meter Entfernung eine MPi-Garbe in die Brust gejagt, als er auf Streife war."
O Gott. Wir alle im Bunker sind erschüttert. Schmidt, vertretungsweise der Führer der Schwadron. Arme Schwadron. Gestern, als er bei uns vorbeikam, hatte er mich noch so herzlich begrüßt.
Wir konnten es zunächst gar nicht fassen, bis sie heute Morgen seinen grässlich zugerichteten Körper brachten. Seine altmodische Nickelbrille lag ihm noch heil auf dem gelben Gesicht. Insgeheim kriecht mir die Angst vor diesen rabenschwarzen Nächten jetzt noch tiefer in die Knochen. Nicht eine vergeht ohne eine Schweinerei der Russen. Wann lauern sie uns auf, irgendwo auf den menschenleeren Einöden zwischen den Gruppen??
Es wurde ein schwüler Tag heute. Mein Magen ist nicht in Ordnung. Wir gingen schweigsam und gereizt umher. Noch ein paar solcher Tage und Nächte...

Kowel. Mittwoch, 14. Juni 1944

Auf dem Friedhof inmitten der Trümmer der sterbenden Stadt machte ich eine Aufnahme mit Röder am Grabe. (Bild 52) Das Lied vom guten Kameraden ist mir selten so nahe gegangen wie heute. Dann war auch das überstanden, aber ich frage mich unwillkürlich, wo ich wohl eines Tages selbst liegen werde. Fällig bin ich längst, als Offizier erst recht.
Wir saßen anschließend noch eine Weile beim Kommandeur, aber trotz des Weins war keinem nach schönen Reden zumute. Die Dämmerung nahte ohnehin, und es trieb uns in unsere Stellungen.
Ich will von jetzt an doch lieber einen Mann mehr mit auf Streife nehmen und überhaupt alle Streifen stärker laufen lassen. Zwei bis drei Mann nur sind jetzt tödlicher Leichtsinn, denn wir müssen nun doch wohl mit Schlimmerem rechnen als bisher. Hoffentlich schlafen die Männer vor Übermüdung nicht einfach ein. In keiner Nacht tut auch nur einer ein Auge zu, seit Wochen schon. Aber wann war es je anders? Und wie viel Schlaf bleibt schon am Tag? Ich sehe es ja an mir; drei bis vier Stunden, das ist alles, und die meisten noch auf Raten.
Eben Durchsage: Ab sofort allgemeine Urlaubssperre. Auch das noch. Aber Kapol ist weg.

Kowel, Donnerstag, 15. Juni 1944

Die Division hat die Verleihung des EK an die beiden Horchposten abgelehnt. Begründung: Sie haben entgegen dem Auftrag nicht rechtzeitig die Annäherung der Russen erkannt und gemeldet und außerdem durch die Feuereröffnung die Stellung verraten und so weiter. Wir greifen uns an den Kopf und verstehen überhaupt nichts mehr.
Die Sache mit Schmidt war gespenstisch und unheimlich genug. Die Nacht stockdunkel, regnerisch und windig. Motsch hatte sich schwer besoffen in der Absicht, dadurch wenigstens einmal nicht mit auf Streife gehen zu müssen. Aber Kagerer pöbelte ihn dann doch hoch. Kaum ein Schuss, verdächtige Stille. Schmidt so vorsichtig wie noch nie, lautlos Schritt vor Schritt setzend. Manche Posten befehlswidrig mit der Kapuze über dem Kopf in ihren Ständen. Aber nichts Besonderes. So gelangten sie bis zu der berüchtigten Stelle am Gestrüpp, wo der Damm sich im Gelände verliert. Schmidt noch vorsichtiger, noch langsamer, die MPi im Anschlag. Aber nichts als Finsternis.
Und dann plötzlich: „Kennwort!!“, eine MPi-Garbe, Motsch kriegt einen Stoß, jemand stürmt an ihm vorüber, blitzartig wird Motsch wach und klar, hört vor sich im Dunkeln russische Laute flüstern, wirft Handgranaten, sieht Gestalten abhauen, ahnt es wenigstens, und findet Schmidt tot im Graben auf dem Rücken; er erkennt ihn an seinen Brillengläsern, die im Scheine einer Leuchtkugel auffunkeln.
Endlich wird es lebendig im Graben, Motsch schnappt fast instinktiv einen Russen der noch in einer MG-Stellung steht und sich nicht wehrt. Dann kommt Unteroffizier Rademacher mit einigen Leuten, sie finden noch einen verblutenden Russen im Graben, dem ein Splitter den Hals aufgerissen hat. Rademacher schnappt sich den Halbtoten, schlägt ihm zweimal mit der Pistole den Schädel ein und gibt ihm auch noch einen Fußtritt mit den Worten: „Du Hund, du Lump!“ Und als Motsch wegen dieser Barbarei an Wehrlosen eine Bemerkung machte, verbat sich Rademacher jede Einmischung. Solche Helden gibt’s bei uns natürlich auch.
Heute schickte ich die große Luftaufnahme meines Abschnitts nach Hause für mein Tagebuch. So etwas gibt’s nur einmal, das kommt nicht wieder.
Iwan war in der letzten Nacht und auch tagsüber außergewöhnlich friedlich und höflich. Aber gerade das ist meist kein gutes Zeichen. Trotzdem registriert man es erst mal dankbar.

Kowel, Freitag, 16. Juni 1944

Ach, wie wohl tut solch ein Freudentag unseren wunden Seelen! Im Westen rollt ja offensichtlich die Vergeltung mit neuen Waffen schwersten Kalibers!! Das ist die alles überragende Nachricht, die die Männer bewegt, von denen so viele bombengeschädigt sind. Nur immer drauf, macht sie fertig!!
Das wünschen sie aus tiefster Seele und mit heißem Herzen, das erfüllt sie mit neuem Mut und neuer Hoffnung. Es war also doch etwas dran an dem monatelan-

gen Gerede von den Wunderwaffen. Ob dieser Tag die große, die lang ersehnte Wende einleitet? Ach, wäre das schön.
Der kleine Gefreite Spelge schreibt so rührend aus dem Lazarett, Bubi Skandera, unser lustiger Melder, schickt eine hübsche Urlaubs-Ansichtskarte aus seiner Heimat Jablunkau. Auf unserem Tisch leuchtet ein Strauß Schwertlilien in der Abendsonne. Ja, so ein Tag wie heute hat uns schon lange gefehlt.

Kowel, Sonnabend, 17. Juni 1944

Nun haben sie also endlich London und Südengland pausenlos am Wickel. Von schwersten Zerstörungen spricht der Wehrmachtbericht heute. Ausbaden müssen es nun auch dort wohl die Frauen und Kinder. Aber Adolf hat den Alliierten so etwas oft und lange genug angedroht. Jetzt fangen sie vielleicht mal an, über ihre eigenen Schweinereien nachzudenken. Für uns alle überwiegt zunächst die Erlösung, dass überhaupt etwas geschieht nach diesen jahrelangen Rückmärschen und Terrorangriffen.
Noch in der Nacht musste ein Befehl des Generals unter die Leute gebracht werden, in dem er auf die Bedeutung der Vergeltung für den Endsieg hinweist. Wenn für unseren General der Endsieg eine so felsenfeste Gewissheit ist, dann sehen wir kleinen Geister doch wohl zu schwarz. Ein Wunder ist es allerdings auch nicht, denn unsere Welt sind die vordersten Bunker und Gräben, die schwarzen Nächte, die blutigen Körper und das ewige Wachsein. Was wissen wir von jenen anderen Welten hinter unseren Postenständen? Nichts. Trotz Wehrmachtbericht und vieler Zeitungen, in denen überall das gleiche Geschwafel steht. Was wir aus allem heraushören und -lesen, ist traurig genug, die blutgetränkten Orte, die reihenweise verloren gehen, die kaum gestörten Terrorangriffe bei Tag und Nacht, ganz zu schweigen von allen persönlichen Sorgen und den Todesfällen im Familien- und Freundeskreis. Aber nun hat endlich ein Lichtstrahl die düstere Szene erhellt und es gibt wohl nur wenige, die sich nicht mit aller Leidenschaft an diese neue Hoffnung klammern.

Kowel, Sonntag, 18. Juni 1944

Es geschehen noch Zeichen und Wunder: Ich soll den ganzen Kapolschen Abschnitt am Bunkerhaus abgeben, sodass ich nicht mehr allein für die 800 m lange unbesetzte Strecke zwischen Kapols Zug und der Feldwache verantwortlich bin. Außerdem soll ein kleines Grabensystem, ein etwas abgelegenes Anhängsel der Feldwache, eine ehemalige Flakstellung, mit einer Gruppe besetzt werden. Einen Teil der frei werdenden Leute muss ich zwar als Bataillonsreserve abgeben, aber es bleiben doch immerhin vier Mann übrig, die ich jetzt bei Nacht als stehenden Spähtrupp in der Mitte der unbesetzten 1.200 m zwischen meinem Gefechtsstand und der Feldwache einsetzen kann. Insgesamt wird also eine ungeahnte Verdichtung unserer Stellung erreicht. In Zukunft wird man also in geradezu lästiger Folge auf Posten und Streifen stoßen! Aus 1.200 unbesetzten Metern werden zweimal 600, aus 800 Metern werden 300 und 500, und für diese 500 m ist der

Nachbar mit verantwortlich. Herz, was willst du mehr?
Da vergisst man sogar den ständigen Ärger über das saublöde Wetter in dieser Ecke. Jeden Vormittag, wenn es warm wird, bilden sich wegen der vielen Sümpfe im Nu Wolken, die schnell die Sonne verdunkeln und den Wind kühl, ja oft richtig kalt werden lassen. Oder es wird eklig schwül, man kann sich vor den Stichen der Bremsen und Mücken kaum retten, und nachmittags spülen uns wüste Gewitter die Gräben voll Schlamm und Sand. An einen wirklich schönen, trockenen Sommertag kann ich mich bisher kaum erinnern. Sicher tragen auch diese schwüle Hitze und der hoffnungslose, lächerliche Kampf gegen das bissige Geschmeiß dazu bei uns so gereizt und nervös zu machen, wie wir es immer häufiger sind.

Kowel, Montag, 19. Juni 1944

Der rechte Nachbar übernahm in der Nacht tatsächlich Kapols Abschnitt und mit ihm natürlich auch die schönen Bunker, die die Männer sich im Laufe der Zeit gebaut hatten. Die eine Hälfte von Kapols Leuten zog ab zum Bataillon, wo sie als Bataillonsreserve sicher erst mal etwas bessere Tage vor sich hat, die andere Hälfte musste zur Feldwache und in die alte Flakstellung, wo es nur flache Gräben, aber weder Bunker noch Postenstände gibt. Auf sie wartet also neue Arbeit, und wir brauchen wieder Holz. Die Gräben der Feldwache selbst sind ja inzwischen auf lange Strecken hin sauber verschalt und ausgebaut und die Männer können wenigstens im Trockenen schlafen. In der Flakstellung muss nun das gleiche Arbeitsprogramm anlaufen – jede Nacht zwei Fuhren Bretter und Balken.
Als ich kurz vor der Morgendämmerung die Männer in der Flakstellung besuchte, kam mir das Häuflein von sieben Mann verdammt schwach und einsam vor, obwohl die Besatzung der Feldwache nur etwa 300 m entfernt liegt. Aber was nützt das, wenn die Russen in der Flakstellung angreifen? Die Gruppe dort muss unbedingt verstärkt werden, das habe ich gleich heute beim Bataillon beantragt.

Kowel, Dienstag, 20. Juni 1944

Heute früh im Morgengrauen griffen die Russen an der Spitze mit einer ganzen Kompanie und wüstem Pak- und Granatwerferfeuer an. Eine Stunde lang hingen wir in hässlicher Ungewissheit über die Lage, pausenlos rasselten die Telefone. Wir selbst konnten gar nichts erkennen, weil der Russe Nebel geschossen hatte und sich das Drama wieder mal in dem verfilzten Kussel- und Buschgelände abspielte. Erst als ein paar leichter Verwundete bei uns aufkreuzten, erfuhren wir, dass die Geschichte sicher schlimmer ausgesehen hatte, als sie wirklich war. Der Russe war nur mit Mühe an einer einzigen Stelle in den Graben gelangt, sonst aber überall gleich abgewiesen worden. Wegen des blöden Nebels hatten beide Seiten allerdings noch lange danach Gespenster gesehen und auf Verdacht weitergeballert. Für den Iwan war es jedenfalls eine große Pleite, die ihm viele Verwundete und bestimmt auch Tote eingebracht hat. Aber die Hunde versuchen es doch immer wieder und jetzt sogar in Kompaniestärke, mit Nebel und wildem Feuer schwerer Waffen.

Kowel, Mittwoch, 21. Juni 1944

Es ist ausnahmsweise mal gar nichts los, keine Ballerei, keine Stoßtrupps, keine Parolen. Ich wollte endlich mal wieder Briefe schreiben, aber das ist an sich ein hoffnungsloses Beginnen. Was soll man schon schreiben? Wie soll man einfach abschalten und sich die Heimat, sein fremd gewordenes Zuhause vorstellen? Das ist alles so unendlich fern. Und wer weiß, wann und ob der Brief ankommt? Ja, mir geht's gut. Euch auch? Hoffentlich gibt's bald Urlaub, dann können wir uns alles mündlich erzählen. Für heute alles Gute und viele herzliche Grüße, auch an... Aus. Ja, Urlaub! Wie durch ein Wunder gibt es doch noch Urlaub, aber nur für solche, die sich voll quälender Sorge verabschieden, weil sie wissen, dass ihre Wohnung zerstört ist und ihre Familien da und da in der Fremde untergekommen sind. Es gibt erschütternde Schicksale, bei denen jedes Tröstenwollen sinnlos wird. Und trotzdem stehen sie hier auf Posten wie jeder andere auch, fahren ohne Hoffnung eines Tages zu den verkohlten Stätten ihres Glücks und kehren zurück, still, unauffällig, fast froh, wieder unter ihren Kameraden zu sein, wo sich alles leichter trägt.
Morgen ist der 22. Juni. Vor drei Jahren erfuhren wir zu unserem Schrecken vom Angriff auf die Sowjetunion. Nach drei Jahren Quälerei stehen wir fast wieder am Bug wie damals. Eine unsagbar traurige Bilanz.

Kowel, Donnerstag, 22. Juni 1944

Im Morgengrauen wurde mal wieder allen unseligen Erfahrungen zum Trotze ein grandioser Feuerüberfall mit allen schweren Waffen und einer Beutepak in Szene gesetzt, wahrscheinlich zur geziemenden Erinnerung an den Kriegsbeginn vor drei Jahren. Die Beutepak war nachts an meiner linken Grenze auf den Bahndamm gewuchtet und dort eingegraben worden. Ich schlich mich natürlich in die Nähe des guten Stückes und jubelte heimlich bei jedem peitschenden Knall der alten Waffe. Der Iwan war von unserer munteren Aktivität offenbar überrascht, denn während der ganzen Viertelstunde, die der Zauber dauerte, muckste er sich nicht. Erst als wir eine qualmende Bunkerhöhe zurückgelassen hatten und uns heimwärts begaben, wurde er wütend und gab uns mit Pak und Granatwerfern Kontra. Wir hauten uns jedoch befriedigt in die Kojen und ließen ihn klotzen. Das meiste ging in die Stadt, wo gewaltige Brände aufloderten und tausende von Granaten mit Höllenspektakel explodierten.
So wird es in Kowel bald kein heiles Haus mehr geben. Schussfeld haben wir dann genug. Wie durch ein Wunder wurden bei uns keine edleren Teile getroffen. Beim Iwan sah man später wenigstens einige Strippenzieher durchs Gelände huschen.

Kowel, Freitag, 23. Juni 1944

In der Nacht feierten Dummheit und Leichtsinn mal wieder traurige Triumphe. Nicht weit von der Spitze sollte eine Kompanie des Feldersatzbataillons helfen, Stacheldraht zu verlegen. Allen Ermahnungen zum Trotz standen sie, nachdem jeder seine mitgeschleppte Drahtrolle hatte fallen lassen, schön in Klumpen beieinander und fingen auch noch das Rauchen an. Eine Minute später zischte es schaurig von Kowel II herüber. Mehrere blieben sofort tot im Gestrüpp liegen, an die dreißig Verletzte und die anderen dazu stoben schreiend durch die Finsternis, bis schließlich alle den rettenden Graben fanden, wo mancher schwer verwundet in seinem Blut zusammenbrach.
Für den Rest der Nacht hatte die Schwadron zu tun, die Leute zu verbinden und heimzuschicken und die Toten und Schwerverwundeten nach hinten zu schaffen. Dass diese dämlichen Kerle es nie begreifen werden! Motsch war noch ganz fertig, als er mir das erzählte. Ich kriegte nur noch den letzten Rest der Tragödie mit, weil ich in der Nacht wie üblich weit weg in der Feldwache und bei Kapols Zug war. Sonst war Iwan aber die ganze Nacht ungewohnt höflich und ließ vor allem diese verdammte Dauerschießerei sein. Entweder hat er einen anderen Verein eingesetzt, der mit den teuflischen Möglichkeiten dieser schönen Stellung noch nicht so vertraut ist, oder er hatte wieder Späh- und Stoßtrupps auf Achse und wollte sie nicht unnötig gefährden.
Im Mittelabschnitt sind die Russen nun tatsächlich zum Großangriff angetreten. Aber dort haben sie sich so oft blutige Köpfe bei Orscha und Witebsk und Tschaussy geholt, dass wir recht zuversichtlich sind. Trotzdem gingen unsere Gedanken heute natürlich oft nach Barischewka und Poljaschitza, nach Kladnewitschi und Prilepowka.

Kowel, Sonnabend, 24. Juni 1944

Nachmittags besuchte ich den Adju in seinem Kellergewölbe unter der Kirchenruine zu einem längeren Schnack. Er hatte neue Nachrichten über den Großangriff der Russen im Mittelabschnitt. Seit dem 22. Juni hat sich die Angriffsfront jeden Tag verbreitert und es sieht angeblich schon jetzt schlimm dort aus. Sollen wir uns freuen, dass wir nicht mehr ostwärts des Dnjepr stehen? Jetzt hausen die Russen also vielleicht schon in Barischewka und wir leben hier halbwegs friedlich vor uns hin. Nur manchmal kriegt man es mit der Angst, ohne recht zu wissen, wovor und warum. Es scheint eben alles nur so friedlich, aber jeder ahnt, dass auch hier die Stunde X nicht mehr fern ist. Und dann?? Das ist es wohl, die Hoffnungslosigkeit, die in uns allen steckt, ob wir es wahrhaben wollen oder nicht. Selbst der Wehrmachtbericht spricht heute davon, dass starke Infanterie- und Panzerkräfte östlich Mogilew, beiderseits der Rollbahn und bei Witebsk in die vordersten Stellungen eingebrochen sind. Nur zwischen Pripjet und Tschaussy waren alle Angriffe erfolglos, aber die Abwehrschlacht geht mit steigender Heftigkeit weiter.
Ostwärts Mogilew – das ist genau unsere alte Ecke.
Bei der Schwadron ist ein Volltreffer am hellen Tage direkt vor Bello Reicherts

Bunker eingeschlagen. Er und zwei Funker kriegten die Beine voller Splitter, ein weiterer Mann musste noch verwundet aus dem qualmenden, halb eingedrückten Bunker herausgeholt werden. Bello hat erst die anderen mit verbunden, dann erst ließ er sich selbst verarzten. Ein Raubein, aber immer da, wenn es drauf ankommt. Vorhin trafen sie alle vier halb humpelnd, halb getragen bei uns ein. Inzwischen sind sie mit dem Wagen hoffentlich heil auf dem Verbandsplatz angekommen. Wieder vier Mann weg.
Bei der dritten Kompanie hat der Iwan heute Nacht in der Spitze Motschens Melderkollegen aus dem Graben geholt. Er sollte morgen als Bombengeschädigter in Urlaub fahren.
Es ist furchtbar, aber man kann solche Schicksale, die man nicht unmittelbar miterlebt, nur noch registrieren, so entsetzlich sie im Einzelfall auch sind. Man stelle sich nur die Situation dieser Familie vor. Aber es ist einfach zu viel, was an Trauer und Sorge täglich neu über einen hereinbricht.

Kowel, Montag, 26. Juni 1944

In Cherbourg Häuserkämpfe, Kapitulationsaufforderungen nicht beantwortet, alles Wichtige gesprengt.
Südlich und östlich Bobruisk einige Einbrüche; auch östlich Mogilew haben die Sowjets nach blutigen Kämpfen nach Westen Moden gewonnen. Östlich Mogilew – unsere alte Pronjastellung ist verloren! Das ist ein Stich unter die Haut wie schon so viele, das schmerzt und brennt. Alles andere trifft und interessiert uns heute nicht so wie dieser kurze Satz aus dem Wehrmachtbericht.

Kowel, Dienstag, 27. Juni 1944

Gestern am späten Nachmittag hatte die Gruppe an der linken Grenze als besonderes Vorkommnis zwei LKWs mit Verdeck gemeldet, die auf der Straße von Rowno gekommen, dann nach rechts abgebogen und in den Wäldern bei Koledezno hinter der Bunkerhöhe untergetaucht waren. Na schön, wir meldeten die Sache sofort weiter ans Bataillon.
Später, als der abendliche Rummel am Gefechtsstand sich verlaufen hatte und das Küchenfahrzeug in der Stadt verschwunden war, tat es plötzlich ein paar schwere Schläge nicht weit vom Gefechtsstand und dicker Pulverqualm zog uns in die Nasen. Pak und Granatwerfer. Nanu? Und schon meldete der Posten vor unserem Hause Einschläge in den Baracken, in denen die sMG-Leute sitzen. Und gleich darauf stürzte auch schon ein Mann von denen herein und bat um die Hilfe des Sanitäters – sie hatten zwei Verwundete!
Draußen war es wieder still. Ich meldete auch den merkwürdigen Feuerüberfall sofort zum Bataillon. Noch nie hatten die Hunde genau unseren Gefechtsstand und die sMG-Gruppe so gezielt beaast. Was steckte dahinter? Ich war doch verdammt argwöhnisch geworden und zog bald los auf Streife, erst zur Feldwache, dann zur Flakstellung. Alles in bester Butter, keine besonderen Beobachtungen. Nur wieder diese eigenartige Stille in der Nacht. Kaum mal eine Leuchtkugel,

kaum Schüsse beim Iwan. Ich ermahnte die Kameraden zu größter Wachsamkeit. Es ist zwar erheblich sicherer in unserer HKL geworden, die Abstände kleiner, der ganze Abschnitt kürzer, aber Vorsicht ist nun mal das halbe Leben in unserem Geschäft. Sorge machten mir nur immer noch die wenigen Männer in der Flakstellung. Aber woher soll ich mehr nehmen?
Gegen ein Uhr kehrte ich in den Bunker zurück. Auch am Bahndamm hatte man nichts Verdächtiges mehr bemerkt. Komisch.
Und dann, mitten hinein in die schmelzenden Melodien vom Sender Weichsel – Alarm!!! Rot, rot, rot an der Feldwache, und Feuerschläge rings um den Gefechtsstand!! Alarm!! Meldung ans Bataillon! Scheiße, Kober auf Streife, der Sani mit einem Mann noch bei den sMG-Leuten. Los, los, macht schon!! Und die Iwans hauen uns dicke Koffer um die Ohren, Splitter sirren unsichtbar durch die Finsternis, gelbroter Feuerschein blitzt, die Erde, der ganze Bunker wackelt, süßlich stinkt die Luft.
Wo bleiben die denn nur? Da, Telefon – das Bataillon. „Jawohl, noch immer schweres Sperrfeuer auf den Gefechtsstand und rot bei der Feldwache. Ich rase jetzt los. Ende."
Endlich sind mit mir fünf Mann beisammen. Kober mit seinen zwei Mann fehlt uns sehr, aber wir können unmöglich noch länger warten. Ab, los! Geduckt springen wir los, werfen uns scheppernd hin, wenn wieder ein dickes Ding heranbrüllt, los, voran, weg vom Gefechtsstand! Der bleibt in Qualm und Nebel gehüllt hinter uns zurück.
Nun endlich sieht man die Leuchtfallschirme da vorn, weiß, Sternbündel rot, weiß. Zu hören ist nichts. Wir keuchen immer an der Graswand entlang, da endlich Schatten vor uns, die vier Mann, die nachts die lange unbesetzte Strecke halbieren. Sie haben Schreie und Handgranaten und MPi-Feuer gehört, kaum länger als eine Minute. Seitdem steigen nur noch die Leuchtkugeln.
Mein Gott, was mag da passiert sein?
Auch hinter uns am Gefechtsstand ist es ruhig und schwarz geworden. Nacht ringsum. Wir kommen zu spät, viel zu spät, so sehr wir uns auch abhetzen. Immer noch nicht der Graben der Feldwache. Wieder Leuchtkugeln genau vor uns an der Feldwache, jetzt halbrechts – das muss die Flakstellung sein.
Weiter zur Feldwache. Dort hatten sie rot geschossen. Endlich der Graben, der Abzweig nach rechts zur Flakstellung – und wieder schwarze Schemen in der Dunkelheit – unsere!
„Die Russen haben die Flakstellung überfallen, Herr Leutnant, Feldwebel Tannenberger ist schon drüben, sie möchten auch gleich hinkommen!"
Und während wir mit einem Mann von der Feldwache weiterkeuchen, schreit er uns noch zu, sie hätten in der Feldwache rot geschossen, als der Spektakel in der Flakstellung losbrach. Dort wäre nämlich nur eine einzige weiße Leuchtkugel hochgezischt, danach hätten sie nur noch Handgranaten und Schreie gehört und MPi-Feuer natürlich.
Endlich, diese 300 m in der Nacht.
„An der Feldwache war der Russe übrigens zur selben Zeit auch, wohl zur Fesselung. Aber Feldwebel Tannenberger ist trotzdem..."
Gestalten vor uns. „Kennwort!!"
Und ein Bild der Verwüstung, selbst im Finstern zu erkennen. Zertrampelte Grä-

ben, Stöhnen, zwei Verwundete. Und einer, der nicht mehr stöhnt.
Stoßweise nur bricht es nun aus dem atemlosen Führer der Gruppe heraus. Es ist nichts Wichtiges geklaut, kein Mann, kein MG. Der Stoßtrupp war offensichtlich von rechts gekommen, muss sich von allen Seiten an die Igelstellung herangeschlichen haben und dann von rechts und links in dem nur flachen Verbindungsgraben bis auf Wurfweite herangekrochen sein. Die sieben Mann haben nur noch ein komisches Pfeifen gehört und ein Dutzend Handgranaten heranwirbeln sehen, dann ging für sie die Welt in einer Hölle von krachenden Blitzen und sprühendem Mündungsfeuer unter und riesige Schatten stürzten sich wie Urtiere auf sie. Zum Schießen kamen sie kaum noch, nur mit Kolben und Füßen, mit Zähnen, Dreck und Krallen konnten sie sich noch wie rasend wehren, ihre Handgranaten ließen sie wie Äxte auf die Schädel krachen – das war alles, was ihnen blieb. Nach kaum 30 Sekunden, nach einem barbarischen Würgen Mann gegen Mann ließen die Riesenkerle auf einmal von ihnen ab, ließen ihre schon halb geschnappte, zappelnde Beute fahren und zerstoben wuselnd nach allen Seiten in die Schwärze der Nacht. Und als er endlich rot und weiß schießen wollte, noch ganz benommen von dem fürchterlichen Schlag einer Handgranate, die ihm an den Hinterkopf geflogen und nicht detoniert war – war die Leuchtmunition weg, explodiert mit einem grellroten Blitz, den sie alle gesehen und für einen schweren Einschlag gehalten hatten. Dann endlich hatten sie die Sternbündel rot in der Feldwache gesehen und dann endlich war Tannenberger mit den vier Mann gekommen.
Sie waren fertig, hockten auf der Grabenkante, rauchten ohne Rücksicht auf den Iwan. Der existierte nicht mehr für sie. Sie lebten noch, das allein zählte in diesen Minuten. Aufpassen mochten jetzt wir anderen. Nur der eine dort im Graben, reglos. Volltreffer von einer Handgranate. Die ganze Brust zerrissen. Die beiden anderen humpelten bald mit je einem Mann Begleitung zum Gefechtsstand. Zu befürchten war nun sicher nichts mehr.
Ich blieb noch bis zum Anbruch des Tages in der Flakstellung. Ließ mir nach und nach alles noch einmal genauer erzählen, denn die Obrigkeit will ja nun einen Bericht haben. Und irgendwann blitzte eine Erinnerung in mir auf: Die beiden LKWs – die hatten diesen Spezialstoßtrupp hergefahren! Und der Feuerüberfall am Abend auf die Baracken am Gefechtsstand war die Generalprobe für die Nacht gewesen. Sauber hingeferkelt.
Eins war nun klar: Sieben Mann in einer so isolierten Stellung sind zu wenig gegen einen Stoßtrupp von 15 bis 20 Mann. So viele Gestalten haben sie insgesamt gesehen, alles auffallend große Kerle, richtige Bullen. Sicherungstrupps haben bestimmt auch noch in der Nähe gelegen. Entweder kommt jetzt noch eine Gruppe dorthin oder die Stellung bleibt in Zukunft unbesetzt wie in den ersten Wochen. Dass die Hunde mit einem Instinkt ohnegleichen doch immer die schwächsten Punkte erwischen.
Nun ist die Kompanie wieder um drei Mann ärmer, aber weiter oben kann man immerhin beruhigt sein. Es ist niemand den Russen in die Hände gefallen und er hat vor allem kein MG erbeutet. Die Waffenehre der Kompanie ist diesmal gerettet. Kostenpunkt ein Toter, zwei Verwundete.
Die Feldwache stellte heute bei Tage die Posten in der Flakstellung. Die vier heil gebliebenen brauchten erst mal ein paar Stunden Schlaf, wenn ihre Nerven sie überhaupt schlafen lassen. Dieser nächtliche Nahkampf mit den russischen Ber-

serkern wird sie noch lange bis in ihre Träume verfolgen. Nur der Tote hat seine Ruhe.
Wir trugen ihn im Morgengrauen auf einer Bahre mit uns zum Gefechtstand. Leise rauschten unsere Schuhe im Gras und rhythmisch knarrte die Bahre. Sonst stand nichts um uns als die erhabene Stille des heraufdämmernden Tages. Nun hatten sie zum zweiten Mal bei uns zugeschlagen. Wann werden sie wieder anschleichen, um nach so vielen Pleiten endlich mal einen lebendig mitzuzerren? Auch die nächsten Nächte werden noch finster sein, es ist die üble Zeit um Neumond.
Im Gefechtsstand natürlich kein Gedanke an Schlaf. Die Baracken, in denen die sMG-Leute hausen, haben sie bei dem Feuerüberfall in der Nacht schauerlich zugedeckt. Der Rest ist kaum noch zu gebrauchen. Sogar einige unserer stolzen MG-Stände in der „Festung" liegen als Trümmer wüst in den Ecken. Maßarbeit. Recht eindrucksvoll. Ein bescheidener Vorgeschmack auf das, was uns blühen wird, wenn... Ein wirklich schöner Morgen, genau passend zu der beschissenen Lage im Mittelabschnitt.
Papierkrieg. Meldungen ans Bataillon. Genauer Hergang des Überfalls, warum, wieso, warum nicht. Anfragen der Division. Stärke, Verluste, Beobachtungen, Munitionsverbrauch. Nahkampftage, EK-Vorschläge. Beute? Ja, eine Mütze, zwei Handgranaten. Verluste der Russen? Keine Ahnung. Ein paar Blutspuren außerhalb der Gräben. Wirkung des eigenen Sperrfeuers? Gleich Null, kaum bemerkt.
Ging logischerweise alles vor die Feldwache, weil nur dort Sternbündel rot geschossen worden ist. Wie viele Russen an der Feldwache? Ein paar Mann, die bis an den Stacheldraht gekommen waren und etwas Feuerzauber gemacht hatten. Fragen, Fragen.
Und das in dieser Stimmung. Als ob der ganze dämliche Papierkrieg hinterher noch etwas ändern könnte. Aber es muss wohl viele Leute geben, die ihre Daseinsberechtigung im Hinterland mit solchem Geseiche nachweisen.
Gegen 11 Uhr kreuzte der Kommodore auf, um sich den Ort des Dramas selbst anzusehen. Zwei Stunden in den Gräben unterwegs. Geschwärzter Sand, runtergetrampelte Grabenkanten, Schleifspuren, geknickte Gräser, begrenzte Sicht, weil die Leute in der kurzen Zeit unmöglich mehr mähen konnten. Ein Wunder ist es nicht. Es bleibt das bedrückende Gefühl: Zu wenig, zu weit, zu dünn, zu spät. Unverantwortlich. Aber woher nehmen?? Chronische galoppierende Auszehrung. Menschen fehlen hier, Soldaten, ganze Armeen.
Aber die stehen im Westen.
„Übrigens werden wir hier bald herausgelöst. Heute Nachmittag kommen die Einheitsführer, um sich unsere Stellungen anzusehen."
„Wie bitte?? Wir abgelöst?"
„Ja, die anderen wissen es schon seit zwei Stunden, aber Ihnen wollte ich es nach diesem Schreck selbst sagen."
„Und was wird dann aus uns? Feuerwehr im Mittelabschnitt?"
„Keine Ahnung, nicht mal eine Vermutung."
Das gab mir den Rest. Wir hier heraus? Dann geht es garantiert noch tiefer in die Scheiße. Wir haben uns ja allerorten so prächtig bewährt.
Gegen Mittag beobachteten die Posten an der Grenze zur Schwadron zwei ge-

deckte LKWs, die von rechts aus den Wäldern gekommen waren und weithin sichtbar auf der Straße nach Rowno entschwanden. Die Herren vom Stoßtrupp! Wünschen wohl geruht zu haben! Und Hals- und Beinbruch zu neuen Taten! Da fuhren sie frech vor unseren Augen von hinnen, diese Kerle, und wir hatten nicht mal eine Pak parat, um ihnen wenigstens noch ein paar Sprenggranaten in den Arsch zu jagen. Es ist zum Scheißschweineverrecken, diese kotzjämmerliche Armseligkeit, wohin man auch blickt.
Am Nachmittag latschte ich wieder drei Stunden durch den gesamten Abschnitt, um meinen Nachfolger mit den Delikatessen der Stellung gebührend vertraut zu machen. Der war am Ende genauso bedient wie ich.
Noch ein paar solcher Tage und Nächte, und – aber was: und?

Kowel, Mittwoch, 28. Juni 1944

In der Nacht liefen wir pausenlos unsere Streifen, alle Posten waren schwer vergattert, aber Iwan ließ sich nirgends sehen. Klar.
In den Vormittagsstunden fielen wir vor Übermüdung zwar in einen kurzen, wirren Schlaf, aber den ganzen Tag über lastete auf uns das Geschehen der vorletzten Nacht, kreiste immer wieder die Phantasie um den pantherartigen Sprung auf die einsamen Männer und deren angstgepeitschte, animalische Strampelei, mit der sogar diese ausgesuchten Russen nicht fertig wurden. Dort haben wirklich Dämonen gerungen und Urängste, Urtriebe haben das Schlimmste verhütet.
Und nun die Ablösung, das Chaos im Mittelabschnitt – man mag nichts mehr hören und sehen. Aber wo sitzt der Wurm? Wie ist es möglich, dass nichts mehr klappt? Dass so entsetzlich vieles hohl und morsch ist? So etwas muss doch auch die Führung wissen und ändern? Wir kleinen Geister hier vorn in den Gräben können es doch nicht! Wir können doch wahrhaftig nicht mehr tun als warten und nun warten bis zum Letzten, um irgendwann doch zu verrecken.
Die Besatzung der Flakstellung wurde heute mit Leuten der Bataillonsreserve auf 13 Mann verstärkt. Zwei Gruppen stehen jetzt dort, wie ich es mehr als einmal gefordert habe. Auf einmal geht es.

Kowel, Donnerstag, 29. Juni 1944

Es meldete sich abermals ein Häuptling bei mir, der meinen Abschnitt übernehmen sollte. Wieder zottelte ich mehrere Stunden durch die Gräben, um dem Guten alles schön zu erklären. Ich weiß nicht, ob es an der schwülen Hitze lag, der wackere Mann war jedenfalls an mehreren Stellen völlig durcheinander in Bezug auf vorn und hinten. Dass wir hier vorn und hinten haben, dass der Gefechtsstand viel näher bei den Russen in Kowel II liegt als die Feldwache vor den Schonungen und nur durch den Bahndamm gegen Sicht und direkten Beschuss geschützt ist, wollte ihm einfach nicht in den Kopf. Ich schilderte ihm auch noch genüsslich die paradiesischen Urzustände der Stellung, als es noch keinen Graben, keinen Draht, keine Minen, keine Unterstände und keine Graswände gab. Da flüchtete der Gast mit Grauen, denn alles, was er hier erfuhr, ging ihm wider die Natur.

Vorhin als Krönung des Tages der Wehrmachtbericht: „Die Besatzungen von Bobruisk und Mogilew setzten dem mit überlegenen Kräften anstürmenden Feind harten Widerstand entgegen.“ Gestern Orscha und Witebsk geräumt, bei Polozk vordringender Feind. Kampfgebiet ist die Beresina, weit westlich Mogilew. Dann stehen sie bald vor Minsk.
Mein Gott, wohin soll das noch führen? Wieso bricht alles, was jahrelang allen Stürmen standgehalten hat? Da stimmt doch etwas nicht, das geht doch nicht mit rechten Dingen zu.
Die armen Teufel von Mogilew. Werden auch wir noch „Besatzung von Kowel“?? Oder löst man uns wirklich noch rechtzeitig vorher hier ab? Ich spüre so etwas wie Torschlusspanik in mir aufkommen. Fällt das Tor noch vor unserer Nase zu? Oder kommen wir noch so eben heraus?

Kowel, Freitag, 30. Juni 1944

Schon früh um 9 Uhr mussten sämtliche Offiziere zu einer großen Besprechung beim General in die Stadt. Auch der wusste nicht viel Erbauliches zu berichten. Mehr Einsatz, mehr Kampf bis zum Endsieg. Von der bevorstehenden Ablösung wurde kaum gesprochen. Weitere Befehle abwarten. Das war alles. Merkwürdig.
Als Ersatz für den entgangenen Morgenschlaf legte ich mich über Mittag stundenlang in den knusprigen Sonnenschein und grunzte so gut es eben ging.
Im Mittelabschnitt weiter erbitterte Kämpfe, das heißt auf gut deutsch, Rückmarsch auf der ganzen Linie. Die Partisanen werden schön mitmischen. Es ist eine Scheißgegend mit den elenden Sümpfen und den Wäldern.
Im Westen und in Italien sieht es wenigstens einigermaßen stabil aus, obwohl Cherbourg nun verloren ist. Lange genug haben sie ja dazu gebraucht.

Kowel, Sonnabend, 1. Juli 1944

Gestern Abend, kurz nach Einbruch der Nacht gab es wieder Rabatz in der Spitze, aber schon nach wenigen Minuten wurde es wieder ruhig. Die Hunde versuchen es doch immer wieder. Immer mehr geht einem diese ständige Spannung an die Nieren.
Als ich heute früh nach der Morgenstreife im Hellwerden müde auf meinen Bunker zusteuerte, flammte links in der Spitze abermals eine wilde Schießerei und Granatwerferbolzerei auf. Eine Viertelstunde später verebbte auch dieser Lärm wieder. Als aber dann mitten ins Frühstück das Telefon plötzlich schrillte, durchzuckte es mich heiß, was mir schon so oft passiert ist, wenn etwas Furchtbares kommt. Ich merke das irgendwie am Klingeln, von zehn Anrufen elektrisiert mich der eine, obwohl ich ja nicht wissen kann, was kommt. Wir haben wohl alle schon Antennen für das Unglück ausgebildet und so auch heute Morgen: „Herr Leutnant, etwas Furchtbares. Leutnant Kaiser ist tot und vier Mann mit ihm, darunter noch ein Offizier. Eben grade, bei der Schießerei in der Spitze.“
Ich musste mich setzen. Leutnant Kaiser, der Führer der dritten Kompanie, ein junger, eifriger Offizier. Der zweite Kompanieführer in so kurzer Zeit.

Wenige Minuten später wussten wir mehr. Um ein Haar hatte ein russischer Spähtrupp eine Streife der dritten Kompanie erwischt, die im Morgengrauen in ihre Bunker zurückkehrte. Feuerüberfall. Abriegeln mit Granatwerfern und Pak, zufassen – das bewährte Rezept, diesmal also im Morgengrauen, wenn man denkt, die Nacht ist glücklich überstanden. Bei Leutnant Kaiser saß gerade der Führer einer fremden Kompanie, die Kaisers dritte ablösen sollte. Als die Meldung kam, der Russe sei im Graben, stürzten beide los, drei Mann vom Kompanietrupp dazu, Kaiser mit einer Faustpatrone in der Hand vorweg. Sekunden später muss ein Splitter die Faustpatrone getroffen haben. In einer grellen Stichflamme zerriss es alle fünf. Man fand noch Fußreste in durchsiebten Stiefeln, einen durchlöcherten Stahlhelm, ein Stück Stiel von der Granate, ein glatt gefegtes, schwarzes Stück Graben. Aber nichts mehr, was man hätte begraben können.
Kurz darauf hetzte der Kommandeur an mir vorüber, fahl und alt im Gesicht, ohne Gruß, erschüttert. Auch wir waren fertig und hockten wortlos im Bunker. Wer konnte noch schlafen, frühstücken?
Ohne hereinzusehen, kam der Kommodore zwei Stunden später wieder vorbei. Auch er konnte ja nichts mehr ändern.
Gegen Mittag erwischten sie bei der Schwadron vier Mann auf einen Schlag mit ihren verfluchten Granatwerfern. Drei kamen noch leidlich davon, aber der vierte sah schlimm aus.
Kurz vor Sonnenuntergang meldete sich dann die Feldwache: „Bitte ganz schnell den Sani, wir haben drei Verwundete durch Granatwerfer, alle reif fürs Lazarett!“ Da war ich dem Heulen nahe. Wieder drei Mann, davon zwei ganz famose, fast unersetzliche Kerle. Ausgerechnet in der Feldwache.
Der Abschied von den dreien wurde mir sehr schwer. Dumpfe Ahnungen bedrückten mich. Die sehe ich wohl auch nicht wieder, dachte ich noch, als am späten Abend die Wagen mit ihrer blutig verschmierten Fracht zur Stadt rumpelten. Und die russischen Flieger waren heute auch so aktiv. Irgendwas schiebt sich hier rings um uns herum zusammen. Dieser Monat fängt wirklich gut an.

Kowel, Sonntag, 2. Juli 1944

Wir alle waren in der Nacht auf neue Unternehmen des Russen gefasst, doch er ließ uns, abgesehen von der üblichen Bolzerei, in Ruhe. Aber dafür schrillte abermals am frühen Morgen das Telefon: Sofort Offiziersbesprechung! Mein Gott, so früh. Was steckt da nun wieder hinter?
Also noch schnell rasiert und hin. Und als schließlich alle erwartungsvoll versammelt waren, ließ Röder die Bombe platzen: Kowel ist kein fester Platz, sondern wird in Kürze geräumt! Sofort alles für die Räumung vorbereiten, alle Vorräte abtransportieren. Aber die Räumung bleibt noch streng geheim, alles läuft unter der Parole Ablösung.
Nun war auch heute an Schlaf nicht mehr zu denken. Es wollte mir einfach nicht in den Kopf: Kowel soll geräumt werden, unser Kowel? Sollen wir uns darüber freuen? Natürlich, denn als fester Platz wären wir wohl alle über kurz oder lang verloren gewesen, und wenn man diesen festen Platz jetzt ohne Druck aufgibt, so ist das sicher eine direkte Folge des ungeheuren Zusammenbruchs im Mittelab-

schnitt. Ja, lieber noch heute lebendig raus aus dieser Falle, als morgen hier elend verrecken.
Kowel wird geräumt. Nein – wir werden abgelöst! Wie ein Buschbrand fraß sich diese Nachricht auf vielen Wegen bis zum letzten Mann, obwohl die Gerüchte über so etwas nach dem Besuch der fremden Offiziere natürlich schon einmal durch die Kompanien gekrochen waren. Aber nun wurde es sichtbar Ernst. Am Abend brachten die Küchen Extrarationen an Schnaps und sonstigem edlen Zeug. Die Männer draußen in den Stellungen haben zwar strengen Befehl, nur so viel zu trinken, dass sie jederzeit einen klaren Kopf behalten, aber das braucht man an sich gar nicht erst zu befehlen, denn sie passen schon in ihrem eigenen Interesse aufeinander auf.
Alle im Gefechtsstand sind erleichtert; diese verfluchte Stellung übergibt jeder gern den lieben Kameraden. Ich aber muss höllisch darauf achten, dass ich mich nicht verplappere. Nur ich weiß ja, dass Kowel geräumt werden soll.
Hoffentlich, hoffentlich versaut uns Iwan nicht noch alles. Wie oft haben wir diesen Stoßseufzer schon zum Himmel geschickt?
Der Wehrmachtbericht redet von Kämpfen bei Ssluzk. Das liegt genau südlich von Minsk. Die Kampfgruppen „aus dem Raum Bobruisk" haben sich immerhin noch bis zum Haupthaufen durchschlagen können. Aber was ist mit den Besatzungen der festen Plätze Bobruisk und Mogilew? Sind die längst kassiert, vermisst, im Ungewissen verschwunden auf unabsehbare Zeit?
Was immer im kleinen geschehen mag – im Großen scheint es eine ungeheure Katastrophe zu sein oder zu werden. Da haben wir es wieder, dies verhängnisvolle Vakuum hinter den Spinnfäden der Front.

<u>Kowel, Montag, 3. Juli 1944</u>

Weil der Mond gestern Abend so schön hell schien, dass eigentlich nichts Böses passieren konnte, setzte ich mich nach der Abfahrt der Trossfahrzeuge spontan mit all meinen Hanseln vom Kompanietrupp hin und begann ein hemmungsloses Saufen. Ich war es einfach leid. Zum ersten Mal in dieser erbärmlichen Stellung lief ich keine Streife, zum ersten Mal wagte ich es, mehr als die üblichen zwei bis drei Schnäpschen zu inhalieren, ja mich richtig volllaufen zu lassen, um diese ganze Scheiße mal für ein paar Stunden zu vergessen. O ja, der Mond schien wirklich herrlich und unsere Ari pflügte mitten in der Nacht dem Iwan die Gräben und Bunker um. Ja, die hatten's gut, die Jungs, die konnten ihre Bestände verjubeln. Macht sie fertig, Freunde, wirbelt ihnen ihre gottverdammten Granatwerfer um die Ohren, schickt sie zur Hölle, diese verfluchten Postenklauer! Und wir werden weitermarschieren, bis alles in Scherben fällt, denn heut' sind wir noch in Kowel und morgen am Arsch der Welt.
Es wurde eine wunderschöne Nacht, so lang, so blau, so laut, und wenn uns im Bunker die Luft zu heiß wurde, traten wir hinaus in die sternklare Nacht und sahen uns mit tiefer Befriedigung den Feuerzauber rings um die Stadt an. Ja, Kameraden, so müsste es jede Nacht sein, so viel Prügel für den Iwan und so viel Schnaps für uns!
Wir hatten uns dann bei Tagesanbruch gerade unsagbar müde und voll auf die

Kojen gewälzt, G. und Motsch hatten auf dem Wege in die Stadt im Morgengrauen noch eine Weile bei mir geklönt, da fing es plötzlich wieder an zu ballern, weiß der Geier, irgendwo in der Spitze. Wenige Sekunden später blitzte und krachte es auch in unserer Nähe höchst rüpelhaft, gleich hinter dem Bahndamm! Verfluchte Scheiße – soll das jeden Morgen so anfangen?
Raus aus dem Bett, raus aus dem Bunker mit glasigen Augen – tatsächlich, Alarm!!! Alles raus auf den Bahndamm zur Sicherung! Leuchtkugeln, rote, weiße, bunte, Qualmwolken und eine wüste Schießerei, rasendes MG-Feuer, dazwischen Fetzen von Urräh-Geschrei. Zum Teufel, was war denn los? Mit Ach und Krach torkelten wir auf die Krone des Bahndamms. Oben nichts als Qualm, nein, Nebel, das war künstlicher Nebel! Diese Hunde. Das gesamte Gelände von Kowel II bis an die Rückseite unseres Bahnbogens lag unter milchigen Wolken, es klatschte und fatschte unberechenbar aus allen Richtungen, die eigenen und die russischen Granatwerfer blubberten um die Wette, was das Zeug hielt. Alles in allem wieder mal eine wunderschöne Schweinerei.
Es half nichts, ich musste jetzt los zur linken Grenze am Bahndamm, so schändlich mir der Schädel auch brummte.
Mit einem Melder sockte ich mühsam los; die anderen kriegten Befehl, weiterhin den Bahndamm abzuriegeln und Verbindung nach links, also zur Stadt hin, aufzunehmen. Irgendwo mussten ja auch dort Landser auf oder an den Bahndämmen sitzen.
Von den nächsten zwei Stunden weiß ich nur, dass es ein grausamer, bitterer Marsch wurde, immer im Zickzack die Gräben entlang, aber wenn ich nach Zick zu fallen drohte, machte der Graben gerade Zack, und von den vielen Stößen sackten mir manches Mal einfach die Knie weg. Sonst gab es nur Nebel. Irgendwo, irgendwann mal einen Posten, der auch nichts wusste. Dazu die blöde Hitze, ausgerechnet heute schon so früh am Morgen, die pausenlose Schießerei. Gut, dass ich so besoffen war und nur Nebel sah. Was ging mich der ganze Mist überhaupt an? Ein einziges Mal in dieser wahnsinnigen Stellung nicht nüchtern und prompt zur falschen Zeit.
Als ich später dank der treuen Melderseele zwar einigermaßen heil, aber um nichts schlauer und entsetzlich zermatscht wieder die heimatliche Schwelle überstieg, war der Hauptspektakel verflogen. Die Iwans hatte man angeblich zweimal aus dem Graben geschmissen. Hauptmann Röder selbst soll den Graben an der Spitze mit dem Radfahrzug als Reserve wieder aufgerollt haben. Jetzt kamen noch alle Nase lang Melder mit gefundenen Papieren und wichtigen Meldungen zu uns und wir mussten unsere eigenen Melder sofort zum Bataillon weiterjagen, damit die Melder von der Schwadron und von der dritten Kompanie gleich wieder zu ihren Leuten zurück konnten.
Über eine Stunde lang konnte ich trotz meiner lahmen Knochen nicht einschlafen, weil die gereizte Ballerei noch so lange anhielt. Dann endlich beruhigten sich die Gemüter. Erst am frühen Nachmittag kam ich wieder zu mir, verkatert, sauer und miserabler Laune. Aber sie lungerten alle schon um mich herum, jeder wollte was anderes wissen oder melden oder entschieden haben, alles wegen der Ablösung. Ach ja, richtig, die Ablösung. Und es half kein Fluchen, wir hatten genug mit den Vorbereitungen zu tun.
Am Abend wurden einige Wagen mit entbehrlichem Kram vollgeladen. Radio,

Reservemunition, Papierkrieg, persönliche Sachen, Schanzzeug und so weiter, und so weiter. Auch von den anderen Kompanien kam ein Haufen Fahrzeuge extra, es war ein beängstigender Fuhrpark. Aber Iwan hörte und ahnte wohl nichts.
Ja, und nun sitzen wir auf unserem Sofa im kahl gewordenen Bunker und haben so unsere Gedanken über den bevorstehenden Abschied. Wir sind doch ganz schön verwachsen mit dieser Stellung, ob wir wollen oder nicht. Unsere Toten liegen in der Stadt begraben und wir, die wir noch immer leben, werden diese acht Wochen in den nassen Wiesen und an den hohen Bahndämmen nie vergessen können, ganz bestimmt nicht.
Draußen schießt unsere Ari wieder, was das Zeug hält. Seit Tagen brennt es in der Stadt. Den kalten Geruch der Feuer haben wir ständig in der Nase und auch jetzt ist der Himmel gerötet vom Mündungsfeuer der Kanonen und von den Flammen in den Ruinen der sterbenden Stadt. Wie wird es sein ohne das ständige Zischen und Krachen über uns und hinter uns? Wie vor allem wird es weitergehen? Das Brennen und Sprengen vorn und das Schießen in der Stadt muss dem Russen doch auffallen. Selbst an diesem vermutlich letzten Abend können wir die Sorgen vor der nächsten Zukunft nicht verdrängen.
Im Mittelabschnitt sind drei kommandierende Generäle gefallen, darunter „unser“ General Martinek, der uns am 8. März im vordersten Graben vor Barischewka besucht hat. Ein feiner Kerl. Schade um solche Männer. Was muss da oben im Gang sein, wenn gleich drei fallen müssen? Und Dietl ist auch abgestürzt, der Held von Narvik. Komisch, dass so erschreckend viele mit dem Flugzeug umkommen. Steckt da auch schon der Wurm drin?

Kowel, Dienstag, 4. Juli 1944

Noch in der letzen Nacht überbrachte ein Melder den Räumungsbefehl. Heute Abend noch verlassen wir heimlich unsere Gräben. Die Landser durften allerdings erst im Laufe des Tages erfahren, dass geräumt und nicht abgelöst wird, denn wenn der Iwan in der Dunkelheit oder im Morgengrauen irgendwo noch einen Posten klauen wollte, wäre wahrscheinlich alles verraten.
Ungewohnt schnell ging die gefährliche Stunde der Morgendämmerung vorüber, und dann beschien uns die Sonne zum letzten Mal in dieser Stadt, in dieser Stellung. Alles Wesentliche war vorbereitet.
Gegen Mittag brach ich auf zu einem letzten Gang durch unsere Gräben. Die Wiesen lagen still in der warmen Luft, der Klee duftete. Ein Sommertag mit blauem Himmel und ein paar Wolkentürmen über fernen Sümpfen. Der letzte Tag also. Abschied für immer. Dass man sich trotz allem noch so romantische Gefühle bewahrt hat!
Zunächst erzählte ich den Männern in der alten Flakstellung, was sie wissen mussten. Bis 21:30 Uhr bleibt alles wie jeden Abend, das Einschießen der MGs, die Streifen, Essenholen, Leuchtkugeln. Bis dahin sollen auch die Gräben vermint und verbarrikadiert werden, so gut es geht. Um 21:30 Uhr sollen sie dann abrücken, sich am Hauptgraben mit den Gruppen der Feldwache vereinigen und um 22:20 Uhr am Gefechtsstand eintreffen. Dort gibt es dann weitere Befehle.

Keiner der Männer schien überrascht über den Befehl zur Räumung, im Gegenteil, die meisten waren offensichtlich erleichtert, dass nun auch kein anderer Haufen das Schicksal einer Besatzung eines festen Platzes auf sich nehmen muss. Sie wissen genau Bescheid über die Lage und machen sich wahrscheinlich viel weniger Illusionen als ich. Sie kämpfen nur noch für sich selbst und ihre Familien, und da sie nicht ungestraft weglaufen können und um keinen Preis freiwillig zum Iwan gehen wollen, wehren sie sich mit allen Mitteln und aller Kraft wie ein in die Enge getriebenes Tier. Und vor jedem Stellungswechsel lebt die Hoffnung auf, es könne woanders besser und leichter werden.
Noch einmal sah ich hinüber zu den Baumreihen, hinter denen irgendwo das Bunkerhaus liegen musste. Hinter uns in der Stadt quollen auch jetzt wieder an einigen Stellen hässliche schwarze Rauchwolken zum Himmel. Da verbrannten die Helden wohl ihren sinnlos gewordenen Papierkrieg, um sagen zu können, sie hätten dem Iwan nichts in die Hände fallen lassen. Dass auch der Iwan die merkwürdigen Schwaden sieht und sich seine Gedanken darüber machen könnte, stört die Kameraden wohl nicht weiter.
Durch die menschenleeren Gräben ging ich dann hinüber zu den armen Säcken in der Feldwache. Sie allein haben während der ganzen Zeit unter den armseligsten Umständen vegetieren müssen, nur Sand und Gras, Sonne und Regen und ihre kümmerlichen Karnickellöcher, in denen sie so eben liegen konnten. Man begreift es kaum, dass keiner von ihnen verrückt geworden ist in der Feldeinsamkeit dieser 55 Tage und Nächte, umlauert von unsichtbaren Augen, umschlichen von nächtlichen Spähtrupps; Gestrandete auf einer weltenfernen Insel in einem Meer aus undurchsichtigem Korn und Gras. Und es ist schon ein Wunder, dass sie nicht gemeutert haben, sondern klanglos Woche um Woche in dieser Rinne aus Sand und Staub gegessen und geschlafen haben. Diese hier sollen den besten Abschnitt einer neuen Stellung bekommen, das steht fest.
Hier war nun das äußerste Ende des Grabens, da hinten, im Korn kaum noch auszumachen, der helle Sandstreifen des Panzergrabens, und weit drüben die niedrigen Kiefern, zwischen denen der Iwan sitzt. Von hier aus konnte man nicht einmal unser Bahnwärterhaus, ja nicht einmal die große Brücke und den langen Bahndamm sehen, weil der flache Sandrücken der eigentlichen Feldwache dazwischen liegt. Was muss es für eine Freude gewesen sein, hier Nacht für Nacht auf Posten zu stehen, hinter und vor und neben sich das Nichts und die Sümpfe.
An dem Abzweig zur Flakstellung bog ich links ab. Ich war auf dem kurzen Weg entlang der aufgesetzten Graswand zur Feldwache gekommen, jetzt wollte ich noch einmal hinüber zu den Pappeln, zu Kapols Zug und dann längs der Feldbahngleise allein mit meinen Gedanken durch die einsamen Wiesen zurück zum Gefechtsstand laufen, wie ich es so oft am Ende meiner nächtlichen Streifen getan hatte, wenn im Osten das Frührot aufbrach und wieder eine lange Nacht versank.
Der Zug am Bahndamm wusste schon Bescheid. Sie sitzen ja am Nervenstrang des Bataillons; jeder Melder kommt bei ihnen durch und der Gefechtsstand der Schwadron liegt gleich an unserer linken Grenze jenseits der Straßenunterführung. Auch dort war alles klar und fast selbstverständlich.
Die dritte Kompanie hat bei der Räumung das Schwierigste zu leisten: Sie soll sich als erste Kompanie unbemerkt vom Iwan aus der Spitze lösen, sich in langer

Reihe lautlos durch den Graben der Schwadron quetschen, über die Sehnenstraße beziehungsweise im Graben daneben verschwinden. Hat die dritte Kompanie ihre Gräben verlassen, soll die Schwadron vom äußersten Ende her abbrechen und auf demselben Wege folgen. Dann ist unser linker Zug die letzte Besatzung auf dem Bahndamm. Er ist aber beim Absetzten am wenigsten gefährdet, denn der Iwan sitzt ja weit weg auf der Bunkerhöhe und nicht in Handgranatenweite wie an der Spitze. Wenn alles gutgeht, wenn Iwan nichts merkt, dann sollen ein paar Pioniere als die allerletzten am Feind die drei Brücken hochjagen, die eine an unserer linken Grenze, die zweite an der Bahnunterführung in der Mitte des linken Zugabschnitts und schließlich die große, „meine" stählerne beim Gefechtsstand. Spätestens beim Aufbrüllen der Detonationen wird dann der Russe wach werden, hellwach, und uns ein höllisches Ehrenspalier servieren, wenn wir durch den schmalen Schlauch der Stadt nach Westen marschieren.
Aber noch ist es nicht soweit. Wir haben in aller Ruhe unseren Kleinkram im Bunker aufgeräumt, saufen die letzten Flaschen leer und warten auf den Abend. In der Stadt kokeln und sprengen sie immer noch munter, als ob sie zu Hause wären. Ob der Iwan schon Verdacht geschöpft hat? Es ist sonst zwar ruhig ringsum, aber die Qualmwolken und Sprengungen müssen selbst den arglosesten Geist allmählich misstrauisch machen. Nun, wir können nichts daran ändern, wir haben allerdings den einen brennenden Wunsch, nun wenigstens bis aufs westliche Ufer der Turja zu kommen. Wenn die Kameraden in der Stadt uns das mit ihrer naiven Spielerei vermasseln, wird es allerdings noch Mord und Totschlag geben.
Der Bunker ist unwohnlich und kalt. Wir hocken nervös auf dem Sofa und bedauern im Spaß, nicht noch eine Mine zu haben, die wir in die Sprungfedern einbauen können. Nur das Bahnwärterhaus, unsere Festung, haben wir noch schön mit allerlei Sprengsächelchen versauen können, wie es uns die Russen bei ihrem Rückmarsch in so vielen Städten vorgemacht haben.
Nun schiebt sich allmählich die Dunkelheit über uns, ersehnt und gefürchtet zugleich wie selten zuvor. In vier Stunden können wir irgendwo in den Wäldern westlich der Stadt in Ruhe und Sicherheit sein, während andere den Russen in einer Auffangstellung am Westufer der Turja in Empfang nehmen. Es kann aber auch in jeder Minute wieder die Hölle losbrechen, an der Feldwache, in der Spitze oder rings um die Stadt. Eine ungeheure Spannung drückt uns alle zusammen, aber keiner spricht davon. Dies Warten, dies entnervende Warten…

Westlich Kowel, Mittwoch, 5. Juli 1944

Gegen 20 Uhr rollte gestern Abend planmäßig die Küche heran, wenig später erschienen die Pioniere, die bei mir die volle Dunkelheit abwarten und dann die letzten Handgriffe für die Sprengungen tun sollten. Mit dem Spieß waren noch ein paar Einzelheiten zu besprechen. Einige Fahrzeuge von jeder Kompanie sollten im Westteil der Stadt bereitstehen und die MGs mit aller Munition übernehmen, um den Landsern den Nachtmarsch zu erleichtern.
So weit war nun alles klar. Die ersten Leuchtkugeln geisterten empor, das übliche MG-Feuer rasselte – es wäre ein Abend wie jeder andere gewesen, wenn nicht die Brände in der Stadt so weithin gezuckt und den Himmel rötlich gefärbt hätten.

Wie sollten sich bei solcher Helligkeit die armen Teufel in der Spitze unbemerkt lösen? Die waren ja bodenlos leichtsinnig in der Stadt!! Und zu allem Überfluss bebte auch noch hin und wieder die Erde unter schweren Sprengungen. Das konnte einfach nicht gutgehen. So blöde sind die Russen schließlich auch nicht.
Wir standen in wachsender Unruhe vor dem Bunker und horchten in die Dunkelheit hinaus auf das gelegentlich Belfern der MGs. Schade, jetzt müsste man noch einmal auf den Boden unserer Festung steigen, um von dort oben aus vielleicht mehr zu erkennen. Aber das war nun vorbei wegen der Minen, die wir dort an die Türen gehängt hatten.
Endlich wurde es neun Uhr, dann halb zehn. Die Telefone waren abgebaut. Zwei Monate lang hatte mich ihr Schrillen mehr als einmal am Tag in Wut gebracht, nun war es gespenstisch still im Bunker. Die Zeit kroch müde dahin und nichts Ungewöhnliches geschah.
Dann war es endlich soweit, dass sie links in der Spitze abhauen sollten, etwas später die in der Flakstellung und in der Feldwache. Ein paar Schüsse, eine klirrende MG-Garbe im Fachwerk der Brücke, jetzt eine weiße Leuchtkugel in der Feldwache, fern, lautlos und winzig in der weiten Ebene. Sonst nichts. Die Stille war wieder mal unheimlich und unnatürlich. Bei dem Spektakel und Feuer in der geschundenen Stadt musste der Russe doch wissen, was die Stunde geschlagen hatte. Aber er rührte sich nicht. Da stimmte etwas nicht. Das war die typische Ruhe vor einer ganz dicken Schweinerei. Und die Uhr lief. Nun musste die Spitze geräumt sein. Die Letzten jagten vielleicht in dieser Sekunde noch eine Leuchtkugel hoch, spritzten noch schnell ein paar Garben in die Büsche und hetzten dann durch die verlassenen Gräben hinter den anderen her, um ja nicht noch geschnappt zu werden.
Die ersten von der dritten Kompanie hatten nun vielleicht schon den Abschnitt der Schwadron erreicht. Wir kletterten auf den Bahndamm und äugten vorsichtig über die Schienen. Dunkel lagen die Wiesen und das Buschgelände von Kowel II. Da – eine weiße Leuchtkugel bei der Schwadron! In der Gegend der Spitze war es finster. In einer Viertelstunde konnten die ersten bei uns eintreffen, zugleich mit unseren Leuten von der Feldwache und der Flakstellung. Ganz weit weg, etwas links von der Feldwache, zwei russische Leuchtkugeln, grünlichweiß. Routine. Und immer noch Feuer in der Stadt, brennende Häuser oder Bunker. Was hatten die dort nur alles zu vernichten?
Mit jeder Minute presste uns die Spannung und Unruhe mehr zusammen. Lief wirklich alles glatt? Schrecklich, so ohne Telefon. Aber wir mussten warten. Dann war auf einmal der Kommandeur da, eilte aber gleich weiter nach vorn zu den Pionieren. Er wollte bei den Allerletzten sein, ein famoser Mann.
Wenige Minuten später meldete sich Tannenberger. „Flakstellung und Feldwache geräumt, alle Mann da, alles programmgemäß gelaufen, keine besonderen Vorkommnisse!“ Gott sei Dank.
Sie lagen nun locker verteilt in Richtung der Feldwache und warteten auf den Abmarschbefehl. Wir sollten den Schluss des Bataillons bilden, die dritte Kompanie die Spitze, die Schwadron die Mitte.
Und dann klapperte es endlich von der Brücke her – sie kommen!! Schwarze Schemen, erst einzelne, dann etwas dickere Haufen, so trotteten sie schwer bepackt und schwitzend an uns vorüber. Viele bemerkten uns kaum, sahen nur den

Vordermann vor sich. Die Hälfte der dritten Kompanie war schnell vorüber und schob sich durch den langen Zugangsraben zur Stadt, Mann hinter Mann. Wenig später war auch der Rest der Kompanie vorbei. Diese Kompanie hat hier am schrecklichsten geblutet. Die Hälfte von denen, die vor acht Wochen mit uns in die Stadt einmarschierten, ist nun nicht mehr dabei. Tot, verwundet, vermisst. Auch wir haben hier über 20 Mann verloren.

In der Spitze war tatsächlich alles geglückt. Nun kamen die ersten von der Schwadron, die bekannten Gesichter. Auch von ihnen blieb nach wenigen Schritten nur noch eine lange schwingende Kette von Köpfen sichtbar, alles andere war in die Tiefe des Zugangsgrabens getaucht.

Nun musste Tannenberger mit seinem Zug heran, ehe die Verbindung zur Schwadron abriss. Kaum waren seine Männer eingeschleust und abmarschiert, da erschien auch der Zug vom Bahndamm, vollzählig, heil und ohne Panne. Und dazwischen Motsch und Plewnia als die letzten der Schwadron. Ich konnte aufatmen. Das Schlimmste war nun wohl geschafft. Der ganze Abschnitt des Bataillons ohne Feindberührung geräumt. Nur Kapols Zug fehlte, aber der sollte auf kurzem Wege direkt in die Stadt laufen und dort zu uns stoßen.

Mit dem Kompanietrupp wartete ich beim Gefechtsstand auf den Kommandeur. Wir waren nun das letzte Häufchen der Kompanie. Zwischen uns und den Russen konnten jetzt nur noch die paar Pioniere und Hauptmann Röder sein. Die Gräben lagen nun verlassen und menschenleer, ein erregender Gedanke.

In jeder Sekunde konnte jetzt die erste Brücke hochfliegen. Wir standen wieder vor dem Bunker und lauschten. Alles normal, sogar der Mond. Ob nun auch an anderen Stellen der Stadt die Gräben... da riss es uns plötzlich herum, ein ferner Feuerblitz, zwei, drei hinterher, brausendes Krachen weithin über die Stadt – unsere Brücken! Das waren beide auf einen Schlag. Und nun wuchsen zwei hellgraue Türme von Qualm über den Bahndamm empor. Unheimlich lange dröhnte und wuchtete das Krachen über uns hinweg, flutete zurück über die brennende Stadt und schwappte als schwächere Brandung noch einmal über den Bahndamm. Nun war es vorbei mit unserer äußeren Ruhe, jetzt mussten jeden Moment die Pioniere mit dem Kommandeur gelaufen kommen, jetzt mussten die Russen wild werden wie Wespen, denen man Feuer ins Nest geworfen hat – jetzt begann das Wettrennen zur Turja!!

Unmerklich verschluckte die Dunkelheit die breit gewehten, von den fernen Bränden erhellten Rauchwolken. Und dann Gestalten – der Kommandeur! „Marschieren Sie los in die Stadt, ich komme sofort mit den Pionieren nach!!“, rief er mir zu und machte mit seinem Begleiter wieder kehrt zur Brücke. Wir liefen los, der Zugangsgraben nahm uns auf, und wir warteten auf das Jüngste Gericht, das nun über uns hereinbrechen musste. Aber es war, als hätten die Sprengungen den Russen die Luft abgeschnitten – wohl zischten ein paar grünliche Leuchtkugeln hoch, wohl pfiffen einige MG-Garben über den Damm, doch das große Inferno, der Ausbruch der Hölle, blieb aus.

Als wir dann 200 m vom Bunker aus gelaufen waren, vor uns die Brände und Rauchschwaden in der Stadt, da zerriss plötzlich ein stechendes Licht die Augen, und zugleich zerbarst hinter uns die Welt. Das war „unsere“ große Brücke! Mein Gott, was für ein Schlag! Wir hatten uns instinktiv geduckt und umgedreht, und Sekunden später stürzten Riesenteile der Brücke erst mit bösartigem Hornissen-

brummen, dann mit rasend anschwellendem Getöse und Pfeifen auf uns herab. Mit titanischer Wucht bohrten sie sich ringsum in die sumpfigen Wiesen und schlugen Feuerstrahlen aus getroffenen Schienen. Als das Schlimmste vorüber schien, als nur noch kleinere Stücke wie Granatsplitter durch die Lüfte ratschten, nahmen wir vorsichtig die Köpfe hoch und fanden uns am Fuße eines gewaltigen Gebirges aus Staub und Qualm wieder. Keine Brücke mehr, Damm und Haus und Gefechtsstand ertrunken im Rauch, ein Ende mit Schrecken, der Anfang vom Ende, der große Paukenschlag. Wenn die Russen nun nicht aufwachten, war ihnen nicht mehr zu helfen. Aber sie mussten wohl erst die Armee fragen.
Endlich Röder mit den Pionieren. Und nun nichts wie ab, hinter den anderen her! Im stumpfsinnigen Zickzack des kilometerlangen Grabens hasteten wir in die Stadt, die wirklich an allen Enden zu brennen schien. Was sollte der Wahnsinn? Tabula rasa? Verbrannte Erde? Die Häuser und Ruinen schienen zu leben, sie flackerten und tanzten mit den Flammen. Selbst unten im Graben wurde uns heiß, obwohl wir mit den Köpfen nur so eben über die Pflastersteine ragten.
In der Mitte der Stadt holten wir dann die Kompanie ein. Kapols Zug war schon dazugestoßen. Alles da. Die Schwadron hatte für kurze Zeit beiderseits der Straße abgeriegelt. Die Gräben rechts und links von uns waren nun auch schon leer, ein blödes Gefühl; auf der vom Feuerschein erleuchteten Straße verbuddelten die Pioniere ihre Minen. Nur langsam und mühsam konnten wir uns durch die engen Gräben quetschen, obwohl es alle eilig hatten, über die Turja zu kommen.
Vor der Brücke ging es dann auf einmal nicht weiter, die Landser wurden unruhig und schimpften. Einige Minuten später flammte hinter uns plötzlich eine wilde Schießerei auf, peitschendes Dauerfeuer aus vielen MGs, Pakschüsse und Granatwerfer. Der ganze Segen schlug in das Viertel rechts hinter uns, wo die Russen anscheinend ganz nah an der Straße saßen. Es waren hässliche Minuten, wir befürchteten jeden Augenblick den Ausbruch des Vulkans, die Russen konnten sich ja leicht ausrechnen, dass dort auf der Straße und in der Nähe der Brücke nun einiges los sein musste. Aber wie durch ein Wunder erstarb das Gefatsche auch bald wieder. Es blieb das Knistern und Knacken der Feuersbrunst und das Krachen der herabstürzenden Balken.
Endlich gab es auch vorn wieder Luft. Als Letzter der Kompanie meldete ich dem Offizier an der Brücke den vollzähligen Übergang. Dann war auch ich drüben, westlich der einstmals hart erkämpften Turja. Wenig später fanden wir unsere Trossfahrzeuge draußen am Stadtrand am vereinbarten Platz, luden auf, was die Wagen tragen konnten, und marschierten schließlich in langer Reihe nach Westen. Ein paar hundert Meter weit brannten noch beiderseits der Straße die Häuser, dann gab es nichts mehr, was brennen konnte. Kühl schlug die Nacht über uns zusammen und über uns hing noch der fahle, verräucherte Himmel. War dies alles ein Traum? Die zerstörten Brücken, unsere blutgetränkten, verlassenen Gräben und die in Flammen zuckende Stadt hinter uns?

DOLSK

Im Wald bei Stare Koscary, Donnerstag, 6. Juli 1944

Irre Tage und Nächte. Ein wütender Kommandeur, der im allgemeinen Chaos nur noch Anschisse verteilte. Erst früh am Morgen hatten wir nach dem Verlassen von Kowel den Cerkasywald erreicht. Wieder Splitterschutzlöcher buddeln mit lahmen, müden Knochen für die Pferde und Wagen und für uns selbst. Um 8 Uhr schließlich standen auch die Zelte getarnt unter den dichtesten Bäumen. Aber dann die russischen Schlachtflieger im Tiefflug mit ekligen Bomben und rülpsenden Bordkanonen. Krach, Motorengeheul, prasselnde Äste und pfeifende Splitter. Die Pferde mit weißen, wilden Augen an ihren Leinen, sie keilten aus, wollten durchgehen. 10 Uhr Besprechung beim Kommandeur. Nichts als Anschisse, Ermahnungen, Drohungen, als wären wir Kompanieführer in dieser Nacht total verblödet. Am Schluss das Neueste: der Russe hat noch in der Nacht überall das östliche Turja-Ufer besetzt. Nun will er mit Panzer- und Fliegerunterstützung in unsere Absetzbewegung hineinstoßen. Das Bataillon jederzeit in 15 Minuten abmarsch- und gefechtsbereit! Am Abend Weitermarsch nach Westen.
Dann waren wir ungnädig entlassen. Wozu dies Theater? War er schon so fertig, dass er auch uns und die Landser noch verrückt machen musste? Genügte nicht das Bellen der Flak nah und fern und das freche Dröhnen der Schlachter über unseren Köpfen? Oder wusste er mehr, als er uns sagte??
Der Sinn der ganzen Aktion soll sein, dass man hier zwei Nachbardivisionen aus der Front herausziehen und in den schwer bedrohten Mittelabschnitt werfen will. Unsere Division soll eine begradigte und damit verkürzte Stellung beziehen und damit allein für den Abschnitt Kowel verantwortlich sein. Was das bedeutet, können wir uns alle auch ohne viele Worte ausmalen.
Das Chaos der nächsten Nacht – unbeschreiblich, ein Tollhaus, bei Nacht auf unserem Wege im Cerkasywald. Nach Stunden endlich offenes Feld und keine Rüpel mehr, die sich von den Seiten her in die hoffnungslos durcheinander geratenen Kolonnen rammelten. Aber dann im nächsten Dorf, in Stare Koszary: Zwei Querstraßen, jeder freie Quadratmeter zwischen den Häusern barbarisch platt gewalzt und voller Fahrzeuge. Mitternacht vorüber, kein Befehl, kein Ziel. Vorausgeschickte Einweiser sollten uns weiterlotsen. Ich wühlte mich nach vorn zur Kreuzung durch, wo ein Major mit ein paar Hilfsknechten und mit heiserem Geschrei ein Fahrzeug nach dem anderen aus dem gottsjämmerlichen Klumpen herausbröckelte und nach Westen in die Flucht jagte. Aber in jede so geschaffene Lücke boxten sich hemmungslos drei andre Fahrzeuge. Dort hatten wirklich nur noch die russischen Schlachter Luft schaffen können.
Gegen halb zwei endlich fand uns dann auch der Einweiser, die Straße war einigermaßen geräumt und wir konnten weiter! Es wurde auch verdammt Zeit.
Eine knappe Stunde später blieb der gute Mann inmitten von Feld und Wald stehen und wusste nicht weiter. In dieser Gegend sei er bestimmt noch nicht gewesen, wir müssten falsch sein. Ich ließ den Mann eine Weile überlegen. Ein Wald rechts von der Straße sollte unser Unterkunftsraum sein. Ach ja – einmal links von der Straße abbiegen. Oder nein, das ging ja rechts ab. War das auf dem Hin- oder Rückweg, als es links abging? Das weiß ich auch nicht mehr. Hatte der Wald

einen Namen? Das weiß ich nicht. War ein Ort in der Nähe? Nein, nur Felder. War etwas Auffälliges zu sehen, ein Turm, eine Mühle, ein einzelner Hof oder sonst etwas? Nein. Ich weiß nur, dass der Wald rechts an der Straße lag – ach nein, links. – Aus, totaler Kurzschluss. Morgens um halb drei, im Finstern auf freiem Felde, eine Stunde vor Sonnenaufgang.
Karte her. Vorsichtig Licht. Hier sind wir jetzt. Ein Waldstück rechts von der Straße oder auch links. Hoffnungsloser Fall. Es gibt zwanzig solcher Waldstücke ringsum.
Es mussten Spähtrupps los und das Bataillon oder irgendeinen anderen Haufen suchen und sich dann durchfragen.
Es verstrich eine halbe Stunde – nichts. Noch eine halbe Stunde – nichts. Es wurde hell. Wir verzogen uns in ein kleines Waldstückchen, weil nun bald die Flieger wieder aufkreuzen konnten. Schließlich wurde mir die Sache zu bunt. Ich schnappte mir Bubi, unseren jungen, immer fidelen Melder, und zog selbst auch noch los ins Dickicht. Um halb fünf kehrte ich zurück – ohne Erfolg. Die Wälder in der Nähe waren menschenleer, meist sumpfig. Der Einweiser hatte uns offensichtlich in eine ganz und gar falsche Richtung geführt.
Gegen 5 Uhr – es war längst heller Tag – japste eine Gestalt näher, Feldwebel Iglhaut. Er hatte in der Wildnis durch reinen Zufall unseren Adju getroffen, der uns händeringend gesucht hatte, und wusste nun wenigstens die Richtung: im rechten Winkel links ab!! Immer vorsichtig an den Waldrändern entlang und mit großen Abständen über die Felder! Gegen 6 Uhr früh statt um Mitternacht konnte ich endlich müde und leicht entnervt meinen Haufen im richtigen Wald zur Stelle melden. Aber wieder mussten erst noch die Boxen und Deckungslöcher geschaufelt und die Zelte aufgeschlagen und getarnt werden.
Heute Mittag nun nach mickrigem Schlaf wieder Besprechung beim Kommandeur. Natürlich wieder Anschisse am laufenden Band. Aber mit vereinten Kräften konnten wir Kompanieführer ihn diesmal immerhin überzeugen, dass nicht nur wir die Rindviecher waren, sondern dass die ganze Pleite nicht passiert wäre, wenn sich die Einweiser durch etwas mehr Intelligenz ausgezeichnet hätten und wenn man vor allem auch uns Kompanieführern vorher Weg und Ziel bekannt gegeben hätte. Man sah es ja an den Trossen, die ihre Zielorte gekannt hatten und trotz der fürchterlichen Rammelei in Stare Koszary vor Tagesanbruch an Ort und Stelle waren. Na schön, zum Schluss wurde der Kommodore sogar wieder friedlich und lud uns zum Nachmittag zu einer Versöhnungspulle ein. Das war ein Wort.
Auch heute wieder Großkampfgetöse den ganzen Tag; die russischen Schlachter kamen wann und so oft sie wollten, grasten alles ab, Flak und MGs ballerten sie von überall her voll, aber die Hunde sind ja gegen Kleinkram gepanzert, die lachen nur. Eigene Panzer rollten am hellen Tage aus den Wäldern – aber nach Westen.
Gestern Nachmittag ist auch Schaumburg, mein Zugmelder bei der Schwadron, gefallen. Vor dem Abmarsch haben sie ihn noch schnell am Waldrand begraben. Also auch der.
Seit der Räumung Kowels wittert der Iwan auch hier bestimmt Morgenluft in großem Stil. Seine Panzer rollen vielleicht schon durch die Stadt, um uns morgen den Finalschuss zu geben. Das alles riecht man geradezu, obwohl wir scheinbar

so idyllisch und unbeteiligt im Dickicht hocken und nur wie halbflügge Vögel im Nest den olivgrünen Russenhabichten über den Wipfeln der Bäume schräg nachblicken.
Und zu alledem das Drama im Mittelabschnitt. Was dort geschehen ist und geschieht, versteht niemand mehr. Polozk und Minsk verloren, Kämpfe bei Wilna, Molodeczno und Baranowicze – es muss eine Katastrophe unvorstellbaren Ausmaßes sein. Hunderttausend Verzweifelte, Hoffnungslose, Verirrte in den Sümpfen und Wäldern. Wer von ihnen wird je die Heimat wiedersehen? Wie viele haben die Partisanen erschlagen oder zusammengeknallt oder grinsend ins Moor gejagt? Wie viele hoffen irgendwo in Moor und Wasser, die deutsche Front doch noch zu erreichen? Wie viele Nachhuten spähen und horchen immer noch einmal in das Dunkel der Wälder, ob nicht doch noch welche kommen? Das Grauen steigt in mir auf, wenn ich mir ausmale, ich irrte jetzt auch dort halb verdurstet durch die Bandengebiete. Ich hätte sicher nicht die Kraft und die Nerven. Irgendwo würden sie mich schnappen. Dann lieber selbst eine Kugel in den Kopf, ehe sie dich quälen.
Zu Hause wissen sie nun aus dem Wehrmachtbericht, dass Kowel ohne Druck geräumt worden ist. Wenn der Russe hier nun ebenfalls Ernst macht, erfahren sie auch das aus erster Hand. Für Sorgen ist also gesorgt.

Im Wald bei Stare Koscary, Freitag, 7. Juli 1944

Gestern Nachmittag plötzlich Panzeralarm!! Das Schlimmste, was uns passieren konnte. Zusätzliche Löcher am Waldrand, Vorposten, Meldeketten.
Nach eineinhalb Stunden wurde zwar der Alarm abgeblasen, einige zusätzliche Posten blieben jedoch weiterhin besetzt. Nach diesem Schrecken zog dann aber ungewohnt friedlich der Abend herauf.
Die meisten verkrochen sich schon früh in die Zelte. Es war immerhin die erste Nacht seit zwei Monaten, in der wir wieder einmal schlafen konnten. Was machte da schon zwischendurch die eine Stunde Wache oder Streife aus? Aber sonst: Schlafen, richtig schlafen. Wie hat man das nur ausgehalten, sechzig Nächte hintereinander ohne Schlaf?
Für heute Morgen war sogar Gefechtsausbildung auf freiem Felde befohlen worden, aber schon nach einer Viertelstunde schossen wieder die verdammten Schlachter über uns hin und befeuerten mit ihren Kanonen und Splitterbomben danach noch mehrmals aasig den Waldrand, in den wir schleunigst verduftet waren.
Dann umfing uns im Wald ebenso plötzlich wieder die Stille des Morgens und wir rückten mit einiger Sorge zu unsren Lagern ab. Eine weitere Ausbildung auf freiem Felde wäre Wahnsinn gewesen.
Bei den Gefechtsfahrzeugen hatte es tatsächlich eingeschlagen: Ein Pferd tot, ein Mann vom Tross ganz leicht verwundet. Aber das Pferd. Sein Verlust traf uns schlimmer als der von fünf Mann, so frivol das auch klingen mag, denn es gibt ja keine Ersatzpferde. Das übrig gebliebene Gespannpferd kann nur noch ein Drittel der Last ziehen, der Rest musste sofort auf die übrigen Wagen verteilt werden, obwohl die auch schon bis obenhin voll und für die Tiere eigentlich viel zu

schwer sind. So blieb ein Teil der Munition buchstäblich auf den Landsern hängen und die fluchten dann auch nicht schlecht.
Bei den übrigen Kompanien hat es sogar mehrere Verwundete gegeben, wie wir nach und nach erfuhren. Die paar Splitterbomben sind also ihr Geld wert gewesen.

<u>Janowka, Sonnabend, 8. Juli 1944</u>

Gestern hatten wir kurz nach Mittag wieder weiterzigeunern sollen, aber bis wir wirklich abmarschierten, wurde es 17 Uhr. Während die anderen schon lange schutzlos in der Sonnenglut tippelten, konnten wir noch einigermaßen sicher und kühl im Schatten sitzen. Dann aber mussten auch wir hinaus auf den Präsentierteller, hinaus auf die baumlose Ebene, die sich Kilometer um Kilometer immer höher hinauf hinzieht bis zu der alles beherrschenden Höhe 220,8 ostwärts Maciejow. (Bild 53) Weit vor uns bis hin zum Horizont war die schnurgerade Straße säuberlich bestickt mit kleinen, dunklen Punkten, den Landsern der anderen Kompanien; die weit verstreuten, größeren Punkte dazwischen waren die Gefechtsfahrzeuge. Vergeblich lauerten wir auf die Flieger. Wenn sie über uns gekommen wären und mit ihren Bomben und Bordwaffen die Straße abrasiert hätten – es wäre nicht auszudenken gewesen. Warum wir überhaupt am hellen Tage und in dieser Hitze und in diesem Staub marschieren mussten, anstatt noch drei Stunden zu warten, war sowieso keinem klar.
Rechts brannte es in einem Dorf, der Himmel war weithin überzogen von grauen Qualmwolken, aber die wehten nach Osten, während uns die Sonne unbarmherzig in die schweißtriefenden Gesichter stach. Wie durch ein Wunder gelangten wir nach einer Stunde ungeschoren auf die Höhe und als wir uns umdrehten, blieb uns schier das Maul offen, so weit reichte von dort oben die Sicht. (Bild 54) Und wenige Schritte weiter trauten wir unseren eigenen Augen nicht mehr: Da tat sich vor uns beiderseits der Straße ein phantastisch ausgebauter Graben auf, MG-Stellungen fix und fertig angelegt, drei Reihen Stacheldraht davor, das Korn durchgehend auf fast 100 m Tiefe gemäht, alles prima getarnt, fester, sauber abgestochener Boden – ach, wir wären am liebsten gleich in diese tolle Stellung hineingesprungen, anstatt noch stundenlang in der Hitze weiterzulatschen. Aber erst in Maciejow, einer größeren Ortschaft, gönnte man uns nach drei Stunden Marsch eine Rast.
Doch schon bald scheuchte man uns wieder hoch, wir bogen mitten im Ort scharf nach Süden ab und nun marschierte es sich endlich etwas leichter. Wohl schmerzten uns die Füße, aber die Sonne war untergegangen und mit Fliegern brauchten wir kaum noch zu rechnen. Hinter Somin glitzerte still ein herrlicher See, aber es ging weiter, über staubige, holperige Wege, durch Waldstücke und über freies Feld, bis wir gegen 10 Uhr abends im Finstern in dem Walde ankamen, der uns für die nächste Zeit aufnehmen sollte.
Bis Mitternacht dauerte wieder die dämliche Schanzerei. Vor allem die großen und tiefen Gruben für die Pferde und Wagen erfordern jedes Mal erschreckend viel Zeit und Schinderei, und für die, die daran arbeiten, ist es nur ein kleiner Trost, dass ihre Panzerdeckungslöcher von den Kameraden mitgeschaufelt wer-

den. Scheiße ist alles, aber dieses täglich neue Eingraben empfinden alle als die widerlichste und anstrengendste Quälerei, vor allem, wenn man doch jeden Tag woanders ist.
Um 2 Uhr in der Nacht fand uns sogar der Spieß, die treue Seele, nach langer Irrfahrt. Er hatte Tee mitgebracht und das lockte die meisten noch einmal aus den Zelten, wo sie schon gepennt hatten. Jedem klebte die Zunge am Gaumen und Wasser gab es nirgends. Danach trat wieder Ruhe ein. Der Spieß zuckelte mutterseelenallein durch die laue Nacht zurück in sein Dorf zum Tross. Bei uns blieben nur ein Dutzend Posten wach, wir anderen hauten uns in die Zelte und konnten pennen. Über 20 km waren geschafft. Alles weitere kratzte uns nicht mehr.
Heute früh noch vor 6 Uhr riss mich dann ein Melder aus dem Schlaf: der Russe greift an, ich soll sofort zum Kommandeur kommen! Großangriff?? Tatsächlich. Es wummerte gewaltig hinter uns im Osten. Wir waren als Reserve reif für den Gegenstoß, dort, wo es am Mulmigsten zugeht.
Vom Kommandeur Auftrag, mit der Kompanie in höchster Eile zum Gefechtsstand des Regiments in Janowka zu marschieren um von dort aus nach näheren Befehlen mit Unterstützung von Sturmgeschützen einen Einbruch der Russen zu beseitigen.
O Gott, auch das noch.
Die Schnauze voll, unrasiert und hungrig waren wir eine knappe Stunde später auf dem Marsch nach Janowka. Drei Kilometer zurück auf demselben Weg, durch Wälder und über offenes Feld, dann rechts ab nach Südosten durch das lang gekleckerte Dorf, an dessen Ostrand wir schließlich etwas seitlich in einer Bauernkate den Regimentsgefechtsstand aufspürten. Dort hieß man uns erfreut willkommen und beglückte uns gleich mit der Kunde, der Gegenstoß sei erst mal abgeblasen. Wir kriegten aber Befehl, uns sofort einzugraben und zur ständigen Verfügung zu halten.
Wieder eingraben, wenn auch ohne Pferde und Wagen, die in dem Walde geblieben waren. Eine Hitze zum Umfallen. Dumpfes Getöse von Bomben und vom Bellen ferner Kanonen fast ringsum. Dann plötzlich entdeckte einer Panzer in weiter Entfernung!
Und wahrhaftig, da krochen oder standen in weiter Entfernung ein paar grauschwarze dicke Brocken – T 34, Russenpanzer! Im Glas ganz klar zu erkennen. Nun sahen auch die faulsten Kerle zu, dass sie schleunigst tiefer in die Erde kamen. Fünf Minuten nach diesem Ruf stand keiner mehr frei im Gelände, alle kauerten schön in ihren Löchern. Ich beobachtete weiter die drohenden Biester mit dem Glas. Es ist ein ganzes Rudel T 34, die offenbar die vordersten Gräben überrollt haben und nun unschlüssig im Gelände stehen und hin und wieder ihre langen Rohre schwenken. Noch haben sie uns nichts getan, aber wie lange bleiben die Hunde noch friedlich?
Gegen 10 Uhr rückte auch der Rest des Bataillons an und buddelte sich nicht weit von uns auf freiem Felde ein. Wir sind also wieder beisammen, ein beruhigendes Gefühl. Die meisten hocken jetzt still in ihren Löchern, in deren Tiefe es wenigstens etwas Schatten und feuchte Kühle gibt. Die Felder glühen in der Hitze des hohen Mittags, das Rummeln und Wummern ist noch weit weg. Was geht es uns an? Nur zu trinken haben wir nichts mehr. In der Ferne versuchen Rauchwolken aufzusteigen. Die Panzer stehen immer noch reglos da, wie Nashörner in der

Steppe. Wahrscheinlich sind sie längst abgeknallt. Vielleicht endet dieser Tag doch friedlicher als man heute Morgen zu hoffen gewagt hat Hier in den Löchern halten wir es jedenfalls noch eine Weile aus. Nur der Durst wird schlimmer. Es müssen jetzt doch mal ein paar Mann ins Dorf zum Wasserholen.
19 Uhr ist es inzwischen geworden. Wir kauern ein paar Kilometerchen weiter am Rande von Targowiszcze in neu geschaufelten Löchern und fangen wieder an zu klappern, denn die Nachtkälte streicht schon gemein über die Felder. Einen Mantel schleppt ja keiner mit sich herum.
Heute Mittag hatte mich in der knuffigsten Hitze ein Melder vom Bataillon aufgestöbert und mir den Befehl überbracht, sofort hierher zu marschieren, wo der Russe mit Panzern durchgebrochen sein sollte. Targowiszcze – das waren fünf Kilometer, eine Stunde Latscherei! O, wie die Kameraden meuterten, als wir einen nach dem anderen aus dem Loch zerrten! Die meisten hatten fest gegrunzt und torkelten nun, halb vom Sonnenstich geküsst, wie besoffen hintereinander her.
Auf halbem Wege fuhr uns ein Leutnant von den Panzerjägern in die Quere. Der Kollege wusste immerhin einiges über die Lage. Danach sind zwar viele Panzer über die Gräben gekommen, aber die nachfolgende russische Infanterie hat man überall abschmieren können. Bis jetzt wenigstens. Nun war die Panzerjägerabteilung dabei, sich an die durchgebrochenen Panzer heranzuschleichen und sie möglichst von hinten abzuknallen. Durch die Bank standen sie ja im Gelände wie bestellt und nicht abgeholt. Sicher vermissten sie ihre Genossen von der Infanterie.
Gegen zwei Uhr mittags meldete ich Hauptmann Schn. meinen Haufen in seinem Gefechtsstand in Targowiszcze. Ähnlich wie heute früh in Janowka bestand nun auch hier keine akute Gefahr mehr und so legte er uns erst mal in den Skat, das heißt, wir durften uns wie gehabt hinter seinem Bataillonsgefechtsstand einbuddeln und zu seiner Verfügung halten. Und wenn die Männer auch gotteslästerlich fluchten – lieber noch mal eingraben als Gegenstoß machen!
Vorhin, kurz vor der Abenddämmerung, brach unerwartet noch einmal ein wildes Getöse los, erst ziemlich genau vor uns, später weiter rechts bei zwei Waldstücken in etwa fünf Kilometern Entfernung. Dort schossen die Russen sogar mit Stalinorgeln. Kreischend stürzte Geschoss nach Geschoss mit kitschigrotem Feuerschweif in die graue Wand aus Rauch und Qualm. Dort drüben war bestimmt die Hölle los.
Eine knappe Stunde lang standen wir zitternd neben unseren Löchern. Jeden Augenblick konnte nun der Melder mit dem Befehl zum Gegenstoß kommen, obwohl wir den ganzen langen Tag über noch nichts zu Essen gekriegt hatten. Wie sollte Schmidt uns auch bei dem ewigen Hin und Her finden? Und bei Tage konnte er wegen der Flieger ohnehin nicht fahren.
Endlich beruhigte sich das Gerummel vor uns, ohne dass man uns geholt hatte, und schließlich konnten wir uns wieder in unsere Löcher verkriechen. Ich versuchte noch, vom Bataillonsgefechtsstand aus den Tross anzurufen, damit wir doch noch was zu essen kriegten, doch dahin gibt es keine Verbindung. Stattdessen erfuhr ich, dass der Russe weiter rechts bei dem schweren Geklotze mit rauen Massen die Stellung überrannt und einen Einbruch erzielt hat. Dolsk heißt das Nest, wo es passiert ist.

Nun sind wir mit Sicherheit spätestens morgen früh reif für den Gegenstoß. Das Schlimmste überhaupt. Wir spüren den Hunger jetzt doppelt in den Gedärmen, die Schwäche in den Beinen und die Kälte dieser Abendstunde.
Morgen Gegenstoß. Das sagt alles.

Bei Dolsk, Montag, 10. Juli 1944

Irgendwann um Mitternacht war auch ich vorgestern erschöpft in meinem Loch zusammengesackt. Die Küche hatte uns nicht mehr gefunden.
Gegen 2 Uhr, mitten in der Nacht, rüttelte mich dann einer aus schwerem Schlaf. Im ersten Schreck sah ich beim Aufwachen nur ein paar Sterne, den tiefblauen Himmel und einen schwarzen Kopf über mir, aber dann war ich auch sofort da: Wir sollten sofort zum Gefechtsstand des II. Bataillons ziehen und dort weitere Befehle erhalten. Also abermals Stellungswechsel. Alles hoch, den Gefechtswagen holen und beladen! Ab nach Süden, Richtung Dolsk. Es war ganz still in der weiten Landschaft. Irgendwo links von uns verlief die Front, aber man sah keine Leuchtkugeln, weil der Mond so groß und gelb wie ein Lampion am Himmel hing und Felder und Wälder weithin zu erkennen waren.
Nach einer Stunde fanden wir in einem gottverlassenen Gehöft den Gefechtsstand. Ein junger Offizier, gerade vier Stunden da, keine Ahnung, das Bataillon praktisch aufgerieben, nichts mehr da, der Kommandeur gefallen. Von unserem Bataillon oder Hauptmann Röder nichts bekannt. Der Kollege sollte nur retten, was zu retten ist. Ein glorreicher Auftrag. Doch dann fiel ihm plötzlich was ein: Die sechste Kompanie sollte am Vortag so schwere Verluste gehabt haben – dort sollten wir uns im zweiten Graben einnisten und eventuell auch die Besatzung des ersten Grabens verstärken. Oberleutnant Hübner würde uns schon am zweckmäßigsten einsetzen.
Da hatten wir den Salat. Ganz nach vorn, wo es am meisten stank. Wir erfrischten uns noch schnell an einem Brunnen und schnappten uns die MGs, weil das Fahrzeug beim Gefechtsstand zurückbleiben musste. Es wurde auch verdammt Zeit, denn im Osten dämmerte schon der Morgen, und bis zur HKL sollten es noch fast 3 km sein. Eine Zeit lang konnten wir noch am Hinterhang leicht bergauf tippeln, während russische Bomber schon wieder im Hinterland die Erde erzittern ließen. Also wieder Großangriff.
Wir erreichten dann eine Anhöhe und sahen vor uns im ersten Schein der Sonne ein flach abfallendes weithin offenes Gelände, nur rechts und links schräg vor uns erkannte man im Frühdunst zwei größere, weit entfernte Waldstücke, in denen bestimmt der Russe saß. Gut tausend Meter vor uns verdeckte eine schnurgerade Allee die Sicht auf die direkt dahinter liegenden Felder und gerade dort sollen etwa parallel zur Allee die HKL und der russische Graben verlaufen. Mit sehr gemischten Gefühlen setzten wir uns nach diesem ersten, wenig erfreulichen Rundblick wieder in Marsch, denn von nun an konnten die Russen jeden unserer Schritte auf der deckungslosen Ebene beobachten. Angespannt lauerten wir auf das Blubbern ferner Abschüsse. Das russische Hinterland schlief noch unter dünnen Bodennebeln, uns aber blendete die Sonne gemein. In weiten Zwischenräumen von Mann zu Mann gewannen wir stetig Boden, ohne beschossen zu werden.

Hin und wieder überquerten wir frische Panzerspuren, hier und da standen auch noch Kolosse reglos in den Feldern. Schliefen die Iwans? Überhaupt war die Stille dieser frühen Morgenstunde nach dem ununterbrochenen Getöse des Vortages schon eigenartig. Wollten die Russen nicht weiter angreifen? Oder waren ihnen die Panzerverluste so in die Knochen gefahren, dass sie es nicht mehr wagten?
Das erhoffte Wunder wurde Wirklichkeit. Ohne Beschuss erreichten wir die Allee nach Dolsk und konnten erst einmal im Straßengraben verschnaufen. Von dort aus mochten es noch 200 m bis in den zweiten Graben der HKL sein, den man weiter links an der Höhe sehr deutlich hinter dem ersten Graben erkennen konnte. Und dort im Straßengraben kam uns auch die Allee so bekannt vor, ja, auf ihr waren wir im Mai schon mal bis zu einem Waldstück marschiert und gleich am nächsten Tag wieder zurück.
Unangenehm dicht vor dem ersten Graben erkannte man nun im Glas verdächtige Grabenstücke, in denen sich der Iwan vermutlich auch schon festgebissen hatte. Eine feine HKL, wirklich. Zwei Kilometer dahinter nur deckungsloses Gelände, auf dem der Iwan jede Maus erkennen kann, kein Zugangsgraben, keine Sichtblende. Wer dort vorn haust, ist vom Morgengrauen bis zum späten Abend von Gott und allen Kameraden verlassen und wer morgens schwer verwundet wird, braucht in der Nacht wohl kaum noch geholt zu werden.
Das waren etwa meine Gefühle beim Blick auf die toten Gräben vor uns. Wir mussten nun noch über die letzten 200 m, ohne Sichtschutz, ohne Deckung. Vielleicht gelang es der ganzen Kompanie in einem geschlossenen Sprung. Wenn die Iwans bisher gepennt hatten, taten sie es vielleicht auch jetzt noch. Wir suchten noch einmal mit den Gläsern die russischen Stellungen nach MGs ab, die allein uns ernstlich gefährden konnten, aber nachdem wir nirgends etwas Verdächtiges bemerkt hatten, gab ich das Zeichen und wir stürzten weit auseinandergezogen und schwer bepackt nach vorn, über die Straße, hinaus auf das freie Feld, im Angesicht der russischen Gräben – nichts geschah, wir rannten mit keuchenden Lungen, wurden langsamer und langsamer, doch dann war der Graben vor uns, noch wenige Schritte und wir hatten es geschafft, wir ließen uns einfach fallen und landeten weich im tiefen Sand der flachen Grabenmulde. Aber in dem Graben, von dem wir uns Sicherheit und Schutz erhofft hatten, packte uns jetzt mit jeder Minute mehr ein Gefühl der Verlorenheit, denn außer uns vierzig Mann war nirgends eine Menschenseele in der kaum einen Meter tiefen Rinne zu finden, auch kein Zugangsgraben nach vorn. Was nun? Wir konnten nicht einfach dort bleiben. Vielleicht hockten hinter dem nächsten Grabenknick schon die Russen, denn irgendwo in dieser Gegend sollten sie doch durchgebrochen sein und sogar in dem Waldstück rechts hinter uns stecken, das in diesem Augenblick hinter einer Wand aus gewaltigen Rauchsäulen und Feuerblitzen unterging.
Eine Viertelstunde lang zerschlug die russische Ari den Waldrand und das freie Gelände bis zur Allee. Dort umklammerten offenbar noch die Reste des II. Bataillons, vielleicht auch unsere Schwadron, die Einbruchsstelle. Dann war der Wald rechts hinter uns aber wohl doch noch in unserer Hand. Bei uns blieb es still, nur der Sand rieselte von dem Beben der Erde. Die armen Teufel dort.
Ich holte mir Kober, den Kompanietruppführer, ermahnte den Haufen zu Ruhe und voller Deckung und kroch dann tief gebückt mit Kober los. Nach 200 m

stießen wir auf eine Art Zugangsgraben, eine menschenleere, kümmerliche Sandrinne, in der wir schließlich nach weiteren 100 m die ersten Landser trafen, die bis auf einen halbwachen Posten im Dreck lagen und schnarchten. Ich fragte nach Oberleutnant Hübner – keine Ahnung. Nach Röder – keine Ahnung. Nach dem Divisionsbataillon – nicht gesehen. Nach dem Iwan – da erhellte sich sein Gesicht: Die hockten ungefähr 500 m weiter rechts im Graben. Und seine anderen Kameraden? Keine Ahnung, wohl da vorn, und da rechts.
Also weiter. Die Leute waren einfach fertig, apathisch, wollten nur ihre Ruhe haben und pennen, solange sie der Iwan in Ruhe ließ. Man konnte es verstehen.
Wir krochen vorsichtig weiter nach vorn. Irgendwo musste ja mal ein Mensch erscheinen, der etwas mehr wusste. Nach weiteren hundert Metern hatten wir Glück: Tief gebückt kam uns im Graben ein Offizier entgegen. Es war zwar nicht Oberleutnant Hübner, aber immerhin ein Mann, der mehrere Gegenstöße gegen die eingebrochenen Russen geführt hatte. Nach seiner Meinung hatte sich der Russe zwischen den beiden Waldstücken vor uns hinter der Allee nach Dolsk fest in unseren Gräben verkrallt. Man hatte am Abend vorher die Einbruchsstelle zwar noch einengen können, aber da drüben ist das Gelände schauerlich verseucht mit alten Flakstellungen, kleinen Bunkern und Stichgräben aller Art, und aus diesem Wirrwarr war der Russe einfach nicht rauszukriegen. Vor allem aber waren dort die vorbereiteten „Gräben" – diese idiotischen Kuhlen hier, fluchte er – jeweils da, wo Feldwege kreuzten, nicht ausgehoben oder wieder zugeschüttet worden, weiß der Teufel, wieso und warum und von wem. Jeder Stoßtrupp musste also an jedem Feldweg raus aus dem Graben, drei Schritte oben laufen und wieder hinunterspringen. An diesen Stellen hatten sie natürlich die meisten Toten und Schwerverwundeten.
Was nun werden sollte, wusste auch er nicht. Die Kompanien dort vorn waren fertig, Verluste bis 50%. Er hatte nur gehört, dass man die Russen auf jeden Fall noch ganz aus der Einbruchsstelle herausschmeißen wolle, ehe sie das verfilzte Grabensystem zur uneinnehmbaren Festung ausgebaut hätten. „Aber ohne uns", sagte er.
Es war 7 Uhr geworden und schon wieder bullig heiß. Ekelhafter Leichengestank durchwehte die flimmernde Luft, schillernde Aasbrummer schwirrten in den Gräben und setzten sich frech und klebrig auf unsere schweißstinkenden Körper und während wir noch in dem staubigen Sand saßen und beratschlagten, drang ein Brummen aus der Höhe zu uns herab – die russischen Schlachter. Es ging also wieder los. Aber nein – das waren ja unsere! Stukas!! Ein halbes Geschwader! Jetzt drehten sie nach Süden ein, flogen genau über der HKL auf uns zu und da kippten auch schon die ersten ab, fast genau über uns ließen sie sich fallen, ihre Sirenen brüllten auf, der Iwan wurde rebellisch, seine Flak und MGs rasselten ihre Leuchtspurgarben steil in die Höhe, man verstand sein eigenes Wort nicht mehr, sie röhrten herab, ihre Sirenen zerschnitten uns fast die Ohren – und dann rauschten und zischten die Bomben in die Tiefe, genau hinein in die Einbruchsstelle zwischen den Wäldern. Sekunden später rollte die Erde, die Welt vor uns verschwand hinter haushohen Fontänen, einer nach dem anderen stürzte sich singend und heulend in das Inferno und stieg röhrend wieder empor. Wir hatten alles vergessen, starrten nur fassungslos auf das schauerlich-herrliche Schauspiel vor uns. Keine 500 m vor uns stand die riesige Staubwand nun. Jetzt müsste man

nachstoßen, die Verwirrung und Panik der Iwans ausnutzen und im Handstreich die Gräben wieder erobern, durchzuckte es mich.
Doch schnell holte mich die Wirklichkeit zurück ins raue Leben. Während noch die letzten Stukas ihre Bomben blitzen ließen, waren die ersten in einer weiten Schleife um den Wald herum bis in unseren Rücken geflogen und setzten nun zum Tiefangriff an, stießen auf 30 bis 40 m Höhe herab mit brüllenden Motoren, schossen über uns hinweg und mitten hinein in den abziehenden Qualm. Wir jubelten und winkten, hörten keine Flak und keine MGs der Russen mehr, spürten nur den pfeifenden Atem der stählernen Vögel, die nun ihrerseits auf die Knöpfe drückten und aus allen Rohren ihre Feuerstrahlen sprühen ließen – Herrgott noch mal, jetzt müssten wir doch hinterherjagen, das Chaos ausnutzen und da drüben reinen Tisch machen, jetzt oder nie!!
Aber selbst wenn dies wirklich eine Sternstunde war, dann war sie uns schon wieder zerronnen. Auch die letzten Stukas drehten nach einem weiteren Bordwaffenangriff über dem Waldstück nach Westen ab und entschwanden. Der Lärm verebbte, die Erde, diese menschenleere, gottverlassene Sandkuhle, hatte uns wieder. Und nicht eine unserer Ängste und Sorgen war gemildert oder gar aus der Welt geschafft.
Ich musste endlich Verbindung zum Bataillon kriegen, sonst dachten die womöglich, wir drückten uns irgendwo herum. Der Kollege warnte mich noch einmal vor den leeren Gräben, kein Mensch wisse genau, wo der Russe stecke, und die Lage könne sich ja auch jederzeit ändern. Ich zog nun mit Kober los, zurück in den zweiten Graben. Dort wollte ich wenigstens einmal bis zu den vordersten Landsern an der Einbruchsstelle kriechen. Doch schon nach 50 m wurde uns verdammt übel. Die Grabensohle war streckenweise wie gepflastert mit gefallenen Russen und Landsern, sie lagen wild verkrampft, mit grässlich aufgetriebenen Bäuchen, halb verschüttet, die gelben Gesichter, die aufgeklappten Münder und Augen voller Sand und schwarzblauer Fliegen. Manchmal mussten wir einfach auf Arme und Beine treten, um überhaupt weiterzukommen. Aber am schlimmsten war die Luft, dieser entsetzliche süßliche Gestank, der aus den toten Leibern quoll und einem den Magen umdrehte. Dort konnten keine Lebenden existieren.
Etwa 300 m hatten wir uns allem Brechreiz zum Trotz meist kriechend oder ganz tief gebückt über die Toten hinweg vorwärtsgeschoben, als wir endlich in ein freieres Grabenstück gelangten, aber gleich darauf hinter einer Biegung Gestalten entdeckten – Russen!! Mit einem MG! Keine 30 m entfernt. Zum Glück drehten sie uns den Rücken zu und sahen uns nicht. Aber uns reichte es nun. Weg, zurück, so schnell wie möglich! Noch einmal diese grauenvolle Tour dicht über die stinkenden Leichen hinweg, die in der Hitze jeden Moment platzen konnten, noch einmal durch die aufgescheuchten, bissigen Fliegenschwärme – o, hätten wir da nur allen Ekel auskotzen können! Aber unsere Gedärme waren leer, seit zwei Tagen hatten wir nichts Vernünftiges mehr gegessen. Und nun diese Bilder, diese giftigen Dünste in der Glut einer mitleidlosen Sonne.
Am Zugangsgraben ließen wir uns erst mal in den Sand fallen. Ich beschloss, jetzt so lange nach links in Richtung auf die Höhe zu laufen, bis ich irgendwo einen Telefonapparat finden würde. Und Kober musste mit.
Die Kompanie lag friedlich im Graben und grunzte. Nur Tannenberger, dem ich das Kommando übergeben hatte, war mit ein paar Posten wach. In der ganzen

Zeit hatte sich kein Schwanz bei ihnen blicken lassen und sie hatten sich auch um uns Sorgen gemacht. Wir erzählten ihm kurz von unseren Beobachtungen und zum Schluss meinte er: Bei dem Stukaangriff hätte man ja gleich nachstoßen sollen, dann wäre jetzt vielleicht schon alles in Ordnung. Ja, mein Lieber, hätte, hätte! Das habe ich auch schon gedacht. Aber womit? Mit uns paar ausgehungerten Figuren? Ohne genügend Handgranaten und so weiter? Das ist uns ja nun schon oft genug in die Hose gegangen. Dann hätte man die ganze Geschichte schon vertan. Was kümmerten den Iwan die hundert Toten und Verwundeten, die er vielleicht zu beklagen hätte? Wahrscheinlich hockte der Ersatz schon wieder in den Gräben.

Wir ließen Tannenberger mit der Kompanie an Ort und Stelle und wurstelten uns mühsam über die grunzenden Gestalten hinweg durch den Graben. Die Anhöhe hinauf wurde der Graben dann freier und tiefer, und wir konnten etwas schneller und aufrecht ausschreiten. Die Iwans schienen wirklich schön zu pennen.

Komisch, noch am Vortag die schweren Panzerangriffe und nun diese Ruhe, abgesehen von den gelegentlichen Feuerüberfällen auf den Wald bei Dolsk. Aber die sahen aus den 2 km Entfernung ziemlich spielzeughaft aus, selbst wenn die Stalinorgeln hin und wieder mit ihren roten Feuerschweifen aus dem russischen Hinterland emporjaulten und sprühend in den Bäumen zerplatzten.

Die Hitze wurde allmählich bedrohlich, vor allem, weil das bisschen Brunnenwasser, mit dem wir in der Nacht unsere Feldflaschen gefüllt hatten, längs ausgesoffen oder stinkend warm geworden war. Auf der Höhe 204,6, die weithin das Gelände beherrscht, stießen wir nach längerem Suchen auf einen VB der Ari, der sogar ein intaktes Telefon in seinem armseligen Beobachtungsstand hatte. Nach vielen vergeblichen Versuchen kriegte er tatsächlich eine Verbindung zu dem Bataillonsgefechtsstand, den wir in der Nacht so gespenstisch leer angetroffen hatten, und um das Glück voll zu machen, meldete sich unerwartet Röder am anderen Ende der Strippe. Endlich hatten wir wieder Verbindung, endlich!

Weniger schön war dann allerdings sein Befehl, sofort mit der Kompanie zum Gefechtsstand zu kommen – jawohl, am hellen Tag über die freie Fläche! Es ginge nicht anders.

Von der Höhe aus brauchte man allerdings nur noch ein kurzes Stück frei zu laufen, weil man sehr bald schon auf den Hinterhang gelangte und dort sicher nicht ganz so direkt gesehen werden konnte wie auf dem Herweg am frühen Morgen längs der langen Flanke dieser Höhe. Ich schickte Kober los, er solle die Kompanie holen, und klönte währenddessen noch mit dem VB. Der Russe hatte am Vortag tatsächlich schwere Panzer- und Menschenverluste erlitten, an die hundert Panzer allein im Divisionsabschnitt!! Vielleicht konnten wir nun deshalb schon wieder aus der HKL gezogen werden, um weiter Reserve zu spielen.

Südlich der Höhe, genau zwischen den beiden Waldstücken beiderseits der Straße, konnte man mit dem Scherenfernrohr sehr schön das wirre Knäuel von Gräben und Bunkern erkennen, in denen die Russen sich nun eingenistet hatten. Unsere Leute sollten aber den Wald westlich, also hinter der Straße, wieder erobert haben, wie ich das schon vermutet hatte. Das freie Stück bis hinüber nach Dolsk war allerdings so nicht zu kriegen. Da saßen sie fast wie Blutegel.

Gegen Mittag meldete sich Kober mit der fluchenden Meute zurück. Er hatte den Haufen nur mit Mühe hochgekriegt. Der ganze Verein war hungrig und von Durst geplagt und keiner wollte ausgerechnet jetzt in der drückendsten Mittagshitze die lange Strecke wieder zurücklatschen. Es war ja auch reine Idiotie – erst rein für nichts, jetzt wieder raus, ohne dass wir wussten, warum – dass da selbst die Gutwilligsten die Schnauze voll hatten, war kein Wunder. Aber die schönste Meuterei half uns gar nichts; der Befehl war auszuführen und es bestand ja immerhin Aussicht, wieder Reserve im Hinterland zu spielen, zumindest aber im Dorf endlich was zu saufen und zu fressen zu kriegen.

Einer nach dem anderen quälte sich steif aus dem Graben. Bald waren die ersten unbehelligt hinter der Anhöhe verschwunden und schließlich konnte auch ich als einer der letzten aussteigen und zusehen, dass ich wieder an die Spitze der langen Reihe kam.

Die Russen pennten wirklich grob fahrlässig. Nicht ein gezielter Schuss schreckte uns aus unserem müden Trott. Aber die Männer waren am Ende ihrer Kräfte. Hunger und Durst hatten uns alle ausgehöhlt und schlapp gemacht; dazu diese trockene Hitze, bei der man sich an jedem Metallstück eine Brandblase holen konnte.

Kurz vor dem Gefechtsstand des II. Bataillons kippten vier Mann aus den Latschen, teils aus Schwäche, teils mit den Symptomen des Sonnenstichs. Während ich mich noch mit letzter Kraft und Willensanstrengung zum Gefechtstand schleppte, stürzten sich die anderen wie Halbirre auf den Brunnen, und wer sich das kalte Wasser in den Hals gekippt und über den Schädel geschüttet hatte, ließ sich in das nächste Deckungsloch fallen – es gab ja genug davon. Die Sonne stand hoch am Himmel und strahlte ihre weiße Glut genau in die Löcher.

Röder hockte mit käsigem Gesicht in Hemdsärmeln am Tisch, fertig wie wir. Aber nicht von der Hitze, sondern von den Eindrücken des Vortages, von den fürchterlichen Verlusten, die die Schwadron bei den Kämpfen um das Waldstück vor Dolsk erlitten hatte. Er malte ein düsteres Bild, zumal er nun auch die Reste des II. Bataillons führen muss.

Diese Schwadron liegt seit dem Abend des Vortages fast schutzlos am Waldrand fest, die Russen nur 200 m entfernt. Überall lauern versprengte Iwans in Löchern und Büschen im Walde. Melder werden heimtückisch abgeknallt und an den Böschungen des Baches vor dem Wald liegen reihenweise die Toten. Etwas weiter südlich ist ein anderer Haufen nur vor dem russischen Feuer aus den Gräben getürmt, eine unglaubliche Schweinerei.

„Heute Abend muss ein letzter Versuch gemacht werden, die ursprüngliche HKL ostwärts der Straße wieder zu gewinnen. Die Russen müssen da unbedingt wieder raus, denn sie sitzen uns dort wie ein vergifteter Pfeil im Fleisch."

Ich sollte mit meiner Kompanie nun doch nicht in den Wald vor Dolsk, wie es erst geplant war, sondern wieder an die alte Stelle in der HKL marschieren und am Abend von dort aus den Gegenstoß mitmachen. Als ich Röder sagen musste, meine Kompanie sei ja noch vollzählig, wenn auch total erschöpft von Hunger und Durst, lebte er sichtlich auf, denn damit besaß er wenigstens noch eine halbwegs intakte Kompanie, da ja die dritte Kompanie noch von Kowel her ausgebrannt ist und nur noch im äußersten Notfall eingesetzt werden kann.

Während unseres Gespräches beobachteten wir ein Dutzend deutsche Schlachter, die sich mit Bomben und Bordwaffen erneut auf die Einbruchsstelle stürzten und für eine kurze Zeit den Iwans die Hölle heiß machten. Aber keine drei Minuten später schlugen die mit allen schweren Kalibern brutal zurück in den Wald. Selbst bei uns zitterte der Boden, abermals erstickte der Waldrand in trägem Qualm, abermals zerriss dort die Erde unter glühenden Feuerschlägen. Arme Schwadron, arme Schwadron.

Zwei Stunden konnten die Männer noch in ihren Löchern bleiben. Das Vordringlichste für uns war frische Verpflegung. Die wurde durch Melder angefordert und sollte am Abend auf der Allee nördlich Dolsk ausgegeben werden. Mit Mühe konnten im Dorf noch ein paar Reste an Lebensmitteln zusammengekratzt werden, dann war die Schonzeit vorüber. Ich ließ die Zugführer kommen und eröffnete ihnen, dass wir nun zum zweiten Male in die HKL tippeln und am Abend an dem Gegenstoß teilnehmen müssten. Da waren selbst diese zähen Burschen bedient und wollten streiken. Eine halbe Stunde später hatten sie dann aber doch ihre Gruppen und Züge zusammengetrommelt und da der Kommandeur mit mir vorwegmarschierte, musste der Haufen zähneknirschend hinterher. Bei Nacht hätten wir sicher nur die Hälfte nach vorn gekriegt. So aber stiegen wir nach einer halben Stunde Marsch im heißen Staub auf der Höhe beim VB abermals ungeschoren in den zweiten Graben. Die Männer konnten sich hinhauen und pennen, ich aber kroch mit Röder nach vorn in den ersten Graben in das traurige Verlies von Oberleutnant Hübner, wo wir alle Einzelheiten des geplanten Unternehmens festlegten. Nach langem Hin und Her und einigen Telefonaten mit dem Regiment stand soviel fest, dass die eigentlichen Stoßtrupps von einer anderen Einheit des Regiments gestellt würden. Unsere Kompanie bekam aber den Auftrag, den Stoßtrupps unmittelbar zu folgen und die eroberten Gräben zu besetzen und zu halten. Gleichzeitig mit uns und zusammen mit anderen Stoßtrupps sollte die Schwadron vom Waldrand aus angreifen, das heißt, die Eiterbeule sollte von drei Seiten aus ausgedrückt werden. Ari, Granatwerfer und Flammenwerfer standen bereit. Es müsste eigentlich klappen. Die fremden Stoßtrupps sollten allerdings gleich nach dem Rabatz wieder abrücken, dann blieben wir allein in den Gräben zurück und mussten die Stellung halten. Es war also endgültig Essig mit Reserve, sie hatten uns wieder am Arsch. Handgranaten und Munition sollten noch bis zum Abend kommen. Röder wollte während des Angriffs drüben bei der Schwadron sein und verabschiedete sich bald.

Ich konnte mich nun theoretisch auch noch hinhauen und zu pennen versuchen, aber es wurde natürlich nicht viel daraus. Der Sand war eklig fein und setzte sich sofort in Ärmel und Nase und Augen. Und das bevorstehende Unternehmen warf seine Schatten aufs Gemüt. Wir kriegten mal wieder das schönste Stück der ganzen HKL.

Nur langsam wich die heiße, ausgedörrte Grabenluft einem kühleren Abendwind. Ich ließ die Zug- und Gruppenführer zu mir kommen und machte sie mit den Einzelheiten des Unternehmens vertraut. Während ich mit der Hälfte der Kompanie den vorderen Graben besetzen wollte, sollte Tannenberger mit den anderen im zweiten Graben nachziehen und das Hinterland mit allen Verbindungsgräben, Bunkern und Bombentrichtern säubern.

Kurz darauf quetschte sich der eigentliche Stoßtrupp schwer bepackt bei uns durch, eine ganze Kompanie mit allem, was das Herz erfreut, mit Handgranaten, MPis und Flammenwerfern. Auch wir kriegten wenig später von einem anderen Trupp einen dicken Haufen Handgranaten, Leucht- und MPi-Munition in den

Graben gebracht.
So weit war nun alles klar. Wir schoben uns vorsichtig in unsere Ausgangsstellungen hinter den Stoßtrupps und hatten dann noch etwa eine Stunde Zeit. Um 19:20 Uhr sollten die schweren Waffen 10 Minuten lang trommeln.
Es war auffallend still ringsum, der Tag ging zur Neige. Die sengende Hitze, Hunger und Durst und der fehlende Schlaf hatten uns mürbe gemacht und nun gab uns die Ungewissheit über die nächsten Stunden den Rest. Man kam wieder ins Grübeln, man spürte, wie böse Ahnungen und Ängste in einem rumorten und an den Nerven sägten. Wir räkelten uns träge im Sand, bärtig, nach uraltem Schweiß stinkend. Der Mund war eine verfaulende Höhle, die Lippen rissig, die Haare juckendes, graues Gestrüpp voller Sand und Staub. Der Schweiß hatte helle Streifen in die dreckigen Gesichter geschwemmt, in denen rot die Augen brannten. Wir brauchten keine Kriegsbemalung mehr.
Eine halbe Stunde vor dem eigenen Feuerüberfall brüllte es urplötzlich im russischen Hinterland aus hundert Mündungsfeuern auf, und mit einem irren Gekreisch und Heulen zertrommelten Granatwerfer, Ari und Stalinorgeln von Neuem dieses schon um und um gepflügte, zermarterte Stück Land vor und hinter dem Waldrand, in dem die Schwadron in ihren Löchern kauern musste. Tausend und abertausend Splitter fetzten blindlings durch den Qualm. Wir lagen ja nun ein ganzes Stück näher an der Einbruchsstelle in den Gräben und spürten den Luftdruck der Detonationen, hörten die Splitter fauchen und hatten den schleimigsüßlichen Pulvergeschmack schon bald in Mund und Nase. Erst nach einer Viertelstunde beruhigte sich der Iwan wieder. Zurück blieb nur eine dicke Staub- und Rauchkulisse, hinter der der Wald nicht mehr zu sehen war. Ich dachte während des Infernos immer nur an die Schwadron, unsere alte Schwadron, Meyers Haufen. Wer lebte nun noch von den armen Kerlen?
Um 19:15 Uhr kam der Befehl zum Fertigmachen – Umschnallen, Stahlhelme auf, Handgranaten umhängen. Es war soweit. Unwiderruflich. Wie schön, dass man so kaputt war, viel zu müde, die letzten Minuten und Sekunden noch zu zählen. Sollen sie doch losklotzen, wann sie wollen, wir schieben uns schon hinterher.
Und dann brach es wirklich los, erst nur das ferne Blubbern der Abschüsse weit rechts im Hinterland, aber schon Sekunden danach das höllische Pfeifen und Kreischen der zerrissenen Lüfte und der hundertfache Feuerschlag auf die Gräben der Russen vor uns. Wir hatten uns tief geduckt, das Feuer lag sauber, es blitzte und sprühte mit gleicher Wucht wie vorhin. Die Wogen der Echos brandeten gegen die Wälder und rissen uns nun die Müdigkeit wie Lumpen vom Leibe. Zehn Minuten, das war eine halbe Ewigkeit, hundertmal feuriger Tod an hundert berstenden Punkten zugleich.
Ob beim Iwan die Gräben auch so flach waren wie hier?
Nach drei Minuten war die 600 m breite Ebene zwischen den Wäldern im baumhohen Rauch ertrunken, nur selten schlugen hier und da noch einmal Flammenstrahlen durch, aber der Sand in unserem Graben bröckelte weiter unter den pausenlosen Schlägen der tödlichen Hämmer, bis wir auf einmal merkten, dass auch bei uns Splitter zischten und Einschläge krachten. Iwan schoss zurück!! Immer dichter, immer wilder – Sperrfeuer! Ein übermenschliches Bellen und Getöse, Pulverdampf und Feuer ringsum, Brandgeruch und Nebel.

Ein Blick auf die Uhr. Noch zwei Minuten. Zeichen mit den Fingern – zwei! Nicken grauer Gesichter unter den Schatten der Stahlhelme. Komisch, alle Angst ist abgefallen. Man liegt flach und wartet, und wenn man getroffen würde, könnte man es auch nicht ändern. Schlimm wird es erst, wenn man den Russen vor sich hat, das Weiße in seinen Augen sieht wie damals in Barischewka. Aber hier war ja keine Gefahr, vor uns knieten fast fünfzig Mann vom Stoßtrupp im Graben. Was sollte uns da schon passieren?

Jetzt erhoben sie sich vorn im Dunst. Richtig, die zehn Minuten waren um. Los, Jungs, auf! Wir rappelten uns hoch, schüttelten den Sand aus den Klamotten, schnappten unser Zeug und spannten die Waffen. Und da zischte es plötzlich rot vor uns im Graben – die Flammenwerfer! Tief gebückt hielt ich mich hinter den letzten Leuten vom Stoßtrupp. Halbverschüttete Leichen unter den Füßen, von neulich noch. Hurrageschrei und Gebrüllfetzen im Krachen des Sperrfeuers. Sie kommen voran. Knick um Knick. Der erste tote Russe im Graben, blutüberströmt, noch ganz frisch. Drüber hin und weiter. Auf einmal bleibt das Sperrfeuer hinter uns zurück, es wird stiller um uns, freier. Gut 150 m hat der Stoßtrupp und haben wir im ersten Anlauf geschafft. Der Dunst wird schwächer, zerreißt in einzelne Schwaden. Man sieht trotzdem nur 20 m weit.

Plötzlich Bewegung vor uns im Graben, Stocken, Halt. Zwei Mann schleifen einen Verwundeten, legen ihn vor mir in den Sand, um zu verschnaufen. Ich will weiter, aber sie können nicht mehr. Und jetzt tritt der Stoßtrupp wieder an, doch wir müssen noch warten, weil der Graben von dem Verwundeten verstopft ist. Verdammt noch mal, wir müssen weiter!! Endlich nehmen sie den Verwundeten wieder hoch, quetschen sich an uns vorüber – da kommen noch zwei zurück, offenbar leichter Verwundete, vor uns ist bereits eine Lücke von 20 bis 30 m, los, los, beeilt euch!! Aber die beiden sind fertig, gar nicht mehr ansprechbar, tasten sich nur langsam weiter, der Stoßtrupp vor uns ist schon außer Sicht. Endlich können wir ersten weiter, aber hinter uns bleibt die Stockung, es kommt keiner mehr nach – und da sehe ich auf einmal Russen von rechts kommen, sie hetzen vom zweiten Graben her über das freie Feld und springen 30 m vor uns in unseren Graben. Jetzt ist die Sauerei komplett – der Russe im Rücken des Stoßtrupps! Wir müssen vorwärts, sie jetzt sofort erledigen, ehe sie sich wieder festgekrallt haben. Zehn oder zwölf Mann sind endlich wieder hinter mir, einer muss sofort den Rest heranholen, koste es, was es wolle. Und schon stürmen wir los, Handgranaten voraus, um die erste Ecke, die zweite, die dritte, bis wir sie vor uns haben, eingekeilt zwischen uns und einem nicht ausgeschaufelten Grabenstück, das der Stoßtrupp schon überwunden hat. Mit einigen Handgranatensalven räumen wir unter den Iwans auf, die offensichtlich keine Munition mehr haben, einige türmen links raus zu ihrem Wald, einer fällt noch und bleibt liegen. Dann sind wir mit wenigen Sprüngen am Grabenende, wo sich Tote häufen, Deutsche und Russen. Überall krachen Handgranatensalven, MPi-Salven knattern blechern dazwischen. Es wird dunkel, aber der Qualm hängt nur noch in wenigen Wolken über den Graben. Unsere schweren Waffen schießen schon lange nicht mehr, auch das russische Sperrfeuer hat nachgelassen, sie wissen jetzt nicht, wie weit wir vorgestoßen sind und wollen wohl die eigenen Leute nicht gefährden.

Wir müssen über die Sandsperre, ehe uns die Russen erneut dazwischenkommen. Anlauf, hoch und raus und schnell wieder in den Graben. Fünf Mann von uns sind

heil herübergekommen, da plötzlich fatscht es uns haarscharf um die Köpfe – Vorsicht, Scharfschützen im Wald! Volle Deckung! Und weiter. Wieder Russen vor uns. Anscheinend ist der Stoßtrupp ziemlich unbehelligt durchgestoßen, weil die Russen hauptsächlich im zweiten Graben saßen, der ja wegen der verkehrten Front ihr vorderster Graben ist. Jetzt türmen sie dort und wollen von hier aus retten, was zu retten ist.
Ich wartete noch eine Minute, bis ich wieder ein Dutzend Mann zusammen hatte, dann pirschten wir uns weiter vor, präzise beaast von Scharfschützen, die 300 m entfernt oben in den Bäumen sitzen mussten. Aber wir kamen voran, Schritt um Schritt. Das Feuer steigerte sich wieder, von Neuem nahm uns dichter Qualm die Sicht. Der eigentliche Stoßtrupp war weg, irgendwo vor uns. Ich schoss eine Leuchtkugel hoch, weiß, hier sind wir. Wir fanden nur wenige Tote oder Verwundete im Graben. Viele Russen stiegen an den Feldwegüberfahrten einfach aus und entflohen nach links, Richtung Heimat in den Wald. Hoffentlich kommt der Rest nach, damit hinter uns nicht wieder die Russen einbrechen können, war meine Hauptsorge. Aber darum konnte ich mich jetzt nicht kümmern. Wir hätten längst zwischen den Waldstücken stehen müssen, vielleicht 400 oder 500 m vom Ausgangspunkt entfernt. Mit jeder Minute wurde es dunkler. Wir mussten es schaffen, ehe es ganz Nacht wurde. Also weiter; etwa 30 Handgranaten hatten wir noch. Noch mal Leuchtpatrone weiß, egal, ob man sie in den Pulverschwaden sehen konnte oder nicht.
Kaum waren wir wieder angetreten und hatten uns vielleicht 20 m gegen einige Russen vorangearbeitet, da stand plötzlich wie hingezaubert der Kommandeur hinter uns, hemdsärmelig, verschwitzt: „Wissen Sie, dass Tannenberger tot ist?“, brüllte er mir durch das Getöse zu. O Gott, Tannenberger tot? Das fuhr mir wie ein Schlag in die Kniekehlen. Tannenberger tot? Wieso?
„Aber im zweiten Graben ist alles klar!“
Wir mussten weiter. Der Kommandeur blieb bei uns in der Spitzengruppe, brüllte noch mit uns Hurra, warf selbst Handgranaten in die Pulks der zurückweichenden Russen hinein. Plötzlich schimmerte vor uns im Dunst eine weiße Leuchtkugel – das war eine deutsche!! Kamen sie uns schon entgegen? Vorsichtig spähten wir über den Grabenrand. Es war infolge des Qualms und Staubes schon ziemlich finster geworden, überall rechts und vor uns zitterten nun weiße Leuchtfallschirme im Nebel, ich schoss noch einmal weiß nach vorn voraus, fast im selben Moment zischte auch dort ein weißes Licht empor – sie sind es!! Und wenige Augenblicke später wippten Stahlhelme auf uns zu, wir jubelten und fielen uns über toten Russen in die Arme, geschafft, geschafft!!! Es war wirklich die Schwadron.
Der Kommandeur haute gleich ab, um sich nun auch bei den anderen umzusehen, Wir mussten jetzt sofort Front machen nach Osten, den frisch genommenen Graben besetzen und halten, denn jeden Augenblick konnten nun die Russen wieder einen Gegenstoß unternehmen. Wir hatten nur noch beängstigend wenige Handgranaten bei uns, auch die Landser von der Schwadron standen praktisch mit leeren Händen da. Als ich nun zurückgehen wollte, um den Nachschub zu organisieren, sah ich plötzlich vom zweiten Graben her eine Wolke von Russen auf uns zustürmen, fast alle ohne Waffen. Die wollten abhauen! So laut ich konnte, alarmierte ich unsere Leute im Graben, die den Iwans den Rücken zudrehten, und schon bellten die MPis los, einzelne stolperten, andere schrien auf, die ersten

sprangen über unseren Graben, nur weg, nur weg in den rettenden Dunst, in die Nacht und in den Wald – mehr hatten sie offenbar nicht im Sinn. Im Rausch der Verfolgung jagten die Männer noch ihre Geschossgarben in die fliehenden Gestalten, Arme flogen hoch, Schreie gellten über das Feld, zuckende, stöhnende Leiber blieben liegen, dann rührte sich nicht mehr viel. Letzte Leuchtkugeln zischten gespenstisch durch die Qualm- und Nebelwolken. Es war genug, übergenug, und wir brauchten unsere Munition bestimmt noch für die Nacht und den kommenden Tag.
Wenige Minuten später erstarb das Gebrüll der Schlacht so jäh wie es begonnen hatte. Dunkelheit verhüllte gnädig das Grauen, schwarz stand der Wald vor uns. Nur rechts von uns loderte rötlich ein Baum. Phosphor hatten sie also auch verschossen. Nervös flackerten hier und da noch Leuchtpatronen hoch, manchmal gleich zwei oder drei hintereinander. Feuerstöße peitschten nur noch vereinzelt durch das Dunkel, der Qualm trieb zur Seite.
Waren die Russen nun überall zurückgeworfen, die Einbruchsstelle bereinigt, wie es immer so schön heißt? Oder hockten sie noch scharenweise versprengt in Löchern und Gräben zwischen den beiden Hauptlinien? Wir mussten jetzt höllisch aufpassen. Jede Gruppe Rundumverteidigung nach allen Seiten, Streifen nicht unter vier Mann. Ich hatte alle Hände voll zu tun, die wenigen Leute einzuteilen, die Verbindung zur Schwadron rechts und zur sechsten Kompanie links herzustellen und so weiter. Den eigentlichen Stoßtrupp vor uns hatten wir überhaupt nicht mehr zu sehen gekriegt; der war schon viel früher als wir der Schwadron begegnet und hatte sich dann schleunigst weiter geradeaus verkrümelt.
Gegen 23 Uhr hatte ich endlich im vorderen Graben alles Notwendige geregelt und jedem Mann noch einmal klar gemacht, dass jetzt erst das Schwerste käme: das Aufpassen in der unbekannten Umgebung und der Kampf gegen die Erschöpfung. Wer hier pennte, verriete dadurch seine Kameraden.
In den rückwärtigen Graben kam ich endlich kurz vor Mitternacht. Im Zugangsgraben lagen noch die Leichen von Tannenberger und seinem Melder. Sie waren die einzigen Toten der Kompanie. Gleich zu Anfang hatte sie ein Volltreffer in den Graben regelrecht durchlöchert. Sonst hatte es nur noch zwei Verwundete gegeben, die es auch im zweiten Graben erwischt hatte und die nun längst beim HVP waren.
Bei aller Freude über die geringen Gesamtverluste empfand ich nun die Trauer um Tannenberger besonders. Es fallen so oft die wirklich guten und vorbildlichen Leute, für die es kaum noch Ersatz gibt. Wahrscheinlich empfindet man deshalb ihren Verlust so stark und tut den anderen unrecht, die auch nur ihr eigenes Leben haben opfern können. Und in der Stille der Nacht fragte ich mich auch, ob wirklich diese beschissenen, halb fertigen Stellungen das Blut auch nur eines Mannes wert sind.
Früh gegen ein Uhr ließ ich mich vorn bei einer Gruppe in den Sand fallen, nachdem ich noch zwei Gruppen vom rückwärtigen Graben zur Verstärkung in den ersten geschickt hatte. Jetzt merkte ich, wie viel Kraft dieser Kampf gekostet hatte. Ich saß aber noch keine zehn Minuten, da meldete eine Streife, die Küche stünde auf der Allee mit Verpflegung. Über eine Stunde verging nun mit dem Hin und Her der Essenholer und mit dem grässlich lauten Klappern der Bestecke in den Kochgeschirren. Schmidt selbst war mitgekommen und ging von Mann zu

Mann durch die Gräben. Er kennt sie ja alle viel länger als ich und konnte beurteilen, was hinter uns lag.
Dann endlich wurde es ruhiger. Die Posten lauerten bewegungslos in den zusammengerutschten Sandrinnen und starrten mit brennenden Augen in die Finsternis des fremden Vorfeldes. Mindestens einer passte jeweils nach hinten auf. Und mehr als einmal ratterte plötzlich einer mit seinem MG wild in die Nacht, ein anderer hatte hinter dem Graben Schatten gesehen und verballerte seine letzten Handgranaten. Ich blieb die ganze Nach hindurch mit meinen Meldern auf den Beinen; eine nervöse Unrast trieb mich immer wieder um. Die Sache war nicht geheuer, es fehlte an allem, die Stille war so verdächtig. Es steckten mit Sicherheit noch überall Russen im Zwischengelände hinter uns, die uns belauerten und nur auf den richtigen Moment warteten. Die Schatten, die die Posten gesehen hatten, waren jedenfalls keine Gespenster. Soweit runter waren wir nun doch noch nicht.
Wir ersehnten das Morgenlicht und hatten zugleich Angst vor dem Gegenschlag der Russen, die angeblich doch noch nicht überall herausgeschmissen waren. Wie es im Laufe der Nacht hieß, sprang weiter rechts bei der Schwadron die Front doch noch quer zurück bis zu unserem zweiten Graben; drei markante Eichen sollen dort stehen, kurz vor den Trümmern von Dolsk. Demnach ist also die Einbruchsstelle nur eingeschnürt und verkleinert, aber nicht beseitigt worden.
Es wurde dann viel schneller Tag, als wir vermutet hatten. Wieder stieg die Sonne glutheiß über dem Russenwald empor und die klare Sicht zwang uns auf die Sohle des Grabens, dieser verfluchten, staubigen Mulde, denn in den Kronen des Waldes, keine 300 m vor uns, hockten unsichtbar und mit der Sonne im Rücken die Scharfschützen und fatschten uns ihre Kugeln um die Ohren, sowie wir mit Kopf oder Rücken über den Grabenrand ragten. Mit letzter Kraft hatten die Männer bis zum Morgengrauen noch die fehlenden Grabenstücke an den Feldwegen ausgeschaufelt, sodass man nun wenigstens einigermaßen sicher durch den vordersten Graben huschen konnte. Aber nach dieser Nacht hatte niemand Wandergelüste; einer hinter dem anderen lagen sie in Gruppen der Länge nach im Graben und schnarchten.
Auf mich kam unerbittlich wieder der leidige Papierkrieg zu, Verluste, Stellungsskizzen, Muniverbrauch, besondere Vorkommnisse – immer der gleiche Käse. Ohne Tisch oder Brett, im heißen Sande auf dem Bauch liegend, erledigte ich das Skizzieren und Schreiben besonders gern. Immer höher schwang sich die Sonne empor, immer schmaler wurde der Schattenstreifen an der Grabenwand und um die Mittagszeit brieten wir schutzlos in einem gelbflimmernden Ofen. Das nächste Wasserloch sollte tausend Meter weg sein, irgendwo oben am Fuße der Höhe 204,6. Ein paar Unentwegte brachen freiwillig mit allen erreichbaren Feldflaschen auf, quälten sich gebückt durch das endlose Zickzack der Gräben und kamen nach zwei Stunden, dem Sonnenstich nahe, mit einer eklig kalkigen, pisswarmen Brühe zurückgekrochen, und wir soffen das Zeug im Knien mit geschlossenen Augen gierig hinunter, ohne Rücksicht auf Typhus, Würmer und Scheißerei. Dann ließen wir uns wieder in den brennenden Sand fallen, den Rock über dem Kopf oder die Zeltbahn irgendwie aufgespannt, bis man darunter zu ersticken drohte oder die unmenschliche Hitzestauung nicht mehr ertragen konnte. In halber Ohnmacht liegen wir nun so seit Stunden und vergrunzen den endlos

scheinenden Tag. Der Wind streicht zwar leicht über die Felder, aber wir im Graben merken keine Kühlung, nur der Sand schiebt sich leise und unaufhaltsam in die Waffen und Kochgeschirre und zwischen die Zähne und scheuert uns den Hals wund.
Wie wir in der letzen Nacht die gespenstische Finsternis verflucht und den hellen Morgen herbeigewünscht haben, so sehnen wir jetzt wieder die Kühle und Freiheit der Nacht herbei; die Knochen sind vom langen Liegen so steif geworden, man müsste sich recken und mal wieder aufrecht gehen können. So hält das jedenfalls kein Mensch lange aus.
Jetzt endlich, gegen 18 Uhr, hat auch dieser Tag sein stechendes Licht verstrahlt. Von der rückwärtigen Grabenböschung gleißen die ersten kühleren Schatten zu uns hinunter und wecken uns auf. Das Leben, das schon verdorrt schien, erwachte. Und wir registrierten mit Erstaunen, dass der Iwan den ganzen Tag über richtig lieb zu uns war. Natürlich Feuerüberfälle in den Wald hinter uns, einmal wohl auch die Stalinorgel, aber das alles ging uns nicht an die Nerven, war überhaupt nicht zu vergleichen mit der wütenden, brutalen, Bolzerei der Vortage. Die Genossen müssen wohl hin und wieder mal den Hintern voll kriegen.
Während des Stoßtrupps gestern Abend sollen übrigens die Stukas noch drei Angriffe auf die Ari- und Granatwerferstellungen der Russen im Hinterland geflogen sein. Ich habe davon überhaupt nichts gemerkt vor lauter Qualm und Getöse.

Bei Dolsk, Dienstag, 11. Juli 1944

Gestern Abend, als es schon dunkel wurde, fand mich ein Melder vom Bataillon, der mir Pioniere zum Minenlegen und die Strippenzieher mit einem Telefon ankündigte. Natürlich – wo wären wir ohne Telefon! Aber wohin damit? Ziemlich an der linken Grenze fanden wir schließlich ein enges Bunkerloch, das durch einen kurzen Stichgraben mit dem vordersten Graben verbunden ist. Das musste nun wohl oder übel mein Gefechtsstand werden, etwas anderes geschweige denn Besseres gab es nirgends.
Gegen 10 Uhr abends rückten dann auch wirklich ein Dutzend Pioniere an. Einen Teil der Minen schleppten sie mit sich, der Rest lag noch auf ihrem Fahrzeug 100 m hinter uns auf der Allee. Als ich diese Kameraden eingewiesen und die Kompanie über das Arbeiten der Pioniere vor der Stellung informiert hatte, meldete sich die Küche mit Verpflegung und Post – der Rubel rollte mal wieder. Eine halbe Stunde später wurden auch die Kameraden von der Ari munter und rotzten den Iwans im Wald gegenüber mit voller Inbrunst ein paar saftige Lagen ins Abendessen. Und das nahmen die verständlicherweise übel. Zwei Minuten nach den ersten Einschlägen unserer Ari heulte es heran. Mit Artillerie und Granatwerfern pflügten sie diesen armseligen Streifen Land noch einmal um, dass uns zeitweilig ganz mulmig wurde. Zum Schluss blitzte es Schlag auf Schlag hinter dem Wald auf: Stalinorgeln! Und dann kreischten auch schon die feurigen Schweife heran, einer hinter dem anderen, und gleich darauf prasselte und blitzte und krachte es, ein schauerliches Feuerwerk hinter uns im Wald. Fünf oder sechs mal ließen sie innerhalb weniger Minuten ihre 20 oder 30 Höllenhunde los, immer

hinter uns in den Wald hinein, in dem sie wohl nicht ganz zu unrecht unsere Granatwerfer vermuteten. Dann endlich hatten sei sich ausgetobt. Der Spektakel und die rollenden Echos zwischen den Wäldern erstarben allmählich, weißlich schlug sich der Pulverschleim auf den taunassen Wiesen nieder. Die Luft wurde wieder rein.

Während dieses Feuerzaubers, den ich an der rechten Grenze erlebte, spielte sich im linken Teil des Abschnitts ein makabres Intermezzo ab. Nach den ersten Einschlägen der russischen Granaten war den Pionieren vor dem Graben die Luft zu eisenhaltig geworden, kurz entschlossen hatten sie alles stehen und liegen lassen, waren über unseren spärlich besetzten Graben gehopst und in schnellster Gangart heim ins Reich getürmt, auf die Allee nach Dolsk zu. Auf der Straße aber standen unsere zwei Verpflegungsfahrzeuge und die Schlange der Essenholer, und als die den im Finstern heranstürmenden Haufen Pioniere entdeckten, war ihr erste Gedanke: Russen!! Der zweite: Türmen!! Oder schießen? So gab es ein paar Sekunden lang ein panikartiges Durcheinander auf beiden Seiten, bis die Pioniere sich von ihrem Schrecken erholt und zu erkennen gegeben hatten. So ging es an der Straße zwar noch einmal glimpflich ohne Angstschießerei und Verluste ab, aber am Ende der wilden Bolzerei hatten wir doch vier Verwundete und zwei durch Splitter leicht getroffene Pferde. Seit gestern also acht Mann weniger, eine volle Gruppe, ein kompletter Stützpunkt im Graben. Acht von etwa vierzig in 24 Stunden. Da kann einem schon das letzte bisschen Galgenhumor vergehen.

Um Mitternacht brachte eine Streife einen Iwan in meinen Bunker. Der Gute hatte in einem Granattrichter nur wenige Meter hinter unserem Graben gehockt und sicher heimwärts ziehen wollen. Dabei hatte er sich einen Moment lang unvorsichtig bewegt und war der Streife als verdächtiger Schatten aufgefallen. Seinen sprudelnden Erzählungen glaubten wir entnehmen zu können, dass noch mehr Towarischi im Gelände säßen. Daher ließ ich noch schnell bei Dunkelheit von einem Trupp die Trichterlandschaft hinter dem Graben durchkämmen und richtig: Kurz vor der Morgendämmerung stöberten sie weitere sechs halb verdurstete Genossen auf. Da während des Tages jeglicher Verkehr auf der freien Fläche zwischen unserer Stellung und dem Walde, in dem das Bataillon haust, unmöglich ist, musste ich die Genossen bis zum Abend bei mir aufbewahren. Teils erleichtert, teils apathisch hocken sie nun mit uns in dem viel zu engen Loch und stinken noch stärker zum Himmel als wir. Es sind hagere, ausgemergelte Gestalten, dreckig, mit struppigen Bärten, in unsagbar schmierigen Uniformen und miserablen Schuhen. Dagegen sehen wir im fünften Kriegsjahr noch wie geleckt aus.

Gierig griffen sie nach etwas Brot und Wasser und ein paar Zigaretten. Seit unserem Stoßtruppunternehmen hatten sie ohne Verbindung und Verpflegung hinter unseren Linien gekauert. Schließlich waren der Hunger zu groß und die Hoffnung auf Befreiung durch ihre Genossen zu klein geworden. Deshalb hatten sie vorgehabt, in der Nacht nach Osten auszubrechen. So verstanden wir sie wenigstens. Offenbar waren zwei weitere Iwans ihrer Gruppe im Feuer der Russen umgekommen.

Seit dem ersten Strahl der Sonne schlagen die Russen das Gelände hinter uns heute wieder mit zusammengefassten Feuerüberfällen aller Kaliber zusammen. Vor allem auf die Straße haben sie es abgesehen, obwohl die ganz frei in der

Landschaft liegt und genauso einzusehen ist wie die Wiesen davor und dahinter. Wenn sie aus den Bäumen längs der Allee genug Kleinholz gemacht haben, klotzen sie mit ihren schweren Granatwerfern und gelegentlich auch mit ihren Stalinorgeln in den Wald, immer hinein, mal vorn, mal weiter hinten. Und wenn der Iwan seine Rohre abkühlen lässt, feuert unsere Ari mit schweren Kalibern hinüber, immer hinein in den Russenwald, mal vorn, mal weiter hinten. Wir blieben dank dieser monotonen Spielregeln bisher ziemlich verschont, nur selten zerbarst mal eine Salve in der Nähe der Gräben. Aber der fast pausenlose Lärm lässt uns trotzdem nicht zur Ruhe kommen. Unruhig, von Fliegen gepeinigt, wälzen wir uns in der gelben Glut des Grabens, weil man es in der Enge und in den Dünsten des Bunkers bei den Gefangenen noch weniger aushalten kann.
Einen Vorteil hat die Schießerei aber doch: Das Telefon bleibt still, weil dauernd die Leitungen zerfetzt sind. Am frühen Morgen hatte Röder mir noch mitteilen können, ich müsse meinen Abschnitt wahrscheinlich noch nach links strecken; aber dagegen wollte er wegen der jetzt schon so überdehnten Besetzung des Grabens und vor allem wegen unserer letzten Verluste noch angehen. Seitdem geht nun wohl der Hickhack zwischen dem Nachbarregiment und unserem Bataillon hin und her.
Wir aber vegetieren in der Sonnenglut vor uns hin, die Läuse machen uns rasend, alles klebt an uns, jede Kratzwunde eitert sofort, unsere Lippen sind aufgeplatzt und voll grauer, stinkender Borke. Und wegen der elenden Scharfschützen drüben in den Bäumen ist man den ganzen Tag gezwungen, auf der Grabensohle im staubigen Sand zu liegen oder sich in den unerträglich sauren Mief des Bunkers zu verziehen, wo der Schweiß noch stärker aus den Poren quillt. Nur die Sonne blendet dort nicht und die entzündeten Augenlider empfinden den schwülen Schatten so wohltuend wie die Nacht. Selbst pinkeln muss man am Tage im Liegen, allenfalls im Knien, und das Kacken muss man sich sowieso bis zur Dunkelheit verkneifen. Lange hält man diese Zustände jedenfalls nicht mehr aus. Aber Regen und Kälte wären noch verheerender.

Bei Dolsk, Mittwoch, 12. Juli 1944

14 Uhr. Unsere Division ist schon wieder im Wehrmachtbericht genannt worden: „… mit beispielhafter Standhaftigkeit…“ Das freut uns alle sehr, auch wenn wir nur ganz am Rande mitgeholfen haben. Von unserer jetzigen Alltagsmisere redet natürlich niemand. Schlimm ist nur, dass der Raum von Kowel jetzt jeden Tag im Wehrmachtbericht erscheint. Da werden sie zu Hause vor Sorgen wieder nicht schlafen können. Wenn man wenigstens alle zwei Tage mal zehn Sekunden lang anrufen könnte! Aber so müssen sie noch Tage und vielleicht zwei Wochen lang auf Nachricht warten und wissen ja auch nicht, ob man noch lebt, wenn der Brief endlich ankommt.
Im Mittelabschnitt sind sie nun auch auf der Höhe von Kowel angelangt. Der ganze, 400 km nach Osten vorspringende Balkon in drei Wochen zusammengerutscht wie der Sand in unseren Gräben. Einfach weg. Wir begreifen es nicht mehr. Vielleicht ist es ganz gut, dass wir hier genug Theater und Abwechslung haben. Die Invasionsfront scheint auch nicht mehr lange zu halten… Oder was

soll sonst die Andeutung, dass Amis versuchten, in die Tiefe des französischen Raumes zu stoßen? So abgrundtief beschissen wie jetzt sah es noch nie aus. So hoffnungslos. Wie soll es denn weitergehen?
Die letzte Nacht zerrann mir auch wieder unter den Fingern.
Keine Sekunde Schlaf, keine Minute Ruhe. Zunächst erfuhren wir in der Abenddämmerung in einem lichten Moment, wir müssten in der Nacht doch noch ein Stück übernehmen, allerdings lange nicht so viel wie zunächst geplant.
Ehe es dann ganz duster wurde, erschien Röder im Graben, um sich die Stellung persönlich anzusehen. Er war ungewohnt müde und resigniert, offenbar voller Sorge um diese trostlose Stellung, die den ganzen Tag über nicht die geringste Bewegung zulässt. Immerhin hat man nun begonnen, einen Zugangsgraben vom Waldrand aus in Richtung auf die HKL vorzutreiben, und in der Nacht hoffte man bis an die Allee zu kommen. Als Röder merkte, dass bei mir kein Mensch im zweiten Graben sitzt, weil ich wirklich jeden Mann vorn brauchte, gab er mir den Befehl, wenigstens meinen Gefechtsstand in den zweiten Graben zu verlegen, damit es dort nicht völlig menschenleer wäre.
Nach einigem Umhertappen in dem wüst umgepflügten Gelände fanden wir schließlich ein bunkerähnliches Loch aus Brettern. (Bild 55) Aber ehe wir uns in dem nur 1,50 m hohen Verlies einnisten konnten, mussten wir einen schon halb verwesten Russen wegräumen und begraben, der in der Bunkeröffnung halb hing, halb lag und den Zugang versperrte.
Mit der Verpflegung kam am Abend auch ein Fahrzeug voller Munition. Der Koch hatte sogar zwei große Kübel voll echter, frischer Preiselbeeren mitgeschickt. Wegen der vielen Lauferei und Unruhe durch den Umzug des Gefechtsstandes, die Ablieferung der Gefangenen und die ziehharmonikaähnliche Streckung der Kompanie nach links stapelten wir die Munition und das Kompott erst mal dicht beim Gefechtsstand in einem toten Grabenstück.
Auch sonst war die Kompanie die ganze Nacht hindurch beschäftigt. Der einzige Verbindungsgraben zwischen dem ersten und zweiten Kampfgraben musste mit Hochdruck vertieft werden, die aufgeplatzten, von Fliegen angenagten Leichen in den verlassenen Grabenstücken und Granattrichtern waren endlich mit Erde zu bedecken, um den grauenhaften Gestank und die Gefahr von Seuchen zu bannen. Die Strippenzieher fummelten sich mit ihrem Drahtgestrüpp überall dazwischen und zu guter Letzt kriegten wir zusätzlich zum Telefon noch einen Funkapparat mit drei Mann in den Gefechtsstand gesetzt. Da war zum Liegen kein Platz mehr in der Hütte. Die Funker fiepsten mit ihrem Kasten, das Telefon schrillte unentwegt, sie machten 1001 Leitungsprobe, kurz, die Segnungen der Zivilisation á la Kowel hatten uns wieder. So verging auch diese warme Nacht viel schneller als uns lieb war. Die sternenschimmernde Dunkelheit verblasste schnell und im Osten flammte klar das Licht des Morgens auf und kündigte uns einen neuen glühenden Sommertag an.
Vom Hellwerden an schickten uns die Russen alle paar Minuten eine Serie von etwa 15 mittleren und schweren Granaten herüber, erst wie gestern meistens in die Nähe der Straße, von der unser neuer Gefechtsstand gar nicht mehr so weit entfernt liegt, dann aber offensichtlich auch immer konzentrierter und präziser in unsere unmittelbare Umgebung. Mehr als einmal schielten wir verdammt sorgenvoll zur wenig vertrauenerweckenden Bretterdecke, die nur spärlich mit Erde

überschüttet war. Rings von den Wänden kullerten die Sandkrümel auf den Boden und wir selbst kauerten nicht gerade heldenmütig in den Ecken und warteten auf die nächsten Einschläge. Ob die Hunde unseren Funkapparat angepeilt hatten? Sie suchten doch zu offensichtlich gerade in unserer Nähe etwas. Die blöde Ballerei wurde immer ungemütlicher. Zwar hat der Russe seine Durchbruchsabsichten hier anscheinend aufgegeben oder wenigstens vertagt, aber dies konnte nun genau so gut ein neues Einschießen sein.
An Schlaf war bis jetzt auch am Tage nicht zu denken; die Müdigkeit, das tatenlose, unbequeme Sitzen und das ständige Horchen auf die leisen Abschussknalle in der Ferne haben uns noch nervöser und gereizter gemacht. Hilflos und isoliert hängt man hier zwischen den Wäldern auf dem Präsentierteller, die Baumschützen ständig im Genick. Ein paar Mal haben sie vorn versucht, die Baumkronen mit einem MG leer zu fegen, aber jedes Mal, wenn sie ihre Köpfe vorsichtige über die Deckung schoben, knallte es hart aus dem Wald heraus, und der Sand spritze ihnen in die Augen. So ist den Burschen leider nicht beizukommen. Sie sind es aber auch nicht wert, das Leben eines einzigen Landsers zu riskieren, und so lassen wir sie jetzt auf ihren Bäumen sitzen und bewegen uns entsprechend vorsichtig in den Gräben. Aber diese Zustände wirken doch deprimierend, vor allem deshalb, weil man kein Mittel zur Besserung in der Hand hat. Dazu der tagealte Dreck und Schweiß am Körper, die stinkende Unterwäsche, das Jucken und Scheuern des Sandes, die blutig gekratzten und eiternden Stiche der Aasfliegen – mein Gott, welch Paradies ist Kowel gewesen, welche Oase der Stille…
Hier haben wir bisher kaum eine Stunde ohne Feuerüberfälle erlebt und täglich hängt die Drohung eines neuen Großangriffs der Russen über uns. Da macht sich keiner was vor. Diese fanatischen Feuerschläge, das immer neue Fauchen der Stalinorgeln sind Vorzeichen schlimmerer Dinge, vielleicht noch nicht heute oder morgen, aber bald. Dass wir bei alledem noch nicht mehr Verluste haben, scheint uns wie ein Wunder.
Gegen zehn Uhr tat es plötzlich inmitten einer Salve einen fürchterlichen Schlag, Dreck prasselte zur Tür herein, man sah kaum noch etwas vor lauter blauem Qualm, man hörte nichts mehr – das war unsere Munition!! Wir rappelten uns benommen hoch, blinzelten vorsichtig aus der Bunkeröffnung; die Luft war wieder rein, die Munition weg! Stattdessen ein Graben, so glatt poliert wie Granit von der Eiszeit. Die schöne Munition.
Aber es kam noch schlimmer: Zehn Meter entfernt fanden wir die Kanister mit den Preiselbeeren hinter einem Grabenknick, zersiebt, ausgelaufen, eine traurige, tiefblaue Scheiße. Verdammt und zugenäht! Man soll das Zeug doch fressen, wie es kommt, und nichts aufheben, schworen wir uns erneut.
Einer, der sein Koppel mit allem Drum und Dran vor dem Bunker im Graben abgelegt hatte, brauchte nicht mehr zu suchen. Hoch in den kahlen Ästen eines massakrierten Baumes wedelte als letzter Rest seiner Habe höhnisch ein Fetzen Zeltbahn im Wind…
Am späten Vormittag schließlich wälzte sich unangemeldet ein Haufen schwer bepackter Landser bei uns durch den zweiten Graben Richtung Schwadron. Wir hörten mit Staunen, dass die Kameraden jetzt am hellen Tage einen Stoßtrupp machen sollten, um wenigstens in unserem zweiten Graben eine Verbindung zum rechten Nachbarn herzustellen. Rechts von der Schwadron in der Gegend der drei

Eichen, die wir von unseren Gräben aus sehen können, sitzt der Iwan immer noch quer vor unseren beiden Gräben.
Eine Stunde nach dem Durchzug der Kameraden blitzte es hinter den drei Eichen plötzlich gewaltig auf. Unsere schossen Vernichtungsfeuer auf engsten Raum. Fünf Minuten dauerte der Höllenzauber, dann hörte man durch das sofort einsetzende Granatwerferfeuer der Russen Hurrageschrei und das helle Krachen von Handgranaten. Wir knieten im Graben, um vielleicht doch etwas von dem Unternehmen mit zu beobachten, das sich keine 400 m von uns entfernt abspielte. Doch der Qualm war zu dicht, man konnte nichts erkennen. Höher hinaus konnten wir auch nicht wegen der Baumschützen.
Nach einer Viertelstunde wurde es ruhiger da vorn und kurz danach wussten wir von einem Verwundeten, dass die Sache verunglückt war. Gleich beim Überspringen eines zugeschütteten Grabenstückes, das die Grenze zwischen Freund und Feind bildete, hat es mehrere Verwundete gegeben; ein Teil des Stoßtrupps ist zwar noch in den feindlichen Graben vorgedrungen, dann aber auf eine Übermacht gestoßen und auf gut deutsch getürmt. Bei der Flucht über das fehlende Grabenstück hat es dann wieder welche erwischt. Nun soll derselbe Stoßtrupp es am Nachmittag noch einmal versuchen, um seine Ehre wiederzugewinnen…
Die armen Kerle. Nach und nach haben sie inzwischen die Verwundeten halb kriechend an uns vorübergeschleift, um sie kurz vor der Höhe 204 erst mal einigermaßen sicher im Graben betten zu können. Jetzt ist es seit einer Weile still. Auch die Ballerei um unseren Bunker herum hat seit dem Antreten des Stoßtrupps nachgelassen.
Nun hocken sie also drüben bei der Schwadron und sollen den gleichen Wahnsinn noch einmal exerzieren. Vor sich als erstes die tödliche Hürde im Graben. Das kann doch gar nicht gutgehen. Und dann sind wir dran.
18 Uhr. Röder ist tot. Er liegt im russischen Graben. Wir sind wie erschlagen.

<u>Bei Dolsk, Donnerstag, 13. Juli 1944</u>

15 Uhr. Erst Meyer weg, nun Röder gefallen. Unsagbar deprimiert hocken wir seit heute früh in den fremden Gräben der Schwadron; die hat noch ganze 15 Mann, 15 von 75, die einst nach Kowel marschierten. Leutnant G. ist heulend zusammengeklappt, einfach fertig, körperlich, nervlich, seelisch. Und dabei äußerlich ein Bulle von Kerl. Am schlimmsten aber ist die Sache mit Röder. Das ist wie ein Fall in die Tiefe, ein Verlassensein, wie ich es noch nie empfunden habe. Ausgerechnet er und in dieser Lage.
Nach dem ersten, verunglückten Unternehmen waren gestern in der größten Mittagshitze nochmals zwei Gruppen Verstärkung für den Stoßtrupp bei uns durchgeschleust worden, schwer bepackt mit Säcken voller Handgranaten. Dieser Betrieb in unseren Gräben konnte den Spähern auf den Bäumen ja gar nicht verborgen bleiben. Vielleicht ist auch nur deshalb schon der erste Versuch so schrecklich gescheitert. Wenn sich solche Trupps in Richtung auf den vorgeschobenen Keil der Russen bewegen, ist die Absicht ja wahrhaftig nicht schwer zu erraten. Auch die vordersten Posten der Iwans werden ihr Teil beobachtet und gehört haben. Eine solche Unruhe im feindlichen Graben riecht man ja geradezu. Umso

weniger verstanden wir, dass man gestern am hellen Tage gleich noch einmal von vorn anfangen wollte, obwohl doch der Russe nun bestimmt in höchster Alarmbereitschaft lauerte. Aber befehlen lässt sich etwas ja leicht. Und so etwa ist es dann geschehen, gestern beim zweiten Stoßtrupp:
Gegen 16 Uhr begann von Neuem das Trommeln der schweren Waffen, diesmal sogar mit Nebelwerfern und „Stukas zu Fuß", diesen fürchterlichen Dingern. Die Erde schüttelte sich unter der Wucht der gewaltigen Detonationen. Wir hockten wieder im Graben und hielten den armen Schweinen da vorn, die nun abermals zuerst das versperrte Grabenstück überspringen mussten, alle Daumen. Hoffentlich ging diesmal alles glatt, damit es endlich Ruhe gäbe.
Nach zehn Minuten sprang das Feuer etwas weiter nach links, also in die Tiefe der russischen Einbruchsstelle. In dem Moment mussten sie im zweiten Graben antreten. Wieder hörte man fernes Krachen von Handgranaten und Fetzen von Geschrei; wir versuchten herauszuhören, ob sie vorwärtskamen. Ja, sie kamen offenbar gut voran! Der Gefechtslärm wurde etwas leiser. Unerwartet erschienen dann plötzlich schon die ersten Verwundeten bei uns. Einige hatten noch vor Beginn der Aktion Splitter abgekriegt, zwei hatte es auf dem verdammten zugeworfenen Grabenstück erwischt. Aber sie wussten, dass der Stoßtrupp gut in Schwung gekommen war. Sicher lag es auch daran, dass Röder ihn führte, meinte der erste Verwundete. Das war uns nun ganz neu. Röder vorn beim Stoßtrupp? Ja, weil es beim ersten Mal solche Pleite war, wollte er diesmal dabei sein. Da konnten wir nur noch den Hut ziehen. Und wir zweifelten nun auch kaum noch am Erfolg des Unternehmens.
Bis sich dann nach einer längeren Pause wieder ein Trupp von leichter Verwundeten im Graben näherte, denen Entsetzen und Verzweiflung in die Gesichter gebrannt waren – es war alles umsonst gewesen! 150 m weit waren sie schon vorgestoßen, dann waren die Russen in Scharen aus etlichen Löchern und Trichtern hinter ihnen in den Graben gesprungen und hatten die Falle zugemacht. Mit den letzten Handgranaten und MPi-Magazinen hatten sie sich wohl noch den Rückweg freikämpfen können, aber vor der Sperre waren dann noch einige im Gedränge gefallen oder schwer verwundet im russischen Graben liegen geblieben. Jetzt hatten sie alle, soweit sie noch lebten, endgültig die Schnauze voll von diesem Wahnsinn.
Während sie sich bei uns noch ihre Verbitterung von der Seele redeten, erschien ein weiterer Verwundeter, bleich und erschöpft. „Die machen jetzt noch einen Stoßtrupp, um den Hauptmann zu holen", sagte er tonlos. – O Gott! „Was für einen Hauptmann? Röder?" – „Ja, der ist doch tot, liegt drüben beim Iwan im Graben", antwortete er nüchtern. „Den hat es auch noch vor dem zugeschütteten Grabenstück erwischt. Jetzt soll dem Iwan vor allem nicht sein Ritterkreuz in die Hände fallen." …
Ja, so erfuhren wir es gestern Abend. Röder tot und beim Russen im Graben. In mir brach etwas zusammen. Ich empfand es beinahe physisch. Die Knie wurden mir weich, als ob sich eine Falltür unter mir geöffnet hätte.
Röder tot. Was sollte nun werden? Wie sollte es in dieser trostlosen Situation ohne ihn weitergehen? Und wer würde nach ihm kommen?
Ich musste zu Erwin G., dem jetzigen Führer der Schwadron. Mich mit jemandem aussprechen. Die Wucht dieses Schlages ertrug ich einfach nicht allein in diesem

menschenleeren Graben, ich brauchte sofort jemanden, der mir Mut zusprach, der mir genauer sagen konnte, wie diese unfassbare Tragödie hatte geschehen können. Und Erwin saß ja rechts an der Grenze, er hatte alles aus nächster Nähe miterlebt, er musste es wissen.
Ich hastete tief gebückt durch den Graben, begegnete den Männern des Stoßtrupps, Verwundeten, erfuhr, dass man Röders Leiche mit dem dritten Stoßtrupp noch habe holen können. Dabei hätte es wieder Tote und Verwundete gegeben… O, dieser Wahnsinn, dieses Aasen mit Menschenleben!
Endlich Erwins Gefechtsstand, ein trostloses Loch. Dann er selbst, ein zusammengesunkener Klumpen in der hintersten Ecke.
„Erwin!“ – Keine Antwort.
„Der ist völlig fertig mit den Nerven“, flüsterte Motsch mir zu.
„Erwin, ich bin’s!“ – Langsam drehte er den Kopf, glotzte aus dem finsteren Winkel heraus durch mich hindurch, sah wieder weg.
„Mensch, Erwin, was ist los mit dir?“ – Keine Antwort. Er schluchzte.
Da sackten mir die Beine weg. Ich musste mich hinsetzten. War er nun verrückt? Oder sah ich schon Gespenster am hellen Tage? Das war doch nicht Erwin, dieser Bulle? Aber es gab keinen Zweifel, er war es, ein Wrack, eine ausgebrannte Hülle.
Was nun? Ich fragte die anderen im Bunker, zwei bekannte Gesichter und ein paar fremde. Sie alle waren am Ende ihrer Kräfte. Nur Motsch noch wach und aktiv. Die „al Fru Schmidt“ lag noch gestern Abend tot im Graben am Waldrand, Baumkrepierer. Er hatte es geahnt und noch lange mit Motsch darüber gesprochen. Kagerer hat einen kleinen Splitter im Kopf, aber wohl nicht so schlimm. Der kleine Niedrig tot, der damals Meyer in den Arm geschossen hatte. An die 20 sind wohl tot oder vermisst, 30 bis 40 verwundet, die meisten gleich zu Beginn beim Heraustreten aus dem Wald, damals, als sie die russische Einbruchsstelle beseitigen sollten. Es muss entsetzlich gewesen sein, eine brüllende Hölle aus Feuer und Stahl. Dabei waren sie zunächst noch ganz unbehelligt über eine weite Wiesenebene hinter dem Walde bei Sosnowka gekommen, hatten auch den Wald selbst feindfrei vorgefunden, aber dann, als die ersten am Waldrand sichtbar wurden, wo es noch keine Löcher und Gräben gab, schlugen die Russen mit allen Waffen zu. Motsch selbst hat auch wieder typische Dinger erlebt. Er war einmal halb verschüttet, einmal ging ein Volltreffer in ein Deckungsloch, das er Sekunden vorher instinktiv verlassen hatte, einmal geriet er bei Nacht irrtümlich in den Graben der Russen und fand doch wieder ein Loch zurück, hinten im Wald ist er, wie unser Melder auch, schon mehrfach von versteckten Russen beschossen worden – kurz, er lebt trotz allem noch. Unkraut vergeht nicht, das kann man von ihm schon sagen. Hätten wir nur mehr von solchem Unkraut!
Auch sonst erfuhr ich noch manche Einzelheiten. So haben zum Beispiel die Russen irgendwo oder wann in den letzten Tagen angegriffen, dann aber die Hände hochgehoben und Sekunden später mit Handgranaten weitergekämpft. Gefangene, wahre Bullen von Statur, haben nur herablassend gegrinst und so weiter und so weiter.
Jetzt warten sie alle nur noch auf das Ende. Eine Schwadron gibt es nicht mehr, nur noch Asche und ein paar Scherben. Gut, dass Meyer das Elend seiner Knechte nicht mit ansehen muss. Ja, wenn der jetzt hier wäre und das Bataillon über-

nähme! Das wäre noch ein Lichtblick in unserer Lage! Die Schwadron hat übrigens, was wir noch gar nicht wussten, auch an dem Stoßtruppunternehmen teilgenommen und dabei rund fünfzehn Tote, Vermisste und Verwundete gehabt, dazu noch zwei Tote und einen Verwundeten allein durch die Feuerüberfälle der Russen. Das war zuviel für Erwin, daher sein totaler Zusammenbruch.
Ich wollte wieder gehen, zurück in meinen Bunker, zu meiner Kompanie, die Gott sei Dank noch nicht so fürchterlich zusammengeschmolzen und deprimiert ist. Erwins Apathie wirkte einfach beängstigend. In diesem Moment kroch auch noch unser Kollege von der dritten Kompanie, die im Walde als Reserve liegt, in den Bunker, auch er voller Sorge und Unruhe über die Zukunft. Und dann schreckte uns plötzlich das Telefon hoch. Der Adju gab durch, Hauptmann Wißmann, der bisherige Kommandeur des Feldersatzbataillons, werde ab sofort unser Bataillon übernehmen. Ehe wir das ganz begriffen hatten, fuhr Erwin auf einmal empor: „Was? Der Kerl soll unser Bataillon kriegen? Das lehne ich ab!"
Uns verschlug es für Sekunden die Sprache. Wißmann unser Kommandeur?? „Wenn ich lache, lacht der Teufel!" Und ausgerechnet diesen Kerl als Kommandeur? Ausgerechnet in dieser trostlosen Situation und nach Röder? Hat man denn keinen besseren in der ganzen Division?
Erwin fing an zu krakeelen: „Ich werde den Hund totschlagen, wenn er mir nachts begegnen sollte, dieses verdammte Arschloch…"
Wir ließen ihn eine Weile toben, aber dann wurden wir uns rasch einig, dass wir Wißmann nur mit geschlossener Sturheit gegenübertreten dürfen, sonst haben wir bald verspielt. Ein neuer Kommandeur, dem keiner ohne Bangen entgegensieht, ein Kommisskopp von der ganz üblen Sorte. Zu aller Misere der Stellung noch Misstrauen und Furcht vor Intrigen, Zweifel an seinen Fähigkeiten als Führer, offene Verachtung der Männer, die genug von ihm wissen. Wie soll das gutgehen?? Warum musste Röder und so viele mit ihm fallen, so sinnlos, ohne den kleinsten Erfolg??
Am Abend, als es endlich dunkel geworden war und die Feuerüberfälle auf beiden Seiten einer ungewohnten Stille gewichen waren, kam „er" sogar an die Allee, wohin er uns Kompanieführer bestellt hatte. Erwin war schon abgelöst; ein Leutnant Fischer, ein schrecklich fickeriges Huhn, wurde uns als neuer Führer der Schwadron vorgestellt. Die Kameraden von der Schwadron werden sich freuen über dieses neue Stück in ihrer Sammlung.
Wißmann war die Liebenswürdigkeit selbst, aber den falschen Blick in seinem linken Auge konnte er nicht mal bei Nacht verbergen. Sicher ging ihm die Muffe 1:1.000. Seinen Gefechtsstand hat er hinten im Walde, nicht mehr wie Röder vorn im zweiten Graben. Ja, er schmeckte mir auf den ersten Blick. Er ist mein Typ.
Wegen der hohen Verluste der Schwadron kriegte ich als erstes Befehl, noch in der Nacht den rechten Abschnitt des Bataillons an der Einbruchsstelle der Russen zu übernehmen, das heißt, mit der Schwadron die Stellung zu tauschen, zugleich aber noch das rechte Drittel meiner bisherigen Stellung beizubehalten, damit die Schwadron etwas zusammenrücken kann.
Kaum war das Allernötigste gesagt, verschwand der hohe Herr eilig Richtung Wald. Kein Gang durch die Stellungen, kein persönlicher Einblick ins Vorgelände, nur: „Sehr viel Arbeit im Gefechtsstand, Sie werden verstehen, meine Herren!" O ja, wir verstanden.

Die ganze Nacht hindurch verschoben wir dann mühsam Gruppe um Gruppe. Man konnte ja nicht einfach einen Zug herauslösen, zur Schwadron marschieren lassen und warten, bis deren Häufchen das Loch wieder füllte. Nein, jedes Löchlein musste erst durch eine Reservegruppe abgesichert werden, die so lange stehen blieb, bis die Austauschgruppe der Schwadron sich hingefunden hatte. Bei den Entfernungen von 600 m dauerte das manchmal eine volle Stunde, und in den fremden Gräben schurrten und klapperten sie dahin wie die ersten Menschen, fragten und fluchten. Mehr als einmal musste ich saugrob werden, aber der Iwan war wohl nicht auf Draht, sonst hätte er sicher mit Wolllust dazwischengehauen. Dem zappeligen Gefitze des neuen Kollegen zum Trotz war im Morgengrauen endlich alles am richtigen Ort, war vor allem auch die Verpflegung noch ausgeteilt worden, die seit 10 Uhr abends am alten Gefechtsstand gelagert hatte.

Todmüde schleppte ich mich schließlich in Erwins Bunker, der auch im zweiten Graben liegt, aber noch viel erbärmlicher ist als mein bisheriger. Ich versuchte zu pennen, aber da fingen die Hunde wieder mit ihren unberechenbaren, bösen Feuerüberfällen an, und aus war es mit dem Schlaf. Sie wollen uns fertigmachen, und sie schaffen es auch noch. Es fehlt nicht mehr viel.

Da ich nun doch wieder wach war, brach ich bald auf, um mir die neue Stellung bei Tageslicht anzusehen. Der Zugangsgraben in meinem bisherigen Abschnitt ist 300 m von meinem neuen Gefechtsstand entfernt. So weit muss ich also im zweiten Graben erst mal laufen, wenn ich nach vorn in den linken Teil meines Abschnitts gelangen will. Im Ernstfall komme ich also viel zu spät dorthin.

Der vorderste Graben ist hier noch elender und flacher als weiter links, sodass ich mich erbärmlich krumm, ja streckenweise fast krabbelnd vorwärtsbewegen musste, um keine verplättet zu kriegen. Die Männer schnarchten in kleinen Nischen, die unsere Vorgänger in die Grabenwände gekratzt hatten, und fanden darin wenigstens etwas Schutz vor der sengenden Hitze, die auch dieser Tag wieder grausam verstrahlt. Der letzte, rechte Teil des ersten Grabens ist sogar durch eine Rolle Stacheldraht gesichert, den sicherlich die Pioniere in einer der letzten Nächte ausgelegt haben, weil hier der Russenwald dem Graben am nächsten ist. In Abständen von 200 m und mehr stieß ich auf die Tagesposten, die schläfrig das Vorgelände beobachteten. Sonst schien der Graben gespenstisch leer in der Sonnenglut zu braten. Wie ein makabrer Wegweiser thronte an meiner Grabenecke vorn auf der Deckung ein deutscher Schnürschuh, aus dem mit messerscharfen Spitzen ein Knochen mit versengtem Fleisch zum Himmel stank, aber so etwas geht einem schon nicht mehr unter die Haut. Der frühere Zugangsgraben ist von dort aus bis zum zweiten Graben der vorderste Kampfgraben geworden. Nicht weit von der Knickstelle steht die weithin sichtbare Gruppe von drei Eichen vor dem Graben. Allgemein fällt von da aus das Gelände leicht nach Süden in Richtung auf Dolsk ab. Vorsichtig schob ich mich an der Grabenwand hoch, um mit dem Glas die Gegend etwas genauer zu inspizieren. Ein kleiner Erdaufwurf bot etwas Sichtschutz nach links hin, zum Wald mit den Scharfschützen. Das war die Hauptsache. Und dann sah ich vor mir das dampfende Neuland – eine weite sumpfige Niederung, ein schauerliches Gewirr von Häusertrümmern, Gräben und Trichtern, alles noch so seltsam verzerrt, weil das Fernglas ja in Bodenhöhe... und da knallte es auch schon, Sand spritzte mir ins Gesicht. Dieser Himmelhund! Beim Schwenken des Glases waren plötzlich am rechten Rand ein Kopf und ein aufblitzendes Wölkchen ins Bild gerutscht, instinktiv hatte ich mich blitzartig geduckt und im selben Moment durchschlug das Geschoss den Erdaufwurf vor dem Graben, genau dort, wo eben noch meine rechte Schulter gewesen war. Nach so viel Schwein am frühen Morgen holte ich nun doch erst mal tief Luft und schob dann meine Mütze langsam mit einem Stöckchen über die Deckung, um den Kerl wenigstens noch nachträglich zu ärgern. Aber der Bursche ließ sich leider nicht veräppeln. Wahrscheinlich hatte er ein Zielfernrohr und durchschaute den Schwindel.

Nach diesem Schrecken an der Ecke bewegte ich mich mit erhöhter Vorsicht durch den querlaufenden Riegelgraben, das hässlichste Stück der ganzen Stellung. Hässlich vor allem deswegen, weil die Schießer auf den Bäumen von schräg oben genau in Richtung des Grabens sehen können. Man muss also sehr darauf achten, dass man immer eine schützende Grabenwand zwischen sich und dem Waldrand hat. Wo das nicht der Fall ist, macht man im eigenen Interesse einen möglichst flotten Sprung.

Auch in dieser Ecke bei den drei Eichen konnte ich nichts anderes als ein widerliches Gefilze von Ruinen, Schutthaufen, Grabenstücken und Granatlöchern entdecken, aber nirgends eine Spur von Russen. Wo stecken die?? 200 m entfernt? Oder 15 m? Dort ist jedenfalls bei Tag und Nacht allerhöchste Vorsicht geboten. In Sekunden kann dort jederzeit eine böse Situation entstehen, wenn man nicht aufpasst. Ich vergatterte in diesem Sinne die Posten und Gruppenführer schwer und war von den Eindrücken dieses Rundganges nicht gerade erleichtert, als ich endlich wieder in den Gefechtsstand kroch.

Hier haust mit uns und den Strippenziehern und Funkern auch noch ein VB der Ari, ein typischer Sachse reinsten Geblüts, mit zwei Hilfsknechten, die sich am Telefon und Funkgerät gegenseitig verrückt machen und uns mit. Durch das Scherenfernrohr, das in der Nähe des Bunkers gut getarnt zwischen Erdhaufen aufgebaut ist, kann man zwar an dem Wald vorbei weit ins russische Hinterland sehen, solange es hell ist, aber wie dicht uns die Iwans an der Einbruchsstelle auf dem Pelz sitzen, lässt sich leider nicht erkennen.

Ich versuche nun doch noch etwas Schlaf nachzuholen, aber das dauernde Getöse der Abschüsse und Einschläge mal nah, mal weiter weg, und dazwischen das entnervende Jaulen der Stalinorgeln, frisst einem langsam aber sicher die Moral. Es gibt auch keinen Platz zum Liegen; man kann nur auf harten, roh abgestochenen Sandknubben hocken, die man beim Ausschachten des Loches einfach als Sitzbänke stehen gelassen hat. Die Bude hat keinen Fußboden, sondern nur dreckigen Sand voller Kippen, und die Höhe reicht gerade zum gebückten Sitzen aus. Von oben aber knallt die Sonne auf die Bretter, es rummelt und dröhnt ringsum, die Erde zittert fast ununterbrochen wie ein Pudding, man rutscht von einer Backe auf die andere, man zählt die Minuten und wartet am Tage auf die Kühle der Nacht und im Dunkeln auf das Licht des Tages. Man sieht, wie alles zerrinnt, der Sand, die Zeit, die eigene Jugend, man ekelt sich vor sich selbst und den anderen in all dem Dreck und Schweiß. Der Gestank aus den Kackecken und die Dünste der Verwesung ziehen träge durch die Gräben. Fliegenschwärme fahren hoch, wenn man den Leichen in der Nähe der Gräben zu nahe kommt.

Und überall an den Fronten geht es zurück. Ostpreußen ist in Gefahr. Ostpreußen!! Deutschland! Und doch ist jedes dritte Wort im Radio: Der Endsieg. Was

soll man noch glauben, was soll man den Männern antworten, wenn sie fragen? Zum Glück fragt schon lange keiner mehr. Zwei Ziele hat jeder, und für die erträgt er alles: Nicht hier verrecken und nicht dem Iwan in die Hände fallen. Zwei negative, zwei passive Ziele. So hoffen und warten sie alle auf den Heimatschuss und koste er ein Bein, eine Hand oder ein Auge. So hoffen sie auf Urlaub, um dort krank oder für die Westfront kassiert zu werden. Dort ist die Gefangenschaft kein Problem, im Gegenteil, das Ende aller Qual. Aber wer hier nicht wegkommt, hat keine Wahl. Er wehrt sich mit aller Kraft und Wachheit gegen Tod und Gefangenschaft. Nur deshalb stehen wir noch hier, ertragen Hitze und Durst, Stoßtruppunternehmen und schlaflose Nächte, Feuerüberfälle und nun auch noch einen Wißmann.
Röders Tod hat wohl allen einen Schock versetzt. Immer wieder kreisen die Gespräche um die wahnsinnigen Unternehmen, die so viel Blut gekostet und nichts eingebracht haben. Wenn nicht einmal Röder es geschafft hat, dann war etwas faul an der Sache, an der Erkundung, an der Vorbereitung, an der Führung und am Einsatz der Kräfte. Jeder Misserfolg legt bei unserer derzeitigen Verfassung den Keim für einen neuen, denn wer einmal die Süße einer erfolgreichen Flucht genossen hat, wird es wieder versuchen.
Aber was nützen solche Sorgen und Grübeleien? Man macht sich noch schlapper und zweifelnder als man schon ist und darf sich nicht einmal etwas anmerken lassen. Quälend langsam verschmoren so die Stunden des Tages. Und man ist so müde und kaputt, die Hitze lähmt alles und Röder ist tot, dieser ernste, tapfere Mann.

Bei Dolsk, Freitag, 14. Juli 1944

Als es gestern Abend doch endlich dunkel und kühler geworden war und wir mit zermarterten Knochen frei vor unsere Folterkammer treten konnten, wälzte sich abermals eine lange Schlange von Landsern durch den zweiten Graben heran. Es war ein neuer Stoßtrupp, der zum ersten Mal und nun bei Dunkelheit und ohne Feuervorbereitung im Handstreich versuchen sollte, den russischen ersten Graben, also die unterbrochene Verlängerung unseres zweiten Grabens, aufzurollen und bis zum rechten Nachbarn durchzustoßen. Im Gespräch mit dem Führer des Stoßtrupps erfuhr ich so nebenbei, dass unsere Kompanie hinter dem Stoßtrupp herziehen und den eroberten Graben besetzen sollte! Das war nun der Gipfel. Die wollten losziehen und wir ahnten nichts Böses! Eine typische schöne Sauerei.
In aller Eile und mit neu entflammter Angst im Nacken ließ ich ein bis zwei Mann von jeder Gruppe heranholen, insgesamt waren wir schließlich ein gutes Dutzend mit viel zu wenig Handgranaten – da huschten schon die ersten vom Stoßtrupp fast lautlos über die Sandbarriere im Graben, einer nach dem anderen folgte, kein Schuss keine Leuchtkugel, auf einmal waren wir schon dran – los, rüber! Nichts, gespenstische, unheimliche Stille, der Graben vor uns frei, wir hatten Mühe, dem Stoßtrupp zu folgen, entsetzlich scheppernd und klirrend hasteten wir hinter den anderen her, 100 m, 200 m – da plötzlich stockten sie vor uns, ich verteilte unsere Leute schleunigst wieder nach rückwärts, damit uns die Russen nicht womöglich wieder dazwischensprangen wie neulich bei der Schwadron,

dann kam plötzlich die Meldung durch, die Verbindung sei hergestellt, der Graben feindfrei. Wenig später drängelte sich der Führer der Nachbarkompanie zu uns durch, die nun im Anschluss an uns den Graben besetzen sollte, der Stoßtrupp verkrümelte sich in Windeseile nach hinten, es wurde auf einmal wieder erschreckend leer und still.
Der Kollege vom neuen Nachbarhaufen hatte Befehl, den Graben bis zu einer größeren Ruine zu besetzen, also blieb uns der Rest, gut 200 m. Nun war auch mein Abschnitt wieder weit überdehnt; ich musste dort sofort ein paar Mann mehr hinstellen, weil ja jeden Augenblick eine neue Schweinerei der Russen ausbrechen konnte. Die kampflose Räumung des Grabens war zu unheimlich, zu verdächtig und widersprach aller Erfahrung. Und dann musste das zugeschüttete Grabenstück freigeschaufelt werden, mit allerhöchster Dringlichkeit. Es hat bei Gott schon genug Blut gefordert.
Im Bunker fand ich den Befehl vor, dem Stoßtrupp zu folgen und 200 m Graben zu besetzen. Schönen Dank, Herr Hauptmann, leider etwas zu spät. Befehl längst ausgeführt. So etwas hätte es bei Röder nicht gegeben. Der wäre bei uns vorn gewesen wie immer, wenn es brenzlig war. Aber die Zeiten sind nun wohl vorüber.
Der Russe blieb ungewohnt still in der Nacht. Hin und wieder stiegen wohl seine grünlichen Leuchtkugeln zitternd am Waldrand und hinter den drei Eichen hoch, aber immer weit weg vom zweiten Graben, der nun in diesem Teil unser erster geworden ist. Trotz der Stille trieb es mich wieder die ganze Nacht hindurch durch die Stellungen, ich witterte Unheil, obwohl kein Posten besondere Vorkommnisse zu melden hatte. Der Russe war so ungewohnt friedlich, irgendetwas stimmte da nicht, davon ließ ich mich nicht abbringen. Ich lief weiter durch die Stellung, horchte selbst, beobachtete, fragte die Posten – nichts. Alles normal, Herr Leutnant.
Sah ich schon Gespenster? Fängt es so an mit den Nerven?
Die Nacht ging tatsächlich so still vorüber wie sie begonnen hatte. Es ist beruhigend, dass wir nun wenigstens im zweiten Graben eine durchgehende Verbindung nach rechts haben, dass im Ernstfall auch von dort Verstärkung kommen kann.
Unsere Toten von den früheren Stoßtrupps lagen nicht mehr im Graben. Wegen des Gestanks haben die Iwans die Leichen wahrscheinlich gleich in eine Kellerruine oder in einen der zahllosen Granattrichter geschleift und dort mit Erde zugeschüttet. Von denen werden wir also nichts mehr wiederfinden.
Auf Wunsch von Wißmann sollte ich heute Nacht meinen Gefechtsstand aus dem zweiten Graben weiter nach vorn verlegen, obwohl ich von dem quer verlaufenden Kampfgraben an den drei Eichen und von der Stelle, an der Röder gefallen ist, nur 50 m entfernt hause. Es kamen aber keine Strippenzieher, die mir das Telefon umgelegt hätten, und so blieb ich, wo ich war. Ich hätte das Telefon sowieso irgendwo in den Sand des Grabens stellen müssen, denn vorn gibt es keinen so kümmerlichen Bunker.
Iwan ärgerte uns auch heute weiter mit seinen klotzigen Feuerüberfällen. Nach wie vor befunkt er mit Vorliebe die Straße und den Wald, in dem Wißmann residiert. Der VB der Ari wurde in der Morgendämmerung von einem jungen Leutnant von Hauenschild abgelöst, einem offenbar begabten Geiger, der als Künstler schon die halbe Welt gesehen und in Afrika und Cassino gekämpft hat. Wir ver-

standen uns auf Anhieb prächtig und trösteten uns gegenseitig über unsere unsagbar traurige Lage.
Meine Nerven haben sich wieder etwas beruhigt, nicht zuletzt durch die wohltuenden Gespräche mit von Hauenschild. Er zauberte durch seine Reiseschilderungen eine schönere Welt in unser erbärmliches Dreckloch, er schwärmte so intensiv von seiner Musik und seinen Zukunftsplänen, dass auch wir hin und wieder für ein paar Sekunden die ganze Scheiße hier vergaßen. Wenn der Krieg zu Ende ist, dann will ich… Ja, schön wär's, wenn…

Bei Dolsk, Sonnabend, 15. Juli 1944

11 Uhr. Der Iwan hat sich anscheinend mit der neuen Situation abgefunden. Die Nacht ist jedenfalls ruhig vergangen. Aber auch heute feuert die Sonne wieder erbarmungslos in die Gräben und alles Leben scheint erstorben zu sein. Nur die Vögel fliegen ungeniert von Ost nach West und umgekehrt. Wir sind längst ausgetrocknet und schwarzbraun gebrannt, die meisten lassen seit Tagen den Bart wachsen, wohin er will, denn jeder Tropfen Wasser oder Tee wird zum Trinken gebraucht.
Die Russen klotzen zwar weiter, aber das fällt uns nur noch auf, wenn es mal eine Weile nicht kracht und scheppert. Wir haben zwar durch die Feuerüberfälle noch keine Verluste gehabt, aber die immer neuen Detonationen lassen uns bei Tage nicht eine Stunde zur Ruhe kommen. Immer wieder fährt man erschreckt hoch und wälzt sich ruhelos im heißen Sand. Der Tag nimmt kein Ende, die Sonne dörrt uns aus, Ungeziefer und klebrige Fliegen peinigen uns manchmal bis zur Raserei. Aber nirgends ist Hoffnung auf bessere Zustände, im Gegenteil, man wartet jede Stunde auf einen neuen Ausbruch des russischen Vulkans. Das bedrückt uns am meisten.
Wißmann hat sich bisher noch nicht bei uns vorn in den Gräben blicken lassen. Typisch.
Motsch ist gestern hinter unserem Abschnitt an der Allee von einem versprengten Russen angeschossen worden. Jetzt sind sie bei der Schwadron nur noch elf Mann…

Bei Dolsk, Sonntag, 16. Juli 1944

Jetzt entfesseln die eigenen Leute auch noch einen Nervenkrieg ganz sadistischer Art. Gestern am frühen Nachmittag schrillte plötzlich das Telefon: Wir Kompanieführer sofort zum Bataillonsgefechtsstand. Näheres dort. Ich war platt. So eilig? Am hellen Tage? Und wie sollten wir in den Wald kommen? Häschen hüpf über die freien Wiesen bis zum Zugangsgraben hinter der Allee? Es war tatsächlich die einzige Möglichkeit, denn zu einem Graben bis dorthin hat es wegen der extrem dünnen Besetzung einfach noch nicht gereicht. So raste ich in der schlimmsten Mittagshitze im Schweinsgalopp zunächst auf die Straße zu, schlug wie ein gelernter Hase wilde Haken und erreichte auch wirklich den jenseitigen Straßengraben ohne beschossen zu werden. Die Iwans hielten offenbar ihren

Mittagsschlaf.
Da ich dort den Zugangsgraben nirgends erkennen konnte, robbte ich erst mal 20 m weiter nach Süden, um beim Hochspringen nicht an derselben Stelle wieder sichtbar zu werden. Ich dachte an Motsch, den es ja an der Allee erwischt hatte, sah aber keinen verdächtigen Iwan in der Nähe und beneidete beim Verschnaufen den alten Motsch, der es nun also geschafft hat. Heimatschuss bester Sorte. Und wie ich ihn kenne, wird er alles tun, um nur nicht wieder im Osten zu landen.
Und dann sprintete ich noch einmal in wilden Sprüngen los, fand zwischendurch Deckung an einem kleinen Bach und landete schließlich heil im Schatten der zerfetzten Bäume, stelzte über tausend abgebrochene Äste und entdeckte schließlich auch Wißmanns Erdbunker inmitten dichten Gebüsches.
Wenig später waren wir vier Kompanieführer versammelt und dann eröffnete uns der Meister in seiner mürrischen Art, es werde wieder gebüffelt, das heißt, wir gingen planmäßig in mehreren Etappen über den Bug zurück. Schon in der Nacht werde 15 km weit marschiert. Bei Einbruch der Dunkelheit sollten die Fahrzeuge alle nicht unbedingt notwendigen Sachen einschließlich Munition abholen. Der Abmarschbefehl selbst werde noch erteilt.
Dann wurden die Einzelheiten besprochen, der Marschwerg, die Reihenfolge der Kompanien, Nachhutstellungen und so weiter. Wir jubelten innerlich. Endlich raus aus dieser trostlosen Stellung!
Im Anschluss an diese historische Besprechung begaben wir uns an den Nordrand des Waldes, um uns an Ort und Stelle den ersten Teil des Weges bis Sosnowka anzusehen. Es führt dort ein gut erkennbarer Grasweg am Waldrand entlang. Erst auf der brettebenen Wiesenfläche zwischen dem Walde und Sosnowka verliert sich die Spur im hohen Gras und zwischen zahlreichen Entwässerungsgräben.
Nach der Ortsbesichtigung waren wir unvermutet entlassen. Er hatte uns weder einen Schnaps angeboten noch lud er uns nun nach dem dienstlichen Teil zu einem ersten zwanglosen Beisammensein ein. Da es aber noch hell war und wir keine Lust hatten, noch einmal wie die Karnickel über die freien Flächen zu wetzen, erkoren wir uns den Doktor als Gastgeber und luden uns strahlender Laune bei ihm ein. Es wurde ein prächtiger Nachmittag, obwohl wir einmal herrlich den Segen einer Stalinorgel aufs Haupt kriegten. Aber der Bunker war massiv gebaut, ganz anders als unsere Bretterbuden vorn, und daher schädigten wir den Doktor unbekümmert nach bestem Wissen und Gewissen. Kinder, die vermaledeite Stellung wird geräumt!! Wie schön, dass wir fröhlich beim Doktor sitzen konnten und nicht gezwungen waren, uns Wißmanns Geseiche anzuhören!
Als es schließlich viel zu früh dunkel wurde, sockten wir dank- und schnapserfüllt heimwärts in unsere traurigen Verliese. Dort schlug die Nachricht vom Abmarsch natürlich wie eine Bombe ein. Mit selten erlebtem Eifer wurde im Schutze der Dunkelheit alles überflüssige Zeug an einen bestimmten Punkt der Allee geschafft, pünktlich gegen 10 Uhr rollten gleichzeitig mit den Verpflegungsfahrzeugen die für den Abtransport bestellten Wagen heran und ruckzuck war der Krempel mit hundertmal geübten Handgriffen verstaut. Jeder hatte von da an nur noch ein Minimum an Munition und Handgranaten bei sich. In den letzten beiden Stunden durfte der Iwan eben keine Schweinerei mehr unternehmen, das war Ehrensache.
Essen, Papierkrieg, der übliche Betrieb. Das Telefon wurde abgebaut, der VB

verabschiedete sich. Heute Nacht wird marschiert und morgen sind wir Reserve! Wie das die Gesichter belebte! Schlimmer als hier kann es ja nirgends mehr werden…

Der Bunker stand leer, nur eine Kerze flackerte noch für alle Fälle. Wir warteten draußen in der erfrischenden Nachtluft auf den Melder, der nun bald kommen musste. Iwan war friedlich, hatte anscheinend den ganzen Betrieb auf der Straße nicht mitgekriegt und ahnte offensichtlich noch nichts von seinem Glück.

Gegen Mitternacht wurden wir unruhig. Es wurde doch höchste Zeit, wenn wir in der Nacht noch 15 km marschieren sollten. Und dann endlich steuerte von der Straße her eine dunkle Gestalt auf uns zu – das musste er sein. Wir hatten schon hässlich gefroren und krochen nun schnell in den Bunker zum Licht.

„Schöne Scheiße!“, sagte er und reichte mir den Wisch: Die Absetzbewegung ist verschoben. Die Stellungen sind auf unbestimmte Zeit um jeden Preis weiter zu halten! Munition und alle abtransportierten Sachen, Waffen und so weiter werden am Abend wieder nach vorn gebracht.

„Ja, mein Gott, wie ist denn das möglich?“ – „Keine Ahnung, Herr Leutnant, der Befehl kam so durch.“

Also hier bleiben, ohne Handgranaten und Munition. Das war doch fast ein Verbrechen, ein Vabanquespiel unglaublicher Art! Aber es war ein Befehl. Da stand es.

Ich schickte mein Melder zu den Zügen los und blieb im Bunker hocken. Wie ist so etwas möglich? Da stimmt doch ganz oben etwas nicht! Der trostlose Zusammenbruch im Mittelabschnitt, jetzt ein solches Hüh und Hott im Kleinen bei uns – da sind doch Sachen faul! Aber was wissen wir schon, was können wir schon wissen? Wir hören und lesen immer nur Endsieg, Endsieg, Endsieg…

Gegen 2 Uhr in der Nacht bauten die Telefonmänner ihre Apparate wieder auf. Wenig später hörte man deutlich Motorengeräusche beim Iwan, irgendwo weit weg im Hinterland. Schwere Motoren, keine Lastwagen. Etwa Panzer???

Als es hell wurde, ohne dass die Russen aktiv geworden waren, fiel mir allmählich ein Stein vom Herzen. Zum Frühstück erschien von Hauenschild wieder, die Feuerüberfälle in den Wald setzten wieder ein und zu unserer Freude ging alle Nase lang die Strippe kaputt. Ich kroch bisher nur ein einziges Mal durch die Gräben. Es gab nichts zu bemeckern, die Posten hatten auch nichts Besonderes beobachtet – was sollte ich also da vorn? So lungern wir abermals den ganzen Tag missmutig in unserem Verschlag und warten auf neue Überraschungen. Die Stimmung ist auch danach.

Bei Dolsk, Montag, 17. Juli 1944

Gestern Abend brachten die Gefechtsfahrzeuge tatsächlich den ganzen Schamott zurück. Nach neuesten Parolen soll nun heute Nacht ganz bestimmt gebüffelt werden. Wir hoffen das sehr, denn in den letzten Nachtstunden waren die Russen wieder mit schweren Motoren im Hinterland unterwegs, aber bei uns vorn am Wald oder an der Einbruchsstelle konnten wir nichts Verdächtiges bemerken. Vielleicht holte der Iwan nur seine Artillerie mit Raupenschleppern ab.

Wieder ist ein greller Tag heraufgezogen, sengend streicht der Wind durch die

Gräben. Im Bunker kriegt man kaum noch Luft.
Iwan schmettert und trommelt wie alle Tage, aber von Hauenschild kriegt keinen Schuss frei. Mehrmals beobachtete er kleine Gruppen im Hinterland, die sich offenbar die Gegend zu uns herüber ansehen, aber selbst wenn er aus fünf Russen fünfhundert machte und nach hinten meldete, hieß es stur: Weiter beobachten! Wahrscheinlich hat auch die Ari ihre ganze Munition schon nach hinten in Sicherheit gebracht und sitzt nun im Hemd da. Paradiesische Zustände, fürwahr.
Vom späten Vormittag an hörte man immer häufiger und lauter das Dröhnen schwerer Motoren. Die fuhren offenbar schon ungeniert in ihrem Wald spazieren! Und es waren ohne Zweifel Panzer. Hauenschild hatte Staubwolken hinter einer flachen Höhe im russischen Hinterland entdeckt und wollte einen Feuerüberfall inszenieren, aber nix da. Weiter beobachten! Er glaubte neue Feuerstellungen des Iwans ausgemacht zu haben – nix da, kein Schuss. Allmählich geriet er in Wut. Es ist heute ganz entschieden mehr Betrieb hinter den russischen Linien als je zuvor, seit wir hier sind. Aber Hauenschild konnte melden, was er wollte – weiter beobachten.
Es gibt jetzt für mich keinen Zweifel mehr: Vor uns zieht sich etwas ganz Dickes zusammen. Vor allem die Motorengeräusche verheißen nichts Gutes, denn sie röhren erst leise in größerer Entfernung, nähern sich dann langsam und ersterben irgendwo. Kaum einmal hatte man den Eindruck: Da fährt einer weg. Im Gegenteil, sie fahren auf, selbst am hellen Tage. Weil aber der Wald vor unserer Nase die Sicht für uns weithin versperrt, können wir vieles nur vermuten. Die Beobachter auf den Höhen 204 und hinüber nach Maciejow sehen aber sicher mehr als Hauenschild und wir von unserer Senke aus.
17 Uhr. Vor einer Stunde schlugen sie uns einen ganz schweren Brummer in den Wald. Das war Kaliber 17,2 oder mehr, ein unheimliches Ding, und seitdem kamen ganz vereinzelt noch ein paar von der Sorte hinterher. Die Hunde schießen sich ein!
Marschieren wir nun heute Nacht oder nicht? Die Ungewissheit ist schrecklich, ich spüre, dass ich innerlich ganz kribbelig bin. Wir müssen hier raus, ehe sie angreifen. Die Division muss doch wissen, was sich da vor uns tut.
20 Uhr. Gott sei Dank, wir marschieren. Heute Nacht noch. Sowie es dunkel ist, kommen wieder die Fahrzeuge. Gott sei Dank.

Tarnow, Freitag, 21. Juli 1944

Eigentlich kann ich mich noch gar nicht wieder konzentrieren, ich will im Moment von diesen letzten Tagen nichts mehr wissen, und manches weiß ich auch nicht. Ich wollte, es wäre alles ein Traum gewesen, aber ich fürchte, ich werde noch oft von diesen Dingen träumen müssen, die mich so aufgewühlt haben.
Ja, wie war es damals noch bei Dolsk?
In der Nacht zum 18. sollte endgültig gebüffelt werden, nach Einbruch der Dunkelheit sollten die Fahrzeuge wieder kommen und alles abholen, was wir nicht selbst tragen konnten. Zum ersten Mal in dieser mörderischen Hitzeperiode bezog sich am Abend der Himmel und als es finster geworden war, wiederholte sich das schöne Spiel des Abtransportes, ohne dass Iwan uns störte. Gegen halb elf stan-

den wir abermals blank im Graben, nur das Nötigste an Munition am Leibe, und warteten auf das Stichwort, das uns erlösen sollte.
Im Walde vor uns und seitlich davon röhrten wieder die Schlepper oder Panzer im russischen Hinterland in der Nacht. Es wurde verdammt Zeit zum Abhauen. Worauf warteten die da oben noch? Wißmann war auch in den letzten Tagen und Nächten nicht mehr bei uns vorn erschienen. Das war schon Skandal genug, aber dass wir auch sonst so völlig im Ungewissen gelassen wurden, von aller Welt in unseren leeren Gräben so abgeschnitten blieben, war noch schlimmer. Es ging auf 11 Uhr, die Nacht war erfüllt von einer gespenstischen Unruhe, die wir nur dunkel ahnten. Noch stiegen und fielen friedlich die Leuchtkugeln, aber aus dem russischen Hinterland schob sich etwas ungeheuer Drohendes heran, das man nicht fassen konnte. Waren es wirklich Panzer, die da rumorten?
Kurz nach 11 Uhr wurden wir jäh aus allen Spekulationen gerissen: Ein Brausen und Brummen schwoll von Osten heran und Sekunden später hörten wir deutlich Flugzeuge über den Wolken, zig Stück mussten es sein, die über uns hinwegdröhnten. Gleich darauf leuchteten die Wolken links hinter uns von oben her auf, und dann senkte sich ein wunderschöner Christbaum herab, wurde heller und greller, Wälder und Höhen, Gräben und Trichter erstrahlten in blendendem Licht, es begann zu pfeifen und zu rauschen und zugleich blitzte es orangerot in der Ferne auf, 10, 20, 50 mal. Die Hunde bombardierten Maciejow! Und während wir noch sprachlos dies nie gesehene Schauspiel anstarrten, flammten auch die Wolken weit hinter unserem Wald auf; das galt wohl Luboml oder der Eisenbahn. Noch lange wogte das Echo der dumpfen Detonationen zwischen den Wäldern hin und her und in weiter Ferne hörten wir noch das Brummen der abfliegenden Bomber.
Nun war ja wohl alles klar. Als schließlich nur noch der lautlose Widerschein der brennenden Dörfer in den Wolken zu erkennen war, als zum sofortigen Abmarsch alles bereit stand, als jeder längst wusste, dass endgültig unsere letzte Stunde in dieser elenden Stellung geschlagen hatte, als neue Wellen von Flugzeugen tief über uns hinwegdonnerten und neue Brände im Hinterland entfachten, als es nicht den geringsten Zweifel mehr geben konnte, was uns bevorstand, kam endlich der Melder vom Bataillon.
„Wir bleiben diese Nacht noch hier bis morgen Abend, Herr Leutnant!“, rief er uns schon aus einiger Entfernung zu.
„Was ist los??“, schrie ich ihn fassungslos an.
„Ja, wir bleiben diese Nacht noch hier, hier ist der Befehl.“
Und da stand es schwarz auf weiß: Die Absetzbewegung wird nochmals um 24 Stunden verschoben. Alle Befehle hierzu behalten ihre Gültigkeit. Der genaue Zeitpunkt wird noch rechtzeitig bekannt gegeben. Die derzeitige Stellung ist unter allen Umständen bis zum Eintreffen neuer Befehle zu halten…
Absolute Stille.
Nein, das konnte nicht der letzte Befehl sein! Dieser Befehl war überholt, ein neuer musste längst unterwegs sein!
„Diesen Befehl kann ich nicht weitergeben“, sagte ich, „die schlagen mich glatt tot!“
So verbrecherisch kann doch keine Führung sein, dass sie der Ari und uns die Munition wegholt und dann im Angesicht des russischen Großangriffs befiehlt,

die Stellung unter allen Umständen zu halten! Das war doch auch nicht auf Wißmanns Mist gewachsen, das kam doch von oben! Und oben musste man doch noch viel genauer wissen, was die Stunde geschlagen hatte. Nein, hier konnte nur ein verhängnisvoller Irrtum vorliegen. Es musste längst einer wissen, längst ein Gegenbefehl unterwegs sein, der diesen Wahnsinnswisch für ungültig erklärt und noch für die Nacht den Abmarsch befiehlt, wenn nicht um 12 Uhr, dann um 1 oder 2 Uhr.

Ich behielt die Sache noch für mich. Warum sollte ich die Männer verrückt machen? Sie brauchen ihre Nerven. Gut, dass das Telefon noch da war. Man hatte es nicht schon am Abend abmontiert wie zwei Tage zuvor, sondern wollte den Draht opfern, um bis zuletzt Verbindung nach vorn zu behalten.

Den anderen gegenüber hatte ich versucht, mein Erschrecken über den Befehl zu verbergen, aber nun fühlte ich, wie diese lähmende Angst in mir wuchs. Wenn dies nun doch der letzte Befehl war, wenn aus irgendwelchen Gründen das Absetzen einfach noch nicht möglich war, wenn hier gehalten werden musste, um nun anderswo noch Schlimmeres zu verhüten? Es brannte ja überall an der Front. Wenn es wirklich so war, wenn man uns wirklich so wehrlos stehen lassen wollte wie Schlachtvieh, dann hatten wir nur noch wenige Stunden zu leben. Wie sollten wir aus dieser heimtückischen Mausefalle herauskommen? Hier konnten sie uns doch kassieren wie eine Herde Schafe. Und dann ab nach Sibirien in die Bergwerke bis zum Verrecken. Oder Genickschuss, wenn man nicht mehr laufen kann. Nein, nein, nein!! Ich wollte ihnen nicht in die Hände fallen, nicht hier in dieser grauenvollen Umgebung – es konnte nicht wahr sein, dass wir hier bleiben sollten, der Gegenbefehl musste jede Minute kommen, es war doch bereits halb eins…

Um ein Uhr war noch immer kein neuer Befehl da. Das Telefon streikte. Die Züge schickten Melder, fragten an, was los sei. Da musste ich es ihnen sagen…

Halb zwei. Immer noch hoffte ich auf einen Befehl. Nichts.

Um zwei Uhr früh meldete der mittlere Zug Russen am Stacheldraht. Sie brauchten dringend Handgranaten und MPi-Munition, hätten das wenige Zeug schon fast ganz verschossen. Klar, kein Wunder.

Das Bataillon her! Wie durch ein Wunder war die Strippe intakt.

„Wir haben einen russischen Späh- oder Stoßtrupp am Draht, aber keine Munition mehr. Kann ich Leute schicken, die was holen?? Sonst ist hier bald Feierabend!"

„Ja, schicken Sie drei Mann her, so viel haben wir wohl noch."

Eine geschlagene Stunde später kehrten die drei endlich zurück. Einer trug ein Säckchen in der Hand. 30 Gewehrgranaten. Die beiden anderen waren umsonst mitgelaufen. Mehr hätten sie beim Bataillon nicht.

Nun erhoffte ich nichts mehr, keinen Befehl, keine Hilfe. Allenfalls noch ein gnädiges Ende. Nach außen versuchte ich zwar noch den Optimisten zu mimen, zumal die Russen schon bald nach der Alarmmeldung wieder verschwunden waren, aber innerlich war ich erloschen, wie Erwin, apathisch, ohne Hoffnung, geheilt von allen Illusionen. Sollten sie doch kommen und uns totschlagen wie Ratten, nur endlich Schluss mit dieser Quälerei. Wozu dies alles? So lassen sie Bataillone und Kompanien im Nichts versinken.

Nicht mal mehr Handgranaten haben sie.

3 Uhr. Alles still. Schwacher Feuerschein über Maciejow. Noch einmal durch die

Stellung. Nach Beobachtungen fragen, Anweisungen geben für den Fall, dass die Russen angreifen. Alle wissen es genau wie ich. Heimlich Abschied nehmen von jedem Einzelnen, noch einmal in die Gesichter blicken, in die weit geöffneten Nachtaugen. Vorbei an dem Schuh mit dem Knochen. Vor uns schwarz der Wald. Die drei Eichen. Die Ruinen. Keine besonderen Vorkommnisse. Sie standen und horchten in die Nacht, ruhig und selbstverständlich wie immer.
Wieder im Bunker. Arme, verratene Kerle.
3 Uhr 45. Nichts Neues. Doch: Panzergeräusche im oder hinter dem Wald. Die Falle war zu. Dolsk. Warten. Die Stellung halten.
18. Juli 1944. Vermisst.
Ich war unsagbar müde und gleichgültig. Fertig, total fertig.
Schlag 4 Uhr brüllte die Erde auf. Hinter dem Walde flammte es aus tausend Rohren mitten in das erste Morgenrot hinein, dann schlug es über der Höhe 204 zusammen. Wir waren hastig aus dem Bunker gekrochen und merkten nun ungläubig, dass es bei uns noch ganz still war, dass die Feuerwalze nur dort oben eine Wand aus Qualm und Splittern aus dem Boden quellen ließ und das hilflose Flackern der Leuchtkugeln erstickte. Rot, Sternbündel rot, rot – Feind greift an!! Was war bei uns los? Sollten wir verschont bleiben? Wie leblos stand der Wald vor uns im Morgenlicht, aber oben auf der Höhe trommelten sie weiter, die Erde rollte, die ganze Höhe war in bleichen Wolken ertrunken. Ich rannte mit Teige zum Zugangsgraben an der linken Grenze, ich musste wissen, was links und vorn gespielt wurde. Als wir den Zugangsgraben in gebücktem Trab halb hinter uns gebracht hatten, krachte es plötzlich auch bei uns, in wenigen Sekunden steigerte sich das Feuer zum vollen Orkan, Pak, Granatwerfer, Stalinorgeln, schwere Ari – alles hämmerte durcheinander. Wir warfen uns flach auf die Grabensohle, die dort unten etwa 70 cm tief war, ich suchte den Waldrand ab, soweit die Pulverschwaden es erlaubten, aber zu erkennen war nichts. Merkwürdig.
4.08 Uhr genau hatte es bei uns begonnen. Nun tobte das Feuer schon 20 Minuten bei uns. Ich fühlte mich auf einmal seltsam ruhig und leicht, alle Angst war wie weggewischt. Das Ohr unterschied genau die gefährlichen von denn harmlosen Einschlägen, man konnte mit den Fingern im Sand spielen, sich dann wieder mal aufrichten und beobachten, aber der Qualm legte sich immer schwerer auf die Lunge. Es war alles so gekommen, wie wir es geahnt hatten. Jetzt konnte man nur abwarten oder auf einen Volltreffer hoffen.
30 Minuten lang dauerte nun schon das pausenlose Gebolze, eine Ewigkeit für uns. 40 Minuten. Immer dasselbe, Dreck, Splitter, heranheulender Tod. Es wurde langweilig, regelrecht langweilig. In den Augen brannte der beißende Rauch, man lag so wohlig im Sand, man wollte schlafen… Und wurde plötzlich hellwach von der Stille. Sie schossen ja kaum noch, sie kommen!! Wir stürzten nach vorn, durch abziehenden Dunst, über rauchende Trichter – da lag endlich wieder der Wald vor uns, friedlich, keine Leuchtkugel, keine Russen! Aber links!!! Braune Massen quollen zur Höhe hinauf und Panzer standen dort Leuchtkugeln, rote, weiße, weit links hinter den Gräben – so weit waren sie also schon durchgebrochen!
Bei uns an der linken Grenze war es auch wieder still geworden. Die nächsten Wellen der russischen Infanterie rückten 400 m von uns entfernt vor. An unserem Zugangsgraben war noch keine Gefahr. Aber die Stille war so ungewöhnlich,

dass ich es dort einfach nicht mehr aushielt, sondern nun wissen wollte, wie es am rechten Flügel bei den Ruinen aussah. Gebückt huschte ich mit Teige weiter durch den wüst zerschlagenen Graben, und als ich auf die erste Gruppe stieß, wollte ich meinen Augen nicht trauen: Da standen oder saßen sie alle quietschvergnügt, hatten ihr Gelumpe abgeschnallt und in den Dreck fallen lassen und qualmten. „Ist ja nix mehr los, Herr Leutnant", meinten sie. „Das waren nur Ablenkungsmanöver!"
Die hatten Nerven. Beneidenswert. Aber ich befahl ihnen doch, ihr Zeug wieder umzuschnallen, denn Feierabend wäre ja nun bestimmt noch nicht.
Auch die nächste Gruppe an der Ecke zu den drei Eichen fand ich vollzählig, heil und ebenso unbekümmert vor, wie Wanderer, die auf freiem Felde in ein Gewitter geraten sind, sich erst mal das Wasser aus dem Pelz schütteln und vor dem Weitermarsch noch eine ins Gesicht stecken.
Bei den drei Eichen hatte es nur einen leicht Verletzten gegeben, nicht der Rede wert, und dieser eine blieb auch das einzige Opfer dieses fast einstündigen Trommelfeuers. Es war nicht zu fassen, denn an manchen Stellen waren die Gräben böse zugerichtet und kaum noch wiederzufinden.
Als ich vom rechten Flügel bei Dolsk zurückkam, noch immer wie betäubt von dem Getöse der Detonationen, keuchte ein Melder auf mich zu: „Der Russe ist bei der Schwadron durch!" Also doch. Jetzt ging es also auch bei uns los. Zurück zum Gefechtssand, zwei Mann noch mit! Los, los, zur linken Grenze! Im Laufschritt durch den zweiten Graben, dort wimmelte es bei der Schwadron schon von Iwans, Kolonnen von Russen strömten dort über die Gräben, hatten fast schon die Nordostecke des Waldes erreicht – wir waren abgeschnitten! Unser Rückweg am Nordrand des Waldes! Auf den Flanken der Höhe 204 rollten Panzer, ein halbes Dutzend konnte ich im Laufen erkennen, Abschüsse blitzten aus langen Rohren – mein Gott, wo waren die schon! Längst jenseits der Allee, die weite, offene Fläche lag frei vor ihnen. Wie konnte das passieren, nachdem die Angriffe am 8. Juli so wunderbar abgeschlagen worden sind? Aber die da oben hatten ja auch nichts mehr zum Schießen. Und diese Massen im Abschnitt der Schwadron, in meinem früheren Abschnitt, den dann Fischer übernommen hatte! Scheinbar lautlos drangen sie nach Westen vor, fernes Geschützfeuer übertönte ihre Rufe und das Stampfen der tausend Füße.
Bei uns und auf der Höhe 204 war es wieder ruhig geworden, sie trommelten nicht mehr, nur hier und da bellte eine Panzerkanone am Hang. Die flache, offene Mulde nördlich unseres Waldes war übersät mit dunklen, wimmelnden Punkten, die nächsten hasteten vielleicht 200 m von uns entfernt nach Westen, zu weit für die MPi, zu viele für die 100 Schuss. Wir konnten nichts mehr ändern. Die 100 Schuss und die drei Handgranaten brauchten wir für uns selbst.
Während wir noch im zweiten Graben an unserer linken Grenze standen, brüllte es im Osten erneut auf und riss die Erde um uns herum in glühende Fetzen. Blitzschnell hatten wir uns hinwerfen müssen. Jetzt begann also die gleiche Schweinerei noch einmal und bestimmt nicht nur zum Spaß. Dies war die letzte Arie vor dem Finale. Oben auf der Höhe waren sie durch, jetzt kassierten sie bei uns. Das Trommeln, das Bersten der Granaten berührte mich nicht mehr, mich peinigte nur noch ein Gedanke: Was tust du, wenn sie kommen? Hände hoch oder schießen bis zuletzt, bis du selbst durchlöchert bist? Oder dir selber eine in den Schädel

jagen? Vielleicht noch das, nur nicht denen in die Hände fallen, nicht noch gequält und massakriert werden. Alles, nur das nicht…
Noch einmal pflügten sie die Gräben und Trichter um, ließen Sand und Feuer um uns zerspringen, immer von Neuem überschütteten sie uns mit einem Hagel kleiner, glühender Splitter. Die Erde, wir vier verlorenen Hanseln, die Gräben, alles versank unter giftigen Wolken, jeder lag allein von der Kompanie, ein Staubkorn im Feuersturm. Dies war das Ende, wir wussten es. Wenn jetzt das Trommeln erstarb, waren sie schon über uns wie der Habicht über den Küken. Aber noch trommelten sie, 15 Minuten schon, ein idiotischer Aufwand für uns 30 Mann. Sie haben wohl immer noch Angst vor uns, aber das war nur ein kümmerlicher Trost in diesen Minuten. Und sie schlugen weiter auf uns ein, mit allem, was sie hatten, ohne Pause, ohne Erbarmen, sie suchten uns und hatten keine Ahnung, wie trostlos es um uns stand. Sie brauchten doch nur zu marschieren…
Nach einer halben Stunde brach das schrille Geheul der Granaten auf einmal ab. Wir schreckten hoch – sie schossen ja nicht mehr! Pulverqualm, rauchende Erde ringsum – und da Sternbündel rot, Sternbündel rot!! Verloren flimmerte es rot im Nebel – sie kommen!! Es wurde gespenstisch still, sie klotzten nur noch über uns hinweg in den Wald – und dann waren sie plötzlich da, eine ganze Kolonne zwischen Nebelfetzen, auch dort, sie hatten schon den ersten Graben überwunden, eine lange Kolonne, 100, nein 200 Mann, drei Kolonnen sah man jetzt, sie marschierten geschlossen wie auf dem Exerzierplatz stur auf den Wald zu, sahen nicht links, nicht rechts hinüber, drei Schritt vorweg ein Offizier mit hoch erhobenem Säbel, er zeigte auf den Wald – mein Gott, ein Offizier mit Säbel, ein Bild aus Friedrichs Zeiten! Sie marschierten, die nächsten kaum 50 m entfernt, drei Kolonnen, immer wieder verdeckt von ziehenden Schwaden, sie stampften einfach an uns vorüber, wir waren Luft für sie, jetzt sprangen sie über unseren zweiten Graben, die Kolonne zerbröckelte etwas, gleich hatten sie die Straße hinter uns erreicht – „Achtung, Helme im Graben!!“, schrie einer, aber es waren unsere, sie kamen gebückt angelaufen, sie türmten, sie hatten ja nichts mehr. Sollte ich sie anhalten? Nein, dort nicht, so auf keinen Fall. „Lauft, Jungs, lauft, immer am Waldrand entlang, dann über die freie Wiese, aber in Sosnowka wird gesammelt!“
Ach, ich war ja so glücklich über jeden, zehn Mann von den Gruppen im vordersten Graben am Waldrand waren durch, da kamen noch zwei angekeucht, lauft, lauft, immer am Wald lang hinter den anderen her, lauft, lauft! Ich wartete noch mit den dreien vom Gefechtsstand. Die Russen mussten schon bald am Wald sein, der Rauch schützte uns noch. Kam denn keiner mehr? Wo waren die vom rechten Flügel, die Gruppe bei den drei Eichen, die anderen aus den Ruinen? Sie waren sicher abgeschnitten, sie konnten bei uns nicht mehr durchkommen, höchstens von dort aus direkt auf den Wald zu laufen. Wir waren die Letzten an der linken Grenze, wir mussten nun los.
Kam keiner mehr? Keiner? „Los, ihr drei, haut ab, ich komme gleich nach!“ Kam nicht doch noch einer? Wirklich keiner mehr? Waren es alle? „Herr Leutnant!“, riefen die drei. „Ja, ich komme schon!“
Der Russe hämmerte nun wieder mit seinen schweren Kalibern in die Tiefe des Waldes, es kreischte und heulte von Neuem in den Lüften. Nein, es kam nun wohl bestimmt keiner mehr, ich war der Letzte. Ab!

Unheimlich leer war es um mich. Ich räumte nun kampflos die Stellung, als letzter zwar, aber ohne Widerstand. Doch diese Männer waren fürs Erste gerettet, ich hatte sie wenigstens nicht sinnlos geopfert. Und nun sollten mich die Iwans auch nicht mehr lebendig kriegen. Ich riss die Pistole aus der Tasche, lud durch, entsicherte und sprang aus dem Loch, rannte frei zwischen den Russen nach hinten, die Pistole in der Hand. Wenn es dich jetzt erwischt, dann noch diesen einen Schuss in die Schläfe. Ganz leicht wird das sein nach alledem, eine wahre Erlösung. Rechts standen Russen in lockeren Haufen in der Gegend, 200 m weg vielleicht, links erreichte gerade die nächste Kolonne den Wald, ich hetzte, keuchte, stolperte, kam vorwärts, keiner schoss auf mich, wenigstens merkte ich nichts. Rauchschwaden trieben über die Wiesen, es war wieder ruhiger geworden. Nun drangen die Russen in den Wald ein, sehr vorsichtig, auseinander gezogen. Und da rannten meine drei, gleich hatte ich sie eingeholt, ja, sie warteten sogar an der Waldecke auf mich, wir rannten am Waldrand entlang nach Westen, der Weg war frei, nur rechts wimmelte es von braunen Gestalten auf freiem Feld. Der Angriff schien zu stocken, links im Wald rasselte MPi-Feuer, sie schmissen Handgranaten, von den Kämpfen der letzten Tage lagen überall noch tote Russen herum, die Deutschen hatte man offenbar schon alle weggeholt. Wir kamen voran, links blieb der Lärm hinter uns zurück, wir hatten freie Bahn. War wirklich das Schlimmste geschafft? Und da, ein gutes Stück vor uns, die anderen! Auch sie anscheinend heil. Warum beschossen uns die Russen auf der Wiese nicht? Wie konnten sie uns einfach so laufen lassen?
Die anderen hatten nun schon die ganz freie Ebene vor Sosnowka erreicht, die auch wir hinter uns bringen mussten, ehe die Russen auf der Westseite des Waldes auftauchten. Wenn uns das noch gelang! Wir legten noch einen Schritt zu, obwohl die Lungen keuchten, aber hier ging es um unser Leben. Und wir kamen unbehelligt bis an den Westrand des Waldes, traten hinaus auf das offene Feld, vor uns Sosnowka und Przewaly auf flachen Bodenerhebungen – dort ließ sich wieder etwas machen! Aber die deckungslose Ebene war noch weit, fast 2000 m breit, eine Ewigkeit. Rechts belferten wieder die Panzer los. Wir waren nun schon in einer Flucht mit den erdbraunen Haufen auf der Höhe 204. Wenn nur die Russen im Walde noch nicht kamen! Dort steckten ja der Bataillonsstab und die Granatwerfer. Waren die wirklich noch da? Oder längst getürmt und schon weit vor uns? Oder hielten sie sich dort verbissen, während wir flohen? Hinter uns war niemand mehr. Der Wald lag nun schon 300 m zurück, still wie an einem schönen Sommertag. Wir rannten ohne Halt weiter, überquerten glitschige Gräben, sahen dann weit vor uns Landser. Die Russen kamen ganz allgemein nicht recht weiter. Ihre Panzer standen nun auch schon hinter uns an den Hängen der Höhe 204 und warteten vermutlich auf neue Befehle. Oder der rasche Einbruch war ihnen nicht geheuer.
Plötzlich gurgelte es schauerlich über uns, gleich darauf sprangen in den Dörfern vor uns riesige schwarze Erdfontänen in den Himmel, wie Zypressen standen sie einige Sekunden am Horizont, dann sackten sie in sich zusammen. Das waren die 17,2, die ganz schweren Brummer. Damit machten sie jetzt Sosnowka zur Sau. Die Feuerwalze sprang vor – der zweite Akt lief an! Wir aber jagten weiter, so schnell wir noch konnten, die Wäsche war längst nass geschwitzt, die Beine wollten nicht mehr, aber jeden Moment konnten die Russen am Waldrand erscheinen

und uns mit einem MG ins Gras mähen. In Sosnowka und Przewaly stiegen Rauchwolken auf, sie klotzten nun auch schon mit kleineren Kalibern hinein. Die letzten Landser vor uns hatten inzwischen den Ortsrand erreicht und verkrümelten sich dort sehr schnell. Wir hatten immer noch 400 m vor uns. Hinter uns niemand mehr, auch nicht aus dem Wald. Wo war der Bataillonsstab? Wo Wißmann? Waren wir tatsächlich die Allerletzten?? Oder schon viel zu weit getürmt? Würde man uns abfangen, Kriegsgericht? Feigheit vor dem Feinde?
Auf den letzten hundert Metern vor Sosnowka blickten wir uns nicht mehr um, wir wollten nicht wissen, was hinter uns geschah. Wenn sie wirklich in diesem Moment aus dem Wald traten, war unser Vorsprung groß genug. Mit MGs konnten sie uns nun kaum noch gefährlich werden.
Und dann endlich an Land, am Ufer des weiten Wiesenmeeres mit seinen verdammten nassen Gräben. Vor den ersten Häusern der Ortschaft entdeckten wir zahlreiche Deckungslöcher, die man dort wohl in unbegreiflicher Voraussicht ausgehoben hatte. Die Kadetten von meiner Kompanie waren natürlich verduftet, aber es liefen noch eine Menge anderer Landser zwischen den Häusern umher. Die holte ich mir heran und steckte sie in die Löcher, auch wenn sie noch so sehr maulten und sich auf andere Befehle beriefen. Hier war keine akute Not, hier mussten wir vorerst bleiben, wenn wir nicht weiter hinten als Deserteure geschnappt werden wollten.
Die Iwans bolzten jetzt gewaltig hinter uns ins Dorf, Hühner und Enten gackerten und flatterten verängstigt über die Zäune, wenn wieder eine Salve herankreischte, Hunde heulten zum Erbarmen und Brände prasselten. Wir hockten total erschöpft und nass bis auf die Haut in unseren Löchern und mussten uns immer und immer wieder den Schweiß aus den Augen wischen. Die längste Hetzjagd lag Gott sei Dank hinter uns.
Dann entdeckte einer der Landser die ersten Russen am Wald. Tatsächlich, jetzt erst hatten sie sich durchgefummelt! Was nun? Deutlich konnte ich mit dem Glas erkennen, dass sie unschlüssig am Waldrand hin und her liefen und sich schließlich sogar einbuddelten. Gut tausend Meter waren sie an der nächsten Waldecke von uns entfernt. Jetzt hätte man ein MG haben und dazwischenspritzen müssen, aber die MGs rollten ja irgendwo weiter hinten auf den Fahrzeugen. Kaum einer hatte noch Munition. Zehn oder zwanzig Schuss je Gewehr, ein bis zwei Handgranaten pro Mann, ein paar Magazine für die MPi. Das war alles, ein Hohn, ein Verbrechen im Angesicht eines Großangriffs.
Die Genossen am Waldrand hatten offensichtlich noch keine Lust. Es brannte wohl noch nicht genug in Sosnowka. Einen Kilometer weiter links erhob sich dann plötzlich ein toller Feuerzauber, Panzer, die wir wegen eines Höhenrückens nicht sehen konnten, schossen; die Russenpanzer vor uns wurden auf einmal lebendig, krochen träge am Hang entlang und schossen auch. Die russische Infanterie auf der Ebene wurde sichtbar unruhig. Wenig später schoben sich nach und nach drei deutsche Sturmgeschütze hinter der Höhe vor, eigene Infanterie trat in lockeren Ketten an und Iwans Fußlatscher machten kehrt, sie nahmen die Beine in die Hand und wetzten zurück, die Sturmgeschütze gewannen Boden, ein russischer Panzer ging in Flammen auf, gleich darauf ein zweiter, dicke schwarze Ölwolken trieben über die Wiesen und die Iwans rannten, es war ein fast lächerliches Bild, sie taten uns fast Leid, so eilig hatten sie es, und wir hockten mit offe-

nen Mäulern in unseren Löchern und hielten den Kameraden die Daumen. Vielleicht sah es doch nicht ganz so hoffnungslos aus, wie wir es zuletzt empfunden hatten. Die Russen hatten offensichtlich keinen Schneid, am Waldrand waren sie nun auch nicht mehr zu sehen, da kauerten sie nun wohl in ihren Löchern wie wir auch. Ihre Panzer kurvten nervös hin und her, es erwischte sogar noch einen dritten, während unsere Sturmgeschütze immer noch unversehrt waren. Was hatten die Iwans denn nur, dass sie sich mitten aus dem eigenen Großangriff von diesen drei Sturmgeschützen und diesem Häufchen Infanterie so blamabel ins Bockshorn jagen ließen??

Das schöne Zwischenspiel dauerte leider nur eine Viertelstunde, dann blieb der Gegenangriff stecken und die Sturmgeschütze zogen sich zurück, nachdem sie zu unserer Freude auch noch einen vierten Panzer abgeknallt hatten.

Danach wurde es wieder friedlicher ringsum. Hinter uns knackten und sprühten die brennenden Häuser. Die Russenpanzer rumorten unschlüssig hin und her. Die russische Infanterie buddelte sich fieberhaft ein. Nach einer Weile sah man von ihr in dem hohen Gras der Wiesen kaum noch etwas. Der Krieg machte Pause. Ich wälzte mich steif aus meinem Loch, um mich vorsichtig in der Nachbarschaft umzusehen, und entdeckte dann plötzlich zu meiner großen Freude keine 30 m von mir entfernt, den Bataillonsdoktor in einem Loch. Der hatte keine Ahnung, wo der Bataillonsstab geblieben sein könnte, er war wie wir über die Wiesen abgehauen und wollte hier auch erst mal sehen, wie der Hase lief. Auch er wusste nicht, wie wir diese Löcher verteidigen sollten, wenn die Russen erneut angriffen. Nirgends zeigten sich Reserven, Sosnowka schien verlassen, kein Mensch hatte noch was zum Schießen. Wir waren offenbar weit und breit die letzten Idioten am Feind. Aber jetzt weglaufen, ohne Druck? Nein.

Ich huschte wieder in mein Loch zurück. Ohne Deckung konnte man doch zu leicht einen verpasst kriegen. Neben mir hockten Kober und die beiden Melder. Alle anderen kannte ich nicht. Wir dösten vor uns hin, über eine Stunde lang geschah nichts Besonderes, weder bei uns, noch beim Russen, so sehr ich auch das weite Gelände mit dem Glas absuchte. Wir waren verschollen, vergessen, arme Irre im Niemandsland. Wenn die Uhr noch richtig ging, war es inzwischen halb neun geworden. Uns kam der Tag schon uralt vor, vielleicht weil wir selbst so uralt und müde geworden sind.

Lange brauchten wir indes nicht mehr zu warten. Gegen 9 Uhr begann der neue Angriff der Russen mit ganz schwerem Gebolze nach Sosnowka hinein, als wenn dort ganze Armeen von uns lägen. Hunderte von Gestalten standen plötzlich in den Wiesen und am Waldrand auf, in hellen Scharen, aber doch seltsam vorsichtig sahen wir sie über das brettebene Gelände näher rücken, sie schossen kaum, ein paar MG-Garben zischten uns wohl mal über unsere Köpfe hinweg, aber noch waren sie fern, so klein, 800 m entfernt die ersten. Die Landser in den Löchern wurden unruhig, ganz links zog sich jetzt unsere vorgestoßene Infanterie zurück. Die Sturmgeschütze waren verschwunden und schossen auch nicht. Ich sah hinüber zum Stabsarzt, zeigte mit dem Daumen nach hinten, er nickte.

„Auf, Jungs, es hat keinen Sinn mehr, ab durch die Mitte!“ Da sprangen sie hoch und weg wie Jagdhunde, die Russen waren noch 600 m hinter uns, aber so viel Luft brauchten wir auch, sonst kartätschten sie uns auf jedem freien Feld zusammen wir Karnickel. Zu dritt tippelten wir etwas abseits von den größeren Haufen der Landser, denn die Iwans ballerten nun schon gemein mit Pak und schweren Kanonen zwischen die brennenden Häuser. In einer Erdbox links am Straßenrand entdeckten wir zwei prächtige Rappen, die wild tänzelten und sich losreißen wollten.

„Die können wir doch nicht hier stehen lassen!", rief ich Kober zu, und gleich danach schleuderte mich ein dumpfer, brüllender Schlag in weitem Bogen in den Dreck, es war mir, als hätte man mir mit aller Gewalt eine harte Matratze in die Kniekehlen und ins Kreuz geworfen, ich rutschte noch über Steine und abgebrochene Äste, ein grässlicher Knall hatte mir die Ohren zerrissen, ich stützte mich mühsam auf die Arme, ich lebte noch, aber was war mit dem Doktor? Der lag auf dem Rücken und stöhnte fürchterlich. Ich konnte mich bewegen, knien, vorsichtig aufstehen, Kober half mir, Blut überall, brennende Schmerzen an den Beinen, aber ich lebte, hörte die schweren Einschläge, fühlte, wie die Erde zitterte. Da war das Loch, der verdammte Trichter, anscheinend von einer schweren Pak, und strahlenförmig nach vorn die Kratzspuren, die Splitter in den Boden gerissen hatten. O, diese Hunde. Ich humpelte zum Doktor, dem war ein Unterschenkel durchschlagen. Ich winkte noch ein paar Landser herbei, die ihn tragen sollen, ja, plötzlich war Zimmer da, unser Sani, der eine Bahre bei sich hatte und den Doktor gleich schiente, so gut es ging.

Ich humpelte indessen schon los, weiter nach hinten, ich musste ein Fahrzeug finden, denn lange hielt ich es so nicht mehr aus. Die Uniform war über und über mit Blut und Dreck versaut, die Wunden schmerzten, die Wäsche begann zu kleben und bei jeder Bewegung an den Wunden zu reißen, aber ich lebte, ich konnte sogar noch mühsam gehen, ich musste auch noch laufen, sonst war ich verloren. Richtig, wo waren die Russen geblieben? Sosnowka lag hinter mir, der Weg führte über freies Feld durch eine sumpfige Niederung. Wie aus unendlicher Ferne hörte ich Geschützfeuer, ich war sicher halb taub. Vereinzelt liefen Landser über die Felder, Versprengte, Waffenlose, wie ich.

Immer deutlicher verspürte ich, dass mich die Kräfte verließen. 600 m war ich sicher schon dahingehumpelt, vor mir lagen nun Waldstücke in der Sonne. Aber nirgends ein Fahrzeug. Weiter, weiter, mit zusammengebissenen Zähnen, nur nicht hinsetzen. Nur nicht jetzt noch schlappmachen. Unsagbar langsam nur rückten die Waldstücke näher, ich wollte schon eine Pause machen, obwohl ich wusste, wie gefährlich das ist, wie schnell man dann nur eine Minute lang die Augen schließen möchte und dann liegen bleibt. Doch da hörte ich plötzlich Motorengeräusche hinter mir, eine Pak mit Schlepper! Ich winkte, rief, nehmt mich mit! Und sie hielten tatsächlich an, ich lief heran, sie zogen mich zu sich herauf und rumpelten weiter. Ich versaute ihnen die Pritschen mit meinem Blut, aber ich konnte jetzt nicht mehr, ich war ausgelaugt, zum Umfallen müde, die Knochen schmerzten infam, vor allem das linke Bein schien einiges abgekriegt zu haben. Zusammengesunken hockte ich auf dem harten Holz, die Karre stieß und bockte entsetzlich und auf einmal röhrten Schlachtflieger neben uns über den Wäldern. Die begannen jetzt die Straßen abzugrasen. Das große Halali fing an. Ein paar Mal hielt der Schlepper an, wir wollten schon abspringen und in die Büsche rennen, aber dann drehten die grünen Vögel wieder ab und suchten sich anderswo ihre Opfer. Nun war wohl alles am Laufen, nirgends ein Halt, nirgends Panzer. O armes Deutschland.

An einem Wegekreuz hielt dann die Pak. Sie mussten dort in Stellung gehen. Wie bestellt bollerte aber von rechts her ein Pferdewagen heran. Ein verwundeter Hauptmann saß schon oben, ich fand auch noch Platz und in fürchterlich rumpelnder Fahrt brachten uns die Pferde bis zum HVP, der sich provisorisch an einer Straßengabel eingerichtet hatte. Wir kriegten unseren Zettel um den Hals, Sankas fuhren vor, wurden mit blutigen, stöhnenden Leibern vollgestopft und staubten los. Der Geschützdonner kam nun von ganz weit her, was ging er mich an? Ich lag wie erschlagen am Wegesrand und wartete, bis ich an die Reihe kam. Wo mochte die Kompanie sein? Wer noch leben? Wer war nun schon beim Iwan? War dies das Ende des Bataillons? So kläglich, so sinnlos verheizt?
Irgendwann wurde ich aufgerufen und in einen Sanka verfrachtet. Nun erst, in dieser abscheulichen Wolke von Hitze, Blut, Schweiß und Karbol, klappte ich richtig zusammen. Mir wurde schwindlig, der Sanka schüttelte uns durcheinander, sie schrien vor Schmerzen, Schlachter donnerten im Tiefflug über uns hinweg und als sie uns dann irgendwo in einem Wald herausholten, versank die Welt vor meinen Augen. Irgendwann erwachte ich später in einem anderen Sanka, ich lag auf einer Bahre, hatte keine Ahnung, wie ich darauf geraten war und spürte nur wohlig eine unendliche Schwäche und Müdigkeit. Die Räder unter uns rollten nach Westen. Das war die Hauptsache…
In der Dämmerung hieß es, wir seien in Dorohusk auf dem Bahnhof. Den Namen hatte ich schon einmal gehört, aber das war so lang her. In einem Güterwaggon schlief ich bald ein, die Räder ratterten so beruhigend. Schön, so zu schlafen, alles zu vergessen.
In Cholm verpassten sie allen, die noch keine hatten, eine Tetanusspritze. Und weiter rollte der Zug durch die Nacht. Der nächste Tag ging vorüber. Ich sprach nicht viel, ich dachte voller Sorge an die Reste der Kompanie, die nun irgendwo auf der Flucht waren, immer den Iwan im Nacken. Wie gut hatte ich es dagegen. Ich hatte den Heimatschuss, den heimlich ersehnten, um den mich sicher alle beneiden würden. Im Laufe des Tages kam ich auch wieder etwas zu Kräften und je mehr ich über das Geschehen dieser letzten glühenden Tage nachsann, desto unbegreiflicher wurde es mir. Da ließ man eine ganze Division ohne Waffen und Munition im Graben stehen, obwohl man wusste, dass der russische Großangriff unmittelbar bevorstand. Das war so unfassbar, so unglaublich, dass mehr dahinter stecken musste als nur Dummheit oder Fahrlässigkeit. Hier war System im Spiel, ich konnte es mir nicht anders erklären. Es gab einfach keinen vernünftigen Grund für dieses Hin und Her mit dem Absetzen. Es blieb nur eine ohnmächtige Wut über so viel Wahnsinn und die tiefe Trauer um alle die, die so verantwortungslos verheizt wurden.
Auch gestern trödelten wir den ganzen Tag in der Gegend umher. Die schwerer Verwundeten stöhnten, wollten endlich ein richtiges Bett und echte Ruhe und Pflege finden, egal wo. Zum Glück drückte die Hitze nicht ganz so sehr wie an den letzten Tagen, aber es reichte uns auch so. Wir waren daher wie erlöst, als der Zug heute Morgen in Tarnow hielt und es hieß, wir würden hier ausgeladen und kämen ins Reservelazarett. Endlich, endlich!
Aber während wir noch auf die Kolonne der Sankas warteten, schlug ein unglaubliches Gerücht wie ein Blitz in die Waggons: Hohe Offiziere haben gestern ein Bombenattentat auf den Führer versucht, doch er lebt wie durch ein Wunder, ist

zwar verletzt, hat aber schon selbst über das Radio gesprochen. Es soll alles vorbereitet gewesen sein für einen gewaltsamen Umsturz…Als ich das gehört hatte, war meine erste Reaktion: Diese feigen Lumpen, diese erbärmlichen Kreaturen. Und nun weiß ich auch, wo all die Jahre hindurch der Wurm gesessen hat. Hohe Offiziere fallen in der größten Not dem eigenen Heer in den Rücken.
O ja, nun ist mir vieles klar geworden…

Z A W I C H O S T

Tarnow, Sonnabend, 22. Juli 1944 – 1940. Tag

Morgen sollen wir heim ins Reich gefahren werden. Ein knappes Dutzend Splitter ist mir ins Fleisch gefahren, manche gleich wieder raus, ein Teil steckt noch irgendwo. Durchweg kleines und kleinstes Zeug. Kein Knochen kaputt, keine Sehne zertrennt, kein Organ getroffen. Ein Wunder. Hoffentlich kommen meine Briefe bald an.
Ich liege nur ruhig da, schlafe viel und versuche wieder zu mir zu kommen. Die letzten Tage haben mich fertiggemacht; wie sehr, merke ich erst jetzt. Nur Werchnij Bischkin war schlimmer, die entnervende Kälte damals, die ich mir hier in der Sommerhitze kaum noch vorstellen kann. Meine Gedanken sind bei der Kompanie. Wer lebt noch? Wer ist vom Russen geschnappt?

Dortmund, Freitag, 1. September 1944

Fast sechs äußerlich wunderschöne Wochen liegen hinter mir. In Jungbunzlau, einer Kleinstadt zwischen Prag und Zittau, habe ich knapp drei Wochen lang wie im Sanatorium gelebt, dazwischen und nun bis heute gut drei Wochen zu Hause! Meine Wunden sind bis auf eine noch offene am Bein längst verheilt, man hat mir das Verwundetenabzeichen in Silber für diese dritte Verwundung verehrt – die zweite war ein kleiner Splitter in Barischewka – und nun ist also die Schonzeit abgelaufen und der Krieg geht heute in sein sechstes Jahr!
Wir haben die ganze trostlos beschissene Lage immer wieder durchgekaut: die Westfront, wo wir die Alliierten doch nicht fertiggemacht haben, sondern sie dabei sind, uns ins Reich zurückzudrücken, die Riesenkatastrophe in Rumänien, in der meine frühere Division endgültig untergegangen sein dürfte, den Bomberkrieg, der sich jetzt auch gegen die Hydrierwerke und damit gegen unseren Lebensnerv schlechthin richtet; natürlich auch das ganze Thema 20. Juli, den unfassbaren Zusammenbruch im Mittelabschnitt und nun den Rückmarsch bis an die Weichsel. Ostpreußen in Gefahr, die U-Boote tot, die V1 ohne erkennbar entscheidende Wirkung. Über allem die Forderung nach bedingungsloser Kapitulation, die ein Hitler niemals annehmen wird. Und dann das Nationalkomitee Freies Deutschland, diese Generäle, die uns jahrelang in den Kampf gegen den Bolschewismus und für Führer und Volk kommandiert haben und nun mit Stalin

behaupten, wir Nazi-Deutschen seinen die Weltgefahr Nummer eins. Ach, alles in allem deprimierende Gespräche, aber keiner von uns lässt sich anmerken, wie viel oder wie wenig Hoffnung auf ein gutes Ende er wirklich noch hat. Und wenn man die Zeitungen liest und Radio hört, dann kotzt einen die krankhafte Stimmungsmache „bis zum Endsieg“ an.
Allein von meinen vier Stubengenossen auf der Kriegsschule Hannover sind nun schon drei gefallen. Einen einzigen Lichtblick nur hat es gleich zu Beginn dieses Urlaubes gegeben: Nachricht von der Kompanie vom 12. August. Schmidt hat jeden einzelnen aufgeführt: 5 waren bis dahin seit dem 18. Juli gefallen, 5 vermisst, 19 vorn im Einsatz, 10 beim Tross. Alle anderen sind verwundet, meist nur leicht. Schmidt führt die Kompanie allein, es ist ja kein Offizier mehr da, auch Kapol nicht. 20 Pferde gingen verloren, aber Schmidt hat immer wieder für Ersatz gesorgt und alles gerettet, sogar meine persönliche Habe, die inzwischen hier eingetroffen ist. Dieser Brief war und ist eine ganz große Erleichterung für mich und jetzt, da der Urlaub zu Ende geht, freue ich mich auf die Rückkehr zur Kompanie. Hier im Urlaub hat man zuviel Zeit zum Nachdenken und zum Reden über die große Misere, hier fehlt die Müdigkeit nach einem anstrengenden Tag. Hier werden nur die Nerven strapaziert, wenn die Bomber im Drahtfunk angesagt werden und die Sirenen den Schlaf zerheulen. Man braucht eigene Aktivität um nicht in Pessimismus zu versinken. Vielleicht suche ich unbewusst auch schon ein Alibi für den Fall, dass alles schiefgeht. Ich war wenigstens draußen in dieser Zeit, ganz vorn bei den ärmsten Kerlen. Draußen weiß man, was man zu tun hat, dort geht es um die nackte Existenz der anvertrauten Männer, dort kann ich vielleicht noch etwas Sinnvolles tun.
Sonntag, also übermorgen, muss ich wieder los, zum alten Haufen, den ich jetzt irgendwo an der Weichsel vermute. Vielleicht kann ich Dieter in Leisnig für ein paar Stunden besuchen.
Auf Post werde ich nun erst mal eine ganze Weile warten müssen. Wer weiß, ob ich wirklich wieder beim alten Haufen lande. Nach neuesten Parolen soll es bis Kriegsende keinen Erholungsurlaub mehr geben. Das wäre noch das kleinste Übel. Aber vor uns liegen der sechste Herbst und der sechste Kriegswinter mit langen, dunklen Nächten, und ich fahre zum ersten Mal ohne Hoffnung auf ein gutes Ende. Mutter ahnt das wohl. Es wird ein bedrückender Abschied werden.

Leisnig, Montag, 4. September 1944

Dieters Kaserne liegt in luftiger Höhe auf einem Berg. Sein Haufen war noch draußen im Gelände, als ich mich bei der Wache meldete. Man führte mich auf seine Stube, von der aus man einen weiten Blick hinüber zum flimmernden Kamm des Erzgebirges hat. O Täler weit, oh Höhen…
Nach einer Weile erscholl Gesang vom Kasernenhof – „… Wähähästerwald…“, und dann entdeckte ich ihn trotz des Drillichzeugs, das sie trugen. Er spielte rechten Flügelmann. Wenige Minute später polterte die Meute auf dem Gang, dampfend, sprühend, geziert von frischem Dreck, er nichtsahnend, bis wir uns in die Arme fielen: „Mensch, du hier! Wie geht's? Wie…, was…, wann…, wohin…, wie lange…“ Fragen, Erzählen, Lachen.

Nach dem Essen rückten die anderen wieder aus, er aber durfte noch eineinhalb Stunden bleiben. Er war so wunderbar frisch, aktiv und mobil, noch nicht angekränkelt von der Skepsis des alten Kriegers. Der Dienst dort eine Pfundssache, endlich mal was Sinnvolles nach den vielen Jahren, die er nach seiner Ansicht so spießbürgerlich hat verbringen müssen – er mit seinen 18 Lenzen! Er zweifelte keine Sekunde am Endsieg, er wusste phantastische Produktionszahlen, hatte was von neuen Raketenjägern gehört, die schon eingesetzt worden sein sollen, er vertraute auf die neuen Waffen, er lebte nur in der Vision eines vereinten, größeren Europas mit einem starken, freien Deutschland und ohne die ständige Bedrohung durch den Bolschewismus. Er sah das Ziel und nicht die blutigen Wege, die schon so lange immer nur bergab in eine tiefe Schlucht führen. Und ich ließ ihm seinen Glauben an diese schönere Zukunft, die auch ich mir ja einst erträumt hatte, ja ich nahm beschämt noch etwas mit von seiner Zuversicht und Hoffnung.
Ehe wir dann gehen mussten, knipste ich ihn am Fenster, so wie er war: Im Drillichzeug, das Käppi kess auf dem Kopf, den Blick in die Ferne gerichtet. (Bild 56) Dann schnappte er sich seine Flinte und sein übriges Gelumpe und wir trotteten zusammen die steilen Gassen hinab in das sonnenheiße Städtchen, bis unsere Wege sich trennten. Er musste zum Schießen, ich zum Bahnhof.
„Mach's gut, Bruderherz und halte die Stellung hier, solange du kannst!" – „Und lass du dich nicht vom Iwan erwischen! Du bist so lang!"
Noch einmal ein Blick zurück, ein knappes Winken, sein lachender Mund. Dann verschwand er hinter den Häusern…
Eine Stunde habe ich nun noch Zeit bis zur Abfahrt des Zuges nach Dresden. Ich sitze auf einer halb verrotteten Bank am Ende des Bahnsteiges und genieße in der Abendsonne vielleicht die letzte stille Stunde für lange Zeit. Dortmund, das Haus, die Eltern – wie fern sind sie schon wieder. Dieter – wann werde ich ihn wiedersehen?? Wo? Und wie? Dieser strahlende große Kerl… Und ich denke zurück an gestern, an Mutters bebende Stimme: „Komm heil wieder, mein Junge…"

Bei Zawichost, Dienstag, 12. September 1944

Von Leisnig aus abends Dresden. Heil, schön wie immer. Erinnerungen an die Schulzeit. Um Mitternacht der Zug nach Krakau. Lausekalt, nur ein paar arme Irre wie ich in den Abteilen.
Von Krakau bis Ostrowiec brachte uns wenige Hanseln noch ein uralter Bummelzug. Von da aus musste man selbst sehen, wie man zu seinem Haufen kam. Ich schaffte es ein Stück weit als Anhalter mit einem Mercedes, dann mit einem alten Bollerwagen wenigstens bis Ozarow, zwischendurch eine halbe Stunde zu Fuß über die Felder. Schließlich per Sanka zu einem Regimentsstab, wo man vor Freude über einen so seltenen Fall von Rückkehrer strahlte.
Und dann Details: Unser Bataillon besteht nur noch aus einer Kompanie, die einem Major Sucker unterstellt ist und von Leutnant Kapol geführt wird. Kapol!! Er lebt also noch!
Später Rückkehr des Majors. Meldung, Palaver und Überlegungen: Wohin mit mir? Dann war es geklärt: Ich als der Dienstältere sollte den Rest des ehemaligen Bataillons übernehmen, Kapol zur Führerreserve abgestellt werden.

Postwendend lotste mich ein Melder noch in der Abenddämmerung auf wirren Wegen durch morastige Mulden und steile Schluchten zum Bataillonsgefechtsstand von Major Sucker, meinem künftigen Chef. Den lernte ich dann auch gleich kennen: Ein Bulle von Kerl, Deutsches Kreuz in Gold mit allem Zubehör, humorvoll und eindeutig. Auf der Karte kriegte ich einen ersten Überblick über die Stellung der Division verpasst, die an der Weichsel nach Osten, am russischen Brückenkopf von Baranow nach Süden gerichtet ist. „Meine" Kompanie liegt mit dem linken Flügel genau an der Ecke und zieht sich in flachem Halbkreis um die sogenannte Kommissbrothöhe herum mit Hauptrichtung nach Süden.
Bei einigen Gläsern Wein erzählte mir Sucker noch manches von dem wüsten Durcheinander der letzten Wochen. Erst kürzlich ist auch Erwin Gilbert von der Schwadron gefallen. Wißmann ist verwundet. Jetzt hat sich die Lage offenbar wieder etwas stabilisiert, doch es fehlt noch an allem, besonders an Menschen. Aber auch dem Russen scheint erst mal die Puste ausgegangen zu sein.
Von Kapol erbat ich mir telefonisch für den nächsten Morgen einen Melder. Rücker Karl sollte mich abholen! Der lebte also auch noch!
Voll des süßen Weines wälzte ich mich schließlich auf eine leere Pritsche. In der Gegend der Kommissbrothöhe rummelte und krachte es einige Male recht heftig... Das war also meine Ecke. Aber sonst schien das Schlimmste überstanden zu sein. Es war herrlich warm im Bunker und ich schnarchte ungestört bis zum Morgen.
Schon in aller Frühe meldete sich Rücker Karl im Bunker, der erste vom alten Haufen, den ich nun wiedersah. Das hügelige Land dampfte noch in der Morgensonne, als ich mich bei Sucker abmeldete und dann mit Karle losstiefelte, bergauf, bergab, durch buschige Schluchten und über kahle Höhen, die der Iwan einsehen kann und manchmal aus großer Ferne mit seiner Pak beschießt. Aber uns beide ließ er an diesem Morgen in Frieden pilgern. Wir hatten uns so viel zu erzählen, dass ich die Länge des Weges kaum spürte, obwohl der eine Fuß noch eiterte und schmerzte. Von einem Hügel aus sah ich die Weichsel im Sonnenlicht glänzen, dahinter breitete sich weit und flach das verlorene Land. Rechts vor uns wuchs immer deutlicher die flache Kuppe der Kommissbrothöhe aus den welligen Feldern empor. Dort also saß der Iwan!
Unvermutet öffnete sich dann nach rechts eine Mulde am Hinterhang, ein Bunker war in die Böschung getrieben, allerlei Gerümpel, ein Tisch, ein Fass, Stühle und Kanister standen und lagen da herum – mein neuer Gefechtsstand! Und davor mit bloßem Oberkörper bei der Morgenwäsche: Kapol! „Hallo, wie geht's?? Und Heil und Sieg und fette Beute!!"
Ja, da war ich nun wieder, etwas fremd geworden, etwas verlegen wegen der guten Wochen, die ich hinter mir hatte, während die anderen Tag um Tag und Nacht um Nacht den Iwan im Genick gehabt haben.
Zwei Stunden blieben für die erste Beschnupperung und Begrüßung, dann musste Kapol zu einer Besprechung, die er mir noch abnehmen wollte. Während wir uns beim Frühstück über das Inferno dieser letzten Wochen unterhielten und die gegenwärtige, verdammt labile Situation bekakelten, konnte ich manche vertraute Gestalt wieder begrüßen, alte Säcke von der zweiten Kompanie und von der Schwadron, dazu unbekannte Gesichter von der dritten und vierten Kompanie. Der kümmerliche Rest des Bataillons ist zwar formal ganz schlicht zu dieser

einen Kompanie zusammengefegt worden und kriegt auch die Verpflegung einheitlich von der Küche der zweiten Kompanie, aber im Übrigen betreut jeder Spieß ein paar Hanseln gesondert mit Post, Bekleidung und so weiter. Kapol hat versucht, diesen Viervölkerstaat mit möglichst viel Weisheit und Gerechtigkeit zu regieren, aber eine ungetrübte Freude ist das wohl nicht.
Schmidt, unser Spieß, ist noch beim Tross. Er hat durch das Chaos gerettet, was menschenmöglich war, und sorgt auch jetzt mit allen Mitteln für seinen Haufen. Aber zufrieden ist niemand mit diesen Zuständen. Die Leute von den anderen Kompanien wollen zurück zu ihren alten Haufen, die es nicht mehr gibt, sie fühlen sich als Lückenbüßer benachteiligt in der fremden Umgebung, genauso wie wir damals in Werchnij Bischkin, und sie verteidigen eisern jeden Rest von Selbstständigkeit. Ich konnte es ihnen nachfühlen. Trotz aller Kameradschaft ist es eben nicht leicht, aus solchen versprengten Trümmern wieder eine Kompanie zu machen.
Als sich Kapol verabschiedet hatte, brach ich mit einem Melder zu einem ersten Gang durch den Graben auf. Der Gefechtsstand befindet sich nur gut 50 m hinter dem vordersten Graben. Durch den letzten Zipfel der Mulde gelangt man zwar noch so eben ungesehen in den Kampfgraben, aber im rechten Abschnitt wird schon sehr bald die Kommissbrothöhe sichtbar, ein moosig aussehender, mit Getreide- und Stoppelfeldern besetzter, breiter Rücken. Unser Graben läuft immer schön auf halber Höhe eines leichten Gegenhanges, sodass Iwan uns an jeder Stelle in die Suppe spucken kann. Eine feine Sache, wie üblich. Auch bei uns erstrecken sich vor und hinter dem Graben Kartoffel- und Kornfelder, die uns die Sicht nehmen und trotzdem nicht gemäht werden können, weil kein Mensch weiß, wo die Minen liegen. Nur dass hier überall in Massen welche verbuddelt sind, haben unsere Landser und russische Spähtrupps in den letzten Wochen blutig erfahren. Jetzt traut sich niemand mehr vor den Graben; auch hinter dem Graben bleibt man besser nur auf dem schmalen Trampelpfad der Streifen.
Je weiter man nach rechts, also nach Westen gelangt, desto dürftiger und flacher wird der Graben, bis er schließlich nur noch als ausgetretene Spur durch die Kartoffeläcker weiter zum Nachbarn führt, den man also bei Tage überhaupt nicht besuchen kann. Dort ist noch verdammt viel zu tun.
Der lange Buckel der Kommissbrothöhe liegt auf der ganzen Strecke genau quer vor uns in etwa 500 m Entfernung und verläuft sich erst allmählich weiter nach Westen. Da die Sonne über dem Höhenrücken stand und uns blendete, konnten wir nur hin und wieder mal ein paar Stücke der gut getarnten russischen Gräben erkennen. Dort drüben war es genauso mittäglich still in den Feldern wie bei uns, aber die Iwans haben auch hier ständig ein paar Scharfschützen sitzen, die sehr genau jede Bewegung bei uns beobachten und präzise schießen, wenn einer zu lange und zu unvorsichtig seinen Kopf über den Graben hält oder allzu sorglos aufrecht durch den Graben stiefelt.
Nach einer knappen Stunde waren wir wieder in der Mulde beim Gefechtstand, die der Iwan nicht einsehen kann. Weiter nach links zieht sich der Graben in einer großen S-Kurve erst nach Süden in eine Schlucht hinunter, die von der Kommissbrothöhe kommt und zur Weichsel führt, steigt jenseits wieder steil an und wendet sich dann auf der nächsten Anhöhe wieder parallel zur Mulde nach Osten auf die Weichsel zu, wo an der äußersten Ecke vor dem Steilufer die erste Gruppe

des linken Nachbarn sitzt und den Ausblick auf den breiten, von gelben Sandinseln durchsetzten Strom genießen kann. Ungehindert konnten wir von dort aus die Augen nach Norden, Osten und Süden wandern lassen. Das Land flimmerte in der herbstlichen Mittagssonne und schien in tiefer Stille und Friedlichkeit zu schlafen. Aber südlich von uns hat der Russe in erschreckender Breite und Tiefe seinen Brückenkopf von Baranow nach Westen über die Weichsel gedrückt. Seine vordersten Linien sollen 70 km westlich von uns liegen, nicht mehr weit von Krakau und Oberschlesien. Wenn sie dort im Westen einmal losbrechen sollten, sind wir an der Weichsel verloren. Uns können sie stehen lassen, bis wir von selbst die Hände hochheben. Doch der Tag war so schön und so friedlich – warum sollte ich mir den Kopf über Dinge zerbrechen, die ich nicht beurteilen und schon gar nicht ändern kann? Dies primitive Grabenstück ist nun meine neue Stellung, aus der ich das Beste zu machen habe. Die bekannten und neuen Gesichter der Landser in den Postenständen und armseligen Bretterbunkern sind mir anvertraut, das ist Aufgabe und Sorge genug für meine 23 Jahre.

Überall hockten sie bei dem herrlichen Wetter im Graben und reinigten ihre Waffen. Die meisten waren tatsächlich von der zweiten Kompanie, sie erzählten aus ihrer Sicht, wie sie das Trommelfeuer bei Dolsk und den Rückmarsch überstanden hatten. Einige hatte ich noch selbst nach hinten geschickt und dabei zum letzten Mal noch selbst gesehen, andere sind durch Dolsk und südlich am Wald entlang getürmt. Kaum einer ist ohne unbegreifliches Schwein den Iwans entkommen. Die Reste der Schwadron hat es am 18. Juli schon beim ersten Angriff böse zerrissen, und die wenigen, die hier noch im Graben stehen, wissen vom Schicksal ihrer Kameraden so gut wie nichts mehr. Die drei anderen Kompanien sind zwar im Gegensatz zur Schwadron dem Desaster bei Dolsk noch einigermaßen heil entronnen, aber dafür im August in den wirren Kämpfen mit durchgebrochenen Russen dezimiert worden. Daher fand ich bei diesem ersten Rundgang auch nicht mehr alle die vor, die nach Schmidts Brief vom 12. August damals noch bei der Kompanie gewesen waren. Aber die, die seitdem fehlen, sind nur verwundet, nicht gefallen.

Insgesamt ist es ein zerschlissener, stolzer Haufen, der nun hier in dieser über 2 km langen Stellung vegetiert; fast nur alte, kampferprobte Männer, reihenweise Gefreite, Oberschnäpser und Unteroffiziere mit dem EKI, kaum einer ohne Infanterie-Sturmabzeichen, EKII und Gefrierfleischorden, viele mit der Nahkampfspange und noch einer mit dem silbernen oder goldenen Verwundetenabzeichen. Ein Verein der Unentwegten, der Feuerfesten und mit allen Hunden Gehetzten, abgebrühte Füchse, die auch diesmal dem Iwan durch die Lappen gegangen sind. Kaum noch Soldaten im alten Stil, eher Landsknechte mit der untrüglichen Witterung für das letzte Loch im Netz der Russen, wortkarge Kameraden am Feind und kalte Einzelgänger auf der Flucht.

Ein fremder Haufen noch, ein kleines Gerippe von Unterführern, aber eine Kompanie, die jederzeit mit einem Stoßtrupp fertig wird. 50 Einzelkämpfer im besten Sinne, selbstständig, geladen mit der jahrelang aufgestauten Wut über diesen Scheißkrieg und die verdammten Iwans, die ihnen an die Gurgel wollen. Was könnte man mit solchen Männern auf die Beine stellen, wenn man die richtigen Waffen in der Hand und hinter sich hätte! Aber mit den lächerlich wenigen Flinten und Handgranaten ist nicht mehr viel zu holen, da kann man nur noch einen

Iwan mitnehmen, irgend solch ein armes Luder wie man selbst ist. So denken sie vielleicht manchmal in den langen, schwarzen Nächten, wenn der Russe immer neue Massen in seinen Brückenkopf pumpt, Ari, Panzer, Granaten und Stalinorgeln…

Als ich am frühen Nachmittag etwas lahm vom gebückten Laufen und mit schmerzender Wunde wieder in den Gefechtsstand heimkehrte, war auch Kapol schon zurück. Die Besprechung hatte für uns nichts Besonderes ergeben. Kapol wollte noch freiwillig bis zum nächsten Nachmittag bleiben, um mich vor allem in der Nacht noch in alle Feinheiten der Stellung einzuweisen. Der Rest des Tages verging dann schnell. Abends brachte ein Hiwi Verpflegung, Post, Papierkrieg wie in alten Zeiten. Danach saßen wir noch lange bei Schnaps zusammen und sprachen über tausend Dinge.

Erst weit nach Mitternacht begannen wir unsere Streife, nahmen Verbindung zu den Nachbargruppen auf und überwachten den weiteren Ausbau des Grabens. Iwan war friedlich, nur selten geisterte eine Leuchtkugel hoch, vereinzelt ballerte mal ein MG. Die allgemeine Tendenz war müde und lustlos, auf beiden Seiten. Es wurde schon hell über der Weichsel, als wir endlich wieder in den Unterstand einfielen und uns bald zum Pennen umhauten.

Kapol empfahl sich dann am Nachmittag, nachdem er mir den ganzen Krempel übergeben hatte. Wenig später kamen der Spieß und der „Doktor" Eickel mit der Verpflegung angejuckelt und machten herrliche Kulleraugen, als sie plötzlich mich anstelle von Kapol entdeckten. Der Hiwi hatte am Abend vorher wohl nicht mitgekriegt, wer ich bin und daher auch nichts berichtet. So gab es nun für Schmidt und Eickel ein ganz unerwartetes, herzliches Wiedersehen. Schmidt hatte einen halben Kubikmeter Papierkrieg hergeschleppt, der sofort unterschrieben werden musste, lauter banales Zeug, Fließbandarbeit, aber ich saß eben doch eine Stunde daran, bis wir endlich Zeit und Muße für einen schönen Klönsnack fanden. Spät im Dustern bollerten die beiden dann schließlich wieder heimwärts zum Tross, wo sie wohl erst nach Mitternacht eingetroffen sind.

Die eine Splitterwunde eiterte und stank inzwischen so gemein, dass ich beschloss, am nächsten Morgen erst mal zum Arzt zu laufen. Ich machte nur noch eine Kurzstreife durch den rechten Abschnitt und legte mich dann in die Koje; Iwan war so friedlich, dass ich mir das erlauben konnte.

Da gestern weder beim Iwan noch bei uns etwas Besonderes los war, ließ ich mir morgens einen kleinen Pferdewagen vom Tross kommen und trabte damit nach Dabie zu Schmidt und seinen Mannen, die ich nun auch wieder begrüßen wollte. Der Hauptanlass für die Fahrt war allerdings die Tatsache, dass noch immer eine ganze Zahl von Männern ohne Mantel und Decke im Graben steht, weil das Zeug im Sommer auf einen sehr strengen Befehl hin abgeliefert werden musste, vermutlich, weil diese Sachen beim Türmen immer zuerst fortgeschmissen werden. Nur Schmidt hat damals in weiser Voraussicht nicht alles abgeliefert und daher jetzt die Leute der zweiten Kompanie damit ausrüsten können, als es nachts so kalt wurde. Die anderen Spieße hatten zwar, als die Männer zu frieren anfingen und krank wurden, wieder Klamotten angefordert, aber bisher eben noch nichts gekriegt. Das gibt natürlich böses Blut. Vielleicht liegt das Zeug jetzt schön gesammelt irgendwo beim Iwan statt einzeln zerstreut in den Feldern. Aber davon werden die Männer auch nicht wärmer.

Schmidt hat mir anlässlich einer allgemeinen Überprüfung auch ein neues Soldbuch besorgt, in dem nun insgesamt neun Nahkampftage bestätigt sind, die sechs alten und dazu drei aus den Tagen von Dolsk. Neunmal riesiges Glück gehabt…
Heute Nacht nun haben sie einen Posten erschossen. Kopfschuss. Von einer einzelnen MG-Garbe, vielleicht von einem genau eingerichteten sMG. Wir müssen also mehr Wechselstellungen bauen und beziehen. Der ganze Tag ist überschattet, obwohl die Sonne wieder leuchtet. Ich ermahnte die Posten zu besonderer Wachsamkeit, auch am Tage. Die Stellungen der Russen sind in dem verfilzten, welken Kartoffelkraut trotz Fernglas kaum zu erkennen, aber wir müssen endlich mal die Stände der einzelnen Schießer herausfinden, die Tag und Nacht in ganz unregelmäßigen Abständen teils wild in die Luft, teils genau gezielt herüberschießen.
Dass so etwas immer gleich zu Anfang passieren muss. Damals am Dürren Heinrich die Tragödie mit den Pionieren, jetzt nach der langen Pause dies. Ich muss erst wieder lernen, wie nahe auch mir der Tod hier draußen ist.

Bei Zawichost, Mittwoch, 13. September 1944

Allmählich ist mir nun die Geographie dieser Ecke einigermaßen klar geworden. Von unserem Gefechtsstand aus haben wir über die Mulde hinweg an diesen warmen, sonnigen Herbsttagen manchmal eine wundervolle Fernsicht bis fast hinauf nach Annapol im Norden, wo es öfter mal rummelt und blitzt. Nicht allzu weit von uns liegt das fast menschenleere Städtchen Zawichost, aus dessen Häuserresten die Landser der näheren Umgebung die tollsten Sachen wegschleppen, Bretter, Balken, Nägel, Spaten und Beile, kurz alles, was für den Ausbau der Stellung verwendet werden kann, aber auch manchen Trödelkram zur sinnigen Verzierung ihrer Erdlöcher. Während wir in dieser Gegend auf dem Steilufer der Weichsel sitzen, ist es weiter nördlich umgekehrt, und eigentlich müssten uns die Russen von Annapol aus auf dem Donnerbalken sitzen sehen können.
Jenseits der Weichsel habe ich bisher nur ganz selten mal Menschen beobachtet, allenfalls mal Bauern, die mit Sensen etwas Korn mähten und dann wieder auf klapperigen Wägelchen in den Wäldern untertauchten. Sonst nichts Lebendes außer Störchen und anderen Wiesenvögeln. Auch die Sandbänke in der Weichsel, die teilweise Büsche und Bäume tragen, liegen tagsüber tot und verlassen im trübe glitzernden Wasser. Aber jede Nacht wird es dort unten lebendig, wenn die Späh- und Stoßtrupps unterwegs sind und sich um die Inseln balgen. Dann fatscht es auch aus den Wiesen am jenseitigen Ufer herauf und über unsere Gräben hinweg, dann bolzt sogar manchmal eine Pak aus den Wäldern heraus ein paar Löcher in die Uferwände. Und es liegen bestimmt auch am Tage die Beobachter der Russen hinter Büschen und dickem Gras am Telefon und lauern. Der Frieden dieser goldenen Spätsommertage ist nicht echt, so gern man es auch glauben möchte, und wann er zu Ende geht, bestimmen die Russen, nicht wir. Die Zeiten sind vorüber.
So ungefähr ist mir inzwischen auch klar geworden, wie sich das traurige Theater seit dem 18. Juli abgespielt hat.
Alles in allem ist wohl die ganz große Katastrophe auf diesem Rückmarsch von Kowel nicht eingetreten. Aber es hat eben doch böse Fluchterscheinungen gege-

ben, eine Artillerie-Abteilung der Division soll völlig verloren gegangen, ein Regiment zum größten Teil aufgerieben sein. Dazu natürlich viel Gerät zum Teufel und starke Verluste durch den ungeheuren Fliegereinsatz der Russen bei Tag und Nacht. Eine andere ID hat es wohl noch übler erwischt, deren und unsere Reste sind als eingekesselte Kampfgruppe durch die Lande gezogen. Unser Divisionskommandeur ist inzwischen Generalleutnant geworden und hat im August das Eichenlaub gekriegt, wohl wegen der ersten Tage bei Dorsk.

Bei Zawichost, Donnerstag, 14. September 1944

Während meiner nächtlichen Streife fiel im rechten Abschnitt der zweite Posten durch Kopfschuss. Erschüttert und voller Wut schleppten wir seinen blutüberströmten Leichnam zum Gefechtsstand. Was nützt der Trost, dass der Mann sofort tot gewesen sein muss und weder Angst noch Schmerz verspürt haben kann? Oder hat er es geahnt? Das gibt es ja bei vielen. Wir wissen es nicht, wir hassen nur diesen heimtückischen Tod aus der Dunkelheit und stehen ihm doch so ohnmächtig gegenüber.
Am Nachmittag hockte ich mich voller Rachsucht ein paar Stunden lang in den Graben und lauerte mit dem Gewehr auf Iwans. Zweimal kam ich zum Schuss, beide Male versackten die Köpfe blitzschnell hinter der Deckung und tauchten nicht mehr auf. Aber ob ich sie getroffen habe, kann ich nicht sagen.

Bei Zawichost, Freitag, 15. September 1944

Gleich nach Anbruch der Dunkelheit schossen sie uns den dritten Mann ab, wieder Kopfschuss. Dreimal Kopfschuss in vier Nächten, drei Tote trotz Stahlhelm und Wechselstellungen. Es ist zum Verrücktwerden. Ich glaubte schon, es hätte sich ein einzelner Iwan an die Posten herangeschlichen und sie aus der Nähe erschossen, aber in allen Fällen war das Feuer eindeutig von der Kommissbrothöhe gekommen. Die andere Kompanie hat eine Art Schock weg, keiner kann diese fürchterliche Serie von tödlichen Kopfschüssen erklären. Aber eine Folge zeigte sich noch in der Nacht. Der Iwan drüben hat jetzt keinen Pardon mehr zu erwarten. Wer sich von nun an dort blicken lässt, wird eiskalt aufs Korn genommen, Kopf um Kopf. Ich brauche niemanden mehr zu ermahnen. Von jetzt an geht es um ihre Ehre, um ihre Rache und nicht mehr um die Rolle Drops, die das Regiment für jeden einwandfrei abgeknallten Russen spendiert. Die drei Toten dieser letzten Nächte fordern Blut und das soll fließen, Tropfen um Tropfen. So erbittert wie in diesen Stunden waren wir wirklich nur selten.

Bei Zawichost, Sonntag, 17. September 1944

Gleich heute früh, als ich nach der Streife gerade zwei Stunden geschlafen hatte, schrillte das Telefon: Ich sollte sofort an meine rechte Grenze kommen, hoher Besuch im Anrollen, der Regimentskommandeur! Ich setzte also meinen Körper in Trab, traf den Kommandeur bei der letzten Gruppe und meldete ihm meinen Haufen. Wenig später kriegte er in dem erst flach ausgehobenen Graben von einem russischen Schießer um ein Haar ein Ding in die Mütze gefatscht. Das ging ihm wider die Natur. Als er sah, dass der Graben auch weiterhin erst sehr wenig ausgehoben war – es war das Stück, in dem es bisher noch gar keinen Graben gegeben hatte – kehrte er bald um und befahl, den Graben so schnell wie möglich auf über Mannstiefe zu bringen. Dem widersprach ich mit der Begründung, dann könne man ja vom Graben aus nichts sehen und hören, vor allem bei Nacht, doch dass interessierte ihn nicht, die Verluste wären zu hoch und so weiter. Jawohl, Herr Oberst, dachte ich mir, wir werden das schon machen, wie wir es für richtig halten. Zunächst kriegt der Graben jedenfalls nur Normaltiefe!

Bei Zawichost, Montag, 18. September 1944

Noch vor Mitternacht hatte der rechte Zug merkwürdiges Geraschel und Klappern und Stimmen auf der Kommissbrothöhe gemeldet, ja, sie meinten sogar Weiberlachen gehört zu haben. Ich meldete die Sache weiter. Etwas später begann unsere Ari auf die Höhe zu kleckern, immer schön unregelmäßig durcheinander, mal nah, mal fern. Man hörte tatsächlich allerlei undefinierbare Geräusche oben auf der Höhe, vielleicht schanzten sie dort oder zogen Stacheldraht. Unsere Ari und die Granatwerfer klotzten die ganze Nacht hindurch dazwischen, aber offenbar mit wenig Erfolg. Auch unsere Leute streuten hin und wieder das Gelände da oben mit ihren MGs ab, doch die meisten Garben verfingen sich wahrscheinlich irgendwo im hohen Korn, ohne viel Schaden anzurichten. Wer nicht auf Posten stand, buddelte wie in allen Nächten vorher den Graben tiefer. Erst gegen Morgen verlor sich die allgemeine Unruhe, es wurde wieder still ringsum und die Sonne verjagte endgültig den nächtlichen Spuk.
In unserer Stellung ist am hellen Tage ein Überläufer erschienen, ein ganz junger Kerl, erst einen Monat Soldat, offenbar frisch in den neu eroberten Gebieten eingefangen. Er erzählte, dass noch mehrere Überläufer kommen wollten, sie hätten nur alle so viel Angst vor den Minen. Und den Spektakel in der Nacht hätte ein großes Arbeitskommando von Männern und Frauen gemacht, die vor den russischen Gräben Löcher für Minen hätten ausheben müssen.
Endlich konnte ich somit mal ein positives „besonderes Vorkommnis“ melden, einen Überläufer, und die Aussicht auf weitere.
Nicht immer nur Tote.

Bei Zawichost, Donnerstag, 21. September 1944

Gestern, kurz nach Einbruch der Dunkelheit, rief ein Überläufer aus dem Vorfeld eine unserer Streifen an und hopste dann sichtlich erleichtert über den Graben. Auch er ein Milchbart und erst seit kurzem Soldat.
Im Morgengrauen hüpften heute abermals zwei erdbraune Gestalten über den Graben, der eine sogar mit „Geil Gitlärr!!“ Beide freuten sich, dem Iwan von der Schippe gesprungen zu sein, und kündigten gleich zwei weitere Towarischi an,

die schon vor dem Graben im Vorgelände lägen und sicherlich in der Abenddämmerung kommen würden. Nun, uns sollte es recht sein.
Als vorhin das Essen verteilt wurde und ich mit Schmidt über dem elenden Papierkrieg brütete, brachten sie einen weiteren Überläufer herein, eine Viertelstunde später noch mal zwei – alles blutjunge Ukrainer, denen die Freude aus den Gesichtern strahlte. Die beiden letzten waren sogar aus den weiter rückwärts liegenden Granatwerferstellungen der Russen verduftet und hatten schon eine halbe Nacht und den ganzen Tag nicht weit vor unserem Graben im dichten Korn gelegen. Nun berichteten sie empört von den Lügen der Kommissare, wonach alle Überläufer und vor allem alle Gefangenen bei uns sofort erschossen würden. „Germansky charascho, nix totschissen, Russki nix gutt, Russki kapuut!!“ Ja, diese Sprüche kennen wir, aber fast alle Gefangenen und Überläufer raspeln wohl erst mal Süßholz, um für eine harmonische Übergangsatmosphäre zu sorgen. Diese Jünglinge glaubten vielleicht wirklich, was sie sagten, sie freuten sich jedenfalls so jungenhaft und unbekümmert, wie ich es bisher noch nie erlebt habe.

Bei Zawichost, Freitag, 22. September 1944

Schmidt blieb gestern beziehungsweise heute noch bis 4 Uhr früh bei uns. Bis Mitternacht machten wir gemeinsam eine ausgedehnte Streife von Mann zu Mann durch den ganzen Abschnitt und danach besprachen wir noch allerlei dienstlichen und persönlichen Kram. Beim Hellwerden lud Schmidt dann die drei Überläufer auf seinen Wagen und juckelte mit ihnen nach Hause zum Tross.
Der Tag ging dann hin mit allerlei hässlichem, ungewohntem Papierkrieg; Vernehmungen, weil ein Posten von der Streife des Nachbarn halb oder ganz schlafend angetroffen worden ist, und anderer Mist dieser Art. Aber unser Graben ist nun wenigstens auf ganzer Länge hinreichend tief ausgeschachtet. Kein Wunder, dass nach solchen nächtelangen Schwerstarbeiten ein Posten mal einpennt. Aber da so etwas ja verboten ist, muss der junge Herr Leutnant von nebenan die Geschichte natürlich sofort an die große Glocke hängen, anstatt mich erst mal vertraulich zu informieren. Der Jüngling ist offensichtlich viel zu schnell Offizier geworden und hat selbst zu wenig auf Posten gestanden und geschaufelt. Aber die Herrschaften kriegen ja jetzt wegen des hohen Ausfalls bei den Offizieren immer gleich eine Kompanie in die Hand gedrückt und wundern sich, dass keiner sie für voll nimmt. So müssen sie denn befehlen und schreien und melden und sacken trotzdem immer weiter ab, bis ihnen mal einer von den alten Hasen eine Handgranate vor die Füße schmeißt.
Am Nachmittag wurde plötzlich aus heiterem Himmel Alarmbereitschaft und volle Grabenbesetzung befohlen. Man hatte Funksprüche abgehört, wonach der Russe einen Angriff plant. Nun geht also auch das Theater wieder los.

Bei Zawichost, Sonnabend, 23. September 1944

Gestern Abend hörten wir ab 10 Uhr zwar wieder allerlei Geräusche auf der Kommissbrothöhe, doch die klangen so ähnlich wie neulich nachts, als die Minen gelegt wurden. Sicherlich wirkte auch jetzt wieder ein ähnlicher Verein da oben. Wir meldeten auch umgehend den Tatbestand, nahmen ihn aber nicht tragisch und nachdem selbst die kritische Morgenstunde viel stiller als die Nacht vorübergegangen war, legte ich mich beruhigt schlafen.

Das Wetter hat sich im Laufe der Nacht hässlich verschlechtert, aber dafür habe ich eine ganz große Freude: Der gesamte Haufen, so wie er vorn im Graben steht, nennt sich ab sofort zweite Kompanie unter meiner Führung und mit Schmidt als Spieß und unseren Trossleuten als einzigem Tross. Das Durcheinander mit vier Spießen in einer Kompanie hat damit ein Ende, und mein Haufen besteht zu 90% aus den gewieftesten Kriegern des alten Bataillons.

Das Divisions-Füsilier-Bataillon wird weiter hinten neu aufgestellt und aller Ersatz außer den Leuten der früheren zweiten Kompanie geht nur noch zu den drei anderen Kompanien. Diese Entscheidung ist sicher hart für alle, die gern wieder als bewährter Stamm zu ihren früheren Einheiten zurückkehren würden. Aber andererseits ist es sehr fraglich, ob die Kompanien, die nun wieder aufgestellt werden sollen, die alten Kompanien sein werden. Zu viele von den Alten werden nie wiederkehren.

Da ich von diesem Befehl genauso überrascht wurde wie die ganze Kompanie, konnte ich den Männern wenigstens reinen Gewissens sagen, dass nicht ich sie heimtückisch in unserer zweiten Kompanie festgenagelt hätte. Da es aber auch Leute gibt, denen es wurscht ist, wozu sie gehören, und wieder andere, die aus den verschiedensten Gründen nicht böse sind über den eingetretenen Tapetenwechsel, hoffe ich trotz allem auf ein schnelles und gutes Zusammenwachsen des Haufens. Jetzt herrscht wenigstens Klarheit und solange der Iwan friedlich bleibt, haben wir hier vorn in der Stellung bestimmt ein freieres Leben als die neuen Kompanien, die man sicher gehörig schleifen wird. Einig sind wir uns auch in der Freude darüber, dass unser Divisionsbataillon nun doch nicht irgendwo untergebuttert wird, sondern neu erstehen soll, und zwar sogar mit acht sMGs je Kompanie! Als Rückgrat der Division!

Bei Zawichost, Montag, 25. September 1944

Heute Morgen begann es nach langer Zeit mal wieder zu regnen.

Der Tag schleppte sich träge und grau zwischen Schlamm und Wolken dahin. Die menschenleeren Gräben verloren sich hoffnungslos in den Feldern, die wenigen Posten standen verhüllt und schweigsam im Rauschen des Wassers. Herbststimmung in Reinkultur. Aber die Fliegen bissen nicht so gemein, das war schon viel wert.

Bei Zawichost, Dienstag, 26. September 1944

Bei herrlichstem Wetter stromerte ich heute den ganzen Tag in der HKL umher, lauerte auf Iwans und kümmerte mich um den Kleinkram, für den man ja letzten Endes auch verantwortlich ist: Bunkerbau, Sauberkeit des Lokusses, Ausbau der Postenstände, Einsammeln der Munitionshülsen, Ablauf des Wassers in den Grä-

ben, ordnungsgemäßer Anzug der Posten, Sichtverhältnisse, Feindbeobachtung, Verbindung zum Nachbarn, Reinigung und Pflege der Waffen und hundert Dinge mehr.
Nachmittags kam Major Sucker durch die Stellung, ein Mann nach meinem Geschmack. Keine kleinlichen Nörgeleien, Sinn für das Wesentliche, Verständnis für andere Meinungen, klare, schnelle Entscheidungen. Ein souveräner Kerl mit Humor. Selbst den ärgerlichsten, dienstlichen Käse mit ihm zu besprechen ist eine Freude, weil er auch selbst was auf seine Kappe nimmt. Er erinnert mich in vielem an Meyer und Röder. Ja, wenn Meyer jetzt unser neues Bataillon kriegte! Oder wenn Röder noch lebte! Aber Wißmann existiert noch irgendwo in der Heimat.
Beim rechten Nachbarn sind in der letzen Nacht sogar fünf Überläufer auf einen Schlag gekommen. Viel Freude hat der Iwan nicht an seinen jungen Spunden.

Bei Zawichost, Mittwoch, 27. September 1944

Über Nacht schlug das Wetter um, gewittrige Stimmungen hingen in der Luft und die Fliegen wurden frech und backig wie nie zuvor. Wir inszenierten schließlich eine grausame Verfolgungsjagd mit nassen Handtüchern, Feuer und Rauch und konnten nach einer halben Stunde auch ein Viertelpfund Fliegenleichen von Decke und Wänden zusammenkratzen, aber kurz darauf summten und brummten neue, kampfkräftige Geschwader im Bunker, bis auch die nach wilder Schlacht ausgerottet waren. Vier Angriffswellen und einiges Mobiliar kriegten wir bis zum Nachmittag kaputt, danach waren auch wir fertig und resignierten.
Ich teilte anschließend die Posten im Graben so ein, dass bei Nacht immer vier Mann eng beisammen stehen. Wenn auch die Stellung hier ungewohnt ruhig und im Vergleich zu Kowel und Dolsk erholsam, ja geradezu harmlos erscheint, und wenn sie uns bisher auch noch keinen geklaut haben, so kann der Iwan doch jede Nacht zuschlagen. Aber vier Mann wollen doch erst mal überwältigt sein. Die Abstände zwischen den einzelnen Postengruppen wurden nun zwar nicht doppelt so groß wie bisher, weil auch bisher schon je zwei Doppelposten verhältnismäßig dicht beieinander standen, aber sie scheinen doch größer und die Streifen müssen in den langen, unbesetzten Abschnitten noch aufmerksamer sein.

Bei Zawichost, Sonnabend, 30 September 1944

Vorgestern Abend endlich Post, einen ganzen Haufen! Aber aus Parchim nur Trauriges. Mutter ist am 13. September hingefahren, weil Großvater sie so gern sehen wollte. Er ist schrecklich matt und elend, oft teilnahmslos, bleibt manchmal im Bett; Großmutter nur noch ein Strich.
Vor allem die Nachrichten aus Parchim gehen mir nicht aus dem Kopf. Es sieht doch ganz so aus, als verlöschten dort allmählich die altvertrauten Lichter. Die geliebte Heimat wird es jedenfalls nicht mehr sein, wenn ich einst noch mal dorthin zurückkehren sollte.

Bei Zawichost, Sonntag, 1. Oktober 1944

Gestern Abend meldete sich freudestrahlend Schmidt – jetzt endlich ist er vom Oberfeldwebel zum Hauptfeldwebel, also zum richtigen Spieß mit zwei Kolbenringen befördert worden. Wir gingen zusammen eine wunderschöne Vollmondstreife. Iwan war etwas nervös und ballerte ziemlich viel. In der zweiten Nachthälfte ließ er sogar einen Lautsprecher dröhnen, gerade als wir unten in der Schlucht standen und die Kommissbrothöhe vor uns wie ein unheimlicher Buckel im fahlen Licht emporragte. Diese Stellung ist ja zu jeder Stunde und überall interessant und abwechslungsreich wegen der ziemlich großen Höhenunterschiede. In dunklen Nächten, wenn man kaum die Hand vor Augen sieht, ist es ein gemeines Gefühl, in die scheinbar bodenlose Schwärze der Schlucht hinunterzusteigen, wenn der Nachtwind von der Höhe zur Weichsel hinabstreicht und das Korn rascheln und rauschen lässt, als glitten Gestalten hindurch. Man spürt nur mit den Sohlen das Gefälle des Hanges im Graben, rechts oben ahnt man den Riesenschatten der Höhe und man tappt leise weiter, die Waffe im Anschlag, die Ohren lauern auf das kleinste Knacken, aber es ist nur der Wind oder das eigene Knie. Dann ist man endlich ganz unten, eingeklemmt zwischen den Flanken der Mulde, im Zentrum der Finsternis und des Rauschens. Dort wäre man wehrlos, wenn ein Stoßtrupp über einem am Hang lauern sollte. (Bild 58)
Noch vorsichtiger pirscht man sich an der anderen Seite der Schlucht wieder empor, ganz still ist es auf einmal, bis jäh der unsichtbare Posten ruft oder Schatten entgegenkommen – die andere Streife. Man weiß so genau, wo die Posten stehen und wie die Streifen laufen, aber in solchen Nächten fährt man doch immer wieder zusammen vor Schreck, wenn wie aus der Erde halblaut „Kennwort!!" gezischt wird oder sich etwas Schwarzes bewegt. Erst im flüsternden Gespräch beruhigt sich das pulsende Herz.
Im rechten Teil des Kompanieabschnitts steigt das Gelände nur ganz allmählich und stetig an. Dort könnte ein russischer Stoßtrupp zwar im Korn oder in den rubbeligen Kartoffelfeldern Deckung suchen, dort können aber auch unsere MGs und MPis ganz anders dazwischenhalten und den Iwan 400 m weit bis in seinen Graben heimbegleiten. So haben wir alle den rechten Teil der Stellung bisher als den harmloseren angesehen, zumal dort auch wohl mehr Minen liegen. Aber von den Überläufern ist keiner hochgegangen. Typisch.
Für alle Ängste in den stockdunklen Stunden entschädigen uns dann die hellen Vollmondnächte. Da liegt die Schlucht fast so offen wie am Tage zu Füßen des nächtlichen Wanderers, drüben erkennt man sogar den weißlichen Rauch, der aus dem Bunker der letzten Gruppe kräuselt, unter uns glitzert romantisch die silberne Weichsel und die Wälder drüben in der Ferne stehen lautlos bis an den blauen Himmelsrand. In solchen Nächten möchte man einen guten Freund bei sich haben und über Tod und Leben philosophieren, vor allem über den Tod, der uns so oft begegnet ist und der mir dennoch so fremd geblieben ist wie an jenem Tage, da ich die ersten gebrochenen Augen sah. Es war der unbekannte Pferdeführer, dem wir auf der Hochebene vor Pirot sein Grab schaufelten. Wie endlos lange liegt das zurück – wie uralt müssen wir sein? Und wie lange werden wir noch zu leben haben? Es wird schon wieder Winter. Die hellen Nächte sind schon lausig kalt.

Bald sollen Filzstiefel und Winteranzüge kommen. Und wir sammeln und hacken täglich Holz, damit die Öfen brennen. Aber jeder hat das Gefühl, dass trotzdem der Ofen bald aus sein wird. Wir stehen jetzt mit dem Rücken an der Wand und Iwan schleift die Messer.

Nach zwei Stunden Schlaf wurde heute früh dringend mein Typ am Apparat verlangt: Oberst Hansen wollte wissen, ob mein neuer Gefechtsstand fertig sei. Er hatte schon vor Tagen befohlen, ich solle 400 m hinter dem Graben einen neuen Gefechtsstand bauen, um von dort aus besser „führen“ zu können. Ich hatte ihm entgegnet, ich hielte es für viel wichtiger, wie bisher dicht hinter dem Graben zu hausen, um bei Alarm mit der Reservegruppe schnellstens im vordersten Graben sein zu können. Aber er hielt davon nichts und wiederholte seinen Befehl. Ich hatte es aber langsam angehen lassen und so hatten wir zwar in der letzten Nacht begonnen, ein Loch zu buddeln, aber das war auch alles. Nach einigem Palaver kriegte ich einen neuen Termin bis Donnerstag gesetzt. Als ob dieser Bunker die wichtigste Sache der Ostfront wäre. Nun, gut, dann wird eben nicht im Graben geschanzt. Mehr sollen die Männer jedenfalls nicht arbeiten müssen, sie haben genug an Schinderei zu leisten.

Vorhin am späten Nachmittag suchte mich Leutnant Seidel heim, der Ordonnanzoffizier von Sucker und gleichzeitig Stellungsbau-Offizier des Bataillons. Es soll nun, nachdem der erste Graben durchgehend fertiggestellt ist, ein zweiter Graben mit vielen Verbindungsgräben zwischen den beiden geschaufelt werden. Es ist zwar niemand greifbar, der jemals diese rückwärtigen Gräben besetzen könnte, aber da der Russe fast überall zwei Gräben hat und der deutsche Soldat laut Himmler alles noch besser kann, besonders in dieser Hinsicht, dürfen wir uns natürlich nicht lumpen lassen. Und die Leute müssen ja beschäftigt werden.

Zwei Stunden lang kabbelte ich mich mit Seidel um die Linienführung des zweiten Grabens.

Nach eineinhalb Stunden hatte ich ihn endlich überzeugt, theoretisch mit schönen Malereien auf dem Papier, zuletzt auch in der Praxis draußen im Gelände, wo ich ihn in der Abenddämmerung frei über die Felder schleifte, ohne dass uns die Iwans von der Kommissbrothöhe aus beaasten.

Ehe er dann von hinnen zog, legte er mir als Punkt zwei seines Auftrags noch ein böses Ei ins Nest: Bis morgen Abend soll ich laut Regimentsbefehl ein Stoßtrupp-Unternehmen ausarbeiten mit dem Ziel, Gefangene einzubringen. Ausgerechnet uns als „Gast“-Kompanie, als Rest eines selbstständigen, fremden Bataillons, pickt man sich dafür heraus. Wenn es um Marketenderware geht, „vergisst“ man uns und nur mit Mühe kriegen wir endlich acht Tage später den Kram, doch man „leiht“ sich Radios aus, die nicht wiederkommen, man kommandiert einzelne Spezialisten aus der Kompanie heraus zu den entsprechenden Einheiten des Regiments – kurzum, wenn es etwas zu melken gibt, erinnert man sich liebevoll an uns, und ebenso wenig vergisst man uns, wenn so unschöne Sachen wie ein Stoßtrupp zu machen sind. Mit Oberst Hansen und erst recht mit Major Sucker persönlich kann man prima zurechtkommen, aber die Bürokratie dieses Haufens ist im Kleinen schäbig und zäh. Sie geht den Weg des geringsten Widerstandes und der führt über uns, über den kleinen Leutnant des unterstellten Haufens ohne Kommandeur. Es wird verdammt Zeit, dass wir wieder einen eigenen Kommandeur kriegen, der unsere Interessen mit der nötigen Wucht vertreten kann. Nun,

die Hoffnung darauf dürfen wir ja hegen.
Aber die Sache mit dem Stoßtrupp ist mir doch schwer auf den Magen geschlagen. Typisch, jetzt, da sich die Russen hinter Minen und Stacheldraht eingeigelt haben, fallen den Herren oben wieder die Stoßtrupps ein. Der erste Graben ist ja fertig, der zweite so gut wie geplant, die Leute müssen beschäftigt werden – machen wir also mal einen schneidigen Stoßtrupp! Sie lernen nichts dazu und sind sicher noch wer weiß wie stolz darauf, dass sie uns in ihrer Großmut so lange nicht behelligt haben.
Als ich im Dustern von meiner rechten Grenze aus, wo ich mich von Seidel verabschiedete hatte, mit bedrückenden Gedanken heimwärts ging und dann wieder in den warmen Mief des Gefechtsstandes trat, fröstelte mich trotz der vielen leckeren Bratkartoffeln mit Zwiebeln, die Rücker Karl in bewährter Meisterschaft bereitet hatte. Aber es lag wohl weniger an der Nachtkälte, die nun immer spürbarer wird, sondern an dem blöden Stoßtrupp.

<u>Bei Zawichost, Dienstag, 3. Oktober 1944</u>

Schon am frühen Vormittag meldete sich Sucker gestern wegen des Stoßtrupps an. Er wollte das Gelände beäugen und den ganzen Kram mit mir vorbesprechen. Jawoll, Herr Major. Wieder nur vier Stunden Schlaf. Ich war sauer und ließ ihn das auch spüren. Aber wir mussten nachmittags zum Chef und so half das denn leider nichts.
Beim Oberst hockten wir fast fünf Stunden lang beieinander, nun mit den Herren von der Ari, der Pak und den Granatwerfern. Zum Schluss hatten wir einen Haufen Notizen zusammen, die ich dem Schreiber des Bataillons gleich in Form eines Befehls in die Maschine diktieren musste. Wie durch ein Wunder fand das Machwerk Gnade vor den Augen der hohen Herren. Bis auf Tag und Stunde sind seitdem alle Einzelheiten des Unternehmens befohlen. Der genaue Zeitpunkt hängt nur noch vom Wetter und von der Feindlage ab. Der Stoßtrupp selbst soll für zwei Tage und Nächte aus der Front herausgezogen werden und beim Tross mit allen Raffinessen üben.
Gegen 11 Uhr abends stand dann plötzlich Schmidt mit einem Fahrer in der Bunkertür: Er wollte gern mit mir auf Streife gehen, wegen des Stoßtrupps! Das nahm ich mit Freuden an, weil er die meisten Männer viel besser kennt als ich. Es regnete nicht mehr. Wir stapften daher schon bald gemeinsam mit den Meldern los durch die matschigen Gräben und fragten jeden, ob er Lust hätte, freiwillig den Stoßtrupp da oben hin mitzumachen. Ich sagte ihnen ganz offen, dass ich eine Freiwilligenmeldung erwarte, wir müssten aber auf jeden Fall rund 20 Mann stellen, der und der wäre bestimmt dabei, so und so sei die Sache geplant, und bis zum Morgen müsste ich Bescheid haben. Da gab es unzertrennliche Kumpel, regelrechte „Gespanne", die sich sofort bereit erklärten, andere, die wohl mitmachen würden, wenn der oder jener auch dabei wäre, und wieder andere, die offen und grinsend äußerten, freiwillig täten sie nichts mehr, das hätten sie sich schon vor Jahren geschworen.
Heute früh mit den Morgenmeldungen über Muniverbrauch, Beobachtungen und so weiter kamen auch die Freiwilligenmeldungen der Züge: 14 Mann von insge-

samt rund 40 meldeten sich freiwillig, das heißt, jeder dritte. 14 Mann. Ich konnte es kaum glauben. 14 Freiwillige für einen Stoßtrupp, 14 alte Füchse, die wissen, was das bedeutet. So etwas gibt es also noch im sechsten Kriegsjahr! Nun brauchte ich nur noch wenige Leute zu bestimmen, vor allem ein paar Gruppenführer für die einzelnen Trupps innerhalb des Stoßtrupps. Ich bin wie verwandelt, ein wenig stolz irgendwie, aber auch etwas fassungslos, dass es so etwas überhaupt noch gibt. Und dann gleich 14 in dieser einen, zusammengestoppelten Kompanie…
Wieder bleiben mir nur drei bis vier Stunden Schlaf, denn ich musste wieder zum Regiment, um endgültig zu klären, ob und wann der zugesagte Ersatz für meine 20 Mann Stoßtrupp, das heißt, für die halbe Kompanie, überhaupt erscheinen würde. Diese Frage war telefonisch einfach nicht klarzukriegen. Vor Ort waren meine Sorgen dann auf einmal unbegründet. Als Ersatz sollten von allen Bataillonen des Regiments erprobte Leute abgestellt werden, die sich auch tatsächlich im Laufe des Nachmittags kleckerweise meldeten.
Als es dunkel geworden war, versammelte sich das Stoßtrupphäufchen munter schwatzend am Gefechtsstand. Sie kommen nun erst mal für zwei Tage zum Tross und können sich dort ausschlafen. Das allein ist vielleicht manchem im letzten Winkel seiner Seele einen Stoßtrupp wert. Ich gönne ihnen das Vergnügen – sie haben sich freiwillig gemeldet und sollen wenigstens etwas davon haben. Unter Führung ihres Oberhirten Iglhaut trollten sie vorhin ab in die Nacht, zum Tross. Zwei Nächte ohne Wache!

Bei Zawichost, Freitag, 6. Oktober, 1944

Nach dem Abmarsch des Stoßtrupps hatte es noch in der Nacht begonnen zu pladdern. Unter tiefen, schweren Wolken saugte sich die Erde abermals voll Wasser. Die Streife in der Finsternis war eklig gewesen, das Rauschen des Regens verstärkte noch die dunklen Ahnungen, unter denen man schon bei trockenem Wetter leidet, wenn man ringsum Geraschel und Flüstern im Korn zu hören meint. Aber die Russen sind hier offenbar wirklich friedlich; nicht einmal die Posten, die die ganze Nacht hindurch in die Finsternis starren und lauschen müssen, haben in letzter Zeit etwas Verdächtiges bemerkt. Damit tröstete man sich dann nur zu gern.
Ich musste vorgestern schon am Vormittag, nach wieder nur fünf Stunden Schlaf, hoch um erst zum Bataillon, dann zum Tross und von da zum Regiment zu latschen, weil doch noch allerlei Kleinkram wegen des Stoßtrupps zu klären war.
Nachdem ich soweit alles geregelt hatte, konnte ich endlich auch zu meinen Stoßtrupplern aufbrechen, die ich in einem kleinen Tal beim Üben mit scharfen Handgranaten antraf. Zur praktischen Erprobung des Anschleichens und der Verteilung der einzelnen Trupps hatten sie einen naturgetreuen, sauber getarnten Graben quer durch die Senke gebuddelt. Als es dann ganz duster geworden war, stellte ich mich mit Schmidt in dem schmierigen, halb abgesoffenen Graben auf die Lauer. Es schiffte noch immer, der Wind jagte einem die Tropfen in den Nacken und man sah nicht die Hand vor Augen – ein ideales Wetter zum Anschleichen. Mit klappernden Zähnen warteten wir Minute um Minute auf Schatten, die irgendwo auf uns zukriechen mussten, kaum sichtbar in dem Sumpf von Schwär-

ze ringsum und über uns. Sie hatten die Gesichter geschwärzt und alles Blanke verhüllt, aber die Augen musste man ja erahnen können, die schmalen, weißen Schlitze, man musste ja auch irgendein leises Klappern und Knacken oder Schurren hören, wenn sie sich vorwärtsschoben in Gras und Sand. Und doch – kein Laut außer dem Klimpern der Tropfen und dem Singen des Windes am Stahlhelm, den wir wegen des Regens trugen. Keine Bewegung im Gras, nichts. Bis ich dann schauerlich zusammenzuckte, als urplötzlich riesige schwarze Vögel lautlos auf mich zustürzten und blitzschnell mit dumpfem Poltern in die Tiefe des Grabens fielen, wo sich der Spuk in lautes Lachen auflöste. Sie hatten uns längst gesehen, vor allem meine Brille, und freuten sich diabolisch über das Gelingen der Überrumpelung.
Nun war mit Recht Feierabend. Mit ein paar Leuchtkugeln machten wir Licht in der Scheißfinsternis und tippelten dann in unseren versauten Klamotten ins Quartier am Rande des Dorfes. Dort hatte Schmidt für eine Extraverpflegung gesorgt, Schnaps stand in Massen bereit, Kapol war gekommen, der alte Knabe und Kampfgenosse, und dann dauerte es nicht lange, bis wir notdürftig gesäubert in Hemdsärmeln um die Tische saßen und die Pullen kreisen ließen. Der Braten schmeckte, im Ofen bullerte das Holz, vor Tabaksqualm sah man bald kaum noch den Nächsten, aber der Rubel rollte doch. Kameraden, uns soll der Iwan erst mal kommen – wir werden weitermarschieren, solange der Schnaps noch fließt! Ach, sie waren so herrlich aufgekratzt und in Fahrt. Wann hatten sie zuletzt so unbeschwert beieinander gesessen? In Mogilew?
Und dann stand plötzlich wie ein Geist der gute Kober in der Tür. Kober, der in Sosnowka mit mir noch die beiden Pferde hatte holen wollen, als der Doktor und ich das Ding abkriegten – „Mensch, Kober, Sie machen gleich wieder Kompanietruppführer, ich hab ja keinen! Der alte Kober – er lebe hoch!“ Und als später die ersten langsamer guckten, rückte Kapol mit dem Befehl des Kommandeurs heraus, der Stoßtrupp solle noch einen Tag länger im Hinterland bleiben und üben! „Das Regiment und sein Kommandeur – sie leben hoch!“, grölten sie im Chor, und der Schnaps war immer noch nicht alle…
Aber für mich war gegen Mitternacht Zapfenstreich. Leutnant Seidel hockte ja bei mir im Gefechtsstand und hielt die Stellung.
„Kober, wir müssen los, komme, was da wolle!“ Also geschah es. Unsagbar schwer fiel uns der Abschied, die Nacht war so kalt und finster und windig. Die anderen konnten in dem warmen Mief immer weiter saufen, wir aber mussten durch knöcheltiefe Pfützen und immer hügelauf und hügelab. Gut, dass wir zu zweit waren; einer allein wäre dort glatt ersoffen, aber im dreckigen Wasser, nicht im Alkohol, ein schauriger Gedanke…
Irgendwann fanden wir dann unser Loch wieder. Seidel konnte es sich nicht verkneifen, ein paar sehr unpassende, um nicht zu sagen ehrenrührige Bemerkungen über unseren Zustand aus seinem Munde fahren zu lassen, aber schuld war ja schließlich die blöde Schnapsidee seines Regiments, ausgerechnet von unseren Leuten einen Stoßtrupp machen zu lassen. „Ihr schmeckt uns schon lange!“, konnte ich ihm noch mit Mühe nachrufen, als er ging. Aber trotzdem, nun saßen wir wenigstens im Trockenen und er durfte noch über die nassen Äcker heimwärts pinschern.
Nach der anstrengenden Nachtübung schlief ich erst mal schön aus und zum

Glück schreckte mich auch niemand aus meinem Schlummer auf. Am Nachmittag beteiligte ich mich mit weisen Reden am Bau des neuen Gefechtsstandes, der ja gestern fertig werden sollte. Aber das haben sich die Herren so gedacht! Es sind immerhin zwei Bunker zu bauen, einer für den eigentlichen Gefechtstand mit Meldern, Telefon und mir, und daneben der für die Reservegruppe.
Am späten Nachmittag erschien ein Trupp Pioniere, der bei Dunkelheit eine Minengasse für den Stoßtrupp freimachen sollte, sofern an der vorgesehenen Stelle überhaupt Minen lägen. Minenpläne gibt es nicht; man wusste also weder über Minenart noch -lage etwas. Als es dann dunkel genug geworden war, führte ich die Pioniere zu der Stelle des ersten Grabens, an der der Stoßtrupp aussteigen soll. Mir war gar nicht wohl in meiner Haut, weil ich ja schon zu oft erlebt habe, dass die Pioniere auf die genau bekannten Minen getreten und grässlich zerstückelt worden sind. Und hier wusste man überhaupt nichts. Mit unendlicher Sorgfalt tasteten sich die Männer durch das nachtschwarze Gras und Kartoffelkraut. Schon drei Meter vor dem Graben fanden sie die ersten Dinger, ganz unregelmäßig verlegt. Mit größter Vorsicht machten sie die erste unscharf, etwas später die zweite, die dritte. Ich stand hilflos mit Herzklopfen ein paar Schritte entfernt im Graben. Hoffentlich passierte nun nicht wieder was!
Nach vier Stunden nervenzerfetzender Arbeit gaben sie es auf. Sie hatten wohl zwei Dutzend Minen entschärft, aber ein Ende des Feldes war noch nicht abzusehen. Mir fiel nach und nach ein Stein vom Herzen, als sie alle wieder heil im Graben standen, aber auch, weil ich auf einmal ganz leise zu hoffen begann, die ganze Stoßtruppgeschichte könne vielleicht abgeblasen werden, wenn schon auf unserer Seite so viele wild verlegte Minen im Boden lauern. Aber so etwas zu hoffen widerspricht leider aller Erfahrung, leider. Dem deutschen Soldaten…
Die letzte Nacht war endlich wieder etwas heller, der Mond hing hinter dünneren Wolken und erleichterte das Schanzen und Bauen, das ja in keiner Nacht aussetzen darf. Die Gräben müssen an manchen Stellen noch verbessert werden, die Zugangsgräben zur zweiten Linie sind neu auszuheben und zu tarnen, überall in den langen, menschenleeren Stellungen sollen zusätzliche Panzerdeckungslöcher, Schützenstände und Unterschlüpfe gebuddelt werden, und nicht zuletzt hat jede Gruppe das Bestreben, ihren Bunker zu verstärken, zu sichern und auszubauen. Aber jedes Brett, jeder Balken und jedes Stück Stangenholz muss ähnlich wie in Kowel bis zu tausend Meter weit hergeschleppt werden; am schwersten ist es für die Gruppen jenseits der tiefen Schlucht. Es ist eine Schinderei neben dem stundenlangen Postenstehen, Streifelaufen und Essenholen, Waffenreinigen und Holzhacken. Die Tage sind jetzt schon kurz und die Nächte bedrückend lang und kalt. Schön, wenn dann wenigstens ein paar Stunden lang der Mond zu sehen ist.
In der vorletzten Nacht ist beim linken Nachbarn ein Unteroffizier durch die Weichsel zum Iwan abgehauen. Vielleicht erzählt der nun etwas von dem geplanten Stoßtrupp. Eine feine Sache.
Bald nach Mittag kehrte der Stoßtrupp frisch und ausgeruht aus seiner Sommerfrische zurück und die Ersatzkameraden konnten anschließend ebenfalls wieder zu ihren Haufen tippeln. Mit dem An- und Abmelden, Ablösen und Erzählen verging der Nachmittag, dann begann wieder der übliche Abendrummel mit Essenausgabe, Post und Papierkrieg. Unser Radio hakte, wie schon mehrmals in letzter Zeit, gegen Mitternacht aus und blieb auch stumm. Und ich haue mich

jetzt kurz entschlossen in die Koje, um endlich mal wieder ein paar Stunden am Stück zu pennen. Die Nacht ist hell – was soll also passieren? Ich habe die ganze Zeit hindurch immer viel zu wenig Schlaf gekriegt und bin sauer. Kompanieführer sind schließlich auch Menschen.

Bei Zawichost, Sonntag, 8. Oktober 1944

Gestern Abend kam Schmidt wieder mit dem Verpflegungsfahrzeug nach vorn, und wir machten gemeinsam eine ausgedehnte Streife durch den ganzen Abschnitt. Die Kommissbrothöhe schlief friedlich wie ein großer, zusammengerollter Hund im Mondlicht. Kaum mal ein Schuss, einmal ein kurzer Feuerwechsel unten an der stillen Weichsel. Eine göttliche Nacht, wenn nicht sonst alles so maßlos traurig wäre.

Bei Zawichost, Montag, 9. Oktober 1944

Am Nachmittag nahte endlich die festliche Stunde des Umzugs und Einzugs in den neuen Gefechtsstand, nebst Meldung ans Regiment. Wir hatten uns Schnaps aufgespart und ließen ihn nun gemäßigt durch die Kehlen rinnen, während ein richtig gemauerter und bunt bemalter Ziegelofen auch für genügend äußere Wärme sorgte. Ein großes Werk ist glücklich vollbracht, das Regiment hat seinen Willen – Prost, Kameraden!

Bei Zawichost, Donnerstag, 12. Oktober 1944

Unser neuer Bunker gefällt uns jeden Tag besser. Er ist größer und übersichtlicher als der alte, der in den stürmischen Wochen der mühsamen Frontstabilisierung mehr schlecht als recht hingehauen werden musste, und man fühlt sich auch noch freier als in der Mulde gleich hinter dem vordersten Graben. Kartoffeln haben wir seit jeher in der Mulde genug; in den letzten Tagen wurden die letzen ausgebuddelt und frostsicher in einem mit Stroh abgedeckten Erdloch gelagert. So stinkt es in den Bunkern fast immer nach Bratkartoffeln mit Zwiebeln, denn einer hat bestimmt immer Hunger.
Die Streifen dauern jetzt allerdings merklich länger. Oft gehen wir auf kürzestem Wege schräg über die Felder direkt zur rechten oder linken Grenze, dann den ganzen Graben entlang und ebenso schräg wieder zurück, während wir früher, weil der Gefechtsstand so dicht hinter der HKL lag, immer hin und zurück am Graben entlangliefen. Insofern gehen wir jetzt am Graben selbst oft nur halb so viel Streife wie früher, weil der Russe so lieb und der Mensch so faul und nicht tapferer als nötig ist.
Im Moment haben wir wirklich mal das große Los gezogen. Überall sonst ist Rabatz, in Ungarn, sogar im hohen Norden, in Jugoslawien, in Italien, bei Memel, sogar ostwärts Aachen, aber man kann nur noch zur Kenntnis nehmen, obwohl es nun doch um deutsche Städte geht. Wir können es nicht ändern, wir sind froh, dass wir unser bisschen Leben haben und auch mit dem ganzen 20.-Juli-Theater

nichts zu tun haben. Die Leute mögen sich gedacht haben, was sie wollen. Der Zeitpunkt war falsch, die Konsequenzen wären unabsehbar gewesen und niemals hätten sich die Herren von der Schuld freiwaschen können, Deutschland in den Abgrund gerissen zu haben. Dass jetzt vielleicht zu viel geschieht an Rache und Verfolgung, kann uns hier draußen nur wenig rühren. Hier sterben stündlich Männer, die den Krieg bei Gott auch nicht gewollt haben, sondern die seit Jahren samt ihren Familien nur seine ungefragten Opfer sind.

Bei Zawichost, Freitag, 13. Oktober 1944

Wieder etwas Post. Dieter ist nun in Jena gelandet zwecks Ausbildung zum „preußischen Korporal", wie er schreibt. Sechs Monate soll er angeblich dort bleiben. Dann ist immerhin der Winter vorüber.
11 Mann von 37 aus unseren beiden Abiturklassen 1939 sind nun schon gefallen, davon alle fünf Flieger. Werde ich überhaupt mal einen von meinem Jahrgang wiedersehen? Ein rührender Brief vom Vater des neulich gefallenen Hodnik. Er möchte wissen, wie es geschehen ist und möchte gern Bilder vom Grab. Hodnik war einer von den Oberkrainern, die es besonders schwer haben, weil sie Soldat sein müssen, obwohl man ihnen eigentlich nicht traut. Es sind ja „Volksdeutsche", bei denen man nie weiß.
Der Stoßtrupp ist offenbar ganz in Vergessenheit geraten, seit die Pioniere da waren. Sollte dies Unternehmen wirklich abgeblasen sein? Schade, dass man oben nicht nachfragen kann. Bloß keine schlafenden Hunde wecken!
Auf dem Balkan kämpfen sie bei Nisch und an der Morava. Erinnerungen an die verregneten Wälder bei Kragujewac, an die 200 Gefangenen bei Alexinac, an Pirot, an die fürchterliche Schneenacht in den Bergen.
Und in der Heimat ziehen sie jetzt die 16-Jährigen ein. 70% haben sich freiwillig gemeldet. Diesen Idealismus unserer Jugend werden die anderen nie begreifen; ohne ihn hätten wir alle dies auch nicht ertragen. Vom Verstand her hätten wir schon nach Stalingrad die Hände hochheben müssen.

Bei Zawichost, Sonnabend, 14. Oktober 1944

Unsere Scharfschützen haben in letzter Zeit mehrfach Erfolg. Fast täglich erwischen sie drüben einen Posten oder einen pelzbemützten Kopf, der unvorsichtig durch den Graben läuft. Man kann natürlich nie exakt sagen, ob das Opfer in den Gräben auf der Kommissbrothöhe tot oder nur verwundet oder gar nur blitzschnell untergetaucht ist. Aber fast immer haben die Posten nach dem Schuss andere Russen gesehen, die zu der Stelle liefen, an der es passiert war.
Wir haben noch immer nicht den Verlust unserer drei Kameraden verwunden. Seit ihrem Tod sind unsere Tagesposten hinter den Russen her, wo immer sie sich blicken lassen. Dass es hier sonst so ruhig, ja fast langweilig ist, gehört zu den Unbegreiflichkeiten dieses Krieges. Man möchte sich so gern darüber freuen, aber im Innern überwiegt doch die ständige Furcht vor neuen Prankenhieben der Russen, heute hier, morgen da. So wie sie sich hier jetzt schon so lange verhalten,

kennen wir sie gar nicht. Wir sind ihnen wohl einfach zu sicher.

Bei Zawichost, Sonntag, 15. Oktober 1944

Während des mittäglichen Wunschkonzertes setzte heute das Radio wieder unvermittelt aus und blieb stumm. Zu meiner Wut über diese neue Pleite passte genau ein Artikel in unserer Frontzeitung, worin ein Mensch vorschlug, man solle doch einen Grabenkämpfer-Ausweis schaffen, der den armen Frontschweinen beim Urlaub oder Lazarettaufenthalt in der Heimat allerlei Vorteile ermöglichen solle: Kein Anstehen in der Schlange, billige Eintritts- und Fahrkarten, Sonderlebensmittel und so weiter. So weit, so gut, aber dann zählte der Mensch die Truppen auf, die seines Grabenkämpferausweises für würdig erachtet werden sollten: Infanterie, Trosse, Panzer, Artillerie, Nebelwerfer, Pak und so weiter. Das heißt, überwiegend Leute, die höchstens mal für Stunden einen Graben von innen sehen, den im Zweifelsfalle noch die Infanterie gebuddelt hat.
Da platzte mir der Kragen; ich setzte mich hin und knallte dem Frontblättchen eine ziemlich wütende Entgegnung auf diesen Vorschlag hin, nach dem Motto: Wenn schon solch ein Ausweis, dann aber nur für Leute, die wirklich seit Jahren Tag und Nacht, sommers wie winters im Dreck der Gräben unter freiem Himmel vegetieren müssen, die keine Nacht schlafen und wirklich niemanden mehr vor sich haben außer den Feind. Aber nicht für die Besatzer der rückwärtigen Dörfer mit Betten und Öfen, Tischen und Stühlen, Eiern und Milch, Wasser und Kino. Und auch nicht für Trosse und Ari, nicht für Panzer und Pak, ohne die gerade wir Infanteristen gewiss nicht leben können, die aber eines jedenfalls nicht sind: Grabenkämpfer. Das bin nicht einmal ich als Kompanieführer in meinem Gefechtsstand, denn ich kann nachts schon mal schlafen. Aber die ärmsten Kerle ganz vorn können es keine Nacht, weil sie sonst irgendwann der Iwan holen würde.
Als ich das Pamphlet vom Stapel gelassen hatte, war mir wohler.
Am Abend meldeten die Züge wieder drei abgeschossene Russen. Da wird es vom Regiment also wieder drei Rollen Drops geben.
Eben die Meldung, dass Rommel tot ist. Ein Symbol aus besseren Tagen ist nicht mehr. Hätten wir nur ein Dutzend Rommels.
Griechenland wird nun schon seit Wochen geräumt. Die ganze sechste Armee soll in Rumänien total vor die Hunde gegangen sein. Aber keiner weiß was Genaues. Es will wohl auch keiner was Genaues wissen und schon gar nicht sagen. Achtung, Feind hört mit! Und seit dem 20. Juli ist ohne Zweifel größere Vorsicht geboten. Es weht ein anderer Wind.

Bei Zawichost, Montag, 16. Oktober 1944

Ein grässliches Gerücht geht um: Wißmann soll bei der Division eingetroffen sein und unser im Aufbau begriffenes Bataillon wieder übernehmen. Aber auch Meyer ist angeblich zurück oder im Anrollen. Wißmann – nein, das wäre eine Zumutung! Keiner, der nicht inbrünstig hofft, dass Meyer den Haufen kriegt. Ach, das wäre gar nicht auszudenken. So schön.

Seit gestern Abend ist mal wieder komische Alarmbereitschaft befohlen, obwohl bei uns alles friedlich ist wie immer. Aber so paradiesische Zustände schläfern offenbar die Truppe zu sehr ein. Höheren Orts verfiel man jedenfalls gestern Abend noch auf neckische Späße: Bis zwei Uhr nachts sollte im ganzen Abschnitt des Regiments nach Möglichkeit kein einziger Schuss abgefeuert werden. Punkt zwei Uhr sollte dann ein Feuerüberfall aller schweren Waffen auf die paar Iwans in den Gräben auf der Kommissbrothöhe steigen. Es klappte auch alles berauschend schön. Bis zur befohlenen Zeit lagen Feld und Hügel totenstill, nur die Iwans flackerten etwas mehr als sonst mit Leuchtkugeln herum. Dann aber, Schlag 2 Uhr, jaulte und krachte es aus zig Rohren im Hinterland, alles oben auf den breiten Buckel der Höhe, es blitzte und qualmte prächtig und als nach fünf Minuten der Spektakel verebbte, schmissen die Iwans oben in wilder Panik massenhaft Handgranaten ins Getreide. Die Landser hatten ihre helle Freude an dem munteren Feuerwerk, das man uns darbot, und man konnte ihnen diese Abwechslung wirklich gönnen. Aber was sollte der ganze Zauber? Mehr als 30 Russen stehen sicherlich nicht da oben und dafür verballert man nun ein ganzes Volksvermögen! Selbst wenn es nun 10 oder 15 Russen getroffen haben sollte, ist die Munition immer noch vergeudet. Aber wer weiß, vielleicht schätzt man in gewissen Stäben die moralische Wirkung solcher Aktionen viel höher ein als wir. Was wissen wir hier vorn denn schon?? Hier lernt man allenfalls das Lästern und Höhnen, wenn kein sofortiger Gewinn für uns dabei herausspringt. Immerhin sollen jetzt sogar auch noch Stukas zu Fuß auf die Kommissbrothöhe angesetzt werden. Man fragt sich nur, wozu.
Bei alledem ist das Wetter in diesen Tagen so herrlich, richtig heiß über Mittag. Und Neumond ist auch in diesen Nächten, es wird also bald wieder heller.

Bei Zawichost, Dienstag, 17. Oktober 1944

Auch in der letzten Nacht wurde der Nervenkrieg fortgesetzt: Absolute Feuerpause in unseren Gräben, dafür ganz unregelmäßig ab Mitternacht ein paar Stukas zu Fuß. Zuerst kriegten wir selbst einen Schrecken, als die Biester heulend und kreischend wie losgelassene Höllenhunde über uns hinweg ihre rötlichen Bahnen zogen und oben den Berg zu zerreißen schienen, aber bald kannten wir den Rummel und genossen das makabre Schauspiel. Die Russen blieben diesmal sehr ruhig und verdarben uns damit den Spaß an der Freud'.
Zum Ausgleich gab es eben doch noch eine Freude für mich: Ein Lebenszeichen von Vater! Was bisher noch in der Altstadt von Dortmund stand, ist nach den letzten Angriffen vollends hin.
„Die Schweine haben ganze Arbeit geleistet."
Die Post in Dortmund ist natürlich auch ausgebrannt, aber mein letztes Stück Tagebuch ist doch heil angekommen. Man kann ja jetzt kaum noch etwas schicken, irgendwo verbrennt es doch.
Aachen scheint nun fast ganz umschlossen zu sein und im Osten haben die Russen die ostpreußische Grenze erreicht. Man darf sich das gar nicht ausmalen. Wer hätte vor einem halben Jahr an eine solche Möglichkeit auch nur gedacht? Die ganz Schlauen natürlich schon. Und jetzt liest man täglich solche Meldungen und

lebt weiter, ohne dass das Herz einem bricht.

Bei Zawichost, Mittwoch, 18. Oktober 1944

Am Abend bestätigte Schmidt das schreckliche Gerücht von neulich: Wißmann ist schon im Lande und soll unser Bataillon wieder übernehmen. Es ist natürlich nur ein Gerücht, aber man weiß ja, was von solchen Parolen zu halten ist. Und doch. Wenn das stimmt, wird es endgültig Winter, wird ewiger Schnee um uns sein. Dann gnade uns Gott, denn Wißmanns Führungskünste und seine Menschenfreundlichkeit kennen wir ja zur Genüge aus den wenigen Tagen von Dolsk. Am 18. Juli hat man ihn angeblich nur mit Gewalt aus seinem Waldbunker zerren können, fünf Minuten bevor die Iwans kamen. Er wollte, vor Angst gelähmt, da sitzen bleiben und sich gefangen geben. Von Führung keine Spur. Wenn Wißmann wiederkommt, dann sollten wir doch lieber bei Sucker bleiben. Aber warum, verdammt noch mal, warum nicht Meyer, der alte Käptn?

Bei Zawichost, Freitag, 20. Oktober 1944

Gestern Abend, als es schon duster geworden war und ich ein Käsebrot zwischen den Zähnen hatte, schrillte das Telefon, und Sucker fragte mich ziemlich erregt, was das da ganz links für eine Schweinerei bei mir sei. Der Nachbar habe sich gerade beschwert, bei uns schliefen alle!
„Ich weiß von nichts, Herr Major, bei uns ist alles ruhig."
„Bitte sehen Sie sofort nach, ich will wissen, was los ist!"
„Jawoll, Herr Major!"
Raus zum Posten oberhalb des Gefechtsstandes. „Es ist alles ganz still, Herr Leutnant, ich hätte…"
Verdammte Scheiße, dachte ich, sind die denn total verrückt geworden? Ich alarmierte für alle Fälle die Reservegruppe, holte mir wütend Koppel und Handgranaten, MPi und Leuchtpistole zusammen, stopfte den Rest der Scheibe in den Mund – da, wieder Telefon. Fehlte nur, dass das wieder Sucker ist! – Prompt.
„Also, Hartmann, ich gratuliere Ihnen zu den Sternen – das war den Schreck wohl wert, was?" –
Ich wurde rot und blass, der Käse klebte mir auf der Zunge – ich Oberleutnant? Jetzt schon? Aber ich kam gar nicht mehr zum Überlegen oder Staunen, Sucker lachte, ich sah ihn förmlich, Seidel kriegte den Hörer und gratulierte, im Bunker schüttelten sie mir die Hände, das Telefon bimmelte, Kapol, ich wollte endlich den Käse runterkriegen, nix da, reden, Dankeschön sagen, danke schön! Doch dann wurde es endlich etwas ruhiger. Nun aber mal Schnaps her! Doch Schiete – kein Tropfen im ganzen Bunker! Das war ja heiter. Aber nicht zu ändern. Mensch, ich Oberleutnant. Ich konnte es noch gar nicht fassen, hatte nie einen Gedanken an solche Dinge verschwendet. Und nun auf einmal…
Beim Papierkrieg lag auch der Regimentsbefehl, wonach Hauptmann Wißmann ab sofort unser neuer Kommandeur ist. Also doch. Als ich das in mich aufgenommen hatte, hätte ich erst recht einen Schnaps nötig gehabt. Womit haben wir

das verdient? Armes Divisionsbataillon!
Heute Morgen blieb mir nun nichts übrig, als zum Tross zu latschen, um mich bei Hauptmann Wißmann zu melden und mir irgendwo ein paar Sterne verpassen zu lassen. Doch niemand hatte welche, das Bataillon nicht und auch unser Tross nicht. Ein trauriger Haufen, befördern einen und liefern nicht mal die kleinen Sternchen mit.
Wißmann lud mich in seiner einseitigen Wiedersehensfreude zum Essen ein und ich musste sein Angebot süßsauer lächelnd annehmen, obwohl ich wusste, dass beim Tross aus Anlass meiner Beförderung viel bessere Sachen auf mich warteten, von der erfreulicheren Gesellschaft ganz zu schweigen. Wißmann bemühte sich jedoch beim Essen offensichtlich, recht nett zu mir zu sein, aber ich blieb vorsichtig und kühl – dem Mann ist nicht zu trauen.
Inzwischen soll auch Meyer bei der Division eingetroffen sein, ein paar Tage zu spät für uns. Er soll ein anderes Bataillon übernehmen. Vielleicht kreuzen sich unsere Wege doch einmal, das ist alles, was ich jetzt hoffen kann.
Dann noch ein Brief von Frau Tannenberger. Zwei Monate nach seinem Tode bei Dolsk kam seine kleine Tochter zur Welt. Ein Schicksal unter Millionen.

Bei Zawichost, Sonntag, 22. Oktober 1944

Endlich werden die Nächte durch den Mond wieder etwas heller. Ich trieb mich lange vorn im Graben umher und lauerte auf Russen, aber es war so harmonisch und friedlich ringsum, dass ein Schuss höchst taktlos gewirkt hätte. Der Krieg scheint in dieser hintersten Frontecke wirklich vergessen zu sein, auch vom Stoßtrupp redet niemand mehr. Alle haben nur den einen Wunsch, hier draußen in dieser Stellung zu bleiben, weit weg von Wißmann und dem wilden Ausbildungsbetrieb, der hinten toben soll. Ja, weit weg von Wißmann! Mir sitzt der Kerl schon dicht genug auf der Pelle, denn ich muss jetzt jeden Papierkrieg doppelt machen, einmal für Sucker, einmal für Wißmann. Und Wißmann wird sicher schon kräftig wühlen, um mich und die Kompanie ganz unter seine Fittiche zu kriegen. Nur von seiner Fürsorge für die Truppe merkten wir bisher noch nichts; als Frontkompanie stören wir sicher seine Gedanken, denn er ist ja der geborene Schleifer im Hinterland, und bisher hat er seine vorn eingesetzte Kompanie noch nicht besucht, nicht mal am Tage. Für jeden anderen Kommandeur wäre das der erste Gang gewesen.

Bei Zawichost, Montag, 23. Oktober 1944

Gestern Abend in der Dunkelheit erschien mit erheblicher Verspätung ein angekündigter Schanzverein vom Divisionsstab bei mir. Die Kameraden waren auf unbekannten Pfaden und später querbeet durch die Nacht geirrt und hatten es schon aufgegeben, unseren Gefechtsstand noch zu finden. Sie waren mit den jämmerlichsten Werkzeugen ausgerüstet, sodass ich ihnen die abgesteckten Grabenstücke auf der freien Fläche zwischen unserem Bunker und der vordersten Stellung schon voll düsterer Ahnung anwies. Bis Mitternacht lief ich meine Strei-

fe, dann fand ich den Chef des Schaufelvereins in meinem Bunker. Er bat mich sehr, ihm doch für den Rückmarsch zur Division einen Melder mitzugeben, sie fänden sonst vielleicht den richtigen Weg nicht und müssten ja wieder rechtzeitig beim Stab sein. Ich tat ihnen also den Gefallen.
Ehe es zu hell wurde, ging ich dann mit Kober noch einmal hinaus, um das Werk der hilfreichen Stabsbullen zwecks Morgenmeldung zu beäugen, aber da rührte uns schon von Ferne der Schlag: Das war kein Graben, das war eine Mustersammlung der verrücktesten Löcherformen in wirrer Linie nebeneinander, der Aushub planlos in alle Winde geschmissen – eine Augenweide für die Iwans auf der Kommissbrothöhe. Das Ganze sah allenfalls aus wie ein Kampfgraben nach zehn Stunden Trommelfeuer. Eine unglaubliche Sauerei. Ich machte in der Morgenmeldung dann auch kein Hehl aus meiner Ansicht über dies Ruhmesblatt der Schreibstubenhengste.
Gegen Mittag besuchte mich dann Seidel, um mit mir den weiteren Verlauf des zweiten Grabens abzustecken. Dreist und gottesfürchtig stiegen wir am hellen Tage vom Gefechtsstand aus auf die offene Fläche, die von den nächtlichen Schanzern so widerlich massakriert worden war, und begannen, während wir mit einem Auge ständig misstrauisch zur Kommissbrothöhe schielten, damit, einige Holzpflöcke als grobe Richtungsweiser in den herbstweichen Ackerboden zu treten. Die Iwans auf der Höhe schienen prächtig zu dösen, ganz wie unsere eignen Tagesposten oft, denn es geschah nichts. Wir stiefelten ein paar Mal hin und zurück, rissen Pflöcke heraus und schlugen sie 20 m daneben wieder ein. Auf dem langen Buckel, der uns noch viel höher als aus der Grabenperspektive erschien, herrschte Schweigen. Uns war es recht.
Schließlich, nach einer halben Stunde etwa, waren wir soweit. Und genau in dem Moment, als wir uns heimwärts trollen wollten, zwitscherte plötzlich ein einzelner Schuss hundsgemein dicht an unseren Köpfen vorbei. Aha! Nun aber nix wie weg! Im Schweinsgalopp zickzackten wir hasenartig auf den herrlichen Graben zu, ließen uns ins erste Loch plumpsen und waren nun doch ganz erleichtert, dass der Hund nicht gleich mit einem MG auf uns geschossen hatte. Dann hätte es uns bestimmt erwischt. Man ist doch immer wieder viel zu leichtsinnig, verdammt noch mal! Wenn das die Mutter wüsste!
Schön vorsichtig und geduckt hoppelten wir nun von Loch zu Loch weiter, bis man uns von der Höhe aus nicht mehr sehen konnte. Da stiegen wir pfeifend aus und tippelten hintenrum zurück zum Gefechtsstand.
Am Nachmittag ging ich zur Abwechslung mal zum Entlausen. Die verfluchten Läuse sind ja mit Waschen und Kochen und chemischen Mitteln, die die Wäsche nur knochenhart machen, doch nicht auszurotten. Irgendwo kribbelt und beißt es immer.

Bei Zawichost, Dienstag, 24. Oktober 1944

Fast hätte ich vergessen zu notieren, dass ich neulich den alten Käptn mal kurz gesprochen habe. Der gleiche herzliche Ton, knapp und doch voller Wärme. Heute wollte ich ihn besuchen, aber er war unterwegs zwecks Erkundung einer neuen Stellung. Schade.

In der Nacht kam der Schanzhaufen wieder angerückt, diesmal pünktlicher und ohne Verirrung. Sie gaben sich auch entschieden mehr Mühe und begradigten sogar noch freiwillig die schlimmsten Zinken ihres letzten Wirkens. Iwan rührte sich nicht, obwohl er doch mit ziemlicher Sicherheit vermuten durfte, dass die ordentlichen Deutschen da fortfahren, wo sie zuletzt aufgehört haben. Der Kollege schenkte mir zum Abschied sogar seine Sterne. Ich lief ja immer noch ohne herum, weil es angeblich nirgends welche gibt. So schieden wir im Morgengrauen in Eintracht und Harmonie. Wieder ging eine lange Nacht zu Ende. Ich war lahm vom vielen Stehen und Laufen und müde vom ewigen Wachsein.

Bei Zawichost, Mittwoch, 25. Oktober 1944

Ich habe keine rechte Lust mehr, den täglichen Kleinkram zu notieren. Wirklich los ist – Gott sei Dank! – nichts, aber die allgemeine Stimmung ist trotzdem mies, bei mir vielleicht mehr als bei den Landsern im Graben. Es liegt wohl an Wißmann. Jeder Gedanke an ihn liegt mir wie ein Stein im Magen und ich komme nicht los davon. Obendrein steht der November vor der Tür, grau und welk liegen die Kartoffelkraut- und Getreidefelder danieder, es regnete jetzt öfter und die diesigen Sonnentage des Oktobers kehren wohl nicht wieder. Über allem das Grauen in Ostpreußen, diese Quälereien wehrloser Menschen, diese entsetzlichen Morde an deutschen Arbeitern und Bauern. Ja, wir wissen wieder, worum wir kämpfen, wir wissen längst, was uns blüht. Da oben zeigen uns die Sowjets, was ihre Schalmeien vom schönen Leben in der Gefangenschaft wert sind, in Ostpreußen machen sie Menschen nieder, die ihnen nichts getan haben, die sicher keine begeisterten Nazis waren in ihren weltenfernen Dörfern. Nein, weil sie Deutsche sind, wurden sie geschändet und gemordet, das ist es und das macht uns das Herz am Beginn dieses neuen Winters so schwer. Und immer noch ist keine Wende in Sicht. Doch ich hoffe weiter, ich schreibe positive Briefe in die Heimat, nur ändern kann ich nichts, gar nichts. Was bleibt, ist die Kompanie, sind diese Kameraden. Aber vor uns beim Iwan und hinter uns bei Wißmann braut sich was zusammen, das fühlen wir alle. Unsere Tage in der Freiheit des vordersten Grabens sind gezählt.
Nach allem, was uns der Spieß berichtet, wenn er nach vorn zu uns kommt, macht der Aufbau des Bataillons gute Fortschritte. Fast täglich rückt Ersatz an, die Kompanien werden schauerlich über die herbstlichen Felder gejagt, aber auch dort ist die Stimmung nicht gut. Wißmann macht die Chefs zur Schnecke, selbst wenn es sich um Lappalien handelt, und von den Feldübungen bei Wind, Regen und Kälte kehrt kaum eine Gruppe zurück, die nicht einmal von Wißmann persönlich gescheucht worden ist. Aber bei uns vorn hat der Schweinehund sich noch kein einziges Mal sehen lassen, nicht am Tage und schon gar nicht in der Nacht. Nur sein Papierkrieg, seine Befehle, die hundert Meldungen, die am Tag zu machen sind, erinnern mich und indirekt auch die Zug- und Gruppenführer an sein Wirken im Hinterland. Und was will der Kerl nicht alles gemeldet haben! Über alle Befehle, die er täglich dutzendweise vom Stapel lässt, verlangt er schriftliche Vollzugsmeldung. Fünf Belehrungen der Truppe pro Tag sind Norm, über das Einsammeln der Hülsen, das Tragen von Ohrenschützern, über Abhal-

tung von Gas- und Fliegeralarmen, über das Verbot, bei Nässe Filzstiefel anzuziehen, über Sparsamkeit im Verbrauch von Stiefelfett oder Klopapier, über Feindbeobachtung oder Feldpostnummergeheimnis, über Verhalten in Gefangenschaft und auf dem Donnerbalken – Vollzug, Vollzug, Vollzug. Schriftlich. Und persönlicher Anschiss, wenn Vollzugsmeldung Nr. 17 vergessen oder zu spät angekommen ist. Termin, Termin – als ob der ganze Krieg im sechsten Winter aus Papierkrieg bestünde!
Auch Sucker muss seine Befehle loslassen, Belehrungen der Truppe anordnen, immer wieder, aber er verfällt nur in ganz wichtigen Fällen auf die Idee, eine Vollzugsmeldung zu verlangen. 9/10 sind Routinekram, Sache des Kompanieführers, ob und wie er das macht. Nur erwischen lassen darf er sich nicht. So habe ich jetzt täglich für Sucker den Normalpapierkrieg und für Wißmann das Dreifache zu tun. Und trotzdem genießen wir alle unsere Freiheit hier vorn. Iwan war auch in den letzten Nächten schön brav, wir hatten keine Verluste, der KdF-Betrieb läuft, die Bunker sind fertig, die Schanzarbeit ist im Wesentlichen abgeschlossen. Die Wintersachen rollen an, Filzstiefel, Wattejacken, dicke Handschuhe – o ja, es ist schon ein ganz anderer Betrieb als im ersten Winter bei Charkow.
Es spricht auch kein Mensch mehr von dem Stoßtrupp. Wohl haben wir in vielen Alarmübungen alle Stoßtruppmöglichkeiten der Russen mal durchprobiert, soweit man das kann, aber sonst spielt sich nichts ab. Wenn nur der Iwan ruhig bleibt, können wir es hier noch lange aushalten. Vor den Bunkern häuft sich das Brennholz, Türen und Fensterlöcher sind sorgfältig mit Stroh, Papier und alten Säcken abgedichtet. Wir alle haben uns erholt in diesen zwei Monaten, ganz ohne Zweifel. Und nun hätten wir auch nichts gegen einen friedlichen Winterschlaf.
21 Uhr. Unsere Ahnungen haben uns nicht getrogen. Ohne Voranmeldung, ohne jede vorherige Parole brachte mir eben ein Melder des Bataillons einen Befehl: Wir werden morgen Nacht von dem und dem Haufen abgelöst und haben danach so schnell wie möglich nach Wygoda-Bankowa zu marschieren und dort weitere Befehle abzuwarten. „Schriftliche Bestätigung des Befehls ist dem Melder mitzugeben. Gez. Wißmann." – Arschloch, dämliches!! Schriftliche Bestätigung!
Wie muss ihm das gestunken haben, dass wir so lange nicht unter seiner Fuchtel gestanden haben. Jetzt hat er uns endlich wieder an der kurzen Kandare. Ja, meine Herren, wenn ich lache, lacht der Teufel!
Keiner, dem dieser Befehl nicht auf die Gedärme geschlagen ist, keiner, den es nicht graust vor dem, was nun auf uns zukommt. Es gibt nicht viel vorzubereiten. Jeder kann sich sein bisschen Gelumpe in zwei Minuten um den Bauch hängen. Auch ich habe in meinem Gefechtsstand nicht viel zu übergeben. Es ist mal wieder so typisch wie in hundert Stellungen bisher: Alles ist ausgebaut, die Leute können endlich mal die Früchte ihrer wochenlangen Schindereien ernten – und dann legen sich andere ins gemachte Nest. Ich könnte es verstehen, wenn sie ihre Bunker noch in die Luft sprengten…

Wygoda-Bankowa, Freitag, 27. Oktober 1944

Gestern bin ich noch einmal in aller Ruhe durch die vertrauten Gräben geschlichen, habe in den Bunkern mit den Männern geklönt und im Übrigen auf das

Vorkommando der anderen Kompanie gewartet, das noch bei Tage genau in die Stellung eingewiesen werden sollte. Aber erst kurz vor der Dämmerung rückten die Kameraden an, nachdem sie sich auch im Hinterland verfranzt hatten. Von da an ging es dann schnell. Unsere Küche, die Post, zwei Fahrzeuge für Munition und den Kram vom Gefechtstand, einpacken, aufladen, zwischendurch essen, Fragen beantworten, warten auf die Ablösung, horchen auf den Iwan, die Leuchtkugeln beobachten. Alles still und normal. Gott sei Dank. Eine Schweinerei zum Abschluss hätte uns gerade noch gefehlt.
Gegen 23 Uhr kamen sie endlich, ein dumpf murmelnder, fremder Haufen draußen unter dem finsteren Nachthimmel. Die Melder und die Leute vom Vorkommando standen seit langem bereit, also ab in die Stellung! Eine Stunde später meldete Oberwachtmeister Lang die Kompanie vollzählig zum Abmarsch angetreten. Ich meldete mich telefonisch bei Sucker ab. Schade, das war ein Mann, ein Kerl. Dann sprach ich noch ein paar Worte zur Kompanie; über den anderen Wind, der nun wohl wehen wird; ich bat sie, das Unvermeidliche mit Fassung zu tragen, so wie sie hier nach den schweren Augustkämpfen die Stellung gehalten hatten.
Dann marschierten wir in langer Reihe los. Die Fahrzeuge waren schon voraus. Wir fühlten, dass eine seltsam schöne Zeit unwiderruflich zu Ende war. Auch wenn wir in den Gräben an der Kommissbrothöhe drei Kameraden verloren und jede Nacht mühsam gearbeitet haben, sind diese Wochen im Rückblick doch von einer Friedlichkeit und Ruhe erfüllt gewesen, wie sie uns bisher noch in keiner Stellung vergönnt gewesen ist. Natürlich ist auch dort jede Streife in mondloser Nacht eine stundenlange Angstpartie gewesen, natürlich mussten auch dort die Posten die ganze Nacht hindurch in ständiger Wachsamkeit stehen und ihre Müdigkeit niederkämpfen, aber es fehlte doch die nervenaufreibende Ungewissheit und Einsamkeit jener Nächte in Klednewitschi und Kowel, die ständige Aggressivität der Russen und ihr Gefatsche von allen Seiten. Wenn wir ehrlich sind, hat uns das Schicksal, gemessen an Kowel, dort noch einmal acht Wochen Urlaub vergönnt und was immer uns nun erwarten mag, es kann nur schlechter werden als diese Wochen an der Kommissbrothöhe. Aber das werden wir niemandem auf die Nase binden, vor allem nicht Wißmann. Wir sind als einzige Kompanie des Bataillons an der Front gewesen und das wollen wir honoriert und respektiert haben.
Es war keinem nach Reden zumute. Man hörte nur das gedämpfte Klappern und Schnurren der Kompanie in der Nacht. Heute früh gegen halb vier erreichten wir endlich Wygoda-Bankowa, fanden Kapol, der bei Wißmann Ordonnanzoffizier spielen muss, in dem bezeichneten Haus, und der führte uns leicht vergrunzt zu mehreren großen, jetzt verlassenen Bunkern der Ari. Um 5 Uhr früh kamen auch wir im Gefechtsstand als Letzte zum Schlafen. Endlich. Bis Mittag sollte erst mal Ruhe sein.
Aber Scheiße war's. 9 Uhr stand Wißmann finster in der Tür und befahl sofortigen Aufbruch zum Neubau von Bunkern in einem Kilometer Entfernung. Dieser Saukopp, dieser dreimal gottverfluchte…

Wygoda-Bankowa, Mittwoch, 1. November 1944

Solange wir hier im Hinterland sind, habe ich keine Lust, den täglichen Käse zu notieren. Ein Rückblick etwa alle Wochen einmal tut's auch. 90% möchte ich sowieso am liebsten sofort vergessen.
Am letzten Donnerstag war ja Wißmann früh um 9 Uhr in meinen Gefechtsstand gepoltert mit dem Befehl, sofort neue Bunker zu bauen, kaum dass wir nach durchtippelter Nacht vier bis fünf Stunden gepennt hatten. Bunker bauen! Seit Wochen hatten wir nichts als geschanzt und gebaut – als ob es im Hinterland nicht genug Unterkünfte gäbe! Voller Wut ließ ich die Kompanie wecken, voller Wut krochen überall die unrasierten, übernächtigten Figuren ans Tageslicht. Jeder hielt das Wecken für den bösen Scherz eines Verrückten. Aber eine Stunde später war die knurrende Meute vor mir angetreten, mit finsteren Blicken lauerten sie auf die geringste Blöße bei mir. Doch die Sachlage war klar, eindeutiger Befehl: Bunker bauen, Termin eine Woche, dafür noch kein Schanzen, wie es die anderen Kompanien schon seit langem Nacht für Nacht tun müssen. Also ran, Kameraden, es hilft doch nichts!
So schachteten wir also Bunker tief in die Erde hinein. Holzbalken für die Deckung und Stützen und Wände gab es in den umliegenden Dörfern genug. Schmidt ließ darüber hinaus viele Fuhren aus der weiteren Umgebung heranschaffen und die Männer kriegten allmählich sogar Spaß an der Sache, weil man uns nachts tatsächlich in Ruhe ließ. Wir kriegten mittags zu ziviler Zeit unser warmes Essen und an den langen, dunklen Abenden hockten wir wirklich ungestört bei Kerzenlicht in den Aribunkern, die uns zunächst noch als Unterkunft belassen worden waren. Nachts liefen nur zwei Doppelposten im Kompaniebereich und in jedem Bunker saß eine Tischwache. Alle anderen grunzten nach vielen Wochen mal wieder den Schlaf der Gerechten. Einmal in der Nacht eine Stunde Wache – was ist das schon? Die reinste Erholung.
Zwei Tage und zwei Nächte währte die Idylle, dann hatte er uns am Arsch: Bunkerbau nur noch drei Stunden am Tag, früh zwei Stunden Ausbildung und nachts – Schanzen! Seitdem fallen wir früh zwischen 2 und 3 Uhr todmüde in unsere Löcher, um 10 ist Wecken, von 11 bis 13 Uhr Ausbildung, von 14 bis 18 Uhr Bunkerbau einschließlich hin- und herlatschen, 20 Uhr Abmarsch zum Schanzen. So macht man Leute fertig.
Obendrein macht er uns verrückt mit ständiger Alarmbereitschaft und ganz unregelmäßigen Alarmübungen, mal am Vormittag, mal früh um halb sechs, wenn wir noch im tiefsten Schlaf liegen. Dauernd müssen wir unseren ganzen Kram griffbereit in der Nähe haben. Zu jeder Stunde muss die Kompanie innerhalb von 15 Minuten gefechts- und marschbereit stehen können. Allein das zu kontrollieren und auszuprobieren ist Wißmanns ganze Lust. Mit Vorliebe schnappt er sich beim Näherkommen einen Landser und stellt ihm solo ein paar Fangfragen, etwa, wo er seine Gasmaske oder Feldflasche habe. Und jedes Mal gibt es Trottel, die bieder antworten: Im Bunker, Herr Hauptmann. Dann fange ich mir prompt wieder einen Anschiss ein: Wozu befehle ich das? Sie haben doch den Vollzug der

Belehrung gemeldet! Warum haben Sie das nicht kontrolliert? Nennen Sie das Gefechtsbereitschaft? Und so fort. Neue Belehrung der Truppe, neue Vollzugsmeldung über die erneute Belehrung der Truppe, Generalanschisse bei den täglichen Kompanieführer-Besprechungen. Aber da er jeden Tag bei jeder Kompanie mindestens fünf Staatsverbrechen herauskriegt, sind wir vier Kompanieführer uns mit dem armen Schwein von Adju einig in unserer Reaktion: Leck uns doch am Arsch, du Idiot. Jawoll, Herr Hauptmann, Jawoll, jawoll, jawoll... Aber in uns bohrt sich trotz aller äußerlichen Wurschtigkeit doch immer tiefer und schmerzhafter die Frage fest, weshalb ausgerechnet wir mit diesem Kerl geschlagen worden sind. Es gab und gibt so viele gute Kommandeure, G. war kein schlechter Kerl, Röder, Sucker, Meyer, der Käptn. Aber der führt nun woanders ein Bataillon. Und wir? Womit haben wir dieses immer misstrauische, lauernde, grobe Gesicht verdient, diesen Kasernenhofbullen übelster Sorte, der alle Schikanen und Schliche und Gemeinheiten kennt und weidlich ausnutzt, ohne eine Spur von Humor oder Großzügigkeit? Warum hat man uns nicht Meyer gegeben, warum??
Schon jetzt, keine Woche nach dem Abmarsch aus der Stellung, ist auch der letzte bedient von diesem Scheißbetrieb in der Etappe. Die Stimmung der Landser ist merklich abgesackt, sie sehnen sich wieder hinaus in die männlichere Luft des vordersten Grabens, wo sich Typen vom Schlage Wißmanns nicht blicken lassen. Vorn ist jeder Mann ein freier Mann mit klaren, wichtigen und sinnvollen Aufgaben, das empfinden sie sehr deutlich. Umso ekliger schlägt uns allen hier hinten die miese Atmosphäre auf den Magen, die von Wißmann ausgeht und bis in die Ritzen der Bunker kriecht.

Wygoda-Bankowa, Mittwoch, 8. November 1944

Seit einigen Tagen hausen wir nun in unseren neuen Bunkern. Die alten lagen zu dicht bei der Ortschaft Wygoda-Bankowa und waren daher angeblich zu gefährdet von der russischen Ari, die bis in diese Gegend ballern können soll. Bisher waren die Kameraden aber recht friedlich.
Die Schanzerei haben wir inzwischen von ganzem Herzen lieben gelernt. Jede Nacht wird man in der Finsternis in andere unbekannte Gegenden geschickt zu Haufen, die uns durchweg wie ihre Knechte behandeln. Von werweißwoher hat man das armseligste Schanzzeug zusammengeklaut, uralte, verrostete Schaufeln mit angeknackten Stiefeln, Mistforken und halb verrottete Spaten. Damit sollen wir Gräben ausheben. Unterwegs habe ich schon manches Mal dem Genossen Abbitte getan, der mit seinem ähnlich trostlos ausstaffierten Divisionsverein den schönen Trommelfeuergraben an der Kommissbrothöhe aus der Erde gestochert hatte. Schon ehe wir selbst schanzen mussten, hatten wir von den anderen Kompanien viel Ärgerliches über die nächtliche Schinderei gehört und zogen daher schon von Anfang an ohne Illusionen nach vorn. Die Kompanien der Bataillone, bei denen wir schanzen mussten, stellten sich, wie erzählt wurde, bei der Abnahme sehr stur an, und oft dauerte es angeblich recht lange, bis man überhaupt mal eingewiesen war und wirklich mit der Arbeit beginnen konnte.
In den ersten Nächten fand ich diese Parolen nur bedingt bestätigt; gewiss, die Kompanie stand oft erst mal eine Weile draußen in der Finsternis und manchmal

obendrein in Regen und Wind, bis der zuständige Mann erschien und uns zu den abgesteckten Pflöcken irgendwo auf den Äckern führte, aber das konnte ja schon mal passieren. Viel mehr ärgerte mich in den ersten Nächten der eigene Haufen. Da wurde nämlich – immer draußen in stockdunkler Novembernacht – der ganze Verein paarweise von Pflock zu Pflock in die abgesteckten Abschnitte gestellt und sollte beginnen. Hatte ich nun bei der Ankunft meine 40 Mann gemeldet, so waren also 20 Abschnitte zu je 10 m auszuheben. Beim 16. oder 17. Abschnitt war dann aber auf einmal Schluss mit der Kompanie. Sechs bis acht Mann hatten sich auf französisch empfohlen und waren heimlich bei ihren Kumpanen untergetaucht um zu dritt umso schneller mit ihrem Abschnitt fertig zu werden. Also jagte ich voller Wut die Strecke wieder zurück, um die cleveren Herren wieder an Land zu ziehen. Die Hälfte ließ sich erwischen und wurde nach entsprechendem Anschiss an den Kopf der Kolonne geschickt, wo sie nun die verlorene Viertelstunde wieder aufholen durften. Die anderen drei oder vier Knaben wollten noch schlauer sein und blieben erst mal außer Sicht; man muss ja immer mal austreten, man kann ja den Anschluss verloren haben, vor allem: „Ich hatte gedacht…“, „Ich hatte das so verstanden, dass ich hierher sollte…“ und so weiter. Aber solche Witze kenne ich ja nun auch. Vielfach hatten sie auch insofern Pech, als ihre eigenen Kumpels sie im Stich ließen, indem sie eisern und sicher auch zu Recht behaupteten, sie wären zuerst da gewesen. Dann genügte es, wenn ich ihnen freistellte, wer von den dreien gehen wollte – es ging mit Sicherheit der Oberschlaumeier. Dafür sorgten die Ureinwohner des Abschnitts. Je später nun einer am falschen, selbst gesuchten Platz erwischt wurde, desto mehr Zeit hatte er verloren, desto später wurde er mit seinem richtigen Grabenstück fertig. Aber die Kompanie insgesamt war doch die Leidtragende, denn sie stand dann morgens um zwei oder gar um vier noch immer fluchend und mit Eisbeinen im Wind und wartete auf die letzten Bummelanten. Die kriegten dann auch hinreichend ihr Teil zu hören. In der nächsten Nacht waren sie bestimmt nicht wieder die Letzten. Das klappte prima, ganz ohne mein Zutun.

Die Seuche des Drückens und Versteckens starb dank dieser wohlverstandenen Kameradschaft innerhalb weniger Nächte. Aber es blieb das Problem, dass die schwächeren oder fauleren oder die am kümmerlichsten ausgerüsteten Zweiergruppen nach wie vor die letzten blieben. Man konnte auch gar nicht verhindern, dass sich die vitalsten Knochen schnell zusammenfanden und sich auf geraden oder krummen Wegen nach und nach auch das relativ beste Schanzzeug organisierten. So waren schon bald die von Natur benachteiligten Häufchen auch die mit dem armseligsten Geschirr. Mir blieb nichts übrig, als die Zug- und Gruppenführer für eine einigermaßen gerechte Verteilung der Schaufeln und Spaten innerhalb ihrer Einheiten verantwortlich zu machen – sollten die sich hacken. Aber ob man nun einen Starken mit einem Schwachen zusammenkoppelt oder zwei Starken etwas mehr und zwei Schwachen dafür etwas weniger zuteilte, ob man einem Starken ein schlechtes und einem Schwachen ein halbwegs gutes Werkzeug gab oder umgekehrt – die halbe Kompanie blieb immer unzufrieden. Die Starken meuterten, weil sie nicht für die Faulen mitwühlen wollten, die Schwachen resignierten. Es dauerte jede Nacht länger, bis wir endlich abmarschieren konnten. Die verlorene Zeit ging natürlich vom Schlaf ab, weil mittags unbarmherzig die Ausbildung begann; die Arbeit wurde schlechter und schlechter getan,

es gab jede Nacht mehr Reklamationen, immer häufiger musste nachgearbeitet werden, bis das Grabenstück endlich abgenommen wurde, kurz, es war ganz einfach zum Kotzen.
Eine Woche lang sah ich mir diesen ständigen Ärger und Hickhack mit an. Seitdem praktiziere ich, wann immer es zeitlich und örtlich möglich und vertretbar ist, brutal das Akkordsystem. Wir bilden größere Gruppen und jede von ihnen bekommt entsprechend ihrer Kopfzahl ein zusammenhängendes längeres Grabenstück zugewiesen. Jede derartige Gruppe kann jetzt, wenn ihr Abschnitt abgenommen ist, unter Führung eines Verantwortlichen für sich allein heimwärts pilgern. Das wirkt Wunder. Die wildesten Wühler schlagen fast jede Nacht ein bis zwei Stunden Schlaf heraus und da sie rasch kapiert haben, dass die schnellste Arbeit nichts nützt, wenn das Grabenstück nicht auf Anhieb die vorgeschriebenen Mindestmaße, vor allem an Tiefe hat, macht es ihnen nichts aus, lieber acht Zentimeter zu viel als drei zu wenig auszuheben. Zwei Stichproben auf zehn Meter Länge, nirgends zu wenig – in Ordnung, abgenommen! Drei Minuten später können sie verduften und sich nach vier oder sechs Kilometern Marsch in die Kojen hauen, während der Rest der Kompanie noch immer an seinen Stücken herummurkst. Gewiss, es ist Aufreizung zum Klassenhass, dass die besten Arbeiter zuerst abhauen dürfen und länger pennen können, dass sie wie von ungefähr die besseren Schippen haben und diese mit Argusaugen wie Goldstücke bewachen, gewiss, wer von Statur schwächer oder wer älter ist, kann trotz besten Willens nicht so mithalten wie die Robusten und muss doch sein Pensum schaffen wie die anderen. Aber was hilft's? Ich halte nun wenigstens den wertvollsten und zahlenmäßig größten Teil der Kompanie einigermaßen bei guter Laune. Es lohnt sich für jeden, im Rahmen seiner Kräfte und seines guten Willens in die Hände zu spucken und zu klotzen statt zu kleckern. Die Zug- und Gruppenführer können ihre Haufen mit den guten Beispielen der anderen anfeuern, sie können sich selbst engagieren mit Schimpfen oder Zupacken, ganz nach Belieben. Der einzige Dumme bei diesem Verfahren bin ich, denn ich muss jede Nacht draußen stehen, bis auch die allerletzten Trottel ihr Pensum geschafft haben. Ich komme regelmäßig erst als letzter, nicht vor fünf Uhr in die Klappe, nachdem noch die Morgenmeldung über das nächtliche Schanzen abgefasst und durchgegeben ist.
Ich kann zwar zwischendurch auch mal bei unseren „Gastgebern“ im Bunker sitzen und mich etwas aufwärmen, aber im Allgemeinen verstreichen die Stunden dieser kalten, schwarzen Nächte doch unsagbar langsam, während ich draußen in Wind und Wetter frierend hin- und herlatsche und die unter mir in den finsteren Löchern wühlenden „Knechte“ zu ermuntern suche. Dann bin ich manches Mal richtig dankbar für einen Krach mit einem der Abnehmer, wenn irgendwo zwei oder vier Zentimeter in der Tiefe oder Breite fehlen, obwohl ich meistens viel lieber ein paar von unseren Leuten kreuzweise in den Hintern treten möchte. Die langsamsten fummeln nämlich noch früh um halb vier an den letzten Millimetern herum, weil sie nie begreifen werden, dass hundert Schaufeln freiwillig schneller gefüllt sind als zehn unter Zwang. Lieber polieren sie 15 Minuten lang an der Sohle herum, um ja nicht mehr als die beanstandeten 3 cm nachzuarbeiten, anstatt ranzuklotzen und mit vollen Schaufeln gleich 10 cm nach oben zu schmeißen. Wenn sie sich damit nur um ihren eigenen Schlaf brächten, wäre das ihr eigenes Bier, aber schließlich klauen sie auch mir jede Nacht meinen Schlaf mit ihrer

verdammten Korinthenkackerei. So bin ich nach diesen durchfrorenen Nächten meistens verdammt sauer und ungnädig, bis auch ich endlich mit den letzten Heinis abrücken und mich im Geschwindschritt wieder warmlaufen kann. Und dann endlich der Bunker, mollig warm, Duft von Holzfeuer und frischem Muckefuck, Radiomusik, Papierkrieg, das Frühstück. Es ist mal wieder geschafft. Wenn man nur sofort einschlafen könnte!

Bei Wygoda-Bankowa, Dienstag, 14. November 1944

Innerhalb der Kompanie sind wir jetzt zu einer gewissen Routine und sogar zu einer relativen Zufriedenheit gelangt, weil die eingearbeiteten Gruppen beieinandergeblieben sind und sich eine gewisse anerkannte Rangordnung eingestellt hat, durch die die anfänglichen Neidkomplexe und Klassenkampfgefühle etwas abgebaut worden sind. Dagegen hat sich das Verhältnis zu unseren „Arbeitgebern" und vor allem zu Wißmann zusehends verschlechtert. Keiner weiß recht, womit es eigentlich begonnen hat oder wer schuld daran war. Es hat sich jedenfalls im Laufe der Zeit eine immer trübere Atmosphäre des Misstrauens zwischen uns und den Kompanien, in deren Abschnitten wir schanzen mussten, entwickelt. Wegen drei oder fünf Zentimetern wurde ein Heidenspektakel gemacht, man beklagte sich offiziell bei der Division über unsere schlechte Arbeit, das kriegte natürlich Wißmann auf den Deckel und drei Minuten später schiss er uns am Telefon zusammen, ganz gleich, ob früh um acht oder um elf Uhr. Und wir Kompanieführer konnten sagen, was wir wollten, er schnitt uns das Wort ab, behandelte uns wie den letzten Dreck und dachte nicht daran, den Wahrheitsgehalt dieser Meldungen auch nur einmal überprüfen zu lassen, geschweige denn es selbst zu tun. Wir Kompanieführer waren verantwortlich, das Scheißwerkzeug ist keine Entschuldigung, die Finsternis nicht, der Regen nicht, die Steine im Boden nicht – nichts, nichts, nichts! Daraufhin wurden wir unsererseits stur und notierten exakt unsere Ankunftszeiten bei den Kompanien und die manchmal unverschämt langen Wartezeiten, bis wir überhaupt mal eingewiesen wurden. Vor allem maßen wir nun auch die uns zugeteilten Grabenabschnitte Stück für Stück genauestens nach, und siehe da: 10,50 m, 11 m, ja bis zu 11,50 m haben uns die Hunde statt der befohlenen 10 m schon unterjubeln wollen! Nun hatten wir sie endlich, nun war eine saftige Gegenbeschwerde fällig! Aber Wißmann, dieses Oberarschloch, fuhr uns auch hierbei übers Maul – das wäre unsere Sache, uns das nicht bieten zu lassen, wozu wären wir sonst da? Natürlich, wir ließen uns das ja auch gar nicht bieten, es ging uns ja nur darum, dass auch die Herrschaften da vorn mal deutlich von oben zusammengestaucht würden, nicht nur immer wir. Aber weit gefehlt, wir armen Irren kannten eben Wißmann noch nicht. Der sollte sich bei der Division über andere beschweren? Über so glasklaren Beschiss? Nie im Leben. Aber die eigenen Leute zur Sau machen, das ist seine ganze Wolllust.
Als wir ihm schließlich vorschlugen, sich doch einmal selbst an Ort und Stelle von diesen vergifteten Zuständen zu überzeugen, winkte er eiskalt ab. Er habe tagsüber genug mit der Ausbildung zu tun, das wäre wichtiger als dieser Kleinkram. Schließlich müsse man ja auch erst mal die Kompanien vorn hören…
Seitdem vergleicht er Tag um Tag unsere Meldungen mit denen der fremden

Haufen, die er sich extra zustellen lässt, um uns kontrollieren zu können.
In den nun schon fast zwei Wochen, die wir bei diesem Wetter Nacht für Nacht draußen verbringen müssen, ist er ein einziges Mal vorn erschienen, nachdem es am Tage einen Heidenstunk gegeben hatte, weil angeblich zwei Kompanien unseres Bataillons in der Nacht vorher überhaupt nicht geschanzt hatten, sondern nur sinnlos in der Gegend herumgezogen waren. Das schlug dem Fass den Boden aus, erst Wißmann und dann bei der Kompanieführerbesprechung auch uns. Eine solche Unverschämtheit hätten wir trotz unserer unerfreulichen Erfahrungen nicht für möglich gehalten. So nach und nach klärte sich die Sache als großes Missverständnis auf. Die Kompanien waren tatsächlich im Finstern von Pontius zu Pilatus geschickt worden, weil die Vereine vorn nicht im Bilde waren, und das hatte man dann seelenruhig unserem Bataillon in die Schuhe geschoben.
Die Nacht danach war mondhell, windstill und trocken und siehe da, kurz nach zehn Uhr kreuzte Wißmann mit großem Leibwächtergefolge auf, die Freundlichkeit selbst. Drei Minuten später war er schon wieder entfleucht. Das ferne Bett lockte.
Von seinen versteckten Vorwürfen und Beschuldigungen hat er noch nie ein Wort zurückgenommen. Und noch nie hat er bisher ein einziges Wort über die stille Leistung dieser Männer verloren, die fast jede Nacht acht bis zehn Stunden auf den Beinen sind und wirklich schwer schuften müssen, und die man dann auch noch jeden Tag vom Mittag bis zum Anbruch der Dunkelheit über die nassen Äcker jagt. Wie könnte er so etwas auch beurteilen? Er hat immerhin in dieser einen Nacht zwei Stunden Schlaf geopfert, um uns vorn zu besuchen. Wie gut, dass gerade Vollmond war. Sonst hätten wir ihn bestimmt nie bei Nacht gesehen, unseren feinen Kommandeur. So schmerzlich wir ihn nachts vermissen, so penetrant fällt er uns tagsüber bei der Ausbildung auf den Wecker. Unser Bataillon ist ja als sMG-Bataillon neu aufgestellt worden. An unseren infanteristischen Aufgaben ändert sich dadurch zwar nur wenig. Irgendwann werden wir wieder eine HKL besetzen und mit unserem MG 42 im vordersten Graben stehen wie früher auch. Aber man kann jetzt jedes MG auch als schweres MG einsetzen, mit Schlitten, besonderer Zieleinrichtung zum indirekten Schießen und mit allem sonstigen Drum und Dran. Der Umgang mit diesen zusätzlichen Geräten muss natürlich geübt werden. Das sieht jeder ein. Für jeden von uns gibt es hier etwas dazuzulernen. So üben wir nacheinander im Rahmen der Gruppe, des Zuges und der Kompanie den rasanten Wechsel von Feuer und Bewegung, das indirekte Schießen nach Karte und natürlich auch den ganzen Routineheckmeck von der Panzernahbekämpfung bis zum Gebrauch der Gasmaske. Aber der Betrieb krankt an deprimierenden Mängeln. Übungsmunition für die MGs ist rar, Panzerfäuste gibt es überhaupt nicht, Hand- oder Gewehrgranaten nur stückweise je Tag – so soll man nun wirklichkeitsnah üben! Die Männer spüren ihre Knochen von den nächtlichen Schindereien und wir alle sind ständig überreizt, weil wir keinen Tag unser Minimum an Schlaf erreichen. In bombastischen Befehlen werden zwar alle Nase lang je Mann und Tag aufs strengste acht Stunden Schlaf gefordert, aber wer fragt tatsächlich danach? Wenn man erst um 5 Uhr früh zurück in den Bunker kommt, noch etwas isst und vielleicht gegen 6 Uhr wirklich schon pennt, dann ist man eben um 11 oder um halb 12 noch nicht ausgeschlafen. Aber um diese Zeit rollt der Rubel ja schon wieder an: Waschen, rasieren, Mittagessen, raustreten zur

Ausbildung, rumjagen bis zur Dämmerung, Waffenreinigen, Putz- und Flickstunde. Abendessen – und wieder raustreten zum Schanzen mit allen Waffen und Geräten; wir leben ja in ewiger Alarmbereitschaft!
Das kriegen wir Kompanieführer in jeder Besprechung eingehämmert und das müssen wir unseren Kompanien einbläuen. Aber nach einer Woche sind die Männer eben sauer von der ständigen Windmacherei, man kann nicht in dauernder Hochspannung leben und jede Nacht schanzen und schließlich nach zu kurzem Schlaf auch noch fröhlich Dienst schieben. Wir Kompanieführer malen in jedem Lage- und Stimmungsbericht schwarz in schwarz, aber wir sind überzeugt, dass Wißmann das genaue Gegenteil nach oben weitermeldet. Was sollen wir tun? Wir schonen die Kompanien, sowie uns Wißmann den Rücken zudreht, und spielen etwas verrückt, wenn er in der Ferne sichtbar wird. Aber bei halbwegs gutem Wetter streunt der Hund dauernd durch die Mulden und versucht sogar mit dem Fernglas seine arglosen Schäfchen beim Faulenzen zu erwischen. Er weiß natürlich genau, was da auf den Feldern gespielt wird, insofern ist sein Argwohn durchaus nicht unberechtigt. Aber dies ständige Lauern und Schielen und Theaterspielen aus Selbsterhaltungstrieb scheuert an unseren Nerven, ob wir wollen oder nicht, und das Gefühl, wenigstens mit der Kompanie im Wesentlichen eins zu sein, ist nur ein kleiner Trost in dieser allgemein so schäbigen Atmosphäre.

Bei Wygoda-Bankowa, Freitag, 17. November 1944

Es ist schon vieles beschissen und unsagbar armselig hier, aber der Gipfel wurde vorgestern Morgen erreicht: Man hatte uns bereits ein paar Tage vorher Ersatz angekündigt, ein Dutzend Leute etwa. Keine erste Wahl, aber doch eine phantastische Auffüllung der Kompanie. 12 Mann auf einen Streich! Wann hat es das zuletzt gegeben? Aber als ich dann aus der Tiefe meines Bunkers ans trübe Tageslicht stieg und die neuen Kameraden begrüßen wollte, wurde mir die Freude jählings wie von Hagelschauern zerschlagen: Der erste, dem ich die Hand geben wollte, reichte mir die linke. An der rechten Hand hatte er nur noch drei Finger, die beiden anderen waren im ersten Winter vor Kalinin geblieben.
„Ich bin nur bedingt kv, Herr Oberleutnant!“
Der zweite war angeblich nachtblind. „Bedingt kv, Herr Leutnant!“ Er trug eine dicke, superscharfe Brille. Wahrscheinlich sah er selbst bei Tage nicht viel.
Der nächste hatte links einen Klumpfuß. „Bedingt kv, Herr Oberleutnant!“
Der fünfte klagte auch über Nachtblindheit, der sechste lief angeblich mit einem Rückensteckschuss durch das irdische Jammertal. „Bedingt kv, Herr Oberleutnant!“ Natürlich, was sonst?
Mir war schon schleierhaft genug, dass der Mann überhaupt noch lebte. Neben ihm stand ein ganz kurzer, Schneider mit Namen. Volle 1,42 m hoch mit Stiefeln. Ein Überzwerg. Auch bedingt kv, klar, bei der Länge. Und so ähnlich ging es fort bis zur letzten dieser 12 armen Kreaturen, die man erst vor kurzem in der Heimat aus allen Ecken zusammengekratzt und uns nun auf den Hals geschickt hatte.
Was um alles in der Welt sollen wir mit diesem verlorenen Haufen anfangen? Das ist keine Verstärkung, sondern eine tieftraurige Belastung der Kompanie. Nachtblinde, halbe Krüppel mit Klumpfuß und Rückensteckschuss, mit zu weni-

gen Fingern und Zehen – so etwas ist doch ein Verbrechen an diesen Menschen und an den Gesunden in der Kompanie obendrein. Ich schickte sie erst mal weg in einen Bunker und wankte hinab in meinen Gefechtsstand.
Wie sollte ich diese halben Wracks aufteilen? Sie zusammen lassen als geschlossenen Krüppelverein, um wenigstens die anderen intakt zu lassen? Nein, das ging auf keinen Fall. Sie mussten aufgeteilt werden, in jede Gruppe einen oder zwei, damit sie nicht von vornherein abgestempelt waren. So hat nun jede Gruppe ihren Klotz am Bein, der zu allen anderen Belastungen nun auch noch ständige Rücksichtnahme und Geduld erfordert.
Gleich am ersten Abend war nach zehn Minuten Marsch der Nachtblinde mit der dicken Brille futsch, einfach verschluckt von der Finsternis. Wir brüllten mehrmals in alle Winde – vergebens. Als wir an den ersten der rückwärtigen Gräben kamen und ihn wie immer mit leichtem Sprung überquerten, gab es am Ende der Kompanie Theater. Der Kurze kam einfach nicht über den Graben! Der schließende Unteroffizier hatte ihn schon angeschissen, er solle sich nicht so albern anstellen, er könne doch wohl 1,50 m weit hopsen! Aber er konnte nicht, er zitterte vor Furcht, in das tiefe Loch zu plumpsen, und so ließ ich ihn schließlich von zwei Mann schnappen und hinüberwerfen wie einen Sack. So geht es seitdem jede Nacht. Dem schließenden Unteroffizier werden ein bis zwei Mann zugeteilt, die nur die Aufgabe haben, das kleine Schneiderlein über die Gräben zu wuchten.
Der Vermisste lief am nächsten Mittag den Essenholern in den Weg, nachdem er schon als abgängig gemeldet worden war. Der Gute hatte mit bewundernswertem Scharfblick das Küchenfahrzeug und sogar seine Kumpels von der Gruppe entdeckt und sie gleich ganz aufgeregt gefragt, ob sie auch sein Kochgeschirr mit hätten!
Aber wo er die ganze Nacht und den ganzen Vormittag über gewesen war, konnte er nicht sagen. Keine Ahnung, verirrt. Da oder dort. In einem Haus? Weiß ich nicht. Nur bedingt kv…
Was soll man da machen?? Entweder ist er so doof oder er tut nur so. Doch das werden wir bald heraushaben. Ganz doof sind wir ja auch nicht.
In der nächsten Nacht ging er wieder auf dem Hinweg zum Schanzen verschütt, fand aber wenigstens früh um 8 Uhr wieder heim in seinen Stall. Ja, er hatte mal austreten müssen und hinterher war die Kompanie weg gewesen. Er hätte noch sooo laut gerufen, aber es wäre niemand gekommen. Da wäre er die ganze Nacht über die Felder gestolpert und hätte in einem nassen Graben etwas geschlafen. So sah er auch aus. Wenn er sich wirklich vom Schanzen hatte drücken wollen, hat er es teuer bezahlt. Seitdem teilen wir der Reihe nach jeweils zwei weitere Leute ein, die nur auf diesen Heini aufzupassen haben.
O ja, es ist schon eine Lust zu leben…

Bei Wygoda-Bankowa, Montag, 20. November 1944

Wieder solch ein grässliches „Jubiläum“: fünf Jahre Soldat! Über ein fünftel meines Lebens, mit Arbeitsdienst fast ein Viertel. In Zittau fing es an und nun sind wir bald wieder dort. Aber dies nur nebenbei. Nach vorn in die Zukunft denke ich nicht mehr. Den Tag und die Stunde heil überstehen, das ist „Glück“

genug.
Nach den ersten Stunden und Tagen der Enttäuschung haben sich noch fünf bis sechs Mann von dem Ersatzverein herauskristallisiert, die wenigstens willig sind, die sicher mal recht brauchbare Soldaten waren und wirklich nur wegen ihrer Verletzungen und Gebrechen nicht so schnell laufen oder so schwer tragen und schanzen können. Das wurde auch sehr bald von ihren Kameraden anerkannt, sodass diese Männer doch unerwartet schnell in dieser ihnen so fremden Kompanie Wurzeln geschlagen haben und ihr Bestes geben. Aber der Rest ist wirklich kaum noch zu gebrauchen. Zu diesen Leutchen gehört auch Schneider, der anfangs als drollige Figur allseits beliebt war und stillschweigend manche Erleichterung zugebilligt bekam. Schon bald fing er dann aber an, den armen, schwachen Kleinen zu spielen, er wurde stinkend faul, war in allem, ja selbst beim Anziehen, der Letzte, was ja nun wirklich nichts mit seiner Statur zu tun hat, und brachte so in kurzer Zeit seine ganze Gruppe gegen sich auf, voran Schneider Oskar, das Urvieh, dem ich den Stummel anvertraut habe. Wer bei Schneider Oskar verschissen hat, dem schmeckt allerdings so bald keine Wurst mehr. Aber ich lasse ihn bei Oskar; wenn einer den Kurzen noch auf Vordermann bringen kann, dann Oskar.
Während die bessere Hälfte des Ersatzes sich beim nächtlichen Schanzen Mühe gibt und im Durchschnitt wenigstens annähernd die Norm schafft, während zwei bis drei Mann überhaupt vom Schanzen befreit sind, weil sie entweder nicht so schnell laufen oder die Schaufelbewegungen nicht ausführen können, bringt der Rest der Neuen nicht viel mehr als immer neuen Ärger zustande. Was diese ihrer Gebrechen wohl bewussten Herren nicht schaffen, müssen notgedrungen ihre Kameraden übernehmen, wenn sie geschlossen nach Hause ziehen wollen. Das gibt viel böses Blut innerhalb der Gruppen, aber da wir ohne Rücksicht auf den Zustand der Leute fünf Meter pro Nase und Nacht zu schaufeln haben, gibt es keine Möglichkeit zum Mogeln. Dafür sorgt schon Wißmann. Er kennt jeden Fall persönlich, für den wir Kompanieführer eine Erleichterung erbeten haben, aber außer den zwei bis drei Mann lässt er keine Ausnahme gelten. Alles andere muss raus, die Kompaniestärke ist bekannt und dementsprechend kriegten wir unsere Meter aufgebrummt. Noch schlimmer als beim Schanzen spürt man den Ballast dieses Ersatzes bei den täglichen Gefechtsübungen. Sie können nicht so schnell rennen, sie keuchen zum Erbarmen unter der Last der Munikästen, die Halbblinden glotzen interesselos in die Ferne, Schneider ist faul und stellt sich dumm. Mag die Gruppe sonst leisten, was man in unserer Lage überhaupt noch erwarten darf, einer fällt immer aus dem Rahmen. Da hilft auch kein Anschiss, denn dann schießen sie zurück: „Ich bin ja nur bedingt kv, Herr Oberleutnant, ich kann das einfach nicht!“ Und sie haben ja Recht. Sie gehören in eine Fabrik oder zum Volkssturm, aber nicht hierher. Den ersten Marsch über 30 km wird kaum einer von ihnen überleben. Sie sind todsicher verloren, wenn der Iwan hier antreten sollte. Noch quälen sie sich lustlos und erschöpft über die nassen Äcker, aber ich sehe sie schon irgendwo im Straßengraben hocken, Abfall der großen Flucht, verlassen, überrollt, erschlagen. Vermisst. Todeskandidaten ohne Urteil. Eine einzige unglaubliche Schindluderei. Und wir können sie nicht einmal loswerden, es sei denn durch schwere Krankheit oder durch Verwundung und Tod.
Seit einiger Zeit hat man sich höheren Orts übrigens wieder etwas Neues ausge-

dacht: Ausgerechnet bei klarem Frostwetter wurde die Ausbildung schon ein paar Mal durch sogenannte Rübengroßkampftage unterbrochen. Da zieht dann nach dem üblichen, viel zu kurzen Morgenschlaf jeweils eine Kompanie hinaus in die Ferne mit Butterbrot und Speck und versucht auf den herbstlich stillen Feldern die in sich und im Boden festgefrorenen Rüben herauszubrechen. Das ist bei dem prächtigen Schanzzeug, das wir unser Eigen nennen, eine einzige Quälerei. Entweder kriegt man nur die oberen Teile der Rüben abgehackt, oder es hängen zwei Schaufeln vereister Erde mit dran. Mit Sicherheit aber werden Finger und Arme immer von Neuem gemein gestaucht, und so übertönt auch das allgemeine Fluchen deutlich das Klirren der Schippen. Aber trotz allem wurden auf diese Weise im Laufe der Wochen viele hundert Zentner Rüben und Erde erbeutet und den hungrigen Gäulen der Trosse zum Fraß vorgeworfen oder sogar mit der Bahn Richtung Heimat exportiert. Dort wird man an dem Dreck seine helle Freude gehabt haben.
Im Übrigen ist es doch nicht so friedlich hier hinten, wie wir uns das anfangs vorgestellt hatten. Unsere Bunker liegen ja ganz einsam auf kahlem Felde. Nach Süden hin steigt das Gelände in vielen sanften Wellen ganz allmählich zum russischen Brückenkopf von Baranow hin an und irgendwo auf einer dieser Wellen sitzt der Iwan mit weiter Sicht in unser Hinterland. Schon während des Baus der Bunker hatte er uns bei klarem Wetter einige Male mit seiner Ari beschossen. Zum Glück hängt aber in dieser Jahreszeit meist ein trüber Dunst über der Landschaft und entzieht uns den neugierigen Blicken der Russen. Aber sie haben uns trotzdem ganz genau im Visier, das merken wir immer wieder. Vor allem nachmittags, wenn wir wieder ans Tageslicht gekrochen sind und übender Weise über Berg und Tal toben, lässt der Iwan ziemlich oft und überfallartig mit ekliger Präzision seine Koffer heranorgeln. Mit seinen gemeinen Schrapnells hat er es sogar so weit gebracht, dass wir unsere Weidegründe noch weiter ins Hinterland verlegen mussten, um nicht doch noch eines Tage Tote und Verwundete beklagen zu müssen, wie es bei den anderen Kompanien schon vorgekommen ist.

<u>Bei Wygoda-Bankowa, Mittwoch, 29. November 1944</u>

Halleluja, wir brauchen nachts nicht mehr zu schanzen! Dafür aber Ausbildung vom Hellwerden bis zum Abend. Mal sehn, was schöner ist.
Drüben im Süden kann man bei ganz klarem Wetter mit dem Glas eine ferne Straße erkennen, eine Höhenstraße, deren Bäume sich gegen den Horizont abzeichnen. Dort rollen bei Tag und Nacht die russischen Kanonen und Panzer und endlose Trosskolonnen, immer nach rechts, nach Westen. Niemand stört sie dort, keine Ari von uns, kein Flieger. Wir können ja von alledem nur wenig beobachten. Meist sind die fernen Höhenrücken in Dunst und Nebel getaucht, die auch uns beschützen, aber der Anblick dieser Massen ist selbst in den kurzen Spannen der freien Sicht deprimierend genug. Da pumpen sie ihren Brückenkopf voll bis an den Rand, immer mehr, immer voller, Woche um Woche, bis er eines Tages brüllend aufplatzt und alles erbricht und überschwemmt. Wir aber bauen hier Schützengräben und spielen Angriff wie beim alten Fritz. Was schert sich der Russe um uns hier an der Weichsel? Wir sind ihm ja so sicher und nur deshalb

lässt er uns meist in Frieden. Seine kleinen Feuerüberfälle sind das Spiel der Katze mit der Maus, er muss ja seine Leute beschäftigen, ihnen die Langeweile etwas vertreiben.
Und während drüben beim Iwan der große Sack bald aus allen Nähten platzt, breitet sich um und hinter uns das hohle Nichts, die Leere des Schlachtfeldes. Jede Nacht schaufeln so und so viele Leidensgenossen neue Kilometer Graben aus der Erde und es muss ein berauschender Genuss sein, dies Gewirr krakeliger Linien auf großen Karten schön bunt einzutragen, vorn die HKL rot, den zweiten Graben grün, den dritten braun, den vierten lila, dazu die aberhundert raffiniert versetzten Verbindungsgräben, die Scheinstellungen, die Wechselstellungen, dies ganze idiotische Netzwerk, in dem einzig die Ratten und Mäuse hocken, das nie ein deutscher Soldat besetzen wird, weil es keine mehr gibt. Und wenn der erste Schneesturm über die Stoppeln fegt, ist sowieso alles vorbei, sind Stellungen und Gräben zugeschneit und verweht, und niemand wird sie je freischaufeln. Nur ganz vorn im ersten Graben werden die paar armen Hanseln wieder um ihr Leben wühlen, Tag und Nacht, ohne Ruhe und Schlaf, bis zum nächsten Sturm. Oder bis die Russen kommen zum letzten Gefecht. Es ist uns doch nichts mehr gelungen in diesem Jahr, an keiner Front, nicht auf dem Meer und schon gar nicht am Himmel der Heimat. Aber trotz allem soll man an den Endsieg glauben, will man sich ja auch gern mit allen Fasern an diese Hoffnung klammern, weil man spürt, wie der Boden unter den Füßen immer weicher wird. Aber was hält uns noch? Wo glüht noch eine wirkliche Hoffnung? Man muss die Männer zum Schanzen führen, obwohl man die ganze Schinderei für Irrsinn hält, man übt mit ihnen den Angriff, obwohl das richtige Türmen viel wichtiger wäre, und man möchte ihnen am liebsten beibringen können, wie man zur rechten Zeit den richtigen Heimatschuss kriegt.
Es ist wirklich November. Ich denke wieder an die langen Nächte, wie die Männer in der schwarzen, nassen Erde standen, wie das Schanzzeug leise klatschte und klirrte, wie tief unten in den Löchern hier und da eine heimliche Zigarette glühte, wie manchmal eine Leuchtkugel vor uns in der unbekannten HKL hochzischte oder ein paar grünliche Leuchtspurgeschosse über uns hinweg nach Norden zwitscherten. Dazu Totensonntag neulich, graue Stunden, die alles noch schwerer machen, die uns noch einsilbiger werden und das Lachen verkümmern lassen. Gewiss haben wir äußerlich weniger auszustehen als je in einem Winter zuvor; Watteanzüge, Filzstiefel, warme Mützen und Handschuhe, die neuen MGs – alles ist da, die Verpflegung ausreichend. Aber der Mensch lebt wirklich nicht vom Brot allein. Hier draußen in diesen trüben, feuchten Wochen haben wir es alle wieder erfahren. Uns fehlt ein Ziel, und jene einst so starke Hoffnung, dass alle Opfer und Leiden dieses Krieges dereinst doch noch zu einem besseren Frieden führen werden. Aber wer kann das jetzt noch hoffen? Bei dem Hass auf uns? Auch die Proklamation des Führers gibt da wenig Trost, zum ersten Mal eigentlich.
Morgen soll ein großes Bataillons-Gefechtsschießen als Abschluss unserer vierwöchigen Ausbildung steigen. Was dann kommt, wissen die Götter.

Wygoda-Bankowa, Donnerstag, 30. November 1944

Noch ehe Wißmann heute seine prächtige Dressurnummer reiten konnte, zerrupfte ein Divisionsbefehl ihm die Schau: Das Bataillon außer der Schwadron besetzt am ersten Dezember die HKL bei… irgendeinem Kaff. Das schockte uns im ersten Moment zwar wie eine kalte Dusche, denn wir haben uns ja trotz aller Schimpferei ganz gern an das gewisse Pantoffelleben im Hinterland gewöhnt, ohne Postenklau und Streife. Nun soll das auf einmal wieder vorbei sein? Eigentlich schade.
Und doch! Wenn man uns nicht in eine ganz böse Ecke verdammt und wenn der Russe so manierlich bleibt wie in den letzen Monaten, dann wollen wir doch lieber wieder nach vorn, weg von Wißmann, dieser bösen Sphinx des Bataillons, nach vorn, wo wir wieder unter uns sind.
Die Gangster haben schon wieder Dortmund angegriffen…

GROCHOCICE

Bei Lukawa, Sonnabend, 2. Dezember 1944

Gestern Mittag schickte ich befehlsgemäß das Vorkommando voraus in die neue Stellung. Gegen 8 Uhr abends marschierte dann die Kompanie nach vorn. Auch die anderen Kompanien außer der Schwadron waren zu dieser Zeit auf dem Weg zu ihren neuen Abschnitten. Die Nacht stand klar und dadurch etwas heller als sonst um uns. Planmäßig gelangten wir nach Sobotka, wo Wißmann sich einnisten wollte, und hatten es von dort aus nur noch einen reichlichen Kilometer weit bis zu einer lichten Anhöhe, auf deren Vorderhang die HKL verlaufen sollte. Soweit man in dem mondlosen Licht der Sternennacht erkennen konnte, war das Hinterland dort offen, ohne Baum und Strauch, nur von sanft geschwungenen Längs- und Quermulden durchzogen.
Ohne Störungen und Aufregungen rückte die Kompanie in den neuen Abschnitt ein. Die Leute vom Vorkommando waren eingewiesen und standen beim Gefechtsstand bereit. Sie nahmen ihre Züge in Empfang und verschwanden bald mit ihnen hinter dem letzten Buckel des langen, flachen Höhenrückens. Danach wurde es ruhiger vor dem Bunker und ich konnte mit dem Führer der abgelösten Kompanie im Gefechtsstand die Übergabe im Einzelnen bekakeln. Aber o weh, dieser Gefechtsstand! Ein finsteres Zweimannloch wie damals in Kowel! Dass die Herrschaften so wenig Sinn für deutsche Wohnlichkeit besitzen! Und so faul sind! Aber stänkern hatte wenig Nährwert. Die Kameraden saßen noch nicht lange in dieser Stellung und hatten sicher größere Sorgen gehabt.
Schon bald trafen die ersten abgelösten Gruppen ein, viel zu früh, um noch mit dem Kompanieführer durch die Stellung zu gehen. Die Zug- und Gruppenführer waren eingewiesen – das war zunächst das Wichtigste. Eine gute Stunde nach unserer Ankunft rückte die Kompanie ab und wir saßen wieder mal allein in ei-

nem noch ganz fremden Graben.
Bei meinem ersten nächtlichen Rundgang durch die HKL zerbrachen dann nach und nach alle Illusionen in mir. Mit den Bunkern waren die Gruppen noch ganz zufrieden, die sind zwar alles andere als edel, aber immerhin groß genug und fürs erste brauchbar.
Aber die Gräben!! 60 bis 70 cm breit, 75 cm tief – kümmerlichste Furchen, soweit das Auge reichte! Nur um die Bunker herum gab es ein paar Gräben und Postenstände von normaler Tiefe und Breite zur Rundumverteidigung. Nun können wir also wieder anfangen zu buddeln! Aber nicht ohne Schanzkommandos. Dies war ein Fall für die Morgenmeldung: Beschwerde über einen so miserablen Ausbaugrad der Stellung. Was nützt der Stacheldraht vor der ganzen HKL, was die Minen, die durchgehend verlegt sein sollen, wenn man bei feindlichem Feuer nur im Robben von Gruppe zu Gruppe gelangen kann?
Der Iwan sitzt uns hier zum Glück nirgends ganz dicht auf der Pelle. Im linken Teil der Stellung senkt sich das Gelände vor uns bis in eine breite, offenbar sumpfige Niederung und die russischen Gräben krakeln sich in über tausend Metern Entfernung ziemlich parallel zu unseren auf dem Gegenhang entlang. Weiter rechts ist die Geschichte leider unübersichtlicher. Der Iwan steckt dort nur 500 m entfernt in kaum sichtbaren Stellungen und kann uns von oben in die Gräben sehen, weil unser Graben ausgerechnet dort sinnigerweise unten am Fuße des Hanges in der Bachniederung selbst angelegt ist.
Heute früh beim ersten Rundgang in der Dunkelheit war das alles nur schemenhaft zu erkennen, denn bis auf den deutlichen Höhenunterschied zwischen dem linken und rechten Teil der Stellung ist das Gelände ringsum nur sehr flach und fast konturlos gewellt. Aber vom tiefsten Punkt der HKL aus führt wenigstens ein Feldweg rechtwinklig vom Graben weg nach hinten den Hang hinauf zum Gefechtsstand. So kann ich mich von dort aus kaum verirren.
Sorge machen mir die Trümmer des Dorfes Lukawa fast in der Mitte des Abschnitts, gerade dort, wo sich der Graben zur Niederung hin absenkt. Kommt man im Dunkeln von unten hoch, so sieht man nur die Schatten verkohlter Kamine und Mauern und die Gerippe von Zäunen und kahlen Bäumen, aber nicht den weiteren Verlauf des Grabens. Und das Schlimme ist, dass die Trümmer sich noch bis auf hundert Meter vor unseren Graben erstrecken, fast so wie damals in Klednewitschi. Die ehemalige Dorfstraße schneidet unsere vordere Linie unter 45 Grad und genau dort, an dieser unübersichtlichsten Stelle, hat man eine Gasse im Stacheldraht und in den Minen gelassen. Genau dort sind bisher jede Nacht Spähtrupps ins Niemandsland hinausgeschlichen und wieder zurückgekehrt. Die nächste Gruppe hat ihren Bunker etwa 175 m von diesem mulmigen Punkt entfernt und kann wegen des abfallenden Geländes im Ernstfall nicht mal was sehen, geschweige denn tun. Der Iwan müsste mit Blindheit geschlagen sein, wenn er diesen Trampelpfad noch nicht spitzgekriegt hat. Mit Sicherheit hocken bei Nacht russische Späher in den Trümmern vor dem Stacheldraht und führen schön Buch über die Stärken, Zeiten und Wege unserer Streifen und Spähtrupps. Wer aber soll diese Ruinen bei Nacht durchstöbern? Die Vorposten der Iwans haben sich bestimmt auch hinter Minen und Stolperdrähten eingeigelt und mit solchen Schweinereien sind wir noch nie auf elegante Weise fertig geworden. Meist gehen solche Versuche ganz fürchterlich ins Auge.

Heute Nacht konnte ich nur noch alle Zug- und Gruppenführer schwer vergattern. Vorsicht, aufpassen, jede Beobachtung sofort melden, bis wir hier mehr wissen. Im Morgengrauen, das müde und seltsam still heraufzog, stiefelte ich endlich zurück zum Gefechtsstandsloch, nachdem ich noch die Gewehre abgeklappert hatte, die im zweiten Graben genau auf der Höhe eingesetzt sind, und von dort aus prächtig über ihre Kameraden in der vordersten Linie hinwegfeuern können. Im Bunker wartete schon der Papierkrieg auf mich. Stellungs- und Feuerskizzen, Arbeitsmeldung und so weiter, und so weiter. Der übliche Käse. Vor allem aber Hinweis auf die Misere der Gräben und auf die unheilschwangere Ecke bei den Trümmern des Dorfes. Anforderung von Schanzkommandos und so weiter. Mehr Papierkrieg als Krieg. Und nun auch noch die Aussicht, einen neuen Gefechtsstand buddeln zu müssen. In dieser schwarzen Zweimannkoje können wir unmöglich lange vegetieren.

Bei Lukawa, Sonntag, 10. Dezember 1944

Viel besser als im Hinterland ist es hier auch nicht. Derselbe Ärger, derselbe Käse. Und daher lohnt es sich auch hier nicht, das Geschehen tageweise zu notieren.
Alles in allem fühlen wir uns jetzt in dieser neuen Stellung schon einigermaßen heimisch. Bereits von der zweiten Nacht an meldeten sich Abend für Abend alle möglichen Schanzkommandos, mit deren Hilfe wir unseren vordersten Graben recht schnell in Fasson gekriegt haben. Jetzt ist die zweite Linie an der Reihe, die bei unserem Einzug zwar in Ansätzen vorhanden, aber noch viel kümmerlicher ausgebaut war. Leider schanzte bisher keine von den Kompanien bei uns, die uns in den letzten Wochen so hündisch mit lächerlichen Zentimetern gepiesackt haben – wir hätten uns sehr auf das Wiedersehen gefreut! Unsere Leute gehen hier, wo es sich um ihre eigenen Gräben handelt, auch gleich mit anderem Schneid an die Arbeit und so gewinnt das ganze Stellungssystem einschließlich der Gruppenbunker täglich mehr Profil und Wert. Nur Wißmann erinnert mich ständig daran, dass niemand ein Anrecht auf ungetrübtes Glück hat. Bei Nacht hat sich der Feigling wie üblich noch nicht ein einziges Mal blicken lassen, aber am frühen Vormittag, wenn alle Meldungen längst durchgegeben sind und ich auch mal penne, erscheint der Knecht im Bunker, lässt mich wecken und hat dann meist nur eine oder zwei hinterhältige Fragen auf Lager, bei denen man nie weiß, worauf er hinauswill, so in der Art: „Sie haben doch 80 m Grabenvertiefung gemeldet. Kein Posten konnte mir sagen, wo das gemacht worden ist." Mitunter hat er dann Pech, wenn ich ihm antworten kann: „Ganz rechts im Abschnitt, Herr Hauptmann, 35 m im vordersten Graben, 25 m im zweiten Graben und 20 m im Verbindungsgraben." Dort war der Herr dann nämlich nicht gewesen. Dort hätte ihm jeder Posten Einzelheiten zeigen können, aber er war eben von links gekommen und meidet meinen rechten Abschnitt wie die Pest, weil dort der Iwan liebend gern von oben in unseren Graben zwitschert. Auch ihn haben sie zu unser aller Freude einmal schön beharkt und das hat ihm gelangt.
So schleicht er jetzt fast jeden Morgen durch die Gräben, belauert die Tagesposten, fragt sie nach Auftrag und der letzten Belehrung über Verhalten in Gefangen-

schaft, kontrolliert die Sauberkeit von Pistolen und die Anzahl der Ersatz-Klarsichtscheiben für die Gasmaske, lässt einen Posten die ganze Gruppe alarmieren und stoppt die Zeit, kurz, er macht sich bei jedem und zu jeder Tageszeit beliebt, nicht weil er dies und jenes kontrolliert – das ist sein Recht, sogar seine Pflicht –, sondern wegen der lauernden, misstrauischen, aufs Hereinlegen bedachten Art, in der alles geschieht. Er braucht zu seiner Selbstbestätigung täglich eine Kompanie von Leuten, die nichts gekonnt, nichts gewusst und ihn zu bescheißen versucht haben. Aber er hat sie alle überführt, er weiß es als Einziger im ganzen Bataillon besser. Und fast jeden Tag wird eine Kompanieführerbesprechung angesetzt, auf der uns dieser ganze stinkende, elende Quark noch und nöcher vorgekaut und vor die Füße gespuckt wird. Und wie in der letzten Zeit an der Kommissbrothöhe jagen sich nun wieder seine Befehle mit der Auflage, täglich und wöchentlich schriftlich Vollzug zu melden über jeden Scheißdreck bis hin zum letzten Fußlappen. Mit den Vollzugsmeldungen in der Hand zieht er dann beutelüstern nach vorn, um zu kontrollieren, zu spekulieren und einfältige Posten aufs Kreuz zu legen. Da sieht man es ja, meine Herren, was Ihre Vollzugsmeldungen wert sind, auf nichts kann man sich verlassen, nicht mal auf schriftliche Meldungen. Da sehen Sie ja selbst, wie wichtig es ist, sich die Ausführung jedes Befehls schriftlich bestätigen zu lassen… Jaja da sieht man's, jawoll, Herr Hauptmann…
Und während man sich zum zigsten Mal dies öde Gesafte anhören muss, denkt man voller Melancholie an Sucker, an Röder, an Meyer, der den Abschnitt neben uns hat! Gleich in den ersten Tagen bin ich hinübergelaufen und habe ein rührendes Wiedersehen mit ihm gefeiert, habe ihm unser Leid geklagt und ihn beschimpft, weil er nicht unser Bataillon verlangt hatte. Meyer schafft es ohne Vollzugsmeldungen. Aber unserer… Vielleicht ist Wißmann krank. Auf jeden Fall hat er die Hosen voll, sonst wäre er wenigstens einmal auch bei Nacht bei uns vorn im Graben erschienen. Aber er kommt nie. Nur immer am Vormittag, wenn wir endlich schlafen wollen.
So nebenbei haben wir uns einen neuen Gefechtsstand gebastelt und können jetzt das alte miefige Loch als Munischuppen benutzen. Damit ist zunächst einmal das Wesentliche geschafft. Die Stellung steht und der weitere Ausbau ist nicht mehr ganz so eilig und wichtig.
Die Russen uns gegenüber verhalten sich – toi, toi, toi! – ebenso nett wie die an der Kommissbrothöhe. Natürlich ballern sie los, wenn sich vor allem im rechten Teil unseres Abschnitts einer zu unvorsichtig bewegt oder zu lange und sorglos seinen Kopf hochreckt. Aber die große Entfernung zwischen den Gräben verhinderte bisher genaue Scharfschüsse. Wohl ärgerten uns hin und wieder auch mal ein paar Granatwerfer mit kleinen Feuerüberfällen auf Gruppenbunker und Grabenstücke, in denen sich Melder oder Essenholer beim Schwatz zu Klumpen geballt haben, aber diese kurzen Einlagen gehören einfach zu unserem Leben als Infanteristen im vordersten Graben. Kein Mensch nimmt das tragisch, solange es keinen Toten gibt. Und bisher ist nichts passiert. Selbst unsere kampfstarken Spähtrupps, fünf bis sieben Mann, die Nacht für Nacht zu wechselnden Zeiten lautlos durch eine Minengasse zwischen den Häuserruinen ins Niemandsland hinausgehen, sind bisher jeweils nach ein bis zwei Stunden heil zurückgekommen. Manchmal haben sie einen russischen Spähtrupp in der Bachniederung gesehen, ein paar Mal sind sie sogar beschossen worden und haben zurückge-

knallt, aber nie wurde aus der Spielerei mit dem Tode eine Tragödie. Man reizt sich etwas, man will sich natürlich mit allen Mitteln gegen Überraschungen sichern, aber im Allgemeinen bleiben doch beide Seiten auf Distanz, sodass ich inzwischen sogar das ungute Gefühl von dieser schwarzschattigen Trümmerecke an der Minengasse ziemlich verloren habe.
Seit ein paar Tagen ist nun auch nach und nach etwas Schnee gefallen und die Landschaft sieht nun noch stiller, noch lebloser und einsamer aus. Es ist die Zeit der endlos langen Nächte und der kurzen, trüb verhangenen Tage mit feuchter und kalter Luft. Die Spähtrupps suchen nun vor allem nach Spuren im Schnee zwischen den Trümmern, aber bisher haben Neuschnee und Wind sie nichts Verdächtiges finden lassen. An den Nachmittagen treiben wir etwas Ausbildung an unseren MGs, nachts bin ich viel unterwegs, um die Schanzkommandos zu beaufsichtigen und immer wieder die Postenstände zu verbessern, die Stellungen der russischen MGs auszukundschaften und durch Alarmübungen den Laden in Schwung zu halten, damit Wißmann möglichst wenig zu meckern hat.
Alles in allem haben wir es hier nicht schlecht getroffen, der Kompanieabschnitt ist so kurz wie noch nie, die MGs stehen tief gestaffelt und die Sicht nach vorn ist gut bis auf die Ecke mit den Trümmern. Nur in Längsrichtung des Grabens kann der linke Abschnitt nicht sehen, was rechts passiert, und umgekehrt, weil dort, wo der Hang ansetzt, die Welt für die Leute unten und oben zu Ende ist. Es müsste noch eine Gruppe genau an dem Knick, an dieser Sichtgrenze in den Trümmern sitzen, aber dort gibt es keinen Bunker und keine Graben für die Rundumverteidigung, vor allem aber habe ich keine Gruppe mehr übrig. Tiefenstaffelung ist jetzt Trumpf. Mag der Iwan ruhig in den ersten Graben kommen – irgendwo hinten läuft er sich todsicher fest. Laut Theorie. Alles hängt an der Wachsamkeit der Streifen, die die toten Grabenabschnitte zwischen den Gruppenbunkern ständig auf und ab patrouillieren. Schön ist es nicht, da in nebliger Nacht zu laufen, zu lauschen, Schatten zu sehen, die MPi im Anschlag, alle Fasern alarmbereit, und immer die stummen Trümmer vor oder hinter sich, von denen man nicht weiß, wie viele Augen darin versteckt lauern.

Bei Lukawa, Dienstag, 12. Dezember 1944

Man muss wohl doch noch an Märchen glauben. Mir ist jedenfalls vorhin eins begegnet: Ich soll morgen ins Korpserholungsheim nach Opatow fahren und mich dort eine Woche lang verwöhnen lassen. Wißmann muss wirklich krank sein, wenn er mich dafür ausgesucht hat. Aber der Befehl ist klar. Ein Leutnant Zang, ganz frisch beim Bataillon eingetroffen, soll die Kompanie solange führen. Ich bin regelrecht „von den Socken“.

Opatow, Sonntag, 17. Dezember 1944

Seit Mittwochabend, nach einer lächerlich umständlichen Reise mit Trossfahrzeug, zu Fuß und per Anhalter, bin ich wirklich hier im Korpserholungsheim gelandet. Wohl zu 70 Offizieren sitzen wir an den weiß gedeckten Tischen oder

in den Leseräumen, Schach- oder Rauchsalons. Es gibt wirklich gute Sachen zu essen und zu trinken; gewiss nichts Extravagantes, was zum Klassenhass aufreizen könnte, aber doch sehr gute bürgerliche Dinge. Kinovorführungen wechseln mit interessanten Vorträgen; wir haben genug Freizeit, um auch mal in kleineren Gruppen einen Spaziergang zu machen oder um einen richtigen Mittagsschlaf zu halten. Insgesamt erholen sich in diesem gut beheizten Heim so an die 30 schlichte Infanterieoffiziere vom Leutnant bis zum Major; die übrigen 40 kommen von der Ari oder von noch viel weiter hinten liegenden, zum Teil sagenhaften Waffengattungen. Diese Kameraden scheinen alle eng befreundet, zumindest aber gut bekannt zu sein, sehen durchweg rosig und wie aus dem Ei gepellt aus und plaudern im Kasinojargon die meiste Zeit über ihre letzten gemeinsamen Hasenjagden und Bierabende, über Beförderungssorgen und ähnliche Probleme. Da können wir armen Schweine aus dem vordersten Graben nicht mit, zumal wir Infanteristen ja ganz vereinzelt aus den weit auseinander liegenden Einheiten der überdehnten Korpsfront herausgepickt worden sind und nur durch Zufall mal auf ein bekanntes Gesicht stoßen könnten. Wie viele Kompanieführer im vordersten Graben mag es denn insgesamt geben? 1.000? Vielleicht. Viel mehr sicher nicht. Ich kenne jedenfalls keinen hier. Krieg ist eben doch nicht gleich Krieg und Russland oder Polen nicht überall dasselbe. Da trennt ein Kilometer Welten.
Als gestern Abend der Oberbefehlshaber der Armee, General Graeser, zu Besuch kam, hatte ich die Ehre, als einer der Vertreter der Infanterie beim Essen mit an seinem Tisch zu sitzen, wo er nach seinem Vortrag in bester Laune mit uns plauderte. Ja, dieser Vortrag hat uns alle aufgewühlt und mit neuer Hoffnung erfüllt. Noch nie sind so viele Panzer und Flugzeuge gebaut, in keinem Jahr des Krieges so viel Munition hergestellt, so viele Kanonen neu an die Front geworfen worden wie in diesem fünften Kriegsjahr. Mag der Russe in seinen Baranow-Brückenkopf hineinpumpen was er will – noch nie standen so viele Pak und Panzer und Reservedivisionen so tief gestaffelt und zum sofortigen Gegenangriff bereit. Neue Waffen gegen die Terrorbomber sind im Bau, Fabriken produzieren ungestört in riesigen künstlichen Höhlen, Müdigkeit und Resignation breiten sich angesichts der ungeheuren Blutopfer bei den Russen und Amis aus, der Vorteil der inneren Linie kommt immer mehr zum Tragen, kurz, wer will da am Endsieg zweifeln? Die Zeit der Rückschläge ist vorbei, jetzt haben unsere Feinde die endlosen Nachschubwege…
Es war wirklich berauschend, ihm zuzuhören; die Produktionszahlen allein waren so unglaublich, dass nun wohl wirklich der Wendepunkt erreicht ist. Ich bin seitdem wie neu aufgezogen. Wenn ein deutscher Oberbefehlshaber vor seinen Offizieren solche Zahlen bekannt gibt, dann hat das seine Richtigkeit, dann gibt es Grund zu neuer Hoffnung. Sollen die Russen doch kommen!

Opatow, Montag, 18. Dezember 1944

Heute Vormittag habe ich mich in dem armseligen Atelier eines polnischen Photographen schön abkonterfeien lassen, um wenigstens mein neuestes Antlitz als Weihnachtsgeschenk in die Heimat senden zu können. (Bild 57)
Im Erholungsheim standen sie, als ich zurückkehrte, dicht gedrängt um den Laut-

sprecher: Im Westen hat eine gewaltige deutsche Offensive begonnen!! Wir sind alle ganz aus dem Häuschen und gerade den Amis gönnen wir eine so giftige Überraschung aus ganzer Seele. Der Nordteil Luxemburgs ist schon im ersten Ansturm überrannt!

Bei Lukawa, Freigag, 22. Dezember 1944

Als ich mich gestern Mittag auf dem Heimweg zur Kompanie bei Wißmann zurückmelden wollte, nahmen mich Kapol und der Adju im Vorraum beiseite und flüsterten mir das Schreckliche zu, die Sache mit dem russischen Stoßtrupp: In der Nacht vom 15. zum 16. Dezember ist ein Mann von der Gruppe, die am nächsten bei der Minengasse liegt, aus dem Graben geklettert, keiner wusste hinterher warum, angeblich um auszutreten, vielleicht aber auch, um Holz zum Feuern aus den Ruinen zu holen – jedenfalls war er zunächst im Dunkeln untergetaucht. Wenige Minuten später hörten sie wildes MPi-Feuer, krachende Handgranaten, Schreien und Stöhnen in den Trümmern. In 30 Sekunden war alles passiert, ein paar flüchtende Schatten in den Ruinen vor dem Stacheldraht waren alles, was man noch gesehen hat. Einige lange, wütende Garben haben sie ihnen noch in die Finsternis nachgejagt, dann ist es wieder so still geworden, als wäre nie etwas geschehen. Nur zwischen den Trümmern stöhnten drei Verwundete und man fand einen Toten zerfetzt in seinem Blut. Sie alle gehörten zu dem Spähtrupp dieser Nacht und hatten gerade durch die Minengasse hinausgehen wollen, als der russische Stoßtrupp aus den Ruinen hinter unserem Graben heraus das Häufchen zusammenkartätschte. Ganze zwei Mann vom Spähtrupp sind heil davongekommen. Von den Russen fand man im Morgengrauen ein Käppi und ein paar alte Handschuhe, sonst nur die Spuren in der Minengasse und zwischen den Trümmern. Der eine Mann, der aus dem Graben geklettert war, war weg und blieb verschwunden. Ihn haben sie wohl lautlos geschnappt. Eine riesengroße Schweinerei…

Wißmann erzählte mir den ganzen Kram noch einmal von vorn, aus seiner Sicht natürlich und mit seinen hämisch drohenden Kommentaren. Leutnant Zang, mein Vertreter, vor allem aber Oberwachtmeister Lang, sind angeblich schuld an dem Drama. Nichts hat geklappt, kein Gegenstoß, keine Gegenwehr, kein Russe geschnappt. „Ja, ein Käppi und ein paar zerrissene Handschuhe, das hat man eingetauscht gegen zwei Totalverluste und drei Verwundete! Aber das werden die Herren wieder wettmachen, diese Schweinerei hat die Kompanie noch von sich abzuwaschen!!“

O, wenn er doch nur sein ungewaschenes Maul halten wollte!!

„Ich werde die Sache untersuchen, Herr Hauptmann.“

„Da gibt es nichts mehr zu untersuchen, der Fall ist sonnenklar!“

Wenn dieser verdammte Feigling sich nur einmal selbst in den Graben stellen wollte, einmal eine Streife im Niemandsland laufen wollte, dann würde er es nicht wagen, seine Schnauze so aufzureißen. Dann hätte er zumindest mehr Achtung vor den Männern da vorn, vor dem, was sie Nacht für Nacht leisten und ertragen müssen. Und wenn sie hier wirklich zu sorglos vorgegangen sein sollten, dann sind sie bei Gott gestraft genug.

Am späten Nachmittag war ich endlich wieder bei der Kompanie. Aber fertig, mit Knien wie Gummi. Keine Spur mehr von der Siegeszuversicht und Erholung, im Gegenteil, bedrückt darüber, dass ich die Kompanie allein gelassen hatte, dass ich hinten die schönen Tage genossen hatte, während sie hier vorn zu allem Überfluss auch noch beschimpft und verdächtigt wurden. Lange saß ich am Abend bei Oberwachtmeister Lang und den Männern, die das Drama direkt oder aus einiger Entfernung miterlebt haben.
Niemand hat den russischen Stoßtrupp gesehen oder gehört. Die Nacht war stockfinster gewesen und wahrscheinlich haben sich die Russen erst kurz vor der Tragödie in den Ruinen eingenistet, denn zwei Streifen sind vorher unbehelligt vorübergegangen und haben nichts Verdächtiges bemerkt. Wie also kann man da so einfach von Schuld und Versagen sprechen? Die Riesenlöcher in dieser armseligen Front sind schuld, die Lücken von 500, ja 800 m Länge, in denen kein einziger Posten stehen, sondern nur ein paar schwache Streifen pendeln. Was können die denn schon im Ernstfall ausrichten? Es fehlen die, die hinten Hasenjagden machen, es fehlen uns vor allem Menschen, Augen und Ohren…
Zum ersten Male nach langer Zeit habe ich jetzt wieder richtig dicke Angst, wenn ich nachts meine Streife laufe. Ich sehe Gespenster, ich höre Knacken und leise Rufe und schrecke zusammen, wenn unvermutet eine Leuchtkugel hochzischt. Jetzt lauern zwar auf Befehl von Wißmann bei Nacht auch in den Trümmern ein paar Posten, aber die schneiden wir uns natürlich woanders aus den Rippen. Von hinten kommt nicht ein Mann Verstärkung und die vier Toten und Verwundeten und der Vermisste fehlen uns ohnehin an allen Ecken. Und zweimal kommt der Russe bestimmt nicht an derselben Stelle, trotz der schönen Minengasse.
Seit gestern Abend haben meine Nerven einen Knacks weg. Bei jeder Nachtstreife graust mir vor der undurchsichtigen Ruinenecke und vor den endlos langen, leeren Gräben, an denen wir geduckt und mit ständig entsicherter MPi entlangschleichen. Selbst im zweiten Graben fühle ich mich nicht mehr sicher. Vielleicht liegt es auch daran, dass Wißmann dem kleinen Leutnant Zang und Oberwachtmeister Lang den nächsten fälligen Stoßtrupp angedroht hat, „... zur Bewährung und zur Rehabilitierung!“ Dann ist sowieso die ganze zweite Kompanie mit dran. Ehrensache.
Unter solchen bedrückenden Aspekten soll man sich nun auf Weihnachten freuen. Es liegt nur dünner Schnee auf den Gräsern, die Wolken decken grau in grau die eintönige Landschaft zu und ersticken jeden Laut ringsum. (Bild 59, 60) An der rechten Grenze rostet ein geköpfter T 34 vor dem Graben still vor sich hin; er ist der einzige belebende Punkt in dem langweiligen Auf und Ab kahler Hügel und Mulden. Nur selten hallt ein Schuss über die totenstille Senke. Die Welt scheint im Winterschlaf versunken zu sein, aber der Schein trügt. Leichtsinnig darf man keine Minute sein, so schwer es einem in der deprimierenden Einsamkeit der Felder auch fällt. Seit gestern denke ich manchmal: Geh doch einfach ganz aufrecht durch den Graben, den Kopf frei heraus – und dann drüben ein Scharfschütze. Ich hätte endlich Ruhe…

Bei Lukawa, Dienstag, 26. Dezember 1944

Gott sei Dank, Weihnachten ist vorüber. Es war alles schön geplant, ich konnte vier bewährte Oberschnäpser endlich zu Unteroffizieren befördern und Kober zum Feldwebel gratulieren. Als Zeichen seiner Güte und Barmherzigkeit wollte Wißmann ab drei Uhr nachmittags mit mir durch den Graben gehen und den Männern höchstpersönlich ein frohes Fest wünschen. In den letzten Tagen hatte es schon allerhand Gutes gegeben, Zigaretten, Wein und Schnaps und am Heiligen Abend sollten noch mal Extrarationen aller Art verteilt werden. Das hatte die Stimmung gehoben, auch wenn der Schnaps nur tropfenweise getrunken werden durfte, um Besäufnisse zu vermeiden.
Ich stand um 3 Uhr bereit und wartete auf Wißmann. Da es jetzt schon kurz nach 4 Uhr duster wird, mussten wir uns beeilen, wenn wir die Männer noch in den Bunkern antreffen wollten. Aber um 4 Uhr stand ich immer noch da, mit einer Stinkwut im Bauch, und wartete auf den Kerl. Dann endlich sah ich ihn mit dem Doktor über die nächtlichen Felder näherkommen. Er hatte sich „leider etwas verspätet“. Dieser Idiot, selbst diesen Tag musste er uns noch vermiesen. Aber die Dunkelheit war ihm wohl in diesem Falle lieber als das Licht des Tages.
Die Männer standen natürlich schon draußen, sie hatten sich auf den angekündigten kleinen Schwatz gefreut – nun konnte man nur noch draußen im Postenstand ein paar Worte mit ihnen wechseln; die Weihnachtsstimmung in der Abenddämmerung mit Kerzenlichtern in den Bunkern war im Eimer.
Die MGs mussten eingeschossen werden, Kennwort- und Parolerufe, aus der Traum. Und außerdem musste Wißmann sehr bald wieder nach Hause, noch eine Unmenge zu tun, Sie wissen ja! O ja, ich wusste; bei Dunkelheit hat er immer in seinem Gefechtsstand zu tun. So empfahl er sich Gott sei Dank bald, ich begleitete ihn noch zurück bis zu meinem Gefechtsstand und niemand weinte ihm eine Träne nach.
Als ich dann wieder aufbrechen wollte, um noch die restlichen Gruppen zu besuchen, brachten sie einen getragen, der so gut wie tot war: Breuer, einer der ganz alten, zuverlässigen Fahrer, der erst vor kurzem beim Tross „ausgekämmt“ und nach vorn zur Kompanie gesteckt worden war, weil es beim Tross kaum noch deutsche Landser geben darf. Seine Kameraden hatten ihn vermisst, hatten von anderen Essenholern erfahren, dass er nicht am Gefechtsstand gewesen war, und waren losgezogen, um ihn zu suchen. In der Mitte des 800 m langen, unbesetzten Stellungsstückes fanden sie ihn endlich auf der schwarzen Sohle des Grabens in seinem Blut. Ein Granatwerfereinschlag genau auf den Grabenrand hatte ihm den Kopf schaurig durchsiebt. Ganz allein war er dort mit den Kochgeschirren entlanggelaufen, um die Weihnachtsverpflegung und -post zu holen. Fünf Minuten vorher noch hatte er dem jungen Kameraden, der an sich als Essenholer an der Reihe war, gesagt: „Bleib du heute nur hier im Bunker und feiere noch etwas, ich gehe ganz gern.“ So war er losgegangen, vielleicht um unterwegs ungestört an Frau und Kinder denken zu können.
Wir standen ratlos vor diesem neuen Verlust. Das Festessen wurde kalt, der Wein blieb in den Flaschen. Frohe Weihnachten? Dieser ganze gottverdammte Krieg – wie viele sollen denn noch verrecken? Man müsste heulen können, irgendwo in einem verlassenen Winkel, heulen und schreien, um sich diesen fürchterlichen

Druck von der Seele reißen zu können, diese ewige Angst und Ungewissheit, dies ganze endlose Elend. Weihnachten! Scheiße ist alles, Scheiße, Scheiße, jawohl, Scheiße!!!
Aber was nützt solch Geschrei, solche Hysterie? Wir stehen hier eingekeilt zwischen den Russen vorn und der Feldgendarmerie in unserem Rücken und müssen versuchen, dies alles männlich und gefasst zu ertragen. Für uns gibt es keine Hintertür.
Bis in den späten Abend hinein saß ich mit Kober vorn bei den Männern in den Bunkern. Die Nacht war heller als sonst und daher konnte wenigstens jeweils die halbe Belegschaft mal umschichtig für eine Viertelstunde unter dem kleinen Tannenbäumchen zusammenkommen, während die anderen draußen solange doppelt scharf aufpassten. Wir sprachen hauptsächlich über unsere Familien, über die Bomben, über die Post, die jetzt nur so schleppend kommt, über frühere Weihnachtsfeste im Frieden und über die letzten Weihnachten in den Gräben bei Klednewitschi, die nun auch längst verloren sind. Die Zukunft ließen wir möglichst aus dem Spiel. Was hätte ich ihnen sagen können? Gewiss, die Zahlen, die der OB genannt hatte, seine Zuversicht, aber das alles ist natürlich keine Garantie, und die Propagandaphrasen, die uns bis obenhin stehen, leiere ich nicht nach. Die Gegenwart hier vorn in unseren Gräben ist viel zu übermächtig, der Schock, den uns der russische Stoßtrupp versetzt hat, klirrt noch in unseren Nerven und nun gab es auch noch Trauer genug um Breuer. Warum gerade er? Warum gerade an diesem Tage? Warum durch diesen einzigen kleinen Feuerüberfall auf das sonst menschenleere Grabenstück? Warum genau dorthin, wo er gerade ging? Warum überhaupt dies alles? Ich weiß es nicht, ich begreife es nicht, und dann an einen Ratschluss Gottes zu glauben, bringe ich nicht fertig. Die Menschen sind es, die Regierenden vor allem, die die Weichen stellen, die uns nicht sagen, wohin die Reise gehen soll. Wenn aber der Zug erst fährt, kann keiner mehr aussteigen, weil ihm die Richtung nicht passt.
Ja, wir sind froh, dass die Feiertage nun vorüber sind. Breuer ist heute gestorben. Es war nicht anders zu erwarten. Weihnachtslieder, Weihnachtspapier, Weihnachtsgeschwafel, die mühsam abgesparten Dinge von zu Hause – was soll das alles in unserer einsamen, grauen Grabenwelt? Wenn sie in der Heimat unsere Städte verbrennen, wenn wir hier unsere Toten begraben und die Briefe an die Angehörigen schreiben müssen, wenn wir nur mit großer Sorge und Unruhe an zu Hause denken können, dann macht alles, was an Frieden und Wärme und häusliches Glück erinnert, einem das Herz nur noch schwerer. Unsere schönste Jugendzeit ist ohnehin im Eimer. Was waren meine Jahre zwischen 18 und 23? Warum muss man das alle Jahre wieder aufrühren und aufwühlen? Vergessen, Schnauze halten. Wo Kinder sind, ja. Aber hier bei uns, die wir jetzt Morgen um Morgen auf das große ferne Getöse warten, das jeden Tag losbrechen und uns das Ende dieser unnatürlichen Ruhe anzeigen kann. Ja, man rechnet jetzt täglich mit dem Beginn des russischen Großangriffs, der auf Ostpreußen und Oberschlesien zielen wird, und es ist ein wahrhaft weihnachtliches Gefühl, wieder mal wie damals an der Pronja ziemlich im östlichsten Balkon der deutschen Front zu stehen und tatenlos abwarten zu müssen, dass der Iwan weit westlich von uns den Sack zuschnürt.
Was hatte Graeser gesagt? Die Russen sollen nur kommen, diesmal sieht die

Geschichte wirklich ganz anders aus. So ähnlich hatte es aber auch vor der Invasion schon getönt. Aber vielleicht ist es diesmal wirklich besser. Wir können ja nur hoffen und glauben, was man uns sagt.
Vorhin hatte ich sogar mal eine Stunde ganz für mich allein. Ich habe mir die Bilder angesehen, die ich immer bei mir trage. Ich habe noch einmal die Briefe aus der Heimat gelesen. Auch der Angriff am 30. November hat unser Haus verschont. Aber mit der Post muss es jetzt eine Katastrophe sein. Sie schreiben ihre Briefe zwischen Dortmund und Parchim ohne Hoffnung auf Ankunft, sie warten zwei Wochen auf ein Telegramm, auf ein Lebenszeichen und ängstigen sich halb tot. Auch in der Kompanie sind viele seit Wochen ohne Nachricht. Aber keiner jagt sich eine Kugel in den Mund wie vor einem Jahr der Junge bei Klednewitschi. Vielleicht spekuliert schon mancher auf ein baldiges Ende, sodass es sich jetzt lohnt, um jeden Preis noch den eigenen Kopf über die Runden zu retten.

Bei Lukawa, Sonnabend, 30. Dezember 1944

Wieder geht ein wahrhaft finsteres Jahr dem Ende zu. Finster trotz V1 und V2, trotz der Offensive im Westen, die sich nun anscheinend doch schon festgefahren hat. Immerhin ist der Durchbruch der Amis am Rhein erst mal gestoppt. Aber dass diese Gefahr überhaupt bestanden hat, ist erschreckend genug.
Sonst geht es ja zurzeit so halbwegs. Auch wir befreien jetzt mal Ortschaften im Westen, die Finnlandarmee steht heil in Norwegen, aber bei alledem fragt man sich, ob nicht jetzt der Schwerpunkt ganz entscheidend in den Osten verlegt werden müsste. Lass fahren dahin im Westen und Süden und Norden, aber rettet unser Land im Osten vor dem Russen. Mit Amis und Tommies und Franzosen kommen wir schon irgendwie klar, selbst wenn die uns von hinten bis Schlesien und Danzig erobern, aber der Russe muss jetzt endgültig zum Stehen gebracht werden, sonst ist wirklich alles verloren. Hoffentlich ist im Westen nicht schon viel zu viel verloren und an Waffen und so weiter verbuttert.
Vorgestern hat uns Wißmann eiskalt seinen Wechsel präsentiert: „Die zweite Kompanie bereitet einen Stoßtrupp in die russischen Gräben vor, mit dem Ziel, wenigsten einen Gefangenen lebend einzubringen. Führer des Stoßtrupps: Leutnant Zang, Bataillonsreserve. Stellvertreter Oberwachtmeister Lang, zweite Kompanie. Die übrigen Teilnehmer stellt die zweite Kompanie."
Er hat erreicht, was er wollte. Er gibt in seiner Güte den beiden Gelegenheit, sich zu bewähren. Lang weiß, wie diese Bewährung für ihn enden wird. Wir haben schon mit den Vorbereitungen begonnen, die schweren Waffen haben sich möglichst unauffällig auf die vorgesehene Einbruchsstelle vor unserem rechten Abschnitt eingeschossen, der Ablauf des Unternehmens ist genau fixiert und von Wißmann genehmigt. Die eigentlichen Stoßtrupps üben jeden Tag eine Weile im Hinterland das Anschleichen und Grabenaufrollen und das Zusammenspiel mit den Sicherungsgruppen. Aber anders als damals an der Kommissbrothöhe gibt es diesmal nicht den geringsten Zweifel, ob der Stoßtrupp auch stattfinden wird. Dies ist Wißmanns Stoßtrupp, und jeder weiß, was das bedeutet.
In dieser Stimmung geht nun dieses Jahr 1944 zu Ende. Von zu Hause keine Nachricht.

Bei Lukawa, Dienstag, 2. Januar 1945

Viel besser als Weihnachten war unsere Stimmung auch Silvester nicht. Iwan kleckerte wieder mit seinen Granatwerfern in die Gegend, aber diesmal hatten wir wenigstens keine Verluste. Während für uns acht Tage lang ein strenges Alkoholverbot galt, hörten wir schon lange vor Mitternacht ein wüstes Grölen vom Dorf her, wo der Bataillonsstab lag. Dort ließen sie sich nach allen Regeln der Kunst volllaufen – sollten sie auch, wenn sie täglich den Wißmann vor Augen haben.
Ich wollte, ich könnte es jetzt auch, denn von heute an muss der Stoßtrupp jederzeit innerhalb einer halben Stunde bereitstehen. Es wird also ernst. Alle Augenblicke telefoniert Wißmann deswegen, ein paar Mal hat er gestern und heute schon viel zu auffällig am hellen Tage vom Graben aus hinübergezeigt zu den russischen Stellungen, kurz, er macht uns alle verrückt mit immer neuen Anordnungen und Rückfragen, mit Vollzugsmeldungen und ähnlichem Mist. Die Männer brauchen nichts nötiger als Ruhe, um im rechten Augenblick instinktiv das Richtige tun zu können. Aber Wißmann bildet sich ein, jede Eventualität vorher planen und befehlsmäßig festlegen zu können. Je näher der Tag rückt, desto kribbeliger werden wir jetzt, zumal niemand weiß, wann das Unternehmen wirklich steigen soll. Ich koche innerlich vor Wut über diesen Dilettanten und sehe nur noch schwarz für die Geschichte, weil alle so nervös und gereizt sind und weil für mich die Sorge um den Stoßtrupp noch zu allem sonstigen Stumpfsinn und Ärger hinzukommt, den Wißmann uns Kompanieführern Tag für Tag mit bürokratischer Pinseligkeit aufs Auge drückt.
Die Schwadron liegt nun irgendwo links von uns auch in vorderster Stellung. Die Kameraden werden sich freuen.

Bei Lukawa, Freitag, 5. Januar 1945

Gestern um die Mittagszeit schlug der Einsatzbefehl für den Stoßtrupp bei uns ein. Telefonisch von „ihm" höchstpersönlich. Beginn acht Uhr abends, also sehr früh. Mit versteinertem Gesicht nahm Oberwachtmeister Lang die Nachricht auf. Für ihn war es der Hinrichtungstermin.
Als es endlich dunkel geworden war, meldete sich Leutnant Zang von der Bataillonsreserve als Stoßtruppführer bei mir. Mit ihm erschienen einige Strippenzieher, die zu meinem Entsetzen eine offene Leitung von meinem Gefechtsstand in den vordersten Graben legen sollten, damit ich von dort aus Wißmann jederzeit orientieren könnte. Ich hatte schon gleich zu Beginn der Stoßtruppvorbereitung dringend gebeten, überhaupt nur im äußersten Notfall in Sachen Stoßtrupp zu telefonieren, um von Anfang an jede Abhörgefahr auszuschalten. Das solle nicht meine Sorge sein, war seine schnodderige Antwort gewesen. Nun, als es ernst wurde, blieb das Telefon den ganzen Nachmittag keine Viertelstunde lang ruhig. Als ich mit den Nachrichtenleuten nach vorn gegangen war, erschien ein Melder nach dem anderen im Laufgraben, weil Wißmann dies und jenes wissen oder zum zehnten Male bestätigt haben wollte. Als dann die Strippe nach vorn endlich funktionierte, bimmelte es alle Nase lang im Graben. Ich kauerte tief geduckt und sprach so leise wie irgend möglich, aber er verstand dann natürlich nichts und so

musste ich dann doch lauter reden. Ich war drauf und dran, die Strippe zu zerhacken, um endlich Ruhe zu haben und bei den Stoßtrupplern sein zu können. Sollte der Kerl doch selbst nach vorn kommen, wenn ihn jeder Dreck so interessierte. Aber es war ja finster draußen und er hockte schön warm im Bunker und wollte immer nur mit den neuesten Nachrichten aus aller Welt bedient werden.
Viel schneller als ich vermutet hatte, war dann der Zeitpunkt gekommen, da sie hinaus mussten. Die Ruinen vor der HKL waren von Spähtrupps feindfrei gemeldet und sollten bis zur Rückkehr des Stoßtrupps besetzt gehalten werden. Lautlos verschwanden sie in der Dunkelheit, Mann hinter Mann. Drüben beim Russen war alles still und schwarz. Auffällig wenige Leuchtkugeln stiegen hoch, wie uns schien. Mit klopfenden Herzen lauschten wir in die Nacht hinaus – da klirrte wieder das Telefon: „Wißmann – ist der Stoßtrupp pünktlich rausgekommen?" – „Jawoll, Herr Hauptmann, eben vor vier Minuten."
„Ist er…, hat er…, wird er…?"
„Jawoll, Herr Hauptmann, alles in Ordnung. Es ist allerdings auffallend still draußen, und ich möchte nochmals bitten, das Telefonieren vorläufig ganz einzustellen. Wenn etwas Beson... "
„Wann telefoniert wird, bestimme ich, Herr Hartmann. Ich kann ja hier nicht völlig in der Luft hängen!"
Allerdings, die Gefahr besteht da hinten leider.
Drei Minuten später war er wieder da. „Nein, nichts Besonders." – „Aber rufen Sie mich sofort an, wenn die geringste Kleinigkeit zu sehen oder zu hören ist!" – „Jawoll, Herr Hauptmann."
Du kannst lange warten, bis ich dich anrufe, du Arschloch!
Träge drehte sich der Sekundenzeiger. In sieben Minuten wollten sie den russischen Graben erreicht haben. Der Einbruch selbst sollte dann lautlos erfolgen, nachdem die Stacheldrahthindernisse zerschnitten waren. Die schweren Waffen sollten überhaupt nur schießen und die russischen Gräben abriegeln, wenn der Stoßtrupp Sternbündel rot hochgehen ließ. Aber jeder von uns hoffte inständig, dass das gar nicht notwenig sein würde.
Da schnarrte es wieder. „Wißmann…" – „Jawoll, Herr Hauptmann, jawoll…, es ist ganz still, kein Schuss, das beunruhigt mich." Wir zitterten vor Aufregung und Kälte. Die Stille wurde immer dicker, der Druck auf die Lungen immer stärker. Hatten sie den Draht schon durch? Kamen sie überhaupt nahe genug heran? Die Spähtrupps, die jede Nacht im Vorgelände streifen, hatten ja gerade diese Stelle als besonders günstig und frei von Minen ausgekundschaftet. Aber wie war es jetzt zu dieser Stunde drüben? Ein Fetzen Mondlicht, ein Flüstern oder eine einzelne Leuchtkugel könnten alles verraten. Wir starrten mit aufgerissenen Augen in die Finsternis, der Wind strich feucht durch die Senke. Jetzt mussten – rrrrt – Wißmann! Der Kerl machte uns vollends fertig. Immer die gleichen dämlichen Fragen… Eine Minute später schoss drüben eine Russenleuchtkugel hoch. MPis rasselten plötzlich los, Handgranaten blitzten, noch eine Leuchtkugel, grelles Licht, Schreie irrten herüber – oh Gott, sie haben sie!! Und kein Sternbündel rot. Was war passiert? Was war mit denen da oben? Es knatterte und krachte, überall war es taghell und laut geworden – es war alles verloren!! „Wißmann her!"
„Herr Hauptmann, Sperrfeuer, offenbar alles schiefgelaufen… nein, mehr kann ich noch nicht sagen, wir sehen und hören ja alles nur ganz verschwommen… wir

müssen wenigstens sofort die russischen Gräben zudecken, um unseren das Absetzen zu erleichtern!"
Ach, vielleicht waren sie ja gar nicht erst in den Graben hineingekommen, hoffte ich, vielleicht war alles verraten, der Russe gewarnt, die Gräben voll besetzt.
Nun begannen die Werfer und die Ari drüben Kleinholz zu machen, wieder baumelten die blassgrünen Leuchtkugeln der Russen an den Fallschirmchen zur Erde. Aber wo blieben unsere? Sie mussten doch jetzt bald zurück sein?
Wieder das Telefon. „Wißmann…" – „Nein, noch nicht zurück, Herr Hauptmann. Ich sage sofort Bescheid. Ende."
Wir hasteten die paar Schritte hinauf zur Minengasse, weg von dem Telefon, mochte es jetzt bimmeln so viel es wollte. Dort oben standen wir lange im Nachtwind, klappernd, aufgeregt, voll schrecklicher Spannung. Und schließlich schepperten Schritte von vorn – sie kamen! Da, die Ersten! Keuchend, erhitzt, polternd, ohne alle Vorsicht sprangen sie in den Graben.
„Ganz große Schweinerei, Herr Oberleutnant, der ganze Graben war gerammelt voller Iwans. Leutnant Zang und Oberwachtmeister Lang sind weg, die kamen gerade noch in den Graben, als es losging."
„Ja, die sind bestimmt beide tot, wir konnten sie unmöglich noch holen…"
„Es war alles verraten, die haben direkt auf uns gewartet…"
„Leutnant Zang und Oberwachtmeister Lang leben bestimmt nicht mehr, die haben sie so fürchterlich mit Handgranaten und MPis zugedeckt…"
Ich musste mich anlehnen. Beide tot. Totale Pleite. O Gott, o Gott.
Endlich war auch der Letzte im Graben. Es fehle niemand außer den beiden. Sie waren als Erste vorwärts und in den Graben gesprungen, aber genau auf die Russen gestoßen, die sofort die Leuchtkugeln hochschossen und ein irrsinniges Feuer auf die beiden im Graben und dann auf den im selben Moment zurückstürzenden Stoßtrupp davor entfesselten. Keiner wusste, wieso er dieser Hölle noch lebend entronnen war, allen waren die Angst und die Anstrengungen in die verschwitzten Gesichter gekerbt.
Ich wankte zum Telefon. Wißmann bitte. Ich berichtete, erwähnte vor allem die übervolle Alarmbesetzung im russischen Graben. Er sagte gar nichts. Dann: „Machen sie sofort einen schriftlichen Bericht!" – „Jawoll, Herr Hauptmann. Ende."
Natürlich. Ein schriftlicher Bericht, das war jetzt das Allerwichtigste, denn nun mussten ja die Schuldigen gesucht werden. Warum sind die beiden nicht noch herausgehauen worden? Warum waren zuerst nur die beiden gesprungen und nicht der ganze Stoßtrupp? Wer führte den Rest? Was befahl er? Warum hat er…, warum hat er nicht…?
Das altbekannte Spiel, wenn's schiefgegangen ist.
Die ganze Nacht und der ganze heutige Tag gingen hin mit endlosen Protokollen und Telefonaten, mit mündlichem Bericht bei Wißmann und mit müßigen Vermutungen darüber, wieso der Iwan das wohl so genau gewusst haben könnte. Ja, wie wohl? Bei dem Rumrennen und Rumzeigen und Telefonieren! Am liebsten hätte ich ihm das in seine Visage geschrieben, aber so lebensmüde bin ich nun auch noch nicht. Von all dem Palaver werden die beiden auch nicht wieder lebendig. Es ist andererseits eine so vollkommene Blamage, dass man nun hoffentlich erst mal die Finger von so etwas lässt. Wenn das Drama wenigstens den Erfolg hätte!

Die Kompanie aber hat einen Knacks abgekriegt, den zweiten in so kurzer Zeit. Wißmann lässt mich spüren, dass ein Makel und ein unausgesprochener Ehrverlust auf uns hängen. Wir aber wissen es besser. So viel Dummheit bei einem Kommandeur gehört vors Kriegsgericht. Es geht immerhin um Menschen, um deutsche Soldaten.
Das musste ich mir jetzt erst mal von der Seele schreiben.

Bei Lukawa, Sonnabend, 6. Januar 1944

Heute sah Motschuan, die alte, treue, eigentlich immer herzerfrischende Seele, überraschend bei uns herein. Und unser Gespräch ließ mich eine Weile meine Bedrückung fast vergessen. Über unser Desaster wusste er als Bataillonsmelder natürlich genauestens Bescheid; Wißmann hat wohl schwere Vorwürfe von der Division gekriegt und es ist eigentlich ein Wunder, dass er mich so gut wie gar nicht angegriffen hat. Er hätte aber auch glasklar Kontra gekriegt, denn schließlich war er für die Vorbereitung verantwortlich gewesen und nicht ich.
Die Schwadron liegt in einer trostlosen Stellung in einem Gewirr menschenleerer Gräben zwischen meilenweiten Minenfeldern und in baumloser Feldeinsamkeit. Vom linken Flügel aus können sie in weiter Ferne die Weichsel sehen. Seine Schilderung von einer Schlucht, einem Höhenzug, von Hügeln und Mulden lässt mich fast vermuten, dass es teilweise unsere alte Stellung an der Kommissbrothöhe ist, nur dass sie dort jetzt viel weiter auseinander gezogen liegen und weiter nach Westen reichen, wo sie unter anderem auch ein paar hässliche Dorfreste direkt vor der Nase, sonst aber nichts als platte Ebene vor und hinter sich haben. Insgesamt gibt es dort in der Ebene auf vier Kilometer Tiefe noch drei Auffanggräben hinter dem vordersten Kampfgraben, und in allen vier Gräben stehen Gruppen der Schwadron mit je einem sMG. Nachts hocken ganz vorn vier Gruppen à fünf Mann auf 1.000 m, zwei Mann sichern nach vorn, einer nach hinten und je einer nach den Seiten. Im ersten Auffanggraben vegetieren dann, rund 500 m dahinter, ebenso einsam drei Gruppen auf Lücke, im zweiten Auffanggraben noch mal zwei Gruppen mit 500 m seitlichem Abstand voneinander. Das ist die ganze Herrlichkeit ihrer „Front“. Man muss sich das wirklich mal plastisch ausmalen. Stockschwarze Nacht und dann irren die paar Streifen durch die Finsternis, tasten sich an den Gräben entlang, in denen überall russische Stoßtrupps kauern können. Die Gruppen igeln sich natürlich nach allen Seiten mit spanischen Reitern, Minen und anderem Schweinkram ein wie bei uns auch. Aber dort bei der Schwadron muss es wegen der Riesenentfernungen auch zwischen vorn und hinten und vor allem wegen der Monotonie dieser konturlosen Landschaft wohl besonders gespenstisch sein. Dazu die weiten Minenfelder, deren weiße Bänder man zu leicht mal übersehen kann.
Bei Tage wird der erste Graben sogar völlig geräumt! Nur die ständigen Streifen sehen dreimal bei Tageslicht nach dem Rechten, werfen die Hindernisse raus, gehen durch, werfen sie wieder rein – bis zum Erbrechen. Manchmal sind sie auch schon ganz eklig von Scharfschützen aufs Korn genommen worden, die irgendwo unsichtbar im Niemandsland auf leichtsinnige Köpfe lauern. Eine makabre Illustration dieser unhaltbaren Zustände hat die Schwadron gleich am zwei-

ten Tag in der neuen Stellung erlebt: Ein Überläufer, völlig fertig mit den Nerven wegen der Angst vor den Minen, ist glücklich am hellen Tage in den ersten Graben gesprungen, hat gerufen – keine Antwort. Tastet sich vor nach rechts, kommt an den ersten Bunker, ruft – keine Antwort. Wartet. Nichts. Geht gebückt nach links, kommt dort irgendwann zum nächsten Bunker, ruft, wieder nichts. Findet dann einen Zugangsgraben nach hinten, ruft, geht vorsichtig weiter – nichts. Irgendwo weit hinten im zweiten Graben ist er dann endlich auf einen Tagesposten gestoßen, der ihn vereinnahmt hat…
Ja, warum marschiert der Iwan eigentlich nicht einfach kompanieweise los? Hat er immer noch so viele Respekt vor uns? Es ist doch nichts mehr da, alles nur Attrappe, genau so wie die hundert und aberhundert Bunker, Kanonen und Panzer, die man überall im Hinterland aufgestellt hat. Aber wenn die russischen Schlachter, was sie jetzt wieder öfter tun, das Hinterland abgrasen, erwischen sie immer die richtigen Batterien, nie die Attrappen. Sie haben eben die richtige Nase für frische Trampelpfade und für sorglose Landser. Bei Attrappen spielt sich nichts mehr ab, wenn sie erst mal stehen…
Alles in allem haben wir es hier doch wohl viel besser getroffen. Wir stehen in zwei Gräben gestaffelt, nicht so grenzenlos verloren, liegen am Hang und können vor allem von hinten aus den ganzen Abschnitt leidlich übersehen. Aber die Schwadron in den brettebenen Äckern, und alles nur aus der Karnickelperspektive…
Ganz schlimm muss es dort auch mit den Bunkern sein. Miserabel gebaut von den Vorgängern, keine Fenster, die Öfen weitgehend kaputt; sie frieren entsetzlich und müssen auch am Tage beim Schlafen alle Klamotten anlassen. Und wenn der Ofen doch mal brennt, versengen sie sich das Fell wegen der Enge der Löcher. Um das Maß voll zu machen, wetzen ihnen auch noch die Mäuse über die Gesichter, wenn sie pennen.
Das ist die Wirklichkeit, unter der die vielen neuen Gesichter der Schwadron noch mehr leiden als die wenigen alten, die noch leben und zur Schwadron zurückgekehrt sind. Motsch hat jedenfalls die Schnauze so voll wie noch nie, zumal sein Chef ihn bei Tag und Nacht losjagt oder mit auf Streife nimmt. Von acht Stunden Schlaf ist auch nicht zu 50% die Rede. Aber die Auffang- und Verbindungsgräben haben wenigstens schöne Namen:
Panther, Tiger I, Tiger II, Neger I, und so weiter.
Der Überläufer hat noch ganz interessant erzählt: Seine Kompanie besteht aus 60 Ukrainern und 10 Russen als Aufpassern. Pro Tag kriegen sie 10 g Tabak und 100 g Schnaps. Motschens Chef hat den Guten abends mit der Flüstertüte zu seinen Genossen hinüber Propaganda reden lassen. Es ist aber bisher noch kein weiterer Überläufer gekommen. Die Angst vor den wild verlegten Minen ist wohl zu groß und die Politkommissare werden wohl mehr als einmal das Übliche angedroht haben.
Die allgemeine Misere der Schwadron muss sich Weihnachten und Silvester in fürchterlichen Saufereien Luft gemacht haben. Der Sani hat Wißmann mit der Axt erschlagen wollen, wurde beim Abrücken festgehalten und brach sich bei dem Gerangel den Arm. Ein Hiwi hatte neun Handgranaten bei sich, die er über die Dächer in die Gärten warf, bis einer ein paar Splitter abkriegte. Neujahr war der Bursche dann verschwunden, kam besoffen von irgendwoher zurück und soff

weiter wie der ganze Tross der Schwadron. Den Silvesterkrach bei der Schwadron haben übrigens auch die Iwans drüben in ihrer Stellung gehört, wie der Überläufer erzählte.
Die Schwadron hat noch bis zum Einrücken in die Stellung jede Nacht schanzen müssen, getreu dem Himmlerschen Befehl, dass der deutsche Soldat mindestens ebenso viele Gräben zu ziehen habe wie der Russe gegenüber. Nun ja, zum Schanzen waren wir ohne Zweifel immer zu faul oder zu „tapfer“. Aber was sollen solche Milchmädchenrechnungen, wenn auf zehn Russen nur ein Landser kommt und Kilometer von Gräben nur zum Verirren da, sonst aber menschenleer sind? Wahnsinn ist das, Kraftvergeudung, sinnlose Schinderei.
Motsch ist auch einmal in Meyers Gefechtsstand gewesen, einem ganz armseligen Loch oben auf einer weithin sichtbaren Kuppe bei einem trigonometrischen Punkt. An sich glatter Wahnsinn. Aber Meyer hat erst weiter hinten in einer Mulde gehaust, etwa gleich weit von allen Teilen seines Bataillons entfernt. Da hat ihn dann sein Kommandeur eines Tages angestänkert. Seitdem thront Meyer ganz frei dort oben auf dem Präsentierteller, dicht hinter den Gräben einer Kompanie, und hat absolute Ruhe vor unerwünschten Besuchen meckernder Vorgesetzter. Und der Beschuss ist auch nicht viel schlimmer als weiter hinten in den Mulden, in denen der Iwan natürlich stets was vermutet. Echt Meyer…
Ach, Motsch hat noch viel erzählt, vom Führerbild mit dem flotten Mädchen hinten drauf, von den Pflaumen, die Kagerer mal dem Adolf ins Gesicht geschmissen hat und so weiter, aber jetzt ist es nicht mehr die alte Schwadron, sondern nur noch ein Haufen fremder Gesichter, in dem er nicht mehr warm wird.
Aber auch unsere Kompanie ist ja nicht mehr der urige Haufen alter Krieger von der Kommissbrothöhe. Die 13 Neuen sind doch für alle eine Nervenbelastung mit ihren ewigen Wehwehs. Ein alter Hase muss immer irgendwie auf einen der Halbinvaliden aufpassen. Was einmal sein wird, wenn wir marschieren und kämpfen oder gar türmen müssen, wage ich mir nicht auszumalen. Sie werden fallen und liegen bleiben wie die Fliegen, die Nachtblinden, der Kurze, der Mann mit den fünf Zehen. „Bedingt kv“ wird den Iwan wenig interessieren. Arme Kerle, Todeskandidaten.

Bei Lukawa, Montag, 8. Januar 1945

Immer noch keine neue Nachricht von zu Hause, auch von Dieter nichts. Post und Bahn sind offensichtlich total durcheinander. Ungarn, Luftkrieg, Ardennen – wir hören es jeden Tag, filtern aber die Nachrichten nur noch durch nach großen Paukenschlägen.
Bei uns ist es ungewöhnlich still und das ist kein gutes Zeichen. Die große Raubkatze schleicht sich heran, hat sich schon zum Sprung geduckt. Aber bei uns soll ja diesmal alles bereitstehen wie noch nie. Die viele Pak auf Selbstfahrlafetten, imposante Brummer, habe ich selbst in letzter Zeit oft genug im Hinterland gesehen. Und trotzdem, dieses Warten zerrt an den Nerven. Wißmann tut sein Bestes dazu. Mit immer neuen, meist wenig ergiebigen Besprechungen, mit den uralten ausgeleierten Befehlen und Belehrungen. Der Mann muss doch unseren Gesichtern ansehen, wie uns sein penetrantes Gesabbel ankotzt, er muss doch unsere

eisige Ablehnung spüren, wenn er uns eine Viertelstunde lang draußen vor seinem Bunker in Wind und Wetter hat warten lassen wie räudige Hunde – nichts von alledem. Er kaut seinen längst verschimmelten Käse zum siebten oder neunzehnten Male durch.
Sonst aber lässt man nun wenigstens die Landser vorn in Frieden, ja, es wurde sogar ausdrücklich Ruhe befohlen, da die Stellungen hinreichend ausgebaut seien und wir offiziell Kräfte für die kommenden Kämpfe sammeln sollen. Die Kompanien kratzen in der Morgen- und Abenddämmerung das letzte Korn zusammen, das halb verfault noch in Hocken auf den Feldern steht. So kriegen die Pferdchen beim Tross noch etwas zusätzliches Futter, vielleicht aber auch einen verkorksten Magen. Und im Übrigen, wie gesagt, warten wir, schlafen und dösen wir bei Tage, solange es möglich ist. In den langen Winternächten aber sind wir auf den Beinen wie immer, 15, ja 16 Stunden lang mit nur kurzen Unterbrechungen. Doch es hat sich nichts wieder ereignet. Es scheint manchmal, als sei der Krieg eingeschlafen. Aber solche Hoffnungen hegt niemand. Wir warten nur auf den Großangriff, der jeden Tag losbrechen muss.

Bei Lukawa, Dienstag, 9. Januar 1945

Heute Nacht habe ich erfahren, wie ausgehöhlt und zerschlissen mein Nervengerippe schon ist. Ich stand bei hellem Mondschein mit Feldwebel Iglhaut und zwei Meldern hinter dem Graben, als die Streife vom Nachbarzug den schwachen Hang von den Ruinen herabgeschlendert kam. Ich hatte sie alle genau erkannt, wir vier standen sorglos im Gespräch beieinander, aber dann machte sich einer von der Streife beim Näherkommen den Spaß, plötzlich scharf „Kennwort!!" zu rufen. Bei diesem unerwarteten Anruf erstarrte ich vor Schreck bis ins Innerste, ich fing mich zwar mühsam und versuchte, mir nichts anmerken zu lassen, aber mir flatterten die Knie und Hände. Selbst jetzt kriege ich noch Herzklopfen, wenn ich an diese schreckliche Sekunde denke.
Motsch ist übrigens weg von der Schwadron. Angeblich Leistendrüsengeschichte oder so etwas. Er hat's geschafft. Ich beneide ihn. Eben Wehrmachtbericht: Im Westteil des Brückenkopfes von Baranow lebhafte beiderseitige Gefechtstätigkeit. Es geht los!

Bei Lukawa, Mittwoch, 10. Januar 1945

Heute wieder nichts im Wehrmachtbericht. Komisch. Aber ich bin sehr nervös, habe oft feuchte Hände, schlafe schlecht. Immer wieder treibt es mich durch diese totenstillen, unsagbar verlassenen Gräben im winterlichen Schnee. Wenn die Tage doch nur nicht so oft so trübe wären! (Bild 59, 60) Und keine Post, keine Nachricht aus Dortmund oder Parchim. Was ist nur los? Wer benachrichtigt mich überhaupt, wenn den Eltern etwas zustößt? Darüber habe ich bisher noch nie nachgedacht. Aber jetzt kommt alles zusammen. Sollte man sich nicht doch irgendwo in einem leeren Grabenstück eine Kugel in den Schädel jagen? Das wäre der wahre Frieden.

Bei Lukawa, Donnerstag, 11. Januar 1945

Morgen werden wir abgelöst!! Unser Bataillon soll als Reserve in den Skat gelegt werden. Es ist ja auch alles wieder schön in Schuss gebracht. Aber Wißmann muss auch raus aus seinem neuen pompösen Bunker, den er erst vor wenigen Tagen bezogen hat. Das gönnen wir ihm von ganzem Herzen. Wir sollen anscheinend wieder Feuerwehr spielen wie bei Dolsk, wenn's losgeht.

Bei Chrapanow, Sonnabend, 13. Januar 1945

Als ich gestern Morgen noch vor dem Hellwerden von einer Streife in meinen Bunker zurückgekehrt war und über den fälligen Morgenmeldungen saß, begann weit weg von uns ein gewaltiges Gebolze, ein fernes, schweres Brummen und Rumpeln – der russische Großangriff!! Wir stürzten die Treppe hinauf in die Dunkelheit und sahen fern im Südwesten und Westen die Wolken erhellt von unzählig vielen, pausenlos zuckenden Lichtern hinter dem Horizont, aber alles so weit weg, so verschwommen und gedämpft, dass man keinerlei Einzelheiten hören oder mit den Augen erkennen konnte. Das war der russische Angriff, die neue Ouvertüre. Bei uns rührte sich nichts, weit und breit. Wir liegen ja sowieso schon auf dem Boden des Riesensackes, den die Russen wahrscheinlich irgendwo weit westlich bei Kielce oder Lodz zuschnüren wollen. Wozu also sollen sie bei uns viel Theaterdonner machen?
Ich jagte meine Melder zu den Zügen. Jede besondere Beobachtung war jetzt wichtig und musste sofort gemeldet werden. Vielleicht staffelte der Russe sein Trommelfeuer wieder so wie damals bei Dolsk. Noch war es ja finster und die kritische Stunde der Morgendämmerung lag noch vor uns. Jedenfalls höchste Alarmbereitschaft!
Doch das brauchte ich niemandem mehr zu sagen. Seit Wochen hatten wir auf diesen Augenblick gewartet. Nun rummste und brodelte es dort schon eine halbe Stunde ohne die geringste Pause. Es wurde eine Stunde daraus. Bei uns blieb alles still. Nach zwei Stunden, als es zu dämmern begann, wütete das Feuer im Westen noch immer mit unverminderter Wucht. Die russischen Gräben uns gegenüber zeigten keine Veränderung gegenüber irgend einem Morgen vorher. Tiefster Frieden, soweit wir sehen konnten.
Aber im Westen trommelten sie weiter, drei Stunden, vier Stunden, ohne Pause, ohne Abschwächung. Wie mochte es dort aussehen? Im vordersten Graben konnte dort niemand mehr leben.
Endlich, nach sechs oder sieben Stunden, schien das schwere Feuer abzuebben, aber das bedeutete für die letzten noch lebenden Landser in den Gräben und Bunkern erst recht das Ende durch Panzer, Gnadenschuss oder Gefangenschaft. Das unwillkürliche Mitleiden mit dem Schicksal der Kameraden in der fernen Feuerhölle und die Angst vor einem ähnlichen Geschick, das nun ja auch uns unmittelbar bevorstehen musste, schnürte mir die Brust zusammen und machte es mir unmöglich, etwas zu essen. Drohend und riesengroß wie nie zuvor presste mich plötzlich die so oft verdrängte Urangst vor dem Sterben, vor Quälerei und Gefangenschaft zusammen, ich konnte sie einfach nicht mehr abschütteln, obwohl es

bei uns den ganzen Tag ruhig blieb und keinerlei Anzeichen eines russischen Angriffs in unserem Abschnitt zu erkennen waren.
Am Nachmittag wurden erste Parolen über tiefe Durchbrüche russischer Panzer und schwere Kämpfe an der Westfront des Baranowbrückenkopfes bekannt. Es lief also so, wie wir es im Geheimen immer befürchtet hatten – ein Tritt und schon ist der dürre Bretterzaun der deutschen Front zerfetzt…
Am Nachmittag erschien auch das angekündigte Vorkommando von Meyers Bataillon. Meyers Haufen musste unseren linken halben Abschnitt mit übernehmen, das rechte Nachbarbataillon die rechte Hälfte. Dadurch wurde die Besetzung der HKL geradezu ein Witz, eine symbolische Fähnchensteckerei, aber unser Bataillon steht dadurch wenigstens als Reserveverein bereit. Das ist tatsächlich mehr Wert als eine etwas dichtere und doch viel zu dünne Frontbesetzung.
Nach Einbruch der Dunkelheit rückte schon bald die Ablösung an, eine Stunde später war die Ablösung ungestört vollzogen; in tiefem Frieden breitete sich die Nacht über Freund und Feind. Selbst das ferne Rummeln und Wetterleuchten war nun ganz erloschen. In langer Reihe lösten wir uns aus der totenstillen Stellung, ließen die russischen Gräben jenseits des Tales und den vertrauten Höhenzug hinter uns und marschierten zunächst nach Sobotka zu Wißmanns Gefechtsstand, um dort Näheres zu hören.
Und da saß schon Meyer selbst bei unserem Boss im Bunker – welch herrliche Gelegenheit, mit aller Herzlichkeit und Wiedersehensfreude auf ihn zuzustürzen, Wißmann gegenüber aber sofort wieder die finsterste Maske vors Gesicht zu reißen.
Schon bald mussten wir nach Chrapanow aufbrechen, wo wir heute früh noch vor dem Hellwerden eintrafen und in einem filzigen Waldgelände sehr schöne Bunker beziehen konnten. Wider alles Erwarten ließ man uns nach dem Nachtmarsch auch gleich pennen. Das Wecken wurde auf 12 Uhr mittags angesetzt und es blieb auch dabei.
Gleich nach dem Essen wurde die Kompanie entsprechend den Erfordernissen besserer Beweglichkeit neu eingeteilt, die Ladungen der Trossfahrzeuge wurden gefilzt und umgeschaufelt, alle Bestände an Waffen und Munition und Verpflegung kontrolliert.
Im Dorf jagten sich derweil die Parolen über den Vormarsch der Russen. Kielce war danach einmal in Gefahr, ein anderes Mal sogar schon verloren. Vorgeworfene russische Panzerspitzen machen angeblich schon das ganze Hinterland verrückt. Die sowjetischen Flieger haben offenbar klar die Luftherrschaft errungen. Es sieht also wieder mal ganz schwarz und finster aus, zumal der Russe heute Morgen auch aus den Brückenköpfen nördlich von uns zum Angriff angetreten ist. Sie schnüren also an einem riesigen Sack, in dem wir bald zappeln sollen. Niemand von uns kann seine Sorgen und Befürchtungen verbergen; es ist vielleicht noch nichts verloren, aber es müssen nun sehr bald die gezielten Gegenmaßnahmen anlaufen, wenn wir von unserem schönen Balkon an der Weichsel aus noch durch das hinter uns schon brennende und zusammenstürzende Haus ins Freie gelangen sollen. Sprungtücher spannt hier niemand mehr für uns.
Auch heute blieb es tagsüber erstaunlich ruhig bei uns. Man hörte nur in großer Ferne ein paar dicke Einschläge, das war aber auch alles. So konnten wir bisher ungestört unseren Kram ordnen und umpacken.

Freihaus, Mittwoch, 17. Januar 1945

Noch ist mir alles wir ein Traum, so wirr, so wenig fassbar. Aber ich will doch versuchen, alles geordnet zu notieren.
Zuletzt waren wir also in Chrapanow, im Hinterland, und hatten unseren ganzen Krempel zum x-ten Male sortiert und umgepackt. Ja, und dann war uns genau ins Abendessen der Anruf geplatzt: Fertig machen zum sofortigen Abmarsch nach Grochocice!
Da wir als einzige Kompanie Telefonverbindung zum Bataillon hatten, durfte ich auf der Stelle meine sämtlichen Melder zu den anderen Kompanien schicken, um auch die zu alarmieren. In aller Eile wurden die Gäule angespannt, das letzte Zeug verstaut und die Kompanie zum Antreten herausgepfiffen. Mit vollen Backen stand der Verein im Finstern bereit, die Melder kamen pustend zurück – da bimmelte es wieder – Kommando zurück, alles bleibt alarmbereit in den Bunkern! Also durften die Melder voller Wut gleich wieder traben. Zwei Minuten später rasselte der Kasten schon wieder. Was nun wohl? Da war auch schon Wißmanns liebliches Organ: Das Bataillon marschiert nun doch sofort zum Regimentsgefechtsstand nach Grochocice und löst Teile des Regiments in der HKL ab.
Das war nun das letzte Wort in dieser Sache. Also wieder rein in die HKL. Also noch mal drei Melder hinterher zu den drei anderen Kompanien. Die werden schön fluchen, genau wie wir.
Zehn Minuten danach waren wir im Dustern auf dem Marsch. Es war zunächst derselbe Weg, den wir 20 Stunden vorher schon einmal getippelt waren, so prächtig war alles organisiert. Erst kurz vor Wißmanns ehemaligem Residenzdorf Sobotka bogen wir als einzige Kompanie nach rechts ab und marschierten von da noch eine ganze Stunde westwärts, bis wir den Regimentsgefechtsstand in einer Art Gehöft kurz vor Grochocice gefunden hatten. Während die beiden anderen Kompanien sogar in ihre alten Stellungen einrücken sollten – die vierte Kompanie liegt ja immer verteilt hinter dem Bataillon – wurde mir ein unbekannter Abschnitt zugewiesen, dessen besonderer Reiz darin lag, dass sich rechts und links je eine Strafkompanie anschlossen. Die Zeit drängte, Mitternacht war fast erreicht. Alles weitere sollte sich vorn finden. Statt einer persönlichen Einweisung auf der Karte bekam ich einen Melder zugeteilt, der den Weg genau kennen sollte. Zum Schluss wurde ich nur noch ermahnt, mich zu beeilen, da die abgelöste Kompanie schon im Morgengrauen zu neuem Einsatz bereitstehen müsse.
Der Betrieb schmeckte mir. Keine Zeit, keine Zeit, vorn wird sich schon alles finden! Also schön. Lange Reihe, die Gefechtsfahrzeuge am Schluss. Der Melder führte uns querab in einen kleinen Feldweg, der stetig sanft aufwärts ging. Unser Abschnitt sollte vier bis fünf Kilometer lang und bretteben sein, meinte der Mann. Und mit den Brüdern von der Strafkompanie müsste man verdammt vorsichtig sein, da flögen fix Handgranaten. Drei Kilometer wäre es ungefähr vom Regimentsgefechtsstand bis zum Kompaniegefechtsstand, aber der läge auch noch eineinhalb Kilometer hinter dem vordersten Graben. Das waren fürs Erste herrliche Aussichten.
Wir hatten längst den ausgeleierten Feldweg verlassen und tippelten querbeet über nackte Felder. Iwan befunkte Dörfer oder sonst was im Hinterland mit di-

cken Kalibern. Alle drei bis fünf Minuten gurgelten ein paar schwere Koffer hoch über uns hinweg, meist ein halbes Dutzend ganz kurz nacheinander. Wenn sich die rollenden Echos verlaufen hatten, hörte man nur noch das Klappern und Schurren der Landser und Fahrzeuge in der Nacht. Kaum merkliche Mulden und Erhebungen mochten das Bild bei Tag etwas beleben. In der Dunkelheit taten es einzig die milchigen Sterne am mondlosen Himmel und der schwache Lichtschein der fernen Abschüsse und Einschläge.
Als ich den Melder nach einer halben Stunde fragte, ob wir nun nicht bald am Ziel wären, fing er an zu stottern und meinte, er wäre vorhin wohl zu weit geradeaus gelaufen, wir müssten nun rechts und wieder rechts, dann wisse er wieder Bescheid. Mit meiner Karte, die ich ihm zeigte, konnte er überhaupt nichts anfangen. Die HKL war nicht eingezeichnet und die paar Höhenlinien in der gottverlassenen Gegend sagten ihm gar nichts. Eine Viertelstunde später stand er von allen guten Geistern verlassen da und war am Ende seiner Kunst.
Nun platzte mir aber doch der Kragen. Jetzt durfte ich, wie früher auch schon exerziert, wieder in alle Winde Spähtrupps hetzen, die überhaupt erst mal einen markanten Punkt in dieser Einöde aufspüren sollten, damit wir daraus Rückschlüsse auf unseren Standort ziehen konnten. Wir standen zwar gerade in einer Art Hohlweg, einer eineinhalb Meter tiefen Einsenkung des unbedeutenden Weges, aber auf der Karte fand sich ein Dutzend solcher Hohlwege und Schluchten in dem Gebiet, in dem wir uns etwa befinden mussten. Mit dem Polarstern allein kamen wir auch nicht klar, weil man uns nicht eingezeichnet hatte, wo HKL und Gefechtsstand liegen sollten. Die Spähtrupps mussten also los, acht mal drei Mann strahlenförmig geradeaus, jeder Trupp höchsten zehn Minuten weit, stur nach Kompass in der befohlenen Richtung, dann kehrt. Ich selbst wählte auch eine Richtung, ließ die Kompanie unter Führung von Feldwebel Iglhaut zurück und machte mich mit zwei Meldern auf die Socken.
Nach knapp zehn Minuten Marsch über viele flache Hügelchen entdeckten wir plötzlich in einer breiteren Senke etwas Dorfähnliches, die schwarzen Konturen von Häusern und Bäumen. Während ich die Karte herauspulte, um unsere Entdeckung darauf zu suchen, heulten weiter links in vielleicht 1.000 m Entfernung schwere Motoren auf, offenbar Zugmaschinen oder Panzer, die mit ihrem schändlichen Lärm das ganze Himmelsgewölbe dröhnen ließen. Drei Minuten später kam prompt die Quittung: Die Iwans bolzten mit ihrer Ari in das Dorf.
Wir standen auf unserem Aussichtsberg und überlegten, welches von drei möglichen Dörfern dort vor uns liegen könnte. Es ließ sich aber ohne einen weiteren Festpunkt nicht eindeutig sagen. Also pinscherten wir erst mal zurück zur Kompanie. Die Russen wurden durch den idiotischen Spektakel der Schlepper, der kilometerweit zu hören war, immer aufgeregter und streuten nun die ganze Gegend mit hässlichen Salven ab. Hoffentlich gingen uns nicht die Pferde mit den Fahrzeugen durch! Ich kriegte eine immer größere Wut auf diese dämlichen Krachmacher und sah zu, dass ich wieder zum Haufen kam. Dort war zum Glück noch nichts passiert, aber die Situation war doch recht ungemütlich, denn es konnte ja sein, dass der Iwan systematisch die Hohlwege aufs Korn nahm.
Kurz nach uns kehrten auch die ersten anderen Spähtrupps zurück. Die meisten hatten nichts, aber auch gar nichts Auffälliges in ihren Richtungen gefunden, nur leicht gewellte kahle Felder, so weit das Auge reichte. Allenfalls ein paar Leucht-

kugeln in unendlicher Ferne. Andere Spähtrupps waren auf einen Brunnen oder eine Wegegabel gestoßen, die aber nicht auf der Karte verzeichnet waren, und ein weiterer glaubte in einiger Entfernung, aber zu weit um noch dahin zu laufen, die schattenhaften Umrisse eines Dorfes erkannt zu haben. Das war dann auch der Schlüssel: Damit kamen zwei der drei möglichen Dörfer nicht mehr in Frage. Unser eigener Standpunkt ließ sich damit fixieren, jawohl, hier: 800 m vom Regimentsgefechtsstand entfernt! Das Rindvieh hatte uns also herrlich im Kreise herumgeführt!

Jetzt gab es nur eins: In Höllenfahrt zurück, andere, bessere Melder geben lassen, und das Ganze noch mal von vorn. Scheiße, aber nicht zu ändern.

Es wurde auch Zeit, dass wir dort wegkamen. Die Russen ballerten verdammt eklig in unserer Gegend herum, sie suchten offenbar die Schlepper und vermuteten vielleicht sonst was dahinter.

Ich ließ die Zugführer kommen, um sie über die Lage zu informieren und ihnen meinen Entschluss zu erläutern. Gleichzeitig ließ ich die Fahrzeuge wenden. Das war in dem flachen Einschnitt gar nicht so einfach. Aber wir konnten auch nicht noch lange herumkutschieren bis zu einer bequemen Wendestelle. Mit Schieben und Stöhnen der Männer, die schwer in die Speichen greifen mussten, wurde mühsam ein Gefechtsfahrzeug nach dem anderen umgedreht. Einige Male wichsten uns die Russen ganz schöne Koffer in die weitere Umgebung, wodurch die Zossen auch nicht ruhiger wurden. Dann aber war das Gröbste geschafft, wir konnten unseren blamablen Rückmarsch zum Gefechtsstand antreten.

Die Schlepper murksten immer noch so grässlich laut im Gelände. Ich ging jetzt mit den Zugführern und dem Kompanietrupp vorn an der Spitze der Kompanie, um noch Einzelheiten des Rück- und neuen Vormarsches zu bekakeln, als eine besonders dicke Serie schwerer Koffer genau über uns hinweg weit ins Hinterland blubberte. Und dann plötzlich – ich hörte nur noch ein höllisches Kreischen, sah Feuer, war taub und flog und stürzte hart auf die Erde, sprühende Blitze in den Augen, ich glaubte Schreie zu hören, rappelte mich unbewusst auf in tiefe Schwärze, torkelte, roch Pulver – da schrien welche, Gestalten auf der Erde, Brüllen, Stöhnen und Wimmern… „Was ist denn los??"

Endlich stand ich wieder, sah Sterne über mir, drei Mann wälzten sich schwarz auf dem Boden, zwei lagen so still, o Gott, „Steinberg!", der Schädel halbiert, blutige Massen, Iglhaut, blutüberströmt, „mein Bauch, mein Bauch…", stöhnte er. Und da hinten einer entsetzlich still, tot, unser Sani. Einige Gespanne hielten stampfend auf den Feldern, sie waren gerade wieder eingefangen worden, alles war durcheinander, bei den Verwundeten knieten jetzt welche. „Wer seid ihr?" – Ach ja, Jonny und Teige, die Melder, Greiner, ein Splitter im Auge; und da der Einschlagstrichter, drei Meter vor unserer Gruppe, süßlicher Pulverschleim in der Luft. Jetzt erst spürte ich Schmerzen im linken Oberschenkel, und Nässe. Blut? Aber ich konnte noch laufen, das war die Hauptsache.

Allmählich kam wieder Ordnung und Ruhe in das Chaos. Wir betteten die Toten nebeneinander. Mein Gott, Steinberg, der halbe Kopf nur noch… ich ließ Kober mit dem Auftrag zurück, die Verwundeten zu versorgen und in spätestens zehn Minuten die Kompanie zum Regimentsgefechtsstand nachzuführen.

Ich hatte nun keine Ruhe mehr, ich schnappte mir Treder, den einzigen Kompanietruppmelder, der nun noch übriggeblieben war, verabschiedete mich von den

leichter Verwundeten, die sich bereits wieder etwas gefasst hatten, und redete Iglhaut noch gut zu, der sich stöhnend und totenbleich in seinem Blute wälzte. Dann hetzte ich los. Kober musste zusehen, wie er den Gefechtsstand wiederfand, ich konnte ja die Richtung auch nur ungefähr ahnen. Jetzt musste vor allem das Regiment erfahren, was passiert war, sonst war in Kürze der Teufel los. Meine Güte, schon zwei Uhr früh! Und kein Zugführer mehr da, die Kompanie praktisch führerlos. Wenn nur jetzt nicht noch mal was passierte! Die Russen kleckerten immer noch in der Gegend umher, aber von den blöden Schleppern hörte man wenigstens nichts mehr. Vielleicht beruhigten sich jetzt die Iwans.
Wir keuchten blindlings voran, querfeldein, das linke Bein war ganz schwer, die Hose klebte an der Haut. Es war alles noch schwärzer ringsum, wollte mir scheinen, aber wir hetzten weiter, ich musste zum Regiment – und plötzlich trat ich schrecklich ins Leere, stürzte in einen Abgrund, ein fürchterlicher Schlag zerriss mir die Brust, stöhnend fand ich mich auf schmieriger Grabensohle wieder, Treder wimmerte neben mir genauso, über uns dämmerte ein schmaler, blasser Sternenstreifen, ich kriegte einfach keine Luft mehr. Erst ganz allmählich löste sich endlich der pressende Druck, ließ der Schmerz nach, aber dafür brannte nun das Bein, ich zog mich stöhnend hoch, konnte endlich wieder Luft holen. Wir waren im Dustern in einen dieser verdammten Gräben gefallen, die überall sinnlos das Gelände durchziehen, menschenleer, aber bei Nacht die reinsten Fallen. Und ich war zuerst mit der Brust auf den jenseitigen Grabenrand gestürzt, genau auf das Fernglas. Nun sahen wir den Graben ganz gut, aber eben zu spät…
Noch halb benommen stolperten wir weiter. „Komm, Treder, es muss gehen!“ Hundert Meter weiter glaubte ich vor uns trotz der Finsternis schon die Bäume an der Straße erkennen zu können – da stützten wir beide zum zweiten Mal in solch ein verfluchtes Loch, diesmal lag ich wohl drei Minuten halbtot im Dreck und rang verzweifelt nach Luft, bis Treder mich hochziehen und wie eine Puppe an die Grabenwand stellen konnte. Nach diesem zweiten Schock dauerte es minutenlang, bis ich wieder zu mir fand, bis ich meine Knochen sortiert hatte und wieder genug Luft kriegte. Am liebsten hätte ich das Scheißfernglas gleich dort in den Graben geschmissen, denn ich war auch diesmal genau auf das blöde Ding gefallen. Mit Schmerzen am ganzen Körper schleppten wir uns nun vorsichtiger weiter. Die schon halb verklebte Wunde am Bein war offenbar wieder aufgeplatzt und blutete, alles war nass und verschmiert.
Wir erreichten dann irgendwann die Allee, waren aber zu weit links und mussten nun noch ein Stück die Straße entlanghumpeln. Dann standen wir endlich wieder vor dem Gehöft, ich riss mich mit letzter Kraft zusammen und meldete meinen Haufen auf dem Rückmarsch zum Gefechtsstand. Die Stabsknechte glotzten nicht schlecht, als ich erstens überhaupt und zweitens in dieser blut- und dreckverschmierten Aufmachung wie ein Gespenst in die verräucherte Bude trat, aber mir war alles egal. Ich bat mich setzen zu dürfen, schilderte die Pleite mit dem Melder, das Drama mit dem verirrten Volltreffer und die Führerlosigkeit der Kompanie.
Es war nun halb drei geworden, gerade noch Zeit, die Ablösung vielleicht doch noch so eben bis zum Hellwerden hinzukriegen. Ob ich zum Arzt wolle? Nein danke, Herr Oberst, es geht noch. Im Laufe des Tages mal. Na schön. Ich bat mir nun aber zuverlässige Männer als Führer aus, kriegte sie auch ohne weiteres zu-

gesagt und ließ mir vor allem meinen zukünftigen Abschnitt und Gefechtsstand in meine Karte eintragen. Als das geschehen war, meldete ich mich ab, schlich lahm und steif vor Schmerzen hinaus, um zu sehen, ob die Kompanie schon in Sicht sei.

Vor der Tür stieß ich fast mit Kober zusammen, der gerade die Kompanie melden wollte. Er hatte alle heil hergelotst und vor allem Wege gefunden, die nicht in Gräben endeten. So konnten wir nach kurzem Palaver zum zweiten Male starten, nachdem wir noch dafür gesorgt hatten, dass die Toten und vor allem Iglhaut, der noch draußen im Hohlweg in der Obhut von zwei Zugsanitätern lag, sofort von den Regimentssanis geholt würden. Die Kompanie hatte sie zurückgelassen, weil die Wege zu rau und die Wagen schon zu voll und schwer beladen waren. Nur die drei leichter Verwundeten waren mitgekommen.

Nun marschierten wir also aufs Neue ins Ungewisse, die fremden Führer vorweg, den Feldweg entlang, dann aber schon bald zielstrebig nach halblinks in eine kaum erkennbare, flache Mulde hinein, die unser erster Führer glatt verpasst hatte. Ich konnte nur mühsam das Tempo mithalten, das Bein war nun zäh und steif, aber die Knochen hatten offenbar nichts abbekommen. Eine reine Fleischwunde.

Nach einer halben Stunde standen wir unvermittelt vor einer Gruppe von Bunkern: „Hier ist es, Herr Oberleutnant!“

Nun war ich doch erleichtert, als ich mich endlich auf einen Stuhl fallen lassen und mein Bein hochlegen konnte. Verdammt noch mal, dass einen das so fertig macht!

Ich schickte die Züge allein los. Ich konnte jetzt nicht noch die ganze Stellung ablaufen, um mir alles selber anzusehen. Irgendwann ist mal Schluss. Die Stellungspläne, die mir der abgelöste Kollege in die Hand drückte, reichten mir auch so.

Endlos lange Gräben, beängstigende Zwischenräume zwischen den einzelnen Gruppen, Minenfelder in Massen, aber keine Ahnung, wo genau und wie viele und was für welche; der Gefechtsstand tatsächlich eineinhalb Kilometer hinter der HKL, am Hinterhang einer flachen, kahlen Mulde ohne Sicht nach vorn. Verloren, wer sich dort im Labyrinth der toten Gräben verläuft, wer dort abseits der Gräben querbeet gehen will, um den Weg abzukürzen. Und rechts und links die Strafkompanien, kein reines Vergnügen. Zumindest war von denen keine Hilfe zu erwarten. Die retten nur die eigene Haut und man kann es ihnen nicht mal verübeln. Kein einziger Baum, kein Strauch, kein Haus auf dieser schwarzen, toten Öde, nur hier und da ein dreckiger Schneerest. Die Trostlosigkeit und Verlassenheit in Reinkultur, die hoffnungsloseste Stellung aller Zeiten. „Viel Spaß hier!“, sagte der Kollege im Morgengrauen zum Abschied. „Aber Sie brauchen wenigstens nicht Feuerwehr zu spielen wie wir.“

Als die abgelöste Kompanie außer Sicht war und ich auf die Frühmeldungen und Stellungsskizzen und den ganzen sonstigen Klimbim der Züge wartete, überfiel mich eine bleierne Gliederschwere und Müdigkeit. Ich war körperlich und seelisch am Ende. Zu dritt hausten wir nun dort in dem miesen Bunker am Arsch der Welt wie Ratten in einem leer geräumten Haus. Kober, Treder und ich. Die anderen tot oder verwundet, jedenfalls nicht mehr bei uns. Wie konnte das nur passieren? Hatten wir etwas falsch gemacht? Aber das war nun so uninteressant.

Ich musste mich erst mal hinlegen. Essen? Nein. Obwohl ich mich schlapp und elend fühlte, hätte ich keinen Bissen heruntergekriegt. Nur Durst hatte ich, aber zu saufen gab es nichts mehr, die Feldflaschen waren längst leer.
Was sollten wir nun hier? Auf Abruf herumlungern, bis die Russen kommen? Es war wieder friedlich geworden ringsum, die nächtliche Bolzerei fast vergessen. Warum nur musste diese einzelne verirrte Granate so fürchterlich in unsere Kompanie hineinschlagen? Ob Iglhaut noch lebte? Und immer wieder das grauenvolle Bild des aufgeklappten, rauchenden Schädels von Steinberg. Der war wenigstens sofort tot gewesen, auch der Sani. Aber Iglhaut mit seinem durchsiebten Bauch? Wer sollte jetzt die Züge führen?? Es war ja niemand mehr da. Leutnant Zang tot oder vermisst, wie man's nennt, Oberwachtmeister Lang ebenso, und nun diese beiden. Dabei war ich in dem Moment des Einschlags doch der Vorderste gewesen, der nächste. Wir waren doch gerade angetreten, ich als erster vorweg. Wieso hatte ich nur dies lächerliche Ding ins Bein gekriegt? Warum konnten nicht auch die anderen hinter mir so davonkommen? Wie sah überhaupt meine Wunde aus? Ich wuchtete mich mühsam hoch, die Brust schmerzte von den Stürzen, die Gelenke knackten, als wären sie aus Holz. Ich wollte die Hose runterlassen, aber es war alles verklebt und voller Blut. Dann später mal. Endlich kamen die Melder von den Zügen mit ihren Zetteln. Alle hatten sie die Schnauze voll von dieser deprimierenden Stellung. Gräben, Gräben, Gräben, aber viele verbarrikadiert, alle leer und tot, kilometerlange Rennbahnen für Ratten und Mäuse. Gespenstische, verschimmelte Bunker voller Wasser. Einen Teil der Gräben haben wir damals sogar selbst ausgehoben, meinten sie, rechts die bei der Strafkompanie. Da fiel es auch mir wieder ein, ja, einmal hatten wir in einer so brettebenen Gegend hinter einer Strafkompanie geschanzt. Dann war das also dort gewesen. Genau wussten wir es ja nie, weil wir nicht ein einziges Mal die Gegenden und unsere selbst geschanzten Gräben bei Tage gesehen haben. Etwas in Erinnerung geblieben sind uns nur wenige Geländestreifen dicht hinter der HKL, deren Konturen damals hin und wieder der fahle Schein der Leuchtkugeln für Sekunden aus der Dunkelheit der Nächte gerissen hatte. In dieser Gegend waren wir also auch schon mal gewesen, in dieser gottverlassenen Ecke. Umso schlimmer, dass wir nun wieder dort gelandet waren.
Die Meldungen mussten fertig gemacht werden. Kober bereitete wie immer alles zur Unterschrift vor und drängte mich dauernd, ich müsse zum Arzt, um mir wenigstens eine Tetanusspritze verpassen zu lassen. Aber ich war einfach zu kaputt, ich döste, schlief auch ein paar Mal kurz ein und unterschrieb irgendwann blindlings den ganzen Kram. So vergingen die Morgenstunden in gespenstischer Einsamkeit. Unser Bunker mit uns drei Figuren war der einzige bewohnte weit und breit. Nach rechts und links zog sich eine lange Muldenrinne durch das Gelände, vor und hinter uns stiegen die Hügel sanft bis zum nahen Horizont an, darüber hingen schwer die Wolken. Graues Gras unten, graue Wolken oben, graue Verlassenheit im Herzen, ein paar schwarze, krächzende Dohlen im Wind. Sonst kein Laut, kein Echo, kein Leben. Zum Davonlaufen.
Eine Stunde hielt ich es noch in dem feuchten Bunkerloch aus, dann packte mich die Budenangst, ich musste raus in die Stellung, selbst sehen, was man uns da angedreht hatte. Nach 400 m machte ich reumütig kehrt, nachdem ich vom höchsten Punkt des Zugangsgrabens aus wenigstens noch einen langen Blick auf dieses

düstergraue, im Dunst verschwimmende Nichts von Landschaft geworfen hatte. Einsamer, trostloser und hoffnungsloser ist es noch nirgends bisher gewesen. Nicht die Spur eines lebenden Wesens und eine Stille, die einem die Ohren zerdrückte.

Es reichte mir. Mehr brauchte ich im Moment nicht zu sehen, mehr konnte ich auch nicht mehr ertragen. Das Bein war dick angeschwollen und schmerzte nun gemein. Es wurde tatsächlich Zeit für eine Spritze. Acht Stunden vorher war es passiert und am Wundstarrkrampf wollte ich nun auch nicht verrecken.

So schnappte ich mir Treder, unseren letzten noch verbliebenen Melder, und ließ Kober in der Einöde zurück. Von meinem ganzen Kram nahm ich für alle Fälle nur die MPi mit. Ich hatte keine Lust, das andere Zeug hin- und zurückzuschleppen und wenn es dreimal befohlen war, allen Kram bei sich zu tragen. Heute nicht.

Kober vertröstete mich auf den Abend. Ich wollte sehen, dass ich den Tross anrufen und das Verpflegungsfahrzeug über den Doktor umdirigieren konnte, dann brauchte ich auf dem Rückweg nicht auch zu laufen. So humpelte ich kurz vor Mittag mit Treder über die erstorbenen Äcker zurück zum Regimentsgefechtsstand nach Grochocice. Den Weg kannten wir ja nun. Die Wolken hingen tief. Wie in schwerer Ohnmacht blieb die Front stumm hinter uns zurück. Nirgends sah man eine Bewegung und man hörte nur den Wind in den Stoppeln.

Nachdem der Doktor sich die Wunde, ein unscheinbares Loch vorn eine Handbreit über dem Knie, angesehen und durch Befummeln herausgekriegt hatte, dass der Splitter gut fünf Zentimeter tief im Fleisch stecken dürfte, meinte er ganz trocken, das reiche ohne weiteres für die Heimat. Ich glaubte nicht recht zu hören, ich sagte ihm, ich müsse zurück zu meiner angeschlagenen Kompanie, aber da winkte er nur kurz ab und schrieb schon den Überweisungszettel zum HVP aus. Ich erklärte ihm, ich hätte alle meine Klamotten vorn, die Kompanie habe ebenso fest wie ich selbst mit meiner Rückkehr gerechnet, ich müsse doch wenigstens noch alles übergeben und mich abmelden – „Nitschewo, mein Herr, in einer halben Stunde fährt ein Panjewagen leer zum HVP, der nimmt Sie mit, als Liegenden! Sie hätten überhaupt nicht noch so lange herumlaufen dürfen!“

Damit war der Bart ab. Ich kriegte eine Tetanusspritze in den Hintern gejagt und war fertig. Wirklich. Dies sollte das Ende sein? So unvermittelt? Ohne Abschied? Einfach abhauen, vielleicht auf Nimmerwiedersehen? Ich war wie benommen.

„Seien Sie doch froh, Herr Oberleutnant, einen schöneren Heimatschuss können sie sich doch gar nicht wünschen“, meinte Treder. Natürlich, er hatte Recht. Es war ein geradezu klassischer Heimatsplitter, aber andererseits war es ja ausgeschlossen, in dieser düsteren Situation mit einer so läppischen Wunde in die Heimat zu kommen. Beim HVP wird die Reise zu Ende sein und in einigen Tagen bin ich wieder da, sagte ich zu Treder beim Abschied. „Grüßen Sie die Kompanie von mir, und alles, alles Gute, und kommt heil nach Hause…“

So musste er nun allein über die leeren Felder zurücklaufen, ein kleiner Strich, ein dunkler Punkt im fahlen Nichts. Kober und Schmidt waren nun die einzigen Feldwebel in der Kompanie, an ihnen hing jetzt alles.

Wenige Minuten nach dem Abschied von Treder stand der Panjewagen vor der Tür, eine flache Pritsche voller Stroh, ein alter Bauer als Kutscher. Ich wälzte mich mit Hilfe eines Sanis mühsam ins Stroh, er deckte mich zu und schon rum-

pelte die harte Karre davon. Es tat nun doch gut, zu liegen und mit den verschränkten Armen unter dem Kopf zu den trüben Wolken hinaufzusehen, die die Schmerzen und Aufregungen wohltuend dämpften. Das hatte ich mir nun wirklich nicht träumen lassen, die Kompanie so plötzlich im Stich lassen zu müssen. Gelegentlich bollerten uns Fahrzeuge entgegen, fremde Gesichter – was gingen sie mich noch an? Krumm und wortlos hockte der bärtige Mann vorn auf seinem Querbrett. Das Pferdchen fand den Weg allein. Nach einer Weile hielt ich es im Liegen nicht mehr aus, ich setzte mich hoch, stütze mich mit den Armen ab, betrachtete die Gegend – und glaubte plötzlich einen Geist zu sehen: Da vorn auf dem entgegenkommenden Wagen, das war doch Schmidt!! „Schmidt! Schmidt!"
Unsere Wagen hielten an. Jähes Erkennen. „Herr Oberleutnant?? Was ist mit Ihnen los? Verwundet?"
„Ja, auch, nicht schlimm, aber wissen Sie schon das andere?"
Er erschrak. „Nein. Was meinen Sie damit?"
Da sagte ich ihm alles. Steinberg tot, der Sani tot, Iglhaut hoffnungslos verwundet, vielleicht auch schon tot. Greiner, Teige, Jonny, alle verwundet, alles von diesem einen Kurzschuss.
Er konnte es ebenso wenig glauben wie wir selbst, es überfiel ihn nun unvorbereitet wie uns in der Nacht der Einschlag. Jetzt stand er plötzlich ganz allein da, von allen verlassen, und musste sehen, wie er damit fertig wurde. Ich konnte ihm nicht mehr helfen, ich konnte ihn nur noch bitten, die Kompanie noch einmal aufs herzlichste von mir zu grüßen, ihr für alles zu danken, ihr alles Gute zu wünschen. Plötzlich überfiel mich die Angst, dies könnte der letzte Abschied sein, ich würde die Kompanie nie wiedersehen, ich konnte ihm nur noch die Hand drücken als Dank für seine unermüdliche Hilfe und Kameradschaft, als Dank an die ganze Kompanie für dieses gemeinsame Jahr, ich brachte auf einmal kein Wort mehr heraus, dann war es vorüber, die Wagen ruckten an, wir winkten uns noch einmal zu, dann rollten mir die Tränen aus den Augen, es war zu viel gewesen, diese Begegnung war mir zu unerwartet gekommen. Jetzt wusste ich, was ich mit dieser Kompanie verloren hatte, wie eng ich mit ihr verwachsen war, ja, wie mein Herz an ihr hing, so albern das klingen mag. Und ich kam mir kotzjämmerlich vor, wie eine Ratte, die das leckgeschlagene Schiff verlassen hat…

Im Zuge westlich von Posen, Montag, 22. Januar 1945

Am frühen Morgen des 14. Januar ist es bei Grochocice passiert und nun rollen wir heim ins Reich. Hautverbandplatz, Sankas, Bahnfahrten mit zahllosen Halts auf freier Strecke, tief hängende Wolken, die uns wenigstens die russischen Schlachter vom Leibe hielten, zerfetzte, stöhnende, stinkende Körper um mich herum, irgendwo auf einem Bahnsteig ein kurzes Wiedersehen mit Teige und Jonny und Greiner, und noch am selben Abend endlich ein richtiges Lazarett, Entlausung und eine schwere Schiene mit langem Gips ans Bein. Schreckliche Parolen vom Vormarsch der Russen, überall totaler Zusammenbruch.
Und dann nachts Alarm: Der Russe kommt! Gips ab: „Sehen Sie zu, wie Sie weiterkommen!" Ab nach Westen, hinkend zu Fuß, auf Trittbrettern dicker Laster, Panik und rücksichtsloses Durchboxen der Stärkeren auf den Straßen.

(Bild 61) Schiersatz an der Warthe, in einem Kübelwagen mitgenommen bis Kalisch. Hoffnungslos überladene Flüchtlingstrecks, wohin man auch sah, und dann: Ein Zug in Kalisch, warm, aber ohne Verpflegung für die Massen. Im Morgengrauen Ausladen in Posen, Lager auf Strohschütten in einem überfüllten Lazarett, aber die Räumung in vollem Gange, die Schwerverwundeten zuerst.
Zwei Tage zuletzt in Posen, im Lazarett ein hektisches Rumrennen und Rufen der Sanis, Rein- und Rausschleppen der schweren Bahren mit den entsetzlich zugerichteten Menschenwracks, 24 Stunden lang am Tag ohne Pause.
Ja, so wirbeln mir die Stationen der letzten Tage wirr durch den Kopf und so saßen wir vorhin kurz vor Mitternacht recht plötzlich auch im Zug, der ungeheizt ist. Und nun zuckeln wir durch die totenbleiche Nacht nach Westen. Ein eisiger Wind fegt über den dünnen Schnee auf den Feldern und dringt durch die Fensterritzen bis zu uns in die Abteile.
Ich kann nicht schlafen. Ich sehe hinaus in das weite, ebene Land, das in trügerischer Ruhe liegt. Wenn nicht doch noch ein Wunder geschieht, werden auch über diese Gleise bald russische Panzer stieben, wird auch dieses Land untergehen in einem Meer von Blut und vergeblichen Tränen. (Bild 62, 63) Man soll die Menschen viel zu spät alarmiert haben, man soll ihnen, wie uns auch, wer weiß was von der Festigkeit der Front erzählt haben. Und nun keuchen sie dahin um ihr Leben, gejagt von den Furien der Angst, von einem verlassenen Dorf ins andere, nirgends mehr Wärme und etwas Milch für die Kinder; so geraten sie zwischen die Fronten, so irren sie in den Feuern umher, die längst erfrorenen Säuglinge noch immer im Arm, so suchen sie ihr Heil seitab in den Wäldern und bleiben doch irgendwo im Schnee der Straßengräben liegen oder hetzen hinaus in die matschigen oder gefrorenen Felder, wenn sie Motorengeheul hinter sich hören, fliehen hinein in die Maschinengewehrgarben der Panzer, die erbarmungslos und ohne Not die Trecks zermalmen, die die schwangeren Frauen nicht schonen und Mensch und Tier mit ihren rasselnden Ketten zermantschen. Ja, tötet die Bestie, schlagt sie tot in ihrer Höhle, die Faschistenbrut, dann wird endlich Frieden sein auf Erden…
Ich denke mit täglich wachsender Sorge an die Kompanie, an alle, die sich da vorn anscheinend wieder in wandernden Kesseln den Russen vom Leibe halten, so gut es eben geht. Aber was geschieht mit denen, die nicht mehr können, die verwundet werden, die den Anschluss verlieren? Ist Kapol noch da? Hält Schmidt den Haufen noch zusammen? Lebt Meyer noch? Wo stecken sie jetzt? Oder sind sie längst schon kassiert worden, bei Kielce oder Tschenstochau?
Und ich komme nicht los von den Gesichtern der letzten Tage, von Steinberg, Iglhaut, Schmidt, Kober, Treder, Jonny, Greiner und Teige, vom Sani und immer wieder Iglhaut, stöhnend in seinem Blut und Steinberg, dieser entsetzlich halbierte Schädel… Und Wißmann – wie fern auf einmal, wie bedeutungslos, kein Hass mehr, und dann unsere Invaliden, diese sinnlos geopferten ärmsten Kerle, irgendwo liegen geblieben, lebend oder tot, vermisst…
Bald werden wir die alte Reichsgrenze erreichen, wo 1939 alles begann. Ich muss an die Fahrt in den Urlaub denken, damals, 1942, im schönsten Sommer. Wie ich am offenen Fenster stand und mir nach zwei endlosen Jahren die Luft der Heimat um die Ohren wehen ließ, wie unbändig ich diese Heimkehr ersehnt hatte und dann genoss. Und heute?

Heimlich stehlen wir uns bei Nacht durchfroren über die Grenze, die blutige Vorhut des unermesslichen Elends, geschlagen, waffenlos und ohne Hoffnung, voller Sorge um die Kameraden vorn, um die Eltern, voller Furcht vor einer Zukunft, die ich mir jetzt nicht mehr ausmalen kann, nicht im Guten und schon gar nicht im Bösen.
Leben die Eltern noch? Ist das Haus längst zerblasen und verbrannt? Wie viele Wochen lang habe ich nun schon keine Post mehr bekommen? Wann werden sie zu Hause erfahren, dass ich dem Gemetzel am Baranow entronnen bin? Leben sie seit dem 12. Januar in ständiger, furchtbarer Sorge um mich? Sie müssen es ja, denn meine Karten können noch nicht da sein, wenn sie überhaupt jemals ankommen sollten.
Sollte nicht Dieters Lehrgang bis Ende Januar dauern? Hat man ihn und seine Kameraden schon alarmiert und in den Strudel der Ostfront geworfen? Saß er vielleicht in dem Zug, der uns vorhin begegnete?
Draußen heult der Wind über die dunklen Ebenen. Es riecht nach Schnee. Ostwind.
Es ist eine bittere, eine unsagbar schmerzliche Heimfahrt.
Armes Deutschland…

BITTERE HEIMKEHR

Ja, diese winterliche „Heimfahrt“ ins „Reich“ von Posen aus, bei lausiger Kälte, bei Schnee und Regen. 70 Stunden in eisigen Waggons und wohl zwanzigmal Halt auf ausgebrannten Bahnhöfen, zwischen zerfetzten Gleisen, zwischen verglühten und umgestürzten Waggons und Lokomotiven. Nur selten mal ein unversehrtes Streckenstück, ein heiler Bahnhof wie eine Oase in der Wüste. Und jedes Mal die Frage: Werden wir hier endlich ausgeladen? Aber nein, halt, weiter. Halle, Nordhausen und schließlich dann doch ein Ziel, Eschwege, ein kleines Städtchen.
Die ersten Karten an die Eltern und Großeltern sind geschrieben. Werden sie bald ankommen und ihnen die Sorgen nehmen? Haben sie meine Karten aus Posen gekriegt? Nach den Bildern der Zerstörung kann man nichts mehr hoffen. Wenn immer noch Züge rollen, so ist das wohl unsere einzige Wunderwaffe.
Elbing, Insterburg, Oppeln, Königsberg, Glogau, Breslau, Bromberg, Marienburg, Thorn, Graudenz – dahin oder überrollt. Es ist nicht zu fassen. Und immer neue Gräuelmeldungen über die Russen, genau das, was wir von unserem Lande abwenden wollten.
Gestern, also am 27. Januar, haben sie mir den Splitter aus dem Bein operiert, ein Ding wie ein Fingernagel so platt und dünn, und trotzdem fünf Zentimeter tief im dicken Fleisch. Kaum der Rede wert.

Eschwege, Freitag, 9. Februar 1945

Großvater ist tot. Schon seit dem 10. Januar. Ganz sanft eingeschlafen. Heute die erste Nachricht aus Parchim und nun gleich dies. Mutter hat nicht kommen können, keine Reisegenehmigung!

Eschwege, Sonntag, 11. Februar 1945

Heute, endlich auch Nachricht aus Dortmund. Sie leben, Gott sei Dank, haben auch meine Karte aus Posen bekommen und waren dadurch schon seit dem 24. Januar von der schlimmsten Sorge befreit. Dieter schrieb zuletzt noch aus Jena, war also noch nicht in den Osten geworfen. Aber das war auch schon vor über 14 Tagen.

Eschwege, Donnerstag, 15. Februar 1945

Meine Tage in diesem friedlichen Nest sind auch schon wieder gezählt. Eine Woche vielleicht noch, dann gibt es ein paar Tage Urlaub.
Nun haben die Gangster auch Dresden angegriffen. Unersetzliche Bau- und Kunstdenkmäler sind vernichtet. Vermutlich also der Zwinger, die Frauenkirche, das Schloss, die Hofkirche. Vorstellen kann ich es mir nicht. Dass sie nicht einmal eine so einmalige Stadt verschonen…

Eschwege, Mittwoch, 21. Februar 1945

Morgen soll ich entlassen werden und eine Woche Urlaub kriegen. Dieter birgt in Jena die Toten vom letzten Terrorangriff aus den verschütteten Kellern. Schichtdienst Tag und Nacht: „… die Sache ist oftmals viehisch. Vielleicht erspart dieser Einsatz aber manche Erschütterung draußen“, schreibt er. 19 Jahre ist er gerade alt geworden, am 14. Februar. Ganz vergessen.
Dresden muss ganz furchtbar sein, wohl das Schlimmste bisher überhaupt. Dresden, mein geliebtes Dresden…
Eben höre ich, dass sie Dortmund schon wieder angegriffen haben!

Dortmund, Mittwoch, 28. Februar 1945

Was soll ich viel schreiben? Mutter macht mir große Sorge; sie ist erschreckend abgemagert seit meinem letzten Urlaub im August. Aber Krebs soll es nicht sein, nur allgemeine Erschöpfung; diese unzähligen schlaflosen Nächte, die Sorgen, die miese Esserei seit Jahren. Ein Wunder ist es nicht. Vielleicht sieht sie auch nur wegen der schwarzen Trauerkleidung so elend aus. Auch Vater ist alt geworden und spitz im Gesicht. Bei Westwind hört man die Kanonen vom Niederrhein. Das Nachbarhaus ist bei dem letzten Angriff abgebrannt; es war der ekligste

Angriff in dieser Gegend überhaupt. Immer wieder Gespräche und heimliche Gedanken über Großmutters trostlose Situation, allein unter vielen fremden Menschen im Haus, ohne jede Hoffnung. Und die allgemeine Lage? Wir machen uns gegenseitig was vor. Keiner will dem anderen das Herz noch schwerer machen. Der stärkste Trost: Ich muss erst mal nach Worms zum Ersatztruppenteil. Vielleicht komme ich von dort an die Westfront. Sonst nur jede Nacht Alarme, Trümmer ringsum und täglich Sorgen um die Kompanie. Wer lebt noch? Wer ist dem ganzen Chaos entronnen?

Worms, Mittwoch, 7. März 1945

Vier Tage habe ich per Bahn, per Anhalter und zu Fuß gebraucht, um von Dortmund hierher zu kommen.
Für die Nacht kriegte ich erst mal eine Stube zugewiesen – und wer stand plötzlich vor mir? Treder, mein letzter Begleiter nach Grochocice!! „Mensch, Treder, ist das möglich??“ Ja, er war's wirklich, gerade aus Glogau gekommen, wo die Division jetzt liegt. Ich musste mich erst mal setzen. „Und? Wie sieht es aus bei der Kompanie? Wer ist noch da?“
Eine Stunde lang hat er mir gestern erst noch erzählen müssen. Ganz so schlimm ist es offenbar doch nicht gewesen. Die Invaliden allerdings sind wohl alle tot oder dem Russen in die Hände gefallen. Irgendwo waren sie plötzlich weg gewesen, einer nach dem anderen, und niemand hatte Zeit, sie noch lange zu suchen, denn der Russe drängte immer scharf nach. Die halbe Kompanie ist immerhin noch in der Gegend von Glogau angekommen. Es hat böse Tage gegeben, vor allem an den Flussübergängen, aber meistens ist die Division wie ein Igel nach Westen gewandert. Und nun liegen sie also bei Glogau auf dem Ostufer der Oder in kümmerlichsten Verhältnissen in einer Brückenkopfstellung. Nichts hatten sie vorgefunden, keine Unterkunftsbunker, keine Gräben, nichts. Und schwere Waffen besitzt die Division nicht mehr. Hauptmann Meyer soll noch lebend bis Glogau gekommen und dort Anfang Februar verwundet worden sein. Ob er eines Tages auch noch hier auftauchen wird?
Ich habe in dieser letzten Nacht nur sehr schlecht geschlafen. Es sind also doch noch eine ganze Reihe von den alten Haudegen da, vor allem der Spieß und Kapol, der die Kompanie die ganze Zeit geführt hat. Jeder Gedanke an die Kameraden draußen wühlt mich nun wieder auf, ich fühle wieder mit aller Macht, dass ich eigentlich bei ihnen sein müsste.
Vorhin traf ich auch noch Jonny, der von derselben Granate ein Ding abgekriegt hatte. Er ist munter und auch noch heil herausgekommen. Teige und Iglhaut hat er aus den Augen verloren. Iglhaut mit seinen zahllosen Splittern im Bauch lebt aber sicher nicht mehr. Er war wirklich ein feiner Kerl.

Biblis, Freitag, 23. März 1945

Von der Kompanie oder von der Schwadron habe ich sonst keinen mehr hier getroffen. Während der letzten zwei Wochen hat man mich erst Offiziersanwär-

ter, eingebildete Milchbärte, mit ausbilden lassen, dann hat man mir einen Haufen zusammengefegter Landser, Heimatkrieger, Pimpfe und Halbinvaliden in die Hand gedrückt zwecks „Verteidigung“ von Worms. Die Milchbärte rückten derweil ab nach Osten in den Odenwald, wohl als „Führerreserve“. Zum Glück sind irgendwelche höheren Tiere auch mal mit Weisheit geschlagen worden: Worms wurde kampflos geräumt, uns „Verteidiger“ schipperte man um Mitternacht über den Rhein aufs Ostufer. Der Wehrmachtbericht aber meldete am nächsten Tag „erbitterte Kämpfe“. Wir erlebten nur weiße Fahnen, chaotische „Führungskünste“ und eine Bevölkerung, die jeden Soldaten zum Teufel wünschte, zumindest nicht in ihrer Nähe haben wollte.
Beim Bombenangriff auf Worms am 18. März bin ich noch zweimal durchs Treppenhaus geschleudert worden, aber ohne mir die Knochen zu brechen. Nein, dieser Krieg ist endgültig verloren, selbst wenn wir uns im Osten noch eine Weile gegen die Übermacht stemmen könnten. Aber wenn der Russe richtig antritt, fliegen ja doch nur die Fetzen.
Goebbels soll irgendwo in Schlesien eine tolle Rede gehalten haben, von neuen Divisionen und großen Offensiven, in die die Truppen „hineingehen wie in einen Gottesdienst“!! Wer's glaubt, mag selig werden. Ich nicht mehr. Baranow war auch wieder ein Nichts, ein Vakuum, und wie hat der General vorher getönt: „Sie sollen nur kommen!“ Nein, ich glaube nichts mehr…

Gegenüber Worms, Sonntag, 25. März 1945

Den Verlust von Worms hat der Wehrmachtbericht nun ja doch gemeldet. Auch die tapfere Besatzung von Glogau wurde wieder zweimal erwähnt. Eigenartig, wie blass das Bild der Ostfront in diesen wenigen Wochen in mir geworden ist. Wie hat mich jedes Geschehen dort all die Jahre hindurch intensiv beschäftigt, wie habe ich an allem wirklich mit heißem Herzen Anteil genommen – und nun stehe ich am Rhein und die Oder gleißt irgendwo in unendlicher Ferne hinter dem Odenwald…

***

Am 26. März frühmorgens im Dustern haben die Amis mich und ungefähr 15 Mann von einer „Kompanie“ geschnappt, auf lautlosen Sohlen waren die Boys von hinten gekommen, nachdem sie in der Nacht südlich von uns den Rhein überquert hatten. Den ganzen Brückenkopf hatten sie in der Nähe der Übersetzstelle unter dicken Nebel gesetzt und so brachten sie uns beinahe heimlich mit einem riesigen Schwimm-LKW über den Strom. Wieder über den Rhein, nicht weit von uns die verschwommenen Trümmer der gesprengten Nibelungenbrücke im Wasser. Und als wir inmitten der milchigen Suppe mit schäumender Bugwelle durch das Wasser pflügten, durchzuckte es mich plötzlich: Mensch, du lebst!!! Du hast es überstanden! Du wirst heimkehren, die Heimat wiedersehen! Ich lebe noch, ich lebe, ich lebe!!!
Das war eine absolut neue Gewissheit, ein Sonnenaufgang von unerhörter Helligkeit nach diesen dunklen Jahren im Osten. Ich lebe noch, ich werde heimkehren –

oh Gott, ist das schön, unfassbar schön!!!
Auf dem westlichen Rheinufer führte man uns auf eine Wiese, auf der schon viele Gefangene versammelt waren. Zwei Kameramänner knipsten uns Neuankömmlinge genüsslich mit höhnischem Grinsen: „The world best soldiers!“, sagte der eine so richtig verächtlich. Ich drehte den Etappenhelden meinen Arsch zu. Die können uns nicht beleidigen, die nicht.
Über die Gefangenschaft selbst werde ich hier kein Wort verlieren, denn sie war trotz Hunger vom 9. Mai an und trotz Kälte und Nässe, Enge und Schikanen vom Herbst an fast ein Klacks gegenüber meinen Jahren im Osten. Aber eine Begegnung im Lager und meine Heimkehr will ich noch beschreiben und ganz besonders meine seelische Verfassung in diesen neun Monaten.
Wirklich furchtbar waren für mich anfangs die täglichen Meldungen und Parolen von den sogenannten Fronten. Man kam gar nicht so schnell in der Geographie mit: Kasel, Gotha, Eisenach, Münster, Osnabrück, Bielefeld und Recklinghausen – alles futsch oder kurz davor. Und Dortmund wohl mitten im Ruhrkessel! Die Russen vor Wien, Danzig flöten, Küstrin und Glogau gefallen. Glogau! Dort lag zuletzt die Division.
Aber allmählich wurde mir vieles klarer. Allein diese Eindrücke kurz nach der Gefangennahme bei Worms: Diese unfassbaren Massen von Geschützen, Panzern und Fahrzeugen aller Art auf den Straßen und in den Wäldern, diese schier endlosen Trümmerhaufen zusammenkartätschter deutscher Kolonnen! Damals verspürte ich zum ersten Male einen Hauch dieser ungeheuren Materialüberlegenheit, bei der es auf hundert oder tausend gar nicht ankommt. Allein der Sprit, der nötig ist, um diese Stahlmassen in Bewegung zu setzen! Und nirgendwo ein Pferd! Das fiel mir erst später auf. Sie machen alles ohne Pferd. Wir aber sind mit hunderttausenden von braven Rössern bis Stalingrad und in den Kaukasus getippelt und dann auch wieder 2.000 km zurück. Und standen nun immer noch mit glasigem Blick im Ring, fingen ein fürchterliches Ding nach dem anderen ein, ein technischer K.o. in Reinkultur. Ich fragte mich nur, warum die anderen sooo endlos lange gebraucht hatten, um uns fertigzumachen. Und ich begann zu ahnen, warum im Westen alles so rasant zusammengebrochen war.

Dienstag, 17. April 1945

Nun sind also auch die Russen wieder angetreten. Sie werden alles daran setzen, uns, die Bestie, nun endlich in unserer Höhle zu erschlagen. Dieter hängt nun mit Sicherheit auch irgendwo in diesem Hexenkessel zwischen Ost und West. Hoffentlich fällt er nicht den Russen in die Hände, hoffentlich ist er schon in amerikanischer Gefangenschaft!

Donnerstag, 19. April 1945

Der Russe steht nun schon vor Berlin! Er muss den Durchbruch mit ungeheuren Mengen von Menschen und Material erzwungen haben.

Mittwoch, 25. April 1945

Es häufen sich jetzt Meldungen und schauerliche Bilder von angeblichen Nazi-Gräueln in KZ-Lagern, deren Namen hier nicht einer kennt. Juden und Kriegsgefangene, Verschleppte und Zwangsarbeiter sollen zu zehntausenden umgebracht oder verhungert zurückgelassen worden sein. Die Russen haben im ehemaligen Generalgouvernement angeblich auch viele solcher Lager befreit und riesige Massengräber entdeckt. Dort sollen vor allem Juden planmäßig ermordet worden sein.
Nun ja, so etwas musste ja kommen. Schlagt die Bestie tot! Von den 10.000 polnischen Offizieren, die die Russen bei Katyn erschossen haben, erfährt man natürlich nichts. Auch die hunderttausenden von wehrlosen Bombenopfern sind schließlich „planmäßig" umgebracht worden. Es hat sich nicht viel geändert seit den abgehackten Kinderhänden von anno 1914.

Sonntag, 29. April 1945

Man registriert es nur noch: Häuserkämpfe in Berlin, Vordringen der Russen nach Mecklenburg hinein. Bremen, Ulm. Auflösung in Italien. Russen und Amerikaner treffen sich in Torgau, große Verbrüderung der ungleichen Brüder. Mussolini ermordet, Göring abgesetzt, Ostpreußen erloschen. Ein schauerlicher Weltuntergang für uns Deutsche. Und „meine" Division ist nun mit Sicherheit endgültig ausgelöscht, zerstampft im Trommelfeuer, abgeknallt auf der Flucht, zu hunderten oder tausenden eingekesselt irgendwo bei Berlin.

Mittwoch, 2. Mai 1945

Adolf Hitler in Berlin gefallen. Unter Dönitz neue Regierung in Flensburg… Der Führer tot. Man hat es sich nie vorstellen können. Nun ist es geschehen und die Welt dreht sich weiter.

Freitag, 4. Mai 1945

Hamburg und München besetzt, der Kampf in Berlin beendet, die Truppen in Mecklenburg in amerikanische Gefangenschaft gerettet. Die Flammen erlöschen.

Donnerstag, 10. Mai 1945

Seit gestern herrscht nun bei uns der Frieden der totalen Niederlage. Was mir all die Jahre hindurch unvorstellbar war, ist eingetreten. Wer noch vom alten Haufen gelebt hat, hat nun in diesen unsagbar bitteren Stunden den Marsch in die sibiri-

sche Gefangenschaft angetreten. Für viele von ihnen wird es keine Heimkehr mehr geben. Tausende Soldaten und Zivilisten werden in den letzten Tagen ihrem Leben ein Ende gesetzt haben, weil sei sie ein Dasein unter dem Bolschewismus nicht ertragen könnten. Wo die Sowjets sich festgesetzt haben, wird sich ein lähmendes Schweigen über das Land senken. Ich glaube nicht an den guten Onkel Joe, von dem diese naiven Amis dauernd schwätzen als wäre er wie sie selbst. Sie werden noch spüren, was es heißt, die Sowjets an der Elbe zu haben. Für uns, die wir glauben, den Bolschewismus durchschaut zu haben, gehört zu solchen Befürchtungen wahrhaftig keine große Prophetengabe.
Hoffentlich haben sich noch Millionen herüberretten können. Die Lichter brennen nun wieder in den Häusern, es fallen keine Bomben mehr, die Flüchtlinge werden irgendwo etwas zur Ruhe kommen. Kein Panzer wird mehr die Erde erzittern lassen. Dies alles ist eine Erlösung nach diesen schrecklichen Jahren. Aber für uns Deutsche wird alle Bitterkeit und Demütigung jetzt erst beginnen. Sie wollen die Kriegsverbrecher bestrafen, uns nur noch Ackerbau und Viehzucht treiben lassen, die Gefangenen zum Wiederaufbau zurückhalten. Und wenn es wirklich stimmt, dass es so grauenvolle Lager bei uns gegeben hat, haben sie sogar eine gewisse moralische Berechtigung dazu, vor allem, wenn so viele Ausländer in den Lagern umgekommen sind. Aber glauben kann das noch keiner von uns. Es mag in dem allgemeinen Durcheinander der letzten Monate Schlimmes passiert sein, aber dass ein System geplanter Ausrottung dahinter gesteckt hätte, ist unvorstellbar. Davon hätte man irgendwann mal etwas erfahren, gerade weil es so viele Lager gewesen sein sollen. Aber solche Gräuelmärchen sind ja immer gut, wenn man ein Volk moralisch fertigmachen will.
Jetzt heißt es sogar, Hitler sei gar nicht im Kampfe gefallen, sondern habe sich selbst vergiftet wie neulich schon Goebbels mit seiner ganzen Familie. Wenn das stimmt…
Zwischendurch plötzlich die Erinnerung: Heute hat ja Mutter Geburtstag!! Wie wird sie mit alledem fertig?

Sonntag, 13. Mai 1945

Stalin hat am 9. Mai wunderschön geredet: „Von nun an wird das große Banner der Völkerfreiheit und des Völkerfriedens über Europa wehen!" Und die Amis kaufen ihm das ab. Da kennen wir Wilden den Völkerfrieden à la Sowjetunion aber besser. Ruhe herrscht da, o ja.
In der Tschechei soll noch in den allerletzten Tagen vor der Kapitulation ein blutiger Aufstand ausgebrochen sein. Die Deutschen Freiwild auf allen Straßen. Das soll die Antwort sein auf deutsche Massaker in der Kriegszeit.
Die Meldungen über deutsche Verbrechen werden überhaupt immer blutrünstiger. Kein Land, in dem wir nicht zehn-, ja hunderttausende umgebracht haben sollen. Die Gestapo und die SS müssen danach überall ein wahres Blutregiment geführt haben. Komisch nur, dass nicht einer hier im Lager solche Dinge aus eigener Erfahrung bestätigen kann. Einzelfälle gewiss, auch Geiselerschießungen, aber das immer nur nach entsprechenden Partisanenüberfällen, vor allem bei Rückmarsch aus Frankreich und Jugoslawien. Da hat es wohl zeitweise auf beiden

Seiten keinen Pardon gegeben. Aber die Heckenschützen sind jetzt überall nur noch makellose Freiheitshelden.

Sonntag, 20. Mai 1945

Jetzt sollen wir sogar sechs Millionen Juden vergast haben! Sechs Millionen!! So viele deutsche Soldaten sind wahrscheinlich nicht einmal in den beiden Weltkriegen zusammen gefallen. Als neulich einer mit dieser Schauerparole ins Zelt kam, haben wir nur lachen können. Wir glauben jetzt überhaupt nichts mehr von all diesen Gräuelgeschichten. So etwas haben sich deutsche Soldaten noch nie in der Geschichte zuschulden kommen lassen und wenn solche Sachen in den beiden Divisionen, die ich nun jeweils über viele Monate hin kennen gelernt habe, undenkbar waren, warum soll es dann woanders geschehen sein? Die Sieger überschlagen sich ja förmlich in ihrem missionarischen Hass und verlieren in unseren Augen jeden moralischen Kredit durch so offensichtliche Lügen. Ich will von diesem grotesken Quatsch nichts mehr hören.

Sonntag, 27. Mai 1945

Himmler, der sich sogar hatte schnappen lassen, hat sich auch noch schnell mit Zyankali vergiften können. Ihm trauert wohl niemand nach. Was sind das alles für „feine" Führer gewesen! Jetzt hätten sie sich schützend vor ihr Volk stellen müssen, jetzt hätte ihre größte Stunde kommen müssen! Und sie machen sich einfach aus dem Staube. Pfui Deibel!
Bis auf den Hunger normalisiert sich jetzt das Leben bei uns. Nach der tiefen Erregung und Erschütterung der letzten Wochen sind wir einfach erschöpft und kapseln uns ab. Man kann und will von all diesen fürchterlichen Dingen nichts mehr hören und sehen, mögen die Ami-Zeitungen uns noch so sehr mit unseren angeblichen Bestialitäten konfrontieren. Was uns wirklich hilft, was wirklich Balsam auf unseren wunden Seelen ist, sind die Lieder des Chors, die Lieder der Heimat, die uns immer wieder verstohlene Tränen der Rührung aus den Augen rinnen lassen:
„Kein schöner Land in dieser Zeit…", und
„Wenn ich den Wanderer frage…," und
„Die linden Lüfte sind erwacht…" mit dem Schluss:
„Nun, armes Herz, vergiss die Qual,
nun muss sich alles, alles wenden…"
Und immer von Neuem wollen wir dieses eine Liede hören:
„Wenn ich den Wanderer frage: ‚Was quält dich sehr?'
‚Ich kann nicht nach Hause, hab keine Heimat mehr…'"
Oder neulich der Abend, als einer den ganzen „Cornet" von Rilke auswendig vortrug. Ich kannte noch nichts von Rilke und war richtig fasziniert von der Glut dieser Sprache: „Reiten, reiten, reiten, durch den Tag, durch die Nacht, durch den Tag…" Ja, ich glaube, ich kann es nachempfinden.
„Dort hat er eine alte Frau weinen sehen", klingt der „Cornet" aus. Unsere Situa-

tion: Trauer, Verzweiflung, Hoffnungslosigkeit, Entsetzen. Ich dachte an Chotow, an die alte stumme Frau im Regen inmitten der ausgebrannten Ruinen ihres Dorfes… und abends kreisen dann vor dem Einschlafen die Gedanken immer wieder voller Sorge um die Eltern, um Dieter, um Großmutter in Parchim. Was ist mit ihnen allen? Ist auch das Haus in Dortmund noch abgebrannt? Lebt Dieter noch? Um ihn bange ich am meisten. So jung, gerade 19, und dann, wenn kein Wunder mehr geschehen ist, gleich in dieses letzte furchtbare Inferno.

Mittwoch, 6. Juni 1945

Vor einem Jahr haben wir in Kowel den Beginn der Invasion bejubelt. Sie sollte endlich die große Wende bringen. Stattdessen vegetieren wir nun hier sinnlos vor uns hin und müssen uns das tägliche Moralgeplärr der neuen Herren und die fürchterliche Jazzmusik aus den Lautsprechern anhören. Alles können sie besser als wir, besonders natürlich die Demokratie. Sie wollen uns umerziehen, posaunen uns zu diesem Zweck Stunde um Stunde diese entsetzlichen KZ-Gräuel um die Ohren, als wenn wir sie verbrochen hätten. Wer kann denn so viel Grauen auf einmal glauben? Fast alle bei uns lehnen es ab, diese unmöglichen Behauptungen noch zur Kenntnis zu nehmen. Mit Bildern und Zeugenaussagen kann man natürlich alles „beweisen“, und gerade in der Sowjetunion ist ja erwiesenermaßen schon lange vor unserem Einmarsch unfassbar Grauenvolles genug geschehen. Selbst die Fotos der Bombenopfer kann man spielend „umdrehen“.
Wie sollen wir dies alles nachprüfen? Wieso kommen so monströse Verbrechen, wenn sie denn wirklich geschehen sind, erst jetzt und gerade jetzt ans Tageslicht? Natürlich, weil man erst jetzt ganz Deutschland besetzt hat. Aber es soll doch so viele Lager im ehemaligen Polen gegeben haben? Und wie hätte dies alles so lange geheim gehalten werden können? Nicht mal das Ausland hat doch offenbar von diesen Lagern gewusst, obwohl die Jäger und Bomber doch seit Jahren über uns waren, obwohl Millionen Fremdarbeiter doch bestimmt Mittel und Wege gefunden hätten, um das Ausland zu informieren. Nein, für sooo doof lassen wir uns nicht verkaufen, auch wenn jetzt einige von uns behaupten, davon gewusst zu haben. Aber dann haben sie jahrelang geschwiegen, sicher aus sehr verständlichen Gründen. Oder haben sie es selbst nicht geglaubt, weil es ihnen zu ungeheuerlich erschien?
Geiselerschießungen, Partisanenkrieg, Auge um Auge und ohne Pardon – ja, das hat es sicher gegeben, aber solchen Schweinkram nicht! Ich kann es nicht glauben.

Freitag, 22. Juni 1945

Ja, dieser 22. Juni 41. War es eindeutig ein verbrecherischer Überfall auf einen arglosen Staat? Diese Frage wird mich wohl mein Leben lang beschäftigen, denn davon hängt alles ab. Oh, es wäre nicht auszudenken, wenn alle Toten und Verwundeten, alle verbrannten Dörfer und alle Leiden und Tränen dieser Jahre im Osten allein auf unser Konto kämen, wenn es auch keinerlei Rechtfertigung für unsere eigenen Opfer und Leiden und Schmerzen gäbe – nein, so kann es doch nicht sein!! Wir hätten es doch gespürt, wenn unsere „Führer“ solche Verbrecher gewesen wären, die ihr eigenes Volk um ihrer Machtgier willen ins Verderben jagen. Und doch und doch – das schmachvolle Ende unserer „Führer“ gibt mir zu denken, ich spüre einen Abgrund hinter mir, ich muss darauf gefasst sein, dass mein Glaube, wir Deutschen müssten Europa vor dem Untergang im Bolschewismus bewahren, auf ganz falschen Voraussetzungen beruhte. Und dennoch, wir haben doch selbst gesehen, dass der Bolschewismus so ist, wie er uns immer wieder dargestellt wurde, und wir erleben doch gerade jetzt wieder, wie die so harmlos klingende „Repatriierung“ läuft. Väterchen Stalin holt sie sich alle wieder, die Gefangenen, die Hiwis, die Überläufer, die Kaukasier und die Krimtataren, die Zwangsverschleppten und die Kosaken. Oh, er wird sie alle durch die Mühle seiner Rache drehen, aber ungerührt werden die Amis ihm alle übergeben, auch die, die um Asyl bitten, auch die, die den sicheren Tod zu erwarten haben wie die Wlassow-Leute. Väterchen Stalin kriegt sie alle, er hat ja genug Zeit und Spitzel und verängstigte Kreaturen, die hoffen, ihr eigenes Leben noch retten zu können, indem sie andere ans Messer liefern. Die Amis schieben sie alle ab, genauso wie hunderttausende deutscher Soldaten, die sie zwischen Elbe und Böhmerwald zurückgejagt haben in die russische Gefangenschaft. Was wissen sie von Europa, seinen Völkern, seiner tragischen Geschichte? Ja, eine Welt des Friedens und der Gerechtigkeit und der wahren Freiheit wird nun heraufziehen…

Sonntag, 15. Juli 1945

Ich glaube jetzt auch zu wissen, was mich seit Monaten fast am meisten bedrückt: Dieses erbärmliche Verhalten so vieler „hoher Tiere“ von einst. Ihre Hoheitsabzeichen haben sie sich längst abgerissen, ihre Auszeichnungen haben sie gegen ein paar schäbige Zigaretten verscheuert, ihre Gesinnungen haben sie verleugnet, ihre großen Reden von früher haben sie „vergessen“. Gewiss gibt es bestimmt viele Leute, die unter dem NS-Regime gelitten haben, die man gegen ihre Überzeugung eingezogen hat und die nun die verhassten Embleme fortwerfen wie ein verlaustes Unterhemd. Sicher waren auch am 20. Juli viele von dieser Art dabei, deren Verhalten ich jetzt angesichts der erschreckenden KZ-Gräuel zu begreifen beginne. Wer mehr gewusst hat als wir, wer wirklich schon damals erkennen konnte, wie hoffnungslos und verbrecherisch vieles war, der musste wohl eines Tages so handeln, wenn er vor sich selbst bestehen wollte. Aber das sind dann auch Charaktere, denen man es ansieht.

Mittwoch, 1. August 1945

Mein Geburtstag. Ja, 24 Jahre bin ich nun. Normalerweise wäre ich jetzt mit dem Studium fertig, einschließlich Wehrdienst und so weiter. Aber nun werde ich das wohl frühestens mit 30 schaffen, wenn sie mich überhaupt studieren lassen. Und doch – es ist mein erster Geburtstag seit 1939, an dem ich mal etwas mehr über eine eigene Zukunft nachdenken kann. Bisher wusste ich ja nie, ob ich übers Jahr noch lebe.

Dienstag, 7. August 1945

In Japan haben die Amis eine fürchterliche Bombe, eine sogenannte Atombombe, abgeworfen, die eine ganze Stadt in einer Sekunde zu Schlacke verbrannt hat. Keiner bei uns, dem es nicht eiskalt über den Rücken lief bei dem Gedanken, dies Ding wäre noch auf Berlin oder München losgelassen worden. Eine Weile habe ich zwar bedauert, dass wir keine solche Wunderwaffe mehr für die Ostfront oder für London hatten, aber besser ist besser. Eine ganze Stadt in einer Sekunde – das ist so entsetzlich, wenn man an die ahnungslose Zivilbevölkerung denkt, dass wir froh sein wollen, eine solche Höllenmacht nicht eingesetzt zu haben. Was wären wir dann erst für Verbrecher gewesen? So müssen nun die Amerikaner sehen, wie sie mit dieser ungeheuren moralischen Verantwortung fertig werden. Aber sie werden es schon schaffen. Zweifellos erspart solch Teufelsei viel gutes Amiblut.

Mittwoch, 8. August 1945

Das Protokoll von Potsdam ist in den letzten Tagen etwas verdrängt worden, obwohl es mindestens so grausam ist wie die Atombombe. Oder und Neiße werden die neue Ostgrenze, alles, was östlich davon liegt, ist verloren. Die Polen holen sich im Westen von uns, was der Russe ihnen im Osten raubt. Und was heißt das schon: Vorbehaltlich einer endgültigen Regelung in einem Friedensvertrag? Was die Sowjets haben, rücken sie freiwillig nie wieder raus.
Wir haben schon Schlimmes genug befürchtet und uns nur aus diesem Grunde noch jahrelang so verzweifelt wehren können, obwohl doch am Ende fast nichts mehr da war außer unseren blanken Fäusten, gemessen an der Übermacht der anderen. Aber dass sie es nun wahr machen, uns Ostpreußen nehmen, Westpreußen, Pommern, Schlesien, die Mark Brandenburg, deutsche Kernländer seit Jahrhunderten – das ist uns allen noch unfassbar. Und aus allen diesen Gebieten wollen sie die deutsche Bevölkerung vertreiben! O ja, wir wissen, wie das funktionieren wird: Raus aus den Häusern innerhalb von zwei Stunden, allenfalls mit einem kleinen Köfferchen, und immer hinein mit den ausgeplünderten Millionenmassen in die Trümmerfelder der Städte im Westen – heißa, da geht dann die Saat des Kommunismus auf! Und eines Tages werden sie uns im Westen noch einmal befreien, dann haben wir endlich das ersehnte vereinte Europa.
O Gott, was sind unsere Leute doch für Stümper gewesen, wie muss sie das Gewissen geplagt haben, dass sie alles nur in größter Heimlichkeit gewagt haben. Aber hier wird ein neues, gigantisches Verbrechen, das nur von Stalin ausgebrütet worden sein kann, seelenruhig ausposaunt, und diese westlichen Humanitätsapostel stimmen dem zu, denn es soll ja wohl alles sehr human gemacht werden. Oh, diese heuchlerischen Moralprediger, diese Massenmörder aus der Luft, „Vorwärts, Soldaten Christi…“, Halleluja, es sind ja nur Deutsche…
Ja, diesmal werden sie uns fertigmachen. Voller Entzücken und Wehmut werden wir der Segnung des Versailler Diktats gedenken. Stalins Saat wird aufgehen, für

genügend Elend als Nährboden ist wahrlich von allen gesorgt. Und die Judenvergasungen und KZs rechtfertigen natürlich alles.
Und doch: Wenn sie uns jetzt so verstümmeln und wehrlos machen und entrechten, dann läuft vom 8. Mai 1945 an die Uhr der anderen. Dann summiert sich deren Unrecht und Brutalität weiter, ohne dass sie die Schuld wieder auf uns abwälzen können.
Kommunist werde ich niemals werden, jetzt, nachdem der Bolschewismus seine imperialistische Natur erwiesen hat, erst recht nicht. Wir, die wir dies „Paradies" der Arbeiter und Bauern jahrelang mit eigenen Augen gesehen haben, sind bis an unser Lebensende gegen diese Moskauer Lebensart gefeit. Ich werde auf keine Propaganda hereinfallen, einmal habe ich „geglaubt", aber jetzt werde ich alles daransetzen, eines Tages doch noch herauszukriegen, wie alles wirklich war und warum es für ungezählte Millionen so grauenvoll enden musste.

Donnerstag, 16. August 1945

Nun hat auch Japan bedingungslos kapituliert, Stunden nach der zweiten Atombombe. Auch dort ist aller Mut und alle Tapferkeit umsonst gewesen. Die Sowjetunion hat sich nicht einmal geschämt, zum allerletzten Schluss auch noch den Krieg zu erklären. Wo Beute winkt, muss man ja dabei sein. Und sie werden auch dort ihr Teil kriegen, obwohl die blöden Kapitalistensöhne der Amis jahrelang die ganze Blutlast dieses mörderischen Ringens in den Dschungeln allein getragen haben. Völker, hört die Signale!
Nichts hören sie, bis es eines Tages zu spät sein wird. So wie Stalin muss man in dieser Welt Politik machen. Skrupellos, brutal, leicht reizbar. Dann erfüllen einem die anderen gern jeden Wunsch. Was war Hitler für ein Waisenknabe dagegen. Und wir haben an ihn wie an einen halben Gott geglaubt. Wahrscheinlich war das unser Hauptfehler.
Wie schön muss es jetzt auf der Welt werden, da die beiden einzigen Störenfriede zerschmettert am Boden liegen. Friede auf Erden und den Menschen ein Wohlgefallen, aber nicht nur Weihnachten. Oh, man gerät hier allmählich in einen Zynismus, der einen selbst zerfrisst.

Sonnabend, 1. September 1945

Letzten Sonntag soll ein Pastor im Gottesdienst sehr unerwünschte Dinge zur Sprache gebracht haben, nach dem Motto: Nicht nur unser Volk hat Schuld auf sich geladen, sondern die Bombenangriffe auf Frauen und Kinder, der Partisanenkrieg und die grauenvollen Atombomben auf Hiroshima und Nagasaki wären genauso verbrecherisch gewesen. Und was die Alliierten jetzt nach dem Kriege noch mit uns vorhätten, sei um nichts besser, da es wieder ganz überwiegend nur die Unschuldigen treffe. Vor Gottes Richterstuhl käme dereinst alles zur Sprache und würde gesühnt werden.
Mir war das aus der Seele gesprochen, aber viele können gar nicht genug kriegen von immer neuen einseitigen Beschuldigungen unseres Volkes, unserer Regie-

rung, unserer Soldaten und so weiter.
Nur so weiter. Nur für sich selbst finden sie komischerweise immer entlastende Umstände. Die anderen reden umso mehr von den Nestbeschmutzern. So zerfleischen wir uns schon wieder bestens nach alter deutscher Sitte und die Alliierten aller Schattierungen freuen sich.
Ich will versuchen herauszubekommen, wer der Pastor neulich gewesen ist. Es könnte glatt Meyer gewesen sein, der alte Käptn.

<u>Donnerstag, 13. September 1945</u>

Im Nachbarcage habe ich einen aus Neuwied aufgetan; in Neuwied wohnte Meyer, und der Kollege will nun über andere Neuwieder Kameraden versuchen, einen Zettel bis zu Meyer durchzuschmuggeln, denn einen Pastor Meyer soll es tatsächlich in einem anderen Cage geben!!! Das kann doch nur er sein! Ich bin ganz durcheinander vor Freude. Wenn er mich besuchen könnte? Vielleicht darf er sich als Pfarrer frei im Lager bewegen??

<u>Foucarville, Sonnabend, 15. September 1945 – 2360. Tag</u>

Er war bei mir!! Vor zwei Stunden noch. Erschreckend hager und scharfkantig im Gesicht, wie wir alle es wohl geworden sind. Aber bei einem alten Bekannten fällt es einem natürlich besonders auf. Sonst aber ungebrochen an Leib und Seele. Er schimpfte auf die gottlosen Amis mit ihrer Atombombe, auf die idiotischen Nazigrößen in Neuwied, wo er im März noch so eine Art Stadtkommandant wurde, der schließlich dass Schlimmste verhüten und die Stadt dem Ami kampflos übergeben konnte. Er erzählte mir vom Baranow und war froh, mich so wenig beschädigt wiederzusehen; er selbst hatte mit zwei ganzen Bataillonen und drei Sturmgeschützen dem Russen Kielce noch einmal im Sturm entrissen, dann aber hatte es sie alle in einem engen Kessel bis über die Oder nach Glogau hineingespült, wo er dann am 6. Februar einen Splitter in den Fuß kriegte. Das hat ihn, ähnlich wie mich, vor dem bitteren Ende in Russland und vor allem vor der russischen Gefangenschaft bewahrt.
Was aus der Division geworden ist im April? Er wusste es auch nicht. Welche Einheit ist in jenen letzten Wochen nicht in alle Winde zerfleddert worden? Wer will oder kann sagen, die letzten sind dem Iwan in die Hände gefallen oder haben sich noch zu den Amis hinüberretten können? Wer kann wissen, wer noch in diesem letzten Inferno gefallen ist? Auf Jahre hinaus oder vielleicht auch für immer werden Millionen Schicksale im Ungewissen bleiben.
Die letzte Predigt neulich hat er tatsächlich gehalten. Seitdem hat er Sprechverbot vom Ami und darf eigentlich auch nicht mehr frei herumlaufen. Aber da sie wohl vergessen haben, ihm den Passierschein wegzunehmen, besucht er eben noch manchmal Leute hier und da.
Außer mir hat er bis jetzt noch keine bekannte Seele im Lager entdeckt. Trotzdem kennt er keine Einsamkeit, denn er schlägt sich in seinem Cage täglich mit x Leuten wegen deren und unser aller Vergangenheit herum. Wie ich erst jetzt von

ihm erfahren habe, war er von Anfang an sehr aktiv in der Bekennenden Kirche gewesen, hatte später wegen seiner ungeschminkten Reden und Predigten Schwierigkeiten mit der Gestapo gekriegt und sich deshalb dann bald nach Beginn des Krieges freiwillig zur Wehrmacht gemeldet. Bei der Division war er wegen seines Berufes lange im Divisionsstab gewesen, Truppenbetreuung und so schöne Sachen, aber schon gleich nach Stalingrad hatte er dank seiner Einblicke in Meldungen und Berichte anderer Leute erkannt, wie verloren die Sache militärisch und wie verspielt sie moralisch war. Er hatte von Gräueln an Juden, Polen und Russen gewusst und es von da an nicht mehr über sich gebracht, den Landser vorn mit Blabla vom Endsieg und so weiter zu berieseln, sondern hatte die Konsequenzen gezogen und um Versetzung zu einer Frontkompanie gebeten. Der General hatte nach dieser Eröffnung zunächst gemeint, er gehöre ja wohl an die Wand, aber sie dächten genauso, Meyer solle ihnen nur sagen, ob wir etwa zum Iwan überlaufen oder ihn aufhalten sollten, solange es ginge, in der verwegenen Hoffnung, es könne damit Luft bleiben für einen „diplomatischen Ausweg", der dann natürlich nicht kam angesichts der Forderung nach bedingungsloser Kapitulation.
So war Meyer damals auf eigenen Wunsch zur Schwadron versetzt worden. Dort hoffte er wenigstens noch mit der persönlichen Tat und von Mensch zu Mensch helfen und retten zu können. So bin ich ihm dann dort begegnet, und so haben wir uns heute wider alles Erwarten als Überlebende wiedergetroffen.
„Ja, mein lieber Pan Hartmann, ich habe einen inneren Knacks aus dem Kriege mitgebracht, ich bin Vagabund und Landsknecht geworden, ich werde immer zu diesen alten, zerhauenen Landsern des Lebens gehören und wenn ich auch jetzt noch ‚Deutschland' sage, ohne mich zu schämen und mit den Zähnen zu knirschen, dann denke ich an sie, an diese braven, missbrauchten Kerle…"
Er hat also von solchen Sauereien gewusst, wenn auch längst nicht alles; er war fast noch mehr erschüttert darüber als ich, aber er hat damals ebenso wenig wie tausend andere etwas ändern können. Sicher hat ihn dies bedrückende Gefühl der Ohnmacht gegenüber dem Verbrechen und sein Wissen um das unvermeidliche furchtbare Ende oft so brüllen und fluchen lassen, sicher hat er deshalb oft mehr gesoffen und saufen lassen, als erlaubt und zu verantworten war. Und ganz bestimmt hat er deshalb immer und immer wieder seine Pranke schützend über seine „Knechte" gehalten, um sie vor dem Iwan und dem Kriegsgericht zu bewahren. Schon Motsch hatte mir früher mal erzählt, dass Meyer einige Leute, die sich selbst verstümmelt hatten, von Worms aus nach Italien geschickt hat, wo sich ihre Spuren dann verloren. Vielleicht hat er da vorn bei den ärmsten aller Landser im Unterbewusstsein auch den Tod gesucht.
Aber nun lebt er doch noch und ich bin unsagbar glücklich darüber. Ich hoffe auf fruchtbare Gespräche mit ihm, auf seine Hilfe bei der Suche nach der Wahrheit, die hinter dem grausigen Geschehen dieser letzten Jahre steht. Und auch auf seine Hilfe bei der Suche nach Gott. Ich bin zwar 1939 stolz aus der Kirche ausgetreten, aber in diesen eben vergangenen Wochen und Monaten des totalen Zusammenbruchs habe ich gespürt, dass zu vieles unerklärlich bleibt, wenn man es nur aus der Sicht des Menschen betrachtet. Ich werde hierüber noch sehr viel nachdenken müssen. Doch erst einmal überwiegt die Freude, dass Meyer noch lebt!

Sonntag, 16. September 1945

Heute Morgen schoss mir plötzlich aus einer längst verschütteten Gehirnzelle die Erinnerung an Walter Klüger hoch, an unser Gespräch an der verschneiten Straße nach Tschugujew: Er hatte doch damals so unglaubliches Zeug erzählt von 14.000 Juden, die nebenan im Lager erschossen worden sein sollten. Ich hatte das Gerede damals weggewischt, weil es mir zu plump und ungeheuerlich erschienen war. All die Jahre hindurch habe ich keinen Gedanken mehr daran verschwendet, aber jetzt plötzlich ist es wieder da. 14.000 – hatte er gesagt. Wenn man heute die immer neuen Zahlen hört, könnte es doch stimmen. Es hat also Spezialeinheiten gegeben, die hinter unserem Rücken tausendfach gemordet und unser ganzes Volk in Verruf gebracht haben. Allmählich muss ich es wohl glauben, obwohl sich alles in mir dagegen empört.
Wenn ich doch jetzt auch Walter Klüger wiedersehen könnte! Er hat es damals also auch gewusst und er hat mir genau vorhergesagt, wie alles kommen wird: Die unendliche Materialüberlegenheit der Alliierten, die Landungen in Afrika und Italien und Frankreich. Wie furchtbar muss es sein, dies alles kommen zu sehen und nichts ändern zu können, ja, das Ende herbeizusehnen, um die Leiden abzukürzen, und es nicht sagen zu dürfen.
Wie leicht habe ich es da gehabt mit meinem naiven Vertrauen zum Führer und zu unserer gerechten Sache. Dafür bin ich nun umso tiefer gestürzt, dafür ist in mir jetzt alles auf einmal zerbrochen.

Sonntag, 11. November 1945

Die Tage und nun schon Wochen wollen einfach nicht dahingehen. Man hat zu viel Zeit zum Grübeln, alle Erinnerungen und Gedanken kreisen immer wieder um dieselben Fragen: Hitler, Stalin, die mir immer noch unfassbaren Verbrechen, die ich nicht mehr verscheuchen kann, die ich jetzt zumindest in ihrer Größenordnung und unbeschreiblichen Vielfalt und Grauenhaftigkeit glauben muss – ach, wie Säure fressen sich mir solche Gedanken bei Tag und Nacht durch den Kopf und ich weiß manchmal nicht mehr, wie ich später jemals von diesen Fragen loskommen soll. Alle Ideale, für die unser Volk diese unendlichen Opfer gebracht hat, werden verhöhnt und ins Gegenteil verkehrt, alles Schöne und Unersetzliche in unserem Land ist zerstört, unsere Freunde und Kameraden sind tot oder verschollen oder auf unabsehbare Zeit hinter Stacheldraht. Woran soll man jetzt noch glauben? Wem kann man noch Vertrauen schenken? Wen hat man überhaupt noch?
Und ich selbst? Meine wenigen Jahre als Pimpf und „Hordenführer“ in der HJ – ach, es war ja in den späteren Jahren viel Stuss und Massenbetrieb dabei, der mir immer mehr die Lust nahm.
Was aber trotz allem in mir bleiben wird, sind die Fahrtenlieder voller Romantik oder Kitsch, wie man’s nimmt. Auch hier kommen sie mir öfter in den Sinn, wie die Fata Morgana einer schöneren Zukunft, auf die wir in Wirklichkeit wohl kaum noch hoffen dürfen. Wie war es doch noch:

„… Schneeferner blinken, leuchten von ferne her,
Lande versinken im Wolkenmeer…“
„… Jenseits des Tales standen ihre Zelte,
zum blauen Abendhimmel stieg der Rauch…“
„… Kameraden, fremde Welten wachen nachts bei unsren Zelten, wenn die Feuer tief gebrannt, Kameraden, fremde Welten singen leis’ von unserm Land…“
Und heute? Diese Welt singt nicht von unserm Land. Ich bin auch unsicher geworden bei der Erinnerung an jenes andere Lied, das wir so oft in unseren Feierstunden gesungen haben:
„… Nichts kann uns rauben Liebe und Glauben zu unserm Land…“
Nichts kann uns rauben? Wirklich nichts?
Ich weiß nur eins: Diese Jahre von 1934 bis 1939 habe ich mit heißem, arglosem Herzen miterlebt und wenn das ein Verbrechen ist, dann bitteschön. Was immer dann später im Kriege geschehen ist – ich danke Gott, dass mir nie der Befehl erteilt wurde, Wehrlose zu erschießen oder auf andere Weise umzubringen. Ich sehe jetzt auch die Männer vom 20. Juli in einem anderen Licht, nicht mehr als feige Mörder oder Verräter hinter dem Rücken der Front. Sie haben wohl viel gewusst, aber sie haben wenigstens gehandelt und den Tod auf sich genommen. Und ich glaube heute, dass sie es aus echter Vaterlandsliebe getan haben, so wie sie es verstanden. Dass nichts klappte, dass die Aktion uns wahrscheinlich auch nicht viel weitergeholfen hätte, steht auf einem anderen Blatt. Was hätte ich getan, wenn ich so viel gewusst hätte? Ich wage es nicht zu sagen. Ich bin nur zutiefst dankbar, dass mir eine so fürchterliche Entscheidung nicht abverlangt worden ist.
So grüble ich heute über vieles nach, voller Erbitterung und Verzweiflung im Angesicht des totalen Zusammenbruchs. Noch kann ich keinen Sinn in dem ganzen Geschehen sehen, noch kann ich nicht glauben, dass unser jahrelanger Kampf vergebens gewesen sein soll, dass der Opfermut dieser begeisterten Jugend so von Verbrechern missbraucht worden sein soll. Aber ich werde später nicht nachlassen, mir Gewissheit über das tatsächliche Geschehen zu verschaffen. Ich will noch erfahren, wer an dieser Menschheitstragödie wirklich schuld war, und ob wir Deutschen wirklich nur allein die Teufel der Welt gewesen sind.

Sonntag, 9. Dezember 1945

Manchmal, wenn der Wind nicht so schneidend wehte, habe ich in den letzten Tagen und Wochen abends noch ein Weile über die Höhen hinweg in die Ferne geschaut und dabei an die vielen Dämmerungen vorn im Graben gedacht, wenn die Konturen allmählich unscharf wurden, wenn die Farben des Lichts in das diffuse, undurchsichtige Grau zerfielen und man wusste, dass nun drüben wieder hundert Augen lauerten und die ersten Spähtrupps vielleicht schon wieder ins Vorfeld schlichen. Es waren immer die letzen Minuten der relativen Sicherheit des Tages; in der Abenddämmerung endete der Frieden der hellen Stunden und es erwachten von Neuem die Instinkte der Nachttiere in uns, die Schärfe des Gehörs, der Tastsinn der Füße und die fast unerträgliche Witterung für unsichtbare Gefahren. Das alles ist nun vorbei.

Nach den Wochen des Schlammes und des Regens quält uns nun ein böser Frost und ein eisiger Wind. Beides hat die schlimmsten Erinnerungen in mir losgebrochen: Hof Belikow und Werchnij Bischkin. Die entnervende Kälte damals, der brennende Schmerz auf der Stirn, wenn der Schneesturm uns die Gesichter verklebte, die elende Schwäche vom Magen her. Entsetzliche, verzweiflungsvolle Tage und Nächte auf den weißen Höhen am Donez. Ich sehe den Stützpunkt wieder vor mir, oben an der Mastenstraße, den Talkessel voll gefallener Russen, die schrecklichen Schlitten mit den toten Landsern. Ich höre das Grölen der untergehakten Iwans, das Rasseln unserer MGs, und ich sehe noch, wie die dunklen Gestalten, wie von der Sense gemäht, zu Boden stürzen, wie nichts mehr bleibt von den 300 Mann als ein paar zurückhetzende Schatten und dann die grässliche Stille über den Leichen. Wenn ich daran denke, finde ich so bald keinen Schlaf mehr. Oder Barischewka, dieses grauenvolle nächtliche Morden mit dem Sturmgeschütz am Grabenrand, diese überquellenden Leichenhaufen an der linken Grenze unserer Stellung. Wie hat man das alles überhaupt ertragen können? Wieso lebe ich überhaupt noch? Eine Infanteriekompanie im Osten zu führen war doch an sich schon fast ein Todesurteil, genauso wie für jeden Landser dort ganz vorn an der lautlosen Grenze zum Niemandsland.

Werden wir, die wir Monate, ja Jahre in der Einsamkeit und Stille der Felder und Steppen gehaust haben wie die Tiere – werden wir jemals wieder ganz normal empfinden und leben können, werden wir je das Rascheln der Blätter im Nachtwind ohne Angst vor russischen Stoßtrupps genießen können, werden wir es wieder lernen, gelassen und entspannt durch die Finsternis zu laufen, ohne argwöhnisch in alle dunklen Ecken zu spähen? Werden wir Menschen finden, die wenigstens ahnen können, was es heißt, in seinen schönsten Jugendjahren in ein Meer von Dreck und Schweiß, von Angst und Blut geworfen worden zu sein? Menschen, die begreifen, dass wir die Erinnerung an unsere Gefallenen und Vermissten nicht einfach beiseiteschieben können? Oder wird man uns fühlen lassen: Wieder so ein Spinner, der nur an gestern denkt und den Zug in die Zukunft verpassen wird.

Nein, so einfach ist das nicht. Dieses erbitterte Ringen im Osten ist für mich immer wie ein Kampf von Dämonen gewesen, der mit dem Verstand schon nicht mehr fassbar ist. Die körperlichen und seelischen Kräfte, die dort jeder mobilisieren musste, um zu überleben, haben zeitweise alle Vorstellungen vom Menschenmöglichen weit hinter sich gelassen. So etwas erträgt man nur wenige Male, und keiner bleibt ohne Narben an Leib und Seele.

Die furchtbarsten Tage und Nächte waren für mich die von Hof Belikow und Werchnij Bischkin, von Klednewitschi, von Barischewka und Dolsk. An diesen Orten bin ich seelisch mehr als einmal am Ende gewesen, das weiß ich heute. Aber immer, auch in aberhundert anderen Situationen, hat sich noch eine rettende Tür geöffnet, und nie bin ich in eine letzte, ausweglose Lage geraten. Soldatenglück? Zufall? Gnade? Ich weiß es nicht, ich kann es nur dankbar registrieren.

Ebenso viel Kraft wie die Jahre des Krieges haben mich diese letzten Monate der immer neuen Enthüllungen gekostet. Ich werde keinen schönen Worten mehr trauen, jede Art von Propaganda werde ich auf zehn Meilen gegen den Wind riechen. Ich werde misstrauisch durch das Leben schleichen wie ein angeschossener Fuchs, voller Verachtung für Schwätzer und unsagbar ernüchtert nach den jäh zerfetzten Träumen meiner Jugend. Mit Idealismus soll mir so bald keiner mehr kommen. Es war schon schlimm genug, dass dieser Krieg wie eine Lawine in unser ahnungsloses Leben eingebrochen ist, die alle Zukunftspläne und Hoffnungen mit sich in die Tiefe gerissen hat. Aber heute bin ich dankbar, dass ich in diesen schrecklichen Jahren so lange ganz vorn gestanden habe, wo wir um unser nacktes Leben kämpfen mussten. Dort draußen wussten wir, was wir zu tun hatten, dort ließ sich niemand mit Mordbefehlen blicken.

Aber eins wird mich wohl verfolgen, solange ich lebe: Dass jeder Tag, an dem wir unsere Front gehalten haben, an dem tausende ahnungsloser Soldaten im Kampf ihr Leben oder ihre Gesundheit verloren haben, zugleich ein Tag mehr war, an dem in unserem Rücken die Mordmaschine weiterlaufen konnte, an dem sie neue Zugladungen von Juden und anderen „Untermenschen" quälen und umbringen konnten. Dass kaum einer von uns draußen davon gewusst und schon gar nicht sein Leben dafür eingesetzt hat, entlastet uns sicher von persönlicher Schuld, aber der Gedanke allein ist schon furchtbar genug und reißt ein noch gar nicht überschaubares Nichts in mir selbst auf, schlimmer noch, einen schwarzen Abgrund, der erfüllt war von verborgenen, unvorstellbaren Verbrechen.

So werden wohl viele unseren Jahrgängen noch jahrzehntelang vorwerfen, zumindest indirekt an der Judenvernichtung beteiligt gewesen zu sein, mit unserer Pflichterfüllung jahrelang dieses Verbrecherregime gestützt zu haben, denn „wir hätten es doch wissen müssen". Aber das Wissen allein hätte nichts geändert, zumindest nicht in unserer Situation ganz vorn. Wir werden also mit diesem untergründigen Makel leben müssen, aber keiner soll mir kommen mit großen Sprüchen oder direkten Schuldvorwürfen, wenn er nicht selbst in ähnlicher Lage war. Über unser aller Schuld und Versagen wird ohnehin wohl eine höhere Instanz richten, die auch die Leiden und Schmerzen und den „guten Glauben" würdigen wird.

Das gilt, so hoffe ich, auch für unseren Kampf als Soldaten. Heute begreife ich, dass die russischen Soldaten vor allem für die Befreiung ihres überfallenen und zerstörten Landes gekämpft haben und nicht für die Idee der roten Weltrevolution.

Aber von ihnen sind unzählige sinnlos gefallen, nur weil unfähige Führer in den ersten Jahren immer wieder neue Massen schlecht ausgebildeter Soldaten fast ohne eigene Waffen, ohne den Schutz schwerer Waffen und ohne das simpelste taktische Können vor unsere Maschinengewehre und in unsere Gräben gejagt haben. Daher vor allem immer wieder die grausig hohen blutigen Verluste unter diesen ärmsten Iwans, die kaum einer von uns gehasst hat. Aber wir konnten nicht weg und am Leben bleiben wollten wir auch so lange wie möglich. Werchnij Bischkin und Barischewka – das sind und bleiben für mich so etwas wie Symbole für solche grauenvollen Stunden.

Dass sich nach allem Geschehen dieser Jahre seit 1939 noch jemals eine allseitige Versöhnung anbahnen kann, ist wohl kaum zu erwarten, so sehr ich sie mir auch erhoffe, damit zumindest unsere jüngeren, unbelasteten Jahrgänge in eine hellere Zukunft blicken können. Ja, das sind so meine quälenden Gedanken, die mich in diesen düsteren Wochen des Jahres bei Tag und Nacht umtreiben. Es wird mir erst leichter werden, wenn ich wieder zu Hause bin…

Freitag, 21. Dezember 1945

Ich kann gar nicht so schnell zittern, wie ich aufgeregt bin: Ich soll entlassen werden, zusammen mit vielen anderen. Zu Weihnachten zwar nicht mehr, aber sicher gleich nach Neujahr.

Sonnabend, 29. Dezember 1945

Übermorgen, am letzten Tage dieses unseligen Jahres 1945, sollen wir hinunter nach Attichy tippeln und dort den Zug in die Heimat besteigen. Attichy, auch dies ist nun überstanden. Diesen Namen werde ich verfluchen mein Leben lang. Dass die uns hier so lange und so schändlich haben vegetieren, hungern und frieren lassen, werde ich ihnen nicht vergessen. Ich werde mich nicht mehr umdrehen, um diese verdammte, verschlammte Zeltstadt auf den windigen Höhen noch einmal zu sehen. Von nun an will ich mich nur noch auf zu Hause freuen, auf das Wiedersehen…

Dortmund, Freitag, 18. Januar 1946

Eigentlich ist es sinnlos, dies noch zu notieren. Aber ich will doch auch das Letzte noch so aufschreiben, wie es auf mich zukam.
Am 4. Januar, einem Freitag, schafften sie uns tatsächlich nach Arnsberg, nachdem an den Tagen vorher in Münster alles Volk sortiert und „abgefertigt“ worden war. Wir kriegten nun unsere Papiere in die Hand gedrückt, gefilzt war alles bis auf unser Geschriebenes und die allerprimitivste Habe – dann standen wir in unseren zerlumpten Uniformresten auf der Straße, grau, übernächtigt, durchfroren, ein paar Mark Entlassungsgeld in der Tasche. The world best soldiers…
Später endlich Dortmund. Eineinhalb Stunden zu Fuß durch die unübersehbare Trümmerwüste. Dann weiter draußen weniger Ruinen. Und dann: Das Haus – ja, es stand noch! Immer schneller, zuletzt die Stufen hinauf, da war das Namensschild neben anderen, ich klingelte, musste lange warten, dann endlich ein dünner, gebeugter Mann: „Vater!!“ – „Oh Gott, du, mein Junge…“
Mutter ist schon lange tot, seit dem 24. Mai. Und Dieter ist noch nicht zurück. Sein Schicksal ist ganz ungewiss. Am Nachmittag und Abend dieses ersten Tages hat Vater mir mit stockender Stimme und oft unter Tränen alles erzählt. Mutter hat es schon geahnt, als ich Anfang März das Haus verließ. „Den Jungen sehe ich nicht wieder“, hat sie damals zu Vater gesagt, als sie hinter dem Fenster stand und mir nachsah. Aber ich habe nichts davon geahnt. Mir gegenüber hat sie sich nichts anmerken lassen. Auch diese Gewissheit hat sie wie alles Schwere dieser Jahre still und ohne ein Wort der Klage ertragen.
Von Dieter weiß man nichts. Seine letzte Karte stammt vom 15. März aus der Gegend von Küstrin. Sie sollten aufgeteilt werden und eine Feldpostnummer erhalten, aber eine weitere Nachricht ist nicht gekommen. Begreifen kann ich es noch nicht. Ich bin jahrelang vorn gewesen und sitze nun gesund zu Hause, Dieter

aber kommt zum ersten Mal an die Front und ist vielleicht schon am selben Tage gefallen. Aber diese Möglichkeit darf ich Vater gegenüber nicht einmal andeuten. Die Hoffnung auf Dieters Wiederkehr ist für ihn wichtiger als das armselige tägliche Brot.

Am nächsten Morgen habe ich mit Vater an Mutters Grab gestanden und wortlos Abschied von ihr genommen. Sie hat nun wenigstens ihren Frieden nach einem schweren, sorgenvollen Leben. Nicht einmal Blumen gab es in der Gärtnerei.

Vorgestern Abend, als ich ausgelaugt von lauter Laufereien nach Hause kam, der letzte Keulenschlag: Vater nicht da. Sie haben ihn morgens geholt, als ich gerade fortgegangen war. Ort unbekannt, Dauer unbekannt, Grund unbekannt…

Das hat mir den Rest gegeben. Nach dem jahrelangen Leben in einer reinen Männerwelt, in vollen Baracken, Kasernen und Zelten, in engen Bunkern und Gräben habe ich endlich einmal allein sein wollen. Nun bin ich es.

Soweit der Stand meines Wissens und meiner Empfindungen Ende 1945.
Die Aufdeckung der Verbrechen des NS-Systems hat mich über die geschilderten Kriegserlebnisse hinaus für mein Leben geprägt und zutiefst erschüttert.

N A C H G E S C H I C H T E

Von meiner ersten Infanterie-Division weiß ich nur noch von Felix in Leipzig. Mit ihm habe ich noch ein paar Jahre korrespondiert, dann brach die Verbindung ab.

Von der zweiten Infanterie-Division habe ich nach dem Kriege wieder Verbindung bekommen mit Kapol, Rücker Karl und Schmidt, dem ehemaligen Spieß, sowie mit Kagerer und Motsch. Diese beiden sind die Letzten, von denen ich weiß und mit denen ich noch heute in Briefwechsel stehe. Kapol ist schon in den Sechzigern, die beiden anderen sind vor wenigen Jahren gestorben.

Der „Käptn“ Meyer hat Neuwied durch für ihn sehr riskante Verhandlungen mit den Amerikanern vor der Zerstörung in letzter Stunde bewahrt. Aus Dankbarkeit dafür hat die Stadt eine Straße nach ihm benannt. Er ist schon 1971 ganz plötzlich gestorben. Ich hatte das Glück, nach dem Krieg in herzlicher Freundschaft mit ihm verbunden zu sein; als Mensch und Pastor hat er meiner Familie und mir sehr viel gegeben.

Mein Vater blieb über ein Jahr lang interniert und wurde dann ohne Anklage und Urteil entlassen.

Von meinem Bruder Dieter haben wir nie wieder etwas gehört. Er ist wohl, wie vermutet, gleich bei seinem ersten Einsatz im Raum Küstrin umgekommen…

WORTERKLÄRUNGEN

al Fru Schmidt: Spitzname unseres Sanitäters
Ari: Abkürzung für Artillerie
B-Stelle: Beobachtungsstand des vorgeschobenen Artillerie-Beobachters
EK I und II: Eisernes Kreuz 1 und 2, Auszeichnungen
Gonis: Panjepferdchen
Hiwis: Hilfswillige, gefangene russische Soldaten
HJ: Hitlerjugend
HKL: Hauptkampflinie
HVP: Hauptverbandsplatz
ID: Infanterie-Division
Jabos: Jagdbomber
Jäger: Jagdflieger, russ. Typ: Ratas
Ju 88: mittlerer Bomber von Junkers mit zwei Motoren
Kv: Kriegsverwendungsfähig
KOB: Kriegs-Offiziers-Bewerber
MG: Maschinengewehr
MGK: Maschinengewehr-Kompanie
MG 42: 1942 eingeführtes Maschinengewehr mit extrem schneller Schussfolge
MPi: Maschinenpistole
Nähmaschine: Spitzname für ein langsames russ. Flugzeug, aus dem der Pilot nachts Leuchtfallschirme abwarf, um etwaige Truppenbewegungen hinter der deutschen Front aufzuspüren
OB: Oberbefehlshaber
OKH: Oberkommando des Heeres
Pak: Panzer-Abwehr-Kanone
Ratschbumm: Russ. Pak, Kaliber 7,5 cm (Ratsch: Abschuss gehört; Bumm: fast gleichzeitiger Einschlag)
Schlachter: Russ., mit Kanonen bestückte Jagdflugzeuge
sJG: Schweres Infanteriegeschütz, Kaliber ca. 15 cm, Steilfeuerwaffe
sMG: Schweres Maschinengewehr, auf Gestell drehbar
Spieß: Chef des Trosses
Stuka: Deutsches Sturzkampf-Flugzeug
Stuka zu Fuß: Schwere Granate, vom Boden abgefeuert
Tiger: Schwerer Panzer mit großkalibriger Kanone
V1 und V2: Raketen mit großen Sprengladungen für weite Entfernungen (England)

Bild 1, zu S. 10

Bild 2, zu S. 13

Bild 3, zu S. 13

Bild 4, zu S. 13

Bild 5, zu S. 15

Bild 6, zu S. 15

Bild 7, zu S. 15

Bild 8, zu S. 15

Bild 9, zu S. 15

Bild 10, zu S. 16

Bild 11, zu S. 25

Bild 12, zu S. 28

Bild 13, zu S. 34

Bild 14, zu S. 39

Bild 15, zu S. 44

Bild 16, zu S. 53

Bild 17, zu S. 53

Bild 18, zu S. 59

Bild 19, zu S. 59

Bild 20, zu S. 77

Bild 21, zu S. 77

Bild 22, zu S. 77

Bild 23, zu S. 114

Bild 24, zu S. 149

Bild 25, zu S. 149

Bild 26, zu S. 177

Bild 27, zu S. 194

Bild 28, zu S. 234

Bild 29, zu S. 251

Bild 30, zu S. 260

Bild 31, zu S. 262

Bild 32, zu S. 271

Bild 33, zu S. 272

Bild 34, zu S. 272

Bild 35, zu S. 272

Bild 36, zu S. 273

Bild 37, zu S. 273

Bild 38, zu S. 273

Bild 39, zu S. 277

Bild 40, zu S. 312

Bild 41, zu S. 312

Bild 42, zu S. 347

Bild 43, zu S. 415

Bild 44, zu S. 419

Bild 45, zu S. 419

Bild 46, zu S. 419

Bild 47, zu S. 455

Bild 48, zu S. 456

Bild 49, zu S. 456

Bild 50, zu S. 460

Bild 51, zu S. 460

Bild 52, zu S. 477

Bild 53, zu S. 501

Bild 54, zu S. 501

Bild 55, zu S. 519

Bild 56, zu S. 545

Bild 57, zu S. 588

Bild 58, zu S. 556

Bild 59, u S. 600

Bild 60, zu S. 600

Bild 61, zu S. 611

Bild 62, zu S. 611

Bild 63, zu S. 611

LAGEPLÄNE

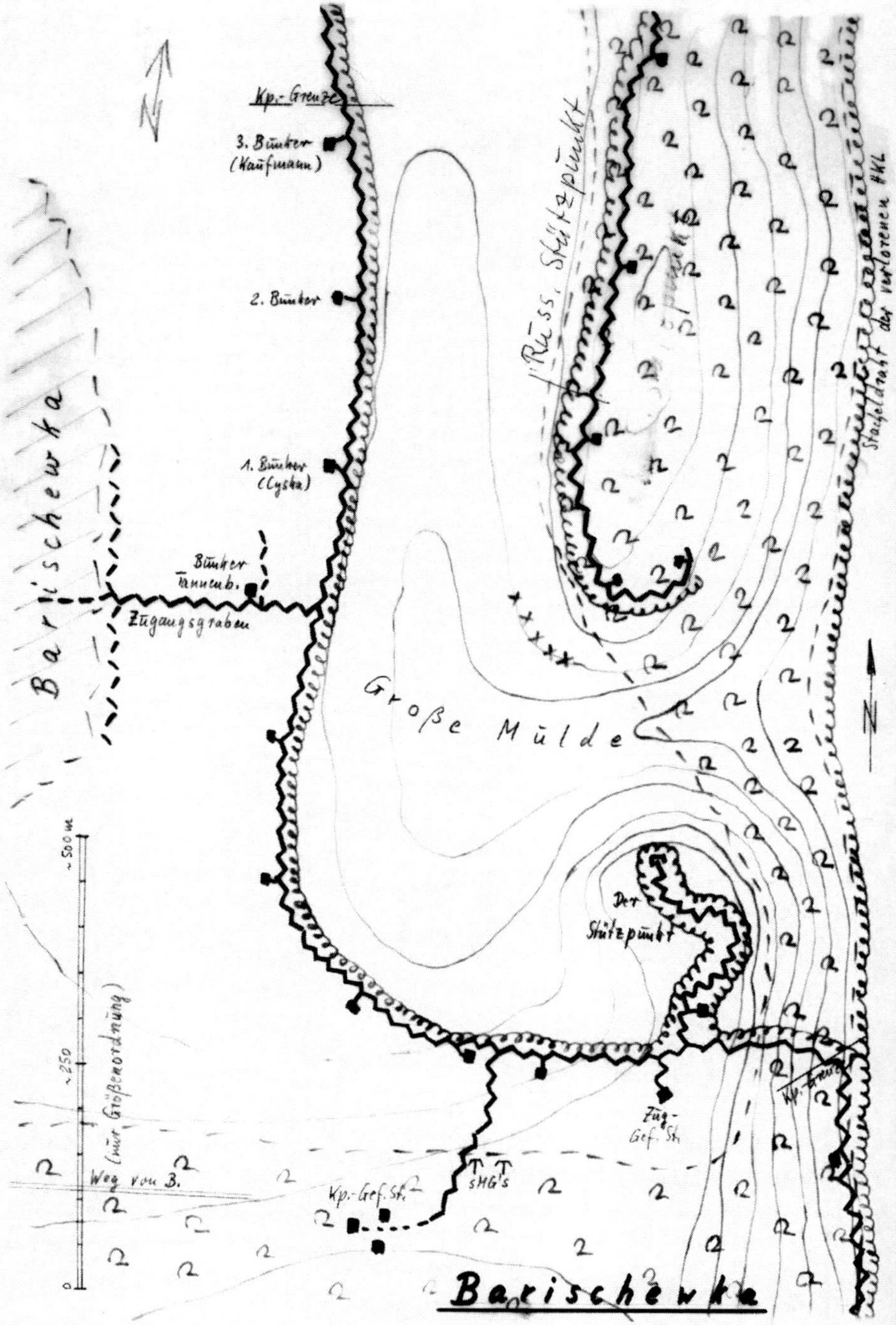
Kp.-Grenze
3. Bunker (Kaufmann)
2. Bunker
1. Bunker (Cyska)
Bunker Tannenb.
Zugangsgraben
Barischewka
Große Mulde
Russ. Stützpunkt
Der Stützpunkt
Zug-Gef. St.
Kp.-Gef. St.
sMG's
Weg von B.
(nur Größenordnung)
~500 m
~250
0
Kp.-Grenze
N
Stacheldraht der verlorenen HKL
Barischewka

Abb. 1

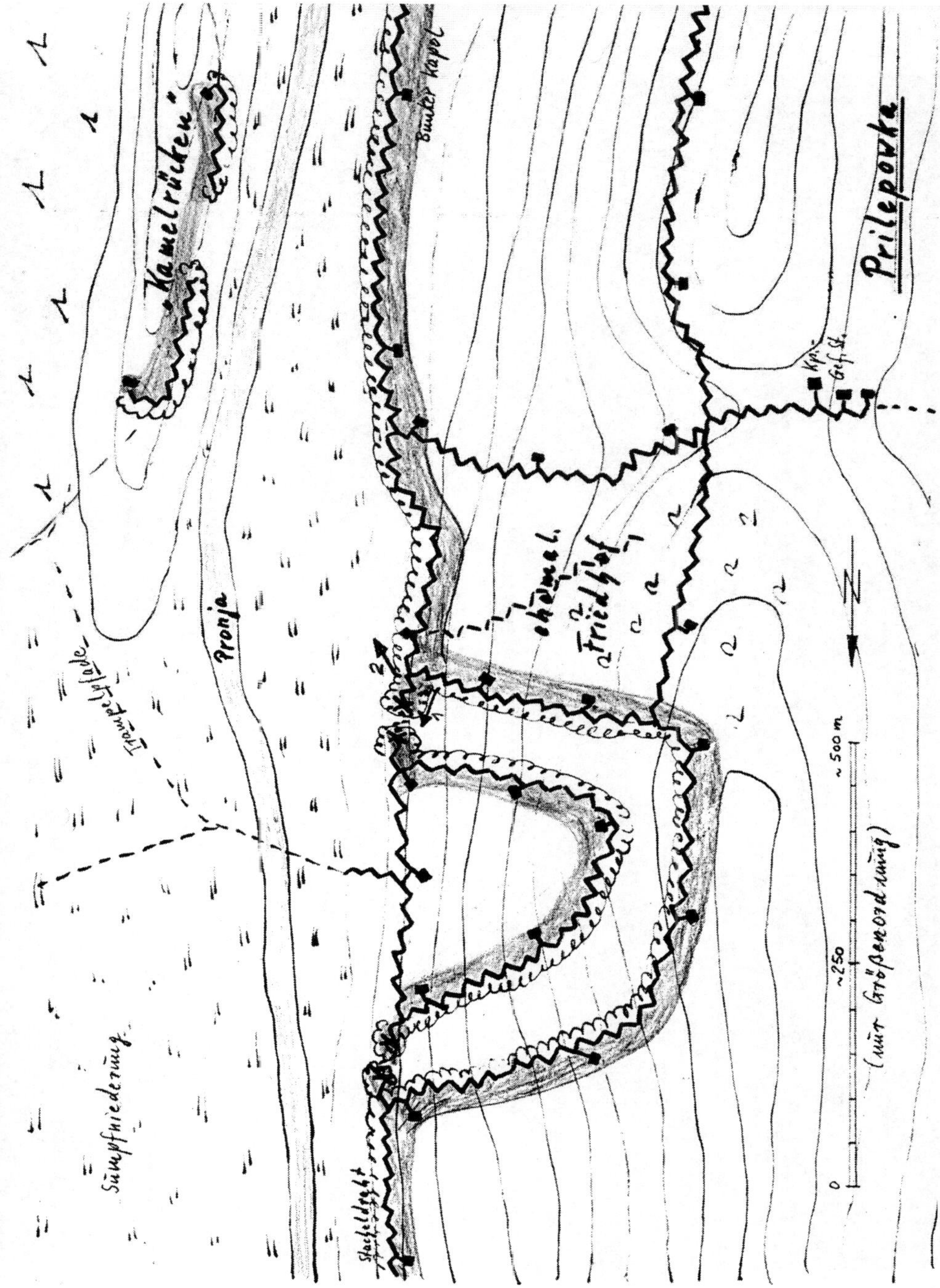
„Kamelrücken"
Pronja
Sumpfniederung
Trampelpfade
ehemal. Friedhof
Prilepovka
Stacheldraht
N
0
~250
~500 m
(nur Größenordnung)

Abb. 2

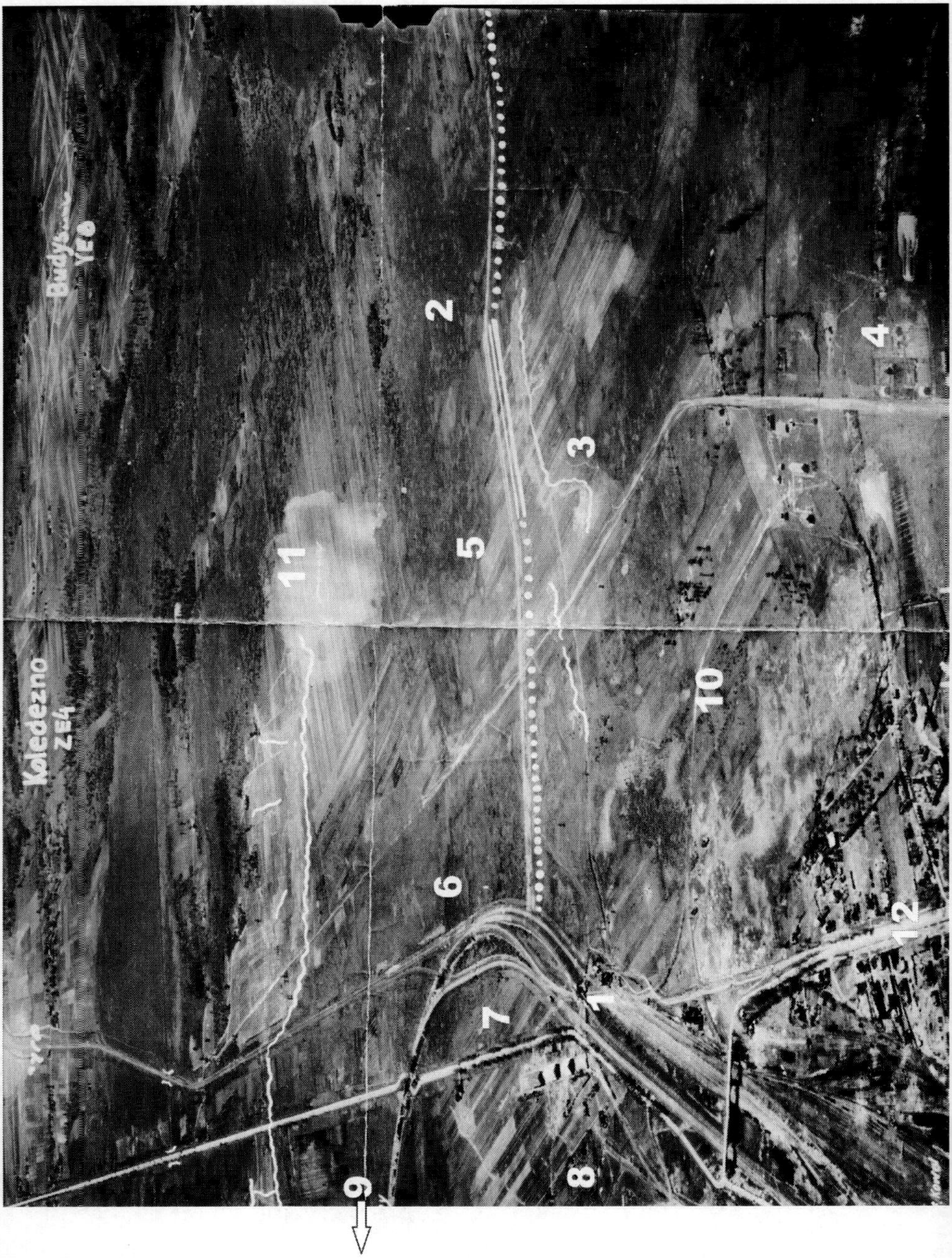

Abb. 3 - Luftbild Kowel

Erklärungen zum Luftbild

1 - Mein Gefechtsstand, das Bahnwärterhaus, s. Bilder

2 - Die Feldwache, s. Bilder

3 - Die ehemalige Flakstellung

4 - Der russische Kellerbunker

5 - Der Panzergraben

6 - Die Stellung der 2. Kompanie auf dem Bahndamm bis zur Straßen-Unterführung (Front Richtung Koledezno)

7 - Die Sehnenstraße

8 - Die „Russische Faust“ Kowel II, hauptsächlich etwa in Verlängerung der Brücke unten links. Die deutschen Stellungen führten von der „Spitze“ zurück auf den Bahndamm und dann wohl nach links unten auf dem Bahndamm entlang. Ich habe diese Stellung aber nie gesehen, ebenso wenig wie die russischen

9- Die „Spitze“ der starke Rückwärtsknick der deutschen Stellungen mit Front auf Kowel II

10 - Die Feldbahn

11 - Die russische Bunkerhöhe

12 - Die Straße zur Stadt

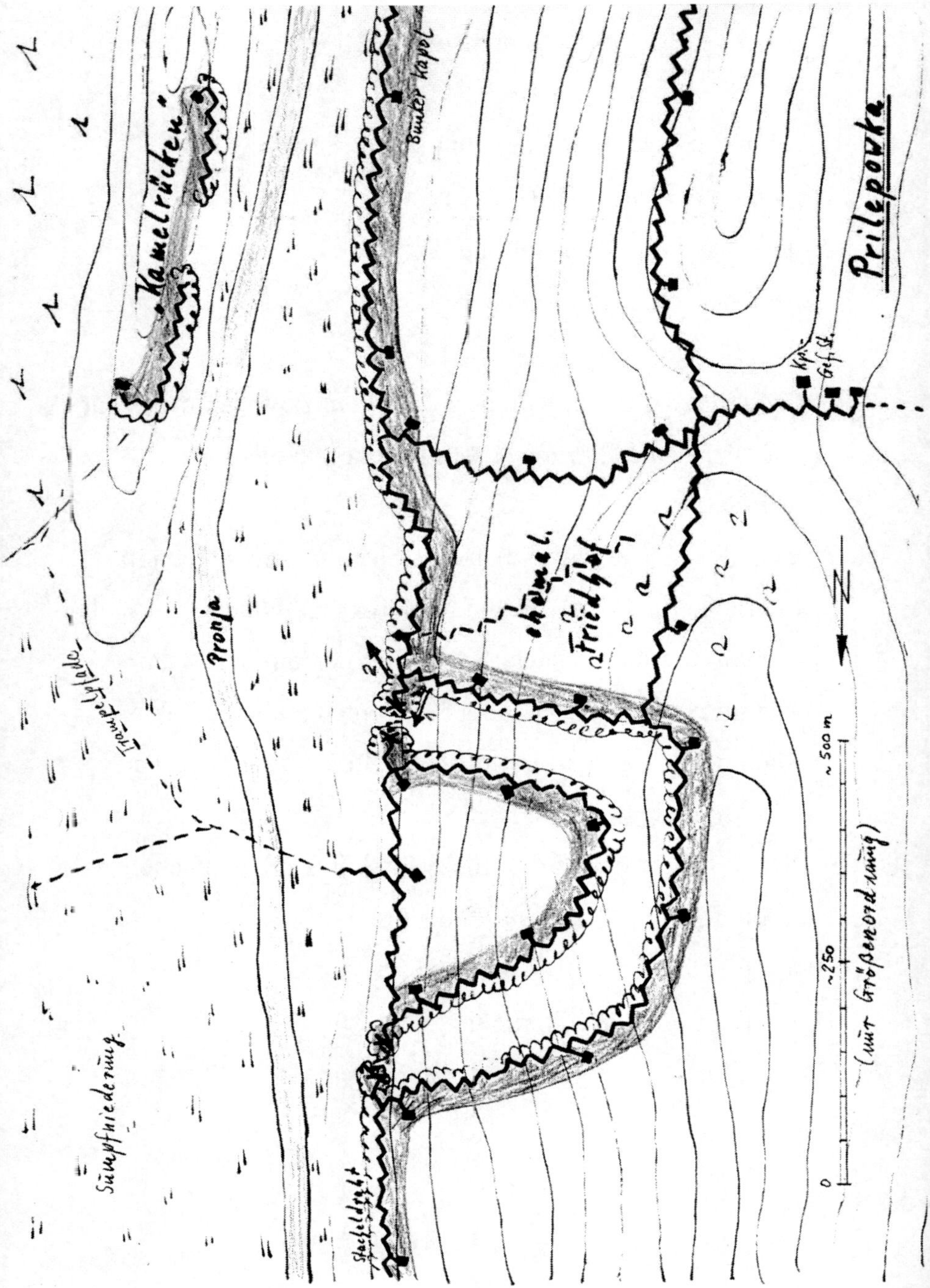
„Kamelrücken"
Bunker Kapol
Prilepovka
Pronja
Trampelpfade
ehemal. Friedhof
Sumpfniederung
Stacheldraht
0
~250
~500 m
(mit Größenordnung)
N

Abb. 4

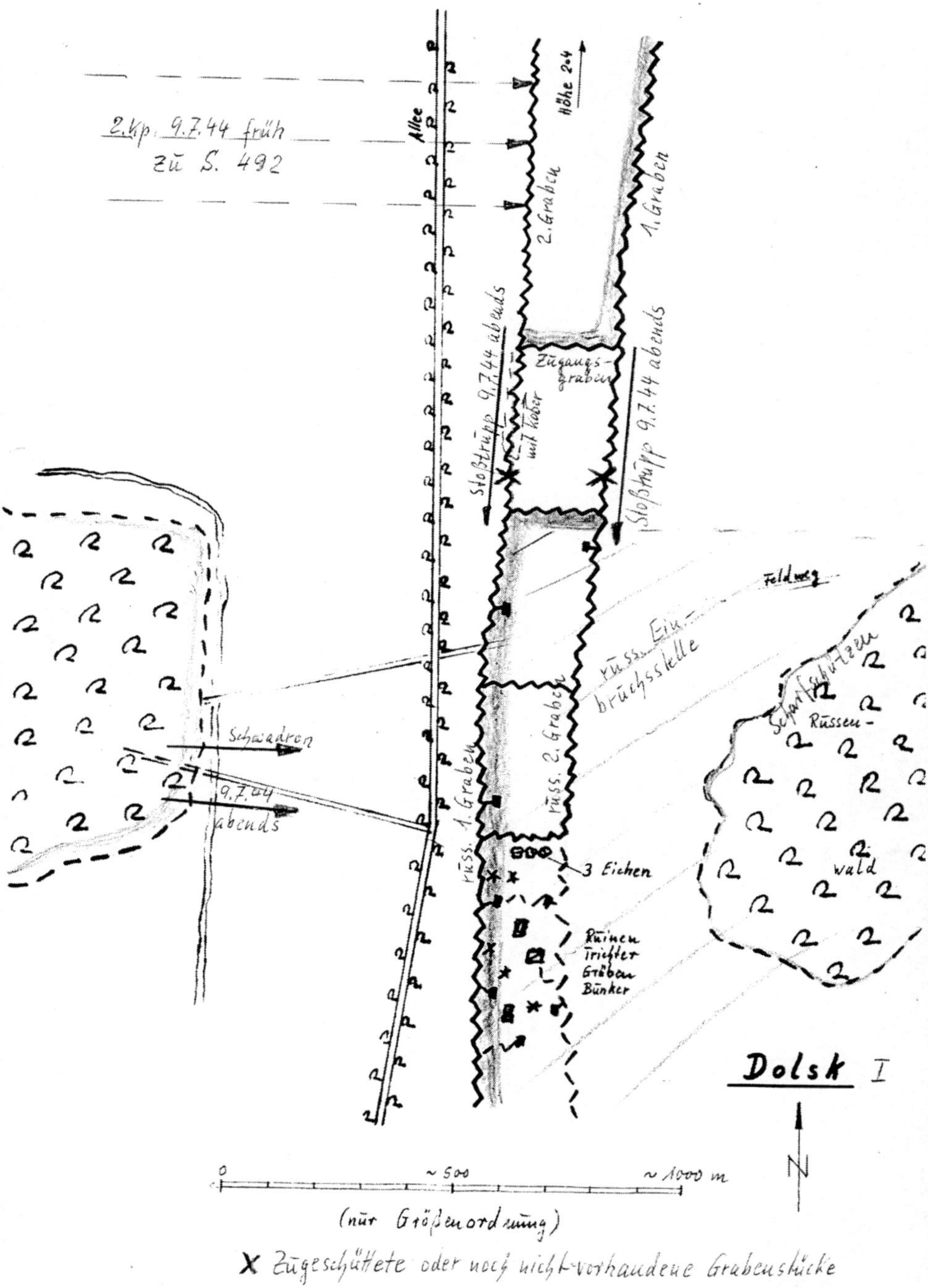
2. Kp. 9.7.44 früh
zu S. 492
Allee
Höhe 204
2. Graben
1. Graben
Stoßtrupp 9.7.44 abends
Zugangs-
graben
Stoßtrupp 9.7.44 abends
Feldweg
russ. Ein-
bruchsstelle
Scharfschützen
Russen-
wald
russ. 2. Graben
russ. 1. Graben
Schwadron
9.7.44
abends
3 Eichen
Ruinen
Trichter
Gräben
Bunker
Dolsk I
0
~ 500
~ 1000 m
(nur Größenordnung)
X Zugeschüttete oder noch nicht vorhandene Grabenstücke

Abb.: 5

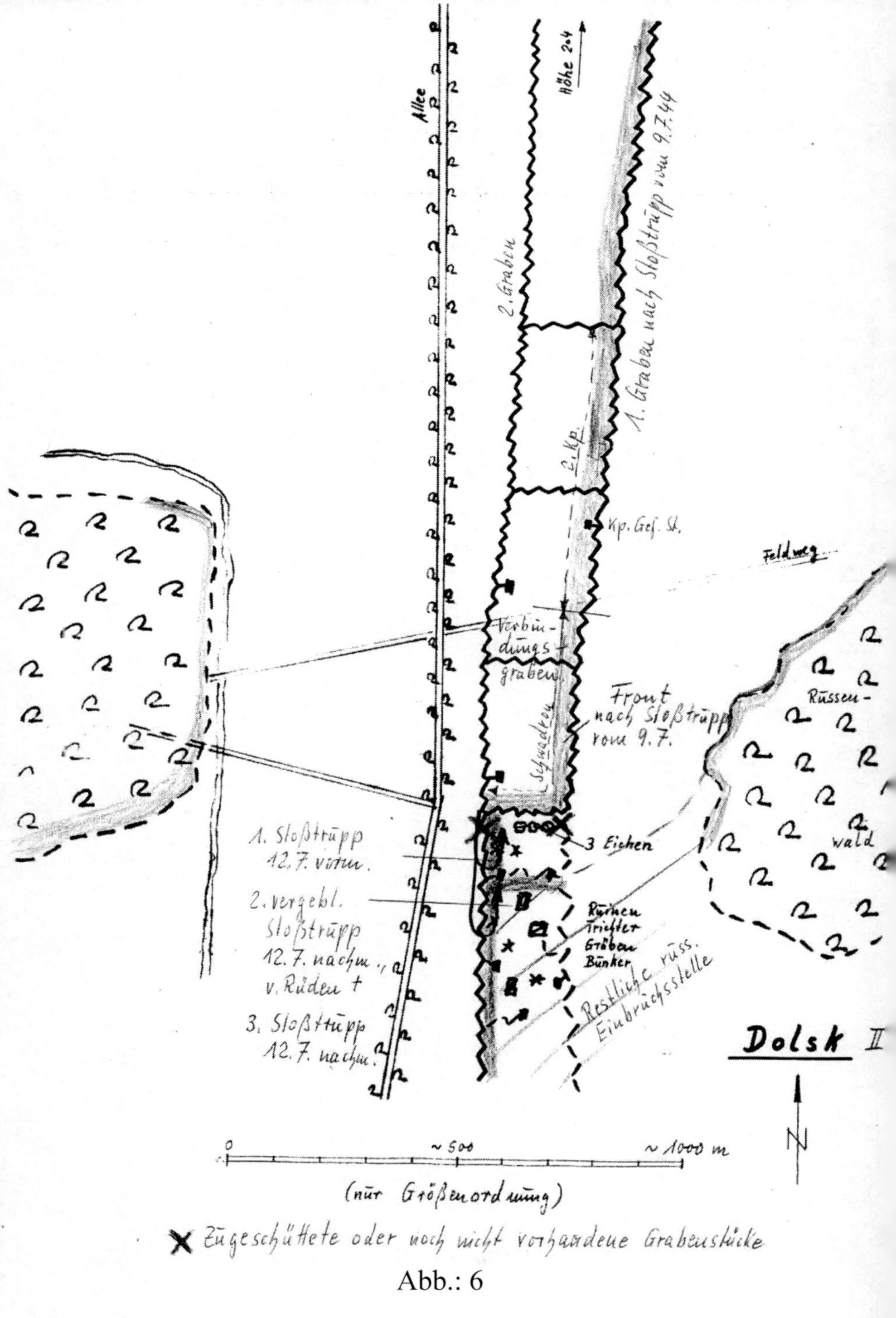
Allee
Höhe 204
2. Graben
1. Graben nach Stoßtrupp vom 9.7.44
2. Kp.
Kp. Gef. St.
Feldweg
Verbindungsgraben
Schwadkow
Front nach Stoßtrupp vom 9.7.
Russen-wald
3 Eichen
1. Stoßtrupp 12.7. vorm.
2. vergebl. Stoßtrupp 12.7. nachm., v. Rüden †
3. Stoßtrupp 12.7. nachm.
Ruinen Trichter Gräben Bunker
Restliche russ. Einbruchsstelle
Dolsk II
N
0
~ 500
~ 1000 m
(nur Größenordnung)
✕ Zugeschüttete oder noch nicht vorhandene Grabenstücke

Abb.: 6

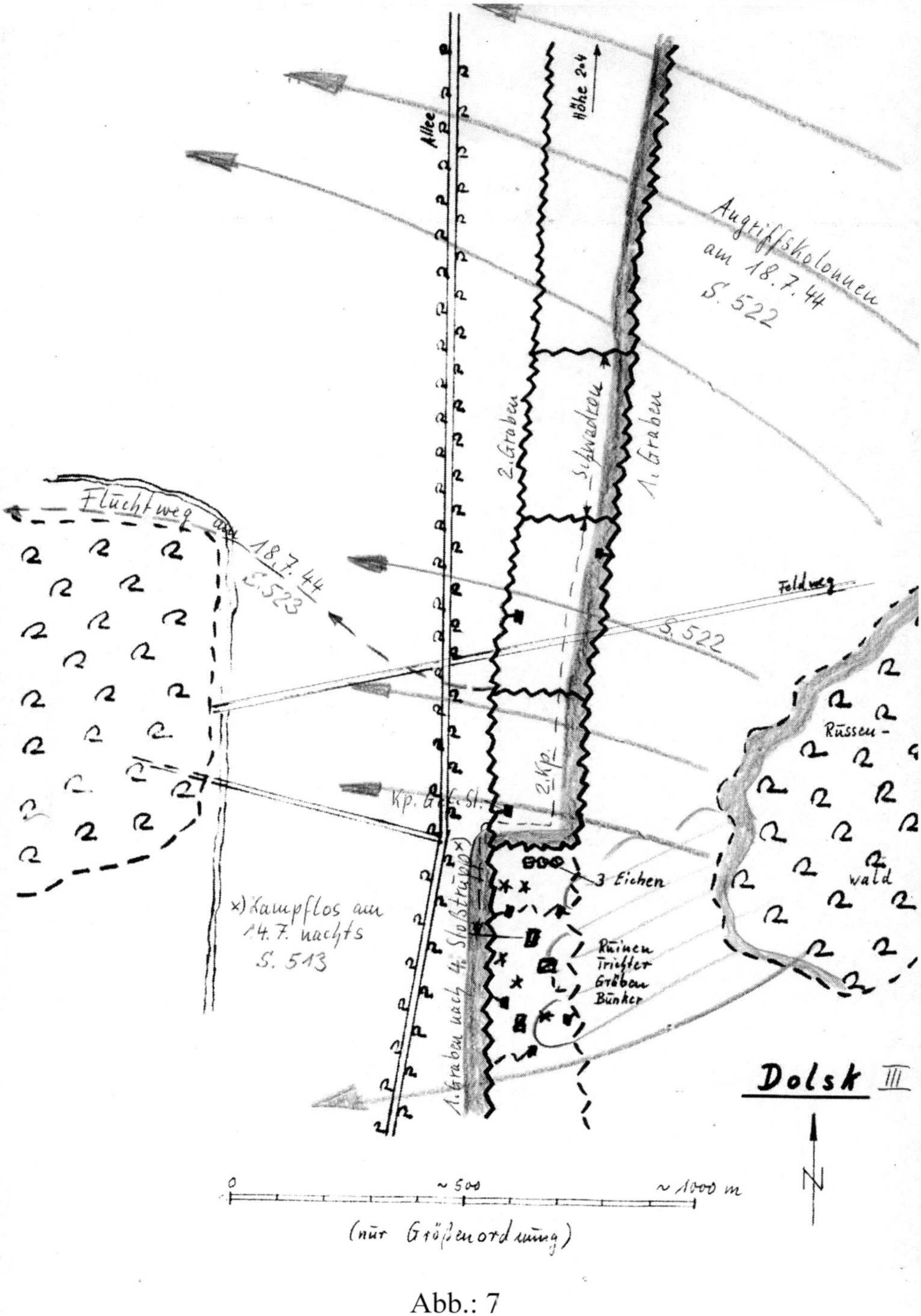
Allee
Höhe 204
Angriffskolonnen
am 18.7.44
S. 522
2. Graben
Schwadron
1. Graben
Fluchtweg am 18.7.44
S. 523
Feldweg
S. 522
Russen-
wald
Kp. Gef. St.
2. Kp.
3 Eichen
Ruinen
Trichter
Gräben
Bunker
x) Kampflos am
14.7. nachts
S. 513
1. Graben nach 4. Stoßtrupp x)
Dolsk III
0
~ 500
~ 1000 m
(nur Größenordnung)
N

Abb.: 7

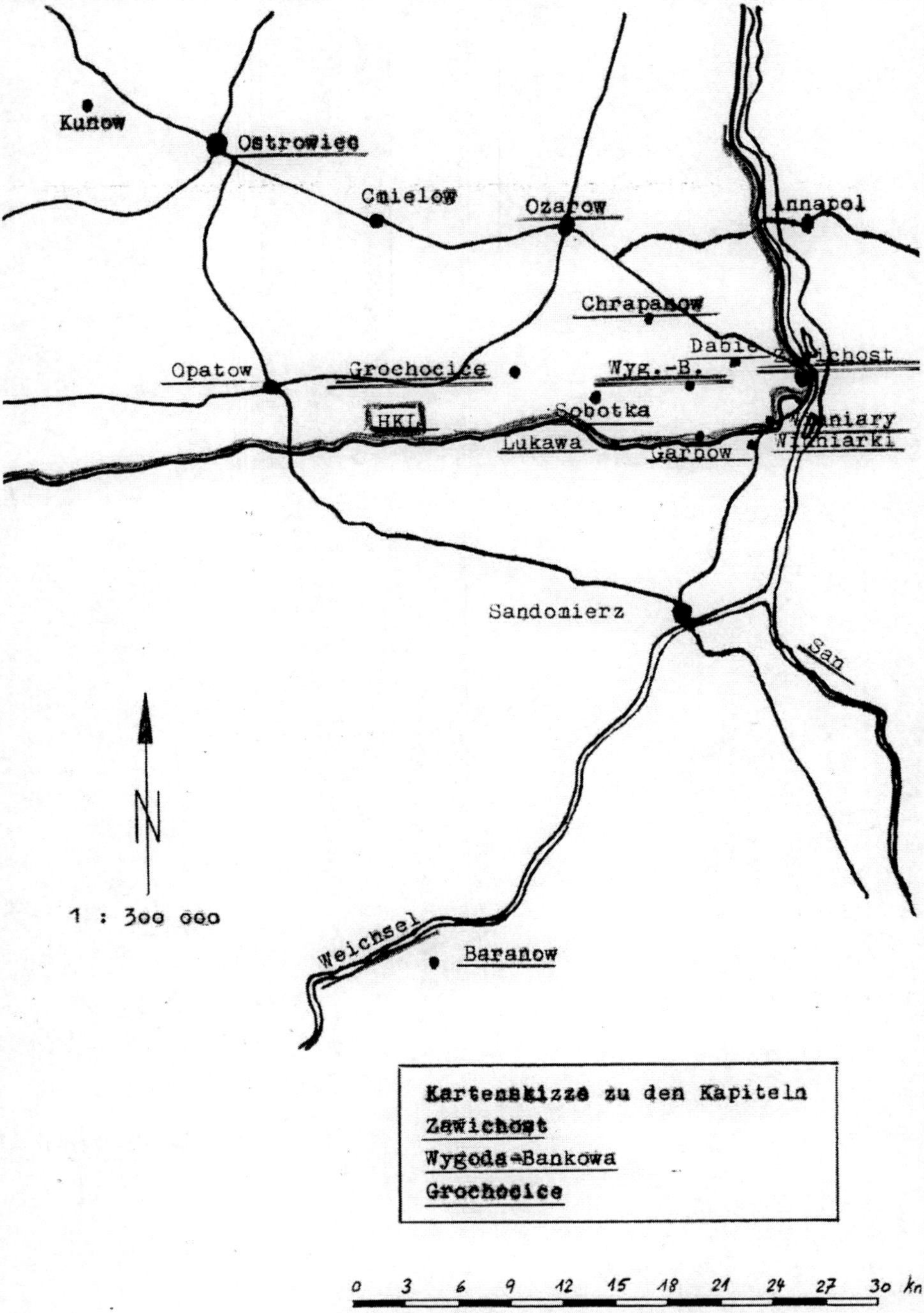
Kunow
Ostrowiec
Cmielow
Ozarow
Annapol
Chrapanow
Dabie
Opatow
Grochocice
Wyg.-B.
Sobotka
HKL
Lukawa
Garbow
Sandomierz
San
Weichsel
Baranow
N
1 : 300 000
Kartenskizze zu den Kapiteln
Zawichost
Wygoda-Bankowa
Grochocice
0 3 6 9 12 15 18 21 24 27 30 km

Abb.: 8

Sehr geehrter Leser,

nach der Veröffentlichung meines Buches tauchten speziell im Internet mehrfach Fragen nach den Namen meiner Wehrmachteinheiten auf.
Ich hatte beim Schreiben nicht erwartet, dass meine Leser so akribisch nachforschen würden, um meine Erlebnisse virtuell mitzuverfolgen. Deshalb habe ich noch mal meine Unterlagen durchgesehen und füge als Ergänzung die folgenden Angaben über meine Einheiten hier hinzu:

- Während des Krieges war ich nur in zwei verschiedenen Infanterie-Divisionen, und zwar in der 294. und 342.

- In der 294. war ich zunächst Fahrer im Stab des Regimentes 514; wenige Monate später wurde ich zu 14.Kompanie des Regiments 514 versetzt (s. Seite 7 des Buches) und machte dort auch den Vormarsch nach Osten sowie den 13. Fähnrichs-Lehrgang in Hannover mit. Danach bis Anfang November 1943 wurde ich wieder nach Osten in Marsch gesetzt und kam dort zu einer mir fremden Infanterie-Division, der 342., und zwar zur 1. Kompanie (Schwadron) des Divisions-Bataillons (s. Seite 291).

- Infolge dieses Einheitenwechsels erlosch auch meine Zugehörigkeit zur 294. Inf. Div., und ich wurde Angehöriger der 342.Inf.Div. bis zu meiner Gefangennahme durch die Amerikaner in Worms am 26.3.45 (s. Seite 615).

- Worms war meine letzte Station und das dortige Ersatzbataillon war meine letzte Einheit. Nach Worms kam ich durch meine 4. Verwundung an der Ostfront (s. Seite 607 - 613). Mit meiner Gefangennahme erlosch auch meine aktive Zugehörigkeit zur deutschen Wehrmacht.

Mit freundlichen Grüßen

Hans Jürgen Hartmann

Weitere Informationen über Bücher aus dem Machtwortverlag erhalten Sie im Internet unter:
http://www.machtwortverlag.de

Bei Interesse fragen Sie Ihren Buchhändler!

Machtwortverlag
Orangeriestr. 31
06847 Dessau
Tel./Fax: 0340-511558
e-mail: machtwort@web.de